न्यू
वाणी डिक्शनरी
अंग्रेजी-अंग्रेजी-हिन्दी

संपादक

डॉ. लाल रत्नाकर

डॉ. अनिल गोविन्दन

कु. श्रद्धा

वाणी प्रकाशन

वाणी प्रकाशन

ज्ञान के विविध आयामों के प्रकाशक

वाणी प्रकाशन का 'लोगो' विख्यात चित्रकार मक़बूल फ़िदा हुसेन की कूची से

वाणी प्रकाशन, 4695, 21-ए, दरियागंज, नयी दिल्ली 110 002

वाणी प्रकाशन, अशोक राजपथ (पटना कॉलेज के सामने), पटना (बिहार)

NEW VANI DICTIONARY

English-English-Hindi

Edited by Dr. Lal Ratnakar
Dr. Anil Govindan/Ku. Shraddha

Dictionary

ISBN : 978-93-86799-94-4

संस्करण : 2011

मूल्य : ₹300

वाणी प्रकाशन

फ़ोन: 0091# 11# 23273167 फ़ैक्स: +91 11 23275710
वेबसाइट : **www.vaniprakashan.in**
ई-मेल : **vaniprakashan@gmail.com**

आर टेक ऑफसेट द्वारा दिल्ली-110095 में मुद्रित

A (ए) अंग्रेजी वर्णमाला का पहिला वर्ण, पहिला स्वर, पहिला अक्षर, प्रथम कल्पित व्यक्ति या विषय, प्रथम ज्ञात परिणाम, प्रथम श्रेणी का जहाज़।

Aardvark (आर्डवार्क) *n.* दक्षिण अफ्रीका में पाया जाने वाला चींटी भक्षक सुअर जैसा चौपाया प्राणी।

Aardwolf (आर्डवुल्फ) *n.* दक्षिण अफ्रीका में मिलने वाला एक प्रकार का भेड़िया।

Aaronic (-al) (आरानिक) (-अल) *adjs.* यहूदियों के बड़े पादरी के सदृश।

Aaron's beard (आरन्स बेयर्ड) *n.* एक प्रकार के पौधा जो गमलों में लगाकर छत, वृक्ष आदि पर लटका दिया जाता है।

Ab (ऑब्) *n.* यहूदी वर्ष का पाँचवाँ मास, लैटिन उपसर्ग जिसका अर्थ 'से' होता है।

Aba, Abba (आबा) *n.* सीरिया देश का ऊनी वस्त्र।

Abaca (आबाका) *n.* केला, फ़िलिपाइन टापू का मनीला पटुआ।

Aback (ऍबेक) *adv.* पीछे की ओर, पश्चात्।

Abaction (ऍबैक्शन) *n.* एक साथ बहुत से पशुओं की चोरी।

Abactor (ऐबैक्टर्) *n.* पशु-चोर, पशुहर्ता।

Abacus (एबैकस) *n.* गिनती सिखाने का यंत्र जिसके तारों में रंग-बिरंगे लट्टू लगे होते हैं।

Abaddon (ऍ-बॉह्-डन्) *n.* नरक, अथाह गर्त या पाताल या उसके देवता।

Abaft (एबैफ्ट) *adv. prep.* जहाज़ की पतवार की ओर, पीछे की ओर, पीछे।

Abalienate (एबालिनेट्) *v.t.* संपत्ति का अधिकार दूसरे के नाम कर देना।

Abalone (ऍबूऑलान्) *n.* मोती का सीप।

Abandon (अबॅन्डन्) *v.t.* परित्याग करना, त्यागना। *n.* निर्बाध मुक्ति, लापरवाही की स्वतंत्रता, पूर्ण समर्पण, साहसी, निडर, उन्मुक्त।

Abase (ऍबेस्) *v.t.* नीचा करना, अनादर करना, अपमानित करना, पदावनत करना; (के आगे) धूल चाटना, दीन बनना।

Abasement, *n.* अनादर, अपमान, अपमानजनक स्थिति।

Abash (ऍबैश्) *v.t.* विकल करना, घबरा देना, संकुचित करना, लज्जित करना।

Abate (अबेट) *v.i.* कम करना या कम होना, बट्टा काटना, धीमा करना। *v.t.* कम होना, शान्त होना, घटना, प्रभावहीन होना, शक्ति रहित होना, प्रचण्डता छोड़ना।

Abeter (एबेटर) *n.* कम करने वाला, शांत करने वाला।

Abatement (अबेटमेन्ट्) *n.* कलंक, बट्टा, उपशमन।

Abattoir (अबटॉयर) *n.* माँस के लिए मारे जाने वाले पशुओं का वधस्थान, कसाईखाना।

Abbatial (ऐबैशियल) *adj.* महन्त-सम्बन्धी, मठ-संबंधी।

Abbe (ऐबे) *n.* फ्रांसीसी पादरी।

Abbess (अबेस) *n.* ईसाई मठाध्यक्षा, महंतिन।

Abbey (ॲबि) *n.* महन्त और महन्तिनों के रहने का स्थान, आश्रम।

Abbot (अबॅट्) *n.* मठाधिपति, गुरुद्वारा का महंत।

Abbreviation (एब्रिविएशन्) *n.* संक्षेप।

Abbreviature (एब्रिविएचर) *n.* संक्षेप के लिये प्रयुक्त अक्षर या चिह्न संक्षेप, घटाव।

Abdal (ऑब्-डल्) *n.* दरवेश।

Abderian (ऑब्-डीरियन्) *adj.* हँसानेवाला, ठिठोलिया।

Abdication (अब्डिकेशन) *n.* पदत्याग, अपना हक छोड़ देना।

Abdicator (अब्डिकेटर) *n.* अधित्यक्ता, त्याग करने वाला।

Abdomen (अब्डोमन) *n.* कीड़ों और जलजन्तुओं का उदर, मनुष्य का पेट।

Abduct (ॲब्डक्ट) *v.t.* बलात् अपहरण करना, भगाकर ले जाना।

Abduction (अब्डक्शन) *n.* फुसलाकर या धमकाकर ले जाना, अपगमन, अपहरण।

Abductor (अब्डॅक्टर) *n.* अपहरण करने वाला।

Abeam (अबीम्) *adv.* आगे की ओर, आड़े, तिरछे।

Aberrant (अबेरेन्ट) *adj.* बुरे चलन वाला, विपथगामी।

Abetment (अबेटमेन्ट) *n.* उकसाने का कार्य, बुरे काम में मदद।

Abettor (ॲबेटर) *n.* उकसाने वाला, दुष्प्रेरक।

Abeyance (अबेअन्स) *n.* (*prep. in*) क्षणिक विराम, कुछ काल के लिए रुकावट;

Abhorrence (अब्हॉरिन्स) *n.* तिरस्कार, अत्यधिक द्वेष।

Abhorrent (अब्हॉरेन्ट) *adj.* घृणित, तिरस्कार पैदा करने वाला।

Abide (एबॉइड) *v.t.* ठहरना, राह देखना, टिकना, दृढ़ होना। **Abider,** स्थायी। **Abidingly,** स्थिरता से, स्थायी रूप से।

Abiogenesis (एबाइओजेनॅसिस्) *n.* आकस्मिक जन्म।

Abiogenist *n.* इस सिद्धांत में विश्वास करने वाला।

Abirritant (एबिरिटेंट) *adj.* प्रदाहहरण।

Abirritate (एबिरिटेट्) *v.* प्रदाह शांत करना।

Abjection (ॲब्जेक्शन) *n.* दीनता, नीचता।

Abjuration (ॲब्जूरेशन) *n.* शपथपूर्वक त्याग।

Abjure (ॲब्जूर) *v.t.* शपथ से हट जाना, अस्वीकार करना।

Ablative (ॲब्लेटिव) *adj.* & *n.* (संस्कृत में) अपादन कारक या पाँचवीं विभक्ति।

Ablaze (ॲब्लेज) *adv.* जलता हुआ, प्रज्वलित, प्रकाशपूर्ण, उत्तेजित अवस्था में।

Ablution (अबूलूशन) *n.* शारिरिक स्नान; प्रक्षालन, गुसल।

Abode (अबाइ) *n.* घर, निवास, आवास।

Abolitionist *n.* (अनिस्ट्) किसी कुरीति आदि को हटाने वाला, उन्मूलवादी, दासता-विरोधी।

A-bomb (ए-बम) *n.* बम, अणुबम।

Abomination (अबॅमिनेशन) *n.* घृणित वस्तु या बात, जुगुप्सा।

Aboriginal (अबॅरिजिनल्) *n.* प्राचीन रहने वाला, आदिम, आरम्भ का आदिवासी।

Aborigines (अबॅरिजिन्ज्) *n. pl.* आदिम निवासी, जंगली लोग।

Abortion (अबॉर्शन) गर्भपात, निष्फल।

Abracadabra (ऐबरॅकॅडैबरॅ) *n.* बीजमंत्र, अनाप शनाप।

Abrasion (ऑबरेज़न) *n.* अपघर्षण, खुरची हुई जगह, खरोंच।

Abrogation (ॲबरोगेशन्) *n.* निराकरण, उत्सादन।

Abscess (ऑबसेस) *n.* फोड़ा, मवाद भरा।

Abscissa (ऑबसिसा) *n.* सूच्याकार आकृति का भूज।

Abscission (एब्सिजन्) *n.* विगलन, कटाव, शरीर के किसी अंग को काटकर अलग कर देना, अलगाव।

Absconder (ॲब्सकॉन्डर) *n.* फरार, भगोड़ा।

Absence (ऑबसेन्स) *n.* अनुपस्थिति, गैरहाज़िरी, अभाव, बेसुध।

Absentee (ॲबसेन्टी) *n.* अपने कार्य से अनुपस्थित होने वाला मनुष्य।

Absenteeism (ॲबसेंटीज़्म) *n.* कार्य से अनुपस्थित होना।

Absinth(e) (ऐबसिंथ) *n.* चिरायता।

Absolutism (ऑब्सोल्यूटिज़्म्) *n.* तानाशाही, निरंकुशता, निरपेक्षतावाद।

Absorption (ॲब्ज़ार्पशन) *n.* शोषण, अवशोषण, अवचूषण, सोखना, तल्लीनता, तन्मयता, चित्त की लवलीनता।

Abstention (ॲब्स्टेंशन) *n.* निवृति, संयम, परहेज़।

Abstinence (ॲब्स्टिनेंस) *n.* परहेज़, परिवर्जन, संयम, उपरति।

Abstraction (ॲब्सट्रैक्शन्) *n.* पृथककरण, विचारों का एकीकरण, अचेतता।

Abstriction (ॲब्सट्रीक्शन्) *n.* खोलने या उघेड़ने का कार्य।

Abstruseness, *n.* गूढ़ता, कठिनता, अव्यक्ता।

Absurdity (ॲब्सर्डिटी) *n.* अयुक्ति, असंगति, बेतुकापन।

Abundance (ॲबन्डंस) *n.* प्राचुर्यता, अधिकता, बहुतायत।

Abuse (ॲब्यूज़) *n.* दुरुपयोग, दुर्व्यवहार, कुप्रथा, अनुचित लाभ।

Abutment (ॲबट्मेन्ट) *n.* आश्रय, पीलपाया, जोड़।

Abyss, abysm (ऑबिस्) *ns.* पाताल, खोह, वितल, अतल, रसातल, नरक।

Abyssinian (ऑबिसीनिअन) *n.* ॲबीसीनिआ निवासी।

Acacia (अकेशिऑ) *n.* कीकर, खैर। गोंद उत्पन्न करने वाला बबूल का वृक्ष।

Academian (ऐकडीमिअन्) *n.* विद्वत्परिषद या मण्डली का सभासद।

Academy (ऑकाडेमी) *n. esp i:e.* कॉलिज की मध्य श्रेणी (मध्यमा), विद्वत्परिषद।

Accent (ऑक्सेन्ट) *n.* शब्द विशेष पर जोर देकर किया जाने वाला उच्चारण, इसका सूचक चिह्न।

Accentuation (ऑक्सेंटूएशन) *n.* स्वराघातांकन, आद्यातन, स्वरांकन।

Acceptability (ऑक्सेप्टेबिलिटी) *n.* स्वीकार्यता, ग्राह्यता।

Acceptable (ऑक्सेप्टेबल) *adj.* स्वीकार्य, ग्राह्य, मनोरम।

Acceptance (ऑक्सेप्टेंस) *n.* स्वीकृति, प्रतिग्रहण। रजामंदी। स्वीकरण, मंजूरी।
Acceptation (ॲक्सेप्टेशॅन) *n.* किसी शब्द का स्वीकृत अर्थ, कृपापूर्वक स्वागत।
Acceptor, Accepter (ऑक्सेप्टर) *ns.* सकारने वाला।
Access (ऑक्सेस) *n.* समीप में पहँच प्रवेश का साधन; प्रवेश, बढ़ती, मार्ग, रोग का आक्रमण।
Accessary (ऑसेसरि) *n.* सहायक, किसी कार्य में साथी, उपसाधन। *adj.* अतिरिक्त।
Accession (ऑक्सेशन) *n.* बढ़ोत्तरी, पदप्राप्ति, राज्याभिषेक।
Accidence (आक्सिडेन्स) *n.* व्याकरण का प्रत्यय विभाग, किसी विषय के मूल (प्रधान) तत्व।
Accident (ऑक्सिडेन्ट) *n.* आकस्मिक, संयोग, विधिवशात्, घटना, संयोग, दुर्घटना, आकस्मिक दुर्घटना।
Acclamation (ॲक्लेमेशन) *n.* जयजयकार या जयध्वनि, जयघोष।
Acclivity (ऑक्लिविटि) *n.* चढ़ाई।
Acclivous (ऑक्लिवस) *n.* चढ़ाई वाला, चढ़ावदार।
Accolade (ऐकॅलेड) *n.* पुरस्कार, संगीत।
Accommodation (ऑक्कामडेशन) *n.* आवास, स्थान, जगह।
Accompaniment (ऑक्कम्पनिमेन्ट) *n.* उपकरण, सहायक, संगत।
Accompanist (ऑक्कम्पानिस्ट) *n.* संगत करने वाला, संगतकार।
Accomplice (ऑकौम्पिलिस) *n.* सहायता देने वाला (विशेषतः अपराध में) सहकर्मी।
Accomplishment (ऑकूकामप्लिशमेंट) *n.* दक्षता, प्रवीणता, उपलब्धि।
Accordance (आकार्डेंस) *n.* समानता, अनुरूपता, संगति।
Accordion *n.* (ऑक्कार्डिअन्) हाथ से बजाने का छोटा बाजा।
Accouchement (ऑककुशमेन्ट) *n.* प्रसव, प्रसूति, बच्चे का जन्म।
Accoucheur (अकूशर) *n.* प्रसव सहायक, प्रसावक, दाई।
Accountability (ऍकाउन्टेबिलिटि) *n.* दायित्व, जवाबदेही।
Accountancy (एकाउन्टेन्सी) *n.* लेखा विद्या, लेखा शास्त्र, लेखा कर्म।
Accountant (ऍकाउन्टेन्ट) *n.* बड़ा मुनीम, लेखाकार, लेखापाल।
Accretion (आक्रीशन) *n.* उपचय, अभिवृद्धि, निरंतर संबद्धता।
Accubation (अक्युबेशन) *n.* करवट लेटना।
Acculturation (ऐक्कलचरेशन) *n.* संस्कृति संक्रमण, परसंस्कृतिग्रहण।
Accumulation (आक्युम्यूलेशन) *n.* ढ़ेर, संचय जमाव।
Accuracy (आक्यूरासि) *n.* यथार्थता, परिशुद्धता।
Accusation (आक्यूजेशन) *n.* अभियोजन, इल्जाम, दोषारोपण।
Accusative (आक्यूज़ेटिव) *n.* दोष लगानेवाला, कर्म कारक, द्वितिया विभक्ति।
Accusatively (आक्यूज़ेटिवलि) *adv.* कर्मकारक में।
Accuser (आक्यूज़र) *n.* किसी पर दोष लगाने वाला, अभियोक्ता।
Accustom (ऍकस्टम) *v.t.* आदत डालना, आदी होना, अभ्यस्त बनाना।
Ace (ऍस) *n.* इकाई, इक्का (ताश का), पासा, अल्प मात्रा, बाल भर की चौड़ाई।
Acedia (ॲसीडिॲ) *n.* थकान, आलस्य, जड़ता।
Aceldama (ऍसलडामा) *n.* खूनी अथवा बूचड़खाने का दृष्य।
Acerbity (ऍसर्बिटी) *n.* तीक्ष्णता, कसैलापन, रुक्षता।
Acescence, Acescency (एससेंस-सेंसी) *ns.* खट्टा होने या अम्लत्व की प्रकृति।
Acetylene (आसेटिलीन) *n.* एक गैस जिसके जलने पर श्वेत प्रकाश निकलता है।
Acharnement (ॲकार्नमेंट) *n.* हत्या करने की लालसा।
Achates (अशेट्स) *n.* एक वफादार साथी।
Achievement (एचीवमेन्ट्) *n.* कोई बड़ा काम, कार्यसिद्धि, उपलब्धि, लब्धि, निष्पत्ति, कार्य संपादन।
Acidification (आसिडिफिकेशन) *n.* अम्लीकरण, अम्लीभवन।
Acidity (एसिडिटि) *n.* खट्टापन, अम्लता।
Acknowledgement (आकनालेजमेन्ट) *n.* स्वीकृति, मंजूरी, पावती।
Acme (ऑक्मि) *n.* सबसे ऊँची चोटी, पराकाष्ठा, चरमोन्नति, हद।
Acne (ऑक्नि) *n.* मुँहासा, डोंडसा।
Acolyte (ऑकॅलाइट) *n.* अनुचर, वेदी सेवक, एक परिचारी, चर्च के पादरी का कनिष्ठ परिचारी अधिकारी।

Aconite (एकूनाइट) *n.* कुचला, मोहरी।
Acorn (एकॉर्न) *n.* बंजफल, बंजफल का प्यालेनुमा भाग।
Acorn-shell (ऐकॉर्न शैल) *n.* ऐकॉर्न कवची (जंतु)।
Acorus (ऐकॉरस) *n.* ऐकोरस पौधा।
Acosmism (ओकॉस्मिज्म) *n.* संसार का अस्तित्व अस्वीकार करने का सिद्धान्त, अविश्ववाद।
Acotyledon (आकाटिलेडन) *n.* अबीजपत्र।
Acoustics (आकाउस्टिक्स) *n.* ध्वनि विज्ञान, ध्वनिगुण।
Acquaintance (आक्वेंटेंस) *n.* परिचय जान-पहचान, परिचित, मुलाकाती, ज्ञान।
Acquainted (आक्वेंटेड) *n.* परिचित, जाना हुआ।
Acquest (ऐक्वेस्ट) *n.* अपने आप ली हुई वस्तु, स्व अर्जित, सम्पत्ति, लाभ।
Acquiescence (आक्विसेन्स) *n.* मौन सम्मति, मौन स्वीकृति।
Acquirement (आक्वायरमेन्ट) मेहनत अथवा अभ्यास से प्राप्त की हुई विद्या, शिल्प अथवा शक्ति, योग्यता, उपार्जन।
Acquisition (आक्विजिशन) *n.* प्राप्ति, लाभ, अर्जन, अधिग्रहण, उपलब्धि।
Acquittal (आक्विटल) *n.* अभियोग से छुटकारा, विमुक्ति, रिहाई, दोषमुक्ति।
Acquittance (आक्विटान्स) *n.* रिहाई, विमुक्ति, भुगतान।
Acre (एकर) *n.* वर्ग गज भूमि।
Acreage, *n.* क्षेत्रफल, रकबा, भू-संपत्ति, भूमि की एकड़ में नाप।
Acreage (ऐकरेज) *n.* क्षेत्रफल (एकड़ों में), रकबा।
Acridity (आक्रिडिटि) *n.* तीखापन, कड़वापन, उग्रता, तिक्तता।
Acrimony (आक्रिमनि) *n.* रुखाई, उग्रता, कटुता।
Acrobat (आक्रोबाट) *n.* रस्से पर नाचने वाला, नट।
Acrobatism (आक्रोबाटिज्म) *n.* कलाबाजी, बाज़ीगरी।
Acrogen (अॅक्राजन) *n.* एक ऐसा पानी का पौधा जिसमें बढ़ने का तना ऊपर होता है।
Acromania (एक्रोमैनिया) *n.* असाध्य पागलपन।
Acropolis (ऐक्रोपोलिस) *n.* एथेन्स् का दुर्ग।
Across (आक्रास) *prep adv.* बीच से होते हुए आर-पार, एक ओर से दूसरी ओर टेढ़ा, तिरछा।
Acrostic (आक्रास्टिक) *n.* ऐसी कविता जिसमें पहला अक्षर या शब्द किसी दिए हुए शब्द अथवा गद्य से सिलसिलेवार लिया गया हो।
Acrotism (आक्राटिज़्म) *n.* स्पंदहीनता।
Actinism (आक्टिनिज्म्) *n.* प्रकाश रसायन क्रियाशीलता।
Actinium (आक्टिनियम) *n.* रासायनिक तत्व, परमाणु क्रमांक।
Actinometer (ऐक्टिनोमीटर) *n.* सूर्य की किरणों की रासायनिक शक्ति नापने का यंत्र।
Actinotherapy (ऐक्टिनोथेरॉपि) *n.* सूर्य की किरणों द्वारा रोग की चिकित्सा।
Action (एक्शन) *n.* कार्य, कृति, साहसिक क्रिया, युद्ध, व्यापार, मुकदमा।
Activity (ऐक्टिविटि) *n.* (*pl.*) फुर्ती, तेजी, कार्यदक्षता, तत्परता, चपलता।
Actor (ऍक्टर) *n.* नाटक का पात्र।
Actress (*fem.*) (ऍक्टरेस) *n.* अभिनेत्री, नटनी।
Actualist (आक्चुअलिस्ट) *n.* वस्तुवादी।
Actuality (आक्चुआलिटी) *n.* वास्तविकता, यथार्थता, सत्यता।
Actuary (आक्चुअरि) *n.* मुंशी, रजिस्ट्री करनेवाला अधिकारी।
Actuation (आक्चुएशन) *n.* प्रेरण, गति, प्रवर्तन।
Acuity (आक्युइटि) *n.* तीक्ष्णता, तेजी।
Acumen (आक्यूमेन) *n.* बुद्धि की प्रखरता; चतुरता; तीक्ष्णता।
Acuteness (आक्यूटनेस) *n.* चालाकी, चतुरता।
Adage (आडऐज) *n.* कहावत।
Adam (ऑडम) *n.* आदम।
Adamant (अडामान्ट) *n.* वज्र, हीरा।
Adaptability (आडाप्टेबिलिटी) *n.* अनुकूलन-शीलता, अनुकूलनीयता,
Adaptation (आडाप्टेशन) *n.* अनुकूलन।
Addendum (आडेन्डम) *n.* जोड़, परिशिष्ट।
Adder (आडर) *n.* जोड़ने वाला, विषैला साँप, ऐडर सर्प।
Adders Worl (ऑडर्स वॉर्ल) *n.* विष उतारने की वनस्पति।
Addictedness (अडीक्टिडनेस) *n.* व्यसनीयता, लतीपन।
Addiction (आडिक्शन) *n.* आसक्ति, लत, व्यसन।
Addition (आडिशन) *n.* जोड़ने की क्रिया, योग, जोड़ाई, संयोजन, वृद्धि, परिवर्धन, जोड़।
Addleplot (आडलप्लोट) *n.* किसी षडयंत्र को असफल करने वाला।

Address (आड्रेस) *v.t.* निवेदन करना, व्याख्यान देना। *n.* पत्र का पता, व्याख्यान, बोलने का ढंग, संबोधन।
Addressee (आड्रेसी) *n.* वह व्यक्ति जिसको पत्र भेजा जाय, पत्र पाने वाला।
Adduction (आडक्शन) *n.* अभिवर्तन।
Adenectomy (ॲडीनैक्टोमि) *n.* ग्रन्थिकर्तन।
Adeno (ॲडिनो) *n.* ग्रन्थि, गिल्टी।
Adenoids (एडेनॉइड्स) *n. pl.* ग्रंथ्याभ, कंठशूल।
Adeptness (आडेप्टनेस) *n.* कुशलता।
Adequacy (आडीक्वासि) *n.* पर्याप्तता, विपुलता।
Adherer, *n.* (आडहियरर्) अनुचर, सेवक।
Adherence (आडहेरेन्स) *n.* प्रेम, भक्ति, स्थिरता।
Adherent (आडहिरेन्ट) *n.* सहायक, अनुचर, साथी।
Adhesion (आइहीज़न) *n.* अवलम्ब, निष्ठा, लगाव।
Adhesive (आडहीसिव) *adj.* चिपकने वाला, आसंजक, चिपचिपा।
Ad hoc (ऐडहॉक) तदर्थ।
Adiantum (ऐडिएन्टम) *n.* प्रथम बार के केश।
Adiaphorous (ऐडियाफोरस्) *adj.* तटस्थ, उदासीन।
Adieu (आड्यू) *int n.* अलविदा, विदा, विदाई।
Adipsia (एडिपॅसिऑ) *n.* प्यास का पूर्ण अभाव।
Adit (आडिट) *n.* प्रवेश, पहुँच, रास्ता, प्रवेश पथ, खनि मुख।
Adjacency (आड्जेसन्सि) *n.* संलग्नता, निकटता।
Adjournment (आजर्नमेन्ट) *n.* निर्णय, फैसला, निपटारे का स्थगन।
Adjudge (आजज) *v.t.* न्याय निर्णय देना, विनिर्णय देना, दंडित करना।
Adjudgement (आजजमेन्ट) *n.* पंचाट, निर्णय, न्यायनिर्णय, फैसला, सजा।
Adjudication (आजूडिकेशन) *n.* निर्णयादेश, न्याय निर्णय।
Adjudicator (आजूडिकेटर) *n.* न्यायाधीश, फैसला सुनाने वाला, निर्णायक।
Adjunct (आजंक्ट्) *n.* मिला हुआ, जुटा हुआ, अनुबद्ध, अनुलग्न।
Adjuration (आजूरेशन्) *n.* कसम, अभिशपथ, अनुनय।
Adjustment (आडजस्टमेन्ट) *n.* समायोजन, निपटारा, तालमेल।
Adjutage (आजूटेज़) *n.* नली में एक पतला छेद जिसमें से पानी बिना रुकावट निकल सके।
Adjutancy (आजूटेन्सी) *n.* एडजुटेन्ट का कार्यालय।
Adjutant (आजूटेन्ट) *n.* सेना में का एक अफसर जा मेजर का सहायक होता है, एक प्रकार का सारस पक्षी।
Adjutant-general (आजूटेन्ट जनरल) *n.* सहायक जनरल, सहायक सेनाध्यक्ष।
Admeasurement (आडमेज़रमेन्ट) *n.* नाप, आवंटन, विभाजन।
Administration (आडमिनिस्ट्रेशन) *n.* सरकार, सार्वजनिक कार्यों का प्रबंध, शासन, मंत्रीमंडल।
Administrator (आडमिनिस्ट्रेटर) *n.* प्रशासक, प्रबंधक, प्रशासनाधिकारी, प्रबंधकर्त्ता।
Administratorship (आडमिनिसट्रेटरशिप) *n.* प्रशासक पद (कार्यालय)।
Administratrix (आडमिनिसट्रेट्रिक्स) *n.* प्रबन्ध-कत्री।
Admiral (आडमिरल्) *n.* जलसेना विभाग का सबसे बड़ा पदाधिकारी, जहाजी बेड़े का अध्यक्ष।
Admiralship (ऐडमिरलशिप्) *n.* ऐडमिरल का पद, उसके अधिकार।
Admiralty (ऐडमिरल्टि) *n.* नौ सेना विभाग, नौ सेना अधिकरण।
Admiration (आडमीरेशन) *n.* प्रशंसा।
Admission (आडमिशन) *n.* प्रवेश, पहुँच; भरती; स्वीकरण, स्वीकृति, पावती।
Admittance (आडमीटान्स) *n.* प्रवेश, प्रवेश्यता, प्रवेश योग्यता।
Admonition (आडमोनिशन) *n.* चेतावनी, भर्त्सना, फटकार।
Adnoun (आडनाउन) *n.* संज्ञात्मक विशेषण।
Ado (आडू) *n.* गड़बड़, कष्ट, उपद्रव, तरद्रव, झमेला।
Adobe (एडोब) *n.* कच्ची ईंट।
Adolescence (आडोल्सेन्स्) *n.* किशोरावस्था, यौवन, जवानी।
Adonis (आडोनिस्) *n.* ऐडोनिस (ऐफ्रोडाइट का प्रिय तरुण) सुंदर जवान, छैला।
Adoption (आडॉप्शन्) *n.* गोद लेने का कार्य अथवा संस्कार, दत्तक ग्रहण।
Adoptive (आडॉप्टिव्) *adj.* दत्तकी, दत्तक।
Adorable (आडोरेबल) *adj.* पूजनीय, पूज्य, आराध्य।
Adoration (आडोरेशन्) *n.* आराधना, श्रद्धा, पूजा।
Adorer (अडोरर्) *n.* पुजारी, भक्त, प्रेमी, आराधक।
Adornment (आडार्नमेन्ट) *n.* आभूषण, श्रृंगार, सजावट।

Adroitness (ऐड्राइटनेस) *n.* दक्षता, कुशलता, चतुराई।

Adulation (आड्यूलेशन) *n.* चापलूसी, खुशामद, चाटुकारी।

Adulator (आड्यूलेटर) *n.* खुशामदी, चाटुकार, चापलूस।

Adult (आडल्ट) *n.* & *adj.* यौवन प्राप्त पुरूष, युवा (बालिग)।

Adulthood (आडल्टहुड) *n.* वयस्कता, प्रौढ़ता।

Adulterant (आडलटरेन्ट) *adj.* वह पदार्थ जिसकी मिलावट की गई हो।

Adulterer (आडल्टरर्) *n.* परस्त्रीगामी।

Adulteress (आडल्टरैस) *n.* परपुरुषगामिनी, जारिणी।

Adulterous (आडल्टरस्) *adj.* व्यभिचारी, जारकर्म संबंधी।

Adultery (आडल्टरी) *n.* अन्यगमन, व्यभिचार, परस्त्री या परपुरुष गमन (छिनारा)।

Adumbral (आडम्बरल) *adj.* छायामय, छायादार।

Adumbrant (आडम्बरेन्ट) *adj.* हल्की छाया वाला।

Adumbration (आडम्ब्रेशन्) *n.* रूपरेखा, पूर्वाभास, आच्छादन।

Adumbrative (आडम्ब्रेटिव) *adj.* छाया रूप में दिखने वाला।

Adust (आडस्ट) *adj.* जला हुआ, झुलसा हुआ, अधिक गर्मी वाला, शरीर में अथवा खून में गर्मी या खुश्की।

Advanced (आड्वान्समेन्ट) *adj.* उन्नति, प्रगतिशील, अग्रवर्ती।

Advancement (आड्वान्समेन्ट) *n.* प्रगति, उन्नति, तरक्की।

Advantage (आड्वानूटेज्) *n.* लाभ, मुनाफा, महत्व, सुविधाजनक, अवसर, टैनिस के खेल में (टैनिस में पॉइंट के बाद जीता हुआ पॉइंट), अनुकूल स्थिति।

Advantageous (आडवान्टेजस) *adj.* लाभ-दायक, सुविधाजनक, उपकारी।

Advent (आडवेन्ट) *n.* आना, जैसे किसी विशेष व्यक्ति या अवसर का आना या होना, आगमन, ईसामसीह का आगमन, बड़े दिन के पूर्व चार सप्ताह।

Adventitious (आडवेंटिशस्) *adj.* आकस्मिक, अनिश्चित, अनित्य, अनुषंगिक, बाहरी।

Adventure (ऑडवेन्चर) *n.* साहसिक कार्य, संकट-युक्त कार्य। *v.i.* साहसिक कार्य करना।

Adventurous (आडवेन्चुरस) *adj.* दुस्साहसिक, जोखिम भरा।

Adventurously (ऑडवेन्चुरसली) *adv.* दुस्साहस से।

Adverbial (आडवर्बिअल) *adj.* क्रिया विशेषण संबंधी।

Adversaria (ऐडवरसरीअ) *n. pl.* विविध लेखों का संग्रह।

Adversary (आडवर्सेरि) *n.* विरोधी, प्रतिपक्षी, विपक्षी।

Adverse (ऑडवर्स) *adj.* विरुद्ध, खिलाफ, हानिकारक, विपरीत।

Adverseness (आडवर्सनेस) *n.* प्रतिकूलता।

Adversity (आडवर्सिटि) *n.* विपत्ति, दुर्भाग्य, गरीबी।

Advertence (आडवर्टेन्स) *n.* ध्यान, सावधानी।

Advertent (एडवर्टेन्ट) *adj.* सावधान, चौकस, सतर्क।

Advertisement (एडवर्टिजमेन्ट) *n.* समाचार पत्र कानूनी इश्तहार, में विज्ञापन, प्रचार।

Advice (आडवाइस्) *n.* (*in. pl.*) उपदेश, सलाह, मशवरा, मंत्रणा, परामर्श, समाचार, व्यावहारिक सूचना, दूर का समाचार, ज्ञापन, विज्ञप्ति, जानकारी।

Advisability (आडवाइजेबिलिटि) *n.* औचित्य।

Advisory (आड्वाइजरि) *adj.* उपदेशक, समझाने वाला, परामर्शदायी।

Advocacy (आडवोकेसी) *n.* वकालत, समर्थन, हिमायत।

Advocate (आडवोकेट) *n.* अधिवक्ता, वह वकील जो हाईकोर्ट (उच्च न्यायलय) में वकालत कर सके, सलाहकार, बहस करने वाला। *v.t.* किसी के पक्ष का समर्थन करना, वकालत करना।

Advowson (ऑडवोज़न) *n.* संरक्षक नियुक्त करने का अधिकार।

Adynamia (ऐडाइनेमिॲ) *n.* किसी रोग के कारण उत्पन्न हुई दुर्बलता।

Adytum (आडिटम) *n.* पूजा का स्थान, मन्दिर, वह पवित्र स्थान जहाँ कोई न जा सके, पुराने गिरजो और मन्दिरों में वह गुप्त स्थान जिसे बहुत ही पवित्र समझा जाता था, गर्भगृह, गुप्त कक्ष।

Aegis (ईजिस्) *n.* छत्रछाया, संरक्षण, तत्वावधान।

Aegrotat (ईग्रोटैट) *n.* डॉक्टर का प्रमाण-पत्र

जिसमें यह प्रमाणित किया गया हो कि व्यक्ति हाजिर होने लायक नही है।

Aeon (इयन) *n.* कल्प, युग, अनन्त, चिरकाल।

Aerate (इरेट) *v.t.* दूसरी किसी वस्तु या गैस में वायु या गैस भरना या मिलाना, खून में आक्सीजन पहुँचाना, वायु में रख कर साफ करना।

Aerial (इरीअल्) *adj.* वायु संबंधी, काल्पनिक, हवाई, ऊँचा, उन्नत। *n.* बिना तार का तारवर्की (रेडियो) का धारा-प्रवाहक तार।

Aerobatics (एअरोबीटिक्स) *n. pl.* हवाई करतब।

Aerodrome (एअरोड्रोम) *n.* हवाई अड्डा, विमान क्षेत्र।

Aeronaut (एअरोनॉट) *n.* गुब्बारे में बैठकर उड़ने वाला मनुष्य, विमान विद्या को जानने वाला, वायुपोत चालक।

Aeronautics (एअरोनॉटिक्स्) *n.* हवाई जहाज चलाने की विद्या, वैमानिकी।

Aeroplane (एअरोप्लेन्) *n.* हवाई जहाज, विमान।

Aerostat (एअरोस्टाट) *n.* गुब्बारा, हवाई जहाज।

Aerostatics (एअरोस्टिटिक्स्) *n.* वायु का भार या समत्तोलन जानने की विद्या।

Aesthetics (ईसथेटिक्स) *n.* ललित कला अथवा सौंदर्य कला के सिद्धांत में रुचि, सौंदर्य-शास्त्र।

Aestival (ईस्टिवल) *adj.* ग्रीष्म-ऋतु संबंधी।

Aetiology (ईटिआलॉजि) *n.* कारण विज्ञान, रोग हेतु विज्ञान।

Affectation (अफेक्टेशन) *n.* चोचलेबाजी, बनावट, नखरा, दिखावा।

Affection (अफेक्शन) *n.* प्रेम, अनुराग, स्नेह, शारीरिक अथवा मानसिक रोग।

Affiance (अफ़िआन्स) *n.* विवाह के लिए वचन (सगाई), वरदान। *v.t.* विवाह के लिए वचन देना।

Affiant (अफ़िआंट्) *n.* शपथ पत्र देने वाला।

Affidavit (ऑफिडेविट्) *n.* किसी न्यायाधीश को शपथ लेकर लिखित में देना, शपथ पत्र, हलफनामा।

Affiliate (अफ़िलेट) *v.t.* पालट बनाना, गोद लेना, मिलाना, किसी सभा का सभासद बनाना।

Affiliation (ऑफ़िलिएशन) *n.* गोद की रस्म, किसी को दूसरी संस्था के अधीन करना, संबंधन, शाखा स्वीकृति।

Affinity (आफिनिटि) *n.* दाम्पत्य संबंध, वैवाहिक या खून का संबंध, समानता।

Affirmation (अफ़र्मेशन) *n.* अभिवचन, प्रतिज्ञा, दृढ़ कथन, उक्ति।

Afflict (आफ्लिक्ट्) *v.t.* दुख देना, पीड़ा देना, परेशान करना, नीचा दिखाना, सताना।

Affliction (ऐफ्लिक्शन) *n.* विपत्ति, वेदना, विपदा, दुख।

Affluent (एफ्लुऐन्ट) *adj.* धनवान, दौलतमंद, समृद्ध। *n.* सहायक नदी।

Afflux (ऑफ़्लक्स) *n.* एक केन्द्र की ओर प्रवाह।

Afforce (ॲफॉस) *v.t.* अधिक शक्तिवान बनाना, मज़बूत करना।

Afford (ऑफोर्ड) *v.t.* उत्पादन करना, व्यय करना, बेच सकना, पैदा करना, क्षमता रखना, सामर्थ्य रखना।

Afforestation (अफॉरिस्टेशन्) *n.* वृक्षारोपण।

Affranchise (आफ़्रन्चाइज़्) *v.t.* दासता से मुक्त करना, मताधिकार देना।

Affray (आफ्रे) *n.* कलह (झगड़ा), बलवा (दंगा)।

Affusion (आफ्यूज़न) *n.* नामकरण संस्कार (बपतिस्मा) में शरीर पर जल छिड़कने का कार्य।

Afghan (अफगान) *n.* अफ़गानिस्तान का रहने वाला, खान।

Aflame (ऍफ्लेम) *adv.* ज्वलंत, प्रज्जवलित, दहकता हुआ।

Afloat (अफ्लाट) *adv.* बहते हुए, समुद्र तल पर तैरते हुए।

Afoot (अफूट्) *adv.* हिलता हुआ, जारी, पैदल।

Aforesaid (अफोरसेड) *adj.* पहले कहा हुआ।

Afraid (आफ्रेड्) *adj.* डरा हुआ, त्रस्त, भयभीत।

Aframe (अफ्रेम) *n.* उलटे की शक्ल का ढाँचा या मकान।

Afrit (अफ्रिट) *n.* अरब देश की पौराणिक कथाओं में वर्णित राक्षस।

Aftercare (आफ्टर केयर) *n.* मरीज की आपरेशन के बाद की देखभाल।

After-crop (आफ्टर क्रॉप) *n.* उत्तर शस्य, (एक ही वर्ष में होने वाली) दूसरी, फ़सल।

After-math (आफ्टर माथ) *n.* उत्तर घास (घास की दूसरी कटाई), परिणाम।

Afterpains (आफ्टरपेन्स) *n.* बच्चों के जन्म पर होने वाला दर्द।

Agamic (ॲगैमिक) *adj.* बिना विपथ भोग के जन्म देने योग्य जैसा कुछ कीड़े मकोड़ों में होता है।

Agamous (आगॉमस) *adj.* बिना जनेन्द्रियों का।

Agaric (ऐगॅरिक) *n.* रात को अधिक पसीना आने की बीमारी के लिए एक औषधि।

Agaze (अॅगेज) *adv.* घूरते हुए, टकटकी लगाकर देखते हुए।

Age (एज्) *n.* जीवन काल, बालिग युग, (ऐतिहासिक समय) पीढी, जीवनावधि, काल, युग, दीर्घ अवधि, पीढ़ी, शताब्दी। *v.t.* & *i* वृद्धावस्था को प्राप्त होना।

Agency (एजेन्सी) *n.* एजेन्ट का कार्यालय।

Agenda (आजेन्डा) *n. pl.* कार्यक्रम, कार्यसूची।

Agent (एजेन्ट) *n.* कार्यकर्ता, प्रतिनिधि, उपयुक्त साधन, दूसरे के लिए कार्य करने वाला, आढ़ती, कोई शक्ति जिसमें किसी पदार्थ में तबदीली लाने की शक्ति हो, जिसके द्वारा कुछ करवाया जाता है, जो दूसरों के लिए व्यापार करता हो जैसे कारिन्दा, सफर करने वाला कारिन्दा।

Agglomeration (आग्लोमरेशन) *n.* समुदाय, ढेर।

Agglomerative (आग्लोमरेटिव) *adj.* पुंजीय, सपिंडी, पिंड संबंधी।

Agglutination (आग्लूटिनेशन) *n.* भागों का जुड़ना या चिपकाना। **Agglutinative,** *adj.* चिपचिपा।

Aggrandize (आग्रीन्डाइज) *v.t.* मान, पदवी अथवा धन बढ़ाना, उन्नति करना, फैलाना, बढ़ा-चढ़ाकर कहना, प्रशंसा करना।

Aggravate (आग्रेवेट) *v.t.* तीव्र करना, उत्तेजित करना, घबराना, निकृष्ट करना, भारी करना, चिढ़ाना।

Aggravation (आग्रावेशन) *n.* उग्रता, उत्तेजना, छेड़छाड़।

Aggravator (आग्रावेटर) *n.* उत्तेजित करने वाला, भड़काने वाला।

Aggregate (आग्रिगेट्) *v.t.* एकत्रित करना, इकट्ठा करना। *adj.* इकट्ठा किया हुआ। *n.* समूह,

Aggression (आग्रेशन) *n.* पहला आक्रमण (चढ़ाई), पहला हमला जिससे लड़ाई शुरू हो जाए।

Aggressive (आग्रेसिव) *adj.* पहले चढ़ाई या आक्रमण करने वाला।

Aggrieve (आग्रीव) *v.t.* दुख देना, किसी के हक को नुकसान पहुँचाना।

Aghast (ऍगास्ट्) *adj.* भय से डरा हुआ, भय से चकित अथवा हक्का-बक्का।

Agile (ऐजाइल) *adj.* चंचल, चपल, कार्यशील, फुर्तीला, जल्दी करने वाला।

Agility (ऍजिलिटि) *n.* शीघ्रता, फुर्ती, दक्षता।

Agiotage (ऍजिओटेज) *n.* विनिमय व्यापार।

Agitation (ऍजिटेशन्) *n.* आन्दोलन, खलबली।

Agitator (ऍजिटेटर्) *n.* आंदोलनकारी।

Aglet (आग्लेट्) *n.* फीते या लेस के किनारे पर लगाने की धातु की नोक जिसे पुराने ज़माने में कपड़ों पर लगाया जाता था।

Agnail (आग्नेल) *n.* सुतरा (नख) का उखड़ना, गलका, पैर की अँगुली का गोखरू या घट्टा।

Agname (आग्नेम) *n.* नाम व कुल नाम से भिन्न इतरनाम। **Agnamed,** *adj.* इतरनामी।

Agnate (आग्नेट) *n. adj.* एक ही पिता से उत्पन्न पुत्र, सगोत्री।

Agnostic (आग्नॉस्टिक) *n.* अज्ञेयवादी, अज्ञेयवाद।

Agnosticism (आग्नॉस्टिसिज्म) *n.* ऐसा सिद्धांत।

Agog (एगॉग) *adv.* गतिमान, आतुर, उत्सुक, उत्तेजित।

Agonist (एगनिस्ट) *n.* मल्लयुद्ध में भाग लेने वाला।

Agonistics (ऐगॅनिसटिक) *n.* व्यायाम का शास्त्रीय अध्ययन।

Agony (ऍगानि) *n.* पराकाष्ठा, यातना।

Agoraphobia (आगॅराफोबिया) *n.* बाह्य भीति (खुले स्थान का डर), विवृति भीति।

Agrarian (एग्रेरिअन्) *adj.* भूमि संबंधी, क्षेत्रिक, कृषिक, भू-वितरणात्मक।

Agreement (एग्रीमन्ट) *n.* सहमति, समानता, (क़ानून), राजीनामा, करार।

Agrestic (एग्रेस्टिक) *adj.* ग्रामीण, देहाती।

Agriculture (एग्रिकल्चर) *n.* कृषि, खेती, खेती बाड़ी।

Agriculturist (आग्रिकल्चरिस्ट) *n.* खेतिहर, किसान, कृषक।

Agrology (अग्रौलजी) *n. esp* कृषि संबंधी विज्ञान।

Agronomy (अग्रौनमी) *n.* ग्रामीण व्यवस्था।

Agrostography (ऐग्रास्टॉग्राफि) *n.* घासों का वैज्ञानिक वर्णन।

Ague (ऐग्यू) *n.* एक प्रकार का मलेरिया बुखार जो कुछ दिन छोड़कर फिर जाड़ा लगकर हो जाता है, शीत ज्वर।

Ahimsa (अहिंसा) *n.* अहिंसा

Aid (एड्) *v.t.* सहायता करना, सहारा देना। *n.* सहायता, मदद।

Aider (एडेअर्) *n.* सहायक।

Aide (एडी) *n.* सहायक।
Aids (एड्ज) एड्ज एक घातक बीमारी है जो प्रायः असुरक्षित लैंगिक सम्पर्क, दूषित रक्त व इंजेक्शन की सुई से फैलता है।
Aiglet (एगूलेट) *n.* घुंडी, झालर, छोटा बाज पक्षी।
Aigrette (आएग्रेट) *n.* आग्रेट बगुला, आग्रेट की कलगी, परों का गुच्छा।
Aiguille (ऐंग्यूले) *n.* एक पतला छेद करने का औजार, बरमा, पहाड़ियों की नुकीली चोटियाँ।
Ail (ऐल) *v.t.* & *i.* पीड़ा या व्यथा का होना, कष्ट में होना।
Ailment (एलमेन्ट) *n.* कठिनाई, बीमारी, रोग, अस्वस्थता।
Aileron (एलरॉन) *n.* हवाई जहाज़ के पीछे की ओर की पतवार।
Aimless (एमलैस) *adj.* निरूद्देश्य, लक्ष्यहीन।
Air attack (एयर अटैक) हवाई हमला।
Air-baloon (एयर बैलून) *n.* हवा का गुब्बारा।
Air-base (एयर बेस) *n.* हवाई अड्डा।
Airbath (एयरबाथ) *n.* वायु द्वारा सुखाने का यन्त्र।
Air bladder (एयर ब्लेडर) *n.* हवा से भरी थैली।
Airborne (एयरबोर्न) *adj.* वायुवाहित, विमान-वाहित।
Air castle (एयर कैसल) *n.* हवाई किले, ख्याली पुलाव।
Air chamber (एयर चैम्बर) *n.* वायु कोष्ठ।
Air Condition (एअर कंडीशन) *n.* वातानुकूलित करना।
Aircraft (ऐंयरक्रॉफ्ट) *n.* वायुयान, हवाई जहाज़।
Air-gun (ऐंअर गन) *n.* हवाई बंदूक, वायुदाब चालित बंदूक।
Air-liner (ऐंअर लाइनर) *n.* यात्री विमान, बड़ा यात्री वायुयान।
Airplane (ऐंअरप्लेन) *n.* वायुयान, विमान, हवाई जहाज़।
Air-pocket (ऐंअर पॉकेट) *n.* हवा की घुमेर जो अचानक हवा के ठंडा होने पर नीचे की ओर आने से उत्पन्न हो।
Air-pump (ऐंअर पंप) *n.* एक यंत्र जिसके द्वारा किसी बर्तन की हवा निकाली जाए।
Air screw (ऐंअर स्क्रयू) वायुयान का संचालक (पंखा)।
Airship (ऐंअरशिप) *n.* एक प्रकार का वायुपोत
Aitchbone (एचबोन) *n.* पुट्ठे की हड्डी, हड्डी सहित पुट्ठे का माँस।
Akimbo (ऐंकिम्बो) *adv.* कमर पर हाथ रखे हुए, कूल्हे पर हाथ टिकाए हुए।
Alacrity (अलेंकरिटि) *n.* प्रसन्नता; उत्सुकता; शीघ्रता।
Alarm (आलर्म) *n.* युद्ध की चेतावनी, खतरे की घंटी, भयध्वनि (आशंका), भोंपू या निद्रा से जगाने का यन्त्र। *v.t.* खतरे की चेतावनी देना।
Alas (अलॉस) *inter.* दुःख, दया आदि सूचक अव्यय, हाय! अरे! आह! ओह! ओफ़।
Albacore (ऐल्बाकोर) *n.* ऐल्बेकोर (मछली)।
Albatros (आल्बाट्रॉस) *n.* अधिकतर दक्षिणी समुद्र में पाई जानेवाली झिल्लीदार पैरों वाली एक बड़ी चिड़िया।
Albeit (ऑल्बीट) *conj.* अगर्चे, यद्यपि।
Albescent (ऑल्बिसेंट) *adj.* श्वेतायान, रंगहीन।
Albino (आल्बिनो) *n.* सूरजमुखी, श्वेत केश और चमड़ी वाला मनुष्य या अन्य जीव जिसकी आँखें गुलाबी होती हैं।
Alburnum (ऐल्बर्नम) *n.* रस दारू।
Alchemist (आल्किमिस्ट) *n.* कीमियागर।
Alchemy (आल्केमी) *n.* कीमियागिरी, रसायन विद्या।
Alcohol (ऑल्काहॉल) *n.* मद्यसार, शराब।
Alcoholic (ऑल्कहॉलिक) *adj.* मद्यसार सम्बंधी, सुरासार।
Alcoholize (ऑल्काहॉलाइज़) *v.t.* मद्यसार में परिणित करना।
Alcove (ऑल्कोव) *n.* दीवार में बना हुआ मेहराबदार आला, लता भवन।
Alembic (ऐंलंबिक) *n.* भभका।
Alength (अलैंथ) *adj.* पूरी लम्बाई में।
Alepine (एलीपिन) *n.* ऊन तथा रेशम मिलाकर बनाया गया कपड़ा।
Alexia (एलेक्सिया) *n.* पठन अक्षमता।
Alexin (एलेक्सिन) *n.* शरीर का एक तत्व जो रोगाणुओं को नष्ट करता है।
Algae (आल्गे) *n. pl.* शैवाल, काई।
Algebra (एलजेब्रा) *n.* बीजगणित।
Alibi (आलिबि) *n.* कथित अपराधी के (घटना होने के समय) दूसरे स्थान पर होने की दलील।
Alien (ऐंलियन) *n.* भिन्न स्वभाव वाला, विरुद्ध,

परदेसी, विदेशी।
Alienation (एलीअनेशन) *n.* अपहरण, हस्तांतरण।
Alienee (एलायॅनी) *n.* सम्पत्ति के लिए नामांकित।
Align (एलॉईन) *v.t.* पंक्ति में रखना, सिपाहियों को पंक्ति में खड़ा करना।
Alignment (अलॉइनमेंट) *n.* रेल की लाइन या सड़क का मानचित्र, खड़े पत्थरों की एक पंक्ति, सीध, मिलान।
Aliment (एलिमेंट) *n.* आश्रय, पुष्टिकर, आहार।
Alimony (अलीमनी) *n.* संभरण, गुजारा, निर्वाह धन, संभृति।
Aliquot (अलीकॉट) *adj.* समभाग, अशेष भाजक।
Alive (अलॉइव) *adj.* परिपूर्ण, सजिव, चैतन्य, सचेत।
Allay (अले) *n.* शांत करना, कम कर देना।
Allegation (ऐलिगेशन) *n.* मिथ्या अभियोग, झूठी प्रतिज्ञा, बहाना अभिकथन।
Allegiance (अलीजिएंस) *n.* अपनी सरकार के प्रति राजभक्ति, वफादारी, निष्ठा।
Allegiant (अलीजियन्ट्) *n. adj.* राजभक्त।
Allegoric (अलिगॉरिक) *adj.* लाक्षणिक, रूपक संबंधी, साध्यवसाय, अन्योक्तिपरक।
Allegory (अलीगारी) *n.* अन्योक्ति, प्रतिक कथा, साध्यवसान रूपक।
Alleviation (एलिविएशन) *n.* कमी, आराम, घटाव।
Alliance (अलिअन्स) *n.* मैत्री, साम्य, जो सम्बन्ध सूत्र में बंधे हुए हों, विवाह संबंधी।
Allodial (अलॉडायल) *adj.* जायदाद का पूर्णरूप से स्वामी होना।
Allogamy (ऐलोगॅमि) *n.* परनिषेचन।
Allograph (ऐलोग्राफ) *n.* दूसरे के लिए लिखा गया लेख।
Allopathy (अलोपैथी) *n.* पाश्चात्य चिकित्सा पद्धति, एलोपेथी।
Allotment (अलॉटमेंट) *n.* बंटवारा, विभाग, बांटा हुआ भाग।
Allottee (अलॉटी) *n.* जिसको या जिसके लिए भाग रख दिया गया हो, नियतन किया हुआ, आवंटन किया हुआ, भू भाग मालिक।
Allowance (अलॉवेस) *n.* भत्ता, मंजूरी। *v.t.* नियमित परिमाण में किसी की कोई वस्तु देना।
Alloy (अलॉय) *n.* खोट, सोने या चांदी की चीज़ों में खोट की मिलावट, गुणत्व (सोने चाँदी का)।
Allude (अलूड) *v.i.* प्रकारान्तर से उल्लेख करना।
Allure (अलूर) *v.t.* प्रलोभन देना, अपनी ओर आकर्षित करना, मोहित करना।
Allusion (अलूज़न) *n.* संकेत, इशारा, निर्देश।
Alluvial (अलूवियॉल) *adj.* जलोढ़, कछारी।
Alluvion (अलूवियॉन) *n.* कछार, बालू या मिट्टी को बहाकर समुद्र या नदी जिस ज़मीन को छोड़ दे।
Alluvium (अलूविअम्) *n.* जलोढक, कछारी भूमि।
Ally (अली) *v.t.* विवाह, मित्रता, संधि, सहयोग, मिलाप आदि से संबंध स्थापित करना, मिलाना।
Alma Mater (अलमा मैटर) *n.* (मेरी श्रद्धा माता) अपने विश्व-विद्यालय के लिए विद्यार्थियों द्वारा प्रयोग किया जाने वाला एक आदरणीय शब्द।
Almanac (अलमानक) *n.* पंचाग, पत्रा, जंत्री।
Almighty (ऑलमाइटी) *adj.* सर्वशक्तिमान, अजेय।
Aloe (अलो) *n.* पादप वंश, अगरू।
Aloofness (अलूफनेस) *n.* पृथकता, अलगाव।
Aloud (अलाउड) *adv.* शोर मचाकर, ज़ोर से चिल्लाकर।
Alpaca (अलपैका) *n.* लामा जानवर जैसा घरेलू पशु या उसकी रेशमी ऊन का कपड़ा।
Alphabet (अल्फाबेट) *n.* वर्णमाला, प्रथम तत्व।
Alpine (आल्पीन) *adj.* पर्वतीय, आल्प पर्वत संबंधी।
Altar (ऑल्टॉर) *n.* बेदी, बलिदान स्थल।
Altarage (ऑल्टॉरेज) *n.* आहुति।
Alteration (ऑल्टरेशन) *n.* परिवर्तन, हेर फेर, रूपांतरण।
Altercation (ऑल्टरकेशन्) *n.* विवाद, खंडन मंडन, कलह, कहा सुनी।
Alterity (अल्टेरिटी) *n.* परिवर्तित स्थिति।
Alternate (ऑल्टरनेट) *v.t.* नम्बरवार करना, स्वेच्छा से आपस से बदलना। *adj.* क्रम से एक के बाद दूसरा।
Alternative (ऑल्टरनेटिव) *n.* & *adj.* जोड़े में से एक, विकल्प, पसन्द का अवसर।
Altimeter (ऑल्टिमीटर) *n.* तुंगतामापी।
Altitude (ऑल्टिट्यूड) *n.* ऊंचाई, उच्चता, महत्व।
Altruism (ऑल्ट्रूइज्म) *n.* परोपकार करना ही सिद्धान्त होना, परहितवाद, परार्थवाद।

Altruist (ऐलटुइस्ट) *n.* परोपकारी, निस्वार्थी।
Altruistic (ऐलटूइस्टिक) *adj.* परोपकारी।
Alum (आलम) *adj.* ऐलुमिनियम का ऑक्साइड, फिटकरी।
Alumnus (आल्युमनस) *n.* पुराना विद्यार्थी, स्नातक, भूतपूर्व छात्र।
Amalgam (अमॉलगम) *n.* पारे से मिलाई हुई धातु (विशेषकर सुवर्ण)।
Amalgamation (अमॉलगेमेशन) *n.* पारदन, अमलगमन, मिश्रण, सम्मिश्रण, संलयन।
Amaranthine (अमारंथाइन) *adj.* ऐमारंथ जैसा, अम्लान, सदाबहार।
Amass (अमास) *v.t.* जोड़ना, ढेर लगाना।
Amateur (अमेटियर) *n.* शौकिया कलाकार या खिलाड़ी, अवैतनिक, अनुयायी।
Amaurosis (ऐमॉरोसिस) *n.* दृष्टि-हीनता।
Amaze (अमेज) *v.t.* चकित करना, चकराना।
Amazon (अमेज़न) *n.* वीरांगना, रणचण्डी, अमेजनी तोता, अमेजनी चीटीं, (दक्षिणी अमरीका की), अमेजन नदी।
Ambages (अंबेजिज) *n. pl.* टाल मटोल, हेरफेर, गोरखधंधा।
Ambassador (ऐम्बेसेडर) *n.* राजदूत, दूत।
Amber (ऐम्बर) *n.* अम्बर, तृणमणि, कहुरुवा।
Ambergris (ऐम्बरग्रिस) *n.* अंबर, खुशबूदार पदार्थ।
Amberite (ऐम्बिराईट्) *n.* बिना धुवें की बारूद।
Ambidexter (ऐम्बीडेक्सटर) *adj.* दोनो हाथों से समान रूप से कार्य करने वाला।
Ambiguity (ऐमबीगिटि) *n.* अस्पष्टता, संदिग्धता, अनेकार्थता, द्विधार्थकता।
Ambiguous (ऐमबीगुअस) *adj.* अनिश्चित, सन्देहपूर्ण, अस्पष्ट।
Ambit (ऐम्बिट) *n.* चक्र, मंडल, विस्तार।
Ambition (ऐमबीशन) *n.* सफलता प्राप्त करने के निमित्त उत्कट लालसा, अभिलाषा, आकांक्षा।
Ambitious (ऐमबीशियस) *adj.* शक्ति संगठन (ताकत) की अधिक लालसा।
Ambrosia (ऑमब्रोजिया) *n.* अद्वितीय स्वाद का पदार्थ, सुधा, सुंगधित पेय।
Ambulance (ऑमब्यूलेंन्स) *n.* रोगियों और घायलों को ले जाने वाली चलती-फिरती गाड़ी, चलता फिरता अस्पताल।
Ambush (ऑम्बुश) *n.* सिपाहियों का आक्रमण के लिए छिपा रहना।
Ameliorate (आमॅलिओरेट) *v.t.* & *i.* सुधारना, सँवरना।
Amelioration (अमेलिओरेशन) *n.* सुधार।
Amen (आमेन्) *inter.* ऐसा ही हो, एवमस्तु, तथास्तु कहना, भवतु कहना।
Amenable (आमीनेबल्) *adj.* सुधार करना, उन्नति करना, विनम्र, वशवर्ती, आज्ञाकारी, उत्तरदायी, पराधिकारवश।
Amendment (अमेन्ड्मेन्ट) *n.* संशोधन, सुधार, दोष शोधन।
Amenity (आमेनिटि) *n.* (सहूलियत) वस्तु, स्थिति, नागरिकता, सुहावनापन, मनोहारिता।
Amenorrhoea (एमेनरीआ) *n.* स्त्रियों का मासिक धर्म बन्द होना।
Amerce (आमर्स्) *v.t.* जुर्माना करना, दण्ड देना।
Amerind (एमेरिंड) *n.* भारतीय या अमरीकी आदिवासी।
Amethyst (अमेथिस्ट्) *n.* नीले, जामनी रंग का, बिल्लौर।
Amicable (आमिकेबल्) *adj.* मित्रवत्, मैत्रीपूर्ण।
Amiss (एमिस) *adv.* & *adj.* भ्रम से, व्युत्क्रम से अशुद्ध, दोषी (अपराधी), अनुचित।
Amity (आमिटि) *n.* बन्धुत्व, मित्रता (स्नेहभाव) शुभ चिन्ता।
Ammeter (आमीटर्) *n.* धारामापी, बिजली की धारा की शक्ति नापने का एक प्रकार का यन्त्र।
Amnesia (आम्निज़िया) *n.* स्मृतिहीनता, स्मृति शक्ति का लोप।
Amnesty (आम्नेस्टि) *n.* राजक्षमा, विस्मृति, राजनीतिक अपराधियों को क्षमादान।
Amorphous (आमॉरफस्) *adj.* अव्यवस्थित, बेढंगा, अनाकार, बिना किसी विशिष्ट आकृति का।
Amphibian (आम्फ़िबिअन्) *adj.* & *n.* जलस्थली, उभयचर, जल तथा स्थल में रहने वाला प्राणी, उभयचर जन्तु।
Amphibious (ऑम्फ़िबिअस्) *adj.* जल और थल दोनों पर रह सकने वाला, (सेना में) सैनिको को जल थल द्वारा शत्रुओं के प्रदेश में प्रवेश करने से सम्बन्धित।
Ampulla (आम्प्युला) *n.* तुंबिका, दोहरी मुठिये की सुराही या झंझर।
Amputate (आम्प्यूटेट्) *v.t.* अंग विच्छेद करना।
Amputation (आम्प्यूटेशन) *n.* विच्छेदन, अंग विच्छेद।
Amuck (ऑमक्) *adv.* भ्रांति की सी स्थिति में,

पागल की भाँति।

Amulet (आमूलेट्) *adv.* रक्षा के लिए पहना हुआ यंत्र (जंत्र), तावीज़।

Amuse (एम्यूज़्) *v.t.* ध्यान आकर्षित करना, मंनोरंजन करना, जी या मन बहलाना।

Amusement (एम्यूजमेन्ट) *n.* मनोरंजन, दिल-बहलाव, मनोविनोद।

Anabaptism (आनाबाप्टिज़्म्) *n.* दुबारा नामकरण।

Anabaptist (अनाबेप्टिस्ट) *n.* जिसका दुबारा (बपतिस्मा) नामकरण हुआ है।

Anachronism (आनाक्रनिज़्म्) *n.* पुराने समय की वस्तुएं, काल गणना का भ्रम, कालदोष।

Anadromous (अँनैडरमस) *adj.* समुद्रापगामी।

Anaesthesia (आनीस्थीज़िया) *n.* असंवेदनता, संज्ञाहीनता, शरीर के किसी अंग की चेतना-शून्यता।

Anagoge (ऐनागॉज) *n.* रहस्यात्मक या लाक्षणिक व्याख्या।

Anagram (आनाग्राम्) *n.* वर्णविपर्यय, किसी शब्द अथवा वाक्य के अक्षर या शब्दों को इस प्रकार बदलना कि नए शब्द या वाक्य बन जाएँ।

Anal (एनल्) *adj.* गुदा संबंधी या गुदा के समीप का।

Analeptic (आनालेप्टिक्) *adj.* & *n.* शक्तिपूरक औषधि संबंधी, पुष्टिकर औषधि, संजीवक।

Analgesia (आनालजीज़िआ) *n.* पीड़ाशून्यता, व्यथा का अभाव।

Analogical (आनालॉजिकल्) *adj.* सादृश्यमूलक, तुल्यरूप, समान।

Analogous (आनालॉगस्) *adj.* तुल्यरूप, अनुरूप, सदृश।

Analogy (आनालॉजि) *adj.* समानता, सादृश्य, अनुरूपता, तुल्यता। **Analogical,** *adj.* तुलनीय।

Analphabet(e) (आनअल्फाबेट) *adj.* निरक्षर।

Anamorphosis (ऐनमारफॅसिस) *n.* टेढ़ी मेढ़ी वस्तु या चित्र जो विशिष्ट प्रकार से देखने पर ठीक दिखाई दे, जटिल कायान्तरण।

Anapaest (आनापाएॅस्ट) *n.* अक्षर सगण।

Anarchy (आनार्की) *n.* विधि तथा शासनहीनता, अराजकता, गड़बड़ की स्थिति, अव्यवस्था। **Anarchism,** *n.* अराजकता।

Anastomosis (आनॉसाटोमोसिस्) *n.* धमनियों, नदियों, इत्यादि का शाखा मिलन, सम्मिलन।

Anastrophe (अनैसट्रॉफि) *n.* व्युत्क्रम।

Anathema (आनाथिमा) *n.* ईश्वर का श्राप, अभिशाप।

Anatomical (आनाटॉमिकल्) *n.* शरीर रचना संबंधी, संरचनात्मक।

Anatomy (आनाटॉमि) *n.* शरीर रचना विज्ञान, शरीर की शल्य क्रिया (चीरफाड़)। **Anatomist,** *n.* शरीर रचना शास्त्री।

Ancestor (आनसेस्टर) *n.* पुरखा, पूर्व पुरुष, पितर पूर्वज।

Anchor (आंङ्कर) *n.* स्थिरक, जहाज का लंगर, सहारा, स्थिरता का साधन, संन्यासी।

Ancillary (आनूसिलारि) *adj.* अधीनस्थ, गौण, सहायक।

Ancora (ऐनकोरा) *adv.* नाटक आदि में किसी चीज़ के दोहराने की मांग, फिर से।

Andante (आनूडान्ट्) *adj.* मध्य विलंबित लय की (रचना), मध्य विलंबिता।

Andiron (आनूड्रान) *adj.* अंगाराधान।

Androphagi (ऐन्ड्रोफैगी) *n. pl.* नर भक्षक लोग।

Anear (अनिअर) *prep.* लगभग, पास पास।

Anecdote (आनेकडोट्) *n.* छोटी सी घटना का वर्णन, किस्सा, उपाख्यान।

Anemometer (आनेमॉमीटर) *n.* पवनवेग मापी, वायु की शक्ति नापने का क्षेत्र।

Anfractuous (ऐनफ्रैक्चुअस) *adj.* कठिनाईग्रस्त, पेचीदा, लहरदार।

Angary (ऐनगरि) *n.* तटस्थ देशों आदि की सम्पत्ति पर कब्जा करने का युद्ध करने वाले देशों का अधिकार।

Angel (आँङ्गल) *n.* देवदूत, उपकारक, रक्षक, अंग्रेजों का सोने का प्राचीन सिक्का।

Angle (आङ्गल्) *n.* कोण, काँटा, दृष्टिकोण, कोना।

Anglicism (आग्लिसिज़्म) *n.* आंग्लीयता, अंग्रेजी भाषा का मुहावरा।

Anglo-Indian (आँग्लो इण्डिअन) *n.* आंग्ल भारतीय।

Anglo-mania (आंग्लोमेनिया) *n.* अंग्रेजी आचरण तथा व्यवहार की अति प्रशंसा, आंग्ल उन्माद।

Anglo-phobia (आंगूलो फोबिया) *n.* अंग्रजों के प्रति वितृष्णा, नफरत, आंग्लभीति।

Anglo-Saxon (आंग्लोसाक्सन्) *adj.* नार्मन विजय के पूर्व अँग्रेज, आंग्ल सैक्सन, प्राचीन अँग्रेजी जाति का, नार्मन विजय के पूर्व अंग्रेजी भाषा।

Anigh (अनाइ) *prep.* & *adv.* समीप, निकट।

Anil (एनिल) *n.* नील का पौधा।

Aniline (ऑनिलिन्) *n.* रंगों का रासायनिक आधार।

Animadversion (अनिमॉडवर्शन) *n.* आलोचना, गुण दोष निरूपण, निन्दा।
Animadvert (ऑनिमाड्वट) *v.t.* ध्यानपूर्वक विचार करना, निन्दा करना, आलोचना करना, दोष निकालना।
Animal (आनिमल्) *n.* जन्तु (प्राणी, पशु, जीवधारी), जानवर, चौपाया।
Animalcule (ऑनिमलक्यूल्) *n.* जंतुक, अति सूक्ष्म जन्तु या प्राणी जो सूक्ष्मदर्शक यंत्र से ही दिखाई देता हो।
Animalism (आनिमलिज्म्) *n.* पाशविक चरित्र, विषय भोग, पशुधर्म, इन्द्रिय लोलुपता।
Animate (आनिमेट्) *v.t.* जीवित करना, उत्तेजित करना, सचेत करना, ढ़ाढस देना।
Animation (आनिमेशन) *n.* सजीवता, जीव प्रदान, प्रोत्साहन।
Animism (ऐनिमिज्म) *n.* आत्मावाद, आत्मा के महत्व का सिद्धांत, आध्यात्मवाद, जीववाद।
Animosity (आनिमॉसिटि) *n.* अति घृणा, शत्रुता, द्वेष, वैर भाव, विरोधपूर्ण भावना या इच्छा।
Animus (आनिमस्) *n.* द्वेष, विरोधपूर्ण भावना या इच्छा।
Anise (आनिस) *n.* सौंफ का पौधा।
Annalist (आन्नालिस्ट) *n.* इतिहास लेखक, इतिहासकार।
Annals (आन्नाल्स्) *n. pl.* वार्षिक वृत्तान्त, पूर्वकथा (इतिहास)।
Anneal (आन्नील्) *v.t.* अग्नि द्वारा पक्का करना (कड़ा करना), पानी रखना (ताव देना), तापनुशीतित करना।
Annex (आन्नेक्स्) *v.t.* मिला देना, जोड़ना, संयुक्त करना, मिलाना, लगाना।
Annexation (आनेक्सेशन्) *n.* अनुयोजन, संयोजन, लगाव, कब्जे में करना।
Annihilation (आनिहिलेशन्) *n.* सर्वनाश, पूर्ण क्षय या विनाश।
Anniversary (अनिवर्सरि) *n.* वार्षिकोत्सव, जयन्ती।
Annotation (आनोटेशन्) *n.* व्याख्या, टीका, भाष्य।
Annotator (आनोटेटर्) *n.* टिप्पणी लेखक, टीकाकार।
Announce (आनाउन्स) *v.t.* घोषणा करना, बतलाना, प्रकट करना, प्रकाशित करना।
Announcement (आनाउन्समेन्ट) *n.* घोषणा, आख्यापन, निवेदन, विज्ञापन।
Annoy (आनॉय) *v.t.* दुख देना, परेशान करना, कष्ट देना, चिढ़ाना, तंग करना।
Annual (आन्यूअल्) *adj.* सालाना, वार्षिक, एक वर्ष रहने वाली। *n.* केवल एक वर्ष तक की आयु वाला पौधा, वर्ष में एक बार छपने वाली पुस्तक।
Annuitant (आन्युटान्ट) *n.* वार्षिक वेतन या वृत्ति पाने वाला मनुष्य, वार्षिकी ग्राही।
Annunciate (आन्नूशिएँट) *v.t.* ऐलान करना, घोषणा या सूचित करना।
Annunciation (आननूशिएँशन्) *n.* ऐलान, घोषणा।
Anomalous (आनामालस्) *adj.* नियम विपरीत, अनियमित, असंगत।
Anomaly (आनामालि) *n.* असंगति, अव्यवस्था, अनियमितता।
Anon (आनॉन्) *adv.* शीघ्र, अभी, फौरन, तुरन्त, फिर से।
Anonymity (आनॉनिमिटि) *n.* गुमनामी, अज्ञात होने की अवस्था।
Anonymous (आनॉनिमस्) *adj.* गुमनाम, नामरहित, अज्ञात लेखक।
Anopheles (ऐनोफ़ैलीज़) *n.* मच्छर।
Antagonism (आन्टॉगूनिज़्म) *n.* विरोध, प्रतिरोध, बैर, शत्रुता।
Antagonist (आन्टॉगूनिस्ट्) *n.* शत्रु, प्रतिपक्षी, बैरी।
Antecedence (आन्टिसीडेन्स) *n.* अगलापन, पूर्ववत्।
Antecedent (आनटिसीडेन्ट) *adj.* पूर्ववर्ती। *n.* (*pl.*) पूर्वकालिक घटना, परिस्थिति, (ब.व.) पूर्वज।
Antechamber (आन्टिचेम्बर्) *n.* घर के भीतर जाने की कोठरी, बाहरी दालान (डेवढ़ी), बैठक, बाहरी कमरा, उप कक्ष।
Antedate (आन्टिडेट्) *v.t.* स्थिर काल से पूर्व दिनांक, पूर्व का समय, समय से पूर्व घटित होना।
Antediluvian (आन्टिडिल्यूवियन्) *adj.* विश्व प्रलय के पूर्व का, पुरानी चाल ढाल का मनुष्य।
Antenna (आनूटेना) *n.* कीड़े, पतिंगों के स्पर्शज्ञान कराने वाला, बाल, एरियल।
Anteprandial (ऐंटीप्रॉन्डियल) *adj.* रात्रि भोजन से पहले।
Anteroom (अनूटिरूम) *n.* बैठक, प्रतीक्षा कक्ष, उपकक्ष, बाहरी कमरा।

Anthelmintic (आनथेलमिन्टिक्) *n.* आँत के कीड़े निकालने की औषधि।
Anthem (आनथेम्) *n.* वंदना।
Anther (आन्थर्) *n.* परागकोश, पराग केशर रखने वाला फूल का भाग।
Anthology (आन्थॉलॉजि) *n.* संग्रह, चयनिका, गद्यावली या पद्यावली।
Anthrax (आनथ्रैक्स) *n.* गिलटी रोग, भेड़ या अन्य जानवरों को होने वाला रोग।
Anthropoid (आनथ्रोपायड्) *adj.* मानव आकार का।
Anthropology (आन्थ्रोपॉलॉजि) *n.* मानवशास्त्र, मनुष्य शरीर रचना शास्त्र।
Anthropologist, *n.* मानव शरीर रचना शास्त्री।
Anthropophagi (आन्थ्रोपोफैगी) *n. pl.* मानव-भक्षी, नरभक्षी,
Anthropophagous (आन्थ्रोपोफैगस्) *adj.* नरभक्षक, मानव भक्षी।
Anticipate (आन्टिसिपेट्) *v.t.* आशा करना, अंदाजा लगाना, पूर्व से देख लेना या जानना, आशा करना।
Anticlimax (आन्टिक्लाइमैक्स) *n.* (साहित्य में) प्रभाव को न्यून करने वाले विशेषण का प्रयोग, अपकर्ष, पराकाष्ठा की उलट।
Antidote (आन्टिडोट्) *n.* विषघ्न, प्रतिकारक, विषहर, विषनाशक।
Antilogy (ऐंटीलॉजी) *n.* परस्पर विरोध।
Antimonarchical (ऐंटीमोनॉरकिकल) *adj.* राजतंत्र विरोधी।
Anti-national (आन्टि-नेशनल्) *adj.* देशद्रोही।
Antimomy (आन्टिमनि) *n.* स्त्रोतोञ्जन, सुरमा।
Antinomy (आन्टिनमि) *n.* अधिकार विरोध।
Antipathy (आन्टिपाथी) *n.* स्वाभाविक घृणा या अनिच्छा, विद्वेष, वैरभाव, घृणाजन्य।
Antiphon (आन्टिफन) *n.* प्रतिगीत, प्रतिगान, प्रतिस्तव संगीत।
Antiphony (आन्टिफॅनि) *n.* प्रतिध्वनि, प्रतिगेय, प्रतिज्ञान।
Anitpodes (आन्टिपॅडीज्) *n. pl.* भूमण्डल के विपरीत सिरों पर रहने वाले।
Antipole (आंटिपोल) *n.* विपरीत ध्रुव।
Antipyretic (आंटिपाइरेटिक) *n.* ज्वर हटाने की औषधि।
Antiquary (आन्टिक्वेरि) *n.* प्राचीन वस्तुओं का अध्ययन करने वाला, पुरातनिक।
Antique (आन्टीक्) *adj.* पुरातन, पुराना, प्राचीन ढंग का।
Antiquity (आन्टिक्विटि) *n.* प्राचीन समय, पुरातन पुरुष, प्राचीन प्रथायें, प्राचीन अवशेष।
Antisocial (आन्टिसोशल्) *adj.* सामाजिक सिद्धांतो के विरूद्ध।
Antithesis (आन्टिथीसिस) *n.* विरोधालंकार, अर्थ की विपरीतता।
Antonym (आन्टॉनिम्) *n.* विपरीत अर्थ का शब्द, विलोम।
Anus (एनस्) *adj.* गुदा, मलद्वार।
Anvil (आन्विल) *adj.* निहाई, सन्दान।
Anxiety (आंग्जाइटी) *n.* चिंताजनक, व्यग्रता, उत्कंठा, उत्सुकता।
Anxious (आङ्कशस्) *adj.* व्याकुल, उत्सुक, उद्विग्न, चिन्तित।
Aorist (एओरिस्ट) *adv.* अनिश्चित काल सूचक, भूतकालिक क्रिया।
Aorta (एऑर्टा) *n.* हृदय की सबसे बड़ी धमनी, महाधमनी।
Apace (आपेस) *adv.* तेजी से, शीघ्रता से, जल्दी से।
Apache (आपाशे) *n.* रेड इंडियन, गुण्डा, सड़क-छाप गुण्डा।
Apanage (अपानेज) *n.* राजदेय (मुख्यतः छोटे बच्चे का गुजारा भत्ता), संपत्ति।
Apartheid (अपार्थीड) *n.* रंगभेद।
Apartment (अपार्टमेन्ट) *n. pl.* मकान का एक कमरा।
Apathetic (आपाथेटिक) *n.* उदासीन, निर्जीव, निरुत्साह।
Apathy (आपाथि) *n.* जड़ता, अनुभव शून्यता, उदासीनता, भावहीनता।
Ape (ऍप) *n.* पुच्छहीन या छोटी पूँछ वाला बंदर, नक्काल, अनुकरण करने वाला। *v.t.* बन्दर की सी हरकत करना।
Aperture (आपर्चर) *n.* छेद, द्वार।
Apery (एपरी) *n.* अनुकरण, बन्दर सा कार्य।
Apex (एपेक्स) *n.* (पर्वत आदि की) चोटी, शीर्ष, शिखर, नोक।
Aphasia (आफेज़िया) *n.* बोली बन्द होना, वाचाघात।
Aphelion (आफ़ीलिअन) *n.* किसी ग्रह का सूर्य से दूर का स्थान, सूर्योच्च।

Aphis (एफ़िस) *n.* सब्जी भाजी में होने वाले कीड़े।

Aphorism (आफ़ारिज़्म्) *n.* कहावत, (सूत्र), वचन, सूक्ति, परिभाषा।

Aphrodisiac (आफरॉडिजिमाक) *n. adj.* कामोद्दीपक (द्रव्य), कामोत्तेजक।

Apiary (ऐंपियरि) *n.* मधुवाटिका, मधुमक्खियों के पालने का स्थान।

Apical (आपिकल) *adj.* शीर्षस्थ, शिखर संबंधी।

Apiculture (एपिकल्चर) *n.* मधुमक्खियों का पोसना, मधुमक्खी पालन।

Aplomb (अप्लांब) *n.* लंबता, आत्मविश्वास।

Apocryphal (ऐपोक्रिफल) *adj.* शंकायुक्त, झूठा, असत्य।

Apodosis (आपॉडॉसिस) *adj.* फलावाक्य, परिणामी उपवाक्य।

Apogee (आपोजी) *n.* पृथ्वी से आकाश (व्योग) में स्थित दूसरे ग्रहों की अधिकतम दूरी, चरम सीमा, शिरोबिंदु।

Apograph (अपोग्राफ) *n.* अक्षरशः की गई नकल, प्रतिलेख।

Apollyon (आपॉलियन्) *n.* दैत्य, राक्षस।

Apologetic (आपॉलाजेटिक) *adj.* प्रार्थना योग्य, पक्षसमर्थक, क्षमा योग्य।

Apologist (आपालॉजिस्ट) *adj.* क्षमा की प्रार्थना करने वाला, समर्थक।

Apologue (आपॉलॉग्) *n.* नीति कथा, उपाख्यान, उपदेशपूर्ण कहानी।

Apology (आपॉलॉजि) *n.* खेदसूचक क्षमा प्रार्थना।

Apophthegm (आपॉफ़थेम) *n.* सूत्र, नीति वचन।

Apoplexy (आपोप्लेक्सि) *n.* मूर्छा, रक्ताघात, मिरगी का रोग।

Apostopesis (अपोस्टॉपेसिस) *n.* बोलते बोलते एक दम रुक जाना, अर्द्धोक्ति।

Apostasy (आपॉसटेसी) *n.* सिद्धान्त त्याग, धर्म त्याग, पक्ष त्याग।

Apostate (आपॉस्टेट) *n.* स्वधर्म त्यागी।

Apostle (आपासल्) *n.* शिक्षा देने के लिए ईश्वर का भेजा हुआ दूत, भक्त, धर्म प्रचारक।

Apostrophe (आपासद्राफि) *n.* कविता या भाषण में किसी व्यक्ति विशेष की ओर संबोधन का वाक्य, संबंध कारक का चिह्न, संबोधन।

Apothecary (आपाथिकरी) *n.* दवा बेचने वाला, औषधि विक्रेता।

Apotheosis *n.* (आपोथेओसिस) देवत्वारोपण, ऋषि मानना, देवता की तरह मानना।

Apparatus (आपारेट्स) *n.* प्रयोग करने का यंत्र या साधन उपकरण।

Apparel (आपारल) *v.t.* वस्त्र धारण कराना, कपड़ा पहिनाना। *n.* पोशाक, वेश भूषा।

Apparition (आपारिशन्) *n.* दिव्य दर्शन, आभास, पिशाच, प्रेत।

Apparitor (आपारिटर) *n.* प्रवेशक, द्वारपाल, संदेशवाहक।

Appeal (आपील) *n.* उच्च न्यायालय से पुनर्विचार की प्रार्थना (अपील) करना, सच्ची प्रार्थना करना, समर्थन माँगना। *n.* पुनर्विचार की प्रार्थना का कार्य या अधिकार।

Appearance (आपियरेंस) *n.* प्राकृतिक दृष्टिगोचर पदार्थ, आकार, मित्रता का दिखावा, आभास, छाया, सम्भावना, दिखावट, बाह्य रूप।

Appease (आपीज) *v.t.* सांत्वमा देना, शान्त करना, मनाना।

Appellant (आपीलान्ट) *n.* दोषारोपणकर्ता, पुनर्विचार की प्रार्थना करने वाला।

Appellate (आपेलेट) *adj.* पुनर्विचार की प्रार्थना संबंधी, अपीली।

Append (आपेन्ड्) *v.t.* जोड़ना, मिलाना।

Appendage (आपेन्डेज़्) *n.* संलग्न, जोड़ा हुआ पदार्थ, उपकरण।

Appendicitis (आपेंडिसाटिस्) *n.* आँत में एक प्रकार का फोड़ा, आँत की सूजन।

Appendix (आपेंडिक्स) *n.* अनुपूरक, पुच्छ।

Appendicitis (आपेंडिसिटिस्) *n.* आँत में एक प्रकार का फोड़ा।

Apperception (ऐपरसेप्सन्) *n.* चित्त का आत्मज्ञान।

Appertain (आपरटेन्) *v.t.* अधिकार, स्वामित्व या एक से गुणों के कारण किसी का होना (किसी से सम्बन्ध होना)।

Appetence (ऐपिटॅन्स) *n.* उत्कंठा, अभिलाषा।

Appetite (आपेटाइट) *n.* इच्छा (रुचि), भूख, अभिलाषा।

Appetizer (आपिटाइज़र) *n.* भूख लगाने वाला पदार्थ, रुचिवर्धक।

Applaud (आप्लॉड) *v.t.* & *i.* ताली बजाना, सराहना, प्रशंसा करना।

Applause (आप्लाज़्) *n.* करतल ध्वनि, प्रशंसा, अनुमोदन, शाबासी, स्तुति।

Appliance (आप्लाएँस्) *n.* उपाय, यंत्र, तदबीर, उपकरण।

Applicant (आप्लिकान्ट) *n.* जो नौकरी के लिये

अभ्यर्थी हो, प्रार्थी, आवेदक।

Application (आप्लिकेशन) *n.* प्रार्थना पत्र, परिश्रम, उपयोग।

Appoint (आपॉयन्ट) *v.t.* निश्चय करना, तय करना, निर्धारित करना, नियुक्त करना, स्थापित करना।

Appointment (आपॉयन्टमेन्ट) *n.* मिलने का नियुक्त समय, नियम, आज्ञाप्ति, नियुक्ति।

Apportion (आपोर्शन) *v.t.* भाग करना, अनुभाजन करना, बाँटना।

Appose (अपोज़) *v.t.* लागू करना, साथ साथ रखना, मुकाबला करना, लगाना।

Apposite (आपोजिट) *adj.* योग्य, संगत यथार्थ।

Apposition (आपोजिशन) *n.* समानाधिकरण, एकान्वय, सार्वजनिक परीक्षा।

Appraise (आप्रेज) *v.t.* मूल्यांकन करना, मूल्य निर्धारण करना।

Appreciable (आप्रीशिएँबल) *adj.* अच्छा खासा, जानने योग्य, प्रशंसा करने योग्य।

Appreciation (एप्रीशिएशन) *n.* कला और साहित्य सम्बन्धी कृतियों पर टीका टिप्पणी करने का कार्य, उनका मूल्याकंन, समालोचना, कदरदानी।

Apprehend (एप्रीहेन्ड) *v.t.* बोध होना, विचारना, सोचना, शंका करना।

Apprehension (एप्रिहेन्शन) *n.* समझ, डर, भय, (शंका)।

Apprehensive (एप्रिहेन्सिव) *adj.* आशंकित, बुद्धिमान, विचारवान्, शंकित। **Apprehensiveness**, *n.* शंका, भय।

Apprentice (एप्रेन्टिस) *n.* शिल्प विद्या का शिष्य, प्रशिक्षु, नवसिखुआ। *v.t.* चेले की भाँति काम करना, नवसिखुआ नियुक्त करना।

Apprenticeship (एप्रेन्टिसशिप) *n.* प्रशिक्षुता, शिक्षार्थी का प्रशिक्षण काल।

Apprise (एप्राइज्) *v.t.* सूचित करना, बतलाना।

Apprize (एप्राइज्) *v.t.* गुण जानना, मूल्य आँकना।

Approbation (आप्रोबेशन) *n.* स्वीकृति, मंजूरी, अनुमोदन।

Appropriate (आप्रोप्रिएट) *v.t.* विशिष्ट कार्य में लगाना, अपनाना, निर्दिष्ट करना। *adj.* उचित, योग्य।

Appropriation (आप्रोप्रिएँशन) *n.* अपनाव, स्वायत्तीकरण, अपनाने का कार्य।

Apricot (एप्रिकॉट) *n.* खूबानी (फल), जरदालू।

April (एप्रिल) *n.* अंग्रेजी वर्ष का चौथा महीना।

Apron (ऍप्रन्) *n.* एप्रन, ऊपरी लबादा या जामा।

Apropos (आप्रोपो) *adv.* प्रासंगिक, उपयुक्त, अनुसार, अनुरूप।

Apterous (ऐपटॅरस) *adj.* अपक्ष, पक्षहीन।

Aqua (एक्युवा) *n.* तरल घोल, जल।

Aquarium (आक्वेरिअम्) *n.* मछलीघर, जल के पौधों या जन्तुओं के पालने का जलाशय।

Aquatic (आक्वाटिक्) *n.* जलीय, जलचर, जल मे उत्पन्न होने या जल मे रहने वाला (जन्तु)।

Aquatint (आक्वाटिंट) *n.* ताँबे के ऊपर राल और नाइट्रिक एसिड से खुदाई।

Aqueduct (आक्विडक्ट) *n.* नहर, जलसेतु, कृत्रिम जलमार्ग।

Aqueous (एक्विअस्) *n.* जलीय, जलयुक्त।

Aquiline (आक्विलिन्) *n.* गरुड़वत्, मुड़ा हुआ, टेढ़ा।

Arable (आरेबल) *adj.* जोतने बोने योग्य भूमि।

Arbiter (आरबिटर) *adj.* मध्यस्थ, निर्णायक, पञ्च।

Arbitrary (आरबिट्रेरि) *n.* निरंकुश, स्वच्छन्द, अविहित, स्वेच्छाचारी।

Arbitration (आर्बिट्रेशन) *n.* विवाचन, पंचायत से झगड़े का निर्णय।

Arbitrator (आर्बिट्रेटर) *n.* पंच, मध्यस्थ, निर्णायक।

Arboraceous (आरबोरेशिअस्) *adj.* वृक्ष के सदृश।

Arboreal (आर्बोरिअल्) *adj.* वृक्ष संबंधी, वृक्षीय।

Arboreous (आरबोरिअस्) *adj.* वृक्ष संबंधी, वृक्षसम।

Arborescent (आरबोरसेंट) *adj.* वृक्षसम, वृक्षीय, वृक्षवत्।

Arboriculture (आरबोरिकल्चर) *n.* वृक्षों के उपजाने तथा बढ़ाने की विद्या।

Arcade (आरकेड) *n.* मेहराबों के बीच का भाग, आच्छादित मार्ग।

Arcanum (आरकानम) *n.* रहस्य, रहस्यमयी बूटी या औषधि।

Arch (आर्च) *n.* मेहराब, वृत्तखण्ड, चाप। *adj.* मुख्य, धूर्त।

Archaeology (आर्किआलाजी) *n.* पुरातत्व, प्राचीन वस्तुओं की विद्या, पुरातत्वीय।

Archaic (आरकेक्) *adj.* आदिकाल का, पुरातन, पुराना।

Archetype (आर्कटॉइप) *n.* आदर्श, आदिरूप, आद्यप्रारूप।

Archimage (आरकिमेज) *n.* मुख्य जादूगर।

Archipelago (आर्किपॅलागो) *n.* एजीयन सागर,

द्वीप समूह।

Architect (आर्किटेक्ट) *n.* स्थापत्यविद्, निर्माता, रचयिता, वास्तु-शिल्पी।

Archives (आर्किव्ज) *n. pl.* अभिलेखागार, अभिलेख, पुरालेख, पुरालेखागार।

Archivist (आर्किविस्ट) *n.* अभिलेखपाल।

Archlike (आर्किलाइक्) *adj.* मेहराव के सदृश बना हुआ।

Archway (आर्कवे) *n.* मेहराब के नीचे का मार्ग, तोरणद्वार।

Ardent (आर्डेन्ट) *adj.* प्रचण्ड, लाल गरम, प्रज्वलित, ज्वलंत।

Ardour (आरडर) *n.* उष्णता, उत्कण्ठा, उत्सुकता, व्यग्रता (ललक)।

Arduous (आईूअस) *adj.* दुर्गम, दुसाध्य, कठिन, परिश्रमी, उद्योगी।

Arefaction (एरीफैक्शन्) *n.* सुखाने का कार्य।

Arena (आरीना) *n.* रंगभूमि, मल्लभूमि, अखाड़ा।

Argil (ऑरगिल) *n.* कुम्हार की मिट्टी, चिकनी मिट्टी।

Argol (आरगोल) *n.* मदिरा की बोतल में जमने वाली लाल पपड़ी।

Argosy (आरगोसी) *n.* बड़ा व्यापारिक पोत, जलयान।

Arguable (आरग्यूएँबल) *n.* विवादास्पद, विवाद योग्य।

Argument (आगर्यूमेन्ट) *n.* कारण, तर्क, दलील।

Arid (आरिड) *adj.* बंजर, नीरस, फीका, निर्जल, शुष्क, सूखा।

Aristocracy (आरिस्टोकरीसि) *n.* सामन्तशाही, शिष्ट जनसत्तात्मक राज्य, शिष्टजन।

Aristocrat (आरिसूटोक्रेट) *n.* सामन्त, शिष्ट मनुष्य, कुलीन, रईस।

Arithmometer (आरिथमेमोटिर) *n.* गणित करने का एक प्रकार का यंत्र।

Arithmetician (आरिथमेटिशियन) *n.* अंकगणित में निपुण, अंकगणितज्ञ।

Ark (आर्क) *n.* तिजोरी, बक्स, पोत, बड़ी नाव।

Arm (आर्म) *n.* बाहु, भुजा, बाँह, शाखा, शक्ति, अस्त्र शस्त्र। *v.t.* & *i.* शस्त्रों से सज्जित करना, शस्त्र उठाना।

Armada (आरमाडा) *n.* जलसेना, सैन्य जलपोत समूह।

Armament (आरमामेन्ट) *n.* शस्त्रीकरण, रण तत्पर सेना, युद्ध सामग्री।

Armature (आरमेचर) *n.* बिजली उत्पन्न करने वाला यंत्र।

Armistice (आर्मिस्टिस) *n.* विराम संधि, युद्ध विराम।

Armlet (आर्मलेट) *n.* समुद्र की शाखा, जोशन (बाजूबन्द)।

Armorial (आर्मोरिअल) *adj.* कवच संबंधी।

Armour (आर्मर) *n.* कवच, युद्ध में पहनने के रक्षण भूषण, बख्तर, कुल चिह्न।

Armourer (आर्मरर) *n.* शस्त्रसाज, तथा कवच का निर्माता या मरम्मत करने वाला या संरक्षक, शस्त्रकार।

Army (आर्मी) *n.* सैन्य, सेना, समूह।

Aroma (आरोमा) *n.* सौन्दर्य, सुरभि, मधुर गन्ध।

Aromatic (आरोमेटिक) *n.* सुगन्धित, सुरभित।

Arow (ऐरो) *adv.* पंक्तिबद्ध।

Arraign (अरेन) *v.t.* कलंक लगाना, अपराधी ठहराना, सफाई माँगना, दोष लगाना।

Arrangement (अरेन्जमेन्ट) *n.* (*pl.*) प्रबन्ध, क्रम से स्थापन, ठीक रखने का कार्य, (ब.व.) योजना।

Array (अरे) *v.t.* अलंकृत करना, क्रम से रखना, सजाना, तैयार रखना, सजना। *n.* वेश भूषा, विन्यास, सुसज्ज पंक्तिबद्ध सेना की टुकड़ी।

Arrear (एरिअर) *n.* पिछला, बकाया। (*pl.*) बिना चुकाया हुआ ऋण, अधूरा कार्य, बचा हुआ, शेष।

Arrest (अरेस्ट) *v.t.* गिरफ्तार करना, रोकना, बन्दी करना, अनन्यचित्त करना। *n.* रोक, बन्दीकरण। **Arrester**, *n.* बंदी करने वाला।

Arrogance (अरोगेन्स) *v.t.* गर्व, (अभिमान), उद्दण्डता (मद)। **Arrogantly**, *adv.* उद्दण्डता से।

Arrogant (अरोगेन्ट) *adj.* अहंकारी, हठी, हेंकड़, अड़ियल।

Arrow (आरो) *n.* तीर, बाण। (→) दिशा बताने हेतु प्रयुक्त चिह्न।

Arson (आरसन्) *n.* अग्निकांड, जानबूझकर किसी के घर में आग लगाना।

Arterial (आर्टीरियल) *adj.* धमनीय।

Artesion well (आर्टेजन वैल) *n.* पानी के निकलने तक खोदा गया कुआँ।

Arthritis (आरथ्राइटिस) *n.* जोड़ों की सूजन।

Articulate (आर्टिक्युलेट) *adj.* जुड़ा हुआ, व्यक्त, स्पष्ट। *v.t.* संयुक्त करना, स्पष्ट उच्चारण करना।

Articulation (आर्टिक्यूलेशन) *n.* हड्डियों का जोड़, स्पष्ट उच्चारण, सन्धियोजन।

Artifice (आर्टिफ़िस्) *n.* धूर्तता, चालाकी, छल कपट, साधन।

Artificial (आर्टिफ़िशिल्) *n.* शिल्प निर्मित, कृत्रिम, बनावटी (झूठा)।

Artillery (आर्टिलरि) *n.* तोपखाने का सैनिक, गोलन्दाज़ तोपची।

Artisan (आर्टिज़न) *n.* दस्तकार, शिल्पी, शिल्पकार, कारीगर।

Artist (आर्टिस्ट्) *n.* शिल्पी, शिल्पकार, कारीगर।

Artiste (आर्टिस्टॅ) *n.* नट, अभिनेता, गायक, कारीगर।

Asafoetida (आसाफ़ीटिडा) *n.* हींग।

Ascend (आसेन्ड्) *v.t.* & *i.* उठाना, आरोहण करना, सवार होना, ऊपर उठना, चढ़ना।

Ascendant (आसेन्डेन्ट्) *adj.* प्रधान, प्रबल।

Ascension (आसेन्शन्) *n.* उत्थान, उद्गम, आरोहण।

Ascent (आसेन्ट) *n.* चढ़ाव, उद्गम, उत्थान, उन्नति।

Ascetic (आसेटिक्) *adj.* तपस्वी (योगी), संन्यासी।

Aseptic (एसेप्टिक्) *n.* कीटाणु नाशक औषधि से युक्त, जर्महीन।

Asiatic (ऍशिआटिक्) *adj.* एशिया-संबंधी।

Asinine (आसिनाइन्) *adj.* गधे संबंधी, गधे जैसा, मूर्ख।

Aslant (आस्लान्ट्) *adv.* & *prep.* टेढ़ा, तिर्यक।

Asleep (अस्लीप) *adv.* & *prep.* & *adj.* सुप्तावस्था में, निद्रा में, सोते हुए।

Aslope (आस्लोप) *adv.* ढलान में, ढालू।

Asparagus (आस्पेरेगस्) *n.* शतावरी।

Aspersion (आस्पर्शन) *n.* बदनामी, निन्दा, कलंक (अपवाद)।

Asphalt (आसफ़ाल्ट्) *n.* अलकतरा और बालू मिला हुआ मसाला। *v.t.* सड़क पर असूफ़ाल्त बिछाना।

Asphodel (अस्फ़ाडेल्) *n.* एक प्रकार की कुमुदिनी।

Asphyxia (आसफ़िक्सिआ) *n.* दम घुटना, साँस रुकने से बेहोशी।

Aspiration (आस्पिरेशन्) *n.* (अभिलाषा), खींचने की क्रिया, श्वास लालसा, महत्वाकांशा, आकांक्षा।

Asquint (एस्क्विंट) *adv.* टेढ़ी नजर से, तिरछी नज़र से।

Assailant (असेलेन्ट्) *n.* आक्रमण करने वाला, हत्यारा।

Assassination (आसेसिनेशन्) *n.* छिपकर या धोखे से की गई हत्या, वध।

Assault (आसॉल्ट) *n.* चढ़ाई, पिटाई, धावा, घातक प्रहार। *v.t.* प्रहार करना।

Assay (आसे) *v.t.* जाँच करना, परीक्षा लेना, कसौटी पर कसना, प्रयत्न करना। *n.* शुद्धता की जाँच, परख।

Assemblage (असेम्बलेज़) *n.* जनसमूह, सभा, जनसमुदाय।

Assembly (असेम्बलि) *n.* समाज, मण्डली, विधान सभा।

Assent (आसेन्ट्) *v.t.* सहमत होना, स्वीकृति देना।

Assess (अस्सेस्) *v.t.* मूल्यांकन करना, अनुमान लगाना, कर निर्धारित करना (आँकना), कर या जुर्माना करना, मूल्य स्थिर करना।

Assessment (असेसमेन्ट्) *n.* निर्धारण, मूल्य निर्धारण, मूल्यांकन, कर लगाने का कार्य।

Assets (असेट्स) *n. pl.* मृतक अथवा दिवालिये की सम्पत्ति, पूंजी, ऋण चुकाने योग्य सम्पत्ति, परिसम्पत्ति।

Asservate (असेरवेट्) *v.t.* शपथपूर्वक घोषणा करना। **Asservator,** *n.* शपथपूर्वक कहने वाला।

Assiduity (अस्सिडिटि) *n.* परिश्रम, मनोयोग, निरन्तर ध्यान देना।

Assiduous (असिडयुअस) *adj.* परिश्रमी, अध्यवसायी।

Assign (आसाइन्) *v.t.* निरूपण करना, नियत करना, ठहराना, स्थिर करना, निर्दिष्ट करना, हिस्सा लगाना, ठीक करना, अलग उल्लेख करना।

Assimilation (असिमिलेशन्) *n.* स्वांगीकरण, परिपाचन, परिणाम। **Assimilator,** *n.* आत्मसातक।

Assist (आसिस्ट्) *v.t.* & *i.* सहायक होना, सहायता देना, सहयोग करना या देना।

Assistance (असिस्टेंस्) *v.t.* & *i.* सहारा, सहायता।

Assistant (असिस्टेन्ट्) *n.* मददगार, सहायक, उपकारी।

Association (आसोसिएशन्) *n.* संगम, संबंध, समुदाय, मण्डली, सभा, परिषद, समागम, संगठन समता, साहचर्य, सहवास।

Assoil (असॉयल) *v.t.* क्षमा करना, पश्चाताप करना।

Assurance (अशुअरेन्स्) *adj.* विश्वास, दृढ़ता, निश्चय, आत्मविश्वास, जीवन बीमा।

Aster (आस्टर) *adv.* गेंदे के समान रंग बिरंगे

फूलों का पौधा, तारा।

Asterisk (आस्टरिस्क्) *n.* तारांक, तारों का चिह्न।

Asterism (आस्टरिज्म्) *n.* तारापुंज, तीन तारों का चिह्न ।

Asteroid (आस्टरॉइड) *n.* ग्रहिका, मंगल व बृहस्पति के कक्ष से सौरमंडल में घूमने वाले छोटे ग्रह।

Asthenia (अस्थेनिया) *n.* शिथिलता, शक्ति-हीनता।

Asthma (अस्थमा) *n.* दमा, श्वास रोग।

Astigmatism (अस्टिग्मीटिज़्म) *n.* अबिंदुकता, आँख के बाल का रोग जिसमें कोई पदार्थ ऊपर नीचे को अथवा अगल बगल एक सा स्पष्ट नहीं देख पड़ता।

Astir (अस्टिर्) *n.* क्रियाशील, गतिशील, उत्तेजना में।

Astonish (अस्टॉनिश्) *v.t.* अचंभे में डालना, चकित करना, विस्मित करना।

Astragal (अस्ट्रेगल) *n.* छल्ला, कलश, गोला।

Astral (आस्ट्रल) *adj.* तारकीय, तारा संबंधी।

Astray (अस्ट्रे) *adv.* & *adj.* सीधे रास्ते से भटका हुआ, पथभ्रष्ट, कुमार्ग पर।

Astrologer (आस्ट्रोलोजर) *n.* ज्योतिषी, भविष्यवक्ता, मुहूर्तक, दैवज्ञ।

Astrology (आस्ट्रोलॉजी) *adj.* फलित ज्योतिष, मनुष्य के भाग्य पर नक्षत्रों के प्रभाव सम्बन्धी शास्त्र, नक्षत्र विद्या।

Astronomer (आस्ट्रानॉमर) *adj.* खगोल विद्या का विद्यार्थी, खगोलज्ञ।

Astronomy (आसट्रोनॉमि) *adj.* खगोल विद्या, ज्योतिष विद्या।

Astute (आस्ट्यूट्) *adj.* चतुर (दक्ष), कार्यकुशल, कुटिल।

Asylum (असाइलम्) *adv.* पागलखाना, आश्रम, शरण स्थान।

Atavism (आटाविज़्म) *prep.* आनुवांशिक, पीढ़ीगत रोग, पूर्वजता, विशेष रूपों से पुरखों में समानता, पूर्वजों की तरह।

Ataxia (अटैक्सिअ) *n.* शरीर की माँसपेशियों, विशेषकर उँगलियों का ठीक प्रकार से काम न करना।

Atheism (अथिज्म्) *n.* नास्तिकता, निरीश्वरता, ईश्वर निन्दा।

Atheist (अथिस्ट्) *n.* नास्तिक, जिसका ईश्वर में विश्वास न हो।

Athlete (आथलीट्) *n.* व्यायामी, कसरती, ओजपूर्ण, कुश्ती लड़ने वाला, खिलाड़ी।

Athletic (आथलीटिक्) *n.* बलवान्, कसरती, पुष्टकाय, खेल संबंधी। *n. pl.* कसरत, व्यायाम करने की विधि।

Athwart (आथ्वार्ट्) *adv.* & *prep.* आड़े तिरछे, उलट पुलट, गलत रीति से।

Atlas (आट्लस्) *adv.* & *prep* मानचित्रों की पुस्तक।

Atmometer (आट्मोमीटर) *n.* वाष्पमापी (यंत्र)।

Atmosphere (आट्मस्फिअर) *n.* वाष्पमण्डल, मानसिक अथवा धार्मिक वातावरण, वायुमण्डल, परिमण्डल। **Atmospheric,** *adj.* वायु-मंडलीय।

Atoll (आटॉल) *adj.* अटल (प्रवाल द्वीप वलय)।

Atom (आट्म) *n.* अणु, परमाणु, अति अल्प भाग।

Atomic (आटमिक्) *adj.* अणुओं से बना हुआ, परमाणु संबंधी।

Atomism (आटोमिज्म) *n.* परमाणुवाद, परमाणु सिद्धान्त।

Atomy (आटमि) *n.* परमाणुक, ठठरी, अस्थि-पंजर।

Atone (अटोन्) *v.t.* क्षतिपूर्ति करना, शुद्ध करना, शमन करना, प्रायश्चित करना।

Atonement (अटोनमेन्ट्) *n.* प्रायश्चित, शमन।

Atrocious (आट्रोशस्) *adj.* घोर दुष्ट, अति पापी।

Atrocity (आट्रसीटि) *adj.* अति पाप (घोर दुष्कर्म) अत्याचार।

Atrophy (आटरॅफि) *adj.* क्षीणता, अपक्षय, सूखा रोग।

Attachment (अटैचमेन्ट्) *n.* स्नेह, लगाव, अनुराग, आसक्ति, प्रीति, भक्ति, कुर्की।

Attack (अटाक्) *v.t.* हमला करना, चढ़ाई करना, दोष लगाना, धावा बोलना, आक्षेप करना।

Attainment (अटेनमेन्ट्) *n.* उपलब्धि, प्राप्ति, योग्यता।

Attaint (अटेन्ट) *v.t.* दोष मढ़ना, दूषित करना, कलंक लगाना।

Attar (अट्र्) *n.* इत्र, अतर।

Attemper (आटेम्पर्) *v.t.* शान्त करना, सान्त्वना देना, मृदु करना, सुमिश्रण करना।

Attendant (अटेन्डेन्ट) *n.* सहायक, नौकर, अनुचर। *adj.* साथी, सहायक।

Attest (अटेस्ट्) *v.t.* प्रमाणित करना, सच सच

कहना, अनुप्रमाणित करना, साक्ष्यांकन करना।

Attestation (अटेस्टेशन) *n.* गवाही, संवीक्षण, हस्ताक्षर द्वारा अथवा जबानी समर्थन करना, अनुप्रमाणन, साक्ष्यांकन।

Attic (आटिक्) *n.* घर के सबसे ऊपर का खण्ड या इसमें बना हुआ कमरा।

Attire (अटाएर) *v.t.* कपड़े पहनाना। *n.* पोशाक, पहनावा।

Attorney (ऑटर्नी) *n.* अभिकर्ता, मसौदा बनाने में प्रवीण, न्यायवादी, प्रतिनिधि, मुख्तार, वकील।

Attorneyship (ऑटर्नीशिप्) *n.* प्रतिनिधित्व।

Attrition (आट्रिशन्) *n.* घिस कर चिकना बना हुआ, रगड़, घिसावट।

Auburn (ऑबर्न्) *adj.* हलका पीला, सुनहरा भूरा।

Auction (ऑक्शन्) *adj.* नीलामी। *v.t.* नीलाम करना, नीलाम करके बेचना।

Auctioneer (ऑक्शनिअर) *n.* नीलाम करने वाला।

Audacious (आडेशस्) *adj.* दुःसाहसी, निर्भीक, ढीठ, गुस्ताख।

Audacity (आडासिटि) *n.* धृष्टता, साहस, ढिठाई।

Audible (आडिबल्) *adj.* जो साफ सुना जा सके, श्रव्य, कर्णगोचर (सुनाई देने योग्य)।

Audience (आडिऎन्स्) *n.* श्रोतागण, पाठक, दर्शक।

Audit (आडिट्) *n.* हिसाब की जाँच के लिए नियुक्त किए गए व्यक्तियों द्वारा जांच-पड़ताल, लेखा परीक्षण।

Audition (आडिशन्) *n.* श्रवण शक्ति, सुनने की शक्ति।

Augean (आगिएन्) *adj.* कठिन, गन्दा, मलिन।

Augury (आग्यूरि) *n.* शकुनज्ञान, भविष्य ज्ञान (भविष्यवाणी)।

August (आगस्ट्) *adj.* आदरणीय, श्रेष्ठ। अंग्रेजी वर्ष का आठवाँ महीना, अगस्त।

Aureole (आरिओल्) *n.* प्रकाश का मण्डल जो ग्रहण में दिखाई पड़ता है।

Auspicious (आस्पिशस्) *adj.* शुभ करने वाला, अच्छे शकुन का।

Austere (आस्टिअर्) *adj.* संयमी, तीव्र, कठोर, (कर्कश), तीखा।

Authenticity (आथेन्टिसिटी) *n.* वास्तविकता, प्रामाणिकता, खरापन, सत्यता।

Author (आथर्) *n.* ग्रंथकार, रचयिता, लेखक, कर्त्ता।

Authority (आथारिटि) *n.* प्रभाव वाला व्यक्ति, उद्धरण, प्रमाण, शक्ति, प्राधिकार, अधिकार।

Autobiographer (आटोबायोग्राफ़र) *n.* आत्मकथा लिखने वाला।

Autobiographic (आटोबायोग्राफ़िक) *adj.* आत्मचरित्र संबंधी, स्वजीवनी विषयक।

Autobiography (आटोबायोग्राफ़ि) *n.* आत्मचरित्र वर्णन, स्वयं लिखा हुआ अपना जीवन वृतान्त।

Autocracy (आटोकरासि) *n.* तानाशाह, वह राज्य जिसमें एक राजा शासन करता हो।

Autocrat (आटोक्राट) *n.* निरंकुश शासक, अपनी इच्छानुकूल राज्य करने वाला।

Autograph (आटोग्राफ) *n.* स्वहस्तलेख, अपने हाथ से लिखा हुआ, हस्ताक्षर।

Autogyro (आटोजाइरो) *n.* एक प्रकार का वायुयान जो कि पृथ्वी पर सीधा उतरता है।

Automatic (आटोमेटिक्) *adj.* अपने आप चलने वाला यंत्र, अचेत, बुद्धिहीन।

Automobile (आटोमोबाइल्) *n.* मोटर गाड़ी, स्वचालित वाहन।

Autonomy (आटोनॉमि) *n.* स्वराज्य, प्रजातन्त्र राज्य।

Autonomous, *adj.* स्वशासन के अधीन।

Autopsy (आटाप्सि) *n.* आत्म परीक्षा, मृत्यु के पश्चात् शरीर की परीक्षा, सांघातिक चीरफाड़।

Autumn (ऑटम) *n.* पतझड़, शरद ऋतु।

Auxiliary *adj.* (आगूजिल्यारि) सहकारी, पूरक, सहायक।

Avalanche (आवालान्श) *n.* बर्फ, हिमधाव, अवधाव, हिमस्थल, मिट्टी इत्यादि का ढेर जो पहाड़ पर से खिसककर नीचे आता है।

Avarice (आवारिस्) *n.* लोभ, धन का लालच, धनलोलुपता।

Avenge (अवेन्ज) *v.t.* पाप करने वाले को दुखः देना, प्रतिशोध लेना, दण्ड देना।

Avenue (आवेन्यु) *n.* द्वार, मार्ग, चौड़ी सड़क, वृक्षवीथि।

Aversion (आवरशन्) *n.* विरुचि, विमुखता, अतिघृणा, द्वेष।

Avian (एवियन्) *adj.* पक्षी संबंधी, चिड़ियों का।

Aviation (एविएशन्) *n.* वायुयान चलाना।

Aviator (एविएटर्) *n.* वायुयान चालक।

Avocate (आवोकेट्) *v.t.* हटाना, छोटे न्यायालय से बड़े न्यायालय में मुकदमा ले जाना, परामर्शदाता वकील।

Avocation (आवोकेशन) *n.* उद्यम, व्यापार (वृत्ति) धन्धा।

Avoid (ऍवाऍड्) *v.t.* बचे रहना, बच कर रहना

दूर रहना, त्यागना, परिहार करना, टालना, बचना।
Avoidable (अवाइडेबल्) *adj.* परिहार करने योग्य, टालने योग्य।
Avoirdupois (आवर्डूयूपॉइज़्) *n.* साधारण वस्तु के लिए एक तौल, (पौंड, औंस वाली भार पद्धति)।
Avouchment, *n.* दृढ़ता का कार्य।
Avow (अवाउ) *v.t.* घोषणा करना, स्वीकार करना, स्पष्ट बोलना, कार्य को न्यायसंगत ठहराना।
Awake (अवेक्) *v.t.* & *i.* जगाना, सचेत (चौकन्ना) करना (जागना)।
Awakening (अवेकनींग) *n.* जागृति।
Award (अवार्ड्) *v.t.* निर्णय करना, निर्णय देना, अर्पण करना। *n.* पंच का निर्णय, पारितोषिक।
Awardable (एवार्डेबल्) *adj.* पारितोषिक के योग्य।
Aware (अवेअर्) *v.t.* सचेत, सावधान, जानकार, ज्ञाता, अवगत।
Awareness (अवेयरनेस) *n.* किसी बात को जानना, यह जानना कि कोई मौजूद और महत्वपूर्ण है।
Awe-inspiring (ऑइन्स्पाइरिंग) *adj.* प्रभावित करने वाला, आपके अन्दर सम्मान और प्रशंसा के भाव जागृत करने वाला।
Awesome (ऑसम्) *adj.* बहुत भी प्रभावी या बहुत कठिन और कभी-कभी भयानक विस्मयकारी दृश्य, कमाल की सुन्दरता।
Awestruck (आ स्ट्रक्) *adj.* विस्मयाभिभूत, भयत्रस्त, विस्मयविमूढ़।
Awful (आफुल्) *adj.* भयंकर, डरावना, श्रद्धापूर्ण।
Awkward (ऑकवर्ड) *adj.* भद्दा, बैडोल, घबड़ा देने वाला, कठिन, व्यग्र।
Awning (आनिंग्) *n.* चँदवा (पाल), तिरपाल, छाजन।
Awol (एवोल) *abbr.* बिना अनुमति के अनुपस्थित (विशेषतः सशस्त्र सेना में प्रयुक्त जब कोई अपनी टुकड़ी को बिना अनुमति लिए छोड़ जाता है)।
Awry (आ राई) *adv.* उलट पलट, वक्र, टेढ़ा मेढ़ा।
Axe (आक्स्) *n.* कुठार, कुल्हाड़ी।
Axial (आक्सिअल्) *adj.* धुरी संबंधी, कीली, धुरी युक्त।
Axilla (ऐक्सिला) *n.* काँख, बगल।
Axiom (आक्सिअम्) *n.* स्वतःसिद्ध प्रमाण, सिद्धान्त।
Axiomatic (आक्सिओमेटिक) *adjs* स्वतःसिद्ध, प्रमाणिक।
Axis (आक्सिस्) *n.* अक्ष रेखा, केन्द्र।
Axile (ऐक्साइल) *adj.* किसी पदार्थ के केन्द्र का।
Axle (आक्सल्) *n.* धुरी जिस पर कोई पहिया घूमता है।
Azimuth (अजिमथ) *n.* दिगंशीय, समांश।
Azure आज्योर्) *n.* आकाश के समान नीला, आकाश का नीलवर्ण।
Azygous अज्वाइगस) *n.* बेजोड़, अयुग्मिता, अकेला।

B

B (बी) अंग्रेजी वर्णमाला का दूसरा अक्षर, पाश्चात्य संगीत में सातवां सुर, बीजगणित में दूसरा ज्ञात परिमाण, सातवां सुर।
BA (बी.ए.) कला स्नातक (कला के विषय में विश्वविद्यालय की प्रथम स्नातकोपाधि)।
Babble (बाबल्) *v.i.* & *t.* तुतलाना, बबलाना, बकवास करना, बड़बड़ाना, प्रलाप करना, रहस्य या भेद खोलना। *n.* निरर्थक बात।
Babe (बेब्) *n.* शिशु, बालक, बच्चा, भोला-भाला व्यक्ति।
Babel (बेबल्) *n.* ऊँची इमारत, विप्लव, निरर्थक शब्द, उपद्रव, कोलाहल, खलबली, हड़बड़ी, बलवा।
Baboon (बाबून्) *n.* एक प्रकार का बड़ा बन्दर।
Babcuche (बॅबूश्) *n.* चप्पल, खड़ाऊ।
Baby (बेबि) *n.* बालक (शिशु), बच्चा, गुड़िया।
Baby-boom (बेबि-बूम) *n.* ऐसी अवधि जिसमें सामान्य से अधिक बच्चों का जन्म होता है।
Baby-farmer (बेबी-फॉरमर) *n.* पैसे लेकर बच्चों को पालने वाला।
Baby-hood (बेबीहुड) *n.* शैशव, बाल्यावस्था, बचपन।
Baby talk (बेबीटॉक) *n.* शिशु को बात करना सिखाते समय शिशु द्वारा उच्चारित शब्द या ध्वनियाँ।
Babylon (बेबीलॉन) *n.* कैल्डियाई साम्राज्य की राजधानी, कोई बड़ा साम्राज्य अथवा बुरा शहर।
Baccarat (बकारत) *n.* & *adj.* काफी खिलाड़ियों के द्वारा खेला जाने वाला पत्तों का खेल।
Bacchanal (बक्कानल्) *adj.* शराबी, मद्यप्रिय।
Bacchanalia, *n.* मद्यपानोत्सव।
Bacchant (बॉकान्ट्) *n.* शराबी या मदमस्त (व्यक्ति), बैकस का पुजारी।
Bacchic (बॉकिक्) *adj.* खुशमिजाज, बैकस संबंधी।
Bacchus (बॉकस्) *adj.* यूनान का मदिरा का देवता।
Bachelor (बैचलर्) *n.* अविवाहित पुरुष, विश्वविद्यालय द्वारा दी जाने वाली प्रथम स्नातक पदवी, कुआँरा।

Bachelorgirl (बैचलरग्रल) *n.* कुँआरी लड़की, अविवाहित स्त्री।

Bachelorhood (बैचलरहुड्) *n.* कुआँरा जीवन, कुआँरापन, ब्रह्मचर्य।

Bacillus (बासिलस्) *n.* कोई जीवणु, बेलन सरीखे परमाणुरूप जीव जो यक्ष्मा आदि रोगों में पाए जाते हैं।

Backbiter (बैकबाइटर) *n.* चुगलखोर।

Backfire (बैकफायर) *n.* मंशा के विपरीत होना, जिसमें बूरे या खतरनाक परिणाम होते हैं।

Backgammon (बाक्गामन्) *n.* चौपड़ के समान पासे का एक खेल।

Backhanded (बैकहैंडेड्) *adj.* ऐसी टिप्पणी जिससे सराहना किए जाने का आभास होता हो पर जिसे अपमानजनक भी लिया जा सकता है।

Backhander (बैकहैन्डर) *n.* उलटे हाथ का प्रहार।

Backlash (बैकलैश) *n.* बड़ी संख्या में लोगों द्वारा प्रतिकूल प्रतिक्रिया, उदाहरणतः समाज में हुए किसी बात के परिवर्तन के प्रति।

Backstairs (बैक्स्टेअर्स) *n. pl.* पिछवाड़े की सीढ़ियाँ।

Backsword (बैकसार्ड) *n.* बेंत की मूंठ वाली छड़ी, गतका, एकधारी तलवार।

Backveld (*t*) (बैकवेल्ड) *n.* दक्षिण अफ्रीका के मैदानी भाग का दूरस्थ प्रदेश।

Backward (बैकवर्ड) *adj.* अनिच्छुक, मंद, मतिहीन, पिछड़ा हुआ।

Backwoods (बैकवुड्स) *n. pl.* किसी देश के बाहरी भाग का वन्य प्रदेश।

Backwoodsman (बैकवुड्समैन) *n.* जंगली प्रदेश के निवासी।

Bacon (बेकन) *n.* भूनकर नमक डाला हुआ, खाने योग्य सूअर का माँस।

Bacterial (बैक्टीरिअल) *adj.* जीवाणु।

Bacteriology (बैक्टीरिओलॉजी) *n.* जीवाणु विज्ञान।

Badge (बैज्) *n.* चिह्न, लक्षण, बिल्ला, बैज।

Badger (बाजर्) *n.* बिज्जू (जंतु), बिज्जू के बालों से बना बुरुश, फेरी करके बेचने वाला।

Badness (बैडनेस) *n.* बुराई से भरपूर, अप्रमाणता, कुटिलता, दुष्टता, खराबी।

Baffling (बाफलिंग) *adj.* चकरा देने वाला, रहस्यमयी, विस्मयकारी।

Baffy (बाफि) *n.* गोल्फ खेलने की डण्डी।

Bag (बैग्) *n.* बोरा, थैला। *v.t.* फुलाना, लटकाना, शिकार मारना।

Bagasse (बागास्) *n.* गन्ने की खोई।

Bagatelle (बागाटेल) *n.* एक प्रकार का खेल, नग्न, वस्तु, मामूली बात।

Bagman (बैगमैन) *n.* मुसाफिर, फेरी वाला।

Bagnio (बागनिओ) *n.* कारागृह, स्नानागार, वेश्यालय।

Bagpipe (बैगपाइप) *n.* मशकबीन, एक प्रकार की बांसुरी।

Bagpiper (बैगपाइपर) *n.* मशकबीन बजाने वाला।

Bail (बेल) *n.* जमीन, प्रतिभू (ज़मानत), कटघरा, क्रिकेट के खेल में डण्डों के ऊपर की गुल्ली। *v.t.* विश्वास पर छोड़ना, जमानत पर छोड़ना। **Bailable,** *adj.* जमानत होने लायक।

Bailable (बेलेबल) *adj.* जमानत योग्य, जमानती।

Bailee (बेली) *n.* जिसके पास धरोहर रखी गई हो।

Bailer (बेलर) *n.* निक्षेपक, उपनिधाता, धरोहर रखने वाला।

Bailey (बेली) *n.* किले का दुर्ग-प्राचीर, कोट-प्रांगण स्थित न्यायालय।

Bailiff (बेलिफ्) *n.* सहकारी अमीन।

Bailiwick (बेलिविक्) *n.* राजा या जमींदार के कारिंदे का कार्य-क्षेत्र।

Bairn (बेर्न) *n.* बच्चा, बालकों जैसा।

Bait (बेट्) *v.t.* & *i.* नाश्ता देना, चारा लगाना, जाल फैलाना, कुत्ते छोड़ना, चुग्गा रखना, प्रलोभन देना, डोरे डालना, तंग करना।

Bakery (बेकरी) *n.* नानबाई की दुकान।

Baking-powder (बेकिंग-पाउडर) *n.* पलेथन, पाक चूर्ण।

Balance-sheet (बैलेंसशीट) *n.* आय-व्यय का चिट्ठा।

Balance-wheel (बैलेंस-व्हील) *n.* घड़ी को स्थायी गति से चलाने वाला पहिया।

Balcony (बाल्कनि) *n.* छज्जा जो दीवार से निकला रहता है, नाट्य-शाला में बैठने का छज्जा, परछत्ती, बरामदा।

Bald (बॉल्ड) *adj.* गंजा, जिसके सिर पर कम बाल हों, अनावृत्त, बिना पर का, अशिष्ट (अलंकारहीन)। **Baldness,** *n.* गंजापन।

Ball (बॉल) *n.* गेंद, गोलवस्तु, कोई गोल वस्तु पिंड, (गोला), तोप या बंदूक की गोली, गेंद, कंदुक, अंग्रेजों का नाच।

Ballad (बालाड्) *n.* नृत्य संगीत, छोटा गाना, बिरहा, गाथा-गीत, आल्हा।

Ballad-monger (बालॉड-मोंगर) *n.* गाथा-गीत तुक्कड़, भाट-चारण, रचयिता।

Balladry (बालड्रि) *n.* गाथा गायन, गाथा गीत-कारिता।

Ballet (बालेट्) *n.* नृत्यनाट्य, मंच पर नाचने वाला।

Ballista (बालिस्टा) *n.* (*for hurling stones, etc.*) बड़े-बड़े पत्थर फेंकने का बड़ा रोमन यंत्र, प्रक्षेपक।

Ballistic (बालिस्टिक) *adj.* शस्त्र फेंकने की शक्ति से संबंधित।

Ballistic missile (बालिस्टिक मिसाईल) *adj.* प्रक्षेपास्त्र।

Ballonet (बालॉनेट्) *n.* वायुयान का गैस का थैला, छोटा गुब्बारा।

Ballot (बालॅट) *n.* चुनाव (वोट देने) के लिये प्रयुक्त टिकट या गोली। *n.* गुप्त रूप से किसी के लिए वोट देना। **Ballot box,** *n.* इस प्रकार के टिकट रखने का बक्स।

Bally (बाली) *adj.* & *adv.* (*sl.*) वक्ता का उतावलापन या बेचैनी।

Ballyhoo (बालीहू) (*U.S. sl.*) बकवासपूर्ण प्रचार, शोर तथा शोरगुल।

Balm (बाम्) *n.* मलहम, सुगन्धित औषधि, बाम, शान्तिदायक औषधि।

Balsam (बालसम) *adj.* चिकनी पीड़ा हरने वाली सुगन्धित औषधि।

Balsamic (बालसामिक्) *adj.* पीड़ानाशक, चिकना।

Baluster (बालस्टर) *adj.* एक छोटा पतला खम्भा।

Bamboo (बाम्बू) *adj.* बाँस (वेणु), बाँस की छड़ी।

Band (बान्ड) *n.* बांधने की वस्तु, प्रतिज्ञा का बन्धन, फीता, पत्ती, बिल्ला, तस्मा, पट्टा, पेटी, गायकों का समुदाय।

Bandage (बान्डेज) *n.* घाव पर बांधने वाली पट्टी।

Bandit (बान्डिट्) *n.* डाकू, बटमार, लुटेरा।

Bandog (बान्डॉग) *n.* रखवाला कुत्ता, बंधा हुआ कुत्ता।

Bane (बेन्) *n.* हानि, हलाहल, विष, विनाश का मूल (क्षयकारक), मृत्यु।

Bang (बांग) *v.t.* & *i.* पीटना, मारना, धड़ाके का शब्द करना। *n.* धमाके की अवाज, जोर की आवाज, धड़ाका।

Bangle (बांङगल) *n.* चूड़ी, कड़ा आदि।

Banish (बानिश) *v.t.* देश से बाहर निकाल देना, हटा देना, निकाल देना।

Banister (बेनिस्टर) *n.* जंगला।

Banjo (बान्जो) *n.* गिटार के समान एक वाद्य साज़ जिसमें पांच तार होते हैं।

Bank (बांक) *n.* तीर (तट), किनारा, चौरस बादल, बैंक जहाँ रूपया जमा होता है, नाव खेनेवालों की बैठकी। *v.t.* बैंक में रूपया जमा करना, किनारा उभाड़ना।

Banker (बैंकर) *n.* बैंक का मालिक, साहूकार, सझिया (सेठ, महाजन, कोठी वाला)।

Banker (बैंकर) *n.* शिकार में उपयोगी ऊंची छलांग भरने वाला घोड़ा, लकड़ी का ठीहा।

Banket (बँकेट) *n.* एक स्वर्ण युक्त पत्थर, दक्षिण अफ्रीका में पाया जाने वाला शैल जिसमें सोना पाया जाता है।

Bankrupt (बैंक-रप्ट) *n.* जो ऋण देने में असमर्थ हो, दिवालिया।

Bankshall (बैंकशैल) *n.* बंदरगाह का अधिकारी।

Banksia (बैंकज़िया) *n.* एक प्रकार का फूलदार वृक्ष।

Banner (बान्नर) *n.* ध्वजा, पताका, झण्डा, किसी सिद्धांत का चिह्न।

Banneret (बान्नरएट) *n.* वीरता के लिए नाइट की उपाधि प्राप्त।

Bannerol (बान्नरोल्) *n.* कब्र के ऊपर गाड़ा हुआ झण्डा, झण्डी।

Banns (बान्स्) *n. pl.* विवाह की पूर्व घोषणा।

Banquet (बँक्विट) *n.* उत्सव भोज, दावत, विशिष्ट भोज (जेवनार)।

Banquette (बांक्विट) *n.* ऊंचा आसन, चालक के पीछे की लम्बी सीट।

Banshee (बॉन्शी) *n.* किसी घर में मृत्यु की पूर्व सूचना देने वाली दैवी आवाज।

Bantam (बान्ट्म) *n.* नाटा, मुरगा, नाटा पुरुष।

Banter (बान्टर) *n.* मजाक, हास, उपहास। *v.t.* & *i.* किसी से हँसी-मजाक करना, दिल्लगी करना।

Baptist (बाप्टिस्ट) *n.* बपतिस्मा करने वाला, (ईसाई) दीक्षागुरु, छोटे बच्चों को बपतिस्मा दिया जाय, इस मत के हामी।

Bar (बार) *n.* डंडा या छड़, कटघरा, बालू का किनारा, न्यायसभा, द्वार बंद करने का ब्योड़ा; अदालत में कैदियों के खड़े रहने की जगह, बैरिस्टरों तथा वकीलों का समुदाय, अदालती कार्यवाही रोकने की बहस।

Barb (बार्ब) *n.* तीर की नोक, शूल (काँटा), बार्बरी देश का एक प्रकार का कबूतर अथवा एक प्रकार

का तेज घोड़ा। *v.t.* काँटा लगाना।

Barbarian (बारबेरिअन) *adj.* (*historical*) विदेशी, (प्राचीन अर्थ), असभ्य, क्रूर, जंगली, असंस्कृत। *n.* असभ्य व्यक्ति।

Barbate (बार्बेट्) *adj.* अन्न की बाल वाला, दाढ़ीयुक्त।

Barbecue (बार्बक्यू) *n.* लोहे की सीकों वाला ढाँचा, काफी के बीज सुखाने का स्थान, भूने हुए जानवरों के भोजन की दावत। *v.t.* पूरा पशु भूनना।

Barbel (बार्बल) *n.* यूरोपीय या बड़ी मछली जिसके सिर या मुँह से माँसल तन्तु लटकते रहते हैं।

Barber (बारबर) *n.* नापित, नाई, हज्जाम।

Barberry (बारबरी) *n.* झड़बेरी, दारुहल्दी, किलमोड़ा।

Barbet (बारबेट) *n.* गरम प्रदेशों में पायी जाने वाली एक विशिष्ट चिड़िया वसन्ता, झब्बेदार बालों वाला कुत्ता।

Barbette (बारबेट) *n.* ऊँचा स्थान जहाँ से तोप छोड़ी जाती है, चबूतरा, बुर्ज, बुर्जी, मिट्टी का टीला या टेक।

Bard (बाड) *n.* कवि, भाट, चारण, बन्दी, लड़ाई के घोड़े का कवच, वैतालिक।

Bardic (बारडिक) *adj.* भाट या कवि संबंधी।

Bare (बेअर) *adj.* नंगा करना, प्रकट करना। *adj.* नंगा, गंजा, अरक्षित, खाली।

Bargain (बार्गेन) *n.* करार, संविदा, सौदा, सौदाकारी, किफायत का सौदा, खरीदी हुई चीज़ मोल-तोल। *v.t.* सौदा करना, बिक्री करना।

Barge (बार्ज) *n.* भारी बोझ ले जाने की बड़ी नाव।

Baritone (बारिटोन) *adj.* मध्य स्थान व खरज के बीच का स्वर। *n.* इस आवाज वाला गायक।

Barlum (बारलम) *n.* सफेद धातु का पदार्थ।

Bark (बार्क्) *n.* पेड़ की छाल, खाल का ऊपरी भाग, कुत्ते का भौंकना, अन्य कुछ पशुओं के रोने का शब्द, तोप का शब्द, बन्दूक की आवाज़, खांसने की आवाज।

Barley (बारलि) *n.* जौ, जौ बाल, खेलों में थोड़ी देर की छुट्टी। **Barley water,** *n.* रोगो का पथ्य, जौ का जूस।

Barm (बार्म) *n.* किण्व, फेन, खमीर, शराब का झाग, शराब का फेन।

Barmaid (बारमेड) *n.* मधुशाला में काम करने वाली, शराब पिलाने वाली, मधुबाला।

Barman (बारमान्) *n.* साक़ी, मधु पिलानेवाला, भोजनालय में काम करने वाला।

Barmecide (बारमीसाइड्) *adj.* आशा देने वाला, भ्रामक, निराशाजनक, काल्पनिक भोज देने वाला, काल्पनिक। *n.* भ्रम में डालने वाला उपहार देने वाला व्यक्ति।

Barn (बार्न्) *n.* धान्यागार, खलिहान (खत्ती)।

Barn-door (बार्न-डोर) (*fig.*) *n.* अनाज कोठी का दरवाजा, अचूक निशाना मारने का स्थान।

Barnacle (*usu. pl.*) (बार्नेकल) *n.* एक प्रकार का हंस, चिपटू मित्र, घोड़े का नथुना बांधने का औजार, चश्मा, जहाज की तह में चिपटा रहने वाला एक समुद्री जीव, खंडावर।

Barology (बारोलॉजि) *n.* भार शास्त्र।

Barometer (बारोमीटर) *n.* वायुदाब-मापक यंत्र।

Baron (बारन्) *n.* एक अंग्रजी उपाधि।

Baronage (बारनेज्) *n.* नवाबी, नवाबों के समुदाय की सूची पुस्तिका।

Baroness (बारनेस्) *n.* बैरन-उपाधि प्राप्त महिला, नवाबिन।

Baronet (बॉरनेट्) *n.* छोटा नवाब या उपसामंत।

Baronetage (बॉरनेटेज्) *n.* छोटे नवाबों सम्बन्धी सूची की पुस्तक, छोटे नवाबों का समुदाय।

Baronetcy (बैरोनेटसि) *n.* छोटे नवाबों का पद।

Baronial (बारोनिअल्) *adj.* नवाबी, नवाब के योग्य

Barony (बॉरानि) *n.* ताल्लुकेदारी।

Baroque (बारोक्) *adj.* अनगढ़ मोती, बरोक (वास्तुकला शैली), बरोक-शैली का भड़कीला, अत्यलंकृत।

Baroscope (बारस्कोप) *n.* वायु की घनता मापने का यंत्र।

Barouche (बरूश) *n.* एक प्रकार की चौपहिया गाड़ी।

Barrack (बॅरॅक्) *n.* सिपाहियों के रहने की जगह।

Barracoon (बॅरॅकून्) *n.* दासों का आवास स्थान, गुलामों अथवा कैदियों को रखने का स्थान।

Barrage (बारिज्) *n.* बाँध।

Barratry (बॅरॅट्रि) *n.* मुकदमेबाजी को प्रोत्साहन देना, झूठी मुकदमेबाजी, (नाविकों की मालिक के विरुद्ध) दगाबाजी, जहाज में अव्यवस्था की ओर खलासी अथवा कप्तान की मक्कारी एव लापरवाही।

Barrel (बॅरॅल्) *n.* पीपा, कठरा, घड़ी का निरंत नाचने वाला पुरजा, घोड़े का पेट, तोप या बंदूक की नली, शराब की एक तौल। *v.t.* पीपे

रखना।

Barren (बॅरन्) *adj.* बांझ, बंजर, जो कुछ भी पैदा न कर सके, बंध्या, नीरस, मंद, उजाड़, ऊसर, निरर्थक, व्यर्थ।

Barretter (बॅरेटर्) *n.* बिना तार का संदेश प्राप्त करने में उपयोगी यंत्र।

Barricade (बारिकेड्) *n.* आड़, रोक। *v.t.* अवरोध करना, रुकावट डालना।

Barrier (बारिअर) *n.* आड़, घेरा, विघ्न, व्यवधान, बाड़, सीमा, बैरियर (एक सैनिक अभ्यास)।

Barrister (बारिस्टर) *n.* विलायत से पास किया हुआ व्यक्ति, वकील, विधिवक्ता, बैरिस्टर।

Barrow (बारो) *n.* बोझा ढोने की दुपहिया ठेला गाड़ी, बच्चों का बिना आस्तीन का कोट।

Barter (बार्टर्) *v.t.* & *i.* समान की अदला-बदली, वस्तु-विनिमय करना, माल हेर-फेर करना (बदलना)।

Barton (बार्टन्) *n.* खलिहान, फ़ार्म का आहाता।

Basal (बासाल्) *adj.* आधारभूत, मूलभूत, आधार पर स्थित, आधार सम्बन्धी, मौलिक।

Basalt (बासॉल्ट्) *n.* एक प्रकार की भूरी चट्टान।

Bascule (बास्क्यूल्) *n.* एक प्रकार का हटाने योग्य पुल या उत्तोलन दण्ड।

Base (बेस्) *n.* आधार-पेंदी, अधोभाग, ढाल का निचला भाग, बुनियाद, नींव, सहारा।

Base coin (बेसकॉइन) जाली सिक्का।

Basement (बेसमेन्ट्) *n.* घर, मकान, बिल्डिंग का सबसे नीचे का हिस्सा।

Bash (बाश्) *v.t.* कसकर घूँसा मारना, पीटना, चूर-चूर करना। *n.* जोर का धक्का या मुक्का।

Basil (बेसिल) *n.* तुलसी, तुलसीपत्र।

Basilica (बासिलिका) *n.* अदालत या बड़ी सभा के लिए बड़ा कमरा।

Basilicon (बासिलिकन्) *n.* एक प्रकार का पीला मलहम।

Basilisk (बॉसिलिस्क) *n.* एक ऐसी छिपकली जो जब चाहे अपने सिर की चोटी वाले हिस्से को घटा-बढा सकती है, जिसकी सांस अथवा फुफकार या दृष्टिपात से मृत्यु हो जाती है, ऐसा एक रेंगने वाला जीव।

Basin (बेसिन्) *n.* छिछली कटोरी या तश्तरी, नदी का संग्रहण क्षेत्र।

Bask (बास्क्) *v.t.* धूप सेंकना, घमाना, आतप का सेवन करना।

Basket (बास्किट) *n. e.g.* बास्केट बाल नामक खेल का जाल, गाड़ी के पीछे की ओर बाहर निकला हुआ भाग, टोकरी, डलिया। *v.t.* टोकरी में डालना।

Bas-relief (बेसरिलीफ्) *n.* मूर्तिकला, जिसमें आकृतियां आधार-पटल से कुछ उभरी हुई हों।

Basset (बासेट्) *n.* छोटी टाँगों वाला शिकारी कुत्ता।

Bassinet (बासिनेट्) *n.* बेंत का बना हुआ, बच्चों का पालना, छतरीदार बच्चा गाड़ी।

Bassoon (बासन) *n.* लकड़ी का वायु वाद्ययंत्र, एक प्रकार का मुख से बजाने वाला वाद्य।

Bastard (बास्टर्ड) *adj.* जारज सन्तान, विजन्मा (विजात)। *adj.* अधिकारहीन।

Baste (बेस्ट्) *v.t.* लकड़ी या डंडे से मारना, पकते समय मक्खन या चरबी डालना, टाँका लगाना, कच्ची सिलाई करना।

Bastille (बास्सील) *n.* किले का कैदखाना।

Bastinado (बास्टिनाडो) *v.t.* पैर के तलवे पर डंडे या छड़ी से मारना।

Bastion (बास्टियन्) *n.* दुर्ग की रक्षा करने के लिए बना हुआ उभड़ा भाग, बुर्ज। **Bastioned,** *adj.* बुर्ज बनाया हुआ।

Bat (बैट्) *n.* चमगादड़ पक्षी, क्रिकेट का गेंद खेलने का चौड़ा चिपटा डंडा।

Batata (बटाटा) *n.* शकरकंद, आलू।

Batch (बैच) *n.* समुदाय, जत्था, वर्ग, टोली, खेप, थोक, घानी।

Bate (बेट्) *v.t.* & *i.* रोकना, आकुलतापूर्वक पंख फड़फड़ाना, आतुर होना, कम करना।

Bath-stone (बाथ.स्टोन) *n.* इमारती पत्थर।

Bathe (बेट्) *v.t.* & *i.* धोना, गीला करना, जल में डुबाना, स्नान करना।

Bathometer (बाथमिटर्) *n.* जल की गहराई नापने का यन्त्र, गहराई मापक।

Bathos (बथॉस) *n.* भाषा या लेख का उच्च शैली से निम्न शैली पर हास्यकर उतार या पतन।

Batman (बैटमैन) *n.* अफसर का अर्दली, अफसर के घोड़े का सईस, बैटमैन।

Baton (बाटन्) *v.t.* डंडा, पुलिस के सिपाही का छोटा डंडा, इस डंडे से मारना।

Batter (बाटर्) *v.t.* & *i.* रूप बिगाड़ देना, चकनाचूर करना, पीट-पीटकर तोड़ना, तोप से आक्रमण करना।

Battery (बैटरी) *n.* मारपीट, दमदमा, भोजन पात्र, तोपखाना, बिजली का प्रकाश उत्पन्न करने का पात्रों वाला यन्त्र।

Battle (बैटल) *n.* युद्ध, समर, संघर्ष। *v.i.* युद्ध करना।

Battledore (बैटलडोर) *n.* बल्ला, कपड़ा कूटने का डण्डा, थापी, बेडमिंटन, खेल की सामग्री।

Battle-plane *n.* (बाटल-प्लेन) युद्ध का बड़ा लड़ाकू वायुयान।

Battle-ship (बाटल-शिप) *n.* जंगी जहाज़, रणपोत।

Bauble (बॉबल्) *n.* खिलौना, गदहे के कानों जैसी मूठ की छड़ी, सस्ता हल्का खिलौना, विदूषक का डंडा, अल्प मूल्य का आभूषण।

Baulk (बाक्) *n.* शहतीर, रुकावट।

Baw-bee (बॉ-बी) *n.* आधी पैनी का सिक्का।

Bawd (बॉड्) *n.* स्त्रियों को बहकाकर कुकर्म कराने वाली स्त्री, कुटनी, खरगोश।

Bawdy (बॉडी) *n.* & *adj.* भ्रष्ट, दुराचारी, पतित।

Bawl (बॉल्) *v.t.* & *i.* चिल्लाकर बोलना, चिंग्घाड़ मारना, चिल्लाना।

Bay (बे) *n.* एक प्रकार का वृक्ष, खाड़ी, दीवार में का छिद्र, कुत्ते का भूँकना; लाल भूरा घोड़ा।

Bayard (बेयार्ड) *n.* वीर मनुष्य।

Bayberry (बेबरी) *n.* पश्चिम भारतीय पेड़ का फल।

Bayonet (बेऑनिट्) *n.* संगीन, संगीन युक्त सिपाही। *v.t.* संगीन भोंकना।

Bayrum (बेरम) *n.* बे-बेरी पत्तियों की परिशुद्ध सुगंध, बे-वृक्ष की रम या भीगी-भीगी महक।

Baysalt (बे-साल्ट) *n.* खारी नमक।

Bayou (बेयू) *n.* नदी या झील के निकट का दलदल, नदी-शाखा, झील-शाखा।

Baywindow (बेविंडो) *n.* दीवार से बाहर निकली हुई खिड़की, खाँचा खिड़की।

Beach (बीच्) *n.* बालूतट, रेतीला किनारा, समुद्र-तट (किनारा), ज्वार-भाटा के मध्य का दिखाई देने वाला स्थान।

Beacon (बीकन्) *n.* विपत्ति-दर्शक अग्नि या स्थान, आकाशदीप, प्रकाश-स्तम्भ, मार्ग दिखलाने का प्रकाश। *v.t.* प्रकाश दिखलाना, पथ-प्रदर्शन करना, संकेत करना।

Bead (बीड्) *n.* गुटका (माला का दाना), बन्दूक की उभरी हुई नली। *v.t.* दानों से गूँथना।

Beadsman (बीड्समैन) *n.* दूसरे के लिए धन देने के लिए बाध्य पुरुष जिसे पेंशन मिलती हो, पुजारी (किसी अन्य के लिए प्रार्थना करने वाला), भिखारी।

Beak (बीक्) *n.* चोंच, नोकदार वस्तु, मजिस्ट्रेट, दंडाधिकारी, अध्यापक, उभार, नोक, पोत-भेदक-यंत्र।

Beaker (बीकर्) *n.* प्याला, प्रयोगशाला में काम आने वाला एक तरह का गिलास, प्याले में भरी वस्तु, टोंटीदार पात्र, एक माप, काँच का चोंचदार पात्र।

Beano (बीनो) *n.* आनन्द उत्सव, विघ्न, हंसी-खुशी का वातावरण।

Bear (बेअर्) *n.* रीछ (भालू), अशिष्ट या रुक्ष मुनष्य। **Bearleader,** *n.* घूम-घूमकर पढ़ानेवाला शिक्षक।

Bear-baiting (बीअर-बैटिंग) *n.* कुत्ते द्वारा भालू को तंग करने का खेल।

Bearer (बेअरर्) *n.* बोझ ढोने वाला (मोटिया), गृहस्थी का नौकर, पत्रवाहक।

Beast (बीस्ट्) *n.* पशु, पाशविक वृत्ति का मनुष्य, चौपाया, नर-पशु।

Beatific (बीटिफिक) *adj.* सुखकारक, आनन्द-दायक।

Beau (बो) *n.* फ़ैशन पसंद व्यक्ति, छैला, रंगीला, बाँका, प्रेमी।

Beauideal (बोआइडीअल्) *n.* अपूर्व सुन्दरता, आदर्श सौन्दर्य, सुन्दरता की प्रतिमा।

Beau-Monde (बी-मॉन्डे) *n.* सुवेशधारियों की मण्डली।

Beautiful (ब्यूटिफुल) *n.* सुन्दर, सराहनीय, रमणीय, सुगठित, सुन्दर, उत्कृष्ट, आकर्षक।

Beaver (बीवर) *n.* ऊदबिलाव। *n.* शिरस्त्राण का छज्जा।

Beck (बेक्) *n.* झरना, पर्वत, नाला, इशारे से संकेत। *v.t.* सिर या अंगुली हिलाकर कुछ कहना, संकेत करना।

Becket (बेकिट) *n.* (*Naut.*) रस्सी का फंदा, हुक या काठ का ब्रैकेट, जुलाहा गांठ।

Beckon (बेकन्) *v.t.* & *i.* पुकारना, संकेत करना।

Bedel (बिडेल) *n.* विशेष कार्य निष्पादन करने वाला।

Bedevil (बिडेविल्) *v.t.* गाली देना, गड़बड़ करना, जादू करना।

Bedim (बिडिम्) *v.t.* धुंधला करना, अँधेरा करना।

Bedizen (बिडिज़न) *n.* ठाटदार भड़कीले वस्त्र पहिनना।

Bedlam (बेड्लाम्) *n.* पागलखाना। *adj.* पागलखाने के योग्य।

Bedrabbled (बिड्रबल्ड) *adj.* वर्षा और कीचड़ से गन्दा बना हुआ।

Bedraggle (बिड्रागल्) *v.t.* पानी में खींचकर

भिगाना।

Bedrench (बिड्रेन्च) *v.t.* भिगाना, तर करना।

Beech (बीच) *n.* बीच, एक प्रकार का जंगली वृक्ष, बीच पेड़ की छाल।

Beef (बीफ़) *n.* बैल, साड़ या गाय का मांस, मांस के लिये पाले हुए साड़।

Bee-master (बी-मास्टर) *n.* मधुमक्खी पोषक।

Beer (बिअर) *n.* जौ की शराब।

Beet (बीट) *n.* चुकन्दर।

Beetle (बीट्ल) *n.* गोबरैला, एक प्रकार का भारी हथौड़ा, अल्पदृष्टि वाला मनुष्य। *v.t.* हथौड़े से कूटना, अड़काना, सफाई करना।

Beet-root (बीट-रूट) *n.* चुकंदर (जड़)।

Befoul (बि-फाउल) *v.t.* मलिन करना, गन्दा करना।

Beget (बिगेट्) *v.t.* उत्पन्न करना, प्रजनन करना, उपजाना।

Beggar (बैगर) *n.* भिक्षुक, भिखारी, निर्धन व्यक्ति। *v.t.* भिखमंगा करना, निस्तेज करना, चुप करना।

Beginner (बिगिनर) *n.* आरंभ करने वाला, नौसिखुआ।

Begonia (बिगानिआ) *inter.* बिन पंखड़ियों का सुन्दर पुष्प, एक पेड़।

Beguile (बिगाइल) *v.t.* धोखा देना, कपट करना, बहकाना, भुलावा देना, ठगना, मौजमस्ती में डालना, फुसलाना। **Beguilment,** *n.* ठगी। **Beguiler,** *n.* ठगने वाला।

Behaviour (बिहेविअर) *n.* व्यवहार, आचरण, बर्ताव, चालढाल।

Behemoth (बिहमॉथ) *v.t.* विशालकाय पशु।

Behest (बि-हेस्ट) *n.* आज्ञा, कार्यभार, आदेश।

Beige (बीज़) *n.* कोरा ऊनी कपड़ा, बेरंग ऊनी कपड़ा, इस कपड़े का रंग।

Belabour (बिलेबर) *v.t.* घोर निन्दा करना, खूब पीटना, उधेड़ डालना।

Belated (बिलेटेड्) *adj.* पुरानी चाल का, बहुत देर में आने वाला, देर करने वाला, विलम्बित।

Belaud (बिलॉड्) *v.t.* भूरि-भूरि प्रशंसा करना, अति प्रशंसा करना।

Beldam, Beldame (बेल्डम) *ns.* पड़दादी, डायन, बुढ़िया, दादी, क्रोधोन्मत स्त्री।

Beleaguer (बिलीगर) *v.t.* घेर लेना, रोक रखना।

Belief (बिलीफ) *n.* आश्वासन, आस्था, विश्वास, श्रद्धा, मत, विचार, पंथ, धर्म।

Bell (बेल) *n.* घण्टी, घंटा, घड़ियाल, घंटे जैसी चीज, जल का बुलबुला।

Belle (बेले) *n.* रूपवती स्त्री, सुन्दरी।

Belles-letters (बेलेस-लैटर्स) *n.* ललित निबंध, ललित साहित्य।

Bellicose (बेल्लिकोज) *adj.* लड़ाका, युद्ध-प्रिय, लड़ने को तत्पर।

Belligerency (बेलिजरेन्सि) *n.* लड़ाई की दशा, युद्ध स्थिति।

Belligerent (बेलिजरेन्ट) *adj.* & *n.* योद्धा, युद्धरत, युद्धकारी, लड़ाका।

Bellman (बेलमैन) *n.* घन्टी बजाने वाला, घोषक, ढिंढोरा पीटने वाला।

Belly (बेलि) *n.* उदर, पेट, आगे का भाग, बर्तन के बीच का उभरा हुआ भाग, गर्भाशय। *v.t.* & *i.* फुलाना, बाहर की ओर उभर आना, फूल जाना।

Belongings (बिलांगिग्स) *n. pl.* किसी का सब सामान या सम्बन्धी आदि, किसी व्यक्ति की सम्पत्ति, उपकरण।

Beloved (बिलव्ड्) *adj.* प्रिय, इष्ट, प्यारा, प्रियतम, परम प्रिय, प्रेयसी, चहेती।

Belt (बेल्ट) *n.* प्रदेश, क्षेत्र, मशीन का पट्टा, परतला, पेटी, मेखला, कमरबन्द।

Belvedere (बेल्विडिअर) *n.* मकान के ऊपर ऊँचा चौबारा, ऊँचे स्थान पर मकान, बुर्ज, बारादरी, ग्रीष्मावास, दृश्य देखने का ऊँचा चबूतरा या मंच।

Bema (बेमा) *n.* भाषण देने का मंच, पूर्वकाल में एथेन्स का पंचायत मंच।

Bemask (बिमास्क्) *v.i.* छिपाना, बुरके से ढाँपना।

Bemire (बिमायर) *v.t.* गंदा करना, कीचड़ से लथपथ करना, कीचड़ पोतना।

Bemoan (बिमोन्) *v.t.* शोक मनाना, विलाप करना, तरस करना, संतप्त होना, दुःख प्रकट करना।

Bemuse (बिम्यूज) *v.t.* बुद्धिहीन करना, व्यग्र करना।

Bench (बेन्च) *n.* लकड़ी का आसन, न्यायाधीश वर्ग, (चौकी) पीठ, न्यायालय का स्थान, पर्वत पर सपाट जगह।

Bend (बेन्ड) *v.t.* & *i.* मोड़ना, टेढ़ा होना, नीचे झुकना, नम्र होना, कसना, विक्षेपित करना, झुकाना, घूमना।

Benediction (बेनिडिक्शन) *n.* ईश्वर की कृपा, (नाटक में स्वस्तन) धन्यवाद, कल्याण, आशीर्वाद, मंगलकामना।

Benedictory *adj.* (बेनिडिक्टरि) आशीर्वाद सूचक, मांगलिक, मंगलवाची।

Beneficed (बेनिफिस्ड) *adj.* पादरी की वृत्ति वाला।
Beneficiary (बेनिफिशरि) *n.* वह व्यक्ति जो कोई वस्तु दान या पुरस्कार के रूप में पाता है, माफीदार आसामी आदि, लाभकारी, धर्मस्व प्राप्तकर्ता।
Benefit (बेनिफिट) *n.* लाभ, सुविधा, उपकार। *v.t.* & *i.* अनुग्रह करना, उपकार करना, लाभ उठाना।
Benevolence (बिनेवलेन्स) *n.* दान, शुभ कर्म, परोपकार, दया, अनुग्रह, उदारता, सृजनता।
Benevolent (बेनेवलेन्ट) *n.* दानी, हितैषी, लाभदायी, दानशील, परोपकारी।
Benign (बिनाइन) *adj.* कृपालु, हितकर, मृदु, सौम्य, सुसाध्य, अनुग्रहशील।
Benison (बेनिजन) *n.* वरदान, ईश्वर की कृपा, आशीर्वाद।
Benjamin (बेन्जामिन) *n.* सबसे छोटा बालक या कनिष्ठ पुत्र, पुराने ढंग का ओवरकोट, एक प्रकार का अंजीर का वृक्ष और उसका गोंद।
Benthamism (बैन्थमिज़्म) *n.* बेन्थम मत, बहुजन सुखाय सिद्धांत।
Benumb (बिनम्ब) *v.t.* सुन्न करना, जड़ कर देना, स्तंभित कर देना, शक्तिहीन करना, ठिठुरना।
Bereave (बिरीव्) *v.t.* कोई वस्तु छीनना, किसी सम्बन्धी से वंचित करना, अनाथ छोड़ना।
Berserk (बर्सर्क) *n.* अभिविक्षिप्त, उन्मत्त।
Berth (बर्थ) *n.* जहाज तथा रेल में सोने का स्थान, आराम-स्थान। *v.t.* जहाज़ लंगर में डालना, सोने की व्यवस्था करना।
Beset (बिसेट) *v.i.* घेर लेना, व्याकुल करना, रोक लेना, खतरे में डालना, आक्रमण करना।
Besetment (बिसेटमेंट) *n.* पाप से घिर जाने की अवस्था, दोष।
Beshame (बिशेम) *v.t.* लज्जित करना।
Besiege (बिसीज) *v.t.* आक्रमण करना, सशस्त्र सेना से घेर लेना।
Beslobber (बिस्लॉबर) *v.t.* लार पोतना, ऐसा चुम्बन करना कि थूक लिपट जाए।
Besmear (विस्मिअर) *v.t.* मैला करना, पोतना, लेप करना।
Besmirch (बिस्मर्क) *v.t.* मैला करना, मलिन करना, कलंक लगाना, गन्दा करना।
Bespatter (बिस्पाट्टर) *v.t.* छितराना, गाली देना, अपमानित करना।
Bespeak (बि-स्पीक) *v.t.* पहिले से स्थिर कर लेना।
Bespeed (बि-स्पीड्) *v.t.* शीघ्रता करना, जल्दी करना।
Besprinkle (बि-स्प्रिंकल) *v.t.* धब्बे डालना, छिड़कना।
Best (बेस्ट) *adj.* सर्वोत्तम, सर्वश्रेष्ठ। *adv.* सबसे अच्छी विधि से, चरम सीमा तक।
Bestial (बेस्टिअल) *adj.* जंगली, गँवार, रूखा, अशिष्ट। **Bestiality,** *n.* अशिष्टता, असभ्यता गँवारपन।।
Bestow (बिस्टो) *v.t.* प्रतिपादन करना, सजाकर रखना, लगा देना, प्रदान करना, लागू करना।
Bestud (बि-स्टड्) *v.t.* नग जड़ना, नगीना बैठाना।
Bet (बेट) *v.i.* & *t.* दाँव लगाना, बाजी लगाना। *n.* दाँव, बाजी।
Betake (बिटेक) *v.t.* में लग जाना, आश्रय लेना (अंगीकार करना), लगाना (लीन होना)।
Betel (बीट्ल) *n.* ताम्बूल, पान।
Betal-nut (बीटल-नट) *n.* सुपारी।
Betray (बिट्रे) *v.t.* धोखे से शत्रु को पकड़ा देना, विश्वासघात करना, कमीनेपन से जाने देना, बहकाना, भण्डाफोड़ करना, भेद देना।
Betrayal (बिट्रेअल) *n.* देशद्रोह, विश्वासघात।
Betroth (बिट्रोद्) *v.t.* संबध करना, सगाई करना, विवाह के लिए वचन देना।
Bevel (बेवल) *n.* कोना बनाने का यंत्र, विषम कोण, छोर, कोना बनाने का औजार। *v.t.* & *i.* तिरछा बनाना, तिरछा काटना।
Beverl-gear (बिविरल्-गीयर्) *n.* भिन्न दिशा में घूमने वाला पहिया।
Beverage (बेवरिज) *n.* आनन्ददायक पेय, मादक पेय, शराब।
Beware (बिवेअर) *v.t.* & *t.* बचना, सावधान होना, सतर्क रहना।
Bewilder (बिविल्डर) *v.t.* व्याकुल करना, भ्रम में डालना, गुमराह करना।
Bewitch (बिविच) *v.t.* जादू डालना, अति प्रसन्न करना, मोहित करना।
Bewary (बेवरि) *v.t.* स्पष्ट करना, रहस्योद्घाटन करना।
Bezel (बेजल) *n.* रुखानी की तिरछी धार, अँगूठी के नग जड़ने का ऊपरी भाग।
Bezique (बिजीक) *n.* ताश का एक प्रकार का खेल।
Bias (बायस) *n.* एक प्रकार का खेल जो लकड़ी की भारी गेंद के एक ओर अधिक भार रखकर खेला जाता है जिससे गेंद एक ओर को अधिक

झुक जाती है, चित्त की प्रवृति जिसके कारण मन का झुकाव एक ओर को अधिक हो जाता है, कुछ प्रभावों के कारण एक ओर हुआ मन, अभिनति, तिरछापन, पसँघा, पक्षपात, प्रवृत्ति, झुकाव।

Biaxial (बाई-ऑक्सीअल्) *adj.* दो धुरा (या अक्ष) वाला।

Bib (बिब) *v.i.* & *t.* बार-बार मदिरा पीना, चस्का लेना, चखना। *n.* एक प्रकार की मछली, एक प्रकार की कपड़े की गद्दी (रालदानी) जो बच्चों के गले में बांधी जाती है, प्रौढ़ भी इसका प्रयोग करते हैं।

Bible (बाइबल) *n.* बाइबल, ईसाइयों की धर्म पुस्तक।

Bibliographer (बिबलिऑग्राफर) *n.* पुस्तकों का विवरण लिखने वाला जैसे उनका बाह्य रूप, लेख, ग्रंथ-सूची, ग्रंथ-सूचीकार।

Bibliography (बिबलिऑग्राफि) *n.* पुस्तक विद्या, ग्रंथ-सूची।

Bibliolater (बिब्लिओलेटर) *n.* ग्रंथ पुजारी, पुस्तक, पूजक ग्रन्थपूजक।

Bibliolatry (बिबलिओलेट्री) *n.* ग्रन्थ-पूजक, पुस्तकों के प्रति आदर करने वाला।

Bibliomania (बिबलिओमेनिआ) *n.* पुस्तक संग्रह करने की तीव्र इच्छा, ग्रंथोन्माद।

Bibliophile (बिब्लिऑफाइल) *n.* पुस्तक का प्रेमी।

Bibliopole (बिबलिऑपोल) *n.* दुर्लभ ग्रंथों को बेचने वाला, अलभ्य पुस्तकों को बेचने वाला।

Bibulous (बिब्यूलस) *adj.* पियक्कड़, जल सोखने वाला, मद्य पीने वाला।

Bicameral (बाइकामरल) *adj.* द्विगृही, दोघरा।

Bice (बाइस) *n.* पीत नील या हरा रंग-रोगन।

Bicentenary (बाइसेन्टिनरि) *adj.* द्विशती, द्विशत् वार्षिक, दो सौ वर्ष पर होने वाला।

Bicentennial (बाइसेन्टिनिअल) *adj.* प्रति दो सौ वर्ष पर होनेवाला (उत्सव इत्यादि)।

Bicephalus (बिइसेफालस) *adj.* दो सिर वाला।

Biceps (बिसेप्स) *n.* दो सिर वाला पुदण या दो सिर की मांसपेशीं।

Bicker (बिकर) *v.i.* कलह करना (विवाद करना), वेग से बहना।

Bid (बिड्) *v.t.* & *i.* आज्ञा देना, नीलाम मे बोली बोलना, घोषणा करना, प्रस्तावित करना, निमंत्रित करना।

Bidder (बैडर) *n.* दाँव या बाजी लगाने वाला, नीलाम में बोली लगाने वाला।

Bidental (बाईड्न्टल्) *adj.* दो दाँतवाला।

Bield (बाइड्) *n.* शरण लेने का स्थान, बचाव, सुरक्षा।

Biennial (बाइएँनिअल) *adj.* दो-दो साल में होने वाला, द्विवर्षव्यापी, द्विवर्षजीवी पौधा।

Bier (बायर) *n.* अर्थी या मुर्दा ढोने की गाड़ी जिस पर रखकर शव को कब्रिस्तान तक ले जाया जाता है, टिकठी, अरथी।

Biffin (बिफ़िन) *n.* एक प्रकार का लाल फ़ल, सुखाए हुए बिफ़िन का चपटा केक।

Bifid (बाइफिड) *adj.* दो भागों में विभक्त, द्विशाखी।

Bifold (बाइफोल्ड) *adj.* दोहरा, दो तहों वाला, तुपरता, दो प्रकार का।

Bifurcate (बाइफरकेट) *v.t.* & *i.* दो फाँक करना।

Bigamist (बिगामिस्ट) *n.* दो पत्नी वाला मनुष्य या दो पति वाली स्त्री।

Bigamous (बिगामस) *adj.* द्विविवाह संबंधी, इस दोष का अपराधी।

Bigamy (बाइगामी) *n.* एक साथ दो पति या पत्नी रखने की रीति, अपराध या तथ्य।

Bigential (बाईजेनशल्) *n.* द्विजातीय, दो जाति का।

Bight (बाइट) *n.* झूलन, खुली खाड़ी, फंदा, लपेट, घुमाव, छोटी खाड़ी, उपसागर, कील।

Bigot (बिगॉट) *n.* धार्मिक मामलों में कट्टर, हठधर्मी, अपने धर्म में पूर्ण निष्ठा तथा विश्वास रखने वाला, कट्टर उपासक, अकड़ू, हेंकड़।

Bigotry (बिगॅट्रि) *n.* अपने मत का आग्रह, धर्मान्धता।

Bijouterie (बिजूटरी) *n.* नक्काशीदार जवाहरात, जेवर, जेवरात, गहने, रत्न, आभूषण।

Bike (बाइक) *n.* बाइसिकल शब्द का छोटा रूप, साइकिल, मधुमक्खियों का छत्ता, आदमियों का झुंड। *v.t.* साईकिल पर सवारी करना।

Bilateral (बाइलाटरल) *adj.* दो छोर का।

Bilberry (बिल्बेरी) *adj.* झाड़ी, फल।

Bilbo (बिल्बो) *n.* खाँडा, एक छोटी तलवार।

Bilboes (बिलबोज) *n. pl.* हथकड़ी, बेड़ी, कैदियों के पैर में बाँधने का लम्बा डंडा।

Bile (बाइल) *n.* पित्त।

Bilge (बिल्ज) *n.* जलपोत (जहाज) की पेंदी का चौड़ा और उभरा हुआ भाग या कीचड़, बकवास।

Biliary (बिलिअरी) *adj.* पित्त संबंधी।

Bilingual (बाइलिंगुअल) *adj.* दो भाषाओं में

बोला या लिखा हुआ, द्विभाषी।

Bilious (बिलिअस) *adj.* पैत्तिक, चिड़चिड़ा। **Biliousness,** *n.* पित्तग्रस्त, पित्तग्रस्तता।

Bilk (बिल्क) *v.t.* बचना, छलना, धोखा देना, टालमटोल करना।

Bill (बिल) *n.* चोंच, प्रस्ताव रूप में कानून, पुरज़ा (लेखा), इश्तिहार या विज्ञापन, एक प्रकार की लम्बे डंडेवाली कुल्हाड़ी। *v.t.* चोंच मारना। *v.i.* सूचना देना। *v.t.* किसी के माल की कीमत का पर्चा बनाकर देना, घोषणा करना, विज्ञापित करना। *v.i.* चोंचें मिलाना, प्यार करना।

Billet (बिलेट) *n.* लकड़ी का कुन्दा, धातु का छोटा डंडा, सिपाहियों के ठहरने का स्थान। *v.t.* सिपाहियों को ठहराना।

Billion (बिलिअन) *n.* (ब्रिटेन और फ्राँस में) दस खरब, (अमरीका में) एक अरब की संख्या।

Billow (बिलो) *n.* तरंग, बड़ी लहर। *v.t.* & *i.* लहरों की तरह लुढ़कना।

Billy (बिली) *n.* आस्ट्रेलिया देश में एक प्रकार का टीन का डिब्बा जो चाय और दूसरी चीजें उबालने के काम आता है, देगची, चायानी, केतली।

Billycock (बिलिकाक्) *n.* एक प्रकार की अंग्रेजी टोपी, क्रिकेट के खेल में गेंद फेंकने वाला।

Bimensal (बाइमेन्सल) *adj.* दो महीने में एक बार होने वाला।

Bimonthly (बाइमन्थलि) *adj.* दो महीने में एक बार।

Bin (बिन) *n.* कूड़ा करकट जमा करने का ढोल, अनाज जमा करने की खत्ती, कोयला और शराब जमा करने का स्टोर।

Binary (बिनारि) *adj.* द्वयंगी, जोड़ा, दोहरा (द्विगुण)।

Bind (बाइन्ड) *v.t.* & *i.* बाँधना (गूँथना), संबंध करना, रोकना, प्रतिज्ञा करना, अनुगृहित होना, हथकड़ी बेड़ी डालना।

Binder (बाइन्डर) *n.* मानठ बाँधने वाला, जिल्दसाज।

Binnacle (बिनेकल) *n.* जहाज पर कुतुबनुमा रखने का संदूक।

Binocular (बिनाक्युलर) *adj.* दोनों आँखों से देखने योग्य, दोनो आँखों के साथ-साथ प्रयोग से संबंधित। **Binoculars,** *n. pl.* दूर की वस्तुओं को पास दिखाने वाला यंत्र।

Binomial (बाइनोमिअल) *adj.* (बीजगणित के) द्विपट, दो नाम का।

Biograph (बॉयोग्राफ) *n.* फोटो के चित्र की पंक्ति।

Biographer (बायोग्राफर) *n.* जीवनी लिखने वाला।

Biography (बायोग्राफि) *n.* जीवनी, जीवन कथा, जीवन चरित।

Biology (बायोलॅजि) *n.* जीवविज्ञान, प्राणि विज्ञान।

Bipartite (बाइपारटाइट) *adj.* द्विखंडी, द्विपक्षी, द्विभागी, द्विदलीय, द्विभाजित।

Bipartition (बाइपार्टीशन) *n.* द्विभाजित।

Bipedal (बाई-पेडल्) *adj.* द्विपद, दो पैर वाला।

Biquadratic (बाइक्वॉड्राटिक) *adj.* *n.* द्विवर्गात्मक, चतुर्घातात्मक संख्या।

Birch (बर्क) *adj.* एक प्रकार का वृक्ष या उसकी कमची (टहनी) जो पीटने के काम आती है, भोजपत्र।

Bird (बर्ड) *n.* पक्षी, खग, चिड़िया। *v.t.* चिड़िया फँसाना या पकड़ना।

Bisexual (बाइसेक्सुअल) *adj.* अर्धनारीश्वर, स्त्री तथा पुरुष जाति के अंगों का एक ही व्यक्ति में होना, द्विलिंगीय।

Bishop (बिशप) *n.* बड़ा पादरी, शतरंज के मुहरों में से एक मुहरा या खेलाड़ियों में से एक खेलाड़ी, लाल शराब से मिला हुआ स्वादिष्ट गरम पेय।

Bissextile (बिसेक्सटाइल) *adj.* लीप वर्ष से सम्बन्धित।

Bistort (बिस्टॉर्ट) *n.* एक प्रकार का पौधा।

Bistoury (बिस्टॉरि) *n.* जर्राह की पतली छुरी।

Bit (बिट) *n.* खण्ड (टुकड़ा), लगाम में लगा लोहे का टुकड़ा, ग्रास या कौर, सिक्का कुछ कुछ, हत्यार अथवा रंधे से छीले टुकड़े, निमंत्रण। *v.t.* लगाम लगाना, रोकना।

Bitch (बिच) *n.* कुतिया, सियारिन, मादा भेड़िया।

Bitumen (बिट्यूमेन) *n.* चमक उठने वाले खनिज पदार्थ, जैसें पैट्रोल, मिट्टी का तेल आदि, शिलाजीत (राल)। *v.t.* वार्निश में राल मिलाना।

Bizarre (बि-जार) *adj.* अद्‌भुत, फिजूल, झक्की, पागल, विचित्र, सनकी, लहरी।

Blackamoor (ब्लैकामूर) *n.* हब्शी, काला व्यक्ति या महिला, बंजर भूमि।

Black art (ब्लैक आर्ट) जादु।

Blacking (ब्लॅकिंग्) *n.* जूता काला करने का लेप या मसाला।

Blackmail (ब्लॅक-मेल्) *n.* रक्षार्थ डकैत आदि को दिया जाने वाला धन, धमकी से रुपया ऐंठने का काम, भयादोहन।

Blacksmith (ब्लॅक्-स्मिथ्) *n.* लोहार, अयस्कार, लुहार।

Blame (ब्लेम्) *v.t.* दोष लगाना, निन्दा करना, आरोप लगाना, उत्तरदायी ठहराना, अपयश दिलाना, कलंकित करना। *n.* दोषारोपण, दण्डनीयता, चोट, उत्तरदायित्व।

Blanch (ब्लाँच) *v.t.* & *i.* सफेद करना, रगड़ कर सफेद निकालना, सफेद होना, विवर्ण होना, रंग उड़ना।

Blanket (ब्लैंकिट) *n.* कम्बल, धुस्सा, लोई *v.t.* कम्बल से ढाँकना।

Blaspheme (ब्लॅस्फीम्) *v.t.* & *i.* ईश्वर की निन्दा करना।

Blasphemy (ब्लासफीमि) *n.* ईश्वर-निंदा, धर्म-निंदा, गंदी और अपवित्र बातें।

Blatant (ब्लेटन्ट्) *n.* जोर से कोलाहल करने वाला, उधमी, निंदात्मक, उजड्ड, खुला, साफ, स्पष्ट, भड़कीला।

Blazon (ब्लेज़न्) *v.t.* कुल चिह्न युक्त ढाल या कवच या झंडा। *v.t.* फैलाना, चिह्नों से विभूषित (अलंकृत) करना।

Blench (ब्लैन्च) *v.i.* घबराना, डराना, एक ओर दबना, चौंक उठना, (आँखें बन्द करना), पराङ्गमुख होना।

Blend (ब्लैंड्) *v.t.* & *i.* मिलाना, मिलना। *n.* मिश्रित।

Blende (ब्लन्ड्) *n.* जस्ते का सल्फाइड।

Bless (ब्लेस्) *v.t.* मंगल करना, आशीर्वाद देना, प्रशंसा करना, पवित्र घोषित करना, धन्य घोषित करना, वरदान देना।

Blessed, Blest (ब्लेस्ड्, ब्लेस्ट्) *adjs.* अनुमंत्रित, अभिमंत्रित, प्रसन्न, शपग्रस्त, समृद्ध, स्वर्ग में, आनंदित, धन्य, भाग्यशाली।

Blessing (ब्लेसिंग्) *n.* प्रभु की असीम अनुकम्पा, कृपा प्रसाद, आशीर्वाद, अनुमंत्रण, अभिमंत्रण, धन्यवाद, उपहार।

Blight (ब्लाइट) *n.* वनस्पति और पौधों का रोग, जंग, गीला, गलना, अपक्षय, बाधा, शीर्णता, चित्ती या अंगमारी जनक कीट, विनाशकारी वस्तुएं। *v.t.* चित्तीग्रस्त करना, अंगमारी ग्रस्त होना, अभिशप्त करना, विनाश करना।

Blind (ब्लाइन्ड) *adj.* अंधा (नेत्रहीन), अज्ञान, लापरवाह, विचारहीन, अंधकारमय, धोखे की टट्टी। *n.* झिलमिली (पर्दा)। *v.t.* अंधा बनाना, अंधा करना, तमावृत्त करना। *n.* तथ्य को छिपाने वाली वस्तु, (खिड़की का) झिलमिला पर्दा, छाया, उजाड़, ओट।

Blindman's-buff (ब्लाइन्डमॅन्स-बफ्) *n.* आँख मिचौनी, आँख मुँदौवल का खेल।

Bliss (ब्लिस) *n.* परमसुख, चिरानन्द, स्वर्गतुल्य सुख, परमानन्द।

Blister (ब्लिस्टर) *adj.* छाला, फफोला। *v.t.* फफोला पैदा करना।

Blithe (ब्लाइद्) *adj.* प्रमुदित, प्रसन्न वदन, हर्षित, प्रफुल्ल, खुशदिल, फुर्तीला।

Blob (ब्लॉब्) *n.* गोली, फूली हुई गोल चीज, फफोला, बुलबुला, बूँद, गोल दाग।

Block (ब्लॉक) *n.* लकड़ी का बड़ा कुंदा (लट्ठा), ठप्पा, घरों की पंक्ति, साँचा, भारी पदार्थ, घिरनी, अवरोध, रुकावट। *v.t.* प्रतिबन्ध या अवरोध करना, बन्द करना।

Blockade (ब्लॉकेड्) *n.* नाकाबंदी, सेना लगाकर रोकना या बाधा डालना।

Blood (ब्लड) *n.* रक्त रुधिर, लोहू, सन्तति, हत्या, प्रकृति, वंश। *v.t.* खून की आदत डालना, लहू मुंह लगना।

Blood-sucker (ब्लड्-सकर) *n.* जोंक, खून चूसने वाला जन्तु।

Blood-thirsty (ब्लड-थर्स्टि) *adj.* रक्त पिपासु, खूँखार।

Bloom (ब्लूम) *n.* कली, फूल, विकास, युवावस्था, पूर्णता। *v.t.* खिलाना, विकसित होना, पूर्ण यौवन में होना।

Blossom (ब्लॉसम) *n.* फूल, प्रारंभिक बाढ। *v.i.* फूलना, विकसित होना।

Blot (ब्लॉट) *n.* धब्बा, मानहानि, एक प्रकार का जुए का खेल, कमजोर पक्ष, एक प्रकार का कुकुरमुत्ता, दाग, अस्पष्टता, दोष, त्रुटि। *v.t.* स्याही सोख्ता लगाना, अनादर करना, अस्पष्ट करना, धुन्ध-लाना, दाग या धब्बा डालना, अपमानित करना, लांछित करना।

Blotch (ब्लॉच्) *n.* चकत्ता, ददोरा। **Blotched,** *adj.* फूला हुआ।।

Blotter (ब्लॉटर्) *n.* सोखते का पैड, शोषक।

Blotting-paper (ब्लॉटिंग्-पेपर) *n.* सोख्ता, मसिचूष पत्र।

Blowy (ब्लोवी) *adj.* तूफानी।

Blowzed (ब्लाउज़्ड) *adj.* लाल और मोटा मुख, व्यायाम से फूला हुआ, फूहड़।

Blubber (ब्लबर) *n.* हवेल मछली की चर्बी। *adj.* फूला हुआ। *v.i.* चिल्लाकर रोना, सिसकते हुए रोना।

Bluchers (ब्लूकर्ज) *n.* चमड़े के टखने या घुटने तक के मजबूत जूते।

Bludgeon (ब्लजन्) *n.* गदका, सोंटा। *v.t.* सोंटे से मारना।

Blue-book (ब्लू-बुक) *n.* संसद द्वारा प्रकाशित रिपोर्ट, सरकारी रिपोर्ट।

Blue-blood (ब्लू-ब्लड्) *n.* उच्च कुल की संतति, कुलीन व्यक्ति।

Blur (ब्लर) *n.* धब्बा, कलंक *v.t.* मलिन करना, रूप बिगाड़ना, धब्बा लगाना।

Blurb (ब्लर्ब) *n.* (*sl.*) पुस्तक के विषय में प्रकाशक के अपने विचार जो साधारणतया पुस्तक की जिल्द के कागज पर छपे होते हैं, (पुस्तक का) परिचय, आवरण परिचय।

Blurt (ब्लर्ट) *v.t.* यकायक बोल उठना, फूट पड़ना, एकदम से कह डालना, ऐसा-वैसा बतलाना।

Blush (ब्लश) *v.i.* लज्जा, आनन्द आदि से मुख लाल होना, लज्जित होना। *n.* झलक, चेहरा लाला होना।

Bluster (ब्लस्टर) *v.i.* & *t.* बौखला उठना, गरज कर बोलना, प्रचंड होना, गरज कर बहना, क्रोधित होना। *n.* शेखी, शोरगुल।

Boa (बोआ) *n.* साउथ अमेरिका में पाया जाने वाला एक विशेष प्रकार का बड़ा सर्प, समूर या परों का गुलूबन्द।

Boanerges (बोनर्जीज) *n.* उच्च कण्ठ से उपदेश देने वाला।

Boarding-house, Boarding school (बोर्डिंग-हाउस,-स्कूल) *ns.* भोजन करने का स्थान, छात्रावास, आवासी स्कूल।

Boast (बोस्ट) *v.i.* अहंकार, गर्व, आत्मश्लाघा, अपनी बड़ाई। *v.i.* गर्व करना, शेखी करना।

Boat (बोट्) *n.* नाव, नौका। *v.i.* नौका विहार करना।

Bob (बॉब्) *n.* लंगर में का बोझ, बालों का झब्बा, झटका, मछली फँसाने का कीड़ा। *v.t.* & *i.* डुबना-उतारना, बेफकूफ बनाना, धोखा देना, अभिवादन के लिए झुकना।

Bobbery (बॉबरि) *n.* दंगा-फसाद, उपद्रव, हल्ला-गुल्ला, गुल-गपाड़ा।

Body-guard (बॉडि-गार्ड) *n.* शरीर रक्षक, प्राण-रक्षक, अंगरक्षक।

Body-servant (बॉडि-सर्वेन्ट्) *n.* व्यक्तिगत भृत्य।

Boer (बोअर) *n.* दक्षिण अफ्रीका में बसे डच लोग। *adj.* बोअर लोगों सम्बन्धी।

Bog (बॉग्) *n.* पंक, दलदल, शैवाल। *v.t.* डूबना, धँसना।

Boggle (बॉगल्) *v.i.* भय से चौंकना, ठमकना, आगा-पीछा करना।

Bog-trotter (बॉग-ट्रॉटर) *n.* आयरलैंड का कृषक।

Bohemian (बोहिमिअन्) *adj.* & *n.* स्वेच्छाचारी आचार वाला व्यक्ति, बोहेमियावासी, कंजर, जिप्सी, चेकोस्लोवाकियावासी, खानाबदोश, रूढ़िमुक्त, कलाकार अथवा साहित्यिक व्यक्ति, चेक भाषा।

Boisterous (बॉइस्टरस) *adj.* प्रचण्ड, कोलाहल-भरा, उत्कल, प्रबल।

Bollard (बॉलर्ड) *n.* रस्सी बांधने के लिये गाड़ा हुआ मजबूत खम्भा, जहाजी खूँटा, रक्षा स्तंभ।

Bolshevick (बॉलशिव्हिक) *n.* सोवियत रूस के साम्यवादी, मार्क्सवादी (क्रांतिकारी साम्यवादी) तानाशाही के समर्थक।

Bomb (बॉम्) *n.* बमगोला, बारूद का गोला, अग्न्यास्त्र। *v.t.* & *i.* विस्फोटक बम मारना, बमों से नष्ट करना।

Bombard (बॉम्बार्ड) *v.t.* बम से लड़ना या आक्रमण करना। **Bombardment,** *n.* बम द्वारा उड़ाने की क्रिया, गोलाबारी, बमबाजी।

Bombardier (बम्बार्डिअर) *n.* तोपची, गोला बरसाने वाला सैनिक।

Bonafide (बोना-फ़ाइड्) *adj.* & *adv.* विश्वसनीय, यथार्थ, वस्तुतः, सचमुच।

Bonanza (बॉनन्जा) *n.* स्वर्णपुंज, धनकोष-खजाना, भाग्योदय, भाग्य का अचानक उदय होना।

Bond (बॉन्ड्) *n.* बन्धन, अवरोध, तमस्सुक, संबंध सट्टा, ईटों की टिपकारी, प्रतिभू, संघ, बंधन, दासत्व। *v.t.* बांधना, जोड़ना, बन्धन या बन्द जगह में रखना, गिरवी या रहन रखना, निश्चित अवधि के लिये रकम जमा कर बान्ड जारी करना।

Bondage (बॉन्डिज) *n.* दासत्व, गुलामी, अधीनता, बंध, बद्धता, परतंत्रता।

Bone (बोन्) *n.* अस्थि, हड्डी। *v.t.* हड्डी निकालना।

Bonfire (बॉन्फायर) *n.* जयसूचक अग्नि, होलिका, आतिशबाज़ी।

Bonhomie (बॉनॉमी) *n.* मिलनसारी, सौजन्य, हँसमुखपन।

Boniface (बॉनिफ़ेस्) *n.* भटियारा, सराय वाला, ढाबे का मालिक।

Bonze (बॉन्ज़) *adj.* बौद्ध भिक्षु।

Booby (बूबि) *n.* मूर्ख व्यक्ति, मन्द बुद्धि, अहमक, चंडूल, मूढ़, एक प्रकार का जल में रहने वाला पक्षी।
Book-binder (बुक-बाइन्डर) *n.* जिल्दसाज।
Bookie (बुकी) *n.* घुड़दौड़ में भाव देने वाला।
Booking-clerk (बुकिंग-क्लर्क) *n.* टिकट बाबू, टिकट बेचने वाला।
Booking-office (बुकिंग-ऑफिस) *n.* टिकट घर।
Book-keeper (बुक्-कीपर) *n.* मुनीम, हिसाब करने वाला।
Book muslin (बुक्-मस्लिन्) *n.* जिल्द बाँधने में प्रयुक्त मलमल।
Book-post (बुक्-पोस्ट) *n.* डाक द्वारा कम महसूल पर भेजी गई छपी पुस्तक इत्यादि।
Book-seller (बुक-सेलर) *n.* पुस्तक बेचने वाला।
Book-shop (बुक-शॉप) *n.* पुस्तक बेचने की दुकान।
Boom (बूम) *n.* पाल फैलाने का डंडा। *v.t.* भनभनाना, गड़बड़ाना, झपटकर कोई काम करना।
Boomerang (बूमरंग) *n.* एक प्रकार का लकड़ी का टेढ़ा तीर जो फेंकने पर फिर से फेंकने वाले के पास वापस आ जाता है।
Boon (बून) *n.* प्रार्थना, उपहार, वर, अनुग्रह, प्रसाद, आशीर्वाद, वरदान।
Boor (बुअर्) *n.* किसान, (देहाती) गँवार, तेज मिजाज का व्यक्ति, दक्षिण अफ्रीकी गोरा, डच।
Boot (बूट्) *n.* जूता, लाभ, सुविधा, मुआवजा।
Bootee (बूटी) *n.* स्त्रियों के जूते, बच्चों के बुने हुए ऊनी जूते।
Booth (बूथ) *n.* छानी, छप्पर, मेले की दूकान।
Boot-jack (बूट-जेक्) *n.* जूता उतारने के लिए उपकरण।
Boot-lace (बूट-लेस) *n.* जूते का फीता।
Boot-legger (बूट-लेगर) *n.* अवैध मद्य व्यापारी।
Booty (बूटि) *n.* लूट का माल।
Booze (बुज़) *v.i.* अधिक शराब पीना।
Bordeaux (बॉर्डो) *adj.* क्लैरेट नामक मदिरा, वोर्दो।
Border (बॉर्डर) *adj.* किनारा, छोर, परिधि। *v.t.* & *i.* गोट या किनारी लगाना, किनारी होना।
Boreal (बोरिअल्) *adj.* उत्तरी वायु-संबंधी।
Boredom (बोर्डम्) *n.* ऊब, विरसता, आक्लांति, उकताहट।
Borzoi (बॉर्ज़ॉय) *n.* रूस के एक शिकारी कुत्ते की नस्ल।
Bosh (बॉश्) *n.* & *int.* वृथा, अनाप-शनाप बात, व्यर्थ, बकवाद।
Bosom (बॉसम्) *adj.* वक्षस्थल, छाती, मन, (चित्त) भीतरी भाग।
Botanic, Botanical (बॉटनिक्, बॉटनिकल्) *adjs.* वनस्पति शास्त्र सम्बन्धी।
Botanist (बॉटनिस्ट्) *n.* वनस्पति शास्त्र सम्बन्धी।
Botany (बॉटनि) *n.* औषधि शास्त्र, वनस्पति विज्ञान, महीन ऊन।
Bo-tree (बोट्री) *n.* बोधि वृक्ष का अपभ्रंश, पीपल का पेड़, बौद्धों तथा हिन्दुओं का पवित्र वृक्ष जिसके नीचे भगवान बुद्ध को ज्ञान प्राप्त हुआ था, बोधि वृक्ष।
Bouncer (बाउन्सर्) *n.* उछलने वाला, दबंग, धौंस दिखाने वाला, झूठा, मिथ्याभाषी, बड़ी चीज का नमूना।
Bounty (बाउन्टि) *n.* उपहार, दान, इनाम, अधिदान, दानशीलता, दरियादिली।
Bouquet (बुके) *n.* फूलों का गुच्छा, गुलदस्ता।
Bourgeois (बूर्झवा) *adj.* & *n.* नागरिक, मध्य वर्ग का व्यक्ति, सौदागर, दुकानदार।
Bourgeoisie (बूर्झवाझी) *n.* नागरिकों का मध्य वर्ग, मध्यवर्गीय समूह।
Bovine (बोव्हाइन्) *adj.* डंगर संबंधी, गोजातीय, मंद गति।
Bovril (बॉव्हरिल्) *n.* गो-मांस का सत्व या काढ़ा जो बॉवरिल नाम व्यापार-चिह्न से बिकता है, का अर्क।
Bowels (बॉविल्स) *n. pl.* आँत, अँतड़ी, किसी वस्तु का भीतरी मार्ग, शरीर का भीतरी भाग, हृदय, दया, कोमलता।
Bow-head (बोहेड्) *n.* ग्रीनलैंड की व्हेल मछली।
Bowman (बोमन्) *n.* तीरंदाज, तीर चलाने वाला।
Bowsprit (बोस्प्रिट्) *n.* नौका के अग्रभाग से निकला तीर, चप्पल।
Boxing-day (बॉक्सिंग-डे) *n.* क्रिस्मस सप्ताह का प्रथम दिवस जब क्रिस्मस बक्स दिए जाते हैं।
Boycott (बॉय्-कॉट्) *v.t.* सामाजिक बहिष्कार करना। *n.* सामाजिक अथवा व्यापारिक बहिष्कार।
Brace (ब्रेस) *n.* बन्धन, बांधने की पट्टी, हाथों का कवच। *v.t.* कसकर बाँधना, सख्त करना।
Bracing, *adj.* शक्ति देने वाला।
Bract (ब्रैक्ट) *n.* फूल के डंठल के पास का पत्ता,

पत्राभ।

Bracteate (ब्रॅक्टिएट्) *n.* सोने चांदी के वर्क, तनुपत्रक।

Brad (ब्रॉड) *v.* ऐसी कील जिसका एक सिरा एक ओर मुड़ा हो तथा चपटा न हो, कील, विरंजी, सुम्बी। *v.t.* कीलों से जड़ना।

Brahmin (ब्रॅह्मिन्) *n.* ब्राह्मण। **Brahminee,** *n.* स्त्री ब्राह्मण, ब्राह्मणों का धर्म ब्राह्मणवाद।

Brain (ब्रेन्) *n.* मस्तिष्क, दिमाग, मगज़, बुद्धि, केन्द्र। *v.t.* दिमाग खराब कर लेना, भेजा निकालना, सिर फोड़ना, समझना, कल्पना करना।

Brakesman (ब्रेक्स्-मैन्) *n.* पहिया रोकने पर नियुक्त पुरुष।

Branch (ब्रान्च) *n.* शाखा, डाली, विषय या विभाग की शाखा-प्रशाखा, सहायक नदी। *v.i.* उगना, फैलाना, शाखाएँ निकलना, शाखाओं में विभक्त करना।

Brandish (ब्रॅन्डिश्) *v.t.* घुमाना, भाँजना, चक्कर देना।

Brash (ब्रश्) *n.* टूटी हुई चट्टान या बर्फ, अकस्मात वर्षा, हल्की बीमारी, (झाड़ियों या वृक्षों की) तराश। *adj.* ढीठ, उतावला।

Brat (ब्रॅट्) *n.* बहुत तंग करने वाला, खराब बच्चा, छोकरा, ऊपर पहनने का वस्त्र, लबादा।

Brave (बेव्ह) *n.* वीर (साहसी), निडर, सुघर, ईमानदार, दिखौवा। *v.t.* ललकारना, साहस करना।

Brawl (ब्रॉल) *n.* कलह करना, विवाद (झगड़ा) **Brawling,** *adj.* झगडालू।

Brazen (ब्रेज़न्) *n.* पीतल का, पीतल संबंधी, निर्लज्ज। *v.t.* धृष्टेता के साथ विरोध करना।

Bread (ब्रेड्) *n.* रोटी, डबल रोटी, जीविका।

Bread-winner (ब्रेड-विनर्) *n.* अर्जक, कमाने वाला, रोटी कमाऊ।

Breech (ब्रीच) *adj.* चूतड़, नितम्ब, बंदूक का पिछला हिस्सा।

Breed (ब्रीड) *v.t.* & *i.* जन्म देना, जनना, प्रसव करना, नस्ल चलाने के लिए बच्चे पैदा करना, सेना, पालाना, पालन-पोषण करना, शिक्षा दिलाना, उत्पन्न होना। *n.* वंश, कुल, संतति।

Brevet (ब्रेव्हिट्) *n.* सेना में एक अवैतनिक पद। *v.t.* ऐसा पद प्रदान करना।

Brew (ब्रू) *v.t.* & *i.* शराब बनाना, उत्पन्न करना, सेना इकट्ठा करना, मिलाना। *n.* एक साथ ही तैयार किया हुआ आसव।

Bribe (ब्राइब्) *n.* उत्कोच; धूस, रिश्वत। *v.t.* घूस देना, मुट्ठी गरम करना। **Bribery,** *n.* घूस लेने का कार्य, रिश्वतखोरी, घूसखोरी।

Brickbat (ब्रिक-बेट्) *n.* (*esp.*). रोड़ा, ईंट का टुकड़ा।

Brick-kiln (ब्रिक-किल्न्) *n.* ईंट का भट्ठा।

Bridal (ब्रायडल्) *n.* & *adj.* दुलहिन संबंधी, वैवाहिक, विवाह संबंधी उत्सव।

Bride-groom (ब्राइड-ग्रूम्) *n.* दूल्हा, वर।

Brides-maid (ब्राइड्स्-मेड्) *n.* कन्या या वधू पक्ष की कुँवारी युवतियाँ।

Bridge (ब्रिज्) *n.* सेतु, पुल, एक प्रकार का ताश का खेल। *v.t.* पुल बनाना, सेतु बाँधना, पार करना।

Brigade (ब्रिगेड्) *n.* बटालियन, वाहिनी, सुव्यवस्थित दल।

Brigadier (ब्रिगेडिअर्) *n.* छोटी पलटन का अफसर।

Brigand (ब्रिगॅन्ड) *n.* लुटेरा, डाकू।

Brilliant (ब्रिल्यन्ट्) *adj.* देदीप्यमान, भड़कीला, दिखौवा, चमकदार। *n.* चमकदार, पहलदार हीरा। **Brilliantly,** *adv.* चमकीलपन से।

Briquette (ब्रिकेट्) *n.* इष्टिका, पीड़ित खंड, कोयले के गोले।

Brisk (ब्रिस्क्) *adj.* तीव्र, चपल *v.i.* तीव्र होना।

Bristol (ब्रिस्टॉल्) *n.* चित्रकारी करने के लिए एक प्रकार का गत्ता।

Britannia (ब्रिटानिया) *n.* बर्तानिया, ब्रिटेन देश।

British (ब्रिटिश्) *adj.* बर्तानवी, ब्रिटिश, अंग्रेजी।

Briton (ब्रिट्न्) *n.* ब्रिटेन के निवासी जो अंग्रेजों के आने से पहले वहां थे, प्रायः सभी अंग्रेज।

Brittle (ब्रिटल्) *n.* भंगुर, भुरभुरा, नाजुक, पाग।

Broach (ब्रोच) *n.* बरमे की डॉस। *v.t.* छेदना, खोलना, शास्त्रार्थ करना।

Broad-arrow (ब्रॉड-एरो) *n.* सरकारी सामान पर बना तीर का चिह्न।

Broadcast (ब्राडकस्ट्) *v.t.* बिना तार की तारबर्की से गाना, समाचार इत्यादि दूर देश में भेजना। **Broadcasting,** *n.* बिना तार का संवाद-प्रसारण, प्रसारण।

Brocade (ब्रॉकेड्) *n.* किमखाब, ज़रीदार या बूटेदार कपड़ा। *v.t.* किमखाब् बीनना।

Broccoli (ब्राकॉलि) *n.* फूलगोभी।

Brochure (ब्राशर्) *n.* विवरणिका, पुस्तिका।

Brock (ब्रॉक्) *n.* गंदा तथा दुर्गंध वाला व्यक्ति, कोढ़ी।

Brocket (ब्रॉकइट्) *n.* दो साल का हिरन।

Brogue (ब्रोग्) *n.* मोटे चमड़े का जूता, आयरलैंड

का प्रांतीय उच्चारण।

Broil (ब्राइल्) *n.* अधिक भुन जाना, जोर-जोर से बोलकर लड़ाना। *n.* झगड़ा, लड़ाई।

Broken (ब्रोकन्) *p.p.* & *adj.* टूटा हुआ, विनीत, पालतू, रूक्ष, नष्ट, अपूर्ण।

Broken-hearted (ब्रोकन्-हार्टेड) *adj.* शोक संतप्त, दुखी, मन का मारा।

Brokenly (ब्रोकनलि) *adv.* टूटे मन से, निरुत्साह से।

Broker (ब्रोकर्) *n.* खरीदने बेचने वाले के बीच का आदमी, दलाल, आढ़तिया, पुराने माल का विक्रेता।

Brokerage (ब्रोकरिज्) *n.* दलाली, दस्तूरी। **Brokering,** *n.* दलाली का व्यवसाय।

Brolly (ब्रॉलि)-(*sl.*) *n.* एक छाता।

Bromate, Bromide (ब्रोमेट्, ब्रोमाइड्) *ns.* ब्रोमीन नामक रासायनिक मूल तत्व का मिश्रण।

Bromic (ब्रोमिक) *adj.* रासायनिक तत्व से पूर्ण।

Bromine (ब्रोमीन) *n.* रासायनिक तत्व (परमाणु क्रमांक-35)।

Bromism (ब्रोमिज़्म्) *n.* ब्रोमीन के उपयोग से हुई दूषित दशा।

Bronchial (ब्रांकिअल्) *adj.* वायु-प्रणाली के दो प्रधान कोष्ठों से संबंध रखने वाला।

Bronchitis (ब्रांकायटिस्) *n.* हल्का निमोनिया, जोर की सर्दी से फेफड़े में कफ एकत्र होने से उत्पन्न रोग।

Bronco (ब्रॉन्को) *n.* अर्ध-पालतू घोड़ा।

Bronze (ब्रॉंज) *n.* काँसा, कस्कुट का, काँसे का। *v.t.* & *i.* कांस्य का बनाना या बनना, कठोर बनाना या बनना।

Brooch (ब्रोच्) *n.* जड़ाऊ पिन, साड़ी में लगाने की पिन।

Brood (ब्रोड) *n.* पशु या पक्षियों के बच्चे। *v.i.* सेना (अंडे आदि), आच्छादित करना, (जैसे पंखों से) पालन-पोषण करना, ध्यान लगाना। **Brooding,** *adj.* अधिक चिन्ता करते हुए।

Broody (ब्रूडी) *adj.* कुड़क, अंडे सेने की इच्छा वाली मुर्गी।

Brook (ब्रूक) *v.t.* मनोरंजन करना, आमोद-प्रमोद करना, बर्दाश्त करना। *n.* छोटी नदी।

Broom (ब्रूम्) *n.* झाड़ू, बुहारी, कूँचा, सुधारवादी नवनियुक्त अधिकारी।

Broomstick (ब्रूमस्टिक) *n.* झाड़ू का लग्गा (डण्डा)।

Broth (ब्रोथ) *n.* & रसा, शोरबा।

Brothel (ब्रोथल्) *n.* रंडी का कोठा, चकला, वैश्या-गृह।

Brother (ब्रादर) *n.* (*pl.*) सगा भाई, सहोदर भाई, अपने समान एक प्रयोजन या काम में लगा हुआ व्यक्ति, भ्राता, बंधु, अभिन्न मित्र।

Brotherhood (बोदरहुड) *n.* भ्रातृ-भाव, बंधुता, समाज।

Brother-in-law (ब्रादर-इन्-ला) *n.* देवर, साला, जेठ, जीजा, बहनोई।

Brotherly (ब्रादरली) *adj.* भाई जैसा या समान, भ्रातृतुल्य, दयालु, कृपालु, प्रिय।

Brougham (ब्रोअम्) *n.* बंद घोड़ा-गाड़ी, खुली चालक वाली सीट, मोटर।

Brought (ब्रॉट) *p.t.* & *p.p.* लाया।

Brow (ब्रो) *n.* भौह, ललाट, किनारा।

Brow-beat (ब्रो-बीट्) *v.t.* भृकुटि चढ़ाना, धमकाना, धौंस देना।

Brown (ब्राउन) *adj.* बादामी, भूरा (रंग), बभ्रु, भूरे रंग का, झुलसा हुआ (धूप से)। *n.* भूरा रंग। *v.t.* & *i.* भूरा रंगना, भूरा-भूरा सेंकना, भूरा होना, झुलसना।

Brownie (ब्राउनी) *n.* एक प्रकार की परी।

Brownie (ब्राउनी) *n.* छोटी स्वयं सेविका।

Browning (ब्राउनिंग्) *n.* एक प्रकार की स्वचलित पिस्तौल, लोहे पर कत्थई रंग चढ़ाने की क्रिया।

Bruise (ब्रूज़) *n.* चोट, खरोंच, गुमटा। *v.t.* चोट पहुंचाना।

Brumal (ब्रुमल्) *adj.* शीत ऋतु संबंधी, जाड़े के मौसम का।

Brummagem (ब्रमॅजिम्) *adj.* नकली, सस्ती दिखावे वाली।

Brumous (ब्रूमस्) *adj.* कुहरे से भरा हुआ, जाड़े का।

Brunette (ब्रूनेट) *adj.* & *n.* भूरे बाल वाली काली स्त्री, श्यामला।

Brunt (ब्रन्ट्) *n.* धक्का, चोट, तेज, जोर।

Brush (ब्रश्) *n.* बुरुश, कूँची, तूलिका, मोटी बालदार पूँछ, खटपट, झड़प। *v.t.*& *i.* चलते-चलते मुंह मारना।

Brutal (ब्रूटल्) *adj.* क्रूर, अत्याचारी, निष्ठुरता।

Bryony (ब्रायनी) *n.* लता, बेल।

Bubble (बबल्) *n.* बुल्ला, बुलबुला, असार वस्तु या योजना। *v.t.* & *i.* बुलबुला उठाना या उठना, धोखा देना।

Bubo (ब्यूबो) *n.* बगल या जांघ में होने वाली गिल्टी जिसे कखौरी भी कहते हैं।

Bubonic (ब्यूबॉनिक्) *adj.* गांठों वाला।

Buccal (बक्-कल्) *adj.* गाल संबंधी।

Buck (बक्) *n.* हिरण, साबर, छैला। *v.t.* पैर समेटकर (घोड़े का) उछलना।

Bucolic (ब्यूकॉलिक) *adj.* ग्रामीण।

Bud (बड) *n.* कलीका, मुकुल, कली, अंकुर, कोपल। *v.i.* & *t.* कली निकलना, आरम्भ करना।

Budge (बज़्) *v.t.* सरकाना, खिसकाना।

Budget (बज़ट) *n.* आय-व्यय का वार्षिक अनुमान, संग्रह। *v.t.* व्यय के लिए पहले से प्रबन्ध करना।

Budlet (बड्लेट्) *n.* छोटी कली।

Buff (बफ्) *n.* भैस या बैल का चमड़ा, घूँसा।

Buffer (बफर) *n.* रेल के डिब्बों का झटका रोकने का यंत्र।

Buffet (बफ़िट) *n.* मुक्के का प्रहार, थप्पड़, थपेड़, खानों वाला आला।

Buffet (बुफे) *n.* बर्तन आदि रखने की अलमारी, घूंसा, थप्पड़, जलपान गृह।

Buffoon (बफून्) *n.* नाचने-गाने वाला व्यक्ति, हंसोड़ा, मसखरा।

Buffoonery (बफूनरि) *n.* भँड़ई, हँसी, दिल्लगी।

Bug (बग्) *n.* खटमल, उड़िस, भयावनी वस्तु।

Bugaboo (बगॉबू) *n.* झूठ-मूठ का हौआ।

Bugbear (बग्-बेअर) *n.* पशुओं जैसा व्यवहार करने वाला मूर्ख, अधम, डरावना भयभीत करने वाली वस्तु या घटना।

Buggy (बगि) *n.* पालकी गाड़ी, बग्घी।

Bughouse (बग्-हाउस) *adj.* पागल, सनकी।

Bugle (बिगुल) *n.* संगीत बजाने का एक यन्त्र बिगुल, सिंगी, तुरही।

Bugloss (ब्यूग्लॉस्) *n.* खुरदरे पत्ते वाला एक पौधा।

Buhl (बूल्) *n.* धातु पर 'बुली' से नकाशी किया हुआ काम।

Builder (बिल्डर) *n.* (*esp.*) बनाने वाला, रचना करने वाला, भवन निर्माता।

Bulb (बल्ब्) *n.* कन्द, बल्ब, शीशे की नली का फुलाव, लट्टू।

Bulbous (बल्बस्) *adj.* कन्द का, कन्दीय।

Bulbul (बुल्-बुल) *n.* बुलबुल।

Bulge (बल्ज्) *n.* सूजन, फूलन। *v.t.* उभड़ आना, फूल आना।

Bulk (बल्क्) *n.* बोझ, विस्तार, राशि, ढेर, बहुमात्रा, थोक, अम्बार, तना, धड़, शरीर, आयतन, आकार, नौभार, माल, उदर।

Bulky (बल्कि) *adj.* बड़ा, भारी, बड़े आकारवाला।

Bull (बुल्) *n.* सांड और अन्य बड़े नर पशु, वृषभ, तेजड़िया, आदेश पत्र। *v.t.* & *i.* अधिक लाभ के लिये सट्टा लगाना।

Bulldog (बुल डॉग) *n.* एक प्रकार का अंग्रजी कुत्ता।।

Bullet (बुलिट्) *n.* बन्दूक, पिस्तौल आदि की गोली, एक छोटी गोली, छर्रा।

Bulletin (बुलेटिन्) *n.* सरकारी विज्ञप्ति, घटना या स्वास्थ्य के संबंध में ।

Bullfinch (बुल्फिन्च्) *n.* सुन्दर पंखों वाली चहचहाने वाली चिड़िया या जल्दी से खोदकर लगाई हुई बाड़।

Bullion (बुल्यन्) *n.* चाँदी या साने की ठोस। *n.* कलाबत्तु की झालर।

Bully (बुलि) *n.* कलहकारी पुरुष, निर्दयी पुरुष। *v.i.* कष्ट देना, दिक करना।

Bulrush (बुल्-रश्) *n.* नरकट, नरकुल (पादप), पपीरस।

Bulwark (बुल-वार्क्) *n.* परकोटा, दीवार, प्राचीर (हमले से बचाव के लिए), रक्षक, बचाव।

Bum (बम्) *n.* (*sl.*) नितम्ब, चूतड़। *v.i.* मधुमक्खी की भाँति भनभनाना।

Bump (बम्प्) *v.t.* & *i.* ढकेलना, ठुकराना, उठाकर पटक देना। *adv.* एकाएक। *n.* झटका, उभाड़ (सूजन)।

Bumpkin (बम्पकिन्) *n.* देहाती, गंवार, उजड्ड, खिलाड़ी।

Bunch (बन्च्) *n.* गुच्छा, ग्रन्थि (गाँठ)। *v.i.* & *t.* गुच्छे में उगना, गुच्छे बनाना।

Bund (बन्ड्) *n.* नदी का बांध, नदी या समुद्र के किनारे का आम रास्ता, परिसंघ बांध।

तक फेरी लगाने वाली नौका।

Bundle (बन्डल्) *n.* गट्ठा, पोटली, गठरी।

Bung (बंङ्ग) *n.* डाड, पीपे का काग, छेद। *v.t.* ढक्कन लगाना या बंद करना।

Bungalow (बंगलो) *n.* एक मंजिल का बना हुआ एक मकान जिसमें एक बरांडा होता है, बंगला।

Bunion (बनयन्) *n.* गोखरू, टखने की सूजन।

Bunny (बनि) *n.* पालतू खरगोश को प्यार से पुकारना।

Bunsen burner (बुन्सन् बर्नर्) *n.* हवा और

गैस का मिश्रण डालकर अधिक उष्णता पैदा करने का आविष्कार।

Bunt (बन्ट्) *n.* मछली के जाल का फूला हुआ भाग, गेहूँ का रोग। *v.t.* सींग से ठेलना, उछलना।

Burberry (बर्-बेरि) *n.* बरसाती कपड़ा।

Burble (बर्बल) *v.t.* कष्ट देना, घबड़वाना।

Burbot (बर्-बॉट्) *n.* चौड़े माथे वाली ताजे पानी की एक प्रकार की मछली।

Bureau *n.* (ब्यूरो) दराजवाली मेज़, लेखन-स्थान, दफ्तर, मुहकमा।

Bureaucracy (ब्यूरोक्रसि) *n.* नौकरशाही, ऐसा शासन जो अफसरों द्वारा ही चलाया जाए, दफ्तरशाही, अधिकारतंत्री।

Bureaucrat (ब्यूरोक्रेट्) *n.* कर्मचारी शासन-पद्धति का अनुयायी।

Burette (ब्यूरेटि) *n.* तरल पदार्थ का सूक्ष्म मात्रा नापने के लिए चिंह की हुई काँच की नली।

Burg (बर्ग्) *n.* (*sl.*) नगर, शहर, दुर्ग, प्राचीरयुक्त नगर।

Burgee (बर्गी) *n.* एक प्रकार का झण्डा जिसकी दो नोक निकली होती है, एक प्रकार का छोटा कोयला या कोयले का चूरा जिसे भट्टी में जलाने के काम लाया जाता है, बरगी, छोटी पताका।

Burgeon (बर्जन्) *v.i.* निकल आना, उगना।

Burgess (बर्जिस्) *n.* पौर, पुर प्रतिनिधि, नागरिक, सदस्य।

Burgh (बर्) *n.* स्काटलैण्ड का स्वायत्त नगर, स्काटिश शहर।

Burglar (बर्गलर्) *n.* सेंघ मारनेवाला चोर।

Burgomaste (बरगोमास्ट) *n.* डच शहर का मेयर।

Burgonet (बरगोनैट्) *n.* फौलाद की टोपी।

Burgund (बर्गन्डि) *n.* एक प्रकार की शराब।

Burial (ब्यूरिअल्) *n.* शव को दफनाना, शवदाहन करना, कब्रिस्तान, शवदाहन स्थल।

Burin (ब्यूरिन्) *n.* तांबे पर नक्काशी करने की रुखानी।

Burk (बुर्क) *v.t.* टालना, (जनश्रुति) दबाना, चुपके से तय कर देना।

Burke (बर्क्) *v.t.* गला घोंट कर मारना, शांत करना, छुपा देना, जांच पड़ताल को दबाना।

Burlesque (बर्लेस्क्यू) *n.* & *adj.* हास्यजनक प्रहसन, हँसी की नकल, ठट्ठा, अनुकरण करने वाला, प्रहसन संबंधी।

Burly (बर्लि) *adj.* स्थूलकाय, हट्टा-कट्टा, हृष्ट-पुष्ट।

Bursar (बरसर्) *n.* कोषाध्यक्ष, खजांची।

Bursarial (बर्-सेरिअल्) *adj.* विद्यालय के कोष के संबंध में।

Bursary (बर्सरि) *n.* कॉलेज या मठ का कोष, छात्रवृत्ति।

Bushel (बुशेल्) *n.* आठ गैलन सूखी तौल का नपना।

Bushy (बुशि) *adj.* घनी झाड़ियों वाला।

Business (बिज़निस्) *n.* कार्य, कर्म, कर्तव्य, व्यवहार, उद्यम, धन्धा, आश्रय।

Busk (बस्क्) *v.t.* सड़क पर गा-बजाकर, नाचकर मनोरंजन करना, देहात में नौटंकी करना।

Buskin (बस्किन्) *n.* घुटने तक का जूता।

Buskined (बस्किन्ड) *adj.* गुरगाबी (उँचे तले के जूते) पहने हुए।

Buss (बस्) *n.* चुम्बन, दो मस्तूलों वाला एक प्रकार का डच जहाज जो मछली पकड़ने के काम आता है।

Bust (बस्ट) *n.* ऊर्ध्वकाय मूर्ति, ऊपरी धड़ की मूर्ति।

Bustard (बस्टर्ड) *n.* सोन चिड़िया।

Butcher (बुचर्) *n.* बूचड़, कसाई, वधिक, निर्दय व्यक्ति जिसे हत्या करने में आनन्द आता हो।

Butea (बूटिआ) *n.* ढाक, पलाश, एक प्रकार का पेड़।

Butler (बट्लर्) *n.* शराब का भंडारी या बैरा, खानसामा, शाही घराने का उच्च अधिकारी।

Butt (बट्) *n.* लकड़ी का कंडाल, मद्य का पीपा, किसी हथियार का मोटा छोर, वृक्ष का तना, लक्ष्य (निशाना), परिहास की वस्तु। *v.t.* & *i.* बन्दूक के कुन्दे से मारना, सींग से मारना, सिर से टक्कर मारना, दोनों सिरों का मिलाना।

Butterfly (बटरफ्लाइ) *n.* प्रजापति (तितली), ठाठवाला मनुष्य।

Button (बटन्) *n.* बटन, एक छोटी गोलाकार हड्डी, धातु या लकड़ी की बनी हुई वस्तु जो कपड़ों पर सुन्दरता के लिये लगाई जाती है, घुंडा। *v.t.* & *i.* बटन टांकना। **Buttonhole,** *n.* काज। **Buttenless,** (बटन्-लेस) *adj.* बिना बटन का।

Buxom (बक्सम्) *adj.* प्रफुल्ल, प्रसन्न, विनम्र, स्वस्थ, मोटा ताजा, हृष्ट-पुष्ट, हंसमुख।

Buzz (बज़्) *n.* प्राचीन समाचार, मधुमक्खी की भनभनाहट। *v.t.* गुनगुनाना, कोई खबर गुप्त रूप से फैलाना, फुसफुसाना, भनभन करते हुए कहना,

चुपचाप कोई बात फैलाना, गुंजन करना।

Buzzard (बज़र्ड) *n.* बाज या गिद्ध।

Buzzer (बज़र्) *n.* भाप द्वारा (या बिजली से) चलने वाला यंत्र जिसमें से मधुमक्खी की भनभनाहट का शब्द निकलता है।

By-blow (बाइ-ब्लो) *n.* शत्रु के अतिरिक्त दूसरे पासवर्ती को मार देना, दोगला बच्चा, जारज सन्तान।

By-election (बाइ-इलेक्शन) *n.* एकाएक जगह खाली होने पर चुनाव, उपनिर्वाचन।

Bylaw, Byelaw (बाइ-लॉ) *ns.* किसी अप्रधान संस्था के नियम, नगर पालिका के नियम, नियम-उपनियम।

By-product (बाइ-प्रॉडक्ट) *n.* उपजात, गौण।

Byre (बायर) *n.* गौशाला।

By-street (बाइ-स्ट्रीट) *n.* उपवीथी, संकरी।

Byzant *n.* (बिजेन्ट) सोने की मुहर या सिक्का जो पहले पहले कोन्सटेन्टीनोपल में पाया गया था।

Byzantine (बाइज़ैंटीन) *adj.* बाइज़ैटियम या पूर्वी साम्राज्य से संबंधित, बाइजैंटीन साम्राज्य में 5वीं से 15वीं शताब्दी के बीच की वास्तुकला विशेषतः ऊंचे गुंबद आदि।

C

C (सी) अंग्रेज़ी वर्णमाला का तीसरा अक्षर, 100 संख्या के लिए प्रयुक्त रोमन अंक, शिक्षा में प्राप्त तृतीय श्रेणी।

Caaba (कॉबा) *n.* मक्का की पवित्र मस्जिद, काबा (नमाज अदा करने का स्थान)।

Cab (कैब्) *n.* & *v.t.* किराये की गाड़ी, हाँकने वाले का बैठने का स्थान, यहूदियों की तीन पाइंट का सूखी वस्तुओं का नापना।

Cabal (कबॅल्) *n.* षड्यंत्र, कुचक्र, साजिश, गुप्तदल। *v.t.* षड्यंत्र करना, कूट भावना करना, गुप्त कार्यों के लिए कोई गुप्त संघ बनाना।

Cabaret (कबॅरॅट) *n.* शराबखाना, मदिरालय, जलपान गृह जहां नाना प्रकार के आमोद-प्रमोद आदि के साधन एकत्रित किये जाते हों, कैबरे।

Cabin (कॅबिन्) *n.* कुटी, कक्ष (जलपोत में), लकड़ी का बना हुआ छोटा कमरा। **Cabin-boy,** केबिन का परिचायक, मुण्डु। **Cabined,** कमरे या केबिन में बंद या फंसा हुआ।

Cabinet (कॅबिनिट्) *n.* छोटा कमरा या कोठरी, पक्षी या पशु का घोंसला या मांद, अलमारी, पिटारी, छोटा बक्स, पेटी, कक्ष, मंत्रिमंडल, मंत्रिपरिषद, अलमारी की तरह।

Cable (केबल) *n* & *v.t.* समुद्र में डाला हुआ (डला हुआ) मोटा रस्सार जिसके द्वारा तार जाता है, 100 फैदम की नाप का रस्स, पुष्ट, मोटा रस्सा।

Cable-Television (केबल टेलिविज़न) रेडियों तरंगों के बजाए तारों द्वारा प्रसार किए जाने वाले टेलीविज़न कार्यक्रमों की प्रणाली।

Cabobs (कबॉब्ज़्) *n. pl.* कबाब, भुने हुए मांस के टुकड़े।

Cacao (कॅकाओ) *n.* कोको या चाकलेट बनाने का बीज या वृक्ष।

Cache (कॅश्) *n.* गुप्त भंडार या छुपी हुई रसोई, गोला बारूद छिपाने का स्थान।

Cacique (सेक्) *n.* वेस्टइंडीज या अमेरिका के गर्म प्रदेश के आदिवासियों का सरदार।

Cackle (कॅकल्) *n.* मुर्गी या बत्तख का कुड़कुड़ाना, अंडे देने के बाद मुर्गी की आवाज। *v.t.* & *i.* अंडा देने के बाद मुर्गी क आवाज़।

Cacography (कॅकॉग्रफि) *n.* कुलेख (असुन्दर), अशुद्ध उच्चारण।

Cacology (कैकॉलॉजी) *n.* दुरुच्चारा, अशुद्ध उच्चारण।

Cacophony (कैकॉफ़नी) *n.* कटु शब्द, स्वर-विरोध।

Cacophonous (कॅकॉफोनस्) *adj.* कर्कश स्वर, बेसुरा।

Cactus (कॅक्टस्) *n.* केकटस का पौधा, नागफनी, सेंहुड़।

Caddie (कॅडि) *n.* गोल्फ खिलाड़ी का सहायक।

Caddy (कॅडि) *n.* चाय रखने की छोटी पेटी, कस्तूरी बॉक्स।

Cadence (केडेन्स) *n.* संगीत का शब्द जिसका प्रयोग इन अर्थों में होता है—ताल, लय, श्रवण संकेत।

Cadmium (कॅड्मिअम्) *n.* पीला, जर्द, अरग़जी,

टिन की तरह नीली सफेद धातु, (रासायनिक तत्व (धातु), परमाणु क्रमांक-48)।

Cadre (काडर्) *n.* व्यवस्था (योजना), ढाँचा।

Caesarism (सीज़रिज़्म) *n.* एकतंत्र में विश्वास।

Cafe (कॅफे) *n.* छोटा जलपान गृह जहाँ कॉफी पी जाती है या कॉफी हाऊस।

Caffeine (कॅफ़ीन्) *n.* कॉफी और चाय में पाया जाने वाला मादक पदार्थ।

Cage (केज्) *n.* पिंजड़ा, कठघरा, स्तंभ या घंटी का आधार, तारों का बाड़ा।

Cahoot (कॅहूट्) *n.* साझेदारी कम्पनी या संगठन में।

Cairn (केर्न) *n.* समाधि (कब्र) के ऊपर बैठाये हुए पत्थर।

Cajole (कॅजोल्) *v.t.* फुसलाना, लल्लो-चप्पो करना, खुशामद करना, मस्का लगाना।

Calamity (कॅलमिटि) *n.* विपत्ति, संकट, मुसीबत, विनाश।

Calcareous (कॅल्केरिअस्) *adj.* कैल्शियमयुक्त, चूनेदार।

Calcine (कॅलूसिन्) *v.t.* & *i.* तपा कर चूने में परिवर्तित करना, निस्तापन करना, जलाकर राख करना या भस्म करना।

Calculation (कॅल्कयूलेशन्) *n.* परिकल्पना, हिसाब-किताब, गणना, गणना का फल।

Calculator (कॅल्क्युलेटर्) *n.* जोड़नेवाला, गणना करने का यंत्र।

Calculus (कॅल्क्युलस्) *n.* गणित की एक शाखा—गणना करने की एक विशेष विधि, कलन, सूक्ष्मांश गणित, कलन शास्त्र, पत्थर, पथरी, मूत्राशय की पथरी।

Caldron (कॉल्ड्रन्) *n.* उबलता हुआ कढ़ाव।

Calender (कॅलिंडर) *n.* & पंचाग (पत्रा), जंत्री (पत्रिका)। *v.t.* क्रमबद्ध करना तथा सूची बनाना।

Calender (कॅलिंडर) *v.t. n.* वस्त्र, कागज़ आदि को यंत्र में दबाकर चिकना करना, कपड़ा या कागज़ दबाने की मशीन, दरवेश, फकीर।

Calibre (कॅलिबर्) *n.* व्यास, महत्व, चरित्र बल।

Caliph, Calif (कॅलिफ्) *ns.* खलीफा, मुसलमानों के धर्मगुरु।

Calligraphy (कॅलिग्रफि) *n.* सुलेख, सुन्दर लेखन।

Calomel (कॅलोमल) *n.* पारक योग से बनी एक दस्तावर दवा।

Calorie (कॉलॅरि) *n.* गरम वायु से चलनेवाला।

Calorimeter (कॅलॉरिमिटर्) *n.* गर्मी की मात्रा नापने का यंत्र।

Caltrop (कॅलट्रॉप्) *n.* शत्रु को रोकने के लिए एक प्रकार की अड़ास (रोक), एक प्रकार का फल (गोखरू), एक प्रकार का जल अखरोट।

Calumet (कॅल्युमिट्) *n.* हुक्का, शांति का प्रतीक हुक्का।

Calyx (कैलिक्स कॅलिक्स) *n.* कली की बाहिरी ढपनी, कर्णिका।

Camber (कॅम्बर) *n.* जहाज का मुड़ा हुआ तख्ता, महराब, कमान।

Camelopard (कॅमेलोपाड्) *n.* जिराफ, ऊँट की तरह ऊँची गर्दन वाला अफ्रीका का जानवर।

Camembert (कॅमेम्बर्ट्) *n.* पनीर।

Cameo (कॅमिओ) *n.* पत्थर में उभड़ी हुई नक्काशी।

Camera (कॅमेरा) *n.* फोटो खींचने का यंत्र, संसंदीय कार्यवाही के लिए हाल, न्यायाधीश का निजी कमरा, पोप का कोष।

Camouflage (कॅमफ्लाज़्) *n.* शत्रु को छलने के लिये कलापूर्ण सैनिक विधि।

Camp (कॅम्प्) *n.* खेमा, तम्बू जहाँ यात्री, सैलानी या और लोग इकट्ठे होते हैं, सेना का स्थायी रूप से एक स्थान पर टिकना।

Campaign (कॅम्पेन्) *n.* युद्धकाल, युद्ध-प्रवृत्ति, नियमित रूप से किये जानेवाले कार्य का क्रम। *v.i.* युद्ध में सेवा करना।

Campanology (कॅम्पॅनोलॉजि) *n.* घंटी-वादन विधि।

Campanula (कॅम्पॅन्यूला) *n.* घंटे के आकार का पुष्प का पेड़।

Camphor (कॅम्फर्) *n.* कर्पुरी, कपूर।

Campion (कम्पियोन) *n.* जंगली फूलों वाला पौधा (पादप)।

Campus (कॅम्पस्) *n.* सैन्य प्रशिक्षण के लिए खुला मैदान, कॉलेज या स्कूल का परिसर।

Canal (कर्नेल्) *n.* नहर, कृत्रिम जलधारा, विशाखा, नली, नलिका।

Canard (कॅनाई्) *n.* झूठी कथा, अफ़वाह, (बत्तखनुमा प्राचीन वायुयान), निराधार अनर्गल बात।

Canary (कॅनेरि) *n.* कैनेरी चिड़िया, एक प्रकार की कैनरी मदिरा।

Candidate (कॅन्डिडेट) *n.* परीक्षा देने वाला, प्रार्थी, उम्मीदवार, प्रत्याशी, प्रवेशार्थी।

Candidature (कॅन्डिडेचर) *n.* उम्मेदवारी।

Candle (कॅन्डल्) *n.* बत्ती जिसके चारों ओर मोम आदि हो तथा जिसका आकार बेलन जैसा हो, मोमबत्ती, शमा, बत्ती, गैस स्टोव की बत्ती, प्रकाश क्षमता वाला।

Candlestick (कॅन्डलृस्टिक) *n.* मोमबत्ती टिकाने की जगह, शमादान।

Candour (कॅन्डर्) *n.* स्पष्ट, खुला, निष्कपटता, स्पष्टवादिता, न्यायशीलता, पूर्वाग्रहीनता।

Candy (कॅन्डि) *n.* बच्चों के चूसने की मिठाई।

Canine (केनाइन्) *adj.* कुत्ते का, कुत्ते के विषय में।

Canister (कॅनिस्टर्) *n.* कनस्टर, छोटा डिब्बा या पीपा, अल्पपरास, प्रक्षेपणास्त्र।

Cannibal (कॅनिबल्) *n.* अपने ही वर्ण का मांस हरण करने वाला, नरभक्षी, स्वजातिभक्षी।

Cannikin (कॅनिकिन्) *n.* छोटी कनस्तरी, छोटा पात्र।

Cannon (कॅनन्) *n.* बड़ी तोप, नालास्थि, पिंडली, (बिलियर्ड के खेल में बीच की गोट से प्रतिपक्षी की गोट को पीटना।)

Canoe (कॅनू) *n.* लम्बी सँकरी नाव, डोंगी। *v.t.* लात मारकर डोंगी चलाना।

Cannon (कॅनन्) *n.* गहरी खाई, धर्म प्रधान नियम विधि या व्यवस्था; कानून, नियम, अधिनियम।

Canon (कॅनोन्) *n.* विधि (नियम, व्यवस्था), एक प्रकार का टाइप, गिरजाघर की डिगरी।

Canonical (कॅनॉनिकल्) *adj. n. pl.* पादरी की विशेष पोशाक, नियमानुसार नियुक्त।

Canopy (कॅनॉपि) *n.* (*fig.*) चौकी, चबूतरा, आला, मूर्ति, समाधि, छत्र, छतरी, चँदोवा, चंद्रातप, चाँदनी।

Cantab (कॅनटैब) *n.* & *adj.* केम्ब्रिज विश्वविद्यालय का (सदस्य)

Canteen (कॅन्टीन्) *n.* कैन्टीन, सैनिकों का जलपान गृह, सैनिकों का जल आदि पीने का गिलास, जलपान गृह, शराबखाना, जल-पात्र।

Canterbury (कॅन्टरबरि) *n.* अनेक खानों वाला स्टाल या दुकान, पुस्तक आदि रखने का स्टैंड।

Cantilever (कॅन्टीलीवर्) *n.* मज़बूत कोहनी (ब्रैकेट) जो छज्जों और कहीं-कहीं सीढ़ियों को थामता है, डाट, बरामदे का आधार या घोड़िया।

Canton (कॅन्टॉन्) *n.* अन्तर या विभाजन, कोना, परगना, भूखंड, अंश, प्रांत, जिला, ताल्लुका, छावनी-जहाँ फौज़ रहती है।

Cantonment (कॅन्टून्मेंट) *n.* छावनी, सिकरौल।

Capacious (कपेशस्) *adj.* विशाल, बड़ा, फैला हुआ, लम्बा-चौड़ा।

Cap-a-pie (कपॅ-ए-पी) *adj.* सिर से पैर तक ढका हुआ, सपादमस्तक।

Capillary (कॅपिलरि) *adj.* बाल संबंधी, बाल जैसा।

Capital (कॅपिटल्) *n.* खम्भे का मस्तक, प्रधान वस्तु, राजधानी, (अंग्रेजी वर्णमाला का) बड़ा अक्षर, मूलधन। *adj.* मस्तक सम्बंधी, मुख्य, प्रधान। **Capital value.** मूलधन-मूल्य।

Capitalise (कॅपिटेलाइज़्) *v.t.* मूलधन में परिणत करना।

Capitalism (कॅपिटॅलिज़्म्) *n.* साहूकारिता, पूंजीवाद।

Capitalist (कॅपिटॅलिस्ट्) *n.* साहूकार, महाजन, पूँजीपति।

Capon (केपन्) *n.* खस्सी किया हुआ मुर्गा।

Caponize (कॅपोनाइज़्) *v.t.* मुर्गे को बधिया करना।

Capot (कपॉट्) *n. v.t.* विरोध में सभी हथकड़े करके जीतना, प्रतिपक्षी द्वारा अपनायी गयी चालों को व्यर्थ करना।

Capric (कॅपरिक) *adj.* मक्खन या तेल से निकाला हुआ।

Caprice (कॅप्रीस्) *n.* चित्त चांचल्य, माया, तरंग, परिर्वतनशीलता, धुन, सनक, मन की मौज।

Capricious (कॅप्रिशस्) *adj.* सनकी, लहरी, अस्थिर, मनमौजी, चंचल, हास्यास्पद, अस्थिरमना, जिस पर निर्भर न रहा जा सके।

Capsicum (कॅपूसिकम्) *n.* मिर्च, लाल मिर्च।

Capsize (कॅप्साइज़्) *v.t.* & *i.* डूबना, पानी में समा जाना, पलटना, उलटना।

Capstan (कॅपूस्टन्) *n.* तार लपेटने का पहिया, जहाज का पाल उठाने वाला पहिया।

Captain (कॅपूटिन्) *n.* कप्तान, नेता, अग्रणी, अधिपति, नौसेना या सेना का अधिकारी।

Captive (कॅपूटिव्) *n.* & *adj.* युद्धबन्दी, बंधुवा, वशवर्ती, सम्मोहित, बन्दी का सा, बन्दी जैसा, भावना में बहने वाला।

Captor (कैप्टर) *n.* बन्दी को पकड़ने वाला या पुरस्कार विजेता।

Capture (कॅप्चर्) *n.* पकड़, गिरफ़तारी, इनाम। *v.t.* पकड़ना, गिरफतार करना, इनाम लेना।

Carat (कॅरट्) *n.* चिह्न या निशान, बहुमूल्य रत्नों

के तौलने का माप, सोने की शुद्धता की इकाई।
Caravan (कैरवां) *n.* मरुस्थल पार करते समय व्यापारियों और यात्रियों का दल, काफ़िला, पहियों वाला मकान।
Carbine (कार्बाइन्) *n.* छोटी राइफल।
Carcass (कारकॅस) *n.* ढांचा, किसी पशु का शव, अस्थि पंजर।
Card (काड्) *n.* ऊन या पटुआ साफ करना, ऊन या रूई धुनना।
Cardamom (कार्डमम्) *n.* बड़ी इलायची।
Cardiac (कार्डिअक्) *adj.* हृदय संबंधी।
Cardigan (कार्डिगन्) *n.* पूरी बाजू का गर्म बुना हुआ ऊनी कोट।
Cardinal (कार्डिनल्) *adj.* जिस पर कोई वस्तु टिके, मूल (तत्व संबंधी) प्रमुख या श्रेष्ठ, सिंदुरी लाल। *n.* पोप से नीचे बड़ा पादरी।
Career (कैरिअर्) *n.* जीवन की उन्नति, जीवनचर्या, जीविकोपार्जन, दौड़-धूप, जीवन, जीवन प्रगति। *v.t.* तेजी से जाना।
Caress (कॅरेस्) *n.* आलिंगन, दुलार। *v.t.* लाड़-प्यार से स्पर्श करना, बलाई लेना। **Caressing**, *adj.* प्यार जताते हुए।
Caret (कॅरेट्) *n.* (^) काक पद या लोक चिह्न (प्रूफ़ रीडिंग में चूक चिह्न)।
Cargo (कार्गो) *n.* सामान जो जहाज द्वारा ले जाया जाता है, नौभार माल।
Caricature (कॅरिकेचर्) *n.* हास्यजनक चित्र, व्यंग्य चित्र, विद्रूप, प्रतिकृति, हास्यास्पद। *v.t.* हँसी उड़ाना।
Caricaturist (कॅरिकेचरिस्ट्) *n.* हास्य, व्यंग, हास्यापद चित्र बनाने वाला।
Carman (कारमन्) *n.* कार या वाहन चालक।
Carnival (कार्निवल्) *n.* आनन्द उत्सव।
Carnivora (कार्निवोरा) *n. pl.* मांसभक्षी प्राणी, मांसभक्षी गण, क्रव्याद प्राणी।
Carnivorous (कार्निवोरस) *adj.* मांसाहारी, मांसभक्षी, क्रव्याद।
Carol (कैरोल) *n.* ईसाइयों के क्रिसमस वर्ष पर गाया जाने वाला भजन, आनन्द का गीत। *v.t.* हर्ष का गीत गाना।
Carpenter (कार्पेन्टर) *n.* बढ़ई, लकड़ी का काम करने वाला, खाती, तरखान।
Carpet (कार्पिट्) *n.* दरी, ग़लीचा, कालीन। *v.t.* दरी बिछाना।
Carrier (कॅरिअर्) *n.* भारवाहक, साइकल के पीछे सामान रखने या बैठने का स्थान, स्वयं बीमार न होकर भी बीमारी के रोगाणु फैलाने वाला।
Cart (कार्ट्) *n.* छकड़ा, बोझ ढ़ोने वाली, गाड़ी, ठेला।
Cartage (कार्टिज्) *n.* गाड़ी का भाड़ा, ढुलाई।
Carter (कार्टर्) *n.* गाड़ी वाहक, कोचवान, गाड़ी चलाने वाला।
Cart-horse (कार्ट्-हॉर्स) *n.* गाड़ी का घोड़ा।
Cartilage (कार्टिलेज्) *n.* कोमलस्थि, कड़ी लचीली हड्डी।
Cartography (कारटॉग्राफी) *n.* मानचित्रकला, नक्शानवीशी।
Carton (कार्टन्) *n.* समान रखने का दफ्ती का बक्स।
Cartridge (कार्ट्रिज्) *n.* गोली, कारतूस की पेटी, गोला-बारूद रखने की पेटी।
Casein (केसीन्) *n.* दुध में का ठोस भाग।
Caseous (केसिअस) *adj.* पनीर का या पनीर जैसा।
Casemate (केसमेट्) *n.* कमांचा, मोखा।
Cash (कैश्) *n.* नकदी, रोकड़ा, बैंक नोट या चैक के बदले भुगतान। *v.t.* नकदी में परिवर्तन करना।
Cashier (कैशियर) *n.* खजांची, रोकड़िया। *v.t.* नौकरी से हटाना।
Cashew (कॅशू) *n.* एक प्रकार का वृक्ष जिस पर काजू फल लगता है, काजू।
Cassava (कसावा) *n.* एक पौधा, इससे निर्मित आटा।
Cassowary (कॅसॉवरि) *n.* कसोवरी पक्षी।
Castigate (कॅस्टिगेट्) *v.t.* टीका टिप्पणी करना, सुधार करना, दण्डित करना, प्रताड़ित करना।
Casting-net (कॅस्टिंग-नेट्) *n.* हाथ से बना हुआ जाल।
Casting-vote (कॅस्टिंग-वोट्) *n.* निर्णायक मत देना।
Castle (कासल्) *n.* दुर्ग, किला, राजमहल, गढ़, हाथी (शतरंज), ओहदा, युद्धपोत। *v.t.* किलेबन्दी करना।
Castrate (कैस्ट्रेट्) *v.t.* खस्सी करना, अण्डकोष निकाल देना, बधिया करना।
Castration (कैस्ट्रेशन्) *n.* पुंसत्व-हसण, बधिया करना।
Catacomb (कॅट्राकोम्) *n.* अंतर भवन समाधि स्थल, तहखाने में बना कब्रिस्तान।

Catafalque (कॅटफॅल्क्) *n.* देवालय में शव रखने का स्थान, खुला हुआ शव वाहन, ताबूतगाह, शवमंच।

Catalectic (कॅटलेक्टिक्) *n.* मोटर गाड़ी में लगाया जाने वाला यंत्र जो प्रदूषण कम करता है, वर्ण लुप्त, छंदभंग दोष।

Catalepsy (कॅटलेप्सि) *n.* अपस्मार, मिरगी रोग।

Catalogue (कॅट्लॉग्) *n.* किताबों, नामों, चित्रों की सूची, अनुसूची, सारणी, तालिका, सूचीबद्ध, वर्णात्मक।

Catapult (कॅटपल्ट्) *n.* गुलेल, गोफण, प्रक्षेपक।

Cataract (कॅटरॅक्ट्) *n.* जलप्रपात, झरना, तीव्र वर्षा, मोतियाबिन्द-आंख की बीमारी।

Catastrophe (कॅटॅस्ट्रॅफि) *n.* नाटक में अभिनय का शिखर पर होना, आपत्ति, विपत्ति, विघ्न।

Catchment (कॅच्मेन्ट) *n.* जलग्रहण क्षेत्र।

Catechu (कॅट्शू) *n.* खदिरसार, कत्था, खैर।

Catechumen (कॅटिक्युमेन्) *n.* ईसाईयत के बारे में शिक्षा लेने का श्रीगणेश करने वाला, दीक्षार्थी।

Categorical (कॅटिगॉरिकल्) *adj.* बिना शर्त, सुनिश्चित, निरपेक्ष नियोग, निरपेक्ष आदेश, सुस्पष्ट, निरुपाधिक। **Categorically**, *adv.* स्पष्ट रूप से।

Category (कॅटिगरि) *n.* कोटि, श्रेणी, वर्ग, प्रवर्ग, संवर्ग, दर्जा, मद।

Cateran (केटेरॅन्) *n.* जलदस्यु, लुटेरा, राहजनी करने वाला डाकू।

Caterpillar (केटर्-पिलर्) *n.* सूँडी, इल्ली, चक्र-पट्टी।

Catgut (कॅट्गट्) *n.* ताँत, स्नायु।

Catharsis (कॅथार्सिस्) *n.* शुद्धीकरण, कला का मनोभावों पर प्रभाव, जुलाब।।

Cathedral (कॅथीड्रल्) *n.* ईसाइयों का धर्म कुच, मुख्य गिरजाघर।

Catherine-wheel (कॅथेरिन्-हील्) *n.* चरखी, धनचक्कर, चक्राकार खिड़की, चक्राकार पटाके की लड़ी।

Catheter (कॅथिटर्) *n.* वायु और मूत्र बाहर निकालने में सहायक शरीर की एक नली, मूत्रशलाका।

Cathode (कॅथोड) *n.* बिजली की धारा का जस्ते के डंडे से निकला हुआ ऋणात्मक छोर।

Catholic (कॅथॉलिक्) *adj.* & *n.* ईसाई जगत, सार्वभौम, पुराणपंथी, गिरजे संबंधी, रोम के चर्च के अंतर्गत सर्वव्यापी सार्वजनिक उदारमना सर्व ईसाई समुदाय।

Catholicity (कॅथॅलिसिटि) *n.* विश्व बंधुत्व की भावना, उदारता, सर्वजनीय, सर्वव्यापी।

Cattle (कॅटल्) *n.* बैल, गाय और सांड और घोड़े आदि, धृणित व्यक्ति। **Cattle-keeper**, *n.* पशु-पालक। **Cattle-pound**, काँजीहौस्।

Caudillo (काडिलो) *n.* नेता, राष्ट्रनायक, नेता अधिनायक।

Cauldron (कॉल्ड्रन्) *n.* कहाड़ी, डेगची।

Cauliflower (कॉलिफ्लावर्) *n.* फूल गोभी।

Cauliform (कॉलिफॉरम) *adj.* डंठेल के आकार का।

Cautery (कॉटरि) *n.* लोहे की गरम छड़, दाहक, प्रदाहयंत्र, प्रदाहन।

Cavalcade (कॉव़ल्केड्) *n.* घुड़सवारों की पंक्ति या बारात।

Cavalier (कॅवेलिअर्) *n.* महिला का सहनृतक, शूर अश्वारोही, घुड़सवार, सत्रहवीं शताब्दी का राजभक्त। *adj.* लापरवाह, अक्खड़।

Cavalry (कॅव़ल्रि) *n.* रिसाला, घुड़सवार फौज।

Cave (केव़्) *n.* गुफा, गुहा, कंदरा। *v.t.* & *i.* कंदरा मे वास करना, गुफा बनाना।

Caveat (केवीट्) *n.* निषेध, आपत्ति, सूचना, चेतावनी, कानूनी कार्यवाही रोकने की प्रक्रिया।

Cavern (कॅव़र्न) *n.* खन्दक, बहुत गहरी कंदरा।

Cavity (कॅव़िटि) *n.* गहरा गड्ढा होना, खोखली जगह।

Cayman, Caiman (वे᠆मैन्) *ns.* दक्षिण अमेरिका का रेंगने वाले मगरमच्छ की तरह का एक जीव।

Ceiling (सीलिंग्) *n.* वितान, छत, छतगीरी, ऊपरी सीमा, सीमांत।

Celandine (सेलॅन्डाइन्) *n.* एक प्रकार का खिला हुआ पीला फूल।

Celebrity (सिलेब्रिटि) *n.* कीर्ति, यश, ख्याति, प्रसिद्धि, बदनामी, प्रसिद्ध व्यक्ति।

Celestial (सिलेस्टिअल्) *n.* स्वर्ग से संबंधित, आकाश से संबंधित, दिव्य अच्छा, सुन्दर, चीन का निवासी।

Celibacy (सेलीबेसी) *n.* अविवाहित जीवन, कुँआरपन, ब्रह्मचर्य।

Cellaret (सेलरेट्) *n.* भोजन गृह में मदिरा की बोतलें रखने की जगह।

Cellular (सेल्युलर) *adj.* छोटे छिद्रवाला, जालीदार।

Celluloid (सेल्युलॉइड्) *n.* हाथी दांत के समान कृत्रिम पदार्थ, गटापारचा।
Cellulose (सेल्यूलोज़्) *adj.* सेल (सूक्ष्म छिद्र) पूर्ण, कोशमय। *n.* पौधे में बदलने वाला पदार्थ।
Celt (सेल्ट्) *n.* भारत-जर्मन भाषा परिवार की एक पाश्चात्य शाखा, केल्ट या सेल्ट के बोलने वाले लोग, वह भाषा परिवार, आदिम जाति के लोगों का कांसा, पत्थर या लोहे की बना छैनी के आकार का हथियार।
Celtic, Keltic (सेल्टिक्, केल्टिक्) *adjs.* सैल्टिक संबंध में। *n.* सैल्टिक भाषा।
Cemetery (सीमेटरि) *n.* कब्रिस्तान, मरघट।
Censer (सेन्सर्) *n.* धूपदानी, धूप जलाने का पात्र।
Censor (सेन्सर्) *n.* धूपदानी, धूपपात्र। *v.t.* निन्दा करना, प्रकाशन की आज्ञा दी जाये या नहीं यह देखने के लिये परीक्षण करना, आलोचना करना।
Censer (सेंसर) *n.* दोष-निरीक्षक, गुण-दोष-विवेचक। *v.t.* ऐसी निरीक्षण करना।
Censorship (सेंसरशिप्) *n.* पत्रवीक्षक का पद या कार्य।
Centaur (सेन्टोअर्) *n.* पुराणों में चर्चित नरतुंग, आधा घोड़ा आधा मनुष्य।
Centenarian (सेन्टिनेरिअन्) *n.* शतायु व्यक्ति, सौ वर्ष या अधिक आयु वाला व्यक्ति।
Centenary (सेन्टीनरी) *adj.* शतवर्षीय समारोह, शतवार्षिकी, सौ सालाना जल्सा।
Centigrade (सेन्टिग्रेड्) *adj.* सौ डिग्री का, शतान्शात्मक।
Centralist (सेन्ट्रॉलिस्ट) *n.* केन्द्रीकरण की व्यवस्था।
Centrifugal (सेन्ट्रिफ्यूगल्) *adj.* केन्द्र से हट जानेवाली (प्रवृति)।
Centripetal (सेन्ट्रिपेटल) *adj.* अभिकेन्द्री, केन्द्र की ओर आने वाला।
Centuple (सेन्ट्यूपल्) *adj.* सौगुना शतगुणित।
Centurion (सेन्चुरिअन्) *n.* शतक बनाने वाला, सौ सफलताएं प्राप्त करने वाला, इटली में सौ सैनिकों का अफसर, शतसैनिक नेता, शतपति।
Century (सेन्चुरि) *n.* सौ वर्ष, शताब्दी।
Cephalic (सिफैलिक) *adj.* मस्तक सम्बन्धी।
Ceramic (सिरैमिक्) *adj.* मिट्टी के बर्तन बनाने की कला से संबंधित। **Ceramics**, *n.* कुम्हारी विद्या, मिट्टी के पात्र। **Ceramist**, *n.* मृद्-शिल्पी, मृत्तिका-शिल्पी।
Cerastium (सेरैस्टिअम्) *n.* एक प्रकार की वनस्पति।
Cereal (सीरिअल्) *adj.* अन्न संबंधी। *n.* (*usu. pl.*) खाद्यान्न, अनाज।
Cerebellum (सेरिबेलम्) *n.* प्रमष्तिष्क, छोटा मष्तिष्क।
Cerebral (सेरिब्रल्) *adj.* मस्तिष्क सम्बन्धी विशेषतः अगले बड़े भाग सम्बन्धी, व्यंजन ध्वनि सम्बन्धी, प्रमष्तिष्कीय।
Ceremonial (सिरिमोनिअल्) *adj.* विधिपूर्वक, शिष्टाचार सहित, दिखौवा। *n.* रीति, विधि, चाल, शिष्टाचार। **Ceremonialism**, *n.* ढकोसला, समारोहपरकता।
Ceremonious (सेरिमोनिअस्) *adj.* शिष्ट, शिष्टाचारी, कर्मठ, आदर सत्कार करने वाला।
Ceremony (सेरिमनि) *n.* धार्मिक संस्कार, शिष्टाचार, रस्म, औपचारिकता, अनुष्ठान, उत्सव, उपचार, समारोह।
Certes (सर्टेस्) *adv.* सन्देहरहित, विश्वसनीयता से।
Certificate (सर्टिफिकेट्) *n.* प्रशंसा-पत्र, प्रमाण, प्रमाण पत्र (संविधान), योग्यता या सदाचार का प्रमाण पत्र।
Cervical (सर्व्हाइकल्) *adj.* ग्रीवा सम्बन्धी, गर्दन के विषय में।
Cessation (सेसेशन्) *n.* बाधा, अवरोध, विराम, रुकना, समाप्ति।
Cesspool (सेस्पूल्) *n.* चहबच्चा, नाबदान।
Chafe (चेफ्) *v.t.* & *i.* रगड़ना, रगड़ जाना, उत्तेजित करना, क्रुद्ध करना, क्रुद्ध होना। *n.* रगड़, क्रोध।
Chafer (चेफर्) *n.* हत्था लगा हुआ भगोना, एक प्रकार का पंखों वाला कीड़ा (गुबरैला)।
Chaffer (चॅफर्) *v.i.* & *i.* मोल चाल करना, सौदा करना।
Chafferer (चॅफरर्) *n.* सौदा करनेवाला।
Chairman (चेअर्मन्) *n.* अध्यक्ष, सभापति।
Chalcedony (कॅल्सेडॉनि) *n.* खनिज, सिक्का स्फटिक।
Chalk (चॉक्) *n.* चॉक, लिखने की चाक, खड़िया। *v.t.* चॉक से लिखना, चाक से चिह्न लगाना, सराय में नंबर डालना।
Challenge (चैलेंज) *n.* चुनौती देना, ललकार, रोक, दोषारोपण, दावा, टोक, आपत्ति। *v.t.* ललकारना, चुनौती देना, दावा करना, टोकना,

आपत्ति करना। **Challengable,** *adj.* **Challenger,** *n.* चुनौती योग्य, चुनौती देने वाला आदमी, दावा करने वाला व्यक्ति, आपत्तिकारक व्यक्ति।

Chamber (चेम्बर्) *n.* कमरा, जज का गुप्त कमरा, शयनगृह, पार्लियामेंट का घर, बंद स्थान। **Chambered,** *adj.* कोठरियों वाला।

Chamberlain (चेम्बर्लिन्) *n.* राजमहल का एक प्रधान कर्मचारी।

Chameleon (कमीलिअन्) *n.* गिरगिट की तरह सदा रंग बदलने वाला, बहुरुपिया, अस्थिरमति व्यक्ति।

Champagne (शॅम्पेन्) *n.* फ्रांस देश की शराब।

Champaign (चॅम्पेन्) *n.* खुला मैदान, समतल मैदान।

Champerty (चॅमपर्टि) *n.* वादक्रय।

Champion (चॅम्पिअन्) *n.* वीर, योद्धा। *v.t.* चुनौती देना, बचाव करना, समर्थन करना। **Championship,** *n.* सर्वश्रेष्ठ खिलाड़ी का स्थान।

Champleve (शॅम्पलेव्) *n.* मीनाकारी।

Chancel (चान्सेल्) *n.* गिरजाघर का पूर्वी भाग।

Chancellery (चान्सेलरि) *n.* विश्वविद्यालय का कुलाधिपति विभाग, न्यायालय प्रलेख कार्यालय, दूतावास।

Chancellor (चान्सेलर्) *n. e.g.* विश्वविद्यालय का कुलपति, प्रधान धर्माधिकारी, विश्वविद्यालय प्रमुख, राज्य का विधि अधिकारी।

Channel (चॅनेल्) *n.* जहाज के पार्श्व में लगा लोहे या लकड़ी का तख्ता, जल मार्ग, तरल पदार्थों के निकलने का मार्ग, समुद्र-बंक, दिशा मार्ग द्वार। *v.t.* चैनल में ले जाना, दिशा बदलना।

Chant (चान्ट्) *n.* गीत, स्तोत्र, भजन। *v.i & t.* गाना, अलापना, गाकर वर्णन करना।

Chanter (चान्टर्) *n.* गायक, संगीतकार, राग उठाने वाला, बांसुरी जैसा वाद्य, आवाज देकर घोड़े बेचने वाला।

Chanticleer (चान्टिकिलअर्) *n.* कुक्कुट, मुर्गा।

Chantress (चान्ट्रिस) *n.* गाने वाली।

Chaos (केऑस्) *n.* विप्लव, उपद्रव (गोलमाल)।

Chaotic (केऑटिक्) *adj.* अव्यवस्थित, बुरी हालत में।

Chap (चॅप्) *n.* जबड़ा, छोकरा या व्यक्ति, दरार, ग्राहक। *v.t. & i.* दरार डालना, दरकना, चटकाना, बिवाई चटकना। **Chappy,** *adj.* उतरा हुआ चेहरा।

Chapel (चॅपेल्) *n.* ईसाइयों का गिरजाघर।

Chaperon (शॅपरॉन्) *n.* कुमारी कन्या की देखभाल करने वाली और साथ रहने वाली अधेड़ आयु की स्त्री, हुड या कैप, संरक्षिका। *v.t.* संरक्षण करना, साथ रहना।

Chaplain (चॅपिलन्) *n.* गिरजे का पादरी या पुजारी, किसी परिवार या संस्था के साथ संलग्न पादरी, पुरोहित, मठ में भजन-कीर्तन करने वाली साध्वी।

Chapman (चॅपमन्) *n.* फेरी वाला, घूम-घाम कर सामान बेचने वाला, क्रय विक्रय करने वाला, बिसाती।

Charade (शराड्) *n.* शब्द अनुमान करने की पहेली।

Charcoal (चार्कोल्) *n.* लकड़ी का कोयला, काठ कोयला।

Chariot (चेरिअट्) *n.* रथ, राजकीय रथ, समर में प्रयुक्त रथ।

Charioteer (चॅरिऑटिअर्) *n.* सारथी, रथारोही।

Charitable (चॅरिटेबल) *n.* दयालु, दानी, दान सम्बन्धी, दान का प्रदर्शन करने वाला, धर्मार्थ, दीनवत्सल, अनुकंपारत, उदार। **Charitableness,** *n.* उदारता। **Charitably,** *adv.* दयालुता या उदारता से।

Charity (चैरिटी) *n.* दान, दयालुता, मन की उदारता, दानपुण्य, हितैषिता, परोपकार, धर्मार्थ संस्थान, दयाभाव। **Charity-boy,** यतीम, अनाथ बालक।

Charlotte (शारलॉट्) *n.* सेब या अन्य किसी फल के साथ टोस्ट आदि मिलाकर बनाया गया पकवान, शारलट (मिष्ठान्न)।

Chartography (चार्टोग्राफी) *n.* नकशा बनाने की विद्या।

Charwoman (चारवुमन्) *n.* दिन में घरेलू काम-काज करने वाली नौकरानी।

Chasm (कॅझम्) *n.* दरार, मध्य का अन्तर, मनमुटाव, मनोवृत्ति का अन्तर।

Chassis (शॅसी) *n.* मोटर गाड़ी के नीचे का ढांचा, तोप-गाड़ी के नीचे का आधार, चौकी आधार, ढांचा, चौखट।

Chaste (चेस्ट्) *adj.* सती, पवित्र, सादा, आडम्बर-रहित।

Chastity (चॅस्टिटि) *n.* सदाचार, ब्रह्मचर्य, पवित्रता, विशुद्धता, शुचिता, कुमारीत्व।

Chasuble (चॅस्यूबल्) *n.* पादरी द्वारा पहनने का बिना बाँह का वस्त्र, उत्तरासंग।
Chateau *n.* (शॅटो) सामंती गढ़ी (फ्रांस), दुर्ग, ग्राम निवास।
Chauffer (शोफर्) *n.* छोटा उठौआ चूल्हा।
Chauffeur (शोफर्) *n.* मोटर का चालक जो इसी काम की नौकरी करता है।
Chauvinism (शोव्हिनिझम्) *n.* युद्धप्रियता, उग्र, राष्ट्रीयता, अंधदेशभक्ति।
Cheap (चीप्) *adj.* सस्ता, कम मूल्य का, लागत से कम मूल्य का, सुलभ, महत्वहीन, घटिया।
Check-book (चेक-बुक) *n.* सादे (बिना लिखे) चेकों की पुस्तक।
Checkmate (चेक्-मेट्) *n.* शतरंज में आखिरी शह, मात, किश्त (शतरंज में) पराजय।
Cheerio (चिअरिओ) *int.* विदा के समय नमस्ते कहने का मस्ताना तरीका, अनौपचारिक अभिवादन।
Cheerless (चिअर्लेस्) *adj.* अप्रसन्न, उदास, दुःखी, बेरौनक।
Cheery (चिअरि) *adj.* प्रसन्नचित्त, प्रफुल्लित।
Cheese (चीझ्) *n.* दही से बनी हुई मिठाई, पनीर, छैना।
Chef (शेफ्) *n.* प्रधान रसोइया, मुख्य बावर्ची।
Cheliform (शेलिफोम्) *adj.* पंजे के आकार का।
Chemist (केमिस्ट्) *n.* दवा बेचनेवाला, रसायन शास्त्र जानने वाला।
Chemistry (कैमिस्ट्री) *n.* पदार्थों के गुणों तथा एक पदार्थ के दूसरे पर प्रभाव का अध्ययन करने का (रसायन) विज्ञान।
Cheroot (शेरूट्) *n.* चुरुट, मद्रास के शाया नामक वृक्ष की जड़।
Cherry (चेरि) *n.* एक प्रकार का पर्वतीय वृक्ष तथा उसके छोटे-छोटे फल जिसमें गूदा होता है।
Cherub (चेरब्) *n.* परों वाला मनुष्य के आकार का देवदूत, सुंदर बालक, सपक्ष सुंदर शिशु।
Chervil (चर्विल्) *n.* केरविल सलाद और गरम पेय में उपयोगी वनस्पति।
Chess (चेस्) *n.* चतुरंग, शतरंज का खेल जो 32 मोहरों से खेला जाता है। **Chessboard,** *n.* शतरंज की बिसात। **Chessmen,** *n.* शतरंज के मोहरे।
Chestnut (चेस्नट्) *n.* अखरोट का फल या वृक्ष।
Chevron (शेव्हरन्) *n.* दो खड़ी मकान की कड़िया जो ढाल पर बनी होती हैं, टेढ़ी-मेढ़ी आकृति, सैनिक अफसर की बाहों पर जैसी पट्टी।
Chevy (चिव्ह) *n.* कोलाहल, चिल्लाने की ध्वनि, शोरगुल, शिकार के समय का शोर। *v.t.* & *i.* पीछा करना।
Chew (च्यू) *v.t.* & *i.* दांतों से चबाना या काटना, मनन करना, जुगाली करना। *n.* चबाने की क्रिया, तमाखू की चुटकी।
Chiaroscuro (क्यारस्कुअरो) *n.* चित्रांकन में धूप छाँह।
Chibouk (चिबूक्) *n.* तुर्की हुक्का।
Chicken (चिकिन्) *n.* मुर्गी का चूजा, चूजे का मांस, जंगली चूजा, युवक।
Chicken-hearted (चिकिन्-हार्टेड्) *adj.* भीरू, कायर, डरपोक।
Chicken-pox (चिकिन्-पॉक्स) *n.* छोटी चेचक।
Chick-pea (चिक्-पी) *n.* छोटी फली।
Chief (चीफ्) *n.* प्रथम, ख्याति प्राप्ति, सबसे महत्वपूर्ण, प्रमुख, मुखिया, प्रमुख नेता, प्रधान भाग, सबसे बड़ा भाग।
Chieftain (चीफ्टिन्) *n.* सेनापति, मुखिया।
Chiffon (शिफॉन्) *n.* बारीक जालीदार कपड़ा, जिसके वस्त्र बनते हैं, जालांशुक।
Chilblain (चिल्ब्लेन्) *n.* हाथ या पैर की बेवाय।
Child-bed, Child-birth (चाइल्ड बैड) *ns.* प्रसूत अवस्था, जच्चगी।
Childermas (चिल्डरमस्) *n.* 28 28 दिसम्बर को मनाया जाने वाला ईसाइयों का त्यौहार।
Childhood (चाइल्ड-हुड्) *n.* शैशव, बाल्यावस्था, लड़कपन।
Chiliad (किल्इऑड्) *n.* एक हजार वर्ष का काल।
Chill (चिल्) *n.* ठंडक, गरमी का अभाव, जूड़ी, हतोत्साह या निराश करने वाला कारण। *v.t.* & *i.* ठंडा करना, हतोत्साहित करना, ठंड से काँपना।
Chilli (चिलि) *n.* लाल या हरी मिर्च, (सूखी)।
Chimera (काइमिअरा, किमिअरा) *n.* असंगत कल्पना, कपोल-कल्पना।
Chimerical (किमिरिकल्) *adj.* काल्पनिक, असंगत, निर्मूल।
Chimney (चिम्नि) *n.* कारखाने में से धुआँ निकलने का बम्बा, लालटेन या बत्ती का कांच का गोला, धुँआरा, चिमनी, शैलविवर। **Chimney-sweep,** *n.* धुँआकश साफ़ करनेवाला बालक।

Chimpanzee (चिमूपॅन्झी) *n.* अफ्रीका का एक वानर जो मनुष्य के समान होता है और नर का भाई-बन्धु बताया जाता है, चिपैंजी।

Chip (चिप्) *n.* टुकड़ा, खण्ड, फल या सब्जी की फांक, कुश्ती का दांव, लकड़ी का पतला तख्ता जिसकी पेटियां बनती है, राजा, प्रभु, उपला, बाजे का एक अंग। *v.t.* & *i.* तंग करना, सताना, रुकावट डालना।

Chipmuck (चिपूमक्, चिपूमंक्) *n.* अमरीकी गिलहरी।

Chirography (काईरोग्राफी) *n.* हाथ की लिखावट।

Chirology (काइरोलॉजि) *n.* हाथ और अँगुलियों के संकेत से बातचीत करने की कला या अभ्यास।

Chiromancy (काइरोमॅन्सि) *n.* हाथ देखकर भविष्य बताने का कल्पित विज्ञान, हस्त-समुद्रिक।

Chiropody (काइरॉपॉडि) *n.* हाथ-पैर, नाखून, कील आदि का उपचार।

Chisel (चिझल्) *n.* छेनी, रुखानी, टाँकी।

Chit (चिट्) *n.* शिशु, छोटा बालक, युवती, तरुणी, कागज की चिट, (चिट्ठी शब्द का अपभ्रंश), लड़की।

Chivalry (शिव्हल्रि) *n.* वीरता, शूरवीर के गुण।

Chlorine (क्लोरीन्) *n.* पीलापन लिये हुए हरे रंग की एक गैस जिसमें दम घुटता है और जिसका प्रयोग युद्ध में भी होता है और जिससे कपड़े का रंग उतर जाता है।

Chloroform (क्लोरोफॉर्म) *n.* बेहोश करने की एक प्रसिद्ध तरल औषधि। *v.t.* बेहोशी की दवा का प्रयोग करना।

Chlorophyll (क्लोरॉफिल्) *n.* पौधों की पत्तियों से बनने वाला हरा रंग, प्राकृतिक हरा रंग।

Chlorosis (क्लोरोसिस्) *n.* तरुणी स्त्रियों का एक रोग जिसमें खून की कमी हो जाती है, ऑक्सीजन की कमी के कारण पौधों के हरे भागों का रंग फीका पड़ जाना।

Chock (चॉक्) *n.* लकड़ी का टुकड़ा। *v.t.* बांधना, मार्ग रोकना, ओट लगाना। *adv.* (फत्री से) कसकर।

Chocolate (चॉकलेट्) *n.* बच्चों की खाने की एक मिठाई जिसमें चीनी, कोको और मैदा आदि मिले हुए होते हैं और जो हलुए के समान तथा टिकिया रूप में होती है, उस हलुए को उबलते हुए पानी डालकर बनाया हुआ पेय।

Choke (चोक्) *v.t.* & *i.* गला घोंटना, गुँगा बनना, अवरोध करना, रोकना। *n.* श्वासावरोध, बिजली या गैस की गति रोकने का उपाय; हाथीचक फल का मध्य भाग।

Cholera (कॉलेरा) *n.* हैजा, विषूचिका, कॉलरा।

Choleric (कॉलेरिक्) *adj.* क्रोधी, चिड़चिड़ा।

Chopper (चॉपर्) *n.* कसाई की मांस काटने की छुरी, छोटी कुल्हाड़ी।

Chord (कार्ड्) *n.* ताँत, चापकर्ण (वृत-खण्ड को जोड़ने वाली रेखा)।

Chorus (कॉरस्) *n.* गाने बजाने वालों की मंडली, गीत की टेक वाली पंक्ति जिसे सब मिलकर दोहराते हैं, वृन्दगान, समवेतगान, वृंदगायक। *v.t.* समूह में गाना।

Christ (क्राइस्ट) *n.* ईसामसीह, मसीहा।

Christen (क्रिसन्) *v.t.* बपतिस्मा देना, ईसाई बनाना, नामकरण करना।

Christian (क्रिस्टिअन्) *adj.* क्रिस्तानी, उदार व्यक्ति। *n.* क्रिस्तानी धर्म का अनुयायी, सभ्य पुरुष।

Christianity (क्रिस्टिअनिटि) *n.* कुंवारी के पुत्र ईसामसीह के उपदेशों को मानने का धर्म, ईसामसीह का मत।

Chromolithograph (क्रोमोलिथोग्राफ्) *n.* लीथो के पत्थर या जस्ते के प्लेट पर से छापा हुआ रंगीन चित्र।

Chronic (क्रॉनिक्) *adj.* स्वाभाविक, पुराना (रोग)।

Chronicle (क्रॉनिकल्) *n.* इतिहास (वृत्तान्त), वर्णन।

Chronograph (क्रॉनोग्राफ) *n.* सूक्ष्म रीति से समय नापने का एक प्रकार का यंत्र।

Chronologer (क्रॉनोलोज़र) *n.* काल-निर्णय- विद्या में निपुण।

Chronoligist (क्रॉनॉलोजिस्ट) *n.* घटनाओं को कालक्रम के अनुसार सार लिखनेवाला।

Chronology (कॉनॉलॉजि) *n.* समय तथा तारीखों का निर्धारण करने की विद्या तथा प्रणाली, काल-निर्णय विद्या।

Chronometer (क्रॉनॉमिटर) *n.* ठीक-ठीक समय अभिलेख करने वाली घड़ी या घण्टा जो प्रयोगशालाओं में काम आता हैं

Chronoscope (क्रॉनॉस्कोप्) *n.* समय-गति मापक-यंत्र।

Chrysalis (क्रिसलिस्) *n.* तितली, कीड़े इत्यादि की पर निकलने से पहले की अवस्था, सुनहरी तितिली का प्यूपा, प्यूपा।

Chrysanthemum (क्रिसॅन्थिमस्) *n.* गुलदाउदी का फूल।

Cyrysology (क्रिसोलॉजि) *n.* अर्थशास्त्र का वह भाग जिसमें धनोपार्जन का वर्णन होता है।

Chum (चम्) *n.* लंगोटिया यार, साथ रहने वाला, पुराना मित्र। *v.i.* लंगोटिया यार बन जाना, साथ देना, दूसरे के साथ एक ही कमरे में रहना या एक साथ मिलकर अनेक मनुष्यों का भोजन करना।

Church (चर्च्) *n.* गिरजाघर, धार्मिक संस्था, पादरी। *v.t.* बालक के जन्म पर गिरजे में जाकर ईश्वर को धन्यवाद देना।

Churchyard (चर्च्याड्) *n.* गिरजाघर के मैदान में कब्रिस्तान, गिरजा समाधि स्थल।

Chute (शूट्) *n.* वेग से जल के गिरने की क्रिया, झरना, फिसलने का रास्ता।

CID (सीआईडी) *n.* गुप्तचर विभाग।

Cigar (सिगार्) *n.* चुरुट के समान तम्बाकू का एक बड़ा सिगरेट, सिगार।

Cigarette (सिगरेट्) *n.* कागज में लिपटा हुआ तमाखू, सिगरेट।

Cilia (सिलिआ) *n. pl.* बरौनी।

Ciliary (सिलिएरि) *adj.* बरौनी संबंधी।

Cincture (सिक्चर्) *n.* कमर की पेटी, किनारा, मेखला, घेरा।

Cinder-path (सिन्डर पाथ्) *n.* भस्मावृत्त पथ, सिंडरावृत्त पथ।

Cindery (सिन्डरि) *adj.* अंगार या भस्म से पूर्ण।

Cinema (सिनिमा) *n.* चलचित्र (संविधान), चलते-फिरते चित्र के प्रदर्शन।

Cinematograph (सिनिमॅटोग्राफ्) *n.* चलचित्र तैयार करने की कला तथा विज्ञान, गतिमान (चलते-फिरते)।

Circulate (सर्क्युलेट) *v.i.* & *t.* परिपत्र के रूप में या परिपत्र से साथ परिचालित करना, घूमना, चक्कर खाना, भेजना, परिचालित करना, फैलाना।

Circulation (सर्क्युलेशन्) *n.* परिभ्रमण, प्रचार (चक्कर, धुमाव)।

Circumambulation (सर्कर्मेम्ब्यूलेशन्) *n.* परिक्रमा, चक्कर।

Circumcision (सरकम्सिझन्) *n.* मुसलमानी करने की विधि, सुन्नत, खतना।

Circumference (सर्कम्फरन्स्) *n.* परिधि, मंडल, गिरदा। **Circumferential** *adj.* परिधि संबंधी।

Circumlocution (सर्कम्लोक्यूशन्) *n.* वक्रोक्ति, फेरवट की बातचीत।

Circumscription (सर्कम्क्रिप्शन्) *n.* परिभाषा, सीमाकरण, परिसीमन, परिसीमारेखा, परिगमन, परिलेख, सीमित मंडल। **Circumscriptive,** *adj.* सीमा या परिधि निर्धारित करनेवाला।

Circumsolar (सर्कमूसोलर्) *adj.* सूर्य के पास या चारों ओर घूमने वाला।

Circumstantial (सर्कम्-स्कटॅन्शल्) *adj.* अचानक, ब्योरेवार, आनुंषगिक, विस्तृत, बारीक, परिस्थितिक।

Circumvent (सर्कमूव्हेन्ट) *v.t.* फँसाना, प्रंवचना करना, धोखा देना, परिगमन करना, घेरना, घेरा डालना। **Circumvention** *n.* छल, कपट, ठगी।

Circumvolution (सर्कमवोल्युशन्) *n.* चक्कर, घुमाव।

Circus (सर्कस्) *n.* गोल स्थान या चौक, खेल का मैदान, पशुओं के खेल दिखाने का स्थान, सरकस, खेल का गोलाकार मैदान।

Cirque (सर्क्) *n.* विशाल प्राकृतिक-गोलाकार (रंगशाला)।

Cistern (सिस्टर्न) *n.* जलाशय, जल की टंकी जलागार, जलकुण्ड, टंकी, कुंडिका।

Citadel (सिटडल्) *n.* नगर का दुर्ग, किला, गढ़ी।

Citation (साइटेशन्) *n.* दृष्टांत, प्रमाण, न्यायालय के समक्ष उपस्थित होने के आदेश।

Citizen (सिटिझेन्) *n.* नागरिक, किसी देश का निवासी।

City (सिटि) *n.* नगर, शहर, नगर का वाणिज्य केंद्र, महानगर।

Civic (सिव्हिक्) *adj.* नागरिकोचित, नगर संबंधी, नागरिक, दीवानी।

Civilian (सिव्हिलिअन्) *n.* असैनिक पदाधिकारी।

Civilization (सिव्हिलिझेशन्) *n.* सभ्यता, शिष्टता, संस्कृति।

Claimant (क्लेमन्ट) *n.* तलब करने वाला, स्वत्व का दावा करने वाला।

Clairvoyance (क्लेअर्वॉयन्स्) *n.* आंतरिक बल से दूर की घटना को देखने की शक्ति।

Clamber (क्लेम्बर्) *v.i.* कठिनता से चढ़ना।

Clan (क्लॅन्) *n.* वंश या ऐसे खानदान जिनके बुजुर्ग लोग एक ही पिता की संतान हों, आदिम जाति का मुखिया, आदिम जाति का वह भाग जो आपस में विवाह नहीं करते, सगोत्र, दल, मंडली,

सभा, कुल।

Clandestine (क्लेन्डेस्टिन्) *adj.* छिपा हुआ, गूढ़, गुप्त। **Clandestinely,** *adv.* गुप्त रीति से।

Clanship (क्लनशिप्) *n.* कुलत्व, जातिपक्ष।

Clansman (क्लॉसमैन) *n.* सजातीय व्यक्ति।

Claret (क्लेरेट) *n.* एक प्रकार की लाल रंग की मदिरा।

Clarification (क्लैरिफिकेशन) *n.* स्पष्टीकरण, सफाई।

Clarion (क्लैरियन) *n.* तुरही, जगा देने वाली आवाज।

Clarionet (क्लॅरिओनेट्) *n.* सुषिर वाद्य, बांसुरी, शहनाई।

Class (क्लॉस्) *n.* वर्ग, श्रेणी या जाति, छात्र-समूह (कक्षा)। *v.t.* किसी श्रेणी या कक्षा में रखना। **Class-fellow,** *n.* सहपाठी।

Classic (क्लॅसिक्) *adj.* सबसे बढ़िया किस्म की, उत्कृष्ट, प्रतिष्ठित, (कपड़े) सादे, स्‍.रणीय। *n.* उच्चकोटि का लेखक, कलाकार, पुस्तक आदि। **Classics,** *n. pl.* उच्च कोटि के ग्रंथो का (अध्ययन)।

Clearing (क्लिअरिंग्) *n.* & सफाई का काम, पेड़ काटकर खेती के लिए साफ की गई भूमि, चेकों और हुण्डियों का बैंक में लेन-देन का भुगतान।

Cleavable (क्लीवेबल्) *adj.* अलगाने या काटने योग्य।

Cleavage (क्लीव्हिज्) *n.* विदरण, विदलन, विदर, दरार।

Clef (कलेफ्) *n.* संगीत विद्या में निशान या चिह्नी जिसका अर्थ गूंज दिखाने का होता है, गायन में स्वर संकेत।

Cleft (कलैफ्ट्) *adj.* फाँक, फटन, दरार। *n.* फांक, फटन, दरार।

Clemency (क्लेमेन्सि) *n.* नम्रता, सरलता।

Clergy (क्लर्जि) *n.* पादरी लोग। **Clergyman,** *n.* धर्मशासक, पादरी।

Cleric (क्लेरिक्) *n.* पादरी, पुरोहित। *adj.* पादरी या लिपिक संबंधी।

Clerk (क्लर्क्) *n.* लिपिक, वह व्यक्ति जो दफ्तरों में चिट्ठी लिखते हैं या हिसाब किताब करते हैं जैसे बैंक का क्लर्क या लिपिक, किसी दुकान पर माल बेचने वाला, किसी होटल का वह कर्मचारी जो मेहमानों के लिए कमरों की व्यवस्था करता है।

Client (क्लाइअन्ट्) *n.* मुवक्किल, न्यायार्थी, वकील या अभिवक्ता को अपना मुकदमा सौपने वाला या वकील करने वाला, ग्राहक, संरक्षक।

Clientele (क्लाइएन्टील्) *n.* दुकानदार, डाक्टर या वकील के अपने ग्राहकों के साथ संबंध।

Climate (क्लाइमेट्) *n.* किसी स्थान का तापमान या जलवायु, आबोहवा, ऐसा स्थान जो अपनी जलवायु, वर्षा और तापमान के कारण जाना जाये। **Climatical** *adj.* जलवायु संबंधी।

Climatology (क्लाईमेटोलॉजि) *n.* जलवायु संबंधी विद्या।

Clinic (क्लीनिक्) *n.* डाक्टरी और चीरफाड़ विद्यार्थियों के सामने करके उन्हें पढ़ाने का कार्य, डॉक्टरी की शिक्षा के बारे में व्याख्यान, एक छोटा दवाई खाना जो एक बड़े हस्पताल या डॉक्टरी पढ़ाने के कॉलिज या विद्यालय के पास होता है और बाहर के मरीजों को जहां दवाई दी जाती है।

Clinometer (क्लाइनॉमिटर्) *n.* प्रवणतामापी, नतिमापी।

Cloak (क्लोक्) *n.* एक ढीला-ढाला ऊपर से पहनने का चोगा, आवरण जिससे नीचे की वस्तु या छिद्र छिप जाते हैं, नकाब, बहाना, चोगा, चादर। *v.t.* अँगरखा पहनना।

Cloak-room (क्लोक्-रूम्) *n.* रेलवे स्टेशन, नाटक शालाओं और होटलों में एक कमरा जिसमें कुछ समय के लिये सामान इत्यादि पैसे देकर रखे जाते हैं, अमानती सामान घर।

Clock (क्लॉक्) *n.* एक प्रकार का यन्त्र जिससे समय मालूम किया जाता है, घण्टा, बड़ी घड़ी या घण्टे के समान कोई यन्त्र जिससे समय फासला इत्यादि को मापा जाता है, मोज़े के ऊपर पहनने का एक आभूषित आवरण जो टखनों पर बांधा जाता है और जिस पर जरी का काम होता है।

Closure (क्लोझर्) *n.* बन्द करने का कार्य, मत लेकर किसी विचार विनिमय को बन्द करना, समाप्ति, समापन।

Clot (क्लॉट्) *n.* थक्का, पिण्ड, ढोंका। *v.t.* & *i.* थक्का जमाना, स्कंदन होना।

Cloud (क्लाउड्) *n.* ऐसे भाप के कतरे जो दिखाई देते हैं और बर्फ के समान ठण्डे होते हैं और हवा में बहुत तादाद में उड़ते हैं, यह कई रंग के होते हैं और इनसे मौसम के बारे में भविष्यवाणी भी की जाती है, बादल। *v.t.* & *i.* ढाँकना, अँधेरा करना, उदास होना।

Clout (क्लाउट्) *n.* मरम्मत करने के लिए चिथड़ा

या चमड़े का टुकड़ा, पेवन, लोहे का पत्तर, जूते के तलों में लगाये जाने वाले काँटे, लक्ष्य का केन्द्र, धक्का। *v.t.* मुक्का मारना, पैबन्द लगाना, लोहे की कीलें या पत्तर लगाकर रक्षा करना।

Clove (क्लोव्ह) *n.* एक प्रकार के सदा हरे रहने वाले पौधे की कली जिसको सुखाकर मसाला बनाया जाता है, लवंग, लहसुन की तरह बनी हुई गांठ, प्राचीन काल में ऊन और पनीर की तौल जो 7, 8 या 10 पौण्ड की होती थी।

Club (क्लब्) *n.* मोटा डण्डा या लकड़ी, मुगदर, गदा, एक ऐसा डण्डा जिसका अगला भाग मुड़ा हुआ जैसे गोल्फ खेलने की डण्डी, हॉकी स्टिक, सोटा, बल्ला। गुच्छा (ताश) चिड़ी का पत्ता, मिश्रण, मंडली, क्लब। *v.t.* & *i.* गदा से मारना, सभा बनाना, किसी सम्मिलित कार्य के व्यय के लिए चंदा इकट्ठा करना।

Cluck (क्लक्) *n.* मुर्गी की बोली। *v.t.* कुड़कुड़ाना।

Clumsy (क्लम्झि) *adj.* फूहड़ जिसको काम का सलीका न आता हो, भद्दा, भोंदा, बेड़ौल।

Cluster (क्लस्टर्) *n.* समुदाय या गुच्छा जैसे अंगूर का गुच्छा, इकट्ठे बम एक साथ गिराते हुए, भीड़ समुदाय, समूह, तारों का समूह जिनकी चमक एक साथ होती है, झुंड।

Coagulant (कोअग्युलन्ट्) *n.* स्कंदक पदार्थ। **Coagulator,** *n.* स्कंदक।

Coagulate (कोअग्युलेट्) *v.i.* & *t.* जमाना, जम जाना।

Coagulation (कोअग्यूलेशन्) *n.* जमने की क्रिया।

Coalition (कोअलिशन्) *n.* सहमिलन, सम्मिलन, संघटन, संघ।

Cobalt (कोबाल्ट्) *n.* गिलट के समान एक सफेद धातु।

Cobble (कॉबल्) *n.* एक प्रकार का गोल पत्थर जो फर्श बनाने के काम आता है, पानी से घिसा पत्थर, कोयले के टुकड़े। *v.t.* भद्दे ढ़ग से काम करना, जूते मरम्मत करना, पैबंद लगाना।

Cobbler (कॉब्लर्) *n.* मोची, जूतों की मरम्मत करने वाला।

Cobra (कोब्रा) *n.* नाग, विषैला सर्प, गेहूँवन साँप।

Cobweb (कॉबवेब्) *n.* मकड़ी का जाला, कोई ऐसा यन्त्र या पिंजड़ा जिसमें किसी को बन्दी बनाया जाता है, बहुत कोमल तन्तु, जो आसानी से तोड़ा जा सके, जाल, तंतुजाल, कोई भंगुर रचना, षड्यंत्र।

Cocaine (कोकेन्) *n.* कोकीन।

Cockatoo (कॉकटू) *n.* काकातुआ (शुक)।

Cockatrice (कॉकॅट्राइस) *n.* काल्पनिक दैत्य, वेश्या, भुंजग, छिपकली।

Cockpit (कॉक्पिट्) *n.* मुर्गा के लड़ाने का अखाड़ा, युद्ध क्षेत्र, युद्धपोत में जख्मी लोगों के लिए बना हुआ स्थान, विमान चालक के बैठने की जगह।

Cockroach (कॉक्रोच्) *n.* झींगुर, कनखजुरा, चपड़ा, तेलचट्टा।

Cocoa (कोको) *n.* कोको के बीज, एक प्रकार का गरम पेय।

Coconut (कोकोनट्) *n.* नारियल का पेड़ अथवा फल जो समुद्र तट पर प्रायः भारत में पाया जाता है।

Cocoon (कॉकून्) *n.* रेशम का कीड़ा।

Cocoonery (कॉकोनरि) *n.* रेशम के कीड़ों को पालने का स्थान।

Co-education (को-ऐड्यूकेशन्) *n.* लड़के, लड़कियों की सहशिक्षा।

Coexist (कोइग्झिस्ट्) *v.t.* सहवर्ती होना, साथ-साथ रहना। **Coexistent,** *adj.* सहअस्तित्वी। **Coexistence,** *n.* सहअस्तित्व।

Coffee (कॉफ़ी) *n.* एक वृक्ष का फल या बीज, कहवा या काफी।

Coffin (कॉफिन्) *n.* एक ऐसा सन्दूक जिसमें शव को रखकर दफनाया जाता है, ताबूत, शवाधार, कचौरी के लिए बनाई हुई लोई जिसमें मसाले इत्यादि भरे जाते हैं। *v.t.* ताबूत में बन्द करना।

Cogent (कोजेन्ट्) *adj.* प्रबल, शक्तिशाली, समर्थ। **Cogently,** *adv.* विश्वस्त या निश्चित रूप से।

Cognac (कॉन्यॅक्) *n.* (मदिरा) फ्रांस की ब्रांडी।

Cognate (कॉग्नेट्) *adj.* रिश्तेदार, नातेदार, विशेषतः माता के पक्ष (मामा इत्यादि) का सम्बन्धी, सजातीय, बन्धु।

Cognition (कॉग्निशन्) *n.* बोध, अनुभव, ज्ञान।

Cognitive (कॉग्निटिव्) *adj.* परिज्ञानशील, संज्ञानात्मक।

Cognizable (कॉनिझेबल्) *adj.* संज्ञेय, बोधगम्य।

Cognizance (कॉनिझन्स्) *n.* जानकारी, ज्ञान, चेतना।

Cognizant (कॉनिझन्ट्) *adj.* जानकारी रखने वाला, सचेत।

Cognomen (कॉग्नोमेन्) *n.* कुलनाम, उपनाम।

Cohabit (कोहॅबिट्) *v.i.* पति-पत्नी के समान सहवास करना।

Cohabitation (कोहेंबिटेशन्) सहवास, मैथुन।
Cohesive (कोहेसिव्) *adj.* एकता लाने वाला, संयुक्त होने वाला।
Cohort (कोआअर्ट्) *n.* सैनिकों की एक रोमन टुकड़ी, योद्धाओं का दस्ता, साथी का अनुयायी, सहगण।
Coin (कॉइन्) *n.* मुद्रा, सिक्का, रूपया-पैसा। *v.t.* & *i.* नकदी में परिवर्तित करना, मोहर लगाना, अविष्कार करना, अर्जित करना।
Coinage (कॉइनिज्) *n.* टंकण, सिक्का, ढलाई, मुद्रा प्रणाली, धातु मुद्रा, सिक्का।
Coincidence (कोइन्सिडेन्स्) *n.* संपात, यदृच्छ, संपतन, संयोग।
Coition (कोइशन्) *n.* आपस में मिलना, मैथुन, संभोग।
Coke (कोक्) *v.t.* पत्थर के कोयले को ठोस बनाना। *n.* बुझा हुआ पत्थर का कोयला।
Collaborate (कलॅबरेट्) *v.t.* साथ-साथ काम करना, विशेषतः वैज्ञानिक और साहित्यिक कार्यों में, शत्रु से मिलकर काम करना। **Collaboration,** *n.* सहकायता। **Collaborator,** *n.* साथ काम करने वाला मनुष्य।
Collapse (कोलॅप्स्) *n.* एक साथ डूबना या गिरना, पूर्ण शिथिलता, सन्निपात, बरबादी, असफलता, निपात, हृदयवसाद, हार। *v.t.* क्षय को प्राप्त होना।
Collate (कालेट्) *v.t.* एक साथ रखकर तुलना करना, समालोचना करना, समानता और भिन्नता के दृष्टिकोणों को कलमबद्ध करना, विस्तारपूर्वक तुलना करना या मिलान करना।
Collateral (कालॅटरल्) *adj.* समान्तर, सपिण्ड, समानान्तर, समपार्श्व।
Colleague (कॉलीग्) *n.* किसी सरकारी दफ्तर का सहकारी, सहकर्मी, सहयोगी, साथी।
Collect (कलेक्ट्) *v.t.* & *i.* संग्रह करना, एकत्र करना, केन्द्रीभूत करना, प्राप्त करना, अनुभान करना। *n.* छोटी प्रार्थना।
Collection (कलेक्शन्) *n.* समूह, संग्रह, (चन्दा) उगाही, धन संग्रहण, संग्रह पुस्तक।
Collective (क्लेक्टिव्ह) *adj.* सामुदायिक, सामूहिक, एकीकृत, कुल, सर्वसाधारण। **Collectively,** *adv.* एकत्र, एक साथ।
Collector (कलेक्ट्र) *n.* जिलाधीश, जिसे कर इत्यादि इक्ट्ठा करने और जिले के फैसले करने का अधिकार होता है। **Collectorship,** *n.* जिलाधीश का पद।
Colleen (कॉलीन्) *n.* एक सुन्दर आयरिश कन्या।
College (कॉलिज्) *n.* कालिज, विद्यालय, जहाँ अच्छी व्यावसायिक और कला की शिक्षा दी जाती हो, कॉलिज की इमारत।
Colliery (कॉल्यरि) *n.* कोयले की खान, कोयला ले जाने वाला जहाज।
Collision (कोलिझन्) *n.* विरोध, टक्कर, मुठभेड़।
Colloquial (कलोक्विअल्) *adj.* बोलचाल का।
Colloquy (कॉलोकि) *n.* संभाषण, बातचीत।
Collusion (कॉल्झन्) *n.* जालसाजी के काम के लिए गुप्त समझौता, दुस्संधि।
Colocynth (कॉलोसिन्थ्) *n.* एक प्रकार का कड़ुआ सेब, इन्द्रायण।
Colon (कोलन्) *n.* वाक्य के एक पूर्ण अंश का द्योतक चिह्न, विसर्ग, अर्धविराम से अधिक और पूर्णविराम से कम, बृहदान्द्र, बड़ी आँत।
Colonel (कर्नल्) सैन्यदल का अध्यक्ष, पलटन का कर्नल। **Colonelship,** *n.* कर्नल का पद।
Colonist (कॉलनिस्ट्) *n.* नई बस्ती में रहनेवाला।
Colony (कॉलनि) *n.* वासित प्रदेश, उपनिवेश, नई बस्ती।
Colophon (कॉलोफॉन्) *n.* पुष्पिका, अन्तिम पृष्ठ पर अलंकृत रूप से पुस्तक आदि का विवरण सूचक लेख।
Colossus (कलॉसस्) *n.* विशाल मूर्ति, दीर्घकाय या बड़ी मूर्ति, दीर्घकाय व्यक्ति, प्रतिमा, देवकाय।
Column (कॉलम्) *n.* खम्भा, कोई ऐसी वस्तु का आकार जो स्तम्भ के आकार से मिलता हो, आश्रय, पृष्ठ (पन्ने) का स्तम्भ, सेना की टुकड़ी।
Coma (कामा) *n.* शिथिलता (सुस्ती), अप्राकृतिक निद्रा, आलस्य।
Comatose (कोमटोज) *adj.* अर्धमूर्छावस्था।
Combat (कॉम्बट्) *v.t.* भिड़ना, लड़ाई करना। *n.* युद्ध, संग्राम।
Combustible (कम्बस्टिबल्) *adj.* ज्वलनशील, उत्तेजक।
Combustion (काम्बस्टन) *n.* दाह, ज्वलन।
Comedian (कॉमिडिअन्) *n.* सुखान्त नाटक लिखने वाला, हँसाने वाला।
Comedy (कॉमिडि) *n.* एक नाटक जो प्रायः सुखान्त हो, हास्य प्रहसन।
Comet (कॉमिट्) *n.* पुच्छल तारा।
Comfort (कम्फर्ट) *n.* आराम या दुखों से छुटकारा, शान्ति, दुख या मुसीबतों से छुटकारा, सन्तोष, आश्वासन।

Comic (कॉमिक्) *adj.* हास्यकार, हँसी लाने वाला।
Comma (कॉमा) *n.* विराम चिह्न।
Command (कमान्ड्) *v.t.* & *i.* आज्ञा देना, अधिकार रखना, शासन करना, अधिकार में लाना, अधीन करना। *n.* निर्देश अथवा आज्ञा देने का अधिकार, शक्ति, प्रभुत्व।
Commandant (कमॉन्डॅन्ट्) *n.* किले का अधिकारी।
Commandeer (कॅमान्डिअर्) *v.t.* फौजी कार्य के लिए किसी वस्तु घोड़ा इत्यादि को ले लेना।
Commander (कमान्डर्) *n.* आज्ञा देने वाला अध्यक्ष, नायक।
Commander-in-chief (कमान्डर्-इन्-चीफ्) *n.* सेना का सबसे बड़ा अफ़सर, सेनापति।
Commandership (कमान्ड्रशिप्) *n.* जंगी लाट का पद।
Commando (कमान्डो) *n.* विशेष सैनिक दस्ता या टुकड़ी, बटालियन, बटालियन का एक सैनिक।
Commemorate (कॉमेमोरेट्) *v.t.* स्मरणार्थ उत्सव मनाना, स्मारक बनाना, किसी स्मृति को ताजा रखना।
Commence (कमेन्स्) *v.t.* & *i.* आरंभ करना, प्रवृत्त होना।
Commentator (कॉमिन्टेटर्) *n.* टीकाकार, व्याख्याकार, वृत्तिकार, प्रसारक, भाष्यकार।
Commerce (कॉमर्स्) *n.* वाणिज्य, व्यवसाय, क्रय-विक्रय।
Commercial (कमर्शल्) *adj.* वाणिज्य संबंधी, व्यापारिक, व्यावसायिक।
Commiserate (कॉमिझरेट्) *v.t.* सहानुभूति प्रकट करना।
Commiserative (कॉमिसिरेटिव्) *adj.* दयालु।
Commissariat (कॉमिसेरिअट्) *n.* सेना को रसद पहुँचाने का दफ्तर, कमसरियट्।
Commissary (कॉमिसरि) *n.* सहायक प्रतिनिधि, रसद भेजने वाला अफ़सर।
Commission (कमिशन्) *n.* आज्ञा, अधिकार, आज्ञा-पत्र, दस्तूरी आयुक्त। *v.t.* अधिकार देना, नियुक्त करना।
Commissioner (कमिशनर्) *n.* किसी कार्य सम्पादन के लिए नियुक्त किया हुआ अफ़सर, बड़ा हाकिम (कमिश्नर), आयुक्त।
Commitment (कमिट्मेन्ट्) *n.* सौंपना, जेलखाने भेजना, सुपुर्दगी, बचन-बद्धता, कैद की आज्ञा, कैद, गिरफ्तारी, पाबंदी।
Committal (कमिटल्) *n.* जेलखाने जाना, आत्म-समर्पण।
Committee (कामिटि) *n.* किसी विशेष कार्यार्थ नियुक्त कुछ लोगों की समिति, नियुक्त पुरुष, सभा, पंचायत।
Commodity (कॉमॉडिटि) *n.* उपयोगी वस्तु (सामग्री) द्रव्य (जिन्स)।
Commodore (कॉमडोअर्) *n.* जहाज़ का कप्तान, वायुयान चालकों का प्रमुख, पोत समूह का प्रमुख अधिकारी।
Common law (कॉमन्-लॉ) *n.* इंग्लैंड का बिना लिखा कानून जो प्राचीनकाल से प्रचलन में है।
Commoner (कॉमनर्) *n.* सामान्य मनुष्य।
Commonplace (कॉमन्-पलेस्) *n.* तुच्छ निरूपण, प्रतिदिन का विषय।
Commons (कॉमन्झ्) *n. pl.* सामान्य साधारण लोग, खाद्य, भोजन।
Commonwealth (कॉमन्वेल्थ्) *n.* किसी देश की सम्पूर्ण प्रजा, राष्ट्रमंडल।
Commotion (कमोशन्) *n.* क्षोभ, विप्लव, खलबली, आंदोलन, उपद्रव, कलह।
Communal (कॉम्यूनल्) *adj.* साम्प्रदायिक, जातीय, जातिगत।
Commune (कॉम्यून्) *n.* जिला प्रशासन, सम्भाषण। *v.i.* सम्भाषण करना।
Communicable (कम्यूनिकेबल्) *adj.* प्रकाशित करने योग्य।
Communication (कम्यूनिकेशन्) *n.* कथन, व्यवहार, संदेश (बातचीत), पत्र-व्यवहार।
Communique (कम्यूनिके) *n.* सरकारी सूचना, विज्ञप्ति।
Communism (कॉम्यूनिज्म्) *n.* सम्पत्ति का समाजीकरण, साम्यवाद।
Community (कम्यूनिटि) *n.* समुदाय, मण्डली, बिरादरी, जाति, लोक- समाज।
Commute (कॅम्यूट्) *v.t.* & *i.* अदल-बदल करना, परिवर्तित करना, विनिमय करना, सजा कम करना, अपने कार्यस्थल को रेल या बस द्वारा अपने निवास तथा समीपवर्ती नगर के बीच नियमित रूप से यात्रा करना, गिरना, बदलना।
Company (कम्पनि) *n.* समागम, टोली, व्यापार मंडल, साथ, खिलाड़ियों की टोली।
Compartment (कम्पार्ट्मेन्ट्) *n.* विभाग, रेल का डब्बा।
Compass (कम्पास्) *n.* कुतुबनुमा, दिक्सूचक,

हद, विस्तार, परकार। **Compasses** *pl.* (कम्पासिस्) परकाल।

Compatible (कॉम्पैटिबल्) *adj.* अविरुद्ध, योग्य, सुसंगत, अनुरूप, उपयुक्त।

Compatriot (कॉम्पैट्रिअट्) *n.* एक ही देश का निवासी, समदेशी, सहदेशवासी।

Compel (कम्पेल्) *v.t.* दबाव डालना, विवश करना, लाचार करना, दबाव डालकर कोई कार्य करवाना।

Compendious (कॉम्पेन्डुअस्) *adj.* संक्षिप्त (सारभूत), परिमित। **Compendiously,** *adv.* संक्षेप में।

Compendium (कॉम्पेन्डिअम्) *n.* संक्षेप (संग्रह), सार, संक्षिप्त रूप, संक्षिप्त ग्रंथ।

Compensate (कॉम्पिन्सेट्) *v.t.* & *i.* पूरा करना, बदला देना, हरजाना देना (बराबर करना)।

Compensation (कॉम्पिन्सेशन्) *n.* (*esp.*) पारितोषिक, मुआवजा, क्षति-पूर्ति (शुल्क, प्रतिफल)।

Competent (कॉम्पिटन्ट्) *adj.* उचित, योग्य, निपुण, पर्याप्त।

Competition (कॉम्पिटिशन्) *n.* स्पर्धा, बराबरी प्रतियोगिता, प्रतिद्वन्द्विता।

Compilation (कॉम्पिलेशन्) *n.* संग्रह, संकलन।

Compile (कम्पाइल्) *v.t.* दूसरे लेखकों की पुस्तकों से उद्धृत करके पुस्तक तैयार करना।

Complacent (कम्पलेसन्ट्) *adj.* सन्तुष्ट।

Complement (काम्प्लिमेन्ट्) *n.* पूर्णता, पूर्ण संख्या, परिपूरक, परिपूरक, सम्पूर्णता।

Complex (काम्प्लेक्स्) *adj.* मिश्रित, संकर, जटिल, दुरूह, उलझा, पेचीदा, संयुक्त।

Complexion (कम्प्लेक्शन्) *n.* रंग रूप, मुखराग, प्रकृति, स्वभाव।

Compliance (कम्प्लायन्स्) *n.* स्वीकृति, पालन, अनुवृत्ति, अनुपालन, आज्ञानुकूलता।

Comport (कॅम्पॅर्ट्) *v.t.* & *i.* व्यवहार करना, अनुकूल होना, सहमत होना।

Compose (कम्पोज़्) *v.t.* & *t.* अनेक अंगों की सहायता से निर्मित करना, निर्माण करना (बनाना), संघटित करना, व्यवस्थित करना, तरतीब देना, सुस्थिर होना, रचना करना।

Composition (कॅम्पोज़िशन्) *n.* बनावट, लेख, साहित्यिक रचना।

Compost (कम्पोस्ट्) *n.* यौगिक खाद, मिलावट।

Composure (कम्पोज़र्) *n.* मानसिक शान्ति।

Comprehension (कॉम्प्रिहेन्शन्) *n.* ज्ञान, समझने की क्षमता।

Compromise (कॉम्प्रोमाइज़्) *n.* आपस का निबटारा, समझौता।

Comptroller (कम्प्ट्रोलर्) *n.* हिसाब नियंत्रक।

Compulsion (कम्पल्शन्) *n.* अनुरोध, दबाव।

Compulsive (कम्पल्सिव्) *adj.* दबाव डालने योग्य। **Compulsively,** *adj.* दबाव से।

Compulsorily (कम्पल्सरिलि) *adv.* अनुरोध से, बलात्, हठ से।

Compulsory (कम्पल्सरि) *adj.* आवश्यक, बाध्यकारी, अनिवार्य।

Computable (कम्प्यूटेबल्) *adj.* गणना करने योग्य।

Computation (कम्प्युटेशन्) *n.* गणना, गिनती।

Computer (कम्पयूटर) *n.* कम्प्यूटर, गणना एंव लेखा करने की मशीन।

Comrade (कॉम्रेड) *n.* मित्र, साथी। **Comradeship,** *n.* मैत्री, दोस्ती।

Concave (कॉन्केव्) *adj.* खोखला, जलोदर।

Conceit (कन्सीट्) *n.* अहंकार (धमण्ड), मिथ्या विचार।

Concentration (कॉन्सेन्ट्रेशन्) *n.* चित्त की एकाग्रता, समाधि, केन्द्रीकरण, संकेन्द्रण।

Conceptives (कन्सेप्टिव्) *adj.* मन में धारण करने वाला।

Concession (कन्सेशन्) *n.* रियायत, छूट, एक जैसा हक या समानाधिकार, समान सुविधा।

Conch (कॉङ्क) *n.* शंख (घोंघा, कौड़ी), कान का बाहरी भाग।

Conchology (कान्चोलाजि) *n.* शंख शास्त्र।

Conciliation (कन्सिलिएशन) *n.* सान्त्वना, अनुरंजन, समझौता।

Concise (कन्साइस्) *adj.* संक्षिप्त, अल्प। **Concisely,** *adv.* संक्षेप में। **Conciseness,** *n.* अविस्तार, संक्षेप।

Conclave (कॉंक्लेव्) *n.* सभा-स्थान या भवन, पोप के चुनाव हेतु गुप्त बैठक या सभा।

Concourse (कॉंकोर्स्) *n.* संगम (समूह), भीड़-भाड़, मण्डली, संघ।

Concubine (कॉंक्युबाइन्) *n.* बिना विवाह के ही दूसरे पुरुष के साथ रहने तथा मैथुन करने वाली स्त्री, रखैल।

Condemn (कन्डम्) *v.t.* निन्दा करना, विरूद्ध निर्णय देना, अपराधी ठहराना।

Condiment (कॉन्डिमेन्ट्) *n.* मसाला, चटनी, छौकनी।

Condolence (कन्डोलेन्स्) *n.* सहानुभूति, सम्वेदना।

Conductor (कन्डक्टर्) *n.* कण्डक्टर, प्रबन्धक, बस या गाड़ी में सवारी नियंत्रण, निर्देशक।

Conduit (कॉन्डिट्) *n.* जल-प्रणाली, पानी की मोरी।

Confectionery (कन्फेक्शनरि) *n.* मिठाइयाँ, मिष्ठान भंडार।

Confederacy (कन्फेडरेसि) *n.* सन्धि, संयुक्त राज्यों का संगठन, षड्यन्त्र।

Confederation (कान्फेडरेशन्) *n.* संघटन, मण्डल, राज्य मंडल, राज्य संघ।

Conference (कॉन्फ्रेन्स्) *n.* संवाद (सम्भाषण, बातचीत), सम्मेलन।

Confession (कन्फ़ेशन्) *n.* स्वीकार, (अंगीकार, प्रकाशन), पाप स्वीकरण।

Confetti (कन्फेटि) *n.* विवाह के समय चर्च छोड़ते हुए फेंके गए रंगीन कागज़ के छोटे टुकड़े तथा मिठाइयाँ।

Confidence (कॉन्फिडेन्स्) *n.* दृढ़ विश्वास (निश्चय), भरोसा, आशा, आत्मविश्वास, साहस, गोपनीयता के बारे में आश्वस्त।

Confident (कॉन्फिडेन्ट्) *adj.* पूरा स्थिर, विश्वस्त, विश्वासी, साहसी।

Confidential (कॉन्फिडेन्शल्) *adj.* गुप्त, विश्वस्त।

Configuration (कॉन्फिग्यूरेशन्) *n.* आकार, रूप, मूर्ति, खाका, ढाँचा।

Confine (कनफाइन्) *v.t.* सीमाबद्ध करना, सीमा में रहना, बन्द करना, कैद होना, जच्चा-प्रसूत होना।

Confinement (कन्फाइन्मेन्ट्) *n.* बन्दीकरण, रोक, प्रसूत।

Confiscate (कॉन्फिस्केट्) *v.t.* जब्त करना, राज्याधिकार में लेना, अधिहरण करना, राज्यसात करना।

Conflict (कॉन्फ्लिक्ट्) *n.* युद्ध, द्वंद्व, संघर्ष, विरोध (कलह), झगड़ा।

Confluence (कॉन्फ्लूअन्स्) *n.* नदी का संगम, संगम, संप्रवाह।

Conformist (कन्फॉर्मिस्ट्) *n.* इंग्लैंड के गिरजाघर का अनुयायी; संरूपी, अनुसारक, नैष्ठिक।

Conformity (कन्फॉर्मिटि) *n.* अनुरूपता, समानता, आज्ञा पालन।

Confront (कन्फ्रन्ट्) *v.t.* सम्मुख होना, सामना करना, मिलाना।

Congenial (कंजीनिअल्) *adj.* समान प्रकृति का, सधर्मी, सहानुभूति रखने वाला।

Congenital कंजेनिटल्) *adj.* (साथ उत्पन्न हुआ, जन्मजात।

Congested (कन्जेस्टिड्) *adj.* अधिक भीड़ वाले, सघन, भीड़ भरा।

Congestion (कन्जेस्चन्) *n.* भीड़-भाड़, किसी अंग में रुधिर का अधिक संचय, सघनता, संकुलन।

Conglomerate (कॅन्लॉमरेट्) *n.* एक पिण्ड, विभिन्न प्रकार के उद्यमों में रत एक बड़ी कम्पनी।

Congratulation (कन्ग्रॅचुलेशन्) *n.* अभिनन्दन, बधाई, मुबारकबाद।

Congregate (काँग्रिगेट्) *v.t.* & *i.* इकट्ठा करना, एकत्रित होना।

Congregation (काँग्रिगेशन्) *n.* (*esp.*). सभा (समाज), एकत्रीकरण, समुदाय।

Congress (काँग्रेस्) *n.* सभा (समाज), काँग्रेस, समागम, समिति, अमेरिकी राजनीतिक संघ। **Congressite, Congressman,** *ns.* कांग्रेस का सभासद।

Congruence (काँग्रुअन्स्) *n.* योग्य, अनुरूप।

Conifer (कॅनिफर्) *n.* शंकुवृक्ष।

Coniferous (कॉनिफेरस्) *adj.* शंकुधारी।

Conjecture (कंजेक्चर्) *n.* तर्क, अनुमान (कल्पना)। *v.t.* & *i.* अटकल लगाना, तर्क से अनुमान करना, विचार करना, अनुमान लगाना।

Conjugal (कॉन्जुगल्) *adj.* विवाह संबंधी, वैवाहिक, दांपतिक, दांपत्यमूलक।

Conjugate (कान्जूगेट्) *v.t.* & *i.* क्रियापद के रूप चलाना, विवाह करना। **Conjugation,** *n.* परस्पर मिलन, संयोग, क्रियापद के रूप, संयोजन। **Conjugational,** *adj.* क्रियापद के रूप से संबंधित।

Conjuration (कॉन्जुरेशन्) *adj.* मन्त्र, शपथ-पूर्वक वचन, इन्द्रजाल, प्रेताध्यान, षड्यंत्र, अभिचार, जादू।

Conjure (कॉञ्जूर्) *v.t.* & *i.* जादू करना, जादू दिखाना, स्तुति करना, प्रार्थना करना (भूत प्रेत आदि को), मृतात्मा को मन्त्रवश करना।

Conjurer (कन्जरर्) *n.* जादूगर, एंद्रजालिक, मायावी, मदारी, सेवड़ा, सयाना।

Conk (काँक्) *n.* सिर, नाक, मुक्का।

Connoisseur (कॉनिसर्) *n.* एक विशेष निर्णयकर्ता।

Connubial (कॉन्यूबिअल्) *adj.* वैवाहिक, दम्पत्ति-

संबंधी, विवाह संबंधी। **Connubially,** *adv.* वैवाहिक रीति से।

Consanguineous (कॉन्संग्विनिअस्) *adj.* जन्म से संबंधित, एक ही परिवार अथवा खून का सगोत्र।

Consanguinity (कॉन्संग्विनिटि) *n.* सगोत्रता।

Conscious (कॉन्शस्) *adj.* चेतना में, होश में, सचेत, सचेतन, जानकर। **Consciously,** *adv.* ज्ञानपूर्वक।

Consciousness (कॉन्शस्नेस्) *n.* ज्ञान, संज्ञा, होश, चैतन्य, चेतना, बोध।

Consecrate (कॉन्सिक्रेट्) *v.t.* धार्मिक कार्य के लिये उत्सर्ग कर देना, समर्पित करना, पुनीत करना, पवित्र करना।

Consensus (कन्सेन्सस्) *n.* अनुकूलता, एकमत।

Consent (कन्सेन्ट्) *v.i.* सहमत होना, अनुपालन करना, मान लेना, स्वीकार करना।

Conservatory (कन्सरवेटरि) *n.* कोमल वनस्पतियों के रखने का रक्षागृह।

Conserve (कन्सर्व) *v.t.* क्षति से बचाना, रक्षा करना, संरक्षित करना, सुरक्षित रखना। *n.* फलों की मीठी चटनी।

Consignee, (कन्साइनी) *adjs.* जिसके पास माल भेजा जाता है या उसके द्वारा माल भेजा जाता है।

Consignment (कन्साइन्मेन्ट्) *n.* भेजा हुआ माल।

Console (कन्सोल्) *v.t.* आश्वासन देना, ढाढस देना, शान्ति देना, सांत्वना देना।

Consolidate (कन्सॉलिडेट्) *v.t.* & *i.* ठोस होना या करना, संघटित करना, संचित करना, पुष्ट करना या होना।

Consols (कन्सॉल्स्) *n. pl.* सरकारी कोष के पत्रक।

Conspicuous (कन्सिपक्युअस्) *adj.* ध्यानकर्षी, प्रत्यक्ष, स्पष्ट, विशिष्ट, उत्कृष्ट। **Conspicuously,** *adv.* विशिष्ट रूप से, उत्कृष्टता से।

Conspiracy (कन्स्पिरसि) *n.* कपट प्रबंध, षड्यन्त्र, किसी को हानि पहुँचाने के लिए की गई साज़िश, साँठ-गाँठ, बलवाइयों का गुट।

Constituency (कन्स्टिट्युएन्सि) *n.* चुनने वालों का संघ, निर्वाचन क्षेत्र।

Constitution (कॉन्स्टिट्यूशन्) *n.* किसी देश शासन की प्रणाली या व्यवस्था, संविधान, गठन, रचना, मनोवृत्ति, मूलतत्व, संवैधानिक सरकार, कानून, रचना (निर्माण, व्यवस्था) मानसिक अथवा शारीरिक प्रकृति, शासनक्रम।

Constitutional (कॉन्स्टिट्यूशनल्) *adj.* आवश्यक, प्रकृति या स्वभाव-संबंधी।

Constraint (कन्स्ट्रेन्ट्) *n.* रुकावट, विवशता।

Consul (कॉन्सल्) *n.* रोम देश का मजिस्ट्रेट, वाणिज्य दूत।

Consulate (कॉन्स्युलेट्) *n.* वाणिज्य दूत का दफ्तर।

Consultation (कन्सल्टेशन्) *n.* परामर्श, विचार, पंचायत।

Consumer (कन्ज़्यूमर्) *n.* नियोजक, उपभोग करने वाला।

Consummate (कॉन्समेट्) *v.t.* पूर्णता को पहुँचाना, उपभोग करना, निष्पादन करना, पूर्ण करना। *adj.* पूर्ण, परम (उत्कृष्ट)। **Consummately,** *adv.* पूर्ण रीति से।

Consummation (कॉन्समेशन्) *n.* सिद्धि, समाप्ति, पूर्णता, उत्कर्ष, परम गति, सहवास, समापन, निष्पत्ति।

Consumption (कन्सम्पशन्) *n.* उपभोग, क्षय, खपत, व्यय, नाश, यक्ष्मा (क्षय रोग)।

Contagion (कॉन्टेजन्) *n.* छूत का रोग, स्पर्श-संचारक व्याधि।

Contagious (कँटागिअस) *adj.* स्पर्श से फैलने वाला, संचारी, संसर्गजन्य (बीमारी)। **Contagiously,** *adv.* स्पर्श से रोग फैलाते हुए।

Contemplation (कॉन्टेम्प्लेशन्) *n.* ध्यान, चिन्ता, भावना।

Contempt (कन्टेम्प्ट) *n.* तिरस्कार, अनादर, अपमान।

Contiguous (कन्टिग्यूअस्) *adj.* पास-पड़ोस का, निकटस्थ, मिला हुआ।

Continental (कॉन्टिनेन्टल्) *adj.* महाद्वीप सम्बन्धी।

Contour (कॉन्टूर्) *n.* रूपरेखा, सामान्य दृश्य, नक्शे में किसी विशेष धरातल या विशेष बात को दर्शाने वाली रेखा।

Contraband (कॉन्ट्राबॅन्ड्) *n.* देश से बाहर भेजने या देश से मँगाने का निषेध, प्रतिषिद्ध वस्तु। *adj.* निषिद्ध।

Contraception (कॉन्ट्रासैपशन्) *n.* गर्भ धारण न करना, गर्भ अवरोध।

Contraceptive (कॉन्ट्रासेप्टिव्) *adj.* & *n.* गर्भ निरोध के लिए काम में आने वाली वस्तुएं।

Contractor (कॉन्ट्रेक्टर्) *n.* करार करने वाला,

ठेकेदार, संविदाकार

Contravene (कॉन्ट्रावीन्) *v.t.* विरोध करना, उल्लंघन करना, खंडन करना।

Contravention (कॉन्ट्रॅवेन्शन्) *n.* खंडन, उल्लंघन।

Contretemps (कंन्ट्रीटेम्प्स्) *n.* अनिष्ट, विपत्ति, अटकाव, अड़चन।

Controller (कन्ट्रोलर्) *n.* गति पर नियंत्रण करने का यन्त्र, किसी कार्यालय का बड़ा अधिकारी, लेखा परीक्षा करने वाला अधिकारी जिसे नियन्त्रक कहते हैं।

Controversial (कॉन्ट्रॅवर्शल्) *adj.* विवादास्पद, विवाद्य।

Controversy (कॉन्ट्रवर्सि) *n.* विवाद, पत्र-पत्रिकाओं में विभिन्न मतों का प्रकाशन, प्रतिवाद, झगड़ा।

Convalescence (कॉन्वॉल्सन्स्) *n.* उपशमन, स्वास्थ्य लाभ।

Conventional (कन्वेन्शनल्) *adj.* लौकिक, रूढ़।

Conversant (कॉन्व़रसन्ट्) *adj.* विषय ज्ञाता, जानकार।

Conveyance (कन्वीअन्स्) *n.* परिवहन, सवारी, वाहन, सम्पत्ति हस्तान्तरण करने की क्रिया। **Conveyer,** *n.* ले जाने वाला।

Convict (कन्विक्ट्) *v.t.* दोषी सिद्ध करना, दोषी ठहराना। **Convicted,** *adj.* दोष-सिद्ध, अभिशस्त, अपराधी प्रमाणित।

Conviction (कन्विक्श्न्) *n.* अभिशंसा, दृढ़ विश्वास, दोष-सिद्धि, सचेत दोषानुभूति।

Convocation (कॅन्वोकेशन) *n.* बुलाने की क्रिया, दीक्षान्त समारोह जिसमें स्नातकों की उपाधियां दी जाती है, धार्मिक सभा।

Cook (कुक्) *n.* पाचक, रसोईदार। *v.t.* भोजन पकाना, कोयल की बोली बोलना।

Cookie (कुकि) *n.* U.S. बिस्कुट।

Cooler (कूलर्) *n.* कमरा ठंडा करने का यंत्र, शीत यंत्र।

Coolie (कूलि) *n.* किराये का श्रमिक।

Coon (कून्) *n.* अमरीका का एक प्रकार का कुत्ता, कपटी आदमी, हब्शी।

Copal (कोपल्) *n.* विशेष प्रकार के पेड़ों से निकलने वाला कठोर द्रव्य, वार्निश के काम में आने वाली राल।

Co-partner (को-पार्टनर्) *n.* सहभागी, सह-साझेदार।

Copartnership (को-पार्टनर्शिप्) *n.* सह-साझेदारी, सहभागिता।

Copper-smith (कॉपर्-स्मिथ्) *n.* ताम्रकार, कंसेरा, ठठेरा।

Copra (कॉप्रा) *n.* नारियाल की गरी का गोला।

Coprology (कॉप्रोलोजि) *n.* कला-कौशल या साहित्य की अश्लीलता।

Copulate (कॉप्युलेट्) *v.t.* सम्भोग करना, लैंगिक रूप में जुड़ना।

Copulation (कॉप्युलेशन्) *n.* मैथुन संगमन, सयुग्मन।

Copyright (कॉपिरॉइट्) *n.* प्रतिलिप्याधिकार, किसी पुस्तक के छापने का अनन्य अधिकार जो लेखक या प्रकाशक होता है, स्वत्वाधिकार। *v.t.* स्वत्वाधिकार प्राप्त करना।

Coral (कॉरल्) *n.* प्रवाल, मूँगा। *adj.* मूँगे के सदृश।

Cord (कॉर्ड) *n.* डोरी, रस्सी, रज्जु, लकड़ी का एक माप = 128 घन फुट।

Cordon (कॉर्डन्) *n.* सम्मानार्थ फ़ीता, पट्टी, घेरा, सैनिक चौकियों की पंक्ति।

Co-respondent (को-रिस्पॉन्डट्) *n.* सह-प्रत्यर्थी, सह-प्रतिवादी।

Coriander (कॉरिअन्डर) *adj.* धनिया।

Co-rival (को-राइवल्) *n.* संयुक्त प्रतिस्पर्धी।

Corn (कार्न्) *n.* अनाज का दाना, बीज, पैर का गोखरू। *v.t.* दानेदार बनाना, नमक छिड़कना, नमक डालना।

Cornea (कॉर्निआ) *n.* कनीनिका, आँखों की पुतली।

Cornet (कॉर्निट्) *n.* एक प्रकार की तुरही, फ़ौजी रिसाले का छोटा अफ़सर, कार्नेट बजाने वाला।

Coronation (कॉरोनेशन्) *n.* राज्याभिषेक।

Coronal (कॉरनल्) *n.* किरीट, छोटा मुकुट या हार। *adj.* कपाल सम्बन्धी।

Corporate (कॉपेरिट्) *adj.* निगमित, निगम संबंधी, सम्मिलित, सामूहित, समाहारी।

Corporation (कॉर्पेरिशन्) *n.* निगम, संस्थान, महानगरपालिका।

Corporator (कॉर्पोरेटर्) *n.* निगम सदस्य।

Corporeal (कॉर्पोरिअल्) *adj.* शारीरिक, शरीर संबंधी (आत्मा से भिन्न)।

Corps (कॉर्प्स्) *n.* फौज का एक दस्ता या टुकड़ी, सेना का एक कोर, जर्मन विद्यार्थी संघ, दल, समूह।

Corpse (कार्पस्) *n.* शव, लाश, मिट्टी।

Corpus (कॉर्पस्) *n.* शरीर, साहित्य या लेखों का संचयन, जानवरों के शरीर का एक प्रकार का ढांचा, पिंड, निकाय, ग्रंथ सामग्री।

Correspondence (कॉरिस्पाँडन्स) *n.* अनुरूप होना, सदृश होना, परस्पर पत्र व्यवहार करना।

Correspondent (कॉरिपाँडन्ट) *adj.* उत्तर देने वाला, संगत, अनुरूपी। *n.* संवाददाता, पत्र-व्यवहारी, एजेंट, एजेंसी, आढ़ती।

Corridor (कॉरिडोर्) *n.* बन्दरगाह तक पहुँचाने का रास्ता, दहलीज, गलियारा, मार्ग।

Corrigendum (कॉरिजेन्डम्) *n.* शुद्धि-पत्र।

Corrosion (कॅरोज़न्) *n.* संक्षारण।

Corrugate (कॉरूगेट्) *v.t.* & *i.* झुर्रियाँ पड़ना, सिकुड़ना, नालीदार बनाना, लहरियादार बनाना। **Corrugated,** *adj.* झुर्रियादार, ऐंठा हुआ। **Corrugation,** *n.* त्वचा का सिकुड़ना।

Corrupt (करप्ट्) *adj.* दुष्ट (भ्रष्ट), सड़ा हुआ, घूस दिया हुआ। *v.t.* & *i.* दूषित करना, सड़ाना, घूस लेना, शील भ्रष्ट करना।

Corruption (करप्शन्) *n.* भ्रष्टाचार, दुराचरण, घूसखोरी, सड़न, सड़ा हुआ पदार्थ, भ्रष्ट प्रयोग।

Cortege (कॉर्टेज़) *n.* अनुचर गण, एक जुलूस, शव यात्रा।

Cortex (कॉर्टेक्स्) *n.* मस्तिष्क का बाहरी भाग, वृक्ष की छाल।

Co-signatory (को-सिग्नेटरि) *n.* दस्तावेजों पर अन्य व्यक्तियों के साथ हस्ताक्षर करने वाला।

Cosmic (कॉस्मिक्) *adj.* ब्रह्माण्ड संबंधी, अंतरिक्षी, सृष्टि संबंधी।

Cosmogony (कॉइमॉगॉनि) *n.* विश्व सृष्टि का सिद्धान्त, ब्रह्माण्ड की उत्पत्ति का सिद्धान्त, तारों और आकाश गंगा की उत्पत्ति के बारे में दन्त कथा।

Cosmography (कॉसमॉग्राफि) *n.* विश्व-रचना वर्णन, ब्रह्माण्ड रचना विज्ञान।

Cosmology (कॉइमॉलॉजि) *n.* ब्रह्माण्ड विज्ञान।

Cosmopolitan (कॉस्मापॉलिटन्) *n.* & *adj.* विश्वनागरिक, देश या जातीयता के पक्षपात से विमुख अन्तर्राष्ट्रीयता में विश्वास रखने वाला व्यक्ति, सर्वदेशीय।

Cosmos (कॉसमॉस्) *n.* सुव्यवस्थित ब्रहाण्ड।

Coterie (कोटरि) *n.* मंडली, गोष्ठी।

Cottage (कॉटिज्) *n.* एक छोटा सा रहने का मकान या झोंपड़ा, झोंपड़ी, कुटीर, देहाती घर। **Cottager,** *n.* झोपड़ी में रहनेवाला।

Cottar (कॉटर्) *n.* कुटीर कृषक, खिदमती काश्तकार, कुटीघर।

Cotyledon (कॉटिलीडन्) *n.* बीजपत्र।

Couch (काउच्) *v.t.* & *i.* लिटाना, नीचा करना, फैलाना, बराबर करना, अभिव्यक्त करना। *n.* शैय्या, बिस्तर।

Couching (काउचूइंग) *n.* झुकने का कार्य।

Council (काउन्सिल्) *n.* परामर्श तथा तर्क-वितर्क करने के लिए परिषद् समिति तथा मंत्रणा सभा, नागरिक कार्य संचालन सभा, परिषद् अनुशासन संस्थापन सभा।

Councillor (काउन्सिलर्) *n.* सभासद, पार्षद। **Councillorship,** *n.* सभासद का पद।

Counsel (काउन्सेल्) *n.* परामर्श, उपदेश, गुप्त चीज, योजना, अभिप्राय, बैरिस्टर या वकील, अभिवक्ता, सलाह। *v.t.* परामर्श लेना अथवा देना।

Counsellor (काउन्सेलर्) *n.* एक परामर्शदाता।

Counter (काउन्टर) *n.* गिनने का सिक्का, लेन-देन करने का टेबल, घोड़े की छाती का भाग, जहाज़ का पिछला घूमा हुआ भाग, जूते का पिछला भाग। *adj.* उल्टा, विरुद्ध। *v.t.* विरोध करना, विरुद्ध बोलना।

Counter-attack (काउन्टर-अटैक) *n.* हमले के बदले में हमला, जवाबी हमला, प्रत्याक्रमण। *v.t.* & *i.* प्रत्याक्रमण करना।

Counter-attraction (काउंटर एटैक्शन) *n.* प्रत्याकर्षण, प्रतियोगी आकर्षण।

Counterbalance (काउन्टर-बेलेन्स्) *v.t.* तुल्य भार करना, घड़ा बाँधना।। *n.* प्रति संतुलन।

Counterfoil (काउन्टरफॉइल्) *n.* प्रतिरूप, नकल, रसीद आदि का आधा फ़ाड़ा हुआ भाग, अधपन्ना।

Countermand (काउन्टरमान्ड्) *n.* प्रथम आज्ञा के विरुद्ध आदेश। *v.t.* प्रतिकूल आदेश देना, पहिली आज्ञा को काट देना।

Counterpart (काउन्टर-पार्ट्) *n.* प्रतिरूप, सहायक अंग, प्रतिस्थानी, पूरक,।

Countersign (काउन्टर्-साइन्) *v.t.* हस्ताक्षर किए हुए पत्र पर अपना प्रतिहस्ताक्षर करना। *n.* सांकेतिक शब्द।

Countervail (काउन्टर्-वेल्) *v.t.* & *i.* सम करना, के बराबर होना, बराबर जवाब देना।

Country (कन्ट्रि) *n.* देश, प्रदेश, देहात, गांव, राष्ट्र।

County (काउन्टि) *n.* विलायत के देश का भाग या सूबा।

Coup (कूप) *n.* आघात, चोट, सफल व्यापार।

Coup de grace (कूप-डे-ग्रेस) *n.* अन्तिम आघात।

Coupe (कूपे) *n.* एक चार पहिये वाली छोटी गाड़ी जिसमें केवल दो आदमी और चालक के लिए स्थान होता है, रेलगाड़ी का एक डिब्बा जिसमें एक ओर ही बैठने का स्थान होता है।

Couple (कपल्) *n.* जोड़ा, युगल। *v.t.* & *i.* एक-दूसरे से जुड़ना, जोड़ना, विवाह करना, सम्बद्ध करना।

Coupling (कपलिंग) *n.* जोड़ो में संयोग, मैथुन-क्रिया, किसी यंत्र के भागों को जोड़ने का साधन।

Couplet (कपलिट्) *n.* पद्य की दो पंक्तियाँ, श्लोक, दोहा।

Coupon (कूपन्) *n.* रसीद, चिट्ठी, सामायिक भुगतान का पुर्जा।

Course (कोर्स्) *v.t.* & *i.* शिकार करना, पीछा करना, पीछे दौड़ना। *n.* अग्रगति, शिकार का अनुसरण, यात्रा, आचरण, प्रगति।

Court (कोर्ट्) *n.* कोर्ट, राजगृह, राजा के परिचारक, राजसभा, विचारपतियों का मण्डल, न्यायालय, अदालत, कचहरी। *v.t.* विचार करना, विवाह के लिए प्रस्ताव रखना, खोजना, आराधना करना, ललचाना।

Courtesan (कोर्टिज़ॅन्) *n.* वीरांगना, वेश्या, रण्डी।

Courtesy (कर्टिसि) *n.* विनय, नम्रता, शिष्टाचार, सौजन्य, अभिवादन।

Courtier (कार्टिअर्) *n.* चापलूस, शासक, अदालती मनुष्य, खुशामदी, चारण, दरबारी।

Court martial (कोर्ट-मार्शल्) *n.* फौजी अफसरों की अदालत। *v.t.* फौजी अदालत द्वारा मुकदमा सुनना।

Covenant (कावनन्ट्) *n.* पारस्परिक स्वीकृति, अभिमोचन, सौदा, सट्टा, टीका। *v.t.* & *i.* सहमत होना, राजी होना।

Covert (कवर्ट्) *adj.* ढँका हुआ, गूढ़, गुप्त (प्रच्छन्न)।

Coward (कॉवर्ड्) *n.* डरपोक या कायर व्यक्ति, ऐसा व्यक्ति जिसमें मुसीबत का सामना करने का साहस न हो। *adj.* बुजदिल, भीरु, शौयहीन।
Cowardly, *adv.* & *adj.* कातर, भीरुता से।

Coxswain (कॉक्स्-वेन्) *n.* नौकाभियान का कर्णधार, नाव चालक, खेवनहार।

Cracksman (क्रॅक्स्मन्) *n.* चोर, ठग, सेंध लगाने वाला।

Cradle (क्रेडल्) *n.* हिंडोला, झूला, पालना। *v.t.* झूले में झुलाना।

Crane (क्रेन्) *n.* सारस, भारी बोझ उठाने का यंत्र। *v.t.* & *i.* लम्बी गर्दन करना, क्रेन से बोझ उठाना।

Cranium (केनिअम्) *n.* कपाल, खोपड़ी।

Crater (क्रेटर्) *n.* ज्वालामुखी पर्वत का मुख।

Crawler (क्रॉलर्) *n.* घिसने वाला, धीरे-धीरे चलने वाली गाड़ी, जुवाँ।

Cream (क्रीम्) *n.* साढ़ी, मलाई, सार (तत्व)। *v.t.* दूध में से साढ़ी निकालना।

Creation (क्रिएशन्) *n.* सृष्टि निर्माण, उत्पत्ति, निर्माण की हुई वस्तु।

Creature (क्रीचर्) *n.* (आम भाषा में) मद्यसार सुरा, जिस वस्तु का निर्माण हुआ हो (प्राणधारी) जैसे मनुष्य, पशु और दूसरे जीवधारी, जंगम संसार, साधनमात्र, कठपुतली।

Creche (क्रेश्) *n.* दिन में बच्चों को संभालने का स्थान जब इनके माँ-बाप काम में लगे हो।

Credence (क्रीडन्स्) *n.* साख, विश्वास, प्रमाण, गिरजाघर की एक छोटी मेज जिस पर रोटी और शराब रखी जाती है।

Credentials (क्रिडेन्शल्स्) *n. pl.* विश्वास पत्र, प्रमाणपत्र, परिचय पत्र।

Credible (क्रेडिबल्) *adj.* विश्वसनीय, प्रामाणिक।

Credit (क्रेडिट्) *n.* अच्छी साख, विश्वास, इज्जत, श्रद्धा, मान, अच्छा चरित्र, उधार भूसंपत्ति की ज़मानत पर पैसा उधार देना, प्रतीति, प्रसिद्धि।

Creditor (क्रेडिटर्) *n.* ऋणदाता, महाजन।

Credo (क्रीडो) *n.* धर्मसार, धर्म मत, पंथ, धार्मिक सिद्धान्त।

Cremation (क्रिमेशन) *n.* शवदाह, दाह संस्कार।

Crescendo (क्रेशेन्डो) *n.* लगातार बढ़ती तेज ध्वनि, स्वरोत्कर्ष, आरोह।

Crescent (क्रेसेन्ट्) *n.* अर्धचन्द्र, तुकराज्य। *adj.* अर्धचन्द्राकार, बढ़ने वाला।

Crime (क्राइम्) *n.* अपराध पाप (पातक)।

Criminal (क्रिमिनल्) *adj.* आपराधिक, फौजदारी। *n.* अपराधी (दोषी, पापी)।

Criminology (क्रिमिनॉलॉजि) *n.* अपराध विज्ञान।

Crisis (क्राइसिस्) *n.* संकट बेला, संकट स्थिति, संकट का समय, चरम बिन्दु, संक्रांति।

Crisp (क्रिस्प्) *adj.* चटखने वाला, मुड़ने वाला,

करारा, भंगुर, कुड़कीला, कुरकुरा, फुसफुसा, छल्लेदार, लहरियादार, घुँघराला।

Criss-cross (क्रिस्-क्रास) *adj.* आड़ा-तिरछा।

Critic (क्रिटिक्) *n.* टीकाकार, समालोचक, साहित्यिक और कलाकृत्तियों पर अनन्य मत (टिका) प्रकट करने वाला, गुणदोष-निरूपक, आलोचक, समीक्षक, मीमांसक।

Criticaster (क्रिटिकॅस्टर्) *n.* कमजोर आलोचक।

Criticism (क्रिटिसिज़्म्) *n.* गुण-दोष विवेचन, समालोचना, आलोचना, समीक्षा।

Crockery (क्रॉकरि) *n.* मिट्टी के बर्तन, चीनी मिट्टी के बर्तन।

Crocket (क्राकेट) *n.* (शिल्पशास्त्र के अनुसार) पत्थर पर संगतराश का काम, एक छोटा आभूषण, (एक कड़ा या मुड़ी हुई पत्ते की आकार का) कंगूरे की तरह झुका हुआ।

Crocodile (क्रॉकोडाइल्) *n.* घड़ियाल, मगरमच्छ।

Croesus (क्रोसस्) *n.* जोगिया रंग, धनी, अमीर आदमी।

Croft (क्राफ्ट्) *n.* कृषि के योग्य छोटा सा खेत, घर से सटा हुआ छोटा बगीचा।

Crop (क्रॉप्) *n.* पक्षियों की एक विशिष्ट प्रकार की थैली जिसमें पचाया जाने वाला अन्न जमा होता है, चाबुक, हैन्डल, छोटे बालों के रखने का ढंग, किसी वस्तु का सिरा, अग्रभाग, पक्षियों का घेंघा, चाबुक की मुठिया, कृषि की उपज, फसल, पैदावार, उपज, सस्य, महीन छँटे हुए बाल। *v.t. & i.* फसल काटना, इकट्ठा करना, लवना, छोटा करना, छँटे हुए बाल रखना, एकाएक प्रकट होना।

Cross-examine (क्रास-एग्जामिन) *v.t.* जिरह करना, प्रतिपरीक्षा करना।

Cross-question (क्रास्-क्वेश्चन्) *n.* जिरह के सवाल। *v.t.* प्रति-प्रश्न करना।

Cross-word (क्रास्-वर्ड्) *n.* शब्द-वर्ग पहेली जिसमें खाली कोष्ठकों को अलग व्याख्या किये हुए वाक्यों (या अते-पते) की सहायता से पूर्ण किया जाता है।

Crowbar (क्रोबार्) *n.* लोहे का डंडा, सब्बल, कुदाल, खनती, रंभा।

Crowd (क्राउड्) *n.* संगीत में एक प्रकार का बजाने का बाजा (वाद्य यंत्र), ठट्ट, जमघट, भीड़ समूह, गण, संघ, भीड़भाड़। *v.i. & t.* संकुलित होना, भीड़ लगाना, जमा होना, दबाना।

Crown (क्राउन्) *n.* किरीट, मुकुट, ताज, एक प्रकार का शिरोभूषण, सम्राट, राज्यपद, मुकुट के समान आभूषण, शिखर, मस्तक, दाँत का ऊपरी भाग। *v.t.* मुकुट पहिनाना, राज्याभिषेक करना, पारितोषिक देना।

Cruciferous (क्रूसिफरस्) *adj.* क्रॉस से आभूषित।

Crucifix (क्रूसिफिक्स्) *n.* क्रॉस पर ईसामसीह की मूर्ति, ईसा सूली।

Crucifixion (क्रूसिफिक्शन्) *n.* सूली पर चढ़ाना, क्रूसारोपण।

Cruel (क्रूऍल्) *adj.* निष्ठुर, क्रूर (निर्दय), तीव्र, तीक्ष्ण, उग्र, कठोर, दयाहीन, निर्दय, नृशंस, बेरहम, संगदिल (कठोर), बर्बर।

Cruise (क्रूज़्) *n.* समुद्री यात्रा। *v.i.* पोत-विहार करना, समुद्र में इधर-उधर यात्रा करना, शत्रु की खोज में और देख भाल के लिए निकलना, समुद्री गश्त लागना, सम्भोग हेतु साथी की तलाश में इधर-उधर घूमना। **Cruiser**, *n.* शत्रु की खोज में या जहाजों की रक्षा के लिए घूमने वाला जंगी जहाज।

Crust (क्रस्ट्) *n.* रोटी का बाहरी कड़ा भाग, पापड़ी, पर्पटी, पटल, भूपृष्ठ, भूपटल, छिलका या परत।

Crutch (क्रच्) *n.* लँगड़े मनुष्य के सहारे की लकड़ी, बैसाखी।

Cryptic (क्रिपटिक्) *adj.* समझ में न आने वाला, गुप्त, छिपा हुआ।

Cryptogram, Cryptograph (क्रिपटोग्राम, क्रिपटोग्राफ) *ns.* सांकेतिक भाषा में लिखा हुआ लेख।

Cub (कब्) *n.* सन्दूक, पेटी, लोमड़ी का या दूसरे किसी जानवर का बच्चा, पिल्ला या मृग शावक। *v.t.* बच्चा जनना। **Cubbing**, *n.* जंगली पशुओं के बच्चों का शिकार।

Cuckoo (कुकू) *n.* कोकिला (कोयल), मूर्ख आदमी।

Cudgel (कजेल्) *n.* सोंटा, लाठी, बांस का डण्डा, लट्ठ, गदका, डण्डा। *v.t.* डण्डे से मारना, लड़ाई का मोर्चा सम्हालना, मुकाबले की तैयारी करना। **Cudgeller**, *n.* डण्डेबाज।

Cuisine (क्वीज़न्) *n.* पाकविद्या, पाकशाला, रसोइघर, पकाने की विधि, पकाने की गुणवत्ता।

Culinary (क्यूलिनरि) *adj.* पाकशास्त्र के सम्बन्ध में।

Culpable (कल्पेबल्) *adj.* दोषपूर्ण, दण्डयोग्य। **Cupably**, *adv.* अपराध से।

Culprit (कल्प्रिट्) *n.* दोषी, अपराधी, कैदी।
Cult (कल्ट्) *n.* धार्मिक विश्वास या उपासना की विधि, भक्ति, पन्थ, प्रचलित फैशन।
Culture (कल्चर्) *n.* संस्कृति, खेती, जोताई, उत्पत्ति, सभ्यता, उत्कर्ष, मांसिक उन्नति।
Culvert (कल्वर्ट) *n.* सड़क के नीचे से या ऊपर से पानी के जाने की मेहराबदार नाली या पुलिया।
Cumulus *n.* (क्युमुलस्) ढेर, गट्ठा, कपासी (मेघ)।
Cupid (क्यूपिड्) *n.* मदन, कामदेव, मन्मथ।
Cupidity (क्यूपिडिटि) *n.* लाभ की लालसा, अति लोभ, कामुकता, तृष्णा।
Curacy (क्यूरेसि) *n.* पादरी का कार्यालय (पद)।
Curate (क्यूरेट्) *n.* पादरी का सहायक, पुरोहित का प्रतिनिधि।
Curator (क्यूरेटर्) *n.* अजायबघर का अध्यक्ष, संग्रहपाल, संग्रह अध्यक्ष, विश्वविद्यालय का प्रबन्धकर्त्ता।
Curd (कर्ड्) *n.* दही, खोया, सालमन मछली की चर्बी, साबुन बनाने का मसाला।
Cure (क्योर्) *n.* चिकित्सा, औषध। *v.t.* स्वस्थ करना, आरोग्य करना, सुरक्षित करना।
Curfew (कर्फ़्यू) *n.* संध्या के निश्चित समय की घंटी जिसके बाद पुरवासियों को घर के बाहर रहने का आदेश नहीं होता है।
Curmudgeon (कर्मजन्) *n.* कृपण, कंजूस आदमी, लालची आदमी।
Currant (करॅन्ट्) *n.* बेदाना अंगूर, सूखा अंगूर, दारव, मुनक्का, किशमिश।
Currency (करन्सि) *n.* प्रचार, प्रचलित सिक्का, बाजार भाव।
Curriculum (करिक्युलम्) *n.* पाठ्य-पुस्तकों की सूची।
Currier (करिअर्) *n.* कर्मकार, चमड़े का काम करने वाला मोची।
Curse (कर्स्) *n.* शाप, दैवी प्रकोप। *v.t.* & *i.* शाप देना, निन्दा करना, जाति से बाहर निकालना।
Cusp (कस्प्) *n.* चोटी, शिखर, नोक, सिरा, शिखा, अर्धचंद्राग्र, खुराग्र, उभयाग्र, दंताग्र।
Custodial (कस्टोडिअल्) *adj.* संरक्षकता-संबंधी।
Custodian (कस्टोडिअन्) *n.* रखवाला, जनता के भवन का रक्षक।
Custody (कस्टडि) *n.* देखरेख, संरक्षण, निगरानी, अभिरक्षा, हिरासत, कारावास।
Custom (कस्टम्) *n.* आचार (रीति, सम्प्रदाय, चाल), व्यवहार। *n.* (*pl.*) चुंगी।
Custom-house (कस्टम-हाउस्) *n.* चुंगीधर, सीमा शुल्क कार्यालय।
Customer (कस्टमर्) *n.* खरीदार, ग्राहक, शैक्सीपीअर-वेश्या, खरीदने वाला।
Cutchery (कचऍर्ई) *n.* कचहरी।
Cute (क्यूट्) *adj.* चालाक, चतुर, विलक्षण, सुन्दर, मनोहारी।
Cutler (कट्लर्) *n.* चाकू, कैंची इत्यादि बनाने तथा बेचने वाला, छुरीसाज।
Cutlery (कटलरि) *n.* भोजन या रसोई के औजार चाकू बनाने का काम, कैंची, छुरी या अन्य धारदार यन्त्र।
Cutlet (कट्लिट्) *n.* पकाया हुआ मांस, (पशु की गरदन का)।
Cut-water (कट्वॉटर) *n.* जहाज़ के अगले भाग का अंश।
Cuvette (कूवूऍट्) *n.* सूखी खाई के बीच में खोदा हुआ गड्ढा।
CV (सीवी) *abbr.* नौकरी के लिए आवेदन करते समय भेजा जाने वाला प्रालेख जिसमें शैक्षिक व व्यावसायिक विवरण मौजूद होते हैं।
Cyber (साइबर) *n.* इंटरनैट से जुड़ा।
Cyborg (साइबॉर्ग) *n.* आधा मनुष्य, आधी मशीन वाला कृत्रिम जीव।
Cyclometer (सायक्लामिटर्) *n.* गोलाई की चॉप को मापने का यन्त्र।
Cyclolpaedic (सायक्लोपीयेडिक्) *adj.* वृहत् विश्वकोष-संबंधी
Cyclop(s) (साइक्लॉप्-स्) एक आँख वाला दैत्य।
Cyclorama (साइक्लोरमा) *n.* वृत्ताकार, परिदृश्य।
Cygnet (सिगूनेट्) *n.* राजहंस का बच्चा।
Cymbal (सिम्बल्) *n.* झाँझ, मँजीरा।
Cyme (साइम्) *n.* मँजरी, छोटा अंकुर, नव प्ररोह, ससीमाक्ष।
Cynical (सिनिकल्) *adj.* चिड़चिड़ा, दुरात्मा, निन्दा करने वाला।
Cynosure (सिनॉशुअर्) *n.* ध्रुव-तारा, लघु सप्तर्षि, आकर्षण बिन्दु।
Cypher (साइफ़र्) *n.* शून्य।
Cyprus (साईप्रस्) *n.* एक प्रकार का क्रेप के समान पतला महीन कपड़ा।
Cyst (सिस्ट्) *n.* ब्लैडर, मूत्र-त्याग पुटी, रसौली, पूयकोष, कृमिकोष।

Czar, Tsar, Tzar (ज़ार्) *n.* रूस देश के राजाधिराज की पदवी, राजा।

Czarevna (जारेव़ना) *n.* रूस के राजा की पुत्री।

Czarina (Tsarina) (ज़ारीना) *n.* रूस की रानी की पदवी।

Czech (चेक) *n.* चेक देश की भाषा।

D D (डी) अंग्रेजी वर्णमाला का चौथा अक्षर, (सं.) द्वितीय स्वर, रे (ऋषभ)।

Dab (डॅब्) *v.t.* & *i.* किसी नर्म या गीली चीज से धीरे से आघात करना, चुपड़ देना, पोचा मारना, थपथपाना, खटखटाना, दबाना, चोंच मारना, पोतना। *n.* चौड़ी समुद्री मछली, एक हल्का धक्का।

Dabber (डॉबर्) *n.* छापने और नक्काशी करने (तक्षक) वालों का मीर (रोशनाई का गोला) थपकने वाला, पुचारा, पुचारा मारने वाला।

Dacha (डैचा) *n.* रूसी झोंपड़ी।

Dacoit (डकॉइट्) *n.* डाकू, डकैत। **Decoity,** *n.* दलबन्द डाकुओं द्वारा डकैती।

Dad, Dada, Daddy *ns.* (डॅड्, डॉडा, डॅडि) पिता, अब्बा, बाबा।

Daddy-long-legs (डॅडि-लॉंग्-लेग्ज्) *n.* लम्बी टाँगों वाली मक्खी या मकड़ी।

Daemon (डीमॉन) *n.* उपदेवता, यक्ष, दैत्य।

Dahlia (डेलिआ) *n.* मेक्सिकों का रंगीन फूलों का बड़ा पौधा।

Daily (डेलि) *adv. adj. n.* दैनिक, प्रतिदिन, दैनिक समाचार पत्र।

Dainty *n.* (डेन्टि) स्वादिष्ट भोजन, भोजन विशेष। *adj.* स्वादिष्ट, ललित (मृदु), सुन्दर, सुथरा, सुरुचिपूर्ण।

Dairy (डेअरि) *n.* दुग्ध व्यवसाय सम्बन्धी, दुग्धशाला, मक्खन इत्यादि निकालने का स्थान।

Dairymaid (डेअरिमेड्) *n. fem.* अहिरिन, दूध बेचने वाली।

Dais (डेस्) *n.* मंच चबुतरा।

Daisy (डेज़ि) *n.* गुलबहार नाम का फूल वाला पौधा, साधारणतया प्रशंसासूचक शब्द जिसका प्रयोग बहुधा व्यंग्यात्मक होता है।

Dak (डाक्) *n.* डाक (विभाग)।

Dally (डॅलि) *v.t.* (के साथ) खिलवाड़ करना, खेलना, प्रेमक्रीड़ा करना, मन बहलाव करना, आलस्य और प्रमोद में समय गँवाना।

Damask (डॅमास्क्) *n.* बूटेदार कपड़ा, बुनावट वाला रेशमी या सूती कपड़ा, जामदानी, द्रमिश्क का या उसके जैसा इस्पात, लाल गुलाब का रंग। *v.t.* बेलबूटा बनाना।

Dame (डेम्) *n.* सभ्रांत महिला, नाइट अथवा बैरोनेट की पत्नी, मालकिन, गृहपालिका।

Damnatory (डॅम्नेटरि) *adj.* हतभाग्य, अभिशापात्मक।

Damned (डॅम्ड्) *adj.* & *adv.* नरक भोगी, अभिशप्त, घृणित।

Damsel (डॅम्सेल्) *n.* किशोरी, कन्या, कुंवारी लड़की।

Damson (डॅम्सन्) *n.* झरबेर, आलूचा।

Dance (डान्स्) *v.i.* & *t.* नाच करवाना, फुदकवाना, नाचना, नृत्य, करना, उछलना। *n.* नृत्य, नृत्य मंडली।

Dancer (डान्सर्) *n.* नर्तक या नर्तकी, नृत्यकला-प्रवीण कलाकार।

Dancing-girl (डान्सिंग गर्ल्) *n.* नर्तकी।

Dandelion (डॅन्डिलायन्) *n.* डैन्डेलियन फूल।

Dander (डॅन्डर्) *n.* तेहा, क्रोध, आवेश।

Danger (डेन्जर्) *n.* खतरा, जोखिम, संकट, भय, आशंका, असुरक्षा।

Dangerous (डेन्जरस्) *adj.* खतरनाक, भयानक, संकटपूर्ण, अनिष्टकारी।

Danish (डेनिश्) *adj.* & *n.* डेनमार्क-निवासियों (अथवा डेन् लोगों), का, इनकी भाषा।

Dank (डंक्) *n.* आर्द्र, नम, गीला।

Dap (डैप्) *v.i.* जल से थोड़ा-सा डुबाना, कूदना।

Daphne (डॅफ्नि) *n.* फूलों वाली झाड़ी।

Dapple (डॅपल्) *v.t.* चितकबरा होना, रंग-बिरंगा करना।

Dare (डेअर्) *n.* साहस रखना, साहस करना, हिम्मत करना, चुनौती देना, उलझन करना, सामना करना।

Daredevil (डेअर्-डेविल्) *adj.* दुस्साहसी, बेधड़क। *n.* असावधान मनुष्य।

Daring (डेअरिंग्) *adj.* निडर, अति साहसी। *n.* वीरता, साहस।

Darling (डार्लिंग) *n.* प्रियतम, स्नेहपात्र, प्यार करने योग्य।

Darn (डार्न्) *v.t.* रफू करना, रफू की सिलाई से काढ़ना या सीना। **Darning,** *n.* रफ़।

Darnel (डार्नेल्) *n.* राई घास की एक जाति।

Dart (डार्ट्) *n.* छोटा भाला, नोकदार अस्त्र, पतंगे का डंक, अकस्मात आगे की ओर गति, आगे की ओर एकाएक तेज धावा, साँग। *v.t.* & *i.* नोकदार अस्त्र को तेजी से एकाएक आगे फेंकना। **Darter,** *n.* झपटनेवाला।

Darwinism (डार्विनइज़्म्) *n.* (तत्वज्ञानी) डार्विन का जाति-विकास का सिद्धांत, विकास।

Dash (डॅश्) *v.t.* & *i.* जोर से या एकाएक आघात करना, झटकना या मारना, फेंकना, धकेलना या पटकना, टुकड़े-टुकड़े करना, टकराना, टककर खाना, झपटना, विफल करना, वेग से झपटना, तेजी से गाड़ी चलाना। *n.* टक्कर, आघात, झपट, रंगों की झलक, डैश।

Dasher (डॉशर्) *n.* मथानी।

Dashing (डॅशिंग) *adj.* जिसमें त्वरित कार्य करने की क्षमता हो, प्रबल उत्साह पूर्ण, दिखाऊ, स्फूर्तिमय, तेज, आडंबरपूर्ण, दिखावा करने वाला।

Dastard (डॅस्टर्ड्) *n.* नामर्द, कायर, डरपोक, नृशंस। **Dastardliness,** *n.* भीरुता। **Dastardly,** *adv.* भीरुता से।

Data (डाटा) *n.* आँकड़े, आधार सामग्री, दी हुई बात।

Date (डेट्) *n.* लेखन का समय तथा दिन, पत्र के भेजने, लिखने या संपादित करने का दिन या समय, तिथि, खजूर। *v.t.* दिनांक या तिथि निश्चित करना, काल निर्धारित करना। **Dateless,** *adj.* बिना तिथि का, अंतहीन, अनंत।

Daughter (डॉटर्) *n.* पुत्री, दुहिता, बेटी, बिटिया, परिवार की स्त्री सदस्य।

Daughter-in-law (डॉटर्-इन-लॉ) *n.* पुत्रवधू, बहू, पतोहू।

Dawn (डॉन्) *v.t.* प्रकाशवान होने लगना, ज्ञान का परिचय देना, आरम्भ करना, अस्पष्टता के साथ प्रकाशवान होना, दिन निकलना, भोर होना, उजाला होने लगना, दिखलाई देना।

Dead (डेड्) *n.* अति शांति का काल, मृतक लोग। *adv.* पूणरूप से। *adj.* निर्जीव (मृत), निश्चल, निरर्थक, निःसार, सादा, स्वादरहित, गाढ़ा (गहरा), सत्त्वहीन।

Deaf (डेफ्) *adj.* बहरा, बधिर, सुनने को अनुत्सुक, ऐसा जो सुनना नहीं चाहता, अनसुनी करने वाला, अस्वीकार करने को उतारू।

Deambulation (डीम्बुलेशन) *n.* टहलना।

Dean (डीन्) *n.* गिरजाघर या कालेज का अध्यक्ष।

Death duties (डेथ् ड्यूटीज़्) *n.* दाय भाग की सम्पत्ति मिलने पर दिया गया कर, मृत्युकर।

Debar (डिबार्) *v.t.* निषेध करना, रोकना, प्रवेश न होने देना।

Debatable (डिबेटेबल्) *adj.* संदेहयुक्त, विवाद योग्य।

Debate (डिबेट्) *n.* वाद-विवाद, चिन्तन, विचार-विमर्श, विवाद, तर्कवाद, विरोधी मनसमर्थकों के बीच का तर्कवाद, मतवाद, बहस, शास्त्रार्थ, झगड़ा, झड़प, लड़ाई। *v.t.* & *i.* झगड़ना, विवाद करना (तर्क करना), विचार करना।

Debauchee (डे-बॉशी) *n.* विलासी, अतिकामुक।

Debauchery (डिबॉचरि) *n.* विषयोपभोग (भ्रष्ट आचरण), व्यसन।

Debonair (डेंबोनेर) *adj.* मिलनसार, भद्र, शिष्ट, सुरुचि संपन्न, हंसमुख, प्रसन्नचित।

Debris (डेब्रिस्) *n.* टुकड़े, कूड़ाकर्कट, अवशेष, चट्टानों के टुकड़ों का ढेर, मलबा, कचरा, ध्वंसावशेष, खंडहर, ढूह।

Debt (डेब्ट्) *n.* ऋण, वह जिसे देने या करने के लिये कोई व्यक्ति बाध्य किया जा सके, अहसान, उपकार।

Decadent (डेकडन्ट्) *adj.* पतनोन्मुख, ह्रासोन्मुख, गिरा हुआ, प्रतीकवादी।

Decamp (डेकॅम्प्) *v.t.* चुपचाप चल देना, डेरा कूच करना, पड़ाव उठाना (विशेषकर गुप्त रूप से)।

Decapitate (डिकॅपिटेट्) *v.t.* सिर काटना, शिरच्छेद करना।

Deceit (डिसीट्) *n.* कपट, धोखा, प्रताड़ना, फरेब, छल, प्रवंचना, मक्कारी, ढोंग, चाल, घात।

Deceitful (डिसीट्फुल्) *adj.* छली, कपटी, धोखेबाज़, भ्रमोत्पादक, खोखली, मक्कार।

Decency (डीसन्सि) *n.* मर्यादा, विनय, सुशीलता।

Decennary (डिसेनरि) *n.* दस वर्ष का काल।

Decentralize (डीसेन्ट्रलाईज़्) *v.t.* केन्द्र से दूर करना, विकेन्द्रित करना, विकेन्द्रीकरण करना (केन्द्रीय सरकार से सत्ता लेकर प्रांतो या प्रदेशों को दे देना)।

Deciduous (डिसिड्युअस्) *adj.* पतनशील, झड़ने वाला।

Decigram (डेसिग्रॉम्) *n.* ग्राम का दसवाँ।

Decimal (डेसिमल्) *adj.* दशमलव प्रणाली से गणित की हुई, दशमिक।

Decimal fraction (डेसिमल्-फ्रॅक्शन्) *n.* दशमलव भिन्न।

Decimate (डेसिमेट्) *v.t.* दशम भाग नष्ट करना।

Declamation (डेक्लेमेशन्) *n.* लम्बा-चौड़ा भाषण, जोशीला भाषण, वक्तृता।

Declaration (डेक्लेरेशन्) *n.* घोषणा, प्रक्कथन, घोषणा पत्र, ब्यौरा, विवरण।

Declutch (डीक्लच) *v.i.* मुट्ठी खोलना, क्लच युक्त करना।

Decoction (डिकॉक्शन्) *n.* काढ़ा, क्वाथ।

Decode (डिकोड्) *v.t.* कूटवाचन करना, विसंकेतन करना, अवकूटन करना।

Decompose (डीकम्पोज़्) *v.t.* मौलिक पदार्थों में पृथक् करना।

Decorous (डिकोरस्) *adj.* शोभावान, शोभनीय, उपयुक्त, उचित, भद्र, शालीन।

Decorticate (डिकारटिकेट्) *v.t.* छाल उतारना।

Decree (डिक्री) *n.* राजाज्ञा, डिग्री, आज्ञप्ति, निर्णय। *v.t.* आज्ञप्ति देना, डिग्री देना।

Decrement (डेक्रिमेन्ट्) *n.* कमी नाश।

Decry (डिक्रॉय्) *v.t.* कोसना, निंदा करना, बुराई करना, दोष लगाना, बदनाम करना।

Deduce (डिड्यूस्) *v.t.* वंश का अन्वेषण करना, तर्क द्वारा निर्णय करना। **Deducible,** *adj.* तर्क द्वारा अनुमान करने योग्य।

Deed (डीड्) *n.* कृति, कार्य, चेष्टा, लेख-प्रमाण, (दस्तावेज)।

Deem (डीम्) *v.t.* समझना, मानना, विश्वास करना।

Deer (डिअर्) *n.* हिरण, हरिण, मृग, कुरंग।

Deface (डिफ़ेस्) *v.t.* विकृत करना, मिटा देना, विरूपित करना, बिगाड़ना, मिटाना। **Defacement,** *n.* विकरण, दूषण। **Defaceable,** *adj.* कुरूप बनाने या बिगड़ने योग्य।

Defacto (डिफॅक्टो) *adj.* & *adv.* वस्तुतः, तथ्यतः, यर्थार्थतः।

Defamation (डेफमेशन्) *n.* अपयश (निन्दा), मानहानि।

Default (डिफॉल्ट्) *n.* दोष, अपराध, त्रुटि, भूल-चूक, अनुपस्थिति। *v.t.* अदालत में अनुपस्थित होना, अपना कर्तव्य करने से चूकना।

Defeat (डिफीट्) *v.t.* रद्द करना, व्यर्थ करना, नष्ट करना, हराना, पराजित करना, विफल करना, मिटाना।

Defence (डिफेन्स्) *n.* रक्षा, बचाव, शरण, सुरक्षा, प्रतिरक्षा, पक्ष-पोषण, पुष्टि, दोष-मुक्ति।

Defend (डिफेन्ड्) *v.t.* & *i.* रक्षा करना, बचाना, मुकदमें की जवाबदेही करना।

Defiance (डिफ़ायन्स्) *n.* आज्ञा न मानना, लड़ने के लिए ललकारना, आज्ञा का उल्लंघन करना, अवज्ञा।

Defiant (डिफायन्ट्) *adj.* अवज्ञाकारी, उदंड, निडर, साहसी।

Deflation (डिफ्लेशन्) *n.* (करेन्सी) नोट का मूल्य कम करना।

Defraud (डिफ्रॉड्) *v.t.* कपट कर के हराना, छलना, ठगना, हथियाना, धोखा देना।

Defray (डिफ्रे) *v.t.* देना, अदा करना। **Defraybale,** *adj.* अदा करने योग्य। **Defrayal,** *n.* देना, अदायगी।

Deft (डेफ्ट्) *adj.* निपुण, दक्ष, कुशल, चालाक, चतुर।

Defunct (डिफंक्ट्) *adj.* प्राणरहित, मृतक, समाप्त, मृत, पुराना, अप्रचलित, निष्क्रिय।

Defy (डिफाय्) *v.t.* ललकारना, अनादर करना, तुच्छ जानना, विघ्न या उपद्रव उत्पन्न करना।

Degeneration (डिजनरेशन्) *n.* कुल की मर्यादा का त्याग।

Deglutition (डीग्लूटिशन्) *n.* निगरण, निगलना।

Degradation (डेग्रेड्शन्) *n.* निम्नीकरण, पदावनति, तलावचन, मानभंग, अपमान।

Degrade (डिग्रेड्) *v.t.* पद से नीचा करना, पदावन्त करना, प्रतिष्ठा कम करना, स्थिति नीची करना।

Degree (डिग्री) *n.* पंक्ति दशा, स्थिति, उपाधि, परिभाग, भाग, अंश, अक्षांश, तापमान का अंश।

Deism (डीज़्म्) *n.* ईश्वरवाद, आस्तिकता। **Deist,** *n.* एकेश्वरवादी। **Deistic,** *adj.* एकेश्वरवाद के संबंध में।

Deity (डाइटि) *n.* देवत्व, देवता, देवी, ईश्वर।

Dejection (डिजेक्शन्) *n.* खेद, खिन्नता, उदासी।

Dejure (डीजुर) *adj.* & *adv.* कानूनी, विधि-सम्मत।

Delegate (डेलिगेट्) *v.t.* प्रतिनिधि के रूप में भेजना, दे देना, (काम) सौंपना, प्रत्यायुक्त करना। *n.* प्रतिनिधि, स्थानापन्न।

Delete (डिलीट्) *v.t.* हटाना, मिटाना।

Delicious (डिलिशस्) *adj.* सुस्वादु, स्वादिष्ट, रुचिकर, रुचिर, आनन्दायक।

Delict (डिलिक्ट्) *n.* नियमभंग, दुर्व्यवहार।

Delight (डिलाइट्) *v.t.* & *i.* प्रसन्न करना, आनंद देना, प्रसन्न होना। *n.* आनन्द, सुख।

Delimitation (डिलिमिटेशन्) *n.* हदबंदी, परिसीमन।

Delineate (डिलिनिएट्) *v.t.* रूपरेखा बनाना, रेखांकन करना, अंकित करना, वर्णन करना।

Delineation, Delineator, *ns.* आलेखन, रेखांकित करने वाला।

Delinquency (डिलिक्वन्सि) *n.* दोष, अपराध (पाप)।

Delirium (डिलिरिअम्) *n.* चित्तभ्रम, चैतन्यरहित, बेसुध।

Deliver (डिलिवर्) *v.t.* बचाना, मुक्त करना, उद्धार करना, त्यागना, उबारना, परित्राण करना, सौपना, (डाक) बाँटना, वितरण करना, बच्चा जनना।

Delusion (डिलूज़न्) *n.* मोह, भ्रम, इन्द्रजाल, माया।

Demarcate (डिमाक्रेट्) *v.t.* सीमा स्थिर करना।

Demarcation (डीमार्केशन्) *n.* सीमा, विभाजन, मर्यादा, सीमांकान, हदबंदी, सीमानिर्देश, निश्चित सीमा।

Demean *v.t.* (डिमीन्) नीचा दिखाना, हल्का बनाना, नीचा करना, प्रतिष्ठा कम करना।

Demeanour (डिमीनर्) *n.* आचरण, व्यवहार (चेष्टा)।

Dementia (डीमोन्शीया) *n.* एक प्रकार का उन्माद, पागलपन।

Demerit (डीमेरिट्) *n.* दोष, अवगुण, दुर्गण।

Demise (डिमाइज़) *v.t.* (मृत्युलेख द्वारा), समर्पण करना, देना। *n.* समर्पण, मृत्यु।

Demolish (डिमॉलिश्) *v.t.* ढाना, ढा देना, विध्वंस करना, खंडहर बना देना।

Demolition (डेमॉलिशन्) *n.* विध्वंस, विनाश।

Demon (डीमन्) *n.* दानव, प्रेत, भूत, राक्षस।

Demonology (डीमनॉलॉजि) *n.* पैशाचिकी, प्रेतविद्या, भूतविद्या।

Demoralize (डिमॉरलाइज़) *v.t.* हौसला तोड़ना, नैतिक पतन करना, विभ्रमित करना। **Demoralization,** *n.* आचारभ्रष्टीकरण, धर्मभ्रष्टता।

Demote (डिमोट्) *n.* पद से गिरना, पदावन्त करना, पद घटाना।

Demurrage (डिमरेज्) *n.* विलम्ब शुल्क, माल की रुकावट का शुल्क।

Demurrer (डिमरर्) *n.* आपत्ति करने वाला।

Denary (डीनारि) *adj.* दशमिक, दशति, दशगुण।

Denaturalize (डिनॅचुरलाइज़) *v.t.* नागरिकता से वंचित करना, विराष्ट्रीयकरण करना।

Denomination (डिनॉमिनेशन्) *n.* नाम, नामकरण, संप्रदाय, उपाधि, संज्ञा, जाति, वर्ग, मूल्यांक, श्रेणी।

Denominator (डिनॉमिनेटर्) *n.* हर भिन्न में भाजक संख्या अर्थात् रेखा के नीचे का अंक।

Denotation (डिनोटेशन्) *n.* सूचना, निर्देश, उपलक्षण, मुख्यार्थ।

Dental (डेन्टल्) *adj.* दाँत का, दन्त्य। *n.* दन्त अक्षर।

Dentate (डेन्टेट्) *adj.* दाँतेदार।

Denudation (डीन्युडेशन्) *n.* नग्नीकरण। **Denudative,** *adj.* नंगा करने वाला।

Denude (डिन्यूड्) *v.t.* नंगा करना, कपड़ा उतार लेना, निरावरण करना, खाली कर देना।

Denunciation (डिन्शिएशन्) *n.* निन्दा, भर्त्सना।

Departure (डिपार्चर्) *n.* प्रस्थान, रवानगी, छूटना, विचलन, अक्षांतर, अंतर, मृत्यु।

Department (डिपार्टमेन्ट्) *n.* भाग, अंश, विभाग, मंडल।

Deplete (डिप्लीट्) *v.t.* खाली करना, रिक्त करना, कम करना।

Deplorable (डिप्लोअरबल्) *adj.* शोचनीय, विलापयुक्त।

Depopulation (डीपाप्युलेशन्) *n.* निजन करना, जन शून्यकरण।

Deport (डिपोर्ट्) *v.t.* देश से बाहर निकालना, निर्वासित करना, आचरण करना, व्यवहार करना (चेष्टा करना), पेश आना।

Deportation (डीपोर्टेशन्) *n.* निर्वासन, देशान्तरण।

Deportment (डिपोर्ट्मेन्ट्) *n.* आचरण, व्यवहार।

Depose (डिपोज़) *v.t.* & *i.* अपदस्थ करना, गद्दी से उतारना, साक्षी देना।

Deposit (डिपॉज़िट्) *n.* धरोहर (बन्धक), बालू, मिट्टी इत्यादि का जमाव। *v.t.* रखना, थाती (धरोहर) रखना जमा करना।

Depravation (डेप्रेवेशन्) *n.* भ्रष्टता, नीचता, बुरा आचार।

Deprave (डिप्रेव़) *v.t.* कलुषित करना, भ्रष्ट करना, हीन करना।

Depression (डिप्रेशन्) *n.* न्यूनता, शक्तिहीनता,

गड्ढा।

Deprivation (डीप्राइवेशन्) *n.* पृथक्करण, हानि, पदावनति, अभाव का कष्ट।

Derelict (डेरिलिक्ट्) *adj.* त्यागा हुआ, स्वामित्वहीन। *n.* त्यक्त वस्तु।

Dereliction (डेरिलिक्शन्) *n.* त्याग, उत्सर्ग, कर्तव्य का त्याग।

Dermatology (डेर्मिटॉलॉजि) *n.* त्वचा-शास्त्र।

Derogate (डेरोगेट्) *v.t.* तोड़ना, हटाना, अवमानना करना।

Derogatory (डेरॉगेटरि) *adj.* अपमान करने वाला, अपमानजनक।

Descant (डिस्कॅन्ट्) *v.t.* सविस्तार व्याख्या करना, टीका करना। *n.* शास्त्रार्थ, वार्तालाप, गीत।

Descend (डिसेन्ड्) *v.t.* & *i.* नीचे आना, उतरना, अवरोहण करना, टलना, सरकना, अधोगमन करना, आक्रमण करना, टूट पड़ना, निकलना।

Description (डिस्क्रिप्शन्) *n.* वर्णन, चित्रण, प्रकार, किस्म, प्रशंसा।

Descriptive (डिस्क्रिप्टिव्) *adj.* वर्णनात्मक, विवरणात्मक।

Descry (डिस्क्राय्) *v.t.* दूर से देखना, ताकना, पता लगा लेना।

Desecrate (डिसेक्रिट्) *v.t.* अशुद्ध करना, अपवित्र करना, दूषित करना।

Desert (डेज़र्ट्) *n.* दंडित करने योग्य खूबियाँ अथवा आचरण। *v.t.* & *i.* छोड़ देना, छोड़ भागना, त्याग देना, (बिना अनुमति के सेना आदि की) नौकरी छोड़ना। **Desertless,** *adj.* निर्गुण, अयुक्त। **Deserts,** *n. pl.* भले या बुरे गुण।

Desert (डेजर्ट्) *adj.* & *n.* सुनसान, निर्जन, वीरान, उजाड़, बंजर मरुभूमि।

Deserter (डेज़र्टर) *n.* भगोड़ा (विदेशी सेना की नौकरी छोड़कर भागने वाला) अभित्यागी।

Desideratum (डेसिडरेटम्) *n.* इच्छित वस्तु, अभीष्ट, अभीप्सित।

Desire (डिज़ायर्) *n.* इच्छा, आकांशा, मनोरथ, अभिलाषा। *v.t.* इच्छा करना, चाहना।

Desist (डेज़िस्ट्) *v.i.* विरत होना, बंद करना, छोड़ देना।

Desk (डेस्क्) *n.* मेज, ढलाऊ मेज़।

Desolate (डेसोलेट्) *v.t.* निर्जन करना, सुनसान करना, नष्ट करना। *adj.* जनशून्य, असहाय, निर्जन, उजाड़। *v.t.* निर्जन करना, उजाड़ करना।

Despair (डिस्पेअर्) *v.t.* हताश होना, निराश होना, आशा खो देना।

Desperado (डिस्पराडो) *n.* पातकी मनुष्य।

Desperate (डेस्परेट्) *adj.* निराश, हताश, आशाहीन, निराशा के कारण बेपरवाह, अत्यंत बुरा।

Desperation (डेस्पूरेशन्) *n.* निराशा, हताशा, खतरे के प्रति बेपरवाही, क्रोधोन्मत्तता।

Despondent (डिस्पॉन्डन्ट्) *adj.* निराश, हताश, उदास। **Despondency,** *n.* निराशा, हताशा।

Despot (डेस्पॉट्) *n.* अत्याचारी राजा, निर्दयी, प्रजापीड़क।

Despotic (डिस्पॉटिक्) *adj.* निरंकुश शासक संबंधी, निरंकुश।

Despotism (डिस्पॉटिज़्म्) *n.* तानाशाही, निरंकुशता, स्वेच्छाचारी शासन।

Destitute (डेस्टिट्यूट्) *adj.* निराश्रय, विहीन, रहित।

Destroy (डेस्ट्रॉय्) *v.t.* ध्वस्त करना, मिटा देना, नष्ट करना, धूल में मिला देना, उजाड़ना।

Detachment (डिटेचमेन्ट्) *n.* अलगाव, विलगन, टुकड़ी, अनासक्ति, विराग, उदासीन।

Detector (डिटेक्टर्) *n.* पता लगाने वाला, पकड़ने वाला, डिटेक्टर, संसूचक, अभिज्ञापक।

Detention (डिटेन्शन्) *n.* रुकावट, अवरोध देर।

Deter (डिटर्) *v.t.* डरा कर रोकना, भयोपरत करना, विरत करना, अड़चन या बाधा डालना, रोकना।

Detergent (डिटर्जन्ट) *n.* प्रक्षालक, अपमार्जक। *adj.* शोधक, साफ करने वाला।

Deteriorate (डिटीरिओरट्) *v.t.* & *i.* क्षय होना (दूषित होना), भ्रष्ट करना।

Deterrent (डिटेरन्ट्) *adj.* निवारक, बाधक, अवरोधक।

Detest (डिटेस्ट्) *v.t.* अति घृणा करना, तिरस्कार करना।

Detrain (डिट्रेन्) *n.* रेलगाड़ी से उतारना या उतरना।

Detriment (डेट्रिमेन्ट्) *n.* क्षति, हानि, नुकसान, अहित।

Deviate (डेविएट्) *v.i.* घूम जाना, हटाना।

Deviation (डेविएशन्) *n.* विचलन, अपसरण, व्यतिक्रम, विसामान्यता।

Deviator (डेविएटर्) *n.* अतिक्रम करनेवाला।

Devil (डेविल्) *n.* दानव, पिशाच, अति दुष्ट मनुष्य, असुर। *v.t.* & *i.* अधिक मिर्च लगाकर भूनना,

दाँतेदार मशीन में कपड़ा फाड़ना, सताना, परेशान करना।

Devilish (डेविलिश्) *adj.* दुष्ट, क्रूर, पैशाचिक, बहुत बुरा।

Devote (डिवोट्) *v.t.* अलग करना, पूर्ण रूप से लगाना, अर्पित करना, दे देना, लगा देना, समर्पित करना।

Devotee (डिवोटी) *n.* धार्मिक मनुष्य (योगी, तपस्वी)।

Devotion (डिवोशन्) *n.* धर्मनिष्ठा, समर्पण, उत्सर्ग, भक्ति, उपासना, अनुरक्ति, निष्ठा।

Dexterous, Dextrous (डेक्स्टरस, डेक्स्ट्रस्) *adjs.* दत्त, निपुण, दक्ष, दक्षिणहस्त, तत्पर, चुस्त, सूक्ष्म।

Dhow (धाउ) *n.* धाऊ या दोऊ (नौका), पालों वाला अरबी जहाज़।

Diagnose (डायनोज़्) *v.t.* रोग निदान करना।

Diagnosis (डायग्नॉसिस्) *n.* रोग- निर्णय, रोग निदान।

Diagonal (डायगॉनल्) *n.* चतुर्भज अथवा बहुभुज में एक कोण से दूसरे सामने के कोण तक खींची गई रेखा, कर्ण रेखा, विकर्ण।

Diagram (डायग्रॉम्) *n.* आकार, नक्शा, क्षेत्र, आकृति, मानचित्र, किसी विषय को समझाने के लिए खींचा हुआ मानचित्र, रेखाचित्र।

Diaper (डॉयपर्) *n.* महीन छोटा तौलिया, जालीदार कपड़ा, नक्काशीदार रेशमी कपड़ा, शतरंगी, गतिया।

Diarchy (डायार्कि) *n.* द्वैध शासन, दो व्यक्तियों द्वारा शासित शासन, द्वितंत्र।

Diarrhoea (डायरीआ) *n.* प्रवाहिका, अतिसार, दस्त की बीमारी।

Diary (डायरि) *n.* (दैनन्दिनी), दैनिक वृत्त की पुस्तक, रोजनामचा।

Dibble (डिबल्) *n.* खोंसनी, फाली, छिद्र वपित्र, झिद्र वपन, चोब बुवाई। *v.t.* इस प्रकार से बोने के लिए भूमि तैयार करना।

Dice (डाइस्) *n.* पाँसे का खेल। *v.i.* पासा खेलना।

Dicer (डाइसर्) *n.* पासा खेलने वाला।

Dichotomy (डाइकॉटमि) *n.* द्विभाजक, द्विभाजीकरण।

Dicky, Dickey (डिकी) *ns.* गधा, गाड़ी के पीछे नौकर की सीट, चिड़िया के लिए बच्चे के शब्द।

Dictaphone (डिक्टफ़ोन्) *n.* श्रुतवाचक।

Dictate (डिक्टेट्) *v.i.* लिखाना, आज्ञापूर्वक कहना, आज्ञा देना। *n.* प्रेरणा, अंतर्आत्मा की आवाज़।

Dictation (डिक्टेशन्) *n.* इमला, बोलकर लिखवाया हुआ विषय, बोलकर लिखवाने का कार्य, श्रुतलेख, आदेश, हुक्म।

Dictator (डिक्टेटर्) *n.* अनन्य शासक, लिखाने वाला।

Dictatorial (डिक्टेटॉरिअल्) *adj.* तानाशाही, अधिनायक जैसा, संपूर्ण एकाधिपतीय, उद्धत अनियन्त्रित।

Diction (डिक्शन्) *n.* शब्द चयन, कथन, कथन शैली, रीति, शैली।

Dictionary (डिक्शनरि) *n.* शब्दकोश, शब्द संग्रह, कोश।

Dictum *n.* (डिक्टम्) आदेश, कहावत।

Didactic (डिडेक्टिक्) *adj.* शिक्षात्मक, नीतिपरक, उपदेशात्मक, प्रबोधात्मक।

Didactyl (डिडैक्टिल) *adj.* हाथ या पैर की दो उंगुलियों वाला।

Didapper (डाइडॅपर्) *n.* ललपक्षी।

Didder (डिडर्) *v.t.* ठंड से काँपना।

Diddle (डिडल्) *v.t.* फुसलाना, धोखा देना, ठगना।

Dido *n.* (डाइडो) उछल-कूद, हाथापाई, शरारत।

Die (डाइ) *v.t.* पासा, मकान का बन्द।

Diehard (डाइहार्ड्) *n.* अंत समय तक मुकाबला करने वाला।

Diet (डाइट्) *n.* वैद्य या डाक्टर द्वारा रोगी को दिया जाने वाला भोजन, राष्ट्रीय, संघीय या प्रांतीय सभा, विधान सभा, सम्मेलन, रोगी को दिया जाने वाला पथ्य।

Dietary (डाइटरि) *adj.* पथ्य के नियम।

Differ (डिफर्) *v.t.* भिन्न होना, फर्क होना, अलग होना, अंतर होना, भेद होना।

Difference (डिफ्रेंस) *n.* भेद, विभिन्नता, अवशेष, कलह, विवाद, फर्क, अंतर, असादृश्य।

Different (डिफरेन्ट्) *adj.* भिन्न, असमान, अलग, विभिन्नता लिये हुए, विशिष्ट।

Differentia (डिफरेन्शिआ) *n.* भेद का चिह्न।

Differential (डिफरेन्शिअल्) *adj.* भेद करने योग्य, सापेक्ष, विशेषक, पृथक, विभिन्नता लिए हुए, अंतराश्रयी, अंतरात्मक, अंतरीय, विभेदी, विभेदक।

Differentiate (डिफरेन्शिएट्) *v.t.* & *i.* भेद जान लेना, अलगाना।

Difficult (डिफिकल्ट्) *adj.* कठिन, विकट, दुष्कर, मुश्किल, दुसाध्य, श्रम-साध्य, गूढ़।

Difficulty (डिफिकल्टि) *n.* दुष्करता, गूढ़ता,

श्रमसाध्यता, दुःसाध्यता, अस्पष्टतः बाधा, कठिनाई, झगड़ा।

Diffidence (डिफ़िडेन्स्) *n.* संशय, अविश्वास, लज्जा, विनय, झिझक।

Diffident (डिफिडेन्ट्) *adj.* शंकालु, संकोची, आत्मसंयमी।

Diffract (डिफ्रैक्ट) *v.t.* विवर्तन करना, वियोजन करना।

Diffuse (डिफ्यूज़्) *v.t.* चारों ओर बिखेरना अथवा छितराना, प्रचार करना, फैलाना, फैलना, प्रसारना, प्रसरना, विसरित करना।

Diffusive (डिफ्यूज़िव) *adj.* फैलाना, छितरना। **Diffused,** *adj.* विस्तृत, फैला हुआ। **Diffusedly,** *adv.* विस्तीर्ण रूप मे। **Diffuser,** *n.* फैलानेवाला, छितरनेवाला।

Dig (डिग्) *v.t.* खोदना, गड्ढा करना, अन्वेषण करना। *n.* खोदाई। **Diggable,** *adj.* खोदने योग्य। **Digger,** *n.* खोदने वाला। **Digging,** *n.* खोदाई का काम।

Digamy (डिगमी) *n.* पुनर्विवाह, द्वितीय विवाह।

Digest (डाइजेस्ट्) *v.t.* & *i.* पृथक कर विन्यास करना, मस्तिष्क में क्रमबद्ध विचार करना, सोचना, पचाना, हजम करना, गलाना, गर्मी और नमी से कोमल करना, आत्मसात करना, हजम होना।

Digestion (डाइजेशन्) *n.* पाचन, पाचन शक्ति, हाजमा, आत्मसात्करण।

Digestive (डाइजेस्टिव्) *adj.* पाचक, पचाने वाला।

Dight (डाइट्) *n.* क्रमबद्ध करना, सँवारना, सजाना। *adj.* सजाया हुआ।

Digit (डिजिट्) *n.* अंगुल की माप, उँगली, अंक, संख्या (सूर्य या चन्द्र के व्यास का) द्वादशांश।

Digitalis (डिजिटेलिस्) *n.* पौधा जिससे डिजिटैलिन प्राप्त होता है।

Digitalin (डिजिटेलिन्) *n.* हृदय की गति मंद, (धीमी) करने की दवा।

Dignify (डिग्निफाइ) *v.t.* प्रतिष्ठा करना, सत्कार करना। **Dignified,** *adj.* महाप्रतापी, महान, उच्च।

Dignitary (डिग्निटरि) *n.* संभ्रान्त जन, उच्च-पदाधिकारी।

Dignity (डिग्निटि) *n.* प्रतिष्ठा, गौरव, गरिमा, अभिजात्य, शालीन, आचरण।

Digraph (डाइग्राफ़्) *n.* द्विवर्ण, द्विग्राफ़, एक ध्वनि प्रकट करने वाला दो अक्षरों का समूह।

Digress (डाइग्रेस) *v.i.* भटकना, विषयान्तर बोलना।

Dike, Dyke (डाइक्) *ns.* बाँध, बाढ़ रोकने का बाँध जिस से नीची भूमि बाढ़ग्रस्त न हो, कँटीली बाड़।

Dilapidation (डिलॅपिडेशन्) *n.* क्षय, शैलभंजन, जीर्णावस्था, जीर्णता, ध्वंस, नाश।

Dilapidated (डिलॅपिडेटेड्) *adj.* जीर्ण-शीर्ण, नष्टभ्रष्ट, ध्वस्त।

Dilate (डाइलेट्) *v.t.* & *i.* फैलाना, चौड़ा करना। **Dilation,** *n.* विस्तार, फैलाव।

Dilatory (डाइलेटरि) *adj.* विलंबकारी, विलंबी, दीर्घसूत्री।

Dilemma (डिलेमा) *n.* वह अवस्था जब दो उपायों में दोनों संकटपूर्ण हों, उभय संभव (तर्क), उभयदंश, दुविधा।

Dilettante (डिलेटॉन्ट) *n.* कलानुरागी, नवसिखुआ।

Diligence (डिलिजन्स्) *n.* परिश्रम, पूर्ण मनोयोग, एकाग्रचित्तता, एक प्रकार की तीन भागों में विभाजित चार पहियों वाली घोड़ा गाड़ी, कर्मठता, अध्यवसाय।

Diligent (डिलिजेन्ट्) *adj.* परिश्रमी, मेहनती, कर्मठ, अध्यवसायी।

Dill (डिल्) *n.* मधुरिका लता।

Dilly-dally (डिलि-डॅलि) *v.t.* ढील डालना, टाल-मटोल करना, हिचकिचाना, आगा-पीछा करना।

Dilute (डाइलूट्) *v.t.* पतला करना, तनु करना, पानी मिलाना, हल्का करना।

Diluvial (डाइल्युवियल) *adj.* बाढ़ सम्बन्धी, आप्लावी, प्लावनिक, प्रलय के सम्बन्ध में।

Dim (डिम्) *adj.* अस्पष्ट (धुँधला), निस्तेज।

Dime (डाइम्) *n.* सेंट का निकल धातु का सिक्का।

Dimension (डिमेन्शन्) *n.* परिमाण, मात्रा, आयाम, विमा, विस्तार लम्बाई, चौड़ाई, माप, अंश।

Diminish (डिमिनिश्) *v.t.* & *i.* कम करना, न्यून करना, घटाना।

Diminution (डिमिन्यूशन्) *n.* ह्रास, कमी, अवनति।

Diminutive (डिमिन्युटिव्) *adj.* छोटा, अल्प, लघु, सूक्ष्म, संकीर्ण।

Dinner (डिनर्) *n.* दिन का प्रधान भोजन, रात का भोजन, रात्रि भोज, प्रीतिभोज, दावत, ज्योनार।

Dinosaur (डाइनूसॉर्) *n.* एक बड़ा प्राचीन रेंगने वाला जन्तु, डायनासोर।

Diplomacy (डिपलोमेसि) *n.* राजनैतिक कौशल,

कूटनीति।

Diplomat (डिप्लॉमेट्) *n.* राजनीति कुशल, डिप्लोमा प्राप्त।

Diplomatic (डिपलॉमेटिक्) *adj.* दूतकार्य में चतुर, कूटनीतिज्ञ।

Diplomatist (डिपलोमेटिस्ट्) *n.* नीति-कुशल मनुष्य।

Director (डाइरेक्टर) *n.* अध्यक्ष, संचालक, अधिकारी, निदेशक, निर्देशक।

Disability (डिसॅबिलिटि) *n.* अयोग्यता, असमर्थता।

Disable (डिसेबल्) *v.t.* दुर्बल करना, लँगड़ा बनाना, अशक्त करना, अयोग्य बनाना।

Disabuse (डिस्अब्यूज़्) *v.t.* भ्रम दूर करना, ठीक करना, धोखा मिटाना।

Disaccord (डिस्अकॉर्ड) *n.* विरोध करना, मतभेद या फूट होना।

Disadvantage (डिस्अड्वान्टेज्) *n.* असुविधा, अहित, प्रतिकूल अवस्था, हानि।

Disappear (डिस्-अपिअर्) *v.i.* अन्तर्ध्यान होना, लुप्त होना, ओझल होना, अदृश्य होना, खो जाना।

Disappointment (डिस्अपॉइन्ट्मेन्ट) *n.* निराशा, हताशा, निष्फलता, विफलता।

Disapprobation (डिस्अप्रोबेशन्) *n.* अस्वीकृति।

Disarmament (डिस्आर्मामेनट्) *n.* शस्त्रापहरण।

Disburse (डिस्बर्स्) *v.t.* & *i.* वितरित करना, धन देना, राशि वितरण करना, संवितरण करना, भुगतान करना, चुकाना, व्यय करना।

Discard (डिस्काई) *v.t.* & *i.* परित्याग करना, ताश खेलने में पत्ते चलना, अलग करना, छोड़ना, हटाना। *n.* पत्ता डालने का कार्य, फेंका हुआ पत्ता।

Discern (डिसर्न्) *v.t.* प्रभेद करना, निर्णय करना, विचार करना।

Discernment (डिसर्नमेन्ट्) *n.* प्रभेद, विचार, दूरदृष्टि।

Disciplinary (डिसिल्पिनेरि) *adj.* अनुशासन संबंधी।

Discipline (डिसिप्लिन्) *n.* अनुशासन, विनय, विद्या विशेष, नियन्त्रण, नियमाचरण, दण्ड, क़वायद, सैनिक शिक्षा। *v.t.* अनुशासित करना, कठोर नियमों का पालन करना, नियंत्रण करना, नियम के अधीन करना।

Discomfort (डिस्कम्फर्ट) *n.* पीड़ा, कष्ट, तकलीफ, (शारीरिक अथवा मानसिक) परेशानी, उलझन, व्यथा, क्लेश।

Discommon (डिस्कॉमन्) *v.t.* सार्वजनिक भूमि को घेरा डालना, बाड़ लगाना।

Discompose (डिस्कम्पोज़्) *v.t.* क्षुब्ध या व्याकुल या अस्त-व्यस्त करना। **Discomposedly, Discomposingly,** *advs.* व्यग्रता से।

Discomposure (डिस्कम्पोज़र) *n.* व्याकुलता, उद्वेग।

Disconcert (डिस्कन्सर्ट्) *v.t.* हेर-फेर करना, नष्ट करना, विक्षुब्ध करना, व्यग्र करना, पराजित करना, असफल करना, उलट-पलट करना।

Disconnect (डिस्कनेक्ट्) *v.t.* अलग करना, अलगाना, वियोजित, विसंबद्ध, पृथक् करना।

Disconsolate (डिस्कॉन्सॅलेट्) *adj.* निराश, दुःखी। **Disconsolately,** *adv.* निराश ढंग से।

Discontent (डिस्कन्टेन्ट्) *n.* असंतोष, अतृप्ति। *v.t.* असन्तुष्ट करना।

Discourse (विस्कोर्स्) *n.* सम्भाषण, वार्तालाप, उपदेश।

Discover (डिस्कव़र्) *v.t.* प्रकाश करना, शोध करना, भंडाफोड़ करना, प्रकट करना।

Discovert (डिस्कव़र्ट्) *n.* अविवाहित या विधवा स्त्री, पतिहीन, अनाश्रिता।

Discriminate (डिस्क्रिमिनेट्) *v.t.* & *i.* प्रभेद करना, अन्तर जानना, पक्षपात करना, छाँट लेना, दूसरों में से चुनना। **Discrimination,** *n.* विवेक, निर्णय।

Disease (डिसीज़्) *n.* रोग, व्याधि, शारीरिक या मानसिक विकृति।

Diseased (डिसीज़्ड्) *adj.* व्याधिग्रस्त, अस्वस्थ, रोगग्रस्त।

Disfavour (डिस्-फेव़र्) *n.* अकृपा, विमुखता, नापसंदगी, नाराजी, विराग, असन्तोष, अनादर।

Disfigure (डिस्-फिगर) *v.t.* रूप भ्रष्ट करना या बिगाड़ना, विकृत करना, विद्रूप करना।

Disfranchise (डिस्-फ्रंचाइझ) *v.t.* किसी स्थान के निवासी का प्रतिनिधि भेजने का अधिकार छीन लेना।

Disgorge (डिस्-गॉर्ज्) *v.t.* & *i.* उगलना (वमन करना), वापस करना, बहना, गिरना, गिराना।

Disgrace (डिस्ग्रेस) *n.* अपमान, अप्रतिष्ठा, बदनामी, लज्जा या कलंक का कारण, निरादर। *v.t.* निरादर करना, कलंकित करना।

Disgraceful (डिस्ग्रेसफुल्) *adj.* अपमान-कारक, लज्जाजनक।

Disgruntled (डिस्ग्रन्टल्ड्) *adj.* असन्तुष्ट, चिड़चिड़ा, विरक्त।

Disguise (डिस्-गाइज़्) *v.t.* छिपाना, वेश बदलना गुप्त रखना। *n.* कपट वेश, स्वाँग।

Disgust (डिस्गस्ट्) *n.* अरुचि, जुगुप्सा, खीज, चिढ़, घृणा।

Dishonest (डिस्-आनिस्ट्) *adj.* असत्, बेईमान, कपटी, प्रबंचक।

Dishonour (डिस्-ऑनर्) *v.t.* अपमानित करना, बदनामी करना, कलंकित करना, बेआबरू करना, सतीत्व नष्ट करना, हुण्डी नकारना। *n.* अपमान, बदनामी, अपयश, अनादर।

Disincline (डिस्-इन्क्लाइन्) *v.t.* रुचि हटाना, विराग उत्पन्न करना।

Disinterested (डिस्-इन्टरिस्टिड्) *adj.* अपक्षपाती, स्वार्थरहित।

Dislike (डिसलाइक्) *v.t.* नापसंद करना। *n.* अरुचि, घृणा।

Dislocate (डिस्-लोकेट्) *v.t.* जोड़ हटाना या उखाड़ना, स्थान से हटाना।

Dislodge (डिस्-लॉज्) *v.t.* किसी बचाव के स्थान से निकालना विशेषतः शत्रु को उखाड़ना, वास स्थान से हटाना या हटना।

Disloyal (डिसलॉयल्) *adj.* बागी, राजद्रोही, झूठा, भक्तिहीन, प्रेम में धोखा, अविश्वासी, अराजक।

Dismiss (डिस्-मिस्) *v.t.* विदा करना, भेजना, बरखास्त करना, पद या सेवा मुक्त करना, विसर्जित करना, समाप्त करना, रद्द करना, अस्वीकार करना, टालना, ध्यान न देना, मन से अलग करना, (मुकदमा) खारिज करना।

Disorder (डिस्-ऑर्डर्) *n.* परिभ्रान्ति, अशान्ति, शान्तिभंग, बीमारी, अव्यवस्था, आकुलता, नियमभंग।

Disorderly (डिस्-ऑर्डर्लि) *adj.* व्यग्र, उपद्रवी, नियमविरुद्ध, अव्यवस्थित, अनियमित, उत्पाती।

Disorganize (डिस्-ऑर्गनाइज़्) *v.t.* अव्यवस्थित करना, विसंघटित करना, विश्रृंख करना।

Disown (डिस्-ओन्) *v.t.* अस्वीकार करना, न पहिचानना, न अपनाना, त्यागना, छोड़ना।

Disparage (डिस्-पॅरिज्) *v.t.* हतोत्साह करना तुच्छ या हीन समझना, पद घटाना, बदनाम करना, घटिया बतलाना, अपमानित करना, उपेक्षा करना।

Disparity (डिस्-पेरिटि) *n.* भेद, असमानता, असम, विषम, पृथक।

Dispassionate (डिस्-पॅशनिट्) *adj.* शान्त (उदासीन), अपक्षपाती।

Dispensation (डिस्पेन्सेशन्) *n.* वितरण, बाँट, व्यवस्था, प्रबन्ध, परित्याग।

Dispense (डिस्पेन्स्) *v.t.* & *i.* वितरण करना, व्यवस्था करना, मुक्त करना, बाँटना, विभाग करना, दवा बनाना।

Displease (डिस्-प्लीज़्) *v.t.* क्रुद्ध करना, अप्रसन्न करना।

Displeasure (डिस्प्लेज़र्) *n.* नाराजगी, रोष, अप्रसन्नता, कोप।

Dispute (डिस्प्यूट्) *v.t.* & *i.* कलह करना, वाद-विवाद करना, शास्त्रार्थ करना। **Disputer,** *n.* झगड़ालू, तार्किक, विवादी।

Disqualification (डिस्क्वॉलिफिकेशन्) *n.* अयोग्यता, अनर्हता, अपात्रता।

Disqualify (डिस्क्वॉलिफाइ) *v.t.* आवश्यक गुणों का अपहरण करना, अयोग्य ठहराना या अक्षम करना, अनर्ह करना, अधिकार से वंचित कर देना।

Disreputation (डिस्रेप्यूटेशन्) *n.* अपयश, लज्जा, निन्दा।

Disrepute (डिसरिप्यूट्) *n.* अपकीर्ति, अपयश, अपमान, बदनामी, कलंक।

Disrespect (डिस्रिस्पेक्ट्) *n.* अशिष्टता, अनादर, तिरस्कार, निरादर, असम्मान। **Disrespectful,** *adj.* अशिष्ट, असभ्य।

Dissatisfy (डिस्सॅटिस्फाइ) *v.t.* असन्तुष्ट करना, अप्रसन्न करना, नाखुश करना।

मतभेद।

Dissent (डिसेन्ट्) *v.t.* मतभेद करना (विरोध करना), अन्यथा विचारना, झगड़ा करना।

Dissident (डिसिडेन्ट्) *adj.* असहमत, भिन्न। *n.* विरोधी व्यक्ति।

Dissimilar (डिस्-सिमिलर्) *adj.* भिन्न (असदृश)। **Dissimilarity,** *n.* भेद (अन्दर)। **Dissimilarly,** *adv.* विषमता से।

Dissolution (डिसोलूशन्) *n.* सभा विसर्जन, मृत्यु, विघटन।

Dissolve (डिज़ॉल्व) *v.t.* & *i.* गलाना, भंग करना, लुप्त करना, सभा विसर्जन करना, ढीला करना।

Distant (डिस्टेन्ट्) *adj.* दूरस्थ, अलग।

Distaste (डिस्टेस्ट्) *n.* अरुचि, स्वादहीनता, नापसंदगी।

Distasteful (डिस्टेस्टफुल्) *n.* अरुचिकर, बेस्वाद।

Distillery (डिस्टिलरि) *n.* मद्यशाला, सत्त निकालने या शराब बनाने का स्थान।

Distinct (डिस्टिंक्ट्) *adj.* भिन्न, पृथक्, स्पष्ट रूप से दृश्य, निश्चित।

Distinction (डिस्टिंक्शन्) *n.* भेद, श्रेष्ठता, महत्त्व, अलगाव, भेदभाव, भिन्नता, उपाधि, सम्मान, प्रभावशाली व्यक्तित्व, विशेष योग्यता।

Distraction (डिस्ट्रैक्शन्) *n.* विघ्न, व्याकुलता, विनोद।

Distrain (डिस्ट्रेन्) *v.i.* ऋण चुकती में सामग्री रोकना, कुर्क करना।

District (डिस्ट्रिक्ट्) *n.* देश विभाग, प्रदेश या राज्य का जिला, जनपद, क्षेत्र, इलाका, मंडल।

Distrust (डिस्ट्रस्ट्) *n.* संदेह, अविश्वास। *v.t.* शंका करना, विश्वास न करना।

Disturb (डिस्टर्ब्) *v.t.* व्याकुल करना, क्षुब्ध करना, (छेड़ना)।

Disturbance (डिस्टर्बान्स्) *n.* अशांति, खलबली, विघ्न (बाधा), उपद्रव।

Diurnal (डाइयूर्नल्) *adj.* दैनिक, प्रतिदिन।

Divagate (डाइवेगेट) *v.t.* इधर-उधर भटकना। **Divagation,** *n.* भ्रमण, विषयान्तर।

Divert (डाइवर्ट) *v.t.* रुख बदलना, आमोदित करना, हटाना, विनोद करना, क्रीड़ा करना।

Diverting (डाइवर्टिंग्) *adj.* आमोद-जनक, (मनबहलाऊ)।

Divination (डिविनेशन्) *n.* भविष्य-कथन, भविष्य ज्ञान, शकुन विचार।

Divine (डिवाइन्) *adj.* दैवी (दिव्य), पवित्र, अपूर्व, सुन्दर। *n.* धर्मोपदेशक। *v.t.* शकुन कहना, अनुमान करना।

Docile (डॉसाइल्) *adj.* सीखने योग्य, विनीत, आज्ञापरायण, सुवश्य (अधीन)। **Docility,** *n.* वश्यता, अधीनता।

Doctorate (डॉक्टरेट्) *n.* एम.ए. के पश्चात की उपाधि यथा पी-एच. डी., डी.एस.सी., डॉक्टर का पद या उपाधि।

Doctrine (डॉक्ट्रिन्) *n.* विशेष विचारों, विश्वासों तथा हिदायतों का सामूहिक नाम, शिक्षा, मत, सिद्धान्त।

Document (डॉक्युमेन्ट्) *n.* प्रलेख, दस्तावेज, पत्र, या प्रमाण, दलील।

Documentary (डॉक्युमेन्टरि) *adj.* प्रलेखी या प्रमाण विषयक, दस्तावेजी, विवरणात्मक, लिखित।

Dogma (डॉग्मा) *n.* सिद्धान्त, धर्ममत, नीति, प्रमाण।

Dogmatic (डॉग्मैटिक) *adjs.* हठधर्मी, मताग्रही, सैद्धांतिक, मतान्ध, सिद्धान्तवादी।

Doldrums (डॉल्ड्रम्) *n. pl.* भूमध्य रेखा के पास का महासागर जहां शान्त पवन बहती है।

Dole (डोल्) *n.* भाग्य, अंशदान, खैरात, निर्वाह-दान, दुख। *v.t.* थोड़ा-थोड़ा बाँटना।

Domestic (डोमेस्टिक्) *adj.* गृहस्थी संबंधी, घरेलू, पालतू। **Domesticity,** *n.* पारिवारिक जीवन, घरेलूपन। **Domestics,** *n.* घर की बनी वस्तुएँ।

Dominate (डॉमिनेट्) *v.t.* & *i.* प्रभुत्व रखना, शासन करना, अभिभावी होना, ऊँचा होना, हावी होना।

Donate (डोनेट्) *v.t.* उपहार देना, दान देना, चन्दा देना।

Donation (डोनेशन्) *n.* भेंट, दान, उपहार।

Doom (डूम्) *n.* कानूनविधि, न्याय, दंडादेश, विनाश, बर्बादी, कयामत, अन्तिम निर्णय। *v.t.* दण्ड की आज्ञा देना।

Doomsday (डूम्स्-डे) *n.* कयामत का दिन, अंतिम निर्णय दिन।

Dormitory (डॉर्मिटरि) *n.* विशाल शयनागार, सोने का बड़ा कमरा, कॉलेज छात्रावास, सहप्रांगण।

Dormouse (डॉर्माउज्) *n.* डारमाउस (जन्तु)।

Dosology (डोसोलॉजि) *n.* औषधियों की मात्रा का शास्त्र या ज्ञान।

Dotage (डॉटिज्) *n.* अत्यन्त अनुराग, मतिक्षीणता, दिमागी कमजोरी, सठियापा।

Dotard (डॉटर्ड्) *n.* जरा, जीर्ण, सठियाया हुआ व्यक्ति।

Dote (डोट्) *v.i.* अतिशय स्नेह करना, लट्टू होना, अत्यन्त प्रेम जताना।

Doublet (डब्लिट्) *n.* कुर्ती, बंडी, बास्कट्, जोड़े में से एक।

Doubloon (डब्लून्) *n.* स्पेन की स्वर्ण मुद्रा।

Doubt (डाउट्) *n.* संशय, सन्देह, दुविधा। *v.t.* & *i.* संदेह करना, शंका करना, झिझकना, हिचकना, संदिग्ध समझना, अविश्वास करना।

Doubtful (डाउट्-फुल्) *adj.* संदिग्ध, अनिश्चित, संदेहास्पद, अनिश्चित, अविश्वसनीय। **Doubtfully,** *adv.* ससन्देह।

Dowager (डोवेजर्) *n.* मरे हुए (धनिक) पति की सम्पत्ति पाने वाली विधवा स्त्री।

Dowdy (डाउडि) *adj.* गन्दा, कुरूप, भद्दा, मैले कुचैले वस्त्रों वाला।

Dowry (डाउरि) *n.* स्त्रीधन, वरदक्षिणा, धर्मदाय, दहेज।

Doxology (डॉक्सालॉजि) *n.* ईश्वर की प्रशंसा का संक्षिप्त गीत।

Doyen (डॉयन्) *n.* किसी समाज, सभा, संसद का शलाका पुरुष, प्रवर सदस्य।

Draggle (ड्रॅगल्) *v.t. & i.* मैला करना, गन्दा करना।

Dragnet (ड्रैगनेट्) *n.* मछली फँसाने का नदी नाले के तल में फेंकने का जाल।

Drama (ड्रामा) *n.* मंच पर खेलने का खेल, अभिनय, ऐसा साहित्य जिसका मंच पर अभिनय हो सके, नाटक।

Draught (ड्राट्) *n.* खिंचाव, आकर्षण, तरल औषधि की मात्रा, घूँट, वायु का झोंका, खाका, ढाँचा। *v.t.* ढाँचा बनाना।

Drawee (ड्राई) *n.* हुण्डी का भुगतान करनेवाला।

Drawer (ड्रॉअर्) *n.* आदेशक, चेक काटने वाला, मेज की दराज़, नक्शानवीस, चित्रकार।

Dream (ड्रीम्) *n.* स्वप्न, कल्पना, मिथ्या वासना, मन की तरंग, ख्याली पुलाव। *v.t. & i.* स्वप्न देखना, कल्पना करना, यथासंभव कल्पना करना, स्वप्नवत् देखना या सोचना।

Dreg (ड्रेग्) *n.* तलछट, धातुमल, कूड़ा-करकट, मैला।

Dreggy (ड्रेगि) *n.* मल, किट्ट, तलछट।

Drench (ड्रेंच्) *v.t.* भिगो देना, गीला करना, शराबोर कर देना, तरबतर करना, जबदस्ती पिलाना। **Drencher,** *n.* नहलाने का फौवारा।

Dress (ड्रेस्) *v.t. & i.* अलंकृत करना (सजाना), कपड़ा पहिनना, घाव पर पट्टी बाँधना, साफ़ करना, छाँटना। *n.* पोषाक, लिबास, परिधान, कपड़े। **Dresser,** *n.* मलहम-पट्टी करने वाला, कपड़ा पहिनने वाला, भोजन पकाने की चौकी।

Drizzle (ड्रिज़ल) *v.i.* छोटी-छोटी बूंदों के रूप में बरसाना, फुहार पड़ना, बूंदाबांदी होना।

Droil (ड्रॉल्) *v.t.* धीरे.धीरे काम करना।

Droll (ड्रॉल्) *adj.* मनोरंजक, विचित्र। *n.* मसखरा। **Droller,** *n.* विदूषक, भाँड़। **Drolling,** *n.* मसखरापन। **Drollingly,** *adv.* मसखरेपन से। **Drollery,** *n.* मजाक, भँडई, प्रहसन। **Drollness,** *n.* हँसी, ठट्ठा।

Dropcurtain (ड्रॉपकर्टेन्) *n.* पटाक्षेप करने का पर्दा।

Droplet (ड्रॉपलिट्) *n.* बिंदुक, छोटी बूँद।

Dropping (ड्रापिंग) *adj.* टपक-टपककर चूता हुआ, टपकने वाला।

Droppings (ड्रॉपिंग्ज) *n.* टपका, पीठ, लीद, गोबर, त्यजन, पतन या पातन।

Dropsy (ड्रॉप्सि) *n.* जलोदर, जलंधर, जलशोफ, तबक।

Drowsy (ड्राउज़ि) *adj.* निद्रालु, निद्राजनक, सुस्त, निष्क्रिय।

Drub (ड्रब) *v.t.* बेंत से मारना, पीटना, बुरी तरह मारना। *n.* बेंत से मारने वाला।

Drudge (ड्रज्) *v.i.* नीरस, कठिन, नीच काम में लगे रहना। *n.* कोल्हू का बैल, गुलाम, टहलुआ। **Drudgery,** *n.* कठिन श्रम। **Drudgingly,** *adv* बड़े परिश्रम से।

Drum (ड्रम्) *n.* ढोल, नगाड़ा, ड्रम जैसी कोई भी वस्तु, कर्णपटह, कान का पर्दा। *v.t. & i.* ढोल बजाना (थपथपाना)।

Drummer (ड्रमर्) *n.* ढोलकिया, ड्रम बजाने वाला, वाणिज्यिक यात्री।

Drupe (ड्रूप) *n.* अष्टिफल, एक गुठलीदार फल।

Dry (ड्राइ) *adj.* जहाँ जल न हो, जहाँ वर्षा का अभाव हो, निर्जल, शुष्क, नीरस, दूध न देती हुई (गाय)। *v.t.* पोछकर सुखाना।

Dryad (ड्रायड्) *n.* जंगल तथा झाड़ियों का परी।

Duchess (डचिस्) *n.* ड्यूक की पत्नी या विधवा स्त्री, ड्यूक की सी हैसियत वाली स्त्री।

Duel (ड्यूअल्) *n.* दो व्यक्तियों में लडाई, द्वन्द्व, युद्ध, मल्लयुद्ध।

Duffer (डफर्) *n.* बुड्ढा आदमी, बेकार खान जिसमें कुछ न निकलता हो, खोटा सिक्का, मूर्ख व्यक्ति, धीमा प्रशिक्षु, अकुशल व्यक्ति, निकम्मा आदमी ।

Dumb (डम्ब्) *adj.* गूंगा, मूक, वाक्शक्तिहीन। *v.t.* मूक करना।

Dummy (डमि) *n.* फूस का बना पुतला, मूढमति, मूर्ख, नकली वस्तु, खाका, दिखावटी, प्रतिरूपी, कठपुतली, नमूने का अंक।

Duplex (ड्यूप्लेक्स्) *adj. & n.* दोहरा, द्विगुणित,

दूना, दूसरी प्रतिलिपि।

Duplicate (डूप्लिकेट्) *adj.* द्विगुणित, दूना, दोहरा, समगुण, दूसरा, अतिरिक्त। *n.* नकल, अनुलिपि, मसुन्ना। *v.t.* दोहराना, दूना करना।

Duplication (डूप्लिकेशन) *n.* दोहराने की प्रणाली।

Duramater (डयूरामेटर्) *n.* मस्तिष्क (दिमाग) की बाहरी झिल्ली।

Duration (ड्यूरेशन्) *n.* समय की अवधि, मियाद, निरंतरता, कालावधि।

Durbar (दर्बार्) *n.* दरबार।

Dusky (डस्कि) *adj.* धूमिल, कुछ धुँधला, काला, उदासीन, दुःखी।

Dust (डस्ट्) *n.* धूल, धूलकण, गर्द, कूड़ा-करकट, चूर्ण, मिट्टी, राख, समाधि। *v.t.* धूल से ढकना, समाधि लेना।

Dutch (डच्) *adj.* हालैंड देश के निवासी, इनकी भाषा।

Dwarf (ड्वार्फ्) *n.* ठिगना आदमी, ठिगना पौधा, नन्ही वस्तु, वामन तारा। **Dwarfish**, *adv.* नाटेपन से।

Dwarfism (ड्वार्फ़िज़्म्) *n.* बौनापन।

Dynamite (डाइनामाइट्) *n.* डाइनामाइट, एक तेज बारूद (जो पहाड़ इत्यादि फोड़ने के काम आती है)।

Dynamo (डाइनमो) *n.* बिजली उत्पादक यन्त्र।

Dynamometer (डाइनमॉमिटर) *n.* शक्ति नापने का यंत्र।

Dyslogisitic (डिसलॉजिस्टिक्) *adj.* निंदात्मक।

Dysmenorrhoea डिसमेनोरिया कष्टार्तक।

Dyspeptic (पेप्टिक्) *adj.* मन्दाग्नि रोग से ग्रस्त।

Dysphagia (डिस्पेगिआ) *n.* निगलने में कष्ट।

Dysphonia (डिस्पोनिआ) *n.* मुख से शब्द निकालने में कष्ट।

Dyspnoea (डिस्पॅनीआ) *n.* मुख से शब्द निकालने में कष्ट।

Dystrophy (डिस्ट्रॉफी) *n.* त्रुटिपूर्ण पालन पोषण।

Dysuria (डिस्यूरिआ) *n.* मूत्रत्याग करने में कष्ट, मूत्रकृच्छ्।

Dyvour (डिव्यूर) *n.* दिवालिया।

E

E (ई) अंग्रेजी वर्णमाला का पाँचवाँ अक्षर, गायन में तृतीय स्वर।

Eagle (ईगल्) *n.* गरूड़, बाज, फ्रांस देश की पताका। **Eagle-sighted**, *adj.* तीक्ष्ण दृष्टि वाला।

Eaglet ईग्लिट्) *n.* छोटा गरुड़, गरुड़ का बच्चा, बाज का बच्चा।

Earmdrum (इअरड्रम) *n.* कान का पर्दा।

Earmark (इअर्मार्क) *n.* & *v.t.* भेड़ आदि के कान पर बनाया हुआ निशान।

Early (अर्लि) *adj.* & *adv.* आदि, प्रातःकालीन, शीघ्र होने वाली, जल्दी, शुरू का, प्रारंभिक, शीघ्र, (पहिले)।

Earmark (इअर्-मार्क्) *v.t.* विशेष कार्य के लिए अलग सुरक्षित रख देना। *n.* पहिचानने के लिए बनाया हुआ चिह्न।

Earth (अर्थ्) *n.* उद्यत, तत्पर, गंभीर, जोशीला, उत्साही, महत्वपूर्ण, उत्सुक। *v.t.* मिट्टी से ढाँकना, मिट्टी लगाना, पृथ्वी में चले जाना।

Earthworm (अर्थवार्म) *n.* केंचुआ, नीच मनुष्य।

Easter (ईस्टर्) *n.* ईसामसीह के पुनरुत्थान के स्मरणार्थ उत्सव जो 31 मार्च या अनुगामीपूर्ण चन्द्र के बाद रविवार को मनाया जाता है।

Eatable (ईटेबल्) *n.* & *adj.* भक्ष्णीय, भोज्य, भोजन योग्य पदार्थ, खाने योग्य।

Eater (ईटर्) *n.* भक्षक।

Eau (ओ) *n.* फ्रांसीसी भाषा में पानी के लिए एक शब्द।

Eaves (ईव्ज़्) *n. pl.* मोरी, ओरी, छज्जा, ओलती।

Eaves-dropper (ईव्जत्-ड्रॉपर्) *n.* छिपकर भेद की बातों को सुनने वाला व्यक्ति।

Ebb (एब्) *n.* भाटा, घटाव, क्षय, असफलता, अवनति। *v.i.* बह जाना, घट जाना।

Ebon (ऍबन्) *adj.* आबनूस के समान काला।

Ebonist (एबॅनिस्ट्) *n.* आबनूस की वस्तु बनानेवाला।

Ebony (एबॉनि) *n.* एक प्रकार की लकड़ी जो पत्थर जैसी सख्त और भारी होती है, प्रायः काली होती है, आबनूस, नीग्रो। *adj.* आबनूस का बना हुआ, चमकीले गहरे काले रंग का।

Eccentric (एक्सेंट्रिक्) *adj.* केन्द्रभ्रष्ट, विषम, विलक्षण, असाधारण, विचित्र।

Eccentricity (एक्सेंट्रिसिटि) *n.* विषमता, विरोध, झक्क, सनक।

Ecclesiast (इक्लीअस्ट्) *n.* धर्मोपदेशक, पादरी,

पुरोहित, प्राचीन ईसाई धर्म की पुस्तकों में एक से रचयिता।

Eclat (एक्ला) *n.* जयजयकार, शोभा, विशिष्ट प्रभाव, सामाजिक ख्याति, अपूर्व सफलता।

Eclectic (इक्लेक्टिक्) *adj.* चुननेवाला, सब पदार्थों का उपभाग ग्रहण करने वाला, संकलनवादी, सारग्राही, ग्रहणशील, उदार संकलक।

Eclipse (इक्लिप्स्) *n.* ग्रहण, अंधकार। *v.t.* ढाँकना, अन्धकारमय। **Eclipsed,** *adj.* प्रच्छन्न, छिपा हुआ।

Ecology *n.* (एक्लॉजि) पारिस्थितिकी, परिस्थिति-विज्ञान, इकोलॉजी।

Economic (इकनॉमिक्, इकनॉमिकल्) *adjs.* आर्थिक, अर्थशास्त्र, लाभदायक, व्यय-संबंधी।

Economics (इकानोमिक्स) *n.* अर्थशास्त्र।

Ecstatic (एक्स्टॅटिक्) *adj.* परमानन्ददायक, मोहक।

Edible (एडिबल्) *adj.* खाद्य, भोज्य, भक्ष्य।

Edibleness (एडिबलनैस्) *n.* खाने योग्य।

Edict (इडिक्ट्) *n.* अधिकारी द्वारा आज्ञा की घोषणा, राजा की घोषणा, घोषणा, निर्देष, राजविज्ञप्ति, राजाज्ञा, फरमान, धर्मादेश।

Edification (ऍडिफिकेशन्) *n.* मानसिक उन्नति, सुशिक्षा।

Edifice (एडिफिस्) *n.* इमारत, भवन, अट्टालिका।

Edify (एडिफाय्) *v.t.* निर्माण करना, आध्यात्मिक विकास करना, शिक्षा देना, आराम देना।

Edition (एडिशन्) *n.* प्रकाशन, आवृत्ति, एक संस्करण की पुस्तिका संख्या।

Editor (एडिटर्) *n.* किसी पत्र का संपादक। **Editorship,** *n.* सम्पादन-कार्य।

Effect (इफेक्टिव्) *n.* (*pl.*) नतीजा, परिमाण, फल, प्रभाव, असर, प्रयोजन, सच्चाई, (ब.व.) सम्पत्ति। *v.t.* पैदा करना, सिद्ध करना, संपन्न करना, अमल में लाना।

Efficacious (एफिकेशस्) *adj.* फलदायक, प्रभावोत्पादक, गुणकारी, कारगर, अमोघ।

Efficient (इफिशन्ट्) *adj.* फलसाधक, कार्यक्षम, पूण गुणशाली। **Efficiency,** *n.* कार्यक्षमता, योग्यता।

Effigy (एफिगि) *n.* चित्र, प्रतिमा, पुतला, मुद्रांक, प्रतिकृति।

Efforesce (एफोरेस्) *v.t.* उत्फुल्लन होना, लोनी लगना।

Effluence (एफ्लुएन्स्) *n.* प्रवाह, बहाव।

Effulgence (इफलजन्स्) *n.* दीप्ति, प्रभा, कांति, चमक।

Effulgence (ऍफल्जेंस) *n.* कांति, तेज, दीप्ति, प्रभा, चमक, तीव्र प्रकाश।

Egoism (एगोइज़्म्) *n.* आत्मवाद, स्वार्थ। **Egoist,** *n.* आत्मश्लाघी। **Egoistic, Egoistical** *adj.* अहंकारी, गर्वित।

Egotism (एगोटिज़्म्) *n.* अहंमन्यता, अहंकार, आत्मश्लाघा, आत्मप्रशंसा।

Egregious (एग्रीजस्) *adj.* अपूर्व, विचित्र, अमर्यादित, कुख्यात।

Egress (ईग्रेस्) *n.* निर्गम, निकास।

Egression (ईग्रेशन) *n.* निर्गति।

Ejaculate (एजॅक्यूलेट्) *v.t.* एकाएक बोल उठना, शरीर से निकलना, स्खलन करना।

Eke (ईक्) *v.t.* जोड़ना, योग करना, बढ़ाना, वृद्धि करना, अर्जित करना।

Elderly (एल्डिर्लि) *adj.* सयाना, वृद्ध-सा, वयोवृद्ध।

El-Dorado (एलॅडोराडो) *n.* सुवर्णपूर्ण या धनपूर्ण काल्पनिक प्रदेश।

Election (इलेक्शन्) *n.* निर्वाचन, चुनाव।

Electoral, Electorial (इलैक्टोरल, इलैक्टोरियल) *adjs.* चुनाव-संबंधी।

Elective (इलेक्टिव्) *adj.* चुनाव का अधिकार रखने वाला, सापेक्ष, निर्वाचक।

Elector (इलेक्टर) *n.* निर्वाचक, चुनने वाला, मतदाता।

Eleemosynary (एलीमॉसिनरि) *adj.* भिक्षा संबंधी, दातव्य, धर्मार्थ।

Elegance (एलिगन्स्) *n.* पवित्रता, सौन्दर्य, स्वच्छता।

Elevated (एलिवेटिड) *adj.* उन्नत, उच्च-स्तरीय, आनन्दित।

Elevator (एलिवेटर्) *n.* ऊपर उठाने का यंत्र।

Eleven (एलेवन्) *n.* ग्यारह एकादश, ग्याहर खिलाड़ियों की टीम (क्रिकेट फुटबाल आदि की)।

Elf (एल्फ्) *n.* बेताल, परी, बौना, यक्ष। **Elfin,** *adj.* छोटी परी, बच्चा।

Elicit (एलिसिट्) *v.t.* निष्कर्ष निकालना, प्रकाशित करना। **Elicitation,** *n.* निष्कर्षण, प्रकाशन।

Elixir (एलिक्सर्) *n.* अमृत, सुधा, पारस पत्थर का अर्क, तेजवर्धक औषधि, एक तेज टिंकचर, परमौषधि।

Elongate (एलाँगेट्) *n.* लंबा करना, बढ़ाना, प्रलंबित करना, बढ़ना। **Elongation,** *n.* दीर्घीकरण।

Elope (इलोप्) *v.i.* (साथ) भाग जाना, सह पलायन करना, (साथ) फ़रार होना।

Eloquent (एलॅक्वेन्ट्) *adj.* वाग्मी, वाक्पटु, व्याख्यान निपुण, अनुनय कुशल। **Eloquently,** *adv.* वाक्-पटुता से।

Elucidate (एलूसिडेट्) *v.t.* समझना, स्पष्ट करना, प्रकाश डालना, व्याख्या करना, विवाद करना।

Emancipation (इमॅन्सिपेशन्) *adj.* दासत्व से मुक्ति, मोक्ष, बंधनमुक्त।

Emarginate (ईमार्जिनेट्) *v.t.* किनारा नोचना। **Emarginated,** *adj.* किनारा, नोचा हुआ।

Embargo (एम्बार्गो) *n.* पोतावरोध आज्ञा, मनाही, घाटबंदी, व्यापार प्रतिरोध।

Embezzle (इम्बेजल्) *v.t.* छल से दूसरों का धन अपनाना।

Embitter (इम्बिटर्) *v.t.* तिक्त करना, कटु करना, कटुता बढ़ना। **Embitterment,** *n.* कलुषीकरण। **Embittered,** *adj.* तिक्त, कटु।

Emblazon (इम्ब्लेज़न्) *v.t.* सुशोभित करना, सजाना, उत्सव मनाना। **Emblozoner,** *n.* दूत, बन्दी।

Emblem (इम्बिलम्) *n.* प्रतीक चिह्न, निशान, कुल चिह्न। *v.t.* चिह्नित करना। **Emblematic, Emblematical,** *adjs.* प्रतीकचिह्नित, प्रतीकात्मक।

Embrace (इम्ब्रेस्) *v.t.* आलिंगन करना, छाती से लगाना, गले लगाना स्वीकार करना, शामिल करना। *n.* आलिंगन।

Embrangle (एम्ब्रेंगल्) *v.t.* घबड़ाना, फँसाना।

Embrasure (एम्ब्रेसर्) *n.* भित्तिरंध्र, जालक, मोखा, तोप का झरोखा।

Embrocate (एम्ब्रॅकेट्) *v.t.* लेप करना, मलना, (औषधि की) मालिश करना। **Embrocation,** *n.* लेप, मालिश, मलहम।

Emergency (इमर्जन्सि) *n.* आपात काल, संकट, आपात, आकस्मिक, आवश्यकता, आपात स्थिति।

Emeritus (इमेरिटस्) *adj.* (ससम्मान) सेवा मुक्त, अवकाश प्राप्त (प्राध्यापक)।

Emigrant (एमिग्रन्ट्) *n.* स्वदेश छोड़कर दूसरे देश में बसने वाला व्यक्ति, उत्प्रवासी।

Eminent (एमिनेन्ट्) *adj.* पद में विशिष्ट, श्रेष्ठ, प्रधान, प्रतिष्ठित।

Emissary (एमिसरि) *n.* गुप्तचर, प्रतिनिधि, जासूस, कूटनीतिज्ञ।

Emission (एमिशन्) *n.* प्रवाह उत्सर्जन, उत्स्राव, स्राव, निक्षेप।

Emit (एमिट्) *v.t.* छोड़ना, निकालना, फेंकना।

Emperor (एम्परर्) *n.* शहंशाह, राजाधिराज, सम्राट।

Emphasis (एम्फेसिस्) *n.* बलाघात, बल, पूर्व प्रचलन, अवधारणा, महत्व।

Emphasize (एम्फेसाइज) *v.t.* गुरु उच्चारण करना, गुरुत्व युक्त या दृढ़ करना।

Emphatic (इम्फॅटिक्) *adj.*) प्रबल, बलात्मक, सबल, जोरदार।

Emphractic (ऍम्फ्रॉकटिक्) *adj.* रोमकूपों को बन्द करनेवाला।

Empire (एम्पायर्) *n.* साम्राज्य, आधिपत्य, प्रभुत्व, सम्राट की सरकार तथा पद, इस का समय, एक राष्ट्र जिसकी सत्ता दूसरे में निहित न हो।

Employee (एम्प्लायी) *n.* कर्मचारी, नौकर।

Employer (एम्प्लायर) *n.* नियुक्त करनेवाला।

Employment (इम्प्लाय्मेन्ट्) *n.* नियुक्ति, रोजगार, धंधा, नौकरी।

Empress (एमप्रिस्) *n.* साम्राज्ञी, मलिका, राज राजेश्वरी।

Emulate (एम्युलेट्) *v.t.* (किसी के) समान होने का प्रयत्न करना, स्पर्धा करना। **Emulation,** *n.* प्रतिस्पर्धा। **Emulatress,** *n. fem.* स्पर्धा करनेवाली स्त्री।

Enactment (इनॅक्ट्मेन्ट्) *n.* अधिनियम। **Enactment, Enacting,** *ns.* शासन व्यवस्था, शासनपत्र।

Enactor (इनैक्टर्) *n.* नियम बनानेवाला।

Enamel (इनॅमल्) *n.* मीने का काम, तामचीनी, दंतवल्क, मीनाकारी। *v.t.* इनैमल करना, मीनाकारी करना।

Encashment (एनकेशमेन्ट) *n.* नोट इत्यादि का नकदी भुगतान।

Encave (इॅन्केव) *v.t.* गुफ़ा में छिपाना।

Enclose (इन्क्लोज़) *v.t.* घेरना, बन्द करना, पत्र के भीतर रखना, परिबद्ध करना, घेरा बनाना, साथ रखना, अलग रखना, बाड़ा बनाना, चहारदीवारी लगना।

Enclosure (एनक्लोज़र्) *n.* घिराव, पत्र में संलग्न वस्तु, अहाता, चहारदीवारी।

Encounter (एन्काउन्टर्) *n.* संघर्ष, मुठभेड़,

मुकाबला। *v.t.* लड़ाई करना, मुठभेड़ करना।

Encyclop(a)edia (एन्साइक्लोपीडिआ) *n.* ज्ञानकोश, विश्वकोष।

Endeavour (एन्डेव़र्) *n.* परिश्रम, प्रयत्न, प्रयास। *v.t.* & *i.* प्रयत्न करना, प्रयास करना। **Endeavourer,** *n.* प्रयत्न करनेवाला।

Endecagon (इॅनडेकूगॉन) *n.* ग्यारह भुजा की आकृति या क्षेत्र।

Endemic (एन्डेमिक्) *adj.* जातीय, स्थानीय, विशेष क्षेत्री, सदा प्रस्तुत।

Endue (एन्ड्यू) *v.t.* वस्त्र पहिनाना, देना, पेट या मन में रखना, पचाना।

Energy (एनर्जि) *n.* ऊर्जा, कार्यशक्ति, तेज, योग्यता, ओज, शारीरिक बल, गुण।

Enforcement (इन्फोर्स्मेन्ट्) *n.* बल प्रयोग, बाधकता, स्वीकृति, दबाव, प्रवर्तन, बाध्यकरण।

Enfranchise (एन्फ्रॅन्चाइज़्) *v.t.* छुटकारा देना, नागरिक अधिकार दना, बन्धन से मुक्त करना, मत या वोट देना। **Enfranchisement,** *n.* नागरिक अधिकार प्रदान, दासत्वमोचन।

Engage (एन्गेज्) *v.t.* & *i.* किराये पर लेना, भिड़ना, वचनबद्ध होना, किसी काम में लगना, आकर्षित करना, आक्रमण करना, सगाई करना, नियुक्त करना, बांधना।

Engagement (एन्गेजमेन्ट्) *n.* सगाई, व्यवसाय, संग्राम, वायदा, नियुक्ति, विनियोजन, वचनबद्धता, करार।

Engineer (एन्जिनिअर) *n.* यंत्रकार, अभियन्ता। *v.t.* & *i.* निर्माण करना, एक अभियन्ता की तरह कार्य या प्रबन्धन करना। **Engineering,** *n.* इन्जीनियर का कार्य-व्यापार।

Engross (एन्ग्रॉस्) *v.t.* मोटे अक्षरों में लिखना, थोक में खरीदना, एकाधिकार करना, ध्यान आकर्षित करना, तल्लीन करना।

Enkindle (एन्किन्डल्) *v.t.* जलाना, उत्तेजित करना।

Enlist (एन्लिस्ट्) *v.t.* & *i.* सूचीबद्ध करना, नाम लिखाना, भर्ती करना (फौज आदि में), नाम लिखना, सहायता पाना।

Enmity (एन्मिटि) *n.* बैर, शत्रुता, विरोध, दुश्मनी, विद्वेष, वैमनस्य।

Enormous (इनॉर्मस्) *adj.* अति बृहत्, अति विशाल, असाधारण, घोर, भंयकर, विपुल।

Enrapture (एनूरॅप्चर्) *v.t.* अति हर्षित या प्रसन्न करना, (निहाल करना)।

Enrich (एनरिच्) *v.t.* धनी करना, धनवान बनाना, सुशोभित करना, स्वादिष्ट बनाना।

Ensilage (एनसिलिज्) *n.* गढ्ढे में हरी घास इत्यादि सुरक्षित रखने का कार्य।

Enterable (ऍन्टीरेबल्) *adj.* प्रवेश करने योग्य।

Enteric (एन्टेरिक्) *adj.* आँतो से संबंधित।

Enterprise (एन्ट्रप्राइज़्) *n.* उपक्रम, कार्य, साहसिक उद्यम, साहसिक कार्य, जोखिम का काम, दिलेरी, उत्साह, साहस, तत्परता।

Entertainment (एन्टर्टेनमेन्ट्) *n.* विनोद, उत्सव, ज्योनार।

Enthral (एनथ्राल्) *v.t.* किसी व्यक्ति का सम्पूर्ण ध्यान आकर्षित करना, दास बनाना, मेहमान-नवाजी करना, मोहित करना।

Enthrone (एनूथ्रोन्) *v.t.* राजसिंहासन पर बैठाना।

Enthusiasm (एन्थयूज़िअज़्म) *n.* उत्साही, अति अनुरागी।

Entomology (एन्टामॉलॅजि) *n.* कृमि-अध्ययन-शास्त्र।

Entrust (एन्ट्रस्ट्) *v.t.* प्रतिपादन करना, सौंपना, सुपुर्द करना, (के) जिम्मे कराना।

Enunciate (इनन्शिएट्) *v.t.* लक्षण या स्वरूप का विवरण करना, प्रकाशित करना, घोषणा करना। **Enunciation,** *n.* विज्ञापन, स्वरूप वर्णन, उच्चारण। **Enunciator,** *n.* घोषणा करने वाला। **Enunciative,** *adj.* उच्चारक।

Environment (इन्वायरमेन्ट्) *n.* परिसर, परिवेश, वातावरण, पर्यावरण, अड़ोस-पड़ोस, आसपास की वस्तु।

Enzyme (एन्जाइम्) *n.* फेन उत्पन्न करने वाला, फेनक द्रव्य।

Eoan (इओअन्) *adj.* अरुणोदय (प्रातः काल) संबंधी।

Epidermal (एपिडर्मल) *adj.* ब्राह्य त्वचा संबंधी।

Epigene (ऍपिजीन्) *adj.* भूमितल पर बना हुआ।

Epidermi (एपिडेर्मिस्) *n.* चमड़े के ऊपर की परत।

Epigram (एपिग्रॅम्) *n.* छोटी कविता, चुटकुला। **Epigrammatic,** *adj.* चुटकुले का, चटपटा।

Epigraph (एपिग्राफ्) *n.* शिलालेख, मुद्रालेखन।

Epigraphy (ऍपिग्राफि) *n.* शिलालेख-विद्या।

Epilepsy (एपिलेप्सि) *n.* अपस्मार रोग, मृगी का रोग।

Epilogue (एपिलॉग्) *n.* पुस्तक का परिशिष्ट भाग, नाटक का उपसंहार, बेतार के कार्यक्रम का

अन्त।

Epiphora (ऍपिफोरा) *n.* आँखों में आँसू इकट्ठा होने का रोग।

Epitomize (इपिटॉमइझ्) *v.t.* संक्षिप्त करना, छोटा करना।

Epoch (ईपॉक्) *n.* काल, युग, अवधि, युगांतर, निर्देश-क्षण।

Equanimity (ईक्वॅनिमिटि) *n.* चित्त या स्वभाव की स्थिरता, शांतचित्त।

Equestrian (इक्वेस्ट्रिअन्) *n.* & *adj.* अश्वारोही, घुड़सवारी संबंधी।

Equillateral (इक्विलॅटरल्) *adj.* समान भुजा का, समभुज।

Equilibrist (इक्विलीब्रिस्ट) *n.* रस्से पर नाचने वाला।

Equipoise (ईक्विपॉइझ्) *n.* तुल्य भारता, संतुलन।

Equivocal (इक्विवॅकल्) *adj.* द्विअर्थी, जिसके दो अर्थ निकलें, संदिग्धार्थक।

Equivocate (इक्विवॅकेट्) *v.i.* अनेकार्थक या संदेहजनक शब्दों का प्रयोग करना, अस्पष्ट भाषण करना।

Era (ईअरा) *n.* युग, काल, विशिष्ट काल।

Eradicate (इरॅडिकेट्) *v.t.* ध्वंस करना, मिटाना, जड़ से उखाड़ फेंकना।

Erase (इरेझ्) *v.t.* खुरचना, छीलना, मिटाना।

Erotic (एरॉटिक्) *adj.* प्रेम संबंधी, कामुक।

Errata list (इरेटा लिस्ट) अशुद्धि-सूची।

Erratic (एरॅटिक्) *adj.* अनिश्चित, अस्थिर। **Erratically,** *adv.* अस्थिरता से।

Erratum (एरेटम्) *n.* लिखने या छापने की अशुद्धि।

Eructate (इरक्टेट) *v.t.* पेट से वायु बाहर निकालना।

Eructation (ईरक्टेश्न्) *n..* मुख से वायु निकालना, डकार।

Erudite (एरु-डाइट्) *adj.* पण्डित, प्रकाण्ड विद्वान। **Etuditely,** *adv.* पाण्डित्य से।

Escalator (एस्कलेटर्) *n.* यांत्रिक सीढ़ी।

Escapade (एस्कपेड्) *n.* आवेश में किया हुआ कार्य, साहसिक नियम-विरुद्ध कार्य।

Escape (इस्केप्) *v.t.* & *i.* भागना, बचाना, बच जाना, मुक्त होना, निकल भागना। *n.* टपकन, निकास। **Escapement,** *n.* टाइमपीस में गति का लोलक, पलायन।

Escort (एस्कार्ट्) *n.* अनुचर, रक्षा पुरुष, अंगरक्षक। *v.t.* पहरा देना, रक्षा के लिए साथ देना।

Eskimo (एस्किमो) *n.* उत्तरी अमेरिका के, उत्तरी ध्रुव प्रदेश के आदि निवासी।

Esoteric (एसॉटेरिक्) *adj.* गुप्त, संस्कार किया हुआ, गोपनीय।

Esperanto (एस्परॅन्टो) *n.* संसार के समस्त मनुष्यों के प्रयोग करने के लिये बनी हुई एक कृत्रिम भाषा।

Espier (ऍस्पाइअर्) *n.* भेदिया की तरह निरीक्षण करने वाला।

Espionage (एस्पिअनिज्) *n.* भेदियों को नियुक्त करने की विधि।

Esplanade (एस्प्लेनेड्) *n.* नगर तथा घरों के बीच की समतल भूमि, घूमने तथा सवारी के लिए समतल भूमि, सम प्रदेश, चौक, खुला मैदान।

Essence (इसेन्शसल्) *n.* स्वत्व, निष्कर्ष, सार, हीर, इत्र। *v.t.* सुगंधित करना।

Essential (इसेन्शल्) *adj.* सारभूत, आवश्यक, प्रधान (शुद्ध)। *n.* आधारभूत सिद्धान्त। **Essentiality,** *n.* आवश्यकता।

Establishment (इस्टॅब्लिश्मेन्ट्) *n.* संस्थापन, दृढ़ीकरण, व्यवसाय का स्थान, नौकर-चाकर, व्यापार गृह, संस्था, प्रतिष्ठान।

Estate (ऍस्टेट्) *n.* अवस्था, दशा, अचल भूसम्पत्ति (रियासत), चल-अचल सम्पत्ति।

Esteem (एस्टीम्) *v.t.* सम्मान करना, आदर करना, मानना, महत्व देना, समझना, विचार करना। *n.* आदर, सम्मान।

Eternal (इटनर्ल्) *adj.* नित्य (अनन्त), सनातन (अनादि)।

Eternity (इटर्निटि) *n.* नित्यता, अनन्तकाल, भविष्य जीवन, मृत्यु के बाद का काल।

Etiquette (एटिकेट्) *n.* सदाचार, सभ्य समाज की रीति, शिष्टाचार।

Ethmology (एटिमॉलॉजि) *n.* शब्दव्युत्पत्ति, शब्दसाधन।

Eulogize (यूलजाइज्) *v.t.* प्रशंसा करना, स्तुति करना। **Eulogist,** *n.* स्तुति पाठ करने वाला।

Eulogy (यूलॅजि) *n.* प्रशंसा, स्तुति, गुणवर्धन, सराहना।

Eunuch (यूनक्) *n.* नपुंसक, हिजड़ा।

Euonym (यूऑनिम्) *n.* किसी पदार्थ का योग्य या उचित नाम।

Euphemism (यूफिमिज़्म्) *n.* मंगल भाषण, कठोर शब्द के बदले में मधुर शब्द का प्रयोग, कठोर बात को कोमल शब्दों में कहना।

Eureka (यूरेका) *n.* & *interj.* ! अपूर्व अविष्कार, मैनें पा लिया है।

European (यूरोपिअन) *adj.* & *n.* यूरोप देश संबंधी, यूरोप देश का निवासी।

Evanescent (इवॅनेसेन्ट्) *adj.* शीघ्र लुप्त हो जाने वाला, क्षणभंगुर।

Evangelist (इवान्जलिस्ट्) *n.* धर्मोपदेश करने वाला, सुसमाचारक। **Evangelistic,** *adj.* सुसमाचारक। **Evangelize,** *v.t.* ईसाई धर्म अपनाना।

Evaporate (इवॅपोरेट्) *v.t.* & *i.* वाष्परूप (भाप) में उड़ना, नाश होना, लय होना।

Evaporative (ईवपोरेटिव्) *adj.* वाष्पी भवन-संबंधी।

Evergreen (एवरग्रीन्) *n.* चिरहरित, सदापर्णी, बारहमासी वृक्ष, सदाहरित, सदाबहार।

Evidence (एविडन्स्) *n.* प्रमाण, प्रत्यक्षता, सुस्पष्टता, संकेत निशान, साक्षी, गवाही, गवाह। *v.t.* गवाह होना।

Evolution (ईवोल्यूशन्) *n.* विवरण, विस्तार, क्रमिक, आविर्भाव, विकास।

Exaggerate (इग्ज़ागरेट्) *v.t.* विस्तृत रूप से वर्णन करना, अतिशयोक्ति करना, नमक मिर्च लगाकर बयान करना, तीव्र करना, हद से ज्यादा बढ़ाना। **Exaggeration,** *n.* अतिशयोक्ति। **Exaggerator,** *n.* लम्बी-चौड़ी बात कहने वाला व्यक्ति।

Exasperate (एगॅजॅस्परेट्) *v.t.* क्रुद्ध करना, उत्तेजित करना, तीव्र करना, भड़काना।

Excavate (एक्सकेवेट्) *v.t.* खोदना, खोखला करना, पोला करना।

Excellence (ऍक्सीलेन्स) *n.* विशिष्टता, श्रेष्ठता, महत्त्व।

Excerpt (एक्सर्प्ट्) *v.t.* उद्धृत करना, खुलासा करना, छाँटना, चुनना। *n.* उद्धरण।

Exchequer (एक्स्चेकर्) *n.* राजकोष वह विभाग जिसमें राजकर जमा होता है।

Excitation (एक्साइटेशन्) *n.* उत्तेजन, उद्दीपन, ऊर्जन।

Exclusion (एक्स्क्लूज़न्) *n.* निषेधक, बहिष्कार, निष्कासन।

Excommunicate (एक्स्कम्यूनिकेट्) *v.t.* जाति से बहिष्कृत करना, समाज से च्युत करना, धर्माधिकार से वंचित करना।

Excrement (एक्स्क्रिमन्ट्) *n.* मल, मलोत्सर्ग, विष्ठा। **Excremental,** *adj.* विष्ठा-सम्बन्धी।

Excreta (एक्स्क्रीट्) *n. pl.* मल-मूत्र आदि पदार्थ, उत्सर्ग।

Excuse (एक्स्क्यूज़्) *v.t.* दोषमुक्त करना, क्षमा करना, माफी देना, अपराध के लिए क्षमा माँगना। *n.* क्षमा-प्रार्थना, बहाना।

Executive (एग्जीक्यूटिव्) *adj.* विधान के सम्पादन से संबंधित, शासन संबंधी।

Executor (एग्जिक्यूटर्) *n. mas.* मृतक के इच्छापत्र का उत्तरसाधक।

Exfoliate (एक्सफोलिएट्) *v.t.* पर्त उतारना, उतरना, छिलका या छाल उतारना या उतरना।

Exhalation (एक्सहेलेशन्) *n.* उच्छवसन, वाष्पण, वाष्प भाप, उच्छ्वास।

Exhale (एक्स्हेल्) *v.t.*& *i.* साँस निकालना, साँस छोड़ना, अपश्वसन करना, भाप (के रूप में) छोड़ना, भाप बनना या बनाना, भाप या धुँआ उड़ाना।

Exhibition (एक्ज़िबिशन्) *n.* प्रदर्शनी, प्रदर्शन, नुमाइश, कौतुक, विश्वविद्यालय में दी जाने वाली छात्रवृत्ति।

Exiguous (एक्सिग्यूअस्) *adj.* अल्प, छोटा। **Exiguity,** *n.* अल्पता।

Exile (एक्ज़ाइल्) *v.t.* देश से निकालना, बहिष्कार करना। *n.* देशनिकाला, निर्वासित व्यक्ति।

Existence (इग्जिस्टन्स्) *n.* सत्ता, जीवन, स्थिति, अस्तित्व।

Exit (एग्ज़िट्) *n.* निकास, निकासी, निर्गम, बाहर जाने का मार्ग, मृत्यु।

Ex-officio (एक्स-अफिशिओ) *adv.* & *adj.* पदानुसार, पदाधिकारेण, पदेन।

Exogamy (एग्सॅगमि) *n.* जाति के बाहर विवाह-संबंध, विजातीय विवाह।

Exogenous (एक्सॉजिनस्) *adj.* बाहर की ओर फैलाव।

Exonerate (एग्सोनरेट्) *v.t.* पाप इत्यादि से मुक्त करना, छोड़ना, बरी होना, निर्दोष साबित होना।

Exorbitant (एग्ज़ॉर्बिटन्ट्) *adj.* अपरिमित, हद से ज्यादा, अत्यधिक।

Exorcize (एक्सॉर्साइज़्) *v.t.* झाड़-फूंककर प्रेत हटाना।

Exoricist (एक्सॉर्स्टि) *n.* ओझा।

Exparte (एक्सपार्टि) *adv.* & *adj.* एक ही पक्ष

के हित में, एकतरफ़ा।

Expatriate (इक्स्पॅट्रिएट्) *v.t.* निर्वासित करना, स्वदेश छोड़कर चले जाना, देशनिकाला।

Expedition (एक्सपीडिशन्) *n.* शीघ्रता, जल्दी, प्रस्थान, तत्परता, मुस्तैदी, अभियान, चढ़ाई, खोज, यात्रा, अभियान दल, साहसिक यात्रा। **Expeditionist,** *n.* साहसिक यात्रा करनेवाला मनुष्य।

Experiment (एक्स्पेरिमन्ट्) *n.* परीक्षा, प्रयोग, अनुसन्धान। *v.t.* परीक्षा करना, अनुभव करना। **Experimental,** *adj.* परीक्षणात्मक, प्रयोगात्मक, प्रायोगिक, आज़माइशी, प्रयोगगत, अनुभव प्राप्त। **Experimentally,** *adv.* परीक्षण रूप में।

Expert (एक्सपर्ट्) *adj.* दक्ष, निपुण, चतुर। *n.* विषय विशेष का ज्ञान रखने वाला।

Expiration (ऍकस्पिरेशन्) *n.* प्राण त्याग, मृत्यु, समाप्ति, समापन, निःश्वसन।

Expire (इक्सपायर्) *v.t.* & *i.*) श्वास निकालना, श्वास छोड़ना, बाहर फेंकना, दम निकल जाना, अंत होना, मरना, समाप्त होना, निरर्थक होना।

Exploit (एक्सप्लॉइट्) *n.* पराक्रम, अद्भुत कार्य, कारनामा, करतूत, शोषण करना, संदोहन करना। *v.t.* व्यवहार में लाना, लाभ उठाना, अनुचित लाभ उठाना, उपयोग करना, शोषण करना, काम लेना।

Explore (एक्सप्लोर्) *v.t.* अन्वेषण करना, अनुसन्धान करना, खोज करना, छानबीन करना, जाँच-पड़ताल करना।

Explosion (एक्स्लोज़न्) *n.* विस्फोट, धड़ाका।

Explosive (एक्सप्लोसिव्) *adj.* शीघ्रदाह, शीघ्र उड़ने वाला, विस्फोटक। *n.* विस्फोटक सामग्री।

Expositor (एक्स्पॉज़िटर्) *n.* प्रतिपादक, अर्थ प्रकाशक, व्याख्याता, टीकाकार, भाष्यकार।

Expulsion (एक्स्पल्शन्) *n.* निष्कासन, बहिष्कार, निर्वासन, मारकर भागना।

Expugn (ऍक्सॅप्यून) *v.t.* जीतना।

Expunge (एक्सपन्ज्) *v.t.* मिटाना, पोंछना, कब्जा कर लेना, वश में करना, हटाना, छोड़ना। **Expungnation,** *n.* विलोचन, मिटाव, वशीकरण।

Ex-service (एक्स-सर्विस्) *adj.* सेवानिवृत (सैनिक)।

Extempore (इक्स्टेम्पोर्) *adv.* पूर्व कल्पना बिना, एकाएक। *adj.* तत्कालिक।

Extemporize (एक्स्टेम्पराइज्) *v.t.* & *i.* बिना किसी तैयारी के बोलना, बिना देखे बोलना, बिना तैयारी करके तत्काल भाषण देना, तत्काल लिखना, या बोलना।

External (एक्स्टर्नल्) *adj.* बहिःस्थित, बाहरी, भौतिक, मूर्त, दृश्य, विदेशी, वैदेशिक, परराष्ट्रीय, अचानक। *n. pl.* अनावश्यक, बाहरी चेहरा, बाह्य स्वरूप, मोहरा। **Externalism,** *n.* कर्मकाण्डवाद, बहिर्मुखता। **Externality,** *n.* बहिर्भाव। **Externally,** *adv.* बाह्य रूप से।

Extinction (एक्स्टिंक्शन्) *n.* अग्निशमन, उन्मूलन, समापन, अवसान, लोप, नाश, अंत।

Extincive (एक्सटिंक्सिव्) *adj.* बुझने योग्य, निर्वापक, समापक।

Extinguish (एक्स्टिंग्विश्) *v.t.* (बुझाना, दबाना, नष्ट करना, पोंछना। **Extinguisher,** *n.* बुझाने वाला।

Extirpate (एक्स्टर्पेट्) *v.t.* जड़ से उखाड़ना, मिटा देना, नाश करना। **Extirpation,** *n.* नाश। **Extirpator,** *n.* उखाड़ने वाला।

Extortion (एक्स्टॉर्शन्) *n.* लूट, बलात्कार, जबरन वसूली, जबरन वसूल करने वाला, जबरदस्ती। **Extortioner,** *n.* अत्याचारी। **Extortionate,** *adj.* जबरन वसूल करने वाला।

Extradite (एक्सट्रेडाइट्) *v.t.* (विदेशी भागे हुए अभियुक्त को) उसकी सरकार के हवाले करना। **Extradition,** *n.* प्रत्यार्पण।

Extrajudicial (एक्स्ट्राजूडिशल्) *adj.* अनाधिकृत रूप से, न्यायिक रूप से नहीं, गैर-कानूनी।

Extraordinary (एक्स्ट्रॉऑर्डिनरि) *adj.* अपूर्व, असाधारण, असामान्य, अद्भुत, अनोखा, विशेष रूप से नियुक्त (सहाधिकारी), आश्चर्यजनक, विलक्षण।

Extravagance (एक्स्ट्रॅवगन्स्) *n.* अतिशय, असंयम, अतिव्यय, अमर्यादा, उच्छृंखलता, फिजूलखर्ची।

Extremism (ऍक्सट्रीमूइज्म्) *n.* विप्लव, उग्रवाद, अतिवाद, चरमपंथ।

Extremist (एक्स्ट्रीमिस्ट्) *n.* अतिवादी, उग्रपंथी, गरमदलीय, चरम पंथी, विप्लववादी।

Extrovert (एक्स्ट्रवर्ट्) *n.* केवल बाहर की ओर देखने वाला। *adj.* बाह्य परिस्थितियों से प्रभावित। *v.t.* प्रत्यक्ष करना।

Exude (एक्स्यूड्) *v.t.* & *i.* पसीने की तरह रसकर बहना, टपकना, चुआना, पसीजना, रिसना।

Exult (एग्ज़ल्ट्) *v.i.* आनंदित होना, अति प्रसन्न होना, फूले न समाना, आह्लादित होना। नेत्र के

सदृश पदार्थ, अँखुआ। *v.t.* देखना, निरीक्षण करना।

Eye-witness (आइ-विट्नेस्) *n.* प्रत्यक्ष, साक्षी।

Eyot (इर्यट) *n.* छोटा टापू।

Eyre (ऍयर्) *n.* यात्रा, दौरे की अदालत।

Eyrie (आयरि) **Eyry, aery.** *n.* शिकारी चिड़िया का घोंसला, ऊँचा, नीड़, ऊँचे टीले का मकान।

F

F (एफ्) अंगरेजी वर्णमाला का छठा अक्षर, गायन में चौथा सुर, फॉरनहाइट तथा फ्लोरीन गैस का चिह्न।

F (एफ्) *abbr.* तेज़ आवाज़ में।

Fabric (फॅब्रिक्) *n.* बुना हुआ वस्त्र, रचना, भवन, बनावट, कपड़ा।

Fabricate (फॅब्रिकेट्) *v.t.* निर्माण करना, बनाना, रचना करना, गढ़ना, झूठी बात गढ़ना।

Fabrication (फ़ैब्रिकेशन्) *n.* गठन, रचना, झूठी बात, जालसाजी।

Fabricator (फ़ैब्रिकेटर) *n.* झूठी कहानी गढ़ने वाला।

Fabulist (फॅब्यूलिस्ट्) *n.* कहानी लिखने वाला, मिथ्यावादी मनुष्य।

Fabulous (फॅब्युलस्) *adj.* कृत्रिम, झूठा, काल्पनिक।

Face cream (फ़ेस क्रीम) *n.* मुँह साफ करने की क्रीम।

Face pack (फ़ेस पैक्) *n.* मुंह की त्वचा साफ़ करने के लिए बना पदार्थ।

Facile (फॅसाइल्) *adj.* सुगम, सहज, अनुकूल, आसान, लचीला, सरल।

Facsimile (फॅक्-सिमिल्) *n.* प्रतिलिपि, ठीक नमूना या नकल। **Facsimilist,** *n.* प्रतिलिपि (ठीक नमूना) बनाने वाला।

Fact (फाक्ट्) *n.* कार्य, कृति, दृढ़ कथन, तथ्य, वास्तविकता, सचाई, यथार्थता, तथ्य की बात।

Faction (फॅक्शन्) *n.* दल (पक्ष-विरोध), हलचल, बलवा, पक्ष, गुट, गुटबंदी, दलबंदी, मतभेद।

Factious (फैक्शस्) *adj.* कलहप्रिय, अराजक, बलवाई।

Factitious (फॅक्टिशस्) *adj.* प्रचलित, नकली, कृत्रिम, बनावटी।

Factitive (फॅक्टिटिव्) *adj.* एक कर्म तथा एक पूरक लेने वाले धातु से सम्बन्धित।

Factor (फॅक्टर्) *n.* नियोगी, प्रतिनिधि, अढ़तिया, भाज्य (खण्ड)। **Factorage** *n.* आढ़त दलाली। **Factorial** *adj.* & *n.* गणितीय स्थिति में बढ़ना। **Factorize,** *v.t.* खण्ड करना।

Factory (फॅक्टरि) *n.* शिल्पशाला, कारखाना, व्यापारी कम्पनी का विदेशी पड़ाव।

Factotum (फॅक्टोटम्) *n.* सब प्रकार का काम करने वाला, नौकर, गुमाश्ता, कारिंदा, विश्वस्त अनुचर या सेवक।

Facula *n.* सूर्य पर का चमकता चिह्न (धब्बा)।

Facultative (फॅक्ल्टेटिव्) *adj.* वैकल्पिक।

Faculty (फॅकल्टि) *n.* आंतरिक शक्ति, सामर्थ्य, मन की शक्ति, योग्यता, क्षमता, संकाय, प्राध्यापक वर्ग, विश्वविद्यालय का विभाग, विशेषाधिकार, सुविधा, अनुज्ञा।

Fad (फॅड्) *n.* धुन, रौ, सनक, झक।

Faggot (फॅगट्) *n.* ईंधन की लकड़ियों का गट्ठर, लोहे की छड़ों का गट्ठा।

Fahrenheit (फरिनहीट्) *adj.* एक प्रकार का गर्मी-सर्दी नापने का यंत्र (थर्मामीटर)।

Fain (फेन्) *adv.* & *adj.* आनन्द-सहित, उत्सुक, प्रसन्नतापूर्वक।

Faineant (फेनिअन्ट) *adj.* *n.* निष्क्रिय, निकम्मा।

Faint (फेन्ट्) *adj.* शक्तिहीन, मुरझाया हुआ, धुंधला, कमजोर, भीरू, डरपोक, शिथिल, कठिनता से सुनने योग्य। *v.i.* शिथिल होना, मूर्च्छित होना। **Faint-hearted,** *adj.* कमजोर दिल वाला। **Faintly,** *adv.* थोड़े बल से। **Faintish,** *adj.* धुंधला। **Faintness,** *n.* धुंधलापन, मूर्छा, ग्लानि। **Faints,** *n. pl.* ऊपर आने वाला मैल।

Fair (फेअर्) *adj.* चमकीला और स्वच्छ, शुद्ध, सुन्दर, संतोषजनक, प्रचुर, साधारण रूप में अच्छा, न्याययुक्त, स्पष्ट अनुकूल, नम्र, सुखी, सच्चा, ईमानदार। *n.* मेला (हाट)। *adv.* नम्रता से, सच्चाई से। **Fair and square,** *adj.* & *adv.* सरल प्रामाणिक ढंग से। **Fairish,** *adj.* सुन्दर, कोमल।

Faith (फेथ्) *n.* विश्वास, भरोसा, निष्ठा, श्रद्धा, आस्था, धर्मनिष्ठा, धार्मिक मत।

Faithful (फेथफुल्) *adj.* राजभक्त, विश्वसनीय,

बात का पक्का, सच्चा। **The faithfulls,** *n. pl.* हजरत मुहम्मद के अनुयायी।

Faithless (फेथ-लिस्) *adj.* धोखा वाला, निष्ठाहीन, आस्थाहीन, धर्मविश्वासों से रहित, विधर्मी।

Fake (फेक्) *n.* रस्से की गेंडुरी, बेईमान आदमी।

Falcate (फॉलकेट्) *adj.* हँसुए की तरह घूमा हुआ।

Falchion (फॉल्चन्) *n.* मुड़ी हुई छोटी तलवार, वक्र खड्ग।

Falciform (फॉल्सिफॉर्म्) *adj.* हँसुए के आकार का।

Falcon (फॉकन्) *n.* पक्षी, बाज, शिकरा, बहरी श्येन, खगांतक, शिकारी पक्षी।

Faldstool (फॉल्ड्स्टूल्) *n.* खेमे में रखने की छोटी तिपायी, मुड़ने वाला स्टूल या चौकी, गिरजाघर में प्रार्थना की चौकी, पादरी की बिना भुजा की कुर्सी।

Fallacy (फॅलसि) *n.* भ्रांति, अशुद्धि, भ्रम, हेत्वाभास।

Fallal (फॅल्-लॅल्) *n.* एक प्रकार का आभूषण, फीता, फरहरा, सस्ता अलंकरण, सजावट।

Fallible (फॅलिबल्) *adj.* भ्रमकारी।

Fallow (फॅलो) *adj.* बंजर, असर (भूमि), पीले भूरे रंग का। *n.* भूमि जिस पर हल चलाकर छोड़ दिया गया हो। *v.t.* बोने के लिए भूमि को तैयार करना।

False (फॉल्स्) *adj.* & *n.* असत्य, भूलयुक्त, मिथ्या, झूठा, खोटा, कृत्रिम, नकली, गलत, कपटी, निष्ठावान, भ्रामक, दिखावटी।

Falsehood (फॉल्सहुड्) *n.* मिथ्या होने की स्थिति या दशा।

Falsetto (फॉल्सेटो) *n.* मिथ्या कंपन, कृत्रिम स्वर।

Falsify (फॉल्सिफाइ) *v.t.* कपट करना, मिथ्या सिद्ध करना, झुठलाना।

Falsity (फॉल्सिटि) *n.* असत्यता।

Falter (फॉल्टर्) *v.i.* & *t.* कांपना, ठोकर खाना, लड़खड़ाना, असफल होना, ढीला पड़ना, हकलाना, डगमगाना।

Fame (फेम्) *n.* यश, कीर्ति, ख्याति, प्रसिद्धि।

Familial (फैमियल) *adj.* कुलागत, कुल संबंधी।

Familiar (फॅमिल्यर्) *adj.* परिचित, प्रसिद्ध, सामान्य, प्रचलित, धनिष्ठ, अंतरंग, ढीठ, धृष्ट, अनौपचारिक, साधारण, पालतू।

Familiarity (फॅमिलिअरिटि) *n.* सुपरिचय, मेल-जोल, घनिष्ठ परिचय।

Familiarize (फॅमिल्यराइज़्) *v.t.* परिचय कराना, अभ्यास कराना। **Familiarization,** *n.* घनिष्ठता, परिचय।

Family (फॅमिलि) *n.* कुटुम्ब (कुल वंश), सन्तति, बाल-बच्चे, जाति।

Famine (फॅमिन्) *n.* अकाल, दुर्भिक्ष, दुर्लभता, अभाव, भुखमरी।

Famish (फॅमिश्) *v.t.* & *i.* भूखों मरना, दुर्भिक्ष से भुखमरी होना।

Famous (फेमस्) *adj.* प्रसिद्ध, विख्यात, नामी, मशहूर, कीर्तिवान, उत्तम।

Famulus *n.* (फॅम्युलस्) जादूगर का सहायक।

Fan (फॅन्) *n.* हवा करने का यंत्र व्यंजन, बेना, पंखा, नाव, जहाज या हवा की चक्की चलाने का यंत्र, किसी खेल का अनन्य, अनुरागी, अंधभक्त। *v.t.* अनाज बरसाना, वायु में कम्पन पैदा करना, हवा में उड़ाना, ओसाना।

Fanatic (फनॅटिक्) *adj.* धर्मोन्मत्त, हठधर्मी। *n.* धर्मोन्मत्त, दुराग्रही, कट्टर व्यक्ति।

Fanaticism (फॉनॉटिसिज़्म्) *n.* धर्मान्माद, धार्मिक हठ।

Fancier (फॅन्सिअर्) *n.* कल्पना करने वाला, प्रेमी, शौकीन, पारखी, पशुपालक या पौधे उगाने वाला।

Fanciful (फॅन्सिफुल्) *adj.* कल्पना-प्रसूत, कल्पनाशील, मनमौजी, मौजी।

Fancy (फॅन्सि) *n.* कल्पनाशक्ति, काल्पनिक विचार, माया, भावना, तरंग, मोह, भ्रांति, तरंग, सनक, झुकाव, रुचि। *adj.* रोचक, अलंकृत, अजीब, सनकी, *v.t.* अनुमान करना, मनन करना, कल्पना करना, मानना, समझना, चाहना, पसंद करना, पालना।

Fane (फेन्) *n.* झंडा, पताका, वातदर्शक।

Fanfare (फॅन्फेअर्) *n.* तुरही और बिगुल नाद, तूर्यघोष, (जिल्दसाज़ी की) आमंडित शैली।

Fanfaronade (फॅन्फॅरॅनेड्) *n.* शेखी, डींग।

Fang (फँग्) *n.* सांप का विषैला दाँत, दाँत की जड़, नुकीला दाँत। *v.t.* टूट पड़ना, पकड़ना।

Fanon (फॉनन्) *n.* छोटा अँगोछा, रूमाल।

Fantasia (फॅन्टसिआ) *n.* एक प्रकार का संगीत युक्त रूप से लय आदि निकालने का नियम।

Fantast (फॅन्टॅस्ट्) *n.* शेखचिल्ली, हवाई महल बनाने वाला।

Fantastic (फॅन्टॅस्टिक्) *n.* & *adj.* तरंगी, (मनमौजी), झक्की, भद्दा, अजीब।

Fantasy, Phantasy (फॅन्टॅसि) *ns.* कल्पना, अनुमान, झक, मानसिक चित्र, प्रेम, सनक, मौज, मनोराज्य।

Far (फार्) *adv.* & *n.* दूर, बहुत दूर, बढ़कर दूरी। *n.* अधिक दूरी।

Farad (फॅरड्) *n.* बिजली की एक विशेष नाप।

Farce (फार्स्) *n.* प्रहसन, हँसी का नाटक, स्वाँग।

Fardel (फार्डेल्) *n.* भार, गट्ठर, गट्ठा, बोझ।

Fare (फेअर्) *n.* किराया, भाड़ा, सवारी, आहार, भोजन। *v.t.* यात्रा करना, होना, भोजन करना या कराना, अनुभव करना, सफल होना।

Farewell (फेअर्-वेल्) *inter.* विदाई, नमस्कार। *n.* तुम्हारा भला हो।

Farfetched (फार-फेच्ड्) *adj.* दूरागत, अस्वाभाविक।

Farina (फरीना) *n.* आटा, माड़ी, पराग।

Farl (फार्ल) *n.* जई या आटे की रोटी का चौथाई भाग, केक, टिकिया।

Fascia (फॅसिआ) *n.* फीता, पट्टी, असंपट्ट, तख्ता या फलक।

Fashion (फॅशन्) *n.* रीति, प्रकार चाल-ढाल, लोकाचार, देशाचार, भूषाचार, रिवाज, ढंग, आकार, आकृति, संप्रदाय, चालू पोशाक, वेशभूषा, सभ्य समाज। *v.t.* विधान करना, निर्माण करना।

Fast (फास्ट्) *v.t.* उपवास करना, आहार न करना। *n.* उपवास, अनाहार। *adj.* कसा हुआ, गाढ़, तीव्र, शीघ्र। *adv.* कसकर, सावधानी से।

Fasten (फासन्) *v.t.* & *i.* बाँधना, जकड़ना, गूँथना, दृढ़ करना। **Fastening,** *n.* बन्धन। **Fastener, Fastening,** *ns.* चिमटा अड़काने वाला।

Fasti (फॅस्टि) *n.* प्राचीन रोमन जन्त्री के अनुसार एक विशेष दिन जिस दिन विधान अथवा लोक व्यवहार खूब खुल कर होता था, कैलेंडर, तिथिपत्र।

Fat (फाट्) *adj.* चर्बी बढ़ा हुआ, उर्बरा, स्थूल, माँसल, मोटा, हट्टा-कट्टा, थुलथुल, चर्बीला, चिकना, उपजाऊ। *n.* चर्बी, मज्जा। *v.t.* & *i.* मोटा करना।

Fatal (फेटल्) *adj.* भाग्य का लिखा हुआ, प्राणनाशक, सांघातिक, घातक, विनाशक, अनिवार्य, अवश्यंभावी।

Fatalism (फेटॅलिज़्म्) *n.* भाग्यवाद, भाग्य पर भरोसा करने का सिद्धान्त।

Father (फादर्) *n.* पिता, बापू, पूर्वज, वृद्ध पुरुष के लिए आदर का शब्द, उत्पादक। *n. pl.* (ब. व.) वृद्धजन, बड़े लोग। *v.t.* उत्पन्न करना, जनना। **Fatherless,** *adj.* पितासदृश, वात्सल्यपूर्ण।

Father-in-law (फादर्-इन्-लॉ) *n.* ससुर।

Fatherland (फादर्-लैन्ड्) *adj.* पैतृक भूमि, पितृ भूमि।

Fathom (फ़ादम्) *n.* छः फुट की नाप। *v.t.* पानी की गहराई नापना, भली-भाँति समझना।

Fatidical (फ़ाटिडिकल्) *adj.* भविष्य कहने की शक्ति वाला।

Fatigue (फटीग्) *n.* परिश्रम के कारण से थकावट, कठोर काम, श्रम दण्ड। *v.t.* पुनः जीवन प्राप्त करने की शक्ति खो बैठना, कष्ट देना, थकाना। **Fatigued,** *adj.* श्रान्त, थका हुआ। **Fatigueless,** *adj.* बिना थकावट का।

Fatuous (फॅट्युअस्) *adj.* बुद्धिहीन, मंदबुद्धि, मूर्ख, पुरुषत्वहीन, दुर्बल।

Fault (फॉल्ट्) *n.* दोष, लांछन, दुर्गुन, कमी, त्रुटि, चूक, गलती, अपराध, कुसूर, अशुद्धि, भूल, अपूर्णता।

Faun (फॉन्) *n.* रोमन देवता (चरवाहों का रक्षक)।

Fauna (फॉना) *n. pl.* किसी प्रदेश के पशुवर्ग।

Favour (फ़ेवर्) *n.* अनुग्रह, स्नेह, अनुमति, अति कृपा, अनुमोदन, समर्थन, स्वीकृति, तरफदारी, सहायता, उपकार, उपहार, पत्र, पक्षपात। *v.t.*

अनुमोदन करना, कृपा करना, सहायता देना, पक्षपातपूर्ण व्यवहार करना। **Favoured,** *adj.* सहायता-युक्त, अनुग्रह-प्राप्त।

Favourable (फेव़रेबल्) *adj.* अनुकूल, भाग्यशील, शुभ।

Favourite (फेव़रिट्) *adj.* अनुकूल, रुचिकर, मुँहलगा। *n.* प्रिय, इष्ट।

Fear *n.* (फ़िअर्) भय, डर, अंदेशा, खटका, खतरा, आशंका, त्रास। *v.i. & t.* भयभीत होना, डरना, डराना, सन्देह करना।

Fearful (फियर्-फुल्) *adj.* भयंकर, भयानक। **Fearfullness,** *n.* कायरता। **Fearfully,** *adv.* भय सहित।

Fearless (फिअरलेस्) *adj.* निर्भय, निःशंक। **Fearlessly,** *adv.* बिना डरे हुए।

February (फेबुअरि) *n.* अंग्रेजी वर्ष का दूसरा महीना, फ़रवरी।

Feckless (फेकलिस्) *adj.* दुर्बल, शक्तिहीन, उत्साहहीन, निर्जीव, निरुत्साह, असहाय, बेकार, लापरवाह, बेफिक्र।

Fecula (फेक्यूला) *n.* हरी वनस्पतियों को कुचलकर निकाला हुआ सत्व।

Feculence (फेक्युलन्स्) *n.* गन्दगी, तलछटन, मैलापन।

Feculent (फेक्यूलेन्ट्) *adj.* गन्दा, मैला, मटियाला।

Fecund (फीकन्ड्) *adj.* फलप्रद, उपजाऊ, उर्वर।

Fecundate (फीकडेट) *v.t.* फलप्रद या उपजाऊ बनाना।

Federal (फेडरल्) *adj.* राज्यों की परस्पर सन्धि-संबंधी, संघीय, संयुक्त।

Federate (फेडरेट्) *v.t. & i.* एक संस्था में सम्मिलित करना।

Fee (फी) *n.* शुल्क, वेतन, डाक्टर या वकील का शुल्क, फ़ीस। *v.t.* शुल्क या फीस देना।

Feeder (फीडर्) *n.* भोजन कराने वाला, पोषक, अभिनेता, खाने वाला, बच्चों की दूध की बोतल, चरवाहा, प्रोत्साहक, सहायक नदी।

Feeze (फ़ीज़) *v.t.* ऐंठना, पेंच घुमाना।

Feign (फेन्) *v.t. & i.* बहाना करना, अनुमान करना, झूठा करना, छल करना।

Feint (फेन्ट्) *n.* दिखावा, दाँव, बनावटी आक्रमण, बहाना।

Feist (फीस्ट्) *n.* एक छोटा कुत्ता (अमेरीका का)।

Fellowship (फेलोशिप्) *n.* साहचर्य, मित्रभावना, शिक्षावृत्ति, व्यक्ति की आमदनी और सामाजिक स्थिति, सभा, साझेदारों के बीच लाभ हानि का बँटवारा, समागम, हानि में सहभागी।

Felucca (फिलूका) *n.* छोटी नाव, पाल और डाँडयुक्त नाव।

Female (फीमेल्) *n. & adj.* स्त्री या लड़की, स्त्रीजाति, स्त्रीलिंगी, स्त्री संबंधी।

Fenestra (फेनेस्ट्रा) *n.* गवाक्ष, झरोखा।

Fenestrate (फेनेस्ट्रेट्) *adj.* छिद्रित, झरोखेदार, पारदर्शी, स्थूलयुक्त। **Fenestration,** *n.* वातायन विन्यास।

Fennel (फेनल्) *n.* सोया की जाति का एक शाक।

Fenny (फ़ेनि) *adj.* दलदली।

Fern (फर्न्) *n.* पर्णांग, फ़र्न, सुंदर महीन बत्तियों का एक पौधा।

Ferocious (फरोशस्) *adj.* भयंकर, खूँखार, निर्दयी, जंगली, **Ferociously,** *adv.* क्रूरता से, निर्दयता से।

Ferocity (फरॉसिटि) *adj.* क्रूरता, असभ्यता, भंयकरता।

Fervent (फर्वेन्ट्) *adj.* गरम, तीक्ष्ण, जोशीला, सरगर्म, उत्सुक। **Fervently,** *adv.* उत्सुकता सहित।

Festival (फेस्टिव़ल्) *n.* उत्सव, पर्व, त्यौहार, मेला। *adj.* प्रसन्न।

Festive, Festivous (फेसिस्टव़) *adjs.* उत्सव संबंधी, आनन्दित, खुश, प्रसन्न।

Festivity (फेस्टिविटि) *n.* उत्सव काल, आनन्द का दिन, आनन्दमंगल, आमोद-प्रमोद।

Festoon (फेस्टून्) *n.* माला, झालर, बंदनवार, तोरण, गजरा।

Fetch (फेच्) *v.t. & i.* जाकर लाना, निकालना, मूल्य पर बेचना, वसूल करना, घूमना।

Fetching (फेचिंग्) *adj.* मोहक, आकर्षक।

Fete (फेट्) *n.* उत्सव, त्योहार, अवकाश का दिन। *v.t.* आनन्द मनाना, उत्तरोत्तर करना (बढ़ाना)।

Feticide (फीटिसाइड्) *n.* भ्रूणहत्या (गर्भनाश करने का कार्य)।

Feudal (फ्यूडल्) *n.* जागीरदारी का। **Feudalism,** *n.* जागीरदारी। **Feudalist,** *n.* जागीरदारी प्रथा का समर्थक।

Feudatory (फ्यूडेटरि) *adj.* & *n.* किसी कार्य के लिए दी गई जागीर वाला।

Fever (फीवर्) *n.* ज्वर (ताप), बुखार, अशान्ति, उत्तेजना, बड़ी व्याकुलता। *v.t.* बुखार होना।

Fiasco *n.* (फीआस्को) विशिष्ट असफलता, संगीत प्रदर्शन में असफलता, पूर्ण, असफलता, बंटाढार।

Fibula (फिब्यूला) *n.* टाँग के अगले भाग की हड्डी।

Fidelity (फिडेलिटि) *n.* सत्य के प्रति निष्ठा, ईमानदारी, वफ़ादारी, निष्ठा।

Fidget (फिजिट्) *n.* चंचलता, चुलबुलाहट, बेचैनी। *v.i.* चंचल होना।

Fidibus (फिडिबस्) *n.* मोमबत्ती या दिया जलाने के लिए कागज़ का टुकड़ा।

Fiducial (फाइड्यूशल्) *adj.* विश्वास्य, ढालू, विश्वसनीय, निर्दिष्ट।

Fiduciary (फाइड्यूशरि) *adj.* न्यासी, न्यासधारी।

Fiduciary estate. विश्वासाश्रित संपत्ति, अमानती जायदाद।

Fie (फाइ) *inter.* छीः! थू!

Fief (फीफ्) *n.* फ़ौजी काम करने के लिए दी गई जागीर।

Field (फील्ड्) *n.* भूमि, मैदान, खेत, चरागाह, खेल आदि का मैदान, रणभूमि, दृष्टिपथ, ज्ञान का विषय, विस्तार, खनिज क्षेत्र, कार्यक्षेत्र। *v.t.* क्रिकेट के खेल में फील्डिंग करना। **Fielder,** *n.* क्रिकेट के खेल में क्षेत्ररक्षण करने वाला।

Fiend (फीन्ड्) *n.* पिशाच, शैतान, राक्षस, प्रेत, परम दुष्ट।

Figment (फिग्मन्ट्) *n.* काल्पनिक कथन या वार्ता, मनगढंत, बात, कल्पित, वस्तु।

Figurist (फिगूरिस्ट्) *n.* मूर्ति या प्रतिमा बनाने वाला।

Filament (फिलमन्ट्) *n.* तन्तु, सूत्र, रेशा, बिजली के बल्ब का जलने वाला तार।

Filigree (फिलिग्री) *n.* सोने या चाँदी के महीन तार या लेस का काम, तारकशी, ज़रदोजी, जरी का काम, ज़रदोजी के काम वाला।

Fill (फिल्) *n.* पर्याप्त मात्रा। *v.t.* & *i.* पूर्ण होना या करना, इकट्ठा करना, विस्तृत करना, संतुष्ट करना, पद धारण करना, नियुक्त होना। **Filler,** *n.* भरने के माप में डालकर भरना।

Filler (फ़िलेअर्) *n.* पूरा करने या भरने वाला। **Filling,** *n.* भराव।

Film (फिल्म्) *n.* फिल्म, चलचित्र, सिनेमा, झिल्ली, चलती तस्वीर के यंत्र की पट्टी, ऐसी पट्टियों पर खींचे गए चित्र, पटल, पतला धागा। *v.t.* & *i.* झिल्ली से ढाँकना, चलती तस्वीर के नाटक के अंक की रचना करना।

Final (फाइनल्) *adj.* अन्तिम, निर्णीत, आखिरी, अंत या उद्देश्य संबंधी। **Finality,** *n.* अंतिम स्थिति। **Finally,** *adv.* अन्ततोगत्वा, पूरी तरह से।

Finance (फाइनेन्स) *n.* आर्थिक व्यवस्था, वित्त, अर्थ, सार्वजनिक धन, अर्थवयवस्था, अर्थ प्रबन्ध। *v.t.* & *i.* आय-व्यय का प्रबन्ध करना।

Find (फाइन्ड्) *v.t.* अन्वेषण करना, प्राप्त करना, अनुभव करना, सफल होना। *n.* प्राप्त वस्तु, अधिकार।

Finder (फाइन्डर्) *n.* पता लगाने वाला, अन्वेषण करने वाला।

Finding (फाइन्डिंग्) *n.* पाना, पता लगाना, खोज, आविष्कार, निष्कर्ष।

Finger (फिंगर) *n.* अंगुली (हाथ की), अगुंलि-स्पर्श। *v.t.* अंगुली से छूना या बाजा बजाना।

Fingering (फिंगरिंग्) *n.* वाद्य बजाने में धीरे से पकड़ने या छूने का काम, (मोजे या जुराब बनाने का) मोटा ऊनी डोरा।

Finial (फाइनिअल्) *n.* गाथिक, इमारत में बनी हुई फूल-पत्ती, स्तूपिका, कलश, कंगूरा, कलसी, शिखांत।

Firebrand (फायर्-ब्रान्ड) *n.* मशाल, जलती लकड़ी।

Fire-brigade (फायर्-ब्रिगेड्) *n.* दमकल, आग बुझाने में दक्ष जनों की टोली।

Fire-bug (फायरबग्) *n.* आग लगाने वाला।

Fire-drill (फायर ड्रील) *n.* अग्नि-शामन-कबायद।

Fiscal (फ़िस्कल्) *adj.* राजकर-संबंधी।

Fistula (फिस्टयूला) *n.* नाड़ी व्रण, नासूर, हेल, अन्य जलचरों या पानी की टोटी, भगंदर।

Fit (फिट्) *n.* बीमारी का दौरा, प्रस्तुत करना, योग्य बनना, ठीक करना, योगय होना (सजना)। *v.t.* & *i.* अनुकूल होना, प्रस्तुत करना, योग्य बनना, ठीक करना, योग्य होना (सजना)। *adj.* गुणी, उपयुक्त, उचित, योग्य, स्वस्थ।

Fixture (फिक्सचर्) *n.* दृढ़ी या स्थिरीकरण, स्थिरता, दृढ़ता।

Fizz (फिज़्) *v.i.* फुफकारना, चरचराना। *n.* सीत्कार, चरचराहट, फेनिल पेय।

Fizzle (फिजूल) *v.i.* धीरे-धीरे फुफकारना।

Flabbergast (फ्लॅबरगास्ट्) *v.t.* हक्का-बक्का कर देना, आश्चर्यचकित कर देना।

Flabby (फ्लॉबि) *adj.* मृदु, कोमल, पिलपिला, ढीला। **Flabbiness,** *n.* चिपचिपाहट, कोमलता, ढीलापन।

Flabellate (फ्लबिलेट्) *adj.* पंखाकार, व्यंजनाकर।

Flaccid (फ्लॅक्सिड्) *adj.* झूलता या लटकता हुआ, नरम।

Flag (फ्लॅग्) *n.* दलदल का एक प्रकार का पौधा, पत्थर की चौरस पटिया, ध्वजा, झंडा, पताका। *v.t.* & *i.* झुकाना, मंद होना, झंडी से संकेत करना, लटकाना, मुरझाना, ढीला पड़ना, उत्साह खोना।

Flag-staff (फ्लेगस्टाफ) *n.* झंडे का डंडा, पताका डंडा।

Flap (फ्लॅप्) *v.t.* & *i.* किसी चौड़ी वस्तु से हल्की चोट मारना, पर फड़फड़ाना, थपथपाना, झटकना। *n.* लोलक, लटकती हुई वस्तु, कोट का लटकता हुआ भाग।

Flat rate (फ्लेट रेट) *n.* एक भाव, समान दर।

Flatten (फ्लॅटन्) *v.t.* & *i.* चौरस करना, समतल बनाना, समतल हो जाना, मन्द करना।

Flatter (फ्लॅटर्) *v.t.* अत्यधिक प्रशंसा करना, मिथ्या प्रशंसा करना, किसी बात को बहुत बढ़ाकर कहना।

Flee (फ़्ली) *v.i* & *t.* भाग जाना, एकाएक, त्यागना, जल्दी करना, धृणा करना।

Fleece (फ्लीस्) *n.* भेड़ का रोवाँ, ऊन, कर्तित ऊन, कच्ची ऊन, पतला रेशा। *v.t.* भेड़ के बाल काटना, लूटना, चमड़ी उधेड़ना।

Fleshmonger (फ्लेशमोंगर्) *n.* मांस बेचनेवाला।

Fleshy (फ्लेशि) *adj.* पुष्ट (मोटा), माँसल।

Flexible (फ्लेक्सिबल्) *adj.* मुलायम, लचीला।

Flight (फ्लाइट्) *n.* उड़ान, पक्षियों अथवा कीड़ो का झुंड, शीघ्र गति, पक्षी के उड़ने की दूरी, सीढ़ियों का डंडा, पलायन, समूह, झुंड, सोपान पंक्ति, भगदड़।

Flighty (फ्लाइटि) *adj.* चंचल, चपल, द्रुत, कल्पना, परिवर्तनशील, अस्थिर, चंचल वृत्ति वाली।

Flimsy (फ्लिम्ज़ि) *adj.* पतला, झीना, सारहीन, थोथा, तुच्छ, हल्का, निर्बल, असार, शक्तिहीन, कमजोर।

Flirt (फ्लर्ट्) *v.t.* & *i.* झटके से फेंकना, वेग से हिलना या उछालना, फड़फड़ाना, झूठा प्यार जताना, हंसी उड़ाना, छिनालपना करना, इश्कबाजी करना।

Flit (फ्लिट्) *v.i.* भाग जाना, उड़ जाना, फूदकना।

Flitch (फ्लिच्) *n.* टुकड़ा, नमक-मसाला लगाया हुआ सुअर का बगल का मांस।

Float (फ्लोट्) *n.* डोंगा, तैरनेवाला पदार्थ, पलस्तर चिकनाने का औजार। *v.t.* & *i.* जल या वायु इत्यादि पर तैरना, व्यावसायिक संघ, स्थापित करना, घूमना।

Floatage (फ्लोटेज्) *n.* उत्प्लावकता, प्लवक, जल रेखा के ऊपर का अंश।

Floatation, Flot (फ्लोटेशन्, फ्लॉट्) *ns.* व्यावसायिक संघ या स्कीम चलाना, तैरने की क्रिया।

Floating (फ्लोटिंग्) *n.* तैरान। *adj.* तैरता हुआ, चलायमान। **Floating bridge,** *n.* पीपे का पुल।

Flock (फ्लॉक्) *n.* झुंड, वृंद, समूह, उत्तरी हुई

ऊन, दीवारी कागज बनाने के लिए एक प्रकार भस्मित ऊन। *v.t.* झुण्ड लगाना, भीड़ मचाना।

Floe (फ़्लो) *n.* जल पर बरफ का तैरता हुआ टुकड़ा, हिमवाह, प्लावी हिमखंड।

Flog (फ्लॉग्) *v.t.* कोड़े मारना, पीटना, प्रहार करना।

Flood (फ़्लड्) *n.* ज्वार, नदी, बाढ़, जल प्रवाह, सैलाब, जलप्लावन, प्रलय, नदी या अन्य जल-स्रोत, प्रचुरता। *v.t.* & *i.* जल से पूरित करना, बाढ़ में बहा ले जाना, जलमग्न करना, प्रचुरता से देना, प्रस्तुत करना।

Floor (फलोर्) *n.* फ़र्श, मंच, मंजिल, तल्ला, पृष्ठ, तल, तला, निम्न सीमा, सभा सदन, सभा कक्ष, भूतल (गृहमूल्य)। *v.t.* छत बनाना, पटिया जमाना।

Florescence (फ्लोरेसन्स्) *n.* फूलने की ऋतु या अवस्था, पुष्पन, स्वर्णकाल।

Floret (फ्लॉरिट) *n.* गुच्छे में का एक छोटा फूल।

Floriculture (फलॉरि-कल्चर्) *n.* फूलों की खेती।

Florid (फ्लॉरिड्) *adj.* फूलों से अलंकृत, दिखवा, गहरे रंग का, चमकीला, लाल।

Flounder (फ्लाउन्डर्) *n.* एक प्रकार की छोटी मछली। *v.t.* कीचड़ में तड़फड़ाना, अशुद्धि करना, व्यवसाय का बुरा प्रबन्ध करना।

Flour (फ्लॉर्) *n.* गेहूँ या दूसरे अनाजों का आटा, पिसान, चून, चूर्ण बुकनी। *v.t.* आटा पीसना, आटा छिड़कना, चूर्ण रूप होना।

Flower (फ्लॉवर्) *n.* पुष्प, फूल, कुसुम, प्रसून, श्रेष्ठ भाग, सार, अच्छा भाग, युवावस्था, उत्कृष्ट वस्तु या व्यक्ति, गंधक आदि के फूल, अलंकार शैली की तड़क-भड़क। *v.i.* & *t.* फूलों से सुशोभित करना। **Flowerage,** *n.* फूलों का मौसम, आम फूल। **Flowered,** *adj.* पुष्पित, कुसुमित। **Floweret,** *n.* छोटे-बड़े फूल। **Flowerless,** *adj.* कुसुमहीन।

Flowery (फ्लावरि) *adj.* पुष्पमय, फूलों से सजा हुआ, फूलों से पूर्ण, आलंकारिक।

Fluctuate (फ्लक्च्युएट्) *v.i.* लहराना, झूलना, घटना, बढ़ना।

Flue (फ्लू) *n.* रोंआ, जाल, गरम हवा बाहर निकालने की नली, धुआकश, इन्फ्लूएंजा बुखार।

Fluency (फ्लूऍनसि) *n.* बिना रुकावट की बोलचाल, अबाध भाषण।

Fluent (फ्लूअन्ट्) *adj.* वाक्पटु, आलाप कुशल, धारा प्रवाह, धारावाही, अस्खलित, सहज। **Fluency,** *n.* बेधड़क, बिना रुकावट के (तेजी के साथ)।

Fluminous (फ्लूमिनस्) *adj.* नदियों से पूर्ण।

Flummery (फ़्लमरि) *n.* लप्सी (हलुआ), निःसार, अभिवादन।

Flump (फ्लम्प्) *v.i.* धड़ाके से गिरना।

Flunkey *n.* (फलन्कि) चपरासी, वर्दीधारी नौकर, नीच व्यक्ति।

Fluorine (फ्लूरीन्) *n.* एक अधातु तत्व।

Fluor (फ्लूअर्) *n.* मासिक प्रवाह। **Fluorine,** *n.* प्रतिदीप्ति।

Fluorescence (फ्लूओरसन्स्) *n.* प्रतिदीप्ति।

Flurry (फ़्लरि) *n.* हड़बड़ी, घबराहट, उत्तेजना। *v.t.* घबड़ाना।

Flutter (फ्लटर्) *v.t.* & *i.* पर, फड़फड़ाना, कँपाना, काँपना, व्याकुल करना, स्पंदित होना/करना, मंडराना। *n.* कंपन, फड़फड़ाहट, घबराहट, संभ्रम, स्फुरण, स्पंदन, व्यग्रता।

Foam (फोम्) *n.* (*Poet.*) फेन, झाग, बुलबुले। *v.i.* झाग उठना, झागदार होना, झाग से भर देना।

Fob (फॉब्) *n.* घड़ी रखने की छोटी जेब। *v.i.* धोखा देना, ठगना।

Focal (फोकल्) *adj.* केन्द्र सम्बन्धी।

Focalize (फोकलाइज़्) *v.t.* केन्द्रीभूत करना।

Foeticide (फीटिसाइड्) *n.* भ्रुणहत्या।

Foetus, Fotus (फ़ीटस्) *ns.* गर्भ, भ्रूण, गर्भस्थ शिशु, गर्भ संबंधी, भ्रूण संबंधी। **Foeticide,** *n.* भ्रूणहत्या।

Foil (फॉइल्) *n.* भुथरी तलवार, धातु का महीन पत्तर, द्वार, किसी वस्तु को उभारने वाली वस्तु, नक्काशी में लगाया छोटा चाप। *v.t.* & *i.* व्यग्र करना, परास्त करना, मन्द करना, विफल करना।

Foist (फॉइस्ट्) *v.t.* चोरी से लाना, प्रामाणिक की तरह चालू करना, किसी के गले मढ़ना। **Foister,** *n.* छली मनुष्य।

Fold (फोल्ड्) *n.* पशुओं को बन्द करने का बाड़ा,

भेड़ों का रेवड़, गिरजाघर, परत (तह)। *v.i.* दुहराना, चमकाना, ढाँपना, आलिंगन करना, तह करना, भेड़ों को बन्द करना।

Folder (फोल्डर्) *n.* मोड़ने का यंत्र, गँडेरिया, पुस्तिका, इश्तहार, फाइल, पुटक।

Foliaceous (फोलिएशस्) *adj.* पत्ते जैसा, वर्गाकार, स्तरित, शल्कित।

Foliage (फोलिएज्) *n.* पत्ते, पत्तों का गुच्छा।

Follow (फॉलो) *v.t.* अनुगमन करना, अनुकरण करना, पीछा करना, साथ जाना या लगना, आज्ञा मानना, प्रयत्न करना, के बाद आना, के बाद घटना, ध्यान से देखना, समझना, अनुयायी होना, नकल करना, पालन करना, का स्थान लेना, में दिलचस्पी रखना, परिणाम निकलना।

Food (फूड्) *n.* आहार, खाना, वृद्धिकारक पदार्थ, खाने का पदार्थ।

Fool (फूल्) *n.* मूर्ख, निर्बुद्ध, अल्पमति, विदूषक, मसखरा। *v.i.* & *t.* मूर्ख बनाना, ठगना, बेवकूफ बनाना, व्यर्थ खर्च करना, धोखा देना, हँसी करना।

Foolery (फूलरि) *n.* विडम्बना, मूर्खता।

Foolhardy (फूलहार्डि) *adj.* प्रमत्त, उजड्ड, दुःसाहस। **Foolhardiness,** *n.* दुःसाहसिकता।

Foolish (फूलिश्) *adj.* निर्बुद्धि (मूढ़) मंदबुद्धि। **Foolishly,** *adv.* दुःसाहस से। **Foolishness,** *n.* मूर्ख, फूहड़, नासमझ।

Fools-cap (फूल्स-कीप) *n.* 17 × 13½ 17 × 13½ इंच के नाप का कागज।

Football (फुटबॉल्) *n.* फुटबाल, फुटबाल का खेल।

Footbridge (फूटब्रिज) *n.* पैदल पुल।

Foothill (फूटहिल्) *n.* पादगिरि, गिरिपीठ।

Foothold (फूटहोल्ड) *n.* पाँव रखने की जगह, पकड़, आधार, नींव।

Footing (फूटिंग्) *n.* नींव, आधार, स्थिति।

Footstool (फूट्स्टूल) *n.* पाद पीठ।

Force (फॉर्स्) *n.* बल, शक्ति, सामर्थ्य, गहन, प्रयास, जल या स्थल सेना, प्रभाव, ओज। *v.t.* बल प्रयोग करना, बलात्कार करना, बलपूर्वक ले लेना, विवश करना, बाध्य करना, मजबूर करना, जबरदस्ती लेना, मनवाना, लादना, उत्पन्न करना, अर्थ निकालना।

Forced labour (फॉर्सड लेबर) *n.* बेगार।

Forecast (फोर्कास्ट्) *v.t.* पहले से ही हिसाब लगा लेना, भविष्यवाणी करना, अनुमान करना, पहले से ही कल्पना करना, अन्दाज लेना। *n.* पूर्वविचार, दूरदर्शिता।

Foreground (फोर्ग्राउंड्) *n.* चित्र में का वह भाग जो दर्शक के अति समीप हो, अग्रभाग, अग्रभूमि।

Foreleg (फोरलेग्) *n.* पशु का अगला पैर।

Forensic (फॉरेन्सिक्) *adj.* अदालती।

Foresight (फोरसाइट्) *n.* दूरदर्शिता, पूर्वज्ञान, पूर्वदृष्टि, दूरदृष्टि।

Forespeak (फोरस्पीक्) *v.t.* भविष्य बतलाना।

Foreskin (फोर्स्किन्) *n.* शिश्नाग्रच्छद, खलड़ी।

Forest (फॉरिस्ट्) *n.* जंगल, वन, जंगल के समान कोई स्थान वस्तु। *v.t.* **Forestry,** *n.* जंगल बनाने के की क्रिया।

Forestall (फोर्स्टॉल्) *v.t.* बाजार में माल पहुंचाने से पहले खरीद लेना, पहले से ही रोकना, रोक लगाना।

Forester (फॉरिस्टर्) *n.* जंगल का अफ़सर, वनचर।

Forestry (फोरेस्ट्रि) *n.* जंगल लगाने की कला, जंगली प्रदेश।

Foretaste (फोरटेस्ट्) *n.* पूर्वस्वाद, पूर्वानुभव। *v.t.* पहले से चख लेना, पूर्वानुभव करना।

Foretell (फोर्टेल्) *v.t.* भविष्य कहना, आगम बतलाना।

Forethought (फोर्थॉट्) *n.* पूर्वविवेक, पूर्व विचार, पूर्वचिन्ता (अति सावधानी)।

Forgery (फॉर्जरि) *n.* जालसाजी, कूट रचना, जाली दस्तख़त, कपट लेख, धोखा, छल।

Forlorn (फर्लार्न्) *adj.* अनाथ, अनाश्रित (निराधार), निराश, उदास, परित्यक्त, उपेक्षित, असहाय, हतभाग्य, अशरण। **Forlornness,** *n.* निराशा।

Fortification (फॉर्टिफिकेशन्) *n.* किलेबन्दी करने की विद्या, किला, कोट, किलाबन्दी, दुर्ग, मोर्चाबन्दी।

Fortuitous (फॉर्ट्युइटस्) *adj.* दैवाधीन, आकस्मिक।

Forworn (फोरवॉर्न्) *adj.* थका माँदा, अधिक घिसा-पिटा।

Fossil (फॉसिल्) *adj.* & *n.* पृथवी में से खोदकर निकाला हुआ, पृथ्वी के भीतर गड़े हुए पथरीले अस्थिपंजर। *adj.* जीवाश्मी, अश्मिभूत, फॉसि जैसा, रूढ़िवादी। **Fossilist,** *n.* उक्त अस्थिपंजर-विज्ञान का विशेषज्ञ।

Foulmouthed (फाउल्-माउड्) *adj.* दूषित भाषी, गंदी जुबान वाला, अशिष्ट, बदतमीज।

Fox (फॉक्स्) *n.* लोमड़ी, जंबुक, धूर्त, चालाक मुनष्य, लोमड़ी के से अन्य पशु। *v.t.* & *i.* धूर्तता से, चालाकी से काम करना, नस्वारी रंग के धब्बे डालना। **Foxterrier,** *n.* एक प्रकार का विलायती कुत्ता।

Fracture (फ्रॅक्चर्) *n.* (*esp.*). हड्डी की टूट, अस्ति भंग, विदारण। *v.t.* & *i.* तोड़ना, विदारण करना।

Fragile (फ्रॅजाइल्) *adj.* भुरभुरा, मुलायम, भंगुर, मृदु, सुकुमार, दुर्बल, कमजोर। **Fragility,** *n.* भंगुरता। **Fragileness,** *n.* भंगुरता, भुरभुरापन, कोमलता।

Fragment (फ्रग्मेन्ट्) *n.* खण्ड, भाग, अंश, टुकड़ा। **Fragmentary,** *adj.* अपूर्ण, खण्डयुक्त, टूटा हुआ।

Franchise (फ्रँचाइज़्) *n.* भार से मुक्ति, छुटकारा, विशेषाधिकार, सार्वजनिक चुनाव में नागरिक का मतदानाधिकार। *v.t.* मुक्त करना।

Frangipane (फ्रॉनजिपेन्) *n.* लाल चमेली का अतर, एक प्रकार की बादाम की मिठाई।

Frank (फ्रँक्) *adj.* दयालु, उदार, निष्कपट, सच्चा, *v.t.* डाक महसूल से मुक्त। **Frankly,** *adv.* वाक्य की स्पष्टता से, निष्कपटता से। **Frankness,** *n.* वाक्य की स्पष्टता।

Frankenstein (फ्रेंकऍनस्टीन्) *n.* अपने ही लिये भयंकर हो जाने वाली अपनी बनाई हुई वस्तु।

Frankincense (फ्रँक्-इन्सेन्स्) *n.* लोहबान।

Fraternity (फ्रँटर्निटि) *n.* भाईचारा, बन्धुता, भाईपन, भाईचारा संघ, अमेरिकी कॉलिज संघ, बिरादरी।

Freedom (फ्रीडम्) *n.* स्वतंत्रता, उदारता, स्पष्टता, सुविधा।

Freight (फ्रेट्) *n.* जलपोत का माल या बोझ, जहाज़ का भाड़ा, माल परिवहन, माल भाड़ा, वाहन शुल्क, वस्तु शुल्क, माल, बोझ। *v.t.* माल ले जाने के लिए जहाज पर लादना। **Freightage,** *n.* जहाज़ का भाडा। **Freighter,** *n.* जहाज़ पर माल लादने वाला।

Fremescent (फ्रेमसन्ट्) *adj.* लड़ाका, झगड़ालू।

French (फ्रेंच्) *adj.* फ्रांस देश अथवा इसके निवासियों का। *n.* फ्रांस देश की भाषा अथवा जनता।

Frequent (फ्रीक्वेन्ट्) *adj.* अनेक, अधिक, लती, व्यसनी, नित्य, बारम्बार होने वाली। *v.t.* नित्य, या बारंबार जाना।

Freshman, Fresher (फ्रेशमेन्, फ्रेशर्) *ns.* महाविद्यालय में प्रथम वर्ष या (महाविद्यायल में) नया विद्यार्थी।

Friendship (फ्रेन्डशिप्) *n.* मित्रता, मित्रतापूर्ण।

Frieze (फ्रीज़्) *n.* मोटा ऊनी कपड़ा, चित्र वल्लरी। प्रस्तर गल।

Frigate (फ्रिगेट्) *n.* युद्धपोत, लड़ाई का जहाज, पक्षी (समुद्र)।

Fringe (फ्रिंज्) *n.* किनारा, झालर, आँचल। *v.t.* झालर लगाना। **Fringeless,** *adj.* बिना झालर का।

Fritz (फ्रिट्स) *n.* जो चालू न हो, जिसकी मरम्मत की आवश्यकता हो।

Frontier (फ्रन्टिअर्) *n.* सीमा की चहारदीवारी।

Frugal (फ्रूगल्) *adj.* मितव्ययी, कमखर्च, खिफ़ायती। **Frugality,** *n.* स्वल्प-व्ययिता, कम खर्चीलापन। **Frugally,** *adv.* किफायत से, कमखर्ची से।

Fruit (फ्रूट्) *n.* फल, उत्पत्ति, अन्न, धान्य, वृक्ष का फल, सन्तति, उपज, परिणाम, लाभ, आय, आमदनी। *v.i.* & *t.* फल उत्पन्न करना। **Fruitage,** *n.* फलधारी, फल। **Fruit-tree,** *n.* फल का वृक्ष।

Frustration (फ्रस्ट्रेशन्) *adj.* पराजयकारी।

Fudge (फ्ड्ज्) *n.* अनर्थक वार्ता। *v.t.* चिप्पड़ (पेबंद) लगाना, पट्टी रखना, ठगना।

Fuel (फ्यूऍल्) *n.* ईंधन (समिधा), भड़काने वाला पदार्थ। *v.t.* & *i.* ईंधन लगाना।

Fugitive (फ्यूजिटिव्) *adj.* भागने के लिए तत्पर, भगोड़ा, फ़रार, भागने वाला, चपल, अस्थिर। *n.* भगोड़ा, निर्वासित, शरणार्थी।

Fulgent (फल्जन्ट्) *adj.* उज्जवल, दीप्तिमान, चमकता हुआ।

धोबी।

Fulminant (फल्मिनन्ट्) *adj.* स्फूर्जक, अकस्मात् बढ़ने वाला, कड़कने वाला।

Fulminate (फल्मिनेट्) *v.t.* & *i.* फूटना, कौंधना, कड़कना, दग़ना, स्फूर्जित होना, धमका कर डिग्री जारी करना, घोर निंदा करना, धमकाना, गरजना, दंडाज्ञा घोषित करना।

Fume (फ्यूम्) *n.* धुवां, भाप, वाष्पशील पदार्थ क्रोध आवेग, आवेश आवेशपूर्ण व्यक्ति, असार वस्तु, मिथ्या अभिमान। **Fumeless,** *adj.* धूम्ररहित, बिना धुवें का।

Fund (फन्ड्) *n.* निधि, फंड, वितरण, स्थायी, सरकारी ऋण, संचय, मूलधन, माल, ब्याज के लिए रुपया लगाना। *v.t.* माल इकट्ठा करना, लागत लगाना, ब्याज के भुगतान के लिए पैसे की व्यवस्था करना, निधि में देना। **Provident Fund,** *n.* भविष्यनिधि।

Fundamental (फन्डामेन्टल्) *adj.* प्रधान, सारभूत मूलाधार सम्बन्धी, प्रारम्भिक मौलिक। *n.* मूलता, प्रधानता, आधारभूत सिद्धांत। **Fundamentally,** *adv.* मूल रूप में।

Funeral (फ्यूनरल्) *n.* उत्तर या अन्त्येष्टि, शवयात्रा, अंतिम संस्कार, दाह-संस्कार। *adj.* अंतिम संस्कार-सम्बन्धी।

Fungicide (फन्जिसाइड्) *n.* मधुरिका, कुकुरमुत्ता।

Fungus (फंगस्) *n.* मधुरिका, कुकुरमुत्ता। **Fungoid,** *adj.* कवक गुणी। **Fungous,** *adj.* मुलायम, कवकी, आशुनाशी।

Furious (फ्यूरिअस्) *adj.* अत्याधिक कुपित, प्रचण्ड, (तीव्र)।

Furlong (फरलाँग्) *n.* एक मील का आठवाँ भाग अथवा दो सौ बीज गज।

Furlough (फर्लो) *n.* निश्चित काल की अनुपस्थिति या गैरहाजिरी की छुट्टी। *v.t.* अवकाश प्रदान करना।

Furnace (फर्निस्) *n.* अग्निकुंड, अंगीठी, भट्ठी, कठिन परीक्षा।

Furniture (फर्निचर्) *n.* चल सामग्री, सज्जा सामग्री, मेज, कुर्सी आदि, असबाब।

Furrow (फरो) *n.* हल की लकीर, सोता, नाली, कुंड, खाँचा, मार्ग। *v.t.* कूँड बनाना, खाँचा डालना। **Furrowness,** *n.* नाली बनने की स्थिति।

Fuse (फ्यूज़्) *v.t.* & *i.* गलना, एकरूप होना।

Fusee (फ्यूज़ी) *n.* सूच्याकर घिरनी या पहिया, बड़े माथे की दियासलाई।

Fuselage (फ्यूज़िलेज्) *n.* धड़, हवाई जहाज का ढाँचा।

Futon (फ्यूटॉन) *n.* जापानी गद्दा।

Future (फ्यूचर्) *adj.* आने वाले समय से सम्बन्धित। *n.* भविष्यत्काल, उत्तरकाल, भाग्य।

Futurity (फ्यूचरिटि) *n.* भविष्यकाल, भविष्य।

Futurism (फ्यूचरिज़्म्) *n.* भविष्यवाद्, गत्यात्मक चित्रण, गति निरूपणवाद।

Fuzz (फज़्) *n.* फ़ज्जी रूप से उड़ना, परमाणु रूप में पृथक होना। *v.t.* फुज्जी रूप में उड़ना। **Fuzzily,** *adv.* अस्पष्ट रूप में। **Fuzzy,** *adj.* अस्पष्ट, लोमयुक्त।

Fuzzy logic (फ़ज़्ज़ी लॉजिक) *n.* मानवीय मस्तिष्क की भांति कार्य करने के लिए कम्प्यूटर में प्रयुक्त एक विधि।

Fylfot, Filfot (फिल-फॉट) *n.* (卐). स्वास्तिक।

Fyrd (फर्ड) *n.* किसी देश का सम्पूर्ण सैनिक बल।

G

G (जी) अंग्रेजी वर्णमाला का सातवां अक्षर, गायन में पाँचवाँ स्वर।

Gab (गॅब्) *n.* व्यर्थ बकवाद, गपशप। *v.t.* बकवाद करना, बड़बड़ाना।

Gabarage (गॉ-बरेज्) *n.* पार्सल बनाने का एक प्रकार का मोटा कपड़ा।

Gabardine (गैबरडीन्) *n.* बारिश में पहनने वाले कोट बनाने के लिए प्रयुक्त मज़बूत कपड़ा, गैबरडीन से बना कोट।

Gag (गॅग्) *v.t.* मुँह से कपड़ा ठूँसकर बोलना बन्द

करना, चुप रहना। *n.* मुख बन्धनी।
Gaga (गागा) *adj.* किसी वस्तु से मोह हो जाने या उस पर उत्तेजित हो जाने पर।
Gait (गेट्) *n.* चलने का ढंग, पग, चाल।
Gaiter (गेटर्) *n.* पैर ढांकने की पट्टी।
Gala (गाला) *n.* आडम्बर, पर्व का दिन, त्यौहार, उत्सव, समारोह।
Galanty-show (गलॅन्टिशो) *n.* छाया-चित्र, छाया नाटक।
Galatic (गलॉक्टिक्) *adj.* दुग्ध-संबंधी या आकाश-गंगा-संबंधी।
Galaxy (गॅलॅक्सि) *n.* आकाशगंगा, तारापुंज।
Gale (गेल्) *n.* आँधी, हवा का झोंका, मन्द वायु।
Galea (गेलेआ) *n.* टोप के समान आकृति। **Galeate,** *adj.* टोप के समान आकृति का।
Galeate (गेलिएँट्) *adj.* टोप के समान आकृति का। **Galeated,** *adj.* टोप से ढँका हुआ।
Gallery (गॅलरि) *n.* गलियारा, बरामदा, चित्र-शाला। *v.t.* बरामदा लागाना।
Galley (गालि) *n. usu.* लम्बी नाव। टाइप बैठाने की छिछली तश्तरी।
Galliard (गैलियर्ड) *n.* प्रसन्न मनुष्य।
Galliard (गैलियार्ड) *n.* हंसमुख व्यक्ति, जिंदादिल आदमी, युग्म नृत्य।
Gallipot, Galipot (गॅलिपॉट्) *ns.* औषधि इत्यादि रखने का चीनी मिट्टी का छोटा प्याला।
Gallivant (गैलिवेंट) *v.i.* आवारागर्दी करना।
Gall-nut (गॉल्-नट्) *n.* माजूफल।
Gallon (गॅलन्) *n.* 3.8 गैलन, 3.8 लिटर की माप।
Gallon (गॅलून) *n.* फीता, लेस, कलाबत्तू।
Gallop (गॅलप्) *n.* घोड़े की सरपट चाल। *v.i & t.* सरपट चाल से दौड़ना। **Galloper,** *n.* सरपट सवारी करने वाला, एक हल्की मैदानी गन। **Galloping,** *adj.* सरपट दौड़ता हुआ।
Galloway (गॅलोवे) *n.* टाँगन, टट्टू।
Gamble (गॅम्बल) *v.i.* दाँव लगाकर जुआ खेलना। *n.* जोखिम वाली जिम्मेदारी।
Gamma (गॅमा) *n.* ग्रीक वर्णमाला का तीसरा अक्षर।
Gammer (गॅमर्) *n.* वृद्धा स्त्री।
Gammon (गॅमन्) *n.* सुअर की जाँघ, छल, उपहास्य, निरर्थक बात, हँसी की बेकार बात, चौपड़ के समान एक प्रकार का खेल। *v.t.* इस प्रकार के खेल में जीतना।
Gamut (गॅमट्) *n.* संगीत का पूरा स र ग म का क्रम, पूर्ण विस्तार।
Gamy (गामि) *adj.* क्रीड़ापूर्ण।
Gangrene (गॅंग्रीन्) *n.* माँस का सड़ाव, अवसाद। **Gangrenous,** *adj.* अवसाद, युक्त।
Gangway (गॅंगवे) *n.* जहाज़ पर चलने का संकुचित (संकरा) मार्ग, बैठने की कुर्सियों की पंक्तियों के बीच का रास्ता।
Gannet (गॅनिट्) *n.* एक प्रकार की समुद्री चिड़िया।
Gantry (गॉनट्रि) *n.* पीपों का चौपाया आधार, रेलगाड़ी का सिग्नल, सोपानी मंच, ढांचा।
Gaol (जोओल्) *n.* बंदीगृह, कारागार।
Gaoler (गॅलर) *n.* बन्दीगृह का अध्यक्ष।
Gap (गॅप्) *n.* अन्तर, खाली जगह, दरार, त्रुटि।
Gape (गेप्) *v.i.* जंभाई लेना, मुंह बनाना, ताकना, फाड़ना। **Gaper,** *n.* जँभाई लेने वाला। **Gaping,** *n.* जँभाई लेना।
Garage (गॅरिज्, गॅराज्) *n.* मोटरखाना।
Garb (गार्ब्) *n.* वस्त्र, पहनावा पोशाक। *v.t.* कपड़ा या पोशाक पहनाना।
Garbage (गार्बिज्) *n.* कूड़ा करकट, गन्दगी, जन्तु की अतड़ी।
Garble (गार्बल्) *v.t.* सबसे अच्छा चुन लेना। **Garbler,** *n.* छाँटने वाला।
Garret (गॅरिट्) *n.* अट्टालिका, अटारी। *v.t.* लंगड़ देना, जोड़ लगाना। **Garreteer,** *n.* अँटारी पर रहने वाला।
Garrison (गॅरिसन्) *n.* किले या नगर की रखवाली करने वाली सेना। *v.t.* रक्षा के निमित्त सेना नियुक्त करना।
Garron (गैरन) *n.* टट्टू।
Garrot (गैरट) *n.* एक प्रकार की समुद्री बत्तख।
Garrotte, Garotte (गैराट) *ns.* गला घोंटकर आदमी को मारने का दण्ड। *v.t.* गला घोंटकर मार डालना।
Garrulity (गॅरूलिटि) *n.* वाचालता, बकवाद।
Garrulous (गारूलस्) *adj.* वाचाल, बहुभाषी। **Garrulousness,** *n.* अधिक बोलने की आदत। **Garrulously,** *adv.* बहुत बकवाद करते हुए।
Garter (गार्टर्) *n.* मोजा बाँधने का तस्मा, मोज़ाबंद। *v.t.* मोजे का तस्मा बाँधना।
Garth (गार्थ्) *n.* बगीचा, आँगन, मैदान।

Gas (गॅस्) *n.* वायुरूप द्रव्य, वाष्प, वृथा गल्प, बकवाद। *v.t.* गैस से विषैला बनाना, अहंकार या घमंड से बातचीत करना।

Gasconade (गैसकोनेड्) *n.* शेखी। *v.i.* शेखी मारना।

Gaselier (गॅसिलिअर्) *n.* अनेक गैस का लैम्प या वाष्प दीप।

Gash (गॅश्) *n.* गहरा घाव। *v.t.* गहरा घाव करना।

Gasification (गॉसिफिकेशन्) *n.* गैस या वाष्प में (वायु रूप में) परिवर्तन।

Gasify (गैसीफाई) *v.t.* वाष्प में परिणत करना (बदलना)।

Gasiform (गैसीफार्म) *adj.* गैस की आकृति का, वाष्परूपी।

Gasket (गॅस्किट्) *n.* पाल इत्यादि बाँधने की डोरी।

Gasoline (गॅसोलीन्) *n.* मिट्टी के तेल से निकला हुआ शीघ्र जलने वाला द्रव।

Gasometer (गॅसामिटर्) *n.* गैस संचित करने का पीपा।

Gasp (गास्प्) *v.i.* हाँफना, दम लेना। *n.* मुँह बाकर हाँफने की क्रिया।

Gastrologer, Gastrologist (गैस्ट्रोलॉजर) *ns.* पकानेवाला, रसोईदार।

Gastrology (गैस्ट्रोलॉजि) *n.* पाकशास्त्र।

Gastronome (गैस्ट्रोनॉम) *n.* पाकविद्या का न्यायाधीश। **Gastronomer,** *n.* भुक्खड़।

Gault (गाल्ट्) *n.* ईंट की मिट्टी, गॉल्ट की चिकनी मिट्टी की ईंट।

Gaunt (गान्ट्) *adj.* दुर्बल, पतला, कृश, (क्षीण)।

Gauntlet (गान्ट्-लिट्) *n.* हस्त्रत्राण, लोहे का दस्ताना।

Gauze (गॉज़्) *n.* महीन रेशमी कपड़ा या महीन तार की जाली। **Gauzy,** *adj.* जालीदार।

Gavel (गॉव्ल्) *n.* नीलाम करने वाले की मुँगरी, भूमि का लगान या कर।

Gavial (गेविअल्) *n.* गंगा में पाया जाने वाला घड़ियाल।

Gawk (गॉक्) *n.* भद्दा मनुष्य, मूर्ख। **Gawky,** *adj.* भद्दा, ठिठोलिया।

Gay (गे) *adj.* खिलाड़ी, आनन्दचित्त प्रफुल्ल, प्रसन्न, विलासी, दिखौवा, चमकीला, सुन्दर वस्त्र पहिने हुए। **Gayness,** *n.* आनन्द, प्रसन्नता।

Gaze (गेज़्) *v.i.* घूरना, ताकना, एकटक देखना। *n.* निर्मिमेष दृष्टि, टकटकी। **Gazer,** *n.* देखनेवाला, घूरनेवाला।

Gazebo (गज़ीबो) *n.* दूर का दृश्य देखने का मचान।

Gazelle (गेज़ल्) *n.* चिकारा।

Gazette (गॅज़ेट्) *n.* सूचनापत्र, राजपत्र, गजट। *v.t.* सरकारी गजट में घोषित करना।

Gazetteer (गॅजेटिअर्) *n.* भौगोलिका, भूगोल-कोश, गजट लेखक, सरकारी पत्रकार।

Gemma (जेमा) *n.* पण या पत्र कली। *v.t.* कलियाँ निकलना। **Gemnate,** *adj.* कलीदार।

Gemmy (जेमि) *adj.* रत्नों से पूर्ण, रत्नजड़ित।

Gender (जेन्डर्) *n.* व्याकरणीय लिंग विभाजन। *v.t.* पैदा करना, जनन करना, संभोग करना।

Genealogical (जीनिआलॉजिकल्) *adj.* वंश-परम्परा संबंधी। **Genealogically,** *adv.* वंशक्रम से।

Genealogist (जीनिऑलॅजिस्ट्) *n.* वंश-परम्परा का वर्णन करनेवाला।

Genealogize (जीनिओलॅजाइज़्) *v.* वंश-परम्परा का अन्वेषण करना।

Genealogy (जीनिऑलाजि) *n.* वंशावली, वंशवृक्ष।

General (जनरल्) *adj.* विस्तृत, साधारण, असीम, सामान्य, अप्रधान, अस्पष्ट। *n.* प्रधान, प्रमुख, सेना का अधिकारी, सेनापति।

Generalissimo (जेनरलिसिमो) *n.* प्रधान सेनापति, सेनाध्यक्ष।

Generality (जनरेलिटि) *n.* प्रधानता, सामान्यता।

Generalization (जेनरेलाइज़ेशन्) *n.* सामान्य अनुमान।

Generalize (जनरेलाइज्) *v.t.* & *i.* विशिष्ट उदाहरणों से साधारण नियम का अनुमान करना।

Generally (जनूरलि) *adv.* प्रायः, साधारणतयाः, बहुधा।

Generalness (जनरलनेस्) *n.* व्यापकत्व, सामान्यता।

Generalship (जनूरलूशिप) *n.* जनरल का पद, सेनापतित्व।

Generant (जेनअरऑन्ट्) *n.* उत्पादक, उत्पन्न करनेवाला।

Generate (जनूरेट्) *v.t.* जनन करना, पैदा करना।

Generation (जनूरेशन्) *n.* प्रजनन, उत्पादन, (जन्म), पीढ़ी।

Generative (जेनअरऍटिव्) *adj.* उत्पादक, उत्पन्न

करनेवाला।

Generator (जेनरेटर) *adj.* जन्मदाता, उत्पन्न करने वाला।

Generic (जनूरिक) *adj.* जातिगत, सामान्य, साधारण।

Genetics (जिनेटिक्स्) *n.* उत्पत्ति-विषयक शास्त्र।

Genial (जिनिअल्) *adj.* दयालु, सुखप्रद, आनन्ददायक। **Genially,** *adv.* आनन्दपूर्वक। **Geniality,** *n.* प्रसन्नता।

Genie (जीनि) *n.* अरब की कहानियों में हौआ, एक काल्पनिक पैशाचिक शक्ति, पिशाच।

Gentleman *n.* (जेन्टलुमन्) शिष्ट मनुष्य, भद्रपुरुष (महानुभाव)। **Gentlemanly,** *adj.* कुलीन पुरुषवत् सुविनीत।

Gentleness (जेन्टलनिस्) *n.* कोमलता, सभ्यता, दयालुता, शिष्टता।

Geocentric, Geocentrical (जीआसेन्ट्रिक्) *adjs.* पृथ्वी को केन्द्र मानकर विचार किया हुआ, भूकेन्द्रिक। **Geocentrically,** *adv.* इस प्रकार से।

Geocyclic (जीऑसाइकलिक्) *adj.* पृथ्वी की परिक्रमा-संबंधी।

Geology (जिऑलॉजि) *n.* भूगर्भ शास्त्र, भूतत्व विद्या, भूगर्भ शास्त्री। **Geologist,** *n.* भूतत्व विद्या का जाननेवाला।

Geomancer (जीओमान्सर्) *n.* शकुन विद्या में निपुण।

Geomancy (जीओमॅन्सि) *n.* रेखा, बिन्दु इत्यादि खींचकर शकुन बतलाना।

Geometer (जिऑमिटर्) *n.* रेखा गणित में निपुण।

Geomtric, Geometrical (जीयोमेट्रिक, -अल) *adjs.* रेखागणित-संबंधी, रेखागणित के अनुसार।

Geometrician (जीऑमएँट्रिश्यन्) *n.* रेखागणित में प्रवीण।

Geometry (जिऑमिट्रि) *n.* रेखागणित, ज्यामिति।

Geonomy (जीऑनामि) *n.* प्राकृतिक भूगोल।

Geophagist (जीऑफजिस्ट्) *n.* मिट्टी खानेवाला।

Geophagy (जीओफैजि) *n.* मिट्टी खाने का कार्य।

Geoponic (जीओपोनिक) *adj.* कृषि संबंधी।

Georgette (जार्जेट्) *n.* पतला रेशमी परिधान का सामान।

Geranium (जरेनिअम्) *n.* एक प्रकार का पौधा।

Germicidal (जर्मिसाइड्) *adj.* कीटाणुनाशक। *n.* कीटाणुनाशक औषिधि।

Germicide (जर्मिसाइडल) *adj.* अंकुर को नष्ट करने से संबंधित।

Gerontocracy (जेरऑन्टऑक्रसि) *n.* वृद्ध पुरूषों से शासित राज्य।

Gerrymander (जेरिमॅन्डर्) *v.t.* चुनाव में किसी दल के लाभार्थ चुनाव क्षेत्रों में परिवर्तन करना, गोलमाल करना।

Gestation (जेस्टेशन्) *n.* गर्भधारण करने की स्थिति, गर्भावस्था, गर्भकाल।

Gestic (जेस्टइक्) *adj.* पौराणिक, प्राचीन कथा-संबंधी।

Gesticulate (जेस्टिक्युलेट्) *v.i.* & *t.* इशारा करना, अंग संचालन करना।

Geyser (गीज़र्) *n.* पानी गरमाने का यंत्र।

Ghastly (गास्टलि) *adj.* भयंकर, प्रेततुल्य, पीला डरावना। **Ghastliness,** *n.* विकटता, भयंकरता।

Gherkin (गर्किन्) *n.* छोटी ककड़ी।

Ghost (घोस्ट्) *n.* भूत, पिशाच, प्रेत, छाया, सादृश्य।

Ghost-like (गोस्ट-लाइक) *adj.* प्रेतवत्, भूत के समान।

Giant (जायन्ट्) *n.* अलौकिक या असाधारण उच्च शरीरधारी मानव, राक्षस, दानव। **Gaintess,** *n. fem.* राक्षसी।

Giant-like (जायन्ट-लाईक) *adj.* महाकाय, प्रकाण्ड, असुरवत्।

Gibber (जिबर्) *v.i.* बड़बड़ाना, अनाप-शनाप बकना।

Gift (गिफ्ट्) *n.* उपहार, भेंट, अनुपम, बुद्धि, ईश्वरीय शक्ति, दान। *v.t.* दान देना, उपहार देना। **Gifted,** *adj.* मेघावी, गुणी।

Gig (गिग्) *n.* टमटम, हल्की नाव।

Gigantic (जिगैटिक्) *adj.* विशाल, बड़ा, राक्षस-तुल्य।

Giggle (गिगल्) *v.t.* मूर्ख की तरह हँसना, खिसियाना, दबी हँसी हँसना। *n.* दबी हँसी।

Giglet (गिग) *n.* कामातुर स्त्री।

Gild (गिल्ड्) *v.t.* सोने का मुलम्मा करना। **Gilder,** *n.* मुलमची।

Gill (गिल्) *n.* मछली का गलफड़ा, ठोडी के नीचे का मांसल हिस्सा, गहरी कन्दरा, नाला।

Gillaroo (गिलरू) *n.* एक प्रकार की मछली।

Gimbal (जिम्बल्) *n.* लटकी हुई चीज को लेबल पर रखने का उपकरण।

Gimcrack (जिम्क्रॅक्) *n.* नुमाइशी चीज, भड़कीली चीज, हल्की चीज।

Gimlet (गिमूलिट्) *n.* बर्मा, सामता।

Gimp, Gymp (गिम्प्) *ns.* तार से पुष्ट किया हुआ फीता, सन्यासिनियों द्वारा पहना जाने वाला गलेबन्द रूमाल।

Gin (जिन्) *n.* जाल, फन्दा, चरखी, बिनौला निकालने का यंत्र। *v.t.* बिनौला निकालना।

Gingall (जिन्जाल्) *n.* एक प्रकार की बन्दूक।

Ginger (जिन्जर्) *n.* अदरक।

Gingerade (जिन्जरऍड्) *n.* अदरक के स्वाद का शर्बत।

Girdle (गर्डल्) *n.* मेखला, करधनी, कमरबन्द। *v.t.* कमर बन्द बाँधना।

Girl (गर्ल्) *n.* कुमारी, बालिका, कन्या, पुत्री, बालिका, प्रेमिका, लड़की, प्रेयसी।

Girlguides (गर्ल्-गाइड्स) *n.* बालचारिका।

Girlish (गर्लिश) *adj.* कन्या-तुल्य।

Girt (गर्ट्) *n.* ऊपरी नाप। *v.t.* इस प्रकार की नाप करना, लपेटना, घेरना।

Girth (गर्थ्) *n.* घोड़े की साज़ की पेटी (चाल), किसी गोल पदार्थ की गोलाई की नाप। *v.t.* पेटी कसना।

Gist (जिस्ट्) *n.* तात्पर्य, निष्कर्ष, भाव, सारांश।

Gizzard (गिज़र्ड) *n.* पक्षियों तथा मछलियों का द्वितीय अमाशय।

Glabrous (ग्लेब्रस्) *adj.* बिना रोम का, चिकने चमड़े का।

Glace (ग्लेस) *adj.* चिकनी तथा चमकदार सतह का।

Glacial (ग्लेसिअल्) *adj.* हिमरूप, बर्फमय। **Glacially,** *adv.* हिमरूप में।

Glaciated (ग्लेसिएटिड्) *adj.* बरफ की गति से चिकना किया हुआ, बर्फाच्छादित, हिमाच्छादित। **Glaciation** (ग्लेसिएशन्) *n.* बरफ़ का चिकना करने का कार्य।

Glacier (ग्लॅसिअर्) *n.* बरफ़ की धीरे-धीरे चलने वाली या सरकाने वाली चट्टान, बरफ़ की नदी।

Glacis (ग्लेसिस) *n.* ढालुआ किनारा।

Glad (ग्लॅड्) *adj.* आनन्दित, खुश, सन्तुष्ट, सुखमय, उल्लसित।

Gladden (ग्लॅडन्) *v.t.* आनन्दित करना, खुश करना। **Gladdening,** *adj.* हर्षक।

Glamour (ग्लेमर्) *n.* चकाचौंध, माया, आकर्षण, सम्मोहन, इन्द्रजाल। *v.t.* मोहित करना, जादू चलाना, मोहपाश में बाँधना। **Glamorous,** *adj.* जादूपूर्ण, जादू डाला हुआ।

Glance (ग्लान्स) *v.t.* निगाह डालना, चमकना, जगमगाना, क्षणिक दृष्टिपात। *n.* तिरछी रगड़, तिरछी गति, तिरछा प्रहार।

Glancingly (ग्लान्सइंगिलि) *adv.* तिरछी नजर से।

Gland (ग्लैड्) *n.* ग्रंथि, गिल्टी, ग्रंथिका।

Glanders (ग्लॅन्डर्स) *n.* घोड़े का एक रोग।

Glandiform (ग्लैण्डीफार्म) *adj.* गिल्टी के आकार का।

Glandular (ग्लॉन्ड्यूलर्) *adj.* गिल्टी-संबंधी।

Glare (ग्लेअर्) *n.* उग्र (चकाचौंध वाला) प्रकाश, चमक। *v.i* & *t.* चौंध, दीप्ति, चमक। *adj.* शीशे के समान।

Glaring (ग्लेअरिंग) *adj.* डरावनी, गम्भीर, संगीन। **Glaringly,** *adv.* चौंधते हुए।

Glary (ग्लेअरि) *adj.* चकाचौंध करने वाला, चमकीला।

Glasnost (ग्लासनोस्ट) खुलेपन की नीति।

Glass (ग्लास्) *n.* काँच, शीशा, शीशे का बर्तन, दर्पण। *v.t.* शीशा लगाना, काँच चढ़ाना, संवारना, परिष्कार करना, शीशे में बंद करना।

Glassy (ग्लेसि) *adj.* शीशे के समान।

Glaucoma (ग्लाकस्) *n.* आँख का एक रोग।

Glaucous (ग्लाकस्) *adj.* हल्के नीले रंग का।

Glaze (ग्लेज़) *v.t.* & *i.* शीशा लगाना, शीशे की तरह चमकना। *n.* शीशे का आवरण, चमकीला वार्निश या रोगन।

Glazier (ग्लेज़्यर्) *n.* खिड़कियों में शीशा जड़ने वाला।

Gleam (ग्लीम्) *n.* मन्द प्रभा, प्रकाश की किरण, क्षणज्योति। *v.i.* जगमगाना, क्षणमात्र के लिए प्रकाश डालना।

Gleaming (ग्लीमिंग) *adj.* चमकने वाला।

Gleamy (ग्लीमी) *adj.* कम्पित प्रभा या क्षणज्योति फेंकनेवाला।

Glean (ग्लीन्) *v.t.* & *i.* कटाई के बाद छूटा हुआ अन्न बटोरना, थोड़ा-थोड़ा करके तथ्य एकत्रित करना। *n.* इस प्रकार बटोरा गया अन्न।

Gleaner (ग्लीनअर्) *n.* बटोरनेवाला।

Gleaning (ग्लीनिंग्) *n.* बटोरने का कार्य।

Glebe (ग्लीब्) *n.* मिट्टी, गिरजे में लगी हुई भूमि।

Glee (ग्ली) *n.* आनन्द, प्रसन्नता, प्रफुल्लता, तीन से अधिक मनुष्यों का मिलकर गाया गया गीत।

Glimmering (ग्लिमरिंग) *n.* मन्द प्रकाश, अस्पष्ट विचार।

Glimpse (ग्लिम्प्स्) *n.* क्षणिक चमक या दृष्टि, झलक। *v.t.* & *i.* झलक पड़ना, झलक दिखाना, झलक देना।

Glint (ग्लिन्ट्) *v.i.* & *t.* चमकना, झिलमिलाना, कौंधना। *n.* चमक।

Glissade (ग्लिसाड्) *v.i.* बरफ पर सिरकना।

Glisten (ग्लिसन्) *v.i.* झिलमिलाना, चमकना। **Glistening,** *adj.* चमकदार।

Glister (ग्लिस्टर्) *v.i.* दमकना, जोरों से चमकना।

Glitter (ग्लिटर्) *v.i.* जगमगाना, दमकना, भव्य होना, भड़कीला होना। *n.* चमक-दमक, दीप्ति।

Gloaming (ग्लोमिंग्) *n.* संध्या का मध्य प्रकाश, गोधूलि बेला का प्रकाश।

Gloat (ग्लोट्) *v.i.* बुरी दृष्टि या लालच की निगाह से देखना, घूरना।

Gloatingly (ग्लोटिंगलि) *adv.* घूरते हुए।

Globe (ग्लोब्) *n.* गोल पदार्थ, पृथ्वी, ग्रह, तारा, सूर्य।

Glomerate (ग्लॉमरेट्) *adj.* पिण्ड किया हुआ, इकट्ठा किया हुआ।

Glomeration (ग्लॉमअरएशन्) *n.* इकट्ठा होकर गोलाकार हो जाना।

Glomerous (ग्लॉमरअस्) *adj.* गोला बनाया हुआ।

Glomerule (ग्लोमेरूल) *n.* छोटे फूल का गुच्छा।

Gloom (ग्लूम्) *n.* अन्धकार, धुँधलापन, उदासीनता, खिन्नता। *v.i.* & *t.* अन्धकार करना या होना, अँधेरा करना। **Gloomily,** *adv.* उद्वेग (विषाद) सहित।

Gloomy (ग्लूमि) *adj.* धुँधला, अंधकारमय, निराशाजनक, अप्रकट।

Glorification (ग्लोरिफिकेशन) *n.* गुण-कीर्तन, प्रशंसा।

Glorify (ग्लोरि-फाय्) *v.t.* प्रकाशित बनाना, प्रशंसा करना, आदर देना, गौरवान्वित करना।

Gloriole (ग्लॉरिआल्) *n.* मण्डल प्रभा।

Glorious (ग्लॉरिअस्) *adj.* गौरवपूर्ण, यशस्वी, प्रतापी, भव्य, शानदार, तेजस्वी। **Gloriously,** *adv.* शान से, तड़क-भड़क के साथ।

Glory (ग्लॉरि) *n.* यश, गौरव, महिमा, प्रशंसा, स्तुति, गर्व का विषय। *v.i.* गर्व करना, शेखी बघारना, आसमान पर चढ़ाना।

Gloss (ग्लॉस्) *n.* टीका, भाष्य, व्याख्या। *v.t.* & *i.* चमकीला करना, चमकना, व्याख्या करना।

Glossary (ग्लॉसरि) *n.* पारिभाषिक तकनीकी शब्दकोष।

Glossily (ग्लॉसइलि) *adv.* चमक-दमक से।

Glow-worm (ग्लो-वर्म्) *n.* खद्योत, जुगनु।

Gloze (ग्लोज़्) *v.t.* & *i.* चापलूसी करना, चिकनी-चुपड़ी बातें करना, विचार देना, व्याख्या करना। *n.* चापलूसी।

Glucose (ग्लूकोस्) *n.* अंगूर से निकाली हुई शक्कर।

Glue (ग्लू) *n.* सरेस। *v.t.* सरेस से जोड़ना या चिपकाना।

Gluten (ग्लूटेन्) *n.* लसलसा पदार्थ।

Glutinize (ग्लूटिनाइज़्) *v.t.* लसलसा या चिपचिपा बनाना।

Glutinous (ग्लूटिनआइज़्) *v.t.* लसलसा या चिपचिपा बनाना।

Glutton (ग्लूटन) *n.* भुक्खड़।

Gluttonish(ग्लूटोनिश्) *adjs.* भक्षक, लोभी।

Gluttony (ग्लूटोनि) *n.* लोलुपता, लालच, पेटूपन।

Glycerine (ग्लिसरीन) *n.* ग्लिसरीन, तेल या चरबी से निकाला हुआ एक सत्त्व।

Glycogen (ग्लाइकोजन) *n.* शरीर रचना में शक्कर उत्पन्न करने वाला एक पदार्थ।

Glyphography (ग्लाइफोग्राफि) *n.* नकाशी किए हुए चद्दर पर उभड़ी हुई प्रतिलिपि बनाने की विधि।

Glyptography (ग्लिप्टोग्राफि) *n.* रत्नों पर नकाशी करने की कला।

Gnomic (नोमइक्) *adj.* कहावत संबंधी।

Gnomon (नोमॉन्) *n.* सूर्य घड़ी की कील, धूप घड़ी, रेखागणित की एक आकृति, शंकु।

Gnosis (नोइस्) *n.* प्रज्ञान, गूढ़ ज्ञान, रहस्य ज्ञान, अध्यात्म विद्या।

Gnosticism (नॉसटिससिज्म्) *n.* ब्रह्मज्ञान का सिद्धान्त।

Gnu (नू) *n.* अफ्रीकी हिरन।

Goatee (गोअटी) *n.* बकरे की दाढ़ी, ठोड़ी पर छोटी दाढ़ी।

Goatsucker (गोटसकर्) *n.* नप्तृका, गोट सकर, रात्रिचर पक्षी।

Gob (गॉब्) *n.* थूक, खखार। *v.i.* थूक देना।
Gobbet (गॉबिट्) *n.* छोटा टुकड़ा या खण्ड। *v.t.* टुकड़े करके घोंटना, टुकड़ों में विभक्त करना।
Gobble (गॉबल्) *v.t.* & *i.* मुर्गे जैसी कुड़कुड़ आवाज होना या करना, शब्द करते हुए जल्दी-जल्दी खाना।
Gobbler (गॉबलर्) *n.* जल्दी से निगलनेवाला।
Goblet (गॉबलिट्) *n.* बिना हत्थे या हथवड़ का पानी पीने का प्याला या कटोरा, गिलास।
Goblin (गॉब्लिन्) *n.* भूत, पिशाच।
Goby (गोबि) *n.* छोटी मछली।
Go-cart (गो-कार्ट्) *n.* बच्चों को सिखलाने की गाड़ी।
God (गॉड्) *n.* परमेश्वर, भगवान, देव, देवता। **Goddess,** *n. fem.* देवी, देवपत्नी। **God fearing,** *adj.* धर्मभीरु, धार्मिक। **Godhead,** *n.* ईश्वरत्व, देवत्व। **God-like,** *adj.* देवता-तुल्य, देव सदृश। **Godly,** *adj.* ईश्वरतुल्य, शुद्ध, पवित्र, धर्म परायण। **Godless,** *adj.* नास्तिक, अनीश्वरवादी, दुष्ट, अधार्मिक।
Good (गुड्) *adj.* उत्तम (अच्छा) सन्तोषप्रद, आकर्षक, ठीक, दयालु, रुचिकर, अनुकूल। *n.* पुण्यात्मा, उपकार, कल्याण, लाभ, सुविधा, समृद्धि, खुशहाली, गुण, पुरुषार्थ, शुभ। **Goodly,** *adj.* (गुडली) सुन्दर, काफी। **Goodness,** *n.* गुण, श्रेष्ठता, उदारता, सौजन्य, उपकार, भलाई। **Goodwill,** *n.* सद्भावना, सदाशयता, साख।
Goose (गूज़्) *n.* हंस, हंसिनी, मूर्ख, बुद्धू, दरजी की कपड़े पर फेरने की इस्त्री।
Gooseberry (गुज़बेरि) *n.* गूज़बेरी फल, गुजबेरी शराब।
Goosery (गूज़अररि) *n.* कलहंस का स्थान, मूर्खता।
Gopher (गोफर्) *n.* एक प्रकार की गिलहरी, एक प्रकार की लकड़ी।
Gordian (गॉर्डिअन्) *adj.* उलझा हुआ, क्लिष्ट, जटिल।
Gore (गोर्) *n.* जमा हुआ खून, गाढ़ा रक्त, तिकोना कपड़ा। *v.t.* सींग घुसाना।
Gorgon (गॉर्गन्) *n.* सर्पकेशी राक्षसी, चुड़ैल, अत्यन्त कुरूप (स्त्री)।
Gorilla (गॉरिला) *n.* अफ्रीका का बड़ा बन्दर।
Gormandize (गॉर्मन्डाइज़्) *v.i.* भुक्खड़ की तरह भोजन करना, चट कर जाना। **Gormandizer,** *n.* भुक्खड़।
Gorse (गार्स्) *n.* भटकटैया।
Gory (गोअरि) *adj.* रक्तमय, रक्त का, रक्त क समान, रक्त रंजित।
Goshawk (गॉसहाक्) *n.* बाज़।
Goshen (गोशन्) *n.* उज्जवल और समृद्ध स्थान।
Gosling (गॉज़लिंग्) *n.* हंस का बच्चा, हंसशावक।
Gospel (गॉस्पल्) *n.* ईसामसीह का सुसमाचार। *v.t.* उपदेश देना।
Gossamer (गॉसॅमर्) *n.* हवा में उड़ने वाला मकड़े का महीन जाला, झीना वस्त्र।
Gossip (गॉसिप्) *n.* गप-शप, इधर-उधर की बात। *v.i.* व्यर्थ बकवाद करना, गपशप करना। **Gosspier,** *n.* बकवादी।
Gossoon (गसून्) *n.* छोकरा, नौकर।
Gotha (गोथा) *n.* एक प्रकार का बड़ा जर्मन हवाई जहाज।
Gotham (गोथम) *n.* मूर्खता का नगर।
Gothamite (गोटमाइट्) *n.* बड़ा मूर्ख मनुष्य।
Gothic (गॉथिक्) *adj.* गॉथिक वास्तुकला, असभ्य, रूमानी। *n.* गॉथिक भाषा, वास्तुकला, प्रकार।
Governability (गव़रर्नेबिलिटि) *n.* शासन किये जाने की योग्यता।
Governable (गवर्नेबल्) *adj.* शासन योग्य, शासनीय।
Governance (गव़र्नेन्स्) *n.* अधिकार, शासन।
Governess (गव़र्निस्) *n.* अध्यापिका, गुरुआइन।
Government (गव़र्न्‌मेन्ट्) *n.* शासन विधि, राज्यपाल द्वारा शासित क्षेत्र, सरकार, नियन्त्रण।
Governor (गवर्नर्) *n.* शासक, राज्यपाल।
Gowk (गाउक्) *n.* मूर्ख व्यक्ति, अल्प बुद्धि।
Gown (गाउन्) *n.* चोगा, लबादा, गाउन।
Gowned (गाउनड्) *adj.* चोगा पहिने हुए या ओढ़नी ओढ़े हुए।
Grab (ग्रॅब्) *v.t.* & *i.* छीनना, लपकना, पकड़ लेना, हथियाना, झपट लेना। *n.* झपट्टा, छीना-झपटी। *n.* (ग्रॉब्) पूर्वी देशों का किनारे-किनारे चलने वाला जहाज।
Grade (ग्रेड्) *n.* पद, दरजा, वर्ग, क्रम, पदवी। *v.t.* क्रम में रखना, वर्गीकरण करना, बराबर करना। **Gradely,** *adj.* सुन्दर, सच्चा, सही।
Gradient (ग्रेडिअन्ट्) *n.* ढाल, उतार-चढ़ाव।
Gradine (ग्रेडिन्) *n.* संगतराश की नुकीली टाँकी, रंगभूमि या अखाड़े के चारों ओर क्रमशः उठती हुई सीटों की कतार या पंक्तियाँ।

Gradual (ग्रैडयुअल्) *adj.* क्रमिक, उत्तरोत्तर। **Gradually,** *adv.* क्रम से, क्रमशः।

Graduate (ग्रैडयुएट्) *v.t.* & *i.* विश्वविद्यालय की उपाधि देना या लेना, विभाग करना, क्रम में रखना। *n.* किसी विश्वविद्यालय का उपाधिकारी या स्नातक।

Graduation (ग्रॉड्यूएशन्) *n.* क्रमिक वृद्धि, उपाधि प्राप्ति।

Graffito (ग्रैफटो) *n.* खुरचकर या खोदकर दीवार पर बनाया हुआ चित्र।

Graft (ग्राफ्ट्) *n.* कलम। *v.t.* कलम बाँधना या रोपना, पैबन्द लगाना। **Grafting,** *n.* कलम बाँधने का काम।

Grail (ग्रेल्) *n.* कंघी बनाने वाले की रेती।

Grain (ग्रेन्) *n.* अन्न कण, रवा, डेढ़ रत्ती के समान तौल। *v.t.* & *i.* दाल या रवा बनाना, (रंगने में) रेशों की नकल करना। **Grainy,** *adj.* दानेदार या रबेदार।

Grammar (ग्रॉमर्) *n.* व्याकरण, शब्दशास्त्र।

Grammarian (ग्रमेरिअन्) *n.* वैयाकरण, व्याकरण जानने वाला।

Grammatically (ग्रमॅटिकल्) *adj.* व्याकरण के नियमों के अनुसार।

Gramme (ग्रॉम्) *n.* मीट्रिक माप में एक तौल।

Gramophone (ग्रॅमोफोन्) *n.* ग्रामोफोन।

Gramaphone (ग्रॉमऑफोन्) *n.* स्वरधर यंत्र, ग्रामोफोन।

Grampus (ग्रॅम्पस्) *n.* एक प्रकार का समुद्री जीव।

Granary (ग्रॅनरि) *n.* कोठार, खत्ती, अन्नागार, धान्यागार, अन्नभंडार, उपजाऊ प्रदेश।

Grandiose (ग्रॅन्डिओस्) *n.* प्रभावकारी, शब्दाडम्बरी।

Grange (ग्रेन्ज्) *n.* खलिहान सहित देहाती मकान।

Grangerize (ग्रन्जराइझ्) *v.t.* विभिन्न पुस्तकों से चित्र संकलित करके किसी एक पुस्तक में चिपकाना।

Granite (ग्रॅनाइट्) *n.* इमारती पत्थर का टुकड़ा।

Granivorous (ग्रॉनइवरस्) *adj.* अन्न के दाने खाने वाला।

Granny (ग्रॅनि) *n.* दादी, नानी, दुहरी गाँठ।

Grant (ग्रान्ट्) *v.t.* देना, प्रदान करना, सच्चा मानना, स्वीकार करना, अनुमति देना। *n.* अनुदान, दान, उपहार, अधिकार दान।

Grantable (ग्रान्टऐबल्) *adj.* दान या समर्पण या उपहार के योग्य।

Granular (ग्रन्युलर्) *adj.* दानेदार, कणिकामय, रवेदार। **Granularly,** *adv.* बीजाकार रूप में।

Granulate (ग्रॅन्युलेट्) *v.t.* & *i.* दानेदार या खुरदरा बनाना, जख्म का भरना।

Graphite (ग्रॉफाइट्) *n.* पेंसिल में प्रयुक्त पदार्थ, काला सीसा।

Graphy (ग्राफि) *suf.* "चित्र बनाने" या "लिखने" के अर्थ में प्रयुक्त प्रत्यय, यथा **geography, lithography** इत्यादि।

Graspingly (ग्रास्पइंगलि) *adv.* पकड़ते हुए।

Grass (ग्रास्) *n.* तृण, घास। *v.t.* घास से ढाँकना। **Grassy,** *adj.* शस्यपूर्ण, हरा।

Grasshopper (ग्रास्-हॉपर्) *n.* शलभ, झींगुर, टिड्डा।

Grassy (ग्रासि) *adj.* शस्यपूर्ण, हरा।

Grate (ग्रेट्) *n.* अँगीठी की जाली। *v.t.* & *i.* रगड़कर रवे करना (चूरा करना), करकराहट का शब्द करना।

Gratify (ग्रैटिफाइ) *v.t.* प्रसन्न करना, कृतार्थ करना, आनन्द देना, घूस देना।

Grating (ग्रेटिंग) *n.* झँझरी, जाली। *adj.* कर्कश।

Gratis (ग्रेटिस्) *adv.* मुफ्त में, धर्मार्थ दिया हुआ, निःशुल्क।

Gratitude (ग्रटिट्यूड्) *n.* कृतज्ञता, धन्यवाद।

Gratuitous (ग्रॅट्युइटस्) *adj.* निर्मूल्य, ऐच्छिक, निष्कारण। **Gratutiously,** *adv.* बिना मूल्य के।

Gratuity (ग्रॅट्युइटि) *n.* ऐच्छिक दान, उपहार (भेंट), सिपाहियों को पुरस्कार, टिप।

Gravamen (ग्रवामेन्) *n.* शिकायत, अभियोग का मुख्य आधार, शिकायतनामा।

Grave (ग्रेव्) *n.* समाधि, कब्र, मकबरा। *v.t.* खोदना, नक्काशी करना, गाड़ना, दफ़नाना। **Grave stone,** *n.* समाधि के ऊपर का पत्थर। **Grave-yard,** *n.* कब्रिस्तान, दाह-संस्कार की जगह।

Graze (ग्रेज्) *v.t.* & *i.* चराना, घास खाना, धीरे से छूना, कुछ छिल जाना। *n.* तृणभोजी पशु।

Grease (ग्रीस्) *n.* वसा, चरबी। *v.t.* तेल देना, घूस देना।

Great (ग्रेट्) *adj.* विशाल, बड़ा, बहुत, स्थूल, भारी, अधिक, असामान्य, आवश्यक, विचित्र,

प्रसिद्ध।

Greatcoat (ग्रेट्कोट्) *n.* सामान्य से बड़ा कोट, ओवर कोट।

Greatness (ग्रेटनैस) *n.* महत्व, विपुलता, विस्तार, अधिकता, गौरव, प्रतिष्ठा, ऐश्वर्य।

Greaves (ग्रीवज़्) *n.* जंघात्राण।

Grebe (ग्रीब्) *n.* गीब (पक्षी), पानी का पक्षी, उसके बच्चे।

Grecian *adj.* (ग्रीशन्) ग्रीस देश संबंधी।

Greed (ग्रीडि) *n.* अतिलोभ, लालच।

Gregarious (ग्रिगेरिअस्) *adj.* झुण्ड में रहने वाला। **Gregariously,** *adv.* झुण्ड रूप में।

Gremial (ग्रीमिअल्) *n.* पादरी का रेशमी लबादा। *adj.* गोद का।

Grenade (ग्रिनेड्) *n.* बारूद से भरा हुआ गोला जो तोप से या हाथ से फेंका जाता है।

Greves (ग्रीव्ज़) *n. pl.* पैरो की रक्षा के लिये कवच।

Grey, Gray (ग्रे) *adj.* धूसर, (धवल), भूरा, उदास।

Greyhound (ग्रे-हाउन्ड्) *n.* शिकारी कुत्ता।

Grid (ग्रिड) *n.* छड़ लगा हुआ ढाँचा।

Gridiron (ग्रिडआयरन) *n.* मांस भूनने की अँगीठी, नाटकघर का पर्दा इत्यादि टाँगने का ढाँचा, जहाज़ को सँभालने का ढाँचा।

Grief (ग्रीफ्) *n.* शोक, दुःख, क्लेश, खेद, पश्चाताप।

Grievance (ग्रीवन्स्) *n.* पीड़ा का हेतु, दुःख का मूल या कारण, क्षति, कष्ट।

Grieve (ग्रीव्) *v.t.* & *i.* दुःख देना, पीड़ा देना, शोक पाना।

Grievous (ग्रीवस्) *adj.* पीड़ाकर, शोचनीय, भयंकर, दारुण, कष्टदायक। **Grievously,** *adv.* उद्वेग सहित।

Grim (ग्रिम्) *adj.* क्रूर, भयानक, निर्दय, कुरूप। **Grimness,** *n.* उग्रता, क्रूरता, निर्दयता।

Grimace (ग्रिमेस्) *n.* मुख की विरूपता, ऐंठा मुँह। *v.t.* मुँह बनाना।

Grimalkin (ग्रिमॉक्लिन्) *n.* बुड्ढी बिल्ली, घृणित वृद्धा।

Grime (ग्राइम्) *n.* जमी हुई मैल या कीट। *v.t.* मैला करना, गन्दा करना।

Griminess (ग्राइमइनैस) *n.* मैला, गँदलापन।

Grin (ग्रिन्) *v.i.* & *n.* मूर्खता या पीड़ा से दाँत पीसना, खीस हँसी।

Grind (ग्राइन्ड्) *v.t.* & *i.* चक्की से या दाँत से पीसना, कष्ट देना, रगड़कर चोखा करना, परिश्रम से पढ़ना, कसकर रगड़ना। *n.* पीसना, कठिन परिश्रम, परिश्रम के साथ अध्ययन।

Gritty (गिटटि) *adj.* रेतीला, किरकिरा, कड़े रवे का।

Grizzled, Grizzly (ग्रिजल्ड्, ग्रिजलि) *ns.* कुछ भूरा।

Groan (ग्रोन्) *v.t.* & *i.* करुणा या पीड़ा से शब्द करना, कराहना। *n.* पीड़ा का शब्द, कराह। **Groaning,** *n.* विलाप, पीड़ा या दुःख का शब्द।

Grosheak (ग्रॉकीक्) *n.* बड़ी लम्बी चोंच वाला पक्षी।

Gross (ग्रोस्) *adj.* अशिष्ट, मूढ़, घना, गाढ़ा, ठोस, सम्पूर्ण, मोटा, स्थूल, अशुद्ध, मलिन, भद्दा, भारी, बड़ा जानवर जैसा। *n.* बारह दर्जन का समूह।

Grot (ग्रॉट्) *n.* कुटी, आश्रम, सुन्दर चित्रमय कन्दरा, गुफा।

Grotesque (ग्रॉटेस्क्) *n.* विचित्रता, विलक्षणता, वीभत्स। *adj.* असंबद्ध, हास्यापद।

Grotto (ग्रॉटो) *n.* सुन्दर चित्रमय कन्दरा, कुटी आश्रम।

Ground (ग्राउन्ड्) *n.* भूमि (पृथ्वी, स्थल), समुद्रतल, आधार, नींव, अचित कारण, पृष्ठ भूमि। *v.t.* & *i.* स्थापित करना, जमीन में लग जाना, आधारित करना। **Grounds,** *n.* तलछट। निर्मूल, तलहीन। **Groundlesness,** *n.* निर्मूलत्व, निष्कारणता।

Groundsel (ग्राउंडसल्) *n.* एक प्रकार का पौधा, देहली, चौखट, द्वार।

Groundwork (ग्राउन्ड्-वर्क्) *n.* मूल (प्रधान) आधार।

Group (ग्रुप्) *n.* संघ, समुदाय, झुण्ड, भीड। *v.t.* & *i.* एकत्रित करना, वर्गीकरण करना, क्रम से रखना।

Grout (ग्राउट्) *n.* दरारों में भरने का गीला चूना या मसाला।

Grove (ग्रोव्) *n.* छोटा छायादार जंगल, वृक्ष-वाटिका।

Grovel (ग्रॉवल्) *v.t.* औंधे मुँह लेटना, मुँह के बल पड़ा रहना या लेटना, घिघियाना, नाक रगड़ना, भ्रष्ट होना। **Groveller,** *n.* अधम, नीच। **Grovelling,** *adj.* नीच, अधम (मनुष्य)।

Grow (ग्रो) *v.t.* & *i.* अंकुरित होना, उगना, उपजाना, बढ़ना, आगे बढ़ना, होना, उत्पन्न होना, उठना, उमड़ना, विकसित करना।
Growable (ग्रोऍबल्) *adj.* बढ़ने या उगने योग्य।
Grower (ग्रोअर्) *n.* उपजाने वाला।
Growing (ग्रोइंग्) *adj.* बढ़नेवाला।
Growl (ग्राउल्) *v.i.* गरजना, गुर्राना। *n.* गरजना, गुर्राने की आवाज। **Growler,** *n.* (*sl.*) टर्राने वाला, गुर्राने वाला, चार पहियों की गाड़ी।
Gruesome (ग्रूसम्) *adj.* घोर, भयंकर, भीषण। **Gruesomeness,** *n.* भीषणता।
Gruff (ग्रफ्) *adj.* कर्कश, अशिष्ट, कठोर, उजड्ड। **Gruffnes,** *n.* कठोरता, रुखाई।
Grumble (ग्रम्बल्) *v.t.* & *i.* असन्तोष से बकना, गुर्राना, दुःख निवेदन करना। *n.* गुर्राने वाला, असन्तोष दिखलाने वाला। **Grumbling,** *n.* विवाद, असन्तोष।
Grume (ग्रूम्) *n.* रुधिर का थक्का, लसदार पदार्थ।
Grumpy, Grumpish (ग्रम्पि, ग्रम्पिश्) *adjs.* नीच स्वभाव वाला, चिड़चिड़ा, रूखा।
Grunt (ग्रन्ट्) *v.t.* & *i.* & *n.* सूअर की तरह गुर्राना, असन्तोष का शब्द करना या प्रकट करना, ऐसा शब्द।
Guana (ग्वान्आ) *n.* एक प्रकार से बनी हुई खाद।
Guano (ग्वानो) *n.* मछली से बनी हुई खाद।
Guarantee (गारन्टी) *n.* जमानत, जमानतदार, जमानत में दी गई वस्तुएँ। **Guaranteed,** *adj.* जिम्मा लिया हुआ। **Guarantor,** *n.* बीमा करने वाला, जिम्मा लेने वाला।
Guard (गार्ड्) *n.* रक्षास्थिति, चौकसी, रक्षक, सन्तरी, क्षति या चोट रोकने का साधन, सिपाही, निजी गार्ड, कटघरा, पिंजड़ा। *v.t.* & *i.* रक्षा करना, बचाना रोकना, चौकसी करना, सावधानी बरतना।
Guardian (गार्डिअन्) *n.* संरक्षक, अभिभावक, लोकपाल।
Guff (गफ्) *n.* अनाप-शनाप, गप-गपोड़ा।
Guffaw (गफॉ) *n.* अट्टहास, ठहाका। *v.t.* & *i.* ठहाका लगाना, अट्टहास करना।
Guidable (गाइडेब्ल्) *adj.* मार्ग दिखलाने योग्य।
Guidance (गाइडन्स्) *n.* नेतृत्व, मार्गदर्शन, पथ-प्रदर्शन, दिशा-निर्देशन।
Guide (गाइड्) *n.* मार्गदर्शक, सहायक, उपदेशक, सूचना-दर्शक पुस्तक। *v.t.* अगुआ होना, मार्ग दिखलाना, प्रबन्ध करना। **Guide Book,** *n.* यात्रियों के लिये स्थान-सूचक पुस्तक।
Guideless (गाइड-लेस्) *adj.* असहाय, सहायहीन।
Guidon (गाइडन्) *n.* रिसाला या घुड़सवार सेना की पताका।
Guild, Gild (गिल्ड्) *ns.* समाज, संघ, मंडली, परस्पर सहायता के लिए बना हुआ व्यापार संघ या लेखक संघ।
Guileless (गाइल्-लेस्) *adj.* निष्कपट।
Guillotine (गिलॉटीन्) *n.* सिर काटने का एक यंत्र। *v.t.* शिरच्छेद यंत्र द्वारा सिर काटना।
Guilt (गिल्ट्) *n.* अपराध, पातक, अपराधिता, (पापकर्म)।
Guiltless (गिल्ट्-लेस्) *adj.* निर्दोष, बेकसूर, निश्छल।
Guilty (गिल्टि) *adj.* दोषी, अपराधी, कसूरवार।
Guinea (गाइनिआ) *n.* गिनी, शिलिंग की स्वर्ण मुद्रा।
Gum (गम) *n.* गोंद, एक वृक्ष जिससे गोंद मिलता हैं, ऐसे वृक्ष की लकड़ी। *v.t.* & *i.* गोंद निकालना, चिपकाना, गोंद लगाना, चिपचिपा होना।
Gumminess (गममिनेस्) *n.* लिसलिसापन।
Gummy (गमि) *adj.* चिपचिपा, लिसलिसा।
Gumption (गम्पशन्) *n.* बुद्धिमानी, कुशलता।
Gun (गन्) *n.* निशानेबाज मंडली का सदस्य, तोप, गन, रिवाल्वर, गन (छिड़काव करने का यंत्र), बंदूक। **Gun-carriage,** *n.* तोप ढोने की गाड़ी।
Gunnel (गनल्) *n.* एक छोटी समुद्री मछली।
Gunner (गनर्) *n.* तोप चलाने पर नियुक्त किया हुआ पुरुष, तोपची, बंदूकची।
Gunnery (गनरि) *n.* बन्दूकों का प्रबन्ध, तोप-विद्या।
Gunning (गनिंग) *n.* तोप से गोली चलाना।
Gustation (गस्टेशन) *n.* स्वाद का अनुभव, रस, आनन्द।
Gusto (गस्टो) *n.* स्वाद, आनन्द, उत्साह।
Gut (गट्) *n.* आहार नली, उदर, पेट, अँतड़ी, आँत, नाली (ताँत) साहस, बल, दम। *v.t.* आँत निकालना, पुस्तक का निचोड़ निकालना।
Gutty (गटि) *n.* गटापारचा की गेंद।
Guy (गाय्) *n.* खेमा बाँधने का रस्सा। *v.t.* रस्से से खेमा बाँधना।
Guzzle (गजल्) *v.t.* & *i.* लालची की तरह भोजन करना।
Gym (जिम्) *n.* (*sl.*) व्यायाम, व्यायामशाला।
Gymkhana (जिमूखाना) *n.* व्यायामशाला,

व्यायाम प्रदर्शन।

Gymnasium (जिमनाजियम) *n.* व्यायामशाला।

Gymnast (जिमूनॉस्ट्) *n.* व्यायामी, पहलवान।

Gymnastic (जिमूनॅस्टिक्) *adj.* व्यायाम-संबंधी। *n. pl.* व्यायाम विद्या, कसरत।

Gymnical (जिमनिकल) *adj.* व्यायाम-संबंधी।

Gym-slip (जिम् स्लिप्) *n.* लड़कियों के लिए बिना हाथों वाली कमीज़।

Gynaeceum (गाइनासीअम्) *n.* जनानखाना।

Gynaechy (गाइनाकि) *n.* स्त्री राज्य।

Gynaecology (गायूनिकॉलाजि) *n.* औषध शास्त्र का वह भाग जिसमें स्त्रियों के विशेष रोगों का वर्णन हो।

Gynaecologist (गायूनिकॉलाजिस्ट्) स्त्रीरोग विशेषज्ञ।

Gynarchy (गाइनार्कि) *n.* महिला-राज्य।

Gyneolatry (गाइनिओलेट्रि) *n.* नारी-पूजन।

Gynethasia (गइनिथेश्ज़िया) *n.* स्त्री का बलिदान।

Gyp (जिप) *v.t.* & *i.* धोखा देना। *n.* ठगी, धोखा, ठग।

Gynophobia (गाइनोफ़ाबिया) *n.* नारी-भय, नारी के प्रति घृणा।

Gyroscope (जायरोस्कोप्) *n.* गति के सिद्धान्त को प्रदर्शन करने का एक विशेष यन्त्र (एक विशिष्ट प्रकार की चर्खी)।

Gyrose (जायरोज) *adj.* लहरों की तरह तह किया हुआ।

Gyve (जाइव्) *v.t.* बेड़ी लगाना। *n.* बेड़ी।

H

H (एच्) अंग्रजी वर्णमाला का आठवाँ अक्षर, रसायन शास्त्र में हाइड्रोजन नामक तत्व के लिए संकेत।

Habeas-corpus (हेबिअस्-कॉर्पस्) *n.* जेलर को अदालत में या जज के सामने बन्दी अपराधी को लाने की आज्ञा, बंदी प्रत्यक्षीकरण।

Haberdasher (हॅबर्डशर्) *n.* बिसाती। **Haberdashery,** *n.* बिसाती का माल, उसका पेशा या उसकी दूकान।

Habergeon (हॅबर्जन्) *n.* बिना आस्तीन का कवच।

Habile (हॉबिल्) *adj.* निपुण, होशियार।

Hachures (हॅच्युअर्स) *n. pl.* रेखाचित्र (मानचित्र में पर्वत के लिए) रेखाच्छादन।

Hacienda (हॅसिण्डा) *n.* जागीर।

Hack (हॅक्) *n.* घाव, आघात, प्रकार किराये का टट्टू, तोड़ने या काटने का यंत्र, पशुओं के चारे का कठौता, किराये की गाड़ी का गाड़ीवान, साधारण मजदूर, धनहीन लेखक, वेश्या, कुटनी। **Hacksaw,** *n.* धातु काटने की आरी।

Hadji, Hajji (हॅजि) *ns.* मक्का की हज्ज पर गया हुआ मुसलमान।

Haemal (हीमल्, हेमल्) *adj.* रक्त का, हृदय की तरफ स्थित।

Haematic (हीमॅटिक्) *adj.* & *n.* रक्त संबंधी, रुधिर पर प्रभाव डालने वाली औषधि।

Haematite (हीमटाइट्) *n.* लौह अयस्क।

Haemoglobin (हीमग्लाबिन्) *n.* रक्त कण, रंजक द्रव्य।

Haemorrhage (हेमोरिज्) *n.* रक्त-स्राव।

Hafnium (हॅफनिअम्) *n.* 1923 में खोजे गए तत्व परमाणु।

Haft (हाफ्ट्) *n.* हत्था, मूठ, पकड़। *v.t.* हत्था या मूठ लगाना, सुस्थापित करना।

Hag (हॅग) *n.* डायन, भोंडी स्त्री, कुरूप वृद्धा स्त्री।

Haggard (हॅगर्ड्) *adj.* जंगली, मलिनमुख, चिन्तित।

Haggis (हॅगिस्) *n.* भेड़ का दिल, फेफड़े, जिगर, उदर।

Haggle (हॅगल्) *v.t.* & *i.* वाद-विवाद करना, झगड़ना, मोल-चाल करना।

Hagiarchy (हॉगिआर्कि) *n.* पादरियों का लेखक।

Hagiographer (हैगियोग्राफर) *n.* धर्मग्रन्थ का लेखक।

Hag-ridden (हॉग्-रिड्डन्) *adj.* दुःस्वप्न से ग्रस्त।

Hail (हेल्) *n.* ओला, अस्त्रों की बोछार। *v.i.* & *t.* ओला वृष्टि होना, अभिवादन करना, दूर से पुकारना। *inter.* शुभकामना। *n.* अभिवादन। **Hail storm,** *n.* शिलावृष्टि सहित आँधी।

Hair (हेअर्) *n.* बाल, रोआँ, केश। **Hairy,** *adj.* रोवेंदार।

Hake (हेक्) *n.* कॉड की तरह एक मछली।

Halberd (हॅल्बर्ड्) *n.* एक प्रकार का गंडासा।

Halcyon (हॅल्सिऑन्) *n.* एक कल्पित पक्षी जिसके विषय में यह प्रसिद्ध है कि वह समुद्र के तल पर

घोंसला बनाता था, रामचिरैया। *adj.* शांत, शांतिमय।

Hale (हेल्) *adj.* स्वस्थ, मजबूत, तगड़ा।

Half *n.* (हाफ्) अर्ध भाग, आधा भाग, छहमाही, (फूटबाल में) हाफ़ बैक, अर्ध वर्ष। *adj.* आधे के बराबर।

Halibut (हॅलिबट्) *n.* खाने मे प्रयुक्त एक बड़ी मछली।

Haliography (हैलियाग्राफी) *n.* समुद्र का वर्णन।

Hallow (हॅलो) *n.* साधु, संत, ऋषि। *v.t.* पवित्र करना, पूजना, ललकार कर पीछा करना।

Hallucination (हॅलूसिनेशन्) *n.* मतिभ्रम, माया, इन्द्रजाल।

Halo (हेलो) *n.* आभामंडल, प्रभामंडल।

Halt (हॉल्ट्) *n.* विश्राम, पड़ाव, रुकाव, ठहराव। *v.t.* & *i.* रुकना, पड़ाव डालना। *adj.* लँगड़ा।

Halter (हॉल्टर्) *n.* बागडोर, फाँसी की रस्सी। *v.t.* (*up*) रस्सी से जकड़ना, फाँसी लगाना।

Halve (हाल्व) *v.t.* अधजोड़ लगाना, बराबर करना, बराबर काटकर जोड़ना।

Halyard (हॅल्यर्ड्) *n.* पाल उठाने या नीचा करने का रस्सा।

Ham (हॅम्) *n.* जंघा, कूल्हा, अत्यधिक अभिनय करने वाला, नौसिखुआ।

Handcuff (हॅड्कफ्) *n.* हथकड़ी। *v.t.* हथकड़ी डालना।

Handful (हॅड्फूल्) *n.* मुट्ठी भर, थोड़ी सा।

Handgallop (हॅन्ड्गॅलप्) *n.* धीमी चाल, सादी चाल।

Handglass (हॅडग्लास्) *n.* हाथ वाला छोटा दर्पण, शीशा या लैंस।

Handicap (हॅन्डिकॅप्) *n.* एक प्रकार की दौड़ प्रतियोगिता जिसमें प्रत्येक प्रतिस्पर्धा को समान सुविधा दी जाती है, बाधा, रुकावट। *v.t.* विशेष प्रकार की असुविधा या विघ्न डालना।

Handicraft (हॅन्डिक्राफ्ट्) *n.* शिल्प, दस्तकारी, व्यापार या दक्षता।

Handily (हैन्डिलि) *adv.* एकाएक, तुरन्त।

Handiwork (हॅन्डिवर्क्) *n.* हाथ का काम, हस्तकार्य, दस्तकारी।

Handkerchief (हॅडकर्चिफ्) *n.* दस्ती रुमाल।

Handle (हॅन्डल्) *n.* दस्ता, मुठिया, लाभप्रद घटना। *v.t.* हाथ लगाकर देखना, उहापोह करना, हाथ में लेना, व्यवस्था करना, उपयोग में लेना, व्यापार करना।

Handler (हॉन्डलर्) *n.* मूठ पकड़ने वाला।

Handley-page (हॅन्डलेपेज्) *n.* एक बड़ा हवाई जहाज।

Handloom (हॅन्डलूम्) *n.* हाथ से चलाने का करघा।

Handmaid (हॅन्डमेड्) *n.* दासी, चाकरिन।

Handpress (हॅन्ड्प्रस्) *n.* हाथ से चलाने की छापे की कल।

Handsaw (हॉन्डसॉ) *n.* एक हाथ से चलाने की आरी।

Handsel (हॅन्सल्) *n.* उद्घाटन उपहार, बोहनी, बानगी, नववर्षोपहार।

Handsome (हॅन्डसम्) *adj.* सुन्दर, उदार, बहुत अधिक, शानदार, मूल्यवान। **Handsomely,** *adv.* सुन्दरता से।

Handwriting (हॅंडराइटिंग्) *n.* व्यक्ति के लिखने का तरीका, लिखने का एक विशेष तरीका।

Handy (हॅडि) *adj.* समीपवर्ती, सुविधा से प्रयोग करने योग्य, दक्ष (चतुर), निकट का।

Haphazard (हैफजर्ड) *n.* इत्तफाक, संयोग मात्र, दैवयोग। *adj.* अक्रमिक, बेसिलसिलेवार।

Hapless (हॅपलिस्) *adj.* अभागा, भाग्यहीन।

Haply (हॅपलि) *adv.* कदाचित, संयोगवश।

Harbour (हार्बर्) *n.* जहाजों की रक्षा का स्थान, शरण स्थान। *v.t.* & *t.* आश्रय देना, बन्दरगाह में टिकना।

Hard (हार्ड्) *adj.* दृढ़, ठोस, कठिन, श्रमकारी, कर्कश, दुर्बोध्य, क्लिष्ट। *adv.* कठिनता से। **Hard-drinker,** *n.* अधिक मदिरा पीनेवाला। **Hard fisted,** *adj.* कंजूस मनुष्य।

Harden (हार्डन्) *v.t.* & *i.* कड़ा करना, दृढ़ या निर्दयी बनाना, कड़ा होना, नष्ट करना।

Hardihood (हार्डिहुड्) *n.* साहस, धैर्य, हिम्मत।

Hardly (हार्डलि) *adv.* कष्ट से, कठिनता से।

Hardship (हार्डशिप्) *n.* मुश्किल, विपत्ति, कठोर शारीरिक क्लेश, तंगहाली।

Hardy (हार्डि) *adj.* निर्भीक, साहसी, दृढ़, आत्मविश्वासी। **Hardily,** *adv.* निर्भीकता से।

Hare (हेअर्) *n.* खरहा, शशक, खरगोश।

Harem (हेअरम्) *n.* अन्तःपुर, जनानखाना।

Haricot (हॅरिकॉट) *n.* *usu.* बकरे के मांस का शोरबा, बीन का सूप।

Hark (हार्क्) *v.i.* पूछना, पूछताछ करना, की सुनवाई करना, सुनना। *inter.* सुनो।

Harl(e) (हार्ल्) *n.* सन् या पटुआ का रेशा। *v.t.*

जमीन पर घसीटना।

Harmonious (हार्मोनिअस्) *adj.* सुसंगत, संवादी, प्रसंवादी सुस्वर।

Harmonist (हार्मनिस्ट्) *n.* गाना बनानेवाला।

Harmonium (हार्मोनिअम्) *n.* हार्मोनियम बाजा।

Harmonize (हार्म-नाइझ्) *v.t.* & *i.* एक सुर में होना या करना, शान्त होना।

Harmonization (हारमेंनाइज़ेशन्) *n.* स्वर की एकता।

Harmony (हार्मनि) *n.* एकता, अनुरूपता, एक ताल या लय में होना।

Harness (हार्निस्) *n.* घोड़े या अन्य पशु का साज, उपस्कर, सामान। *v.t.* अस्त्र सुसज्जित करना, साज डालना, सामान सहित आक्रमण करना।

Harp (हार्प्) *n.* वाद्य तंत्र, वीणा, बीन। *v.i.* एक ही बात को दुहराते रहना। **Harper, Harpiest,** *ns.* बीन बजाने वाला।

Harpoon (हार्पून) *n.* ह्वेल मछली पकड़ने का रस्सा, काँटेदार बर्छी। *v.t.* इस प्रकार की बर्छी से मारना।

Harrow (हॅरो) *n.* हेंगा, पट्टा, पटेला। *v.t.* पर हैरो चलाना, तंग करना, उत्पीड़न करना, सताना, लूटना, चोट पहुँचाना।

Harry (हॅरि) *v.t.* लूटना, सताना, तंग करना, विध्वंश करना, नष्ट करना।

Harsh (हार्श) *adj.* रूक्ष, कर्कश, रूखा, कठोर, अप्रिय, कड़ा, निष्ठुर।

Hart (हार्ट्) *n.* लाल हिरण मृग, बारहसिंगा।

Harum-scarum (हेअरम्-स्केअरम्) *adj.* & *n.* उच्छृंखल, चंचल, प्रमादी, निरंकुश, लापरवाह, अविवेकी, अस्थिर।

Harvest (हार्विस्ट्) *n.* पैदावार, कटाई का समय। *v.t.* फसल इकट्ठी करना।

Hate (हेट्) *v.t.* घृणा करना, नफरत करना। *n.* द्वेष, तिरस्कार, बैरभाव, नफरत, घृणा।

Hateful (हेट्फुल्) *adj.* घृणास्पद। **Hatefully,** *adv.* घृणा या ईर्ष्या से। **Hatefulness,** *n.* धृणास्पदता।

Hatred (हेट्रिड्) *n.* घृणा करने वाला पुरुष, शत्रुता, द्वेष, बैर।

Hauberk (हॉबर्क्) *n.* वर्म, कवच, जिरह-बख्तर।

Haugh (हॉफ, हॉक्) *n.* नदी किनारे की उपजाऊ, समतल भूमि।

Haughty (हॉटि) *adj.* अभिमानी, घमण्डी, ढीठ।

Haul (हॉल्) *v.t.* & *i.* झटके से खींचना, जहाज को फेरकर चलाना। *n.* एक बार में मिला फायदा, जोर का झटका।

Hauler (हॉलअर्) *n.* जहाज़ को हवा के रूख पर चलानेवाला।

Haulm (हाम्) *n.* तिनकेदार तना, तिनकों का ढेर।

Haunch (हॉन्च्) *n.* नितम्ब, कूल्हा, (हरिण की) रान, बगल।

Haunt (हॉन्ट्) *v.t.* & *i.* सदा साथ रहना, बारम्बार भेंट करना, आना-जाना लगा रहना। *n.* आश्रय, अड्डा, अखाड़ा।

Hautboy (होबॉय्) *n.* शहनाई, बाजा, एक प्रकार की झरबैर।

Hauteur (होटर्) *n.* अक्खड़पन, दर्प, अभिमान।

Have (हॅव्) *v.t.* रखना, पास होना, प्राप्त करना, धारण करना, से संबंधित होना, का अर्थ समझ लेना, कहना, व्यक्त करना।

Haven (हेव्हन्) *n.* जहाजों के रहने या ठहरने का स्थान (बन्दरगाह), शरण-स्थान, आश्रय लेने का स्थान।

Haversack (हॅव्हर्सॅक्) *n.* सिपाहियों को समान रखने का किर्मिच का झोला।

Having (हॅव्हिंग्) *n.* रखना, स्वत्व, संपदा, व्यवहार, बर्ताव, अच्छी आदतें।

Havoc (हॅव्हक्) *n.* विध्वंस, विनाश, सर्वनाश, तबाही। *v.t.* नष्ट कर देना।

Hazard (हॅझर्ड्) *n.* प्राचीन पाँसे का खेल, संयोग, घटना, जोखिम। *v.t.* खतरे या जोखिम में डालना, जोखिम लेना, दाँव पर रखना, शर्त बोलना, संकट में डालना।

Haze (हेझ्) *n.* धुँध, धुँधलापन, दुविधा, अनिश्चय, संदिग्धता, मानसिक ह्रास। *v.t.* धुँधला कर देना, दुविधा में डाल देना, दुविधा होना।

Haze (हेझ्) *v.t.* तंग करना, अधिक कार्य से परेशान करना, सताना, बेवकूफ बनाना।

Hazel (हेझल्) *n.* पहाड़ी बादाम, झाड़ी।

Headquarters (हेडकवॉटर्स्) *n. pl.* मुख्यालय, प्रधान केन्द्र, प्रधान कार्यालय।

Heads'man (हेड्स्मन्) *n.* व्हेल मछली पकड़ने वाली किस्ती का अगला भाग, जल्लाद।

Headstrong (हेड्स्ट्रॉंग्) *adj.* जिद्दी, मनमौजी। **Headstrongness,** *n.* हठीलापन।

Headway (हैडवे) *n.* प्रगति, आगे की ओर बढ़ाव।

Headwork (हैडवर्क) *n.* मानसिक कार्य।

Heady (हेडि) *adj.* मादक, प्रदाही, उतावला, तीव्र,

प्रचंड, उग्र।

Heal (हील्) *v.t.* & *i.* निरोगी करना, अच्छा करना या होना।

Healer (हीलर) *n.* आरोग्य करनेवाला व्यक्ति या पदार्थ।

Health (हेल्थ्) *n.* पुष्टता, नीरोगता, स्वास्थ्य। **Healthful,** *adj.* स्वास्थ्य कर, लाभप्रद।

Healthy (हेल्थि) *adj.* स्वस्थ, तन्दुरुस्त, आरोग्यकर।

Heap (हीप्) *n.* ढेर, समुदाय, गण। *v.t.* ढेर लगाना, इकट्ठा करना।

Hear (हीअर्) *v.t.* & *i.* सुनना, कान लगाना, मानना, मुकदमे की सुनवाई करना, ध्यान देकर कहना।

Hearing (हिअरिंग्) *n.* सुनवाई, पेशी।

Hearken (हार्कन्) *v.i.* कान लगाकर सुनना, ध्यान देना।

Hearsay (हिअर्से) *n.* जनश्रुति, गप्प, सुनी बात।

Hearse (हर्स्) *n.* मुर्दा ले जाने की गाड़ी या टिकठी।

Heave (हीव्ह्) *v.t.* & *i.* उठाना, फेंकना, उठना, ठण्डी साँस लेना, आह खींचना, हाँफना, साँस भरना। *n.* सूजन, निःश्वास।

Heaven (हेव्हन्) *n.* आकाश, स्वर्ग, अनंत दूरी, आसमान, आकाश मंडल, देवलोक, सर्वोच्च आनन्द, मोक्ष।

Heavenly (हेवन्लि) *adj.* स्वर्ग का, स्वर्गीय, स्वगर्मवासी।

Heavily (हैविलि) *adv.* अत्यधिक जोर से, दुःख से, खिन्न हृदय से।

Heavy (हेवी) *adj.* गुरु, भारी, वजनी, बोझिल, वज़नदार, लदा हुआ, दुःखी, अंधकारमय, क्लिष्ट।

Heavyweight (हेवीवेट्) *adj.* साधारण से अधिक भारी। *n.* सामान्य से अधिक मोटा आदमी। 175 पौंड से अधिक वज़न का पेशेवर मुक्केबाज।

Hebdomad (हेब्डोमॅड्) *n.* सप्ताह।

Hebe (हेबे) *n.* यौवन की देवी, साकी, परिचारिका।

Hebetate (हेबेटेट्) *v.t.* & *i.* कुंठित करना, जड़ बनाना, मूढ़ हो जाना, बुद्धि स्तंभित होना।

Hebraic (हीब्रेइक्) *adj.* यहूदी सम्बन्धी।

Hebrew (हीब्रू) *n.* प्राचीन यहूदी भाषा।

Hecatomb (हेकटॉम्) *n.* जनसंहार, महाबलिदान।

Heck (हेक्) *n.* झल्लाहट आदि की अभिव्यक्ति, रैक, टाँड, झँझरी, जाली।

Heckle (हेकल्) *v.t.* वक्ता को प्रश्न पूछ-पूछ कर व उपहास द्वारा तंग करना।

Hectare (हेक्टेयर) *n.* 10000 वर्ग मीटर (2.471 एकड़)

Hectic (हेक्टिक्) *adj.* शरीर संबंधी, क्षय रोग ग्रस्त, उत्तेजक, खलबलीपूर्ण। *n.* क्षय रोग, क्षय रोगी, आसक्तता।

Hecto (हेक्टो) *pref.* सौ का अर्थ, प्रतिलिपियाँ बनाने की विधि।

Hector (हेक्टर्) *n.* दबंग, धौसिया, डींग मारने वाला। *v.t.* & *i.* बदतमीजीपूर्ण व्यवहार करना, तंग करना, परेशान करना, रौब जमाना।

Heddles (हेडल्स्) *n.* करघे की छोटी डोरियाँ।

Hedge (हेज्) *n.* झाड़ियोदार बाड़ा, घेरा, रोधिका, रोध। *v.t* & *i.* बाड़, लगाना, रोध करना, घेर लेना, रक्षा करना, हिचकिचाना, आगा-पीछा करना।

Hedge-born (हेज-बार्न) *adj.* हीन जाति का।

Hedgehog (हेज्-हॉग्) *n.* एक प्रकार का जानवर, काँटेदार फल या इसका पौधा, घृणित व्यक्ति, किलाबंद, सुरक्षित स्थान।

Hedonic (हीडॉनिक्) *adj.* सुखशास्त्र।

Hedonism (हीडॉनिज़्म्) *n.* सुखवाद, प्रेमवाद। **Hedonist,** *n.* सुखवादी।

Heed (हीड्) *v.t.* ध्यान देना, देखभाल करना। *n.* सावधानी। **Heedfully,** *adv.* सावधानी से।

Heedless (हीड-लेस्) *adj.* असावधान, अनवधान, लापरवाह।

Heehaw (हीहॉ) *n.* गधे की तरह रेंकना।

Heel (हील्) *n.* ऐड़ी, टाँग, खाँग, अनुप्रस्थ भाग, छिपा भाग, एड़ी का सा मोड़, घुंडी। *v.i.* & *t.* एड़ी से मारना, एड़ी लगाना (जूते में), नाचना, एक ओर झुकना।

Heft (हेफ्ट्) *n.* औजार की मूठ।

Hegomonic (हीगिमॉनिक्) *adj.* प्रधान, प्रमुख शासकीय।

Heifer (हीफर्) *n.* एक जवान गाय, बछिया।

Heigh (हे) *int.* उत्साहसूचक अव्यय, ललकार का शब्द।

Height (हाइट्) *n.* उत्तंगता, उत्थित वस्तु, ऊँचाई, ऊँची जगह, चोटी, शिखर, उन्नतांश।

Heighten (हाइटन्) *v.t.* & *i.* ऊँचा करना या होना, आगे बढ़ना, बढ़ा-चढ़ाकर कहना।

Heinous (हेनस्) *adj.* अति दुष्ट, घृणित, जघन्य, घोर।

Heir (एअर्) *n.* उत्तराधिकारी, वारिस, अंशभागी।

Heirless (ऍअर-लेस्) *adj.* बिना उत्तराधिकारी का, लावारिस।

Helical (हेलिकल्) *adj.* सर्प की तरह चढ़ने वाला।

Helicon (हेलिकॉन्) *n.* कवित्व प्रेरणास्रोत, पर्वत माला विशेष।

Helicopter (हेलिकॉप्टर्) *n.* एक उड़ाऊ मशीन, हवा में तिरछी उड़ने वाली।

Helio (हीलिओ) *pref.* 'सूर्य को केन्द्र में रखकर या (सौर)' अर्थ का उपसर्ग।

Heliosis (हीलियोसिस) *n.* धूप से प्रभावित होने की क्रिया।

Heliotrope (हीलिओट्रोप्) सूर्य कमल।

Helium (हीलिअम्) *n.* रासायनिक तत्व, परमाणु क्रमांक-2।

Helix (हीलिक्स्) *n.* पेंचदार काँटा या स्प्रिंग, कान का ऊपरी मुड़ा हुआ भाग।

Hell (हेल्) *n.* नरक, साम्राज्य, नरक लोक, यमलोक।

Hellebore (हेलिबोअर्) *n.* पौधों की किस्म जिसका उपयोग पागलपन के उपचार में किया जाता था।

Hellene (हेलीन्) *n.* यूनानी व्यक्ति।

Helm (हेल्म्) *n.* पतवार, आँधी के समय पहाड़ पर के बादल।

Helmet (हेल्मिट्) *n.* आवरण, शिरस्राण, टोप।

Helminth (हेल्मिन्थ्) *n.* कृमि किक्किश।

Helot (हेलट्) *n.* प्राचीन स्पार्टा का दास।

Help (हेल्प) *v.t.* सहायता करना, मदद करना, उपाय बताना, मंद करना, बचाना। *n.* सहायता, मदद, सहयोग।

Helpful (हेल्पफुल्) *adj.* सहायक, उपयोगी, सहायता देने वाला।

Helpless (हेल्पलिस्) *adj.* निस्सहाय, असहाय, अनाथ। **Helplessly,** *adv.* असहायता से। **Helplessness,** *n.* असाहयता।

Helpmate (हेल्पमेट्) *n.* सहायक, सहधर्मिणी।

Helter-skelter (हेल्टर-स्केल्टर) *adv.* हड़बड़ी में, उत्तेजित ढंग से।

Helve (हेल्व्) *n.* हत्था, दस्ता, बेंटा (कुल्हाड़ी का)।

Hem (हेम्) *n.* किनारी, गोट, मगजी। *v.t.* किनारी बनाना, मगजी बनाना।

Hemi (हेमि) *pref.* अर्ध।

Hemicrania (हेमिक्रेनिया) *n.* अधकपारी।

Hemiopia (हेमियोपिया) *n.* आँख का रोग जिसमें पदार्थ का आधा भाग ही दिखाई देता है।

Hemiplegia (हेमिप्लेगिया) *n.* आधे शरीर या मुख का लकवा।

Hemisphere (हेमिस्फीअर्) *n.* अर्धगोलक, गोलार्ध, हेमिस्फीयर (मस्तिष्क के)।

Hemispheric (हेमिस्फीरिक्) *adjs.* गोलार्ध संबंधी या गोलार्ध के समान।

Hemistich (हेमिस्टिच्) *n.* अर्धाली, अर्धपंक्ति, आधा श्लोक, अर्धपद।

Hemlock (हेम्लॉक्) *n.* विषमय पादप, धतूरा।

Hemp (हेम्प्) *n.* पटुआ। *n.* मादक पदार्थ-भाँग, गाँजा, हशीश।

Hem-stitch (हेम्स्टिच्) *n.* & *v.t.* एक प्रकार का आभूषण, टांका, मगजी या गोट लगाना।

Hemp (हेम्प) सन, पटुआ।

Hen (हेन्) *n.* मादा पक्षी, मुर्गी, पालतू मादा पक्षी।

Henbane (हेन्बेन्) *n.* एक जहरीला पौधा, खुरासानी।

Hence (हेन्स्) *adv.* अब से, इसलिए, इस कारण, अतएव।

Henchman (हेन्चमैन्) *n.* सेवक, परिचर, बालक, भृत्य, सहायक, अनुचर।

Hendecagon (हेन्डेकगॉन्) *n.* एकादश भुजा या कोणों वाला जहाज। **Hendecasyllable,** *n.* एकादशाक्षर छंद, ग्यारह अक्षरों वाली पंक्ति।

Henpecked (हेनपेक्ड) *adj.* भार्या-शासित, जोरू का गुलाम।

Hepatic (हिपेटिक्) *adj.* यकृत के रंग या आकृति का, यकृत के लिए अच्छा। *n.* यकृत् के लिए हितकर दवा।

Hepta (हेप्टॅ) *pref.* उपसर्ग जिसका अर्थ 'सात' होता है।

Heptad (हेप्टाड) *n.* सप्तक, सप्तसमूह।

Heptarchy (हेप्टार्कि) *n.* सप्त शासन, सात शासकों की सरकार।

Her (हर्) *pron.* उस (स्त्री को), वह (स्त्री)।

Herald (हेरल्ड्) *n.* राजदूत, एलची, अग्रदूत। *v.t.* उद्घोषित करना, प्रारंभ करना।

Herb (हर्ब) *n.* झाड़ी, जड़ी-बूटी। **Herbaceous,** *adj.* शाकदार, बूटीदार।

Herbage (हर्बिज्) *n.* घासपात, घासफूस।

Herbal (हर्बल) *adj.* जड़ी-बूटी सम्बन्धी।

Herculean (हर्क्यूलिअन्) *adj.* भीमकाय, अत्यंत कठिन, अति पराक्रमी।

Hercules (हर्क्यूलीझ़्) *n.* शक्ति के लिए विख्यात एक यूनानी वीर, एक शक्तिशाली व्यक्ति।

Herd (हर्ड्) *n.* पशुओ का झुण्ड, जनसमूह। *v.t.*

समूह में एकत्रित करना।

Herdsman (हर्ड्समन्) *n.* भेड़ रखने वाला, गड़ेरिया।

Here (हिअर्) *adv.* इस स्थान में, इस जीवन में, इस सम्बन्ध में, इस विषय में यहाँ। *n.* यह स्थान अथवा केन्द्र, यहाँ।

Heredity (हिरेडिटि) *n.* खानदानी या पुश्तैनी गुण।

Heresy (हिरैसी) *n.* विधर्म, अपधर्म, सुनी सुनाई। **Heretic** *n.* विधर्मी, अपधर्मी।

Heretic (हेरेटिक) *n.* पाखंडी, नास्तिक।

Hereditable (हेरिडिटेबल्) *n.* हस्तांतरणीय।

Heritage (हेरिटिज्) *n.* पैतृक सम्पत्ति, बपौती, विरासत।

Heritor (हेरिटर्) *n.* पूर्वजों की सम्पत्ति पाने वाला।

Hermaphrodite (हर्माफ्रॉडाइट्) *n.* स्त्री तथा पुरुष दोनों के लक्षणों से युक्त प्राणी, उभयलिंगी।

Hermes (हर्मीज़्) *n.* ईश्वर का अग्रदूत, विज्ञान का देवता, ग्रीक देवता।

Hermetic, Hermetical (हर्मेटिक्) *adjs.* कीमियाई, जादुई।

Hermit (हर्मिट्) *n.* वैरागी, सन्यासी, तपस्वी।

Hermitage (हर्मिटेज्) *n.* आश्रय, कुटी, पर्ण कुटी।

Herring (हेरिंग्) *n.* एक प्रकार की खाई जाने वाली समुद्री मछली।

Herself (हर्सेल्फ्) *pron.* स्वयं स्त्री का, स्वयं स्त्री में।

Hertz (हर्ट्ज़्) *n.* बारम्बारता की इकाई।

Hesitant (हेझिटन्ट्) *adj.* हिचकिचाता हुआ, हिचकने वाला। **Hesitancy** *n.* अटकाव, आगा-पीछा।

Hesitate (हेझिटेट्) *v.i.* हिचकिचाना, आगा-पीछा करना। **Hesitation,** *n.* संदेह में। **Hesitative,** *adj.* संदेह दिखलाता हुआ।

Hesitator (हेजिटेट्र) *n.* आगा-पीछा करने वाला मनुष्य।

Hesperian (हेस्पीरिअन्) *adj.* पाश्चात्य।

Hesperus (हेस्परस्) *n.* संध्या का तारा, शुक्र तारा।

Hessian (हेशन्) *n.* सन या पटुये का बना हुआ टाट।

Hexahedron (हेक्साहेडरान्) षट्फलक्, षट पार्श्वक्।

Hexagon (हेक्स-गॉन्) *n.* षट्कोण, षड्भुज।

Hexameter (हेक्सामिटर्) *n.* षट्पदी श्लोक या कविता।

Hey (हे) *inter.* ये! ए! हे! आनन्द सूचक, अव्यय।

Heyday (हेडे) *inter.* हर्ष या आश्चर्य-सूचक अव्यय।

Hiatus (हायएट्स) *n.* भंग, (फटन, भेद), छेद, दरार।

Hibernate (हाइबर्नेट्) *v.t.* जाड़ा काटना, शीत स्वाप करना, सुस्त और निष्क्रिय पड़े रहना।

Hibernian (हायबर्निअन्) *adj.* & *n.* आयरलैंड का, हिबर्नियल (आयरलैंड वासी)।

Hierarchy (हाईऑराकि) *n.* पुरोहितों का शासन।

Hieroglyph (हाइरोग्लिफ) *n.* प्राचीन इजीप्शियन भाषा की चित्रलिपि, प्रतीक अक्षर। **Hieroglyphic,** *adj.* & *n.* गूढ़ाक्षरों में लिखित, बीजाक्षर-संबंधी।

High-handed (हाइ-हॅन्डेड) *adj.* उद्धत, रोबीला, उग्र, उत्कट, प्रखर, स्वेच्छाचारी, निरंकुश।

High-hearted (हाईहारटेंड्) *adj.* साहसी।

High-jacker (हाइजॅकर्) *n.* चोरी-छिपे निषिद्ध दारू अथवा चीजों की तस्करी करने वालों को धन ऐंठने के लिए जबरदस्ती उठा ले जाने वाला।

High-minded (हाइमाइन्डेड्) *adj.* उच्चाशय, महात्मा, उत्तंगी, उदार चरित्र।

Highness (हाइनेस्) *n.* राजकुमार का पद, उच्चता।

High-school (हाइस्कूल) *n.* माध्यमिक शिक्षा देने वाला शहर का मुख्य विद्यालय।

Highspirited (हाइस्पिरिटेड्) *adj.* निर्भीक, निडर, उग्र, प्रचंड, तेजस्वी, साहसिक।

High-time (हाइटाइम) *n.* पूर्ण काल, उचित समय।

High-water (हाइवाटर) *n.* बाढ़ में जहाँ तक जल ऊपर होता है।

Highway (हाइवे) *n.* मुख्य मार्ग, महापथ, राजमार्ग। **Highwayman,** *n.* बटमार, लुटेरा, डाकू।

Hilarious (हिलेरियस) *adj.* प्रफुल्ल, प्रसन्नचित्त, उल्लसित। **Hilariousness,** *n.* प्रफुल्लता, प्रसन्नचित्तता।

Hilarity (हिलॅरिटि) *n.* प्रफुल्लता, प्रसन्नता, उल्लास।

Hindrance (हिन्ड्रन्स्) *n.* अड़चन, रुकावट,

विघ्न।

Hing (हिंग्) *n.* हींग।

Hinge (हिन्ज्) *n.* द्वार संधि, कब्जा, चूल, अक्षांस, मूल सिद्धान्त, दिकसूचक। *v.t.* & *i.* हिंज लगाना, कब्जे लगाना, मोड़ना।

Hinny (हिनि) *n.* खच्चर।

Hint (हिन्ट्) *n.* क्षण, अवसर, संकेत, इशारा, सुझाव। *v.t.* & *i.* संकेत करना, इशारा करना, याद दिलाना।

Hinterland (हिन्टरलन्ड) *n.* पश्च या भीतरी प्रदेश, पृष्ठ प्रदेश।

Hip (हिप्) *n.* कूल्हा, पुट्ठा, नितंब काठी। *v.t.* उत्साहहीन बनाना।

Hip-hip-hurrah (हिप-हिप-हुर्रा) *inter.* एक साथ मिलकर आनन्द का यह शब्द बोलना।

Hippiatric (हिपिएट्रिक) *adj.* घोड़ों की चिकित्सा-सम्बन्धी।

Hippocampus (हिपोकॅम्पस्) *n.* अश्वाकर समुद्री पिशाच।

Hippocras (हिपोक्रॅस्) *n.* मसालेदार सुरा।

Hippodrome (हिपोड्रोम्) *n.* रंगभूमि, बग्गी दौड़ और घुड़दौड़ का मैदान, सर्कस, अखाड़ा।

Hippogriff (हिपग्रिफ्) *n.* चील घोड़ा, उड़ने वाला घोड़ा।

Hipplogy (हिपॅलॉजि) *n.* अश्वविद्या, शालिहोत्र।

Hippopotamus (हिप्पॉटमस्) *n.* अफ्रीकन दरियाई घोड़ा।

Hircine (हिर्साइन्) *adj.* अजवत्, बकरे के समान।

Hire (हायर्) *n.* किराया, भाड़ा। *v.t.* भाड़े पर रखना।

Hireling (हायरलिंग्) *n.* किराये का व्यक्ति, धन-लोलुप व्यक्ति, वेश्या, रंडी।

Histogram (हिस्टोग्राम) *n.* बारम्बरता के विभाजन को प्रदर्शन करने वाला चित्र।

Historian (हिस्टॉरिअन्) *n.* इतिहासकार।

Historic (हिस्टॉरिक्) *adj.* इतिहास संबंधी, ऐतिहासिक।

Hit (हिट्) *v.t.* & *i.* मारना, प्रहार करना, आघात करना, से टकराना, भिड़ना, टक्कर खाना, चोट या हानि पहुँचाना। *n.* आघात, प्रहार, टक्कर, सफल प्रयत्न।

Hitch (हिच्) *v.t.* & *i.* झटके से चलना, हिचकोले से चलना, जोड़ना। *n.* हिचकोला, अटकना, फंदे की तरह का।

Hither (हिदर्) *adv.* यहाँ, इस स्थान पर, इधर।

Hitherto (हिदर-टू) *adv.* अब तक, इस समय तक, इस स्थान तक।

Hive (हाइव) *n.* मधुमक्खी का छत्ता। *v.t.* & *i.* मधु संचय करना, गोदाम में भरना, संग्रह करना, साथ रहना।

Hives (हाइव्स) *n.* शीत पित्त, कंठशोथ, पित्ती।

Ho (हो) *inter.* हो!, अरे!, छिः!, पकडो!, रुको, ओ-हो!, अरे!, ओह!, अहा!।

Hoar (होर) *adj.* श्वेतकेशी, धूसर, घिसा-पिटा। **Hoary,** *adj.* बुढ़ौती से श्वेत, वयोवृद्ध, जईफ़।

Hoarfrost (होरफ्रॉस्ट्) *n.* धवल तुषार, पाला।

Hoard (होर्ड) *n.* गोदाम, गुप्त, संचय, खजाना, कोष, गुप्त स्थान। *v.t.* & *i.* जमाखोरी करना, खजाना भरना, छुपाकर रखना, गुप्त संचय करना।

Hoarding (होडिंग्) *n.* तख्तों का घेरा।

Hoarse (होर्स्) *adj.* घटिया, फटा, कर्कश (स्वर) बेसुरा। **Horsely,** *adv.* रूक्ष स्वर से। **Hoarseness,** *n.* रूक्षता, स्वरभंग।

Hoax (होक्स्) *v.t.* हँसी में छलना, झाँसा-पट्टी देना। *n.* झाँसा-पट्टी, चकमा।

Hob (हॉब्) *n.* अँगीठी का किनारा, नाभि, केन्द्र, खूँटी। **Hobnail,** *n.* जूते की एँडी में ठोंकने का काँटी।

Hobble (हॉब्ल्) *v.t.* & *i.* मचकना, लँगड़ाना, पशुओं को भागने से रोकने के लिए टाँग बाँधना। *n.* लँगड़ाहट, कठिनाई, उलझन।

Hobbledehoy (हॅाबल्डिहॉय) *n.* भद्दा युवा पुरुष।

Hobby (हाबि) *n.* प्रिय व्यापार, छोटा, फुर्तीला या तेज घोड़ा, प्राचीनकाल की पैर गाड़ी। **Hobby-horse** *n.* कठ-कोड़ा, लकड़ी का घोड़ा।

Hobgoblin (हॅाबगोब्लिन) *n.* पिशाच, बेताल, दैत्य।

Hobnail (हाबनेल) *n.* चौड़े मत्थे वाली छोटी कील।

Hobnob (हॅाबनॉब्) *v.i.* किसी के साथ मित्रवत् समय व्यतीत करना, साथ बैठकर मदिर पीना, मेलजोल रखना।

Hobo (होबो) *n.* उठल्लू मजदूर, आवारागर्द।

Hock (हॉक्) *n.* चौपाये के पिछले पैर की जोड़।

Hockey (हॅाकि) *n.* हाकी का खेल।

Hocus (हॅाक्स्) *v.t.* छल करना, दवा देकर किसी को बेहोश करना।

Hocus-pocus (होक्स्-पोक्स्) *n.* छल, मदारी, हस्तलाघव, मदारी की चालाकी। *v.t.* & *i.* धोखा

देना।
Hod (हॉड्) *n.* मसाला ढोने की कड़ाही।
Hodden (हॉडन्) *n.* मोटा ऊनी कपड़ा।
Hodge (हॉज) *n.* एक अंग्रेज खेतिहर मजदूर।
Hodge-podge (हॉज-पॉज्) *n.* अनेक द्रव्यों का मिश्रण, खिचड़ी।
Hodman (हॉडमैन) *n.* मसाला ढोने वाला आदमी।
Hodometer (हॉडॉमिटर्) *n.* चक्करमापी।
Hoe (हो) *n.* कुदाल, फावड़ा। *v.t.* खुरचना, निकालना, साफ करना (कुदाल से) निराना, गोड़ना।
Hog (हॉग) *n.* सुअर, शूकर, खस्सी सुअर, वराह, छोटी भेड़, लालची मनुष्य। *v.t.* & *i.* बाल छोटा करना, घुमाना।
Hokey-pokey (होकि-पोकि) *n.* सस्ती बरफ की कुल्फी जो फेरीवाले बेचते हैं।
Hold (होल्ड) *v.t.* & *i.* सुरक्षित करना, धारण करना, रोकना, शामिल करना, रखना, अधिकार में रखना, कसकर पकड़ना, ध्यान आकर्षित करना, निरीक्षण करना, मनाना, निर्णय देना, पूरी जगह होना, विचारना, विश्वास करना। *n.* मुट्ठी, पकड़, दृढ़ता, पकड़ी हुई वस्तु, हिरासत, कब्जा, जकड़ाव, परिरक्षा। **Hold,** *interj.* (!). ठहरो!।
Hold-all (होल्डाऑल्) *n.* बिस्तर बंद।
Holder (होल्ड़र्) *n.* असामी, पकड़ने वाला, धारी, धारक।
Holding (होल्डिंग्) *n.* जमीन की अवधि, कब्जा किया हुआ खेत या फार्म।
Holdback (होल्डबैक) *n.* अवरोध, रूकावट।
Holdfast (होल्ड्-फास्ट्) *n.* काँटी, बोल्ट इत्यादि कसने का साधन।
Hole (होल्) *n.* विवर, छिद्र, अंतराल, जानवर की माँद, तुच्छ, खाली जगह, दरार, गड्ढा। *v.t.* & *i.* गुप्त स्थान में जाना, माँद में जाना, छिद्र करना, मांद में भेजना, छिद्र में डालना, छेद बनाना, छिद्र में डालना।
Holiday (हॉलिडे) *n.* धार्मिक त्योहार, छुट्टी का दिन, अवकाश।
Holily (होलिलि) *adv.* पवित्रता से।
Holiness (होलिनेस्) *n.* पवित्रता, धार्मिकता।
Holla (हॅाला) *inter.* अरे! वहाँ! ध्यान दो! ए होय!
Holland (हॉलन्ड्) *n.* एक प्रकार का मलमल।
Hollo (हॉलो) *inter.* & *n.* अरे! **Hollo, Holloa,** *v.i.* & *t.* चिल्लाना, पुकारना, ललकारना।
Hollow (हॅालो) *adj.* पोला, खोखला, खाली, झूठा, बेईमान। *n.* छिद्र, सुराख, पोला स्थान, नीरसता, खालीपन। *v.t.* खाली जगह बनाना, खोखला बनाना, पोला या खोखला हो जाना।
Holly (हॉलि) *n.* सर्वदा हरी रहने वाली एक काँटेदार झाड़ी।
Homage (हॉमिज्) *n.* पूजा, उपासना (सेवा), प्रभुभक्ति, श्रद्धा के फूल।
Homely (होम्लि) *adj.* घरेलू, गृह सम्बन्धी, परिचित, साधारण, आडम्बरहीन।
Homeopath (होमिओपाथ्) *n.* होमियोपैथी चिकित्सक। **Homeopathy,** *n.* होमियोपैथिक चिकित्सा। **Homeopathist,** *n.* इस विधि का चिकित्सक।
Homeward (होमवार्ड्) *adj.* & *adv.* घर की ओर।
Homologous (होमोलॉगस्) *adj.* समजात, तुल्य परिमाण का, समधर्मी, सजातीय, सदृश्य, अनुरूप। **Homologue,** *n.* सजातीय, समजात।
Homonym (हॉमोनिम्) *n.* भिन्न अर्थों वाला, एक ही उच्चारण पर अन्य अर्थ वाला। *adj.* अनेकार्थ शब्द-संबंधी।
Homophobia (होमोफोबिया) *n.* समलैंगिकता का डर।
Homosexual (होमोसेक्सुअल) *n.* समलिंगकामी।
Honorarium (ऑनरेरिअम्) *n.* किसी व्यवसाय का शुल्क या पारिश्रमिक, समान वेतन।
Hoodwink (हूडविंक्) *v.t.* आँखों पर पट्टी बाँधना, धोखा देना, आँखों में धूल झोंकना।
Hoof (हूफ्) *n.* खुर, खुरदार पशु। *v.t.* & *i.* खुर से मारना, ठोकर मारना, बाहर निकालना।
Hook (हुक्) *n.* काँटा, मछली फँसाने की बंसी, जाल। *v.t.* & *i.* कँटिया में फँसाना (मछली पकड़ना), झुकाना।
Hooker (हुकर्) *n.* एक प्रकार का छोटा जहाज।
Hooligan (हूलिगन्) *n.* गुंडा, बदमाश।
Hoop (हूप्) *n.* चक्कर, घेरा, गोल पट्टा। *v.t.* छल्ले से बाँधना, घेरा डालना।
Hoop (हूप्) *v.t.* हू हू का शब्द करना। *n.* ऐसा शब्द।
Hoot (हूट्) *v.t.* & *i.* घृणा से धिक्कारना, छी-छी करना। *n.* कर्कश शब्द, असन्तोष का शब्द, उल्लू की आवाज।

Hope (होप्) *n.* आशा (इच्छा), मनोरथ। *v.t.* & *i.* आशा करना, भरोसा करना।

Hopeful (होपफूल) *adj.* आशायुक्त, आशा-जनक।

Hopper (हॉपर्) *n.* झुका हुआ खम्भा, फुदकने वाले जीव, चोंगा, कूदने वाला आदमी, कीचड़ इत्यादि ले जाने का बर्तन।

Hopple (हॉपल्) *v.t.* दोनों पैरों को बाँधकर, नियन्त्रण में करना।

Horde (होर्ड्) *v.t.* घुमक्कड़ों का जत्था, भीड़, खानाबदोश जाति, झुंड।

Horizon (हॉरिजन) *n.* क्षितिज, परिधि, संस्तर स्थिति, समतल रेखा, सतह, अनुभव स्तर।

Horoscope (हॉरोस्कोप्) *n.* जन्म कुंडली, ग्रह स्थिति चक्र, जन्म पत्रिका।

Horrent (हॉरन्ट्) *adj.* लोमहर्षक, रोमांचक।

Horrible (हॉरिबल्) *adj.* भीषण, विकट, भयंकर, भयानक, विद्रूप।

Horrid (हॉरिड्) *adj.* उग्र, भीषण, कराल, विकट, लोमहर्षक, भयानक, भयंकर।

Horrific (हॉरिफिक्) *adj.* भंयकर, डराने वाला।

Horrify (हॉरिफाय्) *v.t.* संत्रस्त करना, भयभीत करना। **Horrific,** *adj.* भयानक, रोमांचकारी।

Horripilation (हॉरिपिलेशन) *n.* शरीर भर के रोंए खड़े होना, रोमांच।

Horror (हॉरर्) *n.* कँपकँपी (भय), अति घृणा।

Horse (हार्स्) *n.* घोड़ा, अश्व, घुड़सवार। *v.t.* & *i.* घोड़े पर सवार होना, घोड़े की तरह चलाना, पीठ पर ले जाना।

Horse-artillery (हॉर्स्-अर्टिलरि) *n.* तोप।

Horseman (हॉर्समैन्) *n.* सवार, घुड़सवार, सईस।

Hortative (हॉर्टेटिव) *adj.* उत्तेजक, प्रेरक, उत्साह दिलानेवाला।

Horticulture (हॉर्टिकल्चर) *n.* उद्यान विद्या, बागवानी। *adj.* उद्यानविद्या संबंधी।

Hose (होज़्) *n.* मोजा, पौधों पर पानी छिड़कने की नली। *v.t.* अभिनाल से सींचना, मोजे देना, (या पहिनाना)।

Hosier (होजर्) *n.* मोजे का व्यापारी। **Hosiery,** *n.* सुई से बीने हुए वस्त्र।

Hospice (हॉस्पिस्) *n.* बीमारों के रहने का स्थान, धर्मशाला, शरणस्थल, आश्रम।

Hospitable (हॉस्पिटेबल्) *adj.* अतिथि सत्कार करने वाला।

Hospital (हॉस्पिटल्) *n.* आरोग्यशाला, अस्पताल, चिकित्सालय।

Hospitality (हॉस्पिटॅलिटि) *n.* मेज़बानी, मेहमान निवाज़ी, आतिथ्य।

Hospitaller (हॉस्पिटलर्) *n.* रोगी सेवक, धर्मार्थ संस्था का सदस्य।

Host (होस्ट्) *n.* समुदाय, सेना।

Host (होस्ट्) *n.* परिचारक, मेज़बान, आतिथेय, सराय मालिक, होस्ट, रोटिका।

Hostage (हॉस्टिज्) *n.* प्रतिभू (जमानत) के रूप में शत्रु को प्रदत्त व्यक्ति।

Hostel (हॉस्टल्) *n.* विद्यार्थियों के रहने का स्थान छात्रावास। **Hostelry,** *n.* सराय, धर्मशाला।

Hostile (हॉस्टाइल्) *adj.* विरुद्ध, बैरी, विपरीत।

Hostility (हॉस्टिलिटि) *n.* शत्रुता, विरोध।

Hostler (हॉस्टलर) *n.* सराय में घोड़ों की देख-रेख करने वाला।

Hot (हॉट्) *adj.* तीव्र, तीता, उष्ण, गरम, उत्सुक, चरपरा, तिक्त, उत्तेजित, तीखा, काम पूर्ण, क्रोधी, अति उष्ण, रति पूर्ण, खतरनाक। *adv.* उत्सुकता, जोश, क्रोध से। *v.t.* गरम करना, उष्ण करना।

Hotchkiss (हॉचकिस्) *n.* एक प्रकार की स्वचालित गन।

Hotchpotch (हॉच्पॉच्) *n.* खिचड़ी, गड़बड़-झाला।

Hourly (अवर्लि) *adv.* प्रति घंटा, घंटे-घंटे बाद, निरन्तर, लगातार।

House (हाऊस्) *n.* घर, गृह, परिवार, कुटुम्ब, सभागार, नाट्यशाला, छात्रावास या धार्मिक, सदन, सराय, सभा-भवन, व्यापारिक संस्था, कुल, समूह। *v.t.* & *i.* ढाँप कर रखना, बचाना, आश्रय देना, जमा करना, एकत्रित करना, घर में रखना।

Housebreaker (हाउस्-ब्रेकर्) *n.* सेंधमार, चोर, उचक्का।

Household (हाउस्-होल्ड्) *n.* परिवार, वंश, कुल, गृहस्थी। **Householder,** *n.* गृह स्वामी, मकान मालिक।

Housemaid (हाउसमेड) *n.* नौकरानी, परिचारिका।

Housewife (हाउस्-वाइफ्) *n.* गृहिणी, मालकिन।

Housewifely (हाउस्-वाइफ़्लि) *adv.* गृहस्वामिनीवत्।

House-wifery (हाउस्-विफ्रि) *n.* गृह प्रबंध, गृह व्यवस्था, गृहस्थी।

Housing (हाउसिंग) *n.* गृह प्रबंध, घोड़े का

ओहार।

Hovel (हॉवल्) *n.* टूटा-फूटा गंदा मकान, सायबान, झोपड़ी।

Hoveller (हॉव्लर्) *n.* बेलाइसेंसी नाविक।

Hover (हॉवर्) *v.i.* फड़फड़ाना, लटके रहना, आगा-पीछा करना, सेना। *n.* परिभ्रमण, टहलान।

How (हाउ) *adv.* कब तक, किस तरह से, किस स्थिति में, ऐसा कैसे, कितना, क्योंकि।

Howbeit (हाउबीट्) *adv.* किसी भी तरह, तो भी, जैसे भी हो! तथापि।

Howdah (हाउडा) *n.* हाथी की पीठ पर रखा हौदा।

Howitzer (हविज़र्) *n.* बंदूक, तोप।

Howl (हाउल्) *v.t.* & *i.* गर्जना, गुर्राना, जोर से चिल्लाना, दहाड़ना। *n.* चीख, रुदन, आक्रंदन, चिल्लाहट।

Howler (हाउलर्) *n.* भद्दी भूल, गुर्रानेवाला, एक प्रकार का अमेरिका का बन्दर, एक कोरी गलती, बड़ी भारी गलती।

Howling (हाउलिंग) *n.* चिल्लाहट, गरजने का शब्द।

Hubble-bubble (हबल्-बबल्) *n.* गुड़गुड़ाहट, बकवास, अस्पष्ट वार्ता, हुक्का।

Hubbub (हबब्) *n.* गुलगपाड़ा, कोलाहल, शोरगुल।

Huckaback (हक्अबॅक्) *n.* & तौलिया इत्यादि बनाने का एक प्रकार का मोटा कपड़ा।

Huckle (हकल्) *n.* कूबर, चूतड़, नितंब।

Huckster (हकस्टर्) *n.* फेरीवाला, बिसाती। *v.t.* & *i.* फुटकर माल बेचने वाला। **Huck-sterer,** *n.* फुटकर माल बेचनेवाला।

Huckleberry (हकलबेरि) *n.* उत्तरी अमेरिका में पाई जाने वाली एक प्रकार की झाड़ी, इसका फल।

Huckster (हक्स्टर्) *n.* बिसाती, फेरीवाला। *v.t.* & *i.* खोंचा लगाना, फेरी लगाना, मोल-तोल करना।

Huddle (हडल्) *v.t.* & *i.* सिमट जाना, भीड़ लगाना, धक्कम-धक्का करना। *n.* भीड़, गड़बड़ी, शोरगुल।

Hullabaloo (हलॅबलू) *n.* शोरगुल, होहल्ला।

Hullo (-loa) (हलो) *inter.* (लो-आ) ओहो! अरे!

Hum (हम्) *v.i.* & *t.* भिनभिनाना, मुखरित हो उठना, (घबराहट से) हकलाना। *n.* भिनभिनाहट, गुंजन, गुनगुनाहट।

Hum (हम्) *n.* बनावटी, कृत्रिम, चालबाजी।

Human (ह्यूमन्) *adj.* मनुष्य जाति का, मानवी, उदात्त।

Humane (ह्यूमेन्) *adj.* मानवोचित, दयालु, दयापूर्ण, सहृदय।

Humanism (ह्यूमनिज्म्) *n.* मानववाद, अर्थ क्रियावाद, व्यवहारवाद, मानवतावाद।

Humanist (ह्यूमनिस्ट्) *n.* मानवतावादी, व्यवहारवादी।

Humanitarian (ह्यूमॅनिटेरिअन्) *n.* लोकोपकारी, मानवीय, उदारचेता।

Humanity (ह्यूमॅनिटि) *n.* मानवता, दयालुता, मानवोचितता, सहृदयता।

Humanize (ह्यूमनाइज) *v.t.* & *i.* किसी वस्तु को अधिक प्रिय व उपयुक्त बनाना, दयालु या सभ्य बनना या बनाना, मानवीय बनाना या बनाना।

Humanly (ह्यूमन्लि) *adv.* मानवीय ढंग से, मानवीय सीमाओं में, मानवोचित ढंग से।

Humble (हम्बल्) *adj.* नीच, विनीत, नम्र, दीन, हीनमन्य, अवमानित। *v.t.* निरादर करना, नीचा दिखाना। **Humble-bee** *n.* भौंरा, भ्रमर।

Humbug (हम्बग्) *n.* छल-कपट, धोखा, खोखलापन, कपटी। *v.t.* & *i.* धोखा देना, ठगना।

Humdrum (हम्-ड्रम्) *adj.*& *n.* नीरस, फीका, उदास, साधारण मूर्ख मनुष्य।

Humeral (ह्यूमरल्) *adj.* कंधे का।

Humerus (ह्यूमरस्) *n.* प्रगंडिका।

Humid (ह्यूमिड्) *adj.* गीला, तर।

Humidity (ह्यूमिडिटि) *n.* आर्द्रता, तरी।

Humiliate (ह्यूमिलिएट्) *v.t.* शर्मिंदा करना या बेवकूफ बनाना। **Humiliation,** *n.* अपमान। **Humiliating,** *adj.* अपमानजनक।

Humility (ह्यमिलिटि) *n.* विनम्रता, दीनता।

Humming (हमिंग्) *n.* भिनभिनाता हुआ। *n.* भनभनाहट।

Hummock (हमक्) *n.* छोटी पहाड़ी, टीला, बर्फ का टीला।

Humoral (ह्यूमॅरल्) *adj.* मनुष्य की देह संबंधी।

Humorist (ह्यूमरिस्ट्) *n.* हास्य कहानी लेखक, मजाकिया।

Humorous (ह्यूमॅरस्) *adj.* विनोदपूर्ण, हास्यात्मक। **Humorously,** *adv.* विनोद के रूप में या ढंग से। **Humoursome,** *adj.* रसिक, विनोदी।

Humour (ह्यूमर्) *n.* स्वभाव, मिजाज, मनोदशा, मौज, तरंग, लहर, विनोद। *v.t.* संतुष्ट करना, प्रसन्न करना।

Hump (हम्प्) *n.* ककुद, कूबर, उभार। **Humpless,** *adj.* बिना कूबड़ का।

Humph (हम्फ्) *int.* संशय और अप्रसन्नता द्योतक अव्यय।

Humpty-dumpty (हम्पटि-डम्पटि) *n.* गोल-मटोल व्यक्ति।

Humpy (हम्पि) *n.* आस्ट्रेलिया की एक प्रकार की झोपड़ी।

Humus (ह्यूमस्) *n.* खाद-मिट्टी।

Hunch (हन्च्) *n.* कूबड़, ककुद। *v.t.* कूबड़ निकालना, मोड़ना।

Hunchbacked (हन्चबैक्ड्) *adj.* कोहानदार, कुबड़ा।

Hundred (हन्ड्रेड्) *n.* सौ, शत, सौ कुटुम्ब का गाँव।

Hundredfold (हन्ड्रेडफोल्ड्) *adj.* सौगुना।

Hung (हंग) *p.t.* & *p.p.* **Hang.** धातु का लटकाने के अर्थ में भूतकाल का रूप।

Hunger (हंगर्) *n.* भूख, क्षुधा, लालसा। *v.i.* भूखा लगना। *v.t.* इच्छा करना।

Hungry (हंग्रि) *adj.* क्षुधा पीड़ित, भूखा, दुबला, लोभी।

Hunk (हंक्) *n.* भद्दा टुकड़ा।

Hunt (हन्ट्) *v.t.* & *i.* शिकार खेलना, शिकार के पीछे भागना, शिकार में प्रयोग करना। *n.* शिकार मृगया, आखेट।

Hunter (हन्टर्) *n.* शिकारी, आखेटक, शिकारी घोड़ा, धातु के ढक्कन की घड़ी।

Hunting (हन्टिंग्) *n.* शिकार का खेल।

Huntsman (हन्ट्स्मैन्) *n.* शिकारी, शिकारी का नौकर।

Hurdle (हर्डल्) *n.* टटिया, टट्टर। *v.t.* रोक लगाकर घेरना, टट्टी में बन्द करना।

Hurdy-gurdy (हर्डि-गर्डि) *n.* तार-वाद्य यंत्र।

Hurl (हर्ल्) *v.t.* (मिसाइल इत्यादि) फेंकना, जोर-जोर से चीखना, जोर से फेंककर मारना। *n.* प्रक्षेपण।

Hurly (हर्लि) *n.* हो-हुल्ला, शोरगुल, हंगामा।

Hurly-burly (हर्लि-बर्लि) *n.* हुल्लड़, हो-हुल्ला, कोलाहल।

Hurrah, Hurray (हुर्रा, हुर्रे) *inter.* प्रसन्नता-द्योतक अव्यय।

Hurricane (हरिकन्) *n.* प्रचंड वात, चक्रवात।

Hurriedly (हरिड्लि) *adv.* शीघ्रता से, आकुलता से।

Hurry (हरि) *n.* बहुत जल्दबाजी, जल्दी करने की आवश्यकता अथवा इच्छा। *v.t.* & *i.* जल्दी कराना, जल्दी करना, उतावली दिखाना, उत्सुक होना। **Hurriedness,** *n.* उतावलापन, जल्दबाजी।

Husbandry (हस्बैन्ड्रि) *n.* कृषि कर्म, मितव्ययी व्यवस्था, मितव्ययिता।

Hush (हश्) *n.* शान्ति, चुप्पी। *v.t.* शान्त करना, चुप करना। *inter.* चुप ! शान्त!

Husk (हस्क्) *n.* छिलका, भूसी, निरर्थक अंश, पुशओं की एक बीमारी। *v.t.* छिलके उतारना, भूसी उतारना।

Husky (हस्कि) *adj.* (*sl.*) भूरीदार, भर्राई हुई (आवाज़), मज़बूत। **Huskily,** *adv.* दृढ़ता से। **Huskiness,** *n.* रूखापन, नीरसता।

Hussar (हझार) *n.* घुड़सवार सैनिक।

Hussy, Huzzy (हसि, हझि) *ns.* हरजाई, छिनाल, कुलटा स्त्री, फूहड़।

Hustings (हस्टिंग्ज) *n.* निर्वाचन कार्यवाही।

Hustle (हसल्) *v.t.* & *i.* हिलाना, घुसपैठ करना, ढकेलना, धक्कम-धक्का करना, निकाल देना। *n.* शोर गुल।

Hut (हट्) *n.* कुटिया, मड़ैया, छोटा घर। *v.t* & *i.* कुटी बनाना, झोपड़ी बनाना, कुटी में बसना।

Hutch (हच्) *n.* खरगोशों का दड़बा, कुटी।

Huzza (हुजा) *inter.* हर्षनाद, जयजय की ध्वनि। *n.* प्रसन्नता-द्योतक अव्यय।

Hyacinth (हायसिन्थ्) *n.* नीलम, रत्न, एक प्रकार का फूलदार पौधा।

Hyades (हायदीज) *n.* आर्द्रा नक्षत्र, वृषभिका रोहिणी।

Hyaena (हाइना) *n.* लकड़बग्घा।

Hyaline (हायलाइन्) *adj.* स्पष्ट, पारदर्शक, सपाट।

Hyalite (हायलाइट्) *n.* खनिज, गोमेद रत्न का रंगरहित प्रकार।

Hyaloid (हायलॉइड) *adj.* & *n.* काँच सदृश, पारदर्शक।

Hydrocarbon (हाइड्रोकार्बन) *n.* हाइड्रोजन तथा कार्बन का मिश्रण।

Hydrocele (हाइड्रोसिल) *n.* अण्डकोष में पानी उतरने का रोग।

Hydroelectric (हाइड्रोइलेक्ट्रिक) *adj.* जल-विद्युत।

Hydrogen (हायड्रोजिन्) *n.* सबसे हल्का वायुरूप तत्व। **Hydrogenate,** *v.t.* इस वायुरूप तत्व से मिश्रित करना।

Hydromel (हाइड्रोमेल्) *n.* जल और मधु का घोल।

Hydrometer (हायूड्रॉमिटर्) *n.* तरल पदार्थों का घनत्व नापने का यंत्र।

Hydropathy (हायूड्रोपैथी) *n.* जल-चिकित्सा।

Hydrophobia (हायूड्रोफोबिया) *n.* जल भीति, जल संत्रास।

Hygeia (हायजीआ) *n.* स्वस्थ व्यक्तित्व, स्वास्थ्य का देवता।

Hygiene (हायजीन) *n.* स्वास्थ्य सिद्धान्त। **Hygienic,** *adj.* स्वास्थ्य संबंधी। **Hygienically,** *adv.* स्वास्थ्यकर ढंग से।

Hygrometer (हाइग्रॉमिटर्) *n.* आर्द्रतामापी।

Hygroscope (हाइग्रास्कोप्) *n.* आर्द्रतादर्शी यंत्र।

Hymen (हायमिन्) *n.* विवाह देवता, विवाह। **Hymeneal,** *adj.* विवाह संबंधी।

Hymen (हायमिन्) *n.* झिल्ली, योनिच्छद,। **Hymenal,** *adj.* योनिच्छद का।

Hymenoptera (हायमिनॉप्टेरा) *n. pl.* चमड़े जैसे पंखों वाला कीट।

Hymn (हिम्) *n.* भजन स्त्रोत। *v.t.* & *i.* भजन, गाना, ईश्वर की प्रार्थना करना, प्रशस्ति गाना **Hymnody,** *n.* स्तुति गायन। **Hymnology,** *n.* स्त्रोत शास्त्र।

Hyper (हाइपर्) *pref.* अति, अत्यधिक, ऊपर के अर्थों में प्रयुक्त उपसर्ग।

Hyperbola (हायपरबोला) *n.* एक विशिष्ट प्रकार का चाप (रेखागणित में) अतिपरवलय। **Hyperbolic,** *adj.* अतिपरवलीय।

Hyperbole (हायपरबोल) *n.* अतिशयोक्ति, अत्युक्ति।

Hyperbolic, Hyperbolical (हायपरबॉलिक्, हायपरबॉलि) *adjs.* अतिशयोक्ति से पूर्ण। **Hyperbolically,** *adv.* अत्युक्ति से।

Hyperbolize (हाइपरबोलाइज़्) *v.t.* अत्युक्ति या अतिशयोक्तिपूर्वक वर्णन करना।

Hyperborean (हायपरबॉरिअन्) *adj.* & *n.* निवासियों से सम्बन्धित, पृथ्वी के उत्तरी छोर पर रहने वाला मनुष्य।

Hypercritic (हाइपरक्रिटिक) *n.* सूक्ष्म छिद्रान्वेषी मनुष्य।

Hypercritical (हाईपरक्रिटिकल्) *adj.* कटु आलोचक, अत्यालोचक।

Hypercritically (हाइपरक्रिटिकलि) *adv.* सूक्ष्म छिद्रान्वेषण विधि से।

Hypercriticism (हाईपरक्रिटिज़्म्) *n.* अति छिद्रान्वेषण।

Hypertrophy (हायपरट्राफि) *n.* अतिपोषण, किसी अंग की अधिक वृद्धि।

Hyperemesis (हाईपॅरेमिसिस्) *n.* अत्यधिक वमन करना।

Hypter-text (हाइपरटेक्सट्) *n.* कम्प्यूटर में विषय-सामग्री को भंडारित करके रखना।

Hypertrophy (हाइपरट्रॉफि) *n.* किसी अंग की अस्वाभाविक वृद्धि।

Hyphen (हायफन्) *n.* समासक, योजिका चिह्न।

Hyphenation (हाइफॅनेशन्) *n.* योजन चिह्नित, हाइफनयुक्त।

Hypnosis (हिप्नोसिस्) *n.* सम्मोहन स्थिति, सम्मोहन विद्या।

Hypnotic (हिप्नॉटिक्) *adj.* सम्मोहन संबंधी, निद्राजनक। **Hypnotism,** *n.* सम्मोहन।

Hypnotist (हिपनोटिस्ट्) *n.* सम्मोहन वाला व्यक्ति।

Hypnotize (हिप्नॅटाइज़्) *v.t.* कृत्रिम निद्रा बुलाना।

Hypocaust (हायपाकॉस्ट्) *n.* अधः अग्नि स्थान।

Hypochondria (हिपोकॉन्ड्रिआ) *n.* पित्तोन्माद।

Hypocrisy (हिपॉक्रिसि) *n.* छल, पाखण्ड, मिथ्या चरित्र।

Hypocrite (हायपोक्रिट्) *n.* छली कपटी।

Hypocritical (हायपोक्रिटिकल) *adj.* दम्भी, छली।

Hypodermic (हायपोडर्मइक्) *adj.* अन्तर्त्वचा का, त्वचा की भीतरी तह में डाला हुआ या प्रवेश किया हुआ।

Hypostasis (हायपॉस्टासिस्) *n.* अतिरक्तता।

Hypostrophe (हाइपैस्ट्रफि) *n.* रोग का दुबारा होना (पुनराक्रमण)।

Hypotenuse (हायपॉटिन्यूस्) *n.* त्रिभुज में समकोण के सामने की रेखा, कर्ण।

Hypotension (हाइपोटेंशन) *n.* धीमा रक्तचाप।

Hypothecate (हायपॉथिकेट्) *v.t.* बन्धक रखना, रेहन करना।

Hypothecation (हायपॉथिकेशन्) *n.* रेहन की क्रिया।

Hypothecator (हाइपॉथिकेटर) *n.* बन्धनकर्त्ता, रेहन रखने वाला।

Hypothesis (हायपॉथिसिस्) *n.* अनुमान, प्रतिज्ञा, कल्पना।

Hypothetic, Hypothetical (हायपॉथिटेक्, टिकल्) *adjs.* माना हुआ, कल्पित। **Hypothetically,** *adv.* कल्पित रूप से, कल्पना द्वारा।

Hypothesize (हाइपॉथिसाइज) *v.i.* कल्पना करना।

Hyson (हायसन्) *n.* (चाय), चीनी हरी चाय।

Hyssop (हिसाप्) *n.* हिसप (वनस्पति), जूफा।

Hysterectomy (हिस्टरेकटोमी) *n.* महिला की बच्चेदानी निकालने की शल्य-क्रिया।

Hysteria (हिस्टीरिआ) *n.* भावोन्माद, मूर्छा, बदहोशी, हिस्टीरिआ।

Hysteric, Hysterical (हिस्टेरिक्, हिस्टेरिकल) *adjs.* मूर्छा-संबंधी।

Hysterics (हिस्टेरिक्स्) *n. pl.* हिस्टीरिया के दौरे, रोने या हँसने का दौरा।

Hysterotomy (हिस्टेरॉटॉमि) *n.* गर्भाशय की शल्य क्रिया।

Hysteron-proteron (हिस्टरॉन्-प्रॉटरॉन्) *n.* प्रतीपन, प्रतिलोमन।

Hz-hertz (हट्र्ज) तीव्रता नापने की इकाई।

I

I (आइ) अंग्रेजी वर्णमाला का नवाँ अक्षर, रसायन शास्त्र में यह आयोड़िन के लिए प्रयुक्त होता है, इसका उच्चारण 'इ' 'ई' तथा 'आइ' होता है; रोम की संख्या-माला में यह यह 'एका' का सूचक होता है।

Iambic (आइअम्बिक) *adj.* पद्य में एक लघु तथा एक गुरु अक्षरवाले पद से संबंधित।

Ibex (आयबेक्स्) *n.* लंबे सींग वाला जंगली बकरा, साकिन।

Ibid (आइबिड्) *adj.* वहीं, उसी स्थान पर, उसी स्थान में।

Ibidem (आयबाइडम्) *adv.* तत्रैव, वही, वहीं, उसी स्थान पर।

Ibis (आयबिस्) *n.* सारस के प्रकार का एक पक्षी, बुज्जा।

Iceberg (आइस-बर्ग) *n.* हिमशैल, प्लावी हिम शैल, प्लासी या बर्फ।

Ichthyosis (इक्थिओसिस्) *n.* इक्थिओसिस (रोग)।

Icicle (आयसिकल्) *n.* बर्फ की लटकती हुई नुकीली चट्टान।

Icily (आइसिलि) *adv.* अमित्रतापूर्वक ढंग से कहा गया।

Icon (आयकॉन्) *n.* संकेत, चिह्न, प्रतीक।

Iconic (आइकानिक) *adj.* मूर्ति संबंधी।

Iconoclasm (आयकॉनोक्लाज्म्) *n.* मूर्ति भंजन।

Iconoclast (आयकांनोक्लास्ट्) *n.* मूर्तियाँ तोड़ने वाला या विचार भंजक, पवित्र विचारों पर प्रहार करने वाला।

Icosahedron (आयकोसाहेड्रन्) *n.* विंश फलक।

Ictus (इक्टस्) *n.* दौरा, ग्रसन।

Idealistic (आइडीअलिस्टिक्) *adj.* मायावाद संबंधी।

Ideality (आइडीअलिटि) *n.* आदर्श चरित्र की स्थिति या उसका गुण, आदर्शरूपता।

Idealize (आयडीअलाइज) *v.t.* & *i.* आदर्श बनाना, आदर्श होना।

Ideally (आइडीअलि) *adv.* आदर्श रूप में या ढंग से।

Ideate (आयडीयट्) *v.t.* & *i.* कल्पना करना, विचार बनाना।

Ideation (आइडिएशन) *n.* विचार-शक्ति, कल्पना-शक्ति।

Idem (आयडम्) *n.* (*abbr. id*) उसी में।

Identic (आयडेन्टिक्) *adv.* सामूहिक तथा समरूप शब्दयुक्त।

Identical (आयडेन्टिकल्) *adj.* अभिन्न, अनुरुप, समान। **Identically,** *adv.* समान रूप में। **Identicalness,** *n.* समानता, समरूपता, एकरूपता।

Identify (आयडेन्टिफाय्) *v.t.* समीकरण करना, तुल्य सिद्ध करना।

Identity (आयडेन्टिटि) *n.* समानता, एकरूपता, तादात्म्य, विशिष्टता।

Ideograph (आईडिओग्राफ) *n.* किसी आश्य या कल्पना के लिए विशिष्ट संकेत।

Ideology (आईडीऑलॉजि) *n.* किसी व्यक्ति की विचारधारा, कोरी सिद्धान्तवादिता।

Idolater (आयडॉलेटर्) *n.* मूर्तिपूजक, अति-प्रशंसक।

Idolatress (आयडॉलेट्रस्) *n. fem.* मूर्ति-पूजा करने वाली, मूर्ति-पुजारिन।

Idolatrous (आइडलेट्रस्) *adj.* मूर्ति-पूजन के समान।

Idolatry (आयाडॉलट्रि) *n.* मूर्ति पूजा, प्रतिमा पूजा, बुतपरस्ती।

Idolize (आयडलाइझ्) *v.t.* देवता मानना, पूजना। **Idolization**, *n.* देवत्व पूजा।

Idolum *v.t.* (आयडोलम्) धारणा।

Idyll, Idyl (आयडिल्) *ns.* ग्राम गीत, ग्राम्यकाव्य, रमणीय सुखात्मक कथा।

If (इफ्) *conj.* यदि, अगर, बशर्ते कि, इस अवस्था में कि, यदि मान लिया जाय कि।

Igloo (इग्लू) *n.* एस्किमो की घुमावदार झोंपड़ी।

Ignition (इगनिशन्) *n.* ज्वलन, सुलगाने का कार्य।

Ignoble (इग्नोबल्) *adj.* नीच, अकुलीन, अधम, हेय।

Ignobly (इग्नोब्लि) *adv.* नीचता से।

Ignominious (इग्नॉमिनिअस्) *adj.* घृणित, अपकीर्तिकर, बदनाम।

Ignominy (इग्नोमिनी) *n.* अपकीर्ति, बदनाम, लोक निंदा, कलंक।

Ignoramus (इग्नॉरामस्) *n.* अज्ञानी, ज्ञानशून्य।

Ignorance (इग्नॅरन्स) *n.* अनभिज्ञता, अज्ञान कर्म।

Ignorant (इग्नॅरन्ट्) *adj.* अशिक्षित, अज्ञानी, अनभिज्ञ।

Ignore (इग्नोर्) *v.t.* उपेक्षा करना, अवज्ञा करना, ध्यान देना, अस्वीकार करना, से अनभिज्ञ होना, अवहेलना करना।

Illegal (इलीगल्) *adj.* अनधिकृत, अवैध, गैरकानूनी,

Illegally (इलीगलि) *adv.* अन्याय से, अवैध, (गैरकानूनी ढंग) से।

Illuminant (इलूमिन्ट) *adj.* प्रकाशक, प्रदीपक।

Illuminate (इलूमिनिट्) *v.t.* प्रदीप्त करना, समझाना, प्रकाश डालना। **Illuminative**, *adj.* प्रकाश करने वाला। **Illumination**, *n.* प्रकाश।

Illumine (इलूमिन्) *v.t.* प्रबद्ध करना, प्रदीप्त करना, चमकदार बनाना।

Illusion (इलूजन्) *n.* मोह, मिथ्याविचार, माया, मरीचिका।

Illustration (इलस्ट्रेशन्) *n.* चित्र, निदर्शन, व्याख्या, उदाहरण दृष्टांत।

Illustrious (इलस्ट्रिअस्) *adj.* लब्ध, प्रतिष्ठित, प्रख्यात, यशस्वी, सुविख्यात। **Illustriously**, *adv.* यशविस्ता से। **Illustriousness**, *n.* यशस्विता।

Image (इमेज्) *n.* मूर्ति, प्रतिमा, देव प्रतिमा, प्रतिबिम्ब, नमूना, दृष्टान्त। *v.t.* चित्रित करना, प्रतिबिम्बित करना, मन में धारण करना।

Imagery (इमेजरि) *n.* कल्पना सृष्टि, काल्पनिक वर्णन, मूर्ति, पुतला।

Imaginary (इमेजनरि) *adj.* कल्पित, काल्पनिक।

Imagination (इमेजिनेशन्) *n.* भावना, मन की कल्पना।

Imaginative (इमॅजिनेटिव्ह) *adj.* कल्पना से उत्पन्न, प्रतिभावना, कल्पनापूर्ण। **Imaginativeness**, *n.* कल्पनाशक्ति।

Imagine (इमॅजिन्) *v.t.* कल्पना करना, विचार करना, मन से अनुमान लगाना।

Imago (इमेगो) *n.* कृमि की प्रौढ़ावस्था।

Imbecile (इम्बिसील्) *adj.* दुर्बल, अल्पमति, अशक्त, महामूर्ख।

Imbecility (इम्बिसिलिटि) *n.* देह अथवा मन की दुर्बलता।

Immaculate (इमॅक्यूलेट्) *adj.* पवित्र, निर्मल, विमल, निष्कलंक, बेदाग, स्वच्छ।

Immanent (इमॅनेन्ट्) *adj.* आन्तरिक, अन्तर्निहित, विश्वव्यापी, (परमात्मा)। **Immanence**, *n.* अन्तर्भाव। **Immanency**, *n.* व्यापकता।

Immaterial (इम्मटीरिअल्) *adj.* अपदार्थ, तुच्छ, अनावश्यक।

Immature (इम्मॅच्युअर्) *adj.* अवयस्क, कच्चा, अधूरा, अपक्व, अप्रौढ़।

Immeasurable (इम्मेझरेबल्) *adj.* अपरिमित, बहुत बड़ा, असीम, अनन्त, अमर्यादित।

Immediate (इमीडिएट्) *adj.* अति सन्निहित, अनन्तरित, अति समीप का।

Immediately (इमीडिअट्लि) *adj.* अविलम्ब, शीघ्र, त्वरित तुरन्त।

Immemorial (इमिमॉरिअल्) *adj.* स्मृति के बाहर का, स्मृत्यावीत, पुरातनतम।

Imminent (इमिनेन्ट्) *adj.* शीघ्र होने वाली (घटना), आसन्न। **Imminently**, *adv.* आसन्नता से।

Immisible (इमिसिबिल) *adj.* जो मिलाया न जा सके।

Immitigable (इमिटिगबल्) *adj.* कम न करने योग्य, जो कम न किया जा सके, असांत्वनीय।

Immixture (इम्मिक्चर्) *n.* मिश्रित होना, शुद्धता।

Immolate (इम्मोलिट्) *v.t.* बलि देना, आत्मदाह करना, यज्ञ में बलि देना।

Immoral (इम्मॉरल्) *adj.* दुश्चरित्र, दुराचारी, अनीति का, अन्याय का, अनैतिक।

Immortal (इम्मॉर्टल्) *adj.* अमर, स्थिर, अजर, अविनाशी, चिरकालिक। *n.* चिरकीर्ति पुरुष, अमर व्यक्ति, देवता। **Immortalize,** *v.t.* अमर करना, शाश्वत करना, अजर-अमर करना। **Immortallly,** *adv.* अमरत्व से, अतिशय, अनश्वरता या नित्यता से।

Immovable (इम्मूवेबल्) *n.* & *adj.* अचल, स्थिर, दृढ़ निश्चयी, अटल।

Immune (इम्यून्) *adj.* & *n.* रोगप्रतिरोधक क्षमता, रोधक्षम, असंक्राम्य, अबाधित, प्रतिरक्षित।

Immunity (इम्यूनिटि) *n.* छूट, मुक्ति, अभाव, निर्भयता।

Immunize (इम्यूनाइज) *v.t.* मुक्त करना, रोग के संसर्ग से मुक्त करना।

Immure (इम्यूर्) *v.t.* कैद करना, बंद करके रखना।

Immutable (इम्यूटेबल्) *adj.* अपरिर्वतनीय, अचल, स्थिर। **Immutably,** *adv.* स्थिरता से।

Imp (इम्प्) *n.* शैतान, दंगाई लड़का, छोकरा। *v.t.* (इम्प्) फैलाना, पुष्ट करना।

Impact (इम्पैक्ट्) *n.* टक्कर, आघात, संघात, धक्का। *v.t.* जोर से दबाना, दबाकर बैठाना।

Impaction (इम्पॉक्शन्) *n.* टक्कर।

Impair (इम्पेअर्) *v.t.* बिगाड़ना, नुकसान करना, दुर्बल करना। **Impaired,** *adj.* विनष्ट, कम किया हुआ।

Impale (इम्पेल्) *v.t.* सूली पर चढ़ाना, मुख्य द्वार बंद करना, आवरण करना, काँटे की बाड़ लगाना। **Impalement,** *n.* इस प्रकार की हत्या।

Impalpable (इम्पॅलेबल्) *adj.* अतिसूक्ष्म, दुर्बोध्य, आसानी से समझ में न आने वाला। **Impalpably,** *adv.* अग्राह्यता से, स्पर्शज्ञानशून्यता से।

Impaludism (इम्पॅल्यूडिज्म्) *n.* रुक-रुककर बुखार चढ़ना, प्लीहा का रोग (तिल्ली का रोग)।

Impanel (इम्पॅनल्) *v.t.* सूची में नाम चढ़ाना।

Imparadise, Emparadise (इम्पाराडाइज) *v.t.* अपूर्व आनन्द की अवस्था को पहुँचाना।

Imparity (इम्पैरिटि) *n.* असमानता, विषमता।

Impark (इम्पार्क्) *v.t.* शिकार वाली जगह पर पशु बाँधकर रखना, जगह को घेरना।

Impart (इम्पार्ट्) *v.t.* अंश देना, सूचित करना, अवगत कराना।

Impartial (इम्पार्शल्) *adj.* निष्पक्षपाती, समदृष्टि।

Impassable (इम्पासेबल्) *adj.* दुरस्त, अगम्य, दुर्गम। **Impassability,** *n.* अगम्यता। **Impassableness,** *n.* दुस्तरता।

Impasse (इम्पास्) *n.* मार्ग खुला न होना, काम में अवरोध, पेंच पड़ना, अड़चन आना।

Impassible (इम्पॅसिबल्) *adj.* दुःख रहित, दुःखातीत।

Impassion (इम्पॉशन्) *v.t.* मन के भावों को उत्तेजित करना, जोश दिलाना।

Impassioned (इम्पॅशन्ड्) *adj.* आवेगपूर्ण, उत्तेजित्त, जोशिला, उत्सुक।

Impassive (इम्पॅसिव्ह्) *adj.* धैर्यवान, गम्भीर, भावनाहीन।

Impaste (इम्पेस्ट्) *v.t.* लेई बनाना, मोटा रंग पोतना।

Impatience (इम्पेशेन्स) *n.* अधीरता, बेसब्री।

Impatient (इम्पेशन्ट्) *adj.* अधीर, उतावला, असहनशील। **Impatiently,** *adv.* अधीरता से, व्यग्रता से।

Impawn (इम्पॉन्) *v.t.* गिरवी रखना, वचन देना।

Impayable (इम्पेएबल्) *adj.* न देने योग्य, मर्यादा के बाहर।

Impeach (इम्पीच्) *v.t.* आरोप लगाना, न्यायाधीश के सामने पूछताछ करना, सरकारी कर्मचारी पर दोषारोपण कर उससे पूछताछ करना। **Impeachable,** *adj.* दोष लगाने योग्य। **Impeachment,** *n.* राज्यकर्मचारी पर दोषारोपण।

Impeccable (इम्पेकबल्) *adj.* बेदाग, निष्पाप, निर्दोष।

Impecunious (इम्पिक्यूनिअस्) *adj.* गरीब, दरिद्र, द्रव्यहीन।

Impedance (इम्पीडन्स्) *n.* अवरोध, रुकावट, प्रतिबाधा।

Impede (इम्पीड) *v.t.* प्रतिबन्ध करना, रोकना।

Impediment (इम्पेडिमन्ट्) *n.* बाधा, रुकावट, अड़चन।

Impel (इम्पेल्) *v.t.* प्रवृत करना, बल द्वारा आगे बढ़ना, प्रोत्साहन देना, उत्तेजितं करना।

Impellent (इमपेलेन्ट्) *adj.* प्रेरक, प्रोत्साहक।

Impend (इम्पेन्ड्) *v.t.* लटकाना, आसन्न होना, भावी अमंगल का डर दिखलाना।

Impendence (इम्पेन्डेन्स) *n.* भावी संकट की आसन्नता।

Impendent (इम्पेन्डेन्ट) *adj.* संकटसन्न, निकटवर्ती।

Impending (इम्पेन्डिग) *adj.* भयकारी।

Impenetrable (इम्पेनिट्रेबल्) *adj.* अभेद्य, गहन, अचिन्त्य, कठोर, समझ से परे, अगम्य। **Impenetrably,** *adv.* अप्रवेश्यता से। **Impenetrableness,** *n.* कठोरपन, गहनता।

Impenetrate (इम्पेनिट्रेट्) *v.t.* अन्दर प्रवेश करना, भेदना, तह तक जाना।

Impenitent (इम्पेनिटन्ट्) *adj.* पश्चाताप न करने वाला, हठी, कठोर मन वाला।

Imperative (इम्पेरेटिव) *adj.* आशासूचक, आवश्यक, अनिवार्य, आदेश सूचक। *n.* आवश्यक जरूरी आदेश।

Imperator (इम्पेरेटर्) *n.* यशस्वी, सेनापति, राजाधिराज।

Imperceptible (इम्पर्सेप्टिबल्) *adj.* अतिसूक्ष्म, अव्यक्त, अगोचर।

Impercipient (इम्परसिपियन्ट) *adj.* अगोचर।

Imperfect (इम्पर्फिक्ट्) *adj.* अपूर्ण, अधूरा, दोषयुक्त, अपूर्व भूतकाल।

Imperforate (इम्पर्फोरिट्) *adj. Anat.* छिद्रहीन, बिना छिद्र वाला।

Imperial (इम्पीरिअल्) *adj.* साम्राज्य का, सार्वभौमिक, शाही, सर्वश्रेष्ठ।

Imperially (इम्पीरिअलि) *adv.* शाही ढंग से।

Imperialism (इम्पीरिअरिज़्म्) *n.* राजाधिराज का शासन, इसका सिद्धान्त तथा समर्थन।

Imperialist (इम्पीरिअलिस्ट्) *n.* साम्राज्यवादी, साम्राज्यवादी सिद्धान्तों का हिमायती।

Imperil (इम्पेरिल्) *v.t.* खतरे में डालना, संकट उपस्थित करना, धोखा देना।

Imperious (इम्पीरिअस्) *adj.* उद्धत, अभिमानी, ढीठ। **Imperiously,** *adv.* ढिठाई से। **Imperiousness,** *n.* दर्प, धृष्टता, ढीठपन।

Imperishable (इम्पेरिशेबल्) *adj.* अनश्वर, अविनाशी, अक्षय। **Imperishably,** *adv.* अनश्वरता से, नष्ट न होते हुए।

Imperium (इम्पेरिअम्) *n.* पूर्ण सत्ता, अनियंत्रित सत्ता।

Impermanence (इम्पर्मानेन्स) *n.* अस्थिरता, अस्थायित्व।

Impermanent (इम्पर्मानन्ट्) *adj.* काम चलाऊ, अस्थायी।

Impermeable (इम्पर्मिबल्) *adj.* अप्रवेश्य। **Impermeability,** *n.* अप्रवेश्यता।

Impermissible (इम्पर्मिसिबल्) *adj.* आज्ञा न दिये जाने योग्य।

Imperscriptible (इम्पर्सक्रिप्टिबल्) *adj.* अप्रमाणिता।

Impersonal (इम्पर्सनल्) *adj.* सामान्य, अव्यक्तिगत। **Impersonally,** *adv.* भाव वाच्य में।

Impersonate (इम्पर्सेनिट्) *v.t.* भाववाचक, अव्यक्तिगत, सामान्य, व्यक्तिभाव रहित, व्यक्तित्वहीन।

Impersonative (इम्पर्सनेटिव्) *adj.* भेस (रूप) बदलने का।

Impertinence (इम्पर्टिनेन्स्) *n.* धृष्टता, ढिठाई, अशिष्टता।

Impertinent (इम्पर्टिनेन्ट) *adj.* अप्रासंगिक, अशिष्ट, अविनीत, असंगत।

Imperturbable (इम्पर्टर्बेबल्) *adj.* शांत, अक्षोभ्य।

Impervious (इम्पर्विअस्) *adj.* अप्रवेश्य, अभेद्य, अप्रभावित। **Imperviously,** *n.* हेकड़ीं से। **Imperviousness,** *n.* अगम्यता, अप्रवेश्यता।

Impetigo (इम्पेटिगो) *n.* त्वचारोग, क्षुद्रकुष्ठ।

Impetrate (इम्पट्रेट्) *v.t.* प्रार्थना करके प्राप्त करना, माँग कर लेना। **Impetration,** *n.* प्रार्थना करने पर प्राप्त।

Impetuous (इम्पेट्यूअस्) *adj.* प्रबल, तीव्र, क्रोधी, उतावला। **Impetuously,** *adv.* वेग से, तीव्रता से।

Impetus (इम्पिटस्) *n.* उत्तेजन, जोर, गति करने की शक्ति।

Impi (इम्पि) *n.* काफिर, योद्धा।

Impiety (इम्पाइटि) *n.* अधर्म, अनादर, अश्रद्धा।

Impinge (इम्पिन्ज्) *v.i. & t.* जोर से पटकना, टकरना, दबोचना।

Impious (इम्पिअस्) *adj.* अपवित्र, अधर्मी, दुष्ट।

Impish (इम्पिश्) *adj.* भूत जैसा, शैतान, अत्यधिक शरारती।

Impiteous (इम्पिटिअस्) *adj.* निर्दय, निष्ठुर।

Implacable (इम्पलॅकेबल्) *adj.* पाषाण हृदय वाला, अनाराध्य, दुराध्य, अतिद्वेषी। **Implacably,** *adv.* निर्दयता से।

Implacental (इम्पलेसेन्टल्) *adj.* बिना बीज का, बीजगन्धरहित।

Implant (इम्प्लान्ट्) *v.t.* अन्दर लगाना, मन में बैठा लेना, रोपण करना। **Implantation,** *n.* जमावट, कलमबन्दी। **Implanted,** *adj.* कलम बाँधा हुआ।

Impledge (इम्प्लेज्) *v.t.* रहन रखना, गिरवी रखना।

Implement (इम्प्लिमेन्ट्) *n.* उपकरण, आवश्यक सामग्री, साधन, हथियार, औजार। *v.t.* अमल में लाना, पूरा करना।

Impletion (इम्प्लीशन्) *n.* भरना, पूरा करना, पूर्णता।

Implicate (इम्पिलकेट्) *n.* लपेट, झंझट। *v.t.* उलझा देना, उलझाना।

Implicit (इम्प्लीसिट) *adj.* अनुमति, उपलक्षित, पराधिकाराधीन, शंकाहीन। **Implicitness,** *n.* शंकाहीनता।

Implore (इम्प्लोर) *v.t.* आग्रह सहित माँगना, प्रार्थना करना। **Imploringly,** *adv.* प्रार्थना करते हुए।

Imply (इम्प्लाइ) *v.t.* अन्तर्भूत करना, अर्थ प्रकट करना, संकेत करना। **Implied,** *adj.* गर्भित। **Impliedly,** *adv.* उपलक्ष्य में।

Impolicy (इम्पॉलिसि) *n.* बुरी नीति, कूट व्यवहार।

Impolite (इम्पोलाइट्) *adj.* अनुचित ढंग से।

Impone (इम्पोन्) *v.t.* हार-जीत के लिए दाँव लगाना, प्रभाव डालना।

Import (इम्पोर्ट्) *v.t.* विदेश का माल देश में लाना, आयात करना, सूचित करना। *n.* अर्थ, तात्पर्य, देश में आया हुआ विदेशी माल। *n.* विदेश से आए हुए माल, आयात।

Importance (इम्पॉर्टेन्स्) *n.* आवश्यकता, महत्व।

Important (इम्पॉर्टेन्ट्) *adj.* महत्वपूर्ण, आवश्यक, प्रभावशाली।

Importation (इम्पोर्टेशन्) *n.* विदेश से माल मँगाना, आयातन।

Importunate (इम्पॉर्चुनेट्) *adj.* दुराग्रही, अधिक प्रार्थना करनेवाला, हठी। **Impotunately,** *adv.* आग्रह से।

Importune (इनॅपॉर्ट्यून्) *v.t.* दबाव से आग्रह करना, निरन्तर आग्रह करना। *adj.* असमय का, बेमौके का, भारस्वरूप, अयोग्य, आवश्यक, दृढ़ाग्रही।

Impose (इम्पोज) *v.t.* & *i.* बैठाना, प्रभाव डालना।

Imposing (इम्पोजिंग) *adj.* शानदार, भव्य, प्रभावशाली। **Imposingly,** *adv.* प्रभाव से।

Imposition (इम्पोझिशन्) *n.* कर, लगान, छल, कपट।

Impossible (इम्पॉसिबल्) *adj.* असम्भव, असाध्य, दुःसाध्य, अकरणीय। **Impossibly,** *adv.* कठिनाई से।

Impost (इम्पोस्ट्) *n.* महसूल, चुंगी, कर, दासा, सिरा।

Impostor (इम्पॉस्टर्) *n.* धोखेबाजी, ढोंगी।

Impostume (इम्पॉस्ट्यूम्) *n.* फोड़ा, फुन्सी।

Imposture (इम्पोस्चर्) *n.* धोखेबाजी, धोखा, छलकपट, ढोंग, पाखंड।

Impotent (इम्पोटन्ट्) *adj.* नपुंसक, नामर्द, असमर्थ, लाचार, दुर्बल, निस्सहाय, क्लीव, कमजोर। **Impotency,** *n.* नपुंसकता। **Impotently,** *adv.* निर्बलता से।

Impound (इम्पाउन्ड्) *v.t.* कांजी हाउस में रखना, (जब्त) कुर्क करना, अवरुद्ध करना।

Impoverish (इम्पॉव्हरिश्) *v.t.* दरिद्र कर देना, निर्बल, अशक्त या निरुपाय कर देना। **Impoverished,** *adj.* निर्धन किया हुआ।

Impracticable (इम्प्रॅक्टिकेबल्) *adj.* दुष्कर, अव्यावहारिक, दुःसाध्य, दुर्गम, अगम, टेढ़ा। **Impracticableness,** *n.* दुष्करता।

Imprecate (इम्प्रिकेट्) *v.t.* कोसना, शाप देना।

Impregnable (इम्प्रेग्नेबल्) *adj.* अभेद्य, अजेय, अकाट्य (तर्क) अडिग।

Impregnate (इम्प्रेग्नेट्) *v.t.* संसेचित करना, गर्भाधान करना। *adj.* गर्भवती।

Impresario (इम्प्रेसारिओ) *n.* दंगल इत्यादि खेलों का प्रबन्धकर्ता, संचालक।

Imprescriptible (इम्प्रिस्क्रिप्टिबल्) *adj.* अहस्तान्तरणीय।

Impress (इम्प्रेस्) *n.* मोहर, छाप। *v.t.* मोहर करना, छाप लगाना, चिह्नित करना, प्रभाव डालना। **Impressed,** *adj.* (मुद्रित) मोहर किया हुआ, प्रभाव पड़ा हुआ।

Impression (इम्प्रेशन्) *n.* छाप, मुद्रा, निशानी,

चिह्न।

Impressionism (इम्प्रेशनिज़्म्) *n.* प्रभाववाद।

Impressive (इम्प्रेसिव़्) *adj.* चित्त पर प्रभाव डालने वाली, प्रभावशाली, प्रभावोत्पादक।

Imprest (इम्प्रेस्ट्) *n.* पेशगी, अग्रदाय। *v.t.* किस्त का रुपया पेशगी दे देना।

Imprimatur (इम्प्रमेटर्) *n.* पुस्तक छापने की आज्ञा, अनुमति।

Imprimis (इम्प्राइमिस्) *adv.* सर्वप्रथम।

Imprint (इम्प्रिन्ट्) *v.t.* छाप डालना, (दिमाग में) अंकित करना। *n.* छाप, मुहर, निशान।

Imprison (इम्प्रिजन) *v.t.* कारागार में डालना, कैद करना, में बंद करना, बंदी बनाना, सीमा बद्ध करना। **Imprisonment,** *n.* सजा, कैद।

mprobable (इम्प्रॉबेबल्) *adj.* असंभाव्य, असंभावित, अप्रायिक।

Improbity (इम्प्रॉबिटि) *n.* दुष्टता, नीचता, कुटिलता।

Impromptu (इम्प्रॉम्प्ट्यू) *adj.* & *adv.* बिना तैयारी का तात्कालिक। *n.* बिना तैयारी का भाषण (प्रदर्शन आदि) लघु संगीत-रचना।

Improper (इम्प्रॉपर्) *adj.* अनुपयुक्त, अयोग्य, अशुद्ध, असंगत।

Impropriate (इम्प्रोप्रिएट्) *v.t.* विनियोजित करना।

Impropriety (इम्प्रोप्रायटि) *n.* अयोग्यता, गैर वाजिबपन।

Improvable (इम्प्रूवेबल्) *adj.* सुधारने योग्य, अनुकूल बनाया हुआ।

Improve (इम्प्रूव़्) *v.t.* & *i.* सुधारना, उन्नति करना, लाभ उठाना, सदुपयोग करना, मूल्य में वृद्धि करना, बढ़ाना, उत्कृष्ट होना, काम में लाना, से अच्छा होना, बेहतर होना।

Improvement (इम्प्रूवमैंट) *n.* प्रगति, सुधार।

Improver (इम्प्रूव़र्) *n.* सुधारक, अधिक अच्छा करने या बनने का प्रयासकर्ता।

Improvident (इम्प्रॉविडन्ट्) *adj.* अदूरदर्शी, अविवेकी, विचार, शून्य, फिजूलखर्ची, नासमझ।

Improvidence (इम्प्रॉविडैन्स्) *n.* अदूरदर्शिता।

Improvisation (इम्प्रोवाइजेशन) *n.* अचिन्तित रचना।

Improvise (इम्प्रोवाइस्) *v.t.* तत्काल रचना या बोलना, सहसा कर डालना, बिना किसी पूर्व तैयारी के काम करना।

Imprudent (इम्प्रूडन्ट्) *adj.* अदूरदर्शी, अविचारी, अविवेकी।

Impudent (इम्प्यूडन्ट्) *adj.* निर्लज्ज, धृष्ट, गुस्ताख, उद्धत, ढीठ।

Impudence (इम्प्यूडैन्स्) *n.* निर्लज्जता, ढीठता।

Impudently (इम्प्यूडैन्टलि) *adv.* निर्लज्जा से, गुस्ताखी से।

Impugn (इम्प्यून्) *v.t.* दोष देना, संशय करना, विरुद्ध बोलना। **Impugnable,** *adj.* चुनौती देने योग्य।

Impuissant (इम्प्यूइसन्ट्) *adj.* दुर्बल, नामर्द, निःस्वत्व, कमजोर, शक्तिहीन।

Impulse (इम्पल्स्) *n.* जोश प्रवृत्ति, प्रोत्साहन, प्रभाव, उत्तेजना।

Impulsion (इम्पल्शन्) *n.* धक्के से आगे बढ़ना, मानसिक प्रेरणा, आवेश, जोश, प्रोत्साहन।

Impulsive (इम्पल्सिव़्) *adj.* प्रेरक, प्रवर्तक, आवेगशील, आवेगी। **Impulsively,** *adv.* प्रेरित करते हुए।

Impunity (इम्प्यूनिटि) *n.* दण्डाभाव, दण्डमुक्ति, पीड़ा से छुटकारा।

Impure (इम्प्यूअर) *adj.* अशुद्ध, मलिन, भ्रष्ट। **Impurity,** *n.* अपवित्रता, मलिनता। **Impurely,** *adv.* अपवित्रता से।

Imputable (इम्प्यूटेबल) *adj.* दोषारोपण के योग्य।

Impute (इम्प्यूट्) *v.t.* आरोप या लांछन लगाना। **Imputable,** *adj.* आरोप्य। **Imputation,** *n.* दोषारोपण।

In (इन्) *prep.* के अन्दर। *adv.* में, अन्दर। *adj.* भीतरी।

Inability (इनॅबिलिटि) *n.* अयोग्यता, असमर्थता, अशक्ति।

Inaccessible (इन्असेसिबल्) *adj.* अगम्य, दुर्गम। **Inaccessibility,** *n.* दुर्गमता।

Inaccurate (इनॅक्यूरेट्) *adj.* अशुद्ध, गलत, अयथार्थ। **Inaccuracy,** *n.* गलत। **Inaccurately,** *adv.* गलत प्रकार से।

Inaction (इन्एक्शन्) *n.* आलस्य, निष्क्रियता, कार्यहीनता, विश्राम।

Inactive (इन्ऑक्टिव्) *adj.* निरुद्योग, आलसी।

Inadaptability (इनॅअडॅप्टॅबिलिटि) *n.* अनअनुकूलनीयता।

Inadequacy (इनएडिक्वेसि) *n.* अयोग्यता, अप्रचुरता, अपर्याप्तता।

Inadequate (इनॅडिक्वट्) *adj.* अपर्याप्त,

असमान।

Inadhesive (इनअढीझिव्ह्) *adj.* न चिपकने योग्य।

Inadmissible (इनअड्मिसिबल्) *adj.* अमान्य, अस्वीकार्य, अग्राह्य। **Inadmissibility,** *n.* आग्रह्यता।

Inadvertent (इनअड्वर्टन्ट्) *adj.* लापरवाह, अनजान, असावधान। **Inadvertence, Inadvertency,** *ns.* असावधानी। **Inadvertently,** *adv.* असावधानी से।

Inaffable (इनएफेबल) *adj.* उदासीन, असामाजिक।

Inalienable (इनएलिनेबल्) *adj.* असंकाय, अहस्तांतरणीय, अहरणीय।

Inalterable (इन्आल्टरेबल्) *adj.* अपरिवर्तनीय।

Inane (इनेन्) *adj.* शून्य, निरर्थक, मूर्ख, अचेत।

Inanimate (इनॅनिमेट्) *adj.* जड़, निर्जीव, जीवहीन, अचेतन।

Inanition (इनैनिशन) *n.* अपक्षय, भूख की कमी के कारण अत्यधिक कमजोरी।

Inappeallable (इन्अपीजेबल्) *adj.* जिसके विरुद्ध आवेदन (अपील) न की जा सके।

Inappeasable (इनअपीजेबल्) *adj.* असंतोषणीय।

Inappetence (इनअपिटन्स्) *n.* अप्रवृत्ति, अनिच्छा, अरुचि।

Inapplicable (इनअपलिकेबल्) *adj.* अप्रयोज्य, अनुपयुक्त। **Inapplicably,** *adv.* अनुपयुक्तता से। **Inapplicability,** *n.* अनुपयुक्तता।

Inapposite (इन्अपॅझाइट्) *adj.* अनुपयुक्त, अप्रासंगिक।

Inappreciable (इन्अप्रीशेबल्) *adj.* नगण्य, अगुणज्ञ, अगुणग्राही।

Inapprehensible (इन्अप्रिहेन्सिबल्) *adj.* दिमाग में न भरने वाला।

Inapproachable (इन्अप्रोचबल्) *adj.* जहाँ पहुँचा न जा सके।

Inappropriate (इनॅअप्रोप्रिएट्) *adj.* अनुपयुक्त, असंगत। **Inappropriately,** *adv.* अनुपयुक्ता से। **Inappropriateness,** *n.* अयोग्यता, असंगत, अवस्था।

Inapt (इनॅप्ट्) *adj.* अनुपयुक्त, अयोग्य। **Inaptitude,** *n.* अदक्षता। **Inaptly,** *adv.* अकुशलता से।

Inaptitude, Inaptness *ns.* (इनॅप्टिटयूड, इनैप्टनैस) अयोग्यता, अरुचि, समझ का अभाव।

Inaptly (इनऑप्टलि) *adj.* अयोग्यता से।

Inarch (इनआर्च) *v.t.* कलम बाँधना।

Inarm (इनआर्म्) *v.t.* आलिंगन करना, गले लगना।

Inarticulate (इनर्टिक्युलट्) *adj.* अस्पष्ट, अस्फुट, अव्यक्त, मूक गूँगा।

Inartificial (इनार्टिफिशल्) *n.* अकृत्रिम, सीधा-सादा, सहज, स्वाभाविक। **Inartificially,** *adv.* सहजता से, सादगी से।

Inartistic (इनार्टिस्टिक्) *adj.* अकलात्मक, कला से अनभिज्ञ।

Inasmuch as (इन्-एजमच् एज्) *adv.* चूँकि, क्योंकि।

Inattention (इन्-अटेन्शन्) *n.* असावधान, लापरवाही, उपेक्षा। **Inattentive,** *adj.* असावधान। **Inattentively,** *adv.* उपेक्षा भाव से।

Inaudible (इनॉडिबल्) *adj.* अश्रव्य, कर्णागोचर, जो सुना न जा सके।

Inaudibly (इनऑड्इब्लि) *adv.* सुनाई न देते हुए।

Inaugural (इनॉग्यूरल्) *adj.* प्रथमानुष्ठानिक, विधियुक्त, आरम्भ सम्बन्धी।

Inaugurate (इनॉग्युरेट्) *v.t.* अभिषेक करना, प्रतिष्ठान करना, यथाविधि आरम्भ करना, प्रदर्शन करना।

Inauspicious (इनॉस्पिशस्) *adj.* मनहूस, अशुभ, अमंगल, अभागा, बदकिस्मती। **Inauspiciously,** *adv.* अशुभ रूप में। **Inauspiciousness,** *n.* अमंगल, बदशगुनी।

Inboard (इन्-बोर्ड्) *adv.* जहाज के मध्य में पटरे की ओर।

Inborn, Inbred (इन्बॉर्न्) *adjs.* सहज, स्वाभाविक, जन्मसिद्ध।

Inbreathe (इनब्रीद्) *v.t.* भीतर को श्वास लेना।

Inbred (इनब्रेड) *adj.* नैसर्गिक, स्वाभाविक।

Inbreeding (इन्ब्रीडिंग्) *n.* अन्तःप्रजनन।

Incalculable (इन्कॅल्क्यूलेबल्) *adj.* गिनती से बाहर, अनिश्चित्, अपरिमित। **Incalulability,** *n.* गणनातीतता।

Incamera (इन्कॅमरा) *n.* न्यायाधीश के अपने कक्ष में, बाहर न्यायालय में नहीं।

Incandesce (इन्कॅन्डेस्) *v.t.* & *i.* उद्दीप्त करना, या हो जाना, चमकना, (कृत्रिम रोशनी का)।

Incandescence, *n.* उद्दीपन।
Incandescent (इन्कॅन्डेसेन्ट्) *adj.* उत्ताप से चमकने वाला।
Incantation (इनूकॅन्टेशन्) *n.* अभिचार, मंत्र, झाड़फूँक, जादू-टोना।
Incapable (इनूकेपेबल्) *adj.* अक्षम, असमर्थ, अशक्त। Incapability, *n.* अक्षमता। Incapably, *adv.* अक्षमता से, अयोग्यता या असमर्थता से।
Incapacitate (इन्कॅपसिटेट्) *v.t.* पंगु या विकलांग बनाना, अयोग्य बनाना।
Incapacity (इनूकपॅसिटि) *n.* असमर्थता, असामर्थ्य, अयोग्यता।
Incarcerate (इनूकासरिट्) *v.t.* कैद करना, बन्दी बनाना। Incarcerator, *n.* कैद करने वाला।
Incarnadine (इन्कार्नडाइन्) *adj.* किरमजी रंग का। *v.t.* किरमजी रंग में रंगना।
Incarnate (इन्कार्नेट्) *adj.* मूर्तिमान, शरीरधारी। *v.t.* अवतार लेना, शरीर धारण करना।
Incarnation (इन्कारनेशन्) *n.* अवतरण, देहधारण, मूर्तिरूप।
Incautious (इन्कॉशस्) *adj.* असावधान, धृष्ट, प्रमादी।
Incavate (इनकावेट) *v.t.* पोला करना, खोदकर खोखला बनाना।
Incendiarism (इनसेन्डिअरिज़्म्) *n.* आगजनी, गृहदाह।
Incendiary (इन्-सेन्डिअरि) *adj.* आगलगाऊ, दाहक, उत्तेजक, विद्रोहात्मक। *n.* गृहदाही, विद्रोही।
Incense (इन्सेन्स्) *v.t.* चिढ़ाना, उत्तेजित करना। *n.* सुगन्धित धूप, प्रशंसा, चापलूसी।
Incensory (इन्सेन्सरि) *n.* धूपदान।
Incentive (इन्सेन्टिव्) *adj.* प्रेरक, प्रोत्साहक, उद्दीपक, प्रेरणादायक। *n.* प्रेरणा, प्रोत्साहन, प्रेरणास्त्रोत।
Inception (इन्सेप्शन्) *n.* आरम्भ। Inceptive, *adj.* प्रारंभिक, आरंभसूचक।
Incertitude (इनसर्टिट्यूड) *n.* संदेह, अनिश्चय।
Incessant (इनूसेसन्ट्) *adj.* निरन्तर, अविच्छिन्न, अनवरत, अविराम।
Incest (इन्सेस्ट्) *n.* कौटुम्बिक व्यभिचार, पारिवारिक शारीरिक सम्बन्ध।
Inch (इन्च्) *n.* इंच, रत्ती, फुट का बारहवाँ भाग, थोड़ा सा, ऊँचाई।
Inchoate (इन्कोएट्) *v.t.* प्रारम्भ करना। *adj.* जो अभी शुद्ध हो, अविकसित, अपूर्ण।
Incidence (इन्सिडेन्स्) *n.* आयतन, विस्तार, भार, प्रभावक्षेत्र।
Incident (इन्सिडेन्ट्) *adj.* आकस्मिक, सहसा उपस्थित। *n.* प्रसंग, नाटक में प्रासंगिक कथा, घटना। Incidental, *adj.* आनुषंगिक, संयोग से, प्रासंगिक, प्रसंगवश।
Incinerate (इन्सिनरेट्) *v.t.* भस्म कर देना। Incinerator, *n.* भस्मकारी (यंत्र)।
Incipient (इन्सिपिएन्ट्) *adj.* आरम्भ होने वाला, प्रारम्भिक।
Incise (इन्साइज़्) *v.t.* छेदना, चीरना, नक्काशी करना।
Incision (इन्सिझन्) *n.* चीरा, छेद, कटाव।
Incisive (इन्साइसिव्) *adj.* छेदक, काटनेवाला (तीखा)।
Incisor (इन्साइजर्) *n.* छेद करने वाला, काटने वाले दाँत।
Incite (इन्साइट्) *v.t.* भड़काना, उभारना, उत्तेजित करना। Incitement, *n.* प्रेरणा, उत्तेजना, (बढ़ावा)।
Incivility (इन्सिव़िलिटि) *n.* असभ्यता, अशिष्टता।
Incivism (इन्सिव़िज्म्) *n.* देशद्रोह, अच्छी नागरिकता की कमी।
In-clearing (इनक्लिअरिंग्) *n.* चेकों का भुगतान (बैंक द्वारा)।
Inclemency (इनक्लेमेन्सि) *adj.* रूक्षता, कठोरता।
Inclement (इन्कलेमेन्ट्) *adj.* कठोर, तीव्र, प्रचंड। Inclemency, *n.* कठोरता।
Inclinable (इन्कलाइनेबल्) *adj.* (*to*) अनुकूल, झुका हुआ।
Inclination (इन्क्लाइनेशन्) *n.* झुकाव, आनति, नति, ढाल, अभिरुचि, प्रवृत्ति।
Incline (इन्क्लाइन्) *v.t.* & *i.* झुकना, रुचि रखना, झुकाव होना। *n.* ढाल, झुकाव।
Inclinometer (इन्क्लिाइनॉमिटर्) *n.* चुम्बक का झुकाव नापने का एक प्रकार का यन्त्र, नमनमापी।
Include (इन्क्लूड) *v.t.* अंतर्गत करना, समावेश करना, संयुक्त करना, मिलाना। Included, *adj.* अन्तर्गत, सहित। Including, *adv.* सहित, साथ।
Inclusion (इनक्लूजन) *n.* समावेश।
Inclusive (इन्कलूसिव्) *adj.* सम्मिलित करके, मिलाया हुआ। Inclusively, *adv.* सम्मिलित

रूप में। **Inclusiveness,** *n.* मेल, संयोग।

Incoginant (इनकागिनेन्ट) *adj.* विचारशून्य।

Incognito (इन्कॉग्निटो) *adj.* & *adv.* अज्ञात या गुप्त रूप से, भेष बदले हुए।

Incognizable (इन्कॉग्निजबल्) *adj.* अगोचर, अबोधगम्य।

Incoherent (इन्कोहरन्ट्) *adj.* असंबद्ध, असंगत।

Incohesive (इन्कोहसिव्ह्) *adj.* असंगत, बेमेल।

Incombustible (इन्कम्बस्टिबल्) *adj.* अदह्य, जो आग से न जल सके। **Incombustibility,** *n.* अदह्यक्त।

Income (इन्कम्) *n.* आय, धनागम, आमदनी।

Incomer (इन्कमर्) *n.* आप्रवासी, प्रवेश करने वाला, उत्तराधिकारी।

Incoming (इन्कमिंग्) *n.* (*pl.* **Incomings**) आवक, प्रवेश, आगामिक। *adj.* आने वाली, मिलने वाली।

Incommensurable (इनकमिनसूरेबल्) *adj.* उचित माप न होने वाला, अनियमित परिमाण का, अतुलनीय। **Incommensurably,** *adv.* ऐसे परिमाण से।

Incommensurate (इन्कमेन्सुरेट्) *adj.* अपर्याप्त, असमानुपात, अनुपयुक्त।

Incommode (इन्कमोड्) *v.t.* कष्ट देना, पीड़ा देना, क्लेश करना।

Incommodious (इन्कॉमोडिअम्) *adj.* कष्टकर, असुविधाजनक, संकीर्ण।

Incommunicable (इन्कम्यूनिकेबल्) *adj.* अकथनीय, जो कहा जा न सके। **Incommunicableness,** *n.* अकथनीयता।

Incommunicative (इन्कम्यूनिकेटिव्) *adj.* भाषणविमुख।

Incommutable (इन्कम्यूटेबल्) *adj.* अविनिमेय, अपरिवर्तनीय। **Incommutably,** *adv.* न बदलते हुए।

Incompact (इन्कम्पॅक्ट्) *adj.* बिना जुड़ा, असंबद्ध, ढीला।

Incomparable (इन्कॉम्परेबल्) *adj.* अनुपम, अद्वितीय, बेजोड़।

Incompatible (इन्कम्पॅटिबल्) *adj.* असंगत, परस्पर विरोधी, बेमेल।

Incompetent (इन्कॉम्पिटन्ट्) *adj.* अक्षम, असमर्थ, अयोग्य।

Incomplete (इन्कम्प्लीट्) *adj.* अपूर्ण, अधूरा। **Incompletely** *adv.* अपूर्णता से।

Incomprehensible (इनकॉम्प्रिहेन्सिबल्) *adj.* अचिन्त्य, अबोधगम्य। **Incomprehensibility, Incomprehensibleness,** *ns.* अगम्यता। **Incomprehensibily,** *adv.* अचिन्त्य रूप में या से, दुर्बोधता से।

Incomprehension (इन्कॉम्प्रिहेन्शन्) *n.* अज्ञान, नासमझी।

Incompressible (इन्कम्प्रेसिबल्) *adj.* असम्पीड्य।

Incomputable (इन्कम्प्यूटबल्) *adj.* अगण्य, अपरिकलनीय।

Inconceivable (इन्कन्सीव़ेबल्) *adj.* अकल्पित, कल्पनातीत, अकल्पनीय, अचिन्त्य। **Inconceivably,** *adv.* अभवनीयता से।

Inconclusive (इन्कन्क्लूसिव्) *adj.* अनिर्णायक। **Inconclusiveness,** *n.* अप्रमाणता।

Inconcocted (इनकाक्टेड) *adj.* अच्छी तरह से न पचा हुआ, अपरिपक्व, कच्चा।

Incondensable (इन्कन्डेन्सेबल्) *adj.* द्रव से ठोस के रूप में न जमने योग्य।

Incondite (इन्कॉन्डिट्) *adj.* अपरिष्कृत, कच्चा, असभ्य।

Incongruity (इन्कॉग्रूइटि) *n.* असंगति, अनुपयुक्तता, विषमता।

Incongruous (इन्कॉग्रूअस्) *adj.* असंगत, बेतुका, बेमेल। **Incongrously,** *adv.* बेतुकेपन से।

Inconsecutive (इकॉन्सिक्यूटिव़्) *adj.* तर्क विरुद्ध, अतर्क, असंबद्ध।

Inconsequent (इन्मॉन्सिक्वेन्ट्) *adj.* तर्कविरुद्ध, असंगत, अप्रस्तुत।

Inconsequential (इन्कॉन्सिक्वेन्शल्) *adj.* अयुक्त।

Inconsequently (इनकॉन्सक्वेन्सलि) *adv.* तर्कहीन ढंग से।

Inconsiderable (इन्कन्सिड्रेबल्) *adj.* अल्प, अनावश्यक, नगण्य, मामूली आकार का।

Inconsiderate (इन्कन्सिडरेट्) *adj.* दूसरों का ध्यान न रखते वाला, अविवेकी, लापरवाह, असावधान।

Inconsistent (इन्कॉन्सिस्टेन्ट्) *adj.* असंगत, प्रतिकूल, परस्पर विरोधी। **Inconsistently,** *adv.* असंगति से। **Inconsistency,** *n.* असंगति, अननुरूपता।

Inconsolable (इन्कन्सोलेबल्) *adj.* शोकातुर,

असन्तोषनीय।

Inconsonant (इन्कॉन्सॅनन्ट्) *adj.* असंगत, बेताल, बेमेल।

Inconspicuous (इन्कन्सपिक्युअस्) *adj.* अप्रत्यक्ष, अव्यक्त, अस्पष्ट।

Inconstant (अन्कॉन्टन्ट्) *adj.* अस्थिर, चंचल, परिवर्तनशील, अनियमित।

Inconsumable (इन्कन्स्यूमेबल्) *adj.* अग्नि द्वारा भस्म न करने योग्य, अविनाश्य, अदाह्य।

Inconsummate (इन्कॉन्समेट्) *adj.* अपूर्ण, असमाप्त।

Incontaminate (इनकान्टेमिनेट) *adj.* अदूषित, पवित्र।

Incontestable (इनकॉन्टेस्टेबल्) *n.* पुराना झगड़ा। *adj.* अप्रतिवाद्य, निर्विवाद।

Incontinence (इन्कॉटिनन्स्) *n.* असंयम, व्यभिचार।

Incontinent (इन्कॉन्टिनन्ट्) *adj.* असाधु, असंयमी, लंपट, व्यभिचारी।

Incontinently (इन्कॉन्टिनन्टिलि) *adv.* एकदम, शीघ्र।

Incontrovertible (इन्कॉन्ट्रवर्टिबल्) *adj.* अकाट्य, अखडनीय।

Inconvenience (इन्कन्वीनिएन्स्) *n.* असुविधा, कष्ट, तकलीफ। *v.t.* असुविधा देना, कष्ट देना।

Inconvenient (इनकन्वीनिएन्ट्) *adj.* कष्टकारक, असुविधाजनक। **Inconveniently,** *adv.* कष्टकर ढंग से।

Inconvertible (इन्कन्वर्टिबल्) *adj.* अपरिवर्त्य, न बदलने योग्य।

Inconvincible (इन्कविन्सिबल्) *adj.* अप्रभावनीय, अविश्वसनीय।

Incoordination (इनकोआर्डिनेशन) *n.* असमन्वय, संयोग या मेल का अभाव।

Incorporate (इन्कॉर्परिट्) *v.t.* & *i.* इकट्ठा करना, मिलाना। *adj.* समाविष्ट, निगमित।

Incorporeal (इन्कॉर्पोरिअल्) *adj. Law.* अस्पष्ट, अप्रत्यक्ष, अशारीरिक, अमूर्त, अभौतिक, अशरीरी। **Incorpoeity,** *n.* अमूर्तता।

Incorrect (इनकरेक्ट्) *adj.* अयथार्थ, अशुद्ध, दोषपूर्ण, अनुचित। **Incorrectly,** *adv.* अशुद्धता से।

Incorrigible (इन्कॉरिज़िबल्) *adj.* जो सुधारा न जा सके।

Incorrupt (इनकरप्ट) *adj.* पवित्र, शुद्ध।

Incorruptible (इन्करप्टिबल्) *adj.* अविनाशी, अक्षय। **Incorruptibility,** *n.* ईमानदारी, अक्षयता।

Incrassate (इन्क्रॅसेट्) *adj.* मोटा, फूला हुआ, सूजा हुआ।

Increase (इन्क्रीज़्) *v.t.* & *i.* अधिक होना, बढ़ना, विस्तार करना, बढ़ाना, फैलाना। *n.* बढ़ती वृद्धि।

Increasing (इन्क्रीजिंग) *n.* & *adj.* बढ़नेवाला।

Incredible (इन्क्रेडिबल्) *adj.* अविश्वसनीय, आश्चर्यकारक, विचित्र।

Incredibly (इनक्रेडिबल) *adv.* अश्रद्धा या अविश्वास से। **Incredibility,** *n.* विलक्षणता, विचित्रता।

Incredulity (इन्क्रिड्यूलिटि) *n.* अविश्वास, अश्रद्धा।

Incredulous (इन्क्रेड्यूलस्) *adj.* शंकायुक्त, अविश्वास-योग्य।

Increment (इन्क्रिमेन्ट्) *n.* वृद्धि, फायदा, लाभ।

Incriminate (इन्क्रिमिनेट्) *v.t.* आरोप लगाना, बदनाम करना, दोष लगाना। **Incriminatory,** *adj.* दोषी ठहराने जाने योग्य।

Incrust (इन्क्रस्ट्) *v.t.* परत चढ़ाना, तह करना। **Incrustation,** *n.* पपड़ी, तह, परत, संगमरमर का बाहर का हिस्साा।

Incubate (इन्क्यूबेट्) *v.t.* & *i.* अण्डा सेना, चिन्तन करना, विकसित होना या करना। **Incubation,** *n.* अण्डा सेने की क्रिया, चिन्तन।

Incubator (इन्क्यूबेटर्) *n.* समय से पूर्व जन्मे बच्चे को विकसित करने का यंत्र।

Incubus (इॅन्क्यूबस्) *n.* दुःस्वप्न, भयानक या डरावना स्वप्न।

Inculcate (इन्कल्केट्) *v.t.* मन में बैठाना, उपदेश देना, शिक्षा देना। **Inculcator,** *n.* मन में बैठाने वाला।

Inculpable (इन्कल्पेबल) *adj.* निर्दोष, दोषरहित।

Inculpate (इन्कल्पेट्) *v.t.* दोषारोपण करना, आरोप लगाना। **Inculpation,** *n.* आरोप, दोष।

Inculpatory (इनकल्पेटरि) *adj.* निन्दासूचक, निन्दाकार।

Incult (इन्कल्ट्) *adj.* बिना जोता (खेत), पड़ती।

Incumbent (इनकमबेन्ट्) *n.* वृत्तिभोगी।

Incumbency (इनकमबेन्सि) *n.* पदधारण, पदावधि, कार्यकाल।

Incombent (इनकॉमबेंट्) *n.* वृत्तिभोगी। *adj.*

आश्रित, अवलम्बी।

Incur (इन्कर्) *v.t.* बर्दाश्त करना, अपने ऊपर लाना, अपने ऊपर ओढ़ना, गिरना।

Incurable (इन्क्यूरेबल्) *adj.* असाध्य रोग, अपरिहार्य। **Incurably,** *adv.* असाध्य ढंग से।

Incuriosity (इनक्यूरिऑसिटि) *n.* कौतूहल का अभाव।

Incurious (इन्क्यूरिअस्) *adj.* उदासीन, अनुत्सुक। **Incuriously,** *adv.* बिना कुतूहल के ।

Incursion (इन्कर्शन्) *n.* आक्रमण, चढ़ाई, छापा, हमला।

Incurve (इन्कर्व्) *v.t.* अन्दर की ओर झुकाना, टेढ़ा करना।

Incus (इन्कस्) *n.* कान के अन्दर की एक अस्थि, स्थूणास्थि।

Incuse (इन्कस्) *adj.* ठप्पा किया हुआ। *v.t.* अंकित करना। *adj.* अंकित, चिह्नित।

Indebted (इन्डेब्टिड्) *adj.* देनदार, आभारी। **Indebtedness,** *n.* ऋणग्रस्तता, कृतज्ञता।

Indecent (इन्डीसेन्ट्) *adj.* अनुचित, असम्य, वीभत्स, अशोभनीय, लज्जास्पद।

Indecipherable (इन्डिसीफरेबल) *adj.* अस्पष्ट अक्षरों का।

Indecision (इनडिसिजिन्) *n.* असमंजस, दुविधा।

Indecisive (इन्डिसाइसिव्) *adj.* संदिग्ध, अस्थिर, अनिश्चित। **Indecisiveness,** *n.* अनिश्चयता। **Indecisively,** *adv.* अनिश्चियता से।

Indeciduous (इन्डिसिड्यूअस्) *adj.* न गलने वाला, न झड़ने वाला।

Indecision (इन्डिसिजन्) *n.* अनिर्णय, विकल्प, संशय, अनिश्चितता।

Indeclinable (इन्डीक्लाइनिबल्) *adj.* अविकारी, अपरिवर्तनीय।

Indecomposable (इन्डीकम्पोजेबल्) *adj.* भाग न किये जाने योग्य।

Indecorous (इन्डिकॉरस्) *adj.* अभद्र, अनुचित, अयोग्य, अशिष्ट, अयुक्त। **Indecorousness,** *adv.* अशिष्टाचार से।

Indecorum (इन्डिकॉरम्) *n.* अविनय, असभ्यता।

Indeed (इन्डीड्) *adv.* वास्तविक, सचमुच, वस्तुतः। *inter.* तिरस्कार-सूचक अव्यय, अरे!

Indefatigable (इन्डिफॅटिगेबल्) *adj.* अथक, अश्रान्त, अशिथिल, परिश्रमी, घोर उद्योगी। **Indefatigably,** *adv.* परिश्रम से।

Indefeasible (इन्डिफीजिबल्) *adj.* अखंडनीय, अविनाश्य, न हटाने योग्य।

Indefectible (इन्डिफेक्टिबल्) *adj.* निर्दोष, अचूक, दोषरहित।

Indefensible (इन्डिफेन्सिबल्) *adj.* अरक्षणीय, अरक्ष्य, न बचाने योग्य।

Indefinable (इन्डिफाइनेबल्) *adj.* अलक्षणीय, अव्याख्येय। **Indefinably,** *adv.* अलक्षणीयता से।

Indefinite (इन्डेफिनिट्) *adj.* अनिश्चित, अनियमित, बेशुमार। **Indefinitely,** *adv.* बिना सीमा के। **Indefiniteness,** *n.* अनिश्चितला।

Indehiscent (इन्डीहिसन्टे) *adj.* अस्फुटनशील।

Indeliberate (इनडेलिबरेट्) *adj.* पूर्व-विचार-रहित, तुरन्त।

Indelibility (इन्डेलिबिलिटि) *n.* अक्षयता, न मिटने की योग्यता।

Indelible (इन्डेलिबल्) *adj.* अमिट, जो मिटाया न जा सके।

Indelicate (इन्डेलिकेट्) *adj.* अभद्र, अश्लील, फूहड़, अविनीत, असभ्य, रूखा, अशिष्ट। **Indelicacy,** *n.* अभद्रता, अशिष्टता।

Indemnify (इन्डेम्निफाय) *v.t.* क्षतिपूर्ति करना, निस्तार करना, बदला चुकाना।

Indemnity (इन्डेम्निटि) *n.* सजा से कानूनी रिहाई, जमानत।

Indent (इन्डेन्ट्) *v.t. & i.* माल का आर्डर देना, टेढ़ा-मेढ़ा काटना, टेढ़ी लाइन से विभाजित करना, हाशिए से हटकर नया पैराग्राफ शुरू करना। *n.* माल की मांग, दाँता, गड्ढा।

Indenture (इन्डेन्चर्) *n.* दो दलों के बीच प्रतिज्ञा-पत्र या इकरारनामा।

Independence (इन्डिपेन्डेन्स्) *n.* स्वतंत्रता, स्वातंत्र्य, स्वतंत्र निर्वाह के साधन।

Independent (इन्डिपेन्डेन्ट्) *adj.* आजाद, स्वतंत्र, किसी पर आश्रित नहीं।

Independently (इन्डिपेन्डेन्टलि) *adv.* निष्पक्ष रूप से।

Indescribable (इन्डिस्क्राइबेबल्) *adj.* अकथ्य, अवर्णनीय, अस्पष्ट। **Indescribability,** *n.* अवर्णनीयता, अस्पष्टता।

Indestructible (इन्डिस्ट्रक्टिबल्) *adj.* नाश न होने वाला, अविनाशी।

Indeterminable (इन-डिटर्मिनेल्) *adj.* निश्चित न होने योग्य, अनिर्णेय।

Indeterminate (इन्डिटर्मिनेट्) *adj.* अनिर्णय, अंतरहित, संदिग्ध। **Indeterminateness,** *n.* संदिग्धता, संदेह, अंतरहितता।

Indetermination (इन्डिटर्मिनेशन्) *n.* अनिश्चय, अनियमितता।

Indeterminism (इन्डिटर्मिनिझम्) *n.* अनियतिवाद।

Index (इन्डेक्स्) *n.* सूचक, काँटा, अनुक्रमणिका, नियामक तत्व। *v.t.* अनुक्रमणिका आदि संलग्न करना, सूची में शामिल करना, संकेत करना।

India (इन्डिआ) *n.* हिन्दुस्तान, भारतवर्ष। *adj.* भारत का, भारत के नागरिक अथवा उनकी किसी भाषा का।

Indicate (इन्डिकेट्) *v.t.* दर्शाना, दिखाना।

Indicative (इन्डिकेटिव्) *adj.* दिखाने वाला, सूचित करने वाला, सूचक, ज्ञापक, परिचापक, दर्शक, बोधक।

Indicator (इन्डिकेटर्) *n.* सूचित करने वाला, निर्देशक।

Indict (इन्डिक्ट) *v.t.* कायदे के अनुसार आरोप लगाना, स्पष्ट दोषारोपण करना। **Indictment,** *n.* कानून के अनुसार आरोप, आरोप पत्र।

Indifference (इन्डिफ्रेन्स्) *n.* उदासीनता, उपेक्षा, अनास्था।

Indifferent (इन्डिफ्रेन्ट्) *adj.* पक्षपात-रहित, तटस्थ, गुणधर्म रहित, उदासीन, चुम्बकीय, निस्पृह, साधारण। **Indifferentism** *n.* धार्मिक विषय में समभाव।

Indigence (इन्डिजन्स्) *n.* गरीबी, दरिद्रता।

Indigenous (इन्डिजनस्) *adj.* स्वदेशीय, स्वदेशोत्पन्न।

Indigent (इन्डिजेन्ट्) *adj.* गरीब, कंगाल, दरिद्र।

Indigested (इन्डिजेस्टिड्) *adj.* अनपचा, अविचारित, पूरी तरह से विचार न किया हुआ।

Indigestible (इन्डिजेस्टिबल्) *adj.* अजीर्ण, बिना आकार का, पूरी तरह से विचार न किया हुआ। **Indigestibility,** *n.* अजीर्णता, बदहजमी।

Indigestion (इन्डिजेशन्) *n.* अजीर्ण, मन्दाग्नि, अपच।

Indigestive (इन्डिजेस्टिव्) *adj.* अजीर्णता करने वाला, न पचने वाला।

Indignant (इन्डिग्नन्ट्) *adj.* क्रुद्ध, नाराज। **Indignantly,** *adv.* क्रोध से।

Indignation (इन्डिग्नेशन्) *n.* क्रोध, संताप, तिरस्कार।

Indignity (इन्डिग्निटि) *n.* अनादर, अभद्र व्यवहार।

Indigo (इन्डिगो) *n.* नीले रंग, नील रंग।

Indirect (इन्डायरेक्ट्) *adj.* कुटिल, टेढ़ा-मेढ़ा, पेंचदार। **Indirection** *n.* अप्रत्यक्ष उपाय, अप्रत्यक्ष कार्यवाही। **Indirectly,** *adv.* अप्रत्यक्ष मार्ग से।

Indirection (इन्डायरेक्शन्) *n.* टेढ़ा-मेढ़ा मार्ग-दर्शन, अप्रत्यक्ष उपाय, अप्रत्यक्ष कार्यवाही।

Indiscernible (इन्डिसर्निबल्) *adj.* & *n.* अप्रत्यक्ष, अतिसूक्ष्म, अदृष्टिगोचर।

Indisciplinable (इन्डिसिप्लिनेबल्) *adj.* अननुशासनीय।

Indiscipline (इन्डिसिप्लिन्) *n.* अनुशासन की कमी, अविनय।

Indiscreet (इन्डिस्क्रीट्) *adj.* असमंजस, अविवेकी, असावधान। **Indiscreetly,** *adv.* अप्रत्यक्ष रूप से, अविवेक से।

Indiscrete (इन्डिस्क्रीट्) *adj.* अविभक्त, एकत्रित।

Indiscretion (इन्डिक्रेशन्) *n.* अविवेक, अविचार, उतावलापन।

Indiscriminate (इन्डिस्क्रिमिनेट्) *adj.* बिना सोचा-समझा, अनधाधुन्ध, लापरवाह, अविवेकी, गड्ड-मड्ड। **Indiscriminating,** *n.* अविचार।

Indispensable (इन्डिस्पेन्सेबल्) *adj.* अत्यावश्यक, अपरिहार्य, जिसे टाला न जा सके। **Indispensably,** *adv.* अनिवार्यता से, लाजमी तौर पर।

Indispose (इन्डिस्पोझ्) *v.t.* अस्वस्थ होना, असमर्थ होना, विमुख करना। **Indisposed,** *adj.* विमुख, प्रतिकूल, अस्वस्थ, अनिच्छुक।

Indisposition (इन्डिस्पोजिशन्) *n.* अनिच्छा, नाराजी नापसन्दी।

Indisputable (इन्डिस्प्यूटेबल्) *adj.* निर्विवाद, विवाद रहित। **Indisputability,** *n.* निर्विवादिता।

Indissoluble (इन्डिसॉल्यूबल्) *adj.* जो घुलनशील न हो, बाध्यकारी, अविच्छेद्य। **Indissolubly,** *adv.* अगलनशीलता या अभेद्यता से। **Indissolubility,** *n.* अविलीयता।

Indistinct (इन्डिस्टिक्ट्) *adj.* अस्पष्ट, अव्यक्त, मिटा हुआ, धुंधला। **Indistinctly,** *adv.* अस्पष्टता से। **Indistinctness,** *n.* अव्यक्तता।

Indistinctive (इन्डिस्टिंक्टिव्) *adj.* दिख न सकने वाला, अस्पष्ट। **Indistinctively,** *adv.* असंतुष्टता से।

Indistinguishable (इन्डिस्टिंग्विश्अबल्) *adj.* पृथक् न किये जाने योग्य।

Indistributable (इन्डिस्ट्रिब्यूटेबल्) *adj.* न बाँटने योग्य, जो बांटा न जा सके।

Indite (इन्डाइट्) *v.t.* लिपिबद्ध करना, रचना लिखना।

Indium (इन्डिअम्) *n.* सीसे के रंग की एक धातु।

Indivertible (इन्डाइवर्टिबल्) *adj.* जिसे मोड़ा न जा सके, न घुमाया जा सकने वाला।

Individual (इन्डिविजुअल्) *adj.* व्यक्तिगत, एक (व्यक्ति) का, अकेला, पृथक, एक व्यक्ति का, एक व्यक्ति के लिए। *n.* एक व्यक्ति।

Individualism (इन्डिविजुअलिज़्म्) *n.* अंहकार, व्यक्ति स्वातंत्र्यवाद, व्यक्तिवाद। **Individualist,** *n.* व्यक्तिवादी।

Individuality (इन्डिविज़ुअलिटि) *n.* व्यक्तिवाद, आत्माभिमान।

Individualize (इन्डिविज़ुअलाइज) *v.t.* व्यक्ति को उसकी पहचान देना, पृथक करना, व्यक्तित्व देना।

Individually (इन्डिविज़ुअलि) *adv.* एक-एक करके, अलग-अलग।

Individuate (इन्डिविज़ुएट्) *v.t.* व्यक्तित्व प्रदान करना, भिन्नता देना।

Indivisible (इन्डिविज़िसिबल्) *adj.* अविभाज्य, अखण्डनीय, जिसका टुकड़ा न किया जा सके, अखण्डनीय। *n.* अतिसूक्ष्म कण, छोटी से छोटी संख्या। **Indivisibly,** *adv.* बिना टुकड़ा किये, अविभाज्य रूप में। **Indivisibly,** *adv.* अखण्डनीयता से।

Indo (इन्डो) *pref.* हिन्दी, भारतीय अर्थ का उपसर्ग।

Indocile (इन्डोसाइल्) *adj.* अपढ़, जाहिल, निरंकुश, जिसे सिखाया पढ़ाया न जा सके। **Indocility,** *n.* अविनेयता, दुर्वम्यता।

Indolence (इन्डोलेन्स्) *n.* आलस्य, सुस्ती।

Indolent (इन्डोलेन्ट्) *adj.* आलसी, सुस्त, अदुःखदायी।

Indomitable (इन्डॉमिटेबल्) *adj.* अदम्य, दुर्दान्त, बेकाबू, अदमनीय, स्वच्छंद। **Indomitably,** *adv.* ढिठाई से, अदमनीयता से।

Indoor (इन्डोर्) *adj.* घर में घर की चहारदीवारी में।

Indoors (इन्डोर्ज़्) *adv.* छाया में, घर में, आश्रय में।

Indorsation (इन्डॉर्सेशन्) *n.* पृष्ठ पर हस्ताक्षर।

Indorsee (इन्डॉर्सी) *n.* जिसके नाम में लिखा गया हो। **Indorsement,** *n.* सकारी, सहमति।

Indorse (इन्डारस) *v.t.* पृष्ठ पर लिखकर प्रमाणित करना।

Indraught (इनड्रॉट) *n.* जल की धारा का भीतर की ओर प्रवाह।

Inductor (इन्डक्टर्) *n.* विद्युत प्रवाह प्रवर्तक यंत्र का कोई हिस्सा।

Indulge (इन्डल्ज्) *v.t.* & *i.* अनुग्रह करना, प्रसन्न करना, कृपा करना, उपभोग करना।

Indulgence (इन्डल्जेन्स्) *n.* अनुग्रह, संतोष, क्षमा।

Indulgent (इन्डल्जन्ट्) *adj.* कृपालु, मेहरबान, आसक्त, फँसा हुआ, जिसे लत पड़ हुई हो।

Indurate (इन्ड्यूरेट्) *v.t.* & *i.* कठोर बनाना या बनाना। **Induration,** *n.* दृढ़ीकरण।

Indurative (इन्ड्यूरेटिव्) *adj.* कड़ा या ठोस बनानेवाला।

Indusium (इन्ड्यूसिअम्) *n.* सोरसछद।

Industrial (इन्डस्ट्रिअल्) *adj.* उद्योग या व्यवसाय-संबंधी।

Industrious (इन्डस्ट्रिअस्) *adj.* कर्मठ, परिश्रमी, मेहनती, अध्यवसायी।

Industry (इन्डस्ट्रि) *n.* उद्योग, परिश्रम, मेहनत।

Indwell (इन्ड्वेल्) *v.t.* & *i.* मे निवास करना, सर्वदा उपस्थित रहना। **Indwelling,** *adj.* मन में रहने वाला, अन्तर्यामी।

Inebriate (इनीब्रिअट्) *adj.* मतवाला। *n.* मादक, मस्त। *v.t.* मदिरा पिलाना।

Inebriety (इनीब्राइटि) *n.* मतवालापन, मदिरा पीने या नशे में रहने का अभ्यास।

Inedible (इनएडिबल्) *adj.* अखाद्य, अभक्ष्य।

Inedited (इनएडिटेड्) *adj.* अप्रकाशित, असम्पादित।

Ineffable (इनएफेबल्) *adj.* अकथनीय, अनिर्वचनीय। **Ineffably,** *adv.* अवाच्या से।

Ineffaceable (इनइफेसेबल्) *adj.* अमिट, न

हटाने या मिटाने योग्य। **Ineffaceability,** *n.* अमिटता।

Ineffective (इनूइफेक्टिव्) *adj.* अपरिश्रमी, निरर्थक (अकारण), अप्रभावी।

Ineffectual (इनिफेक्चुअल्) *adj.* निष्प्रभाव, व्यर्थ। **Ineffectually,** *adv.* व्यर्थ, वृथा।

Inequality (इनूकवॉलिटि) *n.* असमानता, विषमता, भिन्नता, असमिता, ऊबड़-खाबड़।

Inequitable (इनूएक्विटेबल्) *adj.* न्यायविरुद्ध, अनुचित।

Inequity (इनइक्विटि) *n.* बेईमानी, अन्याय, पक्षपात।

Ineradicable (इनइराडिकेबल्) *adj.* उखाड़ा न जा सकने योग्य, अनुन्मूलनीय। **Ineradicably,** *adv.* जड़ से न हटाते हुए या उन्मूलन न करते हुए ढंग से।

Inerrable (इनूरेबल्) *adj.* गलती न करने वाला।

Inert (इनर्ट्) *adj.* अक्षम, अप्रवृत्त, निष्क्रिय, निश्चल, गतिहीन, आलसी।

Inertly (इनर्शलि) *adv.* सुस्ती से, जड़ता से।

Inertia (इनर्शिआ) *n.* जड़त्व, जड़ता, अकर्मण्यता, आलस, निष्क्रियता।

Inescapable (इनस्केपेबल्) *adj.* न मानने योग्य।

In esse (इनूएसि) यथार्थतः अस्तित्व में।

Inessential (इनूइसेन्शल्) *adj.* अनावश्यक, गौण।

Inestimable (इनूएस्टिमेबल्) *adj.* अपार, अपरिमेय, अमूल्य, अनमोल। **Inestimably,** *adv.* अपरिमेयता से।

Inevitability (इनइविटेबिलिटि) *n.* अनिवार्यता।

Inevitable (इनेविटेबल्) *adj.* अपरिहार्य, अनिवार्य, अवश्यम्भावी।

Inexplicable (इनूएक्सप्लिकेबल्) *adj.* अबोध्य, अव्याख्येय।

Inexplicit (इनूएक्सप्लिसिट्) *adj.* अनिश्चित, अस्पष्ट, सामान्य। **Inexplicitness,** *n.* अस्पष्टता।

Inexplosive (इनूएक्सप्लोसिव) *adj.* आग न लगने योग्य, अविस्फोटक।

Inexpressible (इनूएक्स्प्रेसिबल्) *adj.* अकथनीय, अनिर्वचनीय।

Inexpressive (इनएक्सप्रसिव्) *adj.* वर्णन न करने योग्य। **Inexpressively,** *adv.* अर्थशून्यता से। **Inexpressiveness,** *n.* अर्शशून्यता।

Inextensible (इनूएक्स्टेन्सिबल्) *adj.* अवितान्य, न फैलाने योग्य।

Inextenso (इनूएक्टेन्सो) *adj.* अनन्त दशा में, विस्तृत।

Inextinguishable (इनएक्स्टिंग्विशेबल्) *adj.* न बुझने योग्य।

Inextricable (इनूएक्स्ट्रीकेबल्) *adj.* न सुलझाने योग्य, जटिल।

Infallible (इनूफॅलिबल्) *adj.* अचूक, प्रभातीत, अस्खनशील, त्रुटिरहित। **Infalliably,** *adv.* अचूकता से।

Infamize (इनफेमाइज) *v.t.* बदनाम करना, कलुषित करना।

Infamous (इनूफेमस्) *adj.* बदनाम, कुख्यात, दुष्ट प्रवृति का।

Infamy (इन्फमि) *n.* बदनामी, कुख्याति, दुष्टता।

Infancy (इन्फन्सि) *n.* बाल्यावस्था, शैशव, आरंभिक काल।

Infant (इन्फन्ट्) *n.* बालक, शिशु, अवयस्क।

Infanticide (इन्फन्टिसाइड्) *n.* बाल हत्या, बाल हत्यारा।

Infantile (इन्फन्टाइल्) *adj.* बालकों का, शिशु संबंधी।

Infantry (इन्फेन्ट्रि) *n.* पैदल सेना।

Infatuate (इन्फॅटयुएट्) *v.t.* मूर्ख बनाना, मोहित करना, उत्तेजित करना। **Infatuated,** *adj.* मूर्ख, मूढ़। **Infatuating,** *adj.* मोहकारी। **Infatuation,** *n.* प्रेमोन्माद। **Infatuator,** *n.* मोहित करने वाला।

Inferiority (इन्फीरिऑरिटि) *n.* न्यूनता, हीनता, अधीनता।

Infernal (इन्फर्नल्) *adj.* नरक सम्बन्धी, आसुरी, राक्षसी।

Inferno (इन्फर्नो) *n.* यमलोक, न बुझ सकने वाली आग, शोर-शराबे युक्त जगह।

Inferrable (इन्फरेबल्) *adj.* अनुमाननीय, तर्कगम्य।

Infertile (इन्फर्टाइल्) *adj.* ऊसर, अनुपजाऊ।

Infest (इन्फेस्ट्) *v.t.* गमनागमन करना, कष्ट देना, विरक्त करना।

Infibulation (इनूफिब्यूलेशन्) *n.* जननेन्द्रिय को सन्तान न होने के लिए वर्धित करना।

Infidel (इन्फिडल्) *n.* भगवान और धर्म पर श्रद्धा न रखने वाला, अश्रद्धालु, धर्म निन्दक, नास्तिक। *v.t.* अधर्मी बनाना। **Infidelity,** *n.*

अभक्ति, नास्तिक।

Infield (इन्फील्ड्) *n.* घर के पास की खेती-बाड़ी, नियमित रूप से बुआई करने वाली जमीन।

Infighting (इन्फाइटिंग्) *n.* मल्लयुद्ध, मुक्केबाजी।

Infiltrate (इनफिल्ट्रेट्) *v.t.* & *i.* छिद्रों में से धीरे-धीरे अन्दर घुस आना, सिंचाई करना, धीरे-धीरे रिसना।

Infinite (इन्फिनिट्) *adj.* अनन्त, बेशुमार, असीम।

Infinitesimal (इन्फिनिटेसिमल्) *adj.* अतिसूक्ष्म (संख्या), अति अल्प। *n.* अति सूक्ष्म पदार्थ। **Infinitive** *n.* असीमता, अपारता।

Infinitude (इन्फिनिट्यूड्) *n.* अनन्त संख्या, अनन्त अवकाश, अपारता।

Infinity (इन्फिनिटि) *n.* असीमतता, अपारता, विशालता, प्रचुरता, बहुलता।

Infirm (इन्फर्म) *adj.* अशक्त, चंचल, अस्थिर, अनिश्चयी।

Infirmary (इन्फर्मरि) *n.* अस्पताल, रुग्णालय।

Infix (इन्फिक्स) *v.t.* अन्दर बैठाना, शब्दरूप में बदलना, शब्द का आकार लेना। *n.* शब्द का रूपान्तर।

Inflame (इन्फ्लेम्) *v.t.* & *i.* आग लगाना, जलाना, उत्तेजित करना, भड़काना।

Inflammable (इन्फ्लेमेबल्) *adj.* सहज चिढ़ने वाला, ज्वलनशील, उत्तेजनीय। **Inflammability,** *n.* ज्वालाग्रहीयता, प्रज्वलनशीलता।

Inflammation (इन्फ्लेमेशन्) *n.* सूजन, शोथ।

Inflammatory (इन्फ्लेमेटरि) *adj.* दाहक, सदाह जलन (उत्प्रेरक) करने वाला, उत्तेजक।

Inflate (इन्फ्लेट्) *v.t.* फुलाना, गर्व से फूलना, उन्मत्त करना, कृत्रिम रूप से कीमत बढ़ाना, मुद्रा स्फीति बढ़ाना।

Inflation (इनफ्लेशन) *n.* मुद्रा प्रसार, फुलाव।

Inflator (इन्फ्लेटर्) *n.* फुलानेवाला।

Inflect (इन्फ्लेक्ट्) *v.t.* झुकाना, मोड़ना, व्याकरण का रूप चलाना, शब्द प्रचलित करना, स्वर का ऊँचा-नीचा करना, स्वर भेद करना।

Inflection (इनफ्लेक्शन्) *n.* आवाज का उतार-चढाव, रूपान्तर, मोड़, नमन।

Inflexible (इन्फ्लेक्सिबल्) *adj.* दृढ़, अनमनीय, कड़ा, अटल।

Inflict (इन्फ्लिक्ट्) *v.t.* जोर से वार करना, शासन करना, सजा देना।

Infliction (इन्फ्लिक्शन्) *n.* दण्ड, कष्ट।

Inflorescence (इन्फ्लॉरिस्सेन्स्) *n.* पुष्प विन्यास, पुष्पों का झुण्ड, पुष्पों का समुदाय।

Inflow (इन्फ्लो) *n.* अन्दर की ओर बहाव।

Influence (इन्फ्लुअन्स्) *n.* प्रभाव, प्राकृतिक शक्तियों का प्रभाव, शक्ति या सम्पत्ति का प्रभाव। *v.t.* वजन डालना, रौब देना।

Influent (इन्फ्लुअन्ट्) *adj.* अन्तः प्रवेशक, अन्दर बहने वाला, रक्तसंचारी।

Influential (इन्फ्लुएन्शल्) *adj.* वज़नदार, प्रभावशाली।

Influenza (इन्फ्लुएन्जा) *n.* एक प्रकार का शीत ज्वर, जूड़ी देकर चढ़ने वाला ज्वर।

Influx (इन्फ्लक्स्) *n.* अर्न्तप्रवाह।

Inform (इन्फॉर्म्) *v.t.* & *i.* बताना, सूचना देना, जानकारी देना, प्रेरणा देना, आरोप लगाना।

Informal (इन्फॉर्मल्) *adj.* साधारण (वस्त्र); बिना औपचारिकता के, परम्परा के विरूद्ध, अनियमित।

Informally (इन्फॉर्मल्) *adv.* अनियमित या अनौपचारिक ढंग से।

Informant (इन्फॉरमन्ट) *n.* सूचना देनेवाला, विज्ञापक।

Information (इन्फॅर्मेशन्) *n.* सूचना, समाचार, ज्ञाप्ति।

Informative (इन्फॉर्मेटिव्) *adj.* सूचना देने वाला बोधक। **Informatory,** *adj.* सूचना देने वाला, विज्ञापन युक्त।

Informed (इन्फॉम्ड्) *adj.* सूचित, सीखा हुआ।

Informer (इन्फॉर्मर्) *n.* दूसरे के विरोध में सूचना देने वाला।

Infra (इन्फ्रा) *pref.* निम्न, आगे, नीचे देखिए, नीचे देखें के अर्थ में प्रयुक्त उपसर्ग।

Infraction (इन्फ्रॅक्शन्) *n.* उल्लंघन, व्यतिक्रम।

Infranchise (इन्फ्रॉन्चाइज्) *v.t.* मतदान का अधिकार देना, मुक्त करना

Infrastructure (इनफ्रॉस्ट्रक्चर्) *n.* आवश्यक बुनियादी ढाँचा।

Infrequency (इन्फ्रीक्वन्सि) *n.* विरलता, अनित्यता, यदा-कदा।

Infrequent (इनफ्रीक्वन्ट्) *adj.* यदा-कदा होने वाला अनित्य, विरल। *v.t.* त्यागना।

Infringe (इन्फ्रिज्) *v.t.* उल्लंघन करना, तोड़ना, भंग करना, अतिक्रमण करना। **Infringement,** *n.* अतिक्रमण, उल्लंघन।

Infructuous (इन्फ्रक्टचुअस्) *adj.* निष्फल,

व्यर्थ, फल न देने वाला।

Infrugal (इनफ्रूगल्) *adj.* अमितव्ययी।

Infuriate (इनफ्यूरिऐट्) *v.t.* कोपाकुल करना, क्रुद्ध करना।

Infuse (इल्फ्यूज) *v.t.* & *i.* रस सिचिंत करना, भिगोना, उड़ेलना, टपकना, तर करना, मन मे बैठना। **Infusible,** *adj.* जो गल न सके, अगलनीय।

Infusion (इन्फ्यूजन्) *n.* क्वाथ, निषेचन, अर्क, काढ़ा।

Infusoria (इन्फ्यूसॉरिआ) *n. pl.* सब्जी, वनस्पति, साग-सब्जी, वृद्ध प्राणियों में पाए जाने वाले कीड़े।

Ingathering (इन्गॅदरिंग्) *n.* ढेर, खलिहान, संचयन।

Ingenious (इन्जीनिअस्) *adj.* चातुर्य का, करामाती, चतुराई से किया हुआ। **Ingeniously,** *adv.* चतुराई से।

Ingenue (इन्जेनु) *n.* सीधी-सादी लड़की।

Ingenuity (इन्जिनयूइटि) *n.* चातुर्य कौशल, प्रतिभा, कल्पना-शक्ति।

Ingenuous (इन्जेन्युअस्) *adj.* मायाहीन, निष्कपट, सरल प्रकृति, दयालु। **Ingeniously,** *adv.* चतुराई से, निपुणता से।

Ingest (इन्जेस्ट्) *v.t.* पेट में डालना, खाना। **Ingestion,** *n.* अंतग्रर्हण। **Ingestive,** *adj.* पेट भरने योग्य।

Ingle (इंगल्) *n.* चूल्हे में जलने वाली आग।

Inglorious (इन्ग्लॉरिअस्) *adj.* लज्जाजनक, शर्मनाक।

Ingoing (इन्गोइंग्) *adj.* अन्दर जाने वाला। *n.* प्रवेश।

Ingot (इन्गॉट्) *n.* किसी धातु का साँचे में ढाला हुआ पिण्ड या टुकड़ा।

Ingrain (इन्ग्रेन्) *adj.* अधिश्लिष्ट (रंजक) गहरा, पक्का। *v.t.* डुबोना या बोरना, पक्का रंग रँगना। **Ingrained,** *adj.* गहरा, अन्तर्निहित।

Ingrate (इन्ग्रेट) *adj.* कृतघ्न, अकृतज्ञ। *n.* कृतघ्न मनुष्य।

Ingratiate (इन्ग्रेशिएट्) *v.t.* का कृपापात्र बन जाना, का अनुग्रह या कृपा दृष्टि प्राप्त करना। **Ingratiatingly,** *adv.* कृपा दृष्टि से।

Ingratitude (इन्ग्रॅटिट्यूड) *n.* कृतघ्नता, नमकहरामी।

Ingravescent (इन्ग्रेवेसेन्ट्) *adj.* बदतर बनने वाला।

Ingredient (इन्ग्रडिएन्ट) *n.* अंश, अवयव, उपादन।

Ingress (इन्ग्रिस्) *n.* प्रवेश अधिकार, प्रवेशद्वार।

Ingrowing (इन्ग्रोइंग्) *adj.* अन्तवर्धी, माँस में बढ़ता हुआ (नाखून)।

Inguinal (इंग्विनल्) *adj.* वंशज।

Ingurgitate (इन्गर्जिटेट्) *v.t.* लालच से भकोसना, निगलना।

Inhabit (इहॅबिट्) *v.t.* में निवास करना। **Inhabitable,** *adj.* रहने लायक। **Inhabitation,** *n.* निवास।

Inhabitancy (इहॅबिटिन्सि) *n.* विशेष समय का निवास स्थान।

Inhabitant (इहॅबिटन्ट्) *n.* निवासी।

Inhale (इहेल्) *v.t.* साँस खींचना, निश्वास लेना। **Inhaler,** *n.* वाष्प पदार्थों का श्वास द्वारा खींचने के लिए एक प्रकार का यन्त्र।

Inharmonic (इहार्मानिक) *adj.* बेमेल, बेसुरा, कर्णकटु, विस्वर, असंगत।

Inharmonious (इहार्मोनिअस्) *adj.* बेसुरा।

Inhere (इहीअर्) *v.t.* निहित होना, अन्तर्निष्ठ होना, स्थिर होना, सहज होना।

Inherence (इहीअरेन्स्) *n.* दूसरी वस्तु में स्थित।

Inherent (इहीरेंट) *adj.* जन्मजात, निहित, समवायी।

Inherit (इहेरिट्) *v.t.* उत्तराधिकार में प्राप्त करना, (पुरखों से) प्राप्त करना।

Inheritance (इहेरिटन्स्) *n.* दायभाग, विरासत, बपौती।

Inheritor (इहेरिटर्) *n.* उत्तराधिकारी। **Inheritress,** *n. fem.* उत्तराधिकारिणी।

Inhesion (इहिसन्) *n.* समवाय, निष्ठा, संलग्नता।

Inhibit (इहिबिट्) *v.t.* निषेध करना, मना करना, रोकना, निरोध करना।

Inhibition (इहिबिटिशन्) *n.* अवरोध, प्रतिबन्ध।

Inhibitory (इहिबिटिरि) *adj.* रोकने योग्य।

Inhospitable (इहॉस्पिटेबल्) *adj.* आश्रय न देने लायक, दया करने में समर्थ न होने योग्य। **Inhospitably,** *adv.* आतिथ्य-विमुखता से।

Inhuman (इन्ह्यूमन्) *adj.* अमानुषिक, क्रूर, निर्दय, कठोर। **Inhumanity,** *n.* निर्दयता, कठोरता। **Inhumanity,** *adv.* कठोरता से निर्दयतापूर्वक।

Inhume (इन्ह्यूम्) *v.t.* दफन करना। **Inhu-**

mation *n.* भूमि में गाड़ने का कार्य।

Inimical (इनिमिकल्) *adj.* विरोधी, प्रतिकूल।

Inimitable (इनिमिटेबल्) *adj.* अनुकरणीय, अद्वितीय।

Iniquity (इनिक्विटि) *n.* दुराचार, अधर्म। **Iniquitous,** *adj.* पापी, अधर्मी।

Initial (इनिशल्) *adj.* & *n.* आदि का, प्राथमिक। **Initials,** *n.* मनुष्य के नाम के आदि के अक्षर। *v.t.* हस्ताक्षर करना।

Initiate (इनीशिएट्) *v.t.* प्रारम्भ करना, प्रथम संस्कार करना, अभिमन्त्रित करना। *n.* दीक्षा लिया हुआ, दीक्षित। **Initiated,** *adj.* दीक्षा लिया हुआ।

Initiative (इनिशिएटिव्) *adj.* उपक्रमशील, प्रारंभिक, आरम्भिक। *n.* सूत्रपात, प्रारम्भिक कदम, पहल।

Initio (इनिशिओ) *adv.* प्रारम्भ का।

Inject (इन्जेक्ट्) *v.t.* सिरिंज द्वारा शरीर में औषधि चढ़ाना।

Injection (इन्जेक्शन्) *n.* सिरिंज द्वारा शरीर में औषधि चढ़ाने की विधि।

Injudicious (इन्जुडिशस्) *adj.* अविवेकी, विचारशून्य।

Injunction (इन्जक्शन्) *n.* समादेश, निषेधादेश, निषेधाज्ञा।

Injure (इन्जूर्) *v.t.* हानि पहुँचाना, पीड़ा (दुःख) देना, चोट पहुँचाना, क्षति पहुँचाना। **Injured,** *adj.* पीड़ा-प्राप्त, व्यथित।

Injurious (इन्जूरिअस्) *adj.* पीड़ाकर, हानिकारक।

Injury (इन्जरि) *n.* हानि, क्षति।

Injustice (इन्जस्टिस्) *n.* अन्याय, अधर्म, अनीति।

Ink (इंक्) *n.* रोशनाई, छापने की स्याही। *v.t.* स्याही का निशान लगाना, काला करना। **Inky,** *adj.* स्याह काला।

Inker (इंकर्) *n.* स्याही वाला, तारयंत्र, टेलीप्रिंटर जैसा।

Inkling (इंक्लिग्) *n.* संकेत, कानाफूसी।

Inland (इन्लैंड्) *n.* भीतरी भाग। *adj.* देश के भीतरी भाग का, अन्तर्देशीय। *adv.* अंतर्देशीय, देश में, देश की ओर।

Inlay (इन्ले) *v.t.* जड़ना, पच्चीकारी करना। *n.* पच्चीकारी का काम, पच्चीकारी के काम द्वारा सजावट, जड़ाऊ वस्तु।

Inlet (इन्लिट्) *n.* द्वार, प्रवेश मार्ग, जमाया हुआ टुकड़ा, समुद्र की एक शाखा, खाड़ी।

Inlier (इन्लायर्) *n.* भीतरी तह, परत।

Inly (इन्लि) *adv.* घनिष्ठता से, भीतरी ओर, हृदय में।

Inlying (इन्लायिंग्) *adj.* भीतर की ओर पड़ा हुआ।

Inmate (इन्मेट्) *n.* निवासी, सहवासी, घर में रहने वाला।

Inmost (इन्मोस्ट्) *adj.* सबसे भीतरी, अति प्रिय।

Inn (इन्) *n.* पथ का आवास, सराय, पथिकों के लिए आश्रम।

Innate (इनेट्) *adj.* सहज, स्वाभाविक। **Innately,** *adv.* स्वभाव से।

Innavigable (इन्नॅविगेबल्) *adj.* नाव के लिए अगम्य, जिस नदी झील इत्यादि में नाव न चल सके।

Inner (इनर्) *adj.* अन्दर का, आन्तरिक, भीतरी, मानसिक, अंतरंग, छिपा हुआ।

Innervate (इनरवेट) *v.t.* स्नायु-शक्ति उत्पन्न करना, उत्तेजित करना। **Innervation,** *n.* स्नायु-शक्ति का प्रभाव।

Innings (इनिंग्स) *n.* क्रिकेट में किसी ओर का एक बारी का खेल, सस्य-संग्रह। सागर से प्राप्त भूमि।

Innocence (इनोसन्स्) *n.* निर्दोषता, पवित्रता।

Innocent (इनोसेन्ट्) *adj.* निर्दोष, हानिरहित, नादान, सीधा-साधा, अनजाना, निरपराध। *n.* निर्दोष आदमी, मूर्ख।

Innocuity (इनॉक्यूइटि) *n.* साधुता, सज्जनता।

Innocuous (इनॉक्युअस्) *adj.* अनुपद्रवी, सीधा।

Innominate (इनॉमिनेट्) *adj.* बिना नाम का।

Innovate (इनोवेट्) *v.i.* नया सम्प्रदाय स्थापित करना, परिवर्तन करना। **Innovation,** *n.* बदलाव। **Innovator,** *n.* नवसम्प्रदाय प्रवर्तक।

Innovator (इनोवेटर्) *n.* नई रीति चलाने वाला।

Innoxious (इनऑक्शस्) *adj.* शुद्ध, निर्दोष। **Innoxiousness,** *n.* अनुपकारिता।

Innuendo (इन्यूएन्डो) *n.* वक्रोक्ति, व्यंग्य, अप्रत्यक्ष सूचना या संकेत संदर्भ।

Innumerable (इन्यूमरेबल्) *adj.* असंख्य, अनन्त।

Innutrition (इनयूट्रिशन्) *n.* पोषण का अभाव।

Inobservance (इनॉब्जर्वन्स्) *n.* ध्यानहीनता, उपेक्षा।

Inoccupation (इनॉक्यूपेशन्) *n.* बेरोजगार, उद्योगहीन।

Inoculate (इनॉक्युलेट्) *v.t.* माता का टीका लगाना, कलम लगाना। **Inoculation,** *n.* माता का टीका, किसी रोग का टीका। **Inoculator,** *n.* टीका लगानेवाला।

Inodorous (इनॅडोरस्) *adj.* निर्गन्ध, गन्धहीन।

Inoffensive (इन्अफेन्सिव्) *adj.* अबाधक, निरपराध, पीड़ा न देने वाला। **Inoffensively,** *adv.* पीड़ा न देने वाले ढंग से। **Inoffensiveness,** *n.* निर्दोषता।

Inofficial (इन्ऑफिशल्) *adj.* बिना अधिकार का, अनधिकारिक।

Inofficious (इन्ऑफिशस्) *adj.* अनैतिक, नीति-विरुद्ध, कर्तव्य विरुद्ध।

Inoperative (इन्ऑपरेटिव्) *adj.* अकार्य-साधक, निष्क्रिय।

Inopportune (इनअपार्चून्) *adj.* असामयिक, अकालिक, अप्रासंगिक। **Inopportunely,** *adv.* अकाल में, कुसमय में। **Inopportuneness,** *n.* अवसर, असमय।

Inordinate (इनॉर्डिनेट्) *adj.* अमर्यादित, अपरिमित, अस्त-व्यस्त। **Inordination,** *n.* अत्यधिकता।

Inorganic (इनॉरगॅनिक्) *adj.* निर्जीव।

Inornate (इन्ऑर्नऍट्) *adj.* अविस्तृत।

Inosculate (इनॉस्क्यूलेट्) *v.t. & i.* जोड़ना (मिलाना), गुथा होना।

Inpouring (इन्पोरिंग्) *adj.* भीतर की ओर गिरता हुआ।

Input (इनपुट) *n.* निवेश, आदान, प्रेषित सूचना तथा सूचना प्रेषित करने का कार्य, पूँजी-निवेश।

Inquest (इन्क्वेस्ट्) *n.* अन्वेषण, देखभाल, मृत्यु की जाँच।

Inquietude (इन्क्वाएट्यूड्) *n.* मानसिक या शारीरिक शान्ति का अभाव।

Inquire, Enquire (इन्क्वाएर्) *v.t. & i.* अन्वेषण करना, पूछना, जाँचना।

Inquirer (इन्क्वायरर्) *n.* पूछने या जाँचनेवाला।

Inquiry (इन्क्वायरि) *n.* पूछताछ, अन्वेषण, देखरेख।

Inquisition (इन्क्विजिशन्) *n.* खोज, अन्वेषण, जाँच, तहकीकात। **Inquisitional,** *adj.* खोज संबंधी।

Inquisitive (इन्क्विजिटिव) *adj.* जिज्ञासु, जानने की इच्छा करने वाला, कुतूहली। **Inquisitively,** *adv.* जिज्ञासापूर्वक। **Inquisitiveness,** *n.* कौतुलता।

Inquisitor (इन्क्विजिटर्) *n.* जाँच करने वाला।

Inrail (इनरेल) *v.t.* रेलिंग लगाकर बन्द करना।

Inroad (इन्रोड) *n.* अतिक्रमण, धावा, आक्रमण।

Inrush (इन्रश्) *n.* भीतर की ओर तीव्र बहाव।

Insalivate (इन्सॅलिवेट्) *v.t.* भोजन को लार से मिलाना।

Insalubrious (इन्सॅलूब्रिअस्) *adj.* अस्वस्थ, अस्वास्थ्यकर।

Insane (इन्सेन्) *adj.* भ्रान्तचित्त, पागल, मूर्ख।

Insanitary (इन्सॅनिटरि) *adj.* अस्वाथ्यकर, बीमारी पैदा करने वाला।

Insanity (इन्सॅनिटि) *n.* उन्माद, पागलपन।

Insatiable (इन्सेशेबल्) *adj.* न सन्तुष्ट करने योग्य, अति लोलुप (लालची), अतृप्त। **Insatiability,** *n.* अतृप्तता।

Insatiate (इन्सेश्येट्) *adj.* असन्तुष्ट, अतृप्त।

Inscribe (इन्स्क्राइब्) *v.t.* (प्रत्थर पर) लिखना, सूची में भरना, नक्काशी बनाना, रेखागणित में एक आकृति के भीतर दूसरी बनाना।

Inscription (इन्स्क्रिप्शन्) *n.* लेख, शिलालेख।

Inscrutable (इन्स्क्रूटेबल्) *adj.* अगाध, जटिल, अप्रवेश्य, समझ में न आने योग्य। **Inscrutably,** *adv.* परम गहनता से। **Inscrutableness,** *n.* अगाधता। **Inscrutably,** *adv.* परम गहनता से।

Insect (इन्सेक्ट्) *n.* कृमि, कीड़ा-मकोड़ा, तुच्छ प्राणी। **Insecticide,** *n.* कृमिहत्या। **Insectivorous,** *adj.* कीट-भोजी। **Insectology,** *n.* कृमिशास्त्र।

Insectarium (इन्सेक्टेरिअम्) *n.* कीड़े-मकोड़ों को पालने का स्थान।

Insecure (इन्सिक्यूर्) *adj.* असुरक्षित, अरक्षित, शंकालु।

Insecurity (इन्सिक्यूरिटि) *n.* भय, संकट, संशय, अनिश्चितता।

Inseminate (इन्सेमिनेट्) *v.t.* बीज बोना, बीजारोपण करना।

Insensate (इन्सेन्सेट्) *adj.* ज्ञानशून्य, ज्ञानरहित।

Insensibility (इन्सेन्सिबिलिटि) *n.* भावहीनता, मूर्खता, अज्ञानता, अचेतनता, सुस्ती।

Insensible (इन्सेन्सिबल्) *adj.* चेतनाहीन, संज्ञाहीन।

Insensitive (इन्सेन्सिटिव्) *adj.* अचेतन, स्पर्श का अनुभव न रखने वाला, संवेदनरहित। **Insensitiveness,** *n.* चेतना शून्यता।

Insentient (इन्सेन्शिअन्ट्) *adj.* प्राणहीन, जीवरहित।

Inseparable (इन्सेपरेबल्) *adj.* जिसको अलग न किया जा सके। *n.* अलग न होने वाला व्यक्ति, वस्तु या मित्र। **Inseparably,** *adv.* अपृथक् रूप में या ढंग से।

Insert (इन्सर्ट्) *v.t.* एक पदार्थ में दूसरा बैठाना, भरना, समावेश करना।

Insertion (इन्सर्शन्) *n.* गोटा-किनारी इत्यादि।

Inset (इन्सेट्) *n.* अधिक पृष्ठ अथवा नक्शा जो पुस्तक में जुड़े हों। *v.t.* इस प्रकार पृष्ठ लगाना।

Insheathe (इनशीद्) *v.t.* मियान लगाना।

Inshore (इनशोर) *adv.* समुद्र के समीप।

Inside (इन्साइड्) *n., adj.* & *adv.* अन्दर की ओर, भीतरी भाग, भीतरी, भीतर की ओर स्थित अन्तः भाग। **Insider,** *n.* किसी सभा का सदस्य।

Insidious (इन्सिडिअस्) *adj.* कपटी (छली), धूर्त, विश्वासघाती। **Insidiously,** *adv.* कपटी (छली), धूर्त। **Insidiousness,** *n.* कपटीपन।

Insight (इन्साइट्) *n.* परिज्ञान, निरीक्षण, पूर्ण ज्ञान, सूक्ष्म दृष्टि।

Insignia (इन्सिग्निआ) *n.* सम्मान चिह्न, अधिकार-चिह्न, तमगा।

Insignificant (इन्सिग्नफिकेन्ट्) *adj.* महत्त्वहीन, उपेक्षणीय, प्रभावहीन, तुच्छ, निरर्थक, नगण्य। **Insignificance,** *n.* अर्थहीनता। **Insignificantly,** *adv.* कृत्रिमता से, कपट से।

Insicerity (इन्सिन्सेरिटि) *n.* कपट, असत्यता।

Insincere (इन्सिन्सीअर्) *adj.* असत्य, कपटी, कुटिल, झूठा।

Insincerity (इन्सिन्सेरिटि) *n.* कपट, असत्यता।

Insinuate (इन्सिन्यूएट्) *v.t.* धीरे-धीरे उसकाना, हृदय में बैठाना, इशारा करना, वक्रोक्ति करना, उकसाना, मन में बैठाना।

Insinuatingly (इनुसिन्युएँटिगंलि) *adv.* उकसाते हुए।

Insinuative (इन्सियुएँटिव्) *adj.* उत्तेजित करनेवाला।

Insinuator (इन्सिन्युएटर) *n.* उकसानेवाला, भड़कानेवाला।

Insipid (इन्सिपिड्) *adj.* अरोचक, बेस्वाद, निस्तेज, निःसत्व, निर्जीव। **Insipidly,** *adv.* असारता से, अरोचकता से।

Insipient (इन्सिपिएँण्ट) *adj.* बुद्धिहीन।

Insist (इन्सिस्ट्) *v.i.* & *t.* आग्रह करना, देर तक झगड़ना, हठ करना। **Insistency,** *n.* जिद, आग्रह।

In situ (इन्साइट्यू) *adj.* & *adv. Latin.* उसी स्थान पर।

Insobriety (इन्सॅब्राइटि) *n.* पियक्कड़पन, असंयम।

Insolate (इन-सोलेट्) *v.t.* धूप में सुखाना।

Insolation (इन्सोलेसन्) *n.* शुद्ध करने के लिए सूर्य की किरणों के समने रखने की क्रिया, सूर्यस्नान।

Insolent (इन्सोलन्ट्) *adj.* धृष्ट, मगरूर, उद्दत, मस्त, असभ्य, धमण्डी, ढीठ। **Insolence,** *n.* शैतानी, उद्दतता, मगरूरी।

Insoluble (इन्सॉल्यूबल्) *adj.* न घुलने योग्य, अघुलनशील। **Insolubility,** *n.* अघुलनशीलता।

Insolvable (इन्सॉल्वेब्ल) *adj.* हल या व्याख्या न करने योग्य।

Insolvency (इनसॉल्वन्सि) *n.* दिवाला, निर्धनता।

Insolvent (इन्सॉल्वन्ट्) *adj.* & *n.* निर्धन, दिवालिया।

Insomnia (इन्सॉम्निआ) *n.* अनिद्रा, निद्रा न आने का रोग, निद्रा का अभाव।

Insomuch (इनसोमच्) *adj.* यहाँ तक, इसलिए कि।

Insouciant (इन्सूसिअन्ट्) *adj.* सावधान, प्रमत्त।

Inspan (इन्स्पॉन्) *v.t.* & *i.* गाड़ी में बैलों को जोतना।

Inspect (इन्स्पेक्ट्) *v.t.* निरीक्षण करना, परीक्षा करना, जाँचना।

Inspector (इन्स्पेक्टर्) *n.* निरीक्षण करने वाला, पुलिस निरीक्षक।

Inspectorial (इन्स्पेक्टोरिअल्) *adj.* निरीक्षक या अध्यक्ष-संबंधी।

Inspiration (इन्सिपरेशन्) *n.* अंतःस्फूर्ति विचार, प्रेरणा, उच्छवास, प्रेरणा देने वाला व्यक्ति या पदार्थ, ईश्वरी प्रेरणा, अन्तःप्रस्ण, रचनात्मक कार्य के लिए उत्प्रेरणा।

Inspirator (इन्सपाइरेटरि) *n.* श्वास लेने का यंत्र।

Inspiratory (इन्सपाइरेटरि) *adj.* अन्तः श्वास

सम्बन्धी।

Inspire (इन्स्पायर्) *v.t.* श्वास लेना, उत्तेजित करना, दैवी भावना उत्पन्न करना।

Inspirit (इन्स्पिरिट्) *v.t.* जीवन या तेज लाना, उत्साहित करना, साहस देना।

Inspissate (इन्स्पिसेट्) *v.t.* गाढ़ा करना, थक्का बनाना। *adj.* गाढ़ा।

Instability (इन्स्टॅबिलिटि) *n.* चंचलता, स्थिर न रहना, अस्थिरता।

Install (इन्स्टॉल्) *v.t.* अधिकार पर नियुक्त करना, संस्कार करना, राजगद्दी पर बैठाना।

Installed (इन्स्टॉल्ड्) *adj.* अधिकार-प्राप्त, अभिषिक्त।

Instalment (इन्स्टॉल्मेन्ट्) *n.* ऋणभाग (अंश), किस्त।

Instance (इन्स्टन्स्) *n.* उदाहरण, नमूना, दृष्टान्त, मुकदमा। *v.t.* दृष्टान्त देना।

Instancy (इन्स्टन्सि) *n.* आवश्यकता, जरूरत।

Instant (इन्स्टन्ट्) *n.* एकदम सही क्षण, वर्तमान मास की एक तिथि। *adj.* वर्तमान, आधुनिक।

Instantaneous (इन्स्टेन्टेनिअस्) *adj.* तुरन्त। **Instantaneousness,** *n.* क्षणमात्रता।

Instantly (इन्स्टन्टलि) *adv.* तुरन्त, झटपट, उसी समय।

Instate (इन्स्टेट्) *v.t.* अधिकार देना, पद पर बिठाना, रखना।

Instead (इन्स्टेड्) *adj.* स्थान में, बदले में।

Instep (इन्स्टेप्) *n.* मनुष्य के पैर का ऊपरी भाग।

Instigate (इन्स्टिगेट्) *v.t.* भड़काना, अपराध करने के लिए उभाड़ना, उत्तेजित करना, प्रेरित करना।

Instigator (इन्स्टिगेटर्) *n.* उत्तेजक, कुकर्म कराने के लिए उसकाने वाला।

Instil (इन्स्टिल्) *v.t.* बूँद-बूँद करके टपकाना, धीरे-धीरे प्रवेश करना; किसी के मन में बैठाना। **Instillation,** *n.* (द्रव्य का) टपकना, दिल में बिढाना।

Instinct (इन्स्टिंक्ट) *n.* प्राणियों की स्वाभाविक प्रवृत्ति, सहज ज्ञान, अन्तःप्रेरणा, अन्तर्जात प्रवृत्ति।

Insticive (इन्स्टिंक्टिव) *adj.* स्वाभाविक। *adv.* स्वभाव से।

Institute (इनस्टिट्यूट्) *n.* नियुक्त करना, प्रारम्भ करना, स्थापित करना, पैर पर खड़ा करना। *v.t.* स्थापित करना, आरंभ करना, नींव डालना।

Institution (इन्स्टिट्यूशन्) *n.* संस्था, विधि, व्यवस्था, सभा (समाज)। **Institutional** *adj.* संस्था सम्बन्धी।

Instructive (इन्स्ट्रक्टिव्) *adj.* शिक्षाप्रद, सूचक।

Instruct (इनस्ट्रक्ट) *v.t.* शिक्षा देना, आज्ञा देना, (पढ़ाना) सूचना देना, समझाना।

Instructor (इन्स्ट्रक्टर्) *n.* शिक्षक, अध्यापक, कनिष्ट अध्यापक।

Instruction (इन्स्ट्रक्शन्) *n.* शिक्षण, प्रदत्त ज्ञान, अनुदेशन, आदेश।

Instrument (इन्स्ट्रूमेन्ट्) *n.* यंत्र, औजार, निमित्त, साधक, लिखित बन्ध-पत्र।

Instrumental (इन्स्ट्रूमेन्टल्) *adj.* कारण (सहायक), निमित्त, बाजे से उत्पन्न या सम्बन्धित।

Instrumentality (इन्स्ट्रमेन्टॅलिटि) *n.* कारणत्व, साधनत्व।

Instrumentation (इन्स्ट्रूमेन्टेशन्) *n.* बाजे पर गाने के लिए गीत का प्रबन्ध, वाद्यानुकूल संगीत रचना।

Insubordinate (इन्सबॉर्डिनेट्) *adj.* अवनीत, अवज्ञाकारी, दुर्विनीत। **Insubordination,** *n.* आज्ञाभंग, अवज्ञा।

Insubstantial (इन्सब्टॅन्शल्) *adj.* निःसार, अवास्तविक।

Insufferable (इन्सफरेबल्) *adj.* असह्य, अति धृष्ट, दम्भी, घमंडी।

Insufficient (इन्सफिशन्ट्) *adj.* अपर्याप्त, अयोग्य, अनुचित।

Insufflate (इन्सॅफ्लेट्) *v.t.* हवा भरना।

Insular (इन्स्यूलर्) *adj.* अनुदार, पूर्वाग्रही, द्वीप (टापू) संबंधी, जल से घिरा हुआ। **Insularity,** *n.* जल से घिरावट।

Insulate (इन्स्यूलेट्) *v.t.* टापू बनाना, पृथक् करना, अलग करना, बिजली की धारा को अप्रवेश्य बनाना। **Insulation,** *n.* पृथक्करण, बिजली की धारा का अवरोधन। **Insulator,** *n.* ऐसा साधन जिसमें बिजली की धारा का संचालन न हो सके।

Insulin (इन्स्यूलिन्) *n.* मधुमेह का रामबाण इलाज।

Insult (इल्सल्ट्) *n.* अपमान, मानभंग, तिरस्कार, गाली-गलौज, अनादर। *v.t.* अपमान करना, तिरस्कार करना। **Insulter,** *n.* अपमान करने वाला।

Insuperable (इन्स्यूपरेबल्) *adj.* दुस्तर,

(अलभ्य) अजेय। **Insuperably,** *adv.* दुस्तरता से।

Insupportable (इन्सपॉर्टेबल्) *adj.* असह्य, न सहने योग्य।

Insurable (इन्शोरेब्ल्) *adj.* बीमा करने योग्य।

Insurance (इन्शुरेन्स्) *n.* बीमा, जीवन-बीमा, प्रीमियम की रकम।

Insurant (इन्शुरेन्ट्) *n.* जीवनबीमा कराने वाला।

Insure (इन्शुर्) *v.t.* & *i.* जोखिम के लिए बीमा करना। **Insurable,** *adj.* बीमा करने योग्य। **Insurer,** *n.* बीमा करने वाला।

Insurgent (इन्सर्जेन्ट्) *adj.* राजद्रोही, क्षोभकारी। *n.* विद्रोही, राजद्रोही।

Insurmountable (इन्सर्माउन्टेबल्) *adj.* अलंघनीय, अविजेय।

Insurrection (इन्सरेक्शन्) *n.* राजविद्रोह (विप्लव), बलवा।

Insusceptible (इन्ससेप्टिबल्) *adj.* अप्रभाव्य, असंवेदनशील। **Insusceptibility,** *n.* प्रभाव न पड़ने योग्यता।

Intact (इन्टॅक्ट्) *adj.* अखण्ड (अछूता), बिना टूटा-फूटा।

Intactable (इनटैक्टेबल) *adj.* स्पर्श से न जानने योग्य।

Intagliated (इन्टॅग्लिएटिड्) *adj.* पृष्ठ भाग पर उभारा हुआ।

Intaglio (इन्टॅग्लिओ) *n.* नक्काशी का काम।

Intake (इन्टेक्) *n.* प्रवेश मार्ग, मशीन में तरल पदार्थ अन्दर जाने की जगह, अंतर्ग्रहण, (किसी संस्था में) नवागत सदस्यों की संख्या, संकीर्ण स्थान, घिरा हुआ भूखंड।

Intangibility (इन्टेंगिलिबिटि) *n.* अस्पृश्यता।

Intangible (इनटॅन्जिबल्) *adj.* अमूर्त, अविचारणीय।

Integer (इन्टिजर्) *n.* गणित में पूर्णांक (अभिन्न अंक), पूर्ण संख्या।

Integral (इन्टिग्रल्) *adj.* सम्पूर्ण, समस्त, पूरा। **Integrally,** *adv.* पूर्ण रूप से।

Integrant (इन्टिग्रान्ट्) *adj.* पूर्ण संख्या का अंश बनाता हुआ।

Integrate (इन्टेग्रिटि) *v.t.* & *i.* एक करना, समाकलन करना, जोड़ देना। **Integrated,** *adj.* अव्यवों को मिलाकर बना हुआ।

Integration (इंटिग्रेशन्) *n.* समाकलन, एकीकरण, एकत्रीकरण।

Integrity (इन्टेग्रिटि) *n.* पूर्णता, सच्चाई, स्थिरता, ईमानदारी, पवित्रता।

Integument (इन्टेग्यूमन्ट्) *n.* छाल, छिलका, आवरण, त्वचा।

Intellect (इन्टेलेक्ट्) *n.* बुद्धि, ज्ञानशक्ति।

Intellectual (इन्टिलेक्चुअल्) *adj.* मानसिक, बुद्धि संबंधी, बुद्धिजीवी। *n.* विद्वान मनुष्य।

Intellectualism (इन्टिलेक्चुअलिज्म्) *n.* बुद्धिवाद। **Intellectualist,** *n.* बुद्धिवादी मनुष्य।

Intellectually (इन्ट्अलेक्चुअलि) *adv.* बुद्धिमानी से।

Intelligence (इन्टेलिजेन्स्) *n.* बुद्धि, ज्ञान, चतुराई, वृत्तान्त, वार्ता, सूचना, समाचार।

Intelligent (इनटेलिजेन्ट्) *adj.* बुद्धिमान, चतुर, सुबोध।

Intelligentzia, -sia (इन्टेलिजेन्टझिआ) *adj.* बुद्धिजीवी समाज।

Intelligible (इन्टेलिजिबल्) *adj. Philos.* समझने योग्य, सुबोध, स्पष्ट, प्रज्ञायोग्य। **Intelligibly,** *adv.* बुद्धिमानी से, स्पष्ट रूप से। **Intelligibly,** *adv.* स्पष्ट रूप से, बुद्धिमानी से। **Intelligibility,** *n.* चतुराई, बुद्धिमानी, निपुणता।

Intemperance (इन्टेम्परेन्स्) *n.* असंयम।

Intemperate (इन्टेम्परेट्) *adj.* असंयमी, अतिभोगी, पियक्कड़।

Intend (इन्टेन्ड्) *v.t.* अभिप्राय होना, उद्देश्य रखना, अर्थ रखना, इरादा करना।

Intendment (इन्टेन्डमेन्ट्) *n.* विधि या नियम का शास्त्रानुसार शुद्ध अर्थ।

Intense (इन्टेन्स्) *adj.* बहुत बड़ा या तीव्र, भावप्रवण, गहन, उत्सुक, तीव्र, बहुत मजबूत, उत्सुक, बहुत गम्भीर। *adv.* तीव्रता से, उत्तेजना से।

Intensify (इन्टेन्सिफाय्) *v.t.* & *i.* अधिक गाढ़ा या तीव्र करना, बढ़ाना।

Intension (इन्टेन्शन्) *n.* गुणों का उत्कर्ष, मन या इच्छाशक्ति पर दबाव का तनाव, गुणों का समुच्चय।

Intensity (इन्टेसिटि) *n.* अत्यन्तता, तीव्रता।

Intensive (इन्टेन्सिव्) *adj.* केन्द्रीभूत, गहन वृद्धि करने वाला, उपजवर्धक, बलदायक।

Intent (इन्टेन्ट्) *n.* अभिलाषा, इच्छा, उद्देश्य, निमित्त। *adj.* उत्सुक, तत्पर, दृढ़, व्याप्त, व्यग्र।

Intently, *adv.* निष्ठापूर्वक, एकाग्राचित्त होकर।

Intention (इन्टेन्शन्) *n.* अभिप्राय, आशय, इच्छा, उद्देश्य।

Intentional (इन्टेन्शनल्) *adj.* इच्छारूप, सोचकर किया हुआ, जान-बूझकर। **Intentionally,** *adv.* जानबूझकर।

Inter (इन्टर्) *v.t.* गाड़ना, दफनाना।

Inter (इन्टर्) *pref.* परस्पर सम्बन्ध-सूचक उपसर्ग यथा—*Inter alia* = उसी तरह से, सिवाय, के अलावा, अन्य बातों के साथ।

Inter (इन्टर्) *prep.* अन्दर-बीच में, मध्य में।

Interact (इन्टर्अक्ट्) *n.* आपस में बातचीत करना या साथ-साथ काम करना, एक दूसरे पर क्रिया करना।

Interact (इन्टर्अक्ट्) *v.i.* पारस्परिक क्रिया करना।

Interactive (इन्टरएक्टिव) *adj.* नाटक के अँशों के बीच को अवकाश में काम करने वाला।

Interblend (इन्टरब्लेन्ड्) *v.t.* & *i.* मिश्रित करना, मिलाना।

Interbreed (इन्टर्ब्रीड्) *v.t.* & *i.* भिन्न जाति के पशुओं को जोड़ा मिलाना।

Intercalary (इन्अरकॅलरि) *adj.* मलमास, मलमास वाले वर्ष का।

Intercalate (इन्टर्कलेट्) *v.t.* एक दिन बढ़ाना।

Intercede (इन्टरसीड्) *v.i.* दूसरे के लिए प्रार्थना करना।

Intercept (इन्टर्सेप्ट्) *v.t.* अवरोध करना, रोकना, काटकर अलग करना। **Interception,** *n.* अवरोध, व्यवधान। **Interceptor,** *n.* विघ्न करने वाला।

Interception (इन्टरसेप्शन) *n.* अवरोध, रुकावट।

Intercession (इन्टर्सेशन्) *n.* मेल करने के लिए मध्यस्थता। **intercessor,** *n.* मध्यस्थ, पंच।

Interchange (इन्टर्चेन्ज्) *v.t.* परस्पर बदलना, लेन-देन करना। **Interchangeable,** *adj.* परस्पर बदलने योग्य, विनिमयशील।

Intercolonial (इन्टर्कलोनिअल्) *adj.* भिन्न प्रदेश में रहने वाला।

Intercommunicate (इन्टर्कम्युनिकेट्) *v.t.* आपस में पत्रव्यवहार रखना।

Intercommunion (इन्टरर्कम्यून्यन्) *n.* आपस का मेल, पारस्परिक सम्बन्ध।

Intercommunity (इन्टर् कम्यूनिटि) *n.* सामान्य व्यवहार, अन्तः सहचारिता।

Interconnect (इन्टरकनैक्ट्) *v.t.* & *i.* अन्तःसंबंध करना। **Interconnecting,** *adj.* दो या दो से अधिक वस्तुओं का जोड़ने वाला।

Intercontinental (इण्टरकौन्टनैन्टल्) *adj.* अन्तर महाद्वीपीय, एक महाद्वीप से दुसरे तक यात्रा करने के सक्षम।

Intercostal (इन्टरकॉस्टल्) *adj.* पसलियों के बीच का। *n.* पसलियों के बीच का भाग।

Intercourse (इन्टर्कोर्स्) *n.* अन्योग्य संसर्ग, समागम, व्यावहारिक लेन-देन मेलजोल।

Intercurrent (इन्टर्करन्ट्) *adj.* अंतरावर्ती, अनुवर्ती, बाद में घटित होने वाला, ठहर-ठहर (रूक-रूक) कर होने वाली, विघ्न डालने वाला।

Interdepend (इन्टरडिपेन्ड्) *v.i.* परस्पर आश्रयभूत होना या सहारा रखना।

Interdependent (इन्टरडिपेन्डेन्ट्) *adj.* एक-दूसरे पर निर्भर।

Interdependence (इन्टरडिपेन्डेन्स) *n.* पारस्परिक आश्रय।

Interdependent (इन्टरडिपेन्डेन्ट) *adj.* परस्पर भरोसा रखने वाला।

Interdict (इन्टरडिक्ट्) *v.t.* निषेध करना, रोकना। *n.* निषेध, रुकावट, प्रतिबंध।

Interest (इन्टरेस्ट्) *n.* लाभ, सुविधा, हित, कल्याण, सूद, उत्तेजना। *v.t.* ब्याज लगाना, ध्यान आकृष्ट करना, रुचि उत्पन्न करना। **Interested,** *adj.* पक्षपाती, स्वार्थी।

Interesting (इन्टरेसिंटग्) *adj.* चित्तरंजक (रोचक), रुचिकर।

Interfere (इन्टरफीअर्) *v.i.* टकराना, विरोध करना, विघ्न डालना, बीच में आ जाना।

Interference (इन्टर्फीअरन्स्) *n.* विघ्न, बाधा, दखल।

Interfluent (इन्टरफ्लूअन्ट्) *adj.* मध्यस्रावी, एक में एक बहने वाला।

Interfuse (इन्टर्फ्यूझ्) *v.t.* & *i.* परस्पर मिलाना। **Interfusion,** *n.* मिलावट, व्याप्ति।

Intergrowth (इन्टर्ग्रोथ्) *n.* एक साथ उत्पत्ति।

Interim (इन्टेरिम्) *n.* मध्यकाल, बीच का समय। *adv.* बीच में।

Interior (इन्टीरिअर्) *adj.* अन्तःस्थ, भीतरी। *n.* मध्य भाग, आंतरिक, अंतर्देशीय मन, अंतःकरण।

Interjacent (इन्टर्जेसन्ट्) *adj.* बिचला, मध्य का अन्तवर्ती।

Interject (इन्टर्जेक्ट्) *v.t.* टोकना, बीच में बोलना, (शब्द उद्गार) बीच में निकालना, बीच में फेंकना।

Interjection (इन्टर्जेक्शन्) *n.* विस्मयादिबोधक शब्द।

Interlace (इन्टर्लेस्) *v.t.* & *i.* फँसाना, गूँथना, मिलाना।

Interlard (इन्टर्लार्ड्) *v.t.* & दुबले-पतले से मोटे को मिलाना।

Interlay (इन्टरले) *v.t.* बीच में रखना।

Interleaf (इन्टर्लीव्) *n.* पुस्तक के दो पत्रों के बीच में भरा हुआ नया पत्रा।

Interleave (इन्टर्लीव्) *v.t.* पुस्तक के पत्रों के बीच में नया पत्र भरना।

Interline (इन्टर् लाइन्) *v.t.* दो पंक्तियों के बीच में लिखना।

Interlinear (इन्टर्लिनिअर्) *adj.* पंक्तियों के बीच में लिखा हुआ।

Interlink (इन्टर्लिंक्) *v.t.* कड़ियों से जोड़ना।

Interlock (इन्टरलॉक्) *v.t.* & *i.* एक-दूसरे से गुथना, आपस में गुथ जाना, आलिंगन करना।

Interlocutor (इन्टर्लॉक्यूटर्) *n.* कथोपकथन-कारी, सम्भाषण करने वाला। **Interlocutress,** *n. fem.* सम्भाषण करने वाली स्त्री। **Interlocutory,** *adj.* बीच-बीच में बोला गया, कथोपकथन-पूर्ण।

Interlocution (इन्टर्लॉक्यूशन्) *n.* सम्भाषण, परस्पर वार्तालाप।

Interlope (इन्टर्लोप्) *v.t.* बिना अधिकार के प्रवेश करना, बिना अधिकार पत्र के व्यापार करना। **Interloper,** *n.* बिना अधिकार प्रवेश या व्यापार करने वाला।

Interlude (इन्टरलूड्) *n.* नाटक के अंको के बीच का मध्यावकाश, मध्यवर्ती संगीत।

Intermarriage (इन्टरमॅरिज्) *n.* अन्तर्जातीय या असवर्ण विवाह।

Intermarry (इन्टरमॅरि) *v.i.* अन्तर्जातीय या असवर्ण विवाह करना।

Intermeddle (इन्टरमेडल्) *v.i.* दूसरे के कार्य में विघ्न डालना।

Intermediary (इन्टरमीडिअरि) *adj* & *n.* मध्यवर्ती, पंच, मध्यस्थ।

Intermediate (इन्टरमीडिएट्) *adj.* मध्य स्थित, बीच का। *n.* मध्यस्थ। *v.t.* बिचौलिया का काम करना, मध्यस्थत करना।

Intermediator (इन्टर्मीडिऍटर्) *n.* मध्यस्थता करने वाला।

Intermedium (इन्टर्मीडिअम्) *n.* दो वस्तुओं के बीच का स्थान।

Interment (इन्टर्मेन्ट्) *n.* मुर्दा गाड़ने का कार्य।

Intermezzo (इन्टर्मेझो) *n.* नाटक के मध्य विनोदी प्रसंग, मध्यवर्ती प्रदर्शन।

Intermingle (इन्टरमिंगल) *v.t.* & *i.* मिलाना, सम्मिलित कराना, मिलना।

Interminable (इन्टर्मिनेबल्) *adj.* अनन्त, अनवरत, सुदीर्घ।

Intermingle (इन्टरमिंङ्गल्) *v.t.* & *i.* मिलाना, सम्मिलित करना।

Intermission (इन्टरमिशन्) *n.* क्षणिक विराम, रुकावट।

Intermit (इन्टर्मिट्) *v.t.* & *i.* कुछ काल के लिए स्थगित करना, छोड़ना या रुकना, ठमकना। **Intermittence,** *n.* क्षणिक रुकावट।

Intermittent (इन्टर्मिटेन्ट्) *adj.* पारी से आने वाला या सविराम, ज्वर। *n.* क्षणिक रुकावट। **Intermittently,** *adv.* पारी-पारी से।

Intermix (इन्टर्मिक्स्) *v.t.* & *i.* मिलना, मिलाना। **Intermixture,** *n.* मिश्रण, मिलावट।

Intern (इन्टर्न्) *v.t.* नजरबंद करना।

Internee (इन्टर्नी) *n.* नियमित या सीमित स्थान में रहने के लिए बाध्य किया गया व्यक्ति।

Internal (इन्टर्नल्) *adj.* अभ्यन्तरस्थित, आन्तरिक, गर्भस्थ, भीतरी। **Internals,** *n.* मौलिक स्वाभाविक गुण। **Internality,** *n.* अन्तरस्थता, मध्यस्थ अवस्था।

International (इन्टर्नेशनल्) *adj.* अन्तर्राष्ट्रीय।

Internationalist (इन्टर्नेश्नलिस्ट्) *n.* अन्तर्राष्ट्रीय सिद्धान्त का समर्थक।

Internationalize (इन्टर्नेशनलाइझ्) *v.t.* अन्तर्राष्ट्रीय बनाना या ऐसी सत्ता के अधीन करना।

Internecine (इन्टर्नीसाइन्) *adj.* परस्पर विनाशकारी, सांघातिक, सहारक।

Internode (इन्टर्नोड्) *n.* पर्वान्तर, पोर।

Internuncial (इन्टर्नन्शिअल्) *adj.* शरीर के भिन्न अवयवों को जोड़ने वाला।

Interosculate (इन्टरऑस्क्युलेट्) *v.i.* परस्पर मेल करना या मिलना।

Interpage (इन्टरपेज) *v.t.* किसी पुस्तक के पृष्ठों

के बीच में पत्र जोड़ना।

Interpellate (इन्टरपैलेट) *v.t.* संसद या विधान परिषद में मंत्री से सदस्य का प्रश्न करना।

Interpenetrate (इन्टर्पेनिट्रेट्) *v.t.* & *i.* एक दूसरे के भीतर घुसाना। **Interpenetration,** *n.* पारस्परिक अन्तर प्रवेश।

Interplace (इन्टर्प्लेस्) *v.t.* बीच में रखना।

Interplay (इन्टर्प्ले) *n.* दो पदार्थों की पारस्परिक क्रिया।

Interplead (इन्टर्पलीड्) *v.t.* अन्तरभिवचन करना। **Interpleader,** *n.* अन्तर विवादी वकील।

Interpolate (इन्टर्पोलेट्) *v.t.* किसी पुस्तक में कपट से क्षेपक भर देना। **Interpolator,** *n.* क्षेपक भरनेवाला मनुष्य। **Interpolation,** *n.* क्षेपण।

Interpose (इन्टरपोज) *v.t.* & *i.* व्यवधान करना, बीच में डालना, विघ्न करना। **Interposition,** *n.* व्यवधान, मध्यस्थता।

Interpret (इन्टर्प्रेट्) *v.t.* & *i.* भाषान्तर में वर्णन (उल्था) करना, व्याख्या करना, मतलब बताना।

Interpretation (इन्टरप्रिटेशन) *n.* व्याख्या, अर्थ, मतलब।

Interpreter (इन्टरप्रिटर) *n.* दुभाषिया, भाष्यकार, टीकाकार, अनुवादक।

Interregnum (इन्टर्रेगनम्) *n.* राज्य के राजा से खाली रहने का काल।

Interrelation (इन्टर्रिलेशन्) *n.* परस्पर सम्बन्ध।

Interrogate (इन्टेरॉगेट्) *v.t.* प्रश्न करना (पूछना), पूछताछ करना। **Interrogator,** *n.* पूछताछ करने वाला।

Interrogation (इन्टेरोगेशन्) *n.* प्रश्न, पूछताछ।

Interrogative (इनेरोगेटिव्) *adj.* & *n.* प्रश्नार्थक, प्रश्नवाचक, प्रश्नार्थक शब्द, प्रश्नरूप में।

Interrogator (इन्टरोगेटर्) *n.* प्रश्न पूछनेवाला।

Interrogatory (इन्टरोगेटरि) *adj.* प्रश्नार्थक पूछताछ का। *n.* दोषी व्यक्ति से पूछे गए प्रश्न।

Interrupt (इन्टरप्ट्) *v.t.* विघ्न डालना, रोकना, छेंकना।

Interrupter (इन्टरप्टर्) *n.* विघ्न डालने वाला।

Interruptive (इन्टरप्टिव्) *adj.* विघ्नकारक।

Intersect (इन्टरसेक्ट्) *v.t.* & *i.* विभाजित करना, दो टुकड़े करना, प्रतिच्छेद करना, एक दूसरे को काटना।

Intersection (इन्टरसेक्शन्) *n.* कटाव, छेदन।

Interspace (इन्टरस्पेस्) *n.* बीच का स्थान, संधि।

Intersperse (इन्ट्रस्पर्स्) *v.t.* इधर-उधर फेंकना, छितराना।

Interstellar (इन्टर्स्टेलर्) *adj.* तारामंडल मध्यवर्ती, तारामंडल के बीच।

Interstice (इन्टर्स्टिस्) *n.* अंतर, छिद्र, बीच का स्थान, अवकाश।

Interstratified (इन्टरस्ट्रैटिफाइड्) अन्तर-स्तरित।

Interstitial (इन्टर्स्टिशल्) *adj.* मध्य का, बीच का।

Intertwine (इन्टर्-ट्वाइन्) *v.t.* & *i.* गूँथना, बटना, उलझना।

Interval (इन्टर्वल्) *n.* अन्तर, व्यवधान, अवकाश।

Intervene (इन्टरवीन्) *v.i.* हस्तक्षेप करना, बीच में आना, अंतराक्षेप करना, विघ्न करना।

Intervener (इन्टरवीनर) *n.* बाधा डालने वाला।

Intervention (इन्टर्वेन्शन्) *n.* व्यवधान, मध्यस्थता, बिचवई।

Interview (इन्टरव्यू) *n.* साक्षात्कार, भेंट, समागम। *v.t.* साक्षात्कार लेना।

Intervolve (इन्टर्वाल्व्) *v.t.* एक में दूसरा लपेटना।

Interweave (इन्टर्वीव्) *v.t.* आपस में गूँथना, बटना, सम्मिश्रण करना या होना।

Interwind (इन्टर्वाइन्ड्) *v.t.* & *i.* इकट्ठा लपेटना।

Intestate (इन्टेस्टेट्) *adj.* & *n.* जिसने इच्छापत्र (वसीयतनामा) न लिखा हो।

Intestine (इन्टेस्टाइन) *n.* अँतड़ी। *adj.* घरेलू, भीतरी, आन्तरिक।

Intimacy (इन्टिमेसि) *n.* मैत्री, घनिष्ठ परिचय।

Intimate (इन्टिमेट्) *adj.* धनिष्ठ, अन्तरंग, अभिन्न, निजी, जातीय, गहन, विस्तृत, गहन अध्ययन के परिणामस्वरूप, आंतरिक। *n.* मित्र। *v.t.* सूचना देना, सन्देश पहुँचाना।

Intimidate (इन्टिमिडेट्) *v.t.* डराना, डपटना (धमकाना)। **Intimidator,** *n.* डरानेवाला।

Intimity (इन्टिमिटि) *n.* आत्मीयता, एकान्त।

Into (इन्टु) *prep.* भीतर, अंदर में।

Intoed (इन्टोड्) *adj.* पैर की अँगुलियाँ अंदर की ओर मुड़ी होना।

Intolerable (इन्टॉलरेबल्) *adj.* असह्य, न सहने योग्य। **Intolerableness,** *n.* असह्यता।

Intolerant (इन्टॉलरेन्ट्) *adj.* असहनशील, न सहन करने वाला।

Intolerance (इन्टॉलरेन्स्) *n.* असहनशीलता।

Intomb (इन्टूम्) *v.t.* कब्र में गाड़ना।

Intonate, Intone (इन्टॉनेट्, इन्टोन्) *v.t.* & *i.* गायन में सुर लगाना गाना, सुर में बोलना, गाकर पढ़ना।

Intonation (इन्टोनेशन्) *n.* ध्वनि उच्चावचन, स्वर विन्यास, स्वरोच्चावचन, स्वरशैली।

Intone (इन्टोन्) *v.t.* & *i.* गाना, सुर में बोलना, गाकर पढ़ना।

Intort (इन्टॉर्ट्) *v.i.* ऐंठना, मोड़ना।

Intortion (इन्टॉरशिन्) *n.* ऐंठन, मरोड़।

Intoxicate (इन्टॉक्सिकेट्) *v.t.* मदोन्मत्त करना, मतवाला करना। **Intoxicated,** *adj.* उन्मत्त (मदोन्मत्त)।

Intra (इन्ट्रा) *pref.* "भीतरी ओर" अर्थसूचक उपसर्ग।

Intractable (इन्ट्रॅक्टेबल्) *adj.* उद्धत, ढीठ, न दबाने योग्य, हठी। **Intractableness, Intractability,** *ns.* अड़ियलपन, हठ। **Intractably,** *adv.* हठ से।

Intrados (इन्ट्रेडॉस्) *n.* कमानी के भीतर का घुमाव।

Intramural (इन्ट्राम्यूअरल्) *adj.* भीतरी, अंतरंग।

Intransient (इन्ट्रॉन्स्यन्ट्) *adj.* चिरस्थायी, स्थिर।

Intransigent (इन्ट्रॅन्झिजेन्ट्) *adj.* दुराग्रही, कट्टर, न झुकने वाला।

Intransitive (इन्ट्रान्सिटिव़्) *adj.* अकर्मक क्रिया। **Intransitively,** *adv.* अकर्मक रूप में।

Intrant (इन्ट्रन्ट्) *n.* विद्यालय अथवा सभा में प्रवेश करने वाला।

Intrench (इन्ट्रेन्च्) *v.t.* & *i.* खाई खोदना, परिखा बनाना।

Intrepid (इन्ट्रेपिड्) *adj.* निर्भय, शूरवीर, निडर।

Intrepidity (इन्ट्रेपिडिटि) *n.* शूरता, निर्भयता।

Intricacy (इन्ट्रिकेसि) *n.* गहनता, उलझन।

Intricate (इन्ट्रिकेट्) *adj.* उलझा हुआ या उलझाने वाला, दुर्बोध, गहन, जटिल। **Intricacy,** *n.* गहनता, कुटिलता। **Intricately,** *adv.* कुटिलता से। **Intricateness,** *n.* गहनता।

Intrigue (इन्ट्रीग्) *n.* कपट प्रबन्ध, षडयंत्र। *v.t.* & *i.* गुप्त साधनों का प्रयोग करना।

Intrinsic (इन्ट्रिन्सिक्) *adj.* स्वाभाविक, यथार्थ, वास्तविक। **Intrinsically,** *adv.* स्वभाव से, वास्तव से।

Intro (इन्ट्रो) *n.* 'भीतर की ओर' अन्दर के अर्थ में उपसर्ग, परिचय।

Introduce (इन्ट्रोड्यूझ्) *v.t.* प्रवेश करना, प्रवृत्त करना, रखना, आरम्भ करना, प्रचार करना, परिचय देना या कराना।

Introduction (इन्ट्रोडक्शन्) *n.* परिचय, प्रस्तावना, भूमिका। **Introductory,** *adj.* प्रस्तावना-संबंधी।

Intromit (इन्ट्रोमिट्) *v.t.* भीतर आने देना, प्रवेश करने देना।

Introspect (इन्ट्रोस्पेक्ट्) *v.t.* मनन करना, मन में विचारना, आत्मनिरीक्षण करना।

Introvert (इन्ट्रोव़र्ट्) *v.t.* अंतर्वर्ती होना, अंतर्मुखी होना, चित्त को भीतरी ओर लगाना।

Intrude (इन्ट्रूड्) *v.t.* & *i.* टूट पड़ना, बिना अधिकार के प्रवेश करना, घुस पड़ना।

Intrusion (इन्ट्रुझन्) *n.* बलात् प्रवेश, बिना आज्ञा प्रवेश।

Intrusive (इंट्रसिव़्) *adj.* बिना अधिकार के प्रवेश करने वाला।

Intubate (इन्ट्यूबेट्) *v.t.* गले के भीतर नली लगाना।

Intuit (इन्ट् सहज ज्ञान, अन्तर्ज्ञान।

Intuitionism (इन्ट्यूशनिज्म्) *n.* प्रज्ञावाद, सहज ज्ञानवाद।

Intuitive (इन्ट्यूटिव़्) *adj.* अन्तर्ज्ञान से प्राप्त। **Intuitiveness,** *n.* अन्तःस्फूर्ति नीति-शास्त्रवाद। **Intumescent,** *adj.* शोध लाने वाला।

Intumesce (इन्ट्यूमेस्) *v.t.* गरमी से फैलाना, सूजना। **Intumescence,** *n. a* सूजन, शोथ।

Intussusception (इन्टससेप्शन्) *n.* अन्तराधान, आत्मसात्करण।

Inunction (इनअंकशन्) *n.* तेल इत्यादि पोतना या मालिश करना, विलेपन।

Inundate (इनन्डेट्) *v.t.* जल मग्न करना, आप्लावित करना, बाढ़ आना, की भरमार करना। **Inundation,** *n.* जल-प्लावन, बाढ़।

Inurbane (इनरबेन) *adj.* अशिष्ट, असभ्य।

Inure, Enure (इन्यूर्) *v.t.* परिचित करना,

अभ्यास करना। **Inurement,** *n.* अभ्यास, अभ्यस्तकरण।

Inurn (इनर्न्) *v.t.* मृतक की भस्म को पात्र में रखना।

Inutile (इन्यूटिल्) *adj.* अव्यवहृत, व्यर्थ।

Invade (इन्वेड्) *v.t.* चढ़ाई करना, घुसपैठ करना, आक्रमण करना, भीड़ लगाना, अनधिकार प्रवेश करना, धावा करना।

Invader (इन्वेडर्) *n.* आक्रमण करने वाला।

Invaginate (इनवैजिनेट) *v.t.* म्यान में रखना।

Invalid (इन्वेलिड्) *adj.* रोग से अयोग्य, दुर्बल, अशक्त, बलहीन, नियम विरुद्ध, अग्राह्य। *n.* रोगी मनुष्य। *v.t.* कार्य से हटाना, अयोग्यता के कारण हटा देना, बीमारी के कारण अयोग्य होना।

Invalidate (इन्वेलिडेट्) *v.t.* दुर्बल करना, अयोग्य करना, अकर्मण्य बनाना। **Invalidation,** *n.* अयोग्यता।

Invalidity, Invalidness (इनवॉलिडिटि) *ns.* निर्बलता, अप्रमाणता।

Invaluable (इन्वेल्युएब्ल्) *adj.* बहुमूल्य, अमूल्य, अनमोल।

Invar (इन्वार) *n.* फौलाद और गिलट की मिश्रधातु।

Invariable (इन्वेरिएब्ल्) *adj.* नित्य, स्थिर, अचल। **Invariably,** *adv.* स्थायी रूप में।

Invasion (इन्वेसन्) *n.* आक्रमण (चढ़ाई), धावा, अतिक्रमण।

Invective (इन्वेक्टिव्ह्) *n.* आक्षेप, निन्दा, गाली।

Inveigh (इन्वे) *v.t.* झिड़ककर बोलना, निन्दा करना, गाली देना।

Inveigle (इन्वीगल्) *v.t.* प्रलोभित (मुग्ध) करना, ललचाना।

Invent (इन्वेन्ट्) *v.t.* कल्पना करना, आविष्कार करना, मनगढ़न्त करना।

Invention (इन्वेन्शन्) *n.* अविष्कार, खोज, ईजाद, मनगढंत कहानी।

Inventory (इन्वेन्टरि) *n.* चल सम्पत्ति की विवरण सहित सूची। *v.t.* गणना करना, गिनना।

Inveracity (इन्वॅरॅसिटि) *n.* असत्य, मिथ्या।

Inverness (इन्वर्नेस) *n.* पुरूष का बिना बाजू का अंगरखा।

Inverse (इन्वर्स्) *adj.* & *n.* उलटा, उलटी स्थिति।

Inversion (इन्वर्शन्) *n.* उलट-पुलट।

Invert (इन्वर्ट्) *v.t.* उलटना, अधोमुख करना। *n.* उल्टी हुई मेहराब।

Invertebrate (इन्वर्टिब्रेट्) *adj.* & *n.* बिना रीढ़वाला, पृष्ठवंश-रहित।

Invest (इन्वेस्ट्) *v.t.* & *i.* पदवी पर नियुक्त करना, सजाना, नाकाबंदी करना, वस्त्र पहिनना, निश्चय करना, आवृत करना, आच्छादित करना, नियुक्त करना, घेरना, बिल्ला लगाना, अवरोध करना, घेरा डालना, पूँजी निवेश करना।

Investigate (इन्वेस्टिगेट्) *v.t.* अनुसन्धान करना, पता लगाना।

Investigation (इन्वेस्टिगेट्शन्) *n.* अनुसंधान, खोज।

Investigator (इन्वेस्टिगेटर्) *n.* अन्वेषक।

Investiture (इन्वेस्टिचर्) *n.* अभिषेक, प्रतिष्ठा, संस्कार।

Investment (इन्वेस्टमैंट्) *n.* लगाया गया धन, धन लगाने का कार्य, खरीदने योग्य वस्तु, घेराव।

Investor (इन्वेस्टर्) *n.* धन लगाने वाला।

Inveterate (इन्वेटरेट्) *adj.* दृढ़मूल, हठी, चिरस्थायी, पुराना।

Invidious (इन्विडिअस्) *adj.* द्वेष उत्पन्न करने वाला, ईर्ष्यालु।

Invigilate (इन्विजिलेट्) *v.i.* परीक्षा में विद्यार्थियों का निरीक्षण करना।

Invigorate (इन्विगोरेट्) *v.t.* सजीव करना, अनुप्राणित करना, बलशाली बनाना, शक्ति देना, मज़बूत बनाना।

Invincible (इन्विन्सिबल्) *adj.* अजेय, न जीते जाने योग्य। **Invincibly,** *adv.* दुर्जयता से। **Invincibility,** *n.* अजेयता।

Inviolable (इनवाइलेबल) *adj.* अलंघ्य, अभेद्य। **Involability,** *n.* अभेद्यता, पवित्रता। **Inviolably,** *adv.* अभेद्यता से, पवित्रता से।

Inviolacy (इन्वायलेसि) *n.* अलंघ्यता, अबाध्यता।

Inviolate (इन्वायलेट्) *adj.* अदूषित, अभंग, पवित्र।

Invisible (इन्विझिबल्) *adj.* अदृश्य (अन्तर्धान), अदृष्टिगोचर। **Invisibility,** *n.* अदृश्यता। **Invisibleness,** *n.* परोक्षता। **Invisibly,** *adv.* अदृश्य रूप में।

Invitation (इन्विटेशन्) *n.* निमन्त्रण, बुलावा, निवेदन, निमंत्रण पत्र, न्यौता देने की क्रिया।

Invite (इन्वाइट्) *v.t.* प्रार्थना करना, बुलाना, फुसलाना, निमन्त्रण देना, आकर्षित करना।

Invocation (इन्वोकेशन्) *n.* स्तुति, आह्वान, प्रार्थना,

आशीर्वाद, प्रारंभिक प्रार्थना, देव वंदना। **Invocatory,** *adj.* प्रार्थना संबंधी।

Invoice (इन्वाइस्) *n.* बीजक, चालान। *v.t.* बीजक बनाना।

Invoke (इन्वोक्) *v.t.* प्रार्थना करना, माँगना, रक्षा के लिए ईश्वर की प्रार्थना करना, (सच्चे हृदय से) आह्वान करना, निवेदन करना, (भूत-प्रेत) बुलाना, सहायतार्थ बुलाना।

Involucre (इन्वॅलूकर्) *n.* परिचक्र, आच्छादन, परिवेष्टन।

Involuntary (इन्वॉलन्टरि) *adj.* अनैच्छिक, इच्छा रहित, अनभिप्रेत। **Involuntarily,** *adv.* अनिच्छा से।

Involute (इन्वॅलूट्) *adj.* भीतर को मुड़ा हुआ, अन्तराभिमुख, संवलित, प्रतिकेंद्रज, पेचीला।

Involution (इन्वॅलूशन्) *n.* जटिलता, उलझाव, पेचीदगी।

Involve (इन्वॉल्व) *v.t.* फँसाना, लपेटना, मिलाना, संयुक्त करना, कुंडली बनाना, उलझाना, घेरना, जटिल बनाना, आलिप्त करना, सम्मिलित करना, के लिए आवश्यक बनाना, परिणाम निकालना। **Involvement,** *n.* आर्थिक संकट, उलझाव, आवेष्टन।

Invulnerable (इन्वल्नरेबल्) *adj.* अभेद्य, अपराजेय, जिसमें घाव या चोट न लग सके। **Invulnerably,** *adv.* अभेद्यता से। **Invulnerableness,** *n.* अभेद्यता, अपराजेयता।

Inward (इन्वर्ड्) *adj.* अन्तःस्थ, भीतरी, आध्यात्मिक, मानसिक।

Inwardly (इन्वर्डलि) *adv.* भीतर की ओर, चित्त में, मन में, धीमे से, जोर से नहीं, मन ही मन, भीतर ही भीतर।

Inwardness (इन्वर्डनिस्) *n.* भीतरी अर्थ, निगूढ़ार्थ, भीतरी प्रकृति।

Inwards (इन्वर्ड्स) *adv.* भीतरी ओर।

Inweave (इनवीव्) *v.t.* मिलाकर बुनना, साथ गूँथना, उलझाना, जटिल बनाना, ऐंठना।

Inwrought (इनरॉट्) *adj.* चित्रित, जड़ा हुआ।

Inyala (इन्याला) *n.* दक्षिण अफ्रीका में पाया जाने वाला हिरण।

Iodine (आयोडीन) *n.* आयोडीन (रासायनिक तत्व, परमाणु क्रमांक-53); औषधि में प्रयुक्त एक अंग्रेजी अधातुतत्व।

Iodize (आयोडाइज़) *v.t.* आयोडीन युक्त करना।

Iodoform (आयूडोफॉर्म्) *n.* मलिनता हटाने वाली एक प्रसिद्ध औषधि।

Iolite (आयूलाइट्) *n.* अल्मूनियम, लोहा, मैग्नेशियम मिश्रित, जामुनी नीले रंग का पत्थर, आयोलाइट (पत्थर)।

Ion (आयन्) *n.* विद्युत शक्ति उत्पन्न करने वाला गतिमान परमाणु, आयन।

Iota (आयोटा) *n.* कण, बिन्दुमान, लेशमात्र।

IOU (आय्-ओ-यू) *n.* किसी ऋण की स्वीकृति की रसीद।

Ipecacuanha (इपिकॅक्यूअना) *n.* मतली लाने वाली एक प्रसिद्ध औषधि।

Ipse dixit (इप्सि डिक्सिट्) *n.* अधिकारी व्यक्ति का मत, गुरुजनों के वचन, उसके शब्द।

Ipso facto (इप्सो फॅक्टो) *adv.* उस पर से, उसी वस्तुस्थिति को ध्यान में रखते हुए, तथ्यतः, स्वतः, इसी बात से।

Irascible (इरैसिबल) *adj.* क्रोधी, क्रोधशील, चिड़चिड़ा, उत्तेजक।

Irate (आयरेट्) *adj.* क्रुद्ध, कुपित।

Ire (आयर्) *n.* क्रोध, रोष, अप्रसन्नता, नाराज़गी। **Ireful,** *adj.* क्रोधी। **Irefully,** *adv.* क्रोध से।

Irenic, Irenical (आयरेनिक, आयरेनिकल) *adjs.* शान्ति स्थापना करने वाला।

Iridaceous (आयरीडैशियस) *adj.* आयरिस जाति का।

Iridescent (इरिडेसन्ट्) *adj.* रंग बदलने वाला। **Iridescence,** *n.* रंग-बिरंगा, इंद्र धनुष जैसे रंग दिखाने वाला।

Iridium (आयरिडिअम्) *n.* प्लेटिनम के प्रकार की एक बहुमूल्य धातु।

Iris (आयूरिस्) *n.* इन्द्रधनुष, आँख का उपतारा, आँख की पुतली का काला पर्दा, स्फटिक पत्थर।

Irish (आयूरिश्) *adj.* आयरलैंड देश संबंधी। *n.* ऐसा कथन जो विरोधाभासी हो तुरन्त सत्य प्रतीत हो।

Irk (अर्क्) *v.t.* पीड़ा देना, त्रास देना।

Irksome (अर्क्सम्) *adj.* दुःखकर, क्लेश देने वाला, दुखदायी। **Irksomely,** *adv.* घबड़ाते हुए। **Irksomeness,** *n.* घबड़ाहट।

Iron (आइरन) *n.* (*pl.*) लौह, लोहा (रासायनिक तत्व, आणविक संख्या-26), लोहे का औज़ार, साज़, और पात्र, कठोरता, दृढ़ता, लौह औषधि, (ब.व.) बेड़ी। **Irons,** *n. pl.* हथकड़ी, बेड़ी। *adj.* लोहे का बना हुआ, कठोर, दृढ़। *v.t.* इस्तरी

करना, हथकड़ी लगाना, लोहे का कवच पहनना। **Iron clad,** *adj.* लोहे के पत्तरों से जड़कर सुरक्षित किया हुआ।

Ironic, Ironical (आयरनिक, आयरनिकल) *adjs.* ताने की रीति का। **Ironically,** *adv.* व्यंग्योक्ति से, ताने से।

Ironist (आयरॅनिस्ट्) *n.* बात-बात में ताने का प्रयोग करने वाला।

Irony (आयुरनि) *n.* व्यंग्योक्ति, विपरीत लक्षण, ताना, विडंबना। *adj.* लोहे के सदृश।

Irradiant (इरेडिअन्ट्) *adj.* प्रकाशित करने वाला, प्रकाश देने वाला, प्रदीप्त, चमकीला, प्रकाशक।

Irradiate (इरेडिएट्) *v.t.* देदीप्यमान करना, प्रकाश या किरण डालना, किरणों से उपचार करना, प्रकाश करना, रोशनी करना, चमकाना, जगमगाना।

Irradiation (इरेडिएशन्) *n.* किरणन, प्रदीपन, चमक, आभा।

Irrational (इराशनल) *adj.* अविवेकी, अयुक्तिक, अपरिमेय, बुद्धिहीन, न्यायविरुद्ध।

Irreclaimable (इरिरिक्लेमेबल्) *adj.* पुनः प्राप्त न करने योग्य, अटल, असुधार्य, अनुद्धार्य।

Irrecognizable (इर्रिकगूनाइज़ेबल) *adj.* न पहिचानने योग्य, न पहिचानने की अवस्था, अमान्य।

Irreconcilable (इरिकनूसाइलेबल) *adj.* असंगत, अनमेल, कट्टर विरोधी

Irrecoverable (इरिकवरेबल्) *adj.* अप्राप्य, अपूर्णीय, अचिकित्स्य, जो फिर से प्राप्त न हो सके। **Irrecoverably,** *adv.* फिर से प्राप्त न होने योग्य ढंग से।

Irrecusable (इररिक्यूजेबल्) *adj.* अवश्य स्वीकार करने योग्य।

Irredeemable (इरिडिमेबल्) *adj.* अनुद्धरणीय, आशारहित, गया-बीता, भ्रष्ट, अशोध्य, अमोचनीय।

Irreducible (इरिडयूसिबल्) *adj.* कम न किये जाने योग्य। **Irreducibility,** *n.* असरलता।

Irrefragable (इरेफ्रेगबल्) *adj.* निर्विवाद।

Irrefrangible (इरिफ्रॅन्जिबल्) *adj.* अलंघ्य, उपखंड, जिसे टेढ़ा न किया जा सके।

Irrefutable (इरेफ्यूटेबल्) *adj.* अखंड्य, अखण्डनीय।

Irregular (इरेग्युलर्) *adj. Gram.* विषम, बेडौल, परिवर्ती, टेढ़ा-मेढ़ा, नियम विरूद्ध, उपद्रवी, अव्यवस्थित, अनियमित, क्रमहीन। *n. pl.* क्रमहीन भर्ती किये सैनिक। **Irregularity,** *n.* अनियमित्तता।

Irrelative (इरेलेटिव्) *adj.* असम्बन्धी, अप्रासंगिक, असम्बद्ध।

Irrelevant (इरलिव्हन्ट्) *adj.* असम्बद्ध, विसंगत, अप्रासंगिक। **Irrelevance, Irrelevancy,** *ns.* असम्बद्धता। **Irrelevantly,** *adv.* असम्बद्धता से, असंगति से।

Irreligion (इरेलिजन्) *n.* अधर्म, अभक्ति (देवनिन्दा)। **Irreligionist** *n.* अधर्मी, अभक्त।

Irreligious (इरेलिजस्) *adj.* धर्म-विरोधी, अनीश्वरवादी, भक्तिहीन, धर्महीन।

Irremediable (इरीमिडिएबल्) *adj.* अचिकित्स्य (असाध्य)।

Irremissible (इरमिसिबल्) *adj.* अक्षम्य, क्षमा न करने योग्य।

Irremovable (इररिमूवेबल्) *adj.* अचल, स्थिर, अस्थानांतरणीय।

Irreparable (इरेपेरेबल्) *adj.* जिसकी हानि पूरी न हो सके, अप्रतिकार्य, असुधार्य, मरम्मत के अयोग्य।

Irreplaceable (इरिप्लेसेबल्) *adj.* टोटा पूरा न होने वाला, अपूरणीय, अक्षतिपूर्ति योग्य।

Irrepressible (इरिप्रेसिबल्) *adj.* अदम्य, दुर्दम, जो दबाया न जा सके। **Irrepressibly,** *adv.* दुर्निवार्य रूप में या ढंग से।

Irreproachable (इरिप्रोचेबल्) *adj.* अनिन्द्य, निर्दोष। **Irreproachability,** *n.* निर्दोषता।

Irresistible (इरॅसिस्टिबल) *adj.* अनिवार्य, अप्रतिहत।

Irresolute (इरेसोल्यूट) *adj.* अस्थिर, चंचल चित्त, अनिश्चय, डावाँडोल।

Irresolvable (इरिसाल्वेबल) *adj.* विभाजित न करने योग्य।

Irrespective (इरिस्पेक्टिव्) *adj.* बिना अपेक्षा का, विचार किए बिना, लिहाज किए बिना, अनपेक्षित, पृथक्।

Irresponsible (इरिस्पॉन्सिबल्) *adj.* बिना उत्तरदायित्व का, गैरजिम्मेदार, लापरवाही से किया हुआ, दायित्वशून्य। **Irresonsibility,** *n.* उत्तरदायित्व की भावना का न होना।

Irresponsive (इरस्पॉन्सिव्) *adj.* प्रतिवचन न देने वाला।

Irrestrainable (इरिस्ट्रेनेबल्) *adj.* अनिवार्य, दुर्विचार, जिसे प्रतिबंधित न किया जा सके।

Irretentive (इरिटेन्टिव्) *adj.* न रोकने योग्य।

Irretrievable (इरिट्रीव्बल्) *adj.* असाध्य, असुधार्य, असंशोध्य, बिना उपाय का।

Irreverent (इरेव्रेन्ट्) *adj.* श्रद्धाहीन, अनादर करने वाला। **Irreverence,** *n.* भक्तिहीनता।

Irreversible (इरवर्सिबल्) *adj.* अपरिवर्तनीय, जिसको रद्द न किया जा सके। **Irreversibility,** *n.* अपरिवर्तनीयता।

Irrevocable (इरेवोकेबल्) *adj.* अखण्डनीय, अपरिवर्तनीय, अटल। **Irrevocability,** *n.* अखण्डनीयता।

Irrigate (इरिगेट) *v.t.* सींचना, खेत आदि में पानी देना, आप्लावित करना, आबपाशी करना।

Irritable (इरिटेबल्) *adj.* उत्तेजनीय, उत्तेज्य, क्षोभणीय, चिड़चिड़ा, शीघ्र क्रुद्ध होने वाला। **Irritability,** *n.* चिड़चिड़ापन।

Irritancy (इरिटन्सि) *n.* चिड़चिड़ाहट, उत्तेजना, अमान्यता।

Irritant (इरिटन्ट्) *adj.* खिजाने वाला, उत्तेजक, क्षोभक, प्रकोपक। *n.* खीझ, प्रदाहोत्पादक, प्रकोपक।

Irritate (इरिटेट्) *v.t.* क्रुद्ध करना, चिढ़ाना, कुढ़ाना। **Irritation,** *n.* क्रोध, सन्ताप, उत्तेजना।

Irupt (इरप्ट) *v.i.* आक्रमण करना, जबरदस्ती घुस जाना।

Irruption (इरप्शन्) *n.* चढ़ाई, धावा, हमला।

Isabella, Isabel (इसबेला, इसबल्) *adj.* & *n.* हल्का भूरा, बादामी, पीला सरसों के फूल जैसा रंग।

Isagogic (आयसागॉजिक्) *adj.* भूमिका.सम्बन्धी, प्रारंभिक, भूमिकात्मक। *n.* बाईबल के इतिहास और भाषा का अध्ययन।

Isatin (आयसाटिन्) *n.* नील से निकाला हुआ स्फटिकमय द्रव्य।

Ischiatic (इस्किअटिक्) *adj.* कमर के नीचे का भाग का।

Ishmael (इश्मेएल्) *n.* समाज बहिष्कृत, जाति बाहर किया हुआ।

Isinglass (इसिंग्लास्) *n.* मछली का सरेस।

Islam (इस्लाम्) *n.* इस्लामी धर्म, मुसलमान, मुस्लिम, इस्लामी धर्मानुयाई।

Island (आइलेन्ड्) *n.* पानी से घिरा हुआ टापू, टापू, द्वीप, पृथक् या असंलग्न वस्तु (जैसे हरियाली के बीच एक वृक्ष, दलदल या मैदान में एक पहाड़ी आदि), सड़क द्वीप। *v.t.* द्वीप या टापू जैसा बनाना, पृथक करना, द्वीपवत् बिंदुकित करना। **Islander,** *n.* द्वीपवासी।

Isle (आइल्) *n.* उपद्वीप, टापू, द्वीप।

Islet (आइज्लेट) *n.* छोटा द्वीप या टापू।

Ism (इज्म) *n.* सिद्धान्त, विशिष्ट पंथ, मत, मार्ग, पूर्वाग्रह का द्योतक।

Isn't (इजन्ट्) नहीं (है)।

Iso- (आइसो) *pref.* सम, तुल्य, अर्थ का उपसर्ग।

Isobar (आइसोबर्) *n.* नक्शे मे वह कल्पित रेखा जो उन स्थानों को जोड़ते हुई खींची जाती है जहाँ पर हवा का दबाव समान होता है (समदाब रेखा), समभार परमाणु।

Isobaric (आइसोबेरिक्) *adj.* समस्त रेखा से दर्शाया हुआ।

Isocheim (आइसोकीम्) *n.* समहिम रेखा।

Isochromatic (आइसोक्रमॅटिक्) *adj.* एक ही रंग का, सवर्ग।

Isochronous (आइसॉक्रनस्) *adj.* समकालिक।

Isocracy (आसॉक्रसि) *n.* सबको समान अधिकार प्राप्त कराने वाली राज्य व्यवस्था।

Isodynamic (आइसोडाइनॅमिक्) *adj.* सम शक्ति रेखीय, सम चुम्बकीय बल प्रदर्शन करने वाला।

Isogeotherm (आइसोजीऑथर्म्) *n.* समभूताप रेखा।

Isolate (आइसॅलेट्) *v.t.* वियुक्त करना, विभिक्त करना, विलग अवस्था में रखना, विच्छेद करना, अलग रखना। **Isolation,** *n.* पृथक्करण, अलगाव, अलगत्व, विलगन, एकाकीकरण, विसंगता। **Isolator,** *n.* अलगाया हुआ, पृथक्कर्ता, विलगाव करने वाला।

Isomeric (आइसोमेरिक्) *adj.* समावयविक।

Isometric, Isometrical (आइसोमेट्रिक, आइसोमेट्रिकल्) *adjs.* सममितीय।

Isomorphism (आइसमॉर्फिज्म्) *n.* समाकृतित्व। **Isomorphous,** *adj.* समाकृतिक।

Isopod (आइसोपॉड्) *n.* कर्क जातीय प्राणी, केकड़े

जैसा जीव।

Isosceles (आइसॉसिलीस्) *adj.* समद्विबाहु त्रिभुज (त्रिभुज जिसकी दो भुजाएँ बराबर हों) सम्बन्धी।

Isoseismal (आइसोसाइस्मल्) *adj.* & *n.* समभूकम्प रेखा का, समभूकम्प रेखा।

Isotherm (आइसॉथर्म्) *n.* समान तापक्रम के स्थानों से खींची हुई कल्पित रेखा (समताप रेखा)।

Issue (इस्यू) *n.* परिणाम, नदी का मुँहाना, एक समय में जारी की गई वस्तु की मात्रा या संख्या, बच्चे, प्रश्न, वाद-विवाद, समस्या। *v.i.* & *t.* बाहर जाना, चाल करना, उपजना, प्रचलित करना, परिणाम निकालना, प्रेषण करना, प्रस्तुत करना, प्रकाशित करना।

Isthmus (इस्थमस्) *n.* संयोगभूमि, भू या स्थल डमरूमध्य।

Isthmian (इस्थमिएन्) *adj.* स्थलडमरूमध्य का।

Istle (इस्टिल्) *n.* पेड़ की छाल का तंतु।

It (इट्) *pron.* यह, इस, इसका, वह, यह मैं हूँ।

Italian (इटॅल्यन्) *adj.* & *n.* इटली देश का, इटली देश की भाषा। **Italianism,** *n.* इतालवी।

Italics (इटॅलिक्) *n. pl. italic type,* छापे का अक्षर जो दाहिनी ओर झुका होता है।

Italicize (इटॅलिसाइज्) *v.t.* तिरछे अक्षरों में छापना।

Itch (इच्) *n.* खाज, खुजली, उत्कंठा, चर्म रोग (जिसमें खुजली होती है)। *v.t.* खुजली होना, खाज होना, उत्कंठा होना, ललक होना।

Item (आइटम्) *n.* वस्तु, विषय, भिन्न भाग, एकक, एकांश, समाचार, मद। *adv.* उसी प्रकार, भी, तदनुसार।

Itemize (आइमोइज़्) *v.* विभिन्न वस्तुओं की विस्तरित सूची बनाना।

Iterance (इटरेंस) *n.* पुनरावृत्ति।

Iterate (इटेरेट्) *v.t.* पुनरुक्ति करना, दुहराना। **Iteration,** *n.* पुनरावृत्ति।

Iterative (इटरेटिव) *adj.* बारम्बार दुहराने वाला।

Itenerant (इटिनेरन्ट्) *adj.* भ्रमणशील, घूमने वाला। **Itineracy,** *n.* भ्रमण, दौरा।

Itinerary (इटिनररि) *n.* घूमने वाला, मार्ग-सूचक पुस्तक।

Itinerate (इटिनेरेट्) *v.t.* घूमना, दौरा करना।

Its (इटस्) *It.* उसका।

Itself (इटसेल्फ़्) *pron.* स्वंय उसका, आप ही आप।

Itty-bitty (इटी-बिटी) *adj.* बहुत छोटा।

Ivory (आइव्हरि) *n.* हाथी दाँत, गज दंत, हाथी दांत की बनी वस्तुएँ।

Ivy (आइवि) *n.* सिरपेंचे की लता।

Ixions wheel (इक्सियन्स व्हील) *n.* ग्रीक पुराणानुसार मृत्युलोक का भ्रमण चक्र।

Izard (इझर्ड्) *n.* एक प्रकार का बारहसिंगा।

J

J (जे) अंग्रजी वर्णमाला का दसवाँ अक्षर। *J-pen* = चौड़ी नोक की निब (जीभी)।

Jaal-goat (जेअल् गोट्) *n.* जंगली बकरा।

Jacana (जॅकाना) *n.* तरंगित पानी पर चलने वाला एक पक्षी।

Jacinth (जेसिन्थ्) *n.* नारंगी रंग का एक रत्न।

Jack (जॅक्) *n.* जैक, आदमी, जहाज पर लगा झण्डा, (राष्ट्रीयता का प्रतीक), ताश के पत्तों का गुलाम। *v.t.* यंत्र द्वारा भार उठाना।

Jack (जॅक्) *n.* कटहल का पेड़।

Jack-plane (जॅक-प्लेन्) *n.* बढ़ई का बड़ा रन्दा।

Jack-pot (जॅकपॉट्) *n.* बड़ा इनाम।

Jack-straw (जॅक, स्ट्रॉ) *n.* क्षुद्र व्यक्ति।

Jackal (जॅकाल्) *n.* श्रृगाल, सियार, गीदड़, टहलुआ, मुफ्तखोर, हरामखोर। *v.t.* गीदड़वत् व्यवहार करना।

Jackanapes (जॅकेनप्स्) *n.* बन्दर, उत्पाती व्यक्ति, ढीठ बालक, उद्यत छोकरा, अक्खड़ व्यक्ति।

Jackass (जॅक्.अस्) *n.* नर गदहा, मूर्ख।

Jack-boot (जैक-बूट) *n.* घुटने तक का ऐसा जूता जो पहले के समय में सैनिक पहना करते थे।

Jack-daw (जॅक्-डॉ) *n.* डोम कौवा।

Jacket (जॅकिट्) *n.* पुस्तक का आवरण, आलू का छिलका, विद्युत-क्षय रोकने के लिए पाइप पर लगी कवर, पशु-आवरण, जैकेट। *v.t.* जाकिट से ढकना।

Jack-hammer (जैक-हैमर) *n.* फेफड़ों के लिये कसरत।

Jack-knife (जैक-नाइफ) *n.* एक लम्बा चाकू जिसकी पत्ती खुल बंद हो सके।

Jacob (जेकब्) *n.* फूलों का पेड़, जहाज़ की रस्सी वाली [illegible]।

Jacobean (जॅकॅबीअन्) *adj.* (1603-25) जेम्स प्रथम के शासन काल का।

Jacobin (जॅकॅबिन्) *n.* एक तरह का कबुतर, जैकोबिन फ्रांस की प्रसिद्ध संन्यासी, फ्रांस की एक क्रांतिकारी संस्था, लोकनायक, प्रबल, सुधारक।

Jacobite (जॅकॅबाइट्) *n.* इंग्लैण्ड के राजा जेम्स द्वितीय का अनुयायी।

Jaconet (जॅकोनिट्) *n.* एक प्रकार का सूती कपड़ा, पट्टी बाँधने का कपड़ा।

Jactitation (जॅक्टिटेशन्) *n.* शरीर की ऐंठन, बेचैनी (बीमारी के कारण), शेखीबाजी, क्षेपण।

Jaculate (जैक्यूलेट) *v.t.* निशाना लगाना। **Jaculation,** *n.* फेंकने का कार्य।

Jade (जेड्) *n.* अड़ियल घोड़ा, निकम्मा टट्टू, छिनाल स्त्री, छिछोर लड़की।

Jade (जेड्) *n.* एक बहुमूल्य, आभूषण बनाने में उपयोगी गहरे हरे रंग का पत्थर।

Jadeite, Jadite (जेडाइट्) *ns.* मर्गज जैसा पत्थर, सोडियम और एल्यूमिनियम के मिश्रण से बना।

Jadery (जेडरि) *n.* अड़ियलपन।

Jaeger (जेगर्) *n.* बन्दूकधारी, शिकारी।

Jag (जॅग्) *n.* चट्टान का नुकीला भाग। *v.t.* टेढ़ा-मेढ़ा काटना। **Jaggy,** *adj.* नोकदार। **Jaggedly,** *adv.* टेढ़ी रीति से। **Jaggedness,** *n.* खुरखुरापन।

Jaggery (जॅगरि) *n.* जगरी, गुड़ खंडसारी।

Jaguar (जॅग्वार्) *n.* अमेरिका का एक मांसाहारी पशु।

Janitor (जॅनिटर्) *n.* द्वारपाल, द्वार रक्षक, द्वारपालिका, संरक्षक। **Janitrix,** *n. fem.* द्वारपालिका।

January (जॅन्युअरि) *n.* अंग्रेजी वर्ष का पहला महीना, जनवरी।

Japan (जापान्) *n.* जापान देश, एक तरह का वार्निश, जापानी बर्तन।

Japanese (जॅपीनझ्) *adj.* जापान का, जापानी व्यक्ति।

Jape (जेप्) *n.* हँसी, दिल्लगी। *v.i.* मजाक करना।

Japonica (जपॉनिका) *n.* जापानी वनस्पति, फूल पौधे।

Jar (जार्) *v.t.* & *i.* मिट्टी, शीशे या पत्थर के बर्तन, मर्तबान। *n.* कर्कश शब्द, धक्का, झगड़ा, पत्थर, मिट्टी या शीशे का घड़ा।

Jardiniere (झार्डिन्येअर्) *n.* फूलदान, गुलदस्ता।

Jargon (जार्गन्) *n.* अनर्थक वचन, चहचहाना। **Jargonise,** *v.t.* & *i.* अनर्गल वाक्य निकालना।

Jarvey (जार्वि) *n.* गाड़ीवान, किराए की गाड़ी चलाने वाला, आयरिश गाड़ी हाँकने वाला।

Jasmin(e) (जॅस्मिन्) *n.* श्वेत पीले फूलों वाली झाड़ी।

Jasper (जास्पर्) *n.* सूर्यकान्त मणि, एक प्रकार का रत्न, जैस्पर, एक चीनी मिट्टी।

Jaundice (जॉन्डिस्) *n.* पीलिया, पांडु रोग, पूर्वाग्रह, पक्षपात, ईर्ष्या। *v.t.* पीलिया ग्रस्त करना, पक्षपात करना, ईर्ष्या करना। **Jaundiced,** *adj.* पीलिया पीड़ित।

Jaunt (जॉन्ट्) *v.i.* विहार करना, भ्रमण करना, आनन्द के लिए भ्रमण करना। *n.* विहार, पर्यटन, भ्रमण। **Jauntily,** *adv.* विहार करते हुए। **Jauntiness,** *n.* बाँकापन, प्रसन्नता।

Jaunty (जॉन्ट्) *adj.* आनन्द करने वाला, बाँका, हँसमुख, प्रसन्नचित्त।

Javan (जावॅन्) *adj.* & *n.* जावा द्वीप का (रहने वाला)।

Javelin (जॅवॅलिन्) *n.* भाला, भाला फेंकने की प्रतियोगिता।

Jaw (जॉ) *n.* जबड़ा, घाटी का दर्रा, यन्त्र को पकड़ने वाला भाग। *v.t.* & *i.* बोलना, झिड़कना।

Jay (जे) *n.* नीलकण्ठ पक्षी, चंचल स्त्री, विरक्त अभिनेता, गँवार, गोबरगणेश, मूर्ख व्यक्ति।

Jaywalk (जेवाक) *v.i.* सड़क लापरवाही से पार करना।

Jazz (जॅझ्) *n.* जाज संगीत, चटकीला रंग, प्रसन्नता, सजीवता, तड़कभड़क, शोरगुल का नाच-गाना।

Jealous (जेलस्) *adj.* ईर्ष्यालु, डाह करनेवाला, सतर्क, सजग।

Jealously (जेलसि) *n.* ईर्ष्या, डाह, जलन, द्वेष।

Jean (जीन्) *n.* बँटे हुए सूत का कपड़ा, जीन।

Jeep (जीप) *n.* जीप (गाड़ी)।

Jeer (जीअर्) *v.t.* & *i.* उपहास करना, चिढ़ाना, ताना मारना। *n.* हँसी, ठट्ठा, ताना।

Jeering (जीअरिंग) *n.* उपहासपूर्ण।
Jehovah (जिहोवा) *n.* हिब्रू भाषा में ईश्वर का नाम, (इबरानी देवता)।
Jehu (जीहू) *n.* तीव्र गति से गाड़ी हाँकने वाला।
Jejune (जिजून्) *adj.* स्वल्प, निःसार, तत्त्वरहित, नीरस, रूखा। **Jejuneness,** *n.* नीरसता।
Jekyll & Hyde (जेकिल् अन्ड् हाइड्) *n.* दुहरे व्यक्तित्व का मनुष्य।
Jelly (जेलि) *n.* चीनी में पकाया हुआ फल का रस, जेली, मुरब्बा। *v.t.* & *i.* पागना, गीला करना।
Jemmy (जेमि) *n.* सेंध मारने की सबरी (लोहे की छड़)। *v.t.* सबरी की सहायता से तोड़कर खोलना।
Jennet (जेनिट्) *n.* स्पेन देश का टट्टू।
Jenny (जेनि) *n.* इन्जन उठाने का यन्त्र, सूत कातने का चर्खा।
Jeopardize (जेपर्डाइझ्) *v.t.* संशय या आपत्ति में डालना, खतरे में डालना।
Jeopardy (जेपर्डि) *n.* संशय, शंका, भय, संकट, खतरा। **Jeoparder,** *n.* आपत्ति में डालने वाला। **Jeopardous,** *adj.* आपत्तियुक्त।
Jerboa (जर्बोआ) *n.* अफ्रीका में पाया जाने वाला एक छोटा जीव, कूदने वाला चूहा।
Jeremiad (जेरिमिआड) *n.* विलाप, रोना, दुःखपूर्ण कहानी।
Jericho (जेरिको) *n.* फिल्स्तीनी शहर।
Jerid (जेरीड) *n.* बरछा।
Jerk (जर्क्) *n.* झटका, धक्का, तनाव (मांसपेशियों में) संकोच, मरोड, झटके से फेंकना। *v.t.* & *i.* चालू करना, झटके के साथ चलना।
Jerk (जर्क्) *v.t.* सूर्य की गर्मी से सुखाना।
Jerkin (जर्किन्) *n.* कुर्ती, मिरजई (चमड़े की)।
Jerry (जेरि) *n.* घटिया तत्वों से बना नकली मकान। **Jerked,** *adj.* टुकड़ा किया हुआ। **Jerky** *adj.* झटका देने वाला।
Jersey (जर्सि) *n.* शरीर में चिपकी हुई ऊनी बण्डी या कुर्ती, (जरसी नस्ल की) गाय।
Jess (जेस्) *n.* चमड़े या रेशम का पतला तस्मा।
Jessamine (जेस्मिन्) *n.* जई का फूल, पौधा।
Jest (जेस्ट्) *n.* परिहास, हँसी, ठट्ठा। *v.t.* हँसी उड़ाना। **Jestingly,** *adv.* दिल्लगी में।
Jester (जेस्टर्) *n.* विदूषक, ठिठोलिया, भाँड, दिल्लगीबाज।
Jesuit (जेसुइट्) *n.* ईसाई दल का सदस्य, छली, षड्यंत्रकारी, धूर्त कपटी व्यक्ति।
Jet (जेट्) *n.* काला पत्थर, संगमूसा, फुहारा, जेट वायुयान, धारा में बहना, फुहारा। *v.t.* & *i.* तेज धार फेंकना या निकालना। *adj.* चमकीले काले रंग का। **Jet black,** *adj.* गहरे काले रंग का।
Jetsam (जेट्सम्) *n.* जहाज हलका करने के लिए, उतारा हुआ माल असबाब, फेंका हुआ माल क्षिप्तक।
Jettison (जेटिसन्) *v.t.* तूफान में, बवंडर में फँसी नौका से माल समुद्र में फेंकना, नाव या जहाज से फेंक देना, रोक लगाना।
Jetton (जेटन्) *n.* खुदाई की हुई धातु की खेलने की टिपड़ी।
Jetty (जेटि) *n.* जहाज से उतारने का स्थान। *adj.* काले रंग का।
Jew (ज्यू) *n.* यहूदी जाति का मनुष्य। *v.t.* धोखा देना। **Jewess,** *n. fem.* यहूदिन। **Jewish,** *adj.* यहूदी का।
Jewel (जेवेल्) *n.* मणि, रत्न जवाहर, रत्न जड़ा हुआ आभूषण। *v.t.* रत्नों से संजाना, जवाहरात जड़ना।
Jeweller (जूइलर्) *n.* रत्नकार, जौहरी।
Jewelry, Jewellery (जूइलरि, -इलरि) *ns.* जवाहरात, आभूषण, गहने।
Jewing (ज्यूइंग) *n.* पालतू कबूतर की चोंच के पास के कल्ले।
Jewry (ज्यूअरि) *n.* यहूदियों की बस्ती।
Jezebel (जेझिबल्) *n.* ढीठ स्त्री।
Jib *n.* (जिब्) जहाज़ के अग्रभाग का पाल, अड़ियल घोड़ा। *v.t.* & *i.* पाल को एक ओर से दूसरी ओर खींचना, इधर-उधर झोंका खाना, (घोड़े का) अड़ना या पीछे हटना, इनकार करना, आपत्ति प्रदर्शित करना। **Jibber,** *n.* अड़ियल घोड़ा।
Jib door (जिब् डोर्) *n. usu.* चोर दरवाजा।
Jibe (जाइब्) *n.* & *v.t.* & *i.* हँसी, ताना, हँसी उड़ाना, ताना मारना।
Jiff(y) (जिफ्,-फि) *n.* क्षण, पल, अल्प समय।
Jig (जिग्) *n.* एक प्रकार का नाच, ऐसे नृत्य का संगीत। *v.i.* & *t.* झटका लगना या देना, जोशीला नृत्य नाचना, जोशीली धुन पर नाचना।
Jigger (जिगर्) *n.* त्वचा में प्रवेश करने वाला, छोटा पाल, पाल सहित छोटी रस्सी।
Jiggered (जिगर्ड) *adj.* अचम्भित।
Jiggle (जिगल्) *v.t.* धीमे-धीमे झटका देना या

हिलाना।

Jihad, Jehad (जिहाद) *ns.* मुसलमानों का मुस्लिम धर्म न मानने वालों के विरुद्ध धर्मयुद्ध, जिहाद।

Jill (जिल्) *n.* युवती।

Jilt (जिल्ट्) *n.* स्त्री जो अपने प्रेमी को छोड़ देती है, प्रेमी से विश्वासघात करना। *v.t.* प्रेमी से विश्वासघात करना।

Jim Crow (जिम् क्रो) *n.* नीग्रो-हब्शी, लोहे के डंडे अथवा रूल को सीधा करने का यंत्र।

Jimp (जिम्प्) *adj.* नाजुक, सुन्दर, मृदुल, छरहरा, पतला, सुरूप, ललित, विरल।

Jingle (जिंगल्) *n.* झनझनाहट, टनटनाहट, झन्-झन् का शब्द, झंकार। *v.i.* & *t.* झन्-झन् शब्द करना।

Jingling (जिंगलिंग) *adj.* झनझनाते हुए, टनटनाते हुए।

Jingo (जिङ्गों) *n.* उद्धत राष्ट्रवादी।

Jinks (जिंक्स्) *n.* शोर-गुल के साथ (असभ्यता का) आनन्द मचाना।

Jobbery (जॉबरि) *n.* क्षुद्र कार्य, दलाली, आढ़त।

Jock (जॉक) *n.* स्काटिश फौजी, गुलाम, ताश का गुलाम, देहाती।

Jockey (जॉकि) *n.* घुड़दौड़ का सवार। *v.t.* & *i.* धोखा देना, ठगना।

Jocko (जॉको) *n.* एक प्रकार का वनमानुष, चिंपांजी।

Jocose, Jocular (जॉकोस्, जॉक्युलर्) *adjs.* खिलाड़ी, परिहासिक, विनोदी, ठट्ठेबाज ठिठोलियापन। **Jocosely,** *adv.* ठिठोलियापन से। **Jocosity,** *n.* विनोद।

Jocular (जॉक्यूलर्) *adj.* परिहासिक, खिलाड़ी (रसिक)।

Jocund (जॉकन्ड्) *n.* आनन्दित, प्रसन्नहृदय, प्रमुदित।

Joey (जोए) *n.* कंगारू के बच्चे, जानवरों के बच्चे।

Jog (जॉग्) *v.t.* & *i.* हिचकोले से चलना, धीमे-धीमे चलना, धीरे से धक्का देना, व्ययाम के लिए धीरे-धीरे दौड़ना। *n.* हिलाव, धक्का।

Joggle (जॉगल्) *v.t.* & *i.* झटके से हिलाना, डाँवाडोल होना।

Joggle (जॉगल्) *n.* दो लकड़ी या पत्थर के टुकड़ों का जोड़।

Jogtrot (जॉगट्रॉट) *n.* धीमी समान गति।

John (जॉन) *n.* ईसाईयों में पुरूष का नाम।

John Bull (जॉन् बुल्) *n.* अंग्रेजों का उपनाम, अंग्रेज, अग्रंजों के लिए एक विशिष्ट सम्बोधन, अंग्रेजी व्यक्ति।

Johnny (जॉनि) *n.* ठाठदार मनुष्य।

Johnsonian (जॉन्सोनिअन्) *adj.* कठिन शब्दों से भरा हुआ।

Joist (जाइस्ट्) *n.* धरन, कड़ी। **Joisted,** *adj.* धरन (या कड़ी) लगा हुआ।

Joke (जोक्) *n.* लतीफ़ा, दिल्लगी, हँसी, मजाक, चुटकुला, हास्यजनकता, मजाक, ठट्ठा, उपहास। *v.t.* & *i.* हँसी-ठट्टा करना, मजाक करना, परिहास करना, मनोरंजन करना, मन बहलाना।

Jokingly (जोकिंगलि) *adv.* मजाक में।

Joker (जोकर्) *n.* हँसी-ठट्टा करने वाला, मसखरा, विदूषक, मज़ाकिया, (ताश में) जोकर।

Jokul (जोकुल) *n.* आइसलैंड की हिम पर्वत श्रृंखला।

Jollify (जॉलिफाय्) *v.i.* & *t.* प्रसन्न होना या करना। **Jollification,** *n.* रंगरेलियाँ। **Jollily,** *adv.* आनन्द से।

Jollity (जॉलिटि) *n.* आनन्दोत्सव।

Jolly (जॉलि) *adj.* प्रसन्नहृदय, मज़ाकिया, विनोदी, विलासी, सुंदर, हृष्ट-पुष्ट, जिंदादिल।

Jolt (जोल्ट्) *v.t.* & *i.* हिचकोले से आगे बढ़ना, झटका देकर हिलाना या हिलाना। *n.* धक्का, झटका, आघात, उत्तेजक आघात।

Jolting (जोल्टिंग) *n.* धक्का, झटका।

Jolterhead (जोल्टर् हेड्) *n.* मूर्ख, ठसदिमाग व्यक्ति, मूढ़मति।

Jonah (जोना) *n.* अभाग्य उत्पन्न करने वाला मनुष्य, मनहूस।

Jonquil (जॉन्क्विल्) *n.* एक प्रकार की नरगिस।

Jordon (जार्डन्) *n.* मूत्र का पात्र, पेशाबदान।

Jorum (जॉरम्) *n.* पीने के पानी का बड़ा पात्र, मद्यपान का पात्र।

Joseph (जोसफ्) *n.* स्त्री का लम्बा फ्रॉक, धर्मात्मा या पवित्र मनुष्य।

Josh (जॉश्) *v.t.* मज़ाक उड़ाना, हंसी करना।

Joskin (जॉस्किन्) *n.* मूर्ख, गँवार, मज़ाकिया।

Joss (जॉस्) *n.* चीन देश की मूर्ति या प्रतिमा।

Josser (जॉसर्) *n.* अशुद्धि करने वाला, मूर्ख मनुष्य।

Jostle (जॉसल्) *v.i.* & *t.* धक्का देना, ढकेलना, केहुनियाना। *n.* धक्का।

Jot (जॉट्) *n.* अल्प परिणाम, बिंदु, कण, बहुत कम। *v.t.* (यादगारी के लिए) संक्षेप में लिखना,

का ज्ञापन बनाना।

Jotting (जाटिंग) *n.* संक्षेप की लिखावट, यादगार।

Joule (जूल्) *n.* कार्य या विद्युत की (युनिट) इकाई, जूल।

Jounce (जाउन्स्) *v.t.* & *i.* धक्का देना, हिचकोले लेकर चलना, झटकारना। *n.* धक्का।

Journal (जर्नल्) *n.* बहीखाता, दैनिकी, दैनिक पत्र, रोजनामचा, समाचार पत्र। **Journalism,** *n.* पत्रिका प्रकाशन।

Journalist (जर्नलिस्ट्) *n.* समाचार-पत्र का लेखक या सम्पादक।

Journalistic (जर्नलिस्टिक्) *adj.* पत्रिका प्रकाशन संबंधी।

Journalize (जर्नलाइज) *v.t.* & *i.* पत्रिका में लिखने का कार्य करना।

Journey (जर्नि) *n.* देश-भ्रमण, यात्रा, देशाटन, चली गयी दूरी। *v.t.* भ्रमण करना, यात्रा करना।

Joust (जूस्ट्) *v.t.* घोड़े पर सवार होकर लड़ना। *n.* इस प्रकार की झूठी लड़ाई।

Jove (जोव्) *n.* बृहस्पति नक्षत्र।

Jovial (जोविअल्) *adj.* आनन्दी (हँसमुख), उल्लासपूर्ण, प्रसन्न। **Joviality,** *n.* आनन्द, प्रसन्नता। **Jovially,** *adv.* आनन्दपूर्वक।

Jovian (जोविअन्) *adj.* बृहस्पति-सम्बन्धी।

Jowl (जाउल्) *n.* दाढ़, (कपोल), गाल, जबड़ा, दो ठोड़ी, गलकंबल, सिर, सालमन आदि मछलियों के सिर, कंधे।

Joy (जॉय्) *n.* आनन्द, हर्ष, आह्लाद, प्रमोद, प्रेम-पात्र, प्रसन्नता, अमोद-प्रमोद का साधन। *v.t.* & *i.* आनन्द मनाना, प्रसन्न करना।

Joyful, Joyous (जॉयफूल) *adjs.* आनन्दपूर्वक, हर्षित।

Joyless (जॉयलैस) *adj.* आनन्दहीन, उदास।

Jubate (जूबेट्) *adj.* अयाल वाला।

Jubilant (जूबिलन्ट्) *adj.* प्रफल्लित, आनन्द-ध्वनिकारी, उल्लासपूर्ण।

Juiblance, Jubilation (जूबिलेशन्) *n.* अत्यधिक आनन्द, हर्षोल्लास, खुशी का प्रदर्शन।

Jubilate (जूबिलेट्) *v.i.* आनन्द या प्रसन्नता दिखाना, हुलसना।

Jubilee (जूबिली) *n.* उत्सव, महोत्सव, ज्यन्ती।

Judaic (जूडेइक्) *adj.* यहूदी लोगों का।

Judas (जूडास्) *n.* ईसामसीह का दुष्ट शिष्य, देशद्रोही, धोखेबाज, (दरवाजे का) चोर छिद्र, कुख्यात दगाबाज़, घर का भेदी, विभीषण जैसा, विश्वासघाती मनुष्य।

Judge (जज्) *n.* प्रतियोगिता में जीत की निर्णय देने वाला, जज, न्यायाधीश, विशेषज्ञ। *v.t.* & *i.* विचारना, गुण-दोष खोजना, इंसाफ करना, निर्णय करना, दण्डाज्ञा देना, तथ्यों का आँकना, न्यायाधीश की तरह कार्य करना।

Judgematic(al) (जॅजमॅटिक्,-कल्) *adj.* न्यायी, विचारी, सूक्ष्मदर्शी।

Judgment, Judgement (जज्मेन्ट्) *ns.* (सच्चाई मालूम करने के लिए) विचार तुलना, निर्णय (दण्ड की आज्ञा), मत, अनुमान, अभिप्राय।

Judicature (जूडिकेचर्) *n.* न्यायाधिकार, जज का पद, अधिकार क्षेत्र, न्यायाधीश का पद, न्यायालय, अदालत (न्यायपालिका)।

Judicial (जूडिशल्) *adj.* न्यायिक, न्यायाधीश या न्यायालय-सम्बन्धी, अदालती।

Judiciary (जूडिशरि) *n.* न्यायाधीशों का समुदाय।

Judicious (जूडिशस्) *adj.* विवेकपूर्ण, विवेकी, न्यायानुरूप, न्यायपूर्वक, समझदार।

Judiciously (जूडिशसलि) *adv.* समझदारी से।

Jug (जग्) *n.* जलपात्र (घड़ा, सुराही)। *v.t.* जग्‌जग् शब्द करना, घड़े में उबालना, जेल में बन्द करना, सटकर जमा होना।

Jugal (जूगॅल) *adj.* गाल-सम्बन्धी।

Jugate (जूगेट्) *adj.* जड़े हुए पत्तों का, परस्पर संलग्न।

Juggernaut (जगर्नॉट्) *n.* बड़ी लारी, डरावनी शक्ति।

Juggins (जगिन्झ्) *n.* मूर्ख।

Juggle (जगल्) *v.t.* & *i.* हाथ की सफ़ाई दिखाना, बाज़ीगरी दिखाना, इन्द्रजाल करना, धोखा देना, मनोरंजन का कार्य करना। *n.* हाथ की सफ़ाई, हस्तलाघव, बाज़ीगरी, छल, कपट।

Juggler (जगलर्) *n.* बाजीगर, छली, मायावी।

Jugglery (जग्लरि) *n.* बाजीगरी, इन्द्रजाल, सम्मोहन विद्या, जादूगरी।

Jugular (जग्यूलर्) *adj.* कंठ्य, ग्रैव, गर्दन या कण्ठ-सम्बन्धी।

Jugulate (जग्यूलेट्) *v.t.* मारना, गला काटना, गला घोंटना, शक्तिशाली औषधि से बीमारी को रोकना या समाप्त करना।

Juice (जूस्) *n.* फल या वनस्पति का रस, शरीर का रस।

Juicy (जूसि) *adj.* रसीला, रसदार, रसपूर्ण, रसीला, सरस, पज्ञावान, दिलचस्प, नमी वाला (मौसम)।

Ju-ju (जूजू) *n.* जादू टोना, जारण-मारण साधन, इस विद्या से किये हुए उपाय, प्रयोग।

Jujutsu, jiu-jitsu (जूजुत्सु) *ns.* जापानी कुश्ती, कुश्ती की कला।

Juke-box (जूकबॉक्स) *n.* सिक्के डालने पर मनपसंद गाना सुनाने वाली मशीन।
Julep (जूलिप्) *n.* शर्बत, चटनी, उत्तेजक, पेय, दारू।
Julain (जूलिअन्) जूलियस सीजर का।
July (जूलाई) *n.* अंग्रेजी का सातवाँ महीना, जुलाई।
Jumbal (जम्बल्) *n.* एक प्रकार की मीठी टिकिया, नान-खटाई।
Jumble (जम्बल्) *v.t.* & *i.* बिना क्रम के हटाना, मिलावट करना। *n.* घालमेल, अस्तव्यस्तता, मिश्रण, गड़बड़ी।
Jumbo (जम्बो) *n.* बड़ा मनुष्य, पशु या वस्तु, प्रसिद्ध यशस्वी व्यक्ति, भारी-भरकम चीज।
Jump (जम्प्) *v.t.* & *i.* उछलना, कूदना, फाँदना, चौंक पड़ना, झटके से उठना। *n.* छलांग (कूद), चौकड़ी, मूल्य आदि में आकस्मिक वृद्धि, चौंक, प्रारंभ, एकाएक परिवर्तन।
Jumper (जम्पर्) *n.* कूदने वाला, स्त्रियों के पहनने की ढीली कुरती।
Jumping (जम्पिंग) *adj.* कूदनेवाला।
Jumpy (जम्पि) *adj.* घबराया हुआ, डरा हुआ।
Junction (जंक्शन्) *n.* मिलने का स्थान, संगम, संधि (मेल संयोग), सड़क व रेलों के मिलने का स्थान।
Juncture (जंक्चर्) *n.* सन्धि, घटनाक्रम, वेला, समय।
June (जून्) *n.* अंग्रेजी वर्ष का छठा महीना, जून।
Jungle (जंगल्) *n.* जंगल, सघन वन, वन।
Jungled, *adj.* जंगल लगा हुआ।
Junior (जूनिअर्) *adj.* आयु अथवा पद में छोटा, अल्पवयस्क। **Juniority,** *n.* छोटापन।
Juniper (जूनिपर्) *n.* हपुपा, हेबेड़ा, आरार।
Junk (जंक्) *n.* कूड़ा-करकट, रद्दी सामान, चरबीयुक्त व्हेल मछली के अन्दर का गूदा, सुखाया हुआ नमकीन मांस।
Junket (जंकिट्) *n.* ज्योनार, दही से बनी मिठाई। *v.t.* ज्योनार करना।
Juno (जूनो) *n.* अति सुन्दर स्त्री, अप्सरा रंभा।
Junta (जन्टा) *n.* षड्यंत्रकारी दल, गूढ़ समाज, गुप्त मण्डली, स्पेन या इटली में राज्य कार्यकारिणी सभा।
Junto (जॅन्टो) *n.* गुप्त मण्डली, गूढ़ समाज।
Jupe (जूप) *n.* लहंगा, घाघरा।
Jupiter (जूपिटर्) *n.* बृहस्पति (ग्रह), इन्द्र देवता, मुख्य रोमन देवता।
Jural (जुरल्) *adj.* धर्मशास्त्र सम्बन्धी, कानूनी।
Jurassic (जुरॅसिक्) *adj.* जुरा पर्वत का, चूने का।
Juridical (जुरिडिकल्) *adj.* न्यायिक, अदालती कार्यवाही से संबंधित।
Jurisconsult (जुरिस्-कन्सल्ट्) *n.* विधिवेत्ता, कानूनी सलाहकार, विधि मंत्री।
Jurisdiction (जुरिस्डिक्शन्) *n.* न्यायप्रभुत्व, क्षेत्रधिकार, अधिकार।
Jurisprudence (जुरिस्प्रूडन्स्) *n.* धर्मशास्त्र, स्मृति। **Jurisprudential,** *adj.* धर्मशास्त्र संबंधी। **Jurisprudent,** *n.* न्याय का ज्ञाता।
Jurist (जूरिस्ट्) *n.* स्मृतिज्ञ, कानून में प्रवीण। **Juristical,** *adj.* न्यायशास्त्र संबंधी।
Juror (जुरर्) *n.* प्रमाण-पुरुष, पञ्च।
Jury (जूरि) *n.* न्यायसभा, पंचायत, जूरी, पंच।
Jury-mast (जुरि-मास्ट्) *n.* कामचलाऊ मस्तूल।
Jus (जॅस) *n.* विधि अधिकार।
Jussive (जसिव) *adj.* आदेशार्थक।
Just (जस्ट्) *adj.* न्यायसंगत, धार्मिक, ईमानदार, खरा, यथोचित, बिल्कुल ठीक, ठीक-ठीक, सच्चा, निष्पक्ष, न्याय्य, यथार्थ, उचित। *adv.* उचित रूप में, समीप, शुद्ध रूप से, सिर्फ।
Justice (जस्टिस्) *n.* धर्मनीति, न्याय, सत्यनिष्ठा, सत्यता, निष्पक्षता, औचित्य, न्यायसंगति, न्यायमूर्ति, न्यायकर्ता, न्यायाधीश।
Justiceship (जस्टिसशिप) *n.* धर्माधिकार।
Justiciable (जस्टिशएबल) *adj.* न्याय-योग्य।
Justiciary (जस्टिश्यरि) *n.* इंग्लैंड का प्राचीन न्यायिक व राजनैतिक अधिकारी।
Justifiable (जस्टिफाएबल) *adj.* क्षमायोग्य, समर्थनीय।
Justification (जस्टिफिकेशन्) *n.* न्याय-पक्ष समर्थन, दोष शुद्धिकरण।
Justify (जस्टिफाइ) *v.t.* न्याय-पक्ष समर्थन करना, न्याय ठहराना, निर्दोष बतलाना, सफ़ाई देना, उचित कारण बतलाना।
Justle (जसूटल) *v.t.* धक्का देना।
Justness (जस्टनेस) *n.* यथार्थता, अपक्षपात।
Jut (जट्) *n.* बढ़ा हुआ कोना (प्रलम्बन)। *v.t.* कोना निकालना।
Jute (जूट्) *n.* जूट, पाट, पटसन, पटुआ।
Juvenescence (जुवनेसन्स्) *n.* यौवन, जवानी, तारुण्य।
Juvenescent (जुवनेसेन्ट्) *adj.* जवान होने वाला।
Juvenile (जूविनाइल्) *adj.* तरुण, यौवन-संबंधी, बालकपन का। *n.* किशोर व्यक्ति, किशोरवस्था

के व्यक्तियों के लिये लिखी गई पुस्तक, बाल पुस्तक।

Juvenile-Court (जूवेनाइल कोर्ट) *n.* कानून का ऐसा न्यायालय जो उन युवाओं को न्याय दिलाते हैं जो व्यस्क नहीं हुए।

Juvenile Delinquent (जूवेनाइल डेलिंक्वेट) *n.* ऐसा युवा व्यक्ति जो व्यस्क नहीं हुआ और उसे अपने किस गये अपराध का बोध है।

Juvenilia (जूविनिलिआ) *n.* लेखक की तरुणावस्था में लिखे ग्रंथ।

Juvenility (जूवेनिलिटि) *n.* युवावस्था, नवयौवन।

Juxtapose (जक्स्टॅपोझ्) *v.t.* सन्निधान करना, निकट (पास-पास) रखना।

Juxtaposition (जक्स्टॅपोजिशन्) *n.* सामीप्य, पास-पास रखा जाना।

K

K (के) अंग्रेजी वर्णमाला का ग्यारहवाँ अक्षर, रसायन शास्त्र में पोटाशियम के लिए सांकेतिक चिह्न, गणित में स्थिर संख्या।

Kaaba (काबा) *n.* मक्का का पवित्र पत्थर।

Kaama (कामा) *n.* दक्षिणी अफ्रीका का हिरण।

Kaiser (कायझर्) *n.* जर्मनी या आस्ट्रिया के सम्राट की उपाधि।

Kakemono (काकिमोनो) *n.* दीवार पर टांगने की जापानी तस्वीर।

Kakapo (कार्कैपो) *n.* न्यूजीलैंड में पाया जाने वाला विशेष प्रकार का तोता।

Kale (केल्) *n.* करमकल्ला, एक प्रकार की बन्द गोभी। **Kaleyard,** *n.* सब्जी का बाग।

Kaleidoscope (कलाइडॉस्कोप्) *n.* बच्चों के खेलने की दूरबीन जिसको घुमाने से नाना प्रकार के रंग-बिरंगे आकार दिखाई पड़ते हैं। **Kaleidoscopical,** *adj.* परिवर्तनशील, सर्वदा बदलने वाला। **Kaleidoscopically,** *adv.* बदलते हुए।

Kali (काली) *n.* एक वृक्ष जिसकी राख से सोडा मिलता है, काली देवी।

Kalium (कालिअम्) *n.* पोटासियम।

Kalong (कालिअम्) *n.* चमगादड़।

Kalpis (कैल्पिस) जलकलश।

Kami-Kaze (कामी केज़्) *adj.* जापानी शब्द आक्रमण का तरीका जिसमें सैनिक यह जानते हुए आक्रमण करते हैं कि वे स्वयं भी मारे जायेंगे।

Kangaroo (कँगारू) *n.* कंगारू नाम का ऑस्ट्रेलिया का चौपाया जिसके अगले पैर छोटे तथा पिछले पैर बहुत बड़े होते हैं और उसके पेट में बच्चा रखने के लिए एक थैली होती है।

Katabolism (कटैबोलिज़्म्) *n.* कोशाणुओं का ह्रास।

Kaolin (केऑलिन्) *n.* चीनी मिट्टी।

Kapnography (कॅप्नोग्रैफि) *n.* धुआँ लगे हुए पट पर नोकदार सलाई से चित्रकारी करने की कला।

Kapok (केपॉक्) *n.* अनेक वृक्षों में पाया जाने वाला रोवेंदार घूहा।

Kapok Bridge (कापॉक ब्रिज) *n.* कपोक या रेशमी वस्त्रों का निर्मित सामायिक पुल।

Keeping (कीपिंग्) *n.* परवाह, परिरक्षा, निरोध, रक्षा, आरक्षण, धारिता, अनुपालन, अभिरक्षा, जिम्मा।

Keepsake (कीप्-सेक्) *n.* स्मरणार्थक चिह्न, निशानी, यादगार के लिए रखी हुई वस्तु।

Keeve (कीव) *n.* हौज।

Keg (केग्) *n.* छोटा पीपा, कठरा।

Keif (कीफ) *n.* नशा, नशे की अवस्था।

Kelp (केल्प्) *n.* समुद्री घास या सेवार।

Kelpie,-py (केल्पि) *n.* घोड़े का आकार लेने वाला दुष्ट जल देवता।

Kelvin (केलविन) *n.* . मीटर प्रणाली के अनुसार तापमान की एक इकाई।

Ken (केन्) *v.t.* समझना, बूझना, दूर से देखना, पहिचानना, जानना, देखते ही पहचान लेना। *n.* बुद्धि (ज्ञान), दृष्टिविषय।

Kennel (केनल्) *n.* कुत्तों के रखने का घर, कुक्कुरशाला, शिकारी कुत्तों का झुंड, लोमड़ी की मांद, जलमार्ग (परनाला)।

Kepi (केपी) *n.* फ्रांसीसी फ़ौजी टोपी।

Kept (केप्ट) *adj.* & *n.* रखैल।

Keramic (कैरैमिक) *adj.* मिट्टी के बर्तन का।

Keratin (कैरैटिन) *n.* नाखून व बालों में पाया जाने वाला प्रोटीन।

Keratose (कैरैटोज) *adj.* सींग की बनावट का।

Kerb (कर्ब) *n.* फर्श के पत्थर का किनारा।

Kerbing or Kerbstone, *n.* इस प्रकार के किनारे में लगे हुए पत्थर के टुकड़े।

Kerchief (कर्चिफ्) *n.* सिर ढँपने का चौकोर कपड़ा, ओढ़नी, हाथ का (दस्ती) रूमाल।

Kermes (कर्मिझ्) *n.* एक प्रकार के काकस कीड़े का बलूत, कपिश खनिज।

Kern (कर्न) *n.* आयरलैंड का पैदल सिपाही।

Kernel (कर्नेल्) *n.* गुद्दा, गिरी, बीजतत्व, गुठली, सार मध्यभाग, गरी जमना, गूदेदार। *v.t.* गरी जमना। **Kernelly,** *adj.* गुद्देदार।

Kerosene (केरोसीन्) *n.* साफ किया हुआ मिट्टी का तेल।

Kersey (कर्ज़ि) *n.* एक प्रकार का मोटा छोटा पहनने का ऊनी कपड़ा।

Kestrel (केस्ट्रेल्) *n.* एक प्रकार का छोटा बाज पक्षी, खेरमुतिया (पक्षी)।

Keystone (कीस्टोन्) *n.* चापबध प्रस्तर, संधान प्रस्तर, चाबी पत्थर, मूल तत्त्व।

Khan (खान्) *n.* अफ़गानिस्तान के राजा की उपधि, सराय।

Kibble (किबल्) *n.* खाने में से सामान उठाने की बाल्टी।

Kibe (काइब्) *n.* (पाद-विस्फोट) एड़ी का फटना, बेवाय।

Kibosh (किबाश) *n.* निरर्थक वार्ता।

Kick (किक्) *v.t.* & *i.* लात मारना, पैरों से धकेलना, ठोकर मार कर प्राप्त करना, लात चलाना, लात दिखाना, विरोध प्रकट करना, ठोकर मारना। *n.* लात की मार, झटका, लात मारने की शक्ति।

Kicker (किकर्) *n.* लात चलानेवाला घोड़ा।

Kicshaw (किक्-शॉ) *n.* अनोखा भोजन, काल्पनिक वस्तु।

Kid (किड्) *n.* मेमना, हरिण शावक, बच्चा, बकरी का बच्चा, कठौता। *v.t.* & *i.* बच्चे को जन्म देना।

Kiddle (किडल्) *n.* मछली पकड़ने का काँटा।

Kiddy (किडि) *n.* छोटा बच्चा।

Kidnap (किडनॅप्) *v.t.* चोरी से किसी मनुष्य को भगा ले जाना या अपहरण करना।

Kidnapper (किडनॉपर्) *n.* मनुष्य को भगा ले जाने वाला।

Kidney (किडनि) *n.* गुर्दा। **Kidney-bean,** *n.* एक प्रकार की सेम, मूँग।

Kier (किअॅर) *n.* पात्र जिसमें धोने के लिए कपड़े उबाले जाते हैं।

Kill (किल्) *v.t.* & *i.* वध करना, मार डालना, कत्ल करना, नष्ट करना, हत्या करना। *n.* मारने की क्रिया, मारा हुआ पशु (शिकार)।

Kiln (किल्न्, किन्) *n.* भट्ठी, आवाँ।

Kilo- (किलो-) मेट्रिक नाप में "एक हजार" के लिए उपसर्ग।

Kilogram (किलोग्राम) *n.* एक हजार ग्राम।

Kilt (किल्ट्) *n.* घाघरा, स्कॉटलैंड निवासियों का छोटा कोट। **Kilted,** *adj.* लपेटा हुआ।

Kin (किन्) *n.* जातिवर्ग, स्वकुटुम्बी व्यक्ति, सम्बन्धी, रिश्तेदार, सगोत्र, समगुण, सदृश।7

Kinchin (किन-चिन्) *n.* बालक।

Kind (काइन्ड्) *n.* जाति, किस्म, प्रकार, वर्ग, स्वरूप, प्रकृति, चरित्र। *adj.* दयालु, कृपालु, प्रिय, मित्रवत।

Kindergarten (किन्डर्-गार्टन्) *n.* खिलौनों, खेलों आदि द्वारा बच्चों को शिक्षा देने का स्कूल, बाल पाठशाला, बाल विहार।

Kindle (किन्डल्) *v.t.*& *i.* उत्तेजित करना या हो जाना, प्रदीप्त, सुलगाना, जलाना, भड़काना, उकसाना, सुलगना, प्रेरित करना, उज्ज्वल या उत्साहित कर देना या हो जाना। **Kindler,** *n.* प्रज्वलित करनेवाला।

Kindly (काइन्डलि) *adj.* दयालु, हमदर्द। *adv.* दयालुता से।

Kindred (किन्ड्रड्) *n.* परिवार, कुटुंब, सगोत्रता, रिश्तेदारी, खून का रिश्ता। *adj.* खून का रिश्ता, एक ही कुल का।

Kine (काइन) *n.* **Cow.** 'काउ' (गाय) शब्द का बहुवचन का रूप।

Kinematic (काइनिमॅटिक्) *adj.* शुद्धगतिक। *n.* शुद्धगति विज्ञान, शुद्धगतिकी।

Kinetic (कायनेटिक्) *adj.* गति-सम्बन्धी। **Kinetics,** *n.* गतिशास्त्र।

King (किंग्) *n.* राजा, सम्राट, बादशाह, नरेश, नरपति, रानी मक्खी, बादशाह (ताश का) बादशाह (शतरंज का)।

Kingcraft (किंग्-क्रॅफ्ट्) *n.* शासनकाल।

Kingdom (किंग्डम्) *n.* राज्य प्रभुत्व, जाति, वर्ग, शाही, बादशाहत।

Kingfisher (किंग्-फिशर्) *n.* कौड़िल्ला, सुनहरी चोंच वाला पक्षी जो गोता लगाकर मछली पकड़ता है।

Kingless (किंगलैस) *adj.* बिना राजा का।

Kinglet (किंगलेट) *n.* छोटा राजा।

Kinglike (किंगलाईक) *adj.* राजा के सामान, राजकीय।
Kingly (किंगलि) *adj.* राजकीय, राजा सदृश।
Kings evil (किंग्ज़् ईव़ल्) *n.* कण्ठमाला, गण्डमाला (पहले राजा के छूने से ठीक होने वाली बीमारी)।
Kink (किंक) *n.* रस्से की ऐंठन।
Kino (कीनो) *n.* खैर के प्रकार का वृक्षों से निकला हुआ एक पदार्थ।
Kinsfolk, -man, -woman (किन्स्फोक्, किन्स्मन्, किन्स्वूमन्) *n.* कुटुम्ब।
Kinship (किन्-शिप्) *n.* सगोत्रता, रिश्तेदारी, बन्धुता, सम्बन्ध, सादृश्य।
Kiosk (कीऑस्क) *n.* छतरी बूथ जहाँ पेय, सिगरेट, समाचार-पत्र आदि बिकते हैं।
Kip (किप्) *n.* छोटे पशु की खाल, नोकीली पहाड़ी, वेश्यालय।
Kipper (किपर्) *v.t.* साल्मन (मछली) की तरह काट-तराश कर रखना। *n.* नर साल्मन (मत्स्य), कटी हुई, संस्कारित तथा सुखाई मछली।
Kirk (कर्क्) *n.* चर्च, गिरजाघर।
Kirtle (कर्टल्) *n.* घाघरा।
Kiss (किस्) *n.* चुम्बन, चुम्मा, बोसा, चूमना। *v.t.* चूमना, चुंबन करना, सहलाना।
Kisser (किसर्) *n.* चुम्बन करने वाला, चुम्बक।
Kiwi (कीवि) *n.* न्यूजीलैंडवासी, न्यूजीलैंड में पाया जाने वाला बिना पूंछ का पक्षी।
Klaxon (क्लोसन्) *n.* यांत्रिक हॉर्न, विद्युत-हॉर्न।
Klipspringer (क्लिपस्प्रिंगर्) *n.* दक्षिण अफ्रीका में पाया जाने वाला हिरण।
Kloof (क्लफ्) *n.* खड्ड, पहाड़ी, दर्रा, गिरिसंकट।
Knack (नॅक्) *n.* कौशल, अच्छी चाल, दक्षता।
Knacker (नॅकर्) *n.* बेकार घोड़ों को खरीद कर कसाई की तरह काटकर बेचने वाला।
Knag (नॅग) *n.* लकड़ी की गाँठ। **Knagginess,** *n.* गाँठपन। **Knaggy,** *adj.* गाँठदार।
Knap (नॅप्) *v.t.* तोड़ना, चटकाना, (पत्थर को) हथोड़ों से तोड़ना, टर्रा कर बोलना, खटखटाना, कुतरना। *n.* ऊँची भूमि, शिखर। **Knapper,** *n.* पत्थर तोड़ने वाला।
Knap-sack (नप-सॅक) *n.* झोला, थैला, बोरा।
Knar (नार्) *n.* (Gnar) लकड़ी की गाँठ।
Knarl (नार्ल) *n.* लकड़ी में की गाँठ।
Knave (नेव़्) *n.* धोखेबाज, धूर्त, बदमाश मनुष्य।
Knavery, *n.* धूर्तता, शठता।
Knavish (नेविश) *adj.* धूर्त, बेईमान, कपटी। **Knavishly,** *adv.* धूर्तता (शठता) से।
Knead (नीड्) *v.t.* गूँथना, सानना, मालिश करना, मांडना।
Kneader (नीडर्) *n.* साननेवाला।
Knee (नी) *n.* घुटने से छूना।
Knee (नी) *v.t.* घुटनों के बल बैठना, घुटने टेक कर प्राप्त करना, जानु से लगाना।
Kneel (नील्) *v.t.* घुटने टेकना, घुटनों के बल बैठना।
Knell (नेल) *n.* अर्थी के साथ बजने वाले घण्टे का शब्द।
Kinckers (निकर्स) *n.* निकर की शक्ल की जनानी जांघिया।
Knick-knack (निक्नॅक्) *n.* नुमाइशी चीज, दिखावटी वस्तु, गहना, मिठाई।
Knickery (निकरि) *n.* तुच्छता।
Knife (नाइफ्) *n.* चाकू, छुरा। *v.t.* काटना, चाकू इस्तेमाल करना, चाकू-छुरी भोंकना।
Knight (नाइट्) *n.* सामन्त, शूरवीर, सूरमा, घोड़ा (शतरंज का)। *v.t.* 'नाइट' की उपाधि देना।
Knightage (नाइटेज) *n.* नाइट उपाधिधारियों का समुदाय।
Knighthood (नाइटहुड) *n.* नाइट की पदवी।
Knit (निट्) *v.t.* & *i.* (सिलाई या मशीन से) बुनना, जोड़ना, पास लाना, सिकोड़ना या सिकुड़ना, साथ-साथ उगना या बढ़ना।
Knitting (निटिंग) *n.* बनावट की जाली।
Knitting needle (निटिंग नीडल्) *n.* बुनने की सलाई।
Knittle (निटल्) *n.* डोरी।
Knob (नॉब्) *n.* गुमटा, कोयले की छोटी ढेरी, गोलकार उभार, मूठ, हैडल (गोल), घुण्डी।
Knobble (नॉबल) *n.* छोटी गाँठ।
Knock (नॉक्) *v.t.* & *i.* ठोंकना, धक्का मारना, भिड़ना, खटखटाना, दस्तक देना, ठक-ठक करना, भड़भड़ाना, जोर से मारना।
Knoll (नॉल्) *n.* टीला, टेकरी, पहाड़ी की चोटी। *v.t.* & *i.* घंटी बजाकर बुलाना।
Knop (नॉप्) *n.* फूल की कली।
Knot (नॉट्) *n.* गाँठ, समुद्री (6080 फीट की) नाम, व्याकुलता, व्यग्रता, गुच्छा, पौधे की गाँठ,

मंडल (समूह)। *v.t.* & *i.* गाँठदार बनाना, गाँठे लगाकर बनाना, धनिष्ठ बँधन में लाना, मिलाना।

Knotty (नॉटि) *n.* गाँठदार, जटिल, पेचीदा।

Know (नो) *v.t.* & *i.* जानना, आश्वस्त होना, (से) परिचित होना, पहचानना, समर्थन करना, पसंद करना, ज्ञान रखना।

Knowingly (नोइंगलि) *adv.* जानबूझकर।

Knowledge (नॉलिज्) *n.* ज्ञान विद्या, जानकारी, कौशल कार्य, निपुणता, परिचय। **Knowledgeable,** *adj.* सुविज्ञ।

Knuckle (नकल्) *n.* पोर, उँगली की गाँठ, जानु मांस (बछडे या सुअर का)।

Knurl (नर्ल) *n.* गाँठ, लट्टू।

Kobold (कोबॉल्ड) *n.* बौना।

Kohl (कोल) *n.* काजल, अंजन, सुरमा।

Kodak (कोडॉक्) *n.* फोटो उतारने का एक प्रकार का यंत्र।

Kosher (केशर) *adj.* अनुमत, शुद्ध, भोजन जो यहूदी भोजन-नियमों के अनुसार हो।

Kph *abbr.* प्रतिघंटा किमी।

Kowtow (कोटाउ) *v.i.* अपने आपको नीचा दिखाना, दंडवत करना।

Kraal (क्राल्) बाड़ा।

Kraut (क्रात) *n.* जर्मनी के व्यक्ति के लिये प्रयोग होने वाला चिढ़ने वाला शब्द।

Kremlin (क्रेमलिन्) *n.* मॉस्को का शाही महल।

Krill (क्रिल) *n.* बहुत छोटी शैल मछली जो अन्टार्कटिक में पायी जाती है व जिसे व्हेल खाती है।

Krypton (क्रिप्टन) *n.* एक दुर्लभ गैसीय तत्व।

Kudos (क्यूडोस) *n.* कीर्ति, यश।

Ku Klux Klan (कु कल्कस क्लैन) *n.* यह एक श्वेत लोगों का अमेरिका के दक्षिणी प्रान्तों में एक गुप्त संगठन है जो सामाजिक परिवर्तन व अश्वेतों के समान अधिकारों का विरोध करने के लिये हिंसा का प्रयोग करते हैं।

Kultur (कुलटुअर्) *n.* जर्मन संस्कृति।

Kursaal (कुअरसाल्) *n.* जर्मनी में स्वास्थ्य केन्द्रों के निकट यात्री निवास।

Kymograph (काइमोग्राफ्) *n.* तरंगलेखी।

Kyphosis (काइफोसिस) *n.* कुबड़ापन, कुब्जता, *adj.* कुबड़ा, कुब्ज।

Kyphotic (काइफोटिक्) *adj.* कुब्ज, कुबड़ा।

Kyte (काइटे) *n.* तौंद।

L

L (एल) अंग्रेजी वर्णमाला का बारहवाँ अक्षर, रोमन अंक 50।

LA (एल.ए) *abbr.* लॉस एंजिलेस नगर का संक्षिप्त नाम।

La (ला) *n.* गायन में छठा स्वर (ध)।

Lab (लैब) *n.* प्रयोगशाला।

Labarum (लॉबारम्) *n.* रूमी रण-पताका।

Labefaction (लॉबिफॅक्शन्) *n.* झकझोर, विनाश।

Laboratorial (लॉबअॅरिटरिअल्) *adj.* रसायन-शाला या प्रयोगशाला संबंधी।

Laboratory (लॅबॅरिटरि) *n.* शोधशाला, प्रयोग-शाला, निर्माणशाला।

Laborious (लॅबॅरिअस्) *n.* परिश्रमी, मेहनती, उद्योगी, श्रमसाध्य।

Laboriously (लॅबॅरिअसलि) *adv.* श्रम से, उद्योग से।

Laboriousness (लॅबॅरिअसनैस्) *n.* उद्योग, व्यवसाय।

Labour (लेबर्) *n.* श्रम, परिश्रम, मेहनत, काम, शारीरिक काम, श्रमिक, मज़दूर, कामगार, मज़दूर दल, श्रमदान, श्रमिक सेवा, प्रसूति, प्रसव, हिचकोले खाना (जहाज का)। *v.t.* & *i.* परिश्रम करना, मजदूरी करना, काम करना, उद्योग (व्यापार) करना, सताया जाना, धीरे चलना, प्रसव करना।

Labourer (लेबरर्) *n.* मजदूर, अकुशल श्रमिक, श्रमजीवी।

Labour-force (लेबर फोर्स) *n.* वे सब लोग जो एक देश या कम्पनी में या उसके लिये काम करते हैं।

Labour-intensive (लेबर इन्टैन्सिव) *adj.* जिसे बहुत लोग मिल कर ही दे सकते हैं।

Labour-market (लेबर-मार्किट) *n.* नौकरियों की तुलना में मनुष्यों की संख्या उपलब्ध होना।

Lachrymatory (लॅक्रिमेटरि) *adj.* आँसू बहाने वाला, अश्रु उत्पादक। *n.* आँसू गैस छोड़ने वाला

गोला। **Lacrymose,** *adj.* आँसू बहाने वाला, अश्रुपूर्ण।

Lacinate, Lacinated (लसिनट्) *adjs.* टुकड़े-टुकड़े किया हुआ।

Lack (लॅक्) *n.* अभाव, न्यूनता। *v.i.* & *t.* कमी होना, का अभाव होना, से रह जाना, की आवश्यकता होना, रहित होना।

Lackadaisical (लॅकडेज़िकल्) *adj.* विषादग्रस्त, उदासीन, उत्कण्ठित, व्यग्र, दुःखी, निस्तेज, भावुक।

Lackey (लॉकि) *n.* दास, अनुचर, टहलुआ। *v.t.* हाज़िरी बजाना।

Laconic (लकॉनिक्) *adj.* छोटा, अल्प, अनति, संक्षिप्त।

Laconicism (लॅकॉनिसिज़्म्) *adj.* सूत्र कथन, संक्षिप्त उक्ति, मितभाषण।

Lacquer, Lacker (लॅकर्) *ns.* पीतल पर चढ़ाने की सुनहली वार्निश। *v.t.* वार्निश लगाना।

Lactation (लॅक्टेशन्) *n.* दुग्ध स्रवण, दूध देने का समय, स्तन में दुग्ध-संचय।

Lactic (लॅक्टिक) *adj.* दुग्ध के गुण का।

Lactiferous (लॅक्टिफ़ेरस्) *adj.* दुग्धवाही, दूध देने वाला।

Lactometer (लॅक्टॉमिटर्) *n.* दूध की शुद्धता को नापने का यंत्र।

Lactose (लॅक्टोस्) *n.* दूध में की शर्करा, दुग्ध-शर्करा।

Lacuna *n.* (लक्यूना) पोला हिस्सा, हड्डी का पोला भाग।

Lacustrine (लकस्ट्राइन्) *adj.* जल के तल में रहने वाला, जल में विकसित होने वाला।

Lad (लॅड) *n.* बालक, कुमार, लड़का, छोकरा।

Ladder (लॅडर्) *n.* प्रगति के चरण, सोपान, सीढी, जीना।

Lade (लेड्) *v.t.* भार रखना, लादना, भाराक्रांत करना, ज़हाज से माल उतारना, जहाज पर लादना। **Laden,** *adj.* लदा हुआ या बोझिल। **Lading,** *n.* माल-असबाब का भाड़ा, बोझ।

Ladle (लेडल्) *n.* बड़ा चम्मच, कर्छी, करछुली। *v.t.* करछुल से उठाना।

Lagging (लॉगिंग्) *adj.* ठमकता हुआ।

Lagoon (लागून्) *n.* दलदल, छिछली झील, समुद्रताल, अनूप, लैगून।

Laid (लेड्) *adj.* नीचे रखा हुआ, पड़ा हुआ, भींचा हुआ, दबाया हुआ।

Lair (लेअर्) *n.* ऐसा स्थान जहाँ आराम किया जाय, पशुओं का वासस्थान, माँद।

Laird (लेअर्ड) *n.* जमींदारी, जमींदार।

Laissez faire (लेसेज़फ़ेअर्) *n.* अहस्तक्षेप (नीति), असंघ नीति।

Laity (लेइटि) *n.* जनसामान्य।

Lamentation (लॅमिन्टेशन्) *n.* विलाप, रुलाई, मातम, आक्रंद।

Lamina (लॅमिना) *n.* लैमिना, धातु या हड्डी की महीन परत्, झिल्ली। **Laminar,** *adj.* पतली परत का।

Laminate (लैमिनेट) *v.t.* महीन परत करना, तह बनाना।

Lamp (लॅम्प्) *n.* दीपक, लैम्प, चिराग, बत्ती।

Lampas (लैम्पास) *n.* एक प्रकार का फूलदार वस्त्र।

Lampion (लॅम्पिअन्) *n.* बत्ती को चमकाने के लिए रंगीन शीशे का आवरण, हंडा, प्रकाश करने वाला।

Lampoon (लॅम्पून्) *n.* व्यक्तिगत व्यंग्य रचना, निन्दालेख, आक्षेप। *v.t.* व्यक्तिगत व्यंग्य रचना करना, आक्षेप करना।

Lance (लान्स्) *n.* बर्छी, बल्लम, भाला। *v.t.* भाला भोंकना, नश्तर लगाना, चीरा लगाना।

Lancelet (लान्सलिट्) *n.* छोटी मछली।

Lanceolate (लॅन्सिऑलिट्) *adj.* भाले की धार के आकार का।

Lancer (लान्सर्) *n.* भाला लिए हुए घुड़सवार, भालाधारी।

Lancet (लान्सिट्) *n.* नश्तर, चीरने-फाड़ने की छुरी, कोरदार खिड़की।

Lances (लान्सिस्) *n.* बल्लमधारी सैनिक।

Lancinate (लान्सिनेट) *v.t.* नश्तर से चीरना। **Lancinating,** *adj.* तीव्र पीड़ा।

Land (लैन्ड्) *n.* मिट्टी, थल भूमि, ज़मीन, पृथ्वी, प्रदेश, राष्ट्र, देश, राज्य, साम्राज्य का भाग, वास्तविक संपदा, असली जागीर, धरती। *v.t.* & *i.* ज़मीन पर उतारना, स्वयं के जान लेना, लगाना या जमाना, छूना, कब्जे में करना, सुरक्षित करना, गिराना, मिट्टी लगाकर रोकना या रोक लगाना, गिरफ्तार करना, पक्का करना, जहाज़ से उतरना।

Landan (लैंडान) *n.* चार पहिये वाली बग्गी जिसकी छतरी को ऊपर नीचे किया जा सकता है।

Land-breeze (लैंडब्रीज़्) *n.* समुद्र की ओर बहनेवाली हवा, स्थलीय समीर।

Landed (लैंडिड्) *adj.* भू-स्वामी, जमींदार वर्ग।

Landgrave (लैंडग्रेव्) जर्मनी का धनी पुरुष या अमीर।

Landholder (लैन्ड्-होल्डर्) *n.* जमींदार अथवा काश्तकार, भूमिधारी।

Landing (लैन्डिग्) *n.* समुद्र के किनारे पर जहाज से उतरना, अवतरण, किनारे पर उतरने की जगह। **Landging-stage,** *n.* तैरने वाला चबुतरा।

Landlady (लैंड्लेडि) *n.* जमींदारिन, मकानदारिन।

Landless (लॉन्डलैस्) *adj.* बिना भूमि का।

Landlocked (लैंड्लॉक्ड्) *adj.* भूवेष्टित।

Landlord (लैंडलॉर्ड्) *adj.* जमींदार, भूस्वामी, भाठियार, जलपान, उपहार गृह का मालिक।

Landmark (लैंड्मार्क्) *n.* महत्वपूर्ण ऐतिहासिक घटना, थल चिह्न, सीमा-चिह्न, निशान।

Landscape (लैंन्स्केप्) *n.* नयनगोचर प्रदेश, जितना स्थान एक बार में आँखों से दिखाई पड़े प्राकृतिक दृश्य का चित्र खींचने वाला। **Landscapist,** *n.* प्राकृतिक दृश्य का चित्र खींचने वाला।

Language (लैंग्विज्) *n.* भाषा, मानव भाषा, वाग्यव्यवहार, बोली, बोलने की शैली, अभिव्यक्ति विधि, (कृत्रिम) सांकेतिक भाषा।

Languid (लुँग्विड्) *adj.* शक्तिहीन, अस्पष्ट, शिथिल (खिन्न), मन्द, निबल, अरोचक, आलसी। **Languidly,** *adv.* म्लानता से।

Languish (लैंग्विश्) *v.i.* दुर्बल होना, निरुत्साह होना, मन्द होना, क्षीण होना, निष्क्रिय होना, मुर्झाना।

Languishment (लैंग्विशमेंट्) *n.* म्लानता।

Languor (लैंगर्) *n.* क्लांति, सुस्ती, दुर्बलता।

Laniary (लैनियरि) *adj.* फाड़ने वाला, अग्रदन्त।

Lank (लैंक्) *adj.* क्षीण, शिथिल, हतोत्साही, ढीला, निस्तेज, निर्जीव, दुर्बल, दुबला, पतला, कोमल। **Lankiness,** *n.* दुर्बलता। **Lanky,** *adj.* लम्बा और दुर्बल।

Lanolin (लानोलिन) *n.* भेड़ के ऊन से निकाला हुआ सत्व जो मलहम में प्रयुक्त होता है।

Larcener (लार्सनर) *n.* चोर, ठग, तस्कर।

Larceny (लार्सनि) *n.* चोरी।

Larch (लार्च्) *n.* एक प्रकार का बबूल का वृक्ष, देवदार जाति का वृक्ष।

Lard (लार्ड्) *n.* पकाने के लिए तैयार की हुई सुअर की चर्बी।

Lardaceous (लार्डेशस) *adj.* सुअर की चर्बी के सदृश।

Larder (लार्डर्) *n.* & माँस रखने का भण्डार घर, जालीदार अलमारी।

Lardy (लार्डि) *adj.* सुअर की चर्बी से भरा हुआ।

Large (लार्ज्) *adj.* विशाल, वृहत्, स्थूल, चौड़ा, प्रचुर, विपुल, अत्यधिक उदार, बड़ा दयालु, महान, आडंबर पूर्ण, अपक्षपाती।

Largely (लार्जलि) *adv.* विशेष करके।

Largesse (लार्जेस्) *n.* भेंट, नजर, पारितोषिक, उपहार, दान।

Lark (लार्क्) *n.* विनोद, मौज-मस्ती, भारद्वाज पक्षी, इसी प्रकार के अन्य पक्षी, लवा, चंडूर। *v.t.* आनन्द मनाना।

Larva (लार्वा) *n.* कीट-डिंब, कीडे का अण्डे से बाहर निकलने पर का आकार।

Laryngeal (लेरिन्जइल) *adj.* कण्ठनली सम्बन्धी।

Larynx (लॅरिंक्स्) *n.* कण्ठनली, हलक।

Laryngitis (लॅरिंजाइटिस्) *n.* गले की सूजन।

Lascar (लॅस्कर्) *n.* खलासी, नाविक, लश्कर का (फौजी)।

Lascivious (लॅस्सिविअस्) *adj.* कामुकता से। **Lasciviousness,** *n.* कामुकता।

Lash (लॅश्) *v.t.* & *i.* जल्दी-जल्दी हिलाना, एक साथ बाँधना, जोर से मारना (चाबुक मारना) डाँटना, झिड़कना। *n.* कोड़े या चाबुक का लचीला भाग, चाबुक की मार। **Lashing,** *n.* दण्ड, बांधने की डोरी। **Lashings,** *n.* अधिकता।

Lasher (लॅशर्) *n.* चाबुक मारने वाला।

Lass, Lassie (लॅस, लॅसि) *ns.* प्रेमिका, कन्या (कुमारी), कुमारी के लिए प्रेम का शब्द।

Lassitude (लॅसिट्यूड्) *n.* मूर्छा, बेहोशी, दुर्बलता, कमज़ोरी, थकावट, थकान, सुस्ती, शिथिलता, आलस्य, क्लांति, (खेद) ग्लानि, भारीपन।

Lasso *n.* (लॅसो) पशुओं को पकड़ने का फन्दा। *v.t.* फन्दे से पकड़ना।

Last (लास्ट्) *adj.* क्रमांत्य, अंतिम, पिछला, चरम, सबसे आखिर का, परम (उत्तम), आखिरी। *adv.* अन्त में। *v.i.* चालू रखना, जीवित रहना, सहना, बना रहना, फैलाना, टिका रहना।

Latex (लेटेक्स) *n.* पौधों का दूध या रस।

Lath (लाथ) *n.* तख्ते की चीर या पट्टी। *v.t.* इस तरह की पट्टी लगाना।

Lathe (लेट्) *n.* चक्र, यन्त्र, खराद, खराद में पदार्थ जमाने का साधन। **Lathy,** *adj.* लम्बा, पतला।

Lather (लॅदर्) *n.* साबुन का फेन, झाग, प्रस्वेद फेन। *v.i.* & *t.* फेन से भरना, फेनदार बनाना।

Lathery, *adj.* फेनदार, झागदार।

Latin (लॅटिन्) *n.* प्राचीन रोमन सम्बन्धी, इनकी भाषा।

Latitude (लॅटिट्यूड्) *n.* चौड़ाई, विस्तार, उदारता, अक्ष रेखा।

Latitudinarian (लैटिट्यूडिनैरियन) *n.* धर्म में उदार मत रखने वाला।

Latitudinous (लैटिटूयडिनस्) *adj.* महत्, विस्तारवाला, सुविस्तृत।

Latrine (लॅट्रीन्) *n.* पायखाना, टट्टी, सण्डास।

Latter (लॅटर्) *n.* पिछला, हाल का, उपर्युक्त।

Lattice (लॅटिस्) *n.* लकड़ी या धातु की जाली, जाल, झाँझरी, जलमार्ग।

Laud (लॉड्) *n.* प्रशंसा, स्तुति, स्तुतिगान। *v.t.* प्रशंसा करना, स्तुति करना।

Laudability (लॉडेबिलिटि) *n.* प्रशंसानीयता।

Laudable (लॉडेबल्) *adj.* प्रशंसनीय, स्तुति योग्य, सराहने योग्य।

Laudanum (लॉड्नम्) *n.* अफीम का सत्व।

Luadation (लॉडिशन्) *n.* प्रशंसा, स्तुति।

Laugh (लाफ्) *v.t.* & *i.* हँसना, मुस्कुराना, हँसी करना, हँसी उड़ाना। *n.* हँसी की आवाज, हँसी। **Laughter,** *n.* हँसने वाला। **Laughing,** *adj.* हँसते हुए।

Laundry (लॉन्ड्रि) *n.* कपड़ा धोने का स्थान या घर।

Laureate (लॉरिअट्) *adj.* हार पहिने हुए, लारेल की पत्तियों से सुशोभित।

Laurel (लॉरिल्) *n.* लॉरिल (पौधा), लॉरिल का मुकुट, प्राप्त प्रतिष्ठा, सफलता। *v.t.* इन पत्तियों से सजाना।

Laurustinus (लॉरस्टिनस्) *n.* सदाबहार फूल का पौधा।

Lava (लावा) *n.* ज्वालामुखी पर्वत में से निकलने वाला पिघला हुआ पदार्थ, भूराल।

Lavabo (लवॅबो) *n.* पूजन करने के पूर्व हाथ धोना।

Lavatory *n.* (लॅवेटरि) हाथ-मुँह धोने की जगह।

Lave (लेव्) *v.t.* नहलाना, स्नान करना, धुलाना, बहाना।

Lavement (लेव्मेन्ट्) *n.* धोना, वस्ति, पिचकारी देना।

Lavender (लॅविन्डर्) *n.* एक सुगंधित फूल वाला पौधा। *v.t.* इसकी पत्तियों से वस्त्रों को सुगन्धित करना।

Laver (लेवर्) *n.* गंगाल, प्रक्षालन (धोने का) पात्र।

Laverock (लॅवरॉक्) *n.* चंडोल पक्षी।

Lavish (लॅविश्) *adj.* अतिव्ययी, खर्चीला, उड़ाऊ। *v.t.* अपरिमित व्यय करना, व्यर्थ खर्च करना (उड़ाना)।

Law (लॉ) *n.* धर्मशास्त्र, स्मृति (आचार), व्यवहारविधि, कानून (सिद्धान्त)।

Lawful (लॉफुल्) *adj.* वैध, न्याय्य, विधि संगत, उचित, ठीक।

Lawless (लॉलिस्) *adj.* अवैध, विधि-विहीन, निरंकुश, धर्मविरुद्ध (अधर्मी), आज्ञा न मानने वाला, व्यभिचारी।

Lawk, Lawks (लॉक, लॉकस्) *interj.* आश्चर्य-सूचक अव्यय।

Lawn (लॉन्) *n.* घास का मैदान, एक प्रकार का महीन कपड़ा, बारीक मलमल।

Lawny (लॉनि) *adj.* घास से पूर्ण (ढका हुआ)।

Lawyer (लॉयर्) *n.* न्यायनिपुण (धर्मज्ञ) वकील।

Lax (लक्स्) *adj.* शिथिल, विरल, ढीला-ढाला, मुलायम, थुलथुल, अकठोर, लापरवाह, रेचक, असावधान, अस्पष्ट। **Laxity,** *n.* ढीलापन। **Laxly,** *adv.* शिथिलता से।

Laxation (लॉक्सेशन्) *n.* ढीलापन।

Laxative (लॅक्सटिव्) *adj.* रेचक (मल को मुलायम करने वाली) औषधि, दस्तावार। *n.* कब्ज तोड़ने वाली दवा।

Laxity, Laxness (लॅक्सिटि, लॅकसनेस्) *ns.* शिथिलता, अस्पष्टता।

Laxly (लैक्सलि) *adv.* शिथिलता से।

Lay (ले) *n.* मीठा गीत, चिड़ियों का गीत, अकुशल। *v.t.* बैठना, क्रम में रखना, अण्डे देना, जमा करना, फैलाना, रखना।

Layer (लेयर्) *n.* परत, तह, क्यारी, अँखुआ (दाब, टहनी)। *v.t.* टहनी का दाब लगाकर पेड़ बढ़ाना।

Layette (लयेट्) *n.* नवजात शिशु के लिए कपड़े।

Lay-figure (लेफिगर्) *n.* मनुष्य की आकृति का ढाँचा जिसको दुकानदार वस्त्र पहिनाकर सजाते है, झूठा चरित्र।

Layman (लेमेन्) *adj.* अनभिज्ञ व्यक्ति, अनजान, सीधा।

Lay-out (लेआउट) *n.* निर्माण करने का खाका।

Lay-stall (लेस्टॉल) *n.* कूड़ा-करकट।

Lazar (लॅझर्) *n.* कुष्ठी, कोढ़ी, बीमार आदमी।

Lazaretto (लॅझरेटो) *n.* कोढ़ियों का अस्पताल, कुष्ठालय।

Lazarus (लॅझेरस्) *n.* भिक्षुक, दरिद्र मनुष्य।
Laze (लेज) *v.t.* आलस्य में समय नष्ट करना।
Lazily (लेजिलि) *adv.* मन्दता से, सुस्ती से।
Lazy (लेझि) *adj.* आलसी, मन्द, सुस्त, काहिल, अनुद्योगी।
Lea (ली) *n.* चरागाह, सूत की लम्बाई की नाप।
Leach (लीच्) *v.t.* किसी पदार्थ में से तरल पदार्थ का रिसकर टपकना।
Lead (लीड्) *v.t.* & *i.* नेतृत्व करना, आगे बढ़ना, इंगित करना, ले चलना, हाँकना, मार्ग दिखाना, हाथ से इशारा करना, अग्रसर होना, आगे आना। *n.* नायकत्व, उदाहरण, अग्रगामिता।
Lead (लेड्) *n.* एक भारी हल्की सलेटी रंग की धातु।
Leaden (लेडन्) *adj.* सीसे का, सीसे के रंग जैसा, अक्रिय, निराशाजनक, कुंठित।
Leader (लीडर्) *n.* मार्गदर्शक, नायक (अग्रसर), अगुआ, समाचार-पत्र का शीर्षक लेख।
Leaderette (लीडरेट्) *n.* समाचारपत्र में सम्पादक की छोटी टिप्पणी।
Leading (लीडिंग्) *adj.* पुरोगामी, मुख्य, प्रधान।
Leaf (लीफ्) *n.* पर्ण, पत्र, पत्ती, पत्ता, पतली चद्दर, बर्क, पन्नी। *v.t.* पत्तियाँ उत्पन्न होना।
Leafage (लीफेज्) *n.* पत्तीपन।
Leafless (लीफलेस्) *adj.* पत्ररहित, बिना पत्ती का।
Leaflet (लीफ्-लिट्) *n.* छोटी पत्ती, पत्रक, छोटा पन्ना वितरण हेतु, पत्ते का टुकड़ा, पर्चा, पुस्तिका, इश्तहार।
League (लीग्) *n.* टीमों का संघ, किसी विशेष उद्देश्य से बनाया गया लोगों या देशों का संघ, आपसी सहायता के लिए बनाया गया गठबंधन। *v.t.* & *i.* एक जुट होना, संगठन बनाना, मित्रता होना।
Leak (लीक्) *n.* सन्धि, छेद, दरार, झरण, गुप्त रहस्य। *v.t.* छेद में से रसना, टपकना, रहस्य का प्रकट हो जाना।
Leakage (लीकेज्) *n.* रहस्योद्घाटन, निःसरण, च्यवन, रिसाव।
Leal (लील्) *adj.* वफ़ादार, ईमानदार, विश्वासपात्र, निष्ठावान।
Lean (लीन्) *adj.* क्षीण, दुर्बल, कृश, अलाभकर, अनुत्पादनशील। *n.* मांसल भाग। *v.t.* & *i.* झुकना, झुकाव होना, (सहारे से) खड़ा होना, आश्रित होना, टेक लगाना।
Leaning (लीनिंग्) *n.* झुकाव, रुचि, भरोसा, प्रवृत्ति।
Leap (लीप्) *v.t.* & *i.* छलाँग मारना, उछलना, भागना, कूदना, झपटना।
Leapingly (लीपिंगलि) *adv.* कूदते हुए, उछलते हुए।
Leap-Year (लीप्-इअर्) *n.* 29 दिन की फरवरी वाला वर्ष।
Learn (लर्न्) *v.t.* & *i.* ज्ञान प्राप्त करना, सीखना, सिखाना, पढ़ना, मालूम होना।
Learned (लर्निड्) *adj.* पढ़ा-लिखा, विज्ञ, विद्वान, ज्ञानी, पण्डित।
Learning (लर्निंग्) *n.* विद्या, ज्ञान, विज्ञता, जानकारी, छात्रवृत्ति।
Lease (लीस्) *n.* पट्टा। *v.t.* ठेके पर देना।
Lease-holder (लीस्-होल्डर्) *n.* पट्टेदार।
Leash (लीश्) *n.* शिकारी कुत्तों के बाँधने का चमड़े का पट्टा, नियंत्रण, त्रिगुट (विशेषतः पशुओं का)। *v.t.* जोड़ना, बाँधना।
Least (लीस्ट्) *adj.* सबसे छोटा, न्यूनतम।
Leat (लीट्) *n.* पनचक्की चलाने के लिए बनाया हुआ जलमार्ग।
Leather (लेदर्) *n.* साफ किया हुआ चमड़ा, चर्म, चमड़ा। *v.t.* चमड़ा लगाना।
Leather-back (लेदर-बॉक्) *n.* एक प्रकार का कछुआ।
Leather-dresser (लेदर-ड्रेसर) *n.* चमड़ा कमाने वाला, मोची।
Leatherette (लेदरेट) *n.* कृत्रिम चमड़ा।
Leathern (लेदर्न) *adj.* चमड़े का बना हुआ।
Leatheroid (लेदरॉयड) *n.* रासायनिक रीति से बनाया हुआ कृत्रिम चमड़ा।
Leathery (लेदरि) *adj.* चमड़े के समान, चिमड़ा।
Leave (लीव्) *n.* अनुमति, स्वीकृत, इजाज़त, औपचारिक विदाई, स्वतंत्रता, शेष, बच्ची, अवकाश, छुट्टी। *v.t.* & *i.* चले जाना, प्रस्थान करना, त्यागना, छोड़कर मरना, दानपत्र छोड़ जाना।
Leaved (लीव्ड्) *adj.* पर्णयुक्त।
Leaven (लीवन्) *n.* खमीर, किण्वन। *v.t.* खमीर उठाना, व्याप्त करना, फैलाना।
Leavings (लीविंग्स) *n.* बचा-खुचा, छोड़ी हुई वस्तु, स्मृति शेष, शेष, जूठन।
Leacher (लेचर्) *n.* लम्पट, कामी, व्यभिचारी व्यक्ति।
Lecherous (लेचरस्) *adj.* लंपटता, कामासक्ति, कामोत्तेजकता। **Lecherously**, *adv.* कामुकता

से।

Lectern (लेक्टर्न्) *n.* गिरजाघर में पढ़ने की मेज, गिरजे का पाठ-मंच।

Lection (लेक्शन) *n.* पुस्तक का पाठान्तर।

Lecture (लेक्चर्) *n.* किसी विषय पर व्याख्यान (उपदेश), भाषण। *v.i.* & *t.* व्याख्यान देना, डाँटना (सीख देना)।

Lecturer (लेकचरर्) *n.* अध्यापक, उपदेशक।

Led (लेड्) *adj.* खेत के अधिकारी या काश्तकार के अधीन।

Ledge (लेज्) *n.* चट्टान या पहाड़ का उभरा हुआ भाग, शिलाफलक।

Ledger (लेजर्) *n.* बही, पंजी, खाता-बही, लेखाबही, मचान की आड़ी धरन।

Lee (ली) *n.* वह दिशा जिस ओर वायु बहती है, हवा से बचाव का सुरक्षित स्थान, आश्रय स्थल, ओट।

Leech (लीच) *n.* चिकित्सक, जोंक, पाल का खड़ा भाग।

Leek (लीक्) *n.* प्याज के प्रकार का एक गाँठदार पौधा।

Legacy (लीगेसि) *n.* रिक्थ, उत्तरदान, पैतृक संपत्ति, वसीयत संपदा, बपौती, मृत्युपत्र द्वारा प्राप्त धन।

Legal (लीगल्) *adj.* शास्त्रोक्त, व्यवहार के अनुरूप, नियमानुसार, कानूनी।

Legality (लिगॅलिटि) *n.* न्याय्यता, वैधता, धर्मानुसारता।

Legalization (लीगलाइज़ेशन्) *n.* धर्म-व्यवस्था।

Legalize (लीगलाइझ) *v.t.* वैध करना, वैध बनाना, अधिकार देना।

Legally (लीगलि) *adv.* कानूनी या वैध ढंग से।

Legate (लेगेट्) *n.* पापे का प्रतिनिधि। *v.t.* दानपत्र लिखना।

Legatee (लेगेटी) *n.* दानपत्र (वसीयतनामा) पाने वाला।

Legation (लिगेशन्) *n.* प्रतिनिधि मंडल, दूतकर्म, दूतावास, दूतपद।

Legend (लेजन्ड्) *n.* उपाख्यान, पौराणिक कथा, अपूर्व कहानी।

Legendary (लेजन्डरि) *adj.* पौराणिक, काल्पनिक, आश्चर्यजनक।

Legerdemain (लेजर्डिमेन्) *n.* हाथ की सफाई, चालबाजी, हस्तकौशल, मदारीगरी, बाजीगरी।

Legging (लेगिंग्) *n.* पैर पर बाँधने के चमड़े के पैड।

Leghorn (लेगॉर्न्) *n.* एक प्रकार की चटाई, इस चटाई का हैट, एक प्रकार का घरेलू मुर्गा।

Legible (लेजिबल्) *adj.* स्पष्ट, सुपाठ्य, स्पष्ट अक्षर, का साफ-साफ, पढ़ने लायक। **Legibility,** *n.* लिखने की स्पष्टता। **Legibly,** *adv.* स्पष्टता से।

Legion (लीजन्) *n.* सेना, बहुत बड़ा समूह, भूतपूर्व सैनिकों का संस्थान, (अक्षौहिणी) सेना, सैन्य दल।

Legislate (लेजिस्लेट्) *v.t.* विधि व्यवस्था करना, विधि बनाना कानून बनाना। **Legislation,** *n.* व्यवस्थापन, कानून निर्माण।

Legislative (लेजिस्लेटिव्) *adj.* वैधानिक, विधान संबंधी। **Legislatively,** *adv.* व्यवस्था से, नियम रूप में।

Legislator (लेजिस्लेटर्) *n.* व्यवस्थापक, विधान सभा क सदस्य, विधायक, नियम या कानून बनाने वाला।

Legislatress, Legistatrix (लेजिस्लेट्रेस, -ट्रिक्स) *ns. fem.* नियम बनानेवाली स्त्री।

Legislature (लेजिस्लेचर्) *n.* व्यवस्थापिका सभा, विधान मंडल, कानून बनाने की सभा।

Legist (लेजिस्ट्) *n.* स्मृति में निपुण, कानून जाननेवाला।

Legitimacy (लिजिटिमसि) *n.* वैधता, सत्ता, यथार्थता, सच्चाई, खरापन।

Legitimate (लिजिटिमेट्) *adj.* यथार्थ, तर्क संगत, यथायोग्य, नियम के अनुसार। *v.t.* न्याययुक्त करना, सच्चा बनाना।

Legum (लीगम) *adj.* न्याय-संबंधी, कानूनी।

Leguminous (लिग्यूमिनस) *adj.* दाल के सदृश या युक्त।

Leisure (लेझर्) *n.* अवकाश, विश्राम, छुट्टी, फुरसत। **Leisured,** *adj.* फुरसत वाला। **Leisurely,** *adv.* बिना जल्दी के।

Leman (लेमन्) *n.* प्रेमी या प्रेमिका, अवैध प्रेमिका।

Lemma *n.* (लेमा) शास्त्रार्थ करने में स्वीकृत सिद्धान्त, निबन्धन।

Lemon (लेमन्) *n.* नींबू, नींबू का वृक्ष, बसंती रंग, दोषपूर्ण व्यक्ति।

Lemonade (लेमनेड्) *n.* शिकंजी, मीठे नींबू का शर्बत।

Lemur *n.* (लेमर्) एक प्रकार का बन्दर के समान पशु।

Lend (लेन्ड्) *v.t.* ऋण देना, किराये पर देना, उधार देना। **Lendable,** *adj.* उधार देने योग्य।

Lender, *n.* उधार देने वाला। **Lending,** *n.* उधार देना।

Length (लेन्थ्) *n.* अन्तर, फैलान, आयाम, विस्तार, काल, दूरी, सीमा। **Lengthways,** *adv.* लंबाई से।

Lengthen (लेन्ग्थॅन) *v.t.* बढ़ाना, लम्बा करना या होना।

Lengthwise, Lengthy (लेंग्थ्वाइझ्, लेंग्थि) *adv.* & *adj.* लम्बा, लंबाईवार, लम्बान।

Lenience, Leniency, Lenity (लीन्येन्स्, लीन्येन्सि, लीनिटि) *ns.* मृदुलता, दया, दयालुता, कृपा।

Lenten (लेनूटॅन) *adj.* लेन्ट व्रत-संबंधी, मितव्ययी।

Lentil (लेन्टिल्) *n.* मसूर पादप, मसूर। **Lenticular,** *adj.* मसूर के दाने के आकार का।

Lentitude (लेनूटिट्यूड) *n.* आलस्य, मन्दता, सुस्ती।

Lentoid (लेनूटॉइड) *adj.* ताल के आकार का।

Leo (लीओ) *n.* सिंहराशि, सिंह। **Leonine,** *adj.* सिंह-जैसा।

Leopard (लेपर्ड्) *n.* चीता, तेंदुआ, बाघ।

Lesbian (लेसबियन) *adj.* अस्वाभाविक अपराध सम्बन्धी। *n.* समलैंगिक नारी।

Lese-majesty (लेसमॅजिस्टि) *n.* राज विद्रोह।

Lesion (लीझन्) *n.* क्षति, अपकार, घायल व्यक्ति, पीड़ा, चोट।

Less (लेस्) *adj.* अल्प, नीचा, न्यूनतम, छोटा, घाटिया, कम, न्यून। *n.* छोटा अंश। *adv.* अल्प मात्रा में। *prep.* घटाकर।

Lessee (लेसी) *n.* ठेकेदार, पट्टेदार, पट्टाधारी।

Lessen (लेसन्) *v.t.* & *i.* न्यून होना, महत्व घटाना, छोटा करना, कम करना, सिकुड़ना, लघु करना।

Lesser (लेसर्) *adj.* दो पदार्थों में न्यून या छोटा।

Lesson (लेसन्) *n.* पाठ, शिक्षा, सबक, अभ्यास, अध्याय, उपदेश, उदाहरण। *v.t.* उपदेश देना, डपटना।

Lessor (लेसॉर्) *n.* पट्टाकार या ठेका देने वाला।

Lest (लेस्ट्) *conj.* नहीं तो, कदाचित, ऐसा न हो तो कि; कहीं....न।

Let (लेट्) *v.t.* & *i.* होने देना, निकलने देना, किराये पर देना, भाड़े पर उठाना, अनुमति देना, आज्ञा देना।

Let (लैट्) बाधा डालना।

Lethal (लीथल्) *adj.* मृत्युकर, घातक, प्राणघातक, नश्वर, प्राणनाशक।

Lethargy (लेथर्जि) *n.* आलस्य, सुस्ती, तन्द्रा, निष्क्रियता, निद्रालुता, निर्जीवता।

Lethargic (लेथार्जिक्) *adj.* जड़बुद्धि, निद्रालु। **Lethargically,** *adv.* जड़ावत।

Lethe (लीथी) *n.* वैतरणी नदी, विस्मृति (स्मृतिनाश) कारी जल।

Letter (लेटर्) *n.* अक्षर, वर्ण पत्र, लेख, चिट्ठी, (ब.व.) साहित्य, पाण्डित्य, लिखित सन्देश, शब्द-ध्वनि। *v.t.* & पुस्तक पर नाम लिखना या छापना।

Lettered (लेटर्ड्) *adj.* पण्डित, विद्वान, पढ़ा-लिखा।

Lettuce (लेटूस्) *n.* चुकन्दर, सलाद की वनस्पति।

Leucocyte (ल्यूकॉसइट्) *n.* श्वेत रक्त कण, श्वेत कोशिका, श्वेताणु।

Leucoderma (ल्युकोडर्मा) *n. Path.* श्वेत कुष्ठ।

Leucoma (ल्यूकोमा) *n.* आँख का एक रोग।

Levant (लिवॅन्ट्) *v.i.* हारा हुआ धन बिना दिए भाग जाना। *n.* भूमध्य सागर की पूर्वी भाग। **Levanter,** *n.* लेवेन्ट प्रदेश में पूर्व की ओर से बहती हवा।

Levee (लेवि) *n.* राजसभा, प्रातःकालीन भेंट-मुलाकात (विशेषकर बड़े आदमी की), राजदरबार।

Level (लेवल्) *n.* समतल जानने का यन्त्र, समता, स्तर, तल, तुल्यता, सपाट, धरातल, ऊँचाई, चौरस, चिपटा। *adj.* समांतर, बराबरी का, एक ही पंक्ति में। *v.t.* & *i.* समतल करना, सपाट करना, बराबर करना, समतल करके सर्वेक्षण करना, अनुमान करना, धराशायी करना।

Leveller (लेवलर्) *n.* सामाजिक अन्तरों को हटाने वाला, बराबर करने वाला।

Levelling (लेवैलिंग) *n.* समतल करने का कार्य।

Lever (लीवर्) *n.* उत्तोलन दण्ड, उत्तोलक, टेक, रंभा, ढेकली।

Leverage (लीवरेज) *n.* लीवर की क्रिया, किसी कार्य का सम्पादन करने में इनका प्रयोग।

Leveret (लेवरिट्) *n.* शशशावक, खरगोश का बच्चा।

Leviable (लेविऍबल्) *adj.* कर लगाने योग्य।

Leviathan (लिविआथन्) *n.* बड़ा दैत्य, जल जंतु (मगरमच्छ आदि), विशालकाय पोत या व्यक्ति, भारी जहाज, शैतान।

Levigate (लेविगेट्) *v.t.* चूर्ण करना, घोटना महीन बुकनी करना। **Levigation,** *n.* महीन बुकनी करने का कार्य।

Levin (लेविन्) *n.* तड़ित, बिजली का कौंधना, कौंध।

Levitate (लेविटेट) *v.t.* हवा में तैरना।

Levity (लेव्हिटि) *n.* चंचलता, छिछोरापन, विचारहीनता, लघुता, ओछापन, खोखलापन, मिथ्याभिमान, चपलता।

Levy (लेवि) *n.* कर इकट्ठा करने का कार्य। *v.t.* कर लगाना, टिकट लगाना, कर इकट्ठा करना। **Leviable,** *adj.* कर लगाने योग्य।

Lewd (ल्यूड्) *adj.* कामुक (लम्पट), फूहड़, बुरा, खराब, अपवित्र, व्यभिचारी। **Lewdly,** *adv.* लम्पटता से।

Liable (लायबल्) *adj.* उत्तरदायी, दायी, जवाबदेह, जिम्मेदार, प्रवृत्त, अभिमुख, अधीन, पतनशील, संभाव्य, संभावनीय।

Liaison (लिएझन्) *n.* संधि, सम्पर्क, संबंध, स्त्री पुरुष का अनुचित सम्बन्ध।

Liar (लायर्) *n.* मिथ्यावादी, असत्य (झूठ) बोलने वाला।

Libation (लाइबेशन्) *n.* देवता को जल इत्यादि चढ़ाना, तर्पण, अर्पित जल।

Libatory (लाइब्रेटरि) *adj.* तर्पण-संबंधी।

Libel (लाइबल्) *n.* लिखित अभियोग पत्र, लिखित मान-हानि, निन्दापत्र। *v.t.* द्वेषभाव से बदनाम करना, अपमानित करना, अपमानजनक लेख लिखना।

Libellous (लाइबेलस्) *adj.* अपमानकारी, लिखित मानहानि संबंधी।

Liberal (लिबरल्) *adj.* शिष्ट, उदार, दयालु, पक्षपातहीन। **Liberalism,** *n.* उदारवाद। **Liberally,** *adv.* उदारता से।

Liberalize (लिबरलाइझ्) *v.t.* स्वतन्त्र विचार वाला बनाना। **Liberalization,** *n.* स्वतन्त्र विचार वाला बनाने का कार्य।

Liberate (लिबरेट्) *v.t.* बंधन से छुटकारा देना, स्वतंत्र करना, अलग करना। **Liberation,** *n.* मुक्ति, छुटकारा। **Liberator,** *n.* मुक्तिदाता, विमोचक, निस्तारक।

Libertine (लिबर्टिन्) *n.* & *adj.* धार्मिक विषयों में स्वतन्त्र विचार वाला, कामुक, विषयी मनुष्य। **Libertinism,** *n.* कामुकता, लम्पटता, मनमानी करने की छूट।

Liberty (लिबर्टि) *n.* स्वाधीनता, स्वतन्त्रता, मुक्ति, स्वेच्छा, विशेष सुविधा, अधिकार सीमा।

Libidinous (लिबिडिनस्) *adj.* व्यभिचारी, कामुक। **Libidinously,** *adv.* कामुकता से, व्यभिचार से।

Libra (लाइब्रा) *n.* एक पाउन्ड का भार या सोने का सिक्का, तुला राशि।

Librarian (लायब्रेरिअन्) *n.* पुस्तकालय का अध्यक्ष।

Library (लायब्रेरि) *n.* पुस्तक-संग्रह, पुस्तकालय।

Librate (लायब्रेट्) *v.i.* हिलाना, काँपना, तौलना।

Libretto (लिब्रेटो) *n.* नाटक के गाने की पुस्तक।

Lice (लाइस्) *n.* जूँ।

Licence (लाइसेन्स्) *n.* आज्ञा, अधिकार, अनुज्ञा पत्र, अनुज्ञप्ति।

License, -ce (लाइसेन्स्) *v.t.* आज्ञा देना, अनुज्ञापत्र देना, छूट देना, अनुमति (अधिकार) देना।

Licenser (लाइसेन्सर्) *n.* आज्ञा (लैसंस) देने वाला।

Licentiate (लाइसेन्शिएट्) *n.* विश्वविद्यालय से आज्ञापत्र (सनद) पाया हुआ मनुष्य।

Licentious (लाइसेन्शस्) *adj.* अति स्वतंत्र, स्वेच्छाचारी, व्यभिचारी, लंपट, कामुक, कामी, अनैतिक, दुराचारी। **Licentiously,** *adv.* अनैतिक ढंग से। **Licentiousness,** *n.* लंपटता।

Lichen (लाइकॅन) *n.* एक प्रकार की वनस्पति। *v.t.* इस वनस्पति से ढँकना।

Lick (लिक्) *v.t.* चाटना, जीभ से चट्चट् करना।

Lickerish (लिकरिश्) *adj.* चटोरा, लालची।

Licking (लिकिंग्) *n.* चाटना, बेंत की मार।

Licorice (लिकॅरिस) *n.* मुलेठी, माधुरी।

Lid (लिड्) *n.* आच्छादन, ढँकना, प्रच्छद, पलक, निमि, निषेध।

Lie (लाय्) *n.* मिथ्या वचन, झूठ, मिथ्या, असत्य (झूठी) कथा, अनृत।

Lie (लाय्) *v.i.* लेटना, विश्राम करना, पड़े रहना, दृष्टिगोचर होना, कब्र में रहना।

Lief (लीफ्) *adv.* प्रसन्नतापूर्वक, खुशी से, इच्छा से।

Liege (लीज्) *adj.* स्वामिभक्त। *n.* स्वामी, प्रभु।

Lien (लीएन्) *n.* रेहन की हुई वस्तु को रुपया अदा न होने तक रखने का अधिकार, ग्रहणाधिकार, धारणाधिकार।

Lieu (ल्यू) *n.* जगह, एवज।

Lieutenant (लेफ्टिनन्ट्) *n.* प्रतिनिधि, सेनाध्यक्ष का प्रतिपुरूष।

Life (लाइफ) *n.* जीवन (प्राणधारण), उत्साह, चेतना,

आयुष्य, चरित्र-वर्णन।
Lifetime (लाइफटाइम्) *n.* जीवन-काल।
Lift (लिफ्ट्) *v.t.* & *i.* उठाना, उभाड़ना, उठाना, हट जाना। *n.* उत्थापन, उत्थापक, (इमारत में लगा हुआ) ऊपर उठाने या नीचे करने का झूला।
Lifter (लिफ्टर्) *n.* उठानेवाला यंत्र या मनुष्य।
Ligament (लिगॅमेंट्) *n.* बंधन वस्तु, अस्थि-बन्धक तन्तु।
Ligature (लिगेचर्) *n.* & *v.t.* बन्धन, पट्टी, संयुक्त अक्षर, असमर्थता, लाचारी, बाँधने की क्रिया, अनुबंध।
Light (लाइट्) *n.* रोशनी, प्रकाश, चमक (आँखों की या मुख की) रोशनी, विकिरण, स्रोत, तीव्र प्रकाश, प्रकाश देने वाला पदार्थ, विद्युत चम्बुकीय विकिरण, कौंध, प्रभा, चमक, रश्मि, ज्ञान, दीपक। *adj.* हल्का, मामूली, मनोरंजक मनोरम, सुपाच्य। *v.t.* & *i.* प्रकाशित करना, प्रकाशित होना, आग जलाना, सुलगाना, चमकना, चमकीला या प्रकाशित होना।
Lighten (लाइटन्) *v.t.* & *i.* प्रकाशवान बनाना, चमकदार बनाना, चमकाना, कौंधना, भार कम करना, न्यून करना, हलका करना, प्रकाशित करना।
Lighter, Lightish (लाइटर्, लाईटिश्) *adjs.* कुछ हलका।
Light-hearted (लाइट्-हार्टेड्) *adj.* प्रफुल्लित, प्रसन्न, खुशमिजाज।
Lighthouse (लाइट्-हाउस्) *n.* प्रकाश स्तम्भ।
Lightning (लाइटनिंग्) *n.* बिजली, तड़ित्, विद्युत।
Lightsome (लाइट्सम्) *adj.* रंगीन तबियत वाला, खुशमिजाज, मौजी व्यक्ति। प्रकाशमय, तेजस्वी, रोशनी वाला।
Like (लाइक्) *adj.* सदृश, तुल्य, अनुरूप, अनुसार, समान (बराबर)। *prep.* सदृश। *adv.* सम्भवतः उसी प्रकार से। *n.* समान वस्तु, अनुरूप वस्तु, (ब.व.) पसन्द, रुचि। *v.t.* चाहना, पसन्द करना, इच्छा करना, अनुभव करना।
Likelihood (लाइक्लिहुड्) *n.* सम्भावना, समानता, प्रतिरूप।
Liken (लाइकन्) *v.t.* उपमा देना, सदृश करना (मिलाना)।
Likely (लाइक्लि) *adj.* सम्भवतः, समान, तुल्य, विश्वसनीय, सुखद, रोचक, आशाजनक। *adv.* शायद, सम्भावित।
Liken (लाइकन्) *v.t.* उपमा देना, के बराबर समझना, के समान बनाना, सदृश करना (मिलाना), तुलना करना।
Likeness (लाइक्निस्) *n.* समानता, सादृश्यता।
Likewise (लाइक्-वाइज़्) *adv.* & *conj.* इसी रीति से, और भी।
Liking (लाइकिंग्) *n.* रुचि, इच्छा, प्रेम, पसंद, अनुराग, संतोष, प्रवृत्ति।
Lilac (लाइलॅक्) *n.* बकाय, नीलक वर्ण। *adj.* जामुनी रंग का।
Lilliputian (लिलिप्यूशन्) *adj.* & *n.* बहुत छोटे कद का (बौना) मनुष्य या पदार्थ।
Lilt (लिल्ट्) *v.t.* लय या सुर में गाना। *n.* संगीत में उतार-चढ़ाव।
Lily (लिलि) *n.* कुमुदिनी, शुद्ध, पवित्र वस्तु या मनुष्य, कोई।
Limb (लिम्ब) *n.* अंग, अवयव, शाखा, डाली, किनारा।
Limbate (लिम्बेट) *adj.* भिन्न-भिन्न किनारे का।
Limber (लिम्बर्) *n.* तोपगाड़ी का अगला भाग। *adj.* लचीला, चंचल।
Lime (लाइम्) *n.* लासा, चूना, लसीला पदार्थ, जंभरी नींबू, लसीला पदार्थ।
Limekiln (लाइमकिल्न्) *n.* चूना की भट्ठी।
Limelight (लाइम्-लाइट्) *n.* चूने की भट्ठी की उष्णता के कारण पड़ने वाला प्रकाश, प्रकाश बिन्दु, लोक प्रसिद्ध, प्रसिद्ध होना, लोगों की नजर में आना।
Limit (लिमिट्) *n.* किनारा, सीमांत, हद, अवधि, प्रतिबंध, निर्दिष्ट समय, मर्यादा, सीमा, रोक, परिसीमा, सहन शक्ति की पराकाष्ठा। *v.t.* सीमा में बाँधना, रोक लगाना, परिमित करना, सीमित करना। **Limitless,** *adj.* बिना सीमा का, असीम।
Limited (लिमिटेड) *adj.* संकुचित, परिमित, सीमित।
Limn (लिम्) *v.t.* खींचना, सुंदर अक्षरों से सजाना, रंग भरना। **Limner,** *n.* रंगने वाला।
Limner (लिमनर्) *n.* चित्र रंगनेवाला।
Limnology (लिमनॅलॉजि) *n.* सरोवर-अध्ययन।
Limous (लाइमस्) *adj.* कीचड़ से युक्त, कँकड़ीला।
Limousine (लिमोसिन्) *n.* आच्छादित, बन्द मोटर गाड़ी।
Limp (लिम्प्) *v.i.* लँगड़ाकर चलना, भचक कर चलना, ठुमकना। *n.* लँगड़ाहट। *n.* लँगड़ाहट। *adj.* मुलायम, लचीला। **Limpingly,** *adv.*

लँगड़ाते हुए। **Limpness,** *n.* मृदुता, कोमलता।

Limpet (लिम्पिट्) *n.* शुद्ध, स्फटिक की तरह स्वच्छ, निर्मल, चिपकू व्यक्ति।

Limpid (लिम्पिड्) *adj.* शुद्ध, स्वच्छ।

Limpkin (लिम्किन) *n.* एक प्रकार का सारस।

Linchpin (लिंचूपिन्) *n.* धुरे पर लगी हुई कील जो पहिये को गिरने से रोके रहती है।

Linden (लिनडेन्) *n.* जंभरी नींबू का वृक्ष।

Lineage (लिनिएज्) *n.* वंश, कुल, सन्तति, वंश परम्परा।

Lineal (लिनिअल्) *adj.* रेखिक, रेखा संबंधी, पैतृक, परम्पराप्राप्त, लाइन संबंधी, वंशावली, स्वशाखीय।

Lineament (लिनिअमेन्ट) *n.* (*usu. pl.*) मुख की आकृति, सूरत, चेहरा-मोहरा, विशिष्ट आकृति, चिह्न (रूप आकार)।

Linear (लिनिअर्) *adj.* रेखा-संबंधी, सीधी लकीर का (संकुचित)। **Linearly,** *adv.* एक रेखा में। **Lineation,** *n.* रेखा-क्रम, लकीरों से बना हुआ चित्र।

Linen (लिनिन्) *adj.* सन, अस्तर, सन का बना हुआ वस्त्र, लिनेन की वस्तुएँ, जैसे मेज़पोश, पलंगपोश (वस्त्रों की)।

Linger (लिंग्र) *v.t.* & *i.* विलंब करना, कालक्षेप करना, देर तक ठहरना। **Linger,** *n.* देर करने वाला। **Lingering,** *adj.* विलम्बकारी। **Lingeringly,** *adv.* ठमककर, विलम्ब करते हुए।

Lingerie (लँझरी) *n.* लिनेन के वस्त्र, स्त्रियों के अंग वस्त्र, अधोवस्त्र।

Lingo (लिंगो) *n.* परदेशी भाषा तथा मनुष्य से घृणा।

Lingua franca (लिङ्ग्वाफ्रॅन्का) *n.* अनेक भाषाओं की खिचड़ी, अन्तर्राष्ट्रीय खिचड़ी भाषा।

Lingual (लिंग्वल्) *adj.* जिह्वीय, मूर्धन्य, जीभ से उच्चारित होने वाला (शब्द)।

Linguiform (लिंग्विफॉर्म्) *adj.* जिह्वा के आकार का।

Linguist (लिंग्विस्ट्) *n.* भाषा प्रवीण, भाषा-विज्ञानी, बहुभाषाविद,

Linguistic (लिंग्विस्टिक्) *adj.* बहुभाषी-संबंधी।

Liniment (लिनिमन्ट्) *n.* पीड़ा के स्थान पर मलने की औषधि, लेप।

Lining (लाइनिंग्) *n.* किसी पदार्थ का भीतरी आवरण, अस्तर, सरेखण, रेखांकन, रेखा-प्रयोग।

Link (लिंक्) *n.* कड़ी, सन्धि, नदी का मोड़, मशाल। *v.t.* & *i.* जोड़ना, संयुक्त करना, मिलाना, श्रृंखलाबद्ध होना, बाँह डालकर चलना। **Linkage,** *n.* मिलान, जोड़, सम्पर्क, कड़ी।

Link-boy (लिंक-बॉय्) *n.* मशालची।

Links (लिंक्स्) *n.* गोल्फ खेल खेलने का मैदान।

Linn (लिन्) *n.* जलप्रपात, कन्दरा।

Linnet (लिनिट्) *n.* एक प्रकार की गाने वाली चिड़िया, ग्रीन लिनेट (पक्षी)।

Linoleum (लिनोलिअम्) *n.* अलसी का तेल पोता हुआ, फर्श पर बिछाने का टाट।

Linotype (लाइनोटाइप्) *n.* छपाई कार्य में लाइन टाइप ढालने का यन्त्र।

Linseed (लिन्सीड्) *n.* अलसी, अलसी का तेल।

Linse woolsey (लिनजिवूलज़ि) *n.* सूत और ऊन की मिलावट का बिना हुआ कपड़ा।

Linstock (लिन्स्टॉक्) *n.* तोप का पलीता लगाने का डण्डा।

Lint (लिन्ट्) *n.* घाव पर पट्टी बाँधने का मुलायम वस्त्र, सूती कपड़ा, कच्चा सूत।

Lintel (लिन्टल्) *n.* दरवाजे के ऊपर का भरेठा या डाट। **Lintelled,** *adj.* करगहना लगा हुआ।

Liny (लाइनि) *adj.* झुर्री पड़ा हुआ, रेखायुक्त।

Lion (लायन्) *n.* सिंह, शेर, नर व्याघ्र, पुरुष-सिंह, सिंह राशि, प्रसिद्ध व्यक्ति या वस्तु। **Lion-hearted,** *adj.* दिलेर, साहसी व्यक्ति।

Lionet (लाइनेट्) *n.* छोटा शेर।

Lip (लिप्) *n.* ओंठ, होंठ, ओष्ठ, मुड़ा हुआ, किनारा, बर्तन का किनारा, ढीठ व्यक्ति, गुस्ताख आदमी, ढिठाई, गुस्ताखी। *v.t.* ओठ से स्पर्श करना, बरबराना, चूमना, किनारे तक भरना, चपड़-चपड़ खाना।

Lipper (लिपर्) *n.* छोटी लहर।

Lipstic (लिपिस्टिक) *n.* रंजन, शलाका, ओष्ठ रंजनी।

Liquate (लिक्वेट्) *v.t.* गलाकर किसी धातु को शुद्ध करना, पिघलाना, द्रवित करना, धातु गलाकर अलगाना।

Liquefy (लिक्विफाय्) *v.t.* & *i.* द्रवीकरण करना, तरल बनाना।

Liquescent (लिक्वेसन्ट्) *adj.* द्रवणशील, गलाने योग्य।

Liqueur (लिक्यूर) *n.* मीठी सुगन्धित मदिरा। *v.t.* मदिरा को मीठी करना।

Liquid (लिक्विड्) *adj.* & *n.* जलीय, तरल, जल या तेल के समान तरल द्रव्य, जलमय, जलवत्, जलमय, अस्थिर, स्वर का उच्चारण।

Liqudity (लिक्विडिटि) *n.* तरलता।

Liquidate (लिक्विडेट्) *v.t.* & *i.* कर्ज चुकाना, हिसाब साफ करना, ऋणमुक्त करना, बेच डालना, बेबाकी करना, परिसमाप्त करना। **Liquidator,** *n.* ऋण निश्चित करने वाला अफसर।

Liquidation (लिक्विडेशन्) *n.* ऋण निस्तार, परिसमापन, हिसाब-किताब की चुकती, डूबते हुए कारोबार का हिसाब बराबर करना। परिनिर्धारण, भुगतान।

Liquor (लिकर्) *n.* तरल पदार्थ, शराब, सुरा, मदिरा।

Liquorice (लिकरिस्) *n.* मुलेठी।

Lira (लीअरा) *n.* इटालियन और टर्की का सिक्का।

Lisp (लिस्प्) *v.t.* अस्पष्ट बोलना, तुतलाना। *n.* तुतलाहट, जल का मन्द शब्द।

Lissom (लिसम्) *adj.* अस्थिर, चंचल।

Litany (लिटनि) *n.* गिरजाघर में प्रयोग की जाने वाली धार्मिक प्रार्थना।

Litchi (लिट्शी) *adj.* लिची (चीनी नस्ल का बंगाल में होने वाले फलों का पेड़)।

Literacy (लिटरसि) *n.* लिखने-पढ़ने की योग्यता, साक्षरता।

Literal (लिटरल्) *adj.* शब्दानुसार, मूलार्थक, शाब्दिक, रूपक। **Literalism,** *n.* मूलार्थ, शब्दानुसार अर्थ, शाब्दिक अर्थ से ही चिपटे रहना।

Literary (लिटररि) *adj.* शास्त्रीय, साहित्य सम्बन्धी।

Lithe (लाइथ्) *adj.* मृदु, कोमल, मुलायम, सुनम्य, लचीला। **Lithesome,** *adj.* मृदु।

Lithium (लिथिॲम) *n.* एक प्रकार की धातु।

Lithic (लिथइक्) *adj.* अश्मरी या पत्थर से संबंधित।

Lithium (लिथियम्) *n.* एक प्रकार की धातु।

Lithograph (लिथग्राफ्) *n.* & *v.t.* शिलामुद्रण, अश्म मुद्रण, इस विधि से चित्र उतारना। **Lithographer,** *n.* पत्थर पर छापा बनाने वाला। **Lithographic,** *adj.* पत्थर के छापे से संबंधित। **Lithography,** *n.* पत्थर का छापा, शिला मुद्रण, मुद्रण।

Lithology (लिथॅलॅजि) *n.* शिलविद्या।

Lithotomy (लिथॅटमि) *n.* मूत्राशय में से पथरी निकालने के लिए चीरफाड़।

Litigable (लिटिगेबल) *adj.* मुकदमा करने योग्य।

Litigant (लिटिगन्ट्) *adj.* विवादी, मुकदमेबाजी, मुकदमा लड़ने वाला।

Litigate (लिटिगेट्) *v.t.* & *i.* मुकदमा लड़ना अथवा करना, वाद करना, अदालत करना।

Litigious (लिटिजस्) *adj.* (विवादी) अदालती, मुकदमेबाज, मुकदमाबाजी संबंधी, वादप्रिय, विवाद से, वादयोग्य, कलहप्रिय।

Litmus (लिट्मस्) *n.* एक प्रकार की वनस्पति जो अम्ल के संसर्ग से लाल हो जाती है तथा क्षार से फिर ज्यों का त्यों नीला हो जाता है, रँगने की वस्तु।

Litre (लीटर्) *n.* प्रायः 35 आउन्स की तौल।

Litter (लिटर्) *n.* पालकी, तृण शैया (पशुओं की), पशु-बिछाली, कुड़ा-कर्कट, जानवरों के एक बराबर उत्पन्न बच्चे। *v.t.* & *i.* पशु का बिछावन बनाना, बच्चा पैदा करना, घास-फूस से ढँकना, छितराना, अस्त-व्यस्त करना।

Litterateur (लीटरटियर) *n.* विद्वान, साहित्यकार, साहित्यिक।

Little (लिटल्) *n., adj.* & *adv.* अल्प, अल्पमात्र (कुछ), छोटा, थोड़ा, तुच्छ। *n.* अल्प मात्रा, न्यून, बहुत थोड़ा-सा, थोड़ा बहुत। *adv.* थोड़ा-सा। **Littleness,** *n.* छोटा।

Littoral (लिटरल) *adj.* तीरस्थ, समुद्र किनारे की। *n.* तटीय प्रदेश।

Liturgical (लिटर्जिकल्) *n.* कर्मकांड संबंधी।

Liturgics (लिटरजिक्स्) *n.* कर्मकाण्ड विषय।

Livable (लिव़ेबल्) *adj.* बसने योग्य।

Livery-stable (लिव़री-स्टेबल्) *n.* घोड़ो के पालने का अस्तबल।

Livid (लिविड्) *adj.* काला नीला रंग का, बहुत क्रोधित।

Living (लिविंग्) *n.* जीवन, जीविकावृत्ति। *adj.* जीवित, जीवंत, हुबहू, सशक्त, तेजस्वी, स्फूर्ति, समकालीन, समकालिक, विद्यमान।

Lixiviate (लिक्सिव़िएट्) *v.t.* निक्षालन, धोकर छानकर निकालना।

Lizard (लिझर्ड) *n.* छिपकली।

Llama (लामा) *n.* बोझा ढोने का अमेरिका का ऊँट की तरह का एक पशु।

Lo (लो) *inter.* देखो, अहा, अरे।

Loach (लोच्) *n.* स्वच्छ पानी की छोटी मछली।

Load (लोड्) *n. esp.* भार, बोझ, भारण, बाधा, लदान, ऋण भार, कार्य-भार, भाड़ा, दबाव, खेप। *v.t.* & *i.* कष्ट देना, लादना, भरना, बोझना, भार देना, पर बोझ डालना, में बोझ डालना, बन्दूक में बारूद भरना।

Loan (लोन्) *n.* ऋण, उधार, कर्ज, उधार की हुई वस्तु। **Loanable,** *adj.* कर्ज देने के योग्य।
Loath, Loth (लोथ्) *adjs.* अनिच्छुक, विमुख।
Loathe (लोद्) *v.t.* घृणा करना, नफरत करना, से घृणा होना, विरक्ति रखना, निन्दा करना। **Loathing,** *n.* अति घृणा। **Loathingly,** *adv.* घृणा से।
Loathsome (लोथसम्) *adj.* घृणाजनक, घृणित, घिनौनापन।
Lob (लॉब्) *v.t.* & *i.* उछालकर हथगोला फेंकना, धीरे से मिसाइल दागना। *n.* आलसी पुरुष।
Lobate (लोबेट्) *adj.* फूले हुए भाग का।
Lobby (लॉबि) *n.* भद्‌दी तरह हिलना, धीरे-धीरे दौड़ना, नीचे की ओर से गेंद फेंकना। *v.t.* & *i.* नीति-निर्धारण में विधायकों पर प्रभाव डालने का प्रयास करना, किसी बिल आदि के पास कराने हेतु दबाव डालना। **Lobbyist,** *n.* विशिष्ट मत वाला सभासद।
Lobe (लोब्) *n.* पिंडक, पिंडिका, किसी अंग का गोल फूला हुआ भाग, पालि, खड, अंश।
Lobelia (लोबीलिआ) *n.* एक फूल का पौधा।
Lobster (लॉब्स्टर्) *n.* एक प्रकार का केकड़ा।
Local (लोकल्) *adj.* स्थानिक, स्थानीय, किसी विशिष्ट स्थान का। *n.* स्थानीय निवासी, स्थानीय निवास, स्थानीय समाचार, आदि।
Locale (लोकेल्) *n.* घटना घटने का स्थान।
Localism (लोकलिझम्) *n.* स्थान प्रेम, प्रांतीयता, किसी स्थान विशेष के लिए लगाव, स्थानिक उक्ति, कहावत, रीति-रिवाज।
Locality (लोकॅलिटि) *n.* स्थान, प्रदेश, जगह।
Localization (लोकलाइज़ेशन्) *n.* एक देश में स्थिर करने का कार्य।
Localize (लोकलाइझ्) *v.t.* सीमित करना, स्थानीय बनना, किसी मुख्य स्थान में स्थिर करना। **Localization,** *n.* स्थानीयकरण।
Locate (लोकेट्) *v.t.* & *i.* स्थापना करना, सीमा निर्धारित करना, ढूँढना, पता पाना, बस जाना, अवस्थित होना।
Locally (लोकलि) *adv.* किसी मुख्य स्थान में।
Location (लॉकेशन्) *n.* स्थापन, स्थिति, मौका, स्थल, स्थान निर्धारण।
Locative (लॉकेटिव्) *adj.* अधीकरण कारक, स्थानवाचक। *n.* सप्तमी विभक्ति, सातवीं विभक्ति।
Loch (लॉक्) *n.* झील, समुद्र का सँकरा भाग।
Lock (लॉक्) *n.* ताला, बन्दूक का घोड़ा, बाँध, बालों की लट। *v.t.* & *i.* ताला लगाना, बन्द करना, आलिंगन करना।
Lockage (लॉकेज) *n.* नहर का बाँध।
Lock-chain (लॉकचेन) *n.* पहिए में लाला बन्द करने की जंजीर।
Locker (लॉकर्) *n.* टेबुल इत्यादि की दराज, संदूकची, बैंक की तालेदार अलमारी, कीमती सामान रखने के लिए, बैंकों में सुरक्षित समान रखने के लिए तालेदार अलमारी।
Locket (लॉकिट्) *n.* लटकन, लोलक (ताबीज)।
Lock-hospital (लॉक हास्पिटल) *n.* सूजाक के रोगियों का अस्पताल।
Lodge (लॉज्) *n.* छोटा घर, नौकरों के रहने की कुटी, विशेष सम्प्रदाय के लोगों का मिलन या सभास्थल। *v.t.* & *i.* टिकाना, बसना, रखना, जगह देना, ठहराना, ठहरना, चलते-चलते ठहर जाना। **Lodger,** *n.* ठहरने वाला।
Lodging (लॉजिंग्) *n.* अस्थायी वासस्थान।
Loft (लॉफ्ट्) *n.* ऊपरी भाग, अटारी (मचान), दुछत्ती, दीर्घा, उत्कक्ष, ऊपर का कमरा, कबूतर का दर्बा।
Loftily (लॉफ्टिलि) *adv.* गर्व के साथ।
Lofty (लॉफ्टि) *adj.* ऊँचा, उन्नत, वैभवयुक्त, श्रेष्ठ, प्रौढ़, बड़ा, प्रसिद्ध, पूर्ण, प्रभावशाली, गर्वपूर्ण, अभिमानी, अंहकारी।
Log (लॉग्) *n.* वायुयान या जहाज का यात्रा-विवरण। *v.t.* लट्ठों के टुकड़े इकट्ठा करना।
Logarithm (लॉगरिथम) *n.* घातप्रमापक लघुगणक। **Logarithmic** (लॉगरिथमिक्) *adj.* लघुगणकविधि-संबंधी।
Log-book (लॉग्-बुक्) *n.* जहाज का रोज़नामचा, कार्यपंजी, अभिलेख पुस्तिका, यात्रा दैनिकी, लघुगणक पुस्तिका।
Logger-head (लागरहेड) *n.* जड़बुद्धि, मूर्ख।
Loggia (लॉजिया) *n.* तोरणपथ, आच्छादित वीथिका।
Logic (लोजिक) *n.* तर्क शास्त्र, तर्क करने की योग्यता तथा क्षमता, न्याय शास्त्र।
Logical (लोजिकल) *adj.* तर्कसंगत, तार्किक, तर्कशास्त्रीय।
Logician (लॉजिश्यन) *n.* तर्क-शास्त्री।
Logistics (लॉजिस्टिक्स) *n.* सेना की टिकाने की या हटाने की विद्या।
Logogram (लोगोग्राम) *n.* किसी शब्द के लिए

सुलभ सकेत।

Logomachy (लॉगॅमॉकि) *n.* शब्द-विवाद, (वाग्युद्ध)।

Logomania (लोगोमैनिया) *n.* बोलते रहने की सनक।

Loin (लोइन्) *n.* पुट्ठे का गोश्त, पशु की पीठ, कटि, कमर, कोख।

Loiter (लोइट्र) *v.t.* मटरगश्ती करना, ठहरना, विलंब करना। **Loiterer,** *n.* मटरगश्ती करने वाला।

Loiterer (लॉयटरर्) *n.* आलसी, काल-क्षेप करनेवाला।

Loll (लोल) *v.i.* सुस्ती में पड़े रहना, सुस्ताना, झूलना, पसर जाना, लटकाना (जीभ), लटकाना।

Lollipop (लॉलीपोप) *n.* एक प्रकार की मिठाई।

Lone (लॉन) *adj.* निर्जनता, असाहायता। **Loneliness.** *n.* अकेलापन।

Lonely (लोन्ली) *adj.* अकेला, एकाकी, निर्जन, अनाथ, असहाय।

Long (लाँग्) *adj.* विलम्बित, विस्तीर्ण या दीर्घकालव्यापी, दीर्घसूत्री, दीर्घ, लंबा, विशिष्ट लम्बाई वाला, मुद्दती। *adv.* बहुत दिनों तक। *n.* दीर्घकाल, लघु और दीर्घ स्वर। *v.i.* तीव्र इच्छा करना।

Longeval (लॉन्जीवल) *adj.* दीर्घजीवी।

Longevity (लांजेविटि) *n.* सेवा-काल, आयुकाल, दीर्घायु।

Longevous (लांगिवियस्) *adj.* चिरजीवी, अधिक वय का।

Longing (लाँगिग्) *n.* आशा, उत्कट इच्छा, अभिलाषा, भूख।

Longish (लाँगिश) *adj.* कुछ लम्बा।

Longitude (लॉजिट्यूड्) *n.* भूमध्यरेखा से पूरब या पश्चिम की दूरी, देशान्तर।

Longitudinal (लॉजिट्यूडिनल्) *adj.* लम्बाई, भूमध्यरेखा से पूरब या पश्चिम की दूरी, देशान्तर।

Longsome (लाँगसम) *adj.* थकाने वाला।

Longways, Longwise (लाँगवेस्, लाँगवाईस्) *adjs.* लम्बवत्।

Looby (लूबि) *n.* मूर्ख, आलसी, भद्दा मनुष्य।

Look (लूक्) *v.t.* & *i.* प्रतीत होना, परीक्षा करना, समान लगना, दृष्टिपात करना, आँखे फेरकर खो जाना, की ओर अभिमुख होना, दृष्टिक्षेप करना। *n.* देखना, दृष्टि, रूप, आकार, आकृति, सौंदर्य, सुंदरता, मनोहरता, भाव मुद्रा, दिखावा।

Looking-glass (लुकिंग्-ग्लास्) *n.* दर्पण, आईना, शीशा।

Look-out (लुक्-आउट्) *n.* किसी पदार्थ का सावधानी से निरीक्षण, अवेक्षण स्थल।

Loom (लूम्) *n.* करघा, डाँडे का भीतरी भाग, अस्पष्ट दर्शन। *v.t.* अस्पष्ट रूप से दिखाई पड़ना।

Loon (लून्) *n.* दुर्जन, लुच्चा, पाजी, बदमाश, दुष्ट, एक प्रकार का डुबकी मारने वाला पक्षी। **Loony,** *n.* पागल मनुष्य।

Loop (लूप्) *n.* फन्दा, पाश, दरार, फाँद, कुंडली, पाशक, चक्कर, छल्ला, तुकमा, चाप, गाँठ। *v.t.* & *i.* फंदा बनाना, छल्ला बनाना, लूप बनाना, फंदे में डालना, चक्कर में घूमना। **Looper,** *n.* एक प्रकार का रेंगने वाला कीड़ा।

Loophole (लूप्-होल्) *n.* छिद्र, निकास, भागने का गुप्त मार्ग।

Loopline (लूपलाइन) *n.* मुख्य रेलपथ से संयुक्त शाखा रेल-पथ।

Loose (लूस्) *adj.* शिथिल, खुला, स्वतंत्र, अनिश्चित, अलग, असंगठित, दुराचारी, अशुद्ध, अव्यवस्थित, व्यभिचारी। *v.t.* ढीला करना, बन्धनमुक्त करना, रियायत देना, विरल करना, रेचन करना, खुलना। **Loosely,** *adv.* शिथिलता से, अस्पष्टता से। **Losseness,** *n.* ढीलापन।

Loosen (लूसन्) *v.t.* & *i.* शिथिल करना, रियायत देना, विरल करना, ढीला करना, पृथक करना।

Loot (लूट्) *n.* लूट का माल, डकैती, लूट। *v.t.* & *i.* लूटना, डकैती डालना।

Lop (लॉप्) *v.t.* & *i.* डाल काटना (कलम करना) लटकना या लटकाना।

Lope (लोप) *v.i.* लम्बे-लम्बे डग मारते हुए दौड़ना।

Loquacious (लॉकेशिस्) *n.* वाचाल, बकवादी, बातूनी, गप्पी।

Loquacity (लॉकॅसिटि) *n.* बकवाद, वाचालता।

Lord (लॉर्ड) *n.* राजा, पति, मालिक, ईश्वर, महाराज, सामंत, नवाब, (प्रभु) स्वामी।

Lord-like (लार्ड-लाइक) *adj.* राजा सदृश, तेजस्वी।

Lordliness (लार्डलिनेस) *n.* भव्यता, गर्वीलापन, तेज, प्रभुत्व।

Lords (लॉर्डज्) *n.* . लन्दन में क्रिकेट के खेल का मैदान, थॉमस लार्ड के नाम से। **Lordship,** *n.* अधिकार क्षेत्र, प्रभुत्व।

Lore (लोअर्) *n.* विद्या, ज्ञान, शिक्षा।

Loricate (लॉरिकेट्) *adj.* कवचयुक्त।

Lorn (लॉर्न्) *adj.* निराधार, अनाथ।

Lorry (लॉरि) *n.* सड़क द्वारा सामान ढोने या सवारी ले जाने की लॉरी ट्रक।
Lory (लॉरि) *n.* तोते की जाति का एक पक्षी।
Lose (लूझ्) *v.t.* & *i.* वंचित होना, क्षति उठाना, खो देना, गुम कर देना, नष्ट करना, गलत जगह रख देना, गायब होना, असफल होना, गिरना।
Loser (लूज़र) *n.* खोनेवाला, हारनेवाला।
Loss (लॉस्) *n.* हानि, घाटा, नुकसान, कमी, क्षय, चूक, बाकीदारी, शोक, वियोग, नाश, घाटा।
Lot (लॉट्) *n.* सम्पूर्ण संख्या या मात्रा, अधिक मात्रा या संख्या, हिस्सा। *v.t.* अनेक भागों में बाँटना।
Lothario (लॉथेरिओ) कामुक, बुरी लत वाला, व्यसनी, लंपट।
Lotion (लोशन्) *n.* ज़ख्म धोने की दवा, धोना।
Lottery (लॉटरि) *n.* चिट्ठी डालकर इनाम बाँटने की रीति, ताश का खेल, भाग्य का खेल।
Lotus (लोटस्) *n.* कमल, पद्म। **Lotus stalk,** *n.* कमल नाल।
Loud (लाउड्) *adj.* तीव्र, ऊँचा, उच्च, धृष्ट, कोलाहलपूर्ण, प्रबल, बड़ी ध्वनि का, चटकीला, ऊँचे स्वर से। **Loudly,** *adv.* ऊँचे स्वर से।
Loud-speaker (लाउड-स्पीकर्) *n.* ऐसा यंत्र जिसके द्वारा गाना इत्यादि ज़ोर से दूर तक सुन पड़ता है, ध्वनिविस्तारक यंत्र।
Lounge (लाउन्ज्) *v.i.* पड़े रहना, आलस्य से कालक्षेप करना, सुस्ती करना, समय गँवाना, व्यर्थ पड़े रहना। *n.* विश्राम कक्ष, सोफा, आरामकुर्सी, रहने का स्थान, बैठकखाना। **Lounger,** *n.* आलसी, कालक्षेपक। **Loungely,** *adv.* आलस्य से। **Lounging,** *n.* आलस्य।
Lour (लॉवर्) *v.i.* त्यौरी चढ़ाना, नाक-भौं चढ़ना, क्रोध में भरना, बादल छाना। *n.* भीषण, भयकारी आकृति।
Louse (लाउस्) *n.* जूआँ (चीलर)। **Lousy,** *adj.* जुओं से भरा हुआ। **Lousiness,** *n.* जिसमें खूब जुएँ ही जुएँ हों।
Lout (लाउट्) *n.* गँवार, असभ्य व्यक्ति, भद्दा आदमी। **Loutish,** *adj.* अनाड़ी।
Loutish (लाउटिश्) *adj.* अनाड़ी।
Louver, Louvre (लूव़र्) *ns.* धूम्ररन्ध्र, धुँआरा, धूम्र मार्ग, धुवाँकश, झिलमिली। **Louvered,** *adj.* धुवाँखा लगा हुआ।
Lovable (लव़ेबल्) *adj.* प्रिय, प्यारा, प्रेम करने योग्य। **Lovably,** *adv.* प्यार से। **Lovableness,** *n.* प्रेम की योग्यता, प्यारापन।
Lovage (लवेज़) *n.* एक प्रकार की वनस्पति।
Love (लव्) *n.* प्रेम, स्नेह, रुचि, प्रीति, प्रीतिपात्र। *v.t.* & *i.* प्रेमासक्त होना, कामातुर, प्रेम करना, प्रसन्न होना।
Lovelace (लव़लेस) *n.* व्याभिचारी मनुष्य, लम्पट।
Loveless (लव़लिस्) *adj.* प्रेमरहित, स्नेह-रहित।
Loveliness (लवलिनेस) *n.* माधुर्य, सुन्दरता।
Lovely (लव़लि) *adj.* मनोहर, सुन्दर, प्यारा।
Lover (लव़र्) *n.* स्त्री का प्रेमी। **Lover-like,** *adj.* स्त्री के प्रेमी के समान।
Loving (लविंग्) *adj.* अनुरागी, स्नेही, प्रेममय, स्नेहमय, प्रिय। **Lovingly,** *adv.* प्रेम से। **Lovingness,** *n.* प्रेमपूर्वक।
Love-sick (लव्ह-सिक्) *n.* कामपीड़ित, प्रेम-विह्वल।
Low (लो) *n.* रंभण, डकार, बैल की तरह डकारना। *v.i.* नीचा होना, रंभाना।
Low (लो) *adj.* & *adv.* नीचा, अधम, निचला, अधःस्थ, अतुंग, नीच, अवनत, छोटा, लघु, बहुत नीचे तक गया हुआ, धीमा, सस्ता, निर्बल, थोड़ा, कम उदास, खोटा, कमीना, गँवार, अल्प विकसित, असभ्य। *adv.* कम कीमत का, हल्का, धीमे स्वर में, जमीन तल पर।
Lower (लोअर्) *v.t.* & *i.* उतारना, घटाना, कम करना, डुबाना, उतरना, कम होना, न्यून करना।
Lowering (लोअरिंग) *adj.* मेघयुक्त, अंघकारपूर्ण, अवनत करने वाला। *n.* घटाने का काम।
Lower-most (लोअर-मोस्ट्) *adj.* सबसे नीचे का।
Lowing (लोइंग) *n.* गाय-बैल का शब्द।
Lowland (लोलैंड्) *n.* नीचे तल की भूमि, सपाट जमीन। *adj.* नीचे तल की जमीन के प्रदेश का।
Lowliness (लोलिनेस्) *adj.* विनित, नम्र, दर्पहीन।
Lowly (लोलि) *adj.* विनीत, नम्र, दर्पहीन। *adv.* विनम्रता से। **Lowliness,** *n.* विनय, नम्रता।
Loyal (लॉयल्) *n.* राजभक्त, सच्चा, अनुरागी। **Loylist,** *n.* राजभक्त।
Loyalty (लॉयल्टि) *n.* राजभक्ति, वफ़ादारी, पतिभक्ति, निष्ठा, देशभक्ति, स्वामिभक्ति।
Lozenge (लॉझिन्ज्) *n.* विषमकोण समचतुर्भुज, बर्फी मिठाई। **Lozenged,** *adj.* विषम कोण, चतुर्भुज के आकार की।
Lubber (लबर्) *n.* स्थूल बुद्धि वाला मनुष्य, गोबर गणेश।

Lubric (ल्यूब्रिक) *adj.* अस्थिर, फिसलनेवाला।

Lubricant (लुबरिकेन्ट्) *n.* स्नेहक, चिकनाई, तेल आदि।

Lubricate (लुब्रिकेट) *v.t.* तेल देना, मशीन में तेल डालना, चिकना करना।

Lubrication (लुब्रिकेशन्) *n.* चिकनाहट लाने का कार्य।

Lubricator (लुब्रिकेटर्) *n.* चिकना करने वाला।

Lubricity (लुब्रिसिटि) *n.* चिकनाहट, स्निग्धता।

Lucent (ल्यूसेन्ट्) *adj.* दीप्तिमान, तेजस्वी, स्वच्छ, प्रकाशमान्। **Lucency,** *n.* चमक।

Lucerne (लूसर्न) *n.* घास, रिजक्ता, विलायती घास।

Lucid (लुसिड्) *adj.* उज्जवल, पारदर्शी, स्वच्छ, चमकीला, स्वस्थ, स्पष्ट अर्थ का। **Lucidity,** *n.* उज्जवलता, पारदर्शिता, स्वस्थता, सुबुद्धि। **Lucidly,** *adv.* स्पष्टता से।

Lucifer (लूसिफर्) *n.* शुक्रतारा, शैतान, रगड़कर जलाई जानेवाली दियासलाई। **Luciferous,** *adj.* चमकीला, प्रकाश देने वाला।

Luck (लक्) *n. esp.* भवितव्यता, संयोग, प्रारब्ध, दैव, नियति, सौभाग्य, भाग्य। **Luck penny,** *n.* दस्तूरी।

Luckless (लकलैस) *adj.* अभागा, भाग्यहीन। **Lucklessly,** *adv.* दुर्भाग्य से।

Lucky (लकि) *adj.* (*comp.* **Luckier,** *sup.* **Luckiest**) धन्य, भाग्यवान, शुभ।

Lucrative (लूक्रेटिव़) *adj.* लाभदायक, फल देनेवाला, लाभपूर्वक।

Lucre (लूकर्) *n.* अर्थ-प्राप्ति, आय, धन, लाभ।

Lucubrate (ल्यूक्यूब्रेट) *v.i.* रात में अध्ययन करना या काम करना।

Lucubration (ल्यूक्यूब्रेशन्) *n.* रात्रि समय का अध्ययन। **Lucubrate,** *v.t.* रात्रि के समय लैम्प की रोशनी से अध्ययन करना।

Lucubrator (ल्यूक्यूब्रेटर) *n.* रात्रि में मोमबत्ती क्रे प्रकाश में अध्ययन करनेवाला।

Luculent (लूक्यूलेन्ट्) *adj.* सुबोधगम्य, अकाट्य, स्पष्ट, स्वच्छ, उज्जवल।

Ludicrous (लूडिक्रस्) *adj.* भद्दा, असंगत, हास्यकर, फूहड़।

Lues (लूईज़्) *n.* संक्रामक रोग, प्लेग।

Luff (लफ्) *n.* जहाज का अगला चौड़ा भाग। *v.t.* & *i.* जहाज को हवा के रुख पर लगाना।

Lug (लग्) *v.t.* & *i.* बलपूर्वक भारी बोझ खींचना, खींचना, घसीट कर ले जाना, घसीटना। *n.* चौकोनी पाल।

Luggage (लगेज्) *n.* यात्रा-सामग्री, सामान, यात्री का सामान।

Lugger (लगर्) *n.* एक प्रकार का छोटा जहाज़।

Lugubrious (लूग्यूब्रिअस्) *adj.* उदासीन, कारुणिक, दुःखात्मक, शोचनीय, विषादमय, शोक-सूचक।

Lukewarm (लूक्वॉर्म्) *adj.* उदासीन, शिथिल, मंदोत्साह, निरुत्साह, गुनगना।

Lull (लल्) *v.t.* गाकर सुलाना, शान्त करना, धीमा करना, कम करना। *n.* तूफान के बाद की शांति। **Lullingly,** *adv.* शान्तिभाव से।

Lullaby (ललबाय्) *n.* & *v.t.* बच्चों को सुलाने का गीत, लोरी, स्वापिका, स्वापगीत।

Lumbaginous (लम्बीजिनस्) *adj.* कटिवेदना-संबंधी, कमर के दर्द का।

Lumbago (लम्बेगो) *n.* कटिवेदना, कटिवात, कटिशूल, कमर का दर्द।

Lumbar (लम्बर्) *adj.* कटि-संबंधी, कमर का।

Lumber (लम्बर्) *v.t.* & *i.* भदद्दी तरह से चलना, रुकावट डालना। *n.* निरर्थक पदार्थ, काठ-कबाड़। **Lumber-room,** *n.* काठ-कबाड़ रखने की कोठरी।

Lumiere (लूमिएअर्) *n.* रंगीन तस्वीर उतारने की पद्धति।

Luminant (लूमिनेन्ट्) *adj.* & *n.* प्रकाश देने वाला, चमकता पदार्थ।

Luminary (लूमिररि) *n.* सूर्य, चन्द्रमा, तारागण, ज्योति, प्रकाश ग्रह, अपूर्व बुद्धि का मनुष्य, विद्वान, महान् पंडित, शिक्षादाता।

Luminiferous (लूमिनिफरस्) *adj.* प्रकाश पैदा करनेवाला।

Luminosity (लूमिनॉसिटि) *n.* चमकीलापन।

Luminous (लूमिनस्) *adj.* प्रकाशयुक्त, चमकीला, प्रकाश फेंकनेवाला।

Lump (लम्प्) *n.* आकृति- हीन ढेर, समूह, पिण्ड, सूजन। *v.t.* & *i.* इकट्ठा करना, ढेर लगाना, स्थूल रूप मे लेना।

Lumper (लम्पर) *n.* जहाज़ पर का माल चढ़ाने या उतारनेवाला कुली।

Lumping (लॅम्पिंग) *adj.* बड़ा, भारी।

Lumpish (लम्पिश्) *adj.* स्थूलमति, मूर्ख, भारी, आलसी, भद्दा। **Lumpishness,** *n.* स्थूलता।

Lumpy (लम्पि) *adj.* ढेर लगाया हुआ।

Lunacy (लूनसि) *n.* उन्माद, मतिविभ्रम, पागलपन,

बावलापन।

Lunar (लूनर्) *adj.* चन्द्रमा-संबंधी।

Lunate (लूनेट्) *adj.* अर्धचन्द्र के आकार का।

Lunatic (लूनटिक्) *adj.* उन्मत्त, हतबुद्धि, पागल, झक्की। *n.* पागल व्यक्ति।

Lunation (ल्यूनेशन्) *n.* एक चन्द्रोदय से दूसरे चन्द्रोदय तक का समय।

Lunch, Luncheon (लंच्, लंचन्) *ns.* सवेरे के जलपान तथा रात के भोजन के बीच में थोड़ा भोजन। *v.t.* इस प्रकार का भोजन करना।

Lunette (लूनेट्) *n.* गुम्बद या छत में का चन्द्राकार छिद्र या ताखा।

Lung (लंग्) *n.* फुप्फुस, फेफड़ा।

Lunge (लंज्) *n.* घोड़ा फेरने की लम्बी बागडोर। *v.t.* घोड़े को चक्कर देना। *v.i.* तलवार भोंकना।

Luniform (लूनिफॉर्म) *adj.* चन्द्रकार।

Lupine (लूपाइन्) *adj.* भेड़िया-संबंधी, भेड़िये के सदृश।

Lupine (लूपिन्) *n.* शमोधान्य, एक प्रकार का पौधा।

Lupus (लूपस्) *n.* एक प्रकार का चर्म रोग। **Lupous,** *adj.* चर्म रोग से संबंधित।

Lurch (लर्च्) *n.* किसी चीज का एक ओर को यकायक झुकाव, आपत्ति की दशा।

Lurcher (लर्चर्) *n.* उचक्का, घाती, एक प्रकार का दोगला कुत्ता।

Lure (ल्यूअर्) *n.* प्रलोभन, ललचाने का पदार्थ, आर्कषण। *v.t.* लुभाना, फुसलाना, फंदा बनाना, फंसाना।

Lurid (ल्यूअरिड्) *adj.* घोररूप, अन्धकारमय, अप्राकृतिक, चटकीला, भयंकर।

Lurk (लर्क्) *v.t.* छिपे रहना, दबकना, घात में रहना। *n.* धोखा, दगा, कपट, छल।

Lurker (लर्कर्) *n.* अपने को छिपानेवाला मनुष्य।

Lurking (लर्किंग) *n.* & *adj.* छिपा रहना, छिपे हुए।

Luscious (लशस्) *adj.* अति मधुर, मज़ेदार, स्वादिष्ट।

Lush (लश्) *adj.* रसीला, धनवान, प्रभूत, रस भरा हुआ। *n.* मदिरा, पीने का दौर, शराब।

Lust (लस्ट्) *n.* आनन्द, क्षुधा, स्त्री संभोग की इच्छा, उत्कंठा, कामुकता, तीव्र लालसा। *v.t.* लालसा होना, कामातुर होना। **Lustful,** *adj.* कामातुर।

Lustful (लस्टफुल) *adj.* कामातुर।

Lustihood (लस्टिहुड्) *n.* शरीर का बल, दृढता।

Lustration (लस्ट्रेशन्) *n.* होम आदि से शुद्धिकरण।

Lustre (लस्टर्) *n.* प्रभा, यश, चमक-दमक, प्रकाश, शोभा, तड़क-भड़क। *v.t.* चमकना, जगमगाना। **Lustreless,** *adv.* प्रकाशहीन।

Lustrous (लस्ट्रस्) *adj.* दीप्तिमान, उज्जवल, चमकदार, चमकीला, प्रभापूर्ण, प्रदीप्त।

Lusty (लस्टि) *adj.* सुदृढ़, बलवान, शक्तिवर्धक, स्वास्थवर्धक, तगड़ा, हट्टाकट्टा, कामुक।

Lustihood (लस्टिहुड) *n.* शरीर का बल।

Lustily (लस्टिलि) *adv.* लालसा से, कामुकता से।

Lute (लूट्) *n.* सितार, वीणा। *v.t.* सितार बजाना, सितार के समान स्वर निकालना। **Lutanist,** *n.* वीणावादक।

Luteous (ल्यूटियस्) *adj.* गहरे नारंगी रंग का।

Lustestring (ल्यूट्स्ट्रिंग) *n.* वीणा का तार, एक प्रकार का चमकीला रेशमी कपड़ा।

Lutose (ल्यूटोस) *adj.* कीचड़ से ढका हुआ।

Luv (लव) *n.* शब्द लिखने का अनौपचारिक तरीका।

Luvy (लवी) *n.* ऐसा अभिनेता जो दिखावे का व्यवहार करते हो।

Luxate (लक्सेट) *v.t.* जोड़ या संधि हटाना, स्थान से हटाना।

Luxuriance (लग्ज्युॲरअॅन्स) *n.* समृद्धि, बहुतायत।

Luxuriant (लक्स्यूरिअन्ट) *adj.* प्रचुर, हरा-भरा, अति समृद्ध।

Luxurious (लक्स्यूरिअस्) *adj.* ऐयाश, मौजमस्ती में समय काटने वाला, विलासी प्रकृति का।

Luxuriate (लक्यूरिएट्) *v.i.* आनन्द मचाना, चैन करना, हरा-भरा होना, मजे लूटना, भोग विलास करना, ऐयाश होना।

Luxurist (लक्ज़रिस्ट्) *n.* विलासी मनुष्य।

Luxury (लक्ज़रि) *n.* विशिष्ट भोजन, विलास, ऐयाशी, विषय-सुख, विलासिता, व्याभिचारिता, लंपटता, सुरुचि संपन्न।

Lycanthropy (लाइकॉनथ्रॉपि) *n.* पागलपन जिसमें रोगी अपने को पशु समझता है।

Lychnis (लिक्निस) *a.* एक प्रकार के पौधे।

Lycra (लाईकरा) *n.* एक कृत्रिम कपड़ा जो शरीर के तंग कपड़े बनाने के काम आता है।

Lyddite (लीडाइट्) *n.* विस्फोटक पदार्थ।

Lydian (लिड्इअन्) *adj.* मृदुल, कोमल, जनाने ढंग का।

Lye (लाय्) *n.* क्षारपूर्ण जल, खारा घोल, धवन जल, सज्जीदार पानी।

Lying (लाइंग) *n.* झूठ बोलना, पड़े हुए।

Lying-in (लायिंग्-इन) *n.* प्रसूति ग्रह। *adj.* प्रसूति काल से सम्बन्धित।

Lyke-wake (लाइक्-वेक) *n.* शव की पहरेदारी।

Lymph (लिम्फ्) *n.* शरीर में का पंछा। **Lymphatic,** *adj.* शरीर में के पंछे से सम्बन्धित।

Lyncean (लिनसीऍन्) *adj.* तीव्र दृष्टिवाला।

Lynch (लिच्) *v.t.* बिना सामान्य कानूनी कार्यवाही के प्राण-दंड का फैसला करना, अन्याय पूर्ण दन्ड देना।

Lynx (लिंक्स्) *n.* बिल्ली के कुल का एक जंगली पशु।

Lyrate (लाइरेट्) *adj.* वीणा के आकार का।

Lyre (लायर) *n.* वीणा, बीन, तंतुवाद्य।

Lyric (लिरिक्) *adj.*). वीणा का गायन संबंधी। *n.* गायन रूप की कविता। **Lyrically,** *adv.* गाने के रूप में। **Lyricism,** *n.* गायनरूप की कविता। **Lyricist,** *n.* गीतकार।

Lyrist (लिरिस्ट) *n.* गीतकार, सारंगी बजाने वाला, सारंगी वादकनवाज।

M

M (एम्) (*pl.* **Ms or M's**) अंग्रेजी वर्णमाला में तेरहवां अक्षर, रोमन अंक में 1000 के लिए प्रयुक्त अंक।

M (एम) *abbr.* पुरुष, विवाहित, मीटर, मिलियन।

Ma (मा) (*vulg.*) *n.* **Mamma** का छोटा रूप, माँ, अम्मा।

Ma'am (मॅम्) *n.* मैडम शब्द का संक्षिप्त रूप, महिलाओं के लिए सम्मानसूचक शब्द, महोदया।

Macadamization (मॉकाडमाइज़ेशन्) *n.* मिट्टी से सड़क बनाने का कार्य।

Macque (मॉकाक्) *n.* अफ्रीका का लंगूर।

Macarise (मैकराइज़्) *v.t.* आशीर्वाद तथा बधाई देना।

Macaroni (मॅकरोनि) *n.* खाने के लिए मैदे की लोई की सुखाई गई बत्ती, सेवई।

Macaronic (मॅकरोनिक्) *adj.* अनेक भाषाओं का मिश्रण, गड्डमड्ड, घालमेल। *n.* खिचड़ी भाषा।

Macaroon (मॅकरून्) *n.* बादाम, अण्डा तथा चीनी की एक प्रकार की मिठाई।

Macassar-oil (मैकैसर ऑइल) *adj.* & *n.* बालों में लगाने का तेल।

Macaw (मकॉ) *n.* एक प्रकार का तोता, एक प्रकार का नारियल।

Mace (मेस्) *n.* राजदंड, भारी गदा।

Macerate (मॅसरेट्) *v.t.* & *i.* भिगोकर मुलायम करना, गलाना, क्षीण करना, भीगकर मुलायम होना, व्रत करके दुर्बल होना।

Machination (मॅशिनेशन्) *n.* कपट-प्रबन्ध रचने वाला, कूट प्रबन्ध, षड्यंत्र करने वाला मनुष्य।

Machinator (मेशीनेटर्) *n.* कपट-प्रबंध रचने वाला, षड्यन्त्र करने वाला मनुष्य।

Machinal (मॉशीनल्) *adj.* यंत्र संबंधी।

Machine (मशीन्) *n.* यन्त्र, साधन, बिना बुद्धि के काम करनेवाला। *v.t.* मशीन की सहायता से तैयार करना।

Macrology (मॉक्रोलॉजि) *n.* वाचालता, बड़बड़ाहट।

Macron (मेकरॅन्) *n.* अंग्रेज़ी स्वर पर दीर्घ का चिह्न, यथा : á ê î ô û.

Macula *n.* (मॅक्यूला) सूर्य का कलंक, दाग, चिह्न, धब्बा, बिंदु, लांछन।

Mad (मॅड्) *adj.* उन्मत्त, भ्रान्तचित्त, पागल, प्रेम-विह्वल, पागलपन का, बेवकूफ़, प्रेमांध, विकृत बुद्धिवाला।

Madam (मॅड्) *n.* महोदया, साहिबा, बीबी, गृहस्वामिनी, उपपत्नी।

Madcap (मड्-कॅप्) *n.* झक्की मनुष्य।

Madden (मॅड्न्) *v.t.* & *i.* उन्मत्त करना या पागल होना।

Madder (मॅडर्) *n.* कालमेशी, मंजिष्ठा, मजींग, छबीला।

Made (मेड्) *adj.* / *adj.* बना हुआ, निर्मित।

Mademoiselle (मॉडम्वज़ेल्) *n.* कुमारी कन्या।

Made-up (मेड्-अप) *adj.* आविष्कृत, मनगढ़ंत, प्रसाधित, कृत्रिम।

Media (मॉडिआ) *n.* सूरजमुखी के प्रकार का पौधा।

Madly (मॉड्लि) *adv.* उन्मत्तता से, पागलपन से।

Madrigal (मॉड्रिगल्) *n.* प्रेमगीत, खंड गीत, कजरी।

Maelstrom (मेलूस्ट्रॉम्) *n.* पानी का भंवर-भंवरा, जलजला, आवर्तन, बातचीत में बहस, बवंडर।

Maestro (मैडस्ट्रो) *n.* संगीताचार्य, संगीतकार।

Mafia (माफिया) *n.* अपराधियों की अंतर्राष्ट्रीय संस्था।

Maffick (मॉफ़िक्) *v.i.* उन्मत्त की तरह आनन्द मचाना।

Magazine (मॅगझीन्) *n.* शस्त्र, बारूद सामान इत्यादि का गोदाम, नाना विषय की पुस्तक या पत्रिका।

Mage (मेज्) *n.* जादूगर, पण्डित।

Magdalen (मॅग्डालिन्) *n.* सुमार्ग पर आई हुए वेश्या, ऐसी वेश्याओं को आश्रय देने वाली संस्था का स्थान।

Magenta (मैजेन्टा) *n.* एक प्रकार का लाल गुलाबी रंग, किरमिजी रंग।

Maggot (मॅगट्) *n.* कृमि, (कीड़ा), मौज (झक)।

Magic (मॅजिक्) *n.* जादू-टोना, अभिचार, इन्द्रजाल, जादूगरी। **Magical,** *adj.* जादूकृत, इन्द्रजालिक, जादू का।

Magic square (मैजिक-स्क्वेअर्) *n.* एक बड़े वर्ग में छोट-छोटे वर्ग, जिनमें प्रत्येक में एक संख्या लिखी होती है, अंकयंत्र।

Magician (मॅजिशन्) *n.* बाजीगर, जादूगर, मायावी।

Magician (मॉजिशिन्) *n.* जादूगर।

Magisterial (मॅजिस्टीरिअल्) *adj.* मजिस्ट्रेट-सम्बन्धी, अध्यापक संबंधी, दंडाधीश संबंधी।

Magistrate (मजिस्ट्रेट्) *n.* जनपदाधीश, न्यायध्यक्ष, मैजिस्ट्रेट।

Magna Carta (मैग्ना कोर्ट्) *n.* अधिकार प्रदान करने वाला बुनियादी विधान या कानून।

Magnanimity (मॅगॅनिमिटि) *n.* उदारता, औदार्य, महानुभवता, महात्म्य।

Magnanimous (मॅगनिमस्) *adj.* महानुभाव, उदारचरित।

Magnate (मॅगनेट्) *n.* उच्चपदाधिकारी मनुष्य, रईस।

Magnesia (मॅगनीशा) *n.* एक प्रकार की दवा में पड़ने वाली क्षार-युक्त सफेद मिट्टी, लवण।

Magnesium (मॅगनीसिअस्) *n.* एक विशेष धातु जो जलाने से तीव्र प्रकाश देती है।

Magnet (मॅगनिट्) *n.* लोहकान्तमणि, चुम्बक।

Magnetic (मॅगनेटिक्) *adj.* आकर्षक, चुम्बक संबंधी, सम्मोहक, आकर्षणशील। **Magnetically,** *adv.* चुम्बकीय आकर्षण द्वारा।

Magnetism (मॅगनिटिझम्) *n.* आकर्षण शक्ति, चुंबकत्व, पृथ्वी की आकर्षण शक्ति।

Magnetize (मॅगनिटाइझ्) *v.t.* लोहे में आकर्षण शक्ति उत्पन्न करना।

Magnetite (मैगनिटाइट) *n.* खान से निकला हुआ चुम्बकीय शक्ति वाला कच्चा लोहा।

Magneto (मॅगनीटो) *n.* बिजली की शक्ति उत्पन्न करने का यंत्र।

Magnetophone (मॅगनिटाफन्) *n.* एक प्रकार का ध्वनिक्षेपक यंत्र।

Magnificent (मॅगनिफिसेन्ट) *adj.* शोभायमान, तेजस्वी, प्रतापी, विशाल, भव्य, महाप्रतापी, देदीप्यमान। **Magnificently,** *adv.* शान के साथ। **Magnificence,** *n.* तेज, महिमा, प्रताप, ऐश्वर्य।

Magnifier (मॅगनिफायर्) *adj.* बढ़ाकर दिखलाने वाला, आवर्धक।

Magnify (मॅगनिफाय्) *v.t.* बढ़ाना, अधिक करना, अतिशय वर्णन करना, बड़ा बनाना, विस्तीर्ण करना, आवर्धन करना। **Magnifier,** *n.* बढ़ाने वाला।

Magniloquent (मॅगनिलाक्वेंट्) *adj.* प्रगल्भ, शेखीबाज़ी, धृष्ट वाक्यवाला, डींग मारने वाला। **Magniloquence,** *n.* प्रौढ़ भाषण। **Magniloquently,** *adv.* प्रगल्भ वाणी से।

Magnitude (मॅगनिटयूड्) *n.* परिणाम, मात्रा, आकार, महत्व।

Magnolia (मॅगनोलिआ) *n.* बड़े फूल वाला एक प्रकार का वृक्ष।

Magnum (मॉग्-नम्) *n.* अस्सी आउन्स तरल पदार्थ रखने का बोतल।

Magnum opus (मैग्नम ओपास) *n.* किसी लेखक की सर्वात्तम रचना।

Magpie (मॅग्पाय्) *n.* नीलकण्ठ पक्षी, बकवादी, सग्रंहकर्ता।

Magus (मेगस्) *n.* पूर्वी देशों का जादूगर या विद्वान।

Mahogany (महॅगनि) *n.* महोगनी वृक्ष।

Maid (मेड्) *n.* कन्या, कुमारी, अविवाहिता युवती, रानी या राजकुमारी की सेविका या दासी।

Maiden (मेडन्) *n.* अविवाहित नवयुवती। *adj.* अविवाहित युवती का, प्रथम, पहली (बार की) **Maidenhood,** *n.* युवावस्था, कौमार्य, कुमारीपन।

Maiden speech (मेडन् स्पीच्) *n.* वक्ता का पहला व्याख्यान।

Mail (मेल्) *n.* शरीर-त्राण, कवच, डाक का थैला, डाक विभाग, किराया, भुगतान, पशुओं का रक्षाआवरण, कपड़े पर इस्त्री का दाग, डाकुओं का घूस या कर, डाकिया या डाक-गाड़ी। *v.t.* डाक से भेजना। **Mailbag,** *n.* डाक का थैला। **Mailbox,** *n.* पत्र-पेटिका। **Mail order,** *n.* पत्र-व्यवहार द्वारा डाकखाने के माध्यम से माल मँगाना। **Mailing,** *n.* डाक से भेजी गयी वस्तु।

Mailable (मेलेबल्) *adj.* डाक से भेजने योग्य।

Maim (मेम्) *v.t.* अंगहीन करना, लंगड़ा करना, अपंग करना, काटना।

Main (मेन्) *adj.* प्रमुख, महत्त्वपूर्ण, बड़ा, विस्तृत। *n.* किसी भवन के लिए जल, गैस या विद्युत की पूर्ति, पूरा भाग, मुख्य भाग, महासागर, गन्दे पानी की निकासी की मुख्य पाईप।

Mainland (मेन्-लैन्ड्) *n.* महाद्वीप, मुख्य भूभाग, महादेश।

Mainly (मेनूलि) *adv.* प्रधान रूप से, विशेषकर।

Mainmast (मेनमास्ट्) *n.* जहाज का प्रधान मस्तूल।

Mainsail (मेनूसेल्) *n.* जहाज में सबसे नीचे की मस्तूल, जहाज की मुख्य मस्तूल।

Mainspring (मेनूस्प्रिंग्) *n.* घड़ी की बड़ी कमानी, मुख्य कमानी, बड़ी कमानी।

Mainstay (मेनूस्टे) *n.* प्रधान आश्रय, मुख्य सहारा, बड़े डोल की रस्सी।

Maintain (मेन्टेन्) *v.t.* अवलम्बन करना, प्रतिपादन करना, निर्वाह करना, सँभालना, धारण करना, रक्षा करना, किसी सिद्धान्त को स्वीकार करना।

Maintainable (मेन्टेनेबल्) *adj.* प्रतिपादन करने (सँभालने) योग्य।

Maintenance (मेन्टिनन्स्) *n.* जीविका, रक्षा, धारण, संभरण, पोषण, भरण-पोषण, अनुरक्षण, देखभाल, निर्वाह।

Maize (मेझ्) *n.* जुआर, मक्का, भुट्टा।

Majesty (मॅजिस्टि) *n.* सत्ता, प्रभुत्व, गौरव, विभूति, महिमा, राजप्रताप, प्रभुत्व, दबदबा।

Majestic (मॅजेस्टिक्) *adj.* प्रभावशाली, ऐश्वर्यपूर्ण। **Majestically,** *adv.* गौरव के साथ, ऐश्वर्य से।

Major (मेजर्) *n.* सैन्यदल का अध्यक्ष, प्रमुख, व्यस्क, (बालिग)। *adj.* वयस्क, बालिग, सेना का अधिकारी (मेजर), किसी छात्र का प्रिय विषय।

Majority (मजॉरिटि) *n.* अधिक संख्या, बहुमत, अधिकांश, उत्कर्ष, वयस्कता।

Maker (मेकर्) *n.* रचनेवाला, बनानेवाला, कर्त्ता।

Make out (मेक् आउट्) *v.t.* समझना, मालूम करना।

Make shift (मेक् शिफ्ट्) *n.* काम चलाऊ।

Make weight (मेक्-वेट्) *n.* पासंग।

Maker (मेकर्) *n.* रचने वाला, कर्त्ता, जन्मदाता, पैदा करने वाला।

Making (मेकिंग्) *n.* बनाने का कार्य, लाभ।

Maladjustment (मॅलॅड्जस्टमेन्ट्) *n.* बुरा प्रबन्ध, कुसमायोजन, अपसमायोजन, कुव्यवस्था।

Maladroit (मॅलड्राइट्) *adj.* भद्दा, अदक्ष, अनाड़ी, फूहड़।

Malady (मॅलडि) *n.* रोग, व्याधि।

Malaise (मॅलेझ्) *n.* बेचैनी, शारीरिक क्लेश, व्याकुलता, क्लांति, घबराहट, अस्वस्थता।

Ma ar (मेलर्) *adj.* गाल (की हड्डी) संबंधी।

Malaria (मलेरिआ) *n.* एक प्रकार का ज्वर जो विषैले मच्छरों के काटने से होता है। **Malarial, Malarious,** *adjs.* मलेरिया संबंधी।

Malcontent (मॅल्कन्टेन्ट्) *adj.* असन्तोषी, विद्रोहशील। *n.* असन्तुष्ट व्यक्ति।

Male (मेल्) *adj.* पुरुष-सम्बन्धी, पुल्लिंग, गर्भाधान कराने वाली जाति का, नर-जातीय। *n.* नर पशु या वनस्पति।

Malediction (मॅलिडिक्शन्) *n.* शाप, निंदा, आक्रोश, अभिशाप। **Maledictory,** *adj.* अभिशापक, दुर्वचन का।

Malefactor (मॅलि-फॅक्टर्) *n.* पापी, दुष्कर्मी, अपकारी, अपराधी, कुकर्मी।

Malefic (मॅलेफिक् मॅलेफिसन्ट्) *adj.* हानिकर, नुकसान, पहुँचाने वाला।

Maleficence (मॉलिफिसन्स्) *n.* अपकार।

Malevolent (मॅलेवोलन्ट्) *adj.* द्रोही, कुबुद्धि, दुष्टभाव।

Malfeasance (मॅल्फीझन्स्) *n.* नियम विरुद्ध आचरण, दुष्कर्म, अपराध।

Malformation (मॅल्फॉर्मेशन्) *n.* कुरूपता, बुरी बनावट, विकृति, भ्रष्ट रचना, कुरचना। **Malformed,** *adj.* भद्दी बनावट का।

Malice (मॅलिस्) *n.* द्वेष, ईर्ष्या, द्रोह, चिढ़ाने की इच्छा, दुभावना, डाहा।

Malicious (मॅलिशअस) *adj.* द्रोही, पापात्मा।

Maliciously, *adv.* द्वेष की भावना से।

Malign (मालाइन्) *v.t.* द्वेष करना दुर्भाव रखना, दूषित करना, शत्रुता करना, बदनाम करना, घृणा करना, कंलकित करना। *adj.* घातक, ईर्ष्यालु, हानिकर।

Malignant (मॅलिगनन्ट्) *adj.* दुराशय, द्रोही, हानिकर, द्वेषी, तीव्र प्रद्वेषी, कपटी। **Malignancy,** *n.* घातकता।

Malignity (मॅलिगनिटि) *n.* बहुत बड़ा द्वेष या ईर्ष्या।

Malinger (मलिंगर्) *v.i.* काम से भागने के लिए रोग का बहाना करने वाला। **Malingerer** *n.* बहानेबाजी करने वाले।

Malignly (मलाइनलि) *adv.* ईर्ष्या से, द्रोह से।

Mall (मॉल) *n.* छायादार मार्ग।

Mallard (मॅलर्ड) *n.* जंगली बत्तख।

Malleable (मॅलिअबल्) *adj.* (पीटकर बढ़ाने योग्य, लचीला, आघात-वर्द्धनीय। **Malleability,** *n.* बढ़ने की योग्यता, आघात-वर्द्धनीयता, लचीलापन।

Malleate (मॉलिऐट्) *v.t.* हथौड़े से पीटकर चद्दर को बढ़ाना।

Mallet (मॅलिट्) *n.* लकड़ी का हथौड़ा, मुंगरी, धन, मुद्गर।

Malleus (मॉलिअस्) *n.* कान की हड्डी।

Mallow (मॅलो) *n.* एक प्रकार का जंगली पौधा।

Malm (माल्म्) *n.* मुलायम खड़िया मिट्टी का चट्टान।

Malmsey (माम्झि) *n.* मधुर द्राक्षों की मदिरा, शराब।

Malnutrition (मॅल्-न्यूट्रिशन्) *n.* अपर्याप्त पोषण, कुपोषण, अपोषण।

Malodorous (मॅलोडरस्) *adj.* दुर्गन्धयुक्त, बदबूदार, दुर्गन्धमय।

Malpractice (मॅल्-प्रॅक्टिस्) *n.* दुराचार, कुचरित्र, बुरी चाल, अनाचार, कदाचार, भ्रष्टाचार, कुप्रथा।

Malt (माल्ट्) *n.* भिगोया हुआ जौ या दूसरा अन्न जो मदिरा बनाने के लिए तैयार किया जाता है। *v.t.* जौ का सत्व बनाना।

Maltha (मॅाल्था) *n.* एक प्रकार का जोड़ने का मसाला।

Maltose (मॉल्टओस्) *n.* स्टार्च की निकाली हुई चीनी।

Maltreat (मॅल्ट्रीट्) *v.t.* बुरा व्यवहार करना, गाली देना, अत्याचार करना, दुर्व्यवहार करना।

Malversation (मॉल्वर्सऐशन्) *n.* दुष्ट व्यवहार, शठता, खोटा कार्य।

Mamma (ममा) *n.* माता, अम्मा।

Mammal (मॅमल्) *n.* अपने बच्चों को दूध पिलाने वाला प्राणी, स्तनधारी। **Mammalian,** *adj.* स्तन का। **Mammary,** *adj.* स्तन सम्बन्धी।

Mammalia (मॉगलिआ) *n.* अपने बच्चों के दुध पिलाने वाले पशुओं में श्रेष्ठ प्राणी।

Mammon (मॅमन्) *n.* धन, लक्ष्मी, धन-संपत्ति।

Mammoth (मॅमथ्) *n.* (*attrib.*) बहुत बड़ा, महान्।

Mammy (मॅमि) *n.* माता, दाई।

Management (मॅनेजमैन्ट्) *n.* अनुशासन, व्यवस्था, प्रबंध, प्रबंधन, बंदोबस्त, प्रबंध कौशल, प्रशासन, संचालन, प्रबंधक वर्ग।

Manager (मॅनेजर्) *n.* प्रबन्धकर्ता, प्रबन्धक, व्यवस्थापक, संचालक। **Manageress,** *n.* प्रबन्धकर्मी विशेषकर होटल इत्यादि की।

Managerial (मॅनेजरियल) *adj.* प्रबन्ध-संबंधी।

Manatee (मॅनटि) *n.* जलगाय।

Manciple (मॅन्सिपल्) *n.* खाद्य प्रबंधक, भंडारी, विद्यालय अथवा धर्मशाला या सराय के लिए सामान खरीदने वाला।

Mandamus (मॅन्डेमस्) *n.* रिट्, परमाधिदेश, उच्च न्यायालय द्वारा अधीनस्थ न्यायालय को आदेश-निर्देश।

Mandarin, Mandarine (मॅन्डरिन्) *n.* एक प्रकार की छोटी चिपटी नारंगी, नारंगी रंग, चीन का दीवानी हाकिम या सेनाधिकारी।

Mandate (मॅन्डेट्) *n.* न्यायालय का आदेश, अधिदेश, शासनादेश, आज्ञा, अधिकार पत्र, आज्ञापत्र।

Mandatory (मॉनडेटरि) *adj.* आज्ञा-सूचक, आदेशात्मक।

Mandible (मॅन्डिबल्) *n.* नीचे का जबड़ा, चिबुकास्थि, पक्षी की चोंच का ऊपरी या नीचे का भाग।

Mandola, Mandoline (मॅन्डलिन्) *ns.* सारंगी की तरह का एक बाजा।

Mandragora, Mandrake (मॅन्ड्रॅगॅरा, मॅन्ड्रेक्) *ns.* एक प्रकार विषैला पौधा।

Mandrel (मॅन्ड्रल्) *n.* दंडक, खराद का धुरा।

Mandrill (मॅन्ड्रिल्) *n.* बड़ा बन्दर, वानर, जन्तु।

Manducate (मॅन्डयूकेट्) *v.t.* चबाना, चर्वण

करना, खाना।

Mane (मेन्) *n.* पशुओं की गर्दन पर के लम्बे बाल, अयाल। **Maned,** *adj.* अयालदार। **Maneless,** *adj.* बिना अयाल का।

Manege (मॉनेज्) *n.* घोड़ों को सिखाने की कला, अश्वारोहण-शिक्षालय, घुड़सवारी का स्कूल।

Manes (मेनीझ्) *n.* पितरों की आत्माएँ।

Manful (मॅन्-फुल्) *adj.* बहादुर, शूरवीर।

Manganese (मॅंगनीझ्) *n.* रासायनिक तत्व-परमाणु क्रमांक-25 सुरमे के प्रकार की एक धातु।

Mange (मेन्ज्) *n.* पशुओं का खुजली का रोग।

Manger (मेन्जर्) *n.* घोड़े या चौपायों को खिलाने का नाँद।

Mangle (मॅंगल्) *n.* बुना हुआ कपड़ा, इस्त्री करने की एक मशीन। *v.t.* मशीन में सुखाना, कलफ लगाना तथा इस्त्री करना।

Mango (मॅंगो) *n.* आम्र, आम, आम का वृक्ष।

Mangrove (मॅंग्रोव्) *n.* उष्ण कटिबन्ध में दलदल में पैदा होने वाले वृक्ष, गरान।

Mangy (मेनजि) *adj.* रूक्ष, रूखा।

Manhood (मॅन्-हुड्) *n.* पुरुषत्व, प्रौढ़ता, मर्दानगी।

Mania (मेनिआ) *n.* उन्माद, सनक, पागलपन, झक, व्यसन।

Maniac (मेनिअक्) *n.* उन्माद, सनक, पागलपन, झक।

Manicure (मॅनिक्युअर्) *n.* हाथ तथा नखों की चिकित्सा। *v.t.* ऐसी चिकित्सा कराना।

Manifest (मॅनिफेस्ट्) *adj.* स्पष्ट, प्रत्यक्ष, प्रकट। *v.t.* & *i.* सुस्पष्ट करना, दिखाना, भेद खोलना, शंका समाधान करना, व्यक्त करना। *n.* जहाज के माल की सूची, प्रदर्शन। **Manifestable,** *adj.* स्पष्ट (प्रकट) करने योग्य।

Manifesto (मॅनिफेस्टो) *n.* राजनैतिक दलों द्वारा अपने उद्देश्यों, कार्य-कलापों का उल्लेख।

Manifold (मॅनिफोल्ड्) *adj.* अनेक रूप तथा आकार का, पेचीला। *v.t.* पत्र इत्यादि की अनेक प्रतिलिपि बनाना, गुणा करना, बढ़ाना। *n.* नाना रूप, विविध प्रकार की वस्तु।

Manikin (मॅनिकिन्) *n.* छोटा मनुष्य, नाटा आदमी, बौना, मनुष्य की छोटी मूर्ति, मनुष्य का पुतला।

Manilla (मॅनिला) *n.* एक प्रकार का सन जिसके रस्से, टाट, इत्यादि बनाये जाते हैं।

Manipulate (मॅनिप्युलेट्) *v.t.* कुशलता से हाथ से करना, चालाकी से करना। **Manipulable,** *adj.* हाथ की सफाई किये जाने योग्य।

Manipulation (मॉनिप्यूलेशन्) *n.* हस्तकौशल।

Mankind (मॅन्काइन्ड्) *n.* मानव जाति, घर का पुरुष समाज।

Manlike (मॅन्लाइक्) *adj.* पुरुषोचित्त, मर्द जैसा, पुरुष के समान।

Manly (मॅन्लि) *adj.* पुरूषोचित, पुरूष के गुणों से सुशोभित, पुरूषों जैसी।

Manna (मॅना) *n.* यहूदियों के चालीस वर्ष रेगिस्तान में रहने पर ईश्वर द्वारा दिया हुआ खाना, देवताओं का भोजन, एक प्रकार की मधुर रोचक औषधि।

Manned (मैन्ड) *adj.* जहाँ आदमी तैनात किऐ गये हों।

Mannequin (मॅनिक्विन्,-किन्) *n.* वस्त्र पहिनाने वाला नौकर।

Manner (मॅनर्) *n.* प्रकार, रीति, ढंग, चाल, बाह्य आचरण। **Mannerism,** *n.* नैतिक रीतियाँ, सुव्यवहार। **Mannerless,** *adj.* असभ्य, आचारभ्रष्ट। **Mannerly,** *adj.* शिष्ट, सुशील।

Mannish (मॅनिश्) *adj.* पुरुष जैसा, पुरुषी (स्त्री)।

Manoeuvre (मनूवर्) *n.* युद्धाभ्यास, कपट प्रयोग, कुशल कार्य-साधन युक्ति। *v.t.* & *i.* कुशल कार्यसाधन करना, सेना अथवा जहाजों का स्थान बदलना, पैंतरे बदलना, युद्धाभिनय करना, चतुराई के साथ प्रबन्ध करना, छल करना।

Man-of-war (मन्-ऑफ-वॉर्) *n.* लड़ाकू, लड़ाई में काम आने वला जहाज, युद्धपोत, नौका।

Manor (मॅनॉर्) *n.* जागीर, जमींदार।

Manorial (मॉनोरिअल्) *adj.* ज़मींदारी के संबंध का।

Manse (मॅन्स्) *n.* पादरियों का घर।

Mansion (मॅन्शन्) *n.* भवन, गृह, महल, विश्राम स्थल, निवास स्थान।

Mansuetude (मॅन्सिवट्यूड्) *n.* सज्जनता, नरमाई, नम्रता, भलमनसी, सीधापन, सौम्यता।

Mantel (मॅंटेल्) *n.* अग्निपिधान, अँगीठी के चारों ओर की लकड़ी इत्यादि की बनावट।

Mantle (मॅंटेल्) *n.* लबादा, चोगा, गैसबत्ती के ऊपर की जाली, पपड़ी (द्रव में) मेंटल, आवरण। **Mantelpiece,** *n.* अँगीठी के ऊपर की सजावटी टाँड़।

Mantelet (मॅन्टलिट्) *n.* छोटी ओढ़नी, दुपट्टा, बन्दूक की गोली न लगने योग्य पर्दा।

Mantilla (मॉन्टिला) *n.* बड़ी ओढ़नी, बुरका, छोटा लबादा।

Manual (मॅन्युअल्) *adj.* हस्तचालित, हस्त-सम्बन्धी, हाथ से किया हुआ। *n.* संक्षिप्त ग्रन्थ, छोटी पुस्तक, कला-कौशल।

Manually (मॉन्युअलि) *adv.* हाथ से करते हुए।

Manufactory (मॅन्युफक्टरि) *n.* निर्माणशाला, कारखाना।

Manufacture (मॅन्युफॅक्चर्) *n.* शिल्पकर्म, विनिर्माण, निर्माण, दस्तकारी, उत्पादन, निर्मित वस्तु, कारीगरी। *v.t.* दस्तकारी करना, शिल्प से बनाना।

Manumission (मॅन्युमिशन्) *n.* गुलाम का मोक्ष, दास्य-मुक्ति, गुलामी से छुटकारा।

Manumit (मॅन्यूमिट्) *v.t.* दास को स्वतंत्र करना।

Manure (मॅन्युअर्) *n.* गोबर आदि की खाद। *v.t.* खाद ड़ालना।

Manurial (मॉन्योरिअल्) *adj.* खाद-संबंधी।

Manuscript (मॅन्युस्क्रिप्ट्) *n.* पांडुलिपि, हस्तलिखित दस्तावेज, हस्तलिपि, हस्तलेख।

Many (मेनि) *adj.* बहुत, बहु, अनेक, कई, बहुजन। *pron.* बहुत, अनेक। **Manyfold,** *adv.* अनेक बार से।

Map (मॅप्) *n.* नक्शा, मानचित्र, प्रतिचित्र। *v.t.* (*out*) प्रबन्ध को नियोजित करना, का मानचित्र बनाना।

Maple (मेपल) *n.* चौड़े पत्तों वाला, द्विफलीय वृक्ष।

Mar (मार्) *v.t.* बिगाड़ना, हस्तक्षेप करना, नष्ट करना, घायल करना, क्षति पहुँचाना, खराब करना।

Marasmic (मरॉज़्मिक्) *adj.* शरीरक्षय-संबंधी।

Marathon (मैराथन) *n.* 26 मील की दौड़।

Maraud (मरॉड्) *v.t.* लूटने के निमित्त आक्रमण करना, लूटमार करना, लूटना। **Marauder,** *n.* लुटेरा, आक्रमण करने वाला।

Marble (मार्बल्) *n.* संगमरमर, लड़कों के खेलने की गोली।

March (मार्च्) *v.t.* & *i.* मार्च करना, प्रयाण करना, कूच करना, चलने को मजबूर करना, चलाना, चलते जाना। *n.* देशों के बीच की सीमा रेखा। *n.* अंग्रेजी साल का तीसरा महीना, मार्च।

Marchioness (मार्शोनिस्) *n.* सामन्त की पत्नी या उसकी विधवा।

Marchpane (मार्च-पेन्) *n.* बादाम का मीठा हलुआ।

Macronigram (मार्कोनिग्राम्) *n.* बिना तार के समाचार भेजने की विधि।

Marconi (मार्कोनि) *n.* बेतार सन्देश। *v.t.* & *i.* बेतार के तार से सन्देश भेजना।

Mare (मेअर्) *n.* घोड़ी।

Margarine (मार्गरिन्) *n.* बनावटी या नकली मक्खन।

Margin (मार्जिन्) *n.* किनारा, पृष्ठ का अलिखित प्रान्त, हाशिया, सुरक्षित अंश। *v.t.* किनारा, प्रान्त या हाशिया बनाना।

Marginal (मार्जिनल्) *adj.* हाशिए या प्रान्त पर का, किनारा, बॉर्डर, सीमांतक, सीमांत, उपांतस्थ, उपांत, किनारे पर लिखा हुआ। **Marginalia,** *n.* पुस्तक के पत्र के किनारे पर लिखी हुई टीकाटिप्पणी।

Margravine (मारग्रीव़ीन्) *n.* मारग्रेव की पत्नी।

Marigold (मॅरिगोल्ड्) *n.* गेंदा, गेंदे का फूल।

Marinade (मैरीनेड) *n.* पकाने से पहले मीट-मछली भिगोने के लिए मसाला।

Marine (मरीन्) *adj.* जहाज़ी, समुद्रीय, नौ समुद्री। *n.* समुद्री जहाजी बेड़े का कोई सैनिक।

Mariner (मॅरिनर्) *n.* नाविक, जहाजी, मल्लाह।

Mariolatry (मेरिऑलेट्रि) *n.* कुमारी, मेरी-आराधना, मेरी की मूर्ति की पूजा।

Marionette (मेरिआनेट्) *n.* तागे से हिलने-डोलने वाली कठपुतली।

Marital (मॅरिटल्) *adj.* पतिविषयक, विवाह सम्बन्धी। **Maritally,** *adv.* वैवाहिक रूप में या से।

Maritime (मॅरिटाइम्) *adj.* समुद्रीय, समुद्रतट पर स्थित।

Marjoram (मारजॉरम्) *n.* एक प्रकार की सुगन्धित वनस्पति, मरूआ, कुठरा।

Mark (मार्क्) *n.* निशाना, लक्ष्य, लक्षण, चिह्न, मोहर, रेखा, अंक। *v.t.* & *i.* सीमा निश्चित करना, चिह्नित करना, नापकर निशान लगाना।

Markedly (मार्किड्लि) *adv.* विशेष रूप से।

Market (मार्किट) *n.* बाजार, हाट, क्रय-विक्रय। *v.t.* & *i.* क्रय-विक्रय करना, बाजार में ले जाना अथवा भेजना।

Marking (मार्किंग्) *n.* अंकन, निशान, चिह्न। **Marking ink,** कपड़े पर पक्का निशान लगाने की रोशनाई।

Marksman (मार्क्समैन्) *n.* लक्ष्यभेदी निशाने-बाज।

Marl *n.* (मार्ल्) चिकनी मिट्टी। *v.t.* मैदान में चिकनी मिट्टी लगाना। **Marly,** *adj.* चिकनी मिट्टी वाला।

Marlin (मार्लिन) *n.* मारलीन सूआ, काँटा।

Marmalade (मार्मालेड्) *n.* नारंगी या अन्य फलों का मुरब्बा।

Marmoreal (मार्मोरिअल्) *adj.* संगमरमर का बना हुआ, इसके सदृश।

Maroon (मरून्) *n.* लाल रंग, आतिशबाजी, पटाखा। *v.t.* (जहाज पर से उतरकर) मनुष्य को निर्जन स्थान में छोड़ देना, काला पानी में छोड़ देना, असहाय छोड़ देना।

Marplot (मारप्लाट) *n.* बेवजह दखल देकर काम बिगाड़ने वाला।

Marquee (मार्क्यू) *n.* शामियाना।

Marquis, Marquess (मार्किस्) *ns.* डयूक और अर्ल के मध्य की पदवी वाला इंग्लैड के अभिजात्य वर्ग की उपाधि।

Marriage (मॅरिज्) *n.* पति-पत्नी सम्बन्ध, परिणय, परिणय बंधन, पाणिग्रहण, शादी, विवाह।

Marriageable (मॅरिजेबल्) *adj.* विवाह करने योग्य।

Marrow (मॅरो) *n.* (मज्जा) हड्डी के भीतर का गुददा, वस्तु का सार भाग, तत्त्व।

Marry (मॅरि) *v.t.* & *i.* विवाह करना, पाणिग्रहण करना।

Mars (मार्स) *n.* लड़ाई का देवता, मंगल-ग्रह।

Marsh (मार्श्) *n.* कच्छ भूमि, दलदल। **Marshiness,** *n.* दल-दली स्थिति।

Marshy (मार्शी) *adj.* गीली, दलदली।

Marshal (मार्शल्) *n.* सेना का प्रधान अधिकारी, कारागार अधिकारी, राजा की गृहस्थी का सबसे बड़ा अफसर, हवाई सेना का प्रधान अध्यक्ष, सेनापति का पद। *v.t.* सजाना, विन्यास करना, क्रमबद्ध करना, विधिपूर्वक ले चलना, प्रवेश कराना, सुव्यवस्थित करना।

Marsupial (मार्स्यूपिअल्) *n.* अपने पेट की थैली में अपने बच्चे को रखने वाला कंगारू जाति का प्राणी।

Mart (मार्ट्) *n.* बिक्री करने का स्थान, हाट बाजार।

Marten (मार्टिन्) *n.* एक प्रकार का नेवला, ऊदविलाव।

Martial (मार्शल्) *adj.* सेना-सम्बन्धी, मंगल ग्रही, योद्धा, युद्धप्रिय, युद्धजीवी, फौजी।

Martian (मार्श्यन्) *n.* मंगल ग्रह का निवासी।

Martin (मार्टिन्) *n.* एक प्रकार की अबाबील चिड़िया।

Martinet (मार्टिनेट्) *n.* नियम का बड़ा पक्का आदमी, कठोर शासक।

Martingale (मार्टिंगेल्) *n.* तीक्ष्ण शासक, नियम का बड़ा पक्का, ज़ेरबन्द।

Martlet (मार्टिलिट्) *n.* बिना पैर की एक प्रकार की चिड़िया।

Martyr (मार्टर्) *n.* अपने सत्य या धर्म के लिए प्राण त्यागने वाला, हुतात्मा, शहीद। *v.t.* आत्म बलिदान करना, शहीद करना, धर्म के लिए प्राण देना। **Martyrdom,** *n.* इस प्रकार प्राण-त्याग। **Martyrize,** *v.t.* इस प्रकार प्राण-त्याग करना। **Martyrology,** *n.* शहीद वृतांन्त, शहीदों का इतिहास।

Marvel (मार्वेल्) *n.* (कौतुक) आश्चर्यजनक वस्तु, चमत्कार, अचम्भा। *v.t.* चमत्कृत होना, अचंभित होना, आश्चर्य करना, चकित (आश्चर्ययुक्त) होना।

Marvellous (मार्व्हेलस्) *adj.* आश्चर्यजनक, अद्भुत। **Marvelously,** *adv.* आश्चर्य से। **Marvelousness,** *n.* विचित्रता, विलक्षणता।

Marxist (मार्कसिस्ट) *n.* कार्ल मार्क्स के सिद्धान्तों पर विश्वास रखने वाला व्यक्ति।

Mascot (मॅस्कॉट्) *n.* जन्तर, सौभाग्य लाने वाला।

Masculine (मास्क्युलिन्) *adj.* पुंजातीय, वीरता का पुष्ट, मर्दाना, पुरूषवत, पुल्लिंग, पुरुष जाति का, नर।

Mash (मॅश्) *n.* दलिया, (महेला) खिचड़ी। *v.t.* कुचलना, पीसना, मिलाना, मोहित करना, आकर्षित करना।

Mask (मास्क्) *n.* मुखौटा, मुखावरण, कपट, वेश, स्वांग, घूँघट (नकाब) बनावटी, वेश का नाटक। *v.t.* छिपाना, छिपना, मुखौटा लगाना, नकाब पहनना, पर्दा डालना, छद्मवेश धारण करना, स्वांग भरना। **Masked,** *adj.* मुखौटा लगाए हुए, छुपा हुआ।

Mason (मेसन्) *n.* थवई, राजमिस्त्री, राजगीर। **Masonic,** *adj.* राजमिस्त्री के कार्य से सम्बन्धित।

Masonry (मेसिन्रि) *n.* राजगीरी, चिनाई, पत्थर का काम, पत्थर की इमारत।

Masque (मास्क्) *n.* मध्ययुग में बड़े घरानों में होने वाला नाटक, स्वांग।

Masquerade (मॅस्करेड्) *n.* छद्म-वेशी नृत्य, स्वांग का जलसा, बहाना। *v.t.* स्वांग बनना, नकाब पहनना, नकाबपोश नृत्य समारोह में भाग लेना।

Mass (मॉस्) *n.* पिंड, बड़ी संख्या, ढेर, पुंज, ईसाईयों का धर्मसमाज, जनसंघ। ढेर लगाना, इकट्ठा करना। *v.t.* & *i.* एकत्र होना, झुण्ड बनाना।

Massacre (मॅसॅकर्) *n.* मानव संहार, खून-खराबा, हत्याकांड, जनसंहार, (खेल में या राजनीतिक पार्टी की) अपमान-जनक हार। *v.t.* निर्दयता से प्राण लेना (कत्लेआम करना), वध करना, करारी हार देना, बुरी तरह हराना।

Massage (मॅसाझ्) *n.* बदन में मालिश करने का कार्य, अंगमर्दन। *v.t.* मालिश करना।

Masseur (मॉसर्) *n.* मालिश करनेवाला मनुष्य। **Masseuse,** *n.* मालिश करने वाली स्त्री।

Massif (मॅसिफ्) *n.* गिरिपिंड, पर्वत शिखरों का समुदाय।

Massive (मॅसिव) *adj.* ठोस, भारी, बहुत बडा। **Massively,** *adv.* स्थूलता से। **Massiveness,** *n.* बड़ा भार, स्थूलता।

Massy (मॅसि) *adj.* ठोस, भारी। **Massiness,** *n.* ठोसपन।

Mast (मास्ट्) *n.* बेतार के तार संवाहक, दण्ड। *v.t.* मस्तूल लगाना।

Mast (मास्ट्) *n.* सुअरों का भोजन।

Master (मास्टर्) *n.* प्रभु, स्वामी, मालिक, गृहपति, निपुण कारीगर, नेता, मास्टर, अग्रणी, शासक, अध्यापक, नियोजक, विश्वविद्यालय की एक बड़ी उपाधि, खलीफा, प्रवीण। *v.t.* हावी होना, नियंत्रण करना, अधिकार में लेना, ज्ञान प्राप्त करना, उस्ताद बनना, दक्ष बनना।

Masterful (मास्टरफुल) *adj.* रोब जमाने वाला, निपुण।

Masterly (मास्टर्लि) *adj.* अद्वितीय, अत्युत्तम, चातुर्यपूर्ण।

Masterpiece (मास्टरपीस्) *n.* अति उत्तम रचना।

Mastery (मास्टरि) *n.* अधिकार (श्रेष्ठता), विजय।

Mastic (मॅस्टिक्) *n.* गोंद, लासा।

Masticate (मॅस्टिकेट्) *v.t.* चबाना, दातों से कूचना। **Mas- ticability,** *adj.* चबाने की योग्यता। **Mastication, Masticator,** *ns.* चबाने का कार्य, चबाने वाला।

Mastiff (मास्टिफ्) *n.* एक प्रकार का बड़ा शक्तिशाली कुत्ता।

Mastitis (मैस्टाईटिस) *n.* स्तन की शोथ, थनेला।

Mastodon (मॅस्टॉडन्) *n.* हाथी की जाति का एक दुर्लभ प्राणी, शंकु दंत।

Mastoid (मॅस्टॉइड्) *adj.* स्त्री के स्तन के आकार का।

Masturbate (मॅस्टर्बेट्) *v.i.* हस्तमैथुन करना, अप्राकृतिक रूप से वीर्यपात करना। **Masturbation,** *n.* हस्तमैथुन।

Mat (मॅट्) *n.* चटाई, आसन, रूखी सतह। *v.t.* चटाई बिछाना, उलझ जाना।

Matador (मॅटॅडोर्) *n.* मैटाडोर गाडी, मनुष्य व बैल (साँड़) की टक्कर में सांड़ को मारने वाला, (काट का पत्ता) ताश के खेल में मुख्य पत्ता।

Match (मैच्) *n.* समान-गुणवाला व्यक्ति, बराबर बलवाला, प्रतिद्वंदी, विवाह संबंध, दियासलाई। *v.t.* & *i.* विवाह करना, बराबर होना, सामना करना, मुकाबला करना।

Matchless (मॅचलिस्) *adj.* अद्वितीय, अनुपम, बजोड़।

Mate (मेट्) *n.* सहायक मित्र, संगी (पति भार्या) जहाज़ पर का एक अफ़सर सहायक। *v.t.* & *i.* बच्चे पैदा करने हेतु मिलाना। **Mateless,** *adj.* बिना साथी का।

Maternal (मॅटर्नल्) *adj.* मातृक, माता-सम्बन्धी।

Maternity (मॅटर्निटि) *n.* मातृत्व, माँ बनने की स्थिति।

Matey (मेटी) *adj.* मिलनसार, स्नेही।

Mathematics (मॅथिमॅटिक्स्) *n.* गणित। **Mathematical,** *adj.* गणित-सम्बन्धी। **Mathematician,** *n.* गणित- शास्त्रज्ञ।

Matin (मॅटिन्) *n.* प्रातःकालिक प्रार्थना, प्रातः कालीन गीत, चिड़ियों का प्रातःकाल का गाना। *adj.* प्रातःकाल का।

Matinee (मॅटिनी) *n.* तीसरे पहर के नाटक इत्यादि का मंचन।

Matriarchy (मेट्रिआर्कि) *n.* समाज जिसमें माता गृहस्थी की स्वामिनी समझी जाती है, मातृ सत्ता, मातृतंत्र।

Matricide (मेट्रिसाइड्) *n.* मातृहत्या, मातृ-हत्यारा। **Matricidal,** *n.* मातृहत्या-सम्बन्धी।

Matriculate (मॅट्रिक्युलेट्) *v.t.* & *i.* प्रवेशिका परीक्षा उतीर्ण कर कॉलेज में प्रविष्ट होना, दाखिल होना, प्रवेश लेना, पंजीकृत करना। **Matriculation,** *n.* विश्वविद्यालय में प्रवेश।

Matrimony (मॅट्रिमनि) *n.* विवाह बंधन, विवाह, दांपत्यावस्था, विवाह-संस्कार। **Matrimonial,** *adj.* विवाह-सम्बन्धी।

Matrix (मेट्रिक्स) *n.* साँचा, ठप्पा, प्रतीक, गर्भ, उत्पत्ति स्थान आधार द्रव्य, गर्भाशय।

Matron (मेट्रन्) *n.* विवाहिता स्त्री, गृहिणी, कुटुम्बिनी, अध्यक्षा, अस्पताल की निरीक्षिका।

Matter (मॅटर्) *n.* धन पदार्थ, वस्तु, द्रव्य, विषय, मवाद, पीब। *v.t.* महत्वपूर्ण होना, सूचित करना।

Matting (मॅटिंग्) *n.* फर्श पर बिछाने या सामान बांधने के काम में आने वाली चटाई।

Mattock (मॅटक्) *n.* कुल्हाड़ी, फावड़ा, कुदाल।

Mattress (मॅट्रिस्) *n.* तोशक, गद्दा, गद्दे के समान बिछावन।

Maturate (मॅच्युअर्) *v.t.* परिपक्व होना, प्रौढ़ होना, विकसित होना। **Maturation,** *n.* पकाने की क्रिया, परिपक्वता।

Mature (मॅच्युअर्) *adj.* देय, प्राप्य, प्रौढ़, पूर्ण विकसित, परिपक्व। *v.t.* & *i.* परिपक्वता को प्राप्त होना, भुगतान दिवस आ जाना, पकाना, तैयार होना, प्रौढ़ होना।

Maturity (मॅच्युरिटि) *n.* प्रौढ़ता (परिपक्वता), सिद्धि।

Matutinal (मॅटयूटाइनल्) *adj.* प्रातःकाल में होने वाला, प्रातः कालीन।

Maudlin (मॉयूड्लिन्) *adj.* अश्रुपूर्ण, भावुक, रुँआसा, मत्तप्राय, मूर्ख, कच्चे मन का।

Maul (मॉल्) *n.* एक प्रकार की लकड़ी की मुंगरी। *v.t.* मुंगरी से मारना या कूँचना, नुकसान करना, छेदना, जख्मी करना। **Maulstick,** *n.* छड़ी जिस पर चित्रकार सहारा लेता है।

Maund (मॉड्) *n.* चालीस सेर की एक भारतीय तौल, मन।

Maunder (मॉडर्) *v.t.* लापरवाही से घूमना, बकना, बरबराना।

Mauser (माउझर्) *n.* एक प्रकार की सैनिक पिस्तौल, जर्मन बंदूक।

Mausoleum (मांसोलीअम्) *n.* समाधि, कब्र, मकबरा।

Mauve (मोव्) *n.* & *adj.* चमकीला गुलाबी, जामुनी रंग। *adj.* नीलशीण रंग का।

Maverick (मैवरिक) *n.* खुले विचारों वाला व्यक्ति।

Maw (मॉ) *n.* छोटे जानवर का उदर, पेट।

Mawkish (मॉकिश्) *adj.* नीरस, निःसत्त्व, फीका, भावुक। **Mawkishly,** *adv.* धृणा से। **Mawkishness,** *n.* निःसत्त्वता।

Mawseed (मॉसीड्) *n.* पोस्ते का दाना।

Maxillary (मॅक्सिलरि) *adj.* दाढ़ की हड्डी का, जंभिका, ऊर्ध्वहनु।

Maxim (मॅक्सिम्) *n.* कहावत, नियम, सूत्र, सूक्ति वाक्य, लोकोक्ति, सिद्धान्त, एक प्रकार की बन्दूक, नीतिवाक्य।

Maximalist (मॅक्सिमलिस्ट्) *n.* विप्लववादी, जो मनुष्य बिना अधिक से अधिक लिये सुलह नहीं करता।

Maximize (मैक्समाईज) *v.t.* परम सीमा तक बढ़ाना।

Maximum (मॅक्सिमम्) *n.* परम संख्या, अधिकतम परिमाण, अधिकतम संख्या।

May (मे) *v. aux.* सम्भव होना, सकना, आज्ञा पाना। *n.* अंग्रेजी वर्ष का पाँचवा महीना, मई।

May be (मेबि) *n.* हो सकता है। कदाचित्।

Mayhem (मैहम) *n.* किसी को मार पीट कर लूला-लँगड़ा कर देना।

Mayor (मेअर्) *n.* नगर महापालिकाध्यक्ष। **Mayoress,** *n.* महिला मेयर। **Mayoralty,** *n.* महापालिकाध्यक्ष का पद।

Mazarine (मॅझरीन्) *n.* & *adj.* गहरे नीले रंग का।

Maze (मेझ्) *n.* भँवरजाल, जंजाल, भूलभुलैया, चक्रव्यूह। *v.t.* घबड़ाना, भटकाना, हैरान करना।

Mead, Meadow (मीड, मेडो) *ns.* शहद की मदिरा, घास लगा हुआ चौरस मैदान, बाँगर, चरागाह।

Meagre (मीगर्) *adj.* दुबला-पतला, कम माँस वाला, मामूली, अपर्याप्त, जो समृद्ध न हो।

Mean-spirited (मीन-स्पिरिटिड्) *adj.* संकीर्ण प्रवृत्ति का, नीच विचारों वाला।

Measles (मीझलझ्) *n.* शीतला रोग, चेचक। **Measled,** *adj.* शीतला रोग से ग्रस्त।

Measure (मेझर्) *n.* मान, मर्यादा, सीमा, परिमाण, नाप, लक्ष्य, लय (ताल)। *v.t.* नापना, मापना, अंकित करना, बाँट देना, दे देना, समानुपातन करना, रास्ता तय करना, कीमत आंकना। **Measurement,** *n.* नाप, नापने का कार्य।

Meat (मीट्) *n.* मांस, भोजन, खाना, मुख्य भाग। **Meaty,** *adj.* माँसयुक्त।

Meatus (मिएट्स) *n.* नाली, शरीर के भीतर के मार्ग।

Mechanic (मिकॅनिक्) *n.* शिल्पकार, कारीगर, मिस्त्री।

Mechanical (मिकॅनिकल्) *adj.* यन्त्र-सम्बन्धी,

गतिशील, यंत्रचालित मशीन, गतिशील, यंत्रचालित मशीन की तरह, हस्तकृत, बुद्धि रहित। Mechanically, *adv.* यन्त्रवत्।

Mechanician (मेकॅनिशन्) *n.* यन्त्र बनाने में कुशल।

Mechanics (मिकॅनिक्स्) *n.* यंत्रविद्या, यन्त्रगति-शास्त्र, यंत्र विज्ञान, यांत्रिकी।

Mechanism (मिकॅनिझम्) *n.* यन्त्रीकरण, यन्त्रवत् बनाने का कार्य।

Mechanist (मिकॅनिस्ट्) *n.* यंत्र बनाने में कुशल व्यक्ति।

Mechanize (मिकॅनाइझ्) *v.t.* बलकृत करना, यंत्रकृत बनाना।

Medal (मेडल्) *n.* पदक, तमगा। **Medallion,** *n.* बड़ा पदक या तमगा। **Medalled,** *adj.* मुद्रा या पदक बना हुआ।

Medallic (मिडॉलक्) *adj.* तगमा या पदक-संबंधी।

Medallist (मेडलिस्ट्) *n.* पदक पर नक्काशी करने वाला, पदक निर्माता पदक बनाने वाला, पदक धारी, पदक खोदक, पदकप्राप्त व्यक्ति।

Meddle (मेडल्) *v.i.* हस्तक्षेप करना, विघ्न करना। **Meddler,** *n.* विघ्न डालने वाला।

Meddlesome (मेडलसम्) *adj.* हस्तक्षेप करने वाला।

Medicament (मेडिकॅमेन्ट्) *n.* रोग हटाने वाली औषधि, मलहम, दवा।

Medicaster (मेडिकॅस्टर) *n.* ढोंगी, वैध, कूट चिकित्सक, नीम-हकीम, कठवैद।

Medicate (मेडिकेट्) *v.t.* औषधि देना, औषधि मिलाना। **Medication,** *adj.* औषध-मिश्रित। **Medicative,** *adj.* आरोग्यकर।

Medicinal (मेडिसिनल्) *adj.* औषधि-सम्बन्धी। **Medicinally,** *adv.* औषधि रूप से।

Medicine (मेडिसिन्) *n.* दवा, औषधि, काय चिकित्सा, आयुर्विज्ञान। *v.t.* दवा देकर आरोग्य करना।

Medico (मेडिको) *n. pref.* डाक्टर-सूचक उपसर्ग, वैद्य, डॉक्टर।

Medieval, Mediaeval (मेडिईवल्) *adjs.* मध्ययुगीन, मध्य युग संबंधी। **Medievalism,** *n.* मध्य युग की भावना।

Mediocre (मीडिओकर्) *adj.* मध्यश्रेणी का, साधारण, सामान्य, औसत दर्जे का, उदासीन। **Mediocrity,** *n.* सामान्यता, उदासीनता।

Meditate (मेडिटेट्) *v.t.* & *i.* प्रगाढ़ (गहरी) चिन्ता करना, विचारना, सोचना।

Meditation (मेडिटेशन्) *n.* ध्यान, मनन, चिंतन, अवलोकन, प्रगाढ़ (गहरी) चिन्ता।

Meditative (मेडिटेटिव्) *adj.* प्रगाढ़ (गहरी) चिन्ताशील, ध्यानतत्पर।

Meditator (मेडिटेटर्) *n.* ध्यान करने वाला या प्रगाढ चिन्ताशील व्यक्ति।

Mediterranean (मेडिटरेनिअन्) *adj.* & *n.* भूमि से चारों ओर से घिरा हुआ, आभ्यन्तरिक।

Medium *n.* (मीडिअम्) संचार (साधन), मध्य स्थान या परिमाण, बीच का पदार्थ, आत्माओं से सम्पर्क कराने वाला मनुष्य। *adj.* सामान्य, मध्यम, माध्य, औसत, औसत दर्जे का।

Medley (मेडले) *n.* अनेक द्रव्यों का, गड़बड़झाला, घाल- मेल, भिन्न द्रव्यों का मिश्रण, मिला-जुला संगीत, मिश्र संगीत।

Medulla (मेडूला) *n.* अंतस्था, मेडुला, मज्जका, रीढ़ की हड्डी के भीतर कद्दी, मध्यांश, मज्जा गूदा। **Medullary,** *adj.* अस्थिमज्जा युक्त।

Meed (मीड्) *n.* पारितोषिक, इनाम, पुरस्कार, प्रतिफल।

Meek (मीक्) *adj.* विनीत, नम्र, निरहंकार। **Meekly,** *adv.* विनम्र (नम्रता) सहित। **Meekness,** *n.* नम्रता, विनय।

Meet (मीट्) *v.t.* & *i.* सम्मुख आना, इकट्ठा होना, भेंट करना, सन्तुष्ट करना, भिड़ना, एकत्र होना। *n.* जमावड़ा, खिलाड़ियों का समागम।

Meeting (मीटिंग्) *n.* सभा (समाज) भेंट, भेंट होने या सभा का स्थान, बैठक, साक्षात्कार, किसी समाज का सभासद का सदस्य।

Meetness (मीट्नेस्) *n.* योग्यता।

Megalomania (मेगॅलामेनिआ) *n.* प्रतिष्ठा का उन्माद, महत्वोन्माद, अहंकारोन्माद, महत्वाकांक्षा, महामन्यता।

Megaphone (मेगॅफोन्) *n.* दूर तक शब्द ले जाने का एक प्रकार का यंत्र, भोंपू।

Megass (मेगॉस्) *n.* ऊख की सीठी।

Megrim (मीग्रिम्) *n.* अर्द्ध शिरोवस्था, अधकपारी, झक, एक प्रकार की मछली।

Melancholia (मैलँकोलिआ) *n.* खिन्नता का रोग, झक।

Melancholic (मेलँकोलिक्) *adj.* विवादपूर्ण।

Melancholy (मेलँकलि) *n.* & *adj.* उदासीनता, वैमनस्य, खिन्न, चिन्ताकुल, उदास। *adj.* दुःखी,

उदासीन, खिन्न, विषादपूर्ण।

Melee (मेले) *n.* संकुल संग्राम, भिड़न्त की लड़ाई, रण संकुल, कलह, दंगा, हंगामा।

Melic (मेलिक्) *adj.* गाने योग्य (कविता)।

Melinite (मेलेनाइट्) *n.* विस्फोटक द्रव्य, पदार्थ।

Meliorate (मीलिओरेट्) *v.t.* उन्नति करना, सुधारना, अच्छा बनाना या होना।

Mellifluent, Mellifluous (मेलिफ्लुएन्ट्, मेलिफलुअस्) *adjs.* मधु (शहद) उत्पन्न करने वाला, मीठापन, मधुकारी।

Mellow (मेलो) *adj.* कोमल, रसदार, आनन्दपूर्ण, परिपक्व, मतवाला। *v.t.* & *i.* पकाना, परिपक्व करना, मधुर होना या बनाना। **Mellowly,** *adv.* मधुरता से। **Mellowness,** *n.* कोमलता, मधुरता, परिपक्वता।

Melodic (मेलोडिक) *adj.* सुरीला। **Melodics,** *n.* संगीत-स्वर विज्ञान।

Melodious (मिलोडिअस्) *adj.* मधुर स्वर का, रागपूर्ण।

Melodist (मेलॅडिस्ट्) *n.* सुरीला गाना गाने वाला, गायक, स्वर योजनाकार।

Melodize (मेलॅडाइज़्) *v.t.* सुरीला करना।

Melodrama (मेलोड्रामा) *n.* भावों को जागृत करने वाला नाटक। **Melodramatic,** *adj.* मेलोड्रोमा-विषयक, उत्तेजनापूर्ण, सुखान्त, भावों को जागृत करने वाला।

Melody (मेलॅडि) *n.* स्वर की मधुरता, लय, राग, स्वर माधुर्य, स्वरानुक्रम, मुर्च्छना, धनु, सुस्वरता।

Melon (मेलन्) *n.* बड़ा गोल रसदार फल।

Melt (मेल्ट्) *v.t.* & *i.* द्रवीभूत होना, गलाना, घुलाना, मुलायम करना, पिघलना।

Member (मेम्बर्) *n.* सभा, समाज, विधान सभा का सदस्य, संसद सदस्य, पशुओं का हाथ, पैर, पंख आदि, भाग, घटक। **Memberless,** *adj.* अवयवरहित।

Membership (मेम्बर्शिप्) *n.* सदस्य का पद, सदस्यता, सदस्य संख्या।

Membral (मेम्ब्रल) *adj.* अंग संबंधी।

Membrane (मेम्ब्रेन्) *n.* झिल्ली, खाल, कोमल, मृदु, आंतरिक पतली झिल्ली। **Membranous,** *adj.* झिल्लीदार।

Memento (मिमेन्टो) *n.* स्मारक, यादगार, चेतावनी।

Memo (मेमो) *n.* स्मारक, यादगार।

Memoir (मेम्वार्) *n.* चरित्र रचना, वृत्त, विवरण, इतिहास, जीवनवृत्त, जीवन चरित्र, शोध ग्रंथ, किसी विषय पर प्रधान लेख, (किसी सभा का) ब्यौरा, संस्मरण।

Memorable (मेमोरेबल्) *adj.* स्मरण करने योग्य। **Memorability,** *n.* यादगारी। **Memorably,** *adv.* यादगार के रूप में।

Memorandum (मेमोरॅंडम्) *n.* स्मारक पत्र, स्मरण लेख।

Memorial (मेमारिअल्) *adj.* & *n.* स्मरणीय, स्मरण-चिह्न, प्रार्थना-पत्र। **Memorialize,** *v.t.* निवेदन पत्र द्वारा प्रार्थना करना। **Memorialist,** *n.* प्रार्थना-प्रत्र लिखने वाला।

Memorize (मेमॅराइझ्) *v.t.* याद करना, याद कर लेना, कंठस्थ करना।

Memory (मेमोरि) *n.* स्मरण शक्ति, याददाश्त, यादगार, स्मरणोत्सव, स्मृति, चिह्न, स्मृतिकाल।

Menace (मेनेस्) *n.* धमकी, घुड़की, खतरा, संकट, जोखिम, भीति, भय। *v.t.* धमकी देना, डराना, धमकाना। **Menacing,** *adj.* भीषण, भयप्रद। **Menacingly,** *adv.* धमकी से।

Menage (मेनाझ्) *n.* गृह, गृह व्यवस्था।

Menagerie (मिनॅजरि) *n.* जंगली पशुओं का पिंजड़ों में संग्रह।

Mend (मेन्ड्) *v.t.* & *i.* मरम्मत करना, स्वास्थ्य सुधारना, संशोधन करना, उन्नति करना, उत्तमतर बनाना। *n.* मरम्मत, सुधार, मरम्मत स्थल। **Mender,** *n.* मरम्मत करनेवाला। **Mending,** *n.* मरम्मत।

Mendacious (मेन्डेशस्) *adj.* मिथ्या, झूठ, असत्य। **Mendacity,** *n.* मिथ्याभाषण, झूठ।

Mendacity (मेन्डिकन्सि) *n.* भिक्षावृत्ति, भिखारीपन।

Mendelism (मेन्डेलिझम्) *n.* आनुवांशिक शास्त्र, आनुवांशिक गुणों का विश्लेषण करने वाला, मनोवैज्ञानिक, मेन्डेल तथा उसके सिद्धान्त।

Mendicant (मेन्डिकन्ट्) *n.* भिक्षुक, भिखारी, भिक्षुक-जीवन, याचक, यति। **Mendicancy, Mendicity,** *ns.* भिक्षावृत्ति।

Menial (मीनिअल्) *n.* उबाऊ, निकृष्ट, घटिया (काम)। *adj.* दास-संबंधी, निकृष्ट, घटिया।

Meningitis (मेनिन्जायूटिस्) *n.* मस्तिष्क की नाड़ियों की सूजन से होने वाला भयंकर रोग।

Menopause (मेनोपॉज़) *n.* मासिक धर्म का अन्त (लगभग 50 वर्ष की आयु के नजदीक)।

Mensal (मेन्सल्) *adj.* मासिक, माह- वारी।

Menses (मेन्सीझ्) *n.* स्त्रियों का मासिक धर्म, या रक्त-स्राव।

Menshevik (मेपशेविक्) *n.* रूस की सामाजिक सुधार-सभा का सभासद।

Menstrual (मेन्स्ट्रूअल्) *adj.* मासिक धर्म-संबंधी।

Menstruate (मेन्स्टुएट्) *v.t.* रजोधर्म होना, मासिक स्राव होना, रजस्वला होना। **Menstruation,** *n.* ऋतुस्राव, रजोधर्म, मासिक धर्म।

Menstruous (मेनस्ट्रूअस्) *adj.* मासिक धर्म-संबंधी।

Menstruum (मेन्स्टुअम्) *n.* द्रावक (घुलने वाला) पदार्थ।

Mensurable (मेन्स्युरबल्) *adj.* मापनीय, नापने योग्य, नाप-सम्बन्धी।

Mensuration (मेन्स्यूरेशन्) *n.* क्षेत्रमिति, गणित में नाप विद्या, विस्तार करना।

Mental (मेन्टल्) *adj.* मानसिक, मस्तिष्क संबंधी, (मानसिक रूप में) अशांत, बुद्धि-संबंधी।

Mentality (मेन्टॅलिटि) *n.* सोचने का ढंग, विचार धारा, प्रवृत्ति, मनोवृत्ति, विचार पद्धति, मानसिक शक्ति या अवस्था।

Menthol (मेन्थॉल्) *n.* पिपरमिन्ट के प्रकार की एक ठोस औषधि, मेन्थॉल।

Mention (मेन्शन्) *v.t.* कथन, निर्देश, चर्चा। *n.* उल्लेख, जिक्र, निर्देश, चर्चा। **Mentionable,** *adj.* निर्देश करने योग्य।

Mentor (मेन्टॉर्) *n.* विश्वसनीय, बुद्धिमान परामर्शदाता, मंत्री, सलाहकार।

Menu (मेन्यु या मेनू) *n.* (कम्प्यूटर) प्रदर्शित विकल्प, भोजन सामग्री की सूची।

Mephitis (मिफाइटिस्) *n.* पृथ्वी से निकली हुई दुर्गन्ध, अपश्वसन, विषैला उच्छ्वास, सड़ाँध, बदबू, दुर्गंध। **Mephitic,** *adj.* दुर्गन्धयुक्त।

Mercantile (मरकन्टाइल्) *adj.* व्यवसायी, वाणिज्यिक, व्यापारिक, व्यापार संबंधी।

Mercenary (मर्सिनरि) *adj.* केवल धन के लिए काम करने वाला, भाड़े पर, धन लोलुप। *n.* भाड़े का सैनिक।

Mercer (मर्सर्) *n.* रेशमी कपड़े बेचने वाला, वस्त्र व्यापारी। **Mercery,** *n.* वस्त्र-व्यापार।

Mercerize (मर्सराइझ्) *v.t.* रासायनिक क्रिया से सूत पर रेशम की चमक लाना।

Mercery (मर्सरि) *n.* रेशमी वस्त्र का व्यापार।

Merchandise (मर्चन्डाइझ्) *n.* व्यापारी माल। *v.t.* (माल) खरीदना या बेचना, (माल की) बिक्री को बढ़ावा देना।

Merchant (मर्चन्ट्) *n.* व्यापारी, सौदागर। **Merchant bank,** *n.* व्यापारिक बैंक। **Merchantman,** *n.* जहाज या पोत। **Merchant navy,** *n.* व्यापारी बेड़ा।

Merciful (मर्सिफुल्) *adj.* दयालु, उदार। **Mercifully,** *adv.* दयालुता से।

Merciless (मर्सिलिस्) *n.* दयाशून्य, निर्दय।

Mercurial (मर्क्यूरिअल्) *adj.* चंचल, सक्रिय, प्रसन्नचित्त, फुर्तीला, अस्थिर, परिवर्तनशील।

Mercury (मर्क्युरि) *n.* पारा, बुध (ग्रह) रोमन लोगों का व्यापार का देवता।

Mercy (मर्सि) *n.* दयालुता, सदयता, कृपा, वरदान, दया, करुणा।

Mere (मिअर्) *n.* केवल न्यूनतम, मामूली-सा भी, अनमेल, खालिस, निरा, कोरा, मात्र, परिशुद्ध।

Merely *adv.* (मिअर्लि) केवल मात्र।

Meretricious (मेरिट्रिशस्) *adj.* बनावटी, बनावटी शोभा का।

Merganser (मरगॅन्सर्) *n.* बगुला पक्षी।

Merge (मर्ज्) *v.t.* & *i.* विलय करना, डुबाना, मिलाना, मिलना, में समा जाना, विलीन करना, डुबकी लगाना, सुध-बुध, एक रूप करना, निगल जाना। **Merger,** *n.* विलय, विलयन मिलावट, मेल।

Meridian (मेरिडिअन्) *n.* देशान्तर रेखा, जिस स्थान पर सूर्य या अन्य नक्षत्र सबसे ऊँचाई पर पहुँचता है, पराकाष्ठा, मध्याह्न।

Meridional (मिरिडिअनल्) *adj.* देशान्तर रेखा-सम्बन्धी, रेखांशिक।

Meringue (मरैंग्) *n.* अण्डे की सफेदी में चीनी मिलाकर बना हुआ पकवान।

Merino (मरीनो) *n.* एक प्रकार की भेड़, सुन्दर ऊनी वस्त्र।

Merit (मेरिट्) *n.* गुण, खूबी, अच्छाई, मूल्य, अर्हा, पुण्य, पुण्य फल, योग्यता, श्रेष्ठता। *v.t.* योग्य होना।

Meritorious (मेरिटॉरिअस्) *adj.* गुणवान, सराहनीय, गुणसम्पन्न (पुण्यात्मा), प्रशंसा के योग्य। **Meritoriously,** *adv.* प्रशंसापूर्वक।

Merle (मर्ल्) *n.* कोयल, भुजंग, काला पक्षी, श्यामा पक्षी।

Merlin (मर्लिइन्) *n.* एक प्रकार का बाज।

Mermaid (मर्मेड्) *n.* मत्स्य स्त्री, जलपरी, मत्स्य कन्या।

Merman (मर्मन्) *n.* दरियाई मर्द, सागर-पुत्र, जल-पुरुष।

Merriment (मेरिमेन्ट्) *n.* आनन्द, विनोद, क्रीडा, उत्सव।

Merry (मेरि) *adj.* प्रमुदित, आनन्दित, मगन, हँसमुख।

Mesalliance (मेझॅलिआंस्) *n.* निम्न स्तर के पुरुष से विवाह (प्रतिलोम विवाह), अनुपयुक्त विवाह, असंगत विवाह।

Meseems Archaic (मिसीम्स्) मुझे ऐसा प्रतीत होता है, जान पड़ता है।

Mesh (मेश्) *n.* जाली का छेद, जाली, फन्दा, पाश। *v.t.* जाल में फँसना या फँसाना, पकड़ना, जालीदार बनाना, व्यस्त होना, उलझ जाना। **Meshwork,** *n.* जाल। **Meshy,** *adj.* जलरूप, जाल के आकार का।

Mesmerism (मेसमेरिझम्) *n.* मूर्छित करने की विधि, सम्मोहन। **Mesmerize,** *v.t.* बनावटी निद्रा से बेहोश करना, मोहित करना।

Mesne (मीन्) *adj.* बीच का, मध्य का।

Mesosphere (मैजस्फीअर) *n.* वायुमण्डल का वह भाग, जो पृथ्वी की सतह से 250 से 650 मील ऊपर तक फैला हुआ है।

Mess (मेस्) *n.* सहभोजन, मिश्रण, गन्दगी, अनेक मनुष्यों का एक साथ भोजन। *v.t.* & *i.* एक साथ भोजन करना, भोजन मुहैया करना, गड़बड़ करना, अस्त-व्यस्त करना, गंदा करना, दूषित करना।

Message (मेसिज्) *n.* संदेश, समाचार, आदेश।

Messenger (मेसिंजर्) *n.* दूत, सन्देश ले जाने वाला, सरकारी हरकारा, सरकारी समाचार वाहक।

Messrs (मेसर्झ्) *n.* किसी व्यापारिक संस्थान या गृहस्थ के नाम के पहले लगाया हुआ सम्बोधन।

Messuage (मेस्यूएज्) *n.* गृहवाटिका, निवास-गृह, ऑफिस युक्त गृह।

Metabolic (मेटाबोलिक) *adj.* उपापचयी।

Metabolism (मिटॅबालिझम्) *n.* शरीर में की वह क्रिया जिससे भोजन जीवित पदार्थों में बदल जाता है।

Metacarpus (मेटॅकार्पस्) *n.* हाथ की हथेली।

Metal (मेटल्) *n.* धातु, (ब.व.) रेलगाड़ी की लाइन। *v.t.* धातु लगाना, धातु चढ़ाना, पक्की सड़क बनाना। **Metallically,** *adv.* धातु के रूप में। **Metalling,** *n.* सड़क पक्की करने की क्रिया।

Metallic (मेटॅलिक्) *adj.* धातु-संबंधी, धातुरूप।

Metallurgy (मिटॅलर्जि) *n.* धातु शोधन, धातु कर्म, धातुओं को साफ करने की कला।

Metamorphic (मेटॅमॉर्फिक्) *adj.* रूपान्तर का, परिवर्तन का। **Metamorphism,** *n.* रूपान्तर, परिवर्तन, रूपांतरण, कायांतरण।

Metamorphose (मेटमॉर्फोझ्) *v.t.* रूप बदलना, आकृति बदल देना।

Metamorphosis (मेटमॉर्फॉसिस्) *n.* भेद, रूपान्तर, रूपांतरण, कायांतरण।

Metaphor (मेटफर्) *n.* रूपक, रूपकालंकार, लक्षण।

Metaphysics (मेटॅफिझिक्स्) *n.* अध्यात्म-विद्या, आत्मत्तत्वज्ञान।

Metatarsus (मेटॅटार्सस्) *n.* पैर के पंजे की पाँचों लम्बी हड्डियाँ, प्रपद।

Metathesis (मिटॅथीसिस्) *n.* अक्षर विपर्यास, स्थानांरण, शब्द में अक्षरों के उच्चारण का अदल-बलल।

Mete (मीट्) *n.* नापना, बाँटना। *n.* सीमा, हार, बुरा बर्ताव।

Metempsychosis (मिटेंप्सिकोसिस्) *n.* पुनर्जन्म।

Meteoric (मिटिऑरिक्) *adj.* उल्का से उत्पन्न, आकाशीय, वायुमंडलीय, क्षणिक चमकदार।

Meteorite (मीटअराइट्) *n.* टूटा हुआ तारा।

Meteorology (मीटिअरॉलॉजि) *n.* अन्तरिक्ष विद्या, वायु तथा आकाश विषयक विद्या।

Meter (मीटर्) *n.* पैमाने नापने का यन्त्र या साधन।

Methinks (मिथिंक्स्) *v.t.* मुझे जान पड़ता है, मैं समझता हूँ, मेरे ख्याल में।

Method (मेथड्) *n.* रीति (प्रकार), विधि, ढंग। **Methodical,** *adj.* व्यवस्थित। **Methodically,** *adv.* कायदे के अनुसार, कायदे से।

Methodist (मेथडिस्ट्) *n.* नियम के अनुसार सर्वदा कार्य करनेवाला।

Methodize (मेथडाइझ्) *v.t.* क्रम में करना, व्यवस्था करना, विधि बनना, विधिपूर्वक करना।

Methyl (मेथिल्) *n.* मेथिल, वनस्पति जिसका मद्य बनता है। **Methylate,** *v.t.* मद्य को न पीने योग्य बनाना, मिथाइल अलकोहल मिलाना।

Meticulous (मिटिक्युलस्) *adj.* अत्यधिक सावधान, एकदम सही, सूक्ष्म।

Metonymy (मिटॉनिमि) *n.* लाक्षणिक शब्द,

लाक्षणिक प्रयोग। **Metonym,** *n.* अलंकार जिसमें किसी पदार्थ के लिए उसका नाम या गुण ही कहा जाता है।

Metre (मीटर्) *n.* छन्द, वृत्त, मीटर (माप)। *n.* प्रायः 39 इंच की नाप।

Metric (मेट्रिक) *adj.* दशमलव मापन विधि के अनुसार, परिमाणात्मक, मापीय। **Metric ton,** *n.* एक हजार किलोग्राम का भार।

Metrify (मेट्रिफाइ) *v.i.* कविता बनाना।

Metrological (मेट्रॅलॉजिकल्) *adj.* माप-विद्या।

Metrology (मिट्रॉलजि) *n.* नाप-तौल की विद्या, माप विज्ञान।

Metronome (मेट्रनोम्) *n.* ताल-मापनी, गति-मापी, गाने में ताल (का समय) नापने का एक प्रकार का यंत्र।

Metropolis (मिट्रॉपॉलिस्) *n.* किसी देश का मुख्य नगर, राजधानी।

Metropolitan (मेट्रपॉलिटन्) *adj.* मुख्य नगर या राजधानी से सम्बन्धित। *n.* प्रधान पादरी, मुख्य नगर या राजधानी का निवासी।

Mettle (मेटल्) *n.* तेज, ओज, दिलेरी, उत्साह, स्वभाव, प्रकृति। **Mettled, Mettlesome,** *adjs.* उत्तेजित, जोशीला।

Mew (म्यू) *v.i.* & *t.* म्याऊँ-म्याऊँ करना, छोटे बालक का रोना। *n.* म्याऊँ, बिल्ली की बोली, बाज का पिंजरा।

Mew (म्यू) *n.* नदी के पास का पक्षी, सामुद्रिक (पक्षी)।

Mewl (म्यूल्) *v.t.* बच्चे की तरह रोना। **Mewler,** *n.* रोता हुआ बच्चा।

Mews (म्यूज़्) *n.* अश्वशाला, घुड़-साल।

Mezzanine (मैजनीन) *n.* बिचला तल्ला।

Mica (माइका) *n.* अभ्रक, अबरक।

Mickle (मिकल्) *n.* विशाल मात्रा, बहुत अधिक।

Microbe (माइक्रोब्) *n.* सूक्ष्मजीव, जीवाणु, रोगाणु।

Microcosm (माइक्रा-कॉस्म्) *n.* संसार या मनुष्य का सूक्ष्म दर्शन। **Microcosmic,** *adj.* सूक्ष्म जगत्-संबंधी।

Micron (माइक्रन्) *n.* मीटर का दस लाखवाँ भाग।

Microphone (माइक्रोफोन्) *n.* धीमे स्वर को तीव्र करने का एक प्रकार का यंत्र।

Microscope (माइक्रॉ-स्कोप्) *n.* सूक्ष्मदर्शी, सूक्ष्मदर्शक (अणुवीक्षण) यन्त्र, छोटी वस्तु को बड़ी देखने का यन्त्र, खुर्दबीन।

Microscopic, Microscopical (माइक्रो-स्कोपिक्, माइक्रोस्कोपिकल्) *adjs.* अणुवीक्षण यन्त्र संबंधी।

Microwave (माइक्रॉ-वेव्) *n.* सूक्ष्म तरंग।

Micturition (मिक्ट्युरिशन्) *n.* बारम्बार पेशाब करने की इच्छा।

Mid (मिड्) *adj.* मध्य का, बिचला, बीच का। *prep.* मध्यभाग।

Mid-day (मिड-डे) *n.* मध्याह्न, दोपहर।

Midden (मिडन्) *n.* कचरे का ढेर, घूरा, कूड़ा, करकट, गोबर का ढेर।

Middle (मिडल्) *adj.* मध्य भाग का, बिचला। *n.* मध्य, बीच, मध्य बिंदु, मध्यस्थिति, मध्य भाग, कटि, कमर, मध्य पद। **Middle-man,** *n.* उत्पादक और उपभोक्ता के बीच मध्यस्था करना।

Middle Ages (मिडल्-एजिस्) *n.* मध्य वयी, अधेड़, मध्य युग (प्रायः 1000 ईस्वी से 1400 ईस्वी तक का समय)।

Middling (मिंडलिंग्) *adj.* मध्य युग या स्थिति का, मध्यवर्ती, मध्यक, मध्यस्थ, सामान्य, मामूली। *adv.* सामान्यरूप से।

Midge (मिज्) *n.* छोटा कीड़ा या मनुष्य।

Midget (मिजिट्) *n.* बहुत छोटा चित्र, बहुत छोटा मनुष्य, बौना आदमी, बहुत छोटी वस्तु।

Midland (मिड्-लन्ड्) *adj.* देश के मध्य भाग का। *n.* इंग्लैंड का समुद्र से दूरस्थ प्रदेश।

Midnight (मिड्-नाइट्) *n.* आधी रात।

Midst (मिड्स्ट्) *adv.* बीच में।

Midsummer (मिडसमर्) *n.* ग्रीष्मऋतु का मध्य।

Midwife (मिड्-वाइफ्) *n.* प्रसव करानेवाली, दाई, धात्री।

Midwifery (मिड्-विफ्रि, मिडिफ्रि) *n.* प्रसव विद्या, धात्री विद्या, प्रसूति विज्ञान।

Mien (मीन्) *n.* आकृति, ढंग, छवि।

Miff (मिफ्) *n.* मुँहाचाही। *v.t.* झगड़ा करना।

Might (माइट्) *n.* महाबल, सामर्थ्य, बल, शक्ति, पराक्रम।

Mighty (माइटि) *adj.* प्रबल, शक्तिशाली, मज़बूत, ताकतवर, दिलेर, बलवान, शक्तिमान।

Mignonette (मिग्नॅनेट्) *n.* सुगन्धित फूलों वाला एक पौधा।

Migrate (माइग्रेट्) *v.i.* देशान्तर गमन करना, एक स्थान से दूसरे स्थान को जाना। **Migra-**

tory, *adj.* घुमक्कड़। **Migrant,** *adj.* & *n.* स्थान बदलकर रहने वाला पशु। **Migration,** *n.* प्रवासन, देशान्तर गमन।

Mikado (मिकाडो) *n.* जापान के सम्राट की उपाधि।

Mike (माइक्) *v.i.* काम में ठिठकना। *n.* माइक्रोफोन या माइक्रॅस्कोप या छोटा रूप।

Milage (माइलिज्) *n.* चली हुई दूरी, प्रति मील खर्च।

Milch (मिल्च्) *adj.* दूध देने वाली।

Mild (माइल्ड्) *adj.* कोमल, मृदु, मृदुल, दयालु, सुकुमार। **Mildly,** *adv.* कोमलता से। **Mildness,** *n.* दयालुता, कोमलता।

Mildew (मिल्डयू) *n.* मधुरस, फफूँद, भुकड़ी, फफूँदी, वृक्षों का एक रोग, गेरुई। *v.t.* & *i.* फफूँदी लगना या लगाना। **Mildewy,** *adj.* ऐसे रोग का।

Mile (माइल्) *n.* मील, आधा कोस।

Mileage (माइलेज्) *n.* चली हुई दूरी, प्रति मील खर्च।

Milestone (माइलस्टोन्) *n.* सड़क पर लगा हुआ कील सूचित करने का पत्थर।

Milieu (मिल्यू) *n.* पास-पड़ोस आस-पास के लोग, सामाजिक वातावरण।

Militant (मिलिटन्ट्) *adj.* & *n.* युद्ध में लगा हुआ, लड़ाकू, लड़ाका, युद्धप्रिय, हिंसाकारी, लड़ाकू व्यक्ति, हिंसाकारी व्यक्ति, युद्धप्रिय व्यक्ति।

Militarism (मिलिटॅरिझम्) *n.* सैनिक प्रवृत्ति, युद्ध प्रियता। **Militarist,** *n.* सैन्यवादी।

Military (मिलिटरि) *adj.* संग्रामिक, युद्ध-सम्बन्धी, फौजी। *n.* सेना।

Militate (मिलिटेट्) *v.i.* युद्ध में भाग लेना या लड़ना, सैनिक कार्य करना, संघर्ष करना, लड़ना, भार रखना, (विरोध में) कहना।

Militia (मिलिशा) *n.* देशरक्षक सेना, रक्षक योद्धा। **Militiaman,** *n.* देश-रक्षक सेना का सिपाही।

Milk (मिल्क्) *n.* दूध, दुग्ध। *v.t.* दूध दुहना, दूध निकालना, (से) धन खींचना, खींचना, निकालना, से काम चलाना।

Milkmaid (मिल्क्-मेड्) *n.* ग्वालिन, अहीरिन।

Milkman (मिल्क्मैन्) *n.* अहीर, दूध बेचने वाला।

Milky (मिल्कि) *adj.* दूध का बना हुआ, दूधिया।

Mill (मिल्) *n.* चक्की, जाँता, मिल, कारखाना। *v.t.* चक्की में पीसना, ठप्पा लगाना, सिक्के के किनारे पर धारी बनाना।

Mill-hand (मिल्-हैंड्) *n.* शिल्प-शाला का कर्मचारी, कामगार, कारखाने का मजदूर, मिल मजदूर।

Millenarian (मिलिनेरिअन्) *adj.* हजार वर्ष का। **Millenary,** *n.* हजार वर्ष, सहस्त्रवर्षीय जन्म-गाँठ।

Millennium (मिलेनिअम्) *n.* एक हजार वर्ष का काल। **Millennial,** *adj.* पृथ्वी पर सुख-समृद्धि का स्वर्णिम काल।

Millepede (मिलिपीड्) *n.* अनेक पैरों का कीड़ा, सहस्त्र पाद, लकड़ी का कीड़ा।

Miller (मिलर्) *n.* चक्की या कारखाने का मालिक।

Millesimal (मिलेस्मिअल्) *adj.* हजारवाँ (भाग)।

Millet (मिलिट्) *n.* जुआर, ज्वार बाजरा आदि।

Milliard (मिल्यर्ड्) *n.* एक अरब।

Milliner (मिलिनर्) *n.* मेमों की टोपी बनाने वाला। **Millinery,** *n.* मेमों की टोपी या इनकी पोशाक बनाने या बेचने का व्यवसाय।

Million (मिल्यन्) *n.* दस लाख।

Millionaire (मिल्यनेअर्) *n.* लक्षाधीश, लखपती।

Milt (मिल्ट्) *n.* मछली का पित्ता। *v.t.* संसेचित करना।

Milter (मिल्टर्) *n.* मच्छ।

Mime (माइम्) *n.* विनोद, स्वाँग, प्रहसन, भांड, मूकाभिनय, नकलची, मसखरा, हँसी-मजाक से भरपूर नाटक और उसका पात्र। *v.t.* & *i.* हावभाव से मनोभाव प्रकट करना।

Mimesis (माइमीसिस्) *n.* किसी मनुष्य की आकृति या शब्द का अनुकरण।

Mimetic (माइमेटिक्) *adj.* अनुकरण करने वाली, अनुकरण रूप में, नकली अनुकरणशील, अनुकरण संबंधी।

Mimic (मिमिक्) *n.* & *adj.* अनुकरण करनेवाला, हँसानेवाला, भाँड, बहरूपिया। *adj.* नकल करने वाला। *v.t.* नकल उतारना, हँसी उड़ाना, नकल करना, की नकल उतारना, की नकल करना, का अनुकरण करना, का स्वाँग भरना।

Mimicry (मिमिक्रि) *n.* उपहास सहित अनुकरण, विडम्बना, स्वाँग, भँडई।

Mimosa (मिमोझा) *n.* लज्जाधारी या छुई-मुई का पौधा।

Minacious (मिनेशस) *adj.* भय उत्पन्न करने वाला, भयानक।

Minaret (मिनरेट्) *n.* मस्जिद की मीनार।

Mince (मिन्स्) *v.t.* & *i.* छोटे-छोटे टुकड़े या बोटी-बोटी करना (कतरना), बनाकर बोलना। **Minced meat,** *n.* टुकड़ा किया हुआ मांस।

Mind (माइन्ड्) *n.* स्मरण शक्ति, विचार, बुद्धि, मन, स्मृति, याददाश्त, यादगार, अभिप्राय, मत, लक्ष्य, ध्येय, प्रकृति, झुकाव, उद्देश्य, ध्यान, इरादा, मनोभाव, मनोदशा, प्रतिभा, मनःशक्ति, आत्मा, व्यक्तित्व। *v.t.* & *i.* चित्त लगाना, ध्यान देना, यत्न करना, याद करना, लक्ष्य रखना।

Mindful (माइन्ड्-फुल्) *adj.* सावधान, सचेत।

Mine (माइन्) *pron.* & *adj. adv.* अपना, मेरे लोग, मेरा।

Mine (माइन्) *n.* खान, सुरंग, आकर, खाई। *v.t.* सुरंग या खाई खोदना, सुरंग बनाना, आंतरिक मार्ग बनाना, खोद कर प्राप्त करना, माइन से उड़ाना, बारूदी सुरंग से घेर लेना, सुरंगे बिछाना, पता लगाना। **Miner,** *n.* खान में काम करने वाला।

Mineral (मिनरल्) *n.* खनिज पदार्थ, धातु। *adj.* धातु-संबंधी।

Mineralogy (मिनरॅलाजि) *n.* धातु परीक्षण शास्त्र, धातु विद्या।

Minerva (मिनर्वा) *n.* सरस्वती, विद्या की देवी।

Mingle (मिंगल्) *v.t.* & *i.* संयुक्त होना (मिलना), मिल जाना, मिश्रित हो जाना, आपस में मिलना, एकत्र होना। **Mingled,** *adj.* मिश्रित। **Mingler,** *n.* मिश्रण करनेवाला।

Mini (मिनि) *n.* छोटी पोशाक व कपड़ा, छोटा।

Miniate (मिनिऍट्) *v.t.* सिन्दूर से रँगना।

Miniature (मिनिएचर्) *n.* निर्देशन, लघु-चित्रकारी, लघु रूप, सूक्ष्म आकार का चित्र। *adj.* लघु, छोटा, सूक्ष्म। *v.t.* सूक्ष्म रूप का चित्र बनाना।

Minify (मिनिफाय्) *v.t.* छोटा करना, न्यून करना, महत्व घटाना।

Minim (मिनिम्) *n.* अत्यल्प आकार का प्राणी, एक ड्राम का साठवाँ भाग (एक बूँद)।

Minimal (मिनिमल) *adj.* न्यूनतम।

Minimalist (मिनिमॅलिस्ट्) *n.* न्यूनतम वेतन स्वीकार करने वाला मनुष्य।

Minimize (मिनिमाइझ्) *v.t.* छोटा से छोटा बनाना। **Minimization,** *n.* छोटा करने का कार्य।

Minimum (मिनिमम्) *n.* न्यूनतम परिमाण या संख्या, न्यूनतम मात्रा, अल्पतम मात्रा, निम्नतम बिंदु।

Minimus (मिनिमस्) *n.* एक ही नाम के अनेक विद्यार्थियों में सबसे छोटा।

Minion (मिन्यन्) *n.* प्रिय (प्यारा), छोटा टाईप, चमचा, हाँ जी, हाँ जी करने वाला गुलाम, लाड़ में बिगड़ा बच्चा, परावलम्बी।

Minister (मिनिस्टर्) *n.* मंत्री (अधिकारी), राजदूत, पुरोहित। *v.i.* & *t.* पूर्ति करना, सेवा करना, कर्त्तव्य पूरा करना, सहायता देना, आपूर्ति करना।

Ministerial (मिनिस्टीरिअल्) *adj.* मंत्री या मंत्रालय संबंधी। **Ministerially,** *adv.* मंत्री के ढंग से या रूप में।

Ministration (मिनिस्ट्रेशन्) *n.* कार्य सम्पादन, सेवाकार्य।

Ministrative (मिनिस्ट्रेटिव्) *adj.* प्रबन्ध करने वाला।

Ministry (मिनिस्ट्रि) *n.* मन्त्रित्व, मंत्रिगण, मंत्रिमंडल।

Mink (मिंक) *n.* एक प्रकार का ऊदबिलाव।

Minor (माइनॉर्) *adj.* लघुतर, अमुख्य, गौण, अल्पव्यस्क, नगण्य, छोटा, नाबालिग, अप्रधान, अल्प, निचला। *n.* छोटा, अमुख्य, अल्पवयस्क, नाबालिग।

Minority (माइनोरिटि) *n.* अल्पव्यस्कता, थोड़ी संख्या, अल्पसंख्यक वर्ग, अल्पसंख्यक दल, अवयस्कता, नाबालिगी।

Minotaur (मिनटौर) *n.* अर्द्धमानव और अर्द्धबैल के आकार का नर-भक्षी राक्षस।

Minster (मिन्स्टर) *n.* बड़ा गिरजाघर।

Minstrel (मिन्स्ट्रेल्) *n.* गवैया, गन्धर्व, गन्धर्ववृत्ति, वादक, भाट, गायन संग्रह। **Minstrelsy,** *n.* गन्धर्ववृत्ति, गायन संग्रह।

Mint (मिन्ट्) *n.* टकसाल, रुपया बनाने का कारखाना, पोदीना, धन, खजाना। *v.t.* सिक्का बनाना, अनुमान करना। **Mintage,** *n.* मुद्रित द्रव्य या सिक्का।

Minuet (मिन्युएट्) *n.* एक नाच।

Minus (माइनस्) *prep.* कमी, न्यूनता, घटाते हुए, घटाव, विहीन, रहित, से कमी में, ऋण का चिह्न (–)।

Minute (मिनिट्) *n.* मिनट, एक डिग्री (अंश) का साठवाँ भाग, क्षण, स्मरणार्थ लेख। *v.t.* विवरण तैयार करना, नोट करना, स्मरणार्थ लिखना। **Minutes,** *n.* किसी सभा की कार्यवाही का संक्षिप्त विवरण।

Minute (माइन्यूट्, मिन्यूट्) *adj.* सूक्ष्म, क्षुद्र, अति लघु, तुच्छ, बिल्कुल यथार्थ, ब्योरेवार। **Minutely**, *adv.* सूक्ष्म विचार से।

Minx (मिन्क्स्) *n.* ढीठ लड़की, अविनीत स्त्री, कुलटा स्त्री, छिछोरी स्त्री, कुतिया।

Miracle (मिरॅकल्) *n.* अद्भुत कार्य, आश्चर्य, अचरज, चमत्कार।

Miraculous (मिरॅक्युलस्) *adj.* अद्भुत, चमत्कारी। **Miraculously**, *adv.* दिव्य शक्ति से। **Miraculousness**, *n.* अलौकिकता।

Mirage (मिराझ्) *n.* मृगतृष्णा, मरुस्थल में जल का आभास।

Mire (मायर्) *n.* कीचड़, दलदल (चहला) *v.t.* कीचड़ में धँसना, कीचड़ में फँसना, कठिनाई में पड़ जाना। **Miry**, *adj.* कीचड़युक्त, गंदला।

Mirror (मिरर्) *n.* दर्पण, आइना, शीशा, प्रतिकृति, नकल नमूना, आदर्श। *v.t.* दर्पण में प्रतिबिम्ब होना, प्रतिबिंबित करना, दर्पण लगाना।

Mirth (मर्थ्) *n.* आनन्द, प्रमोद (हँसी)। **Mirthful**, *adj.* आनन्दित। **Mirthfully**, *adv.* आनन्द से। **Mirthfulness**, *n.* आनन्द। **Mirthless**, *adj.* आनन्दरहित।

Mis (मिस्) *pref.* 'बुरी तरह से', 'अशुद्धता से' अर्थ का उपसर्ग।

Misadventure (मिसॅड्वेंचर्) *n.* अभाग्य, दुर्भाग्य, अनिष्ट, दुर्घटना, दुर्गति।

Misalliance (मिस्-अलायन्स्) *n.* अयोग्य वैवाहिक सम्बन्ध, अनमेल संबंध (विशेषकर नीच से विवाह)।

Misanthrope (मिसॅन्थ्रोप्) *n.* मनुष्यद्रोही, मानव-द्वेषी, विश्ववैरी, लोकशत्रु। **Misanthropic**, *adj.* नरद्रोही। **Misanthropy**, *n.* मानव जाति के प्रति अविश्वास व घृणा।

Misapply (मिस्-अपलाय्) *v.t.* मिथ्या प्रयोग करना, दुरुपयोग करना, अनुचित कार्य में लगाना।

Misapprehend (मिस्-अप्रेहेन्ड्) *v.t.* मिथ्या ग्रहण करना, उलटा समझना।

Misapprehension (मिस-अप्रेहेन्शन्) *n.* मिथ्या ग्रहण, दुर्विनियोग, भ्रम।

Misapprehensive (मिस-अप्रेहेन्सिव्) *adj.* भ्रम पूर्ण।

Misappropriate (मिस्-अप्रोप्रिएट्) *v.t.* दुरुपयोग करना, बेईमानी से हथियाना, दूसरे का माल खा जाना। **Misappropriation**, *n.* दुरुपयोग, गबन।

Misarrange (मिस-अरेन्ज्) *v.t.* व्यतिक्रम से रखना, बेसिलसिले रखना।

Misascribe (मिसस्क्राइब) *v.t.* मिथ्यारोपण करना।

Misbecome (मिस् बिकम्) *v.t.* अयोग्य (अनुपयुक्त) होना, अनुचित या अशोभनीय होना।

Misbegotten (मिस्बिगॉटन्) *adj.* जारज, दोगल, कुजन्मा, पापात्मा।

Misbehave (मिस्बिहेव्) *v.i.* अयुक्त आचरण करना, दुराचार करना। **Misbehaviour**, *n.* दुर्व्यवहार, दुराचार, कदाचार, अभद्र व्यवहार, बदतमीजी।

Misbelief (मिस्-बिलीफ्) *n.* मिथ्या विश्वास, भ्रांत विश्वास या धारणा। **Misbeliever**, *n.* मिथ्या विश्वास करने वाला, भ्रांत धारणा वाला व्यक्ति।

Miscalculate (मिस्कल्युलेट्) *v.t.* & *i.* मिथ्या गणना करना। **Miscalculation**, *n.* मिथ्या गणना, गलत हिसाब।

Miscall (मिस्कॉल्) *v.t.* झूठे नाम से या गलत नाम से पुकारना, गाली देना, बदनाम नाम से बुलाना।

Miscarriage (मिस्-कॅरिज्) *n.* असदाचरण, कुप्रबंध, अकाल प्रसव, गर्भपात।

Miscarry (मिस्कॅरि) *v.i.* असफल होना, समय से पहले उत्पन्न होना, अकाल प्रसव करना, गर्भपात हो जाना।

Miscasting (मिसकास्टिंग) *n.* अशुद्ध योग-करण।

Miscegenation (मिस्सिजिनेशन्) *n.* प्रजाति मिश्रण, प्रजाति संकरण, अलग-अलग जाति के मिश्रण से जन्मी संतान या वर्ण-संकर।

Miscellanea (मिसलेनिआ) *n.* अनेक वस्तुओं का संग्रह, अनेक विषयों की खिचड़ी।

Miscellaneous (मिसलेनिअस्) *adj.* मिश्रित ढंग का, अनेक जति का, मिश्रित, फुटकर, पाँच मेल, मिश्रण युक्त, मिलावट सहित। **Miscellaneously**, *adv.* मिश्रण युक्त, मिलावट सहित।

Miscellany (मिसलनि) *n.* मिश्रण, नाना विषय संग्रह, संकलन, विविध विषय लेखक, विविधा, विविध निबंध संग्रह।

Mischance (मिस-चान्स्) *n.* दुर्भाग्य, अभाग्य।

Mischief (मिस्चिफ्) *n.* अपकार, अनिष्ट, हानि, क्षति, दुष्परिणाम, बुराई, चोट, दुःख, संकट हानिकारक, दुष्कृत्य, सताने वाला व्यक्ति।

Mischievous (मिस्चिव्स्) *adj.* अपकारी, दुष्ट,

उपद्रवी। **Mischievously,** *adv.* दुष्ट बुद्धि से। **Mischievousness,** *n.* अपकारशीलता।

Miscible (मिसिबल्) *adj.* (*with*). विलयी, घुलनशील, मिश्रणीय। **Miscibility,** *n.* मिलावट।

Miscite (मिस्-साइट्) *v.t.* मिथ्या उद्धरण देना।

Misclaim (मिस्-क्लेम्) *n.* अनुचित अधिकार।

Misconceive (मिस्-कन्सीव्) *v.t.* & *i.* मिथ्या विचार करना, गलत समझना, उलटा समझना, ठीक समझना, गलतफ़हमी होना, शक करना।

Misconception (मिस्कन्सेप्शन्) *n.* मिथ्या बुद्धि, भ्रम।

Misconduct (मिस्कान्डक्ट्) *n.* दुराचार, गलत प्रबंध, मिलावट, दुराचरण, दुश्चरित्र। *v.t.* बुरा आचरण करना, गलत प्रबंध करना, मिलावट करना।

Misconjecture (मिसकन्जेक्चर्) *n.* मिथ्या तर्क, झूठा अनुमान। *v.t.* मिथ्या अनुमान करना।

Misconstrue (मिस्कॉन्स्ट्र) *v.t.* भूल करना, अशुद्ध अर्थ करना, अर्थ ठीक न लगाना। **Misconstruction,** *n.* गलत निर्माण, कुरचना, गलत रचना।

Miscounsel (मिस-काउनसेल्) *v.t.* बुरी सलाह देना।

Miscount (मिस्काउन्ट्) *v.t.* & *i.* अशुद्ध गिनती करना।

Miscreant (मिस्क्रिअन्ट्) *n.* & *adj.* दुरात्मा, दुष्ट, पापी, नास्तिक, कुकर्मी।

Miscreated (मिसक्रिएटिड्) *adj.* कु-गठित।

Misdate (मिस्डेट्) *v.t.* अशुद्ध तिथि (तारीख) डालना या लिखना।

Misdeal (मिस्डील्) *v.i.* ताश बाँटने में गलती करना।

Misdeed (मिस्डीड्) *n.* कुकर्म, दुराचार, पाप, दुष्कर्म, कुकृत्य।

Misdeem (मिस्डीम) *v.t.* & *i.* अशुद्ध विचार करना, झूठा अनुमान करना।

Misdemeanant (मिस्डिमीनन्ट्) *n.* दुर्व्यवहार करने का अपराधी, पापी।

Misdemeanour (मिस्डिमीनर्) *n.* दुष्कर्म, अपराध, कदाचार, दुर्व्यवहार, दुराचार।

Misdirect (मिस-डायरेक्ट्) *v.t.* बुरा मार्ग दिखलाना, गलत निर्देश देना, अशुद्ध पता देना। **Misdirection,** *n.* मिथ्या अथवा अशुद्ध उपदेश, गलत निर्देशन, विमार्गन।

Misdo (मिसडू) *v.t.* अपराध करना।

Misdoing (मिस्डूइंग्) *n.* दुराचार, कुकर्म, बुरा कार्य, पाप।

Misdoubt (मिस्डाउट्) *v.t.* शंका करना, संदेह करना, अविश्वास करना। *n.* आशंका, सन्देह।

Miser (माइझर्) *n.* लोभी व्यक्ति, कृपण व्यक्ति, कंजूस। **Miserly,** *adj.* लालची, कृपण, कंजूस के सदृश।

Miserable (मिझरेबल्) *adj.* दुःखी, अभागा, तुच्छ, धृणास्पद।

Misery (मिझरि) *n.* दुर्गति (दुःख, कष्ट), अभाग्य।

Misfeasance (मिस्फीझन्स्) *n.* कायदे से मिले हक का दुरुपयोग।

Misfire (मिस्फायर्) *v.t.* फिस हो जाना, विस्फोट ने होना, (बन्दूक इत्यादि का) न दगना, आग न पकड़ना। *n.* इस प्रकार की चूक।

Misfit (मिस्फिट्) *n.* बने हुए वस्त्र का शरीर पर ठीक न बैठना। *v.t.* गलत नाप का वस्त्र बनाना, ठीक न बैठने वाली वस्तु से पूर्ति करना।

Misfortune (मिसफार्चून) *n.* अभाग्य, दुर्गति, दुर्भाग्य, संकट, दुर्घटना।

Misgive (मिस्गिव्) *v.t.* संदेह करना (अविश्वास करना), धोखा देना।

Misgiving (मिस्गिविंग्) *n.* अविश्वास, सन्देह, आशंका, भय, डर।

Misgovern (मिस्गवर्न्) *v.t.* अन्यायपूर्ण राज्य करना, कुशासन करना, कुप्रबंध करना। **Misgovernment,** *n.* बुरा शासन।

Misguide (मिस्गाइड्) *v.t.* कुपथ में ले जाना, बहकाना। **Misguided,** *adj.* मार्गभ्रष्ट, कुमार्ग में ले जाया गया। **Misguidedly,** *adv.* कुमार्ग में।

Mishandle (मिस्हॅन्डल्) *v.t.* रूक्षता से व्यवहार करना, गलत ढंग से पकड़ना, बुरा व्यवहार करना।

Mishap (मिशॅप्) *n.* अभाग्य, आपत्ति, दुदैव।

Mishappen (मिसहैपन) *v.t.* बुरा होना।

Mishear (मिसहीअर्) *v.t.* ठीक-ठीक (पूरी तरह से) न सुनना।

Misinform (मिस्इन्फॉर्म्) *v.t.* गलत जानकारी या मिथ्या सूचना देना, झूठा समाचार देना। **Misinformation,** *n.* झूठा समाचार, झूठी खबर।

Misinterpret (मिसिन्टप्रिट्) *v.t.* झूठा अर्थ लगना, ग़लत अर्थ देना, ग़लत व्याख्या करना। **Misinterpretation,** *n.* अशुद्ध अर्थ,

अनुमान।

Misjudge (मिस्जज्) *v.t.* अन्याय करना, मिथ्या विचार करना।

Mislay (मिस्ले) *v.t.* किसी वस्तु को बेठिकाने रखना, गलत स्थान पर रख देना, रखकर भूल जाना, खो देना, गुम कर देना।

Mislead (मिस्लीड्) *v.t.* कुमार्ग में ले जाना, धोखा देना, बहकाना, पथभ्रष्ट करना, गुमराह करना, भ्रम में डालना, भटकाना।

Mismanage (मिस्मैनिज्) *v.t.* बुरा प्रबन्ध करना, अशुद्ध व्यवहार करना।

Misname (मिस्नेम्) *v.t.* मिथ्या नाम (दूसरे नाम) से पुकारना, नाम बिगाड़ना।

Misnomer (मिसनोमर्) *n.* मिथ्या नाम या संज्ञा का प्रयोग।

Misogamy (मिसॉगमि) *n.* विवाह-निन्दा, विवाह द्वेषी, विवाह विरोध। **Misogamist,** *n.* विवाह से द्वेष करने वाला।

Misogynist (मिसॉगिनिस्ट) *n.* स्त्री जाति से द्वेष करनेवाला।

Misplace (मिस्प्लेस्) *v.t.* अस्थान (कुठौर) में रखना। **Mis-placement,** *n.* गलत स्थान पर रखने का कार्य, अपनिहित।

Misplead (मिसप्लीड्) *v.t.* बहस में अशुद्धि करना।

Misprint (मिस्प्रिन्ट्) *v.t.* गलत छापना, अशुद्ध छापना। *n.* छापने की अशुद्धि।

Misprize (मिस्प्राइज़्) *v.t.* मूल्य कम आंकना, तिरस्कार करना, उपेक्षा करना, घृणा करना, नीचा समझना।

Mispronounce (मिस्प्रनाउन्स्) *v.t.* गलत उच्चारण करना, अशुद्ध उच्चारण करना। **Mis-pronunciation,** *n.* अशुद्ध उच्चारण।

Misquote (मिस्कोट्) *v.t.* अशुद्ध उद्धरण देना। **Misquotation,** *n.* अशुद्ध उद्धरण।

Misread (मिसरीड्) *v.t.* अशुद्ध पढ़ना।

Misreckon (मिसरेकन्) *v.t.* अशुद्ध गणना करना।

Misrepresent (मिस्रिप्रिज़ेंट) *v.t.* असत्य निवेदन करना, अन्यथाकथन करना, गलत बयानी करना, मिथ्या वर्णन करना। **Misrepresentation,** *n.* असत्य कथन, मिथ्या वर्णन, गलत बयानी, अन्यथाकथन।

Misrule (मिस्रूल्) *n.* कुशासन, अस्त-व्यस्तता, अस्त-व्यस्त सरकार, बुरा राज्य। *v.t.* बुरा शासन करना।

Miss (मिस्) *v.t.* & *i.* असफल हो जाना, जरूरत अनुभव करना, खतरे से बच जाना, छोड़ देना, अनुपस्थित पाना, न मिल पाना, खोना। *n.* कमी, क्षति, पाने में असफलता, कुमारी, सुश्री, छात्रा, कन्या, बाला। **Missing,** *adj.* अनुपस्थित, लुप्त।

Missel (मिसेल्) *n.* एक प्रकार का भुजंक पक्षी।

Mis-shapen (मिस्-शेपन्) *adj.* कुरूप, भद्दा, बिगड़ा हुआ, बेढंगा।

Missile (मिसाइल्) *n.* मिसाइल, पक्षेपास्त्र, फेंककर मारने का अस्त्र, प्रक्षेपास्त्र।

Missing (मिसिंग्) *adj.* अनुपस्थित, लुप्त।

Mission (मिशन्) *n.* दूत-कर्म, प्रेरित जन-समुदाय, नियोग, नियुक्त व्यक्ति।

Missionary (मिशनरि) *n.* धर्मप्रचार के निमित्त भेजा हुआ मनुष्य, मिशनरी, प्रचारक, धर्म प्रचारक। *adj.* धर्मार्थ कार्य-संबंधी।

Missis, Missus (मिसिस्) *ns.* मालकिन, श्रीमति, पत्नी।

Missive (मिसिव्) *n.* राजा का पत्र, पत्र, समाचार, प्रेषित वस्तु जैसे पत्र, दूत।

Mis-spell (मिस्-स्पेल्) *v.t.* अशुद्ध अक्षर-विन्यास बतलाना, अशुद्ध वर्त्तनी लिखना। **Mis-spelling,** *n.* अशुद्ध वर्ण-विन्यास।

Mis-spend (मिस्-स्पेन्ड्) *v.t.* अपव्यय करना, बुरी तरह से खर्च करना।

Mis-state (मिस्-स्टेट्) *v.t.* मिथ्या वर्णन करना। **Mis-statement,** *n.* झूठा वर्णन।

Mist (मिस्ट्) *n.* कुहरा, आँखों के सामने धुन्ध। **Mistful,** *adj.* कुहराच्छादित, कुहरावृत्त। **Mistlike,** *adj.* कुहरे के समाना। **Misty,** *adj.* अस्पष्ट, धुंधला।

Mistake (मिस्टेक्) *v.t.* & *i.* अशुद्धि करना, गलत तरीके से हटाना, हानि पहुंचाना, भ्रम होना, सन्देह में पड़ना, गलत सोचना, गलत विश्वास करना, गलती करना। *n.* भ्रम, प्रमाद, दोष, भूल।

Mister (मिस्टर्) *n.* महाशय, श्रीमान।

Mistime (मिस्टाइम्) *v.t.* कुसमय कोई व्यापार करना या बोलना।

Mistletoe (मिसल्टो) *n.* तरुरोहिणी, बण्डा, मिसलटो पौधा।

Mistranslate (मिस्ट्रॅन्सलेट्) *v.t.* अशुद्ध अनुवाद करना। **Mistranslation,** *n.* अशुद्ध अनुवाद।

Mistress (मिस्ट्रिस्) *n. fem.* गृहणी (स्वामिनी), प्रेमिका, रखनी, अध्यापिका।

Mistrial (मिस्ट्रॉयल) *n.* त्रुटिपूर्ण कार्यवाही।

Mistrust (मिसट्रस्ट) *v.t.* अविश्वास करना, शंका करना।

Misunderstand (मिसअन्डरस्टैंड) *v.t.* & *i.* गलत या भूल समझना, गलतफ़हमी होना, मिथ्या जानना।

Misuse (मिस्-यूज़्) *v.t.* दुर्व्यवहार, कुप्रयोग। *n.* दुर्व्यवहार, गलत प्रयोग।

Mite (माइट्) *n.* घुन, छोटा सिक्का, अल्प मात्रा, छोटा बच्चा।

Mithridate (मिथ्रिडेट्) *n.* विषनाशक पदार्थ, जहरमोहरा।

Mithridatize (मिथ्रिडाटाइज्) *v.t.* विषनाशक औषधि का प्रयोग करना।

Mitigate (मिटिगेट्) *v.t.* शान्त करना, कम करना, धीमा करना।

Mitt, Mitten (मिट्, मिटन्) *ns.* निरंगुल दस्ताना, बिना अंगुलियों का दस्ताना, बॉक्सिंग का दस्ताना।

Mix (मिक्स्) *v.t.* & *i.* गड्डमड्ड करना, परस्पर संसर्ग करना, एक सार करना, शामिल करना। **Mixed,** *adj.* मिलने या मिलाने योग्य, अंतर्लयित, मिश्र, उभयलिंगी। **Mixedness,** *n.* मेल, सम्बद्धता।

Mixture (मिक्सुचर्) *n.* अनेक द्रव्यों का समुदाय, मिश्रीकरण, मिश्रण, मिलाव।

Mizzle (मिजॅल) *n.* तुषार वर्षा, पानी की फूही।

Mnemonic (निमॉनिक्) *adj.* स्मृति सहायक, स्मरण शक्ति बढ़ानेवाली। *n.* स्मृति विज्ञान।

Moan (मोन्) *n.* विलाप, सिसकन। *v.i.* & *t.* विलाप करना, पछताना, प्रायश्चित करना, रोना पीटना, कराहना, शोक करना, मातम करना।

Moanful (मोनफुल) *adj.* शोकयुक्त। **Moanfully,** *adv.* विलाप से।

Moat (मोट्) *v.t.* खाई से घेरना। *n.* परिखा, खाई।

Mob (मॉब्) *n.* नीच मनुष्य लोग, कोलाहल करनेवालों की भीड़। *v.t.* & *i.* कोलाहल करना, भीड़ करना, आक्रमण करना, जमघट लग जाना, मज़मा लगाना। **Mobbish,** *adj.* उच्छृंखल, बेकाबू, हुल्लड़ी। **Mobocracy,** *n.* हुल्लड़बाजी।

Mob-cap (मॉब्कॅप्) *n.* स्त्रियों की घर में पहनने की टोपी।

Mobile (मोबाइल्) *adj.* चल, गतिशील, अस्थिर, चलनशील, चंचल, हिलने-डोलनेवाली, चलंत, अस्थिर (जल के लिए) **Mobility,** *n.* अस्थिता, चंचलता, परिवर्तनीयता।

Mobilize (मोबिलाइझ्) *v.t.* & *i.* अस्थिरता, चंचलता, परिवर्तनीयता, सर्वसामान्य, जनता। **Mobilizable,** *adj.* युद्ध-कार्य के योग्य। **Mobilization,** *n.* लामबंदी।

Moccasin (मॉकासिन्) *n.* मुलायम चमड़े से बने जूते।

Mock (मॉक्) *v.t.* & *i.* अनुकरण, तिरस्कार (विडम्बना)। *n.* अनुकरण, तिरस्कार, विडम्बना, झूठा। *adj.* विडिम्बना (हँसी) करनेवाला, ठिठोलिया। **Mockery,** *n.* विडम्बना, तिरस्कार (हँसी, नकल)।

Mocking-bird (मॉकिंग् बर्ड्) *n.* दूसरे पक्षियों की भांति आवाज निकालने वाला पक्षी।

Modal (मोडल्) *adj.* रूप-विषयक। **Modality,** *n.* (*esp.*) कार्यशैली, कार्य सम्पन्न करने के लिए निर्धारित पद्धति।

Mode (मोड्) *n.* राग, ढंग, रीति, प्रकार, प्रणाली, रूप, आकार, विधि, क्रम, शैली, अभिव्यक्ति।

Model (मॉडेल्) *n.* डिज़ाइन, नमूना, मॉडल, प्रतिमान, निदर्श, प्रतिरूप, प्रतिकृति, चित्रकार का आदर्श, उत्कृष्ट नमूना, नमूने की वस्तु। *v.t.* आदर्श प्रस्तुत करना, मॉडल बनना, ढालना, प्रतिरूप बनाना, का आकर देना, (वस्त्र पहना कर) प्रदर्शन करना।

Moderate (मॉडरेट्) *adj.* परिमित, मध्यश्रेणी का, थोड़ा (हलका)। *n.* मध्यमार्गी, नरम दलवादी। *v.t.* & *i.* रोकना, कम करना, हल्का करना, नियंत्रण करना, तीव्रता घटाना, धीमा करना, संयत करना, संतुष्ट करना।

Moderation (मॉडेरेशन्) *n.* संयम, समभाव, आधुनिकीकरण, नवीनीकरण, क्षमा, किफायत।

Moderator (मॉडरेटर्) *n.* मध्यस्थ, सभापति।

Modern (मॉडर्न्) *adj.* नवीन, आजकल, आधुनिक (अर्वाचीन), वर्तमानकालिक का। *n.* आजकल के लोग। **Modernness,** *n.* नवीनता।

Modernism (मॉडर्निझम्) *n.* आधुनिक प्रथा, आधुनिक प्रयोग, शैली, मुहावरा, आधुनिक भावना या गुण। **Modernist,** *n.* आधुनिक रीति का समर्थक।

Modernist (मॉडर्निस्ट) *n.* आधुनिक रीति का समर्थक।

Modernization (मॉडअर्नाइज़ेशन्) *n.* नवीनीकरण।

Modernize (मॉडर्नाइझ्) *v.t.* & *i.* आधुनिक समय के अनुसार बनाना, आधुनिक बनाना, नवीकरण करना।

Modest (मॉडिस्ट्) *adj.* लज्जावान, विनीत, परिमित, साध्वी, शुद्ध, आडम्बरहीन। **Modestly,** *adv.* विनय से, लज्जा या संकोच से, नम्रता से।

Modesty (मॉडिस्टि) *n.* विशुद्धता, नियम, नम्रता, विनम्रता, मर्यादा, परिमितता, संकोचशीलता, निरहंकारता, शालीनता।

Modicum (मॉडिकम्) *n.* भोजन की थोड़ी मात्रा, किंचित मात्रा।

Modifiable (मॉडिफिएबल्) *adj.* रूप बदलने योग्य, परिवर्तनीय।

Modify (मॉडिफाय्) *v.t.* रूप बदलना, सुधारना, संतुलित करना, शैली निर्धारित करना, परिमित बनाना, रूपांतरण करना, फेर-बदल करना, हेर-फेर करना, परिवर्तन करना। (*gram.*) विशेषित करना। **Modification,** *n.* परिवर्तनीय सुधार, रूप-भेद, रूपान्तरण। **Modifiable,** *adj.* रूप बदलने योग्य, परिवर्तनीय।

Modish (मोडिश्) *adj.* शिष्ट रीति के अनुकूल।

Modulate (माडयुलेट्) *v.t.* & *i.* घटाना-बढ़ाना, आवश्यकतानुसार स्वर ऊँचा-नीचा करना।

Module (मॉडयूल्) *n.* माप, नाप, प्रमाण, थोड़ी सी या छोटी वस्तु, नमूना, प्रतिरूपक।

Modulus (मोड्यूलस) *n.* गुणा करने की स्थिर संख्या, मापांक।

Modus operandi (मोडस् ऑपरॅन्डाय्) *n.* तरीका, विधि, प्रणाली, मनुष्य के कार्य करने का ढंग, या पद्धति।

Mofussil (मोफसिल्) *n.* शहर के बाहरी ओर बसी बस्तियाँ, प्रांतीय, देहाती, ग्राम्य।

Mogul (मोगल्) *n.* & *adj.* मुग़ल, मुग़लिया, ताश के खेल में उत्कृष्ट पत्ते।

Mohair (मोहेऑर) *n.* महीन ऊन।

Moider (मायडर) *v.t.* व्यग्र करना, घबड़ाना।

Moiety (मॉइटि) *n.* अर्धांश, आधा भाग।

Moil (मॉइल्) *v.t.* परिश्रम से कार्य करना, थकाना या थकना।

Moire (मायर्) *n.* महीन कता हुआ कपड़ा, म्वार (कपड़ा), विशेषकर रेशमी।

Moist (मॉइस्ट्) *adj.* नम, आर्द्र, कुछ भीगा हुआ, जलीय, रसदार, तर, रसीला। **Moistness,** *n.* तरी, नमी।

Moisten (मॉइसन्) *v.t.* & *i.* तर करना, भिगोना, नम करना, आर्द्र करना, कुछ गीला करना।

Moisture (मॉइस्चर्) *n.* आर्द्रता, नमी, गीलापन। **Moistureless,** *adj.* बिना तरी का, सूखा।

Molar (मोलर्) *adj.* चर्वणक, चर्वणक संबंधी, पीसने वाला। *n.* चबाने के दाँत, दाढ़, पीसने वाले दाँत, चर्वणक दंत।

Molasses (मोलॅसिझ्) *n.* खाँड, गुड़, जूसी, शीरा।

Mole (मोल्) *n.* तिल, दाग, धब्बा, मस्सा, छछूँदर।

Molecule (मॉलिक्यूल्) *n.* परमाणु, अणु, कण। **Molecular,** *adj.* आणविक, परमाणु-संबंधी।

Moleskin (मोलूस्किन्) *n.* छछूँदर चर्म, छछूँदर की चमड़ी।

Molest (मालेस्ट्) *v.t.* कष्ट देना, सताना, छेड़ना, पीड़ा देना, तंग करना, छेड़खानी करना, परेशान करना।

Mollify (मॉलिफाय्) *v.t.* (*p.t.* **Mollified**) शमन (शान्त) करना, नरम करना, मुलायम करना, संतुष्ट करना। **Mollification,** *n.* शमन, सान्त्वना।

Mollusc (मॉलस्क्) *n.* मृदुकवची, कोमल शरीरधारी परन्तु कठोर कवच के प्राणी जीव।

Molly (मॉलि) *n.* नपुंसक, जनखा, वेश्या, रंडी।

Molybdenum (मॉलिब्डीनम्) *n.* रसायन शास्त्र की एक मूल धातु, रासायनिक तत्व—परमाणु क्रमांक-42।

Molten (मोल्टन्) *adj.* पिघला हुआ, गला हुआ।

Moment (मोमेन्ट्) *n.* क्षण, पल, आवश्यकता।

Momentarily (मोमेन्टॅरिलि) *adv.* क्षण भर के लिए।

Momentary (मोमेन्टरि) *adj.* क्षणिक, अस्थाई, क्षण-भर के लिए, क्षणभंगुर।

Momentous (मोमेन्टस्) *adj.* महत्त्व का, महत्वपूर्ण।

Momentum (मोमेन्टम्) *n.* गति, चाल, वेग।

Monachal (मॉनकल्) *adj.* मठवादी, मठ-सम्बन्धी। **Monachism,** *n.* मठवास।

Monachism (मॉनकिज़्म्) *n.* मठावास।

Monad (मॉनॅड्) *n.* एक, एकक, अभेद्य वस्तु, इकाई, ईश्वर, आद्य जीवक, मूल जीव, एकल व्यक्ति, एक संयोजक। **Monadic,** *adj.* एकीय, इकाई संबंधी, आत्मिक, अविभाज्यनीय, ईश्वरीय, प्रजीवाणवीय।

Monandry (मानेन्ड्रि) *n.* एक ही पति करने की रीति।

Monarch (मॉनॅर्क्) *n.* सम्राट, राजा, नरेश। **Monarchism,** *n.* राजतंत्र, एकव्यक्तिवाद, एकाधिदेववाद। **Monarchist,** *n.* राजतंत्र-वादी।

Monarchy (मॉनर्कि) *n.* राजतंत्र देश, एक व्यक्ति से प्रशासित देश अथवा व्यवस्था, एकराष्ट्रतंत्र, एकराष्ट्रता।

Monastery (मॉनॅस्टरि) *n.* मठ, आश्रम।

Monastic (मॉनस्टिक) *adj.* मठ या साधु संबंधी, आश्रम-सम्बन्धी, वैरागियों का। **Monasticism,** *n.* मठवाद, भिक्षुधर्म, मठचर्या।

Monday (मनूडे) *n.* सोमवार, चन्द्रवार।

Monde (मॉन्ड) *n.* शिष्ट समाज।

Monetary (मॉनेटरि) *n.* आर्थिक, वित्तीय, मुद्रा-सम्बन्धी।

Monetize (मॅनिटाइज) *v.t.* धातु के सिक्के बनाना। **Monetization,** *n.* मुद्रा निर्माण शैली।

Money (मनि) *n.* धन, द्रव्य, मुद्रा, सरकारी बैंक के नोट (ब.व.) सिक्के। **Moneyless,** *adj.* धनहीन, मुद्रा रहित।

Moneyed (मनीड्) *adj.* धनयुक्त, धनवाला।

Monger (मंगर्) *n.* परचून व्यापारी, खुदरा व्यापारी, अवैध व्यापारी।

Mongoose (मॉंगूस्) *n.* नेवला, नेवले जैसा अन्य जन्तु।

Mongrel (मंग्रेल्) *n.* संकर नस्ल का कुत्ता, संकर जाति का (पशु)। **Mongrelize,** *v.t.* संकर जाति का बनाना।

Monism (मॉनिझम्) *n.* ब्रह्मवाद, वेदान्त। **Monist,** *n.* वेदान्ती, ब्रह्मवादी।

Monition (मॉनिशन्) *n.* चेतावनी, निर्देश, भर्त्सना, आह्वान, नोटिस, सूचना।

Monitor (मॉनिट्र) *n.* विद्यालय या कक्षा का श्रेष्ठ छात्र या सरदार, उपगुरु, निर्देशक, छिपकली, गिरगिट। **Monitorial,** *adj.* उपगुरु संबंधी। **Monitory,** *adj.* प्रबोधक, निर्देशक।

Monk (मँक्) *n.* संन्यासी, योगी, मुनि, वैरागी, एकांतवासी, वानप्रस्थी। **Monkery,** *n.* संन्यासी का जीवन। **Monkish,** *adj.* मुनि के समान।

Monkey (मंकि) *n.* वानर-बन्दर, कपि, शरारती, नटखट व्यक्ति। *v.t.* & *i.* नकल उतारना, शरारत करना।

Monochord (मॉनाकॉई) *n.* एकतारा, बाजा, स्वरमापी, सितार, तानपुरा।

Monochrome (मॉनाक्रोम्) *n.* एकरंगा, जिसमें केवल एक ही रंग हो, पूर्ण रूप से रंग-ज्ञान की दृष्टि से रहित। **Monochromatic,** *adj.* एकरंगा।

Monocle (मॉनकल्) *n.* एक आँख का चश्मा।

Monocular (मानॉक्यूलर्) *adj.* एक आंख वाला, एकनेत्री, एकक्षिक।

Monodic (मॉनाडिक्) *adj.* एक मनुष्य से गाये हुए गीत का।

Monodrama (मॉनाड्रामा) *n.* एक मनुष्य द्वारा खेला हुआ नाटक।

Monody (मॉनाडि) *n.* एक मनुष्य द्वारा गाया हुआ गीत।

Monogamist (मॉनागॉमिस्ट्) *n.* एक पत्नीवाला मनुष्य।

Monogamy (मानॉगमि) *n.* एक पत्नीत्व, एकविवाह प्रथा। **Monogamist,** *n.* एक पत्नी वाला मनुष्य। **Monogamous,** *adj.* एक विवाहवादी, एकपत्नीक।

Monogram (मॉनाग्रॅम्) *n.* दो या अधिक अक्षरों के मेल से बना हुआ एक संयुक्त अक्षर। **Monogrammatic,** *adj.* एक संयुक्त अक्षर स
सम्बन्धित, गुम्फाक्षरीय, मोनोग्रामीय।

Monograph (मॉनाग्राफ्) *n.* एक लेख, एक विषय पर लेख।

Monolith (मॉनालिथ्) *n.* एक ही ठोस पत्थर का बना हुआ खम्भा। **Monolithic,** *adj.* इस प्रकार के खम्बे का।

Monologue (मॉनालॉग्) *n.* एकपात्रक, एकपात्री रूपक, एकालाप, स्वागत भाषण, नाटक में किसी पात्र का आप ही आप कथन। **Monological,** *adj.* स्वागत भाषण सम्बन्धी। **Monologist,** *n.* स्वागत भाषण करना।

Monomania (मॉनामेनिआ) *n.* किसी विशेष बात की झक। **Monomaniac,** *adj.* ऐसे रोग से ग्रस्त, एकोन्मादी।

Monomial (मॉनोमिअल्) *adj.* बीजगणित में एक ही संख्या का अंक रखनेवाला।

Monometallism (मॉनामेटॅलिझम्) *n.* सिक्के के लिए एक ही धातु का उपयोग।

Monoplane (मॉनाप्लेन्) *n.* एकपंखी वायुयान।

Monopolist (मनापलिस्ट्) *n.* एकाधिकार रखने वाला मनुष्य, एकाधिकारी।

Monopolize (मॉनापलाइझ्) *v.t.* सब अधिकार अपना करना। **Monopolization,** *n.* स्वायत्तीकरण।

Monopoly (मॉनॉपलि) *n.* एकाधिकार, किसी वस्तु के क्रय-विक्रय का अकेला (स्वतन्त्र) अधिकार।

Monorail (मॉनारेल्) *n.* एक पटरी का रेलमार्ग।
Monosaccharide (मोनोसैकेराइड) *n.* ग्लूकोस, फलों में पायी जाने वाली शकर।
Monosyllable (मॉनोसलिबल्) *n.* एकाक्षर, एकपदांश का शब्द।
Monotheism (मॉनाथीइज़्म्) *n.* अद्वैतवाद, एकेश्वरवाद, एक ही ईश्वर में विश्वास।
Monotone (मॉनाटोन्) *n.* एक ही लय में उच्चारण। **Monotomic,** *adj.* एक ही सुर वाला।
Monotonous (मनॉटॅनस्) *adj.* अभिन्न स्वर का, एक लय का, थकाने वाला। **Monotonously,** *adv.* एक स्वर या लय में। **Monotonousness,** *n.* एकस्वरता।
Monotony (मनौटनी) *n.* एकस्वरता, नीरसता, समान ध्वनि।
Monotype (मॉनाटाइप्) *n.* टाइप (छापे के अक्षर) ढालने के साथ-साथ कम्पोज़ करने (बिठाने) का एक प्रकार का यंत्र।
Monseigneur (मॉंस्येंयर्) *n.* फ्रांस में बड़े लोगों का पद।
Monsieur (मस्यर्) *n.* महाशय, नम्रता का उपनाम, फ्रांस के राजा का बड़ा भाई, फ्रांसीसी व्यक्ति।
Monsoon (मॉन्सून्) *n.* वर्षाकालिक पवन, मानसून।
Monster (मॉन्स्टर्) *n.* चमत्कारिक या विलक्षण वस्तु, अप्राकृतिक वस्तु, दानव, अद्भुत पशु, दैत्य, विकटाकार वनस्पति य प्राणी, राक्षस।
Monstrosity (मॉन्स्ट्रॉसिटि) *n.* राक्षसपन, भयंकरता।
Monstrous (मॉन्स्ट्रस्) *adj.* अदभुत, विलक्षण, राक्षसी, घोरता, भयंकरता, विकट। **Monstrously,** *adv.* अति विकट रूप में।
Montane (मॉन्टेन्) *adj.* पहाड़ी।
Montessori (मॉन्टेसरि) *n.* बच्चों को सहज में पढ़ना-लिखना सिखलाने की एक शैली।
Month (मन्थ्) *n.* महीना, एक महीने का समय।
Monthly (मॅन्थलि) *adj.* & *n.* मासिक, मासिक पत्रिका।
Monument (मॉन्यूमेन्ट्) *n.* स्मारक चिह्न (कीर्ति-स्तम्भ, समाधि), यादगार।
Monumental (मॉन्यूमेन्टल्) *adj.* स्मारक संबंधी, याद दिलानेवाला, स्मारकीय, स्मरणार्थ, यादगार संबंधी, चिरस्मरणीय।
Moo (मू) *v.t.* & *i.* गाय या बैल की तरह शब्द करना, रँभाना, बाँ-बाँ करना।
Mooch (मूच्) *v.t.* & *i.* काम से जी चुराना, दुबकना, इधर-उधर घूमना।
Mood (मूड्) *n.* चित्तवृति, भाव, क्रियापद की अवस्था बदलाने वाले रूप, भावदशा, मनोदशा, मनःस्थिति, मिजाज।
Moody (मूडि) *adj.* क्रुद्ध, उदासीन, चिड़चिड़ा।
Moon (मून्) *n.* पृथ्वी का उपग्रह, चाँद, शशि, चन्द्रमा। *v.i.* & *t.* इधर-उधर घूमकर व्यर्थ में समय गँवाना, विक्षिप्त की तरह देखना।
Moonling (मूनलिंग) *n.* मूर्ख मनुष्य।
Moonstruck (मूनस्ट्रक) *adj.* विक्षिप्त, पागल, उन्मुत्त।
Moony (मूनि) *adj.* चंद्रवत्, चंद्राकार, गोल तथा चमकदार, चाँदनी से प्रकाशित, काल्पनिक, विक्षिप्त।
Moor (मूअर्) *n.* कच्छ देश, दलदल, हब्शी। *v.t.* घाट पर नाव बाँधना, लंगर से बाँधना, निधारित स्थान में जहाज रखने के लिए बाँधना।
Moorage (मूरेज़) *n.* घाट।
Mooring (मूरिंग) *n.* घुमावदार कुंदा जिससे नाव बांधी जाती है, बंधना, नौबंध, लंगर स्थल, बाँधने की जगह।
Moose (मूस्) *n.* एक प्रकार का अमरीकी बारहसिंगा।
Moot (मूट्) *n.* कानून के छात्रों की मण्डली। *v.t.* झगड़ा करना, परिचर्या के लिए प्रस्तुत करना, तर्क या शास्त्रार्थ करना। *adj.* तर्क करने योग्य, विवादास्पद, विवाद्य।
Mootcase, Mootpoint (मूटकेस्, मूट्पॉइन्ट्) *ns.* विवादास्पद बात, विवादास्पद मुकदमे, विवाद्य विषय।
Mop (मॉप्) *n.* कूँची, झाड़ू, झाड़न। *v.t.* पोंछना, रगड़ना, साफ करना, कूड़ा-करकट हटाना।
Mope (मोप्) *v.t.* उद्विग्न (उदास) होना, बेकार घूमना, विषण होना, औंधना। *n.* विषण्ण या उदास व्यक्ति, ऊँघने वाला, मूर्ख मनुष्य। **Mopish,** *adj.* तेजहीन, उत्साहहीन।
Moral (मॉरल्) *n.* & *adj.* गुण-दोष- भेद-ज्ञान- संबंधी, नतिक, धर्मानुरूप, पुण्यात्मा, न्यायनुसारी, नीतिमान, उपदेश (शिक्षा)।
Morale (मोराल्) *n.* मानसिक या नैतिक अवस्था, नैतिकता, सदाचार।
Moralist (मॉरलिस्ट्) *n.* नीतिज्ञ, नीति-उपदेशक।

Moralistic (मॉरलिस्टिक्) *adj.* नीति-संबंधी, शिक्षा-प्रद, नीतिवादात्मक।

Morality (मारॅलिटि) *n.* नीति विद्या, सदूव्यवहार, पुण्यशीलता।

Moralize (मॉरलाइझ्) *v.t.* & *i.* धर्मोपदेश करना, सदाचारी बनाना, नीतिसंगत विषयक बात लिखना या कहना, नीतिसंगत बात करना।

Morally (मॉरलि) *adv.* धर्म से, न्याय से, नैतिकता से।

Morass (मोरॅस्) *n.* दलदल, कीचड़, दलदली मार्ग।

Moratorium (मॉरटॉरिअम्) *n.* विलंब काल, अधिस्थगन काल, विलंबन, अधिस्थगन, ऋण स्थगन।

Morbid (मॉर्बिड्) *adj.* अस्वस्थ, रोगी, दूषित विकृत, रुग्ण। **Morbidly,** *adv.* अस्वस्थता से। **Morbidness,** *n.* अस्वस्थता।

Morbific (मॉर्बिफिक्) *adj.* रोग उत्पन्न करने वाला।

Mordant (मॉर्डन्ट्) *adj.* चुभनेवाला, चरपरा। *n.* चरपरा पदार्थ। **Mordancy,** *n.* तीखापन।

More (मोर्) *adj.* अपेक्षाकृत अधिक मात्रा का। *adv.* अधिकता से।

Moreen (मरीन्) *n.* पर्दा बनाने का कपड़ा।

Moreover (मोरओवर्) *adv.* इससे अधिक, सिवाय।

Moresque (मॉरेस्क्) *adj.* हब्शियों के तरीके से।

Morgue (मॉर्ग्) *n.* क्रोधी प्रकृति, मुर्दा गृह, शवागार, शवशाला।

Moribund (मॉरिबन्ड्) *adj.* मरणासन्न।

Morion (मॉरिअन्) *n.* फौलादी शिरस्त्राण।

Morn (मॉर्न्) *n.* प्रातःकाल (यह शब्द कविता में प्रयुक्त होता है)।

Morning (मॉर्निंग्) *n.* प्रातःकाल, सवेरा, प्रारंभिक भाग।

Morocco (मोरक्को) *n.* बकरी की खाल से बनाया हुआ चमड़ा, भेड़ का चमड़ा।

Moron (मोरन्) *n.* क्षीण बुद्धि, मूढ़, बालिश, सात साल उम्र के बच्चे जैसी अक्ल।

Morone (मॅरोन्) *n.* गहरा लाल रंग।

Morose (मरोझ्) *adj.* विषादग्रस्त, रूखा, चिड़चिड़ा, विषण्ण, कठोर, रूक्ष, कटु।

Morpheus (मॉर्फियस्) *n.* यूनान के निद्रा देवता।

Morphia, Morphine (मॉर्फिआ, मॉर्फिन्) *ns.* अफीम का सत्त्व। **Morphinism,** *n.* अफीम के अर्क का अधिक सेवन करने से होने वाला नशा।

Morphology (मॉर्फालजि) *n.* पशुओं का आकार अध्ययन करने का शास्त्र, शब्दों का आकार अध्ययन करने की विद्या। **Morphological,** *adj.* जन्तु-शरीर-रचना शास्त्र संबंधी। **Morphologist,** *n.* शरीर गठन-शास्त्र तत्व-वेत्ता।

Morris (मॉरिस्) *n.* एक प्रकार का (रंग-बिरंगे वस्त्र पहिनकर) नाच, मॉरिस नृत्य।

Morrow (मॉरो) *n.* आगे वाला दिन, उत्तर दिवस।

Morse (मॉर्स्) *n.* समुद्री घोड़ा, दरियाई घोड़ा, बालरस। *n.* तार देने का एक प्रकार का संकेत।

Morsel (मार्सल्) *n.* खण्ड (टुकड़ा), कौर, (ग्रास), निवाला, अल्पभोजन, स्वादिष्ट भोजन, थोड़ा, कम।

Mortal (मॉर्टल्) *adj.* मर्त्य, (मरने वाला, अनित्य), नश्वर, मरणशील, विनाशी, प्राणघातक। *v.t.* मर्त्य बनाना। *n.* मर्त्य, मनुष्य। **Mortally,** *adv.* घातक रूप से।

Mortality (मॉरटॅलिटि) *n.* मरण, मृत्यु, नाश, मर्त्यता, नश्वरता, मृत्युदर।

Mortar (मॉर्टर्) *n.* गारा, ओखली (खरल)।

Mortgage (मॉर्टगेज्) *n.* बंधक, गिरवी। *v.t.* बंधक रखना, रेहन करना।

Mortgagor (मॉर्गेजर्) *n.* बन्धक (रेहन) रखने वाला।

Mortify (मॉर्टिफाय्) *v.t.* & *i.* अवनमित करना, वश में करना (दबाना), इन्द्रियों को वश में करना, अपमानित होना, किसी अंग को निर्जीव कर देना। **Mortifying,** *adj.* अवनमनकारी। **Mortification,** *n.* मानहानि, संयम (तपस्या वैराग्य), चेतना का नाश, मृत्यु, शरीर नाश, विगलन।

Mortise, Mortice (मार्टिस्) *ns.* लकड़ी में का छेद जिसमें चूल पहनाई जाती है। *v.t.* खाँचा, बनाना, चूल छिलना, छेद करना, सालना, चूल खम में लगाना।

Mortmain (मॉर्टमेम्) *n.* जमीन जो हस्तांतरित न की जा सके, असंक्राम्यता।

Mortuary (मॉटर्यूअरि) *n.* शवागार, शवशाला, मुर्दाघर, लाशघर।

Mosaic (मझेइक्) *n.* & *adj.* पच्चीकारी का काम, विभिन्न प्रकार की चीजों का नमूना।

Mosque (मॉस्क्) *n.* मस्जिद।

Mosquito (मास्कीटो) *n.* मच्छर, मशक, मसा।

Moss (मॉस्) *n.* काई, सेवार। *v.t.* काई से ढाँपना।

Mossy, *adj.* काईदार। **Mossiness,** *n.* काईपन।

Most (मोस्ट्) *adj.* अधिकतम, सबसे अधिक। *n.* प्रचुरतम मात्रा। *pron.* (दोनों वचनों में) अधिकांश भाग, सर्वाधिक संख्या। *adv.* बहुत अधिक।

Mostly (मोस्ट्लि) *adv.* अत्यन्त, बहुधा, विशेष करके इन अर्थों का प्रत्यय, प्रत्यय की तरह प्रयुक्त होता है, यथा।

Mot (मॉट्) *n.* कहावत, चुटकुला।

Mote (मोट्) *n.* धूलि का कण।

Motel (मोटूल) *n.* मोटल (कार ठहराने एवं व्यक्तियों के ठहराने की व्यवस्था युक्त होटल)।

Moth (मॉथ्) *n.* गन्दा या फटा हुआ, प्राचीन ढंग का, कीट, पतिंगा। **Mothy,** *adj.* पतिंगों से पूर्ण, कीटमय।

Mother (मदर्) *n. fem.* जननी, माता, उत्पादक, उद्गमस्थान। *adj.* जनित। *v.t.* जन्म देना, मातृवत् देख-रेख या पालन पोषण करना, पोषण करना, उत्तरदायित्व लेना, (दूसरी) माँ देना। **Motherless, Motherlike, Motherly,** *adjs.* मातृ-विहीन, मातृत्व जैसा, माता संबंधी।

Motherhood (मदरहुड्) *n.* मातृभाव, मातापन।

Mother-in-law (मदर्-इन-ला) *n.* सास।

Motherland (मदर-लैन्ड) *n.* मातृभूमि, जन्मस्थल।

Mother-tongue (मदर-टंग्) *n.* मनुष्य की मातृभाषा।

Motif (मोटिफ्) *n.* प्रधान चेष्टा या विचार।

Motion (मोशन्) *n.* गति, चेष्टा, आकृति, व्यापार, अदालत की आज्ञा के लिए प्रार्थना, मलत्याग। *v.t.* & *i.* (भाव भंगिमा से) संकेत करना, इशारा करना, प्रस्ताव रखना, हरकत देना, अपने इरादे का संकेत देना, को गति प्रदान करना, प्रस्तावित करना। **Motional, Motionless,** *adjs.* गतियुक्त, गतिहीन।

Motional (मोशनल्) *adj.* गतियुक्त।

Motive (मोटिव्) *n.* निमित्त, कारण, उद्देश्य, प्रवृत्ति, अभिप्राय, प्रयोजन। *adj.* कारणभूत, प्रेरक। *v.t.* प्रेरित करना, प्रोत्साहित करना, प्रेरणा देना, अभिप्रेरित करना, प्रेरणा देना। **Motivation,** *n.* प्रलोभन, प्रेरणा, प्रोत्साहन, उत्साह- वर्धन। **Motivity,** *n.* प्रवृत्ति, प्रेरक शक्ति, गतिदायकता। **Motiveless,** *oadj.* प्रेरणाहीन, उद्देश्यहीन।

Motley (मॉट्ले) *adj.* & *n.* विचित्र रंग का, रंग-बिरंगा, मिश्रण (खिचड़ी)।

Motor (मॉट्ले) *adj.* चालक यंत्र, मोटर, गति प्रदान करने का यंत्र, मोटर-गाड़ी। *v.t.* मोटरगाड़ी द्वारा यात्रा करना। *adj.* मोटर चालित, मोटर गाड़ी संबंधी, प्रेरक, प्रेरणा संबंधी, संचरण संबंधी। *v.i.* & *t.* (मोटर द्वारा) ले जाना, तय करना, सफ़र करना। **Motorist,** *n.* मोटरगाड़ी वाला। **Motory,** *adj.* गति देने वाला।

Mottle (मॉटल्) *v.t.* धब्बों का क्रम में होना, चित्तीदार बनाना, धब्बेदार बनाना। **Mottled,** *adj.* चितकबरा, रंग-बिरंगा, धब्बेदार, चित्तीदार।

Motto (मॉटो) *n.* आदर्श वाक्य, कहावत, शीर्षक, आदर्शोक्ति।

Mould (मोल्ड्) *n.* चूर की हुई मिट्टी, आकृति (रूप नमूना), साँचा। *v.t.* रचना करना, साँचा बनाना, ढालना। **Moulder,** *v.t.* सड़ना, भ्रष्ट होना, नष्ट होना, मिट्टी में परिणत होना, ढह जाना, नष्ट हो जाना। *n.* ढलैया, ढालने वाला, साँचा बनाने वाला।

Moulding (मोल्डिंग्) *n.* साँचे में ढालकर बनाई हुई वस्तु, सजावट, कारनिस इत्यादि।

Mouldy (मोल्डि) *adj.* कीचड़दार, मलिन, गन्दा।

Moult (मोल्ट्) *v.t.* & *i.* पर या रोआँ गिरना।

Mound (माउन्ड्) *n.* मिट्टी का टीला, दूहा, छोटी पहाड़ी।

Mount (माउन्ट्) *n.* पर्वत, पहाड़ी, चढ़ाव, तस्वीर का चौखटा, चित्र चिपकाने की दफ्ती, व्यक्तिगत सवारी का घोड़ा। *v.t.* & *i.* ऊपर उठना, ऊपर जाना, चढ़ना, घोड़े आदि पर चढ़ना, सवारी करना, ऊपर की तरफ फैलना, (समय की दृष्टि से) पीछे की ओर जाना, स्तर ऊपर उठना, तोप लगाना, रत्न जड़ना।

Mountain (माउन्टिन्) *n.* पर्वत, पहाड, बहुत अधिक मात्रा, बहुत बड़ा ढेर। **Mountainous,** *adj.* बड़ा, पर्वत-बहुल, पर्वतीय, पहाड़ी, पहाड़ों से पूर्ण, पर्वताकार।

Mountaineer (माउन्टिनिअर्) *n.* पर्वतीय मनुष्य, पहाड़ों पर रहने वाला व्यक्ति, पर्वतारोही।

Mountebank (माउन्टिबैंक) *n.* ढोंगी वद्य, बहानेबाज, नीमहकीम।

Mourn (मोर्न्) *v.t.* & *i.* शोक होना, दुख होना, रंज करना, शोक में विलाप करना, का मातम करना, पर शोक मनाना, शोक से बोलना। **Mourner,** *n.* मातम करने वाला।

Mournful (मोर्नफुल्) *adj.* शोकाकुल, दुखी।

Mournfully, *adv.* शोक-सहित। Mournfulness, *n.* शोक।

Mourning (मोर्ननिंग) *n.* शोक, विलाप।

Mouse (माउस्) *n.* चूहा, मूस। *v.t.* चुपचाप ढूंढते फिरना, पकड़ना, शिकार करना।

Mouser (माउझर्) *n.* चूहा पकड़ने वाली बिल्ली।

Mouse-trap (माउस-ट्रॅाप) *n.* मुसदानी, चूहे पकड़ने का पिंजड़ा।

Mousse (मूस्) *n.* आइसक्रीम या क्रीम का पकवान।

Moustache (मुस्टाश्) *n.* मूँछ।

Mouth (माउथ्) *n.* मुख, छिद्र, मुहाना, सिरा, मार्ग। *v.t.* & *i.* बोलना, ठसके से कहना, निंदा करना, मुँह में डालना,(मुख से) अनुभव करना, बबुदबुदाना, प्रशिक्षित करना। Mouthful, *n.* मुख में रखने भर, भोजन, कौर, ग्रास।

Mouthpiece (माउथपीस्) *n.* बाजे (या हुक्के) की मुँहनाल, मुखनाल, दूसरे की ओर से बातें करने वाला, पक्ष वक्ता।

Mouthy (माउदि) *adj.* बड़े-बड़े शब्दों का, शब्दाडंबरी, बक्की, झक्की।

Movable (मूवेबल्) *n.* चलायमान, हटाने या चलाने-फिरने योग्य, चलनशील।

Movement (मूव्मन्ट्) *n.* व्यापार, चाल, चेष्टा, घड़ी के पहिया की गति।

Mucilage (म्यूसिलिज्) *n.* लसदार पदार्थ (लासा), गोंद।

Muck (मक्) *n.* खेत के लिए गोबर की खाद, कूड़ा-करकट। *v.t.* & *i.* भ्रष्ट करना, गन्दा करना, में गड़बड़ करना, को गंदा करना, समय गँवाना, व्यर्थ घूमना, भटकाना।

Mucus (म्यूकस्) *n.* श्लेष्मा, बलगम, कफ।

Mud (मड्) *n.* कीचड़, कादा, पंक, गीली मिट्टी। Muddy, *adj.* गँदला, कीचड़दार। Muddily, *adv.* कीचड़ से। Muddyness, *n.* कीचड़पन।

Muddle (मडल्) *v.t.* & *i.* गड़बड़ करना, बिना क्रम से मिलाना, घपला करना, मिश्रित करना। *n.* गड़बड़ी, अस्त-व्यस्तता, भ्रम, मानसिक भ्रम, संभ्रम।

Mufti (मफ्टि) *n.* फतवा देने वाला, असैनिक वस्त्र, साधारण वस्त्र।

Mug (मग्) *n.* जलपात्र, प्याला।

Muggy (मगि) *adj.* सूखा तथा तर, धुंधला, अस्पष्ट, गुम, नम (मौसम), गीला।

Mugwump (मग्वम्प्) *n.* (राजनीति में) तटस्थ पुरूष, मुखिया, बड़ा अधिकारी, प्रधान।

Mulatto (म्यूलॅटो) *n.* काले तथा गोरे माता-पिता की सन्तति।

Mulberry (मलबेरि) *n.* शहतूत, तूत।

Mulch (मल्श्) *n.* गीली घास, पत्ती इत्यादि का ढेर जो नए लगाए हुए पौधों की रक्षार्थ काम में लाया जाता है। *v.t.* उक्त वस्तुओं से पौधों को ढंकना।

Mulct (मल्कट्) *n.* जुर्माना, अर्थदंड, दंड। *v.t.* दंड देना, जुर्माना करना, से वंचित कर देना।

Mule (म्यूल्) *n.* दोगला, वर्णसंकर, खच्चर, मूर्ख हठी व्यक्ति, सूत कातने की मशीन।

Mull (मल्) *v.t.* मसालेदार बनाना। *n.* घालमेल, गड़बड़झाला, नसवार की डिब्बी।

Muller (मलर्) *n.* पीसने का लोढ़ा, बट्टा, सिलौटी, मूसली।

Mullet (मलिट्) *n.* समुद्र में पाई जाने वाली एक प्रकार की मछली।

Mulligrubs (मलिग्रब्ज) *n.* उदासीनता, निरुत्साहिता, चिड़चिड़ापन, रूखापन।

Mullion (मलियन्) *n.* बिचला छड़, वातायन-दंड। Mullioned, *adj.* बिचले छड़ का।

Mullock (मलक्) *n.* कूड़ा, खूद, गर्दा।

Multangular (मल्टीएंगुलर्) *adj.* अनेक कोणों का।

Multi (माल्टि) बहु। Multicavous, *adj.* अनेक गर्तों वाली। Multicipital, *adj.* अनेक शिरों वाला।

Multifarious (माल्टिफेरिअस्) *adj.* अनेक रूप रंग का, रंगबिरंगा।

Multifold (मल्टिफोल्ड्) *adj.* अनेक गुणा, बहुगुना।

Multiform (मल्टिफॉर्म्) *adj.* नाना रूप का, अनेक आकार का, अनेकरूपता, बहुरूपी।

Multimillionaire (मल्टिमिल्येर) *n.* करोड़पति, धनाढ्य व्यक्ति।

Multinomial (मल्टिनोमिअल्) *adj.* & *n.* अनेक नामों वाला।

Multipartite (मिल्टिपार्टाइट्) *adj.* बहुविभाग, बहुखंडीय, बहुविभाजित।

Multiple (मल्टिपल्) *n.* अपवत्य, ऐसी संख्या जो बिना शेष छोड़े दूसरी संख्या द्वारा भाग दी जा सकती है। *adj.* बहु, बहुविध, आवर्ती, बहुविभागी, गुणज, बहुपद, गुणित, बहुसंकेती, लघुत्तम समापवर्त्य, समगुणज।

Multiplex (मल्टिप्लेक्स्) *adj.* अनेक तत्वों का, बहुगणित, बहुविध, बहुपथी।

Multiplicand (मल्टिप्लकॅन्ड्) *n.* गुण्य, जिसको किसी संख्या से गुणा किया जाय, गुण्य राशि।

Multiplication (मल्टिप्लिकेशन्) *n.* गुणन-क्रिया, वज्रगुणन, गुणन चिह्न, गुणा, गुणन, बहुलीकरण।

Multiplicity (मल्टिप्लिसिटि) *n.* बहुतायत, नानात्व, बहुत्व।

Multiplier (मल्टिप्लायर्) *n.* गुणक, गुणा करने वाला संख्या।

Multiply (मल्टि-प्लाय्) *v.t.* & *i.* गुणा करना, गुणित करना, एकत्रित करना, बढ़ाना, गुणनफल निकालना, बहुगुणित होना, बढ़ना, वृद्धि होना, दोबारा होना। **Multipliable,** *adj.* गुणन करने योग्य।

Multipresence (मल्टिप्रेजेन्स) *n.* एक ही समय अनेक स्थानों में उपस्थित होने की आध्यात्मिक शक्ति।

Multitude (मल्टिट्यूड्) *n.* समूह (समूदाय), समाज, झुण्ड, भीड़।

Multure (मल्चर्) *n.* पीसनेवाले की दो जानेवाली अनाज अनाज या आटे की झरी।

Mum (मम्) *n. inter.* चुप, शांत, खामोश। *adj.* शान्त। *v.t.* मुंह बंद करके तमाशा करना, अभिनय करना, मुखौटा-नृत्य करना।

Mumble (मम्बल्) *v.t.* & *i.* अस्पष्ट बोलना, धीमे बोलना, बुदबुदाना, फुसफुसाना, पोपले मुँह से खाना, दाँत से चबाना या कुतरना। *n.* अस्पष्ट बोली।

Mumm (मम्) *v.t.* चेहरा लगाना, चेहरा लगाकर खेल करना। **Mummer,** *n.* चेहरा लगाकर तमाशा करने वाला विदूषक।

Mummery (ममरि) *n.* छद्मवेष, स्वाँग।

Mummify (ममिफाय्) *v.t.* मृत शरीर रक्षित करना। **Mummification,** *n.* मृतक शरीर रक्षाकरण।

Mummy (ममि) *n.* रक्षित मृतक शरीर, मसाला लगाकर सुरक्षित किया हुआ मृतक शरीर। *n.* मम्मा, माँ, अम्मा।

Mump (मम्प्) *v.t.* अस्पष्ट बोलना, चुप रहना, भीख माँगते फिरना।

Mumps (मम्प्स्) *n.* कण्ठमाला का रोग।

Munch (मन्च्) *v.t.* & *i.* चपर-चपर शब्द करते हुए खाना, चबाना।

Mundane (मन्डेन्) *adj.* संसारी, लौकिक, इस लोक का।

Municipal (म्यूनिसिपल्) *adj.* नगर, नगरीय, नगर के स्थानीय स्वायत्त-शासन से सम्बन्धित। **Municipality,** *n.* नगर पालिका सभा (ऐसी संस्था का नगर)।

Munificence (म्यूनिफिसेंस्) *n.* दानशीलता, उदारता।

Munificent (म्यूनिफिसन्ट्) *adj.* उदार, दानी, दाता, दयाशील। **Munificently,** *adv.* उदारता से, दयाशीलता से। **Munificence,** *n.* उदारता, दयाशीलता।

Muniments (म्यूनिमेन्ट्स्) *n.* अधिकार पत्र।

Munition (म्यूनिशन्) *n.* युद्ध-सामग्री लड़ाई के सामान।

Muntjak (मन्ट्जॅक्) *n.* एशिया प्रायद्वीप में पाया जाने वाला छोटा हिरण, मुंतजाक, (हिरण जाति)।

Murage (म्यूरेज) *n.* नगर की दीवार बनाने की लिए कर।

Mural (म्यूरल्) *adj.* & *n.* भीत-सम्बन्धी, भीत पर का, भित्तिचित्र।

Murder (मर्डर्) *n.* खून, हिंसा, वध, यातना, घातक प्रहार, कठोर दंड। *v.t.* नर हत्या करना, खून करना, मार डालना, बुरी तरह मारना, यातना देना, बिगाड़ देना, क्षत-विक्षत कर देना। **Murderously,** *adv.* हत्यारेपन से। **Murderous,** *adj.* हिंसक, हत्यारा, क्रूर, निर्दय।

Murderer (मर्डरर्) *n.* हत्यारा, खूनी, घातक। **Murderess,** *n.* हत्यारिन, हत्या करने वाली।

Mure (म्यूर्) *v.t.* बन्द करना, कैद करना, दीवार खींचना, घेर लेना, बंद कर देना।

Murk, Mirk (मर्क्) *adjs.* अँधेरा, धुँधला, अंधकारमय, अस्पष्ट। **Murky,** *adj.* अस्पष्ट, धुँधला, अन्धकारपूर्ण। **Murkily,** *adv.* धुंधलेपन से। **Murkiness,** *n.* धुंधलापन।

Murmur (मर्मर्) *n.* बुड़बुड़ाहट, अफवाह, बुदबुदाहट, (स्वर) श्रुति, मर्मर ध्वनि (कलकल शब्द), फुसफुसाहट, सरसराहट। *v.t.* & *i.* असन्तोष प्रकट करना, फुसफुसाना, बुदबुदाना, बुड़बुड़ाना, बड़बड़ाना, फुसफुसाकर कहना।

Murphy (मर्फि) *n.* आलू, कंद।

Murrain (मरेन्) *n.* पशुओं की महामारी।

Murrey (मॅरि) *n.* & *adj.* शहतूत के रंग का।

Muscadine (मस्कडाइन्) *n.* कस्तूरी की गंध का अंगूर।

Muscle (मसल्) *n.* शारीरिक शक्ति, बाहुबल,

पेशी, माँसपेशी, पुट्ठा, पेशीकोशिका। *v.t.* ताकत लगाकर रास्ता निकालना, बलवती बनाना।

Muscovite (मस्कोवाइट्) *n.* सामान्य अभ्रक।

Muscular (मस्क्युलर्) *adj.* स्नायू संबंधी। **Muscularity,** *n.* मांसलता, पुष्टता।

Muse (म्यूझ्) *v.t.* काव्य, संगीत इत्यादि कलाओं की देवी, गंभीर विचार, कवित्व-शक्ति। *n.* विचार मनन, विचारवान, अवलोकन, ध्यानलीनता, ध्यान में खो जाने की अवस्था, वाग्देवी, अधिष्ठात्री देवी, कला देवी।

Museum (म्यूजिअम्) *n.* कौतुक भण्डार, अजायबघर, संग्रहालय।

Mush (मश्) *n.* लुगदी, गूदा, मुलायम पदार्थ, भावुक लेख। **Mushy,** *adj.* गूदेदार, दलिए जैसा, भावुक।

Mushroom (मशरूम्) *n.* छत्रक, गगनधूली, कुकरमुत्ता, खुंभी। *v.i.* खुंभी एकत्रित करना, बन्दूक की गोली चौड़ी या चपटी करना, छत्रक की तरह बढ़ जाना।

Music (म्यूज़िक्) *n.* संगीत, गानविद्या, राग, सुर, सुरीला शब्द।

Musical (म्यूझिकल्) *adj.* संगीत का, सुरीला, संगीतात्मक।

Musicale (म्यूझिकाल्) *n.* गायक वादकों की टोली मंडली।

Musician (म्यूझिशन्) *n.* गाने-बजाने वाला, संगीतज्ञ।

Musk (मस्क्) *n.* मृग-मद, कस्तूरी। **Musky,** *adj.* कस्तूरी की गंध का।

Musket (मस्किट्) *n.* एक प्रकार का बाज, फौजी सिपाही की बन्दूक, छोटी बंदूक, तुपक, मस्केट। **Musketeer,** *n.* ऐसी बन्दूक लिए हुए सिपाही।

Musketry (मस्किट्रि) *n.* बन्दूक चलाने की विद्या और कला, बंदूक-चालन, चाँदमारी।

Muslim (मुस्लिम) *adj.* & *n.* **Moslem.** मुसल्मानी, मुसल्मान।

Muslin (मस्लिन्) *n.* मलमल, कमीजों आदि का सूती कपड़ा। **Muslined,** *adj.* मलहम का बना हुआ। **Muslinet,** *n.* मोटा मलमल।

Musquash (मस्कवॉश्) *n.* छछूंदर, इसके मुलायम बाल।

Muss (मस्) *v.t.* अस्त-व्यस्त करना, तकलीफ पहुँचाना या होना। *n.* चढ़ाई, बाधा, अवरोध, भ्रम, अस्तव्यस्ता, झगड़ा, झंझट, तकलीफ़। **Mussy,** *adj.* बिखरा हुआ।

Mussel (मसेल्) *n.* सीप में रहने वाले जीव, शंबुक, सीप।

Mussuck (मसक्) *n.* मशक, चमड़े की पानी रखने की थैली।

Must (मस्ट्) *n.* नई सुरा द्राक्षासव।

Must (मस्ट्) *v.* अवश्य चाहिये, अनिवार्य होना, होना।

Mustang (मस्टैंग्) *n.* अमेरिका देश का जंगली घोड़ा।

Mustard (मस्टर्ड्) *n.* सरसों, राई, राई सरसों युक्त मसाला, सरसों पादप।

Muster (मस्टर्) *n.* संग्रह (संगम), जमाव। *v.t.* & *i.* निरीक्षण आदि के लिए लोगों का एकत्रित होना, इकट्ठा करना।

Musty (मस्टि) *adj.* सड़ा, दुर्गन्धित, सड़ापन, फफूँददार, गीलेपन से खराब, घिसा-पिटा, फटा पुराना।

Mutable (म्यूटेबल्) *adj.* अस्थिर, परिवर्तनशील, परिवर्त्य, चंचल, चल, परिवर्तनीय। **Mutability,** *n.* चंचलता, परिवर्तनशीलता।

Mutant (म्यूटन्ट्) *n.* ऐसा पशु, जीव जिसमें नस्ल परिवर्तन हुआ हो।

Mutation (म्यूटेशन्) *n.* परिवर्तन-करण, स्थिति-भेद, उत्तराधिकार।

Mutatis mutandis (मेयुटेटिस् म्यूटॅन्डिस्) *adv.* थोड़े बहुत परिवर्तन के साथ (विस्तृत विवरण), आवश्यक परिवर्तन के साथ।

Mute (म्यूट्) *adj.* मूक, मौन, चुपचाप, गूँगा, मंद उच्चरित। *n.* मौन व्यक्ति, इनकार करने वाला व्यक्ति, अभिनेता, गूँगा मनुष्य। *v.t.* शब्द मन्द करना। **Mutely,** *adv.* मूकवत् गूंगे की तरह।

Mutilate (म्यूटिलेट्) *v.t.* अंग-भंग करना, विकलित करना (छाँटना), अपूर्ण करना, विकृत करना। **Mutilation,** *n.* अंग का कटाव। **Mutilator,** *n.* काटने वाला मनुष्य।

Mutineer (म्यूटिनिअर्) *n.* बलवा करने में सहायक व्यक्ति।

Mutinous (म्यूटिनस्) *adj.* विद्रोही, बलवाई। *adv.* द्रोह से, बलवे से।

Mutiny (म्यूटिनि) *n.* बलवा, गदर, सैन्य विद्रोह। *v.t.* विद्रोह करना, बलवा करना, क्रांति होना, बग़ावत होना।

Mutt (मट्) *n.* पागल सा मूर्ख, मूढ़, मिट्टी का माधों, दोगला कुत्ता।

Mutter (मटर्) *v.t.* & *i.* बड़बड़ करना, गुर्राना,

धीरे से कहना। **Mutterer,** *n.* अस्पष्ट बोलने वाला व्यक्ति। **Muttering,** *n.* अव्यक्त उच्चारण।

Mutton (मटन्) *n.* भेड़ का मांस जो खाया जाता है। **Muttony,** *adj.* भेड़ के गोश्त जैसा।

Mutual (म्यूचुअल्) *adj.* परस्पर, आपसी, पारस्परिक, अन्योन्य (आपस का), लिया-दिया। **Mutuality,** *n.* परस्पर व्यवहार। **Mutually,** *adv.* परस्पर, आपस में। **Mutualism,** *n.* पारस्परिक आश्रय का सिद्धान्त।

Muzzle (मझल्) *n.* पशु के मुख का नुकीला भाग (थूथन), बन्दूक का मुँह, पशु के मुँह में लगाने की जाली। *v.t.* जाली बाँधना, छेद या नाली में से गोली भरने की बन्दूक, मुख पर छींका लगाना, क्षति से बचाना, चुप करना, शांत करना।

Muzzy (मझि) *adj.* स्तब्ध, स्तंभित, धुँधला, किंकर्तव्यविमूढ़, गुलाबी नशे में, अस्पष्ट, नीममस्त, मत्तप्राय, तेजहीन, घबड़ाया हुआ।

My (माय्,मि) *adj.* मेरा अपना।

Myalgia (मायॅल्जा) *n.* वातरोग, पुट्ठों का गठिया, पेशीशूल।

Mycology (मायॅकालाजि) *n.* (वनस्पति शास्त्र) फंगस का विज्ञान, कवक विज्ञान।

Myology (म्यॉलाजि) *n.* पेशियों के अध्ययन का शास्त्र, पेशी विज्ञान।

Myope (मयोप्) *n.* निकट दृष्टिक।

Myopia, Myopy (मायोपिआ, मयॉपि) *ns.* अल्पदृष्टित्व, चौंधापन।

Myopic (मायोपिक्) *adj.* निकट दृष्टिक।

Myriad (मिरिऑड्) *n.* दस हजार, हजारों, बहुत बड़ी संख्या। *adj.* अनंत, असंख्य, असीम।

Myriapod (मिरिॲपॉड) *n.* सैकड़ों परों वाला, गोजर।

Myrmidon (मर्मिडॉन्) *n.* नीच नौकर।

Myrrh (म्यूर) *n.* म्यूर गोंद, म्यूरोल तेल।

Myrtle (मर्टिल्) *n.* मेंहदी, हिना।

Mystagogue (मिस्टगॉग) *n.* गूढ़ विद्या का उपदेशक। **Mystagological,** *adj.* गूढ़ विद्या सम्बन्धी।

Mysterious (मिस्टीरिअस्) *adj.* दुर्बोध, (गहन), गूढ़ार्थ, गुप्त, अस्पष्ट। **Mysteriously,** *adv.* गुप्त रीति से। **Mysteriousness,** *n.* गूढ़ता।

Mystery (मिस्टरि) *n.* गुप्त बात, पहेली, रहस्य, भेद, गूढ प्रश्न, रहस्यमयी वस्तु, गुप्त सिद्धांत, मनुष्य के विचार की बात, रहस्य (प्रधान) नाटक।

Mystery-Play (मिस्टरी प्ले) *n.* 11वीं और 14वीं शताब्दी के बीच की अवधि के प्रसिद्ध नाटक जो बाइबल पर आधारित था।

Mystic (मिस्टिक्) *adj.* अप्रकट, गहन, गुप्त। *n.* रहस्यानुभावी, रहस्यवादी, व्यक्ति जो प्रार्थना द्वारा ईश्वरीय ज्ञान खोजता है।

Mystical (मिस्टिकल्) *adj.* गुप्त। **Mystically,** *adv.* गुप्त रूप से।

Mysticism (मिस्टिसिज़्म्) *n.* गूढ़ विद्या, अध्यात्म विद्या, गुप्त विद्या, रहस्यवाद।

Mystification (मिस्टिफ़िकेशन्) *n.* घबराहट।

Mystify (मिस्टिफाय्) *v.t.* घबड़ाना, व्यग्र करना।

Mystique (मिस्टीक्) *n.* किसी व्यक्ति या वस्तु या विषय को रोचक या आकर्षित बनाने वाला।

Myth (मिथ) *n.* मिथक, कल्पित कथा, गप्प, पौराणिक गाथा, मनगढंत बात या कथा, कल्पना।

Mythical (मिथिकल्) *adj.* काल्पनिक।

Mythicism (मिथइसिज़्म्) *n.* काल्पनिक या पौराणिक कथा का वर्णन।

Mythicist (मिथइसिस्ट्) *n.* पौराणिक रीति से कथा वर्णन करनेवाला।

Mythicize (मिथइसाइज्) *v.t.* किसी कथा का पौराणिक रीति से वर्णन करना।

Mythologer (माइथॉलाजर्) *n.* पौराणिक कथा लेखक।

Mythological (माइथॉजिकल्) *adj.* पौराणिक, ऐतिहासिक।

Mythologist (माथलॉजिस्ट्) *n.* पौराणिक कथा लेखक, पुराण शास्त्री, पुराण विज्ञानी।

Mythologue (मिथलॉग) *n.* पौराणिक कथा की रचना।

Mythology (माइथॉलॅजि) *n.* पौराण्धिक कथा, देवी-देवताओं की कहानियाँ।

Mythonomy (मिथॅनॅमि) *n.* पुराणशास्त्र।

Mythoplasm (मिथॅप्लाज़्म्) *n.* कथा-कहानी कथन।

Mythus (माइथस्) *n.* देवताओं की काल्पनिक कथा, पुराण कथा, रहस्यपूर्ण कथा।

Myxoedema (मिक्सीडीमा) *n.* युवावस्था का एक रोग जिसमें शरीर भर में शिथिलता आ जाती है, तथा चेहरा फूल जाता है।

Myxomatosis (माईक्सोमोटसिस्) *n.* मिक्सोमा रोग, मिक्सोमता।

N (एन्) अंग्रेजी भाषा का चौदहवाँ अक्षर, (रसायनशास्त्र में) नाइट्रोजन द्रव्य के लिये संकेत, गणित में अज्ञात संख्या, (छापे में) एक परिमाण जो 'एम' का आधा होता है।

Nabob (नबॉब्) *n.* करोड़पति, नवाब, धनाढ्य।

Nacarat (नॉकरॉट्) *n.* चमकीला नारंगी रंग, इस रंग का कपड़ा।

Nacelle (नसेल्) *n.* एरोप्लेन का ढाँचा, हवाई जहाज की कार।

Nacre (नेकर्) *n.* मुक्ता-स्तर, सीप, मुक्ताभ, मौक्तिक।

Nadir (नाडिर्) *n.* अधोबिन्दु (ऊर्ध्व बिन्दु का उल्टा), सबसे नीचे का स्थान।

Nag (नैग्) *n.* टट्टू, घोड़ा, अश्वक, सवारी का घोड़ा, घटिया घोड़ा, मरियल घोड़ा। *v.t.* & *i.* दोष निकालना, कष्ट देना।

Naggy (नैगि) *adj.* झगड़ालू।

Nainsook (नेन्सुक्) *n.* उत्तम सूती वस्त्र।

Naive (नेव्ह्) *adj.* भोला-भाला, अकृत्रिम, निष्कपट, सहज, सीधा-साधा।

Naivety, Navete (नाईवेटि, नेवेटे) *ns.* अकृत्रिमता, निष्कपटता, भोलापन, सहजता।

Naked (नेकूड्) *adj.* नंगा, विवस्त्र, अनाच्छादित, अनाराक्षित, सुस्पष्ट, नग्न, अनावृत, सरल, साधरण। **Nakedly,** *adv.* नंगे रूप या वेश में केवल। **Nakedness,** *n.* नंगापन।

Namby-pamby (नैम्बि पैम्बि) *adj.* & *n.* भावुकतापूर्ण, अतिसुकुमार, निरर्थक, नाजुक, नीरस, बचकाना व्यक्ति।

Name (नेम्) *n.* नाम, संज्ञा, लक्षण, कीर्ति, प्रतिष्ठा, प्रसिद्धि। *v.t.* उपाधि प्रदान करना, नाम रखना, नाम देना, नाम बताना, उल्लेख करना, चर्चा करना, मनोनीत करना, नाम लेकर बोलना, पुकारना, नियुक्त करना।

Namely (नेमलि) *adv.* अर्थात्, यानि, यथा, विशेषतः नाम से।

Namesake (नेमसेक) *n.* एक ही नाम का, नामराशि।

Nankeen (नॉनकीन्) *n.* एक प्रकार का सूती रंगीन वस्त्र।

Nanny (नैनि) *n. fem.* आया, धाय।

Nanometer (नैनोमीटर) *n.* माप की इकाई।

Nap (नैप) *n.* अल्पनिद्रा, कपड़े का रोवाँ। *v.i.* झपकी लेना, रोवाँ उतारना। **Napless,** *adj.* बिना रोएँ का। **Nappy,** *adj.* तन्द्रा लेनेवाला, झपकी लेनेवाला, कोमल पंखो या बालोंवाला।

Nape (नेप्) *n.* गर्दन के पीछे का हिस्सा, गुद्दी, कंधरा।

Napery (नेपरि) *n.* मेजपोश।

Naphtha (नैफ्था) *n.* शीघ्र जलने वाला खनिज तेल विशेष।

Naphthalene, Napthaline (नैफ्थलीन) *n.* एक सफेद दानेदार परिशोधक पदार्थ।

Napkin (नैपकिन्) *n.* अंगौछा, रूमाल, छोटी तौलिया।

Napoleonic (नेपोल्यिनिक) *adj.* प्रसिद्ध राजा नेपोलियन प्रथम के समान।

Napoleonism (नेपोल्यिनिज्म) *n.* नेपोलियन की कूटनीति।

Narcotic (नार्-कॉटिक्) *adj.* & *n.* उपविष, संवेदनमंदक, निद्राबह, स्वापक, पीनक लाने वाला। **Narcotize,** *v.t.* नशीला करना अथवा बनाना।

Nark (नार्क) *n.* सूचना देने वाला, गुप्तचर, जासूस, चापलूस, खुशामदी, चमचा, रंग में भंग डालने वाला, मजा किरकिरा करने वाला, दोषोन्वेषी।

Narghile (नार्गिले) *n.* हुक्का।

Narrate (नैरेट्) *v.t.* वर्णन करना, कहना। **Narration,** *n.* वर्णनात्मक वर्णन, व्याख्या, विवरण, आख्यान, कथन, वर्णित घटना, विवरणात्मक वर्णन, वृत्तान्त, कथा। **Narrator,** *n.* वर्णन करने वाला।

Narrative (नैरेटिव्) *n.* वर्णन, वृत्तान्त, चरित्र। *adj.* वर्णनात्मक, विवरणात्मक, कथनशील।

Narrow (नैरो) *adj.* तंग, सँकरा, बाल-बाल, थोड़ी-सी गुंजाइश के साथ, संकीर्ण विचारों का, धर्मांध, संकीर्ण, कड़ी, सीमित, संकुचित, अनुदार, सूक्ष्म, तंगदिल, बारीक। *v.t.* & *i.* संकीर्ण हो जाना, घट जाना, संकुचित या सीमित कर देना, तंग बनाना, सिकोड़ना, संकुचित होना सिकुड़ना। *n.* परिमित, सीमित।

Narrowly (नैरोलि) *adv.* सूक्ष्म दृष्टि से, सूक्ष्मता से, समीप से।

Nasal (नेझल्) *adj.* नासीय, नासा, नाक का, नासिका, संबंधी, अनुनासिक। *n.* अनुनासिक वर्ण या अक्षर, नासास्थि, नाक की हड्डी, शिरस्त्राण का नासिका भाग।

Nasalize (नेझॅलाइझ्) *v.t.* & *i.* नाक से बोलना, नकियाना। **Nasalization,** *n.* अनुनासिकरण, नासिक्यरंजन।

Nascent (नॅसेन्ट्) *adj.* उगनेवाला, जननोन्मुख, बढ़नेवाला। **Nascency,** *n.* उत्पादन का आरम्भ।

Nasiform (नेज़िफॉर्म्) *adj.* नाक के आकार का।

Nasturtium (नस्टरशियम्) *n.* एक प्रकार की रेंगने वाली या जमीन पर फैलने वाली लता।

Nasty (नास्टि) *adj.* गन्दा, घिनौना, घृण्य, अश्लील, विद्वेषी, दुष्टप्रकृति, आपत्तिजनक, आपत्ति योग्य। **Nastily,** *adv.* मलिनता से। **Nastiness,** *n.* अपवित्रता।

Natal (नेटल्) *adj.* जन्म-संबंधी।

Nationalism (नेशनॅलिझम्) *n.* राष्ट्रीय भावना, राष्ट्रवाद, राष्ट्रीयता।

Nationality (नेशनॅलिटि) *n.* राष्ट्रीयता, किसी राष्ट्र से लगाव, संबंध, राष्ट्रप्रेम, देश-सेवा की भावना, राष्ट्रीय सत्ता।

Nationalize (नॅशनलाइझ्) *v.t.* राष्ट्रीयकरण करना, राष्ट्र की संपत्ति बनाना, राष्ट्र शासन में लेना, का राष्ट्र बनाना, नागरिक या राष्ट्रिक बनाना। **Nationalization,** *n.* राष्ट्रीयकरण। **Nationwide,** *adj.* राष्ट्रव्यापी।

Native (नेटिव्) *n.* देशवासी, मूल निवासी, किसी क्षेत्र विशेष का पशु या पौधा। *adj.* सहज, स्वाभाविक, प्राकृतिक, पैदाइशी। **Natively,** *adv.* स्वाभाविक रूप में। **Nativeness,** *n.* स्वाभाविकता।

Nativity (नॅटिविटि) *n.* जन्म, जन्मोत्सव, ईसा का जन्मोत्वस, जन्मजात जन्मपत्री, राष्ट्रीयता, देशजता, देशीयता।

Natron (नेट्रन्) *n.* सज्जी-खार।

Natter (नेट्रन्) *v.i.* चिड़चिड़ा होना, बड़बड़ाते रहना।

Natty (नॅटि) *adj.* कुशल, सुवड़, चालाक। **Nattily,** *adv.* स्वच्छता से। **Nativeness,** *n.* कुशलता, स्वच्छता।

Natural (नॅचुरल्) *adj.* स्वाभावकि, सामान्य, नैसर्गिक, यथार्थ, प्राकृतिक, सहज। *n.* जन्म से मूर्ख, शुद्ध स्वर, प्रतिवर्तन चिह्न, मूलस्वर दर्शक।

Naturalism (नॅचरलिझम्) *n.* प्रकृतिवाद, प्रकृति अनुगमन, प्राकृतिक अवलंब, अरूढ़िवाद, प्रकृति वैज्ञानिक, प्रकृतिवादी, यथार्थवाद, प्रकृति पूजावाद, देववाद।

Naughty (नॉटि) *adj.* नटखट, शरारती, शरीर, अनुचित, बुरा, निकम्मा, अविनयशील, अविनीत। **Naughtily,** *adv.* दुष्टता से। **Naughtiness,** *n.* दुष्टता, उपद्रव।

Nausea (नॉसिआ) *n.* वमन की इच्छा, जी मचलाहट, घृणा।

Nauseate (नॉसिएट्) *v.t.* & *i.* जी मिचलाना, मतली पैदा करना, घृणा करना, घिनाना। **Nauseating,** *adj.* जी मचलता हुआ।

Nauseous (नॉसिएशस्) *adj.* घृणाजनक, उबकाई लाने वाला। **Nauseously,** *adv.* घृणा से, जी मचलाते हुए।

Navicular (नॉविक्यूलर्) *adj.* नाव के प्रकार का।

Navigable (नॅविगेबल्) *adj.* नौगम्य, नाव्य। **Navigability,** *n.* नौगम्यता।

Navigate (नॅविगेट्) *v.t.* & *i.* समुद्र यात्रा करना, नौ यात्रा करना, विमान यात्रा करना, जहाज या विमान चलाना, मार्ग निर्देश करना।

Navigation (नॅविगेशन्) *n.* नौविद्या, जहाज़ी विद्या।

Nebula (नेब्यूला) *n.* आँखों के आगे धुन्ध, नीहारिका।

Nebular (नेब्यूलर्) *adj.* नीहारिका संबंधी, नीहारिका सदृश।

Nebulium (निब्यूलिअम्) *n.* वायु के वेग से भागने वाले मेघों के बीच हरी-सी रेखा उत्पन्न करने वाला मूल तत्व, रासायनिक तत्व।

Nebulous (नेब्यूलस्) *adj.* धुँधला, अस्पष्ट, गंदला, नीहारिकाभ, नीहारिकामय, कोहरेदार।

Necessary (नेसिसरि) *adj.* आवश्यक, अनिवार्य, भवितव्य। *n.* आवश्यक पदार्थ।

Necessitarian (निसेसिटेरिअन्) *n.* अदृष्टवादी, दैववादी, भाग्यवादी, नियतिवादी।

Necessitate (निसेसिटेट्) *v.t.* अनिवार्य बना देना, माँगना, आवश्यक बनाना, जरूरी बनाना, की अपेक्षा करना, की माँग करना, बाध्य करना, मजबूर करना, विवश करना।

Necessitous (निसेसिटस्) *adj.* दरिद्र, अकिंचन, तंगहाल, निर्धन।

Necessity (निसेसिटि) *n.* आवश्यकता, लाचारी, दरिद्रता, कष्ट।

Neck (नेक्) *n.* ग्रीवा (कण्ठ, गर्दन)। *v.t.* गला घोंटना, गर्दन से पकड़ना, गर्दन से बाँधना, गले लगाना, आलिंगन करना।

Necklace (नेक्-लेस्) *n.* कण्ठी, कण्ठा, हार, माला, गले का हार।

Neckline (नेक्-लाइन्) *n.* गले की रेखा, परिधान की (ग्रीवा की) सीमित रेखा।

Necrolatry (नेक्रलॉट्रि) *n.* मृत्यु-लेख।

Necrology (नेक्रालाजि) *n.* मृतक तालिका, मृत्यु विज्ञान, मृत्युलेख लेखक, निधन सूचना, मृत्युसंवाद।

Necromancer (नेक्रॅमॅन्सर्) *n.* जादूगर, मृतक शकुन विचारक, ओझा। **Necromancy,** *n.* प्रेत विद्या, जादू-टोना, मृतक शकुन विचार, टोना-टोटका। **Necromantic,** *adj.* तांत्रिक, प्रेतविद्या संबंधी।

Necrophobia (नेक्रफोबिआ) *n.* मृत्यु का भय।

Necropolis (निक्रॉपालिस्) *n.* कब्रिस्तान, शमशान भूमि, समाधि स्थल।

Necrosis (निक्रोसिस्) *n.* ऊतकक्षय, अस्थिक्षय।

Nectar (नेक्टर्) *n.* अमृत (सुधा), अपूर्व वस्तु। पुष्पासव। **Nectareal, Nectarean, Nectareous,** *adjs.* अमृतमय, सुधारूप।

Nectary (नेक्टरि) *n.* फूल का वह भाग जिससे मधु निकलता है।

Nefarious (निफेरिअस्) *adj.* (अति) दुष्ट, घृणित, पापिष्ठ, जघन्य।

Negation (निगेशन्) *n.* इनकार, नकार, नहीं कहना, प्रतिवाद, खण्डन, निषेध, अस्वीकार, अभाव।

Negationist (निगेशिनिस्ट्) *n.* प्रचलित गति को स्वीकार करने वाला।

Negative (नेगेटिव्) *adj.* प्रतिवादी, विराधी, निषेधी, अभावात्मक, नकारात्मक, विषम, अस्वीकारात्मक, निषेधात्मक, असमर्थनात्मक, निषेधक। *n.* निषेधक (शब्द या काव्य), प्रतिषेधक पहलू, निषेधवाचक निषेधक पद, फोटो की उलटी छाप, ऋण राशि। *v.t.* प्रतिवाद करना, के विपरीत सिद्ध करना, (वीटो द्वारा) अस्वीकार करना, अनस्तित्व सूचित करना।

Nagatively (नेगेटिवलि) *adv.* अस्वीकार करते हुए। **Negativeness,** *n.* निषेधार्थकता।

Negatory (नेगेटरि) *adj.* नकारात्मक प्रवृत्ति का, अस्वीकारात्मक, निषेधात्मक, ऋणात्मक।

Neglect (निग्लेक्ट्) *v.t.* उपेक्षा करना, सुध ने लेना, तिरस्कार करना। *n.* उपेक्षा, त्याग, असावधानी।

Neglige (निग्लाइज़्) *n.* ढीले-ढाले कपड़े (वस्त्र)। *adj.* ढीले-ढाले वस्त्र पहने हुए असावधान, लापरवाह। **Negligee,** *n.* ढीला-ढाला गाउन, मणि-माला, लाल मूँगों की माला।

Negligence (नेग्लिजन्स्) *n.* उपेक्षा, असावधानी।

Negligent, Negligible (नेग्लिजेन्ट्, नेग्लिजिबल्) *adjs.* असावधान, उपेक्षा करने वाला, लापरवाह, बेखबर, प्रमादी, नगण्य, उपेक्षणीय, (औपचारिकता या फैशन के प्रति) लापरवाही करने वाला।

Negotiable (निगोशेबल्) *adj.* बेचा-बिक्री करने योग्य।

Negotiate (निगोशिएट्) *v.t.* व्यापार करना, पुर्जा देना, किसी विषय को आपस में तय करने के लिये बातचीत करना।

Negotiation (निगोशिएँशन्) *n.* व्यवहार, व्यवसाय करना।

Negotiator (निगोशिऐंटर्) *n.* व्यापार करने वाला, मध्यस्थ।

Negress (नीग्रेस्) *n.* हबशिन्, हबशी की स्त्री।

Negro (नीग्रो) *n.* कृष्णांग, हबशी। *adj.* हब्शी जाति का अश्वेत, नीग्रो जाति का, अश्वेत वर्णी।

Negus (नीगस्) *n.* नीगस, एबिसीनिया का शासक (राजा)।

Neighbour (नेबर्) *n.* समीप में रहनेवाला, पड़ोसी। *v.t.* & *i.* पड़ोस में या पास में रहना, निकट रहना, निकट होना। **Neighbourhood,** *n.* (निवासियों के संदर्भ में) जिला, प्रांत, पास का क्षेत्र, निकटवर्ती, सामीप्य, निकट की स्थिति। **Neighbouring,** *adj.* निकटवर्ती, समीपस्थ। **Neighbourly,** *adj.* पार्श्ववर्ती, मिलनसार, सामाजिक, मित्रवत्।

Neither (नीदर्) *adv., conj.* & *prep.* न तो, न वह न यह (दोनो में से कोई भी नहीं), नहीं।

Nelly (नैली) *n.* जनाना या दुर्बल व्यक्ति।

Neocracy (नीओक्रेसि) *n.* नवीन मनुष्यों का राज्य।

Neogamist (नीओगैमिस्ट) *n.* जिस मनुष्य का तुरन्त विवाह हुआ हो।

Neolithic (निआलिथिक्) *adj.* नवप्रस्तर, नव पाषाण युगीय।

Neologism (निऑलाजिझम्) *n.* नया सिद्धान्त। **Neologist,** *n.* नवधर्मी। **Neologize,** *v.i.* नवधर्मीकरण।

Neology (नीओलॉजि) *n.* नवीन शब्दों का प्रयोग, नूतनमत, विलक्षण मत।

Neon (नेओन्) *n.* वातावरणीय गैस, हाल में शोधित (वायु रूप मूल द्रव्य), (गैसीय तत्व-परमाणु) क्रमांक'10) निऑन बत्ती, (लैंप)।

Neo-paganism (नीआपेगॅनिझम्) *n.* पैगन आदर्शो का पुनर्जागरण, फिर से मूर्तिपूजक होना, नव्य पैगनवाद।

Neophyte (नीआफाइट्) *n.* नवसिखुआ, नव दीक्षित व्यक्ति, नवशिष्य, नया क्रिस्तानी, नया पुजारी, नया धर्मवादी, नवागंतुक, नव-शिष्य।

Nephew (नेफ्यू) *n.* भतीजा, भानजा।

Nephology (निफ़ॉलजि) *n.* मेघ विज्ञान, बादल विज्ञान।

Nephritic (निफ्रिटिक्) *adj.* गुर्दे का। **Nephritis,** *n.* वृक्कशोथ।

Neplus-ultra (नीप्लस्-अल्ट्रा) *n.* चरमलक्ष्य, पराकाष्ठा, चरम सीमा।

Nepotism (नीपाटिझम्) *n.* कुल पक्षपात, संबंधियों के प्रति पक्षपात। **Nepotist,** *n.* कुल-पक्षपाती।

Neptune (नेपट्यून्) *n.* वरुण, नेपट्यून, जल देवता, समुद्र देवता, एक पौधा।

Nereid (नीरिइड्) *n.* जलपरी, शैवाल, समुद्र में पाया जाने वाला एक प्रकार का पौधा।

Nervate (नर्वेट) *adj.* रेशेदार पत्ती का। **Nervation,** *n.* पत्ती का रेशेदार होना।

Nerve (नर्व) *n.* शान तन्तु, नस, नाड़ी, ऊर्जा, तेज, शक्ति, बल, नाड़ी तन्तु, साहस। *v.t.* बल देना, शक्ति देना, हिम्मत देना, पूरी ताकत लगाना।

Ness (नेस्) *n., suff.* भाववाचक शब्द बनाने के लिए प्रयुक्त प्रत्यय, अन्तरीय, मुख्य भूमि।

Nest (नेस्ट्) *n.* नीड़, पक्षिग्रह, घोसला, आनन्द-ग्रह, लुटेरों का स्थान, समुदाय। *v.t.* & *i.* घोंसला बनाना, घोंसले में रहना, घोंसलों में जाना, बसेरा करना, आवास करना। **Nestful, Nestlike,** *adj.* घोंसला भर, घोंसले की तरह का।

Nestle (नेसल्) *v.t.* स्थिर होना या करना, प्रेम से दबाना, शरण लेना।

Nestling (नेस्लिंग्) *n.* नीड़शावक, चिड़िया का बच्चा।

Nestor (नेस्टॉर्) *n.* मण्डली का प्रमुख विद्वान व्यक्ति।

Net (नेट्) *n.* जालीदार बेल, जाली, पाश, मछली पकड़ने आदि का जाल, जालीदार कम, जाल, फंदा, पकड़ने हेतु बनाई गयी योजना। *v.t.* & *i.* फँसाना, जालीदार बनाना, जालीदार होना, जाली से पकड़ना, जाली का काम करना, जाल में रखना, पकड़ लेना, फाँस लेना, जाल में भेजना।

Net (नेट्) *adj.* वास्तविक, अंतिम, निर्णयात्मक, कटौती के बाद का शेष, शुद्ध मुनाफा, निवल, शुद्ध मूल्य।।

Nether (नेदर्) *adj.* निचला, निम्नस्तर, अधोवस्त्र।

Nethermost, *adj.* सबसे नीचे का।

Netting (नेटिंग्) *n.* जाली, जाल।

Nettle (नेटल्) *n.* बिच्छूबूटी, दंश रोम। *v.t.* डंक मारना, व्यंग्य करना, तंग करना, चिढ़ाना, उत्तेजित करना।

Network (नेट्वर्क्) *n.* जाली का काम।

Nett (नेट्) *adj.* सब खर्च इत्यादि निकाल कर, निरा, खालिस।

Neural (न्यूरल्) *adj.* तंत्रिकीय, तंत्रिका संबंधी।

Neuralgia (न्यूरॅल्जा) *n.* वातशूल। **Neuralgic,** *adj.* वातशूल संबंधी।

Neurasthenia (न्यूरॅस्थीनिआ) *n.* तंत्रिकाओं का कमजोर होना, तंत्रिका-क्षीणता, तंत्रिकावसाद, तंत्रिका-दौर्बल्य।

Neuritis (न्यूरिटिस) *n.* तंत्रिकाशोथ।

Neurosis (न्यूरोसिस्) *n.* एक प्रकार का उन्माद या पागलपन।

Neurotic (न्यूरॉटिक्) *adj.* & *n.* तंत्रिका रोगी, तंत्रिकातापी, वात-विकार को दूर करने की औषधि, स्नायु रोग की, मनस्ताप ग्रस्त।

Neutral (न्यूट्रल) *adj.* उदासीन, तटस्थ, निष्पक्ष, निर्दलीय, निर्वण, अस्पष्ट, निर्गंध, निरावेशित, उदासीन, निष्क्रिय, नपुंसक, मध्य, निष्प्रभावी। *n.* तटस्थ व्यक्ति या राष्ट्र, (गियर) उदासीन। **Neutrality,** *n.* तटस्थता, निष्पक्षता।

Newfangled (न्यूफँगल्ड्) *adj.* आधुनिक, नये ढंग का, नए विचारों का।

Newly (न्यूलि) *adv.* हाल में, दुबारा, फिर से।

New moon (न्यू मून) *adj.* पूरा चाँद, दूज का चाँद।

News (न्यूझ्) *n.* वार्ता, नया समाचार।

Newspaper (न्यूझ्-पेपर्) *n.* समाचार-पत्र, अखबार।

Newt (न्यूट्) *n.* सरटिंका (पानी की छिपकली)।

Next (नेक्स्ट्) *n.* आगामी, प्रायः, समीप का। *adv.* निकटतः, निकटतम ढंग से, अभी-अभी, आगे, आगे की तरफ। *prep.* के निकट।

Nexus (नेक्सस्) *n.* बंध, बंधन, संधि, श्रृंखलित समूह, विधेय सम्बन्ध, अंतर्बन्धन।

Nib (निब्) *n.* निब, औजार की नोंक, डंक, चोंच। *v.t.* कलम में निब लगाना, चुभाना, कुतरना।

Nibs (निब्स) *n.* उच्चकोटि का व्यक्ति, महान व्यक्ति, (वह) स्वयं, (उसकी) महानता।

Nibble (निबल्) *v.t.* & *i.* दोष निकालना, आलोचना करना, कुतरना। *n.* कुतरने का कार्य,

टुकडा, कतरन।

Nibbler (निब्लर्) *n.* कुतरने वाला, दोष निकालने वाला।

Nice (नाइस्) *adj.* कोमल, ललित, मनोहर, सूक्ष्म, सूक्ष्मदर्शी। **Nicely,** *adv.* सुन्दरता से। **Niceness,** *n.* सुन्दरता।

Nicety (नाइसिटि) *n.* सूक्ष्म व्यवस्था, ठीक व्यवहार, बारीकी, सूक्ष्मता, कठिनता, अति विवेकापेक्ष्य मामला, परिष्कार, संशोधन, संकोच-सलज्जता, तुनुक मिज़ाज।

Niche (निच्) *n.* ताखा, आला। *v.t.* आले में मूर्ति बैठाना।

Nictate, Nictitate (निक्टेट्, निक्टिटेट्) *v.i.* पलक मारना, पलक झपकना। **Nictation,** *n.* निमेष, निमीलन, झपकी।

Nictation (निकटेशन्) *n.* निमेष, निमीलन, झपकी।

Nidificate (निडिफिकेट) *v.t.* घोंसला बनाना।

Nidification (निडिफिकेशन्) *n.* घोंसला बनाने का कार्य।

Nid-nod (निड-नॉड) *v.t.* सिर हिलाने या कांपते रहना।

Nidor (नाइडर) *n.* पके हुए भोजन की सुगन्ध। **Nidorous,** *adj.* पके हुए भोजन की सुगन्ध के समान।

Nidus (नाइडस्) *n.* जिस स्थान पर रोग के अंकुर जमते हैं, घोसला।

Niece (नीस्) *n.* भानजा, भानजी, भतीता, भतीजी।

Niello (निएलो) *n.* काला धातु, मिश्रण जो चांदी की आकृतियाँ या नमूने भरने के काम आता है।

Nifty (निफ्टि) *adj.* सुन्दर, आधुनिक, उत्तम, बना-ठना, तेज, फुर्तीला।

Niggard (निगर्ड्) *n.* & *adj.* कृपण मनुष्य, सूम, कंजूस। *adj.* बहुत कम।

Niggardly (निगर्डलि) *adj.* कंजूस, मितव्ययी, कंजूस की तरह, निकृष्ट, लालची। *adv.* कंजूसी से। **Niggardliness,** *n.* कृपणता।

Nigger (निगर्) *n.* हब्शी।

Niggle (निगल्) *v.i.* तुच्छ बातों में समय नष्ट करना, समय गँवाना, अत्यन्त व्यस्त रहना, मक्खी मारना, झख मारना।

Nigh (नाय्) *adv.* & *prep.* निकट, पास का, नज़दीकी, लगभग।

Night (नाइट्) *n.* रात्रि, रात।

Night bird (नाईट-बर्ड) *n.* उल्लु।

Night-blindness (नाईट-ब्लाइन्ड-नेस्) *n.* रतौंधी।

Night-fall (नाइट्-फॉल्) *n.* संध्याकाल।

Nightingale (नाइटिंगेल्) *n.* बुलबुल।

Nightmare (नाइटमेअर्) *n.* भयावह स्वप्न, भयानक सपना, दुःस्वप्न।

Nightshade (नाइट्-शेड्) *n.* धतूरा।

Nigrescent (निग्रेसेन्ट्) *adj.* काला होने वाला।

Nihilism (निहिलिझम्) *n.* नकारवाद, नाशवाद, अतिसंदेहवाद (शीलता), शून्यवाद, नास्तिवाद, अवास्तविकतावाद। **Nihilist,** *n.* अति संदेहवादी, नाशवादी, नकारवादी, शून्यवादी, अवास्तविकतावादी, नास्तिवादी, विध्वंसवादी।

Nil (निल्) *n.* कुछ नहीं, शून्य।

Nill (निल्) *v.t.* अनिच्छुक होना, नहीं होगा।

Nimble (निम्बस्) *adj.* चपल, क्षिप्र गति, फुर्तीला, चालाक।

Nimbus (निम्बस्) *n.* प्रभामंडल, प्रकाशपूर्ण या चमकदार बादल।

Nimrod (निमरॉड्) *n.* शिकारी।

Nincompoop (निन्-काम्पूप्) *n.* मूर्ख, उल्लू, बुद्धू, गोबर गणेश मनुष्य।

Nine (नाइन्) *adj.* & *n.* नव, नौ का अंक, नौ का समूह, नहला।

Ninefold (नाइन्-फोल्ड) *adj.* & *adv.* नौगुना।

Nineteen (नाइन्-टीन्) *adj.* & *n.* उन्नीस, 19।

Ninety (नाइन्-टीन्) *adj.* & *n.* नब्बे, 90।

Ninny (निनि) *n.* मुर्ख, बुद्धू, भोला-भाला व्यक्ति, सीधा व्यक्ति।

Niobe (नायाबे) *n.* शोकमूर्ति।

Niobium (नायोबिअम्) *n.* एक प्रकार का धातु।

Nip (निप्) *v.t.* & *i.* कतरना, काटना, वृद्धि रोकना। *n.* नाखून या दाँत का कटाव, थोडी सी मदिरा। **Nipped,** *adj.* कतरा हुआ।

Nippers (निपरस्) *n.* चिमटी, सँड़सी, सँड़सी जैसा औजार, कतरनी, हथकड़ी।

Nipple (निपल्) *n.* चुचुक, चूची, ढ़िपनी, थन, बिटकना, स्तनाग्र।

Nisi (नाइ-साई) *conj.* अन्यथा, व्यर्थ का, पहिले का।

Nit (निट्) *n.* जूँ, लीख, छोटे कीड़ों के अंडे, मूर्ख, बुद्धू, क्षुद्र व्यक्ति।

Nitrate (नायट्रेट्) *n.* शोरे के अम्ल तथा मद्यसार का घोल। *v.t.* नाइट्रेट घोल तैयार करना।

Nitre (नाइटर्) *n.* सोडियम कार्बोनेट, शोरा, नाइटर,

सुरिया-खार, कलमी शोरा। **Nitric,** *adj.* शोरे का।

Nitrify (नाइट्रिफाय्) *v.t.* & *i.* नाइट्रेट बनाना, नाइट्रीकरण करना या होना।

Nitrogen (नाइट्राजिन्) *n.* नाइट्रोजन नामक वायुरूप तत्व विशेष, नत्रजन। **Nitrogenous,** *adj.* नाइट्रोजनयुक्त। **Nitrogenise,** *v.t.* नाइट्रोजन देना।

Nitrous (नाइट्रस्) *adj.* शोरे की भाँति, शोरा मिला हुआ।

Nix (निक्स्) *inter.* अध्यापक के आने के पूर्व सूचना। *n.* जल देवी, जल परी, मीनपरी। *n.* कुछ भी नहीं, ना-ना, कुछ भी नहीं, कतई भी नहीं, कभी ख्याल मत करना।

No (नो) *adj.* कोई भी नहीं। *adv.* नहीं, किसी स्थिति में नहीं, बिल्कुल नहीं। *n.* इनकारी, मनाही, नकारात्मक मत।

Nob (नॉब्) *n.* बड़ा, उत्कृष्ट व्यक्ति। *v.t.* (मुक्केबाजी) सिर पर मारना।

Nobble (नॉबल्) *v.t.* बेईमानी से छीन लेना।

Nobby (नॉबि) *adj.* सुन्दर, कलात्मक, उत्कृष्ट।

Nobiliary (नोबिल्यरि) *adj.* अभिजात्य (वर्ग का)।

Noble (नोबल्) *adj.* कुलीन, महानुभाव, सुप्रतिष्ठित, उत्तम (श्रेष्ठ), तेजस्वी *n.* सामन्त। **Nobly,** *adv.* शान के साथ। **Nobleman,** *n.* कुलीन पुरुष, शिष्ट व्यक्ति। **Noble-minded,** *adj.* उच्च विचार का। **Nobleness,** *n.* महत्व, श्रेष्ठता।

Noblesse (नाब्लेस्) *n.* उच्चता, उदारता, गौरवपूर्णता, अभिजात वर्ग।

Nobody (नोबॉडि) *n.* कोई नहीं, नगण्य व्यक्ति, नाचीज।

Nocent (नोसन्ट्) *adj.* कष्टकारक, पाजी।

Nock (नॉक्) *v.t.* धनुष पर तीर चढ़ाना। *n.* तीर के कोने का खंड, पाल का ऊपरी कोना।

Nocturnal (नॉक्टर्नल्) *adj.* रात्रि का, रात्रिक, रात्रिचर, निशाचर।

Nocturne (नॉक्टर्न्) *n.* रात्रि का संगीत, रात्रि दृश्य, रोमांटिक संगीत।

Nod (नॉड्) *v.t.* & *i.* सिर हिलाना, ऊँघना, सिर हिलाकर संकेत करना। *n.* नवाई, निहुराई, नमन, सहमति (का नमन), ऊँघना, आदेश।

Noddle (नॉडल्) *n.* मस्तक, मस्तक का पिछला भाग। *v.t.* सिर हिलाना।

Noddy (नॉडि) *n.* मूर्ख भोला व्यक्ति, उष्ण कटिबन्ध के समुद्र में पाया जाने वाला एक पक्षी, (ताश का) गुलाम, नोडी (खेल)।

Node (नोड्) *n.* गाँठ, गिल्टी, गुल्म। **Nodical,** *adj.* ग्रन्थि-सम्बन्धी।

Nodose (नोड्-ओस्) *adj.* गाँठदार, ग्रंथियुक्त। **Nodulated,** *adj.* ग्रंथियुक्त।

Nodule (नॉड्यूल्) *n.* ग्रन्थिका, अश्म पिंड।

Nodus (नोडस्) *n.* कठिनाई, उलझन, सूजन, फूलन।

Nog (नॉग्) *n.* लकड़ी का कुन्दा, वृक्ष की थूनी।

Noggin (नॉगिग्) *n.* लकड़ी का छोटा प्याला।

Noise (नॉइझ्) *n.* ध्वनि, शब्द, रब, शोर-गुल। *v.t.* अफवाह फैलाना, जोर से बोलना, शोर करना। **Noiseless,** *adj.* निःशब्द, मौत। **Noisily,** *adv.* उच्च स्वर से।

Noisome (नॉइ-सम्) *adj.* हानिकर (स्वास्थ के लिए), अप्रिय, बदबूदार, घृणित।

Noisy (नॉइझि) *adj.* कोलाहल करनेवाला, उग्र, कोलकाहलपूर्ण। **Noisily,** *adv.* उच्च स्वर से, बड़े शब्द से।

Nomad (नोमॅड्) *adj.* & *n.* घूमनेवाला, बंजारा। **Nomadic,** *adj.* यायावरिक, खानाबदोशी। **Nomadism,** *n.* यायावरिता, खानाबदोशी।

Nom de guerre (नॉम् ड्गेअर्) *n.* उपनाम, तखल्लुस।

Nom de plume (नॉम् ड प्लूम्) *n.* लेखक का कृत्रिम (बनावटी) नाम।

Nomenclature (नोमन्कलेचर्) *n.* शब्दों की सूची, नामकरण, परिभाषा।

Nominal (नॉमिनल्) *adj.* नाम-संबंधी, नाम मात्र का। **Nominally,** *adv.* नाममात्र से।

Nominally (नॉमिनलि) *adv.* नाम मात्र से।

Nominate (नॉमिनेट्) *v.t.* नाम देना, नाम रखना, नाम लेना, के पद के लिये निर्दिष्ट करना, अभिहित करना, नाम लेकर उल्लेख करना, नाम से पुकारना, नियुक्त करना, नियोजित करना, नामित करना, निर्वाचन प्रस्ताव करना। **Nomination,** *n.* नामांकन, मनोनयन, नाम रखना, नियुक्ति।

Nominative (नॉमिनेटिव) *n.* & *adj.* कर्ता कारक, इस कारक का। *adj.* नाम रखने योग्य, उल्लेखनीय।

Nominee (नॉमिनी) *n.* नियुक्त पुरुष, नामांकित व्यक्ति, नामजद व्यक्ति, मनोनीत व्यक्ति।

Non- (नॉन्) *pref.* "अभाव" अर्थ का उपसर्ग।

Nonage, *n.* बाल्यावस्था, लड़कपन।
Nonagenarian (नॉनेजिनेरिअन्) *n.* नब्बे से सौ वर्ष तक की वय का मनुष्य।
Nonagon (नॅनअगन्) *n.* रेखागणित में नव कोण की आकृति।
Non-aligned (नॉन-अलाइंड) *adj.* गुट-निरपेक्ष।
Nonary (नोनरि) *n.* नौ का समुदाय।
Non-chalant (नॉन्-शलन्ट्) *adj.* उदासीन, शान्त।
Non-collegiate (नॉन्कॉलीजिएट्) *adj.* किसी भी विशेष कालिज में न पढ़ने वाला।
Non-commissioned (नॉन-कमिशन्ड्) *adj.* अनधिकारी, बिना किसी विशिष्ट अधिकार का।
Non-committal (नॉन्-कमिटल्) *adj.* बिना अपने आप को उलझाये पीछा छूटे, वैकल्पिक मार्ग वाला, जिससे जल्दी, अवचनबद्ध, किसी शर्त में न बँधा हुआ, अनिश्चित।
Non-compos (नॅनूकॅमपॅस्) *n.* बिजली या उष्णता के प्रभाव को रोकने वाला पदार्थ, अपरिचालक पदार्थ।
Non-conductor (नॉन्-कन्डक्टर्) *n.* बिजली या उष्णता के प्रभाव को रोकने वाला पदार्थ, अपरिचालक पदार्थ, असंवाहक। **Non-conducting,** *adj.* प्रवाहक, असंवाही, अचालक (ताप या विद्युत का)।
Non-conformist (नॉन्-कन्फॉर्मिस्ट्) *n.* प्रचलित ईसाई मत को न माननेवाला।
Non-conformity (नॉन् कन्फॉर्मिटि) *n.* विरोध, विरुद्धता, प्रोटेस्टेंट मतभेद, असमविन्यास।
Non-content (नॉन्कन्टेन्ट्) *n.* विपक्ष में मत देने वाला, विरोध में मत देने वाला, विरोधी मत, असंतुष्ट व्यक्ति।
Non-co-operation (नोन्-को-ऑपरेशन्) *n.* असहयोगी, सहयोग
Non-descript (नॉन्-डिस्क्रिप्ट्) *adj.* & *n.* क्रम में न रखने योग्य, विलक्षण, अपूर्व, अवर्णित, अवर्गीकृत, अज्ञात व्यक्ति।
None (नन्) *pron.* & *adj.* एक नहीं, कोई नहीं, कुछ भी नहीं, कोई भी नहीं, कोई भी भाग नहीं। *adv.* तथापि, तो भी, कुछ भी नहीं, बिल्कुल नहीं, कोई भी नहीं, किसी भी तरह नहीं, जरा भी नहीं, किसी भी कीमत पर नहीं।
Non-entity (नॉनेन्टिटि) *n.* अवस्तु, अपदार्थ, असत्व, अनस्तित्व, अस्तित्वहीन, अस्तित्वभाव, अस्तित्वहीनता, साधारण, नगण्य।
Non-existence (नॅनू-ऍग्ज़िस्टन्स्) *n.* सत्ता का न होना, अस्तित्व-हीनता।
Nonest (नॉन् एस्ट्) *adj.* खोया हुआ, जिसकी जरूरत हो, गुमा हुआ।
Non-feasance (नॉन्-फीझन्स्) *n.* कर्तव्य-च्युति, अकरण, कृत्य लोप, कृत्याकरण।
Non-intervention (नॉन्-इन्टरवेन्शन्) *n.* तटस्थता।
Non-juror (नॉन्-जूरर्) *n.* राज्य निष्ठा की शपथ न लेने वाला।
Non-plus (नॉन्-प्लस्) *n.* उलझन, कठिनाई, गतिरोध। *v.t.* उलझन में डालना, किंकर्तव्यविमूढ़ कर देना।
Non-possumus (नॉन्-पॉस्यूमस्) *n.* नकारना, अपनी अयोग्यता घोषित करना, हाथ टेकना।
Non-resident (नॉन्-रिझिस्डेन्ट) *adj.* & *n.* अपने स्थान पर न रहने वाला।
Nonsense (नॉनूसेन्स्) *n.* अनर्थक, (असम्बद्ध) वचन, अनर्गल, अनाप-शनाप, अर्थहीन भाषा, प्रलाप, असंगत वार्ता, मूर्खता, परेशानी, बेवकूफी, छल. कपट, तुच्छ बातें या वस्तुएँ, स्पष्टतः मिथ्या, बिल्कुल झूठ।
Non-sequitur (नॉन् सेक्विटर्) *n.* निष्कर्ष या परिणाम जो अनुमान से नहीं निकलता है।
Non-slip (नॉनस्लिप) *adj.* न फिसलने वाला।
Nonsmoker (नॉन-स्मोकर) *n.* धूम्रपान न करने वाला।
Non-such, Nonesuch (नॉन्सच्, ननेसच्) *ns.* अद्वितीय अथवा अनुपम पुरुष।
Nonsuit (नॉन-स्युट्) *n.* किसी मुकदमे का खारिज होना। *v.t.* मुकदमा खारिज करना या उठा लेना।
Non-union (नॉन्यून्यन्) *adj.* असंघी, किसी भी संघ का सदस्य न होना।
Non-violence (नॉन-वाइलेन्स) *n.* अहिंसा।
Non-white (नॉन-व्हाइट) *n.* अश्वेत व्यक्ति।
Noodle (नूडल्) *n.* मूर्ख, मूढ। **Noodledom,** *n.* मूर्खता, मूढ़ता।
Nook (नुक्) *n.* कोना, निर्जन स्थान, दरार, एकांत स्थान।
Noon (नून्) *n.* मध्याह्न, मध्यकाल, दोपहर, मध्य, अधिकतम ऊचाँई, पराकाष्ठा, चरम बिंदु। **Noon-day,** *n.* मध्याह्न काल।
Noose (नूझ़) *n.* सरकने वाला फन्दा। *v.t.* फन्दा लगाना, जाल में फँसना, फन्दे में कसना।

Nor (नॉर्) *adv.* न, न तो। *conj.* और नहीं, की अपेक्षा, बनिस्बत।
Nordenfelt (नॉर्डन्फेल्ट्) *n.* एक तोप।
Norm (नॉर्म्) *n.* नमूना, आदेश (नियम), सिद्धान्त।
Normal (नॉर्मल्) *adj.* यथाक्रम, प्राकृतिक, प्रसामान्य, मानक, सामान्य, साधारण, बदस्तूर, समायोजित, नियमित, लम्बरूप, तुल्यांकी, अभिलंबीय। *n.* अभिलंब, सामान्य नमूना।
Normalcy (नार्माल्सि) *n.* प्राकृतिक दशा।
Normality (नार्मलिटि) *n.* लम्बरूपता।
Normalization (नार्मेलाइजेशन) *n.* सुव्यवस्थितिकरण।
Normalize (नार्मेलाइज) *v.t.* नियम बांधना, नियमबद्ध करना।
Normally (नॉर्मलि) *adv.* विधिवत्।
Normative (नॉरमेटीव) *adj.* मानकीय।
North (नॉर्थ्) *n.* उत्तर, उत्तर दिशा। *adv.* उत्तर दिशा में, उत्तर दिशा की ओर, चुंबकीय उत्तर की ओर। *adv.* उत्तर दिशा में, चुंबकीय उत्तर की ओर, उत्तर दिशा की ओर। *adj.* उत्तरोन्मुख, उत्तर दिशा से आने वाला। **Northernmost,** *adj.* सबसे उत्तर का।
North-east (नॉर्थ्-इस्ट्) *n.* उत्तर-पूर्व, पूर्वोतर का कोण, ईशान दिशा, उत्तर-पूर्वीय क्षेत्र, उत्तर-पूर्वी पवन।
Northerly (नॉदर्लि) *adj.* & *adv.* उत्तर की ओर, उत्तरीय, उत्तरी, उत्तर की ओर।
Northern (नॉर्दर्न्) *adj.* उत्तर ध्रुव की ओर, उत्तर संबंधी, उत्तरीय।
Northing (नोर्थइंग) *n.* उत्तर की ओर जहाज़ की गति।
North-star (नार्थ-स्टार्) *n.* ध्रुव-तारा।
North-west (नॉर्थ्-वेस्ट्) *n.* पश्चिमोत्तर, उत्तर-पश्चिमी दिशा, उत्तर-पश्चिमी प्रदेश या वायु।
Norwegian (नॉर्वीजन्) *adj.* नार्वे देश का। *n.* नार्वे देश का निवासी।
Nose (नोझ्) *n.* नासिका, घ्राणेन्द्रिय, सुगन्ध, नाक, किसी वस्तु का उभड़ा हुआ भाग। *v.t.* गन्ध का अनुभव करना, (सूँघना), सूँघकर पता लगाना।
Nose-bag (नोज्-बैग) *n.* तोबड़ा।
Nosegay (नोझ्-गे) *n.* सुगन्धित फूलों का गुच्छा, गुलदस्ता।
Nosing (नोझिंग्) *n.* नासा (साँचे में ढला हुआ), सीढ़ी के डण्डे का गोल किनारा, गोला।
Nosh (नार्सों) *n.* खाना, भोजन। *v.t.* कुतरना, थोड़ी-थोड़ी देर बाद खाना, खाना।
Nosology (नासॉलजि) *n.* रोगों का वर्गीकरण, रोग शास्त्र, व्याधि विज्ञान, व्याधि चिकित्सा शास्त्र।
Nostalgia (नॉस्टॅल्जा) *n.* घर पर पड़े रहने की बीमारी।
Nostril (नॉस्ट्रिल्) *n.* नासिका-छिद्र, नथुना, नास द्वार, नासारंध्र।
Nostrum (नॉस्ट्रम्) *n.* गुप्त औषध।
Nosy (नोझि) *adj.* बड़ी नाक वाला, कुतूहली, लंबी नाक वाला, ताक-झाँक करने वाला, बदबूदार, तेज खूशबू वाला, जल्दी सुगंध को पाने वाला।
Not (नॉट्) *adv.* नहीं, मत।
Nota bene (नोटाबीनि) *v.* नीचे लिखे विषय पर ध्यान दो, ध्यान दीजिए, भली भाँति ध्यान दें।
Notable (नोटेबल्) *adj.* स्मरणीय, प्रसिद्ध, उत्कृष्ट, योग्य। *n.* प्रसिद्ध पुरूष या पदार्थ। **Notability,** *n.* प्रसिद्धि, ख्याति। **Notable,** *adj.* स्मरणीय, उत्कृष्ट।
Notary (नोटरि) *n.* लिखित पत्रों को प्रमाणित करने वाला अफसर, लेख्य प्रमाणक, नाजिर रजिस्ट्री, नोटरी।
Notation (नोटेशन्) *n.* अंक विद्या, गणना।
Notch (नोच्) *n.* भंगिका, खाँच, खाँचा, दंतुरण, दंतुरीकरण, काट, दाँता, कटाव, तंग रास्ता, संकीर्ण मार्ग। *v.t.* दाँतेदार बनाना, विषम काटना (जैसे केश), खाँचा डालकर जमाना या हटाना।
Note (नोट्) *n.* विशिष्ट चिह्न, संकेत, छोटा वर्ण, लांछन, संक्षिप्त लेख, पुस्तक की टीका, संगीत का स्वर, औपचारिक बात-चीत या लिखा-पढ़ी, चुकती की लिखित प्रतिज्ञा, व्याख्या, स्मृतिपत्र, रसीद, ऋण की लिखित स्वीकृति, सूचना, ध्यान, महत्व, परिणाम, ख्याति, जानकारी। *v.t.* विचारना, ध्यान देना, ख्याल करना, इशारा करना, आलोचना करना, नोट बनाना, सूचना देना, बताना, लिखना।
Noted (नोटेड्) *adj.* प्रसिद्ध, विख्यात, यशस्वी, अंकित, लिखित, ध्यान में रखा गया।
Notebook (नोट्बुक्) *n.* स्मरणार्थ विषय लिखने की छोटी पुस्तक, विवरण पुस्तिका, बिल पुस्तिका।
Noteworthy (नोट्वर्दि) *adj.* विचार करने योग्य।
Nothing (नथिंग्) *n.* अभाव, असत्व (कुछ भी नहीं), तुच्छ वस्तु, शून्य। *adv.* किसी भी रूप में नहीं, किसी भी स्थिति में नहीं, कदापि नहीं। **Nothingness,** *n.* अभाव, शून्यता।
Notice (नोटिस्) *n.* जानकारी, सूचना, चेतावनी, घोषणा, ध्यान, विचार, सत्कार। *v.t.* ध्यान देना,

विचार करना, वर्णन करना। **Noticeable,** *adj.* विचारणीय।

Notify (नोटिफाय्) *v.t.* सूचना देना, प्रकाशित करना, घोषणा करना, जताना, प्रसिद्ध करना, मशहूर करना, घोषित करना, नोटिस देना, सूचित करना, प्रकट करना। **Notifiable,** *adj.* सूचना देने योग्य, सूचनीय। **Notification,** *n.* सूचना, विज्ञापन, अधिसूचना, नोटिस।

Notion (नोशन्) *n.* कल्पना, भाव, अभिप्राय, विचार, मत। **Notional,** *adj.* इस अभिप्राय या विचार से, मन से गढ़ा हुआ, मनःकल्पित, कल्पना से, बोधात्मक, वैचारिक, सैद्धांतिक, आदर्शात्मक, ख्याली, अभिप्रायात्मक।

Notoriety (नॅटॅराइटि) *n.* प्रसिद्धि, दुर्नाम।

Notorious (नॉटॉरिअस्) *adj.* कुख्यात, लोकप्रसिद्ध, बदनाम, दुर्नाम। **Notoriety,** *n.* कुख्याति, बदनामी। **Notoriously,** *adv.* कुख्यात रूप से, प्रसिद्धि से। **Notoriousness,** *n.* कुप्रसिद्धि।

Notwithstanding (नॉट्-विथ्-स्टैडिंग्) *prep., adv. & conj.* तथापि, तो भी, ऐसा होते हुए भी, यद्यपि।

Nougat (नूगा) *n.* फलों से बनी मिठाई।

Nought (नॉट्) *n.* कुछ नहीं, शून्य, सिफर।

Noumenon (नाउमिनन्) *n.* अज्ञात अथवा ज्ञात न होने योग्य विषय।

Noun (नाउन्) *n.* नाम, संज्ञा (प्रारंभ में) सविशेषण संज्ञा।

Nourish (नरिश्) *v.t.* पालन-पोषण करना, पालना, बढ़ाना। **Nourishing,** *adj.* बलवर्द्धक, पौष्टिक।

Nurisher (नरिशर्) *n.* पालन करने वाला।

Nourishment (नरिश्मेन्ट्) *n.* पोषण, पालन, पुष्टि, संवर्धन, भरण-पोषण, पोषाहार, पुष्टिकर भोजन, पौष्टिक आहार, शक्तिवर्धक भोजन।

Nous (नाउस्) *n.* बुद्धित्व, प्रज्ञा, अभियोग्यता, सामान्य ज्ञान, व्यावहारिक ज्ञान, बुद्धिमत्ता, सहज बोध।

Novel (नॉवेल्) *adj.* अपूर्व, विलक्षण, अनोखा, अनूठा। *n.* नवीन या नूतन वस्तु, समाचार, नई खबर, उपन्यास, कथा, नॉवेल।

Novelette (नॉवेलेट्) *n.* छोटा उपन्यास, छोटी कहानी, उपन्यासिका।

Novelist (नावेलिस्ट्) *n.* उपन्यास-लेखक, उपन्यासकार। **Novelistic,** *adj.* उपन्यास रीति का।

Novelize (नॉवलाइझ्) *v.t.* (नाटक इत्यादि को) उपन्यास रूप में लिखना।

Novelty (नॉवेल्टि) *n.* नवीन घटना, कौतुक, अनूठापन, नयापन, असाधारण।

November (नवम्बर्) *n.* अंग्रेजी वर्ष का ग्यारहवाँ महीना।

Novennial (नोवेनयल) *adj.* नववर्षीय, नौ-नौ वर्ष पर होने वाला।

Novice (नॉविस्) *n.* नवछात्र, अनभ्यस्त, नवसिखुआ।

Noviciate, Novitiate (नाविशिएट्) *ns.* विद्यारम्भ काल, नौसिखियापन, अनभ्यस्तता, अनुभवहीनता, प्रारंभकत्व, अदीक्षितता।

Now (नाउ) *adv. & n.* अभी, अब, वर्तमान काल।

Nowadays (नाउएडेझ्) *adv.* आजकल, इन दिनों।

Nowhere (नोव्हेअर्) *adv.* कहीं नहीं।

Nowise (नोवाइझ्) *adv.* किसी प्रकार से भी नहीं।

Noxious (नॉक्शस्) *adj.* हानिकारक, क्षतिकारी, अपकारी, अनिष्टकारी, अहितकारी। **Noxiously,** *adv.* दुःख से, हानि से।

Nozzle (नॉझल्) *n.* फौवारे का अग्रभाग, नाक का अगला भाग।

Nuance (न्यूआन्स्) *n.* भाव तथा अर्थ इत्यादि का सूक्ष्म अन्तर, छायार्थ (भाव, मत आदि में)।

Nub (नब्) *n.* सारांश, भावार्थ।

Nubbin (नबिन्) *n.* मक्की का छोटा कच्चा कण।

Nubile (न्यूबिल्) *adj.* विवाह करने योग्य (विशेषतः स्त्री)। **Nubility,** *n.* विवाह-योग्यता।

Nucleus *n.* (न्यूक्लिअस्) नाभिक, गर्भ (बीज), गुद्दा (गरी)। **Nucleal, Nuclear,** *adjs.* बीज संबंधी। **Nucleole,** *n.* गर्भ (बीज) के भीतर का गर्भ (बीज)।

Nude (न्यूड्) *adj.* बिना वस्त्र का, नंगा, शून्य, अनावृत, प्रतिफलहीन। *n.* नंगी मूर्ति। **Nudely,** *adv.* नग्नता से।

Nudge (नॅज) *v.t.* केहुनियाकर संकेत करना। *n.* धक्का।

Nudity (न्यूडिटि) *n.* नंगापन।

Nugatory (न्यूगेटरि) *adj.* व्यर्थ, निरर्थक, निष्फल।

Nugget (नगेट्) *n.* बिना, स्वच्छ किए हुए सोने

का पिण्ड, डला, जलोढ़, कण।

Nuisance (न्यूसान्स्) *n.* उत्पात (कण्टक), बाधा (पीड़ा), क्लेशकारक पदार्थ।

Null (नल्) *adj.* अप्रमाणित, रद्द, अकृत, अमान्य, प्रभावहीन, निष्फल, व्यर्थ। *n.* शून्य वस्तु, रद्दी चीज।

Nullification (नलिफिकेशन्) *n.* निष्फलीकरण।

Nullify (नलिफाइ) *v.t.* रद्द करना, व्यर्थ या निष्प्रभाव कर देना, निरर्थक करना, अकृत कर देना, बातिल करना।

Nullity (नलिटि) *n.* अभिशून्य करना, निरस्त करना, व्यर्थ करना।

Numb (नम्) *adj.* स्तब्ध, चेतनाशून्य, गतिशून्य। *v.t.* चेतनाशून्य करना, जड़ीभूत कर देना, सुन्न कर देना। **Numbness,** *n.* चेतनाशून्यता।

Numbly (नम्लि) *adv.* स्तब्धता या चेतनाशून्यता से।

Number (नम्बर्) *n.* इकाई, संख्या, समूह, योग, कविता, गणना, गिनती, (व्याकरण में) वचन।

Numberless (नम्बर्-लेस्) *adj.* असंख्य, अनगिनती।

Numerable (न्यूमरेबल्) *adj.* गणना करने योग्य, गिनने योग्य, संख्येय, गणनीय।

Numeral (न्यूमरल्) *n.* & *adj.* अंक या संख्या संबंधी। **Numerally,** *adv.* संख्या के अनुसार।

Numeration (न्यूमरेशन्) *n.* गणना, गिनती, परिकलन।

Numerator (न्यूमरेटर्) *n.* गिनने वाला, साधारण भिन्न का अंश।

Numerical (न्यूमरिकल्) *adj.* संख्यासूचक, संख्यात्मक, संख्या-संबंधी।

Numerous (न्यूमरस्) *adj.* बहुत अनेक।

Numismatic (न्यूमिस्मीटिक्) *adj.* मुद्रा संबंधी, सिक्का-संबंधी। **Numismatics,** *n.* मुद्रा शास्त्र, सिक्का शास्त्र।

Nummary, Nummulary (नमरि, नम्यूलरि) *adj.* मुद्रा, धन-संबंधी।

Nummet (नमेट्) *n.* सबेरे का भोजन।

Numskull (नम्स्कल्) *n.* मूर्ख मनुष्य, मूढ़, गोबर गणेश।

Nun (नन्) *n.* तपस्वनी, (मठ-वासिनी), भक्तिन।

Nuncio (नन्शिओ) *n.* ईसाइयों के धर्माध्यक्ष का दूत, पोप का प्रतिनिधि, संदेशवाहक।

Nuncupate (नन्क्यूपेट्) *v.t.* मौखिक रूप से वसीयत करना, शपथ लेना, कसम खाना, जबानी कहना। **Nuncupation,** *n.* शपथ।

Nunnery (ननरि) *n.* वैरागनियों की कुटी।

Nuptials (नप्शल्स्) *n.* विवाह, विवाहोत्सव। **Nuptial,** *adj.* विवाह-संबंधी, वैवाहिक।

Nurse (नर्स्) *n.* धाय (उपमाता), परिचारिका, रोगियों की देख-रेख करने वाली स्त्री। *v.t.* दूध पिलाना, पालना, अच्छा प्रबन्ध करना, प्रसन्न रखना, पौधों का संभालना। **Nursing home,** *n.* चिकित्सालय जहाँ रोगियों को उपचारार्थ रखा जाता है।

Nurseling (नर्सिलिंग्) *n.* पोषित, पोष्य, स्तनपायी शिशु, दुधमुँहा बच्चा।

Nursery (नर्सरि) *n.* धायघर, बच्चों का कमरा, पौधाघर (जखीरा)।

Nurture (नर्चर्) *n.* प्रशिक्षण, पालन-पोषण, आहार, भोजन। *v.t.* पालन-पोषण करना, सुशिक्षित करना, बढ़ाना, संवर्धन करना।

Nut (नट्) *n.* कड़े छिलके का खाने योग्य फल, ढिबरी। *v.i.* काष्ठ फल, नट या अखरोट ढूंढना, फल एकत्र करना।

Nutation (न्यूटेशन्) *n.* शिखाचक्रण, विदोलन, विचलन, सिर हिलाना।

Nutmeg (नट्मेग्) *n.* जायफल। **Nutmegged,** *adj.* जायफलयुक्त।

Nutrient (न्यूट्रिअन्ट्) *adj.* पालन-पोषण करने वाला, बलवर्द्धक।

Nutriment (न्यूट्रिमेन्ट) *n.* पुष्टि देने वाला आहार, पोषकत्व, पौष्टिकता। **Nutrimental,** *adj.* पुष्टिकर भोजन से संबंधित।

Nutrition (न्यूटिशन्) *n.* पालन-पोषण।

Nutritious (न्यूट्रिशस्) *adj.* पुष्टिकर, पौष्टिक।

Nutritive (न्यूट्रिटिव) *adj.* पुष्टिकर, पौष्टिक, पोषक।

Nutting (नटिंग्) *n.* सुपारी इत्यादि एकत्रीकरण।

Nutty (नटि) *adj.* काष्ठफलों से भरा हुआ, अखरोट जैसे स्वाद वाला, पागल, सनकी।

Nuxvomica (नक्सवॅमिका) *n.* कुचला, कुचला वृक्ष।

Nuzzle (नज़ल्) *v.t.* नोक से खोदना या छूना, नाक लगाना, या घुसेड़ना, भूमि की ओर नाक करके जाना, सट कर या चिपट कर लेट जाना।

Nyctalopia (निक्टलोपिआ) *n.* रतौंधी।

Nylghau (निल्गा) *n.* छोटे सीगों वाला सांभर।

Nylon (नाइलोन) *n.* बनावटी धागा जो कपड़े बनाने के काम आता है।

Nymph (निम्फ्) *n.* अप्सरा (परी), सुन्दर स्त्री।

Nymphalid (निम्फिश्) *adj.* अप्सरा-संबंधी।

Nymphish (निम्फ़िश्) *adj.* अप्सरा-संबंधी। **Nymph-like,** *adj.* अप्सरा संबंधी।

Nympholepsy (निर्फ़ॅलेप्सि) *n.* दुर्लभ वस्तु पाने की तीव्र इच्छा, अप्राप्य विषयाग्रह।

Nympholept (निफोलेप्ट) भावोन्मादी।

Nymphomania (निम्फॅमेनिआ) *n.* अधिक कामवासना से पीड़ित नारी, स्त्रियों में रति की उत्कट इच्छा।

Nymphomaniac (निम्फोमेनियक) *n.* ऐसी स्त्री जो अधिकतर संभोग चाहती है।

Nystagmus (निस्टाग्मस्) *n.* अक्षि दोलन, एक प्रकार का चक्षु (आँख) रोग।

NZ *abbr.* न्यूजीलैंड (देश)।

O

O (ओ) अंग्रेजी वर्णमाला का पंद्रहवाँ अक्षर, रसायन शास्त्र में प्राणवायु (आक्सीजन या उद्‌जन) के लिए सांकेतिक अक्षर।

Oafish (औफिश्) *adj.* मूर्ख, भोला-भाला, गंवार।

Oak (ओक्) *n.* सिन्दूर-वृक्ष, बलूत का वृक्ष।

Oaken (ओकऍन्) *adj.* बलूत वृक्ष का बना हुआ।

Oaklet (ओक्लेट्) *n.* छोटा बलूत का वृक्ष।

Oakum (ओकम्) *n.* खण्डित रज्जु, रस्से के टुकड़े या रेशे, पुराना सन्।

Oar (ओर्) *n.* नौकादण्ड, नाव का डाँड़ा। *v.i.* & *t.* डाँड़े से नाव चलाना।

Oarage (आरेज्) *n.* डाँडो की संख्या।

Oarless (ओर्लॅस) *adj.* डाँडों की संख्या।

Oarsman (ओर्ज-मान्) *n.* मल्लाह, नाव खेने वाला, केवट, खेवैया। **Oarswoman,** *n.* मल्लाहिन।

Oasis (ओएसिस्) *n.* नखलिस्तान, मरुद्यान, मरुदेश में हरियाली भूमि।

Oast (ओस्ट्) *n.* शराब बनाने में काम आने वाले हॉप के फल को सुखाने की भट्टी।

Obeah (ओबिआह) *n.* हब्शियों का जादू।

Obedience (ऑबिडिअन्स्) *n.* आज्ञापालन, कर्त्तव्य-पालन, आज्ञाकारिता, कर्त्तव्यशीलता।

Obedient (ॲबोडिअन्ट्) *adj.* आज्ञाकारी, कर्तव्यपरायण, विनयग्राही (वश्य)।

Obediently (आबिडियेन्टली) *adv.* आज्ञानुसार।

Obeisance (ॲबीसन्स्) *n.* नमस्कार, नमन, प्रणाम, अभिवादन, सम्मान-प्रकाशन।

Obelisk (ॲबिलिस्क्) *n.* सूच्याकार स्तंभ, चौकोर नोकदार मीनार, स्तंभचिह्न।

Obelus *n.* (ॲबेलस्) प्राचीन, हस्तलिखित पुस्तकों में (–) या (÷) का संकेत जो सन्दिग्ध, अशुद्ध या अनावश्यक शब्दों या वाक्यों को बनाने के लिए प्रयुक्त होता था, छपी पुस्तकों के पृष्ठ में नीचे की टिप्पणी को बताने के लिए प्रयुक्त धुरे का संकेत।

Obese (ॲबीस्) *adj.* स्थूलकाय, मोटा, स्थूल।

Obesity (ओबेसिटी) *n.* मुटापा, स्थूलता।

Obey (ओबे) *v.t.* & *i.* आज्ञापालन करना, कहना मानना, आज्ञानुसार करना, आदेश के अनुसार चलना।

Obfuscate (ॲबफस्केट्) *v.t.* अँधियारा करना, छिपा देना। **Obfuscation,** *n.* गड़बड़ी, अँधेरा, धुँधलापन।

Obi (ओबि) *n.* जादू-टोना, तंत्र-मंत्र, जापानी रूमाल।

Obit (ॲबिट) *n.* किसी व्यक्ति की मृत्यु की तिथि, मृत्यु-समाचार।

Obiter dictum (अबिटर् डिक्टम्) *n.* प्रासंगिक विचार, आनुषंगिक टिप्पणी।

Obituary (ऑबिट्युअरि) *n.* मृत्यु-समाचार, मरे हुए मनुष्य का वृतान्त।

Object (ऑबजेक्ट्) *n.* इन्द्रियविषय (द्रव्य, वस्तु), दयनीय पदार्थ या व्यक्ति, उद्देश्य, प्रयोजन, व्याकरण में कर्म कारक। *v.t.* & *i.* विरोध करना, बाधा उपस्थित करना, खण्डन करना, आपत्ति करना, छेदना, रोकना, विरुद्ध होना, तर्क करना, असहमत करना, मना करना।

Objection (ऑब्जेक्शन्) *n.* विरुद्ध, विरुद्ध हेतु, आपत्ति, एतराज, बाधा, विरोध, आक्षेप, असहमति, नापसंदगी। **Objectionable,** *adj.* अनुचित, आशंकनीय, आपत्ति योग्य, अस्वीकार्य।

Objective (ऑब्जेक्टिव्) *adj.* & *n.* मन से बाहर का, बाह्य पदार्थ विषयक, रोग के वे लक्षण जा रोगी स्वयं अनुभव नहीं करता परन्तु वैद्य देख लेता है। *n.* उद्‌देश्य, रोग के वे लक्षण जो रोगी

स्वयं अनुभव नहीं करता परन्तु वैद्य देख लेता है। **Objectivism,** *n.* कर्म-विषयता, बाह्यार्थवाद, विषयनिष्ठवाद। **Objectivity,** *n.* स्थूलता।

Objector (ऑब्जेक्टर्) *n.* विरोध या खंडन करने वाला, आपत्तिकर्ता।

Objurgate (ऑब्जरगेट्) *v.t.* झिड़की देना, डाँटना, बिगड़ना।

Objurgation (ऑब्जरगेशन्) *n.* तिरस्कार, धिक्कार, फटकार, झिड़की, डाँट-फटकार, भर्त्सना।

Objurgatory (ऑब्जरगेटरि) *adj.* तिरस्कारपूर्ण।

Oblate (ऑब्लेट्) *adj.* ध्रुवों पर चिपटा या दबा हुआ, लघु अक्षी, लघ्वक्षी, चपटा।

Obligation (ऑब्लिगेशन्) *n.* बंधन, लिखित प्रतिज्ञा, वैधानिक या नैतिक बंधन, कर्तव्य, अनुग्रह या उपकार।

Obligatory (ऑब्लिगेटरि) *adj.* आवश्यक, अनिवार्य, बाध्यकारीं

Oblige (ऑब्लाइज्) *v.t.* कृतज्ञ करना, नियम अथवा प्रतिष्ठा से बँधना, विवश करना, प्रसन्न करना, बाध्य करना, मजबूर करना, अनुग्रहीत होना, अनुग्रह करना, एहसान करना, आभारी बनाना।

Obligee (ऍब्लाइजी) *v.t.* जिसके प्रति कोई व्यक्ति या वह कृतज्ञ रहता है।

Obliging (ऍब्लाइजिंग) *adj.* अनुग्रहकारी, कृपालु, नम्र, उपकारी, दयावान, सुशील।

Obligor (अबलाइजर) *n.* अपने को बद्ध करने वाला, आभारी, वचनबद्ध व्यक्ति।

Oblique (ऑब्लीक्) *adj.* वक्र, कुटिल, तिरछा, झुका हुआ। *v.i.* तिरछे चलना या चलाना।

Obliquity (ऑब्लिक्विटि) *n.* वक्र गति, टेढ़ी चाल, तिरछापन, तिर्यकता, तिर्यक दिशा, विपथगमन, वक्रता।

Obliterate (ऑब्लिटरेट्) *v.t.* पोंछना, मिटाना, नाश करना, विरूपित करना, विलोपन करना।

Oblivion (ऑब्लिविअन्) *n.* विस्मृति, विस्मरण, विस्मृतावस्था, राजक्षमा, क्षमादान।

Obnoxious (ऑब्नक्शस्) *adj.* आपत्तिजनक, घृणित, अनिष्ट, तिरस्कार योग्य। **Obnubilate,** *v.i.* छिपाना, ढांकना, अन्धकार करना। **Obnubilation,** *n.* व्यग्र अवस्था।

Oboe (ओबो) *n.* शहनाई।

Obscene (ऑब्सीन्) *adj.* अश्लील, कुत्सित, अलक्षण, निर्लज्ज, फूहड़। **Obscenely,** *adv.* अश्लीलता से। **Obscenity,** *n.* फूहड़पन, अश्लीलता, बेशर्मी।

Obscurant (ऑब्स्क्यूरन्ट्) *n.* अन्वेषण या सुधार का विरोधी, दकियानूसी, रूढ़िवादी, पुराणपंथी, लकीर का फकीर, प्रगति विरोधी।

Obscurantism (ऑब्स्क्यूरनटिस्म्) *n.* सुधार के विरोध का सिद्धान्त। **Obscurantist,** *n.* दकियानूसी, रूढ़िवादी, ज्ञानोन्नति, विरोधी, सुधार विरोधी।

Obscuration (ऑब्स्क्यूरेशन्) *n.* अँधेरा करने का कार्य, अँधेरा, अंधकारयुक्त स्थल, अस्पष्टता, धूमिलता।

Obscure (ऑब्स्क्यूर्) *adj.* अस्पष्ट, अंधकारपूर्ण, दुर्बोध, गूढ़, व्याख्या रहित, अप्रसिद्ध, संदेह युक्त या पूर्ण। *v.t.* छिपाना, दुर्बोध बनाना। **Obscurely,** *adv.* अस्पष्टता से। **Obsurity,** *n.* अस्पष्टता, दुर्बोधता, अल्पदृश्यता, धुँधलापन, अंधकार, अज्ञात स्थान, अप्रसिद्ध, गूढ़ता।

Obsecrat (ऑब्सिक्रेट) *v.t.* प्रार्थना करना। **Obsecration,** *n.* विनयपूर्वक प्रार्थना।

Obsequies (ऑब्सिक्विज़) *n.* अंत्येष्टि क्रिया, दफ़न, प्रेत-कार्य।

Obsequious (ऑब्सक्विअस्) *adj.* आज्ञाकारी, विनीत, चापलूस। **Obsequiously,** *adv.* बड़े अनुरोध से। **Obsequiousness,** *n.* अति अनुरोध की स्थिति।

Observance (ऑब्ज़र्वेस) *n.* (आचरण) विधान, व्यवहार, रीति। **Observancy,** *n.* आचार कर्म।

Observant (ऑब्ज़र्वान्ट्) *adj.* सावधान, चैतन्य, अनुपालक, प्रेक्षक, विवेकी, आज्ञाकारी, चौकस, कर्तव्यनिष्ठ।

Observation (ऑब्जर्वेशन्) *n.* निरीक्षण, निरूपण (वाक), विचार।

Obsess (ऑब्सेस्) *v.t.* कष्ट देना, पीड़ा देना (सताना)। **Obsession,** *n.* मनोग्रस्ति, भूत-प्रेत बाधा, आवेश, सम्मोह।

Obsidian (ऑब्सिडिअन्) *n.* लावा, काँच।

Obsolescent (ऑब्सालुसेन्ट्) *adj.* प्रयोग से हटनेवाला, अप्रचलित। **Obsolescence,** *n.* प्रयोग से हटना, अप्रचलन, लोप।

Obsolete (ऑब्सालीट्) *adj.* अप्रचलित, लुप्त

प्रयोग, व्यवहारातीत, अप्रयुक्त, पुराना, पुरानी रीति का। **Obsoleteness,** *n.* अप्रचलितता, अस्पष्टता, अप्रयुक्तता, पुरानापन, अविकसितता।

Obstacle (ऑब्स्टेकल्) *n.* (प्रतिबन्ध), विघ्न, बाधा, (रुकावट)।

Obstetric, Obstetrical (ऑब्स्टेट्रिक्, ऑब्स्टेट्रिकल्) *adjs.* प्रसूति-संबंधी।

Obstinate (ऑब्स्टिनेट्) *adj.* दुर्गम, दुःसाध्य, हठी, स्वेच्छाधारी।

Obstreperous (ऑब्स्ट्रेपरस्) *adj.* कोलाहल करने वाला, झगड़ालू, हल्ला-गुल्ला या गुलगपाड़ा मचाने वाला, शोर मचाने वाला, ऊधमी, दंगाई।

Obstruct (ऑब्स्ट्रक्ट्) *v.t.* & *i.* विघ्न डालना, रोकना, अवरोध करना।

Obstruction (ऑब्स्ट्रक्शन्) *n.* प्रतिबंध, अवरोधन, प्रतिरोधन, अवरोध, बाधा, विघ्न, अड़ंगा, रुकावट। **Obstructionist,** *n.* प्रतिरोधवादी, अवरोधकारी, अड़ंगेबाज।

Obstructive (ऑब्स्ट्रक्टिव्) *adj.* प्रतिबंधक। **Obstructively,** *adv.* अवरोध से। **Obstructiveness,** *n.* प्रतिबंध, रुकावट।

Obtain (ऑब्टेन्) *v.t.* & *i.* प्रतिपादन करना, पाना, प्राप्त करना, हथियाना, प्रवृत्त होना, उपलब्ध करना या होना, स्थापित होना, प्रचलित होना, लागू होना। **Obtainable,** *adj.* पाने योग्य, सुलभ।

Obtest (ऑबटेस्ट्) *v.t.* & *i.* प्रार्थना करना, आग्रह करना। **Obtestation,** *n.* विनती, प्रार्थना।

Obtrude (ऑब्ट्रूड्) *v.t.* (अनुचित रूप से या जबरन) किसी से गले पड़ जाना या मढ़ देना, थोपना, घुस पड़ना, अनाधिकार प्रवेश करना, दखल देना। **Obtruder,** *n.* अवरोध करने वाला। **Obtrusion,** *n.* हठपूर्वक प्रवेश, (बलात्) आरोपण, घुसपैठ, अनाधिकार प्रवेश। **Obtrusive,** *adj.* बलपूर्वक प्रवेश करने वाला।

Obtund (ऑबटन्ड्) *v.t.* मन्दबुद्धि बना देना।

Obturate (ऑब्टयूरेट्) *v.t.* रोकना (बन्द करना), अवरुद्ध करना, मुहर लगाना। *n.* बन्द करने वाला, सेतुक, गवाक्ष, गुहिका, अवरोधन यंत्र।

Obtuse (ऑब्ट्यूस्) *adj.* मन्द, कुंद, भोंथरा, कुंठित, बेनोक, मूढ़, कुंठाग्र। **Obtusely,** *adv.* स्थूलता। **Obtuseness,** *n.* मूढ़ता।

Obverse (ऑब्वर्स) *adj.* शिखर की अपेक्षा सँकरी पेंदीवाला, विपरीत, उलटा हुआ। *n.* मुद्रा का अग्रभाग जिस ओर मूर्ति बनी होती है। **Obversely,** *adv.* अग्रभाग की ओर या उलटी ओर।

Obvert (आब्वर्ट) *v.t.* अभिमुख करना, सामने की ओर फेंकना, आमने-सामने करना, प्रतिवर्तित करना। **Obversion,** *n.* उलटा करने का काम।

Occident (ऑक्सिडन्ट्) *n.* पश्चिम दिशा, पाश्चात्य, पश्चिमी। **Occidental,** *adj.* पाश्चात्य, पश्चिमी। **Occidentalism,** *n.* पाश्चात्य जीवन तथा सभ्यता।

Occipital (ऑक्सिपिटल्) *adj.* मस्तक के पिछले भाग का।

Occiput (ऑक्सिपट्) *n.* मस्तक का पिछला भाग। **Occipital,** *adj.* मस्तक के पिछले भाग का।

Occult (ऑकल्ट्) *adj.* गुप्त, रहस्यमय, जादू का, अलौकिक। *v.t.* सामने खड़े होकर दृष्टि से रोकना, छिपाना, ओझल होना। **Occultation,** *n.* आच्छादन, रुकावट।

Occupant (ऑक्यूपन्ट्) *n.* भोग करने वाला, अधिभोक्ता, मालिक, अधिकारी। **Occupancy,** *n.* & *adj.* दखल, दखलदारी, अधिकार, अधिभोग, स्वामित्व, अधिवास।

Occupation (ऑक्युपेशन्) *n.* वृत्ति, जीवन, उपाय, प्रवृत्ति, अधिकार, व्यवसाय, व्यापार।

Occurrent (ऑकरेन्ट्) *n.* घटित होनेवाला।

Ocean (ओशन्) *n.* महासागर, अति विस्तार। **Oceanic,** *adj.* समुद्र का, महासागरीय।

Oceanid (ओशनिड्) *n.* समुद्री परी (ओशिमानस की कन्या)।

Oceanography (ओशनॅग्रफि) *n.* सागर विज्ञान, समुद्र विज्ञान।

Ochre (ओकर्) *n.* गेरुआ या नारंगी रंग, एक प्रकार की मिट्टी। **Ochrous,** *adj.* गेरुआ रंग का।

Octagon (ऑक्टॉगॅन्) *n.* अष्टकोण, अष्टभुज क्षेत्र, अठपहलू।

Octahedron (ऑक्टाहीड्रन्) *n.* अठपहल ठोस आकृति। **Octahedral,** *adj.* अष्टफलकीय।

Octant (ऑक्टन्ट्) *n.* अष्टमांश (वृत्त की परिधि की चाप), अष्टमांश खंड (वृत्त का) अष्टांशक

(कोणमापक उपकरण), अष्टक।

Octave (ऑक्टिव्) *n.* अष्टक, आठ चरणों का पद्य, बाजे का पर्दा, गिरजा के त्यौहार के बाद का आठवाँ दिन।

Octavo (ऑक्टेवॆ) *n.* आठ परत किए हुए कागजों की पुस्तक।

Octennial (ऑक्टेनिअल्) *adj.* आठ वर्ष में होने वाला, अष्टवर्षीय, अष्टवार्षिक, अठसाला।

Octet (ऑक्टेट्) *n.* अष्टपदी, अष्टक (पद्यों के चरण, इलेक्ट्रॉन, वादक), आठ वादकों के लिए रचित गाना।

Octillion (ऑकटिलयन्) *n.* अड़तालीय शून्य लगी हुई संस्था।

October (ऑक्टूबर्) *n.* अंग्रेजी वर्ष का दसवाँ महीना।

Octodecimo (ऑक्टॅडेसिमो) *n.* कागज की अठारह अथवा छत्तीस परतों में मोड़कर बनाई हुई पुस्तक, अठारह पेज पर छपी पुस्तक।

Oculist (ऑक्यूलिस्ट्) *n.* नेत्र, वैद्य, नेत्र विशेषज्ञ, नेत्र चिकित्सक।

Odd (ऑड्) *adj.* अयुग्म (ताख), अद्‌भुत, असंबद्ध, असंगत, विचित्र, अनोखा। *n.* (*sing.*) भिन्न, अंतर, असमान, विषमता, भिन्नता, समान शर्त या बाज़ी से अधिक, वह राशि या अनुपात जितने से एक दूसरे से अधिक हो, संभावना, संयोगानुपात, झगड़ा, सुविधा, अनबन, मुसीबत, उलझन, फुटकर, छिटपुट, भाव (जुए में)।

Odontology (ऑडन्टॅलॅजि) *n.* दन्त शास्त्र, दन्त विज्ञान विषयक।

Odoriferous (ऑडोरिफेरस्) *adj.* सुगन्ध फैलाने वाला, सुगन्धित, महकदार, गंधकारी, सुगंधियुक्त, खुशबूदर, सुवासित।

Odour (ओडर्) *n.* किसी प्रकार की गन्ध, सुगन्ध। **Odorous,** *adj.* खुशबूदार, महकता हुआ, सुवासित, सुगंधित।

Oecology (ईकॅलॅजि) *n.* प्राणियों द्वारा वातावरण के प्रभाव का अध्ययन करने वाली प्राणिशास्त्र की शाखा।

Oecumenical (ईक्यूमेनिकल्) *adj.* सम्पूर्ण ईसाई धर्म संबंधी, सर्व।

Offend (ऑफेन्ड्) *v.i.* & *t.* अप्रसन्न करना, कष्ट देना, उल्लंघन करना, क्रोधित करना।

Offender (ॲफेन्डर्) *n.* दोषी, मुजरिम, अपराधी, आघात पहुँचाने वाला।

Offensive (ॲफेन्सिव) *adj.* क्षतिकर, आक्रामक, आक्रमणात्मक, हमलावर, घृणित, हानिकर, दुर्गन्धित, अप्रिय, अरुचिकर, आपत्ति-जनक, अपमानकारी। *n.* नाराजगी, अप्रसन्नता, पाप, अपराध, दोष, आक्रमण, हमला।

Offertory (ऑफर्टरि) *n.* अर्पण, चढ़ावा, (चढ़ावा देते समय) गेय स्तोत्र या भजन, प्रार्थना, मंत्र आदि, धार्मिक प्रार्थना या पूजा में प्राप्त धन-धान्य।

Offhand (ऑफहॅन्ड्) *adv.* बिना तैयारी किए, अविचारित, बेहिचक, तुरन्त, तत्काल।

Office (ऑफिस्) *n.* कार्य, व्यापार, अधिकार, पद, कर्तव्य, कायस्थान।

Officer (आफिसर्) *n.* नियोगी, अधिकारी, अफसर। *v.t.* पदासीन करना, पदभार लेना या देना, अधिकारियों से युक्त करना, अधिकारीवत् आदेश देना, अधिकारी के रूप में कार्य करना।

Official (ऑफिशल्) *adj.* & *n.* अधिकार-संबंधी, अधिकारी (कर्मचारी)। **Officiate,** *v.i.* किसी पद का कार्य निभाना, स्थानापत्र होना, स्थानापत्र के रूप में कार्य करना। **Officiator,** *n.* स्थानापत्र अधिकारी।

Officinal (ऑफिसिनल्) *adj.* किसी विशेष दुकान की, औषधिक, शास्त्रोक्त विधि से निर्मित, औषध में प्रयुक्त, अधिकृत।

Officious (ऑफिशस्) *n.* अवांछित सेवा अर्पित करने वाला, बिना अधिकार के चर्चा करने वाला।

Offing (ऑफिंग्) *n.* किनारे से दीखता हुआ दूर का समुद्री भाग।

Offish (आफिश्) *adj.* रूक्ष प्रकृति का, अलग रहने वाला।

Offset (ऑफ़सेट्) *n.* अंकुर, अंखुआ, क्षति की पूर्ति, छपाई की एक विधि।

Offshoot (ऑफ्शूट्) *n.* वृक्ष के बगल की अंकुर की शाखा।

Offspring (ऑफस्प्रिंग्) *n.* परिणाम (फल), सन्तान, सन्तति।

Often (ऑफन्, ऑफ्टन्) *adv.* बहुधा (प्रायः), अकसर, थोड़ी-थोड़ी देर बाद, बारम्बार।

Ogle (ओगल्) *v.t.* & *i.* कटाक्ष करना, तिरछी नज़र से देखना। **Ogling,** *n.* कनखी मारने का कार्य।

Ogre (ओगर्) *n.* मनुष्यभक्षी दैत्य या राक्षस, नरभक्षी दानव (परी कथाओं का)। **Ogreish,** *adj.* राक्षस के समान, नरपिशाचवत्।

Oh (ओ) *inter.* ओह! अरे! हाय! ध्यान आकर्षण हेतु सम्बोधन।

Ohm (ओम्) *n.* बिजली की शक्ति की रुकावट की नाप, ओम (वैद्युत प्रतिरोध मात्रक)।

Oil (ऑइल्) *n.* तेल, फुलेल। *v.t.* तेल लगाना या भरना, तेल देना या डालना, (जहाज आदि पर इंजन के रूप में) तेल लेना।

Oilcloth (ऑइल्क्लॉथ्) *n.* पानी न सोखने वाला कपड़ा, मोमजामा।

Oilcolour (ऑइलूकलर्) *n.* तेलरंग।

Oilman (ऑइलूमैन्) *n.* तेल वाला।

Ointment (ऑइन्ट्मेन्ट्) *n.* उबटन, लेप, मलहम।

O.K., Okay (ओके) *adv.* & *adj.* सब ठीक, स्वीकृत। *v.t.* किसी चीज को सही प्रमाणित या अंकित करना।

Old (ओल्ड्) *adj.* वृद्ध, प्राचीन, जीर्ण, अनुभवी, सड़ा हुआ। *n.* बूढ़ा, बुढ़िया, बूढ़ा व्यक्ति, प्राचीन काल। **Oldish,** *adj.* कुछ पुराना। **Oldster,** *n.* बुड्ढा, बूढ़ा, बड़ा।

Olden (ओल्ड्न) *adj.* पुराने समय का।

Oldfashioned (ओल्डफॅशन्ड्) *adj.* पुरानी चाल का, पुराने ढंग का, अप्रचलित, दकियानूसी।

Oleander (ओलीन्डर्) *n.* एक विषैली वनस्पति, करवीर।

Oleaster (ओलीस्टर्) *n.* जंगली जैतून।

Oleic (ओलिइक्) *adj.* तेल-संबंधी।

Oleograph (ओलिओग्राफ्) *n.* तैल चित्र।

Olfactory (ऑलफॅक्टरि) *adj.* घ्राणेन्द्रिय (नाक) संबंधी।

Olid (आलिड) *adj.* दुर्गन्ध वाला।

Oligarchy (ऑलिगार्कि) *n.* अल्पजन से शासित राज्य। **Oligarch,** *n.* अल्पतंत्र का सदस्य।

Olio (ओलिओ) *n.* खिचड़ी, पंचमेल, अनेक प्रकार के माँस और सब्जियों का मिश्रित व्यंजन, मिश्रण, विविध मनोरंजन।

Olivary (ऑलिव़रि) *adj.* जैतून के आकार का, अण्डाकार।

Olive (ऑलिव्) *n.* जैतून, जैतून फल, जैतून का वृक्ष, जैतून का रंग।

Oliver (ऑलिवर्) *n.* हथौड़ा।

Olympiad (ऑलिम्पिॲड्) *n.* ऑलम्पिक खेलों के बीच चार वर्ष की अवधि, ऑलिम्पिक खेलों का समारोह।

Olympian (ऑलिम्पिअन्) *adj.* ऐश्वर्ययुक्त, विशिष्ट महत्व का।

Olympic (ऑलिम्पिक्) *adj.* ऑलिम्पिया का, ओलम्पिक खेलों से सम्बन्धित।

Omega (ओमेगा) *n.* ओमेगा, (ग्रीक वर्णमाला) का अंतिम अक्षर।

Omelet, Omelette (ऑमलेट) *ns.* ऑमलेट (अंडे का पूड़ा)।

Omen (ओमिन्) *n.* शुभ या अशुभ सूचक घटना, शकुन चिह्न, लक्षण।

Ominous (ॲमिनस्) *adj.* अशुभ लक्षण का, अपशकुन का। **Ominously,** *adv.* अशुभ लक्षण से, अपशकुन से।

Omission (ॲमिशन्) *n.* त्याग, लोप, भूल।

Omissible (ॲमिसिबल्) *adj.* छोड़ने योग्य।

Omit (ॲमिट्) *v.t.* त्यागना, छोड़ना, भूल जाना।

Omnibus (ॲम्निबस्) *n.* किराये की मोटरगाड़ी। *adj.* बहुप्रयोजन, विविध बहुस्थानीय, सर्वसंरक्षी, सार्वजनिक, बहुग्रंथ, बहुपक्षीय।

Omnific (ऑम्निफिक) *adj.* सर्वोत्पादक।

Omniform (ऑम्निफार्म) *adj.* सब प्रकार के रूप वाला।

Omnigenous (ऑम्निजिनस्) *n.* सर्व (अनन्त) शक्ति।

Omnipotence (ऑम्निपोटेन्स्) *n.* सर्व (अनन्त) शक्ति।

Omnivorous (ॲम्निवॅरस्) *adj.* सर्वभक्षी, सर्वहारी।

Omphalos (ॲमफालस्) *n.* नाभि, उभार, केन्द्र, विश्व के केन्द्र बिन्दु के रूप में मान्य डेल्फी की पाषाण शिला। **Omphalic,** *adj.* नाभि-संबंधी।

Omplate (ऑमप्लेट्) *n.* कन्धे पर की हड्डी।

On (ऑन्) *prep.* से संबद्ध, के बारे में, के पास, के विषय में, पर, ऊपर, के समीप, को, के समय, एकदम बाद, के बाद, की ओर, के अतिरिक्त। *adv.* आगे से, ऊपर साथ में, पहले से। *pref.* उपसर्ग की तरह प्रयोग होने पर आगे की ओर अर्थ में आता है।

Onager (ॲनेजर्) *n.* ओनेगर (जंगली गधा),

ओनेजर, बड़े पत्थरों को फेंकने के लिए सेना द्वारा प्रयुक्त इंजन।

Onanism (ॲनेनिज़्म) *n.* हस्तमैथुन, अपूर्ण मैथुन, आत्म व्यभिचार।

Once (वन्स्) *adv.* एक बार, पहिले। *conj.* ज्योंही, जब कभी। *n.* एक बार खेल।

Oncoming (ॲनकमिंग्) *n.* & *adj.* आगमन, पहुँच, उपगामी, आगामी, नजदीक, निकट आने वाला।

Ondit (ऑनडिट) *n.* किवदंती, जनवाद, अफ़वाह।

Onomatopoeia (ॲनेमॅटपीया) *n.* ऐसा शब्द जिसका उच्चारण उसके अर्थ का द्योतक हो।

Onrush (ऑनरश्) *n.* प्रवाह, बहाव, अग्रधावन, अभिधावन।

Onset (ऑनसेट्) *n.* भीषण आक्रमण, भयंकर हमला, धावा, चढ़ाई, प्रारंभ, प्रस्थान।

Onslaught (ऑनस्लॉट्) *n.* चढ़ाई, हमला, घातक आक्रमण।

Ontology (ऑन्टॅलॅजि) *n.* दर्शन या सत्व विद्या।

Onus (ओनस्) *n.* भार, उत्तरदायित्व, जवाबदेही।

Onward (ऑन्-वर्ड) *adj.* & *adv.* अग्रगामी, आगे की ओर, आगे बढ़ाने वाला, अग्रसर, आगे बढ़ा हुआ।

Onwards (ऑन्-वर्ड्ज़्) *adv.* अग्रगामी, आगे की ओर, आगे, और आगे, सामने को।

Onymous (ऑनिमस्) *adj.* गुमनाम नहीं, नाम दिया हुआ।

Onyx (ऑनिक्स्) *n.* गोमेदक रत्न।

Oodle (ऊडल्) *n.* बहुतायत, आधिक्य।

Oof (ऊफ) *n.* धन।

Oogenesis (ओऑजेनिसिस्) *n.* भ्रम (गर्भ) का बढ़ना।

Oolite (ओआलाइट्) *n.* अंडकाश्म, अंडुक।

Ooze (ऊज़्) *n.* स्राव, गीली मिट्टी, दल-दल। *v.t.* & *i.* रिसकर बहना, टपकना।

Oozily (ऊज़ लि) *adv.* रसते हुए।

Opacity (ॲपॅसिटि) *n.* अस्वच्छता, धुँधलापन।

Opal (ओपल्) *n.* लहसुनिया, दूधिया काँच, विमलक काँच, दूधिया पत्थर। **Opalescent,** *adj.* पोलकी रत्न का।

Opaque (ॲपेक्) *adj.* अपारदर्शक, मलिन, अन्धकारयुक्त, निष्प्रभ, गंदला, अस्पष्ट, गूढ़, मंद बुद्धि, रूढ़।

Open (ओपन्) *adj.* उन्मुक्त, खुला हुआ, नंगा, स्पष्ट, असंबद्ध, प्रकट, अनिर्णीत, अरक्षित, धुंधरहित, सच्चा, प्रवेश्य, प्रकाशित, साफ, अबाधित, उदार, निर्बाध, चहारदीवारी रहित, सुलभ, निष्कपट, स्वच्छ, निर्मल, अनावृत, अनाच्छादित। *v.t.* & *i.* आरम्भ करना, प्रकाशित करना, खोलना, विकसित होना, स्थापित करना। *n.* खुला स्थान, खुला गाम्य क्षेत्र, खुली हवा। **Openness,** *n.* खुलापन। **Openable,** *adj.* खोलने योग्य। **Opener,** *n.* आरम्भिक। **Open-minded,** *adj.* निष्पक्ष, उदारमनस्क, पूर्वाग्रहयुक्त, विवृतमना।

Opener (ओपनर्) *n.* खोलने वाला।

Opening (ओपनिंग्) *n.* प्रारम्भ, अवसर, मार्ग, छिद्र। *adj.* अद्य, आद्य, प्रारंभिक। **Openly,** *adv.* खुल्लमखुल्ला, निःसंकोच, खुलेआम।

Opera (ऑपेरा) *n.* संगीत नाटक।

Operant (ऑपरन्ट्) *adj.* & *n.* कार्य करने की शक्ति रखनेवाला, फुर्तीला, वह व्यक्ति जो किसी यंत्र या कार्य का संचालन करता है।

Operate (ऑपरेट्) *v.t.* & *i.* कार्य करना, फलीभूत होना, चेष्टा करना, प्रभाव डालना, जर्राही करना, बेचा-बिक्री करना, प्रबन्ध करना। **Operable,** *adj.* चलाने योग्य, परिचालन योग्य, संचलनीय, प्रवर्तनीय, चीरफाड़ योग्य, आपरेशन योग्य।

Operation (ऑपरेशन्) *n.* क्रिया (कार्य), प्रवृत्ति, प्रभाव, उद्यम, व्यापार, कर्तव्यपालन, चीर-फाड़, सेना की गति।

Operative (ऑपरेटिव्) *adj.* लागू हुआ, चीर-फाड़ से सम्बन्धित, प्रभावपूर्ण। *n.* कुशल मजदूर, यंत्र चालक।

Operator (औपरेटर्) *n.* यंत्र, मशीन-चालक।

Operculum *n.* (आपर्क्यूलम्) प्रच्छदक, ढक्कन, पिधान, छदिका।

Operetta (ऑपेरेटा) *n.* छोटा संगीत, नाटक।

Operose (ऑपेरोज़्) *adj.* मेहनती, परिश्रमी।

Ophicleide (आफिक्लाइड्) *n.* वाद्ययंत्र, तुमड़ी।

Ophidian (आफिडियन) *adj.* सर्प-सम्बन्धी।

Ophiolater (ऑफियोलेटर) *n.* सर्प-पूजक।

Ophiology (ऑफियोलॉजि) *n.* सर्प-विद्या।

Ophthalmia (ऑफ्-थॅल्मिआ) *n.* आँख आना, आँख फूलने का रोग। **Opthalmic,** *adj.* नेत्र संबंधी।

Opiate (ओपिअट्) *adj.* & *n.* निद्रा लाने वाली तथा पीड़ा हटाने वाली अफीम मिली हुई औषधि, मूर्छाकारी औषधि।

Opine (ओपाइन्) *v.t.* विचार करना (मनन करना) तर्क करना, समझना, राय कायम करना, विचार व्यक्त करना।

Opinion (ओपिन्यन्) *n.* अनुमान, विचार, आशय, बुद्धि, अभिप्राय। **Opine,** *v.t.* समझना, राय कायम करना, कहना, विचार व्यक्त करना। **Opinable,** *adj.* विचारणीय, विचार योग्य।

Opinionated (ऑपिन्येनेटेड्) *adj.* अपने विचार का पक्का, हठी, दुराग्रही, हठधर्मी।

Opium (ओपियम्) *n.* अहिफेन, अफीम।

Opiumize (ओपिमाइज़्) *v.t.* अफीम मिलाना।

Opossum (आपॅसम्) *n.* अमरीकी डाइडेल्फिस वंश या डाइडेल्फाइडी कुल का कोई प्राणी, ओपोसम का समूर, फ़ैलंजर (आस्ट्रेलियाई पशु)।

Oppilate (ऑपिलेट) *v.t.* रुकावट डालना। **Oppilation,** *n.* अवरोध।

Opponent (आपेनेन्ट्) *n.* वैरी, विरोधी, शत्रु। *adj.* सम्मुख, प्रतिमुख, अभिमुख, विपरीत, प्रतिकूल।

Opportune (आपट्र्यून्) *adj.* अनुकूल, सुगम, उचित समय का, समयोचित, समयानुकुल, उपयुक्त, संगत, अवसरवादी।

Opportunism (ऑपर्ट्यूनिज्म) *n.* अवसरवाद, अवसरवादिता, उपयुक्तता।

Opportunist (ऑपरटयूनिस्ट्) *adj.* & *n.* नीतिज्ञ, अपने को समयानुसार बनानेवाला, अवसरग्राही।

Opposition (ऑपोजिशन्) *n.* प्रतिकूलता, विरोध, प्रतिरोध, सामना, प्रतिमुखता, शत्रुता, दुश्मनी, वैर, बाधा, विमुखता, वियोग, विरोधी दल, विपक्ष।

Oppress (ऑप्रेस) *v.t.* दबाना, सताना, वश में करना (अपकार करना)।

Oppression (ऑप्रेशन्) *n.* निर्दयता, कठोरता। **Oppressor,** *n.* अत्याचारी, क्रूर, निर्दयी।

Oppressive (ऑप्रेसिव्) *adj.* क्रूर, अत्याचारी, जालिम, उत्पीड़क, निर्दयी, कष्टकर, विषादजनक, अवसादी। **Oppressively,** *adv.* निर्दयता से।

Oppressor (ऑप्रेसर्) *n.* अत्याचारी, क्रूर, निर्दयी।

Opprobrious (ऑप्रोब्रिअस्) *adj.* निन्दनीय, कलंकी, घृणित, अपमानजनक, अपमान करने वाला, अकीर्तिकर, कुकीर्तिकर, निदंक।

Opprobrium (ऑप्रोब्रिअम्) *adj.* अपयश, तिरस्कार।

Oppugn (ऑप्यून्) *v.t.* विरोध करना।

Opsonic (ऑप्सॉनिक्) *adj.* शरीर के भीतर की कृमियों पर प्रभाव डालने वाला।

Opsonin (ऑप्सोनिन) *n.* किसी रोग की कृमियों को मारकर शरीर में प्रवेश करने की विधि।

Optician (ऑप्टिशन्) *n.* चश्माफरोश, चश्मा बनाने या बेचने वाला, प्रकाशिकीविद्।

Optimacy (आप्टिमेसि) *n.* कुलीन लोग, शिष्ट जन।

Optimism (ऑप्टिमिज़्म) *n.* उत्तमता का सिद्धान्त, आशावाद।

Optimist (ऑप्टिमिस्ट) *n.* आशावादी।

Option (ऑप्शन्) *n.* रुचि, इच्छा, अभिलाषा।

Optional (ऑप्शनल्) *adj.* ऐच्छिक, पसंद का, वैकल्पिक।

Optophone (ऑप्टॅफोन्) *n.* अन्धों को पदार्थ दिखलाने में सहायता देने का यंत्र।

Opulence (ऑप्यूलेन्स्) *n.* धन, विभव, ऐश्वर्य।

Opulent (ऑप्यूलेन्ट्) *adj.* धनी, अमीर, अति समृद्ध, भरपूर।

Opus (ओपस्) *n.* मुख्य रचना, प्रधान कृति।

Or (ऑर्) *conj.* & *prep.* अथवा दो में एक, अन्यथा, पहिले।

Oracle (ऑरकल्) *n.* आकाशवाणी, भविष्यवाणी, विचित्र उपदेश, दैवी, उपदेश।

Oracular (ओरॅक्यूलर्) *adj.* देववाणी तुल्य भविष्यवाणी की तरह का, प्रामाणिक, भविष्य कथन करने वाला, संदिग्ध, भविष्यसूचक, द्वयर्थक, अस्पष्ट।

Oral (ऑरल्) *adj.* मुख-संबंधी, बोला हुआ, मौखिक। *n.* मौखिक परीक्षा।

Orally (ऑरलि) *adv.* वचन द्वारा, मुख द्वारा।

Orange (ऑरञ्ज्) *n.* नारंगी, संतरा, नारंगी का पेड़, मौसमी आदि अन्य नारंगी जैसे फल या पेड़, नारंगी रंग, जोगिया रंग। **Orange-coloured,** *adj.* नारंगी या संतरे रंग का।

Orangery (ऑरिञ्जरि) *n.* नारंगी का बगीचा।

Orangeade (ऑरिञ्जेड्) *n.* नारंगी का (क्षारीय) शर्बत।

Orangoutang (ऑरिंगाउटँग्) *n.* नारंगी का

(क्षारीय) शर्बत।

Orant (ऑरॉन्ट्) *n.* पूजक, पूजा करनेवाला।

Orate (ओरेट्) *v.t.* व्याख्यान देना।

Oration (ऑरेशन्) *n.* वक्तृता, व्याख्यान देने की विधि, भाषा, भाषण। **Orate,** *v.i.* व्याख्यान देना, भाषण देना।

Orator (ऑरेटर्) *n.* सुवक्ता, व्याख्यान देने वाला। **Oratress,** *n.* व्याख्यान-दात्री। **Oratorical,** *adj.* भाषण कर्ता या वक्ता संबंधी। **Oratory,** *n.* भाषणकला, वाग्मिता।

Orb (ऑर्ब्) *n.* गोला (चक्र), मंडल, आँख, आँख का तारा। *v.t.* मण्डल बनाना। **Orbed,** *adj.* मण्डलाकार, गोलाकार, वृत्ताकार, वर्तुलाकार।

Orbicular (ऑर्बिक्युलर्) *adj.* गोल (मंडलाकार), गोलाकार, वर्तुल। **Orbicularity,** *n.* गोलाई। **Orbicularly,** *adv.* गोलाई से, गोलाकार रूप में।

Orbit (ऑर्बिट्) *n.* कक्षा, परिक्रमा, पथ, कक्ष, ग्रहपथ, नेत्र कोटर, नेत्र गुहा, आँख का गड्ढा। **Orbital,** *adj.* ग्रहपथ संबंधी।

Orchard (ऑर्चर्ड्) *n.* फल-वाटिका, फलों का बाग। **Orchard house,** *n.* फल उगाने के लिए शीशभवन, फलोद्यान भवन।

Orchestra (ऑर्किस्ट्रा) *n.* बजाने वालों का (नाटक में) समूह, वादक-वृन्द, वादक दल, वृंदवाद्य, थियेटर में उनके बैठने की जगह। **Orchestral,** *adj.* वादक वृन्दीय।

Orchestrate (ऑर्किस्ट्रेट्) *v.t.* नाटक के लिए गायन बनाना।

Orchid (ऑर्किड्, ऑर्किस्) *n.* रंग बिरंगे फूलों वाले विचित्र आकार के पौधे।

Ordain (ऑर्डेन्) *v.t.* निर्दिष्ट करना, नियुक्त करना (प्रबंध करना)।

Ordeal (ऑर्डिअल्) *n.* अग्नि परीक्षा, कठिन परीक्षा।

Order (ऑर्डर्) *n.* वर्ग व्यवस्था, क्रम, आज्ञा, सामाजिक स्थिति, प्रकार, भेद, नियम, पद। *v.t.* क्रम में रखना, व्यवस्था करना, आज्ञा देना, प्रबन्ध करना।

Orderly (ऑर्डर्लि) *adj. adv.* & *n.* क्रम के अनुसार, आज्ञाकारी, क्रम से, नियमित, सेवक, अर्दली।

Ordinal (ऑर्डिनल्) *adj.* & *n.* क्रम सूचक, क्रमिक, वर्गीय (किसी वर्ग का), क्रम संख्या, क्रमसूचक संख्या पहला दूसरा, तीसरी आदि।

Ordinance (ऑर्डिनान्स्) *n.* विधि, नियम, मर्यादा (व्यवहार), धार्मिक, अनुष्ठान, अध्यादेश।

Ordinary (ऑर्डिनरि) *adj.* प्रचलित, साधारण, सामान्य, मामूली, प्रथागत, रिवाजी, सीदा-सादा।

Ordinate (ऑर्डिनेट्) *n.* वृत्त का चाप, कर्ण, यथाक्रमे, क्रमानुसार।

Ordination (ऑर्डिनेशन्) *n.* विधान, वर्गीकरण, पादरी की नियुक्ति।

Ordinee (ऑर्डिनी) *n.* नया नियुक्त पादरी।

Ordnance (ऑर्डनन्स्) *n.* तोपखाना, युद्ध सामग्री, अस्त्रशस्त्र, गोलाबारूद, फौजी सामान।

Ordure (ऑर्ड्यर्) *n.* विष्ठा, मल, गोबर, गंदगी, गन्दी भाषा, गाली-गलौज, अपशब्द, अश्लीलता।

Ore (ओर्) *n.* बिना संस्कार की हुई (कच्ची) धातु, अयस्क।

Oread (ओरिअड्) *n.* पर्वत परी, पर्वत देवी।

Orectic (ऑरेटिक्) *adj.* भूख या इच्छा संबंधी।

Organ (ऑर्गन्) *n.* बाजा, इन्द्रिय, शरीर का अंग।

Organic (ऑर्गानिक्) *adj.* आंगिक, अंगो पर प्रभाव डालने वाला, सहज, कार्बनिक, आंतरिक, चेतनायुक्त, जैव, जैविक, संघटनात्मक, संघटित, मूलभूत। **Organically,** *adv.* कायिक रूप से, इन्द्रियों द्वारा।

Organism (ऑर्गनिज़्म) *n.* जीवधारी रचना, जीव, जीवित प्राणी या पौधा, अवयव संस्था।

Organist (ऑर्गनिस्ट्) *n.* आर्गन या बाजा बजाने वाला मनुष्य, आर्गन वादक।

Organization (ऑर्गनाइज़ेशन्) *n.* निर्माण, सृष्टि, बनावट, संगठन।

Oriental (ओरिएन्टल्) *adj.* पूर्वदेशीय, पूर्वी, पूरबी, प्राच्य, प्राचीन। *n.* पूर्वदिशीयता, प्राचीनता, पूर्ववासी, पुरबिया। **Orientalism,** *n.* प्राचीनता, पूर्वदिशीयता। **Orientalist,** *n.* पूर्वदिशीय भाषाओं का जाननेवाला।

Orifice (ऑरिफ़स्) *n.* नली का छिद्र, द्वार, मार्ग।

Oriflamme (ओरिफ्लेम्) *n.* फ्रांस का प्राचीन ध्वज।

Origin (ऑरिजिन्) *n.* आरम्भ, उद्गम (उत्पत्ति-स्थान), आदि कारण (हेतु), मूल।

Original (ओरिजनल्) *adj.* प्रथम उत्पत्ति करने की शक्ति का प्रारंभिक, मूल, आदि, नया, अपूर्व,

नवीन, रचनात्मक, अनुकरण न किया हुआ, काल्पनिक। *n.* मूल, मूल-लेख, असल चीज, स्रोत, उद्गम, प्रारंभ, मूल अधिवासी।

Originality (ऑरिजिनलिटि) *n.* अपूर्व रचना, शक्ति, मौलिकता।

Originally (ऑरिजिनलि) *adv.* पहिले से, मौलिक रूप से।

Originate (ऑरिजिनेट्) *v.t.* & *i.* उत्पन्न (निर्माण) करना, प्रारम्भ करना या होना, उद्भूत होना, जन्म देना। **Origination,** *n.* आदि रचना। **Originative,** *adj.* उत्पन्न करने वाला। **Originator,** *n.* उत्पादक।

Oriole (ऑरिऑल्) *n.* एक प्रकार का काले-पीले परों वाला विलायती पक्षी।

Ornithology (ऑर्निथॉलाजि) *n.* पक्षियों को जानने का विज्ञान, पक्षी विज्ञान। **Ornithological,** *adj.* पक्षी विज्ञान संबंधी। **Ornithologist,** *n.* पक्षी विद्या जानने वाला, इस विद्या में निपुण, पक्षी विज्ञानी।

Orography, Oreography (ऑरॉग्राफि, ऑरिऑग्राफि) *ns.* प्राकृतिक भूगोल विद्या का वह भाग जिसमें पर्वतों का वर्णन होता है, पर्वतीय विज्ञान।

Orotund (ओरोटन्ड्) *adj.* प्रभावशाली, रोबदार।

Orphan (ऑर्फन्) *adj.* मातृ- पितृहीन बालक, यतीम, अनाथ। **Orphanize,** *v.t.* अनाथ करना, यतीम करना। **Orphan-hood,** *n.* अनाथता, अनाथावस्था, मातृ-पितृहीनता।

Orphanage (ऑर्फनिज्) *n.* अनाथालय।

Orphic (ऑर्फिक्) *adj.* सुरीला, मुग्ध करने वाला।

Orrery (ऑररि) *n.* ग्रह मण्डल की प्रत्यक्ष गति दिखलाने का पेंचदार यंत्र, कृत्रिम सौर-मण्डल।

Orris (ऑरिस्) *n.* एक प्रकार की वनस्पति।

Ort (ऑर्ट) *n.* उच्छिष्ट, जूठन, अंश, टुकड़ा।

Orthochromatic (आर्थोक्रोमैटिक) *adj.* (फोटो में) भिन्न-भिन्न रंगों की यथार्थ छाया लाने वाला।

Orthodox (ऑर्थाडॉक्स्) *adj.* शास्त्रनुसारी, सत्यधर्मावलम्बी।

Orthodoxy (ऑर्थाडॉक्सी) *n.* धर्मपरायणता, शास्त्र सम्मतता, कट्टर- पंथिता, प्रामाणिकता, परंपरानिष्ठता।

Orthoepy (ऑरथोइपि) *n.* शुद्ध उच्चारण सिखलाने की विद्या। **Orthoepist,** *n.* शुद्ध उच्चारण करनेवाला।

Orthogenesis (ऑर्थाजेनिसिस्) *n.* ऋजु जनन, निर्धारित विचरण, नियत विकास।

Orthography (ऑर्थॅग्राफि) *n.* व्याकरण का वर्ण विचार भाग। **Orthographical,** *adj.* वर्ण-विन्यास संबंधी, वर्ण विन्यास संबंध के अनुसार।

Orthopaedics (ऑर्थापीडिक्स) *n.* विकलांग विज्ञान। **Orthopaedic,** *adj.* हड्डियों के उपचार से सम्बन्धित। **Orthopaedist,** *n.* हड्डी रोग विशेषज्ञ।

Orthoptic (ऑरथॅपटिक्) *adj.* ठीक-ठीक देखने के संबंध का।

Ortolan (ऑरटॅलन्) *n.* बगीचों में चरनेवाला एक छोटा पक्षी, बगेरी।

Oryx (ऑरिक्स्) *n.* अफ्रीका देश का सीधे सींग का हिरन।

Oscillate (ऑसिलेट्) *v.t.* झूलना, इधर-उधर चलना, दोलन करना, दोलायमान होना, हिलना या हिलाना या काँपना, विद्युत चुंबकीय तरंगें विकीर्ण करना, दो स्थानों के बीच दोलायमान होना, दो सीमाओं में घटना-बढ़ना, प्रदोलित करना, डुलाना।

Oscillation (ऑसिलेशन्) *n.* आन्दोलन, कम्पन (हलकोरा)।

Oscillator (ऑसिलेटर्) *n.* स्फुरण उत्पन्न करने वाला यंत्र।

Oscular (ऑस्क्युलर्) *adj.* मुख का, चुम्बन का।

Osculate (ऑस्युलेट्) *v.t.* चुम्बन से अभिवादन करना, चूमना, चुंबन करना, स्पर्श करना या कराना। **Osculant** *adj.* आश्लेषी, स्पर्शी, सटा हुआ, मध्यवर्ती।

Osier (ओज़ियर्) *n.* जलबेंत जो टोकरी बनाने के काम आती है।

Osmium (ऑस्मिअम्) *n.* एक धातु (प्लैटिनम जाति की), (रासायनिक तत्व, परमाणु क्रमांक-76)।

Osmose, Osmosis (ऑसमोस्, ऑस्मोसिस्) *ns.* सछिद्र पट द्वारा पृथक दो तरल पदार्थों का रसकर सम्मिश्रण, रसाकर्षण।

Osseous (ऑसिअस्) *adj.* अस्थिक, अस्थिमय, हड्डी संबंधी।

Ossify (ऑसिफाइ) *v.t.* & *i.* हड्डी बनाना या बन जाना, कड़ा हो जाना। **Ossification,** *n.* हड्डी बनने की क्रिया।

Ossuary (ऑस्युअरि) *n.* मुर्दे की हड्डी रखने का स्थान।

Ostensible (ॲस्टेन्सिबल्) *adj.* प्रकट, प्रत्यक्ष, प्रसिद्ध, सुप्रकाशित। **Ostensibly,** *adv.* प्रकट रूप से।

Ostensive (ॲसटेनूसिव्) *adj.* स्पष्ट, दिखाऊ।

Ostentation (ऑस्टेन्टेशन्) *n.* आडम्बर, दिखावा, तड़कभड़क, आत्मप्रदर्शन, आत्मश्लाघा।

Ostentatious (ऑस्टेनटेशस्) *adj.* आडम्बरी। **Ostentatiously,** *adv.* व्यर्थ दिखावे के साथ, आडंबर से।

Osteography (ऑस्टिॲग्राफि) *n.* हड्डियों का वैज्ञानिक वर्णन।

Osteology (ऑस्टिॲलॅजि) *n.* हड्डियों का विज्ञान।

Osteopathist (ऑस्टिॲपॉथिस्ट्) *n.* हड्डी बैठानेवाला।

Osteopathy (ऑस्टिआपॅथि) *n.* हड्डियों का रोग, हड्डी का इलाज।

Osteotomy (ऑस्टिॲटॅमि) *n.* हड्डियों की चीर-फाड़।

Ostler (ऑस्लर्) *n.* सराय का सईस।

Ostracize (ऑस्ट्रॅसाइज़्) *v.t.* प्रतिबंध लगाना, बहिष्कृत करना, जाति से बाहर करना, देश से निर्वासित करना, देश निकाला देना। **Ostracism,** *n.* देश निकाला, (जाति समाज से) बहिष्कार।

Ostrich (ऑस्ट्रिच्) *n.* शुतुरमुर्ग।

Otalgia (ॲटॉलजिऑ) *n.* कर्णशूल, कान का दर्द।

Other (अदर्) *adj.* & *pron.* दूसरा, भिन्न, विपरीत, दो में से एक, अन्य, अतिरिक्त, और। *n.* अन्य व्यक्ति, वस्तु। *adv.* कुछ दिन पूर्व, अन्यथा, अन्य प्रकार से।

Otherwise (अदर-वाइज़्) *adv.* दूसरे प्रकार से, अन्यथा, नहीं तो, अन्य प्रकार से, दूसरी दृष्टि से, अन्य बातों से।

Otiose (ओशिओस्) *adj.* अव्यावहारिक, निरर्थक, सुस्त।

Otology (ॲटॅलॅजि) *n.* कान के रोगों का शास्त्र।

Otoscope (ओटोस्कोप) *n.* कान के भीतरी भाग की परीक्षा करने का यंत्र।

Otter (ऑटर्) *n.* जलमार्जर, ऊदबिलाव।

Otto (ॲटो) *n.* इत्र।

Ottoman *adj.* (ॲटॅमन्) तुर्की साम्राज्य से सम्बन्धित। *n.* टर्की का तुर्क, गद्‌देदार बेंच जिसमें पीठ का सहारा देने का प्रबन्ध नहीं रहता।

Oubliette (अब्लिएॅट्) *n.* कालकोठरी (ऊपर प्रवेशद्वार वाली), गुप्त काल कोठरी।

Ouch (आउच्) *n.* नगीने के जड़ाव का छिद्र, ब्रूच, नगीने का खाँचा।

Ought (आट्) *aux.* चाहिये, योग्य है, उचित होना।

Ounce (आउन्स्) *n.* आधी छटाँक के लगभग की तौल, पहाड़ी तेंदुआ।

Our (अवर्) *adj.* हम लोगों का।

Oust (आउस्ट्) *v.t.* निकालना, (हटाना), अधिकार छीन लेना, बाहर करना। **Ouster,** *n.* बहिष्कार, बेदखली।

Out (आउट्) *adv.* & *prep.* बाहर, दूर, घर में नहीं, दूरी पर, अप्रचलित, प्रकट, अब अधिकार में नहीं, जोर से, अशुद्धि में। *n.* किसी स्थान, दण्ड, उत्तरदायित्व आदि से बच निकलने का साधन, साधारण स्थिति का प्राणी।

Outbalance (आउट्बेलेन्स्) *v.t.* अधिक भार होना, भार में अधिक होना, से भारी होना, अपेक्षा महत्वपूर्ण या बढ़कर होना।

Outbargain (आउट-बारगेन) *v.t.* बेचने और बिक्री में लाभ उठाना।

Outbid (आउट्बिड्) *v.t.* अधिक मूल्य लगाना।

Outbound (आउटबाउन्ड) *adj.* विदेश जाने वाला।

Outbrag (आउटब्रैग) *v.t.* शेखी करना, सुन्दरता में बढ़ना।

Outbrave (आउट्ब्रेव) *v.t.* ललकारना, तुच्छ समझना, निर्भीकता और साहस में बढ़कर होना।

Outbreak (आउट्ब्रेक्) *n.* उद्वेग, विस्फोट, बलवा।

Outbuilding (आउटबिल्डिंग्) *n.* बाहरी घर का मकान, बाह्य भवन, उपभवन।

Outburst (आउट्बर्स्ट) *n.* धड़ाका, विस्फोट, ठहाका, प्रकोप, भावावेग।

Outcast (आउट्-कास्ट्) *adj.* निर्वासित, परित्यक्त। *n.* बहेतुआ, निकलुआ, निर्वासित व्यक्ति।

Outclass (आउट्क्लास्) *v.t.* से बढ़कर होना, दर्जे में उच्च होना।

Outcome (आउट्कम्) *n.* परिणाम, नतीजा, निष्कर्ष।

Outcrop (आउट्क्रॉप्) *n.* भूमि की वह तह जो ऊपर की ओर से निकल आती है।

Outcry (आउट्-क्राइ) *n.* कोलाहल, पीड़ा का शब्द, गुहार, दुहाई, कड़ा विरोध, चिल्लाहट।

Outdistance (आउट्-डिस्टन्स्) *v.t.* आगे बढ़ जाना।

Outdo (आउट्-डू) *v.t.* अतिक्रम करना, बढ़ना, आगे निकल जाना, हरा देना, छक्के छुड़ाना।

Outdoor (आउट्-डोर्) *adj.* घर से बाहर किया हुआ, खुले मैदान का।

Outdoors (आउट्डोर्स) *adv.* खुली हवा में, बाहर।

Outer (आउटर्) *adj.* बाहरी। *n.* (चाँद मारी में) बाहरी वृत्त के निशाने पर मार, बाहरी घेरा।

Outface (ऑउट्फेस्) *v.t.* आँखे गड़ाकर नीचा दिखाना, साहस से मुकाबला करना, डट कर सामना करना।

Outfall (आउट्-फॉल्) *n.* नदी का मुहाना।

Outfield (आउट्फील्ड्) *n.* बाहर पड़ी जमीन (क्रिकेट में), पिच से बाहर का क्षेत्र, बाहरी खेत, परला मैदान।

Outfit (आउट्फिट्) *n.* यात्रा-सामाग्री, (उपकरण) सामान। *v.t.* तैयारी करना, सजाना।

Outfitter (आउट्-फिटर्) *n.* यंत्रों की पूर्ति करने वाला, साज-सामान विक्रेता।

Outflank (आउटफ्लेंक्) *v.t.* शत्रु के हिस्से से दूर फैल जाना, बाजू से होकर जाना, फँसाना, पीछे से हमला करना, मात देना।

Outflow (आउटफ्लो) *v.i.* बाहर को बहना। *n.* बाहर की ओर बहाव, परिणाम।

Outfly (आउट्-फ्लाई) *v.t.* उड़ने में बढ़ जाना।

Outgeneral (आउटजेनरल्) *v.t.* सेनापति के कार्य में अधिक कुशल होना, सेनापतित्व में मात देना, (शत्रु पक्ष को) सेनापतित्व के कारण हटाना।

Outgive (आउट्गिव्) *v.t.* उदारता से बढ़ जाना।

Outgo (आउट्गो) *v.t.* आगे को बढ़ना, उच्च होना, मात करना।

Outgrow (आउट्ग्रो) *v.t.* तेजी से उगना, अधिक बड़ा होना, अधिकता से बढ़ना, हद से अधिक बढ़ जाना, (अवस्था में) वृद्धि के साथ-साथ किहीं बातों का छूटते जाना।

Outgrowth (आउटग्रोथ्) *n.* अति वृद्धि।

Outhouse (आउट्हाऊस्) *n.* घर से बाहर छोटा-सा शौचघर, बड़े घर से लगा हुआ छोटा मकान, (उपभवन)।

Outing (आउटिंग्) *n.* घर से बाहर सैर या पर्यटन (वायु सेवन के लिए)।

Outland (आउटलैंड) *n.* खेती के बाहर की भूमि। **Outlander,** *n.* परदेशी मनुष्य। **Outlandish,** *adj.* विदेशी, देहाती, अशिष्ट, असम्य।

Outlast (आउट्-लास्ट्) *v.t.* अधिक काल तक ठहरना या टिकना या चलना।

Outlaw (आउट्-लॉ) *n.* न्याय की रक्षा से बहिष्कृत या वंचित मनुष्य, गैरकानूनी, अवैध, दस्यु, डाकू, बहिष्कृत। **Outlawry,** *n.* न्यायविरुद्ध आचरण, कानून की रक्षा से बाहर रहने की स्थिति।

Outlay (आउट्ले) *n.* व्यय, खर्च।

Outleap (आउट्-लीप्) *v.t.* आगे को कूदना।

Outlet (आउट्लेट) *n.* द्वार, निर्गम स्थान, निकास, निर्गम मार्ग, निकास मुख, दुकान।

Outlie (आउटलाइ) *v.i.* खुले मैदान में रहना।

Outline (आउट्लाइन्) *n.* बाहरी रूपरेखा, आकारमात्र, (स्थूल वर्णन) रेखाचित्र, खाका। *v.t.* खाका या रेखाचित्र बनाना, रूपरेखा खींचना, सारांश देना।

Outlive (आउट्लिव) *v.t.* अधिक जीना या बचना, से अधिक समय तक टिकना या जीवित रहना।

Outlook (आउट्लुक्) *n.* सावधानी के साथ निरीक्षण, विचार दृष्टिकोण, चौकसी।

Outlustre (आउट्लस्टर्) *v.t.* चमक से बढ़ना।

Outlying (आउट्लाइंग्) *adj.* सीमा के बाहर का, दूर का, दूरस्थ, बाहर का, दूरवर्ती।

Outmanoeuvre (आउटमन्युवर्) *v.t.* चालबाजी में बढ़कर होना, हेरफेर में मात देना।

Outmarch (आउट्मार्च) *v.t.* तीव्र गति से बढ़ना या जाना, से अधिक तेज चलना, चलने में हरा देना।

Outmatch (आउट्मैच्) *v.t.* अपने मेल से अधिक होना, से बढ़कर या श्रेष्ठ होना।

Outnumber (आउट्-नम्बर्) *v.t.* संख्या में बढ़ना।

Outpace (आउट्पेस्) *v.t.* तेज दौड़ना, से तेज

चलना, चल कर आगे निकल जाना, चलने में मात देना।

Outpatient (आउट्पेशेन्ट्) *n.* अस्पताल से बाहर रहने वाला रोगी, बाहरी रोगी, बहिरंग रोगी।

Outplay (आउट्प्ले) *v.t.* खेल में हराना।

Outpost (आउट्पोस्ट्) *n.* चौकी, सीमा चौकी, दूरवर्ती स्थान, दूरस्थ बस्ती।

Outpouring (आउट्पोरिंग्) *n.* गहरी वर्षा, अधिक बहाव, प्रवाह, धारा, संपात।

Outrigger (आउटरिगर्) *n.* खूँटेदार नाव, नौका या जलपोत (मकान का) ढाँचा, चप्पू का खूँटा।

Outright (आउट्राइट्) *adv.* तत्क्षण, पूर्ण रूप से, सर्वथा, तुरंत।

Outrun (आउटरन्) *v.t.* दौड़ने में बढ़ जाना, निकल भागना, दौड़ कर पीछे छोड़ देना, दौड़कर भाग जाना।

Outside (आउट्साइड्) *n.* बाहरी भाग, बाह्य प्रदेश, सीमा। *adj.* बाहरी सीमा पर का, बाहरी, सतही, ऊपरी, सदस्यता रहित। *adv.* & *prep.* सीमा से बाहर।

Outsider (आउट्साइडर्) *n.* परदेशी, किसी व्यवसाय या समाज में अप्रविष्ट मनुष्य।।

Outsit (आउट्सिट्) *v.t.* समय के पश्चात् ठहरना, से अधिक देर तक बैठना।

Outsize (आउट्साइज) *adj.* अतिकाय, अतिमाप।

Outskirt (आउट्-स्कर्ट्स्) *n.* सीमाप्रान्त, सरहद।

Outspan (आउट्-स्पॉन्) *v.t.* बैलों को जुए से निकालना।

Outspeak (आउटस्पीक) *v.t.* सही बात करने का साहस रखना, जोर से बोलना, अधिक बोलना।

Outspoken (आउट्स्पोकन्) *n.* स्पष्टवादी, मुँहफट, सुस्पष्ट, खरा।

Outspread (आउट्स्प्रेड्) *v.t.* छितरना, फैलाना।

Outstand (आउट्स्टैंड्) *v.t.* & *i.* प्रतिरोध करना, बाकी छोड़ रखना। **Outstanding,** *adj.* न चुकाया हुआ, विशिष्ट।

Outstay (आउट्स्टे) *v.t.* अधिक देर तक ठहरना, अधिक टिकना, अधिक सहना।

Outstretch (आउटस्ट्रैच) *v.t.* फैलाना, बढ़ाना।

Outstrike (आउटस्ट्राइक्) *v.t.* अधिक पीटकर अधीन करना।

Outstrip (आउट्स्ट्रिप्) *v.t.* अतिक्रमण करना (उल्लंघन करना), आगे बढ़ जाना।

Outswear (आउट्स्वेअर्) *v.t.* शपथ लेने का बढ़ना।

Out-thrust (आउट्-थ्रस्ट्) *n.* शिल्प के किसी भाग में बाहरी दबाव।

Outvalue (आउट्वेल्यू) *v.t.* अधिक मूल्य का होना, मूल्य से बढ़ जाना।

Outvote (आउट्वोट्) *v.t.* अधिक मत से हराना, अधिक मत पाना।

Outwards (आउट्वाई) *adv.* केन्द्र से दूर, किसी निश्चित स्थान से दूर, बाहरी ओर। *adv.* बाहरी ओर। **Outwardly,** *adv.* केवल आकृति में, बाहरी रूप में, देखने में, ऊपरी तौर पर। **Outwardness,** *n.* बाहरीपन।

Outwards (आउट्वर्डस) *adv.* बाहरी ओर, बाहर।

Outwatch (आउटवाच) *v.t.* अधिक पहरा देना।

Outwear (आउटवीअर) *v.t.* अधिक समय तक पहनना, कष्ट से व्यय करना।

Outweary (आउटवेअरि) *v.t.* पूर्ण रूप से थका देना।

Outweigh (आउट्व्हेट्) *v.t.* मूल्य अथवा प्रभाव में बढ़ना, (से) अधिक भारी होना।

Outwit (आउट्विट्) *v.t.* बुद्धि या चतुराई में बढ़ जाना, चालाकी से मात खाना।

Outwork (आउट्वर्क) *n.* घर के बाहर किया हुआ कार्य।

Outworn (आउट्वॉर्न्) *adj.* पहनावे से बाहर, जीर्ण-जीर्ण फटा हुआ, प्राचीन, पुराना, घिसापिटा।

Ouzel, Ousel (ऊज़ल्) *n.* छोटी चिड़िया, कृष्णवर्ण पक्षी।

Ova (ओवा) *n.* **Ovum.** अण्डे।

Oval (ओवल्) *adj.* अण्डाकार, अंडाकृति, दीर्घवृत्ताकार, दीर्घवृत्तजीय। *n.* अण्डाकार आकृति। **Ovally,** *adv.* अण्डाकार रूप में। **Ovalness,** *n.* अण्डाकार आकृति।

Ovary (ओवरि) *n.* डिम्बाशय, बीजकोश। **Ovarian,** *adj.* अण्डाशय का या संबंधी। **Ovarious,** *adj.* अण्डा धारण करने वाला, अण्ड-धारी।

Ovate (ओवेट्) *n.* अण्डाकार।

Ovation (ओवेशन्) *n.* जयध्वनि, जयजयकार।

Oven (अवन्) *n.* चूल्हा, तन्दूर।

Over (ओवर्) *adv.* & *prep.* ऊपर, आर-पार, किनारे से बाहर, आगे की ओर, उलटा हुआ, परिपूर्ण, अतिरिक्त, शेष, समाप्त। *n.* गेंद फेंकने वाले द्वारा एक दौर में छह गेंद फेंकने का नियम।

Overact (ओवर-आक्ट्) *v.t.* & *i.* आवश्यकता से अधिक काम करना, अतिशयतापूर्ण अभिनय करना।

Overall (ओवरऑल्) *adj.* सब बातों को सम्मिलित करते हुए। *adv.* सब मदों को सम्मिलित करते हुए, व्यापक, समग्र रूप से। *n.* चोगा, लबादा।

Over-anxious (ओवर-आंकशस्) *adj.* आवश्यकता से अधिक चिन्तित। **Over-anxiety,** *n.* असीम, चिन्ता। **Over-anxiously,** *adv.* बड़ी चिन्ता से।

Overarch (ओवर्-आर्च्) *v.t.* ऊपरी की ओर मेहराब बनाना, मेहराब से, मेहराब की तरह लटके रहना।

Overawe (ओवर्ऑ) *v.t.* & *i.* डर दिखाना, डराना।

Overbalance (ओवर्बैलेन्स्) *v.t.* मूल्य में अधिक होना, अधिक भारी होना।

Overbear (ओवरबेअर्) *v.t.* वश में करना, दबाना।

Overbearing (ओवर-बेअरिंग्) *adj.* धृष्ट, अंहकारी, ढीठ। **Overbearingness,** *n.* उद्धता, धृष्टता।

Overbid (ओवरबिड) *v.t.* अधिक दाम लगाना।

Overblow (ओवरब्लो) *v.t.* फूलों से भरना।

Overblown (ओवरब्लोन्) *adj.* मुर्झाया हुआ।

Overboard (ओवर्-बोर्ड) *adv.* जहाज़ की छत पर, जहाज़ के बाहर।

Overbuild (ओवरबिल्ड्) *v.t.* आवश्यकता से अधिक निर्माण करना।

Overburden (ओवर्-बर्डन) *v.t.* अधिक लाद देना।

Overbusy (ओवर-बिज़ि) *adj.* कार्य में अति लीन।

Over-capitalize (ओवरकापिटलाइज) *v.t.* किसी व्यावसायिक संघ का मूलधन बहुत अधिक बढ़ा देना।

Overcast (ओवरकास्ट) *adj.* बादलों से ढका, दुःखी, चिन्तित। *n.* जोड़ की अधिकता। *v.t.* बादलों से घिर जाना, दुखी होना, बड़े-बड़े टाँके लगाना।

Overcharge (ओवर्-चार्ज्) *v.t.* & *i.* अधिक बोझ लादना, अधिक मूल्य देना। *n.* अधिक भार या महसूल।

Overcloud (ओवर्क्लाउड्) *v.t.* आच्छादित करना।

Overcoat (ओवर्कोट्) *n.* वस्त्र के ऊपर पहिनने का बड़ा कोट या लबादा।

Overcold (ओवरकोल्ड्) *adj.* बहुत ही ठण्डा।

Overcome (ओवर्कम्) *v.t.* & *i.* विजय प्राप्त करना, जीतना।

Overcostly (ओवरकॉस्ट्लि) *adj.* बहुत महँगा।

Overcover (ओवरकवर्) *v.t.* भली भाँति ढाँकना।

Overcrowd (ओवर्क्राउड्) *v.t.* बड़ी भीड़ मचाना।

Overdate (ओवरडेट्) *v.t.* बाद की तारीख डालना।

Overdo (ओवर्डू) *v.t.* अधिक दूर ले जाना, बढ़ जाना, कष्ट देना, थका देना।

Overdone (ओवरडन्) *adj.* आवश्यकता से अधिक पकाया हुआ।

Overdose (ओवर्डोज़्) *n.* (औषधि की) अधिक मात्रा। *v.t.* अधिक मात्रा में औषधि देना।

Overdraft (ओवर्ड्राफ्ट्) *n.* बैंक में जमा से अधिक रुपया निकालना।

Overdraw (ओवर्ड्रॉ) *v.t.* जमा से अधिक माँग करना, अतिशयोक्ति करना।

Overdress (ओवर्ड्रेस्) *v.t.* & *i.* सजाना, पहिनना, अधिक सज्जित होना। *n.* ऊपरी पोशाक।

Overdrive (ओवर्ड्राइव) *v.t.* अधिक तेजी से हाँकना।

Overdue (ओवर्ड्यू) *adj.* ठीक समय पर अदा न किया हुआ, बकाया होना, निश्चित समय के पश्चात्।

Overestimate (ओवर्एस्टिमेट्) *v.t.* अधिक आँकना।

Overfeed (ओवर्फीड्) *v.t.* परिमाण से अधिक खिलाना या खाना।

Overfill (ओवर्फिल्) *v.t.* परिमाण से अधिक भरना।

Overflow (ओवर्फ्लो) *v.t.* & *i.* उमड़ उठना, बह निकलना। *n.* फैलने वाला द्रव, बाढ़। **Overflowing,** *adj.* अति अधिक।

Overfreight (ओवरफ्रेट) *v.t.* अधिक बोझ लादना।

Overglance (ओवरग्लॉन्स्) *v.t.* शीघ्रता से देखना।

Overgo (ओवरगो) *v.t* बढ़ना, ढाँकना।
Overground (ओवरग्राउन्ड्) *adj.* भूमि के ऊपर का।
Overgrow (ओवर्ग्रो) *v.t.* ऊपर को उठना (फैल जाना), अधिक बढ़ना।
Overhand (ओवरहैंन्ड्) *adj.* केहुनी के ऊपर हाथ उठा हुआ।
Overhang (ओवर्हैंग्) *v.t.* ऊपर लटकना (सिर पर झूलना), आगे निकल जाना।
Overhappy (ओवरहैप्पी) *adj.* बहुत की प्रसन्न।
Overheat (ओवरहीट्) *v.t.* अधिक गरम करना।
Overindulge (ओवर इन्डल्ज) *v.t.* किसी चीज में अधिक रुचि लेना।
Overissue (ओवर्इशूश्यु) *v.t.* चुकाने की शक्ति से अधिक हुण्डी जारी करना।
Overjoy (ओवरजॉय्) *v.t.* अति आमोदित करना, अति प्रसन्न करना।
Overkind (ओवर्काइन्ड्) *adj.* अति दयालु।
Overlabour (ओवर्लेबर्) *v.t.* आवश्यकता से अधिक काम करना।
Overlade (ओवरलेड्) *v.t.* आवश्यकता से अधिक काम करना।
Overladen (ओवर्लेडन्) *adj.* अत्यधिक भार-लादित।
Overland (ओवरलैंड्) *adv.* स्थल मार्ग से। *adj.* (पूर्णतया या मुख्य रूप से) स्थल मार्ग से गुजरने वाला, मुख्यतया स्थलमार्गीय।
Overlap (ओवर्लेप्) *v.t.* एक के ऊपर दूसरे का किनारा रखना।
Overlavish (ओवरलेविश्) *adj.* बहुत ही अधिक उदार या व्ययशील।
Overlay (ओवर्ले) *v.t.* पूरी तरह से ढाँकना।
Overleaf (ओवर्लीफ्) *adv.* पन्ने के दूसरी ओर।
Overlie (ओवर्लाइ) *v.t.* ऊपर लेटकर कुचल देना।
Overmatch (ओवरमेच्) *v.t.* बराबरी से अधिक होना, या अधीन करना, जीतना। *n.* अधिक बलवान्, अजेय मनुष्य, जो मनुष्य जीता नहीं जा सकता।
Overmodest (ओवर्मॉडेस्ट्) *adj.* अत्यधिक विनीत।
Overmuch (ओवर्मच्) *adj.* & *adv.* बहुत अधिक।
Overnice (ओवर्नाइस्) *adj.* बहुत अधिक नाज़ुक मिज़ाज, नकचढ़ा।
Overnight (ओवरनाइट्) *adj.* अतीत (बीती हुई) राति में।
Overpass (ओवर्पास) *v.t.* पार निकल जाना, पास से गुजर जाना, आगे बढ़ जाना, बीत जाना।
Overpay (ओवरपे) *v.t.* अधिक मूल्य देना, परिश्रम से अधिक देना।
Overpeople (ओवर्पीप्ल) *v.t.* अधिक जनसंख्या से भरना।
Overpersuade (ओवरपरस्वेड्) *v.t.* इच्छा के विरूद्ध प्रेरित करना।
Overpitch (ओवर्पिच्) *v.t.* बहुत दूर टप्पा खाना।
Overplus (ओवर्प्लस्) *n.* अधिक, आवश्यकता से अधिक।
Overply (ओवरप्लाई) *v.t.* अत्यधिक शक्ति लगाना।
Overpower (ओवरपॉवर्) *v.t.* पराजित करना, हराना, अत्यधिक शक्ति दिखाना। **Overpowering,** *adj.* अत्यधिक।
Overpraise (ओवरप्रेज़्) *v.t.* अधिक प्रशंसा करना। *n.* अतिप्रशंसा।
Overpressure (ओवरप्रेशर्) *n.* अत्यधिक भार, बेहद दबाव।
Overprint (ओवरप्रिंट) *v.t.* छपे हुए के ऊपर छाप देना।
Overprize (ओवर्प्राइज़्) *v.t.* मूल्य में बढ़ जाना।
Overproduce (ओवरप्रोड्यूस) *v.t.* आवश्यकता से अधिक माल तैयार करना।
Overproduction (ओवर्प्रोडक्शन्) *n.* अति उत्पादन, माँग से अधिक उपज।
Overproof (ओवरप्रूफ्) *adj.* (मदिरा का) नियमित परिमाण से अधिक तीव्र होना।
Overseas (ओवरसीज़्) *adj.* & *adv.* समुद्रपार, पूरे देश में।
Oversee (ओवरसी) *v.t.* चौकसी करना, देखभाल करना, पर्यवेक्षण करना, उपेक्षा करना।
Overseer (ओवरसीअर्) *v.t.* अधिदर्शक, पर्यवेक्षक, अधिकर्मी।
Oversell (ओवरसेल्) *v.t.* बहुत महँगा बेचना।
Overset (ओवरसेट्) *v.t.* उलटना, औंधा करना, उलट-पलट कर देना।
Overshade (ओवरशेड्) *v.t.* छाया करना, ढाँकना।
Overshadow (ओवर्शैडो) *v.t.* छाया करना,

धुँधला कर देना, अँधेरा करना, रक्षा करना।

Overshoe (ओवरशू) *n.* एक जूते के ऊपर पहनने का (रबड़ इत्यादि का) दूसरा जूता।

Overshoot (ओवरशूट्) *v.t.* लक्ष्य (निशाने) के बाहर मारना।

Oversight (ओवरसाइट्) *n.* भ्रम, दृष्टिदोष।

Overskip (ओवरस्किप्) *v.t.* लाँघना।

Oversleep (ओवरस्लीप्) *v.t.* देर से सोना, अधिक समय तक सोना।

Oversow (ओवरसो) *v.t.* परिमाण से अधिक बोना।

Overspent (ओवरस्पेन्ट्) *adj.* बहुत थका हुआ।

Overspread (ओवर्स्प्रेड्) *v.t.* फैलाना, विकीर्ण करना।

Overstate (ओवर्स्टेट्) *v.t.* बहुत बलपूर्वक कहना, बढ़ा-चढ़ाकर कहना।

Overstay (ओवर्स्टे) *v.t.* अधिक काल तक ठहरना।

Overstep (ओवरस्टैप्) *v.t.* किसी कार्य में आगे बढ़ जाना।

Overstock (ओवर्स्टॉक्) *v.t.* अति संग्रह करना। *n.* सामग्री की अधिकता।

Overstrain (ओवर्स्ट्रेन्) *v.t.* अत्यन्त प्रयत्न करना, बहुत दबाव पड़ना, बहुत श्रम करना।

Overstream (ओवरस्ट्रीम्) *v.t.* बह निकलना।

Oversupply (ओवरसप्लाइ) *n.* माँग से अधिक पूर्ति।

Overt (ओवर्ट्) *adj.* (अगूढ़) प्रत्यक्ष, प्रकट, सार्वजनिक।

Overtake (ओवरटेक्) *v.t.* पहुँच जाना, पीछे से दौड़कर पकड़ लेना, पता लगाना, अकस्मात आ पहुँचना।

Overtask (ओवरटास्क्) *v.t.* बहुत कार्य-भार देना, अधिक भार डालना।

Overtax (ओवरटैक्स) *v.t.* अधिक करारोपण करना, अधिक कर लगाना, अधिक भार डालना।

Overthrow (ओवरथ्रो) *v.t.* पटक देना, उलट देना, पूर्ण रूप से हरा देना। *n.* पराजय, क्षय, नाश, ओवर थ्रो (क्षेत्र रक्षक द्वारा फेंकी गई ऐसी गेंद जो विकेट को बिना लगे चली जाए)। **Overthrower,** *n.* हराने वाला।

Overtime (ओवरटाइम्) *n.* निश्चित समय से अधिक कार्य करना, निश्चित समय के बाद का किया हुआ काम, ऐसे काम के लिये पारिश्रमिक।

Overtone (ओवरटोन्) *v.t.* फोटो के चित्र में गहरा रंग डालना।

Overtop (ओवरटॉप्) *v.t.* शिखर से ऊपर चढ़ जाना, सीमा के ऊपर चला जाना।

Overtrade (ओवरट्रेड्) *v.t.* पूँजी से अधिक व्यापार करना।

Overtrain (ओवरट्रेन्) *v.t.* & *i.* आवश्यकता से अधिक व्यायाम का अभ्यास करना या प्रशिक्षण देना।

Overtrump (ओवरट्रम्प्) *v.t.* बढ़कर तुरुप लगाना।

Overture (ओवरचर्) *n.* प्रस्ताव, निवेदन।

Overturn (ओवरटर्न्) *v.t.* & *i.* उलट देना, जीतना, नष्ट करना। *n.* पराजय, परिवर्तन, उलट-फेर।

Overvaluation (ओवरवॉल्यूऍशन्) *n.* अधिक मूल्यांकन।

Overvalue (ओवरवॉल्यू) *v.t.* बहुत अधिक दाम लगाना।

Overwatch (ओवरवॉच्) *v.t.* अधिक चौकसी करना।

Overween (ओवरवीन्) *v.t.* बहुत बढ़कर सोचना। **Overweening,** *adj.* अतिअहंकारी, घमण्डी।

Overweight (ओवरवेट्) *n.* भार में अधिक होना या बढ़ना।

Overwhelm (ओवरव्हेल्म्) *v.t.* कुचल डालना, व्याकुल करना, घबड़ाना। **Overwhelmed,** *adj.* व्यग्र, व्याकुल, परेशान, घबड़ाया हुआ। **Overwhelming,** *adj.* अत्यधिक, जबरदस्त, प्रबल, अदम्य।

Overwise (ओवर-वाइज्) *adj.* अत्यधिक बुद्धिमान।

Overwork (ओवरवर्क्) *v.t.* & *i.* शक्ति से बाहर काम करना, अत्यंत परिश्रम करना। *n.* अतिश्रम, अधिक काम।

Overworn (ओवरवोर्न्) *adj.* बहुत थका हुआ।

Overwrought (ओवरट्) *adj.* परिश्रम किया हुआ, अति उत्तेजित।

Overzeal (ओवरजील्) *n.* बहुत अधिक जोश। **Overzealous,** *adj.* बहुत अधिक उत्साही।

Ovicular (ओविक्युलर्) *adj.* अण्डे का या अण्डे से संबंधित।

Oviferous (ओविफेरस्) *adj.* अंडा देनेवाला।

Oviform (ऑविफॉर्म्) *adj.* अंडाकार, अंडरूप।

Ovine (ओवाइन्) *adj.* भेड़ का, भेड़ के समान।
Oviparous (ओविपरस्) *adj.* अण्डों से बच्चे पैदा करने वाला।
Oviposit (ओविपॉज़िट्) *v.t.* अंडा देना।
Ovipositor (ओविपॉज़िटर्) *n.* अंडनिक्षेपक।
Ovoid ([illegible]वाइड्) *adj.* अण्डाकृति पदार्थ जो एक छोर पर नुकीला हो।
Ovum *n.* (ओवम्) स्त्रियों का रज, अंडा।
Owe (ओ) *v.t.* & *i.* ऋणी होना, अनुग्रहीत होना।
Owing (ओइंग) *adj.* दातव्य, जिसकी अदायगी बाकी हो।
Owl (आउल्) *n.* उल्लू, उलूक जाति का पक्षी, रात को जागने वाला व्यक्ति, मूर्ख व्यक्ति।
Owler (आउलर्) *n.* चोरी से माल ले जाने वाला।
Owlish (आउलिश) *adj.* मूर्ख, उल्लू के समान। **Owlishly,** *adv.* उल्लू की तरह से।
Owlet (आउलऍट्) *n.* उल्लू का बच्चा।
Owl-light (आउल्-लाइट्) *n.* हिलता हुआ प्रकाश।
Own (ओन्) *adj.* खुद का, अपना, निजी। *v.t.* & *i.* अंगीकार करना, अपनाना, स्वीकार करना, स्वामी होना।
Owned (ओनड्) *adj.* स्वीकृत।
Owner (ओनर्) *n.* स्वामी, मालिक, अधिष्ठाता। **Ownership,** *n.* प्रभुत्व, अधिकार।
Ox *n.* (ऑक्स्) वृषभ, बैल।
Oxford (आक्सफोर्ड) *n.* इंग्लैंड के प्रसिद्ध विश्वविद्यालय का नगर।
Oxgate (ऑक्सगेट्) *n.* प्रायः तेरह एकड भूमि।
Oxide (ऑक्साइड्) *n.* वह द्रव्य जो उद्जन या प्राणवायु तथा अन्य तत्वों के योग से बनता है।
Oxidize (ऑक्डाइज़) *v.t.* & *i.* मुर्चा उत्पन्न होना, प्राणवायु से संयुक्त करना। **Oxidizable,** *adj.* प्राणवायु के साथ तत्वों का, यौगिक बनाने योग्य। **Oxidization,** *n.* प्राणवायु के साथ तत्वों के यौगिक बनने की क्रिया, ऑक्सिकरण, जारण। **Oxidizer,** *n.* ऐसी क्रिया उत्पन्न करने वाला, जारक।
Oxonian (ऑक्सोनिअन्) *n.* ऑक्सफोर्ड विश्व-विद्यालय का छात्र।
Oxygen (ऑक्सिजन्) *n.* प्राणवायु।
Oxygenate (ऑक्सिजनेट्) *v.t.* आक्सीजन-युक्त करना, आक्सीजन मिलाना।
Oxygenous (ऑक्सिजनअस्) *adj.* प्राण-वायु-संबंधी।
Oxygen mask (ऑक्सिजन मॉस्क) *n.* मुंह पर रखे कृत्रिम सांस लेने का यंत्र।
Oxygon (ऑक्सिगॅन्) *n.* दो न्यून-कोण का त्रिभुज।
Oxymel (ऑक्सिमॅल) *n.* सिरका और शहद का शर्बत।
Oxyhydrogen (ऑक्सिहाइड्रोजन्) *n.* & ऑक्सीजन तथा हाइड्रोजन का गैसीय मिश्रण।
Oxymel (ऑक्सिमेल्) *n.* सिरका और शहद का शर्बत।
Oxymoron (ऑक्सिमोरॉन) *n.* विरोधालंकार, विपरीत लक्षण, अलंकार।
Oxyopia (ऑक्सिओपिया) *n.* तीक्ष्ण दृष्टि।
Oxyphonia (ऑक्सफोनिआ) *n.* कर्कश, उच्चारण।
Oxytone (ऑक्सिटोन्) *adj.* अन्तिम अक्षर पर जोर देने वाला।
Oyster (ऑइस्टर्) *n.* शुक्ति, सीप, घोंघा।
Ozena (ऑजीना) *n.* नाकड़ा।
Oz (ओज़्) *n.* ऑस्ट्रेलिया।
Ozena (ओज़ीना) *n.* नाकड़ा।
Ozone (ओझोन्) *n.* बिजली पैदा करनेवाले यन्त्र से उत्पन्न हुई ठोस प्राणवायु।
Ozonic (ओझोनिक्) *adj.* ऐसी प्राणवायु-संबंधी।
Ozonizer (ओझोनाईज़र्) *adj.* ठोस प्राणवायु उत्पन्न करने का साधन।
Ozone layer (ओजोन लेयर) *n.* सूर्य की हानिकारक पराबैंगनी किरणों को अवशोषित करने वाली ओजोन गैस की परत।
Ozonic (औजोनिक) *adj.* ऐसी प्राणवायु संबंधी।
Ozonizer (ओजोनाइज़र) *adj.* ठोस प्राणवायु उत्पन्न करने का साधन।

P

P (प्र) अंग्रेजी वर्णमाला का सोलहवाँ अक्षर, फास्फोरस् नामक तत्त्व के लिए रासायनिक संकेत। **P** *abbr.* पृष्ठ, पेंन्नी, प्रेस (ब्रिटेन) का संक्षिप्तिकरण।
Pa (पा) *n.* पापा, पिता।
Pace (पेस) *prep.* की अनुमति से नम्रतापूर्वक असहमति प्रकट करते हुए।
Pace-maker (पेस्-मेकर) *n.* विद्युत गति निर्धारक जो हृदय की गति को नियमित करता है।

Pacer (पेसर्) *n.* धीरे-धीरे चलने वाला, कदम चलने वाला घोड़ा।

Pachyderm (पाकिडर्म) *n.* दृढ़ त्वचीय प्राणी।

Pacifiable (पीसिफाइ-ऐबल्) *adj.* सान्त्वना करने योग्य।

Pacific (पासिफिक्) *adj.* शान्ति लानेवाला, शान्त, स्थिर। **Pacifically,** *adj.* शांतिपूर्वक।

Pacification (पीसिफिकेशन) *n.* शांति (सन्धि) करण।

Pacificism (पॅसिफ़िसिज़्म्) *n.* शांतिवाद, युद्ध विरोधिता।

Pack-horse (पॅाक-हॉर्स्) *n.* लद्दू घोड़ा।

Padding (पाड़िंग्) *n.* गद्दी में भरी हुई रूई आदि, भराई (पुस्तक आदि में) अनावश्यक विस्तार।

Paddle *n.* (पाडल्) बेलची, क्षेपणी, छोटा बेलचा, चप्पू, पैडल *v.t* & *i.* पानी में चलना या क्रीड़ा करना, छोटे-छोटे कदम डालते हुए लड़खड़ाकर चलाना, नाव चलाना। **Paddler,** *n.* पैर से चलानेवाला।

Paddock (पाडक्) *n.* छोटा मैदान, मेंढक।

Paddy (पेडि) *n.* धान, छिलका सहित चावल।

Padlock (पाड्लॉक्) *n.* कुलुफ ताला। *v.t.* कुलुफ लगाना।

Padre (पाड्रे) *n.* पादरी।

Paean (पीअन्) *n.* विजयगीत, उल्लास गान, जयगान, स्तुतिगान।

Pagan (पेगन्) *n.* मूर्तिपूजक, प्रतिमापूजन। **Paganism,** *n.* मूर्ति पूजा।

Page (पेज्) *n.* पृष्ठ, पुस्तक के पन्ने के एक ओर का भाग, बाल-मजदूर। *v.t.* पृष्ठ संख्या डालना, पृष्ठांकित करना।

Pageant (पेजन्ट्) *n.* भव्य दृश्य, कौतुक, झाँकी (विशेषकर ऐतिहासिक संदर्भ में)। **Pageantry,** *n.* आडम्बर, तड़क-भड़क, जलूस।

Pagehood (पेजहुड्) *n.* छोकरे का पद।

Paginal (पॉजिनल्) *adj.* पृष्ठ अथवा सेवक-संबंधी।

Paginate (पेजिनेट्) *v.t.* पृष्ठांकित करना, पृष्ठ संख्या डालना।

Pagoda (पागोडा) *n.* शिवालय, मंदिर, धौरहरा।

Palace (पॅलेस्) *n.* राजभवन, महल।

Palaeo (पॉलइओ) "प्राचीन" अर्थ का उपसर्ग।

Palaeography (पॉलिऑग्रफि) *n.* प्राचीन शिलालेखों का अध्ययन।

Palaeographic (पॉलिऑग्राफिक्) *adj.* प्राचीन शिलालेख संबंधी।

Palaeolithic (पालेऐंलिथिक्) *adj.* प्राचीन काल से सम्बन्धित।

Palaeontology (पालेऑनटॅलजि) *n.* जीवाश्म विज्ञान, फॉसिल विज्ञान।

Palaeozoic (पॅलेअजाइक्) *adj.* पुराजीव, पुराजीवी।

Palankeen, Palanquin (पलँकीन्) *ns.* शिविका, पालकी।

Palatal (पालाटल्) *adj.* तालव्य, तालु। *n.* तालव्य ध्वनि।

Palate (पालेट्) *n.* & *adj.* तालु, स्वाद की इन्द्रिय, रुचि, पसंद।

Palatable (पॅलटेबल्) *adj.* स्वादु, स्वादिष्ट। **Palatably,** *adv.* स्वाद से, रूचि से।

Palatal (पॉलेटल्) *adj.* & *n.* तालव्य, तालु-संबंधी, तालव्य शब्द।

Palatial (पॅलेशन्) *adj.* महल का या महल के सदृश।

Palatine (पालाटाइन्) *adj.* & *n.* तालु-संबंधी, राज्याधिकार रखने वाला।

Palaver (पलाव्हर्) *n.* वृथा भाषण (बकवाद), मिथ्या प्रशंसा, चापलूसी। *v.t.* & *i.* बड़बड़ करना, मिथ्या प्रशसा करना, चापलूसी करना।

Pale (पेल) *n.* सीमा, कटघरा। *adj.* धुंधला, पीला, मन्द कान्ति का। *v.t.* & *i.* पीला करना, पीला पड़ जाना। **Pale-faced,** *adj.* पति मुखवाला। **Pale-hearted,** *adj.* उत्साहहीन।

Paletot (पॅलेटो) *n.* एक प्रकार का ढीला अँगरखा या लबादा।

Palette (पॅलिट्) *n.* पट्टिका, रंग मिलाने की छुरी, बेधार, छुरी।

Palfrey (पॉलफ्रि) *n.* टट्टू, सवारी का छोटा घोड़ा।

Pali (पाली) *n.* बौद्धों की धर्मपुस्तकों की भाषा, पाली भाषा।

Palindrome (पॉलिनड्रोम्) *n.* कविता का चरण जो उल्टा तथा सीधा समान ही पढ़ा जाता है। **Palindromic,** *adj.* मुरजबंन्ध-संबंधी।

Paling (पेलिंग्) *n.* हाता, कटघरा।

Palingenesis (पॉलिन्जेनिसिस्) *n.* नवीन जन्म, पुनर्जन्म।

Palisade (पॉलिसेड्) *n.* खम्भों की पंक्ति, कटघरा। *v.t.* नुकीले छड़ों से बन्द करना, घेरा लगाना।

Pall (पॉल्) *n.* शव के ऊपर ओढ़ाने का वस्त्र, लबादा। *v.t.* & *i.* निरुत्साहित या दुर्बल करना,

निर्बल होना, स्वाद-रहित होना।

Palladium (पलेडिअम्) *n.* रक्षा, प्लैटिनम के समान एक प्रकार की बहुमूल्य धातु।

Pallet (पॅलिट्) *n.* फूस का बिछौना, चटाई, माल रखने व स्थानान्तरित करने का प्लेटफार्म।

Palliasse (पॅलिअस्) *n.* पुआल का गद्दा, फूस की चटाई।

Palliate (पॅलियट्) *v.t.* रोग शमन करना, कम करना, घटना। **Palliation,** *n.* उपशमन।

Palliative (पॅलिएटिव्) *n.* दर्द आदि कम करने की दवा, बहाना।

Pallid (पॅलिड्) *adj.* पांडु, पीला, विवर्ण। **Pallidly,** *adv.* धुँधलेपन से। **Pallidness,** *n.* धुँधलापन, फीकापन।

Pall-mall (पेलमेल्) *n.* एक प्रकार का गेंद का खेल, पैल-मैल (खेल)।

Pallor (पॅलर्) *n.* पीलापन, फीकापन।

Palm (पाम्) *n.* ताड़ का वृक्ष, महत्व, करतल (हथेली), विजय-चिह्न। *v.t.* हाथ से छूना, धोखाधड़ी करना, हाथ की सफाई दिखाना।

Palmar (पामर्) *n.* नया-नया जोगी, यरुशलम जाने वाला तीर्थ यात्री, ताड़पत्र वाहक।

Palmate, Palmated (पॉलमेट) *adjs.* हथेली के आकार का।

Palmetto (पॅल्मेटो) *n.* एक प्रकार का छोटा ताड़।

Palmiped (पॅल्मिपेड्) *n.* एक प्रकार की बत्तख।

Palmist (पामिस्ट्) *n.* हस्तरेखा में निपुण, सामुद्रिक शास्त्र-वेत्ता।

Palmistry (पामिस्ट्रि) *n.* हस्तरेखा शास्त्र।

Palmy (पामि) *adj.* ताड़ के वृक्षों से परिपूर्ण, विजयी।

Palmyra (पॅल्-माइरा) *n.* खजूर का वृक्ष।

Palpable (पॉलपेबल्) *adj.* स्पर्शगोचर, स्पर्शनीय, प्रत्यक्ष। **Palpability,** *n.* स्पृश्यता, प्रत्यक्षता।

Palpate (पॉलपेट्) *v.t.* हाथ से छूकर बीमारी का पता लगाना, मुट्ठी में पकड़ना।

Palpebral *adj.* (पॅल्बेब्रल) पलक-संबंधी।

Palpitate (पॅल्पिटेट्) *v.t.* धड़कना, उछलना, स्पंदित होना, धक-धक करना, कंपित होना।

Palpitation (पॅल्पिटेशन्) *n.* कम्प, स्फुरण, धमक।

Palsied (पॉल्ज़िड्) *adj.* कम्पवायु से ग्रस्त।

Palsy (पॉल्झि) *n.* पक्षाघात, अंत्रघात। *v.t.* अंशघात करना, असहाय करना।

Palter (पॉल्टर्) *v.i.* विघ्न डालना, चकमा देना।

Paltriness (पॉलट्रिनेस्) *n.* तुच्छता, नीचता।

Paltry (पॉल्ट्रि) *adj.* तुच्छ, नगण्य, क्षुद्र।

Paly (पेलि) *adj.* पीला, फीके रंग का।

Pam (पॉम्) *n.* चिड़ी का गुलाम।

Pamper (पॅम्पर्) *v.t.* पूर्ण संतुष्ट करना, बढ़िया भोजन करना। **Pampered,** *adj.* पुष्ट, मोटा-ताजा। **Pampering,** *adj.* परिपोषक।

Pamphlet (पॅम्फ्लिट्) *n.* पुस्तिका, लघु पुस्तक, चौपत्रा। **Pamphleteer,** *n.* पत्रिका लिखने वाला, छोटी पुस्तक बनाने वाला।

Panda (पांडा) *n.* एक प्रकार का भालू जैसा पशु।

Pandal (पॅन्डाल्) *n.* एक थोड़े समय के लिए बना घर, बूथ या झोंपड़ी।

Pandect (पॉनडेक्ट्) *n.* स्मृतिसंग्रह।

Pandemic (पॅनडेमिक्) *adj.* देशव्यापी महामारी, सार्वभौमिक।

Pandemonium (पॅन्डिमोनिअम्) *n.* पिशाच सभा, हुल्लड़, कोलाहल, उपद्रव।

Pander (पॅन्डर्) *n.* नीच कार्य में सहायता देने वाला, कुटना, दलाल। *v.i.* लम्पटता में सहायता देना। **Pandering,** *n.* कुटिलता, टालपन, कुटनपन।

Pandora (पन्डोरा) *n.* वायलिन सदृश वाद्य, पैन्डोरा।

Pane (पेन्) *n.* काँच की टट्टी। *v.t.* रंग-बिरंगे टुकड़ों के वस्त्र बनाना।

Panegyric (पनिजिरिक्) *n.* स्तुतिपाठ, गुणगाथा, प्रशंसा। **Panegyrical,** *adj.* प्रशंसात्मक।

Panegyrize (पॅनिजिराइझ्) *v.t.* (प्रशंसा) गुण गाना, स्तुति करना।

Panel (पेनल्) *n.* एक प्रकार की काठी, चमड़े के बने हुए कागज का टुकड़ा, जूरी लोगों या निरीक्षकों की सूची, चौखटा। *v.t.* चौखटा लगाना। **Panelling,** *n.* चौखटा।

Pang (पँग्) *n.* वेदना, व्यथा, कसक, हूक, दर्द।

Pangolin (पैगोलिन्) *n.* पैगोलिन, वग्रशल्क।

Panic (पॅनिक्) *n.* त्रास, आतंक, एकाएकी, भय। *adj.* अत्यधिक अथवा अचानक, काल्पनिक।

Panification (पैनिफिकेशन) *n.* रोटी बनाने का कार्य।

Panivorous (पैनिवॉरस) *adj.* रोटी खाकर गुजारा करने वाला।

Panner (पॉनर्) *n.* सबका दोष खोजने वाला।

Pannier (पॅन्यर्) *n.* करण्डा, झाबा, टोकरी।

Pannikin (पॉनिकिन्) *n.* पानी पीने का छोटा गिलास।

Panoply (पॅनॉप्लि) *n.* कवच, सर्वांग कवच। **Panoplied,** *adj.* सर्वांग कवच धारण किए हुए।

Panorama (पॅनारमा) *n.* एक साथ संलग्न चित्रों की लम्बी पंक्ति।

Panoramic (पॉनरॉमिक्) *adj.* विश्वचित्र संबंधी।

Pan-pipe (पॉन्-पाइप्) *n.* मुँह से बजाने का एक प्रकार का बाजा।

Pansy (पॅन्झि) *n.* एक प्रकार का बनफशा।

Pant (पॅन्ट्) *v.t.* & *i.* हाँफना, साँस फूलना, दीर्घ उच्छवास लेना। *n.* हाँफ, हँकनी, स्पंदन। **Panting,** *n.* कम्प, स्फुरण।

Pantalets (पॅन्टलेट्स्) *n.* स्त्रियों का जाँघिया इत्यादि।

Pantaloon (पॅन्टलून्) *n.* एक प्रकार का पाजामा, भाँड।

Panter (पॉन्टर्) *n.* भण्डारी।

Pantheism (पॅन्थिइज्म्) *n.* संसार के सब पदार्थों को देवता के समान मानने का सिद्धान्त, सर्वेश्वरवाद।

Pantheist (पैन्थिइस्ट) *n.* विश्वदेवतावादी सिद्धान्त माननेवाला। **Pantheistic,** *adj.* विश्देवतावाद सिद्धान्त संबंधी।

Pantheon (पॅन्थीऑन्) *n.* सब देवताओं का मन्दिर।

Panther (पॅन्थर्) *n.* चीता। **Pantheress,** *n. fem.* मादा चीता।

Pantile (पॅन-टाइल्) *n.* घुमावदार छत।

Pantisocracy (पॉन्टिसॉक्रासि) *n.* वह समाज जिसमें सब व्यक्तियों को समान अधिकार मिलना चाहिए, समराजकता।

Pantograph (पॅनटॉग्राफ्) *n.* किसी भी नाप का नक्शा आदि खींचने का यंत्र।

Pantomime (पॅनटोमाइम्) *n.* मूक नाटक (स्वाँग), मूक अभिनय।

Pantophagist (पॉन्टॅफेजिस्ट्) *n.* सर्वभक्षी प्राणी।

Paperchase (पेपरचेस्) *n.* एक प्रकार का खेल।

Paper currency (पेपर्-करेन्सि) *n.* कागजी मुद्रा।

Paper-hangings (पेपर्-हैगिंगज्) *n.* दीवारों पर चिपकाने का कागज।

Paper-knife (पेपर-नाइफ़्) *n.* कागज़ काटने की छुरी।

Paper-money (पेपर्-मनि) *n.* कागजी द्रव्य, कागज़ी मुद्रा, करैंसी नोट।

Paper-weight (पेपर्-वेट्) *n.* कागज दबाने का धातु इत्यादि का टुकड़ा।

Papery (पेपरि) *adj.* कागज के समान।

Papier mache (पॅप्यरमॅशे) *n.* साँचे में ढली कागज की लुग्दी जिसके बक्स बनते हैं।

Papilla (पॅपिला) *n.* मसा, इल्ला, अंकुरक।

Papillary (पॉपिलरी) *adj.* महीन दानों या इल्लों से भरा हुआ।

Papoose (पपूस्) *n.* रेड इंडियन शिशु।

Papoosh (पापूश्) *n.* चप्पल, जूती।

Pappus (पॉपस्) *n.* कोमल रोवाँ।

Papula (Papule) *n.* (पीप्युला, पीप्युल्) पौधों पर छोटा उभाड़ या दाना। **Papular,** *adj.* दानेदार।

Papyro (पैपाइरो) *pref.* उपसर्ग जिसका अर्थ कागज का होता है।

Papyrograph (पॉपाइरॅग्राफ्) *n.* किसी लिखावट की प्रतिलिपि करने का यन्त्र।

Par (पार्) *n.* समता, तुल्यता, बराबरी।

Para (पॉरा) *pref.* बाहर या अतिरिक्त अर्थ का उपसर्ग। *n.* अंग्रेजी शब्द का छोटा रूप।

Parable (पॅरिबल्) *n.* नीति कथा, कहावत।

Parabola (पॅरबोला) *n.* लाक्षणिक।

Parabolic (पॅरबालिक) *adjs.* लाक्षणिक, दृष्टांत कथा विषयक। **Parabolically,** *adv.* दुष्टांत या लाक्षणिक रूप में।

Parachronism (पैराक्रोनिज्म) *n.* वंशक्रम की अशुद्धि।

Parachute (पॅरॅशूट्) *n.* हवाई जहाज या गुब्बारे पर से उतरने का छाता, पैराशूट।

Parachutist (पॉर्शूटिस्ट्) *n.* ऐसे छाते की सहायता की गुब्बारे पर से उतरनेवाला।

Paraclete (पॅरॅकलीट्) *n.* दूसरे के लिए बहस करने वाला।

Parade (परेड्) *n.* परिच्छेद, वाक्य-खंड, प्रकरण का चिह्न। *v.t.* & *i.* सैनिकों का व्यायाम या कवायद करना, परेड करना या कराना, प्रदर्शन करना। **Paragrapher, Paragraphist,** *ns.* परिच्छेदों में लिखनेवाला।

Paradigm (पॅरॅडाइम्) *n.* उदाहरण, रूप निदर्शन, नमूना।

Paradise (पॅराडाइस्) *n.* स्वर्ग, बैकुंठ, परलोक। **Paradisaical,** *adj.* स्वर्ग संबंधी।

Paradox (पॅरेंडाक्स्) *n.* विरोधाभास, विरोधोक्ति। **Para-doxer,** *n.* विरोधाभासी।

Paradoxical (पॉरडॉक्सिकल्) *adj.* असत्यवत्, लोक-विरूद्ध।

Paraffin (पॅरेफिन्) *n.* मोमबत्ती इत्यादि बनाने का चर्बी के समान पदार्थ। *v.t.* इस प्रकार की चर्बी का उपयोग करना।

Paragoge (पैरगोजि) *n.* किसी शब्द में एक अक्षर जोड़ने का कार्य। **Paragogic,** *adj.* इस प्रकार के जोड़े का।

Paragon (पॅरेगॉन्) *n.* अत्युत्तम, आदर्श, मूर्तिमान आदर्श, तुल्यता, बहुमूल्य बड़ा हीरा। *v.t.* तुलना करना, बराबरी करना।

Paragram (पॉरॉग्रॉम्) *n.* काव्य में श्लेष। **Paragrammatist,** *n.* श्लेष लेखक।

Paragraph (पॅरग्राफ्) *n.* परिच्छेद, वाक्य-खण्ड, प्रकरण का चिह्न। *v.t.* किसी मनुष्य के लिए परिच्छेद लिखना। **Paragrapher,** *n.* परिच्छेदों में लिखने वाला।

Parakeet (पॅरेकीट्) *n.* एक प्रकार का छोटा तोता।

Parakite (पॉरॉकाइट्) *n.* गुब्बारे पर से उतरने के लिए छाते का काम करने वाली गुड्डी।

Parallax (पॅरेलॅक्स्) *n.* लम्बन, देखने वाले का स्थान बदलने से इष्ट पदार्थ के स्थान में अन्तर।

Parallel (पॅरलल्) *adj.* समानान्तर, सदृश, तुल्य (समरूप)। *v.t.* समान्तर करना या होना, तुलना करना, अनुरूप करना या होना, के बराबर होना।

Parallelepiped (पॅरललेपिपेड्) *n.* समान्तर चतुभुर्जो से बनी ठोस आकृति।

Parallelism (पॅरलेलिज़्म्) *n.* सादृश्य, अनुरूपता।

Parallelogram (पेरलेलोग्राम) *n.* समांतर (रिखाओं से बना हुआ) चतुभुर्ज।

Paralogism (पॅरलागिजम्) *n.* तर्काभास, न्याय विरूद्ध तर्क करना।

Paralogize (पैरालोलाइज) *v.t.* न्यायविरुद्ध तर्क करना।

Paralyse (पॅरलाइझ्) *v.t.* लकवा मारना, शक्तिहीन करना, निकम्मा करना।

Paralysis (पॅरेलिसिस्) *n.* अंगघात, गतिहीनता, फालिज, लकवा, पक्षपात।

Paralytic (पॅरलिटिक्) *adj.* पक्षाघात पीड़ित, अशक्त, पंगु। *n.* पक्षाघात पीड़ित मनुष्य।

Paramagnetic (पॅरमैगूनेटिक) *adj.* चुम्बक के किनारे से आकर्षित किये जाने योग्य। **Para-magnetism,** *n.* इस प्रकार का आकर्षण।

Paramatta (पॅरमॅटा) *n.* सूत तथा ऊन मिला हुआ वस्त्र, परमटा।

Parameter (पॉरॉमिटर्) *n.* गणित में स्थिर राशि।

Paramnesia (पॉरॉमनीसिआ) *n.* अशुद्ध स्मृति, गलत यादगार।

Paramount (पॅरेमाउन्ट्) *adj.* परम्, विशिष्ट, सर्वश्रेष्ठ, सर्वोत्तम, प्रधान। **Paramountly,** *adv.* सर्वश्रेष्ठता से। **Paramountcy,** *n.* सर्वश्रेष्ठता।

Paramour (पॅरमुअर्) *n.* यार, उपपति, या उपस्त्री।

Parang (पारेंग्) *n.* परांग, छोटी तलवार।

Paranoia (पैरानोइआ) *n.* व्यामोह, संविभ्रम, मानसिक, उन्माद।

Parapet (पॅरपिट्) *n.* दीवार, रोक, खाई के पास की दीवार।

Paraph *n.* (पॅरॉफ्) हस्ताक्षर के बाद का घुमौवा चिह्न।

Paraphernalia (परफेर्नेलिआ) *n.* निजी सामान, व्यक्तिगत सामान, आभूषण।

Paraphrase (पाराफेज) *n.* भावनुवाद, व्याख्या, पदच्छेद, पदान्वय अन्वयांतर। *v.t.* सविस्तार व्याख्या करना। **Paraphrastic,** *adj.* व्याख्यात्मक।

Paraplegia (पैराप्लीजिया) *n.* नीचे के अंगों का पक्षाघात।

Paraquito (पॉरॉकीटो) *n.* छोटा सुग्गा, तोता।

Parasite (पॉर-साइट्) *n.* परात्रभोजी, परजीवी, चापलूस।

Parasitize (पॉरसिटाइज्) *v.t.* पराश्रयी होकर लगना।

Parasol (पॅरसॉल्) *n.* स्त्रियों का छोटा छाता।

Parataxis (पॅरेटॅक्सिस्) *n.* संयोग रहित पदों का क्रम, असंगत वाक्य विन्यास।

Paratyphoid (पॅरटाय् फॉइड्) *n.* पैराटा-इफाइड रोग।

Parboil (पार्-बॉइल्) *v.t.* अधूरा पकाना, या क्वाथ करना।

Parcel (पार्सल्) *n.* खण्ड, पोटल, गट्ठर, ढेर। *v.t.* खण्ड करना, भाग करना।

Parcenary (पार्सेनरि) *n.* बराबर का अधिकार।

Parcener (पार्सेनर्) *n.* पट्टीदार, साझीदार।

Parch (पार्च्) *v.t.* & *i.* भूनना, झुलसाना, सूखना।

Parchment (पार्च्-मेन्ट्) *n.* चमड़े का कागज,

चर्मपत्र, चर्म पत्रांकित पांडुलिपि।
Pard (पाई) *n.* चीता।
Pardon (पार्डन्) *n.* दोषमुक्ति, अपराध-क्षमा। *v.t.* क्षमा करना, माफ करना।
Pardonable (पार्डनेबल्) *adj.* क्षमा के योग्य। **Pardonably,** *adv.* क्षमापूर्वक।
Pare (पेअर्) *v.t.* कतरना छीलना, घटाना, कम करना।
Paregoric (पॅरिगॉरिक्) *n.* & *adj.* शान्तिप्रद, पीड़ानाशक दवा।
Parent (पेअरन्ट्) *n.* माता-पिता, जनक।
Parentage (पेरन्टेज्) *n.* वंश, कुल।
Parenthesis (पॅरेन्थिसिस्) *n.* निक्षेप वाक्य, अप्रधान वचन, कोष्टक का ( ) चिह्न।
Parenthesize (पॅरेन्थिसाइज्) *v.t.* & *i.* कोष्ठक में रखना, निक्षिप्त वाक्यांश रखना।
Parenthood (पेरेन्ट्हुड्) *n.* पितृत्व।
Parentless (पेरेन्टलेस्) *adj.* बिना माँ-बाप का।
Parer (पेअरर्) *n.* कतरने वाला।
Paretic (पॉरिटिक्) *adj.* पेशियों के पक्षाघात से संबंधित।
Parexcellence (पॉरएक्सलान्स्) *adv.* सर्वोत्कृष्ट अवस्था में।
Parget (पार्जिट्) *n.* दीवारों पर का पलस्तर। *v.t.* दीवारों इत्यादि पर पलस्तर करना।
Parhelion (पर्हील्योन्) *n.* मिथ्या सूर्य।
Pariah (पॅरिआ) *n.* समाज से बाहर निकाला गया व्यक्ति।
Parian (पेअरिन्) *n.* चीनी मिट्टी के सफेद बर्तन। *adj.* पेअरिअन द्वीप का।
Parietal (पराइटल्) *adj.* शरीर के बाहरी भाग का।
Pari-mutuel (पॅरीम्यूटयूल्) *n.* जुआ खेलने का एक प्रकार का यंत्र।
Paring (पेअरिंग) *n.* कतरन।
Paripassu (पारी-पास्स) *adj.* समरूप के साथ-साथ।
Parity (पॅरिटि) *n.* समता बराबरी।
Park (पार्क्) *n.* पार्क, वाटिका, उद्यान। *v.t.* क्रीड़ावन में बन्द करना, फौजी सामग्री इकट्ठा करना, निश्चित स्थान पर गाड़ी खड़ा रखना।
Parlance (पार्लन्स्) *n.* सम्भाषण, बोलने की गति।
Parley *n.* (पार्ले) विवादार्थ सम्मेलन, वार्तालाप, शास्त्रार्थ। *v.t.* & *i.* शत्रु से सन्धि की बातचीत करना।
Parliament (पार्लियामेन्ट्) *n.* इँग्लैंड की सबसे बड़ी प्रतिनिधि सभा संसद। **Parliamentary,** *adj.* संसद संबंधी। **Parliamentarian,** *n.* संसद में वाद-विवाद करने में निपुण व्यक्ति।
Parlour (पार्लर्) *n.* बैठक, संलापगृह।
Parlous (पार्लस्) *adj.* भंयकर, संकटपूर्ण।
Parmesan (पार्मिजॅन्) *n.* व्यावहारिक दृष्टि से कठिन व्यक्ति, एक प्रकार का पनीर।
Parnassus (पार्नॅसस्) *n.* कवित्व सार, मध्य ग्रीस के पहाड़।
Parodist (पैरोडिस्ट) *n.* विनोद के लिए अनुकरण करने वाली।
Parody (पॅरॉडि) *n.* हास्यपूर्ण व्यंग्य काव्य। *v.t.* ग्रन्थकर्ता के शब्दों को हास्यमय पदों में बदलना।
Parole (पॅरोल्) *n.* कैद की अवधि से पूर्व कैदी की रिहाई, सेना का सांकेतिक शब्द। *v.t.* कैदी को दृढ़ प्रतिज्ञा पर छोड़ना, प्रतिज्ञाबद्ध करना।
Paronomasia (पॅरानामेझिआ) *n.* श्लेष शब्दालंकार।
Paronym (पैरोनिम) *n.* ऐसे शब्द जिनकी ध्वनि एक हो परन्तु उच्चारण और अर्थ भिन्न हों। **Paronymous,** *adj.* ऐसे शब्द से संबंधित।
Paroquet (पॉरकेट्) *n.* छोटा सुग्गा।
Parotid (परॉटिड्) *adj.* कर्णपूर्व, कान के पास का। *n.* कर्णपूर्व ग्रंथि।
Paroxysm (पॅरॉक्सिजम्) *n.* रोग का आवेग, आक्रोश, दौरा। **Paroxysmal,** *adj.* आवेग-संबंधी।
Parpen (पार्पेन्) *n.* पत्थर का बन्द।
Parquet (पार्किट्) *n.* लकड़ी की छत।
Parricide (पॅरिसाइड्) *n.* पितृघाती, समीप के संबंधी की हत्या करने वाला।
Parrot (पॅरट्) *n.* तोता, शुक, तोता रटंत करने वाला। *v.t.* तोते की तरह बिना अर्थ समझे शब्द दुहराना, रटना।
Parry (पॅरि) *v.t.* हटाना, रोकना, टालना। *n.* बचाव, रोक, निवारण।
Parse (पार्ज़) *v.t.* पदच्छेद करना, परभंजन करना।
Parsee (पार्सि) *n.* अग्निपूजक, पारसी।
Parsimony (पासिमनि) *n.* मितव्यय, कंजूसी। **Parsimonious,** *adj.* अल्पव्ययी, कृपण।
Parsley (पार्सलि) *n.* अजमोदा, खुरासानी अजवायन।
Parsnip (पार्सनिप्) *n.* चुकन्दर।
Parson (पार्सन्) *n.* पादरी।

Parsonage (पार्सनिज्) *n.* पादरी का घर।

Part (पार्ट्) *n.* हिस्सा, अंश, मशीन का पुरजा, खंड, इलाका, अंग, अव्यव, (पुस्तक का) भाग, नाटक के पात्र का नियोग, प्रदेश, पक्ष, भाग, किरदार। गुण, विशेषता। *v.t.* & *i.* तोड़कर अलग करना, विभाग करना (बाँटना), अलगाना, हिस्सा लगाना, विदा होना।

Partake (पार्टेक्) *v.i.* अंश बाँटना, हिस्सेदार होना।

Partaker (पारटेकर्) *n.* भागी, हिस्सा लेनेवाला।

Parted (पार्टेड) *adj.* पृथक किया हुआ, अलग किया हुआ।

Parterre (पार्टेअर्) *n.* पुष्प वाटिका, नाट्यघर की जमीन।

Parti (पार्टी) *n.* शादी के विषय में विशेष उपयुक्त व्यक्ति।

Partial (पार्शल्) *adj.* तरफ़दार, पक्षपाती, अधूरा, एकदेशीय, आंशिक।

Partiality (पार्श्यलि) *n.* पक्षपात, असमदृष्टि।

Partially (पार्श्यलि) *adv.* आंशिक रूप में, थोड़ा-सा।

Partible (पार्टिब्ल्) *adj.* अलग भाग करने योग्य।

Participant (पार्टीसिपन्ट्) *n.* सहभागी, भागी, भागीदार, भाग लेने वाला।

Participate (पार्टिसिपेट) *v.t.* & *i.* सम्मिलित करना, अंश ग्रहण करना, भाग लेना। **Participation,** *n.* हिस्सेदारी, बँटवारा।

Participle (पार्टिसिपल्) *n.* कृदन्त, जिस शब्द में विशेषण तथा क्रिया का गुण हो। **Participial,** *adj.* कृदन्त का, कृदंती।

Particle (पर्टिकल्) *n.* कण (लेश), परिमाण, छोटा अंश।

Particoloured (पार्टिकलर्ड) *adj.* रंग-बिरंगा।

Particular (पर्टिक्युलर्) *adj.* सूक्ष्म, असामान्य, स्थिर, अंशव्यापी, विलक्षण, निश्चित रुचि वाला, विशिष्ट, उद्दिष्ट, सावधान, विशेष, खास, निश्चित, अमुक, अपूर्व (असाधारण)।

Particularism (पर्टिक्युलरिजम्) *n.* पार्टी के लिए विशेष समर्पण, किसी राज्य में रहने की स्वतंत्रता का सिद्धान्त।

Particularity (पर्टिक्यूलरिटि) *n.* विवरण की बारीकी, अनूठापन, सर्तकता।

Particularize (पर्टिक्यूलराइज्) *v.t.* & *i.* वर्णन करना, ब्यौरेवार कहना। **Particularized,** *adj.* निर्दिष्ट, ब्योरेवार।

Particularly (पर्टिक्यूलर्लि) *adv.* विस्तार रूप से, विस्तार से।

Parting (पार्टिंग्) *adj.* & *n.* माँग, विदाई, वियोग, अलगाव या विभाजन।

Partisan (Partizan) (पार्टिज़न्) *n.* सपक्षी (साथी), एक प्रकार की बरछी। **Partisanship,** *n.* पक्षपात, साझा।

Partition (पार्टिशन्) *n.* विभाग, अलगाने वाली दीवार, हिस्सा। *v.t.* अलग-अलग हिस्सों में बाँटना।

Partitive (पार्टिटिव़) *adj.* अंशबोधक, विभाजन सूचक, विभाजक। *n.* भाग किया हुआ शब्द।

Partly (पार्टलि) *adv.* आंशिक रूप से।

Partner (पार्ट्नर्) *n.* सहयोगी, सझिया, संगी, पति या पत्नी। *v.t.* साथी की तरह रहना। **Partnerless,** *adj.* बिना साझेदार का। **Partnership,** *n.* सहकारिता।

Partridge (पार्टरिज्) *n.* तीतर, इसकी माँस।

Parturient (पार्टयुरिएन्ट्) *adj.* आसन्नप्रसवा, तुरन्त ब्याने वाली।

Parturition (पार्टयुरिशन्) *n.* प्रसव, उत्पत्ति।

Party (पार्टी) *n.* जनसमूह, पक्ष, सहायक, सहयात्रियों का समूह, सैनिक का भाग, सामाजिक संघ, प्रतिवादी।

Party-spirit (पार्टीस्पिरिट्) *n.* अपने पक्ष पर दृढ़ता, पक्षपात।

Parvenu (पार्वेन्यु) *n.* नीच जाति का मनुष्य जिसने बहुत धन कमाया हो। *adj.* धनवान व्यक्ति के साथ।

Parvis (पार्विस्) *n.* गिरजाघर के सामने का रास्ता।

Pas (पा) *n.* अग्रता, थिरक, ठुमक।

Pascuous (पास्क्यु अस) *adj.* चरागाह में उगनेवाला।

Pasque flower (पॅस्कफ्लावर्) *n.* पास्क फूल।

Pasquinade (पॉस्किनेड्) *n.* रुख किसी व्यक्ति पर व्यंग्योक्ति, उपहास (निन्दात्मक)।

Pass (पास्) *v.t.* & *i.* व्यय करना, फैलाना, स्थान बदलना, परिवर्तन करना, छोड़ना, लागू करना, उत्तीर्ण होना, पार होना, घटित होना, आगे बढ़ना, बीतना। *n.* परीक्षा की उत्तीर्णता, प्रवेश-पत्र, संकीर्ण मार्ग, निःशुल्क आज्ञापत्र।

Passable (पासेबल्) *adj.* कामचलाऊ, ग्रहण योग्य, स्वीकारणीय, प्रचलित, स्थल अथवा जल द्वारा यात्रा करने के योग्य। **Passably,** *adv.* कामचलाऊ रूप में, सहन करने योग्य।

Passage (पॅसिज्) *n.* (बिल का) पारण, गलियारा, से होकर जाने की स्वतंत्रता, पार-गमन, उद्धरण,

निकास, रास्ता, समुद्री यात्रा।

Passe (पॅसे) *adj.* अतीत यौवन, अतीत वैभव, पुराना, पुरानी चाल का।

Passenger (पॅसिंजर्) *n.* सार्वजनिक या आम गाड़ी का पथिक, रेल का यात्री।

Passer (पासर्) *n.* पथिक, राहगीर।

Passer-by (पासरबाइ) *n.* अचानक पास से गुजरने वाला, पथिक, राहगीर।

Passerine (पॅसराइन्) *n.* एक प्रकार की गौरैया।

Passim (पॅसिम्) *n.* यहाँ-वहाँ, हरेक जगह।

Passing (पासिंग्) *n.* & *adj.* प्रासंगिक, क्षणिक, जाने वाला, क्षण भंगुर, गुजरने वाला, पार करने वाला, अस्थायी, आकस्मिक।

Passion (पॅशन्) *n.* उत्तेजना, क्रोध, प्रेम, लालसा, उत्कण्ठा, भाव। *v.t.* उत्तेजित करना।

Passionate (पॅशनेट्) *adj.* आवेश-प्रधान, तीव्र (तीक्ष्ण), संवेगशील, आवेशपूर्ण, कामुक, भावपूर्ण, उत्कट, वासनामय। **Passionately**, *adv.* कामातुर रूप में, क्रोध-सहित।

Passive (पॅसिव्) *adj.* धैर्ययुक्त, सहनशील, निष्क्रय, अप्रतिरोधी, दब्बू। **Passively**, *adv.* सहिष्णुता से, बिना प्रतिरोध के।

Passover (पासोव़र्) *n.* पासोवर, यहूदियों का एक त्यौहार।

Passport (पास्पोर्ट्) *n.* विदेश में यात्रा करने का आज्ञापत्र, पासपोर्ट।

Password (पार्स्वर्ड्) *n.* संकेत शब्द, पहचान शब्द, अभिज्ञान।

Past (पास्ट्) *adj.* & *n.* व्यतीत, भूत-पूर्व, बीता हुआ (पूर्वकाल)।

Paste (पेस्ट्) *n.* आटे की लेई, गारा, पेस्ट, मीठी लपसी। *v.t.* चिपकाना, लेई लगाना।

Pasteboard (पेस्ट्-बोर्ड्) *n.* कागज की दफ्ती, रोटी बेलने का चकला।

Pastel (पॅस्टल्) *n.* रंगीन खड़िया या इसका चित्र।

Pastelist (पॅस्टलिस्ट्) *n.* पैस्टल चित्रकार।

Pastern (पॅस्टर्न्) *n.* अश्वखुर सन्धि, गुमची।

Pasteurism (पॅस्टरिझम्) *n.* सुई द्वारा पिचकारी देकर पागल कुत्ते के विष की चिकित्सा-विधि।

Pasteurize (पॉस्टयुराइज्) *v.t.* पास्चरीकृत करना, दूध की कृमियों को मारकर इसको शुद्ध करना।

Pastiche (पॉस्टिश्) *n.* घालमेल, मिश्रण, संग्रहीत रचना।

Pastil, Pastille (पॉस्टिल) *ns.* सुगन्धित द्रव्यों की बत्ती, धूपबत्ती।

Pastime (पास्टाइम्) *n.* मनोरंजन, विहार, विनोद, आमोद-प्रमोद, मनबहलाव, क्रीड़ा, खेल।

Pastor (पास्टर्) *n.* गिरजाघर का अध्यक्ष, पादरी, गड़ेरिया, धर्मगुरु।

Pastoral (पास्टॅरल्) *adj.* & *n.* गिरजाघर का अध्यक्ष, पादरी, गड़ेरिया। *n.* गड़ेरिया का गीत, ग्वालगीत।

Pastorale (पास्टॅरेले) *n.* गड़ेरियों का गीत (जो बाजे पर गाया जाय)।

Pastry (पेस्ट्रि) *n.* आटा, घी आदि के बने हुए खाने के पदार्थ।

Pasturage (पास्चरिज्) *n.* पशुओं के चरने की भूमि, चरागाह।

Pasture (पास्चर्) *n.* तृणमय भूमि, चरागाह। *v.t.* & *i.* चारा खिलाना, चराना।

Pasty (पेस्टि) *adj.* लेई की तरह की, पीली आकृति का। *n.* मांस भरा हुआ समोसा या कचौड़ी।

Pat (पाट्) *v.t.* धीरे से मारना, हथेली से थपथपाना। *n.* थपकी, डला, टिकिया। *adj.* & *adv.* उचित, ठीक से, उपयुक्त, समयानुकूल, सहज।

Patch (पेच्) *n.* पैबंद, चकती, मरहम पट्टी, क्षेत्र, चप्पा। *v.t.* पैबंद लगाना।

Patchouli (पाचुलि) *n.* पचौली (इत्र)।

Patchwork (पाच्-वर्क्) *n.* पैबन्दकारी, जोड़ का काम, कच्चा काम।

Pate (पेट्) *n.* सिर, मस्तक, खोपड़ी। **Pated**, *adj.* खोपड़ीवाला।

Paten (पाटेन्) *n.* तश्तरी, धातु का पतला गोल टुकड़ा, थाल।

Patent (पेटेन्ट्) *adj.* विशिष्ट अधिकारपत्र, असामान्य अधिकार। *adj.* स्पष्ट, प्रत्यक्ष, प्रकट, रजिस्ट्री किया हुआ, सनद द्वारा अधिकृत या संरक्षित। *v.t.* एकस्व प्राप्त करना, अधिकार को रजिस्ट्री करना।

Patented (पेटेन्टटिड्) *adj.* रजिस्ट्री किया हुआ, सर्वसत्व संरक्षित।

Patentee (पेटेन्टई) *n.* अधिकारपत्र-धारी।

Pater (पेटर्) *n.* पिता, बाप।

Patefamilias (पेटर्-फेमिलिआस्) *n.* कुटुम्बपति, कुलपिता।

Paternal (पैटर्नल) *adj.* पैतृक, पितृतुल्य, मौरूसी।

Paternity (पेटर्निटि) *n.* पितृत्व, उत्पत्ति, उद्गम।

Paternoster (पाट्रनॉस्टर्) *n.* ईश्वर की प्रार्थना या भजन।

Path (पाथ्) *n.* मार्ग, रास्ता, पथ।

Pathetic (पाथेटिक्) *adj.* करुणात्मक, भावात्मक, करुणाजनक, अपर्याप्त।

Pathic (पॉथइक्) *adj.* रोग-संबंधी।

Patho (पॉथो) *prep.* रोग अर्थसूचक उपसर्ग।

Pathogeny (पॉथजेनि) *n.* रोगों की उत्पत्ति का शास्त्र।

Pathognomonic (पॉथॅगनॅमॅनिक्) *adj.* रोग की विशेषता-संबंधी।

Pathognomy (पॉथॅग्मनि) *n.* भावों का प्रदर्शन।

Pathologist (पाथॅलॅजिस्ट्) *n.* चिकित्सक।

Pathology (पाथॅलॅजि) *n.* रोग विज्ञान। **Pathologist,** *n.* चिकित्सक।

Pathos (पेथास्) *n.* करुण रस, करुणा।

Patience (पेशेन्स्) *n.* सहनशक्ति, धैर्य, धीरता, अध्यवसाय।

Patient (पेशेन्ट्) *adj.* सहनशील, धैर्यवान। *n.* रोगी, मरीज।

Patina (पॉटिना) *n.* पुराने कसकुट पर का हरा रंग। **Pati-nated,** *adj.* इस प्रकार का हरा रंग किया हुआ।

Patois (पाट्वा) *n.* अशिक्षितों की भाषा, ग्रामीण भाषा।

Patriarch (पेट्रिआर्क्) *n.* कुलपति, पादरी, आदरणीय वृद्ध पुरुष। **Patriarchal,** *adj.* आदरणीय वृद्ध पुरुष (कुलपति) का।

Patriarchy (पेट्रिआर्कि) *n.* वृद्ध पुरुष का आधिपत्य।

Patrician (पाट्रिशन्) *n.* कुलीन, शिष्ट पुरुष। *adj.* कुलीन, अभिजात।

Particidal (पॉट्रिसिडल्) *adj.* पितृहत्या-संबंधी।

Patricide (पॉट्रिसाइड्) *n.* पितृहत्या, पिता का वध। **Patricidal,** *adj.* पितृहत्या संबंधी।

Patrimonial (पॉट्रिमोनिअल्) *adj.* मौरूसी, पैतृक।

Patriot (पेट्रिॲट्) *n.* स्वदेश भक्त, स्वदेशानुरागी।

Patriotic (पेट्रिॲटिक्) *adj.* स्वदेश भक्तिपूर्ण, लोक-कल्याण प्रेरित।

Patriotism (पेट्रिॲटिज्म) *n.* स्वदेश भक्ति, जन्मभूमि का अभिमान।

Patrol (पैट्रोल्) *n.* रक्षा के निमित्त रात्रि में चक्कर लगाना, सैन्यदल, पहरुआ, घुड़सवार पुलिस का सिपाही। *v.t.* & *i.* गश्त लगाना, पहरा देना, चौकसी करना।

Patron (पेट्रन्) *n.* आश्रयदाता, संरक्षक, समर्थक, हिमायती।

Patronage (पेट्रनेज्) *n.* सहायता, अनुकूलता, संरक्षता।

Patronize (पेट्र-नाइज, पॅ) *v.t.* संरक्षण या सहायता देना, उत्साह देना।

Patronymic (पाट्रनिमिक्) *adj.* & *n.* गोत्रीय, पितृनाम, गोत्रनाम।

Patten (पाटन्) *n.* काष्टपादुका, खड़ाऊँ।

Patter (पाटर्) *n.* किसी जाति या व्यवसाय के विशिष्ट सांकेतिक शब्द, पटपट ध्वनि। *v.t.* बड़बड़ाना, पटपटाना।

Pattern (पाटर्न्) *n.* बनावट, पैटर्न, उदाहरण, प्रतिकृति, विन्यास, नक्शा, साँचा स्वरूप, प्रतिमान, प्रतिरूप, बानगी, नमूना। *v.t.* प्रतिमा बनाना, नमूना बनाना, सजाना।

Patty (पाटि) *n.* समोसे जैसा एक पकवान, पैटी।

Patulous (पैट्युलस) *adj.* खुला हुआ, फैला हुआ।

Paucity (पॉसिटि) *n.* न्यूनता, कमी, अल्पता, अभाव।

Paunch (पॉन्च्) *n.* उदर, पेट, (तोंद)। *v.t.* पेट काटकर निकालना।

Pauper (पॉपर्) *n.* दरिद्र, भिक्षुक। **Pauperdom,** *n.* भिक्षुक मण्डली। **Pauperism,** *n.* गरीबी। **Pauperize,** *v.t.* गरीब बना देना।

Pause (पॉज्) *n.* यति, विश्राम, अंतराल, व्यवधान, रुकावट, न्यास, विराम। *v.i.* रुकना, ठमकना।

Pave (पेव) *v.t.* राह बनाना, पत्थर या ईंट बैठाना (फर्श लगाना), सुलभ करना।

Pavement (पेव-मेन्ट्) *n.* पत्थर या ईंट का फर्श। **Paviour,** *n.* फर्श बैठानेवाला।

Pavilion (पविल्यन्) *n.* मण्डप, खेमा, डेरा, दर्शक मंडप। *v.t.* मंडप बनाना, तंबू तानना।

Paving (पेविंग्) *n.* सड़क की ऊपरी तह।

Paviour (पावियर्) *n.* खेमा लगाने वाला।

Pavonine (पॉवोनाइन्) *adj.* मोर का, मोर के सदृश।

Paw (पॉ) *n.* पंजा, चंगुल, हस्तलिपि। *v.t.* & *i.* पंजा से खुरचना या मारना, टापना, टाप से कुरेदना।

Pawky (पॉकि) *adj.* छँटा हुआ, कपटी।

Pawl (पॉल्) *n.* कुत्ता, पहिये के दाँतों को रोकने का साधन, पॉल (यंत्र)।

Pawn (पॉन्) *n.* शतरंज का प्यादा, बन्धक (गिरवी), न्यास (विक्षेप)। *v.t.* गिरवी रखना, बन्धक रखना। **Pawnee,** *n.* जिसके पास कोई वस्तु बन्धक रखी जाती है। **Pawner,** *n.* ऋण के बदले कोई

वस्तु बन्धक रखने वाला।
Pawnbroker (पॉन्-ब्रोकर्) *n.* रेहन रखकर ऋण देने वाला, साहूकार।
Pay (पे) *v.t.* & *i.* मजदूरी या वेतन देना, चुकाना, कीमत अदा करना, भुगतान करना। *n.* वेतन, मूल्य, तनख्वाह।
Payable (पेएब्ल्) *adj.* लाभकारी, देय, जो देना बाकी हो।
Payee (पेई) *n.* रुपया पाने वाला।
Payment (पेमेन्ट्) *n.* भुगतान, निस्तार।
Pea (पी) *n.* मटर, मटर सा हरा।
Peace (पीस्) *n.* संधि, शांति, युद्धविराम, सुलह।
Peaceable (पीसएब्ल्) *adj.* शान्त स्वभाव का, युद्ध-विमुख, शांति प्रिय, प्रसन्न। **Peaceably,** *adv.* शान्ति से।
Peaceful (पीसफुल्) *adj.* शान्त, निष्कण्टक। **Peacefulness,** *n.* शान्ति।
Peach (पीच्) *n.* सतालू, आड़ू। *v.t.* दिखावट (आडंबर करना)। **Peachy,** *adj.* सतालू के रंग का।
Peacock (पीकॉक्) *n.* मयूर, मोर, छैला, बांका।
Peafoul, Peafowl (पीफाउल्) *ns.* मोर या मोरनी।
Peahen (पीहेन्) *n.* मोरनी, मयूरी।
Peajacket (पीजेकेट्) *n.* नाविकों का छोटा ओवरकोट।
Peak (पीक्) *n.* टोपी का छज्जा, पर्वत का शिखर, नोक। *v.i.* क्षीण होना, मस्तूल शीर्ष को झुकाना। **Peaked,** *adj.* नुकीला, चोटीदार।
Peakish (पीकइश्) *adj.* रूग्ण, रोगी देख पड़नेवाला।
Peakload (पीक्-लोड्) *n.* विद्युत शक्ति का सबसे अधिक परिमाण।
Peaky (पीकइ) *adj.* चोटीदार, रोगी, दुर्बल।
Peal (पील्) *n.* घंटियों की टुनटुनाहट, घनघनाहट, नाद। *v.i.* & *t.* शब्द करना, मधुर शब्द करना, घण्टी बजाना।
Pear (पेअर्) *n.* नाशपाती।
Pearl (पर्ल्) *n.* मोती, मुक्ताफल। *v.t.* & *i.* मोती से सजाना, मोती के सदृश चमकीला बनाना। **Pearled, Pearly,** *adjs.* मुक्तामय, मोती की सदृश।
Pearl-like (पर्ल-लाइक्) *adj.* मोती के समान।
Peasant (पेजन्ट्) *n.* खेतिहर (किसान), देहाती। **Peasant-like,** *adj.* असभ्य।
Peasantry (पेजन्ट्रि) *n.* किसान वर्ग।
Pease (पीज़्) *n.* मटर के दाने।
Peasecod (पीज़्कॉड्) *n.* मटर की फलियाँ।
Peat (पीट्) *n.* सड़ी हुई लकड़ी के टुकड़े जो सुखाकर जलाने के काम में लाते हैं। **Peaty,** *adj.* सड़ी हुई लकड़ी का।
Pebble (पेबल्) *n.* बिल्लौर, स्फटिक।
Pecan (पीकन) *n.* खाने योग्य बादाम, अखरोट आदि की गिरी।
Peccable (पेकाबल्) *adj.* पापवशता, पाप कर सकने योग्य।
Peccadillo (पेकाडिलो) *n.* अल्पदोष, लघुपाप।
Peccancy (पेकान्सि) *n.* विकार, पापकर्म, दोष।
Peccant (पेकान्ट्) *adj.* पापी, अपराधी, रोग उत्पन्न करने वाला।
Peccary (पेकारि) *n.* अमेरिका देश का सुअर के आकार का एक चौपाया।
Peck (पेक्) *v.t.* & *i.* दो गलन की सूखी तौल। *n.* दो गैलन की सूखी तौल, चोंच मारने वाला पक्षी।
Pecker (पेकर्) *n.* चोंच मारने वाला पक्षी, पेकर।
Peckish (पेकिश्) *adj.* भूखा।
Pecten (पेक्टेन) *n.* कंघी के समान आकार।
Pectinated (पेक्टिनेटिड) *adj.* कंघी के आकार का।
Pectination (पेक्टिनेशन) *n.* कंघी के आकार का बनाना।
Pectoral (पेक्टॅरल्) *adj.* सीने पर पहनने के लिए, छाती का, छाती के लिए। *n.* उरस्त्राण कवच।
Peculate (पेक्युलेट्) *v.t.* & *i.* छल से पराया धन अपनाना, गबन करना।
Peculator (पेक्युलेटर्) *n.* दूसरे का धन गबन करने वाला।
Peculiar (पिक्युलिअर्) *adj.* असामान्य, विशिष्ट, असाधारण, निजी। *n.* विशिष्ट लोग, असाधारण धन।
Peculiarity (पिक्युलिआरिटि) *n.* विशेषता, असामान्यता, अनुठापन, विलक्षणता।
Peculiarize (पिक्युलिअराइज्) *v.t.* विलक्षण बनाना।
Pecuniary (पिक्यूनिअरि) *adj.* अर्थ या धन संबंधी, आर्थिक।
Pedagogue (पेडागॉग्) *n.* बाल-शिक्षक, अध्यापक।
Pedal (पेडल्) *n.* किसी यंत्र को पैर से चलाने का

साधन (पावदान)। *v.t.* & *i.* पैर से किसी यंत्र को चलाना। *adj.* पैर-संबंधी।

Pedant (पेडन्ट्) *n.* अपनी विद्या का व्यर्थ आडम्बर दिखाने वाला, अभिमानी मनुष्य। **Pedantry,** *n.* अति सिद्धांतवादिता, अतिपांडित्य, विद्यांडबर।

Pedantize (पेडण्टाइज़्) *v.t.* पाण्डित्य दिखलाना।

Pedate (पेडेट्) *adj.* पैर के आकार वाला।

Peddle (पेडल्) *v.t.* & *i.* किसी विचार इत्यादि का प्रसार करना, छोटी बातों में लगाना, फुटकर बेचना, समय गँवाना। **Peddling,** *adj.* तुच्छ, नगण्य।

Pedestal (पेडेस्टल्) *n.* खम्भे या मूर्ति का आधार (नीचे की चौकी), मंची, पीठिका, आसन। *v.t.* आश्रय देना, स्थित करना, बैठाना।

Pedestrian (पिडेस्ट्रिअन्) *n.* पैदल चलने वाला। *adj.* क्षुद्र, उत्साहहीन, नीरस।

Pedicel, Pedicle (पेडिसेल्, पेडिकल्) *ns.* मंजरी, डण्ठल, पुष्पवृत।

Pedigree (पेडिग्री) *n.* कुल, नस्ल, वंशवृक्ष, खानदान, (शब्द की) व्युत्पत्ति, वंशावली, वंशानुक्रम।

Pediment (पेडिमन्ट्) *n.* मकान के आगे के भाग के ऊपर का तिकोना आच्छादन। **Pedimented,** *adj.* इस प्रकार का छज्जा लगा हुआ।

Pedlar (पेडलर्) *n.* घूम-घूमकर बेचनेवाला।

Pedometer (पिडॅमीटर्) *n.* पैदल चलने की दूरी को नापने का यंत्र।

Peduncle (पिडंकल्) *n.* पेडंकिल, वृंतक, पुष्पावलि, वृंत।

Peek (पीक्) *v.i.* झाँकना।

Peel (पील्) *n.* छिलका, छाल। *v.t.* & *i.* छिलका या छाल उतारना, बिना छिलके का होना।

Peeler (पीलर्) *n.* छिलका उतारनेवाला, पुलिस का सिपाही।

Peeling (पीलिंग्) *n.* छिलका।

Peen (पीन) *n.* हथौड़ी का पिछला भाग।

Peep (पीप्) *v.i.* चूँ-चूँ करना, झाँकना, चोरी से देखना। *n.* ताक-झाँक, उदय, आलोक।

Peeper (पीपर्) *n.* ताक-झाँक करने वाला, चीं-चीं करने वाला मुर्गी का बच्चा।

Peep-hole (पीप होल) *n.* झाँकने का छिद्र।

Peer (पीअर्) *v.i.* बराबरी का बनाना या होना, गौर से देखना, झाँकना। *n.* समान पद का, कुलीन पुरुष, रईस।

Peerage (पीअरेज्) *n.* धनिक लोग, पीयर वर्ग, कुलीन जन-समुदाय।

Peerless (पीअर्-लेस्) *adj.* बेजोड़, अनुपम, अद्वितीय। **Peer-lessly,** *adv.* अनुपमता से।

Peeve (पीव) *v.t.* चिढ़ाना उत्तेजित करना।

Peevish (पीविश्) *adj.* झगड़ालू, चिड़चिड़ा, तुनकमिजाज **Peevishness,** *n.* चिड़- चिड़ाहट, झगड़ालूपन,

Peg (पेग्) *n.* कीला, मदिरापान, खूँटी। *v.t.* & *i.* खूँटे से बाँधना या स्थिर करना, जकड़ना।

Peg-top (पॅगटॉप्) *n.* बच्चों का नचाने का लट्टू।

Pegamoid (पगामॉइड्) *n.* कृत्रिम चमड़ा।

Pekin (पेकिन्) *n.* एक प्रकार का रेशमी वस्त्र।

Pekoe (पेको) *n.* सुगन्धित काली चाय।

Pelagian (पिलोजियन) *adj.* संन्यासी से संबंधित।

Pelagic (पेलैजिक) *adj.* खुले समुद्र का।

Pelargonium (पेलार्गोनिअम्) *n.* पेलरगोनियम (पादप)।

Pelerine (पेलराइन्) *n.* महिलाओं का स्कंध वस्त्र।

Pelf (पेल्फ़्) *n.* धन, सम्पत्ति।

Pelican (पेलिकन्) *n.* एक प्रकार का बड़ा बत्तख।

Pelisse (पिलीस्) *n.* बच्चों की ऊपरी पोशाक।

Pellet (पेलिट्) *n.* छोटी गोली, छर्रा, टिक्की, गुटिका। *v.t.* छोटी गोली से मारना।

Pellicle (पेलिकल्) *n.* पतली झिल्ली।

Pell-mell (पेल्-मेल्) *adj* & *adv.* हड़बड़ी में, बिना क्रम के।

Pellucid (पिलूसिड्) *adj.* स्वच्छ, निर्मल, पारदर्शक, शुद्ध। **Pellucidity,** *n.* विमलता, शुद्धता। **Pellucidly,** *adv.* स्वच्छता से।

Pelmanism (पेल्मॅनिझम्) *n.* स्मरणशक्ति तीव्र करने की आधुनिक विधि।

Pelt (पेल्ट्) *n.* भेड़ का (बिना कमाया हुआ) चमड़ा। *v.t.* & *i.* ढेला फेंककर या गोली से मारना।

Pelta (पेल्टा) *n.* एक प्रकार की छोटी ढाल।

Pelter (पेल्टर्) *n.* शस्त्रों की वर्षा, मूसलाधार वृष्टि।

Pelvic (पेल्विक्) *adj.* वस्ति प्रदेश का, श्रोणी का।

Pelvis (पेल्विस्) *n.* वस्ति, प्रदेश, वस्ति गहर।

Pemmican (पेमिकन्) *n.* सुखाए हुए मांस को कूटकर बनाया हुआ खारा पदार्थ (केक)।

Pemphigus (पेमफिगॉस्) *n.* चमड़े पर का फफोला। **Pemphigous,** *adj.* जलपूर्ण फफोले से संबंधित।

Pen (पेन्) *n.* मवेशियों का बाड़ा। *v.t.* बाड़े में (मवेशियों को) बन्द करना।

Pen (पेन्) *n.* लेखनी, कलम। *v.t.* कलम से

लिखना।

Penal (पीनल्) *adj.* दण्ड विषयक, दंडात्मक, दंडनीय। **Penally,** *adv.* दंड रूप में। **Penalisation,** *n.* दंड, सजा।

Penalize (पीनालाइझ्) *v.t.* दंडनीय ठहराना, दंडित करना, दंडनीय बनाना।

Penalty (पेनल्टि) *n.* दण्ड, सजा, जुर्माना।

Penance (पेनन्स्) *n.* तपस्या, प्रायश्चित।

Penates (पिनेटीज) *n.* कुलदेवता।

Penchant (पांशां) *n.* लगाव, रुझान।

Pencil (पेन्सिल्) *n.* पेंसिल, किरणों की रेखा जो एक बिन्दू पर मिलती है। *v.t.* लिखना, महीन रेखाओं से चित्रित करना।

Pend (पेन्ड) *v.t.* & *i.* रोक रखना, लटकाना।

Pendant (पेन्डन्ट्) *n.* लोलक, लटकन, झुमका।

Pending (पेन्डिंग्) *adj.* विचाराधीन।

Pendulate (पेन्डूयुलेट) *v.i.* लोलक की तरह झूलना, अनिश्चित रहना।

Penduline (पेनुडयूलाइन) *adj.* लटकता हुआ।

Pendulous (पेन्डयूलस्) *adj.* झूलता हुआ, लटकता हुआ।

Pendulum (पेन्डयूलम्) *n.* बड़ी घड़ी का लंगर।

Penelope (पेनेलोपि) *n.* पतिव्रता स्त्री।

Penetrable (पेनिट्रब्ल) *adj.* प्रवेश्य, भेद्य। **Penetrability,** *n.* . प्रवेश्यता, व्याप्ति।

Penetralia (पेनिट्रेलिया) *n.* मन्दिर का सबसे भीतरी भाग।

Penetrant (पेनिट्रॉन्ट्) *adj.* भेदकारी, सूक्ष्मदर्शी।

Penetrate (पेनिट्रेट्) *v.t* & *i.* तह तक पहुँचना, चुभोना, घुसाना, गहरा प्रभाव डालना, में व्याप्त हो जाना, प्रवेश करना। **Penetrative,** *adj.* वेधी, भेदक, कुशाग्र, मर्मज्ञ।

Penetrating (पेनिट्रेटिंग्) *adj.* छेदक, सूक्ष्मबुद्धि (मर्मज्ञ), प्रवेशक।

Penetration (पेनिट्रेशन्) *n.* प्रवेश, अर्थबोध।

Pen-friend (पेन-फ्रेन्ड) *n.* पत्र-मित्र।

Penitence (पेनिटन्स्) *n.* अनुपात, पछतावा, परिताप, पश्चाताप।

Penitent (पेनिटेन्ट्) *adj.* पश्चाताप करने वाला।

Penitential (पेनिटेन्शल्) *adj.* पश्चाताप सहित, पश्चातापसूचक। **Penitentially,** *adv.* पश्चाताप-सहित।

Penitentiary (पेनिटेन्शरि) *n.* सुधार गृह, पश्चाताप करने वाला व्यक्ति। *adj.* प्रायश्चित-सम्बन्धी।

Penman (पेन्-मॉन्) *n.* सुन्दर अक्षर लिखनेवाला। **Penmanship,** *n.* लेखनकला।

Pen-name (पेन्-नेम्) *n.* लेखक का उपनाम।

Pennant (पेनन्ट्) *n.* फ़रहा, तिकोना लम्बा झण्डा, छोटी पताका।

Penology (पीनॉलाजि) *n.* बन्दीगृहों के प्रबन्ध का अध्ययन। **Penological,** *adj.* इस प्रबन्ध-संबंधी। **Penologist,** *n.* इस प्रबन्ध का अध्ययन करने वाला।

Pensile (पेन्साइल्) *adj.* दोलायमान, लोलक की तरह हिलने वाला।

Pension (पेन्शन्) *n.* सेवावृति, पेंशन, परिदान, निवृत्ति, वेतन। **Pensionable,** *adj.* पेन्शन प्राप्त करने योग्य।

Pensioner (पेन्शनर्) *n.* वृत्ति-भोगी, पेन्शन पानेवाला।

Pensive (पेन्सिव्) *adv.* चिन्ताग्रस्त, ध्यानपरायण, विचार मग्न, उदासीन। **Pensively,** *adv.* ध्यानपूर्वक। **Pensiveness,** *n.* ध्यानपरता।

Penstock (पेन्स्टॉक्) *n.* बाढ़ का पानी निकालने का मार्ग।

Pent (पेन्ट्) *adj.* कैद किया हुआ।

Penta (पेन्ट्अ) *pref.* पाँच अर्थ का उपसर्ग।

Pentachord (पेन्टाकॉर्ड्) *n.* पंचतारा (वाद्ययंत्र)।

Pentacle (पेन्ट्-अकल्) *n.* पंचकोण जो तन्त्र में प्रयुक्त होता है।

Pentad (पेन्टाड्) *n.* पाँच का समुदाय।

Pentagon (पेन्टॅगॉन्) *n.* पाँच भुजाओं की ठोस आकृति, पंचभुज, पेन्टागन (अमेरीकी रक्षा विभाग)।

Pentagram (पेन्टाग्राम) *n.* पंचकोण तारा।

Pentahedron (पेन्टाहेड्रन्) *n.* पाँच भुजाओं की ठोस आकृति।

Pentahedral (पेन्टाहेड्रल्) *adj.* पाँच समान भुजाओं (की आकृति) का।

Pentameter (पेन्टॅमिटर्) *n.* पंच युग्माक्षरी चरण।

Pentane (पेन्टेन्) *n.* पैट्रोलियम से निकला हुआ द्रव्य।

Pentangular (पेन्टॉअंग्युलर्) *adj.* पाँच कोणों का।

Pentarchy (पेन्टॉर्कि) *n.* पांच व्यक्तियों से शासित राज्य।

Penthouse (पेन्ट्-हाउस्) *n.* ऊँचे भवन की छत पर बना हुआ कमरा, सायबान, छज्जा।

Pentroof (पेन्टरूफ) *n.* एक ओर झुकी हुई छत।

Pentstemon (पेन्स्टीमन्) *n.* सुन्दर फूलों का

एक पौधा।

Penult (पेनल्ट्, पीनल्ट्) *n.* उपन्तिम, उपान्तय।

Penultimate (पिनल्टिमेट्) *adj.* & *n.* अन्त से ठीक पहिले का।

Penultimate (पिनल्टिमेट्) *adj.* उपान्त, अन्त से ठीक पहिले का।

Penumbra (पिनम्ब्रा) *n.* खण्ड छाया।

Penumbral (पेनम्ब्रल्) *adj.* खंडछाया-संबंधी।

Penurious (पिन्यूरिअस्) *adj.* निर्धन, दरिद्र। **Penu-riously,** *adv.* दरिद्रता से। **Penuri-ousness,** *n.* निर्धनता, दरिद्रता।

Penury (पेन्युअरि) *n.* निर्धनता, दरिद्रता, गरीबी।

Peon (पीऑन, प्युन्) *n.* नौकर, चपरासी, पत्रवाह।

Peonage (पीओनेज़) *n.* नौकरी, चाकरी।

Peony (पीआनि) *n.* बड़े लाल फूलों का एक पौधा।

People (पीपल्) *n.* किसी जाति या समाज के लोग, सामान्य मनुष्य। *v.t.* बसना, मनुष्य से पूर्ण करना।

Pep (पेप्) *n.* जोश, दम, साहस, उत्साह। **Peppy,** *adj.* साहसपूर्ण।

Peperino (पेपरीनो) *n.* ज्वालामुखी पर्वत से निकली हुई जल सोखने वाली चट्टान।

Pepper (पेपर्) *n.* गोल मिर्च, इसका पौधा। *v.t.* मिर्च मिलाना।

Peppermint (पेपर्-मिन्ट्) *n.* एक प्रकार का पुदीना, पिपरमिन्ट।

Peppery (पेपरि) *adj.* मिर्च मिला हुआ, चटपटा।

Pepsin (पेप्सिन्) *n.* पित्त का एक प्रधान अंश।

Peptic (पेप्टिक्) *adj.* पाचक, हाजमेदार। **Peptics,** *n.* पाचन-क्रिया के अंग।

Peptone (पेप्टोन) *n.* अण्डे की सफेदी के प्रकार का एक पदार्थ। **Peptonize,** *v.t.* इस पदार्थ से परिपूर्ण करना।

Per (पर्) *prep.* प्रत्येक के लिए; प्रति, के द्वारा।

Per (पर्) *pref.* रासायनिक शब्द में जब यह उपसर्ग प्रयुक्त होता है तब यह इस तत्व का अधिक परिणाम सूचित करता है।

Peradventure (पर्अड्वेंचर्) *adv.* संयोगवश, कदाचित, शायद, दैववशात्।

Perambulate (पर्अम्ब्युलेट) *v.t.* & *i.* भ्रमण करना, इधर-उधर चलना। **Perambulation,** *n.* चहल कदमी, परिभ्रमण।

Perambulator (पर‍ॅब्युलेटर्) *n.* बच्चों को बैठाकर घुमाने की हल्की छोटी गाड़ी।

Percale (पर्केल्) *n.* एक प्रकार का मोटा सूती कपड़ा।

Perceivable (पर्सीवब्ल्) *n.* इन्द्रियों द्वारा जानने के योग्य।

Perceive (पर्सीव़्) *v.t.* जानना, समझना, इन्द्रियों से या मन से ग्रहण करना। **Perceived,** *adj.* विदित, अनुभूत।

Percentage (पर्सेन्टेज्) *n.* दस्तूरी, आढ़त इत्यादि प्रति सैकड़े के हिसाब से।

Percept (पर्सेप्ट्) *n.* मानसिक क्रिया।

Perceptible (पर्सेप्टिबल्) *adj.* दृष्टिगोचर, जानने योग्य, प्रत्यक्ष।

Perception (पर्सेप्शन्) *n.* उपलब्धि, बोध, ज्ञान। **Perceptional,** *adj.* अवबोधक, अनूभूतिक्षम, ज्ञान संबंधी।

Perceptive (पर्सेप्टिव़्) *adj.* ज्ञानविषयक (ग्राही, चेतन)। **Perceptively,** *adv.* ज्ञान ग्रहण करने योग्य ढंग से।

Perch (पर्च्) *n.* मीठे जल की एक मछली, चिड़ियों के बैठने का अड्डा, साढ़े पाँच गज लम्बी नाप। *v.t.* & *i.* अड्डे पर बैठना, ऊँचे पर रखना।

Perchance (पर्चान्स्) *adv.* कदाचित, संयोग वश।

Percipient (पर्सिपिअन्ट्) *adj.* ग्रहण करने योग्य, सचेत। **Percipience,** *n.* चेतना।

Percolate (परकालेट्) *v.t.* & *i.* बूँद-बूँद करके टपकना, निथारना, चुआना।

Percolator (परकोलेटर्) *n.* निथारने या टपकाने का साधन।

Percuss (पर्कस्) *n.* परीक्षा के निमित्त अँगुलियों से धीरे-धीरे ठोंकना।

Percussion (पर्कशन्) *n.* प्रतिघात, टक्कर, ठोकर। **Percussive,** *adj.* टकराता हुआ।

Percutaneous (पर्क्यूटेनिअस्) *adj.* चर्म द्वारा।

Perdition (पर्डिशन्) *n.* अनन्त मृत्यु, अधःपतन।

Perdu (e) (परडयू) *adj.* छिपा हुआ, प्रच्छन्न।

Peregrinate (पेरिगिनेट्) *v.t.* & *i.* यात्रा करना, घूमना, प्रवास करना।

Peregrine (पेरिग्राइन्) *n.* बहरी (बाज)।

Peremptory (पेरिम्प्टिरि) *adj.* निर्णीत, अन्तिम, सुनिश्चित। **Peremptorily,** *adv.* सुनिश्चित रूप से। **Peremptoriness,** *n.* दृढ़ता।

Perennial (पेरेन्यल्) *adj.* & *n.* वर्ष भर बराबर रहने वाला, चिरस्थायी, बारहमासी पौधा।

Perfect (परफेक्ट्) *adj.* पूरा, परिशुद्ध, यथातथ्य, पूर्ण दक्ष, निपुण, श्रेष्ठ, अखंड, समग्र, संपूर्ण,

सही, पक्का, नितांत, पूर्णकालिक, अनन्धि। *v.t.* परिपूर्ण करना, सिद्ध करना। **Perfection,** *n.* समाप्ति, पूर्णता, प्रवीणता।

Perfectionist (पर्फक्शनिस्ट्) *n.* पूर्णतावादी।

Perfectly (पर्फिक्ट्लि) *adv.* सर्वथा, सम्पूर्ण रूप से, हमेशा।

Perfidy (पर्फिडि) *n.* प्रतिज्ञाभंग, विश्वासघात, कपट। **Perfidious,** *adj.* विश्वासघाती, कपटी।

Perfoliate (पर्फोलिअट्) *adj.* स्तंभ वेष्टी।

Perforate (पर्फोरेट्) *v.t.* & *i.* भेदना, घुसना, छेदना, छेद बनाना। **Perforation,** *n.* छिद्र। **Perforative,** *adj.* छिद्र करने वाला।

Perforce (पर्फोर्स्) *adv.* बलपूर्वक, हठ से, अवश्य।

Perform (पर्फॉर्म्) *v.t.* & *i.* विधान (प्रयोग) करना, बाजा बजाना, पूरा करना, नाटक खेलना।

Performance (पर्फॉर्मेन्स्) *n.* कार्य, व्यापार, नाटक, प्रयोग।

Performer (पर्फॉर्मर्) *n.* कार्य-सम्पादक, नाटक का नट।

Perfume (पर्फ्यूम्) *n.* सुगन्ध, सुवास, धूप, इत्र। *v.t.* (पर्फ्यूम्) धूप देना, सुगन्धित करना। **Perfumed,** *adj.* सुवासित, सुगन्धित किया हुआ।

Perfumeless (परफ्यूमलेस्) *adj.* बिना सुगन्ध का।

Perfumer (परफ्यूमर्) *n.* इत्र बेचने वाला।

Perfumery (परफ्यूमरि) *n.* गन्ध द्रव्य।

Perfunctorily (परफंक्टरिलि) *adv.* असावधानी से, निरुत्साह से।

Perfunctory (परफंक्टरि) *adj.* असावधानी से किया हुआ, लापरवाही का।

Perfuse (पर्-फ्यूझ्) *v.t.* जल छिड़कना, पानी से तर करना, उड़ेलना, से भर देना।

Perfusive (परफ्यूसिव) *adj.* छिड़कनेवाला, फैलानेवाला।

Pergola (पर्-गॅला) *n.* लता मण्डप, कुंज।

Perhaps (परहॅप्स्) *adv.* कदाचित्, संयोग से।

Peri (पेरि) *pref.* "चारों ओर" "चौतरफ" अर्थ का उपसर्ग।

Perianth (पेरिअन्थ्) *n.* परि दल पुंज, पुष्प केश।

Pericardiac (परिकार्डिअक्) *adj.* हृदयकोष-संबंधी।

Pericardium (पेरिकार्डिअम्) *n.* हृदय कोष, हृदय के चारों ओर की झिल्ली।

Pericarp (पेरिकार्प्) *n.* बीज-कोष, फली।

Pericranium (पेरिक्रेनिअम्) *n.* कपाल की हड्डी का आवरण, शीर्षवरण।

Perigee (पेरिजी) *n.* भू-समीपत, नक्षत्र का वह भाग जो पृथ्वी के सबसे समीप हो।

Perihelion (पेरिहील्यॅन्) *n.* नक्षत्र का वह भाग जो सूर्य से अति समीप हो।

Peril (पेरिल्) *n.* भय, सन्देह। *v.t.* शंका में डालना।

Perilous (पेरिलस्) *adj.* संकटपूर्ण, खतरनाक।

Perimeter (पेरिमिटर्) *n.* किसी क्षेत्र की भुजाओं का योगफल।

Period (पीरिअड्) *n.* अवधि, काल, युग, जमाना, पूर्ण विराम, मासिक धर्म, अवधि, मियाद। (ब.व.) जीवन अथवा अवस्था का अन्तकाल।

Periodic (पीरिऑडिक्) *adj.* नियम काल का, सामयिक।

Periodical (पीरिऑडिकल्) *adj.* & *n.* नियत कालिक, नियत अवधि पर निकलनेवाली पत्रिका। **Periodically,** *adv.* नियत काल में, समय-समय पर। **Periodicity,** *n.* नियत- कालिकता।

Peripatetic (पेरिपटेटिक्) *adj.* जगह-जगह घूमने वाला। **Peripatetically,** *adv.* भ्रमण करते हुए।

Periphery (पेरिफेरि) *n.* उपांत, परिधि, परिरेखा, घेरा, परिसर। **Peripheral,** *adj.* घेरे का।

Periphrasis (*pl.* Periphrases) (पेरिफ्रॅसिस्) *n.* वाक्य विस्तार, फोकट की बातचीत। **Periphrastic,** *adj.* फोकट का।

Periscope (पेरिस्कोप्) *n.* परिदर्शीयन्त्रा, एक प्रकार की दूरबीन।

Perish (पेरिश्) *v.t* & *i.* नाश (लय) होना, मरना, समाप्त होना।

Perishable (पेरिशेबल्) *adj.* बिगड़ने वाला, (भंगुर) नाश होने योग्य, विकारी, नश्वर। **Perishables,** *n.* (ब.व.) नाश होने वाले (खाने के) पदार्थ।

Perispheric (पेरिस्फेरिक्) *adj.* गोलाकार।

Peristaltic (पेरिस्टील्टिक्) *adj.* क्रमिक वृत्तों में सिकुड़नेवाला।

Peristyle (पेरिस्टाइल्) *n.* स्तम्भपंक्ति, खम्भों की श्रेणी (कतार), स्तम्भ पंक्ति से घिरा स्थान।

Peritoneum (पेरिटानीअम्) *n.* आँतों की ऊपरी झिल्ली।

Periwig (पेरिविग्) *n.* रोवों का कनटोप।

Perjure (पर्जर्) *v.i.* झूठी कसम खाना, झूठी गवाही देना। **Prejurer,** *n.* मिथ्या शपथ खाने वाला।

Perjured, *adv.* मिथ्या शपथ लेने का अपराधी।
Periwinkle (पेरिविंकल्) *n.* एक प्रकार की वनस्पति।
Perjur (पर्जरि) *n.* झूठी बात के लिए कसम खाना, झूठी गवाही।
Perk (पर्क्) *v.t.* & *i.* कपड़े, कमरे, बगीचे आदि की आकर्षक बनाना, अति प्रसन्न दिखाई पड़ना, गर्वोन्नत होना, सिर उठाना। **Perkily,** *adv.* ढिठाई से। **Perkiness,** *n.* ढिठाई, अकड़। **Perky,** *adj.* फुर्तिला, अकड़वाला, ढीठ, उद्धत।
Perlite (पर्लाइट्) *n.* चमकती हुई रंगीन चट्टान।
Permaculture (पर्माकल्चर) *n.* खेती-बाड़ी का निर्माण पूरा करना।
Permanence (पर्मानन्स्) *n.* स्थिरता, टिकाऊपन, स्थायित्व।
Permanency (पर्माननि्स) *n.* स्थिरता, स्थायित्व।
Permanent (पर्मानन्ट्) *adj.* स्थिर, स्थायी। **Permanently,** *adv.* स्थिरता से, स्थायी रूप में।
Permeable (पर्मिएबल्) *adj.* भेद्य, व्याप्य, प्रवेश होने योग्य। **Permeability,** *n.* भेद्यता, घुसने की क्रिया।
Permeance (पर्मिअन्स) *n.* स्थिरता, नित्यता।
Permeant (पर्मिएन्ट) *n.* स्थिर, दृढ़, बिकाऊ।
Permeate (पर्मिएट्) *v.t.* & *i.* प्रवेश करना, रिसना, छिद्रो से होकर जाना, में फैल जाना, घुस जाना। **Permeation,** *n.* छेदों में से घुसने का काम।
Permissible (पर्मिसिबल्) *adj.* आज्ञा पाने या देने योग्य। **Permissibly,** *adv.* आज्ञा से, अनुरोध से।
Permission (पर्मिशन्) *n.* आज्ञा, परमिट, अनुज्ञा-पत्र, अनुमति, आज्ञा।
Permissive (पर्मिसिव्) *adj.* अनुमोदक, आज्ञा देने वाला। **Permissiveness,** *n.* अनुमोदन।
Permit (परमिट्) *v.t.* & *i.* आज्ञा देना, अनुमोदन करना, स्वीकार करना, इजाज़त देना, अनुमति देना, करने देना। *n.* अनुमति-पत्र, आज्ञा पत्र। **Permittance,** *n.* अनुमोदन। **Permitter,** *n.* स्वीकार करने वाला।
Permutable (पर्म्युटेब्ल्) *adj.* परिवर्तन करने योग्य।
Permutation (पर्म्युटेशन्) *n.* परिवर्तन, उलट-पुलट।
Pernicious (पर्निशस्) *adj.* विनाशक, हानि करने वाला, अपकारक। **Perniciously,** *adv.* नाश-सहित।
Pernickety (पर्निकेटि) *adj.* ढुलमुल, शरारतपूर्ण।
Pernoctation (पर्नाक्टेशन) *n.* जागरण, रातजगा।
Perorate (पेरारेट्) *v.i.* (भाषण का) अपसंहार करना, लंबा-चौड़ा भाषण देना।
Peroration (पेरारेशन्) *n.* व्याख्यान का उपसंहार।
Perpend (परपेन्ड्) *v.t.* & *i.* मन में विचारना, मनन करना।
Perpendicular (परपेन्डिक्युलर्) *adj.* लम्बरूप, सीधा, खड़े बल का, लम्बाकार। *n.* लम्ब। **Perpendicularity,** *adv.* लम्बरूप में, खड़े बल से।
Perpetrate (परपिट्रट्) *v.t.* पाप या दोष करना। **Perpetration,** *n.* दूषित या पाप कर्मकरण।
Perpetrator (पर्पिट्रेटर्) *n.* पाप कर्म करने वाला।
Perpetual (परपेच्युअल्) *adj.* नित्य, सतत, निरन्तर, लगातार।
Perpetually (पर्पिचुअलि) *adv.* निरन्तर, लगातार।
Perpetuate (पर्पेच्युइटि) *v.t.* स्थायी बनाना, बनाए रखना, कायम या जारी रखना, स्थिर करना, अमर कर देना। **Perpetuation,** *n.* स्थिरता, नित्यता। **Perpetuator,** *n.* स्थिर करने वाला।
Perpetuity (पर्पेच्युइटि) *n.* नित्यता, निरन्तरता।
Perplex (परप्लेक्स्) *v.t.* व्याकुल करना, फँसना, घबड़ाना। **Perplexed,** *adj.* व्याकुल, उद्विग्न।
Perplexity (पर्प्लेक्सिटि) *n.* असमंजस, आकुलता, उलझन, समस्या, घबड़ाहट, गड़बड़ी, परेशानी, व्यग्रता।
Perquisite (पर्किज़िट्) *n.* अधिक लाभ, पुरस्कार (ऊपरी आमदनी)।
Perron (पेरन्) *n.* बड़ी इमारत के सामने का ऊँचा चबूतरा।
Perry (पेरि) *n.* नाशपाती की मदिरा।
Persecute (पर्सिक्यूट्) *v.t.* पीड़ा देना, क्लेश देना, पीछे पड़ना।
Perseverance (पर्सिवीअरन्स्) *n.* दीर्घ प्रयत्न, निरन्तर उद्योग, अध्यवसाय।
Persevere (पर्सिविअर्) *v.i.* लगन का पक्का रहना, निरन्तर प्रयत्न करना, लगे रहना, अध्यवसाय करना, दृढ रहना, डटे रहना।
Persian (परसियन) *adj.* फारस देश या फारसी

भाषा-संबंधी। *n.* फारसवासी, फारसी भाषा।

Persiflage (पेर्सिफलेझ्) *n.* हंसी-दिल्लगी, छिछोरापन।

Persist (पर्सिस्ट्) *v.t.* आग्रह करना, दृढ़ रहना, हठ करना।

Persistent (पर्सिस्टेन्ट्) *adj.* आग्रहयुक्त। **Persistently,** *adv.* दृढ़ता से, आग्रह से। **Persistence,** *n.* आग्रह, दृढ़ता, हठ।

Person (पर्सन्) *n.* मनुष्य, जन, पात्र, शरीर, देह, मूर्ति (रूप)।

Personable (पर्सनेबल्) *adj.* सुन्दर, स्वरूपवान।

Personage (पर्सनेज्) *n.* श्रेष्ठ पुरुष।

Persona grata (पर्सोना ग्रेटा) *n.* दूसरे के दरबार के लिए अधिकृत नियुक्त राजदूत।

Personal (पर्सनल्) *adj.* व्यक्तिगत, शारिरिक, निजी, अपना।

Personality (पर्सनॅलिटि) *n.* व्यक्तित्व, अद्‌भुत प्रतिभा वाला व्यक्ति, किसी व्यक्ति के गुण, विशेषता, विशिष्टता।

Personally (पर्सेनलि) *adv.* स्वयं, साक्षात्।

Personate (पर्सोनेट्) *v.t.* वेष बदलना, रूप बदलना। **Personation,** *n.* वेषधारण, पररूप धारण। **Personator,** *n.* पररूप धारण करने वाला।

Personify (पर्‌सॉनिफाय्) *v.t.* निर्जीव पदार्थ में चेतन धर्म का आरोपण करना, जीवधारी ठहराना, मानवीकरण करना, व्यक्तित्व का आरोप करना, का आदर्श प्रस्तुत करना, चेतनत्व आरोपित करना, मूर्त रूप देना।

Personnel (पर्सनेल्) *n.* सार्वजनिक सेवा के कार्यकर्ता लोग।

Perspective (पर्‌स्पेक्टिव्) *n.* ठोस पदार्थों का कागज इत्यादि पर चित्र बनाने की कला, किसी मुख्य स्थान से देखे जाने वाले पदार्थ, दृश्य, स्वरूप। **Perspectively,** *adv.* प्रत्यक्ष, दृश्य रूप में।

Perspicacious (पर्स्पिकेशस्) *adj.* तीक्ष्ण बुद्धि, सूक्ष्म दृष्टि का। **Perspicacity,** *n.* दृष्टि अथवा बुद्धि की सूक्ष्मता, प्रांजलता, प्रसादत्व, सुस्पष्टता।

Perspicuity (पर्‌स्पिक्युइटि) *n.* अन्धकार से छुटकारा।

Perspicuous (पर्सिस्पक्युअस्) *adj.* स्पष्ट, व्यक्त, सुबोध। **Perspicuously,** *adv.* स्पष्ट रूप से।

Perspiration (पर्सिपरेशन्) *n.* पसीना, पसीने की निकलना। **Perspirative,** *adjs.* पसीना लाने वाला, पसीना उत्पन्न करने वाला।

Perspire (पर्स्पायर्) *v.i.* पसीना निकालना।

Persuade (पर्स्वेड्) *v.t.* विश्वास दिलाना, उभाड़ना, उसकाना। **Persuaded,** *adj.* प्रतीति दिलाया हुआ। **Persuadable,** *adj.* उकसाने योग्य। **Persuader** *n.* प्रोत्साहक, बहकानेवाला।

Persuasion (पर्सूएझन्) *n.* शंका की निवृत्ति, प्रोत्साहन, समझना-बुझाना, अनुनय, धार्मिक विश्वास।

Persuasive (परस्वेसिव्) *adj.* हृदयग्राही, प्रवर्तक, चित्ताकर्षक। **Persuasiveness,** *n.* हृदय ग्राहिता, चित्त आकर्षित करने का गुण।

Pert (पर्ट्) *adj.* ढीठ, उद्धत, मुंहफट, अविनीत, तत्पर, चपल, धृष्ट, वाचाल। **Pertly,** *adv.* ढिठाई से।

Pertain (पर्टेन्) *v.t.* संबंध रखना, संबंधी होना।

Pertinacious (पर्टिनेशस्) *adj.* आग्रही, हठी। **Pertinaciously,** *adv.* आग्रह से, हठ से।

Pertinent (पर्टिनन्ट्) *adj.* प्रासंगिक, ठीक, संबद्ध, उपयुक्त, संगत, योग्य। **Pertinently,** *adv.* प्रसंग के अनुकूल।

Perturb (पर्टर्ब्) *v.t.* व्याकुल करना, घबड़ा देना, उपद्रव करना।

Perturber (पर्टरबर) *n.* उपद्रवी, विप्लवी।

Pertusion (पर्टूयूजन्) *n.* छेदने का कार्य, छेदन।

Perusal (पेरूझल्) *n.* पठन, गहन अध्ययन।

Peruse (पेरूझ्) *v.t.* चित्त लगाकर पढ़ना, सावधानी से।

Peruvian (पेरूविअन्) *adj.* पेरू देश के संबंध में, पेरू देश का रहने वाला।

Pervade (पर्‌वेड्) *v.t.* व्याप्त करना, फैलाना।

Perverse (पर्वर्स्) *adj.* विपरीत, पतित, कुमार्गी, हठी, अड़ियल, चिड़चिड़ा, विकृत, भ्रष्ट। **Perversely,** *adv.* कुटिलता से। **Perversion,** *n.* दोष, उलट-फेर।

Perversity (पर्वर्सिटि) *n.* हठ।

Pervert (पर्वर्ट्) *v.t.* सन्मार्ग से हटाना, उलटना, दूषित करना। *n.* विकृत पुरुष। **Pervertible,** *adj.* दूषित करने योग्य, उलटने योग्य।

Pervious (परविअस्) *adj.* भेद्य, प्रवेशनीय, प्रभावनीय, घुसने योग्य। **Perviousness,** *n.* प्रवेश की योग्यता।

Pesky (पेस्कि) *adj.* सताने वाला, कष्टदायक।

Pessary (पेसरि) *n.* गर्भाशय पर पहिनने की रबड़ की खोली।

Pessimism (पेसिमिझम्) *n.* किसी वस्तु के बुरे प्रभाव का ही अवलोकन, दुःखवाद, निराशावाद। **Pessimist,** *n.* निराशावादी। **Pessimistic,** *adj.* निराशवाद-संबंधी।

Pest (पेस्ट्) *n.* नाशकारकवस्तु, महामारी।

Pester (पेस्टर्) *v.t.* पीड़ा देना, कष्ट देना।

Pesticide (पेस्टिसाइड) *n.* कीटनाशक रसायन।

Pestiferous (पेस्टिफेरस्) *adj.* अपकारी, तकलीफदेह, विनाशक, अनिष्टकारक, कष्टप्रद, पीड़क।

Pestilence (पेस्टिलन्स्) *n.* महामारी, प्लेग।

Pestilent (पेस्टिलन्ट्) *adj.* विनाशक।

Pestillation (पस्टिलेशन) *n.* लोहे से कुचलने का कार्य।

Pestle (पेसल्) *n.* मूसल, लोढा। *v.t.* & *i.* कूटना, पीसना।

Pet (पेट्) *n.* कृपा पात्र, चिड़चिड़ाहट, पालतू पशु या पक्षी। *v.t.* लाड़ (प्यार) करना, पोसना।

Petal (पेटल्) *n.* फूल की पाँखड़ी (पत्ती)। **Petalled,** *adj.* पँखड़ीदार।

Petard (पिटार्ड्) *n.* एक प्रकार की आतिशबाजी, किले का फाटक इत्यादि तोड़ने का यंत्र, पटाका।

Petasus (पेटेसस्) *n.* एक प्रकार की चौड़े किनारे की अंग्रेजी टोपी।

Peter (पीटर्) *v.i.* धीरे-धीरे कम होकर खत्म हो जाना।

Peter (पीटर्) *n.* क्रिश्चियन पुरुष का धार्मिक नाम।

Peterman (पीटर्-मॉन्) *n.* मछुआरा।

Petiolar (पेट्-इऑलर) *adj.* डण्ठल संबंधी।

Petiole (पेटिओल्) *n.* पत्ती का डण्ठल।

Petit (पेट-इट) *adj.* क्षुद्र, छोटा।

Petition (पिटिशन्) *n.* अर्जी, प्रार्थना, याचना, आवेदन, याचिका, प्रार्थना पत्र, निवेदन। *v.t.* & *i.* प्रार्थना करना, निवेदन करना।

Petitioner (पिटिशनर्) *n.* प्रार्थी, निवेदक।

Petitio, Principii (पिटिशिओ, प्रिन्सिपिआय्) *ns.* तर्क में हेत्वाभास की एक विधि।

Petrean (पेट्रियन) *adj.* शिला संबंधी।

Petrel (पेट्रल्) *n.* एक प्रकार की छोटी समुद्री चिड़िया।

Petrescence (पेट्रेसेन्स्) *n.* शिलारूप हो जाने का कार्य, प्रस्तरी भवन।

Petrify (पेट्रिफाय्) *v.t.* & *i.* पत्थर बनाना या होना:, कड़ा बनाना, निर्जीव करना। **Petrifaction,** *n.* पत्थर बन जाने वाला पदार्थ।

Petro (पेट्र) *pref.* चट्टान अर्थ का उपसर्ग।

Petroglyph (पेट्रेग्लिफ़) *n.* शिलालेख, पत्थर पर की नकाशी।

Petroglyphy (पेट्रॅग्लिफि) *n.* शिलालेख, पत्थर पर की नकाशी।

Petrograph (पेट्रॅग्राफ) *n.* शिलालेख।

Petrol (पेट्रोल्) *n.* साफ किया हुआ मिट्टी का तेल, पेट्रोल। *v.t.* मोटर इत्यादि में तेल भरना। **Petrolic,** *n.* पेट्रोल या मिट्टी के तेल का।

Petroleum (पेट्रोलियम्) *n.* पैट्रोलियम, शिलारस, मिट्टी का तेल।

Petrology (पिट्रोलाजि) *n.* शिला-उत्पत्ति विद्या।

Petticoat (पेटिकोट्) *n.* लहँगा, घाघरा। स्त्री जाति।

Pettifog (पेटिफॉग्) *v.i.* छोटे-छोटे विषय में कानूनी छल करना, कानून छाँटना, पट्टी पढ़ाना, बाल की खाल खींचना, झाँसा देना। **Pettifogger,** *n.* क्षुद वकील या मुख्तार। **Pettifoggery,** *n.* कानूनी छल।

Pettily (पेटिलि) *adv.* क्षुद्रता से।

Pettiness (पेटिनेस्) *n.* अल्पता, छोटापन।

Pettish (पेटिश्) *adj.* कर्कश, चिड़चिड़ा तीखे स्वभाव का। **Pettishly,** *adv.* कर्कशता से। **Pettishness,** *n.* चिड़चिड़ापन।

Pettitoes (पेटिटोज़्) *n.* सुअर के पैर।

Petty (पेटि) *adj.* तुच्छ, अधीनस्थ, क्षुद्र (अल्प), छोटे पद का, टुटपुंजिया, छोटा, लघु, अवर, गौण, नगण्य, क्षुद्र, छोटा-मोटा।

Petulant (पेटयुलन्ट) *adj.* अविनीत (ढीठ), दु:शील, चिड़चिड़ा। **Petulance** *n.* दु:शीलता, ढिठाई।

Petunia (पिटयुनिआ) *n.* तुरही के आकार का रंग-बिरंगे फूलों का एक पौधा।

Pewter (प्यूटर्) *n.* कांस्य, काँसा।

Phaeton (फेइटन्, फेटन्) *n.* खुली हुई चौपहिया गाड़ी।

Phagous (फेगस्) *suf.* "खादक" अर्थ का प्रत्यय।

Phalange (फॉल्-ऑन्ज्) *n.* अँगुली की पोर।

Phalanger (फॉलॉन्जर्) *n.* आस्ट्रेलिया का पक्षी।

Phalanx (फॅलॅक्स्) *n.* हाथ या पाँव की अंगुली की हड्डी, सैन्य व्यूह, संगठित दल, जत्था।

Phallic (फॉलिक्) *adj.* लिंग-पूजन संबंधी।

Phallus (फॉलस्) *n.* लिंग-पूजन।

Phanerogram (फॅनरोगॅम्) *n.* फैनरोगैम (फूलदार पौधा)।

Phantascope (फॉन्ट्-अस्कोप) *n.* एक प्रकार की दूरबीन जिसमें से देखने पर स्थिर पदार्थ गतियुक्त दिखाई पड़ते है।

Phantasm (फॅन्टॅझम्) *n.* आभास, माया, प्रेत-छाया।

Phantasmagoria (फॅन्टस्‌मगॉरिआ) *n.* छायाचित्र।

Phantasy (फॅन्टसि) *n.* झक, कल्पना, चाल।

Phantom (फॅन्टम्) *n.* आभास, दृष्टिभ्रम, छाया, कल्पना, सृष्टि, मृगमरीचिका, अवास्तविक, माया।

Pharaoh (फेर्-ओ) *n.* मिस्र देश के प्राचीन राजा की उपाधि।

Pharmaceutical (फार्मास्यूटिकल्) *adj.* औषिधि बनाने के संबंध का। **Pharmaceutically,** *adv.* ऐसे संबंध में। **Pharmaceutics** *n.* औषध बनाने की विद्या।

Pharmacist (फार्मासिस्ट्) *n.* औषध बनानेवाला, औषध निर्माता।

Pharmacology (फार्माकॉलाजि) *n.* औषध बनाने का सिद्धान्त। **Pharmacologist,** *n.* औषिधि-विज्ञान का जाननेवाला।

Pharmacopoeia (फार्माकोपीआ) *n.* औषध-संस्कार ग्रन्थ।

Pharmacy (फार्मेसि) *n.* औषधालय, औषध बेचने की दुकान, औषध तैयार करने की विद्या।

Pharos (फेरॉस्) *n.* मल्लाहों को मार्ग दिखलाने के लिए बुर्जी पर का प्रकाश-ग्रह।

Pharynx (फॅरिन्क्स्) *n.* उदर में भोजन, जल इत्यादि के जाने की नलिका।

Phase (फेझ्) *n.* रूप, परिवर्तनद्ध की स्थिति, गति, चन्द्रमा या अन्य ग्रह की कला। *v.t.* कोई काम व्यवस्था लागू करना। **Phasic,** *adj.* कला संबंधी।

Pheasant (फीजन्ट्) *n.* तीतर पक्षी। *Pheasant-eyed.* तीतर पक्षी की आँखों के समान चिह्न वाला।

Phen, Pheno (फेन्-ॲ) *pref.* उपसर्ग जो अलकतरे से निकले हुए पदार्थों के अर्थ में प्रयुक्त होता है।

Phenology (फिनॉलाजि) *n.* जलवायु के प्रभाव से प्राणियों तथा वनस्पतियों का उन्नति-संबंधी शास्त्र। **Phenological,** *adj.* इस शास्त्र से सम्बन्धित।

Phenomenal (फिनॉमिनल्) *adj.* प्रत्यक्षतत्व सम्बन्धी, असाधारण, गैरमामूली, दृष्टि या घटना या रूप विषयक।

Phenomenon (फिनॉमिनन्) *n.* असाधारण व्यक्ति या पदार्थ, अद्‌भुत व्यक्ति या वस्तु, देखी गई वस्तु या विषय।

Phenyl (फीनिल्) *n.* दुर्गन्ध विनाशक, खनिज तेल, फिनाइल।

Phial (फायल्) *n.* छोटी कुप्पी, शीशी। *v.t.* शीशी में भरना या रखना।

Philander (फिलॅन्डर्) *v.i.* कामातुर होना, स्त्री के पीछे-पीछे रहना, प्रेमालाप करना, कामक्रीड़ा करना।

Philanthrope (फिलॅन्थ्राप्) *n.* जन-हितैषी, मनुष्यमात्र से स्नेह करनेवाला।

Philanthropic (फिलॅन्थ्रापिक्) *adj.* लोक-हितैषी, सर्वजन-उपकारी।

Philanthropize (फिलॅन्थ्रापाइज्) *v.t.* & *i.* मनुष्यों के कल्याण के लिए सर्वदा चेष्टा करना।

Philanthropy (फिलॅन्थ्रापि) *n.* लोकोपकार, विश्वप्रेम, मानव समाज के प्रति उपकार की भावना, मानवप्रेम।

Philately (फिलॅटलि) *n.* (डाक से) टिकट एकत्रित करने का काम। **Philatelic,** *adj.* टिकट इकट्ठा करने से संबंधित। **Philatelist,** *n.* डाक के टिकट इकट्ठा करने वाला।

Philharmonic (फिल्हार्मानिक्) *adj.* गाने बजाने से अत्यन्त प्रेम करने वाला मनुष्य, संगीत प्रेमी।

Philippic (फिलिपिक्) *n.* निन्दापूर्ण वाक्य, शाप।

Philippine (फिलिपिन्) *n.* दो गिरी वाला बादाम जैसा फल।

Philistine (फिलिस्टाइन्-स्टिन) *n.* कला-विमुख व्यक्ति, असभ्य व्यक्ति। *adj.* अशिक्षित, सामान्य (सादा)।

Philo (फिलॉ) *pref.* प्रेमी अर्थ-सूचक उपसर्ग।

Philology (फिलॉलाजि) *n.* भाषा विज्ञान। **Philological,** *adj.* भाषा विज्ञान संबंधी। **Philologist,** *n.* भाषा-संबंधी।

Philomath (फिलोमैथ) *n.* विद्या का प्रेमी।

Philomel (फिलोमेल) *n.* बुलबुल पक्षी।

Philoprogenitive (फिलाप्रोजेनिटिव्) *adj.* जो सन्तान को बहुत प्रेम करता है, अधिक सन्तान चाहने वाला।

Philosopher (फिलॉसफर्) *n.* तत्वज्ञानी, दार्शनिक।

Philosophic, Philosophical (फिलॉसॉफिक्-फिलॉसॉफिकल) *adjs.* तत्वज्ञान-सम्बन्धी।

Philosophize (फिलॉसफाइज़्) *v.t.* & *i.* तत्वनिरूपण करना, तत्व खोजना।

Philosophy (फिलॉसॅफि) *n.* ज्ञान की खोज, तत्वज्ञान।

Philtre, Philter (फिल्टर्) *ns.* प्रेम-उत्पादक रस, वशीकरण या मोहनमंत्र।

Phiz (फ़िज़्) *n.* मुख की आकृति।

Phlebities (फ्लेबाइटिस) *n.* किसी शिरा की दीवार में सूजन।

Phlebotomize (फ्लिबॉटॅमाइज़्) *v.t.* फस्त खोलकर रक्त बहाना।

Phlebotomy (फ्लेबॉटमि) *n.* शिरा खोलना।

Phlegm (फ्लेम्) *n.* कफ (बलगम), सर्दी। **Phlegmy,** *adj.* कफ़ संबंधी।

Phlegmatic (फ्लेमॅटिक्) *adj.* कफ़मय, मन्द। **Phlegmatically,** *adv.* कफ़ वृद्धि से।

Phlox (फ्लॉक्स्) *n.* एक प्रकार का पौधा (पटुआ)।

Phoebus (फोबस्) *n.* यूनानियों के सूर्य देवता।

Phoenix (फॉएनिक्स्) *n.* एक पौराणिक पक्षी, अपूर्व व्यक्ति।

Phonate (फोऐंट्) *n.* अव्यक्त उच्चारण करना। **Phonation,** *n.* अव्यक्त उच्चारण।

Phonatory (फोनेटरि) *adj.* अव्यक्त उच्चारण-संबंधी।

Phonautograph (फॅनॉटॅग्राफ) *n.* शब्दों में स्फुरण को अंकित करने का यंत्र।

Phone (फोन्) *n.* एक स्वर या व्यंजन का उच्चारण, 'टेलीफोन' के लिए बोलचाल में प्रयुक्त होता है। *v.i.* & *t.* फोन करना।

Phonetic (फोनेटिक) *adj.* & *n.* मौखिक स्वर-सूचक, स्वर विद्या, स्वर ध्वनि। **Phonetically,** *adv.* स्वर ध्वनि से।

Phonetics (फोनेटिक्स्) *n.* स्वर-शास्त्र।

Phoney (फोनि) *adj.* नकली, कृत्रिम, बनावटी, झूठा, अवास्तविक, जाली, छद्‌म, कपालेकल्पित।

Phonic (फोनिक्) *adj.* शब्द या स्वर-संबंधी।

Phono (फोनॅ) *pref.* शब्द के अर्थ में प्रयुक्त उपसर्ग।

Phonofilm (फोनॉफिल्म्) *n.* बोलता चलचित्र।

Phonology (फोनॅलॅजि) *n.* मुख से उच्चारण किए हुए शब्दों की विद्या।

Phonogram (फोनॉग्रॅम्) *n.* शब्दों के लिए चिह्न या संकेत, ध्वनि-चिह्न।

Phonograph (फोनोग्राफ्) *n.* फोनोग्राफ, बोलने वाला बाजा। **Phonographic,** *adj.* सांकेतिक चिह्न-कला सम्बन्धी। **Phonography,** *n.* शब्दबोधक चिह्न की विद्या। **Phonographer, Phonographist,** *ns.* सांकेतिक चिह्नों द्वारा व्याख्यान लिखने में निपुण मनुष्य।

Phonoscope (फोनॅस्कोप्) *n.* बाजे के तार के सुर की परीक्षा करने का यन्त्र।

Phonotype (फोनोटाइप्) *n.* टंकण यंत्र, मुद्रण।

Phosgene (फासजीन्) *n.* एक विषैली गैस, जो युद्ध काल के समय प्रयोग में लाई जाती है।

Phosphate (फॉस्फेट्) *n.* स्फुट अम्ल (फॉस्फोरिक एसिड) से बना हुआ क्षार। **Phosphite,** *n.* फासफोरस एसिड से बना हुआ लवण। **Phosphide,** *n.* फॉसफोरस तथा अन्य तत्त्वों का यौगिक।

Phosphene (फॉस्फिन्) *n.* आँख की पुतली दबाने पर प्रकाश- मण्डल के दिखाई देने की क्रिया।

Phosphorate (फॉस्फॅरेट्) *v.t.* फॉसफोरस मिलाना।

Phosphorescent (फॉस्फॅरिसेन्ट्) *adj.* धीमी रोशनी देने वाला।

Phosphoric (फॉस्फारिक) *adj.* फासफोरस तत्त्व-संबंधी।

Phosphorus (फॉस्फरस्) *n.* फास्फोरस तत्त्व।

Photo (फोटो) *n.* फोटो, अक्स से उतरा हुआ चित्र।

Photochromy (फोटोक्रोमि) *n.* रंगीन फोटो उतारने की कला।

Photocopier (फोटोकॉपियर) *n.* कागजात की प्रति या बनाने की मशीन।

Photo-engraving (फोटोअन्ग्रेविंग) *n.* फोटो द्वारा छापने के ब्लाक बनाने की विधि।

Photogenic (फोटोजेनिक) *adj. Biol.* फोटो में सुन्दर लगने योग्य, प्रकाश उत्पन्न करने वाला।

Photograph (फोटोग्राफ) *n.* फोटो, आलोकचित्र। *v.t.* & *i.* फोटो उतारना।

Photographer (फोटोग्राफर्) *n.* फोटोग्राफर, फोटो द्वार चित्र खींचने वाला, छाया-चित्रकार।

Photogravure (फोटोग्रॅव्युअर्) *n.* फोटो के चित्र को धातु की चद्दर पर उतारकर खोदना।

Photology (फोटोलॉजि) *n.* प्रकाश-संबंधी विज्ञान।

Photometer (फोटोमीटर्) *n.* प्रकाश की तीव्रता नापने का यन्त्र।

Photophobia (फोटोफोबिया) *n.* प्रकाश की असहनीयता।

Photophone (फोटोफोन्) *n.* प्रकाश द्वारा शब्द अंकित करने का यंत्र।

Photosynthesis (फोटोसिन्थिसिस) *n.* वह प्रक्रिया जिसके द्वारा पौधे सूर्य के प्रकाश से अपना भोजन तैयार करते हैं, प्रकाश संश्लेषण।

Phototelegraphy (फोटोटिलेग्राफि) *n.* तार द्वारा फोटो, नक्शे इत्यादि को दूर भेजने की विधि।

Phototherapy (फोटोथेरॅपि) *n.* किरणों द्वारा चर्म रोग की चिकित्सा।

Phototype (फोटोटाइप्) *n.* धातुपट पर फोटो ग्राफ़ की सहायता से चित्र खोदने, छापने की विधि।

Photozincography (फोटोजिंकोग्राफि) *n.* जस्ते के प्लेट पर चित्र उतारकर छापने की विधि।

Phrase (फ्रेझ्) *n.* वाक् शैली (मुहावरा), शब्द समुदाय, वाक्य खंड। *v.t.* शब्दों में प्रकाशित करना।

Phraseogram (फ्रेजियोग्राम्) *n.* वाक्यखण्ड के लिए संकेत।

Phraseology (फ्रेझिऑलजि) *n.* वाक्य-रचना; भाषा-सारिणी, वाग्व्यवहार। **Phraseological,** *adj.* वाक्य-रचना-संबंधी।

Phratry (फ्रेट्रि) *n.* जाति-भेद।

Phrenetic (फ्रिनेटिक) *adj.* उन्मन्त, पागल।

Phrenitis (फ्रिनिटिसि) *n.* मस्तिष्क की सूजन, सन्निपात ज्वर का उन्माद।

Phrenology (फ्रिनॉलजि) *n.* मस्तिष्क-विज्ञान। **Phrenological,** *adj.* मस्तिष्क विज्ञान-संबंधी।

Phrenzy (फ्रेन्जि) *n.* उत्तेजनापूर्ण पागलपन।

Phut (फट्) *n.* फड़ाका, गुब्बारे के फटने का शब्द।

Phylactery (फिलक्टरि) *n.* ज्यू जाति के लोगों द्वारा चमड़े के पट्टे पर खोदकर धार्मिक उपदेश या धार्मिक विचार धारण करना, ताबीज।

Phyllo (फिलॉ) *pref.* पत्ती के अर्थ का उपसर्ग। **Phylloid,** *adj.* पत्ती के आकार का।

Phyllophagous (फिलॉफेगस्) *n.* पत्ती खाने वाला।

Phyllopod (फिलॉपॉड्) *adj.* पत्ती के आकार के पैरवाला।

Physic (फिझिक्) *n.* चिकित्सा, वैद्यविद्या। *v.t.* औषधि द्वारा चिकित्सा करना।

Physical (फिजिकल्) *adj.* स्थूल (जड़) शारीरिक, पदार्थ विज्ञान-संबंधी। **Physically,** *adv.* शारीरिक शक्ति द्वारा।

Physician (फिजिशन्) *n.* वैद्य, चिकित्सक।

Physicist (फिजिसिस्ट्) *n.* पदार्थ विज्ञान का विद्यार्थी।

Physics (फिजिक्स्) *n.* भौतिक शास्त्र, पदार्थ विज्ञान।

Physiognomy (फिजिऑनमि) *n.* रूपाकृति, चेहरा, मुखाकृति, रूप, आकृति।

Physiographer (फिजिऑग्रॉफर्) *n.* प्राकृतिक भूगोल में पण्डित।

Physiography (फिझिऑग्राफि) *n.* प्राकृतिक-भूगोल, भू-आकृति विज्ञान।

Physiology (फिझिऑलाजि) *n.* शरीर की स्वस्थ अवस्था के गुण-धर्म की विद्या। **Physiological,** *adj.* शरीर-विज्ञान शास्त्र संबंधी। **Physiologically,** *adv.* शरीर-विज्ञान के अनुसार।

Physique (फिझीक्) *n.* शरीर की बनावट, डील-डौल।

Photogenesis (फोइटोजेनोसिस्) *n.* वनस्पति विज्ञान।

Phytogeny (फाइटॅजेनि) *n.* वनस्पति की उत्पत्ति की अध्ययन।

Phytography (फाइटोग्राफी) *n.* पौधों के विवरण से संबंधित वनस्पति विज्ञान की शाखा।

Phytoid (फाइटॉइड्) *adj.* वनस्पति-तुल्य।

Phytology (फाइटॅलॅजि) *n.* वनस्पति-विज्ञान।

Phytophagous (फाइटोफैगस्) *adj.* वनस्पति भक्षण करने वाला।

Phytotomy (फाइटॅटॅमि) *n.* वनस्पतियों की चीरफाड़।

Pi (पाय्) *n.* ग्रीक भाषा का एक अक्षर, पाइ (सोलहवाँ ग्रीक अक्षर p), वृत्त की परिधि और व्यास के अनुपात का प्रतीक।

Piacular (पाइआक्यूलर्) *adj.* पापनाशक।

Piamater (पायामेटर्) *n.* मस्तिष्क को ढाँकने वाली सबसे भीतरी झिल्ली।

Pianino (पीऑनीनें) *n.* छोटे प्रकार का पियानो बाजा।

Pianist (पीअनीस्ट्) *n.* पियानो बाजा बजाने वाला।

Piano (पिअनो) *n.* धीमें, प्यानो नामक अंग्रेजी बाजा।

Pianola (पीअनोला) *n.* प्यानो बजाने का एक यांत्रिक साधन।

Pibroch (पीब्रॉक्) *n.* शहनाई या बाँसुरी वादन।

Pica (पाइका) *n.* पाइका मुद्रण में बारह पाइन्ट का टाईप।

Picador (पिकॅडॉर्) *n.* साँड़ से लड़ने वाला बहादुर घुड़सवार।

Picaresque (पिकरेस्क्) *adj.* खलनायकों के कारनामों से संबंधित।

Picaroon (पिकरून्) *n.* समुद्री लुटेरा। *v.i.* समुद्री लुटेरे का कार्य करना।

Picayune (पिकॅयून्) *n.* छोटा, क्षुद्र, लघु।

Piccolo (पिकॉलो) *n.* उच्च ध्वनि में बजाई जाने वाली बाँसुरी।

Pice (पाइस्) *sing.* भारतीय मुद्रा जो अब अप्रचलित है।

Pick (पिक्) *n.* फावड़ा (गैता), चुनाव।

Pick (पिक्) *v.t.* खोदना, छेदना, नोचना, इकट्ठा करना, चुभाना, साफ करना, चोंच मारना, चुनना, खोलना, फाड़ना।

Pickaxe (पिकक्स्) *n.* कुदाली।

Picked (पिकड्) *adj.* नुकीला, चुना हुआ।

Pickerel (पिकेरल्) *n.* मीठे पानी की एक प्रकार की मछली।

Picket (पिकिट्) *n.* सैनिक टुकड़ी, सेनादल, नोकदार छड़ (खूँटा)। *v.t.* इस प्रकार धरना देना। **Picketing,** *n.* हड़ताल-धरना।

Picking (पिकिंग्) *n.* छटत, संकलन, जिसमें से चयन किया जाय, चुनी हुई मात्रा।

Pickings (पिकिंग्ज्) *n.* दलाली में कमाया हुआ मुनाफा, बचा-खुचा, बटोरन।

Pickle (पिकल्) *n.* अचार या मुरब्बे के लिए अर्क, खारा जल, दुष्ट बालक। *v.t.* अचार या मुरब्बा बनाना।

Picklock (पिक्लॉक्) *n.* बिना ताली के ताला खोलने का एक औज़ार।

Pick-pocket (पिक्-पॉकेट) *n.* गिरहकट, गिरहकट।

Pick-purse (पिक-पर्स) *n.* दूसरे की रुपये-पैसे की थैली चुराने वाला।

Picksome (पिक्सम्) *adj.* उपेक्षा करने वाला।

Picnic (पिक्निक्) *n.* वनभोजन, बाहरी जलसा। *v.t.* ऐसे जलसे में भाग लेना।

Picot (पीको) *n.* फीते के किनारे का छोटा फन्दा।

Picotee (पिकॉटी) *n.* गुलनार का फूल।

Picric (Picric acid) (पिक्रिक्, -ॲसिड्) *adj.* एक पीला पदार्थ जो रँगने तथा पटाखा बनाने में प्रयुक्त होता है।

Pictorial (पिक्टॉरिअल्) *adj.* चित्रमय, चित्रात्मक, सचित्र (चित्र-लिखित)। *n.* चित्ररूप में पत्रिका।

Picture (पिक्चर्) *n.* दृश्य, सुन्दर पदार्थ, चित्र (तस्वीर), प्रतिमा, (सजीव) चित्रण, फिल्म, झाँकी, वर्णन, चलचित्र। *v.t.* चित्रित करना, मन से विचारना।

Picturesque (पिक्चर्सक्यू) *adj.* & *n.* मनोरम, सजीव, चित्रात्मक, सुरम्य, चित्रमय, अपूर्वता से। **Picturesquely,** *adv.* अपूर्वता से।

Piddle (पिड्ल्) *v.t.* तुच्छ ढंग से कार्य करना।

Pidgin (पिज्-इन्) *n.* अनेक भाषाओं के शब्दों की खिचड़ी।

Pie (पाइ) *n.* कचौड़ी, समोसा, एक प्रकार की छोटी चिड़िया। *v.t.* टाइप की मिलावट करना।

Piebald (पाय्-बॉल्ड्) *adj.* पंचमेल, रंग-बिरंगा, मिले हुए काले और सफेद रंग का, चितकबरा। *n.* काले-सफेद रंग का घोड़ा या अन्य जानवर।

Piece (पीस्) *n.* खंड, टुकड़ा, भाग, चित्र, आदर्श साहित्यिक लेख, एक अदद। *v.t.* साँटना, पैबन्द (पेवन) लगाना, मिलाना, जोड़ना, मरम्मत करना।

Piece de resistance (पीस्-डि-रेजीस्टांस्) *n.* सुग्रास भोजन, अत्यन्त महत्वपूर्ण वस्तु।

Piecemeal (पीस्-मील्) *adj.* & *adv.* अलग-अलग, टुकड़े-टुकड़े।

Pied (पाइड्) *adj.* चितकबरा, रंग-बिरंगा।

Pier (पिअर) *n.* सेतुबन्ध, घाट।

Pierage (पिऑरिज) *n.* घाट का कर।

Pierce (पिअर्स्) *v.t.* & *i.* बेधन करना, प्रवेश करना, छेदना, मर्माहत करना, पार करना, भोंकना, घुसेड़ना, घुसना या घुसाना, गोदना। **Piercing,** *adj.* भेदने (छेदने) वाला, तीखा।

Pierced (पिअर्सड्) *adj.* छेदा हुआ।

Piercingness (पिअर्सिंगनेस) *n.* भेद्यता, भेदन शीलता।

Pietism (पीटिज्म) *n.* पुण्यशीलता।

Piety (पायइटि) *n.* ईश्वर-भक्ति, पवित्रता, धार्मिकता, साधुता, पुण्यात्मा होने का गुण, धर्मपरायणता, कर्त्तव्य परायणता।

Piezometer (पाइजोमीटर) *n.* दबाव नापने का यन्त्र।

Piffle (पिफल्) *n.* प्रलाप, व्यर्थ की बात, बकवास। *v.i.* धीमे से बोलना।

Pig (पिग्) *n.* सुअर, सुअर का बच्चा, ढाली हुई धातु। *v.t.* & *i.* सुअर उत्पन्न करना, सुअरों की तरहा झुण्ड में रहना।

Piggish (पिगिश्) *adj.* शूकवत्।

Pigeon (पिजन्) *n.* कपोत, कबूतर। *v.t.* छोटे

खानों में कागज इत्यादि रखना, (जुए में) धोखा देना।

Piggery (पिगरि) *n.* सुअर पालने का स्थान, गंदी जगह।

Pigment (पिग्मन्ट्) *n.* रंग, रंगने का कोई पदाथ। **Pigmental,** *adj.* रंग संबंधी। **Pigmentary,** *adj.* रंग रोगन का।

Pigmy (पिग्मि) *n.* बामन, बौना, नाटा।

Pigtail (पिगटेल्) *n.* तमाखू की बीड़ी, बालों की चोटी। **Pigtailed,** *adj.* चोटीदार।

Pike (पाइक्) *n.* बर्छी, भाला, एक प्रकार की मछली। *v.t.* घुसाना, भोंकना। **Picked,** *adj.* नोकदार। **Pikestaff,** *n.* बर्छी की डण्डी। **Pikeman,** *n.* बल्लमधारी।

Pilaster (पिलेस्टर्) *n.* चौकोर खम्भा।

Pilch (पिल्च्) *n.* बच्चों की ओढ़नी।

Pilchard (पिल्चर्ड) *n.* एक प्रकार की जई।

Pile (पाइल्) *n.* भवन का आधार, पुंज, ढेर, नुकीला लट्ठा, राशि, चिंता, अपार संपत्ति, रोवाँ, ऊँची इमारत, बवासीर। *v.t.* ढेर लगाना, खंभा गाड़ना। **Piler,** *n.* ढेर लगानेवाला।

Pileate (पिलिएट) *adj.* टोपी के आकार का।

Piles (पाइल्ज्) *n.* बवासीर।

Pilfer (पिल्फर्) *v.t.* & *i.* थोड़ा-थोड़ा करके चुराना। **Pilfering,** *n.* ठगी, चोरी। **Pilferage,** *n.* चोरी। **Pilferer,** *n.* चोर, ठग।

Pilgarlic (पिल्गर्लिक्) *n.* गंजा मनुष्य।

Pilgrim (पिल्ग्रिम्) *n.* तीर्थसेवी, तीर्थयात्री। *v.t.* तीर्थ-यात्री की तरह यात्रा करना।

Pilgrimage (पिल्ग्रिमेज्) *n.* तीर्थयात्रा, तीर्थगमन। *v.t.* तीर्थयात्रा करना।

Piliferous (पायूलिफरस्) *adj.* रोवेंदार।

Pill (पिल्) *n.* जहर का घूंट, गुटिका, गोली। *v.t.* लूटना।

Pillage (पिलेज) *n.* & *v.t.* & *i.* लूटना, लूट, डकैती, डाका डालना, छीनना। *n.* लड़ाई में लूट-पाट का कार्य।

Pillar (पिलर्) *n.* स्तम्भ, खम्बा, आधार। *v.t.* स्तम्भ की तरह आश्रय देना।

Pillion (पिल्यन्) *n.* (मोटर-साईकिल में) पिछली सीट।

Pillory (पिलारी) *n.* लकड़ी का कठघरा जिसके छिद्र में अपराधी के मस्तक तथा हाथ जकड़ दिये जाते थे। *v.t.* उपहास करना।

Pillow (पिलो) *n.* तकिया, टेक, शिरोधान। *v.t.* तकिया लगाना।

Pilose (पाइलोस्) *adj.* रोवाँ भरा हुआ। **Pilosity** *n.* रोवाँपन।

Pilot (पाइलट्) *n.* नौका-वाहक (माँझी), हवाई जहाज चलाने वाला, कर्णधार। *v.t.* मार्ग दिखलाना (जहाज चलाना)। **Pilotage,** *n.* माँझी का वेतन। **Pilot-balloon,** *n.* वायु की दिशा जानने के लिए उठा हुआ गुब्बारा। **Pilot-boat,** *n.* नाविक द्वारा प्रयुक्त नाव।

Pilule (पिल्यूल्) *n.* छोटी गोली।

Pimp (पिम्प्) *n.* (वेश्या) दलाल, कूटना, दल्ला, भड़ुआ।

Pimpernel (पिम्पर्नेल्) *n.* एक जंगली पौधा।

Pimping (पिम्पिंग्) *adj.* छोटा, क्षुद्र, नीच।

Pimple (पिम्पल्) *n.* फुन्सी, ढूँड़सा (मुहाँसा)। **Pimpled, Pimply,** *adjs.* फुन्सीदार, मुहाँसों वाला।

Pin (पिन्) *n.* मेख, कील, खूँटी, आलपीन। *v.t.* आलपिन लगाकर बाँधना।

Pinafore (पिनूफोर्) *n.* (पोशाक के ऊपर) का वस्त्र, बच्चे की ओढ़नी, बालापोश।

Pince-nez (पिन्स-नेज) *n.* नाक पकड़ने की कमानी वाला चश्मा।

Pincers (पिन्सर्ज) *n.* छोटे मुँह की पकड़ने की सँड़सी।

Pincers movement (पिसर्स मूवमेंट) *n.* शत्रु को घेरने के लिए दोनो तरफ से आगे बढ़ना, घेरने की कोशिश।

Pinch (पिंच्) *v.t.* & *i.* चिकोटी काटना, चुटकी भर या थोड़ा-सा देना, निचोड़ना, मसलना, कष्ट देना, हड़पना, धन छीनना, हथियाना, चुटकी काटना, ऐंठना, लूटना, ग्रस्त होना, चुराना, (उँगली से) तोड़ना। *n.* चिकोटी, चुटकीभर।

Pinch-beck (पिंचबेक्) *n.* मिश्रित धातु से बने सस्ते आभूषण, नकली जेवर।

Pine (पाइन्) *n.* दुःख या शोक से सूख जाना, क्षीण करना या होना, लालायित होना, ललकना। *v.t.* दुःख या शोक से सूख जाना।

Pine-apple (पाइन्-एपल्) *n.* अनानास का पौधा तथा इसका फल।

Pinery (पाइनरि) *n.* अनानास पैदा करने का स्थान।

Pinfold (पिन्-फोल्ड) *n.* घूमने वाले पशुओं की बन्द करने का बाड़ा, काँजी हाऊस।

Ping (पिंग्) *n.* पटाक की आवाज, बन्दूक की

गोली का सन्-सन् शब्द। *v.t.* बंदूक या तोप की गोली जैसा सन्-सन् शब्द करना।

Ping-pong (पिंग-पाँग) *n.* एक प्रकार का टेबुल पर खेलने का गेंद का खेल।

Pinguid (पिग्विड्) *adj.* तेलमय, स्निग्ध, चिकना।

Pinging (पाइनग्डि) *n.* दुःख, चिन्ता।

Piningly (पाई-निग्डिलि) *adv.* मुरझाते हुए।

Pinion (पिन्यन्) *n.* पर, पंखा, डैना। *v.t.* डैना बाँधना, मुसुक बाँधना।

Pink (पिंक्) *n.* एक सुगन्धित फूल, गुलाबी रंग, हल्का लाल रंग। *adj.* गुलाबी रंग का। *v.t.* तलवार भोंकना, आभूषित करना, सजाना।

Pinkish (पिंकइश्) *adj.* थोड़ा या कुछ गुलाबी रंग का।

Pinna *n.* (पिना) कान का ऊपरी, चौड़ा भाग।

Pinnace (पिनेस्) *n.* लड़ाई के जहाज पर की नाव।

Pinnacle (पिन्नॅकल्) *n.* शिखर, सँवारना, कंगूरा, अटारी, परमोत्कर्ष, पराकाष्ठा।

Pinnate (पिनेट्) *adj.* डण्ठल के दोनों ओर पत्ती वाला। **Pinnated,** *n.* फैला हुआ।

Pinner (पिनर्) *n.* आलपीन खोंसनेवाला।

Pinnule (पिन्युल्) *n.* छोटे डैने के सदृश अंग।

Pinny (पिनि) *adj.* बच्चे जैसा।

Pint (पिंट) *n.* प्रायः डेढ़ पाव की माप।

Pintle (पिन्टॅल्) *n.* यंत्र का चूल जिस पर कोई पुर्जा घूमता है।

Piny (पाइनि) *adj.* चीड़ या देवदार का, उसके समान या उससे पूर्ण।

Pioneer (पाइआनीअर्) *n.* अग्रदूत, पथ-प्रदर्शक, अगुआ, खोज करने वाला, मूल अनुसंधानकर्ता या अन्वेषक, दूसरों के लिए पथ बनाने के लिए आगे-आगे पैदल चलने वाला सैनिक। *v.t.* मार्ग दिखलाना, रास्ता बताना।

Pious (पाअस्) *adj.* धार्मिक, पुण्यात्मा। **Piously,** *adv.* भक्ति से।

Pip (पिप्) *n.* ताश के पत्ते में की चित्ती, फलों के छोटे बीज। *v.t.* हराना, गोली मारना। **Pipless,** *adj.* बिना बीज का।

Pipe (पाइप्) *n.* चिलम, हुक्का, बाँसुरी, नली, पाईप, पौधे का तना। *v.t.* बाँसुरी या सीटी बजाना।

Pipe-clay (पाइप-क्ले) *n.* चिलम बनाने की मिट्टी।

Piper (पाइपर्) *n.* बाँसुरी बजाने वाला।

Pipette (पिपट्) *n.* पतली नलिका।

Piping (पाइपिंग) *adj.* तीखा, खौलता हुआ।

Pipkin (पिप्-किन्) *n.* मिट्टी का छोटा पात्र।

Piquancy (पिकन्सि) *n.* चरपरापन, मनोरंजकता, तीक्ष्णता।

Piquant (पिकन्ट्) *adj.* तीखा, चटपटा, रोचक (स्वादिष्ट), उत्तेजक।

Pique (पीक्) *n.* खीझ, कलह, चिढ़, रोष, मनोमालिन्य, नाराज़गी। *v.t.* उत्तेजित करना, मर्माहत करना, क्रुद्ध करना, उकसाना, चोट पहुँचाना, चिढ़ाना।

Piquet (पिकेट्) *n.* दुक्की से छक्का तक के पत्तों को निकालकर 32 पत्तों से दो व्यक्तियों द्वारा खेला जानेवाला ताश का खेल।

Piracy (पाइरेसी) *n.* समुद्री डकैती, ग्रन्थकर्ता की आज्ञा के बिना उसके ग्रन्थ को छापकर लाभ कमाना।

Pirate (पाइरेट्) *n.* समुद्री डाकू, अनधिकृत प्रकाशक, रचना-चोर, दूसरे के अधिकार को छीनने वाला। *v.t.* समुद्र पर डाका डालना।

Piratical (पाइरेटिकल्) *adj.* समुद्री डाकू-संबंधी। **Piratically,** *adv.* डाका डालते हुए।

Piscary (पिस्करि) *n.* दूसरे के जल में मछली पकड़ने का अधिकार।

Piscator (पिस्केटर्) *n.* मछली फँसानेवाला।

Pisces (पिसीज़्) *n.* मछलियों का वर्ग, मीन राशि।

Pisciculture (पिसिकल्चर) *n.* मछली पालने का कार्य।

Piscina (पिसीना) *n.* मछली पालने का कुण्ड।

Piscine (पिसीन्) *adj.* मत्स्य-संबंधी। *n.* स्नान-कुण्ड।

Pish (पिश्) *inter.* तिरस्कार-सूचक अव्यय।

Pisiform (पिसीफ़ार्म) *adj.* मटर के आकार का।

Pistachio (पिस्टेशिओ) *n.* पिस्ता।

Pistil (पिस्टिल्) *n.* गर्भ केसर। **Pistiallary,** *adj.* गर्भ केसर पर उगनेवाला।

Pistol (पिस्टल्) *n.* पिस्तौल। *v.t.* पिस्तौल चलाना, पिस्तौल से मारना।

Pistolograph (पिस्टॅलोग्राफ) *n.* चलती-फिरती वस्तु की फोटो खींचने का यन्त्र।

Pit (पिट्) *n.* बिल (छेद, गड्ढा), सुराख, गर्त, पशुओं को फँसाने के लिए चोर गड्ढा, (रंगशाला में खड्ड की) की अगली सीटें, खाई, छिद्र, चेचक के निशान, गड्ढा, नरक। *v.t.* गड्ढे में रखना, गड्ढा बनाना।

Pit-a-pat (पिट्-अ-पॉट्) *adv.* थपथपाहट शब्द

करते हुए।

Pitch (पिच्) *n.* राल, धूना। गेंद फेंकने की विधि, ऊँचाई, हद्द, चढ़ाव। *v.t.* & *i.* राल पोतना, मिट्टी या पत्थर बैठाना, गाड़ना, खडा करना, बैठाना, फेंकना, स्थिर करना, डेरा डालना।

Pitcher (पिचर्) *n.* कलश (घड़ा, मटका) घड़ा भर।

Pitchfork (पिच्-फार्क) *n.* सूखी घास इत्यादि की टाल लगाने का नोकदार डण्डा। *v.t.* ऐसे डण्डे से गट्ठा फेंकना।

Pitchy (पिचि) *adj.* अलकतरे की तरह काला।

Piteous (पिटिअस्) *adj.* दुःखपूर्ण, करुणा योग्य (दीन)।

Pitfall (पिट्फॉल्) *n.* अन्धकूप, फँसाने का स्थान, जाल, खतरा।

Pith (पिथ्) *n.* गूदा, पिथ, मज्जा (रस), जोर, सारांश, तत्व, शक्ति। *v.t.* सुषुम्ना नाड़ी का विनाश करना। **Pithily,** *adv.* बलपूर्वक। **Pithiless,** *adj.* निःसार, नीरस।

Pithecoid (पिथिकाइड) *adj.* बन्दर के समान।

Pithy (पिथि) *adj.* सारपूर्ण, तेजस्वी।

Pitiable (पिटिऍब्ल्) *adj.* दीन, तुच्छ, करुण, दयापात्र, दयायोग्य।

Pitiful (पिटिफुल्) *adj.* करुणामय, दयापूर्ण। **Pitifulness,** *n.* दयालुता, करुणा।

Pitiless (पिटिलेस्) *adj.* निर्दयी, क्रूर।

Pitman (पिट्मॉन्) *n.* गड्ढे में काम करने वाला।

Pittance (पिटन्स्) *n.* अल्पवेतन, खैरात, भत्ता, अल्पांश, अल्पमात्रा, अल्प परिणाम, अल्पराशि, दान।

Pitted (पिटेड्) *adj.* छोटे-छोटे छिद्रोंवाला।

Pity (पिटि) *n.* दया, करुणा। *v.t.* दया करना, कृपा दिखलाना। **Pityingly,** *adv.* दया से।

Pivot (पिवॅट्) *n.* आधार, केन्द्र-बिंदू, चूल या कील जिस पर कोई यंत्र घूमता है, धुरी। *v.t.* चूल लगाना।

Pixy, Pixie (पिक्सि) *adjs.* परी के समान।

Pizzle (पिज्ल्) *n.* पशुओं का शिश्न या लिंग।

Placable (प्लाक-ऍब्ल्) *adj.* प्रशम्य, क्षमाशील, सहजसंतुष्ट होने वाला, सांत्वनीय। **Placably,** *adv.* क्षमाशील ढंग से।

Placard (प्लाकार्ड्) *n.* घोषणापत्र, विज्ञापन पत्र। *v.t.* दीवार पर विज्ञापन चिपकाना।

Placate (प्लाकेट्) *v.t.* सान्त्वना देना, संतुष्ट करना, खुश करना।

Place (प्लेस्) *n.* स्थान, भूमि, पद (अधिकार), निवासस्थान, नगर, घर, उद्यम, प्रसंग। *v.t.* नियुक्त करना, स्थिर करना (लगाना)।

Placenta (प्लासेन्टा) *n.* खेड़ी, नाल।

Placid (प्लासिड्) *adj.* शांतमना, सौम्य, प्रसन्नचित्त, शांतिप्रिय, शान्त, गम्भीर। **Placidity,** *n.* शान्ति। **Placidly,** *adv.* शान्तिपूर्वक, संतोष से।

Placket (प्लॉकेट्) *n.* स्त्रियों की कुरती में का जेब।

Placoid (प्लार्क-इड्) *adj.* थाली की शकल का।

Plagiarize (प्लेजिअराइज्) *v.t.* & *i.* किसी के विचार, आविष्कार, लेख इत्यादि का प्रयोग अपना कहकर करना। **Plagiary,** *n.* साहित्य की चोरी।

Plague (प्लेग्) *n.* महामारी, कंटक, दैवी कोप, उत्पात, आचारभ्रष्टता। *v.t.* पीड़ा देना, कष्ट देना। **Plaguy,** *adj.* दुःखदायी।

Plaid (प्लेड्) *n.* पट्टू।

Plain (प्लेन्) *adj.* & *n.* स्पष्ट, चिकना, समतल, सरल, सुगम, अकुटिल, बिना रंग का, समतल भूमि। **Plainly,** *adv.* स्पष्ट रूप से, बिना कपट के। **Plainness,** *n.* स्पष्टता, सरलता।

Plain-spoken (प्लेन-स्पोकन्) *adj.* स्पष्टवक्ता।

Plaint (प्लेन्ट्) *n.* अभियोग, नालिश, विवाद।

Plaintiff (प्लेनटिफ्) *n.* वादी, अभियोगी, मुद्दई।

Plaintive (प्लेनटिव्) *adj.* दुखी, शिकायती, दीन, विषादपूर्ण, शोकाकुल, विलापी।

Plait (प्लेट्) *n.* कपड़े की तह, चुन्नट, चोटी। *v.i.* गूँथना, तह करना, चोटी करना।

Plan (प्लान्) *n.* चित्र लेखन, नक्शा, कल्पना या उपाय। *v.t.* & *i.* नक्शा बनाना, सोचना, कार्यक्रम बनाना, अभिप्राय रखना, कल्पना करना, उपाय रचना, इरादा करना, योजना बनाना।

Planch (प्लॉन्श्) *n.* पालिश करने का बट्टा। *v.t.* तख्ताबन्दी करना, लकड़ी के तख्ते से पाटना।

Planchette (प्लानशट्) *n.* पहियादार लकड़ी का छोटा टुकड़ा जिसमें पेंसिल लगी होती है, जिस पर हाथ रखने से मन में विचारी हुई बात इसके नीचे रखे हुए कागज पर लिख ली जाती है।

Plane (प्लेन्) *n.* समतल, समक्षेत्र, बढ़ई का रन्दा, मुख्यमार्ग, तल, हवाई जहाज़। *v.t.* & *i.* विमान यात्रा करना, चिकना बनाना, रन्दना। *adj.* चौरस, समतल।

Planet (प्लानेट) *n.* ग्रह। **Planetary,** *adj.* ग्रह सम्बन्धी।

Planetoid (प्लॉनेटॉइड्) *n.* छोटा ग्रह, उपग्रह।

Plangent (प्लॉन्जन्ट्) *adj.* झन्नानेवाला, काँपनेवाला। **Plangency,** *n.* थर्राहट, झन्नाहट।

Plani (प्लेनि) *pref.* समतल या चिकना अर्थ का उपसर्ग।

Planimeter (प्लैनिमीटर) *n.* समतल आकृति का क्षेत्रफल निकालने का यन्त्र।

Planish (प्लैनिश्) *v.t.* समतल करना, रोलर से पॉलिश करना।

Plank (प्लांक) *n.* काष्ठफलक, तख्ता। *v.t.* तख्ता बैठाना, तख्ताबन्दी करना।

Planner (प्लानर) *n.* कल्पना करनेवाला।

Plano (प्लेनो) *pref.* उपसर्ग जिसका अर्थ एक ओर चौरस होता है।

Plant (प्लान्ट्) *n.* वनस्पति (पौधा), हथियार (यन्त्र)। *v.t.* भूमि में जमाना या गाड़ना।

Plantable (प्लॉन्टेबल्) *adj.* जमाने योग्य।

Plantain (प्लानटेन्) *n.* कदली, केला।

Plantation (प्लान्टेशन्) *n.* बगीचा, रोपण, बाग़ान, रोपस्थली।

Planter (प्लान्टर्) *n.* बगीचा लगाने वाला, पौधा लगाने की मशीन।

Plantigrade (प्लान्टिग्रेड) *adj.* पंजे के बल चलने वाले प्राणी का।

Plaque (प्लाक्) *n.* बिल्ला, पटिया, फलक, दाँतो में जमने वाला एक पदार्थ।

Plash (प्लाश्) *n.* दलदली गड़ही, छोटा सरोवर, छीटा। *v.t.* & *i.* पानी का छींटा देना, रंग छिड़कना। **Plasher,** *n.* छींटा देनेवाला। **Plashy,** *adj.* दलदलों से पूर्ण।

Plasm (प्लाज्म्) *n.* जीवाणु।

Plasma (प्लॉज़्मा) *n.* रक्त का बिना रंग का जमने वाला भाग। **Plasmatic,** *adj.* इस तत्व से संबंधित।

Plaster (प्लास्टर्) *n.* पलस्तर, लेप, दीवार पर लगाने का मसाला। *v.t.* पलस्तर करना।

Plastic (प्लास्टिक्) *adj.* लचकदार, साँचे में ढालने योग्य लोचदार।

Plat (प्लाट) *n.* भूमि का टुकड़ा। *v.t.* गूँथना, बुनना।

Plate (प्लेट्) *n.* रिकाबी, तश्तरी, धातु की चद्दर। *v.t.* चद्दर बैठाना।

Plateau (प्लेटो) *n.* ऊँची चौरस भूमि, पठार, अपरिवर्तित स्थिति।

Platform (प्लेटफार्म) *n.* ऊँची समतल भूमि, चबूतरा, मचान। *v.t.* चबूतरे पर रखना। *v.i.* मंच पर चढ़कर व्याख्यान देना।

Platinoid (प्लीटिनाइड्) *n.* एक सफेद मिश्रित धातु।

Platinum (प्लेटिनम्) *n.* प्लैटिनम (धातु-रासायनिक तत्व, परमाणु क्रमांक-78)।

Platitude (प्लाटिटयूड्) *n.* समान्य विवरण, तुच्छता।

Platitudinarian (प्लैटिट्यूडिनेरियन्) *n.* समान्य विवरण देने वाला।

Platitudinize (प्लैटिडयुडिनाइज) *v.t.* अनर्थक वार्ता करना।

Platonic (प्लेटॉनिक्) *adj.* आध्यात्मिक, प्लेटो नामक तत्व-ज्ञानी संबंधी, निष्काम (प्रेम)। **Platonism,** *n.* प्लेटो का आध्यात्मिक सिद्धांत। **Platonist,** *n.* इस सिद्धांत का अनुयायी।

Platoon (प्लाटून) *n.* छोटा सैन्यदल।

Platter (प्लाटर्) *n.* कठौता, बड़ा थाल, वाहवाही, प्रशंसा, हर्षध्वनि।

Plaudit (प्लॉडिट्) *n.* प्रशंसा, बड़ाई।

Plausible (प्लॉजिबल्) *adj.* प्रशंसनीय, प्रतीयमान, लोकप्रिय, स्वीकार्य। **Plausibly,** *adv.* दिखावट में, प्रशंसापूर्वक।

Play (प्ले) *v.i.* मनोरंजन करना, विहार करना, अभिनय करना, खिलवाड़ करना, खेलना, कूद फाँद मचाना, क्रीड़ा करना, बाजी लगाना, जुआ खेलाना, क्रीड़ा में सम्मिलित होना, स्वांग भरना।

Playful (प्लेफुल) *adj.* चंचल, विनोदी, खिलाड़ी, जिन्दादिल, सजीव।

Playwright (प्लेराइट्) *n.* नाटककार।

Plea (प्ली) *n.* अभिवनच, व्यवहार, तर्क, हेतु, बहाना, निवेदन, मोचन, दलील।

Pleach (प्लीच्) *v.t.* लपेटना, ऐंठना।

Plead (प्लीड्) *v.i.* & *t.* अदालत में बहस करना, विनयपूर्वक प्रार्थना करना। **Pleader,** *adj.* वकील, मुख्तार। **Pleading,** *n.* अदालती बहस।

Pleasance (प्लेजन्स्) *n.* क्रीड़ा स्थल।

Pleasant (प्लेजन्ट्) *adj.* सुखकर, प्रीतिकर, मनोहर, सुहावना।

Please (प्लीज) *v.t.* & *i.* सुहाना, प्रसन्न करना, चाहना, खुश करना, रिझाना, भाना, अच्छा लगना, तुष्ट करना, प्रसन्न होना, तृप्त करना। **Pleasing,** *adj.* सुन्दर।

Pleasure (प्लेजर्) *n.* विषय-सुख, आनन्द, सन्तोष, अभिलाषा, इच्छा। **Pleasurable,** *adj.*

आनन्ददायक। **Pleasurably,** *adv.* आनन्द से।

Pleat (प्लीट्) *n.* कपड़े की तह या चुनट।

Plebeian (प्लिबीअन्) *adj* & *n.* सामान्य मनुष्य, लौकिक, नीच।

Plebiscite (प्लिबीसाइट्) *n.* जनमत संग्रह।

Plectrum (प्लेक्ट्रम्) *n.* मिजराब, कोणि, नखी, जवा।

Pledge (प्लेज्) *n.* प्रतिज्ञा, शपथ, वचन, धरोहर, न्यास, बंधन, रेहन, गिरवी। *v.t.* बन्धक रखना, जमानत देना। **Pledgee,** *n.* बंधनकर्ता, गिरवीग्राही।

Pledget (प्लेजेट्) *n.* फाहा (पुराने सन् या ओकम् की रस्सी)।

Pleiad (प्लाडआड) *n.* कृतिका नक्षत्र, सात सुन्दर वस्तुओं का समूह।

Pleistocene (प्लीस्टोसीन्) *adj.* & *n.* नया, नूतन, नूतन युग।

Plenary (प्लीनरि) *adj.* परिपूर्ण, समग्र, पूरा।

Plenilunar (प्लैनिलूनर) *adj.* पूर्णचन्द्र-सम्बन्धी।

Plenipotence (प्लिनिपोटेन्स) *n.* पूर्ण अधिकार।

Plenipotentiary (प्लेनिपोटेन्शरि) *n.* & *adj.* पूर्णाधिकारी दूत, निसृष्टार्थ दूत।

Plenish (प्लेनिश) *v.t.* सुसज्जित करना, सजाना।

Plentitude (प्लेन्टिट्यूड्) *n.* प्रचुरता, बाहुल्य, समृद्धि।

Plentiful (प्लेन्टिफुल्) *adj.* विपुल, समृद्ध, बहुत।

Plenty (प्लेन्टि) *n.* & *adv.* बहुतायत, प्रचुरता, समृद्धि।

Pleonasm (प्लीऑनाज्म्) *n.* व्यर्थ के अधिक पदों या शब्दों का प्रयोग।

Plethora (प्लेथॅरा) *n.* रक्त की अधिक वृद्धि, अधिकता। **Plethoric,** *adj.* रक्तपित्त रोगी का।

Pleura (प्लूरा) *n.* फुस्फस का आवरण।

Pleurisy (प्लूरिसि) *n.* एक प्रकार को फेफड़े का रोग। **Pleuritic,** *adj.* इस रोग से संबंधित।

Plexus (प्लेक्सस्) *n.* शरीर में तंतुओं का जाल।

Pliable, Pliant (प्लाएबल्, प्लायन्ट्) *adjs.* कोमल, अदृढ़, लचीला। **Pliably,** *adv.* कोमलता से, लचीलेपन से।

Plica (प्लाइका) *n.* प्रवलन, वलन, वलिक।

Plicate (प्लाइकेट्) *adj.* तह किया, (मोड़ा) हुआ। **Plication, Plicature,** *ns.* तह, मुड़ी हुई अवस्था।

Pliers (प्लाइअर्ज़्) *n.* तार मोड़ने की मोटे डाँस की सँड़सी।

Plight (प्लाइट्) *v.t.* प्रतिज्ञा करना, रेहन रखना, वचन देना। *n.* दशा, अवस्था स्थिति।

Plighter (प्लाइटर्) *n.* गिरवी रखने वाला।

Plimsoll (प्लिम्-सॉल्) *n.* रबड़ के तल्ले का सस्ता किरमिच का जूता।

Plinth (प्लिन्थ) *n.* मकान की कुर्सी, मूर्ति या खम्भे का आधार।

Pliocene (प्लिअॅसीन्) *adj.* अति नूतन पद्धति, अति नूतन।

Plod (प्लॉड्) *v.t.* & *i.* निरन्तर परिश्रम करना, धीरे-धीरे चलना। **Plodder,** *n.* स्थिर उद्योगी।

Plonker (प्लांकर) *n.* मूर्ख व्यक्ति, अनाड़ी, लिंग।

Plop (प्लॉप्) *n.* जल में छपाके का शब्द।

Plot (प्लॉट्) *n.* षड्यंत्र, कूट प्रबंध, कथानक, कथा वस्तु, भूमि का टुकड़ा। *v.t.* & *i.* कपट प्रबंध की रचना करना, उपाय करना।

Plough (प्लाउ) *n.* हल। *v.t.* & *i.* हल चलाना, जोतना।

Plover (प्लवर्) *n.* एक प्रकार की बुलबुल की आकार की चिड़िया।

Ploy (प्लॉय्) *n.* व्यवसाय, उद्यम।

Pluck (प्लक्) *v.t.* & *i.* ऐंठन, हृदय, फेफड़ा और प्लीहा, परीक्षा में असफलता, साहस, वीरता। *n.* ऐंठन, परीक्षा में असफल, हृदय, फेफड़ा और प्लीहा। **Plucked,** *adj.* असफल, फेल। **Plucky,** *adj.* वीर।

Plug (प्लग्) *n.* विज्ञापन सामग्री, डाट, तम्बाकू की बट्टी। *v.t.* & *i.* डट्टा लगाना, छेद बन्द करना।

Plum (प्लम्) *n.* बेर का फल या पेड़। **Plummy,** *adj.* बेरों से भरा हुआ, रोचक।

Plumassier (प्लमासीर) *n.* रंग-बिरंगे पर बेचने वाला, चिड़िया के पंख।

Plumb (प्लमब्) *n.* लम्ब, साहुल। *adj.* लम्बरूप खड़ा या सीधा। *v.t.* & *i.* सीधा करना, समुद्र की गहराई नापना।

Plumbago (प्लम्बेगॅ) *n.* पेंसिल बनाने का काला सीसा।

Plumbeous (प्लम्बिअस्) *adj.* मूर्ख, सीसे के समान।

Plumber (प्लम्बर) *n.* पानी का नल बैठाने या मरम्मत करने वाला। **Plumbery,** *n.* नलसाजी, नलकारी।

Plumbic (प्लम्बिक) *adj.* सीसे का मिश्रण किया हुआ।

Plumbing (प्लम्बिंग) *n.* सीसे का काम करने

की कला।

Plumb-line (प्लम-लाइन्) *n.* साहुल।

Plume (प्लूम्) *n.* पंख, कलगी, पर। *v.t.* पर लगाना, श्लाघा (गर्व) करना।

Plummet (प्लमेट्) *n.* साहुल, साहुलपट्टी।

Plumose (प्लमोस्) *adj.* . परदार, पर के सदृश।

Plump (पलम्प्) *adj.* मोटा, स्थूल, भरा हुआ। *v.t.* & *i.* एक ही उम्मीदवार को वोट देना, समर्थन करना, धमाके के साथ गिरना, प्रशंसा करना, अचानक आ पड़ना। *adv.* सीधे-सीधे गिरता हुआ, अचानक। **Plumply,** *adv.* पूर्ण रूप से, गोल रूप से। **Plumper,** *n.* गाल फुलाने के लिए मुँह में रखने की गोली, सर्वथा असत्य वार्ता।

Plunder (प्लन्डर्) *v.t.* & *i.* डाका डालना, चुराना, लूटना। *n.* लूट, चोरी।

Plunderage (प्लन्डरेज) *n.* जहाज की सामग्री लूटने का कार्य।

Plunderer (प्लन्डरर्) *n.* डाकू।

Plunge (प्लन्ज्) *v.t.* & *i.* डुबकी लगाना, डूबना, निमग्न हो जाना, फँसाना। *n.* डुबकी।

Plunger (प्लंजर्) *n.* डुबकी लगाने वाला (गोताखोर)।

Plunket (प्लनकेट) *n.* एक प्रकार का नीला रंग।

Pluperfect (प्लूपर्फेक्ट्) *adj.* & *n.* पूर्ण भूतकाल का, ऐसा काल।

Plural (प्लूरल) *adj.* & *n.* अनेक, बहुवचन।

Pluralism (प्लूरलिज़्म्) *n.* एक से अधिक होना, प्रपंचवाद, अनेकत्व, बहुवाद। **Pluralist,** *n.* बहुत्ववादी, बहुवादी।

Plurality (प्लूरेटि) *n.* बहुत्व, अनेकता।

Pluri (प्लूरि) *pref.* एक से अधिक अर्थ का उपसर्ग।

Plus (प्लस्) *n.* जोडने का (धन) चिह्न (+)। *adj.* अधिक, ज्यादा, अतिरिक्त।

Plush (प्लश्) *n.* एक प्रकार का कोमल वस्त्र।

Pluto (प्लूटो) *n.* सौरमंडल का सबसे सुदूर ग्रह।

Plutocracy (प्लूटॅक्रसि) *n.* धनिक तंत्र, धनिक वर्ग।

Plutocrat (प्लूटॅक्रैट) *n.* धनिक मनुष्य।

Plutocratic (प्लूटॅक्रेटिक्) *adj.* धनिकों का।

Plutonic (प्लूटॅनिक्) *adj.* पाताल संबंधी, अन्धकारमय।

Pluvial (प्लूविअल्) *adj.* वर्षा सम्बन्धी।

Pluviometer (प्लूविऑमिटर्) *n.* वर्षा नापने का यंत्र। **Pluviometric,** *adj.* वर्षामापीय।

Ply (प्लाइ) *v.t.* & *i.* घुमाना, चलाना, देते रहना, काम में लाना। *n.* तह या परत।

Plyer (प्लाइ-अर्) *n.* काम में लगाने वाला।

Pneumatic (न्यूमॉटिक्) *adj.* वायु-सम्बन्धी, वायु द्वारा संचालित।

Pneumato (न्यूमैटो) *pref.* "वायु, आत्मा" सूचक उपसर्ग।

Pneumonia (न्यूमोनिआ) *n.* फेफड़ों की सूजन। **Pueumonic,** *adj.* निमोनियाई, निमोनिया का।

Poa, Poagrass (पोआ, पोआग्रास्) *ns.* पोआ (घास)।

Poach (पोच्) *v.t.* अंडे के अन्दर का तरल पदार्थ, फ्रांइग पॉन में पानी में पकाना, भोंकना, पैरों से कुचलना, चुभाना, विघ्न डालना, बिना आज्ञा प्रवेश करना। **Poacher,** *n.* बिना आज्ञा प्रवेश करनेवाला, शिकार का चोर।

Poachy (पाचि) *adj.* भींगा हुआ।

Pochard (पोचार्ड्) *n.* यूरोप की एक गोताखोर चिड़िया।

Pock (पॉक्) *n.* फुन्सी, छाला। **Pock-pitted, Pock-marked,** *adjs.* शीतला-मुँह-दाग वाला।

Pocket (पॉकेट्) *n.* पाकिट, जेब, खलीता। *v.t.* जेब में छिपाना।

Pocket-book (पॉकेट-बुक्) *n.* जेब में रखने की छोटी पुस्तक।

Pocky (पॉकि) *adj.* शीतला रोग से ग्रस्त।

Pod (पॉड्) *n.* बीजकोष बोड़ी, फली। *v.i.* फली उत्पन्न होना।

Podagra (पोडेग्रा) *n.* पैर की गठिया।

Podge, Podgy (पाज-पाजि) *ns.* छोटा-मोटा मनुष्य।

Podium (पोडिअम्) *n.* किसी इमारत के चारों ओर का लगातार चबूतरा।

Poem (पोऍम्) *n.* काव्य, पद्य कविता, छन्द।

Poesy (पोऍसि) *n.* कविता संग्रह, पद्य रचना, काव्य रचना, पदावली, सूक्ति।

Poephagous (पोएफैगस) *adj.* घास खाने वाला।

Poet (पोऍट्) *n.* कवि।

Poetaster (पोऍटेस्टर्) *n.* क्षुद्र कवि, तुकबन्दी करने वाला।

Poetic (पोएटिक्) *adj.* कविता संबंधी, कविता में वर्णन किया हुआ। **Poetically,** *adv.* पद्यरूप में। **Poetize,** *v.t.* कविता का रूप देना।

Poetics (पोएटिक्स) *n.* पद्यशास्त्र या साहित्य।

Poetry (पोएट्रि) *n.* पद्य, काव्य-रचना, कवित्व।

Pogo (पोगॅ) *n.* कमानी द्वारा कूदने वाला खिलौना।

Pogrom (पोग्रॅम्) ज्यू के विरूद्ध रूस में हत्याकाण्ड, (पूर्व आयोजित) हत्याकांड।

Poignant (पॉइनान्ट्) *adj.* तीखा, चरपरा, मर्मभेदी।

Point (पॉयन्ट्) *n.* (क्रिकेट में) क्षेत्ररक्षक, अंत, समाप्ति, दशा, सार, वस्तु, नुक्ता, बिंदु, विराम चिह्न, दशमलव चिह्न, चोटी, शिखर।

Point (पॉइन्ट्) *v.t.* & *i.* चोखा करना, दिखाना, सूचित करना, लक्ष्य करना, जोड़ भरना या टीप करना।

Point-duty (पॉइन्ट्-ड्यूटि) *n.* विशेष स्थान पर ट्रैफिक निर्देशन हेतु तैनात सिपाही।

Pointed (पॉयेन्टेड्) *adj.* तीखा, नुकीला। **Pointedly,** *adv.* लक्ष्य करके।

Pointer (पायेन्टर्) *n.* दिखाने (सूचित करने) वाला।

Pointless (पॉयेन्ट्लेस्) *adj.* अप्रस्तुत, निराधार।

Pointsman (पॉयेन्ट्समैन्) *n.* रेल की लाइनों को बदलने वाला मनुष्य।

Poise (पॉइज़्) *v.t.* & *i.* सहारा देना (पसंघा करना), समभार करना। *n.* भारतुल्यता, पसंघा।

Poison (पॉइजन्) *n.* विष, जहर, हानिकारक पदार्थ। *v.t.* विष देकर मारना। **Poisoning,** *n.* विष प्रयोग। **Poisonous,** *adj.* विषैला।

Poke (पोक्) *n.* घुसेड़ना, धकेलना, झोकना, (आग) कर तीव्र करना, दखल देना, खोजना। *v.t.* ढकेलना, भोंकना। **Poky,** *adj.* नीच, गन्दा।

Polar (पालर्) *adj.* ध्रुव का, ध्रुव के समीप का।

Polarity (पोलैरिटि) *n.* पृथ्वी के ध्रुव की ओर अपने छोरों के रखने की चुम्बकीय शक्ति।

Pole (पोल्) *n.* शहतीर (झण्डा), साढ़े पाँच गज की माप, पोलैंड देश का निवासी, ध्रुव बिजली के सेल का छोर, बल्ला, चुम्बक के दोनों छोर।

Pole-axe (पोल्आक्स्) *n.* कुठार, गँड़ासा, फरसा। *v.t.* . गंडासे से मारना।

Pole-cat (पोल्-कॅट्) *n.* गन्धमार्जार, एक प्रकार की बिल्ली।

Pole-jump (पोल्जम्प्) *n.* डंडा हाथ में पकड़कर उछलना।

Polemic (पोलेमिक्) *adj.* विवाद संबंधी। *n.* वाद विवाद, शास्त्रार्थ, शास्त्रार्थ करने वाला।

Pole-star (पोल्-स्टार्) *n.* ध्रुव तारा, मार्गदर्शक, पथप्रर्दशक।

Police (पुलिस्) *n.* नगर रक्षक, नगरपाल, नगर व्यवस्थापक। *v.t.* पुलिस द्वारा नगर की रक्षा का प्रबन्ध करना।

Policlinic (पॉलिक्लिनिक्) *n.* रोगियों को अस्पताल में न रख कर व्यक्तिगत घरों में रखना।

Police-man (पुलिस्-मैन्) *n.* अधिकारी, पुलिस का सिपाही।

Policy (पॉलिसि) *n.* राजनीति, राजशासन पद्धति, नीतिज्ञता, युक्ति, कूटनीति, चतुराई, बीमे का प्रमाण पत्र।

Polish (पॉलिश्) *v.t.* & *i.* चमकाना, स्वच्छ करना। *n.* चमक, शिष्टता (सुशीलता)। **Polished,** *adj.* विनीत। **Polisher,** *n.* चमकाने वाला।

Polite (पॅलाइट्) *adj.* विनीत, सभ्य, शिष्टाचार युक्त, शिष्ट। **Politeness,** *n.* सुशीलता, विनय, शिष्टता।

Politic (पॉलिटिक्) *adj.* & *n.* चतुर, नीति चतुर, राजनीतिक सिद्धांत, व्यवहार कुशल।

Political (पॉलिटिकल्) *adj.* व्यवहार-कुशल, चतुर, नीतिकुशल, विवेकपूण।

Politically (पॉलिटिकलि) *adv.* राजनीतिक ढंग से।

Politician (पॉलिटिश्यन्) *n.* राजनीतिज्ञ, राज्यकार्य में कुशल।

Politics (पॉलिटिक्स्) *n.* राजनीति, राजनीति पेशा, राज्य शासन पद्धति।

Polity (पॉलिटि) *n.* राज्य शासन विधि, व्यवस्थित समाज।

Polka (पोल्का) *n.* एक प्रकार का नाच, स्त्रियों की भीतरी कुर्ती।

Poll (पोल्) *n.* मस्तक, मतदताओं की गणना। *v.t.* & *i.* बाल काटना, पेड़ छाँटना, नाम लिखना।

Pollable (पोलेबल्) *adj.* मेम्बर चुनने योग्य।

Pollack (पॉलक्) *n.* एक प्रकार की समुद्री मछली।

Pollard (पॉलर्ड) *n.* सींग टूटा हुआ पशु, पेड़ की ठूँठ।

Pollen (पॅलन्) *n.* पराग, पुष्प, रेणु।

Polent (पॉलेन्ट) *adj.* शक्तिशाली, दुष्ट।

Pollinate (पॉलिनेट्) *v.t.* पराग झाड़ना, सेचन करना। **Pollination,** *n.* परागन, सेचन।

Pollute (पॅल्यूट्) *v.t.* मलिन करना, दूषित करना (भ्रष्ट करना)। **Polluted,** *adj.* मलिन किया हुआ। **Polluter,** *n.* दूषित करने वाला।

Polo (पोलो) *n.* . घोड़े पर चढकर खेलने का गेंद

का एक खेल।

Polonium (पोलोनिअम्) *n.* एक विशेष रेडियोधर्मी तत्व।

Polt-foot (पोल्ट-फूट्) *adj.* (झिल्ली से) बन्द पंजेवाला।

Poltroon (पॉल्ट्रून्) *n.* साहसहीन, डरपोक।

Poly (पॉलि) *pref.* अनेक अर्थ का उपसर्ग।

Polyandry (पॉलिआन्ड्रि) *n.* एक से अधिक जीवित पति होना या होने की अवस्था।

Polyanthus (पॉलियान्थस्) *n.* बहुपुष्पी।

-**Polyarchy** (पॉलिआर्कि) *n.* अनेक मनुष्यों से शासित राज्य।

Polycarpic (पॉलिकार्पिक) *adj.* अनेक बार फलनेवाला।

Polychromatic (पोलिक्रोमेटिक) *adj.* बहुरंगी, बहुवर्णिक, विविधवर्णी। **Polychrome,** *n.* & *adj.* अनेक रंगों में छपा हुआ, अनेक रंग की कारीगरी का।

Polychromy (पॉलिक्रोमि) *n.* अनेक रंगों में छापने की कला।

Polycladous (पॉलिक्लेडस्) *adj.* अनेक शाखाओं से युक्त।

Polycracy (पॉलिक्रॉसि) *n.* अनेक व्यक्तियों से शासित राज्य।

Polydactyl (पोलिडिक्टिल) *adj.* हाथ पैर में पाँच से अधिक अँगुली वाला।

Polydemonism (पॉलिडीमॉनिज्म) *n.* अनेक देवताओं का पूजन।

Polydipsia (पॉलिडिप्सिया) *n.* अधिक प्यास लगने का रोग।

Polygamy (पॉलिगॉमि) *n.* अनेक पत्नियों अथवा अनेक पति से विवाह करने की प्रथा। **Polygamist,** *n.* एक से अधिक पत्नीवाला।

Polygastric (पॉलिगास्ट्रिक) *adj.* अनेक उदरों वाला।

Polygenous (पॉलिजेनस) *adj.* अनेक प्रकार का।

Polyglot (पॉलिग्लाट) *adj.* & *n.* अनेक भाषाएँ जानने वाला, बहुभाषी।

Polyglottic (पॉलिग्लाटिक) *adj.* बहुभाषी संबंधी।

Polygon (पॉलिगन) *n.* बहुभुज क्षेत्र।

Polygram (पॉलिग्राम) *n.* अनेक रेखाओं से बनी हुई आकृति।

Polygraph (पॉलिग्राफ) *n.* किसी लेख की अनेक प्रतिलिपियाँ छापने का यंत्र।

Polygyny (पॉलिजिनि) *n.* अनेक पत्नी रखने का गुण या स्थिति।

Polyhedron (पॉलिहीड्रन्) *n.* बहुभुज क्षेत्र।

Polyhistor (पॉलिहिस्टर्) *n.* बहुत बड़ा विद्वान या पंडित।

Polymathy (पॉलिमॉथि) *n.* बहुशास्त्र-ज्ञान।

Polymorphic (पॉलिमार्फिक) *adj.* अनेक आकृति सम्बन्धी।

Polymorphism (पॉलिमार्फिज्म) *n.* भिन्न-भिन्न रूपों में पाए जाने की स्थिति।

Polynomial (पॉलिनोमिअल्) *adj.* अनेक नाम वाला।

Polyopia (पॉलिऑपिआ) *n.* आँख का एक रोग जिसमें एक पदार्थ अनेक दिखलाई देते हैं।

Polyophagous (पॉलिऑफेगस्) *adj.* अनेक प्रकार का आहार करनेवाला।

Polyp (पॉलिप्) *n.* पृथक दलीय, समुद्री, वायु-परागित के समान।

Polypetalous (पॉलिपटेलस्) *adj.* अनेक पँखड़ियों वाला।

Polyphony (पॅलिफॅनि) *n.* बहुस्वरता, विविध स्वर संगति।

Polypod (पॉलिपॉड्) *n.* अनेक पैरोंवाला जन्तु।

Polypody (पॅलिपॉडि) *n.* बहुपादपता, पॉलिप सदृश।

Polypus (पॉलिपस्) *n.* नाकड़ा।

Polyspermous (पॉलि-स्पर्मस्) *adj.* अनेक बीजोंवाला।

Polystome (पॉलि-स्टोम्) *n.* अनेक मुहँवाला जन्तु।

Polysyllabic (पॉलि-सिलीबिक्) *adj.* अनेक शब्दांशों का।

Polysyllabic (पॉलिसिलीबिक्) *adj.* अनेक शब्दांशों का।

Polysyllable (पॉलि-सिलेबल्) *n.* अनेक शब्दांशों का शब्द।

Polytechnic (पॉलि-टेक्निक्) *adj.* बहुशिल्पीय। *n.* तकनीकी विद्यालय।

Polytheism (पॉलि-थीज़्म्) *n.* बहुदेववाद, अनेक देववाद, बहुदेववादी।

Pomace (पॅमेस्) *n.* फलपेष, फल का रस-रहित गूदा।

Pomaceous (पॉमेसिअस) *adj.* सेब संबंधी।

Pomade, Pomatum (पोमेड्, पोमेटम्) *ns.* बालों पर लगाने का केश प्रसाधक।

Pome (पोम्) *n.* सेब सेबीया, पोम।

Pomegranate (पंमीग्रेनेट्) *n.* अनार, अनार का वृक्ष।

Pomeranian (पॉमरेनिअन्) *n.* पॅमेरिनियाई छोटे कुत्ते की एक नस्ल।

Pomfret (पॉम्फ्रेट्) *n.* एक प्रकार की समुद्री मछली।

Pomiculture (पॉमिकल्चर) *n.* फलों की खेती।

Pommel (पॅमेल्) *n.* काठी का उभरा हुआ अग्र भाग, (तलवार का) मूठ। *v.t.* घूँसे लगाना, पीटना।

Pomology (पॅमालॉजि) *n.* फल उत्पन्न करने की कला।

Pomp (पॉम्प्) *n.* आडम्बर, प्रदर्शन, ठाटबाट।

Pompom (पॅम्-पॅम्) *n.* एक प्रकार की स्वचालित बंदूक।

Pompon (पॉम्पॉन्) *n.* टोपी या जूते में लगाने का फीते का गुच्छा।

Pompous (पॅम्पास्) *adj.* आडम्बरपूर्ण, अपने आप को महत्वपूर्ण समझने वाला। **Pomposity,** *n.* आडम्बर। **Pompously,** *adv.* गर्व से, आडंबर से।

Pond (पॉन्ड्) *n.* पोखर, तालाब। *v.t.* & *i.* पोखरा या तालाब बनाना।

Ponder (पॉन्डर्) *v.t.* & *i.* मन में तौलना, विचार करना।

Ponderable (पॉन्डरेबल्) *adj.* चिन्तन योग्य। Ponderer, *n.* विचार करनेवाला। Ponderation, *n.* चिन्तन, मनन।

Ponderous (पॉन्डरस्) *adj.* बहुत भारी, कष्टकारक, परिश्रम का। Ponderously, *adv.* भारपूर्ण ढंग से।

Pondweed (पॉन्डवीड) *n.* जलचर पौधे।

Pone (पोन्) *n.* मकई की रोटी।

Poniard (पॅन्यर्ड्) *n.* खंजर, कटार। *v.t.* खंजर से काटना।

Pontiff (पॉन्टिफ) *n.* रोम का प्रधान पादरी।

Pont-levis (पॉन्टलेविस) *n.* हटाया जाने वाला पुल।

Pontoon (bridge) (पॉन्टून्) *n.* पीपों का पुल। *v.t.* पीपे के पुल द्वारा नदी पार करना।

Pony (पॉनि) *n.* छोटा घोड़ा, टट्टू।

Poodle (पूडल्) *n.* बाल कतरा हुआ छोटा कुत्ता। *v.t.* कुत्ते के बाल काटना।

Pooh (पू) *inter.* तिरस्कार या अधैर्य सूचक अव्यय।

Pooh-pooh (पू:-पू:) *v.t.* घृणा दिखलाना।

Pool (पूल) *n.* संघ, निकाय, पोखर, गड्ढा, सामूहिम दाँव व्यवस्था। *v.t.* छोटा तालाब बनाना।

Poon (पून्) *n.* एक प्रकार का वृक्ष।

Poop (पूप्) *n.* जहाज का सबसे पिछला भाग। *v.t.* & *i.* जहाज के पिछले भाग से टक्कर खाना।

Poor (पूअर्) *adj.* तुच्छ, नगण्य, अनुपजाऊ, अपर्याप्त, दरिद्र, नीच या मर्यादाहीन, दुखी, अभागा, दीन।

Poorly (पूअरलि) *adj.* & *adv.* दीनता से, नीचता से, दरिद्र के समान।

Poorness (पूअर्नेस्) *n.* दरिद्रता।

Poor-spirited (पूअर्-स्पिरिटेड्) *adj.* कायर, नपुंसक, भीरु।

Pop (पॉप्) *n.* . धमाका, आग्नेयास्त्र द्वारा छोड़ा गया गोला, अदरक की शाखा। *v.t.* & *i.* तड़ाके का शब्द करना, बन्दूक छोड़ना, प्रश्न करना।

Pope (पोप्) *n.* रोम का बड़ा पादरी।

Popery (पोपरि) *n.* पोप का धर्म।

Popinjay (पॉपिन्जे) *n.* शुक, तोता, गर्व वाला मनुष्य, छैला।

Poplar (पॉपलर्) *n.* चिनार का वृक्ष, तुलिय-वृक्ष।

Poplin (पॉप्लिन्) *n.* एक प्रकार का रेशमी वस्त्र, पापलीन।

Poplitic (पॉप्लिटिक्) *adj.* घुटने की चक्की का।

Poppet (पॉपेट्) *n.* छोटा, नाटा मनुष्य, खराद का ऊपरी भाग।

Poppied (पॉपीड्) *adj.* पोस्त के पौधों से आवृत, अफीम के नशे से युक्त।

Popping-crease (पॉपिंग्-क्रीज़्) *n.* चार फुट के भीतर बल्लेबाज के खड़े होने का स्थान।

Poppy (पॉपि) *n.* पोस्ता, खसखस।

Populace (पॉप्युलेस्) *n.* साधारण लोग, सामान्य ज्ञान।

Popular (पॉप्युलर्) *adj.* लौकिक, सर्वप्रिय, लोकप्रिय, लोक सम्मत, प्रसिद्ध, सहज में जानने योग्य, प्रचलित। **Popularly,** *adv.* सामान्यता, आम-तौर से।

Popularity (पॉप्युलेरिटि) *n.* लोक-प्रियता, सर्वमान्यता।

Popularize (पॉप्युलराइज़्) *v.t.* जनसामान्य की भाषा में स्पष्ट करना या प्रस्तुत करना, लोकप्रिय बनाना, प्रचलित करना। **Popularization,** *n.* लोक-प्रचार।

Populate (पॉप्युलेट्) *v.t.* जनपूर्ण करना, बसाना।

Population, *n.* जनसंख्या, आबादी।
Porcelain (पॉर्स्-लिन्) *n.* चीनी मिट्टी का बर्तन। **Poreclainize,** *v.t.* चीनी मिट्टी में परिवर्तन करना।
Porch (पोर्च्) *n.* ड्योढ़ी, ओसारा।
Porcine (पार्साइन्) *adj.* सुअर संबंधी, सुअर का।
Porcupine (पॉर्क्युपाइन्) *n.* शल्यक, साही। **Porcupiny,** *adj.* साही के समान।
Pore (पोर्) *n.* रोमकूप, (रोमछिद्र), रंध्र। *v.t.* & *i.* विचार करना, ध्यान में लीन होना।
Pork (पॉर्क्) *n.* सूअर का माँस।
Porker (पॉर्कर्) *n.* सूअर का बच्चा।
Pornography (पॅर्नॅग्राफि) *n.* कामोद्दीपक लेख या चित्र।
Porous (पोरस्) *n.* छिद्रपूर्ण, झरझरा। **Porosity,** *n.* छिद्र की बहुलता, छिद्रमयता।
Porpoise (पॉर्पाइस्) *n.* सूंस, सुईस, शिशुमार।
Porridge (पॅरिज्) *n.* लप्सी, हलुवा।
Porringer (पॉरिंजर्) *n.* तसला, प्याला, थाली।
Port (पोर्ट्) *n.* पोताश्रय, बन्दरगाह का नगर, द्वार, जहाज का बायाँ भाग, चाल, ढंग। *v.t.* & *i.* फौजी कवायद में शरीर से लगाकर बन्दूक खड़े बल रखना, जहाज को बाईं ओर घुमाना।
Portable (पोर्टेबल्) *adj.* वहनीय (घोड़े का भार), सहज में ले जाने योग्य। **Portability,** *n.* सहज ही में ले जाने योग्य गुण या अवस्था।
Portage (पोर्टेज्) *n.* भारवाहन, भार ले जाने का भाड़ा, दरवाजे के ऊपर की मेहराब। *v.t.* किराया देकर नाव आदि ले जाना।
Portal (पोर्टल्) *n.* प्रवेशमार्ग, दरवाजा। *adj.* यकृत में रुधिर ले जाने वाली शिरा संबंधी।
Portcullis (पोर्ट्कूलिस्) *n.* किले के फाटक में लगा हुआ ऊपर से नीचे उतरने वाला दरवाजा।
Portend (पॅर्टेन्ड्) *v.t.* शकुन बतलाना, पहले से सूचना देना।
Portent (पोर्टेन्ट्) *n.* शकुन, अद्‌भुत घटना। **Portentous,** *adj.* अशुभ, विलक्षण।
Porter (पोर्टर्) *n.* प्रतिहारी, द्वारपाल, बोझ ढोने वाला। **Porterage,** *n.* ढुलाई की मजदूरी। **Porterhouse,** *n.* भोजनालय।
Portfire (पोर्ट्फायर्) *n.* बारूद मे पलीता लगाने की विधि।
Portfolio (पोर्ट्फोलिओ) *n.* राज्य के मंत्री का पद, सरकारी कागज़ात, खुले पत्र, नक्शे इत्यादि बाँधकर रखने का बस्ता।
Portico (पोर्टिको) *n.* बरामदा, ड्योढ़ी।
Portiere (पॅर्टेयर्) *n.* दरवाजे के ऊपर का पर्दा।
Portion (पोर्शन्) *n.* अंश, विभाग, (बाँट), टुकड़ा, स्त्रीधन, हिस्सा। *v.t.* भाग करना, बाँटना। **Portioned,** *adj.* विभक्त, बँटा हुआ। **Portioner,** *n.* विभाग करने वाला। **Portionless,** *adj.* अंशहीन।
Portly (पोर्ट्लि) *adj.* स्थूल, गंभीर, मोटा। **Portliness,** *n.* स्थूलता, गम्भीरता।
Portmanteau (पोर्टमान्ट्) *n.* वस्त्र रखने का चमड़े का बैग।
Portrait (पोर्ट्रेट) *n.* जीवित व्यक्ति का चित्र या तस्वीर।
Portraiture (पोर्ट्रेचर्) *n.* चित्र।
Portray (पोर्ट्रे) *v.t.* चित्र बनाना, सुन्दर रीति से वर्णन करना। **Portrayal,** *n.* चित्रलेखन, वर्णन।
Portreeve (पोर्ट्रीव्) *n.* बन्दरगाह के नगर का अध्यक्ष।
Portress (पोरटेस्) *n.* स्त्री द्वारपाल।
Pory (पोरि) *adj.* महीन छिद्रों से पूर्ण।
Pose (पोज़्) *v.t.* & *i.* खड़ा कर देना, व्यग्र कर देना, किसी विशिष्ट स्थिति में बैठना, विशिष्ट आकृति धारण करना। *n.* स्थिति, ढंग, रीति। **Poser,** *n.* कठिन प्रश्न। **Posing,** *adj.* व्यग्र करने वाला, घबड़ा देने वाला।
Posit (पॉजिट्) *v.t.* किसी स्थिति में रखना।
Position (पोज़िशन्) *n.* स्थान, स्थिति, सामाजिक पद, गौरवपूर्ण स्थिति, पदवी। *v.t.* अवस्था या स्थान में रखना।
Positive (पॉज़िटिव्) *adj.* स्पष्ट (स्थिर), निश्चित, निःसन्देह, अचूक, सुनिश्चित, अकपट, पूर्ण, सीधा, ऋण ध्रुव की विपरीत।
Positively, *adv.* निश्चित रूप से।
Positivism (पॉज़िटिविज़्म्) *n.* प्रत्यक्षवाद, वस्तुनिष्ठवाद, निश्चयात्मकता, वस्तुनिष्ठ दर्शन।
Posse (पॅसि) *n.* (आरक्षी) दल, टुकड़ी।
Possess (पज़ेस्) *v.t.* अधिकार में रखना, धारण करना, स्वामी या मालिक होना, पाना, नियंत्रण में रखना, आक्रांत करना, प्रेरित करना।
Possession (पॅज़ेशन्) *n.* स्वामित्व, जायदाद, अधिकार, अधिकृत क्षेत्र, सम्पत्ति।
Possessive (पॉसेसिव्) *adj.* अधिकार-संबंधी, स्वत्वात्मक, कब्जे का।
Possibility (पॉसिबिलिटि) *n.* संभवता, संभाव्यता, संभावना।

Possible (पॉसिबल्) *adj.* संभव होने योग्य, व्यवहार्य, संभाव्य।

Post (पोस्ट्) *n.* खंभा, पद, नियुक्ति, डाक ले जानेवाला, डाक में डाली गई चिट्ठी, 26 × 20 इंच कागज का तख्ता, चिट्ठी लिखने का कागज। *v.t.* & *i.* प्रकाशित करना, विज्ञापन निकालना, तैनात करना, नियुक्त करना, डाक से भेजना, तेजी से यात्रा करना, (दोषादि) दूसरे पर डालना, खाते में चढ़ाना, पूरा ब्यौरा देना। बाद का अर्थ सूचक उपसर्ग। Post free, *adj.* बिना महसूल दिये डाक द्वारा भेजने योग्य। **Postman,** *n.* डाकिया। **Post-bag** *n.* डाक भेजने का थैला। **Post-box,** *n.* चिट्ठी छोड़ने का बक्स। **Post-boy,** *n.* डाक ले जानेवाला घुड़सवार। **Post-card,** *n.* पोस्ट-कार्ड।

Postage (पोस्टेज्) *n.* डाक महसूल।

Postal (पोस्टल्) *adj.* डाक संबंधी।

Post-date (पोस्ट-डेट्) *v.t.* वास्तविक तिथि के स्थान पर अन्य तिथि निर्धारित करना।

Post-diluvian (पोस्ट्डिलुविअन्) *adj.* & *n.* प्रलयोत्तर, प्रलय के बाद का (व्यक्ति)।

Poster (पोस्टर्) *n.* हरकारा, बड़ा विज्ञापन पत्र।

Posterior (पॉस्टीरिअर्) *adj.* उत्तरकाल का, बाद का। *n.* बाद में होने की स्थिति।

Posterity (पॅस्टेरिटि) *n.* सन्तति (सन्तान), वंश।

Postern (पोस्टर्न्) *n.* घर के पीछे के भाग का फाटक (चोर-दरवाजा)। *adj.* (गुप्त), पिछला।

Post-haste (पोस्ट-हेस्ट्) *adv.* डाक जैसी तेजी के साथ, पूर्ण गति से।

Posthumous (पॉस्टह्यूमस्) *adj.* पिता की मृत्यु के बाद उत्पन्न, (लेखक की) मृत्यु के पश्चात् प्रकाशित। **Postillate,** *v.t.* & *i.* धार्मिक पुस्तक की व्याख्या करना। **Postillation,** *n.* धार्मिक पुस्तक की व्याख्या।

Postillion (पोस्टिल्यन्) *n.* सारथी, कोचवान।

Post-meridiem (पोस्ट्मेरिडिअम्) *adj.* दोपहर के पश्चात्।

Post-mortem (पोस्ट्-मॉर्टम्) *adj.* मृत्यु के पश्चात् (डाक्टरी परीक्षा)।

Post-obit (पोस्ट्-ऑबिट्) *adj.* & *n.* मृत्यु के बाद होनेवाला, मरणोत्तर संपत्ति प्रभावी बंधपत्र, मरणोत्तर प्रभावी।

Post-paid (पोस्ट्-पेड) *adj.* डाक-महसूल पहिले से दिया हुआ।

Postpone (पोस्ट्-पोन) *v.t.* & *i.* विलम्ब करना, टालना। **Postponer,** *n.* देर करनेवाला।

Postprandial (पोस्ट्-प्रान्डिअल्) *adj.* रात्रि भोज के बाद का।

Postscript (पोस्ट-स्क्रिप्ट्) *n.* अनुलेख, लेख जो चिट्ठी समाप्त करने पर लिखा जावे।

Postulate (पॉस्टयुलेट्) *v.t.* स्वयं मान लेना, बिना प्रमाण के स्वीकार कर लेना, सच मान लेना, अभिग्रहण करना। *n.* अभिधारणा, स्वयंसिद्ध प्रमाण।

Postural (पॉस्-चरल्) *adj.* हाव भाव संबंधी।

Posture (पॉस्चर्) *n.* स्थिति, आसन, हावभाव। *v.t.* & *i.* किसी मुख्य स्थिति में शरीर को रखना या घुमाना।

Posture-maker (पोस्टचर्-मेकर्) *n.* नट।

Post-war (पोस्ट्-वार्) *adj.* युद्धोत्तर।

Posy (पोज़ि) *n.* कहावत, गुलदस्ता, आदर्श वाक्य।

Pot (पॉट्) *n.* धातु या मिट्टी का बर्तन। *v.t.* & *i.* पात्र में रखना, गमले में पेड़ लगाना, गोली मारना।

Potable (पोटेबल्) *adj.* पेययोग्य।

Potamic (पोटैमिक) *adj.* नदी संबंधी।

Potash (पॅटाश्) *n.* पोटाश।

Potassium (पॅटासिअम्) *n.* पोटास का, सफेद धातु, आधारभूत सत्व।

Potato (पॅटेटो) *n.* आलू, आलू का पौधा।

Potent (पोटेन्ट्) *n.* प्रतापी, प्रबल, समर्थ, शक्तिमान, दबंग, प्रभावशाली। **Potency,** *n.* शक्ति, अंधकार, गुणकारिता, प्रभाविता। **Potently,** *adv.* शक्ति या सामर्थ्य से।

Potential (पॅटेन्शल्) *adj.* शक्तिशाली।

Potentiality (पॅटेंशिअलिटि) *n.* संभाव्यता।

Pother (पॉदर्) *n.* खलबली, हंगामा, शोरगुल, दमघोंट धुँआ या धूल, घबराहट, हलचल। *v.t.* & *i.* हैरान करना, कष्ट देना, उपद्रव करना, हलचल मचाना।

Potion (पोशन्) *n.* दवा की या विष की एक मात्रा या खुराक।

Pot-pourri (पॉट-पाउरि) *n.* गुलकंद, संगीत चयन, साहित्य संग्रह, गीत गुच्छ।

Pottage (पॅटेज्) *n.* दलिया, लपसी, उबली सब्जी, सूप।

Potter (पॉटर्) *n.* कुम्हार। *v.t.* लापरवाही से काम करना, बेगारी करना, भटकना।

Pottery (पॉटरि) *n.* कुम्हार का बर्तन बनाने का व्यापार, मिट्टी के बर्तन।

Pottle (पॉटल्) *n.* तरल पदार्थ की नाप, बाँस की

टोकरी।

Potty (पॉटि) *adj.* तुच्छ।

Pouch (पाउच्) *n.* तोंद, थैली के आकार की वस्तु, छोटी थैली। *v.t.* & *i.* थैली में रखना, थैली की तरह लटकना। **Pouched**, *adj.* थैलीदार।

Poult (पोल्ट्) *n.* छोटा मुर्गा, चूज़ा।

Poulterer (पोल्टरर्) *n.* मुर्गी वाला, पक्षी विक्रेता।

Poultice (पोल्टिस्) *n.* प्रलेप, पुल्टिस। *v.t.* पुल्टिस लगाना।

Poultry (पोल्ट्रि) *n.* घरेलू मुर्गी, बत्तख इत्यादि।

Pounce (पाउन्स) *v.i.* आक्रमण करना, झपटना, झट से पकड़ लेना। *n.* & . शिकारी पक्षी का पंजा, महीन बुकनी जो छेदी हुई तस्वीर से रगड़कर कपड़े इत्यादि पर उतारी जाती है।

Pounce (पाउन्स) *n.* महीन छिद्रों से बनाई हुई स्टेन्सिल। *v.t.* स्टेन्सिल में छिद्र करते हुए आकृति बनाना।

Pound (पाउंड्) *n.* पशुओं के बन्द करने का बाड़ा, बन्धन-स्थान। *v.t.* & *i.* बाड़े में बन्द करना (घेरना), लोहे से कूचना, पीसना या बुकनी बनाना।

Pound (पाउन्ड्) *n.* आधा सेर का वजन, अंग्रेजी सिक्का। *v.t.* सिक्के का वजन नापना।

Poundage (पाउंड्-ऐंज्) *n.* कांजी-हाउस से जानवरों को छोड़ने की फीस।

Pounder (पाउन्डर) *n.* मूसल, लोढ़ा।

Pour (पोर्) *v.t.* & *i.* उड़ेलना, भीड़ मचाना, मूसलाधार बरसना, धार गिरना, बहाना। *n.* मूसलाधार वृष्टि।

Pourparler (पोरपार्लर) *n.* आरंभिक सम्मेलन, प्रारंभिक बातचीत या वार्ता।

Poussette (पूसेट्) *n.* एक प्रकार की स्त्री-पुरुष के जोड़े का देहाती नाच।

Pout (पाउट्) *n.* एक प्रकार की मछली, उदासीनता। *v.t.* & *i.* क्रोध से ओठ फुलाना।

Pouter (पाउटर्) *n.* एक प्रकार का कबूतर।

Poverty (पॉवर्टि) *n.* कमी, दीनता, निर्धनता, दीनता।

Powder (पॉउडर्) *n.* चूर्ण, बुकनी, बारूद, पाउडर। *v.t.* & *i.* चूर्ण करना, बुकनी करना। **Powdery**, *adj.* बुकनी के समान।

Power (पॉवर्) *n.* विशेष मानसिक या शारीरिक शक्ति, यांत्रिक ऊर्जा, वैध अधिकार, कार्य करने की योग्यता, सामर्थ्य, गणित में घात।

Powerful (पॉवर-फुल्) *adj.* शूरवीर, प्रबल, शक्तिमान, बलवान। **Powerless**, *adj.* शक्तिहीन, निर्बल।

Powerloom (पावरलूम्) *n.* यन्त्र से चलने वाला करघा।

Practicable (प्रक्टिकेबल्) *adj.* करणीय (सुख-साध्य), करने योग्य।

Practical (प्रेक्टिकल्) *adj.* व्यवहार में लाने योग्य, आभ्यासिक। **Practicality**, *n.* व्यावहारिकता।

Practically (प्रक्टिकलि) *adv.* व्यवहार से, कार्य दक्षता से।

Practice (प्रक्टिस्) *n.* आचरण, व्यवसाय, सम्प्रदाय (रीति), अभ्यास (प्रयोग), व्यवहार गणित।

Practise (प्रक्टाइज) *v.t.* & *i.* उद्यम करना, अभ्यास करना, अनुपालन करना, जीविका चलाना।

Practitioner (प्रक्टिश्नर्) *n.* व्यवसायी, व्यवहार में निपुण मनुष्य।

Pragmatic(प्राग्मीटिक्) *adjs.* धृष्ट, बिना अधिकार के विघ्न डालने वाला, इतिहास के तथ्यों के अनेक व्यवहारिक सन्दर्भ में महत्व देने वाला, समाज (राज्य) संबंधी।

Pragmatism (प्राग्मीटिज्म्) *n.* पाण्डित्य का दर्प, दम्भ।

Pragmatist (प्राग्मॉटिस्ट्) *adj.* अभिमानी, दम्भी।

Praedial (प्रीडियल) *adj.* भूमि या इसके उत्पाद संबंधी वास्तविक।

Prairie (प्ररि) *n.* उत्तरी अमेरिका का घास का मैदान।

Praisable (प्रेजेबल) *adj.* प्रशंसनीय, प्रशंसा के योग्य।

Praise (प्रेज) *v.t.* प्रशंसा करना, स्तुति करना, सराहना। *n.* प्रशंसा, स्तुति, बड़ाई।

Praiseful (प्रेजफुल) *adj.* प्रशंसापूर्ण।

Praiseworthy (प्रेज़वर्दि) *adj.* स्तुति योग्य, सराहने योग्य।

Praline (प्रालीन्) *n.* एक प्रकार की मिठाई (गिरी की बर्फी)।

Pram (प्रॉम्) . बच्चों को घुमाने की गाड़ी, ग्वाले की ठेलागाड़ी।

Prance (प्रान्स्) *v.i.* (घोड़े का) पिछले पैरों पर उछलना, धृष्टता से व्यवहार करना, कुलाँच भरना, इठलाना। *n.* कूद-फाँद, इठलाहट।

Prancing (प्रॉन्सिंग) *n.* उछल-कूद।

Prandial (प्रान्डिअल्) *adj.* भोजन संबंधी।

Prank (प्रांक्) *v.t.* & *i.* सजाना, आमोद-प्रमोद करना। *n.* (क्रीड़ा) हाथापाई, खेल-कूद।

Prase (प्रेज़्) *n.* प्रेज (स्फटिक)।

Prate (प्रेट्) *v.i.* वृथा बकवाद करना, बड़बड़ करना। *n.* व्यर्थ की बातचीत।

Prating (प्रेटिंग) *n.* बकवाद।

Prattle (प्राटल्) *v.t.* बालकों की तरह बड़बड़ाना, प्रलाप करना। *n.* बड़बड़।

Prawn (प्रॉन्) *n.* झींगा (मछली)। *v.i.* झींगा मछली का शिकार करना।

Praxis (प्रैक्सिस) *n.* अभ्यास, आदत।

Pray (प्रे) *v.t.* & *i.* प्रार्थना करना, आराधना करना, विनती करना।

Prayer (प्रेअर्) *n.* विनती, उपासना, प्रार्थना (स्तोत्र), याचना, पूजा, मिन्नत।

Pre- (प्रि) *pref.* पूर्व अर्थ का उपसर्ग।

Preach (प्रीच्) *v.t.* & *i.* धर्म का उपदेश देना, धर्म संबंधी शिक्षा देना। **Preacher,** *n.* उपदेशक, धर्मशासक।

Preamble (प्रीआम्बल्) *n.* प्रस्तावना, भूमिका। *v.i.* भूमिका लिखना।

Preambulate (प्रीआम्ब्यूलेट्) *v.i.* आगे-आगे जाना। **Pre-ambulation,** *n.* अग्रगमन।

Preappoint (प्रीअपॉयेन्ट्) *v.t.* पहिले से नियुक्ति करना।

Preapprehension (प्री-एप्रिहेन्शन) *n.* परीक्षा करने के पहिले स्थिर हुई धारणा।

Prearrange (प्रीअरेंज्) *v.t.* & *i.* . पूर्व व्यवस्थित करना।

Prebend (प्रीबेन्ड्) *n.* पादरी को दी हुई वृत्ति। **Prebendal,** *adj.* याजकवृत्ति संबंधी।

Precarious (फ्रिकेरिअस्) *adj.* अस्थिर, अनिश्चित, संकटपूर्ण।

Precative (प्रिकेटिव) *adj.* प्रार्थनात्मक। **Precatory,** *adj.* प्रार्थनापूर्ण।

Precaution (फ्रिकॉशन्) *n.* पूर्व चिन्ता निवारण का उपाय। **Precautionary,** *adj.* पूर्व विचार संबंधी।

Precede (प्रीसीड्) *v.t.* & *i.* आगे जाना, पूर्व में होना।

Precedence (प्रीसीडेन्स) *n.* (प्रथमता) वरीयता, पूर्वता, प्राथमिकता।

Precedent (प्रिसिडेन्ट्) *n.* पहिले का न्याय, पूर्ववर्ती। *adj.* पूर्व का, पहिला।

Precentor (प्रिसेन्टर्) *n.* राग आरम्भ करने वाला, मुख्य गायक।

Precept (प्रीसेप्ट्) *n.* उपदेश, सिद्धान्त, नसीहत, आज्ञा, नियम, मर्यादा।

Preceptor (प्रिसेप्टर्) *n.* विद्यालय का अध्यापक, एक अध्यापक।

Precession (प्रिसेशन्) *n.* अग्रगमन।

Precinct (प्रीसिंक्ट्) *n.* (ब.व.) सीमाप्रान्त, सीमा, मेंड़।

Preciosity (प्रेसिऑसिटी) *n.* अति सुकुमारता, नाजुक मिजाजी।

Precious (प्रेशस्) *adj.* अनमोल, बहुमूल्य, उत्कृष्ट।

Precipice (प्रेसिपिस्) *n.* & कगार, पर्वत या चट्टान की खड़ी दीवार, औंधे मुँह गिरना।

Precipitance, Precipitancy (प्रेसिपियन्स्, प्रेसिपिटिन्सि) *ns.* साहस, शीघ्रता।

Precipitate (प्रेसिपिटेट्) *v.t.* मारना, ठोस होना, औंधे मुंह गिरना या गिरना, वेग से नीचे को गिरना, पेंदी में बैठ जाना। *adj.* साहसी, प्रबल। *n.* अवक्षेप।

Precipitous (प्रेसिपिटस्) *adj.* प्रपाती, खड़ा।

Precis (प्रेसी) *n.* सार संक्षेप।

Precise (प्रिसाइज़्) *adj.* निश्चय, उचित, यथार्थ, विधिपूर्वक (ठीक), संक्षिप्त, चौकन्ना, नियमानुसार।

Precisely (प्रिसाइसलि) *adv.* यथार्थ, परिशुद्ध, ठीक-ठाक।

Precisian (प्रिसिज़न) *n.* नियमपूर्वक कार्य करने वाला, औपचारिक व्यक्ति।

Precision (प्रेसिज़न) *n.* यथार्थता, शुद्धता, सूक्ष्मता।

Preclude (प्रिक्लूड्) *v.t.* बन्द करना, अलग करना, रोकना।

Preclusion (प्रिक्लूजन) *n.* निरोध, रुकावट।

Preclusive (प्रिक्लूसिव्) *adv.* प्रतिरोधक, रोकने वाला।

Precocious (प्रिकोशस्) *adj.* समय से पहले पकने वाला, अकालप्रौढ़।

Precogitate (प्रीकॉजिटेट्) *v.t.* पूर्व विचार करना।

Preconceive (प्रॉकन्सीव) *v.t.* पहले से चिन्तन करना।

Preconception (प्रीकन्सेप्शन्) *n.* पूर्व बोध, पूर्व कल्पना।

Preconcert (प्रीकन्सर्ट) *v.t.* पूर्व व्यवस्था करना।

Precondemn (प्रिकन्डेम्) *v.t.* पहले से तिरस्कार करना।

Preconize (प्रीकॅनाइज्) *v.t.* सामान्य रूप से

घोषणा करना, नाम लेकर पुकारना।

Precursor (प्रिकर्सर्) *n.* अग्रदूत, आगे जाने वाला। **Precursory,** *adj.* पहले का।

Predacious (प्रिडेशस्) *adj.* प्रकृति से दूसरों का शिकार करने वाला।

Predatory (प्रिडेटरि) *adj.* लुटेरा, दूसरों का शिकार करने वाला।

Predecease (प्रिडिसीज़) *v.t.* दूसरे से पहले मृत्यु होना। *n.* दूसरे से पहले मृत्यु।

Predecessor (प्रीडिसेसर्) *n.* पूर्व अधिकारी, पुरखे लोग।

Predestinate (प्रिडेस्टिनेट्) *v.t.* पहिले से निशिचित कर लेना। **Predestinarian,** *n.* भाग्य पर विश्वास करने वाला।

Predestine (प्रिडेस्टिन्) *v.t.* पहले से निश्चित कर लेना। **Predestination,** *n.* भाग्य, प्रारब्ध।

Predetermine (प्रीडिटर्मिन्) *v.t.* पहले से निर्णय कर लेना।

Predicable (प्रीडिकेबल्) *adj.* वाच्य, अभिधेय। *n.* वाच्यता।

Predicament (प्रिडिकॅमेन्ट्) *n.* विषम परिस्थिति, दुर्भाग्यपूर्ण स्थिति।

Predicant (प्रेडिकेन्ट) *adj.* धार्मिक उपदेश में लगा हुआ।

Predicate (प्रेडिकेट्) *v.t.* निर्देश करना, विधान करना। *n.* उद्देश्य के विषय में जो कुछ कहा जाय बिधेय, विशेषण। **Predicative,** *adj. Gram.* विधान विशेषण।

Predict (प्रिडिक्ट्) *v.t.* & *i.* भविष्य बतलाना, होने वाली बात पहले से कह देना।

Prediction (प्रिडिक्शन्) *n.* पूर्वानुमान, पूर्वकथन, भविष्यवाणी। **Predictor,** *n.* भविष्यवक्ता।

Predispose (प्रीडिस्पोज़) *v.t.* पहिले से प्रवृत्त या योग्य बनाना।

Predisposition (प्रीडिस्पोजिशन्) *n.* प्रवृत्ति, रुझान।

Predominant (प्रिडॉमिनेट्) *adj.* प्रधान, अधिक, विशिष्ट। **Predominance,** *n.* प्रधान, अधिक, विशिष्ट।

Predominate (प्रिडॉमिनेट्) *v.t.* पराक्रम में बढ़ना, प्रबल होना, प्रभाव रखना।

Pre-eminence (प्री-एमिनेन्स्) *n.* श्रेष्ठता, उत्तमता।

Pre-eminent (प्री-एमिनेन्ट) *adj.* सर्वप्रधान, सर्वोतम।

Pre-emption (प्री-ऍम्पशन्) *n.* हकशफा, पूर्वक्रय अधिकार।

Preen (प्रीन्) *v.t.* चोंच से पर सँवारना, व्यवस्थित करना।

Preface (प्रीफेस्) *n.* मुखबंध, प्रस्तावना, भूमिका। *v.t.* & *i.* भूमिका लिखना।

Prefatory (प्रेफेटरि) *adj.* भूमिका।

Prefect (प्रीफेक्ट्) *n.* राज्यपद का अधिकारी, पाठशाला की किसी कक्षा में नियम पालन कराने वाला मुख्य विद्यार्थी।

Prefer (प्रिफर्) *v.t.* अधिक आदर करना, बढ़ाना, चुनना।

Preferable (प्रिफरेबल्) *adj.* उत्तम, श्रेष्ठ।

Preference (प्रेफरेन्स्) *n.* अधिक प्रतिष्ठा या अनुराग, अधिक आदर।

Preferential (प्रेफ़रेन्शल्) *adj.* अधिक मान देने या पाने वाला।

Preferment (प्रेफ़रमेंट्) *n.* प्रतिष्ठा-पद, उन्नति।

Prefigure (प्रीफिगर्) *v.t.* नमूना या प्रतिरूप होना, पहले से विचार कर लेना।

Prefine (प्रीफाइन्) *v.t.* पहिले से सीमा स्थिर करना।

Prefix (प्रिफिक्स्) *v.t.* शब्द से पहिले (उपसर्ग) लगाना, पुस्तक के पहिले भूमिका लगाना। *n.* उपसर्ग।

Pregnancy (प्रेग्नन्सि) *n.* गर्भावस्था।

Pregnant (प्रेग्नन्ट्) *adj.* कल्पानापूर्ण, गर्भवती, परिपूर्ण।

Prehensile (प्रिहेन्साइल्) *adj.* पकड़ने योग्य।

Prehistoric (प्रीहिस्टॉरिक्) *adj.* लिखित इतिहास के पहले समय का।

Prejudge (प्रीजज्) *v.t.* जाँच-पड़ताल के बिना पहले से निश्चय कर लेना।

Prejudice (प्रेजुडिस्) *n.* अविचारपूर्ण निर्णय, ऐसे निर्णय से हानि, पक्षपात, अन्यायपूर्ण धारणा। *v.t.* पक्षपात करना, हानि करना।

Prejudicial (प्रेजूडिशल्) *n.* हानिकर, प्रतिकूल, विपरीत।

Prelacy (प्रेलेसि) *n.* पधान पादरी का पद, गिरजाघर का प्रधान अधिकारी या पादरी।

Prelect (प्रिलेक्ट) *v.i.* किसी विषय पर व्याख्यान देना।

Preliminary (प्रिलिमिनरि) *adj.* प्राथमिक, पारिभाषिक, परिभाषा या भूमिका के रूप में। *n.*

पूर्व प्रबन्ध, तैयारी।

Prelude (प्रेल्यूड्) *n.* प्रस्तावना (उपक्रम), भूमिका। *v.t.* & *i.* प्रस्तावना करना, आरम्भ करना।

Prelusive (प्रेल्यूसिव) *adj.* उपक्रम संबंधी।

Premature (प्रीमेच्योर) *n.* उतावली का, असामयिक, समय से पूर्व होने वाली।

Premeditate (प्रीमेडिएट्) *v.t.* पहिले से विचार कर लेना, पहिले से ठानना। **Premeditated,** *adj.* पूर्वचिन्तित।

Premier (प्रीमिअर्) *adj.* किसी देश का प्रधान मंत्री, प्रधान, मुख्य। *n.* प्रधानमंत्री का पद।

Premise (प्रेमिस्) *v.t.* मकान, भवन, तर्क का आधार, आमुख।

Premise (प्रिमाइज़्) *n.* न्याय में उत्तर पक्ष (प्रतिज्ञा), (ब.व.) घर और उसमें मिली हुई भूमि इत्यादि।

Premium (प्रीमिअम्) *n.* पारितोषिक, जीवन बीमा की रकम।

Premonition (प्रीमॉनिशन्) *n.* पूर्व सूचना, पहले से चेतावनी।

Premonitor (प्रीमॉनिटर्) *n.* पहले से सूचना देनेवाला।

Premorse (प्रीमॉर्स) *adj.* किनारा कटा हुआ।

Premotion (प्रोमोशन) *n.* पूर्व-उत्तेजना।

Premunition (प्रीम्युनिर्शन) *n.* आपत्ति या विरोध की पूर्व आशंका।

Prenasal (प्रीनेज़ल्) *adj.* नाक के समाने का। *n.* सुअर की नाक के सिरे पर की हड्डी।

Prenotion (प्रोनेर्शन) *n.* पूर्वज्ञान, पूर्व विचार।

Preoccupation (प्रीऑक्युपेशन्) *n.* पूर्व अधिकार, पूर्व ग्रहण, पूर्व धारणा।

Preoccupy (प्रीऑकयुपाइ) *v.t.* पहले से ग्रहण करना, पहले से मन में स्थिर होना।

Preordain (प्रीऑडेन्) *v.t.* पहिले से निर्दिष्ट करना, पहिले से ठहरना।

Preparation (प्रिपेरेशन्) *n.* साधन (रचना), सामग्री तैयारी।

Preparatory (प्रिपरेटरि) *adj.* पहिले का, आरम्भ का, तैयार करने वाला।

Prepare (प्रिपेअर्) *v.t.* & *i.* तैयार करना, ठीक करना, निर्माण करना।

Prepay (प्रीपे) *v.t.* महसूल आदि पहिले देना।

Prepense (प्रिपेन्स) *adj.* पूर्वचिन्तत, पहले से सोचा हुआ। **Prepensely,** *adv.* पूर्वचिन्ता या आयोजन से।

Preponderance (प्रिपॉन्डरन्स्) *adj.* गौरव, प्रबलता, भार की अधिकता।

Preponderate (प्रिपॉन्डरेट्) *v.t.* भार से अधिक होना या बढ़ जाना, दूसरों पर अधिक प्रभाव डालना।

Preposition (प्रिपॅजिशन्) *n.* विभक्ति या संबंध सूचक अव्यय (उपसर्ग)।

Prepositive (प्रिपॉजिटिव्) *adj.* उपसर्ग की तरह जोड़ने योग्य।

Prepossess (प्रेपॅजेस्) *v.t.* पहिले ही से दृढ़ करना, पक्षपात करना।

Prepossession (प्रेपॅजेशन्) *n.* पक्षपात, पूर्वग्रहण।

Preposterous (प्रिपास्ट्रस्) *adj.* अनर्थक, असंगत, (असम्बद्ध), अयुक्त।

Prepotence, Prepotency (प्रिपॉटेन्स्) *ns.* अधिक शक्ति।

Prerequisite (प्रीरेक्विजिट) *adj.* पूर्वापेक्षा, पूर्वापेक्षित।

Prerogative (प्रिरॅगेटिव्) *n.* राजा का अबाध (बे रोक-टोक का) अधिकार।

Presage (प्रिसेज्) *n.* पूर्व सूचना, शकुन। *v.t.* भविष्य कहना। **Pre-sageful,** *adj.* शकुनपूर्ण।

Presbyopia (प्रेज़बिओपिया) *n.* वृद्धावस्था की दूरदृष्टिता।

Presbyter (प्रेज़बिटर्) *n.* पुरोहित, प्रधान पादरी। **Presbyterian,** *adj.* प्रधान पादरी द्वारा शासित।

Presbyterian (प्रेज़्बिटीरिअन्) *adj.* प्रधान पादरी द्वारा शासित गिरजे का।

Prescient (प्रीशिअन्ट) *adj.* भविष्य दर्शी, पूर्वज्ञान रखने वाला, पूर्वज्ञानी।

Prescribe (प्रिस्क्राइब्) *v.t.* & *i.* निश्चित नियम या निर्देश की आधिकारिक आज्ञा देना, औषध के उपयोग की सलाह देना।

Prescript (प्रीस्क्रिप्ट्) *n.* आदेश, विधि, आज्ञा।

Prescription (प्रिस्क्रिप्शन) *n.* औषध या डाक्टर का नुस्खा, निर्धारण, प्राचीन रीति।

Prescriptive (प्रिस्क्रिप्टिव) *adj.* नियम या रीति के अनुसार।

Presence (प्रेजऍन्स) *n.* उपस्थिति, समीपता, आकृति, चाल-ढाल।

Present (प्रेजऍन्ट्) *adj.* & *n.* प्रस्तुत, उपहार, विद्यमान, वर्तमान, उपस्थित।

Present (प्रजेन्ट्) *v.t.* अर्पण करना, उपस्थित करना, सामने रखना, स्वीकार करना, अनुमोदन

करना, निशाना लगाने के लिए तैयार होना।

Presentability (प्रेजेन्टेबिलिटि) *n.* दर्शनीयता।

Presentable (प्रेजेन्टेबल्) *adj.* प्रस्तुत करने योग्य, दर्शनीय।

Presentation (प्रेजेन्टेशन्) *n.* भेंट, प्रदर्शन, दिखाव।

Presentationism (प्रजेन्टेशनिज़्म्) *n.* प्रत्यक्षवाद, विज्ञानवाद, पुरोधानवाद।

Presentee (प्रेजऍन्टई) *n.* धर्मवृत्ति प्राप्त किया हुआ, किसी पद के लिए संस्तुत व्यक्ति।

Presentiment (प्रिजेन्टिमेन्ट्) *n.* (अपशकुन का) पूर्वाभास, पूर्वबोध।

Presently (प्रेजेन्ट्लि) *adv.* अभी, तुरन्त।

Presentment (प्रिजेन्टिमेन्ट्) *n.* उपस्थित करने का कार्य, अभियोग कथन।

Preservation (प्रिजर्वेशन्) *n.* रक्षा, (पालन) बचाव।

Preservative (प्रिज़र्वेटिव) *adj.* परिरक्षक, परिरक्षी, संरक्षी। *n.* परिरक्षक औषधि।

Preserve (प्रिज़र्व) *v.t.* बचाना, बनाए रखना, सुरक्षित रखना, जीवित रखना, अचार या मुरब्बा डालना। *n.* मुरब्बा आदि, सुरक्षित स्थल या क्षेत्र।

Preside (प्रिज़ाइड्) *v.i.* सभापति होना, अध्यक्ष होना, अध्यक्षता करना।

Presidency (प्रेज़िडेन्सि) *n.* अध्यक्ष पद, देश-विभाग।

President (प्रेज़िडेन्ट्) *n.* राष्ट्रपति, अध्यक्ष, प्रधान, सभापति (मुखिया)।

Presidiary (प्रिसिडिएरि) *adj.* किले की सेना सम्बन्धी।

Press (प्रेस्) *v.t.* & *i.* जन-समुदाय, भीडभाड़, शीघ्रता, चिपटा करने, दबाने या रस निकालने का यंत्र, छापे का यंत्र, समाचार यंत्र।

Pressing (प्रेसिंग्) *adj.* अति आवश्यक, दुराग्रही, आग्रहयुक्त।

Pressman (प्रेसमॉन्) मुद्रण-यंत्र में छापनेवाला।

Pressure (प्रेशर्) *n.* बल, प्रभाव, आवश्यकता, बाधा।

Prestidigitation (प्रेस्टिडिजिटेशन्) *n.* माया, इन्द्रजाल।

Prestige (प्रेस्टीज़्) *n.* प्रतिष्ठा, गौरव, यश।

Prestimony (प्रेस्टिमनि) *n.* फुटकर खर्च के लिए बचाया हुआ धन।

Prest-money (प्रेस्टमनि) *n.* पुरोहित के पोषण के लिए दिया हुआ धन।

Presto (प्रेस्टो) शीघ्र, झट से।

Presume (प्रिज्यूम्) *v.t.* & *i.* स्वतः मान लेना, प्रकल्पित करना।

Presumption (प्रिजम्पशन्) *n.* अपधारणा, प्रकल्पना, पूर्व धारणा, अनुमान, धृष्टता, अहंकार, परिकल्पना

Presumptive (प्रिजम्पटिव) *adj.* परिकल्पित, संभावित।

Presumptuous (प्रिजम्पच्युअस्) *adj.* गुस्ताख, धृष्ट, अक्खड़।

Presuppose (प्रीसपोज़्) *v.t.* पूर्वानुमान करना, पूर्व धारणा करना, पहिले से मान लेना, की अपेक्षा करना।

Presupposition (प्रीसपोज़िशन्) *n.* पूर्वधारणा, पूर्व कल्पना, पूर्व मान्यता, पूर्वग्रहीत सिद्धान्त।

Pretence (प्रिटेन्स्) *n.* उपदेश, बहाना, छल, प्रदर्शन, कपट, दावा।

Pretend (प्रिटेन्ड्) *v.t.* & *i.* बहानेबाजी करना, कपट करना, मिथ्याभियोग लगाना, दावेदार बनना।

Pretender (प्रिटेन्डर्) *n.* दावेदार, उम्मीदवार।

Pretension (प्रिटेन्शन्) *n.* बहाना, उपदेश, प्रदर्शन, आडम्बर।

Pretentious (प्रिटेन्शस्) *adj.* दिखावटी, धूर्त, मिथ्याभिमानी, पाखंडी, बनावटी, कपटी।

Preterite (प्रेटेराइट्) *adj.* परोक्ष, भूतकाल का। **Pre-teriteness,** *n.* परोक्षता।

Pretermit (प्रीटमिट्) *v.t.* छोड़ देना, उपेक्षा करना।

Pretext (प्रीटेक्स्ट्) *n.* ब्याज, मिस, छल, बहाना, हील हवाला, कपट।

Pretone (प्रीटोन्) *n.* जोर देकर बोले जानेवाले शब्दांश के पहले का स्वर।

Pretty (प्रेटि) *adj.* सुन्दर, रमणीय, सुखदायक, ललित, शांतियुक्त। *adv.* अल्प, थोड़ा। **Prettily,** *adv.* सुन्दरता से। **Prettiness,** *n.* शोभा, सुन्दरता।

Prettyish (प्रिटिइश्) *adj.* कुछ-कुछ सुन्दर।

Prevail (प्रिवेल्) *v.i.* शक्ति अर्जित करना, विजय पाना, प्रबल होना, चालू होना, प्रोत्साहित करना।

Prevalent (प्रेवेलेन्ट्) *adj.* प्रचलित, चालू, अभिभावी, व्यापक, साधारण। **Prevalance,** *n.* प्राधान्य।

Prevaricate (प्रिवारिकेट्) *v.i.* धोखा देना, आनाकानी करना, टालमटोल करना, वाक्छल करना।

Prevenient (प्रिवीनिअन्ट्) *adj.* अग्रगामी, आगे का।

Prevent (प्रिवेन्ट्) *v.t.* रोकना, प्रतिबंध करना, रुकावट डालना।
Prevention (प्रिवेन्शन्) *n.* प्रतिबंध, रुकावट।
Preventive (प्रिवेन्टिव्) *adj.* प्रतिबंधक, हटाने वाला।
Previous (पप्रीविअस्) *adj.* पूर्व, (गत), पहिले का, अगला। **Previously,** *adv.* पहले से।
Previse (प्रिवाइज) *v.t.* पूर्वदृष्टि होना, पहले से ज्ञान होना। **Previsional,** *adj.* पूर्व दृष्टि का।
Prevision (प्रिविज़न्) *n.* पूर्वदृष्टि, पूर्वज्ञान।
Prey (प्रे) *n.* शिकार, लूट का माल। *v.t.* शिकार करना, नष्ट करना, लूटना।
Price (प्राइस्) *n.* किसी चीज को पाने की कीमत। *v.t.* किसी पदार्थ का मूल्य स्थिर करना, मूल्य आँकना।
Priceless (प्राइस्-लेस्) *adj.* अमूल्य, अनमोल।
Prick (प्रिक्) *v.t.* & *i.* बेधना (छेद करना), चुभाना। *n.* छेद चुभता हुआ दर्द, नुकीली वस्तु से किया हुआ चिह्न।
Pricker (प्रिकर) *n.* खोदने या बेधने का हथियार।
Prickle (प्रिकल) *n.* एक तरह की टोकरी, नुकीला काँटा, साही का काँटा। *v.i.* काँटा चुभाना या चुभना।
Prickly (प्रिकलि) *adj.* काँटेदार, नुकीला।
Pride (प्राइड्) *n.* अंहकार, मान, गर्व, धृष्टता।
Prie-dieu (प्राइ-डियु) *n.* प्रार्थना पीठिका, पूजा का आसन।
Priest (प्रीस्ट्) *n.* पुराहित, पादरी।
Prig (प्रिग्) *n.* छैला, छोटा चोर, नियमनिष्ठ। **Priggish,** *adj.* दम्भी, घमण्डी।
Prim (प्रिम्) *adj.* तकल्लुफ़ मिजाज़, औपचारिक। *v.t.* & *i.* सलीके से सँवारना।
Primacy (प्राइमेसि) *n.* श्रेष्ठता, प्रमुखता, प्रधान प्रोहित का पद।
Prima facie (प्राइमा फेसी) *adj.* & *adv.* प्रथम दृष्टया, प्रथम दृष्टि से।
Primage (प्राइमेज) *n.* भाड़े के अतिरिक्त की गयी दलाली।
Primal (प्राइमल्) *adj.* प्राथमिक, आदि का, मौलिक, पहिले का।
Primary (प्राइमरि) *adj.* प्रथम, प्रधान, मौलिक, मुख्य।
Primates (प्राइमेट्) *n.* नर वानर गण, प्राइमेटीज़।
Prime (प्राइम्) *adj.* अति उत्तम, मुख्य, प्रधान, आदि का बुनियादी। *n.* आरम्भ, प्रथम अवस्था, प्रौढ़ता, जवानी, उत्तम अंश। *v.t.* जानकारी करना, तैयार करना, बारूद डालना।
Primely (प्राइमलि) *adv.* प्रधान रूप से।
Primer (प्राइमर्) *n.* प्रथम पुस्तक, वर्णमाला की पुस्तक।
Primeval (प्राइमवल्) *n.* आदिम, आदियुगीन, पुरातन।
Primigenous (प्राइमिजीनस्) *adj.* प्रथम निर्मित, आदि का।
Primiparous (प्राइमिपरॅस) *adj.* पहली बार सन्तति उत्पत्ति करने वाला।
Primitive (प्रिमिटिव्) *adj.* प्राचीन, आदिम, असभ्य, मौलिक, प्राथमिक। *n.* मूल वस्तु। **Primitiveness,** *n.* प्राचीनता।
Primness (प्रिमनेस) *n.* सुकुमारता।
Primogenial (प्राइमजिनियल) *adj.* पहला उत्पन्न, मौलिक।
Primogeniture (प्राइमॉजेनिचर्) *n.* ज्येष्ठता, ज्येष्ठाधिकार। **Primogenitor,** *n.* आदि पुरूष, पूर्वज।
Primordial (प्राइमॉर्डिअल्) *adj.* आदिम कालीन, आदिम, प्रारंभिक।
Primrose (प्रिमरोज़) *n.* बसन्ती गुलाब।
Primula (प्रिम्यूला) *n.* प्रिम्यूला (इसी से प्रिम्यूलेसी कुल का नाम पड़ा)।
Primus (प्राइमस्) *adj.* प्रथम प्रधान, प्रवर, पहला।
Prince (प्रिन्स्) *n.* राजा, शासक, राजकुमार, राजपुत्र, सरदार, शिरोमणि।
Princely (प्रिन्सिलि) *adj.* राजकुमार के योग्य, श्रेष्ठ, राजकीय।
Princess (प्रिन्सेस्) *n.* राजकुमारी, राजकन्या।
Principal (प्रिन्सिपल्) *adj.* प्रधान, प्रमुख (श्रेष्ठ), उत्तम। *n.* मूलधन, अध्यक्ष, प्रधानाचार्य।
Principality (प्रिन्सिपॅलिटि) *n.* राज्य, प्रदेश, ज़ागीर।
Principle (प्रिन्सिपल्) *n.* नियम (व्यवस्था) हेतु (कारण), तत्व, मूल, सार, सिद्धान्त।
Prink (प्रिंक) *v.t.* & *i.* आडम्बरी या दिखावटी वस्त्र पहिनना, सँवारना, अकड़कर चलना।
Print (प्रिन्ट्) *n.* ठप्पा, चित्र, छाप, मुद्रण, चिह्न, मोहर। *v.t.* अंकित करना, पुस्तक छापना, मोहर लगाना।
Printer (प्रिन्टर्) *n.* पुस्तक इत्यादि छापने वाला, छापने का व्यवसायी। **Printery,** *n.* मुद्रण-कार्यालय।

Prior (प्रायर्) *n.* मठाधीश, मुख्य दण्डाधिकारी। *adj.* पूर्व, पूर्ववर्ती, पहला।

Priority (प्रायॉरिटि) *n.* पूर्ववर्तिता, प्रधानता।

Prism (प्रिज़्म्) *n.* क्रक आयत, छेदित घनक्षेत्र।

Prismatic (प्रिजमेटिक्) *adj.* छेदित घन क्षेत्र का।

Prismoid (प्रिज़्मॉइड्) *n.* छेदित घनक्षेत्र के समान आकृति।

Prison (प्रिजन्) *n.* कारागार बन्धन गृह। *v.t.* बन्धन में डालना, कैद करना।

Prisoner (प्रिज़नर्) *n.* बन्दी, बँधुआ, कैदी।

Pristine (प्रिस्टाइन्) *adj.* प्राचीन, पूर्वकालीन (मौलिक), पुराना, प्राचीन समय का।

Privacy (प्राइवासि) *n.* एकान्त गुप्तता, एकान्तता, स्थान।

Private (प्राइवेट्) *adj.* आत्मीय, अनधिकारी, अप्रकट, गुप्त, एकान्त।

Privateer (प्राइवेटिअर्) *n.* सामान्य मनुष्य का हथियारबंद जहाज जो शत्रु के जहाजों को पकड़ने के लिए नियुक्त होता है।

Privation (प्राइवेशन्) *n.* किसी गुण का अभाव, सुख का अभाव, तंगी, दरिद्रता।

Privet (प्राइवेट्) *n.* टट्टी बनाने की सदा हरी बनी रहने वाली झाड़ी।

Privilege (प्रिविलेज्) *n.* स्वाधिकार, विशेष अधिकार, असामान्य अधिकार। *v.t.* विशेष अधिकार देना।

Privily (प्रिविलि) *adv.* गुप्त रूप से छिपाकर।

Privity (प्रिविटि) *n.* छिपी अवस्था, गुप्त रूप से सहायता।

Privy (प्रिवि) *adj.* गूढ़, गुप्त, रहस्यपूर्ण। *n.* गुप्त स्थान, शौचगृह (पायखाना)।

Prize (प्राइज़्) *n.* पारितोषिक, उपहार, पुरस्कार। *v.t.* अधिक दाम लगाना, आदर करना।

Prize-money (प्राइज़्-मनि) *n.* युद्ध की लूट का माल।

Prize-ring (प्राइज-रिंग) *n.* अखाड़ा।

Prize-poem (प्राइज़्-पोएॅम्) *n.* पारितोषिक के लिये लिखी हुई कविता।

Pro (प्रो) *prep.* वास्ते, निमित्त, लिए। **Pro-forma**, *adv.* नियमानुसार किया हुआ। *pref.* पहले 'वास्ते' के अर्थ का उपसर्ग।

Pros and cons (प्रास एंड कान्स) *adj.* विधि तथा निषेध दोनों पक्ष का, मुवाफिक और खिलाफ दोनों पहलू।

Probability (प्रॉबेबिलिटि) *n.* प्रसंभाव्यता, संभाविता, प्रायिकता।

Probable (प्रॉबिबल्) *adj.* साध्य, प्रमाण्य, प्रसंभाव्य, संभावित, प्रायिक।

Probably (प्रॉबेब्लि) *adv.* प्रायः।

Probate (प्रोबेट्) *n.* मृतलेख का प्रमाण, वसीयतनामे को प्रभावित करने का आज्ञापत्र।

Probation (प्रॉबेशन्) *n.* नये अभ्यास का काल, परीक्षा काल। **Probationary,** *adj.* परिवीक्षात्मक, परिवीक्षार्थी।

Probe (प्रोब्) *n.* & घाव की परीक्षा करने की जर्राही सलाई, जाँच-पड़ताल। *v.t.* सलाई से घाव की परीक्षा करना, किसी विषय की भली-भाँति परीक्षा करना।

Probity (प्रॅबिटि) *n.* नैतिक-प्रतिष्ठा, सत्यनिष्ठा, ईमानदारी, सत्यता।

Problem (प्रॉब्लम्) *n.* विवाद्य विषय, कठिन प्रश्न, समस्या।

Problematic (al) (प्रॉब्लीमीटिक्-कल्) *adj.* शंका के योग्य, संदिग्ध, अनिश्चित।

Proboscis (प्रोबॉसिस्) *n.* हाथी की सूँढ़, पशुओं तथा कीड़ों के मुख के आगे की ओर बढ़ा हुआ भाग।

Procedure (प्रॉसीज्योर) *n.* कार्य करने की रीति, कानूनी व्यवहार।

Proceed (प्रॉसीड्) *v.i.* (भाषण) जारि रखना, आगे बढ़ना, उत्पन्न होना, आगे जाना, प्रवृत्त होना, अभियोग करना, बढ़ना।

Proceeding (प्रॉसीडिंग्) *n.* कृति, कार्य, व्यवहार।

Proceeds (प्रोसीड्स) *n.* प्राप्ति, लाभ, परिणाम।

Process (प्रॉसेस्) *n.* अदालती, कार्यवाही, उन्नति, प्रगति, कार्यरीति, आगे बढ़ना, बढ़ोत्तरी, उभार। *v.t.* & *i.* अदालत में दावा करना, भोजन सुरक्षित रखना, जुलूस में चलना।

Procession (प्रोसेशन्) *n.* बारात (सवारी), जुलूस, प्रगमन, शोभायात्रा। **Processional,** *adj.* जुलूस संबंधी, शोभायात्रा विषयक।

Proclaim (प्रोक्लेम्) *v.t.* घोषणा करना, प्रतिबंध या पाबंदी लगाना, एलान करना।

Proclamation (प्रॉक्लेमेशन्) *n.* घोषणपत्र, मुनादी, सरकारी घोषणा।

Proclivity (प्रॉक्लिविटि) *n.* झुकाव, प्रवृत्ति, प्रवणता।

Proconsul (प्रॉकॉन्सल्) *n.* मजिस्ट्रेट, गर्वनर, राज्यपाल।

Procrastinate (प्रोक्रॅस्टिनेट्) *v.i.* टालना, स्थगित करना, देर लगाना।
Procreant (प्रोकरिॲन्ट) *n.* उत्पादक।
Procreate (प्रोक्रिएट्) *v.t.* पैदा करना, उत्पन्न करना, प्रजनन करना, प्रसव करना।
Proctor (प्रॉक्टर) *n.* अभिकर्ता, मुख़्तार, (विश्वविद्यालय में) प्रॉक्टर, कुलानुशासक।
Procumbent (प्रोकाम्बन्ट्) *adj.* मुँह के बल लेटा हुआ, दंडवत।
Procuration (प्रॅक्योरेशन्) *n.* उपार्जन (प्राप्ति), ऋण दिलाने की दस्तूरी, उपलब्धि, कुटने या कुटनी का काम।
Procurator (प्रॅक्यूरेटर्) *n.* पैरवी करने वाला।
Procure (प्रक्योर) *v.t.* उपार्जन करना, परिश्रम से प्राप्त करना, कूटनीति का काम करना। **Procurement**, *n.* अधिप्राप्ति, आसादन।
Procurer (प्रॅक्योरर्) *n.* दलाल, कुटना।
Prod (प्रॉड) *v.t.* चुभाना, कोचना।
Prodigal (प्रॉडिगल्) *adj.* अतिव्ययी, मुक्तहस्त, उड़ाऊ। *n.* अतिव्यय, फ़िज़ूलखर्ची। **Prodigality**, *n.* फ़िज़ूलखर्ची, अतिव्यय।
Prodigally (प्रॅडिगलि) *adv.* फजूलखर्ची से।
Prodigious (प्रॉडिजस्) *adj.* अद्भुत, विचित्र, विलक्षण, बहुत बड़ा, आश्यचर्यजनक। **Prodigiously**, *adv.* विचित्रता से।
Prodigy (प्रॅडिजि) *n.* अद्भुत विषय, कौतुक, विलक्षण गुण सम्पन्न मनुष्य।
Proditor (प्रडिटर) *n.* विश्वासघाती मनुष्य। **Prodition**, निर्दयता, विश्वासघात।
Produce (प्रॉडयूस्) *n.* उपज, उत्पादन, पैदावार, उत्पत्ति। *v.t.* उपस्थित करना, फैलाना, बनाना, उत्पन्न करना, देना, प्रकाशित करना, सम्पन्न करना।
Producer (प्रॅड्यूसर्) *n.* निर्माता, उत्पादक, प्रस्तुतकर्ता।
Product (प्रॉडक्ट्) *n.* उपज, फल, परिणाम, गुणनफल।
Production (प्रॉडक्शन्) *n.* निर्माण (रचना), निर्मित पदार्थ, विशेषकर शैक्षिक या कलात्मक कार्य।
Productive (प्रॉडक्टिव्) *adj.* उत्पादक, उपजाऊ।
Proem (प्रोऍम्) *n.* आरम्भ, प्रस्तावना, भूमिका।
Profanation (प्रॉफ़नेशन्) *n.* अपवित्रीकरण, दूषण।
Profane (प्रॅफ़ेन) *adj.* अपवित्र, अशुद्ध, कलुषित, भ्रष्ट। *v.t.* अपवित्र करना, दूषित करना। **Profaner**, *n.* भ्रष्ट करने वाला।
Profanity (प्रॉफ़ेनिटि) *n.* ईश्वर-निन्दा, धर्म-निन्दा, धर्मभ्रष्ट आचरण, अपवित्र या धर्मभ्रष्ट आचरण।
Profess (प्रॉफेस्) *v.t.* बहाना करना, कार्य करना, प्रतिज्ञा करना, दिखावा करना, अपनाना।
Professed (प्रॉफेस्ड्) *adj.* घोषित, स्वीकृत।
Profession (प्रॉफेशन्) *n.* प्रतिज्ञा, स्वीकार, व्यापार, व्यवसाय, नियुक्ति, धार्मिक संस्था।
Professional (प्रॉफ़ेशनल्) *adj.* व्यवसाय से सम्बन्धित। *n.* किसी कला द्वारा अपना जीवन निर्वाह करने वाला मनुष्य। **Professionalism**, *n.* किसी व्यवसाय का गुण।
Professor (प्रॅफ़ेसर्) *n.* व्यवसाय करने वाला, विश्वविद्यालय का प्राध्यापक।
Professoress (प्रॅफेसरस्) *n.* प्राध्यापक की स्त्री, प्राध्यापिका।
Proffer (प्रॉफ़र्) *v.t.* भेंट करना, समर्पित करना। *n.* भेंट, उपहार, समर्थन।
Proficiency (प्रॉफिशेन्सि) *n.* निपुणता, प्रवीणता, कुशलता, योग्यता।
Proficient (प्रॉफिशेन्ट्) *adj.* प्रवीण, कुशल। **Proficiently**, *adv.* प्रवीणता या चतुराई से।
Profile (प्रोफाइल्) *n.* बगली नक्शा या चित्र, पार्श्व दृश्य, एक ओर का नक्शा। *v.t.* एक ओर का चित्र, खींचना, एक ओर का नक्शा खींचना।
Profit (प्रॉफ़िट्) *n.* लाभ, प्राप्ति, सुविधा। *v.t.* & *i.* फल प्राप्त करना, लाभदायक होना, उन्नति करना।
Profitable (प्रॉफ़िटेबल्) *adj.* लाभदायक, हितकर।
Profiteer (प्रॉफ़िटिअर्) *n.* (सरकारी ठेके में) अधिक लाभ उठाने वाला। **Profiteering**, *n.* निर्धारित मूल्य से बहुत अधिक दाम पर बेचने का कार्य।
Profligate (प्रॉफ्लिगेट्) *adj.* & *n.* दुधारी, भ्रष्टचरित्र, व्यसनी, भोगी, चरित्रहीन व्यक्ति। **Profligacy**, *n.* व्यसनता, लम्पटता।
Profound (प्रॉफाउन्ड्) *adj.* अत्यन्त, गहन, परम् व्युत्पन्न, (परम), अति गम्भीर।
Profundity (प्रॉफ़न्डिटि) *n.* विद्या की गहनता या गम्भीरता, अगाधता, गूढ़ता।
Profuse (प्रोफ्यूस्) *adj.* अतिव्ययी, लुटाऊ, विपुल, अति (अधिक)। **Profusely**, *adv.* अतिव्यय से।
Profusion (प्रोफ्यूजन्) *n.* अति व्यय, उड़ाऊपन।

Prog (प्रॉग्) *n.* यात्रा के लिए भोजन सामग्री।
Progenitor (प्रॅजेनिटर्) *n.* पूर्वपुरुष, पुरखा।
Progeniture (प्रॅजेनिचर्) *n.* सन्तति, सन्तान।
Progeny (प्रॉजेनि) *n.* संन्तान, सन्तति, वंश।
Prognathous (प्रॉगनॉथस्) *adj.* उद्हनु, उद्गतहनुता।
Prognosis (प्रॉग्नोसिस्) *n.* पूर्वानुमान, रोग का निदान या लक्षण।
Prognostic (प्रॉग्नॉस्टिक्) *n.* निदान, शकुन, लक्षण। *adj.* शकुल बतानेवाला।
Prognosticate (प्रॉग्नास्टिकेट्) *v.t.* भविष्यवाणी करना, पहले से बताना। **Prognostication,** *n.* शकुन।
Programme (प्रोग्राम) *n.* कार्यक्रम, सविस्तार वर्णन, योजना, कार्यसूची। *v.t.* कार्यक्रम निर्धारित करना।
Progress (प्रोग्रेस्) *n.* प्रगति, प्रगमन, जुलूस; वृद्धि, विकास, उन्नति, दौरा। *v.t.* उन्नति करना, बढ़ती करना, यात्रा करना, प्रगति करना।
Progression (प्रोग्रेशन्) *n.* अनुक्रम श्रेणी, आरोहण, प्रगमन, बढ़त, विकास। **Progressive,** *adj.* आगे की ओर बढ़ने वाला, प्रगतिशील, प्रगतिवादी। **Progressively,** *adv.* प्रगति करते हुए।
Prohibit (प्रॅहिबिट्) *v.t.* रोकना, निषेध करना, वर्जित करना, मना करना। **Prohibitor, Prohibiter** *ns.* निषेधक, मना करने वाला।
Prohibition (प्रॉहिबिशन्) *n.* निषेध, प्रतिषेध, मनाही (शराब पीने की)। **Prohibitionist,** *n.* शराब पीने की मनाही करने वाला। **Prohibitive,** *adj.* निषेधार्थक, मना करने वाला।
Project (प्रॉजेक्ट्) *v.t.* & *i.* ऊपर की ओर लम्बा करना, आगे को निकलना, बाहर की ओर रखना, योजना बनाना। *n.* उपाय, युक्ति, कल्पना, आशय।
Projectile (प्रॉजेक्टाइल) *adj.* प्रक्षेपान्तक, आगे को बढ़ाने वाला। *n.* हवा में फेंका हुआ पदार्थ यथा तोप बंदूक की गोली।
Projection (प्रॉजेक्शन्) *n.* चित्रण, बाहर को निकला हुआ भाग, आंकलन, समतल पर बना पृथ्वी का मानचित्र।
Projector (प्रॉजेक्टर्) *n.* उपाय सोचने वाला, उपाय रचने वाला, प्रकाश की किरणों के फैलाने का यंत्र।
Prolapsus (प्रॉलाप्सस्) *n.* शरीर के किसी अंग का आगे को झुक जाना।
Prolate (प्रोलेट्) *adj.* लम्बा, फैला हुआ।
Prolegomenon (प्रोलेगॅमनॅन) *n.* प्रस्तावना, भूमिका।
Prolepsis (प्रॉलेप्सि) *n.* पूर्वाभ्यास, पूर्व-ग्रहण, पूर्व समाधान।
Proletarian (प्रोलिटेरिअन्) *n.* श्रमजीवी, समाज में निम्नतम वर्ग का व्यक्ति।
Proletariate (प्रॉलिटेरिट्) *n.* दरिद्रतम श्रमिक वर्ग।
Prolicidal (प्रॅलिसिडल्) *adj.* सन्तान-हत्या- संबंधी।
Prolicide (प्रलिसाइड) *n.* सन्तान की हत्या।
Proliferate (प्रॉलिफरेट्) *v.t.* & *i.* उगना, बढ़ना, उत्पन्न होना या करना। **Proliferation,** *n.* वृद्धि। **Proliferative,** *adj.* बढ़ाने का।
Prolific (प्रॉलिफ़िक्) *adj.* फलवान, अत्यधिक उपजाऊ।
Proligerous (प्रलिजरस) *adj.* सन्तति उत्पन्न करने वाली।
Prolix (प्रॉलिक्स्) *adj.* अति दीर्घ, विस्तृत, प्रपंची।
Prolixity (प्रॅलिक्सिटि) *n.* अति विस्तार, प्रपंच।
Prologue (प्रोलॉग्) *n.* नाटक का आरम्भ, नाटक के आरम्भ में कही गयी कविता। *v.t.* प्रस्तावना करना। **Prologise,** *v.t.* प्रस्तावना लिखना या बोलना।
Prolong (प्रोलॉग) *v.t.* बढ़ाना, विस्तार करना। **Prolongate,** *v.t.* विस्तृत करना, बढ़ाना।
Prolongation (प्रोलॉङ्गेशन्) *n.* विस्तार, बढ़ाव।
Proluscry (प्रॉ-ल्यूसरि) *adj.* प्रस्तावना-संबंधी।
Promenade (प्रॅमिनेड्) *n.* टहलने का सार्वजनिक मार्ग, विहारार्थ भ्रमण या घुड़सवारी। *v.t.* & *i.* व्यायाम के लिए टहलना।
Prominence, Prominency (प्रॉमिनेन्स्, प्रोमिनेन्सि) *ns.* श्रेष्ठता, उन्नति, (ऊँचाई)।
Prominent (प्रॅमिनेन्ट्) *adj.* उन्नत, प्रसिद्ध, मुख्य, ऊँचा, प्रधान। **Prominently,** *adv.* प्रधान रूप से, विशिष्टता से।
Promiscuity (प्रॅमिसक्यूइटि) *n.* संकीर्णता, अभेद।
Promiscuous (प्रामिस्क्युअस्) *adj.* मिश्रित, अनेक प्रकार का।
Promise (प्रॅमिस्) *n.* प्रतिज्ञा, वचन, आशा, संकेत (स्वीकार)। *v.t.* & *i.* प्रतिज्ञा करना, आशा देना।
Promising (प्रामिजिंग) *adj.* आशाजनक, होनहार।
Promissory (प्रॅमिसरि) *adj.* प्रतिज्ञायुक्त।
Promontory (प्रॅमान्टरि) *n.* भूनासिका,

अन्तरीप। **Promontored,** *adj.* अन्तरीप-युक्त, भूनासिका-युक्त

Promote (प्रॅमोट्) *v.t.* ऊँचे पद पर नियुक्त करना, बढ़ाना, वृद्धि करना। **Promoter,** *n.* उपकारी, प्रवर्तक।

Promotion (प्रॅमोशन्) *n.* उन्नति, श्रेष्ठ पद की प्राप्ति।

Prompt (प्रॉम्प्ट्) *adj.* उद्यत, उद्योगी, फुर्तीला। *v.t.* कलाकार या बोलने वाले की सहायता करना, उत्तेजित करना, उत्साह देना, उकसाना।

Prompter (प्रॉम्पअर्) *n.* कलाकारों को प्रोत्साहित करने के लिए खड़ा हुआ एक व्यक्ति।

Prompting (प्रॉम्पटिंग्) *n.* प्रोत्साहन, नाटक के पात्रों की बात दोहराने का काम।

Promptitude (प्रॉम्प्टिटीट्यूड्) *n.* उत्साह, शीघ्रता।

Promulgate (प्रॉम्ल्गेट्) *v.t.* घोषणा करना, प्रकाशित (प्रसिद्ध) करना।

Promulge (प्रॅमल्ज्) *v.t.* प्रकाशित करना।

Prone (प्रोन्) *adj.* अधोमुख, (उद्यत), उन्मुख, झुका हुआ। **Pronely,** *adv.* औंधे रूप में। **Pronged,** *adj.* काँटेदार।

Prong (प्रॉंग्) *n.* काँटा। *v.t.* काँटा भोंकना।

Pronominal (प्रॉनॉमिनल्) *n.* सर्वनाम संबंधी। **Pronominally,** *adv.* सर्वनाम के समान।

Pronoun (प्रोनाउन्) *n.* सर्वनाम।

Pronounce (प्रॉनाउन्स्) *v.t.* & *i.* अपनी राय प्रकट करना, घोषित करना, विचार व्यक्त करना, निर्णय सुनना।

Pronounceable (प्रॅनाउन्सऐबल्) *adj.* उच्चारण करने योग्य।

Pronounced (प्रोनाउन्स्ड्) *adj.* निश्चित, निर्णय किया हुआ।

Pronouncement (प्रोनाउन्स्मेन्ट्) *n.* अधिकारी की घोषणा।

Pronouncer (प्रोनाउन्सर्) घोषणा या उच्चारण करनेवाला।

Pronouncing (प्रोनाउन्सिंग्) *adj.* उच्चारण संबंधी।

Pronunciation (प्रोनन्सिऐशन्) *n.* उच्चारण की रीति।

Proof (प्रूफ्) *n.* प्रमाण, (प्रुफ), जाँच, दृढ़ता, पहिली छाप, परीक्षा। *adj.* (अभेद्य), परीक्षित शक्ति का। *v.t.* कपड़े को जलसह बनाया, शक्तिशाली बनाना।

Proofless (प्रुफलैस्) *adj.* प्रमाण-रहित।

Prop (प्रॉप्) *n.* आधार (अवलम्ब), खम्भा। *v.t.* आश्रय देना, सहारा देना, घोड़ों का अगला पैर कड़ा करके स्थिर होना या रुक जाना।

Propagable (प्रोपगेबल) *adj.* विस्तार करने योग्य।

Propaganda (प्रॉपगेन्डा) *n.* किसी मत या सिद्धान्त पर प्रचार।

Propagandist (प्रॉपगॉन्डिस्ट्) *n.* किसी सिद्धान्त का प्रचारक।

Propagate (प्रॉपगेट्) *v.t.* & *i.* बढ़ाना, उत्पन्न करना, विस्तृत करना, प्रचलित करना, परम्परा बढ़ाना। **Propagation,** *n.* विस्तार (फैलाव), परम्परा, उन्नति।

Propel (प्रॅपिल्) *v.t.* प्रेरित करना, धकेलना, आगे को बढ़ाना, मारना। **Propelleant,** *adj.* प्रेरित करने वाला।

Propend (प्रपेन्ड) *v.t.* आगे की ओर झुकना। **Propense,** *adj.* झुका हुआ, उन्नत।

Propensity (प्रॉपेन्सिटि) *n.* प्रवृत्ति, रुझान।

Proper (प्रॉपर्) *adj.* आत्मीय, विशिष्ट, निजी, अपना, ठीक।

Properly (प्रॉपरलि) *adv.* वस्तुतः, उचित रीति से, यथायोग्य।

Property (प्रॉपर्टि) *n.* सम्पत्ति, धन, गुण, लक्षण, स्वभाव, अधिकार।

Prophecy (प्रॉफिसि) *n.* भविष्यवाणी, भविष्य कथन।

Prophesy (प्रॉफिसाइ) *v.t.* & *i.* भविष्य कहना, आगम बतलाना।

Prophet (प्रॉफेट्) *n.* सिद्ध, भविष्यवक्ता, पैगम्बर। **Prophetic,** *adj.* भविष्यवक्ता संबंधी, भविष्यवाणी का। **Prophetically,** *adv.* भविष्यवक्ता की रीति से।

Prophylactic (प्रॉफिलॅक्टिक्) *adj.* & *n.* बीमारी से बचाने वाला, रोगहर औषधि।

Propine (प्रॉपाइन) *v.t.* दया करके देना।

Propinquate (प्रापिनक्वेट) *v.t.* समीप आना, पहुँचना।

Propinquity (प्रापिन्क्विटि) *n.* समय की समीपता, सगोत्रता, पड़ोस।

Propitiate (प्रापिशिएट्) *v.t.* शमन करना, संतुष्ट करना। **Propitiation,** *n.* आराधना, शान्ति।

Propitious (प्रॉपिशस्) *v.t.* अनुकूल, अनुग्रही, कृपालु, कल्याणकर। **Propitiously,** *n.* अनुकूलता से, दया सहित।

Proponent (प्रॅपोनेन्ट्) *n.* प्रस्ताव करने वाला।

Proportion (प्रपोर्शन्) *n.* *Math.* समानुपात,

अनुरूपता, अनुपात, आकार, माप, भाग, हिस्सा। *v.t.* अनुरूप करना, समानुपातिक करना, के अनुपात में ठीक करना।

Proportionable (प्रपोर्शनेबल्) *adj.* सदृश, तुल्य।

Proportional (प्रपोर्शनल्) *adj.* तुल्य, अनुरूप। *n.* समानुपात का एक पद। **Proportionalish,** *n.* समानता से कार्य करने वाला। **Proportionate,** *adj.* अनुरूप, सदृश। **Proportionment,** *n.* तुल्यता, बराबरी।

Proposal (प्रपोझल्) *n.* प्रस्ताव, विवाह का वचन।

Propose (प्रपोज़्) *v.t.* & *i.* प्रस्ताव करना, सदस्य चुनना, प्रतिज्ञा करना, विचार करना, इच्छा करना, विवाह के लिए प्रार्थना करना।

Proposition (प्रापॉज़िशन्) *n.* प्रस्ताव, कथन, योजना, समस्या, प्रतिज्ञप्ति, निर्णय, प्रतिज्ञा, विवरण, कार्य व्यापार।

Propound (प्रो-पाउन्ड्) *v.t.* प्रतिपादन करना, निवेदन करना। **Propounder,** *n.* प्रतिज्ञा करने वाला।

Proprietor (प्रो-प्राइटर्) *n.* स्वामी, अधिकारी।

Propriety (प्रो-प्राइटि) *n.* योग्यता, शुद्धता, सदव्यवहार। (ब.व.) शुद्ध चरित्र।

Propulsion (प्रॉपल्शन्) *n.* आगे को धक्का।

Prorogue (प्रॉरोग) *v.t.* & *i.* स्थगित करना, प्रयास से दूर रखना, सत्र का अवसान करना। **Prorogation,** *n.* कुछ काल के लिए स्थगित करने का कार्य।

Prosaic (प्रॉज़ेइक्) *adj.* गद्य रूप, नीरस, तत्वहीन, साधारण, शोभाहीन। **Prosaism,** *n.* गद्यलेख।

Proscenium (प्रोसीनियम्) *n.* रंगभूमि का आगे का भाग।

Proscribe (प्रोस्क्राइब्) *v.t.* देश से निकालना, बहिष्कार करना, त्याग करना। **Proscription,** *n.* बहिष्कार। **Proscriptive,** देश निकाले का।

Prose (प्रोज्) *n.* गद्य। *v.t.* & *i.* गद्य में वार्ता करना।

Prosector (प्रोसेक्टर्) *n.* मुर्दों की चीर-फाड़ करने वाला।

Prosecute (प्रूसिक्यूट्) *v.t.* & *i.* पीछा करना, अभियुक्त (गिरफ्तार) करना, निर्वाह करना।

Prosecution (प्रॉसिक्युशन्) *n.* चालना, गिरफ्तारी, अभियाग। **Prosecutrix,** *n.* अभियोग चलाने वाली।

Proselyte (प्रॉसिलाइट्) *n.* परधर्म अनुयायी। **Proselytize,** *v.t.* धर्मत्याग या परिवर्तन कराना। **Proselytizes,** *n.* स्वधर्म त्याग कराने वाला।

Prosenchyma (प्रॉसेन्किमा) *n.* दीर्घ ऊतक।

Prosify (प्रोजिफाइ) *v.t.* गद्य में बदलना।

Prosily (प्रोजिलि) *adv.* गद्य रूप में।

Prosodial (प्रोसॅडिअल्) *adj.* छन्दशास्त्र संबंधी।

Prosody (प्रॉसाडि) *n.* छन्दशास्त्र, छन्दविद्या।

Prosopopoeia (प्रॉसोपपीइआ) *n.* साहित्य में गुण भावों को पुरुषवत् वर्णन करना, मानवीकरण।

Prospect (प्रॉस्पेक्ट्) *n.* पूर्वक्षण, दृष्टि, मनोगत दृश्य, आलोक, आशा। *v.t.* & *i.* अन्वेषण करना, खोजना।

Prospective (प्रॉस्पेक्टिव्) *adj.* सम्भावित, भावी आगे आने वाला।

Prospector (प्रॉस्पेक्टर्) *n.* सोने-चांदी की खान खोजने वाला।

Prospectus (प्रॉस्पेक्टस) *n.* किसी अनुष्ठान या संस्थान के नियमों, पाठ्यक्रमों तथा पाठ्यपुस्तकों की विवरण पुस्तिका।

Prosper (प्रॉस्पर्) *v.t.* & *i.* कृतार्थ होना, सफल होना।

Prosperity (प्रॉस्पेरिटि) *n.* सफलता, सौभाग्य।

Prosperous (प्रॉस्परस्) *adj.* सौभाग्यशाली, सफल, धन्य। **Prosperously,** *adv.* सफलता से।

Prostate (प्रॉस्टेट्) *n.* शिश्न की ग्रंथियाँ, पुरस्थ ग्रंथि। **Prostatic,** *adj.* शिश्न की ग्रंथियों से संबंधित।

Prosthesis (प्रॉस्थेसिस्) *n.* शरीर के टूटे हुए भागों को पूर्ण करने की जर्राही विधि।

Prostitue (प्रास्टिट्यूट्) *n.* वेश्या। *v.t.* अपनी मान-मर्यादा का बुरा उपयोग करना।

Prostitution (प्रॉस्टिट्यूशन्) *n.* वेश्या-जीवन, वेश्यागमन, वेश्यावृत्ति।

Prostrate (प्रॉस्ट्रेट्) *adj.* लम्बा पड़ा हुआ, साष्टांग दंडवत् किये हुए, मुंह के बल पड़ा हुआ। *v.t.* दण्डवत् करना, साष्टांग लेटना, पाँव पड़ना, नष्ट करना। **Prostrated,** *adj.* लम्बा पड़ा हुआ।

Prosy (प्रोझि) *adj.* समान्य, मन्द, फीका, गद्यवत्। **Prosily,** *adv.* सामान्य रूप से।

Protagonist (प्रोटॅगॉनिस्ट्) *n.* पहलवान, कथा या नाटक का प्रधान पुरुष।

Protect (प्रोटेक्ट्) *v.t.* शरण (सहायता) देना, रक्षा करना, सुरक्षित करना, बचाना।

Protection (प्रोटेक्शन्) *n.* (पालन-पोषण) रक्षा, सुरक्षण, आवरण, आच्छादन। **Protectionist,** *n.* इस प्रकार के सिद्धान्त का अनुयायी।

Protector (प्रोटेक्टर्) *n.* रक्षक, आश्रयदाता, शरण देने वाला, संरक्षक।

Protectorate (प्रोटेक्टरेट्) *n.* संरक्षक का शासन, संरक्षित राज्य।

Protege (प्रॅटिझे) *n.* उपजीवी, दूसरे की रक्षा में रहने वाला मनुष्य।

Proteid (प्रोटीड्) *n.* भोजन के मुख्य अंश।

Protein (प्रोटीन्) *n.* प्रोटीन।

Protempore (प्रोटैम्पोर) *adv.* कुछ काल के लिए।

Protend (प्रोन्टेन्ड) *v.t.* फैलाना, आगे बढ़ाना।

Protervity (प्रोटर्विटि) *n.* धृष्टता।

Protest (प्रोटेस्ट्) *v.t.* & *i.* विरोध करना, दृढ़ वाक्य बोलना। *n.* दृढ़ उक्ति, अस्वीकार, विरुद्ध वाक्य।

Protestant (प्रॉटिस्टन्ट) *adj.* & *n.* ईसाइयों के उस पंथ का अनुयायी जो पोप के अधिकार को स्वीकार नहीं करता। **Protestantism,** *n.* इस मत का सिद्धान्त।

Protestation (प्रॉटिस्टेशन्) *n.* दृढ़ वचन, प्रकथन।

Prothalamion (प्रोथलेमिअन्) *n.* विवाह-गीत।

Proto (प्रोटॅ) *pref.* 'प्रथम', 'आदि', अर्थ का उपसर्ग।

Protocol (प्रोटोकॉल्) *pref.* अधिकारिक विवरण, मूल लिपि, शिष्टाचार। *v.t.* & *i.* मसविदा बनाना।

Protogenic (प्रोटोजेनिक) *adj.* पहले बना हुआ।

Proton (प्रोटॉन्) *n. Physics.* स्वतंत्र बिजली की अल्पमत (सबसे कम) मात्रा।

Protoplasm (प्रोटॅलज़्म्) *n.* वनस्पति तथा प्राणियों के जीवन का आधार तत्व।

Prototype (प्रोटॉटाइप्) *n.* मूल, मूलरूप, प्रतिभा, आदर्श।

Protract (प्रोट्रॅक्ट्) *v.t.* बढ़ाना फैलाना, विलम्ब करना। **Protraction,** *n.* विस्तार, फैलाव।

Protracted (प्रॅटैक्टिड्) *adj.* फैला हुआ।

Protractive (प्रॅट्रॉक्टिव्) *adj.* विलम्ब करने वाला।

Protractor (प्रोट्रॅक्टर्) *n.* कोण बनाने या नापने का यंत्र।

Protrude (प्रोट्रुड्) *v.t.* & *i.* फैलाना, बढ़ाना, उभाड़ना। **Protrusion,** *n.* प्रलम्बन, फैलाव।

Protrudent (प्रॉट्रूडेन्ट्) *adj.* फैलाता हुआ।

Protuberance (प्रॉटयूबरन्स्) *n.* शोथ, सूजन।

Protuberant (प्रॉटयूबरन्ट्) *adj.* फूला हुआ, (ऊँचा), उन्नत।

Proud (प्राउड्) *adj.* महत्वपूर्ण, प्रभावपूर्ण, अभिमानी, अहंकारी, गर्वीला, उदण्ड, वैभवशाली, शानदार, हेकड़, गर्वीला। **Proudly,** *adv.* घमण्ड से, गर्वपूर्वक।

Prove (प्रूव्) *adj.* सिद्ध करना, निश्चित करना, परीक्षा करना, प्रकाशित करना। **Provable,** *adj* प्रमाण्य।

Proven (प्रूवन्) *adj.* प्रमाणित किया हुआ।

Provenance (प्रोवेनन्स्) *n.* उत्पत्ति स्थान।

Provender (प्रोवेन्डर्) *n.* चारा, भूसा, भोजन, खाना।

Proverb (प्रॉवर्ब) *n.* जनप्रवाद, लोकोक्ति, कहावत।

Proverbial (प्रॉवर्बिअल्) *adj.* लौकिक, लोक प्रसिद्ध।

Proviant (प्रॅविअन्ट्) *n.* सेना के भोजन इत्यादि का प्रबंध।

Provide (प्रॅवाइड्) *v.t.* & *i.* पहले से तैयारी करना, नियुक्त करना, सामग्री उपस्थित करना।

Provided (प्रॉवाइडिड्) *conj.* युक्तिसहित, पूर्वनिर्दिष्ट।

Providence (प्रॉविडन्स्) *n.* विधि, मितव्ययिता, दूरदर्शिता, ईश्वरीय कृपा, परमेश्वर, ईश्वर।

Provident (प्रॉविडन्ट्) *adj.* दूरदर्शी, बुद्धिमान, किफायती।

Providential (प्रॉविडेन्शल्) *adj.* भाग्यशाली, दैवी। **Providently,** *adv.* दूरदर्शिता से।

Provider (प्रोवाइडर) *n.* पूर्ति या प्रदान करने वाला, जुटाने वाला।

Province (प्रॉविन्स्) *n.* देश, सूबा, कार्यक्षेत्र।

Provincial (प्रॉविन्शल्) *adj.* प्रांतीय, देहाती, अनुदार, असंस्कृत।

Provincialism (प्रॉविन्शिअलिझम्) *n.* देहाती व्यवहार तथा बोलने-चालने की रीति।

Provision (प्रोविझन्) *n.* अनुबंध, पूर्वकरार, खाद्य सामग्री, भंडार, व्यवस्था, रसद, सामान। (ब.व.) भोजन-सामग्री। *v.t.* भोजन-सामग्री जुटाना।

Provisional (प्रोव्हिझनल्) *adj.* सामयिक, कुछ काल के लिए। **Provisionary,** *adj.* कुछ काल का।

Proviso (प्रोवाइज़ें) *n.* नियम, उपबंध, शर्त, प्रतिबंध।

Provisor (प्रॅवाइजर) *n.* मठ आदि का भण्डारी। **Provisory,** *adj.* अस्थायी, शर्तबंद।

Provocation (प्रॅवॅकेशन्) *n.* प्रेरणा, उत्तेजना,

छेड़छाड़।

Provocative (प्रॅवॅकेटिव्) *adj.* उत्तेजक, उकसाने वाला।

Provoke (प्रॅवोक्) *v.t.* उत्तेजित करना, क्रोध दिलाना, चिढ़ाना, ललचाना।

Provost (प्रॉवस्ट्) *n.* महाविद्यालय का अध्यक्ष, मजिस्ट्रेट।

Prow (प्राउ) *n.* जहाज़ का अगला भाग। *adj.* वीर, योग्य।

Prowess (प्रॉउऍस्) *n.* वीरता, पराक्रम, बहादुरी, कौशल।

Prowl (प्राउल) *v.t.* & *i.* लूटने या शिकार करने के निमित्त भ्रमण करना। **Prowler,** *n.* शिकार की खोज में घूमने वाला।

Proximal (प्रॉक्सिमल) *adj.* केन्द्र की ओर स्थित।

Proximate (प्रॉक्सिमेट्) *adj.* समीप, निकट, आसन्न।

Proximity (प्रॉक्सिमिटि) *n.* समीपता, निकटता।

Proximo (प्राक्सिमें) *adv.* आगामी मास का।

Proxy (प्रॉक्सि) *n.* मुख्तारनामा, प्रतिनिधि।

Prude (प्रूड्) *n.* अति पाखण्डपूर्ण विनीत स्त्री, कपटी।

Prudence (प्रूडेन्स्) *n.* दूरदर्शिता, चालाकी।

Prudent (प्रूडेन्ट्) *adj.* दुनियादार, चतुर, विवेकी, नीतिज्ञ, मित्वययी। **Prudential,** *adj.* बुद्धिमानी का, विवेकयुक्त।

Prudently (प्रडेन्टलि) *adv.* दूरदर्शिता से, विवेक-सहित।

Prudish (प्रूडिश्) *adj.* पाखण्डी, आडम्बरी।

Prune (प्रून्) *n.* सूखी हुई बेर (या जामुन)। *v.t.* छाँटना, (काटना), अनावश्यक भाग हटाना।

Prunella (प्रूनेला) *n.* एक प्रकार की बूटी, ओढ़ना बनाने का पुष्ट रेशमी वस्त्र।

Prurient (प्रूरिएंट्) *adj.* कामी, नीच अभिलाषा का। **Pruriently,** *adv.* कामुकता से।

Prussian (प्रशन्) *adj.* प्रशिया का, प्रशियाई। *n.* प्रशिया निवासी।

Prussic (प्रसिक्) *adj.* प्रशियन ब्लू का।

Pry (प्राय्) *v.i.* भेद लेना, निहारना। *n.* सूक्ष्म परीक्षा। **Prying,** *n.* सूक्ष्म निरीक्षण।

Psalm (साम्) *n.* स्तोत्र, धर्म गीत, भजन। **Psalmist,** *n.* स्तोत्र या भजन बनाने वाला। **Psalmody,** *n.* भजन या स्तोत्र गाने की कला। **Psalmodist,** *n.* भजन गानेवाला।

Psalmodic (सामोडिक) *adj.* भजन सम्बन्धी।

Psalter (सॉल्टर्) *n.* भजन संहिता, स्तोत्र संग्रह।

Psaltery (सॉल्टरि) *n.* सारंगी, मध्ययुगीन तारवाद्य यंत्र।

Pseudo (स्यूडे) *pref.* उपसर्ग जिसका अर्थ मिथ्या कपट छल इत्यादि होता है। **Pseudograph,** *n.* मिथ्या साहित्य। **Pseudologist,** *n.* असत्यवक्ता।

Pseudoblepsis (स्यूडॅब्लेपसिस्) *n.* भ्रामक दृष्टि।

Pseudonym (स्यूडॅनिम्) *n.* लेखक का बनावटी नाम।

Pseudonymity (स्यूडॅनिमिटि) *n.* कृत्रिम नाम पर लेख।

Pseudoscope (स्यूडॅस्कोप्) *n.* एक प्रकार की दूरबीन।

Pshaw (शॉ) *inter.* अधैर्य अथवा तिरस्कार सूचक अव्यय, धिक्कार। *v.t.* & *i.* धिक्कारना।

Psilosis (साइलोसिस्) *n. e.g* रोवाँ या माँस हटाने की क्रिया।

Psittacine (सिटसाइन) *adj.* तोते की तरह का, शुक-सम्बन्धी।

Psoriasis (सॅराइअसिस) *n.* चर्मरोग जिसमें लाल चकत्ते पड़ जाते हैं।

Psyche (साइकि) *n.* मन, चित्त, आत्मा, दिन में उड़ने वाला एक तरह का कीट।

Psychiatry (साइकाइअट्रि) *n.* मानसिक रोगों की चिकित्सा।

Psycho (साइको) *pref.* 'आत्मा या मन' अर्थ का उपसर्ग।

Psycho-analysis (साइको-अनॅलिसिस्) *n.* मनो-विश्लेषण।

Psychology (साइ-कॉलॉजि) मानस शास्त्र। **Pshychological, Psychologist,** *n.* मनोवैज्ञानिक।

Psychomachy (साइकोमैकि) *n.* आत्मा का शरीर से संघर्ष।

Psychomancy (साइकोमैन्सि) *n.* प्रेत विद्या।

Psychometry (साइकॅमेट्रि) *n.* मानसिक शक्ति की नाप।

Psychosis (साइकोसिस्) *n.* मनोविकार, पागलपन।

Ptarmigan (टरमिगन्) *n.* सर्दी में सफेद रंग में परिवर्तित होने वाला पक्षी।

Ptomaine (टोमेन्) *n.* माँस के सड़ने से उत्पन्न विष।

Puberty (प्यूबर्टि) *n.* यौवन, तरुण अवस्था।

Pubescent (प्यूबिसन्ट्) *adj.* यौवन प्राप्त करने

का समय या अवस्था। **Pubescence,** *n.* यौवन प्राप्त करने का समय।
Public (पब्लिक्) *adj.* सार्वजनिक, सामान्य, प्रचलित (प्रसिद्धि)। *n.* सामान्य जन, लोक।
Publican (पब्लिकन्) *n.* टैक्स या कर वसूल करने वाला, शराबखाने का मालिक।
Publication (पब्लिकेशन्) *n.* घोषणा, प्रकाशन, प्रकाशित ग्रन्थ।
Publicist (पब्लिसिस्ट्) *n.* प्रचलित विषय पर लेख लिखने वाला, पत्रकार।
Publicity (पब्लिसिटि) *n.* प्रचार, विज्ञापन, प्रकाशन।
Publicly (पब्लिकलि) *adv.* सार्वजनिक ढंग से।
Publish (पब्लिश्) *v.t.* (पुस्तक आदि) छापकर बिक्री के लिए देना, प्रकाशित करना, विस्तार करना। **Publisher,** *n.* प्रकाशक, प्रचार करने वाला।
Puce (प्यूस्) *adj.* बैंगनी, जामुन के रंग का।
Pucelage (प्यूसिलेज) *n.* कुमारी अवस्था।
Puck (पक्) *n.* दुष्ट बालक, दुष्ट प्रेत।
Pucka, Pukka (पक्का) *adjs.* पक्का।
Pucker (पकर्) *v.t.* & *i.* सिकोड़ना, झुर्री पड़ना। *n.* सिकुड़न, झुर्री। **Puckered,** *adj.* संकुचित, सिकुड़ा हुआ। **Puckering,** *n.* संकोच, बलि।
Pud (पड्) *n.* बच्चे का हाथ।
Pudder (पडॅर) *n.* उपद्रव, कोलाहल। *v.t.* & *i.* व्यग्र करना, घबड़ा देना, कोलाहल करना।
Pudding (पुडिंग्) *n.* एक प्रकार का माँस या अन्न इत्यादि का पकवान या हलुवा।
Puddle (पडल्) *n.* गारा, छोटा गन्दे पानी का गड्ढा, कीचड़। *v.t.* & *i.* गन्दा करना, कीचड़ घँघोलना, मिट्टी या गारा लगाना।
Pudency (पयूडेंसि) *n.* लज्जा।
Pudendal (प्यूडेन्डल्) *adj.* गुप्त जननांग संबंधी।
Pudendum (प्यूडेनडम्) *n.* गुप्त भाग, (योनि, भग, लिंग)।
Pudgy (पजि) *adj.* मोटा-नाटा।
Pudibund (प्यूडिबन्ड) *adj.* अश्लील, निर्लज्ज।
Pudicity (प्यूडिसिटि) *n.* लज्जा, पतिव्रत धर्म।
Puerile (प्यूअराइल्) *adj.* बालक योग्य, तुच्छ, ओछा, मूर्ख।
Puerperal (प्यूअरपेरल्) *adj.* प्रसव संबंधी।
Puff (पफ्) *n.* हवा का झोंका, प्रशंसा-युक्त समीक्षा (पुस्तक आदि की), थोडी मात्रा में, भाप या धुआँ, फूँक, कश (जैसे सिगरेट की)। *v.t.* & *i.* मुँह से फुलाना, हाँफना, साँस फूलना, कश खींचना।
Pug (पग्) *n.* बन्दर, एक प्रकार का छोटा कुत्ता, ईंट बनाने की तैयार की गई मिट्टी।
Pug (पग) *n.* पशु के पैर के चिह्न। *v.t.* पैर के चिह्न से पशु का अन्वेषण करना।
Pugfaced (पग्फेस्ड्) *adj.* कपिमुख, बन्दर के सदृश मुखवाला।
Puggish (पगिश्) *adj.* बन्दर के सदृश।
Pugh (पू) *inter.* तरस्कारसूचक अव्यय।
Pugil (प्यूजिल्) *n.* चुटकी भर।
Pugilism (प्यूजिलिज़्म्) *n.* मुक्केबाजी।
Puglist (प्यूजिलिस्ट) *n.* घूँसेबाज, हुज्जत करने वाला। **Puglistic,** *adj.* मुक्केबाज़ी संबंधी, हुज्जती।
Pugmill (पग्मिल्) *n.* मिट्टी पीसने की चक्की।
Pugnacious (पग्नॅशिस्) *adj.* (कलहप्रिय) लड़ाका, झगड़ालू।
Pugnacity (पग्नॉसिटि) *n.* कलह की इच्छा।
Puisne (प्यूनि) *adj.* & *n.* छोटा, पद में कम।
Puissance (प्यूनिसेन्स्) *n.* प्रबलता, शक्ति, पराक्रम।
Puissant (प्यूसन्ट्) *adj.* अधिक प्रभाव वाला, प्रबल।
Puke (पयूक्) *v.t.* & *i.* वमन करना, उल्टी करना। *n.* उल्टी करने वाली दवा।
Pull (पुल्) *v.t.* & *i.* दबाना, ढकेलना, अपनी ओर खींचना, शक्ति लगाना, तोड़ना, उठाना। *n.* आकर्षण, प्रभाव, खिंचाव या प्रयत्न। **Puller,** *n.* खींचने का यंत्र, खींचने वाला।
Pullet (पुलिट्) *n.* छोटा मुर्गा या मुर्गी।
Pulley (पुलि) *n.* घिरनी, चरखी। *v.t.* घिरनी लगाना।
Pullicate (पुलिकेट्) *n.* एक प्रकार का रंगीन रूमाल।
Pullover (पुल्-ओवर्) *n.* सिर पर से पहनने का एक प्रकार का वस्त्र, स्वेटर।
Pullulate (पल्युलेट) *v.t.* & *i.* उगना, उभड़ आना, फूलना।
Pulmonary (पल्मॅनरि) *adj.* फुप्फुस (फेफड़ा) संबंधी।
Pulmonate (पलमॅनेट्) *adj.* फेफड़े वाला।
Pulp (पल्प्) *n.* गूदा, मज्जा, वसा, लुगदी। *v.t.* & *i.* गूदा निकालना, मुलायम करना या होना।
Pulpify (पलिपफाइ) *v.t.* नरम गूदेदार बनाना।
Pulpit (पुलपिट्) *n.* धर्मोपदेश करने का आसन,

पुरोहित या उपदेशक का व्यवसाय।

Pulsate (पल्सेट्) *v.t.* फड़कना, स्फुरण करना, धड़कना, काँपना।

Pulsative (पल्सेटिव) *adj.* फड़कता हुआ, स्फुरण संबंधी। **Pulsator,** *n.* हीरा अलगाने का यंत्र। **Pulsatory,** *adj.* धड़कने या काँपनेवाला।

Pulse (पल्स्) *n.* नाड़ी (नाड़ी-स्फुरण), दाल। *v.t.* नाड़ी की तरह फड़कना या धड़कना।

Pultaceous (पॅल्टेशस) *adj.* गूदेदार, मुलायम।

Pulverable (पल्वरेब्ल्) *adj.* बुकनी बनाना।

Pulverate (पल्वरेट्) *v.t.* बुकनी बनाना।

Pulverize (पल्वराइज़्) *v.t.* & *i.* महीन बुकनी करना, परास्त करना, बूकना। **Pulverizer,** *n.* बुकनी करने वाला।

Pulverulence (पल्वरुलेन्स्) *n.* धूलिपूर्णता।

Pulverulent (पल्वरयूलेन्ट्) *adj.* चूर्णिल, धूलिमय, भुरभुरा।

Pulvil (पल्विल्) *n.* सुगंधित बुकनी। *v.t.* सुगन्धित बुकनी छिड़कना।

Pulvinate (पल्विनेट) *adj.* फूला हुआ, उमड़ा हुआ, गद्दी के समान।

Puma (प्यूमा) *n.* लाल-भूरे रंग का अमरीकी बिलाव।

Pumice (प्यूमिस) *n.* कुरुन पत्थर, झावाँ।

Pump (पम्प्) *n.* एक प्रकार का हल्का जूता, पानी खींचने का यंत्र, हवा भरने या निकालने की पिचकारी। *v.t.* & *i.* पम्प चलाना, पिचकारी से पानी या हवा निकालना या भरना।

Pumkin (पम्प्किन्) *n.* कोहड़ा, कद्दू, लौकी।

Pun (पन्) *n.* श्लेष, अनेक अर्थों के शब्द का प्रयोग। *v.t.* श्लेष का प्रयोग।

Punch (पंच्) *v.t.* मुक्का मारना, छेद करना। *n.* छेद काटने की छेनी, सुंभी, एक प्रकार की मदिरा, हँसाने वाली मूर्ति (भाँड)।

Punch (पंच्) *n.* कठपुतली के खेल का प्रधान पात्र, हास्यरस की एक प्रसिद्ध अंग्रेजी पत्रिका।

Punchinello (पंशिनेलॅ) *n.* छोटा मनुष्य, भाँड़ (मसखरा)।

Punctate (पंक्टेट्) *adj.* बिन्दुओं से चिह्नित।

Punctilio (पंक्टिलिऑ) *n.* बारीकी, शिष्टाचार।

Punctilious (पंक्टिलिअस्) *adj.* सूक्ष्म नियम वाला, अति शिष्टाचारी।

Punctual (पंक्च्युअल्) *adj.* समय पर कार्य करने वाला, सामयिक, देर न करने वाला। **Punctually,** *adv.* ठीक समय पर, यथासमय।

Punctuate (पंक्च्युएट्) *v.t.* विराम चिह्न लगाना।

Punctuation (पंक्च्युएशन्) *n.* विराम चिह्न का प्रयोग।

Puncture (पंक्चर्) *n.* छोटा छिद्र, बेध। *v.t.* & *i.* छेद करना, छेद होना।

Pungent (पंजन्ट्) *n.* कडुवा, तीखा, उत्तेजक, कोंचने वाला, मर्मबेधी।

Punic (प्यूनिक्) *adj.* काथेज् देश (अथवा वहाँ के निवासी) संबंधी, अविश्वासी।

Punish (पनिश्) *v.t.* दंड देना, ताड़ना करना।

Punishability (पनिशेबिलिटि) *n.* दण्डयोग्यता।

Punishable (पनिशेब्ल्) *adj.* दण्ड देने योग्य। **Punisher,** *n.* दण्ड देने वाला।

Punishment (पनिशमैंट्) *n.* दंड, शासन, सजा।

Punitive (प्यूनिटिव्) *adj.* दंड देने वाली। **Punitory,** *adj.* दंडात्मक।

Punk (पंक्) *n.* वेश्या, रंडी, निकम्मी वस्तु।

Punkie (पंकि) *n.* उड़कर काटने वाला, छोटा कीट।

Punner (पनर्) *n.* धुरमुस, मिट्टी दबाने का औजार।

Punnet (पनेट्) *n.* छोटी टोकरी, डलिया।

Punster (पन्स्टर्) *n.* दुहरे अर्थ के शब्दों का सर्वदा प्रयोग करने वाला।

Punt (पन्ट्) *n.* डोंगी छिछली नाव। *v.t.* & *i.* बाँस से डोगी चलाना।

Punt (पन्ट्) *n.* गेंद के जमीन पर गिरने से पहले किक (लगाना)। *v.t.* पैर से गेंद मारना।

Punty (पन्टि) *n.* काँच के पात्र बनानेवाले का लोहे का डंडा।

Puny (प्यूनि) *adj.* छोटे आकार का दुर्बल, शक्तिहीन, नन्हा। *n.* अनुभवहीन युवा मनुष्य।

Pup (पप्) *n.* कुत्ते का छोटा बच्चा। *v.t.* जन्म देना, बियाना।

Pupa (प्यूपा) *n.* कीड़े के जन्म के बाद की तृतीय अवस्था।

Pupil (प्यूपिल्) *n.* शिष्य, आँख की पुतली।

Pupilage (प्यूपिलेज्) *n.* विद्यार्थी का अवस्था या इसका समय।

Pupilar (प्यूपिलर्) *adj.* विद्यार्थी संबंधी।

Pupilate (प्यूपिलेट) *adj.* मध्य में छिद्र किया हुआ।

Pupil-teacher (प्यूपिल्-टीचर्) *n.* अध्यापक जो अपने गुरु से बालकों को पढ़ाने की विधि सीखता है।

Puppet (पपेट्) *n.* कठपुतली, पराधीन मनुष्य।

Puppetry, *n.* गुड़िया का खेल।
Puppy (पपि) *n.* घमण्डी, ओछा मनुष्य, मूर्ख, छैला, पिल्ला।
Purbeck (पर्बेक) *n.* एक प्रकार का कड़ा चूने का पत्थर।
Purblind (पर्ब्लाइन्ड्) *adj.* कुछ-कुछ अंधा, धुंधला।
Purchasable (परचेजेबल्) *adj.* खरीदने के लायक।
Purchase (पर्चेस्) *v.t.* मोल लेना, खरीदना। *n.* खरीद, क्रय, क्रय या मोल लिया हुआ पदार्थ, प्राप्ति।
Pure (प्योर्) *n.* पवित्र, शुद्ध, निर्मल, स्वच्छ, अमिश्रित।
Purely (प्योरलि) *adv.* शुद्धता से, निर्मलता से।
Purfle (पर्फल्) *n.* जरी के काम का झालर, बेलबूटे या कशीदे का काम। *v.t.* किनारी लगाना।
Purfling (पर्फलिंग्) *n.* जरी के काम का झालर।
Purgative (पर्गेटिव्) *adj.* रेचक (दस्त लाने वाली), पेट साफ करने वाली (औषधि)।
Purgatory (पर्गेटरि) *n.* शोधक, पाप नाश करने का स्थान, पापमोचन स्थान। *adj.* शोधनात्मक।
Purge (पर्ज्) *v.t.* & *i.* शुद्ध करना, पाप हटाना, पेट का मल निकालना, शुद्ध होना।
Purger (पर्जर्) *n.* शुद्ध करने वाला।
Purification (प्योरिफिकेशन्) *n.* शुद्धि, शोधन। **Purificative,** *adj.* परिशोधक, शुद्ध करने वाला।
Purifier (प्योरिफ़ायर्) *n.* शोधक, निर्मल या शुद्ध करने वाला।
Purify (प्योरिफाइ) *v.t.* शुद्ध करना, निर्मल करना।
Purist (प्योरिस्ट्) *n.* भाषा की शुद्धता पर अधिक ध्यान रखने वाला। **Purism,** *n.* भाषा-शुद्धता।
Purity (प्योरिटि) *n.* पवित्रता, निर्मलता, शुद्धता।
Purl (पर्ल्) *v.i.* कल-कल करते हुए बहना। *v.t.* कलाबत्तू का काम करना। *n.* कलाबत्तू, जल का मन्द शब्द।
Purler (पर्लर्) *n.* जोरदार बहाव।
Purlieu (पलर्यू) *n.* सीमा, किनारा, सरहद। (ब.व.) सीमा प्रदेश।
Purloin (पर्-लॉइन्) *v.t.* चुराना, मूसना।
Purple (पर्पल्) *n.* बैंगनी, लाल और नीले रंग का मेल। *adj.* बैंगनी रंग का। *v.t.* बैंगनी रंग से रंगना।
Purport (परपोर्ट्) *n.* अभिप्राय, तात्पर्य। *v.t.* अर्थ लगाना, तात्पर्य बतलाना।
Purpose (परपस्) *n.* उद्देश्य, लक्ष्य, अभिप्राय, आकांशा, प्रयोजन। *v.t.* & *i.* इरादा करना, संकल्प करना।
Purposeful (पर्पस्-फुल) *adj.* आशयपूर्ण। **Purposeless,** *adj.* निरर्थक। **Purposely,** *adv.* जानबूझकर। **Purposive,** *adj.* संकल्प या निश्चय वाला।
Purr (पर्) *n.* बिल्ली की घुरघुराहट का शब्द। *v.t.* ऐसा शब्द करना जैसा बिल्ली प्रसन्न होने पर करती है (घुरघुराना)।
Purse (पर्स) *n.* रुपया रखने की थैली (बटुआ), धन, कोष।
Purse (पर्स) *v.t.* & *i.* ओंठ या भौंह सिकोड़ना, बटुए में डालना।
Purser (पर्सर्) *n.* जहाज पर का खजांची या भंडारी।
Purslane (पर्सलेन्) *n.* कुलफा का शाक।
Pursuance (पर्स्युअन्स्) *n.* अनुसरण, परिणाम।
Pursuant (पर्स्युअन्ट्) *adj.* अनुसारी, अनुवर्ती।
Pursue (परस्यु) *v.t.* & *i.* जारी रखना, पीछा करना, शिकार करना, अनुसरण करना।
Pursuer (पर्सूअर्) *n.* अनुसरण करने वाला।
Pursuit (पर्सूट्) *n.* अनुसरण, प्रवृत्ति (खोज), उद्यम (व्यवसाय)।
Pursuivant (पर्सिवान्ट्) *n.* अनुचर, सेवक, चोबदार।
Pursy (पर्सि) *adj.* स्थूलकाय, कठिनता से साँस लेने वाला।
Purulent (प्यूरूलेन्ट्) *adj.* पीब से भरा हुआ।
Purvey (पर्-वे) *v.t.* & *i.* व्यवस्था करना, प्रबंध करना, जुटाना। **Purveyance,** *n.* रसद, खाद्य सामग्री।
Purveyor (पर्वेअर्) *n.* भोजन सामग्री जुटाने वाला।
Purview (पर्व्यू) *n.* नियम के लेख, फैलाव, विस्तार।
Pus (पस्) *n.* पीव, मवाद।
Push (पुश्) *v.t.* & *i.* दबाना, दूसरों से बढ़ जाना, हटाना, किसी पर बल प्रयोग करना, ढकेलना। *n.* आक्रमण (हमला), धक्का, आघात (चोट), प्रेरणा।
Pusher (पुशर्) *n.* आगे को बढ़ानेवाला।
Pushing (पुशिंग्) *adj.* उत्साही, उद्योगी।
Push-pin (पुश-पिन्) *n.* एक प्रकार का लड़को

का खेल।

Pusillanimity (प्यूसिलेनिमिटि) *n.* भीरुता, कायरपन।

Pusillanimous (पूसिलानिमस्) *adj.* कायर, नीच, प्रवृत्ति का।

Puss (पुस्) *n.* चुलबुली लड़की, बिल्ली, खरहा, बाघ, (पुकारने का नाम)।

Pussy (पुसि) *n.* बिल्ली का बच्चा।

Pustule (पस्-टयूल्) *n.* फुन्सी, छाला, छोटा फोड़ा। **Pustulate,** *v.i.* फुंसी बनाना।

Put (पुट्) *v.t.* & *i.* रखना, स्थापित करना, सुपुर्द करना, किसी को उत्तरदायी ठहराना, प्रस्तुत करना, लिखना, निशान लगाना, प्रकट करना, पेश करना।

Putative (प्यूटेटिव्) *adj.* प्रसिद्ध, अनुमानित।

Putrefaction (पयूट्रिफैक्शन) *n.* दुर्गन्ध, सड़ाहट।

Prtrefy (प्यूट्रिफाइ) *v.t.* & *i.* दुर्गन्धयुक्त होना।

Putrescent (प्यूट्रेसेन्ट्) *adj.* सड़ने की अवस्था का, दुर्गन्धित। **Putrescence,** *n.* दुर्गन्ध।

Putrid (प्यूट्रिड्) *adj.* उग्र गन्ध का, सड़ा हुआ, दुर्गन्धित। **Putridity,** *n.* दुर्गन्ध।

Putty (पूटि) *adj.* पानी और बूझे चूने का महीन सीमेंट। *v.t.* पोटीन या सीमेंट से जोड़ना।

Puzzel (पज़ल्) *n.* कठिन प्रश्न, पहेली। *v.t.* & *i.* व्याकुल करना, भ्रम में डालना।

Puzzle-headed (पज़ल्-हेडेड) *adj.* भ्रमयुक्त चित्तवाला।

Puzzlement (पज़लमेन्ट्) *n.* भ्रांति या व्याकुलता की अवस्था।

Puzzler (पज़लर्) *n.* परेशानी में डालने वाला प्रश्न।

Pyaemia (पाएमिआ) *n.* रुधिर का विषैला होना। **Pyaemic,** *adj.* रुधिर पूयता संबंधी।

Pycno (पिक्नॅ) *pref.* गाढ़ा या घना अर्थ का उपसर्ग।

Pygmean (पिग्मीअन्) *adj.* वामन मूर्ति, छोटे कद का।

Pygmy, Pigmy (पिग्मि) *ns.* नाटा, छोटा, (वामन) बौना।

Pie,-Pyedog (पाइ -डॉग्) *n.* लावारिस कुत्ता।

Pylon (पाइलॉन्) *n.* मन्दिर का बाहरी द्वार, तोरण, सिंहद्वार।

Pylorus (पाइलोरस्) *n.* उदर से आँतों में जाने का मार्ग। **Pyloric,** *adj.* जठर निर्गमी।

Pyogenic (पायोजेनिक) *adj.* पीव बनने के सम्बन्ध का।

Pyoid (पाइऑइड्) *adj.* पीब के प्रकार का।

Pyorrhoea (पायोरिआ) *n.* पायरिया, दाँत के मसूड़े की बीमारी।

Pyramid (पिरॉमिड्) *n.* सूच्याकार पत्थर का खम्भा। **Pyramidal,** *adj.* ऐसे स्तम्भ का। **Pyramidwise,** *adv.* ऐसे स्तम्भ के आकार में।

Pyramidist (पिरामिडिस्ट्) *n.* मिस्र देश के प्रसिद्ध सूच्याकार खम्भों का अध्ययन करने वाला विद्यार्थी।

Pyre (पायर्) *n.* मुर्दा जलाने के लिए लकड़ी का ढेर।

Pyrexia (पायरेक्सिआ) *n.* ज्वर, बुखार।

Pyridine (पाइरिडाइन्) *n.* हड्डी से निकाला हुआ एक तरल पदार्थ जो श्वास रोग में प्रयुक्त होता है।

Pyrites (पाइराइट्स) *n.* सोनामक्खी, सुवर्णमाक्षिक।

Pyro (पाइरॅ) *pref.* अग्नि अर्थ का उपसर्ग।

Pyrogenic (पाइरॅजेनिक्) *adj.* उषणता उत्पन्न करने वाला।

Pyrogenous (पाइरॅजेनस्) *adj.* अग्नि से उत्पन्न।

Pyrography (पाइरॅग्रॉफि) *n.* तपी हुई सुई से लकड़ी पर चित्र बनाने की कला।

Pyrolatory (पाइरोलेटरी) *n.* अग्नि पूजा।

Pyrologist (पाइरोलॉजिस्ट) *n.* अग्नि विद्या में निपुण।

Pyrology (पाइरॅलॅजि) *n.* उष्णता की विद्या।

Pyrometer (पाइरॅमिटर्) *n.* उष्णता के कारण वस्तुओं का प्रसार नापने का यंत्र।

Pyronomics (पाइरॅनॉमिक्स्) *n.* उष्णता की विद्या।

Pyrophanous (पाइरोफैनस) *adj.* उष्णता से पारदर्शक बनाया हुआ।

Pyrotechnic (पाइरॅटेक्निक) *adj.* आतिशबाजी निर्माण-कला।

Pyrotic (पाइरोटिक) *n.* जलानेवाली एक औषधि।

Pyroxylin (पाइरॉक्सिलिन) *n.* एक प्रकार का बारूद।

Pyrrhic (पिरिक्) *n.* छन्द में दो लघु वर्णों का गण।

Pyrrhic victory (पिरिक विक्टरी) *n.* नाशकारी विजय।

Pyrrhonic (पिरॅनिक्) *adj.* नास्तिक मत से संबंधित।

Pyrrhonism (पिरॉनिज़्म्) *n.* (पाइरोन का) संशयवाद या नास्तिकमत।

Pyrus (पाइरस्) *n.* एक प्रकार का वृक्ष।

Pythagorean (पिथागोरीअन्) *adj.* पाइथगोरस या उसके दर्शन संबंधी। *n.* पाइथागोरस का अनुयायी।

Pythian (पिथिअन्) *adj.* डेल्फाई की भविष्यवाणी का।

Pythogenic (पिथॅजिनिक) *adj.* गन्दगी से उत्पन्न।

Python (पाइथॅन्) *n.* भविष्यवक्ता, अजगर।

Pythoness (पाइथनॅस) *n. fem.* डाइन, जादूगरी।

Pythonic (पाइथॅनिक) *adj.* भविष्यवाणी या अजगर या प्रेत से संबंधित।

Pyx (पिक्स्) *n.* संदूक, सिक्कों के नमूने रखने की छोटी पेटी। *v.t.* पेटी में रखे सिक्कों के भार और शुद्धता की जाँच करना।

Pyxis (पिक्सिस्) *n.* छोटी पेटी (बक्स), डिबिया, संदूकची।

Q (क्यू) अंग्रेजी वर्णमाला का सत्रहवाँ अक्षर, रोमन संख्या में 500 के लिए संकेत।

Q-boat (क्यू-बोट्) *n.* व्यवसायी पोत का रूप धारण किये हुए लड़ाई का जहाज।

QC *n.* इंग्लैंड की महारानी का अधिवक्ता का संक्षिप्त रूप।

QED *abbr.* लैटिन भाषा का संक्षिप्त रूप, (यही सिद्ध करना था)।

Qua (क्वे) *conj.* योग्यता से या योग्यता के रूप में।

Quack (क्वाक्) *n.* कुवैद्य, मिथ्या, चिकित्सक, बत्तख का शब्द। *v.t.* & *i.* बत्तख की तरह टर्राना, शेखी मारना।

Quackery (क्वाकरि) *n.* नीम हकीमी, कठवैदी।

Quakish (क्वीक्इश) *adj.* झूठ या बुरे वैद्य की तरह।

Quacksalver (कॅक्साल्वर्) *n.* ढोंगी चिकित्सक।

Quad (क्वाड) *n.* चतुर्भुज क्षेत्र, चार बच्चों का एक एक साथ जन्म।

Quadra (क्वॉड्रा) *n.* चौकौर किनारा या ढाँचा।

Quadragenarian (क्वॉड्रजिनेरियन) *n.* चालीस वर्ष की आयु का मनुष्य।

Quadragenarian (क्वॉड्रजिनेरिअन्) *adj* & *n.* 40 वर्ष की आयु का मनुष्य।

Quadrangle (कवॉड्रॅगल्) *n.* चौकोर आँगन या भवन चौक, चतुर्भज।

Quadrangular (क्वॉड्रंग्युलर्) *n.* & *adj.* चतुष्कोणी। **Quadrangularly,** *adv.* चतुष्कोण रूप में।

Quadrant (क्वॉड्रन्ट्) *n.* वृत का चतुर्थ भाग, वृत्तपाद, इस आकार का यंत्र जो कोण नापने में प्रयुक्त होता है।

Quadraphonic (क्वॉड्रफोनिक) *adj.* चार चैनलों से संचारित स्वर।

Quadrate (कवाड्रेट) *n.* वर्गाकार, चौकोर। *adj.* सम चतुर्भुज के आकार का। *v.t.* & *i.* चौकोर करना या बनाना।

Quadratic (क्वाड्रॅटिक) *adj.* वर्गात्मक।

Quadratic equation (क्वॉड्रीटिक इक्वेशन्) *n.* वर्ग समीकरण।

Quadrature (क्वॉड्रचर्) *n.* वर्ग निकालना, (आकाश में का) वह स्थान जहाँ चन्द्रमा सूर्य ठीक समकोण पर हों।

Quadrel (क्वॉड्रेल) *n.* चौकोर पत्थर, चौकी।

Quadrennial (क्वॉड्रेनिअल्) *adj.* प्रत्येक चौथे वर्ष होने वाला।

Quadri (क्वॉड्रि) *pref.* उपसर्ग जिसका अर्थ चार' होता है।

Quadriga (क्वाड्रिगा) *n.* रथ जिसमें एक पंक्ति में चार घोड़े जुते होते है।

Quadrilateral (कॉड्रिलॅटरल्) *adj.* & *n.* चार भुजाओं का, चतुर्भज।

Quadrilingual (क्वाड्रिलिंगुअल) *adj.* चार भाषा का।

Quadrille (क्वॉड्रिल्) *n.* एक प्रकार का नाच।

Quadrillion (क्वॉड्रिल्यन्) *n.* एक कोटि शंख, इकाई के साथ चौबीस शून्य।

Quadripartite (कवॉड्रिपार्टाइट्) *adj.* चार भाग किया हुआ, चार व्यक्तियों में विभक्त।

Quadripennate (क्वाड्रिपेनेट) *adj.* चार पंख वाला।

Quadrisyllable (कवाड्रिसिलेबल) *adj.* चार-अक्षर या स्वर का।

Quadroon (कॉड्रून) *n.* वर्णसंकर, (श्वेत और हब्शी की) संकर संतान।

Quadruple (कवॉड्रपल्) *adj.* चार गुना। *n.* चार गुना पदार्थ या मात्रा। *v.t.* & *i.* चौगुना करना।

Quadruplet (क्वॉड्रूप्लेट्) *n.* एक साथ चार बच्चों का जन्म, चार का समूह।

Quadruplicate (क्वॉड्रूप्लिकेट्) *v.t.* चौगुना करना, चार प्रतियाँ तैयार करना।

Quaere (क्वॉरि) *v.t.* अन्वेषण करना, पता लगाना। *n.* प्रश्न।

Quaestor (क्वेस्टॅर्) *n.* कोषाध्यक्ष, क्वेस्टॉर (प्रा. रोम) दंडनायक, (मध्य युग में) दंडमोचन।

Quaff (क्वॉफ्) *v.t.* & *i.* बड़े-बड़े घूँट करके पीना, एक साँस में चढ़ा जाना। **Quaffer,** *n.* बड़े-बड़े घूँट पीने वाला। **Quaffable,** *adj.* पीने योग्य।

Quag (क्वॉग) *n.* दलदल। **Quaggy,** *adj.* दलदली।

Quagmire (क्वॉग्मायर्) *n.* धँसाव, दलदल।

Quail (केल्) *n.* बटेर। *v.t.* साहस छोड़ना।

Quaint (केन्ट्) *adj.* पुराने ढंग का, विलक्षण, विचित्र।

Quake (क्वेक्) *v.t.* काँपना, हिलना, थर्राना। *n.* कँपकँपी, थरथराहट। **Quaky,** *adj.* थरथराहट, कँपकँपी।

Quaker (क्वेकर) *n.* शान्ति प्रचारक मण्डली का (एक प्राचीन) सभासद। **Quakerdom,** *adj.* उक्त सभासद का पद। **Quakerish,** *adj.* उक्त सभासद के समान।

Qualification (क्वॉलिफिकेशन्) *n.* संशोधन, विशिष्टता, योग्यता, गुण। **Qualificative,** *adj.* निरूपण करने योग्य। **Qualificatory,** *adj.* योग्यता का।

Qualify (क्वॉलिफाइ) *v.t.* & *i.* विशेषता बताना, कम करना, कहना या बताना, योग्य बनाना या बनना। **Qualifiable,** *adj.* अनुकूल करने योग्य। **Qualified** *adj.* योग्य, गुणसम्पन्न।

Qualitative (क्वॉलिटेटिव) *adj.* जाति स्वभाव या गुण-संबंधी।

Quality (क्वॉलिटि) *n.* ऊँचा पद, विशिष्ट लक्षण या गुण, उत्तमता, शक्ति, आचरण, हुनर, गुणपूर्णता।

Qualm (क्वॉम्) *n.* बीमारी की क्षणिक भावना, वमन की इच्छा, ओकाई, मन का ताप, पछतावा, आन्तरिक ज्ञान का सिद्धान्त। **Qualmish,** *adj.* शंका करने वाला, जिसका जी मचला रहा हो।

Quandary (क्वॉण्डरि) *n.* व्याकुलता, आशंका, घबराहट।

Quantify (क्वॉन्टिफाइ) *v.t.* परिमाण निर्धारित करना।

Quntitative (क्वान्टिटेटिव्) *adj.* परिमाण संबंधी। **Quantitatively,** *adv.* परिमाण रूप में।

Quantity (क्वॉन्टिटी) *n. Math.* गणना, गिनती, मात्रा, परिमाण, स्वर की मात्रा।

Quantum (क्वॉन्टम्) *n.* परिमाण, मात्रा।

Quarantine (क्वॅरन्टीन्) *n.* संक्रामक रोग से ग्रस्त लोगों के लिए दूसरों से मिलने की रुकावट।

Quarrel (क्वॉरल) *n.* विवाद, कलह झगड़ा। *v.i.* झगड़ा करना, लड़ाई करना। **Quarrelling,** *n.* लड़ना, झगड़ना।

Quarrelsome (क्वॉरलसम्) *adj.* विवादी, झगड़ालू, लड़ाका।

Quarry (क्वॉरि) *n.* मारा हुआ पशु, शिकार, वह स्थान जँहा पत्थर निकालने के लिए खुदाई होती है। *v.i.* उक्त खुदे हुए स्थानों से पत्थर निकालना।

Quart (क्वॉर्ट) *n.* चौथाई गेलन, प्रायः तीन पाव तरल पदार्थ की नाप। *v.t.* पीछे हटाना।

Quartan (क्वॉर्टन्) *n.* & चौथे दिन आने वाला बुखार।

Quarter (क्वॉर्टर्) *n.* चतुर्थांश, चतुर्थभाग, प्रदेश, मण्डल, स्थान, दिशा, अट्ठाईस पाउण्ड (चौदह सेर) का वजन, शत्रु को दी हुई शरण। (ब.व.) निवासस्थान, रहने की जगह। *v.t.* चार बराबर भागों में विभक्त करना, अलग करना।

Quarterage (क्वाटरिज) *n.* त्रैमासिक भत्ता या भुगतान।

Quartering (कवॉर्टरिंग्) *n.* सिपाहियों के ठहरने का स्थान देने का काम।

Quarterly (क्वॉटर्लि) *adj.* त्रैमासिक, तीसरे महीने होने वाला। *n.* त्रैमासिक पत्रिका।

Quartet (te) (क्वॉर्टेट्) *n.* चतुष्पदी, चतुर्वादक, चौराग।

Quarto (क्वार्टो) *n.* चार तह किये हुए कागज पर छपी पुस्तक।

Quartz (क्वॉर्टज) *n.* एक प्रकार चमकीला पत्थर, बिल्लौर।

Quash (क्वॉश्) *v.t.* मिटा देना, दबाना, जीतना, समाप्त करना।

Quasi (क्वेसि) *conj.* अर्थात्, मानो, प्रायः।

Quassation (क्वासेर्शेन) *n.* हिलने का कार्य।

Quassia (कवॉश्या) *n.* एक प्रकार का वृक्ष, इसकी लकड़ी या छाल।

Quater-centenary (क्वेंटर्-सेन्टीनरि) *n.*

चतुश्शती।

Quaternary (क्वॅटर्नरि) *adj.* चार अंगों का समुदाय। *n.* चुतष्कों में विभाजित।

Quaternion (क्वॅटर्निअन्) *n.* चतुष्क, चार का समुदाय।

Quatrain (क्वॉट्रिन्) *n.* चतुष्पद छंद, जिसके पहिले-तीसरे तथा दूसरे चौथे चरण में अनुप्रास रहता है।

Quaver (क्वेवर) *v.t.* काँपना, थरथराना, हिलना। *n.* स्वर की तीव्र कम्पन, थरथराहट, गिटकिरी।

Quay (की) *n.* समुद्र के किनारे जहाज से उतरने की जगह, घाट। **Quayage,** *n.* घाट पर उतराई का भाड़ा।

Quean (क्वीन्) *n.* भ्रष्ट चरित्र लड़की, वेश्या, पतुरिया।

Queasy (कवीझि) *adj.* कमजोर हाजमे (पाचन-शक्ति) वाला, कोमल (नाजुक), रोगी होने वाला। **Queasiness,** *n.* सुकुमारता, नजाकत।

Queen (क्वीन्) *n.* (*mas.* King) राजा की पत्नी, रानी, (मक्खी, चींटी आदि), साम्राज्ञी, मलिका, महारानी, प्रेयसी। *v.t.* & *i.* रानी बनाना, शतरंज में फर्जी बनना, रानी के समान व्यवहार करना, रानी की भूमिका करना। **Queen-hood,** *n.* रानीपन। **Queenly,** *adj.* महारानी की तरह।

Queening (क्वीनिंग्) *n.* एक्र प्रकार का सेब।

Queer (कवीअर्) *adj.* विलक्षण, सनकी, अपूर्व, अद्‌भुत, झक्की, विचित्र, अनूठा।

Quell (क्वेल्) *v.t.* दबाना, वश में करना, जीतना, कुचलना, शान्त करना।

Quench (क्वेन्श्) *v.t.* बुझाना, दबाना, ठण्डा करना, शान्त करना। **Quencher,** *n.* पीने की वस्तु। **Quenchless,** *adj.* न बुझाने योग्य।

Quenelle (क्वनेल्) *n.* पीसा हुआ माँस का लोदा।

Querent (क्वीरेन्ट) *n.* अन्वेषक, जाँच-पड़ताल करने वाला।

Querimonious (क्वेरिमोनियस) *adj.* झगड़ालू।

Querist (क्वीरिस्ट्) *n.* प्रश्न पूछने वाला।

Quern (क्वर्न्) *n.* जाँता, चक्की।

Querulous (क्वेरुलस्) *adj.* सर्वदा शिकायत करने वाला, प्रलापी, दुखी।

Query (क्वेरि) *n.* प्रश्न, प्रश्नवाचक चिह्न (?)। *v.t.* जाँच करना, प्रश्न पूछना।

Quest (क्वेस्ट्) *n.* अन्वेषण, खोज, प्रार्थना, अनुसंधान, परीक्षा। *v.t.* & *i.* खोजना, खोज में जाना।

Question (क्वेश्चन्) *n.* सन्देह, प्रश्न, वाद-विवाद का विषय, समस्या, मतभेद का विषय। *v.t.* प्रश्न करना, सन्देह उत्पन्न करना।

Questionable (क्वेश्चनेबल) *adj.* अनिश्चित, सन्देहयुक्त।

Qustionless (क्वेश्चनलेस) *adj.* निःसन्देह।

Questionnaire (क्वेश्चनेयर) *n.* उत्तर देने के लिए प्रश्नों का समूह।

Questor (क्वेस्टर) *n.* कोषाध्यक्ष, खजांची।

Queue (क्यू) *n.* व्यक्तियों, वाहनों की लम्बी कतार, चोटी। *v.t.* लाइन या पंक्ति में खड़ा करना या खड़ा होना, कुत्ते की तरह पैर का निशान देखकर पीछा करना।

Quibble (क्विबल्) *n.* वाक्छल, वक्रोक्ति। *v.i.* वाक्छल करना।

Quick (क्विक्) *adj.* सजीव, फुर्तीला, तीव्र, गर्भवती, शक्तिशाली, सूक्ष्मग्राही, काम करने में प्रस्तुत। *n.* शरीर का मर्म स्थान। **Quickly,** *adv.* शीघ्रता से, तुरन्त।

Quicken (क्विकन्) *v.t.* & *i.* तीव्र करना, सचेत करना, उत्तेजित करना, सजीव करना। **Quickening,** *adj.* उद्दीपक, फिर जिलाने वाला।

Quick-eyed (क्विक्-आइड्) *adj.* तीव्र दृष्टि वाला।

Quick-firer (क्विक्-फायरर्) *n.* तेजी से गोली छोड़ने की बंदूक।

Quick-lime (क्विक्-लाइम्) *n.* बिना बुझाया हुआ चूना।

Quicksand (क्विकसैन्ड) *n.* कछारी बालू।

Quick-sight (क्विकसाइट) *n.* तीक्ष्ण दृष्टि।

Quick-silver (क्विकसिलवर्) *n.* पारद।

Quisling (क्विजलिंग) *n.* अपनी मातृभूमि के शत्रु की सहायता देने वाला, देशद्रोही मनुष्य।

Quick witted (क्विक विटेड) *adj.* हाजिर दिमाग वाला, प्रत्युत्पन्नमति।

Quid (क्विड्) *n.* तत्व, किसी पदार्थ की सूक्ष्मता, पाखण्ड।

Quidam (क्वाईडॉम) *n.* कोई व्यक्ति।

Quiddity (क्विडिटि) *n.* किसी पदार्थ की सूक्ष्मता, तत्व, पाखण्ड।

Quidnunc (क्विड्नक्) *n.* समाचार फैलाने वाला, बकवादी।

Quid proquo (क्विड प्रौक्वो) *n.* मुआवजा, हरजाना, प्रतिकार, बदला।

Quiescent (क्वाएसेन्ट्) *adj.* निश्चल, स्थिर,

अचल, मौन।

Quiet (क्वायट्) *n.* विश्राम, स्थिरता, शान्ति, आनन्द (सुख)। *adj.* शान्त, निर्विघ्न, निश्चित, चुपचाप। *v.t.* & *i.* शान्त करना, स्थिर करना, स्थिर होना।

Quietism (कवाएटिजम्) *n.* निवृत्तिमार्ग, निवृत्तिवाद, निष्क्रियता। **Quietist,** *adj.* & *n.* निवृत्तिवादी, निवृत्तिमार्गी।

Quietly (क्वार्यट्ल) *adv.* शान्तिपूर्वक, चुपचाप। **Quietude,** *n.* शान्ति, सन्तोष, स्थिरता (वैराग्य)।

Quill (क्विल्) *n.* बड़ा पर, पंख की बनी, पंख की कलम, बाँसुरी की नली। *v.t.*& *i.* मोड़ना, गूँथना। **Quilling,** *n.* चुन्नट, गुथन।

Quillet (क्विलेट्) *n.* सूक्ष्म अन्तर, वाक्छल।

Quilt (क्विल्ट्) *n.* गद्दा, तोशक। *v.t.* तोशक या रजाई बनना, दो तहों को जोड़ना। **Quilting,** *n.* तोशक या रजाई बनाने का सामान।

Quinary (क्वाइनरि) *adj.* पाँच वस्तुओं वाला, पाँच का।

Quinate (क्वाइनेट्) *adj.* पाँच पत्तियों का, पँचपतिया।

Quince (क्विन्स्) *n.* श्रीफल, शरीफा।

Quincunx (क्विन्कंक्स्) *n.* ताश या पासे का पंजा। **Quincuncial,** *adj.* पंजे की तरह।

Quindecagon (क्विनडेकगॅन्) *n.* पन्द्रह भुजाओं का चित्र।

Quinine (क्विनीन्) *n.* कुनेन की दवा।

Quinquagenarian (क्विनक्वजिनेरिअन्) *adj.* पचास वर्ष का।

Quinqua (क्विन्-क्वॉ) *pref.* पाँच कोण का।

Quinquangular (क्विनक्वींगयुलर) *adj.* पांच कोण का।

Quinquefoliated (क्विनक्विफोलिएटड) *adj.* पंचपत्तियाँ।

Quinqueliteral (क्विनक्विलिटरल) *adj.* पन्चाक्षरी।

Quin-quennium (क्विनक्वेनिअम्) *adj.* पाँच वर्ष की अवधि।

Quinsy (क्विन्जि) *n.* गले की सूजन, कण्ठमाला।

Quintain (क्विन्टेन्) *n.* बेधने के लिए निर्मित स्तंभ।

Quintal (क्विन्टल्) *n.* एक सौ किलाग्राम का वजन।

Quintan (क्विन्टन्) *adj.* & *n.* प्रति पाँचवें दिन पर आने वाला ज्वर, पंचदिवसीय।

Quintessence (क्विन्टेसेन्स) *n.* सार, तत्व, (हीर)।

Quintet(te) (क्विन्टेट्) *n.* पंचक।

Quip (क्विप्) *n.* ताना, ठट्ठा।

Quire (क्वायर्) *n.* एक दस्ता (चौबीस तख्ता)।

Quirinal (क्विरिनल्) *n.* इटली का सरकारी कार्यालय।

Quirk (क्वर्क्) *n.* लिखावट का मोड़-तोड़, विशिष्ट बनावट, व्यवहार में छल।

Quit (क्विट्) *v.t.* & *i.* त्यागना, छोड़ना, छुटकारा देना, ऋण चुकाना।

Quite (क्वाइट्) *adv.* सर्वथा, पूर्ण रूप से, बिलकुल।

Quiteron (क्विटरोन) *n.* एक प्रकार का यंत्र।

Quits (क्विट्स) *n.* चुकती, बदला।

Quittable (क्विटेबल) *adj.* खाली करने लायक।

Quittance (क्विटनस्) *n.* भुगतान करना, ऋण मुक्ति।

Quitter (क्विटर्) *n.* छोड़ने वाला।

Quiver (क्विवर्) *n.* तूणीर, तरकस। *v.i.* काँपना, फड़फड़ाना। **Quiverish,** *adj.* काँपते हुआ।

Quivive (क्विवीव्) *v.t.* सचेत होना, चैतन्य होना।

Quixotic (क्विक्सोट्) *adj.* असम्भव कल्पना करने वाला। **Quixotics,** *n.* अद्भुत, कल्पनायुक्त।

Quixotism (क्विकसाटिज्म) *n.* विवेकहीन विलक्षण विस्तार।

Quixotary (क्विक्साट्रि) *n.* विवेकहीन कल्पना।

Quiz (क्विज्) *v.t.* जाँच करने हेतू प्रश्न पूछना, व्याकुलता करना, हँसी उड़ाना। *n.* सामान्य ज्ञान की परीक्षा, पूछताछ, दिल्लगी, खिल्ली, झक्की मनुष्य।

Quiz-master (क्विज्-मॉस्टर) *n.* पहेलियाँ पूछने में पारंगत।

Quoad (क्वोएड) *adv.* यथासंभव।

Quod (क्वॉड्) *n.* जेल।

Quod (क्वॉड्) *n.* = जो।

Quodibet (क्वोडिवेट) *n.* युक्तियुक्त तर्क।

Quoin (कॅइन्) *n.* इमारत का बाहरी कोना।

Quoit (क्वॉइट्) *n.* लोहे का चक्र जो निशाने पर फेंका जाता है। *v.t.* ऐसा चक्र फेंकना।

Quondam (क्वॅन्डाम) *adj.* & *adv.* पहले का, प्राचीन।

Quorn (कोर्न) *n.* कुकुरमुत्ता जैसी वस्तु।

Quorum (कोरम्) *n.* किसी कार्य को स्थिर करने के लिए सभासदों की निर्दिष्ट संख्या, गणपूर्ति।

Quota (कोटा) *n.* एकांश, अंश, मान, भाग, नियतांश।

Quotable (क्वोटेबल्) *adj.* उद्धरण योग्य।

Quotation (कोटेशन्) *n.* ग्रन्थ का प्रमाण (उद्धरण), किसी पदार्थ का प्रचलित मूल्य।

Quotative (क्वोटेटिव्) *adj.* उद्धरण संबंधी।

Quote (कोट्) *v.t.* & *i.* दाम बतलाना, किसी ग्रंथ से उद्धरण करना। *n.* किसी ग्रंथ से उद्धृत अंश।

Quoth (क्वोथ, क्वाथ्) *v.t.* (*used only in past tense*) कहा, बोला। **Quotidian,** *adj.* दैनिक, प्रतिदिन होने वाला।

Quotidian (क्वाटिडिअन्) *adj.* दैनिक, प्रतिदिन होने वाला। *n.* प्रतिदिन होने वाला बुखार।

Quotient (क्वोशन्ट्) *n.* भजनफल, लब्धि।

Quotiety (क्वोशिअटि) *n.* श्रेणी संख्या।

Quotum *n.* (क्वोटम्) अंश (भाग), हिस्सा।

Qwerty (क्वॉरटि) *adj.* [ ] कम्प्यूटर/टाइप-मशीन का की-बोर्ड।

R

R (आर्) अंग्रेजी वर्णमाला का अठारहवाँ अक्षर।

Rabbet (रैबिट्) *n.* जोड़। *v.t.* जोड़ बैठाना।

Rabbi (राबाइ) *n.* यहूदी धर्माधिकारी। **Rabbinate,** *n.* यहूदी धर्माधिकारी का पद।

Rabbinical (रैबिनिकल्) *adj.* यहूदी धर्माधिकारी संबंधी।

Rabbinically (रैबिनिकलि) *adv.* यहूदी धर्माधिकारी के रूप में।

Rabbit (राबिट्) *n.* शशक, खरहा, फिसड्डी। *v.t.* खरगोश का शिकार करना, घबड़ाना, विकल होना।

Rabbitry (रॉबिट्रि) *n.* खरगोश रखने का स्थान।

Rabbit Warren (रॉबिट वॉरन) *n.* खरगोशों का बाढ़ा।

Rabble (राबल्) *n.* भीड़भाड़, सबसे नीचे वर्ग के लोग, उपद्रवी मनुष्यों का समूह। **Rabblement,** *n.* उपद्रव का व्यवहार, गोलमाल।

Rable-rouser (रॅबलराउजर) *n.* भीड़ उत्तेजक।

Rabelaisian (राबिलेजिअन्) *adj.* मजाकिया, मुँहफट।

Rabid (राबिड्) *adj.* पागल (कुत्ता), हठी, विक्षिप्त, बावला। **Rabidity,** *n.* उन्मत्तता, बावलापन। **Rabidness,** *n.* उन्माद।

Rabies (रेबीज़) *n.* पागल कुत्ते के काटने से उत्पन्न जलांतक (पानी से डरने) का रोग।

Raccoon, Racoon (रॅकून) *n.* रैकून वाह (भालू जैसा एक पशु)।

Race (रेस्) *n.* समुद्र या नदी की तीव्र धारा, दौड़ प्रतियोगिता, जीवन-क्रम, जीविका, उन्नति, कुल, जाति, संतति, सन्तान, कुटुम्ब। *v.t.* & *i.* तेजी से दौड़ना, शीघ्र भागना, घुड़दौड़ करना।

Race-car (रेस कार) *n.* दौड़ में इस्तेमाल होने वाली कार।

Raceme (रसीम्) *n.* फूल का गुच्छा। **Racemose,** *adj.* गुच्छों में उगने वाला।

Racemose (रॅसिमोस) *adj.* गुच्छों में उगने वाला।

Racial (रेश्यल्) *adj.* कुल या वंश संबंधी। **Racially,** *adv.* दौड़ते हुए, मजबूती से।

Rack (राक्) *n.* शिकन्जा, पशुओं को घास खिलाने का कठरा, सामान रखने का टाँड, तबाही, बरबादी, हल्के बादल। *v.t.* & *i.* कठरे में घास भरना, जोड़ तानना, अत्यन्त पीड़ा देना, दुल्की चलाना। **Racker,** *n.* सताने वाला व्यक्ति।

Racket, Racquet (राकेट्) *ns.* टेनिस खेलने का बैट, बर्फ पर पहनने वाला जूता। *v.t.* कोलाहल मचाना।

Rackrent (रॅक्रेन्ट्) *n.* उचित किराये से अधिक। *v.t.* किराये से वसूलना।

Racoon (राकून्) *n.* अमेरिका देश का एक प्रकार का पशु।

Racy (रेसि) *adj.* उग्र, तीक्ष्ण, उत्तेजित, विशिष्ट।

Raddle (राडल्) *n.* गेरू। *v.t.* गेरू से रंगना।

Radial (रेडिअल्) *adj.* किरण संबंधी, किरणों की तरह क्रम में रखी हुई। *n.* किरण ज्योति, धमनी।

Radialization (रेडिअलाइज़ेशन्) *n.* किरण-क्रम। **Radially,** *adv.* किरणक्रम से।

Radical (रेडिकल्) *adj.* तत्वरूप, मौलिक स्वाभाविक, आदि का। *n.* मौलिक सिद्धान्त, मौलिक परिवर्तन की इच्छा रखने वाला मनुष्य, मूल शब्द। **Radicalism,** *n.* राजनीति का मौलिक सिद्धान्त। **Radicalization,** *n.* मौलिककरण। **Radically,** *adv.* मौलिक रूप से, जड़ से।

Radicate (रेडिकेट) *adj.* गहरी जड़ वाला।

Radication, *n.* गहरी जड़ फेंकने का काम।
Radicle (राडिकल्) *n.* पौधे की महीन जड़, शिरामूल, तंत्रिकामूल।
Radio (रेडिओ) *pref.* रेडियम या किरणों का बोध कराने के अर्थ में प्रयुक्त। **Radio-active,** *adj.* रेडियम का प्रभाव डालने वाला, जिसमें रेडियो सक्रियता हो। **Radiograph,** *n.* एक्स-रे द्वारा उतारा हुआ चित्र। **Radio-telgram,** *n.* बिना तार के सन्देश भेजने की क्रिया या भेजा गया सन्देश।
Radio (रेडियो) *n.* रेडियो। **Radioset,** *n.* यंत्र जिसके द्वारा प्रसारित किये गए कार्यक्रम सुने जाते हैं।
Radish (रॉडिश्) *n.* मूली, मुरई।
Radium (रेडिअम्) *n.* एक बहुमूल्य धातु जिसमें से किरणें निकलती हैं और वैद्युतिक प्रभाव डालती हैं।
Radius (रेडिअस्) *n.* त्रिज्या, पहिये की तीली, बाहु की छोटी पुष्ट अस्थि।
Radix (रेडिक्स्) *n.* उद्गम, मौलिक शब्द।
Raff (राफ्) *n.* नीच मनुष्यों का समुदाय, भीड़भाड़।
Raffia (रैफिआ) *n.* एक प्रकार का नारियल या खजूर, ताड़पत्र का रेशा।
Raffish (रैफिश) *adj.* दुर्नाम का, अपयश का। **Raffishness,** *n.* दुर्नाम, अपयश।
Ragamuffin (राग् अमफिन्) *n.* चिथड़ा पहिने दरिद्र मनुष्य। **Raga-muffinly,** *adv.* चिथड़ा पहिने हुए दरिद्र मनुष्य के समान।
Ragazine (रैगजीन) *n.* अफवाहें फैलाने वाली पत्रिका।
Rage (रेज्) *n.* भीषण रोष, उन्माद। *v.t.* क्रोध करना।
Rage (रेज) *n.* मौज-मस्ती वाला अच्छा समय।
Ragged (रागुड्) *adj.* फटे-पुराने वस्त्र पहने हुए, फटा-पुराना, जीर्ण, खुरखुरा। **Raggedly,** *adv.* रूक्षता से, जीर्णता से।
Ragman (राग्-मॉन्) *n.* चिथड़ा इकट्ठा करने वाला, शैतान।
Ragout (रॅगट्) *n.* मसालेदार चटपटी तरकारी (मांसयुक्त)। *v.t.* ऐसा भोज बनाना।
Raid (रेड्) *n.* आक्रमण, धावा, चढ़ाई। *v.t.* & *i.* धावा करना। **Raider,** *n.* धावा करने वाला।
Rail (रेल्) *n.* लोहे की पटरी जिस पर रेलगाड़ी चलती है। *v.t.* रेलगाड़ी द्वारा यात्रा करना, रेलपथ द्वारा भेजना, लोहे के बेड़े से घेरना या अलग करना। **Railing,** *n.* कटघरा ढले हुए लोहे की आड़।
Raiment (रेमन्ट्) *n.* वस्त्र, पोशाक।
Rain (रेन्) *n.* वर्षा, वर्षा ऋतु, झड़ी। (ब.व.) वर्षा की झड़ी। *v.t.* & *i.* वर्षा होना या करना।
Rainbox (रेन्बॉक्स्) *n.* किसी नाटक में बारिश का दृश्य दिखाना।
Rainbow (रेन्बो) *n.* इन्द्रधनुष। *adj.* कई रंगो का।
Raincoat (रेनकोट्) *n.* बरसाती (पानी से बचानेवाला) कोट।
Raindoctor (रेनडॉक्टर्) *n.* निर्धारित समय में वर्षा की मात्रा।
Raindrop (रेनड्रॉप्) *n.* वर्षा की एक बूंद, वर्षा का गिरना या होना, वर्षा का जल।
Raison d'etre (रेजन्डिटर्) *n.* अस्तित्व, कारण, उद्देश्य, प्रयोजन।
Rake (रेक्) *n.* & सूखी घास बटोरने का लंबे दाँतों वाला पहिएदार यंत्र, शौकीन व्यसनी पुरूष। *v.t.* & *i.* हेंगी से बराबर करना, रत्ती-रत्ती ध्यान से ढूँढना।
Rakehell (रेकहेल) *n.* व्यसनी मनुष्य।
Raking (रेकिंग) *n.* हेंगी से बटोरा हुआ पदार्थ।
Rakish (रेकिश्) *adj.* व्यसनी, लम्पट। **Rakishly,** *adv.* लम्पटता से। **Rakishness,** *n.* विषय-सुख, लम्पटता।
Rallicart (रैलि-कार्ट्) *n.* एक प्रकार की फिटिन गाड़ी।
Ramble (रॅम्बल्) *v.t.* पर्यटन करना, असम्बद्ध बातचीत करना। *n.* भ्रमण, विहार।
Rambler (रॅम्बलर्) *n.* भ्रमण करने वाला, एक प्रकार की गुलाब की लता।
Rambling (रॅम्बलिंग्) *adj.* अनियमित रीति से घूमनेवाला, भ्रमणकारी, बेसिर पैर का।
Ramicorn (रैमिकार्न) *adj.* काँटेदार शाखा वाला।
Ramification (रॉमिफिकेशन) *n.* शाखाओं में विभाजन।
Ramify (रामिफाइ) *v.t.* & *i.* शाखा, प्रशाखा बनना। **Ramification,** *n.* शाखाओं में विभाजन, शाखा।
Rammish (रैमिश) *adj.* उग्र गन्ध का, बदबूदार। **Rammishness,** *n.* दुर्गन्ध, तीव्र गन्ध।
Rammy (रैमि) *adj.* उग्र गन्ध वाला। *n.* लड़ाई-झगड़ा।
Ramp (रम्प्) *v.t.* & *i.* अगले पंजे उठाकर

पिछले पैरों पर खड़ा होना, एक धरातल से दूसरे पर चढ़ना-उतरना, झपट्टा मारने को होना, क्रोध में आना। *n.* आवारा, पाजी लड़का, दीवाल की ढाल, दुश्चरित्रा स्त्री, मूल्य बढ़ाने के लिए की गई चालबाजियाँ, लाभ के लिए उत्तेजना या कष्ट।

Rampage (राम्प्-एज़्) *v.t.* रुक्षता का व्यवहार करना, क्रोध। *n.* क्रोध।

Rampageous (राम्पेजस्) *adj.* कोलाहल, रूक्ष। **Rampageously**, *adv.* रूक्षता से, क्रोध से।

Rampant (राम्पान्ट) *adj.* तीक्ष्ण, आक्रमण करने वाला, उच्छृंखल।

Rampart (राम्पर्ट) *n.* चारदीवारी, परकोटा, फ़सील। *v.t.* किले की प्राचीर या दीवाल से रक्षा करना, ओट करना।

Rampike (रैम्पाइक) *n.* पेड़ का ठूँठ।

Random (रॅन्डम्) *adj.* & *adv.* संयोगिक, अनियमित।

Randy (रान्डि) *adj.* कोलाहल करने वाला।

Range (रेंज्) *v.t.* & *i.* पंक्ति में रखना, पाँत में चलना, फैलाना, क्रम में रक्खा जाना। *n.* श्रेणी, पंक्ति, वर्ग, पर्यटन, फैलाव।

Range-finder (रेन्जफाइन्डर्) *n.* निशाना लगाने की दूरी जानने का यन्त्र।

Ranger (रेन्जर्) *n.* बगीचे का रखवाला। (ब. व.) घुड़सवार सिपाही जिनको पैदल सिपाही की भाँति लड़ने की शिक्षा दी जाती है।

Ranine (रैनाइन) *adj.* मेंढक के समान।

Rank (रैंक) *n.* पंक्ति, स्थिति, उत्तमता, क्रम, विभाग, प्रबन्ध, मर्यादा, श्रेणी, सेना की पंक्ति। *adj.* उपजाऊ, उग्र गन्ध का। *v.t.*& *i.* पंक्ति क्रम से रखना, कतार बाँधना। **Rankly**, *adv.* गन्दगी से।

Rankle (रैंकल्) *v.t.* & *i.* दूषित करना, निरन्तर कष्ट देना, भड़काना।

Ransack (रैंन्-सैंक्) *v.t.* ठगना, छान डालना, लूटना।

Ransom (रैंन्सम्) *n.* निस्तार, मुक्ति, बन्दी को छुड़ाने के लिये दिया हुआ धन। *v.t.* धन देकर मुक्त करना, छुड़ाना।

Rant (रॅन्ट्) *v.t.* & *i.* डाँटना, निंदा करना, लंबी चौड़ी हाँकना, प्रलाप करना। **Ranter**, *n.* शब्दाडम्बर, प्रलाप। **Ranty**, *adj.* कोलाहली, उपद्रवी।

Ranula (रॉनुला) *n.* जीभ के नीचे की सूजन।

Ranunculus (रॅनड्क्युलस्) *n.* एक फूलनेवाला पौधा।

Rap (रॅप्) *n.* खटखट, खटाखट, ठकठक। *v.t.* & *i.* खटखटाना, प्रहार करना, ठकठकाना।

Rap (रॅप्) *n.* अणु, जरा सा।

Rapacious (रपेशस्) *adj.* लुटेरा, लालची, लोभी। **Rapaciously**, *adv.* अतिलोभ से, लूटने की इच्छा से।

Rape (रेप्) *n.* बलात्कार, अपहरण। *v.t.* बलात्कार करना, अपहरण करना।

Rappee (रॅपि) *n.* एक प्रकार की सुँघनी।

Rapport (रॅपोर्ट्) *n.* सम्बन्ध, सम्पर्क, घनिष्ठता।

Rapprochement (रॅप्रॉश्-मैंट) *n.* पुनर्मेल, सम्बन्धों में फिर से सुधार।

Rapscallion (रॅप्स्कॅल्यन्) *n.* धूर्त, बदमाश, शठ, दुर्जन।

Raraavis (रेर-एव्हिस्) *n.* दुर्लभ पक्षी या पदार्थ।

Rare (रेअर्) *adj.* विरल, अपूर्व, अतुल्य, आनन्द-दायक। **Rareness**, *n.* दुलर्भता, विरलता।

Rarefy (रेअरिफाय्) *v.t.* & *i.* बिरल करना (कम करना)।

Rarely (रियरलि) *adv.* बिरले ही।

Rarity (रेअरिटि) *n.* अपूर्व वस्तु, अपूर्वता, चमत्कार।

Rascal (रास्कल्) *n.* दुर्जन (नीच), बदमाश, बेईमान, धूर्त। **Rascality**, *n.* शठता, नीचता। **Rascally**, *adj.* नीच, दुष्ट।

Rash (रॅश्) *n.* पित्तिका, ददोरा। *adj.* दुःसाहसी, उतावला, अविवेकी, अविचारी। **Rashly**, *adv.* उतावलेपन से। **Rashness**, *n.* जल्दबाजी, उतावलापन।

Rasher (रॅशर्) *n.* सुअर के मांस का टुकड़ा।

Rasp (रास्प्) *n.* मोटी रेती, चोसा। *v.t.* & *i.* चोसे से रेतना, खड़खड़ाहट का शब्द करना।

Raspatory (रास्पेटरि) *n.* शल्य क्रिया में प्रयुक्त रेती।

Raspberry (रास्पबेरि) *n.* रसभरी, गुलाबजामुन, मकोय।

Rasper (रैस्पॅर) *n.* खुरचने का औजार।

Rasure (रेजर) *n.* खुरचने का कार्य।

Rat (रॅट्) *n.* चूहा, दुष्ट आदमी, दलबदलू। *v.i.* चूहे पकड़ना या मारना।

Ratable (रेटेबल) *adj.* क्रमानुसार, महसूल लगाने योग्य। **Ratability**, *n.* क्रम।

Ratify (रॉटिफाइ) *v.t.* स्थिर किया हुआ महसूल, वर्गीकरण, झिड़की। **Ratification**, *n.*

पुष्टीकरण।

Rating (रेटिंग्) *n.* स्थिर किया हुआ महसूल, वर्गीकरण, झिड़की।

Ratio (रेशिओ) *n.* संबंध, अनुपात, प्रमाण।

Ratiocinate (रॅटिऑसिनेट्) *v.i.* युक्तिपूर्वक तर्क करना। **Ratiocinative,** *adj.* विचारपूर्वक, युक्तिपूर्वक।

Ration (रेशन्) *n.* राशन, रसद। *v.t.* राशन या रसद का नियंत्रण वितरण करना, राशनिंग लागू करना।

Rational (रॅशनल्) *adj.* विचारयुक्त, विवेकी, बुद्धिसम्पन्न, उचित, यथायोग्य। **Rationally,** *adv.* विवेक से। **Rationality,** *n.* विवेकयुक्त।

Rationale (रशनेलि) *n.* उपपत्ति, मूलाधार, युक्तिपूर्वक कथन, तर्काधार।

Rationalism (रॅशनॅलिझम्) *n.* बुद्धिवाद, हेतुवाद। **Rationalist,** *n.* हेतुवादी। **Rationalistic,** *adj.* हेतुवाद से सम्बन्धित। **Rationality,** *n.* ज्ञानशक्ति, विचारशक्ति।

Rattle (रॅटल्) *v.t.* & *i.* खड़खड़ाहट की शब्द करना, वृथा बकवाद करना, बड़बड़ाना। *n.* खड़खड़ाहट का शब्द, बच्चों का खिलौना जिसमें से खड़खड़ाहट का शब्द निकले।

Rattling (रैटलिंग) *adj.* खड़खड़ाहट का शब्द करने वाला, सुखदायी।

Ratty (रॅटि) *adj.* क्रुद्ध।

Raucous (रॉकस्) *adj.* कर्कश शब्द।

Ravage (रॅवेज्) *v.t.* & *i.* लूटना, तबाह करना, विध्वंस करना, बरबाद करना। *n.* उपद्रव, लूटपाट, नाश, बर्बादी।

Rave (रेव्) *v.t.* प्रचंड होना, गरजना, बेसिर-पैर की बातें करना, प्रलाप करना।

Ravel (रॅवे़ल्) *v.t.* & *i.* जटिल करना, फँसाना, उलझाना, किसी वस्तु के विषय में जाँच-पड़ताल करना। *n.* फँसावट, टूटा तागा, खुला या ढीला सिरा। **Ravement,** *n.* व्याकुलता।

Ravelin (रॅव़लिन्) *n.* गढ़ (किले) का बाहरी भाग।

Raven (रेव्हन्) *n.* काला (डोम) कौवा, द्रोण काक। *adj.* चमकते काले रंग का।

Raven (रेव्हन्) *v.t.* & *i.* भुक्खड़ की तरह खाना, शिकार खोजना, हड़प करना। **Ravener,** *n.* लुटेरा। **Ravening,** *n.* लूटने की लालसा।

Ravenous (रॅवेनस्) *adj.* मरभुक्खा, क्षुधातुर, भुक्खड़।

Ravin (रॅवि़न्) *n.* डाका, लूटपाट, शिकार।

Ravine (रॅविन्) *n.* कन्दरा, खण्ड, दर्रा।

Ravish (रॅव्हिश्) *v.t.* बलात्कार करना, किसी स्त्री का स्तीत्व भंग करना, आनन्दविभोर कर देना, हर ले जाना। **Ravisher,** *n.* बलाकारी, अपहर्त्ता।

Raw (रॉ) *adj.* अपक्व, असिद्ध, अधूरा, कच्चा, अनुभव-रहित, छिला हुआ, अशिक्षित। *n.* घाव या चमड़ा। **Rawness,** *n.* कच्चापन।

Reader (रीडर्) *n.* पढ़कर सूचना या विवरण देनेवाला व्यक्ति, पुस्तक शुद्ध करनेवाला, पाठ्य (अध्ययन) पुस्तक, गिरजे में प्रार्थना पढ़नेवाला, विश्वविद्यालय का उच्च वर्ग का प्राध्यापक।

Readily (रेडिलि) *adv.* इच्छापूर्वक, शीघ्र, बिना क्लेश के, सुख से, खुशी से, स्वेच्छा से।

Reading (रीडिंग्) *n.* पाठ-अध्ययन, पाठ्य-सामग्री, व्याख्या, अनुमान।

Re-adjust (रीऑडजस्ट्) *v.t.* दुबारा स्थगित करना।

Re-admit (री-ऑडमिट्) *v.t.* फिर से भर्ती करना।

Re-adopt (री-ऑडप्ट्) *v.t.* फिर से ग्रहण करना। **Re-adoptation,** *n.* दुबारा ग्रहण करना।

Ready (रेडि) *adj.* इच्छुक, शीघ्र, तुरन्त, पहुँच के अन्दर, पहले से तैयार। **Readily,** *adv.* तुरन्त ही, शीघ्र ही। **Readiness,** *n.* शीघ्रता, तत्परता।

Re-affirm (रीअफ़र्म्) *v.t.* फिर से स्थिर करना।

Reagent (रीजेंट्) *n.* वह पदार्थ जो किसी घोल में के अन्य पदार्थ की उपस्थिति ज्ञात करने में मदद करता है।

Real (रिअल्) *adj.* सत्य, वास्तविक, यथार्थ, (अकल्पित), स्वतंत्र, अधिकारिक अचल सम्पत्ति का।

Realgar (रिऑल्गर्) *n.* लाल हरता जिसका व्यवहार आतिशबाजी में किया जाता है।

Realism (रीअलिजम्) *n.* यर्थाथवाद। **Realistic,** *adj.* सत्यरूप का। **Reality,** *n.* सत्यता, वास्तविकता, यथार्थता, यथार्थवादिता।

Realizable (रीअलाइजेब्ल) *adj.* सिद्ध करने योग्य, प्राप्त (वसूल) करने योग्य।

Realize (रीअलाइज) *v.t.* अनुभूति होना, साकार कर देना, रूपये में परिवर्तित करना, में बिक जाना। **Realization,** *n.* आशाओं की पूर्ति।

Re-alliance (री-अलाऍन्स्) *n.* दुबारा मेल।

Really (रिअलि) *adv.* वास्तव में, सचमुच।

Realm (रेअम्) *n.* राज्य, राजधानी, सत्ता, परिमण्डल।

Realty (रिअल्टि) *n.* अचल सम्पत्ति।
Ream (रीम्) *n.* बीस जिस्ते कागज़ की गड्डी।
Reannex (रीअनेक्स्) *v.i.* फिर से मिला देना।
Reap (रीप्) *v.t.* & *i.* अनाज की फसल काटना, अपने किए का फल भोगना, लवना। **Reaper,** *n.* लवने वाला मनुष्य या यंत्र।
Reappeal (रीऑपील्) *v.t.* फिर से अपील करना।
Reappearance (रीऑपीअरेन्स्) *n.* फिर से प्रत्यक्ष होना।
Reapply (रीऑप्लाई) *v.t.* & *i.* फिर से प्रार्थनापत्र भेजना।
Reargue (रीआरग्यु) *v.t.* & *i.* दुबारा बहस करना।
Rear-arise (रीअर-एसाइस) *n.* फिर से उठना।
Rearmost (रीआर्-मोस्ट्) *adj.* सबसे पीछे का।
Re-arouse (रीअराउज) *v.t.* फिर से उठाना, जा जगाना।
Re-arrange (री-अरंज्) *v.t.* नये क्रम में रखना।
Re-ascension (री-असेन्शन्) *n.* दुबारा, चढ़ाई।
Reason (रीझन्) *n.* विवेक-बुद्धि, तर्क, विचार शक्ति, युक्ति, दलील, हेतु, आशय (प्रयोजन), न्याय। *v.t.* & *i.* तर्क करना, निष्कर्ष निकालना, सोच-विचार करना।
Reasonable (रीझनेबल्) *adj.* कम खर्चीला, तर्क संगत, उचित, यथार्थ, संतुलित। **Reasonably,** *adv.* युक्तिपूर्वक, यथोचित रीति से। **Reasoner,** *n.* तार्किक, न्यायिक।
Rebel (रिबेल्) *n.* विद्रोही, बगावत करने वाला। *v.i.* विद्रोह करना।
Rebeller (रिबेलर्) *n.* राजद्रोही, बलवाई।
Rebellion (रिबेल्येन्) *v.t.* प्रजाक्षोभ, राजद्रोह।
Rebellious (रिबेल्यस्) *adj.* राजद्रोही, उपद्रवी, विद्रोही।
Rebind (री-बाइन्ड्) *v.t.* फिर से बाँधना।
Rebirth (रिबर्थ) *n.* पुनर्जन्म।
Reboil (रीबॉइल्) *v.t.* & *i.* दुबारा उबालना।
Rebound (रिबाउन्ड्) *v.t.* प्रतिक्रिया, प्रतिघात, प्रतिक्रिया करना, प्रतिघात करना। *n.* उछाल।
Rebuff (रिबफ्) *n.* प्रतिघात, रोक पराजय, अस्वीकृति। *v.t.* अस्वीकार करना, हटाना, रोकना।
Rebuild (री-बिल्ड्) *v.t.* दुबारा बनाना, फिर से मरम्मत करना।
Rebuke (रिब्यूक्) *v.t.* निन्दा करना, झिड़कना, भर्त्सना करना, फटकारना, डपटना, डाँटना। *n.* निन्दा, झिड़की, डाँट-डपट।
Rebury (रिबरि) *v.t.* दुबारा दफ़न करना।
Rebus (रीबॅस) *n.* एक प्रकार की पहेली।
Rebut (रिबट्) *v.t.* रोकना, भगाना, निरोधक करना, खंडन करना।
Rebuttable (रीबटेबल्) *adj.* खंडन योग्य।
Rebutter (रीबटर्) *n.* खण्डन करने वाला, प्रतिवादी।
Recalcitrant (रिकॅल्सिट्रन्ट्) *adj.* अड़ियल, अक्खड़।
Recalcitrate (रिकॅल्सिट्रेट्) *v.i.* आदेश पालन करने से इन्कार करना, हठपूर्वक विरोध करना।
Recalesce (रीकलैस) *v.t.* फिर से उष्णता प्राप्त करना। **Recalescence,** *n.* पुनः उष्णीभवन।
Recall (रिकॉल्) *v.t.* रद्द करना, वापस बुलाना, स्मरण करना, वापस लेना या माँगना। *n.* खण्डन, पुनरावाहन।
Recallable (रीबॉलेबल्) *adj.* स्मरण करने योग्य, वापस बुलाने योग्य।
Recant (रिकॅन्ट्) *v.t.* & *i.* वापस लेना, खण्डन करना, मुकरना। **Recantation,** *n.* खण्डन, रुकावट।
Recapitulate (रीकॉपिट्युलेट्) *v.t.* & *i.* सारांश प्रस्तुत करना, संक्षेप में दोहराना।
Recaption (रीकैप्शन) *n.* दुबारा ग्रहण करने का कार्य।
Recaptor (रीकॉप्टर्) *n.* दुबारा ग्रहण करनेवाला।
Recast (रीकास्ट्) *v.t.* नया रूप देना, फिर से ढालना, दुबारा गणना करना।
Recede (रिसीड्) *v.i.* पीछे हटाना, परावृत्त होना, मूल्य में कम होना।
Receipt (रिसीट्) *n.* प्राप्त धन, प्राप्ति पत्र, रसीद। *v.t.* रसीद लिखना, रसीद देना।
Receive (रिसीव्) *v.t.* & *i.* स्वीकार करना, पाना, ग्रहण करना, लेना, अधिकार में लेना, सुनना, सामना करना, स्वागत करना, सत्कार करना, मिलना।
Recency (रिसन्सि) *n.* नवीनता।
Recension (रिरेन्शन्) *n.* शुद्ध किया हुआ मूल ग्रन्थ, पाठ संशोधन।
Recent (रिसेन्ट्) *adj.* नवीन, नया, आधुनिक। **Recently,** *adv.* हाल में। **Recentless,** *n.* नयापन, अभिनवता।
Receptacle (रिसेप्टेकल्) *n.* रखने का स्थान, पात्र, बर्तन, (आश्रय)।
Receptibility (रिसेप्टिबिल्टि) *n.* प्राप्त करने

की संभावना।

Reception (रिसेप्शन्) *n.* प्राप्ति, स्वागत-कक्ष, समारोह, ग्रहण करने वाला।

Receptive (रिसेपटिव्) *adj.* चित्त में भावना उत्पन्न करने योग्य। **Receptivity,** *n.* चित्त में भावना की उत्पत्ति। **Receptiveness,** *n.* चित्त में भावना की उत्पत्ति।

Recess (रिसेस्) *n.* ताखा (आला), विराम, गुहा, गुप्तस्थान, बीच की छुट्टी। *v.t.* छिद्र करना, एकान्त स्थान तैयार करना।

Recession (रिसेशन्) *n.* पीछे हटना, लौटना, पीछे हटने वाला भाग। **Recessive,** *adj.* पीछे हटने वाला।

Recipient (रिसिपिअन्ट्) *adj* & *n.* ग्राहक, प्राप्त करनेवाला।

Reciprocal (रिसाइप्रोकल) *adj.* परस्पर आपस के सम्बन्ध का, (व्या.) परस्पर संबंध-सूचक।

Reciprocate (रेसाइप्रोकेट) *v.t.* & *i.* आगे-पीछे चलना, अदल-बदल करना, विनिमय करना।

Reciprocating (रेसिप्रोकटिंग) *adj.* पारी-पारी से आगे-पीछे होनेवाला।

Reciprocity (रेसाइप्रोसिटि) *n.* व्यापार संबंध में एक राष्ट्र के दूसरे राष्ट्र से अन्योन्यता, परस्पर कार्य, विनिमय।

Recital (रिसाइटल्) *n.* पठन, उच्चारण, कथा।

Recitation (रेसाइटेशन्) *n.* कथन, सस्वर पाठ, वर्णन, प्रपठन।

Recitative (रेसाइटेटिव्) *adj.* उच्चारण या आवृत्ति करने या गानेवाला।

Recite (रिसाइट्) *v.t.* & *i.* पढ़ना, वर्णन करना, क्रम से वर्णन करना।

Reciter (रिसाइटर्) *n.* अनुवादक, उच्चारक।

Reclinate (रेक्लिनेट्) *adj.* नीचे की ओर झुका हुआ।

Recline (रिक्लाइन्) *v.t.* & *i.* झुकना, सहारा लेना, विश्राम करना, आश्रित होना।

Reclothe (री-क्लोथ्) *v.t.* फिर से वस्त्र पहिनाना।

Recluse (रिक्लूस्) *adj.* & *n.* निर्जन या एकान्तवासी, संन्यासी।

Recoal (रीकोल्) *v.t.* & *i.* जहाज में कोयला भरना।

Recognition (रेकॉग्निशन्) *n.* पहचान, मान्यता, स्वीकृति।

Recombine (रीकम्बाइन्) *v.t.* फिर से मिलाना।

Recomfort (रीकम्फर्ट्) *v.t.* फिर से शांत करना, नया उत्साह देना।

Recommend (रेकमेन्ड्) *v.t.* सौंपना, योग्य बतलाना, संस्तुति करना, स्तुतिपूर्वक कहना।

Recommit (रीकॉमिट्) *v.t.* फिर से सौंपना, दुबारा हवाले करना। **Recommital,** *n.* पुनः समर्पण।

Recompense (रेकम्पेन्स्) *v.t.* प्रतिफल देना, क्षतिपूर्ति करना, पुरस्कार। *n.* बदला, पारिश्रमिक, निस्तार, प्रतिफल।

Recompose (रीकम्पोज्) *v.t.* नये सिरे से बनाना, शांत करना।

Reconnaissance (रिकॉनिसन्स्) *n.* अनुसन्धान, किसी स्थान की सैनिक परीक्षा।

Reconquer (रीकॉकंर) *v.t.* पुनः प्राप्त करना, फिर से जीतना।

Reconquest (रीकॉक्वेस्ट्) *v.t.* नई जीत।

Reconstitute (रीकन्स्टिट्यूट्) *v.t.* पुनर्निर्माण करना।

Reconstruct (रीकन्स्ट्रक्ट्) *v.t.* फिर से मरम्मत करना या बनाना।

Reconvene (रीकन्वीन) *v.t.* फिर से एकत्रित करना।

Reconvert (रीकन्वर्ट) *v.t.* फिर से पलटना।

Reconveyance (रीकन्वेऍन्स्) *n.* वापसी।

Recrement (रेक्रिमेन्ट्) *n.* पित्त, लार इत्यादि जो रुधिर से अलग होता तथा फिर इसमें मिल जाता है, तलछट, व्यर्थ पदार्थ।

Recriminate (रिक्रिमिनेट्) *v.t.* उलटा दोष या कलंक लगाना, परस्पर अभियोग लगाना।

Recrimination (रिक्रिमिनेशन्) *n.* परस्पर दोष का आरोपण।

Recriminator (रिक्रिमिनेटर्) *n.* दोष लगाने पर वही दोष दूसरे पर लगानेवाला व्यक्ति।

Recross (रीक्रॉस्) *v.t.* दुबारा पार करना, दुबारा जिरह करना।

Recrudesce (रीक्रुडेस्) *v.t.* फिर से उभड़ आना या निकल आना।

Recrudescence (रीक्रडेन्स्) *n.* आरोग्य होकर फिर से रोगी होने की अवस्था।

Recruit (रिक्रूट्) *n.* नई भर्ती, नया सिपाही, नौसिखुआ सैनिक (रंगरूट), संस्था का नया सभासद। *v.t.* & *i.* नया सिपाही भर्ती करना, स्वस्थ होना, नया बल प्राप्त करना, ताजा करना। **Recruital,** *n.* सेना में नई भर्ती करने का कार्य।

Recruiter (रिक्रूटर्) *n.* नये सैनिक भर्ती करने

वाला। **Recruitment,** *n.* रंगरूट की भर्ती।

Rectal (रेक्टल्) *adj.* गुदा-संबंधी।

Rectangle (रेक्टंगल्) *n.* सम चतुष्कोणाकृति, आयत।

Rectangular (रेक्टँग्युलर्) *adj.* समकोण चतुर्भुज के आकार का, आयताकार।

Rectify (रेक्टिफाय्) *v.t.* शुद्ध करना, ठीक करना, गलती सुधारना, समाधान करना, छुटकारा पाना।

Recumbent (रिकम्बन्ट्) *adj.* & *n.* झुका हुआ, करवट पर लेटना, आड़ा या तिरछा लेटना, पासा लेना।

Recuperate (रिकुपरेट्) *v.t.* & *i.* रोगनिवृत्त होना, धन की हानि पुनः प्राप्त करना। **Recuperative,** *adj.* आरोग्य-संबंधी।

Recur (रिकर्) *v.t.* फिर से होना, फिर से ध्यान में आना, स्मरण होना।

Recurrence (रिकरन्स्) *ns.* पुनरागमन, फिर से आवृत्ति।

Recurrent, Recurring (रिकरंट्) *adjs.* बार-बार होनेवाला।

Recurvate (रीकरवेट) *v.t.* फिर से मोड़ना। **Recurvature,** *n.* पीछे की ओर घुमाव।

Recurve (रिकर्व) *v.t.* & *i.* पीछे की ओर घूमना या घुमाना।

Recusant (रिक्यूझन्ट्) *n.* गर्दन नीची न करने वाला, सत्ता को स्वीकार न करने वाला।

Recusation (रेक्युजेशन) *n.* न्यायाधीश की आज्ञा का विरोध।

Redemption (रिडेम्पशन्) *n.* प्रायश्चित द्वारा पाप से मुक्ति, धन देकर मुक्त करने का साधन या कार्य, दुबारा मोल लेने का काम।

Redingote (रेडिन्गोट्) *n.* स्त्रियों का सबसे ऊपर पहनने का लम्बा कोट।

Redintegrate (रेडिनटिग्रेट्) *v.t.* पुनरोद्धार, पूरा करना, नया करना। **Redintegrator,** *n.* नया करने वाला।

Redirect (रीडायरेक्ट्) *v.t.* फिर से निर्दिष्ट करना, पता बदलकर भेजना, सन्धान करना।

Rediscover (रीडिस्कव्र्) *v.t.* फिर से पता लगाना।

Red-letter-day (रेड-लैटर-डे) *n.* उत्सव या सौभाग्य का दिन।

Redly (रेडलि) *adv.* लाली से। **Redness,** *n.* लालपन, लाली।

Redolent (रेडोलन्ट्) *adj.* सुगन्धित अच्छी गन्ध का। **Redolence,** *n.* सुगन्ध।

Redouble (रिडबल्) *v.t.* & *i.* दुगुना करना, अधिक करना, दुहराना।

Redoubt (रिडाउट्) *n.* गढ़ किला, घुस्स, कोट। *v.t.* डरना।

Redound (रिडाउन्ड्) *v.t.* सुविधाजनक, लाभकारी, फायदेमंद होना।

Red-short (रेड्-शॉर्ट्) *adj.* तपाने पर टूटनेवाला, कुड़कीला।

Reduce (रिडयूस्) *v.t.* पूर्व स्थिति में पहुँचाना, योग्य बनाना, अधीन करना, निर्बल करना, कम करना। **Reducer,** *n.* कम करने वाला। **Reducible,** *adj.* कम करने योग्य।

Reduction (रिडक्शन्) *n.* न्यूनता, कमी, पराभव, गणित के नियम। **Reductive,** *adj.* कम करने वाला।

Redundant (रिडन्डंट्) *adj.* आवश्यकता से अधिक, अतिशय, अनावश्यक शब्दों का। **Redundancy,** *n.* बहुतायत, प्रचुरता।

Reduplicate (रिडुप्लिकेट्) *v.t.* पुनरावृत्ति करना, दुहराना। **Reduplication,** *n.* दुहराव।

Reed (रीड्) *n.* सरकंडा, छप्पर डालने के लिए सुखे पाल। *v.t.* नरकट की छप्पर बनाना।

Re-edify (रीएडिफाय्) *v.t.* फिर से मकान बनाना।

Reediness (रीडिनैस) *n.* दुर्बलता, दुबलापन।

Re-edit (रीऍडिट्) *v.t.* दुबारा (शुद्ध करके) प्रकाशित करना।

Re-elect (रीएम्बार्क) *v.t.* दुबारा चुनाव करना। **Re-election,** *n.* दुबारा चुनाव।

Re-embark (री-ऍम्बार्क्) *n.* दुबारा जहाज़ पर लादना।

Re-emerge (री-इमर्ज्) *v.t.* दुबारा जल में से निकलना।

Re-enact (रीएनेक्ट) *v.t.* किसी नियम का पुनः प्रचार करना।

Re-enforce (री-इन्फोर्स्) *v.t.* फिर से शक्ति प्रदान करना। **Re-enforcement,** *n.* सहायता, नई सेना का बनाना।

Re-engine (री-ऍनजिन्) *v.t.* फिर से इंजन लगाना या जोड़ना।

Re-enlist (री-ऍनलिस्ट्) *v.t.* दुबारा नौकर रख लेना।

Reeve (रीव्) *n.* किसी नगर का प्रधान अधिकारी, राज्यपाल, कनाडा में ग्राम या शहर पंचायत का अध्यक्ष। *v.t.* रस्से से बाँधना।

Referential (रेफॅरैनशलि) *adj.* किसी से सम्बन्ध

रखता हुआ।

Refine (रिफाइन्) *v.t.* & *i.* शुद्ध करना, मैल निकालना, विमल करना, सुधारना, आचार विचार करना, उन्नति करना।

Refinement (रिफाइनमेन्ट्) *n.* शुद्धता, शिष्टता, विनय, शृंगार।

Refit (रीफिट्) *v.t.* & *i.* जहाज ठीक करना, फिर से मरम्मत करना या सुधारना।

Reflect (रिफ्लेक्ट्) *v.t.* & *i.* प्रतिबिम्ब डालना, चिन्तन करना, (विचारना) ध्यान करना।

Reflection (रिफ्लेक्शन्) *n.* प्रतिबिम्ब परावर्तन, निक्षेप, प्रतिच्छाया, दोष, निन्दा, पुनर्विचार, भावना, तिरस्कार, दुबारा विचार करना।

Reflective (रिफ्लेक्टिव्) *adj.* प्रतिबिम्ब डालने वाला, विचार से संबंध रखनेवाला, चिंतक।

Reflector (रिफ्लेक्टर्) *n.* दूरबीन का शीशा, प्रतिबिम्ब फेंकनेवाला पदार्थ, दर्पण।

Reflex (रीफ्लेक्स्) *n.* प्रतिबिम्बत, छाया, प्रकाश, आभा। *adj.* पलटा हुआ, अंतरमुख, चित्त में विचार किया हुआ।

Reflexed (रीफ्लेक्सड्) *adj.* पीछे की ओर मुड़ा हुआ।

Reflexibility (रीफ्लेक्सिविलिटि) *n.* प्रतिबिम्बित होने की शक्ति।

Reflexive (रिफ्लेक्सिव्) *adj.* पूर्व-संबंधी, कर्ता-संबंधी। *n.* कर्तृवाचक शब्द, रूप।

Refloat (री-फ्लोट्) *v.t.* फिर से तैरना।

Reflow (री-फ्लो) *v.i.* पीछे की ओर बहना।

Reformation (रिफॉर्मेशन्) *n.* सुधार। **Reformative,** *adj.* संशोधन करने वाला। **Reformatory,** *n.* कम उम्र वाले अपराधियों को सुधारने का स्थान।

Refrigerant (रिफ्रिजरन्ट्) *adj.* ठण्डा करने वाला।

Refrigerate (रेफ्रिजरेट्) *v.t.* शीतल (ठण्डा) करना, गर्मी हटाना।

Reft (रेफ़्ट्) *adj.* लूट लिया गया।

Refuge (रेफ्यूज्) *n.* शरण लेने का स्थान, शरण देने वाला। *v.t.* & *i.* शरण देना, शरणागत होना।

Refugee (रेफ्यूजी) *n.* शरण लेने के लिए (स्वदेश से) भागने वाला शरणार्थी।

Refulgence (रिफलजेन्स्) *n.* तेज चमक, ज्योति।

Refulgent (रिफल्जेन्स्) *adj.* देदीप्यमान, उज्जवल, चमकदार।

Refund (रिफन्ड) *v.t.* & *i.* लौटाना, फेर देना, वापस करना। *n.* वापसी।

Refurnish (रीफर्नइश्) *v.t.* फिर से सजाना।

Refusal (रिफ्यूझल्) *n.* अस्वीकृति, प्रतिषेध।

Refute (रिफ्यूट्) *v.t.* खण्डन करना, शास्त्रार्थ से झूठा ठहराना। **Refutation,** *n.* खण्डन।

Regain (रिगेन्) *v.t.* पुनः प्राप्त करना, पुनः कब्जा करना।

Regal (रीगल्) *n.* राजकीय, महत्वपूर्ण। **Regality,** *n.* राजत्व, प्रभुत्व।

Regale (रिगेल्) *n.* स्वादिष्ट भोजन की दावत। *v.t.* & *i.* स्वादिष्ट भोजन करना, प्रसन्न करना।

Regalia (रिगेल्या) *n.* राजचिह्न, राजकीय अधिकार, किसी पदवी का चिह्न, एक प्रकार का बड़ा सिगार। *n.* उत्तम प्रकार का सिगार।

Regalism (रीगॅलिज्म) *n.* राजा का अनन्य अधिकार, राजा का धर्म पर अधिकार।

Regelate (रीजिलेट्) *v.t.* जमकर एकदिल हो जाना।

Regency (रीजन्सि) *n.* राजप्रतिनिधि का मण्डल, प्रतिनिधित्व।

Regenerate (रीजेनरेट्) *v.t.* & *i.* फिर से उत्पन्न, आचरण सुधारना, धर्म परिवर्तन करना, फिर से जन्म देना, शिष्य बनाना। *adj.* दुबारा जन्मा हुआ। **Regenerator,** *n.* भट्ठी में अग्नि का तापमान बढ़ाने का साधन।

Regent (रीजन्ट्) *n.* राजा के अवयस्क (नाबालिग) रहने पर शासन करने वाला, शासक।

Regicide (रेजिसाइड्) *n.* राजबध, राजा की हत्या करने वाला।

Regime (रेझीम्) *n.* शासन पद्धति, राज्यक्रम, प्रचलित विधि।

Regnant (रेग्नन्ट्) *adj.* शासक, राज्य करने वाला, प्रधान, (विशिष्ट)।

Regorge (रिगॉर्ज्) *v.t.* & *i.* फिर से उठाना, पीछे की ओर बहना, फिर से निगलना।

Regrate (रीग्रेट) *v.t.* भोजन का सामान खरीद कर फिर उसी बाजार में बेचना। **Regrater, Regrator,** *ns.* जो एक बाजार में माल खरीदकर वही बेचता है।

Regress (रीग्रेस्) *n.* परिवर्तन, लौटाव, निकासी। *v.t.* पीछे की ओर हटना।

Regression (रिग्रेशन्) *n.* प्रतीप-गमन, परावर्तन, लौटान। **Regressive,** *adj.* पीछे को जाने वाला।

Regret (रिग्रेट्) *v.t.* पश्चाताप करना, दुःखी होना, खेद करना। *n.* खेद, दुःख, पछतावा। **Regrettable,** *adj.* पछतावा करने योग्य, खेदजनक।

Regular (रेग्युलर्) *adj.* नियमानुसार, यथारीति, निश्चित काल पर होने वाला, सामान्य, व्यवस्थित, प्रचलित, समकोण तथा समभुज। *n.* स्थायी सेना का सिपाही, स्थायी सेना।

Regularity (रेग्युलॅरिटि) *n.* नियम, व्यवस्था, क्रम-विधि।

Regulate (रेग्युलेट्) *v.t.* क्रम में रखना, व्यवस्था करना, नियम का विधान करना। **Regulation,** *n.* नियमित या व्यवस्थित बनाने का काम। **Regulative,** *adj.* व्यवस्था करने वाला।

Reguline (रेग्युलाइन) *adj.* धातु के शुद्ध भाग से सम्बन्धित।

Regurgitate (रिगर्जिटेट्) *v.t.* & *i.* फिर से उड़ेलना, उमड़ पड़ना।

Regulus (रेग्यूलस्) *n.* खनिज का शुद्ध या धात्विक भाग।

Rehabilitate (रीहॉबिलिटेट्) *v.t.* पूर्व अवस्था में लाना।

Reimburse (री-इम्बर्स्) *v.t.* फिर अदा करना या चुकाना, बदला चुकाना या प्रतिफल देना।

Reinspect (रीन्सपेक्ट्) *v.t.* दुबारा जाँच करना।

Reinstate (री-इन्स्टेट्) *v.t.* फिर से स्थापित करना, स्वास्थ्य प्राप्त करना।

Reinsure (रीइन्शुअर्) *v.t.* & *i.* फिर से बीमा करना।

Reinvest (री-इनवेस्ट्) *v.t.* फिर से नियुक्त करना, लाभ के लिये धन लगाना।

Reinvigorate (रीइन्विगोरेट्) *v.t.* फिर से बल देना, या ताजा करना।

Re-issue (रीइशु) *v.t.* दुबारा जारी करना।

Reiterate (री-इटरेट्) *v.t.* कोई काम या प्रार्थना, शब्द या बयान दोहराना, किसी जगह पर फिर चलना।

Reject (रिजेक्ट्) *v.t.* त्यागना, फेंकना, अस्वीकार करना।

Rejection (रिजेक्शन्) *n.* प्रत्यादेश, अस्वीकार।

Rejoice (रिजॉइस्) *v.t.* & *i.* प्रसन्न होना या करना, आनन्दित करना। **Rejoicing,** *adj.* & *n.* आनन्दकर, आनन्द, हर्ष। **Rejoicingly,** *adv.* आनन्दपूर्वक।

Rejoin (रिजॉइन्) *v.t.* & *i.* फिर से सम्मिलित होना, जोड़ना, जवाब देना।

Rejoinder (रिजॉइन्डर्) *n.* प्रतिवादी का उत्तर, प्रत्युत्तर, पुनरुत्तर।

Relegate (रेलिगेट्) *v.t.* बहिष्कार करना, देश से निकालना, निर्णय के लिए बदलना, संकेत करना। **Relegation,** *n.* बहिष्कार, देश निकाला।

Relent (रिलेन्ट्) *v.t.* कड़ाई त्यागना, कोमल होना, दयायुक्त होना। **Relentingly,** *adv.* कोमलता से। **Relentless,** *n.* दयाहीन, निर्दयता।

Re-let (री-लेट्) *v.t.* मकान आदि को दुबारा किराये पर देना।

Relevant (रेलिवेन्ट्) *adj.* प्रस्तुत, प्रासंगिक, अनुरूप।

Reliable (रिलाएबल) *adj.* विश्वास योग्य, प्रमाणित (विश्वस्त)।

Reliance (रिलायन्स्) *n.* विश्वास, श्रद्धा, भरोसा।

Relic (रेलिक्) *n.* शेष भाग, स्मारक चिह्न। **Relics,** *n.* (ब.व.) शव।

Relict (रेलिक्ट्) *n.* विधवा, जीवित बचा हुआ, अवशेष भाग, बचा हुआ चिह्न।

Relief (रिलीफ्) *n.* गरीबों की सहायता, दुःख से मुक्ति, समाधान, दुरुस्ती, फौजी कार्यालय, सहायता, उभरी हुई नकाशी इत्यादि।

Religion (रिलिजन्) *n.* ईश्वर भक्ति, धर्म, ईश्वर के प्रति मनुष्य का कर्तव्य। **Religioner,** *n.* कट्टर धार्मिक। **Religionist,** *n.* अपने धर्म में पक्का। **Religionless,** *adj.* नास्तिक।

Religious (रिलिजिअस्) *adj.* धार्मिक, धर्मात्मा, भक्तिमान। **Religiosity,** *n.* अधिक धार्मिकता।

Relucent (रिल्युसेन्ट) *adj.* देदीप्यमान, चमकीला, पारदर्शक।

Reluct (रिलक्ट्) *v.t.* अरुचि प्रकट करना। **Reluctance,** *n.* (अरुचि) अनिच्छा।

Reluctant (रिलक्टैंट्) *adj.* अनिच्छुक, पराङमुख, असंतुष्ट। **Reluctantly,** *adv.* अनिच्छा से।

Remand (रिमान्ड्) *v.t.* फिर से भेजना, दुबारा अन्वेषण के लिए आज्ञा देना। *n.* इस प्रकार की आज्ञा।

Remanent (रेमॅनन्ट्) *adj.* अवशेष, बचा हुआ। *n.* बचा हुआ भाग।

Remark (रिमार्क्) *v.t.* & *i.* विचारना, ध्यान देना, लक्ष्य करना, बोलना,। *n.* चर्चा, निरूपण, लेख।

Remarkable (रिमार्केबल्) *adj.* स्मरण करने योग्य, अद्भुत, विलक्षण, विचित्रता।

Remarry (रीमॅरि) *v.t.* दुबारा विवाह करना।

Remedial (रिमीडिअल्) *adj.* चिकित्सा-संबंधी। **Remedially,** *adv.* प्रतिकार या उपाय से।

Remedy (रेमिडि) *n.* औषधि, चिकित्सा। *v.t.*

चिकित्सा करना, प्रतिकार करना।

Remember (रिमेम्बर्) *v.t.* स्मरण रखना, याद करना, उपहार देना।

Remembrance (रिमेम्ब्रन्स्) *n.* स्मरण, स्मारक, यादगार, स्मारक वस्तु। (ब.व.) तृतीय पुरुष द्वारा भेजा गया शुभ समाचार।

Remiform (रेमिफार्म्) *adj.* डंडे के आकार का।

Remind (रिमाइन्ड्) *v.t.* याद दिलाना, स्मरण करना। **Reminder,** *n.* याद दिलाने वाला मनुष्य या पदार्थ।

Reminiscence (रेमिनिन्सन्स्) *n.* यादगारें, स्मरण द्वारा ज्ञाप प्राप्ति, स्मृति। (ब.व.) घटनाओं का स्मरण। **Reminiscent,** *adj.* स्मरण करने वाला, स्मृति रखने या जगाने वाला।

Remint (रीमिन्ट्) *v.t.* टकसाल में फिर से मुद्रा ढालना।

Remise (रिमाइस्) *v.t.* अधिकार या सम्पत्ति त्याग देना।

Remiss (रीमिस्) *adj.* असावधान, आलसी, दुर्बल, ढीला।

Remission (रिमिशन्) *n.* पापों का प्रायश्चित, शक्ति का कम करना, क्षमा, ऋण चुकाना।

Remit (रिमिट्) *v.t.* & *i.* क्षमा करना, कम करना, या होना, शिथिल करना, रुपया अदा करना, पूर्वस्थित में रखना।

Remittal (रिमिटल्) *n.* प्रेषक, त्याग।

Remittee (रिमिटन्स्) *n.* प्रेषित धन को पानेवाला व्यक्ति।

Remittent (रिमिटन्ट्) *adj.* ऐसे ज्वर के विषय का जो कुछ काल के लिए हट जाए।

Remnant (रेम्नन्ट्) *n.* अवशेष, बचा हुआ अंश, बचत।

Remodel (रीमॉडल्) *v.t.* पुनर्निर्माण करना, फिर से तैयार करना या बनाना।

Remonstrance (रिमॉन्स्ट्रन्स्) *n.* प्रतिवाद, विरोध प्रदर्शन, आपत्ति।

Remonstrant (रिमान्स्ट्रन्ट्) *adj.* प्रतिवाद करने वाला, प्रतिवादात्मक। *n.* प्रतिवादी, विरोध प्रदर्शक।

Remorse (रिमॉर्स्) *n.* पश्चाताप।

Remote (रिमोट्) *adj.* दूरस्थ, दूरवर्ती, असमीप, गुप्त, अल्पमात्र। **Remoteness,** *n.* दुरता।

Remould (रिमोल्ड्) *v.i.* फिर ढालना या बनाना।

Remount (रिमाउन्ट्) *v.t* & *i.* फिर से घोड़े पर सवार होना, दुबारा चढ़ना।

Removable (रिमूवेबल्) *adj.* हटने योग्य।

Remove (रिमूव्) *v.t.* & *i.* दूसरे स्थान पर ले जाना, निवास-स्थान बदलना, अलग करना, दूर भेजना, समाप्त कर देना, मार देना। *n.* हटाव, प्रस्थान, पदवी, क्रम।

Remunerable (रिम्यनरेबल्) *adj.* पुरस्कार या शुल्क देने के योग्य।

Remunerate (रिम्यूनरेट्) *v.t.* प्रतिफल या पुरस्कार देना; मेहनत की मजदूरी देना।

Renaissance (रिनेसन्स्) *n.* पुनर्जागरण, कला-कौशल तथा विद्या की जागृति का काल।

Renal (रीनल्) *adj.* वृक (गुरदा) सम्बन्धी।

Renascence (रिनॅसन्स्) *n.* पुनर्जन्म। **Renascent,** *adj.* दुबारा जन्मा हुआ, पुनरुत्पन्न।

Rend (रेन्ड्) *v.t.* & *i.* खण्ड करना, फाड़ना (चीरना), टुकड़े-टुकड़े करना।

Render (रेन्डर्) *v.t.* अर्पित करना, सौंपना, प्रस्तुत करना, लौटाना, बदले में करना या देना, बना देना, प्रदर्शित करना। *n.* सौंपने वाला, प्रदाता, प्रस्तुतकर्ता।

Rendezvous (रॉनू-डिवस्) *n.* मिलन स्थान, अड्डा, संकेत स्थल। *v.t.* मिलन स्थान में मिलना, जमा होना।

Rendition (रेन्डिशन्) *n.* सौपनें का कार्य।

Renegade (रेनिगेड्) *n.* स्वधर्मत्यागी, पाखंडी।

Renew (रिन्यू) *v.t.* & *i.* पहले की अवस्था में लाना, नया करना या होना।

Renewable (रीन्यूऍबल्) *adj.* नवीन करने योग्य।

Renewer (रिन्यूअर्) *n.* नया करनेवाला।

Renidification (रीनिडिफिकेशन्) *n.* नया घोंसला बनाने की क्रिया।

Renidify (रीनिडिफाई) *v.t.* नया घोंसला बनाना।

Reniform (रीनिफॉर्म्) *adj.* वृक्क (गुर्दे के आकार का)।

Rennet (रेनिट्) *n.* एक प्रकार का मीठा सेब, दूध जमाने का प्रयुक्त पदार्थ।

Renominate (रिनॉमिनेट) *v.t.* दुबारा निर्धारण करना। **Renomination,** *n.* दुबारा निर्धारण।

Renounce (रिनाउन्स्) *v.t.* मानने से इन्कार करना, त्यागना, छोड़ना, अस्वीकार करना।

Renovate (रनोवेट्) *n.* नया करना, अच्छी अवस्था में लाना।

Renown (रिनाउन्) *n.* यश, कीर्ति।

Rent (रेन्ट्) *n.* फटन, दर्रा, फाँक, किराये पर या पट्टे पर देना, मालगुजारी, भाड़ा (महसूल)। *v.t.* & *i.* किराये पर या पट्टे पर देना।

Rental (रेन्टल्) *n.* मालगुजारी, किराये से मिला हुआ धन।

Renter (रेन्टर्) *n.* असामी, किरायेदार।

Renunciation (रिनन्सिएशन्) *n.* सन्यास।

Reorganization (री-ऑर्गनाइजेशन्) *n.* नवीन क्रम।

Rep (रेप्) *n.* दुष्चरित्र व्यक्ति।

Repair (रिपेअर्) *v.t.* शरण प्राप्त करना, बदला देना, बनाना, मरम्मत करना, जाना। *n.* स्थान, स्वास्थ्य, मरम्मत, जीर्णोद्धार।

Repand (रीपान्ड्) *adj.* लहरियादार किनारे वाला।

Reparable (रेपरबल्) *adj.* सन्तोषजनक, पूर्ण करने या सुधारने योग्य।

Reparation (रेपरेशन्) *n.* छोटे अंशों में विभाजन। *v.t.* ऐसा विभाजन करना।

Reparative (रीपरेटिव्) *adj.* स्वस्थ करनेवाला।

Repartee (रेपार्टी) *n.* क्षणिक उत्तर, व्यंग्य उक्ति। *v.t.* व्यंग बोलना, तुरन्त उत्तर देना।

Repent (रिपेन्ट्) *v.t.* & *i.* पश्चाताप करना, पछताना, आत्मग्लानि अनुभव करना। *adj.* भूमि पर रेंगता हुआ।

Repentance (रिपेन्टस्) *n.* खेद, पश्चाताप।

Repeople (रीपीपल) *v.t.* फिर से बसाना।

Repeople (रीपीपल्) *v.t.* फिर से बसाना।

Repertory (रीपर्टरि) *n.* कोष, भंडार, खजाना।

Reperuse (रीपेरूज्) *v.t.* पुनरावलोकन, पुनर्विचार।

Repetition (रेपिटिशन्) *n.* पुररुक्ति, दुहराव, आवृत्ति। **Repetitional,** *adj.* पुररुक्ति-सम्बन्धी, आवृत्तियों से युक्त।

Repine (रिपाइन्) *v.i.* असन्तुष्ट होना, खिन्न होना, सन्ताप करना। **Repining,** *n.* असन्तोष, शोक।

Replace (रिप्लेस्) *v.t.* पुनः स्थापित करना, भर्ती करना, बदले में रखना।

Replete (रिप्लीट्) *adj.* परिपूर्ण, भरपूर, भरा हुआ।

Replica (रेप्लिका) *n.* प्रतिरूप, नकल।

Replicate (रेप्लिकेट्) *adj.* अपने ही ऊपर मुड़ा हुआ। *v.t.* दुहराना, मोड़ना।

Replication (रेप्लिकेशन्) *n.* प्रतिध्वनि, वादी का प्रतिवादी को उत्तर।

Reply (रिप्लाय्) *v.t.* & *i.* उत्तर देना, जवाब देना। *n.* उत्तर (प्रतिवाद), जवाब।

Repopulate (रिपायुलेट) *v.t.* नयी बस्ती बसाना।

Report (रिपोर्ट्) *v.t.* & *i.* वृत्तान्त उपस्थित करना, निश्चित की हुई बात का विवरण देना, घोषणा करना, सरकारी विज्ञप्ति जताना या बताना। *n.* चर्चा, विज्ञापन, समाचार (जनश्रुति), तेज शब्द।

Reportable (रिपोर्ट्टेब्ल्) *adj.* प्रकाशित करने योग्य। **Reporter,** *n.* वृत्तान्त निवेदन करने वाला। **Reporting,** *n.* सूचना देने का कार्य।

Repress (रिप्रेस्) *v.t.* रोकना, दबाना, शमन करना, नियंत्रण में रखना। **Represser,** *n.* रोकने वाला। **Repression,** *n.* निरोध, दबाव। **Repressive,** *adj.* निरोधी, दबानेवाला।

Reprieve (रिप्रीव्) *v.t.* प्राणदण्ड को कुछ समय के लिए रोकना या स्थगित करना। *n.* प्राणदण्ड की अस्थायी रुकावट।

Reprimand (रेप्रिमान्ड्) *v.t.* झिड़कना, निन्दा करना। *n.* झिड़की, घुड़की।

Reprint (रीप्रिन्ट्) *v.t.* दुबारा छापना या प्रकाशित करना। *n.* नया प्रकाशन या संस्करण।

Reprisal (रिप्राइझल्) *n.* बदला लेने का कार्य।

Reprise (रिप्राइझ्) *n.* वार्षिक देन, बदला।

Reproach (रिप्रोच्) *v.t.* तिरस्कार करना, गाली देना, धिक्कारना। *n.* धिक्कार, तिरस्कार, गाली।

Reprobate (रेप्रॅबिट्) *v.t.* अस्वीकार करना, धिक्कार प्रकट करना। *adj.* & *n.* दुष्ट, दुराचारी, पापी।

Reproduce (रीप्रोड्यूस्) *v.t.* & *i.* प्रतिलिपि बनाना, पुनः तैयार करना।

Reproduction (रीप्रोडक्शन्) *n.* दुबारा वंश या सन्तान की उत्पत्ति, पुनर्जन्म, प्रतिलिपि।

Reproof (रिप्रूफ्) *n.* निन्दा, भर्त्सना, झिड़की।

Reprove (रिप्रूव्) *v.t.* दोष निकालना, झिड़की देना, डाँटना। **Reprovingly,** *adv.* दोष लगाते हुए, झिड़कते हुए।

Reptant (रेपटंट्) *adj.* रेंगने वाला।

Reptile (रेप्टाइल्) *n.* सरीसृप, रेंगने वाला जन्तु। *adj.* रेंगनेवाला। **Reptilian,** *adj.* रेंगने वाले जन्तु का।

Republic (रिपब्लिक्) *n.* ऐसा राज्य जिसमें चुने हुए सदस्य प्रबन्ध करते हैं, प्रजातन्त्र राज्य। **Republican,** *adj.* & *n.* लोक-प्रभुत्व-सम्बन्धी, लोकतंत्रवादी।

Repudiate (रिप्यूडिएट्) *v.t.* & *i.* अस्वीकार करना, स्त्री का परित्याग करना, आज्ञा पालन न करना।

Repugn (रेप्यून) *v.t.* & *i.* विरोध करना, सामना करना।

Repugnance (रिपगनन्स्) *n.* विरोध, अनिच्छा, घृणा, असंगति। **Repugnant,** *adj.* प्रतिकूल,

विरुद्ध, अरुचिकर।

Repulse (रेपल्स्) *v.t.* अस्वीकार करना, हटा देना, भगा देना। *n.* निषेध, अस्वीकार।

Repulsion (रिपल्शन्) *n.* हटा देना या हट जाने की क्रिया, अस्वीकार।

Repulsive (रिपल्सिव) *adj.* निषेधक, सहानुभूति ने रखने वाला, प्रतिघाती। **Repulsively,** *adv.* घृणा से, अप्रियता से घृणा।

Reputable (रेप्यूटेबल्) *adj.* सम्मान किया हुआ, प्रतिष्ठित, कीर्तियुक्त।

Reputation (रेप्यूटेशन्) *n.* प्रसिद्धि, कीर्ति, यश, मान।

Repute (रिप्यूट्) *n.* विचारना, गणना करना। **Reputed,** *adj.* माना हुआ। **Reputeless,** *adj.* निन्द्य, अप्रतिष्ठित।

Request (रिक्वेस्ट्) *n.* प्रार्थना, आकांक्षा, इच्छा, निवेदन। *v.t.* प्रार्थना करना, (विनय सहित) माँगना।

Requiem (रेक्विएम्) *n.* मरे हुए लोगों के लिए ईश्वर से प्रार्थना।

Res (रीझ्) *n.* वस्तु (पदार्थ), सम्पत्ति।

Rescind (रिसिन्ड्) *v.t.* खण्डन करना, काटना, लोप करना। **Rescission,** *n.* खण्डन।

Rescribe (रीस्क्राइब) *v.t.* फिर से लिखना।

Rescript (रीस्क्रिप्ट्) *n.* राजा का आज्ञा पत्र, दुबारा लिखा हुआ लेख।

Rescue (रेस्क्यू) *v.t.* & मुक्त करना, फेर लेना, छुटकारा देना। *n.* निस्तार, उद्धार।

Research (रिसर्च्) *n.* अन्वेषण, अनुसंधान। *v.t.* खोज करना, जिज्ञासा करना। **Researcher,** *n.* परिश्रम से अन्वेषण करने वाला।

Resect (रिसेक्ट्) *v.t.* (हड्डी आदि) काटना, छाँटना। **Resection,** *n.* हड्डी का कटाव।

Resemblance (रिझेम्बेलैन्स) *n.* सादृश्य, समानता, उपमा।

Resemble (रिझेम्बल्) *v.t.* अनुकरण करना, सदृश होना। **Resemblance,** *n.* समानता, समरूपता, सादृश्य, उपमा।

Resent (सिझेन्ट्) *v.t* & *i.* बुरा मानना, क्रोध करना। **Resentful,** *adj.* क्रोधी, रोष करने वाला।

Reservation (रिझर्वेशन्) *n.* निग्रह, रुकावट, अपवाद, आरक्षित क्षेत्र (स्थान, सीट) सुरक्षित अधिकार।

Reserve (रिझर्व़्) *v.t.* भविष्य के लिए बचाकर रखना, आरक्षित रखना, नियम करना, के लिए अलग करना, आरक्षित करना या कराना। *n.* संचय, निग्रह, पराङ्मुखता, शान्ति, आत्मसंयम, आरक्षित।

Reserved (रिझर्वड्) *adj.* रक्षित, गुप्त, सावधान।

Reservedly (रिझर्वडलि) *adv.* गूढ़ भाव से, गम्भीरता से।

Reservist (रिझर्विस्ट्) *n.* रिज़र्व सैनिक।

Reservoir (रेझर्वायर) *n.* जलाशय, बांध, भंडार, खजाना। *v.t.* जलाशय में भरना।

Reship (रीशिप) *v.t.* फिर से जहाज पर लादना।

Reside (रिझाइड्) *v.t.* बसना, संचयन या जमाव के रूप में नीचे बैठना या जम जाना, सर्वदा रहना, विश्राम करना।

Residence (रेझिडेन्स्) *n.* मकान, घर, निवास स्थान। **Residency,** *n.* राजकीय अधिकारी के रहने का स्थान।

Resident (रेझिडेन्ट्) *adj.* निवासी, रहने वाला, आन्तरिक। *n.* देशी राज्यों में रहने वाला भारत-सरकार का प्रतिनिधि।

Residential (रेझिडेन्शल्) *adj.* निवास संबंधी, आवासीय।

Residual (रिझिडयुअल्) *adj.* & *n.* शेष भाग, बाकी बचा हुआ।

Residuary (रिझिडयुअरि) *adj.* शेष भाग का।

Residue (रेझिडयु) *n.* बचत, छाँछ।

Residuum (रिझियुअम्) *n.* बचा हुआ भाग, अवशेष।

Resign (रिझाइन्) *v.t.* & *i.* पद त्याग करना, छोड़ना।

Resignation (रेझिग्नेशन्) *n.* ईश्वरीय इच्छा, परित्याग, समर्पण।

Resigned (रिझाइन्ड्) *adj.* समर्पित, छोड़ा हुआ। **Resignedly,** *adv.* परित्याग से। **Resignee,** *n.* जिसके लिए कोई सम्पत्ति छोड़ी जाती है।

Resile (रिजाइल) *v.t.* उछलना, पीछे को हटना, पूर्वावस्था धारण करना।

Resiliency (रिझिल्यन्सि) *n.* लौटाना, लचक।

Resin (रेझिन्) *n.* राल, घूना। *v.t.* राल रगड़ना।

Resiniferous (रेझिनिफ़रस्) *adj.* धूना या राल निकालने वाला।

Resinify (रेझिनिफाई) *v.t.* राल बनाना, धूने में बदलना।

Resist (रिझिस्ट्) *v.t.* & *i.* अवरोध करना, बाधा डालना, प्रतिकार करना, रोकना। **Resistance,** *n.* अवरोध, प्रतिबन्ध, रुकावट। **Resistibil-**

ity, *n.* प्रतिरोध्यता, अवरोध शक्ति।

Resoluble (रेझोलूबल्) *adj.* फिर से घोलने योग्य।

Resolute (रेझोलूट्) *adj.* दृढ़, स्थिर, प्रौढ़।

Resolution (रेझोलूशन्) *n.* प्रतिज्ञा, प्रस्ताव, विश्लेषण, शंका-समाधान।

Resolve (रिझॉल्व्) *v.t.* & *i.* विश्लेषण करना, मौलिक भागों में अलगाना, व्याख्या करना, स्थिर करना, निश्चय करना, ठानना। *n.* स्थिरता, दृढ़ता। **Resolved,** *adj.* निश्चित, स्थिर। **Resolvedly,** *adv.* स्थिरता से।

Resolvent (रिझॉल्वंट्) *adj.* किसी पदार्थ (यथा फोड़ा इत्यादि) को गलाने वाली।

Resonant (रेजनेट्) *v.t.* प्रतिध्वनित, गूँजने वाला।

Resonator (रेजॉनेटर्) *n.* प्रतिध्वनि उत्पन्न करने का यंत्र।

Resorb (रिसॉर्ब) *v.t.* फिर से सोखना या चूस लेना। **Resorbence,** *n.* सोखन, चुसान।

Resort (रिझॉर्ट्) *v.i.* सहायता के लिए आश्रय देना, गमन करना, जाना। *n.* आश्रय (उपाय), (अखाड़ा), अड्डा।

Resort (रिसॉर्ट्) *v.t.* फिर से छाँटना।

Resound (रिझाउन्ड्) *v.i.* & *t.* प्रतिध्वनि उत्पन्न करना, तीव्र स्वर में दुहराना, शब्द से पूर्ण करना।

Resource (रिसोर्स्) *n.* उपाय, कल्पना, युक्ति, साधन (सहारा)। (ब.व.) द्रव्य-साधन, देश की रक्षा का साधन। **Resourcefully,** *adj.* साधनपूर्णता से।

Respect (रेस्पेक्ट्) *n.* प्रतिष्ठा, मूल्य, उचित ध्यान, पक्षपात, सम्मान, विषय, प्रकरण, सम्बन्ध, अपेक्षा। *v.t.* पूजा करना, प्रतिष्ठा करना, सत्कार करना।

Respectable (रेस्पैक्टेबल्) *adj.* पूज्य, माननीय, कुलीन। **Respectful,** *adj.* आदर-सहित, सम्मान-पूर्वक। **Respectfulness,** *n.* आदर, सम्मान।

Resplendence (रिस्प्लेन्डेन्स्) *n.* तेज, ज्योति, चमक। **Resplendent,** *adj.* देदीप्यमान, बड़ा चमकीला।

Respond (रिस्पॉन्ड्) *v.t.* उत्तर देना, प्रतिवादन करना, अनुकूल होना।

Respondent (रिस्पॉन्डेन्ट्) *n.* उत्तर देने वाला, प्रतिवादी।

Response (रिस्पॉन्स्) *n.* उत्तर, प्रतिवचन, जवाब, अनुभव।

Responsibility (रिस्पॉन्सिबिलिटि) *n.* ज़िम्मेदारी, उत्तरदायित्व, जवाबदेही।

Responsible (रिस्पॉन्सिबल्) *adj.* उत्तरदायित्व, जवाबदेह, भरोसे का, विश्वसनीय।

Responsive (रिस्पॉन्सिव्) *adj.* उत्तरदायी, हमदर्दी, सहानुभूति का।

Rest (रेस्ट्) *v.i.* & *t.* आराम करना, सोना, मारना, निष्क्रिय बने रहना, टेक पर रखना, किसी पर निर्भर रहना। *n.* विश्राम, विश्वास, स्थिरता, शांति अवशेष।

Restaurant (रेस्टोरेंट्) *n.* रेस्तराँ, भोजनालय।

Restoration (रेस्टोरेशन्) *n.* स्वास्थ्य लाभ, पुनरुद्धार, मरम्मत। **Restorationalism,** *n.* यह सिद्धान्त कि प्राणि मात्र अन्त में आनन्द प्राप्त करते हैं।

Restorative (रिस्टोरेटिव्) *adj.* & *n.* पौष्टिक शक्ति बढ़ाने की औषधि।

Restore (रिस्टोर्) *v.t.* पूर्व अवस्था में पहुँचाना, नया करना, लौटाना, ठीक कर देना, स्थापित करना, स्वस्थ करना, फिर से चालू करना, पुनर्जीवित करना।

Restrain (रिस्ट्रेन्) *v.t.* रोकना, अवरुद्ध करना, अधीन करना, नियंत्रित करना, सीमा बाँधना।

Restraint (रिस्ट्रेन्ट्) *n.* रोक, अवरोध, प्रतिबंध, आत्मसंयम, निग्रह, रोक, नियंत्रण, रोकथाम।

Restrict (रिस्ट्रिक्ट्) *v.t.* संयम करना, सीमित करना, सीमाबद्ध करना, प्रतिबंध या रोक लगाना।

Restriction (रिस्ट्रिक्शन्) *n.* रोक, प्रतिबंध।

Resty (रेस्टि) *adj.* आलसी, अड़ियल।

Result (रिज़ल्ट्) *v.t.* परिणाम होना, निकल आना, फलदायक होना। *n.* परिणाम, नतीजा, अंत, फल, सिद्ध, निष्कर्ष।

Resultant (रिज़ल्टैंट्) *adj.* & *n.* परिणाम का।

Resume (रिज़्यूम्) *v.t.* & *i.* सारांश, सार, संक्षेप।

Resummon (री-समन्) *v.t.* दुबारा बुलाना।

Resumptive (रिज़म्प्टिव्) *adj.* पुनग्रर्हण करने वाला।

Resupinate (रिस्यूपिनेट्) *adj.* विपर्यस्त, प्रतिलोम।

Resurge (रिसर्ज) *v.t.* मृत्यु से फिर जी उठना, स्वस्थ होना।

Resurgence (रिसर्जन्स्) *n.* फिर से उद्गम।

Resurrect (रेझरेक्ट्) *v.t.* दोबारा चालूक करना, फिर से जीवन देना, कब्र से निकालना। **Resurrection,** *n.* फिर से उठना, मृत्यु से उत्थान।

Resurvey (रीसर्वे) *v.t.* फिर से निरीक्षण (पैमाइश) करना।

Resuscitate (रिससिटेट्) *v.t.* & *i.* पुनर्जीवित

करना या होना, फिर से जान डालना। **Resuscitator,** *n.* फिर से जिलानेवाला।

Retable (रीटेबल्) *n.* वेदी के पीछे का चौखटा।

Retard (रिटार्ड्) *v.t.* & *i.* विलम्ब करना, देर करना, टालना, समय के बाद होना। **Retardative,** *adj.* विलम्ब करने वाला। **Retarder,** *n.* टालने या देर करनेवाला।

Retaste (रिटेस्ट्) *v.t.* फिर से स्वाद लेना।

Retch (रैच्) *v.t.* वमन करना, उबकाई आना, उल्टी आने को होना। *n.* उबकाई, वमन।

Retecious (रैटेशस) *adj.* जाल के आकार का।

Retention (रिटेन्शन्) *n.* धारणा-शक्ति (स्मृति), मल-मूत्र की रुकावट।

Retentive (रिटेनिटव्) *adj.* धारणा शक्तिवाला, तीव्र स्मरण शक्ति वाला।

Reticence (रेटिसन्स्) *n.* चुप, वाक्-संयमी, अल्पभाषी। **Reticently,** *adv.* वाक संयम से।

Reticulate (रिटिक्यूलेट) *v.t.* जालियों में विभक्त करना। **Reticulately,** *adv.* जालीदार बना हुआ। **Reticulation,** *n.* जालिका रूपक, जाली का काम।

Reticule (रेटिक्यूल्) *n.* स्त्रियों का जालीदार बटुआ।

Reticulum (रिटिक्यूलम्) *n.* जाल, द्वितीय, अमाशय।

Retiform (रेटिफॉर्म्) *adj.* जाल के समान (तरह)।

Retina (रेटिना) *n.* दृष्टि पटल, आँख के पिछले भाग का चित्रपट।

Retinue (रेटिन्यू) *n.* परिजन, नौकर, चाकर।

Retort (रिटॉर्ट्) *v.t.* & *i.* प्रत्युत्तर देना, उलटना, मुँहतोड़ जवाब देना, पीछे को फेंकना, प्रतिकार करना, कड़ा उत्तर देना। *n.* प्रत्युत्तर, कड़ा उत्तर। **Retortion,** *n.* प्रत्युत्तर।

Retort (रीटॉर्ट्) *n.* वकयंत्र, अर्क खींचने का भबका। *v.t.* पारा शुद्ध करना।

Retorter (रीटॉटर्) *n.* प्रत्युत्तर देने वाला।

Retouch (रीटच्) *v.t.* फिर से छूना, महीन-महीन रेखाओं द्वारा चित्र इत्यादि को सुधारना।

Retrace (रिट्रेस्) *v.t.* खोजना, लौटाना, पुनः अवलोकन करना, याद करना।

Retract (रिट्रेक्ट्) *v.t.* & *i.* पीछे को हटना, ठमकना, हटाना।

Retraverse (रीट्रैवर्स) *v.t.* फिर से यात्रा करना।

Retread (रीट्रेड्) *v.t.* फिर से कुचलना या चलना।

Retreat (रिट्रीट्) *v.t.* मोर्चा छोड़ना, विश्राम करना, पीछे हटाना या हटना। *n.* शरण, आश्रय, हटने का संकेत, सेना के पीछे हटाना, निर्जन स्थान।

Retrench (रिट्रेन्च्) *v.t.* & *i.* काटना, कम करना (खण्डन करना), छोटा करना, अल्प व्यय करना, मोर्चाबन्दी करना।

Retrenchment (रिट्रेन्चमेंट्) *n.* कमी, व्यय का घटाव, सेना की मोर्चाबन्दी।

Retrial (रीट्रायल्) *n.* नये सिरे से अन्वेषण या मुकदमें का विचार।

Retribute (रिट्रिब्यूट्) *v.t.* फेर देना, पलट देना। **Retribution,** *n.* प्रतिकार, बदला। **Retributive,** *adv.* प्रतिकार के ढंग से या रूप में प्रतिकारी, प्रतिदानात्मक।

Retrieve (रिट्रीव्) *v.t.* & *i.* & *n.* पुनः प्राप्त होना, अन्वेषण से प्राप्त करना, चंगा करना, ठीक कर देना, फिर से प्राप्त करना।

Retrieval (रिट्रीवल्) *n.* पुनः प्राप्ति, सुधार, उपयोजन।

Retriever (रिट्रीवर्) *n.* शिकार पकड़कर लानेवाला कुत्ता।

Retro (रैट्रो) *pref.* उपसर्ग जिसका अर्थ पीछे को पिछली ओर होता है। **Retroactive,** *adj.* बीती हुई घटना पर कार्य करने वाला। **Retrocedence,** *n.* प्रत्यागमन, पीछे को हटाव।

Retrograde (रेटाग्रेड्) *adj.* विपरीत, उल्टा, पीछे को जाने वाला। *n.* नीच पुरुष, पिछली ओर जाने की रुचि। *v.i.* पीछे को जाना।

Retrogress (रीट्राग्रेस्) *v.t.* पीछे की ओर चलना। **Retrogression,** *n.* विपरीत गमन, ह्रास, अतिक्रमण।

Retroject (रेट्रजेक्ट्) *v.t.* पीछे को हटाना।

Retrospect (रेट्रॉस्पेक्ट्) *n.* पश्चात्, दृष्टि, सिंहावलोकन, बीती हुई बातों की जांच। **Retrospection,** *n.* पश्चावलोकन, पश्चाद् दर्शन। **Retrospective,** *adj.* बीती हुई बातों पर विचार करने वाला।

Retroversion (री-ट्रॅवर्शन्) *n.* पीछे की ओर का घुमाव।

Retuse (रीटयूस्) *adj.* (*Bot.*) बीच में दबा तथा किनारे पर चौड़ा।

Reunion (रीयूनियन्) *n.* पुनर्मिलन, संयोग (समागम), संगोष्ठी, सभा। **Reunionism,** *n.* समागम, मेल।

Reunite (रीयुनाइट्) *v.t.* & *i.* पुनः संयोग करना, दुबारा मिलना या मेल करना।

Revalue (रीवॉल्यु) *v.t.* फिर से मूल्य लगाना।

Reveal (रिवील्) *v.t.* पराशक्ति द्वारा प्रकट करना, जाहिर करना, प्रदर्शित करना। *n.* खिड़की या दरवाजे का भीतरी भाग। **Revealed,** *n.* उद्‌घाटित। **Revealer,** *n.* भेद खोलने वाला।

Reveille (रिवैलि) *n.* सिपाहियों को प्रातःकाल जगाने का बिगुल या ड्रम की आवाज।

Revel (रेवल्) *v.i.* शादी मनाना, मद्यपान का उत्सव मनाना, आमोद-प्रमोद करना, पी-पीकर मतवाला होना, रंगरेलियाँ मनाना। *n.* अति मद्यपान, मद्यपान का उत्सव।

Revelation (रेविलेशन्) *n.* आकाशवाणी, दैवी प्रकाशन।

Revere (रिविअर) *v.t.* सत्कार करना, पूजा (आदर) करना, श्रद्धा करना।

Reverence (रेवरेन्स) *n.* सम्मान, श्रद्धा, इज्जत।

Reverend (रेव़रेन्ड्) *adj.* आदरणीय, माननीय (पूजनीय), पादरी की उपाधि।

Reverent (रेव़रेन्ट्) *adj.* आदर प्रकट करने वाला, श्रद्धालु।

Reverential (रेवरेन्शल्) *adj.* आदरपूर्ण। **Reverentially,** *adj.* सम्मानपूर्वक।

Reverie (रेव़रि) *n.* दिवास्वप्न, चिन्तन, वृथा चिन्ता, मन की लहर, मनोविलास।

Reversal (रिव्हर्सल्) *n.* वस्त्र का उल्टा भाग।

Reverse (रिव़र्स्) *adj.* उलटा, विपरीत, प्रतिलोम, औंधा। *v.t.* & *i.* उलटा करना, अधोमुख करना, बाजू बदलना, परिवर्तन करना, खण्डन करना, घुमाना-फिराना।

Reversing (रिवर्सिंग्) *adj.* पलटने वाला, प्रतिवर्ती।

Reversion (रिवर्शन्) *n.* उत्तरभोग, उत्तरभोग का अधिकार, प्रत्यावर्तन।

Revert (रिवर्ट्) *v.i.* लौटना, पलटना, फिर आना, वापस जाना। **Reverter,** *n.* पलटनेवाला।

Revest (रिवेस्ट्) *v.t.* फिर से वस्त्र पहनाना।

Revet (रिवट्) *v.i.* दीवार पर पलस्तर करना। **Revet-ment,** *n.* पलस्तर की हुई किले की दीवार।

Review (रिव्यू) *n.* सर्वेक्षण, पुनर्विचार, समीक्षा। *v.t.* & *i.* समीक्षा लिखना, पुनरावलोकन करना, सर्वेक्षण करना।

Reviewal (रिव्ह्यूअल्) *n.* पुनर्विचार। **Reviewer,** *n.* समीक्षक, समालोचना करने वाला।

Revigorate (रिविगोरेट) *v.t.* नई शक्ति देना, ताजा करना।

Revival (रिवाइल्) *v.t.* निन्दा करना, खरी-खोटी सुनाना, गाली देना। **Reviler,** *n.* गाली देने वाला। **Revilement,** *n.* झिड़की, गाली।

Revisal (रिवाइजल्) *n.* संशोधन, दोहराव। **Revisable,** *adj.* संशोधन करने योग्य।

Revise (रिवाइझ्) *v.t.* दुबारा विचार करना (दुहराना), सुधार करना, दुबारा जाँचना, संशोधन करना। *n.* पुनर्निरीक्षण, संशोधन प्रक्रिया।

Reviser (रिवाइझर्) *n.* संशोधन करनेवाला।

Revision (रिव़िजन्) *n.* दुबारा परीक्षा, संशोधन।

Revisit (रीविज़िट्) *v.t.* फिर से दर्शन या भेंट करना।

Revival (रिवाइवल्) *n.* चेतनाप्राप्ति, पुनर्जीवन पुनः प्रवर्तन, पुनः स्वास्थ्य प्राप्ति, उद्धार।

Revive (रिवाइव़) *v.i.* & *t.* फिर से जीवित करना, चेतना प्राप्त करना, पूर्ण रूप में लाना। **Reviver,** *n.* सचेत करने वाला, ताजा करनेवाला।

Revivify (रिविविफाय्) *v.t.* पुनर्जीवित करना, नवजीवन प्रदान करना।

Reviviscence (रिविविसेन्स) *n.* पुनर्जीवन प्राप्ति।

Reviviscent (रिविविसेन्ट्) *adj.* फिर से जिलाने वाला।

Revocable (रेवोकेबल्) *adj.* रद्द करने लायक, प्रतिसंहार्य।

Revocation (रेवोकेशन्) *n.* खण्डन, लोप, प्रतिसंहरण।

Revoke (रिवोक्) *v.t.* & *i.* वापस बुलाना, खण्डन करना, रोकना, रद्द करना।

Revolt (रिवॉल्ट्) *v.t.* & *i.* विद्रोह करना, राजशासन के विरुद्ध (खिलाफ), बगावत करना, घृणा करना। *n.* विद्रोह, बलवा। **Revolting,** *adv.* राजद्रोह से।

Revolute (रेव्होलूट्) *adj.* किनारा मुड़ा हुआ। *v.i.* राजनैतिक क्रांति में हिस्सा लेना।

Revolution (रेवोलूशन्) *n.* प्रक्रिमा, चक्र, घूर्णन, परिभ्रमण, परिवर्तन।

Revolutionary (रीवोल्यूशनरि) *adj.* & *n.* क्रांतिकारी, क्रांति-समर्थक, राज्य-परिवर्तन संबंधी।

Revolutionize (रेवॉल्यूशनाइज्) *v.t.* पूर्ण परिवर्तन करना, क्रांति लाना।

Revolve (रिवॉल्व्) *v.t.* & *i.* चक्कर खाना, घूमना, घुमाना, मन में विचार करना, परिक्रमण करना।

Revolver (रिव्हॉल्वहर्) *n.* एक बार भरकर अनेक गोली चलाने की पिस्तौल, तमंचा, परिक्रमा करने वाला।

Revue (रिव्यू) *n.* रिवू, समसामयिक प्रहसन।

Revulsion (रिव़ल्शन्) *n.* पीछे को खिचाव, भाव में एकाएक परिवर्तन, विराग।

Reward (रिवॉर्ड्) *n.* पुरस्कार, पारितोषिक, इनाम, प्रतिफल, दक्षिणा, लाभ। *v.t.* पारितोषिक या इनाम देना, पुरस्कृत करना।

Rex (रेक्स) *n.* राजा।

Reynard (रेनर्ड्) *n.* लोमड़ी का व्यक्तिवाचक नाम।

Rhabdomancy (रॅब्डोमन्सि) *n.* दैवी शक्ति से पृथ्वी के भीतर के जलस्रोत या खान का पता बतलाना।

Rhadamanthine (रेडामेन्थाइन) *adj.* कठोर दण्ड देने वाला।

Rhadamanthus (रॅडॅमॅन्थस्) *n.* सख्त ईमानदार न्यायाधीश, कठोर न्यायाधीश।

Rhapsody (रहॅप्सॉडि) *n.* वीररस पूर्ण चारण गीत, महाकाव्य, असम्बद्ध कविता।

Rhapsodist (रहॅपसॉडिस्ट्) *n.* महाकाव्य लिखने वाला।

Rhea (रीआ) *n.* अमेरिका देश का एक प्रकार का शुतुरमुर्ग पक्षी।

Rhenish (रहानिश्) *adj.* & *n.* राइन नदी का, राइन के तटवर्ती प्रदेश संबंधी, राइन मदिरा।

Rhetor (रीटार्) *n.* व्याख्यान देनेवाला, अलंकार शास्त्री, वक्ता, भाषणकर्ता।

Rhetoric (रेटारिक्) *n.* साहित्यशास्त्र, प्रभावशाली लेख या व्याख्यान, अलंकारशास्त्र, वक्तृता।

Rhetorical (रेटारिकल्) *adj.* साहित्य शास्त्रीय, अलंकारिक।

Rheum (रूम्) *n.* शरीर से तरल पदार्थ का स्राव।

Rheumatic (रूमॅटिक्) *adj.* जोड़ों की पीड़ा-संबंधी या उक्त पीड़ा से ग्रस्त, गठिया संबंधी।

Rheumaticky (रूमॅटिकि) *n.* आमवातिक, गठियाग्रस्त, गठिया से पीड़ित।

Rheumatism (रूमॅटिझम्) *n.* गठिया, आमवात।

Rheumy (रूमई) *adj.* शरीर के तरल पदार्थ के स्राव से पूर्ण।

Rhinal (राइनल्) *adj.* नथुने का, नासीया, नाक संबंधी।

Rhinoceros (राइनॉसरॉस्) *n.* गैंडा, गंडक।

Rhodanic (रोडॉनिक्) *adj.* लाल रंग उत्पन्न करनेवाला।

Rhodium (रोडिअम्) *n.* एक विशिष्ट धातु, एक प्रकार की सुगन्धित लकड़ी।

Rhododendron (राडाडेंड्रान्) *n.* एक प्रकार का गुलाब के समान फूलवाला पौधा।

Rhomb, Rhombus (राम्ब, राम्बस्) *ns.* विषम कोण, समचतुभुर्ज क्षेत्र।

Rhomboid (रॉम्बॉइड्) *adj.* & *n.* आयताकार विषम कोण समचतुर्भुज क्षेत्र के समान या ऐसा क्षेत्र। **Rhomboidal**, *adj.* उक्त क्षेत्र के समान आकृतिवाला।

Rhotacism (रोटॉसिज्म) *n.* 'र' के स्थान पर 'ड़' बोलना।

Rhyme, Rime (राइम्) *ns.* अनुप्रास पद्यक, यमक कविता, तुकांत कविता। *v.t.* & *i.* पद्य बनाना, पद बिठाना, तुक का प्रयोग करना। **Rhymer**, *n.* पद्यकार, कविता लिखनेवाला।

Rhythm (रिदम्) *n.* छंद गति, लय, ताल, ठेका। **Rhythmical**, *adj.* लय का, ताल-सुरबद्ध।

Riant (राइअन्ट्) *adj.* प्रसन्न, मुस्कुराता हुआ।

Rib (रिब्) *n.* पसली, पत्ती की रीढ़, शिरा, जहाज की मुड़ी हुई पटरी, छाते की तीली। *v.t.* पसली चढ़ाना, रीढ़ लगाना, डाट लगाना, तीली बैठाना।

Ribald (रिबॅल्ड्) *adj.* नीच, अशिष्ट, ऊल-जलूल बोलने या लिखने वाला, चरित्रहीन व्यक्ति। *n.* नीच व्यक्ति।

Ribaldry (रिबॅल्डरि) *n.* गाली-गलौज, अश्लीलता।

Rhomb (रॅम्ब्) *n.* विषम कोण समचतुर्भुज क्षेत्र।

Rhomboid (रॉम्बॉइड्) *adj.* & *n.* आयातकार विषम कोण समचतुर्भज क्षेत्र के समान ऐसा क्षेत्र।

Rhubarb (रूबर्ब्) *n.* रेवतचीनी।

Rhythm (रिदम्) *n.* ताल, लय, ठेका।

Ribbands (रिबन्ड्स) *n.* लकड़ी के चिरे हुए लम्बे तख्ते।

Riant (राइअन्ट्) *adj.* प्रसन्न, मुस्कुराता हुआ।

Ribald (रिबल्ड्) *n.* & *adj.* मसखरा, गाली देनेवाला, अशिष्ट, नीच।

Riband (रिबन्ड्) *n.* फीता।

Ribbon, Riband (रिबन्, रिबन्ड्) *ns.* साटन या रेशम का पतला फीता, रिबन। (ब.व.) लगाम।

Ribes (रिबूस्) *n.* झरबेर का पौधा।

Ribston (रिब्स्टन्) *n.* एक प्रकार का सेब।

Rice (राइस्) *n.* चावल, धान (का पौधा)।

Rich (रिच्) *adj.* दौलतमंद, समृद्ध, (ध्वनि, गंध, रंग) चटक, तेज, कीमती, उपजाऊ, प्रचुर, घी, मक्खन एवं चीनी युक्त, महंगा मनोरंजक। धन, विभव, द्रव्य, संपत्ति, समृद्धि, प्रचुरता।

Richly (रिचलि) *adv.* प्रचुर मात्रा में, पूर्ण रूप से।

Rick (रिक्) *n.* सूखी घास या अनाज का ढेर।

Rickets (रिकट्स) *n.* बच्चों का रोग जिसमें हड्डियाँ मुलायम हो जाती है, सूखा रोग।

Ricochet (रिकोशेट) *n.* उछटन (गोली आदि की) जल पर उछाल। *v.t.* & *i.* उछालना, उछलनेवाले गोलों की मार में पड़ना।

Rictus (रिक्टस्) *n.* मुख का फैलाव, जम्भाई, चोंच, दरार।

Rid (रिड्) *v.t.* निकाल बाहर करना, मुक्त करना, बहिष्कृत करना, उन्मूलन करना। *adj.* मुक्त, स्वतंत्र, साफ।

Riddance (रिडन्स्) *n.* मुक्ति, उद्धार, जिससे छुटकारा सुखदायक हो।

Riddle (रिडल्) *n.* कूट प्रश्न, पहेली, मोटी चलनी। *v.t.* & *i.* पहेलीपूर्वक सुलझाना, पहेली कहना, भूसी अलगाना।

Riddling (रिडलिंग्) *adj.* पेंचीला।

Ride (राइड्) *v.t.* & *i.* घोड़े पर सवार होकर चलना, घोड़े, साईकिल, रेलगाड़ी इत्यादि पर चढ़कर चलना। *n.* सार्वजनिक या आम सवारी पर यात्रा।

Ridge (रिज्) *n.* छत का जोड़, पर्वतपृष्ठ, पहाड़ की चोटी, खुरखुरा किनारा, ढलुआँ टीला, क्यारी, उन्नत भू-भाग। *v.t.* & *i.* मेड़ बनाना।

Ridicule (रिडिक्यूल्) *n.* उपहास, हँसी-ठट्ठा। *v.t.* उपहास करना, ठिठोली करना।

Ridiculous (रिडिक्यूलस्) *adj.* हास्यापद, हँसी उत्पन्न करने वाला, बेतुका, बेढंगा।

Rife (राइफ्) *adv.* सर्वमान्य, प्रचलित, व्यापक, अधिक।

Riff-raff (रिफ्-रॅफ्) *n.* कुली-कबाड़ी, निम्न वर्ग के लोग।

Rifle (राइफल्) *v.t.* खोजकर लूटना, डाका डालना, चोट पहुँचाना, तोड़ना, नंगा करना, बंदूक की नली में चक्करदार छेद बनाना। *n.* चक्कारदार छेद की बन्दूक।

Rift (रिफ्ट्) *n.* दरार, टूट, कटाव। *v.t.* & *i.* दरार बनाना, फटना।

Rig (रिग्) *v.t.* जहाज को रस्सा इत्यादि सामग्री से युक्त करना, सँवारना। *n.* जहाज के रस्से पाल इत्यादि क्रम से रक्खे जाने का तरीका।

Rig (रिग्) *n.* तुच्छपन, धोखाधड़ी, चालबाजी, ठगी। *v.t.* झांसे में आना, लेना।

Rigescent (रिजेसेन्ट्) *adj.* कड़ा होनेवाला।

Rigging (रिगिंग्) *n.* जहाज के रस्से, पाल इत्यादि।

Riggish (रिगिश) *adj.* लम्पट, विलासी।

Right (राइट्) *adj.* सीधा, उचित, ठीक, योग्य, न्याय्य, सच्चा, सही, सबसे उपयुक्त, भली भाँति किया हुआ, दाहिनी आरे का। **Rightly,** *adv.* उचित रीति से, ठीक से। *inter.* ठीक। **Right-hand,** *adj.* दाहिने हाथ की ओर का।

Righteous (राइट्यस्) *adj.* न्याय-परायण, धार्मिक, पवित्र, सच्चा।

Rightful (राइट्-फुल्) *adj.* न्यायपूर्ण, यथोचित, अधिकारपूर्ण, वैध।

Right-minded (राइट्-माइनडेड्) *adj.* शुद्ध चित्त का।

Rightness (राइटनैस) *n.* यथार्थता, सच्चाई।

Rightwards (राइटवर्ड्स) *adj.* दाहिनी ओर।

Rigid (रिजिड्) *adj.* कड़ा, कठोर, अनम्य, दुर्दम्य, दृढ़, कठोर।

Rigidity (रिजिडिटि) *n.* कठोरता, दृढ़ता, दुर्दम्यता, कड़ाई।

Riglet (रिगलेट्) *n.* तस्वीर के चौखटा में लगाने की लकड़ी का पट्टी।

Rigmarole (रिग्मॅरोल्) *n.* अनर्गल भाषण, निरर्थक बात-चीत, बेकार की गप्प।

Rigor (रिगॉर) *n.* ज्वर के पूर्व की कँपकँपी और सर्दी, अकड़न। **Rigorism,** *n.* कठोरता। **Rigorous,** *adj.* सख्त, कठोर, दृढ़।

Rigour (रिगर्) *n.* दृढ़ता, कड़ाई, कठोरता, कष्ट, तपस्या।

Rile (राइल्) *v.t.* गुस्सा होना, क्रुद्ध करना।

Rill (रिल्) *n.* छोटी नदी, नाला, सरिता।

Rille *n.* (रिलि) चन्द्रमा के तल पर की छोटी खाई या घाटी।

Rim (रिम्) *n.* पानी की सतह, किनारा, कोर, (पहिए का) घेरा। *v.t.* (*p.t.* **Rimmed**) किनारा लगाना, हाल चढ़ाना।

Rime (राइम्) *n.* पाला, तुषार, जमी हुई ओस। *v.t.* जमकर पतला हो जाना।

Rimous (राइमॅस्) *adj.* दरारों से भरा हुआ।

Rimple (रिम्पल) *n.* तह, सिकुड़न, झुर्री।

Rind (राइन्ड्) *n.* चमड़ा, छिलका, खाल, छाल।

Rinderpest (रिन्डरपेस्ट्) *n.* पशुओं का रोग, पशु प्लेग।

Ring (रिंग्) *v.t.* & *i.* घंटी की तरह बजना, ठनठनाना।

Ring (रिंग्) *n.* अँगूठी (मुंदरी), घण्टी का शब्द,

चक्राकार पदार्थ, जल की भँवर, पहिये की हाल, व्यापारियों का संघ।

Ringent (रिंजन्ट्) *adj.* मुँह खुला, विवृत।

Ringleader (रिंग्-लीडर्) *n.* सरदार, मुखिया, अगुआ (गुटका)।

Ringlet (रिंगलिट्) *n.* छोटा छल्ला, परियों का वलय, छोटी अंगूठी, केश कुंडलिका।

Ringworm (रिंग्-वर्म्) *n.* दाद।

Rink (रिंक्) *n.* रिंक, स्केटिंग का (बर्फ का) मैदान, स्केटिंग हॉल। *v.t.* स्केटिंग करना।

Rinker (रिंकर्) *n.* रिंक पर दौड़ लगाने वाला।

Rinse (रिन्स्) *v.t.* पानी में डुबोकर कपड़े से साबुन हटाना, जल में धोना।

Riot (रायट्) *n.* बलवा, दंगा, उपद्रव, हंगामा, होहल्लाख गुलगपाड़ा। *v.t.* आनन्द मचाना, बलबा करना, गुलगपाड़ा करना। **Rioting,** *n.* बलबा, उपद्रव। **Riotous,** *adj.* दंगाखोर। **Riotously,** *adv.* कोलाहल से।

Rip (रिप्) *v.t.* & *i.* चीरना, फाड़ना, झपटना, उधेड़ना। *n.* चिरना, निकम्मा घोड़ा नीच पुरुष, फटन या दरार।

Riparion (राइपेअरिअन्) *adj.* नदी-तट-संबंधी।

Ripe (राइप्) *adj.* पका, परिपक्व, तैयार, प्रौढ़, सिद्ध, संपन्न, परिष्कृत। *v.t.* & *i.* पकना या पकाना।

Ripen (राइपन्) *v.t.* & *i.* पकना, तैयार करना, पूर्ण विकसित होना।

Riposte (रिपोस्ट्) *n.* प्रत्याक्रमण, प्रतिघात, प्रतयुत्तर, मुँहतोड़ जवाब। *v.i.* प्रतिघात करना।

Ripper (रिपर्) *n.* फाड़ने का शस्त्र, चीरने का हथियार।

Ripple (रिपल्) *n.* छोटी लहर, मृदु शब्द। *v.t.* & *i.* लहराना, झकोरा मारना।

Ripplet (रिपलेट्) *n.* छोटी लहर।

Ripply (रिपलि) *adj.* लहरदार।

Rise (राइझ्) *v.i.* खड़ा होना, ऊपर उठना, उठना (उदय होना), जागना, जीवित होना, त्यागना, पुनर्जीवन प्राप्त करना। *n.* चढ़ान, चढ़ाई, उन्नति (उदय), ऊँचाई सीढ़ी, अभ्युदय, सामाजिक उत्कर्ष।

Riser (राजिर्) *n.* उठनेवाला।

Risible (रिजिबल्) *adj.* हँसाने का उद्यत, हास्यप्रद।

Rising (राइजिंग्) *n.* उदय, उठान, बलवा। *adj.* बढ़ानेवाला, उठने या उन्नति करने वाला।

Risk (रिस्क्) *n.* जोखिम, सन्देह, खतरा, शंका, दायित्व। *v.t.* संकट या आपत्ति में डालना।

Risker (रिस्कर्) *n.* आपत्ति का सामना करने वाला।

Riskless (रिस्कलैस) *adj.* संकट या भयहीन।

Risky (रिस्की) *adj.* जोखिमभरा, आपत्तिपूर्ण।

Risorial (रिजारियल) *adj.* हास्य संबंधी।

Risque (रिस्के) *adj.* जोखिम, दायित्व, खतरा, जिम्मेदारी।

Rissole (रिसोल्) *n.* रोटी के टुकड़े में मिलाया हुआ पके मांस का टुकड़ा।

Rite (राइट्) *n.* धार्मिक कृत्य, आचार, (रीति), संस्कार (नियम), धार्मिक विधि।

Ritual (रिच्युअल्) *n.* धार्मिक कृत्य, क्रिया-पद्धति, विधि-विधान। *adj.* शास्त्रोक्त, विधि-संबंधी।

Ritualistic (रिच्युलिसटिक्) *adj.* शास्त्र-पद्धति संबंधी।

Ritually (रिच्युअलि) *adv.* शास्त्र-पद्धति के अनुसार।

Rivage (राइव्हिज्) *n.* तट, नदी का या समुद्र का किनारा।

Rival (राइव्हल्) *adj.* & *n.* प्रतिद्वंद्वी, प्रतिस्पर्धी। *v.t.* & *i.* प्रतिस्पर्धा करना, बढ़ने का प्रयत्न करना।

Rivalry (राइव्हलरि) *n.* प्रतिद्वंद्विता, प्रतियोगिता (विरोध), मुकाबला, प्रतिस्पर्धा।

Rive (राइव्ह्) *v.t.* & *i.* चीर देना, टुकड़े-टुकड़े कर देना।

Rivel (रिव्हल्) *v.t.* & *i.* सिकोड़ना, ऐंठना।

River (रिव्हर्) *n.* चीरने वाला।

River (रिव्हर्) *n.* नदी, सरिता, जीवन और मृत्यु के बीच की सीमा।

Rivet (रिव्हिट्) *n.* धातु की चद्दर या टुकड़ों को बाँधने की कीली। *v.t.* दोनों ओर रिपिट लगाना, नजर गड़ाकर देखना।

Riviere (रिवीर) *n.* मणिमाला, धातु के टुकड़ों को जोड़ने वाला।

Rivulet (रिव्यूलिट्) *n.* नदी का, छोटी नदी, नाला।

Roach (रोश्) *n.* मीठे पानी की मछली।

Road (रोड्) *n.* मार्ग, पथ, रास्ता, सड़क, समुद्र के किनारे के पास जहाजों के लंगर डालने का स्थान। *v.t.* कुत्तों का सूँघकर शिकार के पीछे दौड़ना।

Roadster (रोडस्टर्) *n.* सड़क पर गाड़ी चलाने में कुशल, प्रवीण या अनुभवी यात्री।

Roam (रोन्) *v.t.* & *i.* घूमना, विचरना, भ्रमण करना, भटकते फिरना, मटरगश्ती करना।

Roan (रोन्) *adj.* शेन (भेड़ का) नरम चमड़ा,

चमड़े का।

Roar (रोअर्) *v.t.* & *i.* गरजना, गर्जन करना, चिल्लाना। *n.* गरज, चिल्लाहट, चीख।

Roaring (रोअरिंग्) *n.* गम्भीर शब्द, गर्जन। *adj.* कोलाहल करने वाला, गर्जने वाला।

Roast (रोस्ट्) *v.t.* & *i.* भूनना, सेंकना, हँसी करना। *n.* भुना हुआ मांस, भूनने की क्रिया।

Roaster (रोस्टर्) *n.* भट्ठी, भूनने वाला मनुष्य।

Rob (रॉब्) *v.t.* & *i.* लूटना, चुराना, मूसना। **Robber,** *n.* तस्कर, लुटेरा।

Robe (रोब्) *n.* जामा (लबादा), घाघरा। *v.t.* & *i.* पोशाक, वर्दी आदि पहनाना।

Robin (रॉबिन्) *n.* गायक पक्षी—इसकी छाती पर लाल निशान होता है।

Robot (रोबॉट्) *n.* रोबोट, मनुष्यवत् कार्य करने वाला स्वचालित यंत्र, यंत्र मानव।

Roburite (रोबरिट्) *n.* एक प्रकार की अति तीव्र बारूद।

Robust (रोबस्ट्) *adj.* हट्टा-कट्टा, वज्रदेह, पुष्ट।

Robustly (रोबस्ट्लि) *adv.* पुष्टता से। **Robustness,** *n.* अंग की दृढ़ता।

Roc (रॉक्) *n.* रॉक (एक काल्पनिक विशालकाय पक्षी), शार्दूल।

Rock (रॉक्) *v.t.* & *i.* धीरे-धीरे इधर-उधर डोलना, दोलायमान होना, पेग मारना, हिलाना, हिलना। *n.* झूलने की गति।

Rock (रॉक्) *n.* चट्टान, स्थूल, शिला, पाषाण, कड़ी मिठाई।

Rocker (रॉकर्) *n.* वह डण्डा जिस पर पालना झूलता है।

Rocket (रॉकिट्) *n.* एक प्रकार का पौधा, हवाई वान, गोल टुकड़ा जो आग लगाने पर आग को बढ़ता है। *v.t.* पलीते या बमगोले से उड़ाना।

Rocketer (रॉकिटर्) *n.* वेग से ऊपर उठता हुआ या उठाने वाला।

Rocking (रॉकिंग) *adj.* आगे-पीछे हिलने वाला।

Rococo (राकोको) *adj.* प्राचीन कालिक, पारम्परिक। *n.* प्राचीन ढंग का।

Rod (रॉड्) *n.* छड़ी, पीटने का डंडा, दंड, छड़, डंडा।

Rodent (रोडन्ट्) *n.* कुतरकर खानेवाला पशु।

Rodomont (रॉड्मॉन्ट्) *n.* झूठी शेखी बघारने वाला मनुष्य। *adj.* झूठी शेखी बघारने वाला।

Rodomonatade (रोडामान्टेड्) *n.* शेखी, उद्धत वचन बोलने वाला। *v.t.* गर्व सहित वाक्य बोलना।

Roe (रो) *n.* एक प्रकार की छोटी हिरनी, मछलियों के अण्डे।

Roebuck (रोबॅक) *n.* नर हिरण।

Rogatory (रोगेटरि) *adj.* अन्वेषण-संबंधी।

Rogue (रोग्) *n.* बिगड़ैल हाथी, कोई भी खूँखार पशु, बदमाश, धूर्त, शठ, दुर्जन, कपटी, आवारा, लफंगा।

Roister (रॉइस्टर) *v.t.* मद्य पी कर उपद्रव करना, शोरगुल मचाना। **Roisterer,** *n.* उपद्रव करने वाला।

Role (रोल्) *n.* नाटक के पात्र का अभिनय, मनुष्य का नियत कर्त्तव्य।

Roll (रोल्) *n.* बेलन की तरह लिपटा हुआ कागज अथवा कपड़ा, तालिका, नामावली, चिल्लाने की लगातार आवाज़। *v.t.* & *i.* धुरी पर घूमना, बेलन की तरह घुमाना चक्कर खाना, बेलन से सपाट करना, ढोल पीटना। **Roll-call,** *n.* उपस्थित, हाजिरी।

Roller (रोलर्) *n.* बेलन, सड़क कूटने का रोलर।

Rolling (रोलिंग्) *adj.* धुरी पर घूमते हुए।

Rollick (रॉलिक्) *v.t.* मौज करना, रंगरेलियाँ करना। *n.* अति आनन्द।

Rom (रौम) *n.* खानाबदोश, वह व्यक्ति जिसका कोई घर न हो।

Romaic (रॉमेइक्) *n.* आधुनिक ग्रीक भाषा। *adj.* अर्वाचीन ग्रीक भाषा संबंधी।

Roman (रोमन्) *adj.* & *n.* रोम देश-निवासी, एक प्रकार का टाइप।

Romance (रोमॅन्स्) *n.* साहसिक कार्य की कल्पित कथा या झूठी कहानी, प्रेमाख्यान। *adj.* लैटिन से निकली भाषाओं का। *v.i.* कल्पित कहानी लिखना अथवा कहना, अतिशयोक्ति करना, अनहोनी बातों पर विचार करना।

Romanesque (रोमनेस्क्) *adj.* रोमन और गाथिक की मध्यवर्ती स्थापत्य कला संबंधी।

Romanic (रोमँटिक्) *adj.* रोमन या लैटिन से उदभुत, प्यार की भाषा।

Romantic (रोमाँटिक्) कल्पना प्रधान, भावुक, औपन्यासिक, अद्‌भुत, सम्भव प्रतीत न होने वाला, अतिरंजित कथाकार।

Romanticness (रोमान्टिकनैस) *n.* आश्चर्य-पूर्णता।

Romany (रॉमनि) *n.* जिप्सी, खानाबदोश, कंजर, रोमणी लोग, उनकी भाषा।

Romp (रॉम्प्) *v.i.* धींगा-मस्ती, कूद-फाँद करना।

n. बच्चे की उछलकूद, अविनीत भाव से खेलनेवाला बालक या बालिका।

Romper (राम्पर्) *n.* बच्चों का ऊपरी वस्त्र।

Rondeau, Rondel (रॉन्डो, रान्डेल्) *ns.* दस अथवा तेरह-तेरह पंक्तियों की कविता का प्रकार, कविता वृत्त।

Rontgenogram (रन्टजन-ग्राम्) *n.* ऍक्स-रे द्वारा उतारा हुआ चित्र।

Rontgen rays (रन्टजन् रेझ्) *n.* विद्युज्जन्य प्रकाश किरण, एक्स-किरण।

Rood (रूड्) *n.* चौथाई, क्रूस मूर्ति।

Roody (रूडी) *adj.* भद्‌दा।

Roof (रूफ्) *n.* घर की ऊपरी छत, छप्पर। *v.t.* छत पाटना।

Roofer (रूफर्) *n.* गए हुए अतिथि द्वारा भेजा गया आतिथेय का धन्यवाद पत्र।

Roofy (रूफई) *adj.* छत्तदार।

Rook (रूक्) *n.* (ग्राहक को), ठगना, (जुए आदि में) धोखे से पैसा जीतना, एक तरह का कौआ। *v.t.* धोखा देना, ठगना।

Rookery (रूकरि) *n.* कौवों के घोंसले बनाने का वृक्ष, छोटे-छोटे घरों का समुदाय।

Rooky (रूकि) *adj.* कौवों से बसा हुआ।

Room (रूम्) *n.* घर, कमरा, अवसर, स्थान धारण करने की क्षमता, स्तर, योग्यता। **Roomful,** *adj.* कमरा भर। **Roomily,** *adv.* फैलाव से। **Roominess,** *n.* फैलावट।

Roomy (रूमि) *adj.* लम्बा-चौड़ा, विस्तृत।

Roost (रूस्ट्) *n.* टिकना, ठहरना। *v.t.* अड्डे पर बैठना, बसेरा लेना।

Root (रूट्) *n.* जड़, मूल, उद्‌गम, वंशज, आधार, पूर्वज, कारण, हेतु, यौगिक शब्द, वर्गमूल। *v.t.* & *i.* जड़ पकड़ना, स्थिर करना, जमा देना।

Rootlet (रूटलिट्) *n.* मूलिका, छोटी जड़।

Rootery (रूटरि) *n.* वृक्ष की जड़ों का ढेर।

Rope (रोप्) *n.* रस्सा, डोरी, रज्जु। *v.t.* & *i.* फांसा बांधकर नियंत्रित करना, खींचना।

Ropemanship (रोपमन् शिप्) *n.* रस्सी पर चलने का कौशल।

Rope-way (रोप्-वॉक्) *n.* माल ले जाने के लिये लगाया हुआ रस्सा।

Ropeyard (रोप् याई) *n.* रस्सी बटने का स्थान।

Ropy (रोपि) *adj.* जिसमें चिपचिपे तन्तु बन गए हों, रस्सी जैसे, घटिया।

Roquefort (रॅकफोर्ट्) *n.* बकरी के दूध से बना हुआ पनीर।

Roquet (रोकि) *n.* & *v.t.* गेंद का खेल, गेंद से गेंद को मारना।

Roral (रोरल) *adj.* ओस का, ओस-संबंधी।

Rosaceous (रोझेशस्) *adj.* गुलाबवत्।

Rosaniline (रोजीनिलाइन) *n.* एक प्रकार का लाल रंग।

Rosary (राझरि) *n.* गुलाब का उद्यान, मनकों की माला, सुमरिनी, भजन, प्रार्थना, गुलाब के फूलों की माला।

Rose (रोझ्) *n.* गुलाब का फूल, इसका पौधा, गुलाबी रंग, फीते का गुच्छा।

Roseate (रोझिएट्) *adj.* गुलाबी।

Rosemary (रोजमरि) *n.* एक प्रकार की सुगन्धित मेंहदी।

Rosette (रोजेट्) *n.* फीते का बना हुआ गुच्छा या झब्बा।

Rosicrucian (रोजिक्रूशन्) *adj.* & *n.* गूढ़ विद्या मंडल का सदस्य।

Rosin (रॉझिन्) *n.* गन्धराल, धूना या राल, बिरोजा। *v.t.* सारंगी इत्यादि की बजानेवाली ताँत में राल लगाना।

Rosinels (रोस) *n.* गुलाबीपन।

Roster (रोस्टर्) *n.* पारी-पारी से कार्य करने वालों की सूची।

Rostral (रॉस्ट्रल्) *adj.* गलहीदार, चोंच का, चोंचदार।

Rostrate (रॉस्ट्रट्) *adj.* चोंच के आकार का।

Rostrum (रॉस्ट्रम्) *n.* गलही, व्याख्यान देने का चबूतरा, चंचु।

Rosulate (रॉज़्युलेट्) *adj.* गुलाब की पंखड़ी की तरह जड़ा हुआ।

Rosy (रोझि) *n.* गुलाबी।

Rot (रॉट्) *v.t.* & *i.* सड़ना, गलना, भ्रष्ट या पत्रित हो जाना, नष्ट होना, बिगड़ना। *n.* सड़न, दुर्गन्ध, सड़ाहट, गलन, निरर्थक वार्ता।

Rota (रोटा) *n.* कार्य-क्रमावली, पारी-पारी से काम करने वालों का सूचीपत्र।

Rotary (रोटरि) *adj.* घूर्णी, घूमने वाला, चक्कर मारने वाला।

Rotate (रोटेट्) *v.i.* & *t.* चक्कर खाना, चूल पर घूमना।

Rotation (रोटेशन्) *n.* चक्र के समान गति, चक्कर।

Rotative (रोटेशन्) *adj.* पहिए की तरह धुरी "

घूमने वाला, चक्कर खाने वाला।

Rote (रोट्) *n.* परिपाटी, किसी बात या वक्तृता को याद रखने के लिए उसे बार-बार दोहराने का क्रम।

Rotor (रोटॅर्) *n.* किसी यंत्र का चक्कर लगाने वाला भाग।

Rotten (रॉटन्) *adj.* सड़ा हुआ, दुर्गन्धयुक्त, भ्रष्ट, दूषित। **Rotten-stone,** *n.* भुरभुरा चूना-पत्थर।

Rough-rider (रॅफ राइडर्) *n.* बिना निकाले (फेरे) हुए घोड़े पर सवारी करनेवाला।

Roughshod (रफ् शॉड्) *adj.* घोड़े के उभड़े हुए काँटे की नाल।

Rough-tongue (रफ्-टंग्) *n.* रूक्षता, रूखाई।

Rouleau (रूलो) *n.* सिक्कों की कागज में लपेटी हुई गड्डी।

Roulette (रूलेट्) *n.* एक प्रकार का जुआ, बालों को घुँघराला रखने की विधि, नकाशी करने वालों का दाँतेदार पहिया।

Round (राउन्ड्) *adj.* स्पष्ट, वर्तुलाकार, पूर्ण, लगातार, बिल्कुल, वृत्ताकार, गोल।

Round (राउन्ड्) *adv.* चक्रवत्, चारों ओर। *prep.* चारों तरफ, चौफेर।

Round (राउन्ड्) *n.* गोल वस्तु (मण्डल), चक्र, परिधि, कार्यक्रम का चक्र, (पहरे का) गश्त या फेरा, विस्तार, गोलाई में घुमान, चक्रमार्ग, क्रम स्थित। *v.t.* & *i.* गोल बनाना, गोल होना, पूर्ण अवस्था में लाना, चक्कर लगाना।

Roundel (राउन्डेल्) *n.* वृत्त, छोटा गोल धातु का टुकड़ा।

Roundelay (राउन्डिले) *n.* पक्षी की मधुर बोली, देहाती गान।

Rounder (राउन्डर्) *n.* गेंद का खेल, अवारा।

Roundly (राउन्डलि) *adv.* अच्छी तरह से, बखूबी, स्पष्ट रूप से, साहस से। **Roundness,** *n.* गोलाई।

Roundsman (राउन्डजमन्) *n.* फेरी वाला।

Roup (रूप्) *v.t.* मुर्गियों को होने वाला एक रोग। *n.* नीलामी।

Rouse, Roose (राउझ्) *v.t.* & *i.* जगाना, उठाना, उत्तेजित करना, सावधान करना, चौकन्ना करना। *n.* मदिरापान का उत्सव।

Roust (राउस्ट) *v.t.* हटाना।

Rout (राउट्) *n.* अव्यवस्थित, शराबियों या बलवाइयों की मंडली, उपद्रव, परास्त, भगदड़, कोलाहल, बलवाइयों की हलचल। *v.t.* भगदड़ करना, छितराना, चिल्लाना, थूथन से खोदकर बाहर निकलना, रत्ती-रत्ती ढूँढना, पशुओं को झुण्ड में जमा करना।

Route (रूट्) *n.* मार्ग, सड़क, रास्ता। *v.t.* यात्रा का मार्ग स्थिर करना।

Routine (रूटीन्) *n.* नित्यक्रम, नित्यचर्या, दिनचर्या, नित्य। **Routinist,** *n.* नियम से कार्य करने वाला।

Rove (रोव्ह्) *v.i.* भ्रमण करना, भटकते फिरना, घूमना। *n.* परिभ्रमण।

Rover (रोवर्) *n.* भ्रमण करने वाला, घुमक्कड़, जल-दस्यु।

Row (रो) *n.* खेना, पंक्ति, पाँति, नाव की सैर, कोलाहल। *v.t.* & *i.* नाव में ले जाना, डंडे से नाव खेना।

Rowing (रोव्इंग) *n.* नाव चलना।

Rowdy (राउडि) *adj.* दंगई, दंगाखोर, उजड्ड। *n.* गुंडा। **Rowdily,** *adv.* कोलाहल करते हुए।

Rowel (राउइल्) *n.* महमेज की काँटेदार फिरकी। *v.t.* ऐड़ से इस पहिये का दबाना।

Rowlock (रॉलॉक्) *n.* डाँडा लगाने का काँटा।

Roxbur (रॉक्सबर) *n.* एक विशेष प्रकार की जिल्दबाजी।

Royal (रॉयल्) *adj.* शानदार राजसी, भव्य, अव्वल दर्जे का, शाही, राजकीय।

Royalist (रॉयलिस्ट्) *n.* राजतंत्रवादी।

Royalty (रॉयल्टि) *n.* राजत्व, राजाधिकार, राजकुल, ग्रन्थकर्ता की पुस्तक की बिक्री के अनुपात के अनुसार दिया गया शुल्क।

Rubric (रूब्रिक्) *n.* अध्याय के विषय-सूचक शब्द, अथवा विशेष वाक्य जो लाल रोशनाई में छपे हों।

Ruby (रूबि) *n.* टाइप की नाप, गहरा लाल रंग, मानिक। *v.t.* लाल रँगना।

Ruche (रूश्) *n.* पट्टीदार झालर। *v.t.* ऐसे झालर से सजाना।

Ruck (रक्) *n.* ढेर, झालर।

Ruckle (रकल्) *v.t.* & *i.* गड़गड़ाना, शिकन पड़ना या डालना। *n.* मरते हुए मनुष्य के गले का गड़गड़ का शब्द।

Rucksack (रुकसॅक्) *n.* सामान रखने के लिए कन्धे पर से तस्मों से लटकता हुए वेग।

Ruction (रक्शन्) *n.* उपद्रव, हो-हल्ला।

Rudder (रडर्) *n.* पतवार, मार्ग दर्शक सिद्धान्त।

Ruddle (रडल्) *n.* गेरु, एक प्रकार की लाल खड़िया।

Rude (रूड्) *adj.* कच्चा, अविनीत, उद्धत, असभ्य, अशिक्षित, रूक्ष, कठोर।

Rudiment (रूडिमेन्ट्) *n.* मूल तत्व, मूल-सिद्धान्त, प्रारंभिक ज्ञान।

Rue (रू) *v.t.* दुखी होना, पछतावा करना। *n.* पछतावा।

Rue (रू) सदाबहार, ब्राह्मी।

Ruff (रफ्) *n.* एक प्रकार का गुलूबन्द, एक प्रकार की मछली, ताश का एक प्रकार का खेल। *v.t.* & *i.* पर पटककर आनन्द दिखलाना।

Ruffian (रफिअन्) *n.* आततायी, गुण्डा, हत्यारा।

Ruffle (रफल्) *v.t.* & *i.* बिखरा देना, लहर पैदा करना, घबरा देना, फड़फड़ाना, क्रोधित करना, शिकन डालना। *n.* झाल, अशान्ति, उद्वेग, ढोल का धीमा शब्द।

Ruffler (रॅफॅलर) *n.* उद्विग्न करने वाला, लँगड़े या लूले सैनिक का बहाना करने वाला सिपाही।

Ruffling (रूफस्) *n.* लाल भूरे रंग का।

Rug (रग्) *n.* कम्बल, लोई, धुस्सा।

Rugate (रूगेट्) *adj.* झुर्री पड़ा हुआ, किनारदार।

Rugby (रग्बि) *n.* फुटबाल के खेल का एक प्रकार।

Rugged (रगिड्) *adj.* विषम, कर्कश, रूक्ष, ऊँचा-नीचा।

Rugose (रूगोस्) *adj.* झुर्रीदार।

Ruin (रूइन्) *n.* (ब.व.) घर इत्यादि का टूटा-फूटा अंश, नाश, (क्षय, विध्वंस), विनाश, बर्बादी।

Ruination (रूइनेशन्) *n.* विध्वंस, नाश।

Ruinous (रूइनस्) *adj.* घातक, नाश करने वाला।

Rule (रूल्) *n.* किसी मुकदमे में न्यायाधीश का आदेश, अधिकार, शासन, व्यवस्थित रूप, धार्मिक विधि, धातु की पट्टी, प्रमाण, क्रम, नियम, परीक्षा, सिद्धान्त।

Ruler (रूलर्) *n.* राजा (राज्य करने वाला), सीधी लकीर खींचने की पट्टी।

Ruling (रूलिंग्) *n.* शासन, फैसला। *adj.* शासन करने वाला।

Rulley (रले) *n.* बोझ ढोने वाली चौपहिया गाड़ी।

Rum (रम्) *n.* ऊख की मदिरा।

Rumble (रम्बल्) *v.i.* गड़गड़ाहट का शब्द करना। *n.* गड़गड़ाहट का शब्द, गाड़ी का पिछला भाग।

Rumbler (रम्ब्लर्) *n.* गड़गड़ाहट का शब्द करने वाला।

Rumbling (रम्बलिंग्) *n.* गड़गड़ाहट का शब्द।

Ruminant (रूमिनन्ट्) *n.* & *adj.* पागुर करने वाला चौपाया, विचार करने वाला।

Ruminate (रूमिनेट्) *v.i.* विचार करना, पागुर करना, बार-बार चबाना। **Ruminative,** *adj.* पागुर करने वालों का।

Ruminator (रूमिनेटर्) *n.* पागुर करने वाला, किसी विषय पर अधिक विचार करने वाला।

Rummage (रॅमिज्) *v.t.* & *i.* सूक्ष्म अन्वेषण करना, खोज करना (ढूँढना)। *n.* खोजकर प्राप्त की हुई अनेक प्रकार की वस्तु, खोज-खाज।

Rummer (रमर्) *n.* बड़ी गिलास का कटोरा।

Rummy (रमि) *adj.* विलक्षण, विचित्र। *n.* एक प्रकार का ताश का खेल।

Rumour (रूमर्) *n.* अफवाह, बाजारू चर्चा, लोकवार्ता, जनप्रवाद। *v.t.* जनश्रुति फैलाना, गप्प उड़ाना।

Rump (रम्प्) *n.* पिछला भाग, पूँछ का भाग, चूतड़।

Rumple (रम्पल्) *v.t.* झुर्री डालना, तह लगाना। *n.* झालर, तह, शिकन।

Rumpus (रॅम्पस) *n.* उपद्रव, कोलाहल।

Run (रन्) *v.t.* & *i.* दौड़ना, तेजी से झपटना, तेजी से चलना, सरपट दौड़ना, अनुसरण करना, पहिये पर घूमना, तरल पदार्थ की तरह बहना, घुमाना, पीछा करना, बहना, छूटना, भोंकना, हटाया जाना, फैलाना। *n.* क्रम, प्रवाह, दौड़ान, यात्रा।

Runabout (रनबाउट्) *n.* घुमक्कड़, छोटी खुली गाड़ी या मोटर।

Runagate (रॅनॅगेट) *n.* इधर-उधर भटकने वाला।

Runaway (रॅन् वे) *n.* भगेड़ू, भागने वाला।

Runcinate (रन्सिनेट्) *adj.* आरी के समान दाँतो वाला।

Rune (रून्) *n.* आदिम, भाषा, आदिम लिपि।

Rung (रंग्) *n.* सीढ़ी का डण्डा, कटघरे या आरे के किनारों पर लगाई हुई छोटी-सी लकड़ी।

Runlet (रन्लिट्) *n.* छोटी नदी, मदिरा का पीपा।

Runnel (रनल्) *n.* छोटा नाला।

Runner (रनर्) *n.* लता की पकड़ने वाली नोक, दौड़ने वाला, हरकारा।

Running (रनिंग्) *adj.* क्रमिक। *n.* दौड़ान, घाव या फोड़े का स्राव।

Runt (रन्ट्) *n.* छोटी जाति का बैल या गाय।

Rupee (रूपी) *n.* भारतवर्ष का चाँदी का सिक्का, रूपया।

Ruption (रप्शन) *n.* विस्फोट, फटन।
Rupture (रपृचर्) *n.* सम्बन्ध-विच्छेद, बिगाड़, कलह, (टूटन), हर्निया। *v.t.* & *i.* टूटना या फटना।
Rural (रूरल्) *adj.* देहाती, देहात के लायक, गँवार।
Ruse (रूझ्) *n.* छल, कपट, बहाना। *adj.* धूर्त, चालाक।
Rush (रश्) *n.* सरहरी (पतली), छुद्र वस्तु, अति वेग, आक्रमण, झपट। *v.t.* & *i.* छत पर घास फैलाना, झपटना, टूट पड़ना, दौड़ना, आक्रमण करना, ग्राहक से अधिक मूल्य लेना।
Rushy (रशि) *adj.* लचीली डोरी का पौधा जिससे कुर्सी आदि बीनी जाती है।
Rusk (रस्क्) *n.* रोटी का टुकड़ा जो दुबारा पकाया गया हो।
Russ (रस्) *n.* रूस देश की भाषा।
Russet (रसिट) *adj.* & *n.* भूरे रंग का, एक प्रकार का मोटा कपड़ा।
Russia leather (रशॅलेदर्) *n.* एक प्रकार का कमाया हुआ चमड़ा।
Russian (रशन्) *n.* रूस देश का निवासी, रूस देश की भाषा। *adj.* रूस देश का।
Rust (रस्ट्) *n.* बुरी अवस्था, मण्डूर, मोर्चा। *v.t.* & *i.* मोर्चा लगाना या लगना।
Rustic (रस्टिक्) *adj.* देहाती, असभ्य, अशिष्ट, गँवारू।
Rustically (रस्टिकलि) *adv.* ग्रामीण मनुष्य के ढंग से।
Rusticate (रस्टिकेट्) *v.t.* & *i.* देहात में बसना, कालिज या पाठशाला से निकाल देना, ग्राम निवास।
Rustication (रस्टिकेशन्) *n.* ग्राम-निवास, पाठशाला से बहिष्कार (कुछ काल के लिए)।
Rusticity (रस्टिसिटि) *n.* ग्राम्यता, गँवारपन।
Rustle (रसल्) *v.t.* & *i.* खड़खड़ाना, खड़खड़हट का शब्द करना।
Rustler (रस्टलर) *n.* पशुचोर।
Rusty (रस्टि) *adj.* मोर्चा लगा हुआ, पुराना, मलिन।
Rut (रट्) *n.* कुछ पशुओं में मैथुन की सामयिक उत्तेजना, पहिया चलने की लकीर।
Rutted (रटेड) *adj.* चक्रमार्ग।
Rutting (रटिंग) *adj.* मस्ती, पशुओं में सामयिक संभोग की उत्तेजना।
Ruth (रूथ्) *n.* दया, दूसरों के कष्ट पर तरस। **Ruthless,** *adj.* निर्दय (निर्मोही), क्रूर। **Ruthful,** *adj.* दयालु, कृपालु।
Rutilant (रूटिलन्ट) *adj.* चमकीला, देदीप्यमान।
Rutty (रट्टि) *adj.* मैथुन की इच्छा से पूर्ण।
RV *n.* (*abbr.*) संक्षिप्त रूप।
Rye (राय्) *n.* एक प्रकार का अन्न जिसकी रोटी यूरोप में खाई जाती है।
Rye-grass (राय् ग्रास) *n.* एक प्रकार की चरी जो पशुओं को खिलाई जाती है।
Rye-whisky (राय्-विस्की) *n.* राई से बनी शराब।
Rymer (राइमर) *n.* पायदान में लगाने का काँटा।
Ryot (रायट्) *n.* रैयत (किसान), भारतवर्ष का खेतिहर।

S

S (एस्) अंग्रेजी वर्णमाला का उन्नीसवाँ अक्षर, इस अक्षर के आकार का कोई पदार्थ, रोमन संख्या में 70 से 70,000 के लिये संकेत।
S *abbr.* ब्रिटिश मुद्रा का चिह्न।
Sabbatarian (सॅबटेअरिअन्) *adj.* & *n.* क्रिस्तान जो रविवार को विश्राम दिवस मनाता है।
Sabbath (सॅबथ्) *n.* विश्राम दिवस (ईसाइयों के लिये रविवार और यहूदियों के लिए शनिवार); विश्राम का समय। **Sabbathless,** *adj.* बिना विश्राम का दैनिक कार्य।
Sabbatic, Sabbatical (सॅबटिक्, सॅबटिकल्) *ns.* विश्राम-दिवस सम्बन्धी। **Sabbatically,** *adv.* विश्राम-दिवस मनाते हुए। **Sabbatize,** *v.t.* किसी दिन को विश्राम-दिवस बनाना।
Sable (सेबल्) *n.* नेवले की तरह का एक मांस भक्षी पशु, उसका रोआँ। *adj.* & *n.* काले रंग का मातमी वस्त्र। **Sabled,** *adj.* काला वस्त्र पहिने हुए।
Sabot (सॅबो) *n.* एक प्रकार का खड़ाऊँ। **Saboted,** *adj.* खड़ाऊँ पहिने हुए।
Sabotage (सॅबोटिज्) *n.* हड़तालियों का जान-बूझकर यंत्र इत्यादि तोड़ना।
Saboteur (से-बर्) *n.* तोड़ फोड़ करने वाला।
Sabulous (सी-ब्यु-लस) *adj.* बालू का, पथरीला।
Sabre (सेबर्) *n.* कृपाण, तलवार। *v.t.* तलवार से घायल करना।

Sabretache (सॅबर् टॅश्) *n.* घुड़सवार दल का थैला।

Sabulous (सॅब्युलस्) *adj.* बालू का, पथरीला।

Saburra (सॉबरा) *n.* पेट में जमी हुई पथरी।

Sac (सॅक्) *n.* सजीव जन्तु के शरीर में थैलीनुमा झिल्ली, कोष।

Saccharin (सॅकॅरिन्) *n.* रसायन से प्राप्त होने वाली अत्यधिक मीठी शर्करा, शक्कर। **Saccharine,** *adj.* शर्करायुक्त।

Sacciform (सॅक्सिफार्म) *adj.* थैली के आकार का।

Saccule (सॉक्यूल्) *n.* छोटी थैली।

Sacculation (सीक्युलेशन्) *n.* झिल्ली की थैली बनाना।

Sacerdotal (सॅसर्डोटल्) *adj.* पुरोहित-सम्बन्धी। **Sacredotalist,** *n.* पुरोहिती विधि का समर्थक।

Sacerdotally (सॉसर्डोटलि) *adv.* पौरोहित्य कर्म से।

Sachem (सॅशिम्) *n.* अमेरिका देश के आदिवासियों का सरदार।

Sachet (सॅशे) *n.* वस्त्रों में रखने का सुगन्धित छोटा झोला।

Sack (सॅक्) *n.* बोरा, लबादा, लूट-पाट। *v.t.* बोरे में भरना, लूटना, लड़ाई में हराना।

Sackage (सॉकिज) *n.* लूटने का कार्य।

Sackbut (सॅकबट्) *n.* एक प्रकार का अलगोजा।

Sackcloth (सॅकक्लॉथ्) *n.* मोटा कपड़ा, टाट।

Sacrament (सॅक्रमेन्ट्) *n.* धार्मिक संस्कार। *v.t.* शपथ द्वारा बाँधना।

Sacrarium (सेक्रेअरिअम्) *n.* देव मन्दिर।

Sacred (सेक्रिड्) *adj.* पवित्र, अलौकिक, ईश्वर पूजा-संबंधी। **Sacredly,** *adv.* पवित्रता से।

Sacrifice (सॅक्रिफाइम्) *n.* यज्ञ या होम के लिए बलिदान, अर्पण, त्याग, बलि-पशु, समर्पण, विनाश। *v.t.* & *i.* बलिदान करना, अर्पण करना, नष्ट करना, हत्या करना।

Sacrilege (सॅक्रिलिज्) *n.* पवित्र वस्तु को दूषित करने या देवत्व के लूटने का काम।

Sacrist, Sacristan (सेक्रिस्ट्, सेक्रिस्टन्) *ns.* गिरिजाघर के सामान को पवित्र रखने वाला।

Sacrosanct (सेक्रोसॅड्क्ट्) *adj.* पवित्र, पुण्यमय।

Sacrum (सेक्रम्) *n.* कमरे में पीछे की तिकोनी हड्डी। **Sacral,** *adj.* इस हड्डी से संबंधित।

Sad (सॅड्) *adj.* शोकाकुल, उदासीन, खिन्न, दुःखी, फीका (रंग)। *v.t.* ठोस, पुष्ट (मजबूत) या कड़ा बनाना, दबाना, दुःखी बनाना।

Sadden (सॅडन्) *v.t.* & *i.* दुःखी करना, दुःखी होना।

Saddle (सॅडल्) *n.* घोड़े की जीन या काठी, पैरगाड़ी की बैठकी, खोगीर। *v.t.* & *i.* जीन चढ़ाना, खोगीर डालना, दोष मढ़ना।

Saddler (सॅड्लर्) *n.* अश्व सैनिक दल में घोड़ों की जीन की देखभाल करने वाला।

Sadiron (सेडीआयरन्) *n.* इस्तिरी करने का लोहा।

Sadism (सैडिज्म) *n.* विकृत सम्भोग में क्रूर व्यवहार करने की लालसा।

Sadtree (सॅड्ट्री) *n.* रात की रानी का फूल, फूल का पेड़।

Safe (सेफ्) *adj.* सुरक्षित, निःशंक, भय-रहित। *n.* भोजन रखने की जालीदार अलमारी, मूल्यवान पदार्थ रखने की लोहे की सन्दूक। *v.t.* रक्षा करना।

Safe-conduct (सेफ्-कॉंड्क्ट्) *n.* अभय पत्र, दूसरे देश में यात्रा के लिए परिचय पत्र।

Safe-guard (सेफ्-गार्ड) *n.* पूर्व रक्षा योजना, रक्षक अथवा बचाव का साधन। *v.t.* चौकसी बरतना, सुरक्षित रखना।

Safe-keeping (सेफ्कीपिंग्) *n.* सुरक्षितता।

Safely (सेफ्लि) *adv.* बिना आधिव्याधि के, बेरोकटोक सुरक्षित रूप से।

Safety (सेफ्टि) *n.* बचाव, संरक्षण, सुरक्षा।

Saffian (सीफ़िअन्) *n.* बकरी या भेंड़ का कमाया और रंगा हुआ चमड़ा।

Safflower (सॅफफ्लॉवर्) *n.* कुसुम-लाल रंग का तेल निकालने वाले फूल का पौधा।

Saffron (सॅफ्रन्) *n.* केशर, कुमकुम। *v.t.* केशर से रँगना।

Sag (सॅग्) *v.i.* दबाव से धँसना, दाम में कम होना, नीचे की ओर फूलना। *n.* डुबाव, दबाव।

Saga (सागा) *n.* एक प्रकार की सुगन्धित वनस्पति, मध्यकालीन (नार्वे और स्वीडन) शूरवीरों की गाथा, वीरों की कथा-आख्यान। *adj.* & *n.* पण्डित, ज्ञानी, माहत्मा, मुनि, सिद्धजन।

Sagacious (सॅगेशॅस) *adj.* कुशाग्र बुद्धि, दूरदर्शी, मेधावी, तीक्ष्ण बुद्धि का।

Sagacity (सगॅसिटि) *n.* चतुराई-बुद्धिमत्ता, विलक्षणता, दूरदर्शिता।

Sain (सेन्) *v.t.* दैवी शक्ति द्वारा रक्षा करना।

Saint (सेन्ट्) *n.* सिद्धजन, ऋषि, मुनि, सन्त।

adj. पुण्य, पवित्र, सिद्ध। *v.t.* सिद्ध बनाना। **Sainthood,** *n.* ऋषि का पद। **Saintly,** *adj.* पुण्यात्मा, पवित्र।

Sake (सेक्) *n.* कारण, हेतु, प्रयोजन।

Sal (साल) *n.* साखू का वृक्ष।

Sal (साल) *n.* नमक (क्षार)।

Salable, Saleable (सेलेबल्) *adjs.* बेचने योग्य। **Salability,** *n.* बिक्री के योग्य स्थिति।

Salacious (सलेशस्) *adj.* कामातुर, दुराचारी। **Salaciously,** *adv.* कामातुर ढंग से या रूप में।

Salad (सॅलड्) *n.* कच्चे साग का अचार, सलाद।

Salamander (सॅलमँडर्) *n.* बड़ी गरमी सहने वाला मनुष्य, छिपकली के प्रकार का एक जन्तु जो अग्नि में रहने वाला माना जाता है।

Sal-ammoniac (सॅलॅमोनिअक्) *n.* नौसादर।

Salangane (सालंगन) *n.* एक प्रकार की छोटी चिड़िया।

Salary (सॅलरि) *n.* वेतन (वृत्ति), तनख्वाह। *v.t.* नौकरी की तनख्वाह देना।

Sale (सेल्) *n.* धन के लिए वस्तुओं का विनिमय, बिक्री, बिका हुआ पदार्थ, बाजार।

Saleable (सेलेब्ल) *adj.* बेचे जाने योग्य।

Salebros (सॉलिब्रस्) *adj.* ऊँचा-नीचा, असमतल।

Salep (सॅलेप्) *n.* भूमिगत गाँठदार पौधे की सुखाई हुई गाँठ, उनसे बनाई गई एक प्रकार की पुष्टिकारक दवा।

Saleratus (सॅलरेटस्) *n.* कलमी शोरा।

Salic, Salique (सॅलिक्, सॅलिक्) *ns.* स्त्री वारिस को गद्दी का हक न देने वाला नियम (कायदा)।

Salicin (सॅलिसिन्) *n.* एक प्रकार की कड़वी औषधि, चिरायता।

Salience (सेलिअन्स्) *n.* उभाड़।

Salient (सेलिअन्ट्) *adj.* प्रबल, प्रधान, निकला हुआ, मुख्य।

Saliferous (सॅलिफरस्) *adj.* (भूमि के भीतर की तह) जिसमें नमक का अंश अधिक हो।

Salify (सैलिफाइ) *v.t.* नमक में परिणत करना।

Salimeter (सीलिमिटर्) *n.* समुद्र के जल का घनत्व नापने का यंत्र।

Salina (सैलिना) *n.* नमक या झील को सोता, नमक बनाने का कार्यालय।

Saline (सेलाइन्) *adj.* नमकीन, नमक से भरा हुआ, क्षारीय (खारा)। *n.* खारी झील, नमक बनाने का कारखाना, नमक और पानी का घोल।

Salinty, *n.* खारापन।

Saliva (सलाइव्हा) *n.* लार, थूक। **Salival,** *adj.* लार-संबंधी।

Salivate (सॅलिव्हेट्) *v.t.* & *i.* अधिक लार बहाना, मुख में बारम्बार थूक आना।

Salivation (सॅलिव्हेशन्) *n.* अधिक परिमाण में लार बहाने की क्रिया।

Sallenders (सैलेन्डर्ज) *n.* घोड़े की गुमटी में सूजन या फोड़ा।

Sallow (सॅलो) *n.* एक प्रकार के बेंत का पौधा। *adj.* भूरे रंग का।

Sallowness (सॅलोनेस्) *n.* भूरापन।

Sally (सॅलि) *n.* झपट्टा (आक्रमण), शत्रु का एकाएक टूट पड़ना, कल्पना शक्ति की दौड़, विप्लव, भ्रमण विहार, बुद्धि-विलास। *v.i.* यात्रा करना, घूमना, (किले से निकलकर) टूट जाना।

Salpiglossis (सॅल्पिग्लॉसिस्) *n.* एक सुन्दर फलवाला बगीचे का पौधा।

Salsify (सॅल्सिफि) *n.* एक प्रकार का पौधा जिनकी ठोस जड़ खाई जाती है।

Salt (सॉल्ट्) *n.* नमक, लवण, क्षार, सेंधा नमक, तीखापन, बुद्धि। *adj.* नमक भरा (लगाया) हुआ, तीखा, चटपटा। *v.t.* नमक छिड़कना, नमक पोतना।

Saltation (सॅल्टेशन्) *n.* उछल-कूद, नाच। **Saltant,** *adj.* नाचता हुआ।

Saltatorial (सॉल्टेटोरिअल्) *adj.* नाच संबंधी।

Salt-cellar (साल्ट-सेलर) *n.* खाने की मेज पर का नमक का पात्र।

Salter (सॉल्टर्) *n.* मछली को नमकीन करने वाला व्यक्ति, नमक का उत्पादक, नमक उत्पादन के क्षेत्र में कार्य करने वाले।

Saltern (सॉल्टर्न्) *n.* नमक बनाने का कारखाना।

Saltigrade (साल्टिग्रेड) *adj.* उछल कर चलने वाला। *n.* एक प्रकार का कूदने वाला मकड़ा।

Saltpan (सॉलट्-पॅन्) *n.* खारे पानी से नमक बनाने का स्थान।

Salutation (सॅल्यूटेशन्) *n.* प्रमाण, नमस्कार। **Salutatory,** *adj.* प्रणाम-सम्बन्धी।

Salute (सॅलूट्) *n.* सत्कार, आदक के लिए तोप, छूटना, अभिवादन। *v.t.* & *i.* नमस्कार करना, प्रणाम करना, चूमना, प्रसन्नता से स्वागत करना, प्रतिष्ठा करना।

Salutiferous (सॉल्यूटिफ़रस्) *adj.* स्वस्थ करने वाला।

Salvage (सॅल्वहेज्) *n.* जहाज़ अथवा उस पर की

सामग्री को बचाने का पुरस्कार। *v.t.* क्षति (नुकसान) होने से बचाना।

Salvarsan (सॅल्हरसॅन्) *n.* जननेन्द्रिय की गरमी या उपदंश रोग में औषधि के रूप में प्रयुक्त संखिया का यौगिक।

Salvation (सॅल्हेशन्) *n.* पापों से मुक्ति (मोक्ष, निस्तार)। **Salvationist,** *n.* मुक्ति सेनादल का सदस्य।

Samlet (सॅम्लिट्) *n.* छोटी सामन मछली।

Sammy (सॅमि) *n.* कपड़े धोने वाला, धोबी।

Samovar (सॅमॉवहार्) *n.* चायदानी, चाय को गरम रखने की केतली।

Sampan (सॉम्पॉन्) *n.* चीन देश की छोटी नाव।

Samphire (सॉम्फायर्) *n.* चट्टान पर उगने वाला सुगन्धित पत्तियों का एक पौधा।

Sample (साम्पल्) *n.* आदर्श (प्रतिरूप), नमूना। *v.t.* नमूना लेना या देना, अनुभव प्राप्त करना।

Samson (सॅम्सन्) *n.* अति बलवान् मनुष्य।

Samurai (सॅमुराइ) *n.* प्राचीन जापान का क्षत्रिय, आधुनिक सैनिक अधिकारी।

Sanable (सेनेबल) *adj.* आरोग्यकर।

Sanative (सॅनटिव्ह) *adj.* आरोग्यजनक, स्वास्थ्य-सम्बन्धी, रोग हटाने वाला।

Sanatorium (सॅनटोअरिम्) *n.* क्षय के रोगियों का चिकित्सालय, स्वास्थ्यालय।

Sanatory (सॉनॉटरि) *adj.* आरोग्य, स्वास्थ्य-संबंधी।

Sanctify (सँक्टिफाय्) *v.t.* पाप धोना, शुद्ध करना। **Sanctification,** *n.* पवित्र करने का कार्य।

Sanctimonious (सँक्टिमोनिअस्) *adj.* पाखण्डी, धर्माभिमानी।

Sanctimony (सँक्टिमनि) *n.* पुण्यवेष धारण, बनावटी पवित्रता।

Sanction (सँक्शन्) *n.* अनुमोदन, प्रमाण, आश्रय। *v.t.* आज्ञा देना, प्रमाणित करना, दृढ़ करना।

Sanctitude (सॉन्टिट्यूड्) *n.* पवित्रता।

Sanctity (सँक्टिटि) *n.* निर्मलता, पवित्रता, शुद्धि।

Sanctuary (सँक्युअरि) *n.* पूजन-स्थान, पुण्य-स्थान, शरणस्थान, देवालय।

Sanctum (सँक्टम्) *n.* पवित्र-स्थान, एकान्त कमरा।

Sanctus (सँक्टस्) *n.* बाईबल का एक गीत और गीत के साथ बजने वाली घंटी।

Sand (सँड्) *n.* बालू रेत। *v.t.* बालू छिड़कना, बालू में गाड़ना।

Sandal (सॅन्डल्) *n.* चप्पल, चट्टी, खड़ाऊँ। *v.t.* चट्टी पहिनना।

Sanguification (सँग्विफिकेशन्) *n.* भोजन से रुधिर का बनना।

Sanguinary (सँग्विनरि) *adj.* क्रूर (निर्दय), हिंसक, हत्यारा, लहू का प्यासा।

Sanguine (सँग्विन्) *adj.* & *n.* रक्तपूर्ण, रक्त के वर्ण का, आशायुक्त, लाल रंग की वार्निश करना, चमकीला, विश्वास- युक्त। **Sanguineness,** *n.* आशा, रुधिर पूर्णता, उत्कट विश्वास। **Sanguineous,** *adj.* रुधिर से पूर्ण, रुधिर के समान लाल रंग का।

Sanguinivorous (साँइगविनिवॅरस) *n.* लहू पीकर जीने वाला।

Sanhedrim (सॉनिड्रिम्) *n.* यहूदियों की बड़ी पंचायत।

Sanicle (सेनिकल) *n.* एक प्रकार का पौधा।

Sanies (सेनिईज्) *n.* घाव में से बहने वाला पानी।

Sanify (सॉनिफाइ) *v.t.* स्वास्थ्य सुधारना, आरोग्य करना।

Sanitary (सॅनिटरि) *adj.* आरोग्यकर, स्वास्थ्य-सम्बन्धी। **Sanitarian,** *n.* आरोग्य के सिद्धान्तों का प्रवर्तक।

Sanitate (सॉनिटेट्) *v.t.* आरोग्यकर विधि का प्रयोग करना।

Sanitation (सॅनिटेशन्) *n.* स्वास्थ्य विद्या, आरोग्य शास्त्र।

Sanitize (सैनिटाइज) *v.t.* स्वच्छ बनाना, किसी खबर आदि की भयंकरता को कम करना।

Sanity (सॅनिटि) *n.* स्थिर बुद्धि।

Sans (सॅन्झ्) *prep.* सिवाय, बिना।

Sanskrit (सॉन्सक्रिट्) *n.* संस्कृत भाषा।

Santa Claus (सॉन्टा क्लाझ्) *n.* अदृश्य रूप में क्रिसमस को (छोटे बच्चों को) उपहार बाँटने वाला पूज्य व्यक्ति।

Sap (सॅप्) *n.* पौधों का सार या रस। *v.t.* खोदना, जड़ समेत उखाड़ना।

Sapful (सॉपफुल्) *adj.* रसपूर्ण, रस भरा हुआ।

Sapan-wood (सॅपन्-वुड्) *n.* एक प्रकार की लकड़ी।

Sapid (सॅपिड्) *adj.* स्वादिष्ट, सरस, जायकेदार। **Sapidness,** *n.* स्वाद।

Saponifiable (सॉपनिफ़ायेबल्) *adj.* साबुन बनाने योग्य।

Sponify (सॉपॅनिफाई) *v.t.* साबुन के रूप में बदलना, साबुन बनाना।
Sapor (सेपर्) *n.* किसी पदार्थ का विशेष स्वाद।
Saporosity (सेपॅरॉसिटि) *n.* किसी पदार्थ में स्वाद उत्पन्न करने का गुण।
Sapphire (सॅफायर्) *n.* . एक प्रकार की गाने व गुनगुनाने वाली चिड़िया, नीलमणि, नीलम।
Sapphirine (सॉफिराइन्) *adj.* नीलम के रंग का, नीलम का बना हुआ।
Sappy (सॉपि) *adj.* रस भरा हुआ।
Sapro (सॅप्रो) *pref.* "सड़ा" अर्थ का उपसर्ग। **Saprogenic,** *adj.* सड़ने वाली वस्तु पर उगने वाला।
Saprogenic (सॉप्रॅजेनिक्) *adj.* सड़नेवाली वस्तु पर उगनेवाला।
Sapwood (सॉप्-वुड्) *n.* लकड़ी की बाहरी छाल।
Saracen (सॉरसेन्) *n.* अरब देशवासी।
Saratoga (सॅरटोगा) *n.* यात्रा करने के उपयुक्त बड़ा सन्दूक।
Sarsaparilla (सार्सापरिला) *n.* इस नाम की रुधिर शुद्ध करने की औषध।
Sarsenet (सार्सनिट्) *n.* महीन रेशमी वस्त्र।
Sartorial (सार्टोअरिल्) *adj.* दर्जी-सम्बन्धी, कपड़ा सीने के विषय का।
Sash (सॅश्) *n. usu.* कामदार रूमाल, चौखटा जिसमें शीशा जड़ा जाता है।
Sassaby (ससेबि) *n.* अफ्रीका देश का एक प्रकार का बड़ा बारहसिंगा।
Sassafras (सॅस्फ्रॅस्) *n.* एक प्रकार की सुगन्धित छाल जो औषधियों में प्रयुक्त होती है।
Sassolite (सैसोलाइट) *n.* देशी सोहागा।
Satan (सेटन्) *n.* पिशाच, दैत्य। **Satanism,** *n.* प्राकृतिक नीचता, पैशाचिक बुद्धि।
Satanic, Satanical (सटॅनिक्, सटॅनिकल) *adjs.* पैशाचिक, पिशाचवत।
Satchel (सचेल्) *n.* किताब ले जाने का बस्ता।
Satrap (सॅट्रप्) मण्डलेश्वर का पद।
Saturate (सॅच्युरेट्) *v.t.* परिपूर्ण करना, सुखाना, भरना। **Saturation,** *n.* परिपूर्णता।
Saturnine (सॅटर्नाइन्) *adj.* भारी, मन्द, जड़ प्रकृति का।
Satyr (सॅटर्) *n.* वनदेवता जो आधा मनुष्य तथा आधा बकरे के रूप का होता है, कामुक पुरुष। **Satyric,** *adj.* वन देवता-सम्बन्धी।
Sauce (सॉस्) *n.* चटनी, मसाला (उत्तेजक पदार्थ), जायकेदार चटपटी बातें, धृष्टता (ढिठाई)। *v.t.* मसालेदार या चटपटा बनाना, मिर्च मसाला लगाना, जायकेदार बनाना।
Saucer (सॉसर्) *n.* तश्तरी, रकाबी।
Saucy (सॉसि) *adj.* निर्लज्ज अविनीत, धृष्ट, निर्लज्ज, अहंकारी।
Saunter (सॉन्टर्) *v.t.* टहलान लगाना, बेकार घूमना।
Saury (सॉरि) *n.* एक प्रकार की समुद्री मछली।
Sausage (सॉसिज्) *n.* डिब्बों में भरा हुआ मसाला लगाया हुआ मांस।
Savable (सेवेबल्) *adj.* बचाने योग्य।
Savage (सॅव्हिज्) *adj.* आचारहीन, जंगली, वन्य, निर्दयी, क्रूर, भयंकर। *n.* असभ्य मनुष्य, राक्षस। *v.t.* असभ्य बनाना, आक्रमण करना, कुचलना। **Savagedom,** *n.* अशिष्ट अवस्था। **Savagery,** *n.* क्रूरता, अशिष्टता, जंगलीपन।
Savannah (सव्हॅना) *n.* बिना वृक्ष का बड़ा मैदान, लम्बा चौड़ा चरागाह।
Savant (सॅव्हाट्) *n.* विद्वान, प्रसिद्ध पुरुष।
Savour (सेव्हर्) *n.* स्वाद, रस, गन्ध, शंका। *v.t.* स्वाद लेना, सुगन्ध लेना, आनन्द लेना। **Savourily,** *adv.* स्वाद से। **Savoury,** *adj.* स्वादिष्ट, सोंधा।
Saw (सॉ) *n.* कहावत, विधिवाक्य।
Saw (सॉ) *n.* आरा, आरी। *v.t.* & *i.* आरी से काटना या चीरना।
Sawdust (सॉ-डस्ट्) *n.* आरे से निकला हुआ लकड़ी का बुरादा।
Saw-horse (सॉ-हार्स) *n.* बल्ले को चीरने के लिए फँसाने का फ्रेम, शिकंजा।
Sawmill (सॉ-मिल्) *n.* यंत्र से लकड़ी चीरने का कारखाना।
Saw-pit (सॉ-पिट्) *n.* भूमि में का गड्ढा जिसमें अड़ाकर लकड़ी चीरी जाती है।
Sax, Zax (सॉक्सख जॉक्स्) *ns.* पत्थर पर छेद करने का औजार।
Saxatile (सॅक्सटिल्) *adj.* चट्टान पर रहने या उगने वाला।
Saxe (सॅक्स्) *n.* फोटो के काम में उपयोगी कागज।
Saxhorn (सॉक्सहॉर्न्) *n.* एक प्रकार की तुरही।
Saxifrage (सॅक्सिफ्रेज्) *n.* चट्टान पर उगने वाला एक प्रकार का पौधा।
Saxon (सॅक्सन्) *n.* उत्तरी जर्मनी की प्राचीन जाति के लोग जिन्होंने पाँचवीं शताब्दी में इंगलिस्तान

को जीता था।

Saxophone (सॅक्साफोन्) *n.* एक प्रकार का मुँह से बजाने का पीतल का बाजा।

Say (से) *v.t.* & *i.* बोलना, (भाषण करना) कहना, वर्णन करना, विचार स्थिर करना, शब्दों में व्यक्त करना। *n.* सर्ज के प्रकार का ऊनी वस्त्र, वचन (व्याख्यान)।

Saying (सेइंग्) *n.* लोकोक्ति, जनप्रवाद, वचन, कहावत, भाषण।

Scab (स्कॅब्) *n.* एक प्रकार का चर्मरोग, पपड़ी, नीच मनुष्य, काम करने वाला जो हड़ताल में साथ नहीं देता।

Scabbard (स्कॅबर्ड्) *n.* बर्छी या तलवार का मियान।

Scabby (स्केबि) *adj.* रूखा, पपड़ीदार, खुजली का।

Scabious (स्केबिअस्) *adj.* खुजली वाला, खुजली से पूर्ण या ग्रस्त।

Scabrous (स्केब्रस्) *adj.* रूक्ष, खुरखुरा।

Scaffold (स्कॅफॉल्ड्) *n.* फाँसी देने का मचान। *v.t.* मकान बनाने के लिए मचान या पाइंट बांधना। **Scaffolding,** *n.* मचान, पाइंट।

Scalable (स्केलॅबल्) *adj.* सीढ़ी द्वारा चढ़ने योग्य।

Scalariform (स्कलॅरिफार्म्) *adj.* सीढ़ी के आकार का।

Scale-beam (स्केल्-बीम्) *n.* तौलने की चिह्न लगा हुआ डण्डा।

Scaled (स्केल्ड्) *adj.* परतदार।

Scalene (स्कलीन्) *adj.* & *n.* विषम भुज तथा कोण वाला, इस प्रकार का त्रिभुज।

Scamble (स्कॉम्बल) *v.t.* टेढ़ा-मेढ़ा काटना, आकृति भ्रष्ट करना, उपद्रव करना, कार्य में लीन होना।

Scambler (स्कॉम्बलर्) *n.* विघ्नकारक मनुष्य।

Scammony (स्कॅमनि) *n.* रेचक वनस्पति।

Scamp (स्कॅम्प्) *n.* दुर्जन, दुष्ट, पाजी। *v.i.* भ्रष्ट रूप से (लापरवाही से) कोई कार्य करना।

Scampish (स्कॅम्पिश्) *adj.* थोड़ा दुर्जन।

Scan (स्कॅन्) *v.t.* & *i.* जाँचना, छन्द की मात्राओं की गणना करना, सूक्ष्म परीक्षा करना।

Scandal (स्कॅन्डल्) *n.* अपमान, ग्लानि की भावना, मान-निन्दा, चुगली, अपवाद, कलंक। *v.t.* दुर्नाम या बदनाम करना, निन्दा करना, कलंक लगाना।

Scandalous (स्कॅन्डलस्) *adj.* कंलक लगाने वाला (अपवादक)। **Scandalously,** *adv.* अपवाद से, निन्दा से।

Scandent (स्कॅडन्ट्) *adj.* चढ़ने वाला, रेंगने वाला।

Scandinavian (स्कॅन्डिनेव्हिअन्) *adj.* & *n.* स्वीडन, डेनमार्क, नार्वे, आइसलैंड के वासी।

Scandium (स्कॅन्डिउअम्) *n.* स्कोन्डनेविया की धातु में पाये जाने वाल विशेष तत्व।

Scansion (स्कॅन्शन्) *n.* छन्द की मात्राओं की गणना करने की विधि, मात्रा गणन।

Scansorial (स्कॅन्सॉअरिल्) *adj.* चढ़ने वाला, चढ़ने योग्य।

Scant (सकॅन्ट्) *adj.* न्यून, कम (थोड़ा), संकुचित। *v.t.* कम करना, हद बाँधना।

Scantling (स्कॅन्टलिंग्) *n.* आदर्श, नमूना, थोड़ा पदार्थ, बानगी।

Scanty (स्कॅन्टि) *adj.* कम (थोड़ा), अल्प।

Scape (स्केप्) *n.* प्राकृतिक भू-भाग का दृश्य, पलायन (भागने का काम), भूल चूक, कानून या नियम तोड़ने का काम, चाहा पक्षी की बोली, पर की डण्डी, पौधों में पलने वाली डाल, डंठल। *v.t.* भाग जाना।

Scapegoat (स्केप्-गोट्) *n.* दूसरे के लिए कष्ट उठाने वाला, बलि का बकरा।

Scapegrace (स्केप-ग्रेस्) *n.* निर्लज्ज़, बेहया।

Scapple (स्कॅफॉइड्) *v.t.* पत्थर को समतल करना।

Scapula (स्कॅप्यूला) *n.* कन्धे पर की हड्डी, हँसुली। **Scapular,** *adj.* कंधे पर की हड्डी संबंधी।

Scar (स्कार्) *n.* घाव का चिह्न, पहाड़ का उभड़ा भाग। *v.t.* & *i.* अंकित करना, घाव का चिह्न पड़ना।

Scarab (स्कॅरब्) *n.* प्राचीन मिस्र देश का पवित्र झींगुर।

Scaramouch (स्कॅरमॉउश्) *n.* डरपोक शेखीबाज मनुष्य।

Scarce (स्केअर्स्) *adj.* दुर्लभ, न्यून, बिरला।

Scathe (स्केट्) *n.* चोट, हानि। *v.t.* नष्ट करना, हानि करना। **Scatheless,** *adj.* हानि-रहित।

Scathing (स्केदिंग्) *adj.* नष्ट होता हुआ।

Scatology (स्कटॉलाजि) *n.* गन्दगी के कीड़ों के अध्ययन का शास्त्र।

Scatophagous (सकॅटॉफॅगस्) *adj.* मल या विष्ठा भोजन करने वाला।

Scatter (स्कॅटर्) *v.t.* & *i.* फैलाना, बिखेरना, छितराना। **Scattered,** *adj.* छितराया हुआ। **Scattering,** *adj.* छितराते हुए।

Scaup (स्कॉप्) *n.* एक प्रकार की बत्तख।

Scauper (स्कॉपर्) *n.* नकाशीगर की गोलची।

Scavenger (स्कॅव्हिजर्) *n.* मेहतर, सड़क का कूड़ा हटाने वाला।

Scenario (सिनारिओ) *n.* नाटक की कथा, अंक आदि के क्रम का विवरण।

Scene (सीन्) *n.* प्रदर्शन भूमि, दृश्य नाटक का अंक, रंगभूमि, नेपथ्य, स्थल, नाटक का पर्दा।

Scenery (सीनरि) *n.* भूमि (बहारदर), नेपथ्य-संबंध।

Scenic (सीनिक्) *adj.* सुन्दर (बहारदार), नेपथ्य-सम्बन्धी।

Scenography (सीनॅग्रॉफि) *n.* नाटक के पर्दे को ऐसा रँगना कि वह पर्दा न मालूम हो, सच्चा दृश्य लगे।

Schedule (शेडयूल्) *n.* नामावली, सूची। *v.t.* सूचीपत्र बनाना।

Schism (सिजम्) *n.* गिरजे का अलगाव, धर्म में सम्प्रदाय, फूट। **Schismatic,** *adj.* मतभेद डालने वाला।

Schist (शिस्ट्) *n.* पतली तहों में अलग होने वाली चट्टान।

Schizanthus (स्काइजन्थस) *n.* एक प्रकार का फूलदार पौधा।

Scholiast (स्कोलिअस्ट्) *n.* भाष्यकार, टीकाकार।

Scholium (स्कोलिअम्) *n.* पुस्तक के किनारे पर लिखी हुई टीका।

Sciagrapher (सायॅग्राफर्) *n.* एक्स-रे द्वारा चित्र उतारनेवाला। **Sciagraphy,** *n.* चित्र में छाया दरशाने की कला, एक्स-किरण द्वारा फोटो उतारने की कला, सूर्य की छाया से समय का अनुमान करना।

Sciatic (सायॅटिक्) *adj.* कूल्हे का।

Sciatica (सायॅटिकिआ) *n.* कूल्हे पर की अथवा घुटने पर की गठिया।

Sciatically (सायॅटिकेलि) *adv.* कूल्हे के रोग से।

Scilicet (सायूलिसेट्) *adv.* अर्थात्, कहने के लिए।

Scobiform (स्काबिफॉर्म) *adj.* . लकड़ी के बुरादे का आकार का।

Scoff (सकॉफ्) *v.i.* आक्षेप करना, ताना मारना। *n.* आक्षेप, तिरस्कार।

Scoffer (स्कॉफर्) *n.* ताना मारने वाला।

Scoffing (स्कॉफिंग) *n.* उपहास, ठट्ठा। **Scoffingly,** *adv.* ठट्ठा करते हुए, ताना मारते हुए।

Scold (स्कोल्ड्) *v.t.* & *i.* दोष निकालना, ताना मारना, झिड़कना, गाली देना। *n.* कर्कशा स्त्री, झिड़की (ताना)। **Scolder,** *n.* निन्दक, गाली देने वाला।

Scolex (स्कोलेक्स्) *n.* चिपटे केंचवे का आदि रूप।

Scolopendra (स्कालोपेन्ड्रा) *n.* कनखजूरा, गोजर।

Scolytus (स्कॉलिटस्) *n.* वृक्ष में लगने वाला कीड़ा।

Scomber (स्कॉबर) *n.* एक प्रकार की मछली।

Sconce (स्कॉन्स्) *n.* दीवार पर लगाने की मोमबत्ती, ललाट (मस्तक), गढ़ी, न्याय, आज्ञा भंग करने का दंड। *v.t.* किलाबन्दी करना, जुर्माना करना।

Scorch (स्कॉर्च्) *v.t.* & *i.* झुलसाना, किसी पदार्थ की ऊपरी तह जलाना, सूख जाना। **Scorching,** *adj.* झुलसाने या जलाने वाला।

Score (स्कॉअर्) *n.* दरार (फटन), दौड़ आरंभ करने का स्थान, हिसाब, कोड़ी, गणना, खेल के अंकों की गणना। *v.t.* & *i.* काटना (छीलना), चिह्नित करना, गणना करना।

Score-card (स्कोर-कार्ड्) *n.* क्रिकेट में रन संख्या (दोड़) दर्शाने वाला, तख्ता।

Scorer (स्कोरर्) *n.* गिनती करने वाला।

Scoria (स्कॉरिआ) *n.* ज्वालामुखी पर्वत से फेंके हुए मलवे के अंश।

Scot (स्कॉट्) *n.* स्कॉटलैंड देश का निवासी, कर, महसूल।

Scotch (स्कॉच्) *v.t.* हलका घाव करना, रोकना, पहिये पर रखना। *adj.* & *n.* स्कॉटलैंड का, इस देश सम्बन्धी, यहाँ की भाषा।

Scotfree (स्कॉटफ्रि) *adj.* बिना कर दिये, कर देने से मुक्त, बिना चोट लगे।

Scotland yard (स्कॉटलैंड यार्ड्) *n.* लंदन स्थित गुप्त (पुलिस) या खुफिया पुलिस का प्रसिद्ध बड़ा कार्यालय।

Scotia (स्कोशिया) *n.* खम्भे की पेंदी पर गोला।

Scoto (स्काटो) *pref.* अन्धकार अर्थ का उपसर्ग।

Scotograph (स्काटोग्राफ) *n.* अन्धों के लिखने का यंत्र।

Scotoma (सकॉटोमा) *n.* नेत्र रोग, (आँख में काला निशान)।

Scoundrel (सकाउन्ड्रल्) *n.* दुरात्मा, नीच, दुष्ट व्यक्ति।

Scour (स्कॉवर्) *v.t.* शीघ्रता करना, माँजना, स्वच्छ

करना, चमकाना, जल्दी-जल्दी खोजना। *n.* स्वच्छ करने या चमकाने की क्रिया।

Scour (स्कॅवर्) *v.t.* & *i.* भटकना, खोजना, द्रुत गति से जाना।

Scourge (स्कर्ज्) *n.* कोड़ा (चाबुक), उत्पात, दैवी विपदा। *v.t.* दण्ड देना, कष्ट देना।

Scout (स्काउट्) *n.* भेदिया, जासूस, एक प्रकार का छोटा तेज जाने वाला हवाई जहाज, गुप्तचर। *v.t.* & *i.* जासूसी का काम करना, निरीक्षण करना, निन्दा करना, तिरस्कार करना।

Scrabble (स्क्रॅबल्) *v.t.* & *i.* खुरचना, अँधेरे में टटोलना, टेढ़ी-मेढ़ी लकीर बनाना।

Scrag (स्कॅग्) *n.* दुर्बल मनुष्य, पतली वस्तु। *v.t.* फाँसी पर लटकाना, गर्दन ऐंठना।

Scramble (स्कॅम्बल्) *v.t.* & *i.* प्रतिस्पर्धी के साथ किसी वस्तु को प्राप्त करने का प्रयत्न करना, अत्यन्त प्रयत्न करके के पश्चात रास्ता बनाना, जल्दी करना। *n.* (हाथ के बाल) आरोहण, संघर्ष।

Scran (स्कॅन्) *n.* भोजन सामग्री।

Scranch (स्क्रान्च) *v.t.* कुरकुर करके चबाना।

Scrannel (स्कॅनेल्) *adj.* मन्द (शब्द)।

Scrap (स्क्रप्) *n.* खण्ड, टुकड़ा। (ब.व.) वृथा अंश, गूदड़।

Scrape (सकेप्) *v.t.* & *i.* रगड़कर चमकाना, खुरचकर पालिश करना। **Scraper,** *n.* खुरचने वाला, खुरचने का औजार।

Scratch (स्क्रॅच्) *v.t.* & *i.* खुरचना, सरसरी तौर पर देखना, नोचना, काटें का निशान लगाना। *n.* हल्का घाव, खुरचन, खरोच। **Scratchy,** *adj.* कर्कश आवाज करने वाला, भद्दा, भोंडा।

Scrawl (स्क्रॉल्) *v.t.* & *i.* अस्पष्ट लिखना, घसीटना, घसीट लिखकर कागज भरना। *n.* जल्दी लिखावट, घसीट लिखावट।

Screak (स्क्रीक) *n.* चीख, चिल्लाहट। *v.t.* चीखना, चिल्लाना।

Scream (स्क्रीम्) *v.t.* & *i.* ठहाका मारकर हँसना, चिल्लाना, सीटी बजाना, चीखना। *n.* चिल्लाहट, चिंग्घाड़।

Sreamy (स्क्रीमी) *adj.* कोलाहल संबंधी।

Screwed (स्क्रूड्) *adj.* पेंच से कसा हुआ।

Screw-jack (स्क्रू-जैक्) *n.* मोटर, रेलगाड़ी इत्यादि को उठाने का यंत्र।

Screw-press (स्क्रू-प्रैस्) *n.* पुस्तक या कागज दबाने का चाँप।

Screw-propeller (स्क्रू-प्रोपीलर्) *n.* हवाई जहाज या पानी के जहाज की पंखी चलाने की पेंच।

Scribacious (स्क्रिबेशॅस) *adj.* लिखने का अभ्यस्त।

Scribal (स्क्राइबल) *adj.* लेखक सम्बन्धी।

Scribble (स्क्रिबल्) *v.t.* & *i.* अस्पष्ट लिखना, घसीटना। *n.* अस्पष्ट लेख, घसीट लिखावट।

Scribe (स्क्राइब्) *n.* लिपिक, लेखक।

Scriber (स्क्राइबर्) *n.* लेखक, खुरचने का औजार।

Scrim (स्क्रिम्) *n.* अस्तर देने का कपड़ा।

Scrimp (स्क्रिम्प) *v.t.* अपूर्ण रूप में देना, कम देना। *n.* कृपण, कंजूस। *adj.* संकुचित, सँकरा।

Scrinium (स्क्रिनिअम्) *n.* हस्तलिखित पुस्तकों के पुलिन्दे को रखने का चोगा।

Scrip (स्क्रिप्) *n.* थैली, झोली, बैंक के वास्ते पुर्जा, बीजक, हिस्सेदारी का प्रमाणपत्र।

Script (स्क्रिप्ट्) *n.* हाथ की लिखावट, टाइप के अक्षर जो हाथ के लिखे अक्षर के अनुरूप हों।

Scrotum (स्क्रोटम्) *n.* अण्डकोष की थैली।

Scrub (स्क्रब्) *v.t.* & *i.* तुच्छ व्यक्ति, जानवर, पौधा, घिसा हुआ ब्रश। *n.* रगड़ने या चमकने का सामान या साधन, छोटे कद का पेड़, झाड़ी जानवर या आदमी, छोटे वृक्षों या झाड़ियों से पूर्ण देश।

Scrubber (स्क्रबर) *n.* रगड़ने वाला कड़ा ब्रुश।

Scruff (स्क्रफ्) *n.* गर्दन का पिछला भाग।

Scruple (स्क्रूपल्) *n.* बीस ग्रेन की तौल, जो प्रायः एक माशे के लगभग होती है, नैतिक विचार या भावनाएँ, संदेह (शंका), संशय। *v.t.* सन्देह करना, शंका करना।

Scrupulous (स्क्रप्यूलस्) *adj.* शंकायुक्त, सचेत, सावधान।

Scrutator (सक्रूटेटर्) *n.* छिद्रान्वेषी, सूक्ष्म परीक्षा करने वाला।

Scrutineer (स्क्रूटिनिअर्) *n.* वोट के कागजों की परीक्षा करने वाला।

Scrutinize (स्क्रूटिनाइझ्) *v.t.* सूक्ष्म निरीक्षण (अनुसन्धान) करना, जाँचना।

Scrutiny (स्क्रूटिनि) *n.* सूक्ष्म परीक्षा, अनुसंधान, छानबीन।

Scud (स्कड्) *v.i.* हवा के रूख पर चलना, वेग से चलना (भागना)। *n.* वाष्पपूर्ण बादल, तेज दौड़ने वाला व्यक्ति।

Scuddle (स्कॅडल) *v.i.* वेग से दौड़ लगाना।

Scuffle (स्कफल्) *v.i.* हाथापाई करना, झगड़ना। *n.* लड़ाई, हाथापाई।

Scug (स्कग्) *n.* उत्साहहीन अशिष्ट पुरुष।
Scull (स्कल्) *v.t.* & *i.* छोटे डाँड़े से नाव चलाना। *n.* छोटा डाँड़ा।
Scullery (स्कलरि) *n.* रसोई के बर्तनों के माँजने की कोठरी।
Scullion (स्कल्यन्) *n.* रसोई घर के बर्तन माँजने वाला व्यक्ति।
Sculptor (स्कल्प्टर्) *n.* पत्थर या लकड़ी पर नक्काशी करने वाला, संगतराश।
Sculpture (स्कल्पू-चर्) *n.* मूर्ति बनाने की विद्या। *v.t.* & *i.* मूर्ति बनाना, संगतराशी का काम करना।
Scurvy (स्कर्व्हि) *adj.* कुत्सित, नीच, एक प्रकार का रक्त रोग। *n.* एक प्रकार का रक्त रोग।
Scut (स्कट्) *n.* कुछ पशुओं (यथा-खरहा, हिरण इत्यादि) की छोटी दुम।
Scutage (स्क्यूटिज्) *n.* किसी मनुष्य की सेवा करने का पुरस्कार।
Scutter (स्कटर्) *n.* हड़बड़ाहट में भागना।
Scuttle (स्कटल्) *n.* खँचिया, अँगीठी, छत का ढकनेदार छेद, तीव्र गति। *v.t.* जहाज में (डुबाने के लिए) छेद करना, दौड़ या भाग जाना।
Scutum (स्क्यूटम्) *n.* कछुआ, मगर इत्यादि प्राणियों के शरीर की ढाल की आकृति की ऊपरी त्वचा, घुटने की चक्की।
Scylla (सिला) *n.* एक पौराणिक छः मस्तक का दैत्य।
Scythe (साइद) *n.* खेत या घास काटने की हँसिया। *v.t.* हँसुआ से खेत काटना; **Scythed,** *adj.* हँसुआ से काटा हुआ।
Sea (सी) *n.* समुद्र, सागर, समुद्र की बड़ी लहर।
Sea-horse (सी-हार्स) *n.* दरियाई घोड़ा।
Sea-line (सी-लाईन्) *n.* क्षितिज।
Seal (सील्) *n.* मांसाहारी समुद्री स्तनधारी जन्तु, किसी प्रतिज्ञापत्र पर लगाई गई छाप या मुहर, विशिष्ट चिह्न, मुहर, मुद्रा। *v.t.* मुहर या छापा लगाना, बन्द करना।
Sealing-wax (सीलिंग-वैक्स्) *n.* मोहर लगाने की लाख।
Seam (सीम्) *n.* संधि, सियन, फाँक, दरार। *v.t.* सीना, जोड़ना, चिह्न डालना। **Seamless,** *adj.* बिना सियन का। **Seamstress,** *n.* दर्जिन, कपड़े सीने वाली स्त्री।
Seamy (सीमी) *adj.* सन्धियुक्त, जोड़दार।
Seance (सेआन्स्) *n.* सभा, आध्यात्मिक विषय की सभा।
Seaport (सीपॉर्ट्) *n.* बंदरगाह पर या निकट स्थित शहर या कस्बा।
Seasick (सीसिक्) *adj.* समुद्र यात्रा से होने वाली बीमारी।
Sear (सिअर्) *n.* कठोर बनाना, दागना, जला देना। *adj.* मुर्झाया हुआ, सूखा।
Search (सर्च्) *v.t.* & *i.* खोजना, अन्वेषण करना, पता लगाना, परीक्षा करना, जाँचना। *n.* खोज, परीक्षा, जाँच।
Searcher (सर्चर्) *n.* निरीक्षक, खोजनेवाला।
Searching (सचिंग) *adj.* & *n.* सूक्ष्म अन्वेषण का, अनुसंधान या परीक्षा।
Searchless (सर्चलैस्) *adj.* बिना अनुसन्धान का।
Search-light (सर्च-लाईट्) *n.* खोज बत्ती।
Sear-cloth (सिअर्-क्लॉथ) *n.* घाव पर बाँधने का कपड़ा।
Seared (सीर्ड) *adj.* कड़ा किया हुआ।
Season (सीज़न्) *n.* ऋतु, मौसम, उचित अवसर, समृद्ध-काल, अनिश्चित अवधि या काल। *v.t.* & *i.* अभ्यस्त करना, परिपक्व करना, स्वादिष्ट करना, मधुर बनाना, तर करना, तरोताजा करना, उपयोग लायक बनाना।
Seasonable (सीजनेबल्) *adj.* समयानुकूल, उचित समय पर होने वाला, मौसमी। **Seasonably,** *adj.* यथाकाल, काल के अनुसार। **Seasonal,** *adj.* ऋतु संबंधी।
Seasoner (सीज़नर्) *n.* भोजन-सामग्री को स्वादिष्ट बनानेवाला। **Seasoning,** *adj.* खाना स्वादिष्ट बनाने वाला पदार्थ। **Seasonless,** *adj.* बिना अवसर का।
Seat (सीट्) *n.* बैठने का आसन, सीट, पीठिका, कुर्सी, बेंच, चौकी आदि, कुर्सी आदि का बैठने का स्थान, वास-स्थान, रहने का स्थान, नितम्ब, प्रधान, स्थल, केन्द्र, सदस्यता, निर्वाचन क्षेत्र, आसन ग्रहण अधिकार। *v.t.* आसन पर बैठना, सीट या स्थान पर बैठना, स्थापित करना, नियुक्त करना, निर्वासित करना।
Seaworthy (सीवर्दि) *adj.* समुद्र यात्रा के लिए योग्य।
Sebacious (सिबेशस्) *adj.* वसाजन्य, वसामय, तैलजनक, चर्बीयुक्त।
Secant (सीकन्ट्) *adj.* काटनेवाला। *n.* छेदक, अर्धव्यास जो बढ़कर दूसरी रेखा में मिलता है, कोटिज्या, छेदन रेखा।

Seccotine (सेकाटीन्) *n.* एक प्रकार का सरेस। *v.t.* किसी पदार्थ पर यह सरेस लगाना।

Secede (सिसीड्) *v.i.* किसी मण्डल से हटाना, (दल, धर्म आदि से) पृथक हो जाना।

Secession (सिसेशन्) *n.* धर्मत्याग, विलग्नता, अलगाव।

Seclude (सिक्लूड्) *v.t.* अलग करना या रखना, एकांत बनाना।

Seclusion (सिक्लूझन्) *n.* एकांतता, निर्जनता, पार्थक्य, अकेलापन।

Second (सेकन्ड्) *adj.* & *n.* द्वितीय, पीछा करने वाला, दूसरे दर्जे का दूसरा, अतिरिक्त, मिनट का साठवाँ भाग, घटिया।

Second (सेकन्ड्) *v.t.* समर्थन देना, अनुमोदन करना, सैनिक अधिकारी को उसकी टुकड़ी से अस्थायी तौर पर हटाकर किसी और काम में लगाना।

Secondary (सेकन्डरि) *adj.* दूसरे क्रम का, अप्रधान, अमुख्य, अप्रत्यक्ष, परोक्ष।

Second-hand (सेकन्ड्-हॉन्ड्) *adj.* पुराना, दूसरे का भोगा हुआ, कल्पित, घड़ी की सबसे छोटी सुई।

Secrecy (सिक्रिसि) *n.* रहस्य, एकान्तता, लुकाव।

Secret (सीक्रिट्) *adj.* गुप्त, छिपा हुआ, अप्रकाशित। *n.* गुप्त बात, रहस्य।

Secretarial (सेक्रिटेरिअल्) *adj.* सचिवीय, मन्त्री-संबंधी।

Secretariate (सेक्रिटेअरिअट्) *n.* सचिवालय, मंत्री का कार्यालय, सचिव मंडल।

Secretary (सेक्रेटरि) *n.* सचिव, मंत्री, राजदूत या मंत्री का सहायक, किसी कार्य का अधिकारी।

Secrete (सीक्रेट) *v.i.* छिपाना, शरीर के रस को उत्पन्न करना या अलगाना।

Secretion (सीक्रेशन) *n.* स्राव, शरीर से निकला हुआ रस या मल।

Secretitious (सीक्रिटिशस्) *adj.* स्राव द्वारा अलगाया हुआ।

Secretly (सेक्रेटलि) *adv.* गुप्त रूप से।

Secretor (सीक्रेटर) *n.* स्राव करने वाला। **Secretory,** *adj.* स्राव-संबंधी।

Sect (सेक्ट्) *n.* पंथ, मत, फिरका, संप्रदाय।

Sectarian (सेक्टेअरिअन्) *adj.* & *n.* विशेष पन्थ का, सांप्रदायिक। **Sectarianize,** *v.t.* किसी पंथ का अनुयायी बनना।

Sectary (सेक्टरि) *n.* विशेष पंथ का अनुयायी।

Sectile (सेक्टिल्) *adj.* काटने योग्य।

Section (सेक्शन्) *n.* भाग, खण्डों में विभाजित करना, पुस्तक का परिच्छेद, (प्रकरण, काण्ड), किसी सम्प्रदाय का भाग, टुकड़े किये हिस्सों में एक बिरादरी का हिस्सा। *v.t.* काटना, तराशना।

Sector (सेक्टर्) *n.* वृत्तखण्ड, सेक्टर, रेखागणित का एक यंत्र।

Secular (सेक्युलर्) *adj.* अनन्त, सौ वर्ष में एक बार होने वाला, सर्वधर्म, लौकिक। *n.* धार्मिक सत्त्व, धर्म-निरपेक्ष।

Secularism (सेक्युलरिजम्) *n.* धर्मनिरपेक्षवाद, समतावाद, सर्वधर्म, व्यावहारिक वृत्ति, धर्म निरपेक्षता।

Securely (सिकोयोरलि) *adv.* सुरक्षित रूप से।

Securer (सिकोयरर्) *n.* रक्षा करने वाला।

Securiform (सिक्युअरिफॉर्म्) *adj.* कुठार के आकार का, कुल्हाड़ी जैसा।

Securite (सेक्युराइट) *n.* खानों में उपयोग करने की एक प्रकार की बारूद।

Security (सिक्युअरिटि) *n.* रक्षा, निर्भयता, बचाव, सुरक्षा।

Sedan, Sedan-chair (सिडॅन्, सिडॅन्-चेअर्) *ns.* पालकी, डोली, बंद मोटरकार।

Sadate (सिडेट्) *adj.* गम्भीर, सौम्य, शांत, धीर, संयत।

Sedative (सिडेटिव्) *adj.* & *n.* शामक, शान्ति देने वाली औषध।

Sedent (सेडेन्ट) *adj.* शान्त, अचंचल।

Sederunt (सिडिअरन्ट्) *n.* (न्यायालय आदि की) बैठक, इजलास, उपस्थित व्यक्तियों की सूची।

Sedge (सेज्) *n.* दलदल का एक पौधा, एक प्रकार का पक्षी।

Sediment (सेडिमेन्ट्) *n.* तलछट, मल, अवसाद। **Sedimental, Sedimentary,** *adjs.* तलछट संबंधी।

Sedition (सिडिशन्) *n.* राजद्रोह, संक्षोभ, विद्रोह, तल में जमा कचरा।

Seditionary (सिडिशनरि) *n.* विद्रोह करने के लिए उकसाने वाला मनुष्य।

Seditious (सिडिशियस्) *adj.* राजद्रोही, विप्लवकारी।

Seduce (सिड्यूस्) *v.t.* विलुब्ध करना, बहकाना, छलना, पथ भ्रष्ट करना, स्त्री को पाप करने को प्रवृत्त करना, सतीत्व भ्रष्ट करना। **Seducement,** *n.* वंचना, सतीत्वनाश।

Seduction (सिडक्शन्) *n.* आर्कषण, मोहक, सतीत्व-हरण प्रलोभन, फँसाने वाला, दुष्प्रेरणा।

Sedulity (सेड्यूलिटि) *n.* प्रयत्न, अध्यवसाय।

Sedulous (सेडयूलस्) *adj.* उद्योगी, परिश्रमी, कार्य में स्थिरता से लगा हुआ, अध्यवसायी। **Sedulously,** *adv.* परिश्रम से। **Sedulousness,** *n.* कार्य संलग्नता।

See (सी) *v.t.* & *i.* देखना, दर्शन करना, निहारना, अवलोकन करना, निरीक्षण करना, अन्वेषण करना, बोध होना, मालूम करना, अवगत होना, भेंट करना, परीक्षा करना। *n.* धर्माधायक्ष का अधिकार।

Seed (सीड्) *n.* अंकुर, बीज, संतति, मूल, शुक्र, प्रारम्भ, बीजावस्था। *v.t.* & *i.* बीज बोना, बीजारोपण करना।

Seed-bud (सीड्-बड्) *n.* बीज बोने के लिए तैयार की हुई भूमि।

Seediness (सीडीनेस) *n.* बीज-पूर्णता।

Seed-leaf (सीड-लीफ) *n.* बोये हुए बीज की पहली पत्ती।

Seedling (सीड-लिंग) *n.* बीज से उत्पन्न किया हुआ पौधा, छोटा कोमल पौधा।

Seed-pearl (सीड-पर्ल) *n.* छोटा मोती।

Seedplot (सीड-प्लाट्) *n.* बेहन डालने की भूमि।

Seed-time (सीड्-टाइम्) *n.* बोने का समय। **Seed-vessel,** *n.* बीज का कोष।

Seedy (सीडि) *adj.* बीजपूर्ण, बीज के स्वादवाला, मैला-कुचैला, थका हुआ, अस्वस्थ, गंदा।

Seek (सीक्) *v.t.* & *i.* खोजना, प्रयत्न करना, अन्वेषण करना, प्रार्थना करना, इच्छा करना।

Seel (सील) *v.t.* आँख बन्द करना, कनखी से सैन मारना।

Seem (सीम्) *v.i.* प्रतीत होना, मालूम पड़ना, जान पड़ना, उचित होना।

Seeming (सीमिंग) *adj.* दिखावटी, मिथ्या।

Seemingly (सीमिंगलि) *adv.* कृत्रिम रूप से, दिखावे में।

Seemly (सीमली) *adj.* विनीत, उचित, शोभनीय।

Seer (सीअर्) *n.* भविष्यदर्शी, सिद्ध पुरुष।

Seersucker (सीर्-सकर्) *n.* नीली-सफेद धारी वाला कपड़ा।

Seesaw (सीसॉ) *n.* टालमटोल, सीसा (खेल जिसमें एक ऊपर जाता है और दूसरा नीचे आता है), उतार-चढाव, आगे-पीछे। *v.t.* ऊपर-नीचे होना, ढेंकल-पर खेलना। *adv.* ऊपर-नीचे।

Seethe (सीद्) *v.t.* & *i.* उबालना, उत्तेजित होना।

Segment (सेग्मेन्ट्) *n.* खंड, वृत्तखण्ड, परिच्छेद (वृत्त) खंड। *v.t.* खण्ड या टुकड़ा करना। **Segmental,** *adj.* वृत्त-खण्ड से संबंधित। **Segmentry,** *adj.* वृत्त-खण्ड का।

Segregate (सेग्रिगेट्) *v.t.* पृथक्, विसंयोजित करना, अलग करना।

Segregation (सेग्रेशन्) *n.* वियोग, अलगाव।

Segregative (सेग्रेटिव्) *adj.* अलग करने वाला।

Seigneur, Seignior (सेन्यर्, सेन्यॉर्) *ns.* स्वामी, अभिजात कुल का व्यक्ति, महाशय, आदर की पदवी।

Seigniory (से-निऑरि) *n.* राजकीय-सत्ता, प्रभुत्व।

Seine (सेन्) *n.* एक प्रकार की मछली का जाल। *v.t.* & *i.* ऐसे जाल से मछली पकड़ना।

Seismic (साइज़्मिक्) *adj.* भू-कम्पीय, भूकम्प संबंधी।

Seismo (साइझ्मो) *pref.* भूकम्प अर्थ का उपसर्ग।

Seismograph (साइज़्मे-ग्राफ्) *n.* भूकम्प-सूचक यंत्र।

Seismology (साइज़्मलॉजि) *n.* भूकम्प-विषयक शास्त्र, भूकम्प विज्ञान।

Seizable (सीजेब्ल्) *adj.* पकड़ने योग्य, जब्त करने योग्य।

Seize (सीज़्) *v.t.* & *i.* जप्त करना, ग्रहण करना, कब्जे में लेना, पकड़ में आना, शीघ्र समझ में आना।

Seizor (सीजर्) *n.* हरण करने वाला।

Seizure (सीझर्) *n.* पकड़, जबरदस्ती कब्जे में लेना, अचानक आक्रमण (रोग), धावा।

Sejugous (सीजुगस्) *adj.* छः जोड़ा पत्तियों वाला।

Sekos (सीकॉस्) *n.* प्राचीन मन्दिर का पवित्र कक्ष।

Select (सिलेक्ट्) *adj.* चुनींदा, चुने हुए, खास। *v.t.* छाँटना, पसंद करना, चुनना।

Selected (सिलेक्टिड्) *adj.* चुना हुआ।

Selection (सिलेक्शन्) *n.* प्रवरण, संकलन, चयन, चुने गऐ लोग।

Selector (सिलेक्टर्) *n.* बहुत-सी वस्तुओं में से चुनने वाला।

Selenite (सेलिनाइट्) *n.* चन्द्रवासी, (चन्द्रकांत मणि में) दानेदार चून का सल्फेट।

Selenium (सिलीनिअस्) *n.* गन्धक के प्रकार का एक अधातु द्रव्य, सिलिनियम (रासायनिक तत्व-परमाणु क्रमांक-34)।

Selenography (सेलिनॉग्राफि) *n.* चन्द्रमा के वर्णन की विद्या, चन्द्र भूगोल।

Seleno (सिलीनें) *pref.* चन्द्रमा अर्थ का उपसर्ग।
Selenographer (सिलोनोग्राफर) *n.* चन्द्रमा का आलोक चित्र खींचने वाला
Selenography (सिलोनोग्राफि) *n.* चन्द्र भूगोल, चन्द्रमा के वर्णन की विद्या।
Selenotropic (सिलोनोट्रोपिक्) *adj.* चन्द्रमा की ओर झुकने या मुड़नेवाला।
Self (सेल्फ्) *n.* निजी व्यक्तित्व, स्वयं, मैं अपनी निजी रुचि, अपना स्वार्थ, एकता।
Self-command (सेल्फ-कमान्ड्) *n.* आत्म-संयम।
Self-determination (सेल्फ्-डिटर्मिनेशन्) *n.* आत्मनिर्धारण, आत्मनियतन।
Self-evident (सेल्फ्एव्हिडन्ट्) *adj.* स्वयंसिद्ध, प्रमाणित, स्वतः।
Self-help (सेल्फ्-हेल्प्) *n.* आत्मनिर्भरता, स्वावलंबन।
Selfish (सेल्फिश्) *adj.* स्वार्थी।
Self-respect (सेल्फ्-रेस्पेक्ट्) *n.* आत्मसम्मान, स्वाभिमान।
Semaciology (सिमेसिऑलाजि) *n.* भाषाविज्ञान शास्त्र का वह विभाग जिसमें शब्दों के अर्थ का वर्णन रहता है।
Semaphore (सेमॅफोअर्) *n.* संकेत द्वारा समाचार भेजने का यंत्र। *v.t.* इस प्रकार के यंत्र द्वारा समाचार भेजना।
Semantics (सिमॅन्टिक्स्) *n.* भाषा की उत्त्पत्ति तथा विकास का शास्त्र।
Sematic (सेमटिक) *adj.* शत्रु से रक्षा करने वाले रंग का।
Semblance (सेम्ब्लन्स्) *n.* आभास, सादृश्य, आकार (स्वरूप), समानता।
Semen (सीमेन्) *n.* वीर्य, शुक्र।
Semester (सिमेस्टर्) *n.* कुछ शिक्षण-संस्थाओं, छः महीने का अध्ययन-क्रम।
Semi (सेमि) *pref.* उपसर्ग जिसका अर्थ आधा होता है।
Semi-annual (सेमि-एन्यूल्) अर्द्धवार्षिक।
Semibarbarian (सेमिबारबियन्) *n.* अर्ध-सभ्य मनुष्य।
Semicircle (सेमिसर्किल्) *n.* अर्धवृत्त।
Semicircumference (सेमिसर्कमफिरेन्स्) *n.* वृत्त की अर्धपरिधि।
Semicolon (सेमिकोलोन) *n.* अर्ध विराम का (;) चिह्न।
Semicrystalline (सेमिक्रिसटेलाइन्) *adj.* आंशिक रवेदार।
Semicylindrical (सेमिसिलिनड्रिकल्) *adj.* खड़े बल में आधे बेलन के आकार का।
Semi-detached (सेमि-डीटेच्ड्) *adj.* एक ओर अलगाया हुआ।
Semidiameter (सेमिडायामीटर्) *n.* वृत्त का अर्धव्यास।
Semi-final (सेमि-फाइनल्) *n.* पूर्वान्तिम।
Semi-menstrual (सेमि-मेनसुरल्) *adj.* अर्द्ध-मासिक।
Seminal *adj.* (सीमिनल्) बीजीय, बीज संबंधी, प्राथमिक।
Seminary (सेमिनरि) *n.* शिक्षालय, पाठशाला।
Seminate (सेमिनेट्) *v.t.* बढ़ाना, बीज बोना। **Semination**, *n.* बीजारोपण, बीज बोने की क्रिया, गर्भाधान। **Seminiferous**, *adj.* बीज उत्पन्न करने वाला।
Semiology (सीमिऑलाजि) *n.* चिकित्सा शास्त्र का निदान खण्ड।
Semiopaque (सेमिआपेक्) *adj.* अर्ध-पारदर्शक।
Semiosseous (सेमिसोसियस्) *adj.* जिसमें हड्डी के कुछ अंश हो।
Semi-transparent (सेमि-ट्रांसपेरेन्ट्) *adj.* अर्ध-पारदर्शक।
Semi-vowels (सेमि-वोवल्) *n.* अन्तःस्थ वर्ण।
Semolina (सेमृ-ॲलीना) *n.* दलिया, सूजी।
Sempervirent (सेम्पर्वाइरेन्ट्) *adj.* सर्वदा हरा रहने वाला, सदाबहार।
Sempitern (al) (सैम्पिटर्नल्) *adj.* अनंत (नित्य), चिरस्थायी, सर्वदा रहने वाला।
Sempster (सैमस्टर) *n.* सीने वाला, दर्जी।
Sen (सेन्) *n.* जापान का ताँबे का सिक्का।
Senary (सीनॅरि) *adj.* छह का, छह संबंधी, छह पर आधारित।
Senate (सेनट्) *n.* उपरी सदन, शासी सभा या राज्य परिषद।
Senator (सेनटर्) *n.* मंत्रिसभा के सभासद।
Send (सेन्ड्) *v.t.* & *i.* भेजना, फेंकना, प्रेषित करना, मारना।
Send (सेन्ड्) *n.* संदेश-वाहक।
Send-off (सेन्ड्-ऑफ्) *n.* विदाई, विदाई समारोह।
Senescence (सिनैसैन्स) *n.* वृद्धावस्था, नाश। **Senescent**, *adj.* वृद्ध होने वाला।
Seneschal (सेनिशल्) *n.* सरदार, कारिंदा, प्रबंधक,

अमीर का अनुचर।

Senile (सीनाइल्) *adj.* वृद्धावस्था-संबंधी, जराजन्य, जरामूलक।

Senior (सीनिअर्) *adj.* बड़ा, वयोवृद्ध, आयुष्य (उम्र) में बड़ा, ज्येष्ठ, बड़े पद का। *n.* जेठा, नौकरी में पहिले से लगा हुआ, वृद्ध पुरुष।

Seniority (सीनिऑरिटि) *n.* प्रवरता, पद या वय का बड़ापन, वरिष्ठता।

Senna (सेन्न) *n.* सनाय की पत्ती, एक रेचक औषधि।

Sennet (सेनिट्) *n.* तूर्यनाद या विगुलनाद, तुरही बजाकर संकेत।

Sennight (सेनाइट्) *n.* सप्ताह, हफ्ता।

Sensation (सेन्सेशन्) *n.* इंद्रियजनित ज्ञान, चेतना (बोध), अनुभूति, संवेदन, प्रत्यक्ष अनुभव, सनसनीखेज, सर्वसाधारण के लिए उत्तेजक या सनसनीदार बात। **Sensational,** *adj.* चेतना सम्बन्धी।

Sense (सेन्स्) *n.* इंद्रिय-ज्ञान, चेतना, संज्ञा, बुद्धि, संवेदन, अनुभूति, अभिप्राय (अर्थ), शुद्ध जानकारी, तात्पर्य, उद्देश्य।

Senseless (सेन्स्-लेस्) *adj.* ज्ञानहीन, बेहोश।

Sensible (सेनिसबल्) *adj.* इंद्रियग्राह्य (इन्द्रियों से जानने योग्य), प्रत्यक्ष, युक्त, लौकिक, विचारवान, सज्जन, बुद्धिमान, न्याय।

Sensorium (सेन्सॉअरिअम्) *n.* मस्तिष्क, संवेदी क्षेत्र, तंत्रिका, तंत्र।

Sensual (सेन्शुअल्) *adj.* ऐन्द्रिय, इंद्रियवश, शारीरिक सुख लेने वाला, विषयासक्त, कामी, लंपट।

Sensualist (सेन्शुअलिस्ट्) *n.* विषय-सुख की लालसा करने वाला।

Sensuality (सेन्शुऐलिटि) *n.* इन्द्रिय-सुख।

Sensualize (सेन्शुएलाइज़्) *v.t.* विषयासक्त करना।

Sensually (सेन्शुएलि) *adv.* विषय-सुख में लीन होकर।

Sensualness (सेन्शुएलनैस्) *n.* विषय-सुख परायणता।

Sensuous (सेन्स्युअस्) *adj.* हृदय संवेदनात्मक, इन्द्रिय (विषय) जनित।

Sentence (सेन्टेन्स्) *n.* विचार-सूत्र, दंडाज्ञा, कहावत, फैसला, वाक्य। *v.t.* सजा सुनाना, दंड की आज्ञा देना।

Sententious (सेन्टेन्शस्) *adj.* सूत्रमय, सरस, छोटे वाक्यों से पूर्ण।

Sentient (सेन्शिअन्ट्) *adj.* संवेदी, सचेतन, संवेदनशील। **Sentience,** *n.* . चेतना, संवदेन।

Sentiment (सेन्टिमेन्ट्) *n.* मनोवृत्ति, मत, कल्पना, बुद्धि, भाव, विचार, रस।

Sentimental (सेन्टिमेन्टल) *adj.* भावोद्दीपक, भावपूर्ण, भावना प्रधान, भावावेशी। **Sentimentalist,** *n.* भावों को प्रदर्शन करनेवाला। **Sentimentality,** *n.* भावना।

Sentimentally (सेन्टिमेन्टलि) *adv.* रसिकता से।

Sentinel (सेन्टिनल्) *n.* चौकीदार, रक्षापुरुष, संतरी, रक्षक। *v.t.* पहरा देना।

Sentry (सेन्ट्रि) *n.* संतरी, पहरेदार, चौकीदार।

Separable (सेपर्बल्) *adj.* अलगाने योग्य, विभाजनीय।

Separate (सेपरेट्) *adj.* पृथक, अलग। *v.t.* & *i.* अलग होना, पृथक् होना, अलगाना, विभाग करना।

Separation (सेपरेशन्) *n.* विरह, वियोग, पृथक्करण, तलाक, अलग रहने की अवधि।

Sepoy (सीपॉय्) *n.* जवान, सिपाही, फौजी।

Septal (सैप्टल) *adj.* कई भागों में विभक्त पदार्थ का।

Septangle (सेप्टींगल्) *n.* सात कोण की कोई आकृति।

September (सेप्टेम्बर) *n.* सितंबर (ईसवीं सन् का) नवाँ मास।

Septenary (सेप्टीनरि) *adj.* सात पर आधारित, सप्त-सप्त संख्यक, सप्तक।

Septennial (सेप्टेनिअल्) *adj.* सात-सात वर्ष पर होने वाला। **Septennially,** *adv.* सात वर्ष में एक बार।

Septet (सेप्टेट्) *n.* सात का समुदाय।

Septfoil (सेप्ट्-फॉएॅल्) *n.* सतपतिया।

Septic (सेप्टिक्) *adj.* & *n.* प्रतिदूषित, सेप्तिक, सजर्म, प्रति। *n.* रक्तदोषकारक पदार्थ।

Septicaemia (सेप्टिसीमिआ) *n.* रुधिर का विषैला होना, प्रतिजीवरक्तिता। **Septicaemic,** *adj.* रक्त को विषैला करने वाला।

Septicidal (सेप्टिसाइडल्) *adj.* दरार या फाँक पर से फटने वाला।

Septicity (सेप्टिसिटि) *n.* सड़ाहट।

Septiform (सेप्टिफॉर्म) *adj.* सात भाग या अंश का।

Septon (सेप्टन्) *n.* मलिनता उत्पन्न करने वाला।

Septuagenarian (सेप्टयूअजनेरिअन्) *n.* सत्तर

वर्ष की अवस्था का मनुष्य।

Septuagenary (सैप्ट्यूजिनेरि) *adj.* सत्तर अंक का।

Septuagint (सेप्टयअजिन्ट्) *n.* यूनानी भाषा में इंजलि के उत्तरार्ध का उल्था।

Septule (सैप्ट्यूपॅल) *adj.* सतगुना। **Sepulchral,** *adj.* समाधि या शमशान का, भयंकर, अन्धकारमय।

Septum (सेप्टम्) *n.* फलों के भीतर का विभाग करने वाला पर्दा।

Sepulchre (सेपल्कर्) *n.* मकबरा, समाधि, शवकक्ष, कब्र। *v.t.* दफनाना, समाधि में रखना, कब्र में गाड़ना। **Sepulchral,** . समाधि का, मृतप्रायः।

Sepulture (सेपल्चर्) *n.* समाधि देना, प्रेत क्रिया, दफनाना।

Sequacious (सिक्वेशस्) *adj.* पिछलग्गू, अनुसरण करने वाला, अनुयायी।

Sequel (सीक्वेल्) *n.* उत्तरकथा, परिणाम, निष्कर्ष, अन्त-फल।

Sequela (सिक्वीला) *n.* एक रोग के कारण दूसरा रोग उत्पन्न होने के लक्षण, परिणाम।

Sequence (सीक्वेंस्) *n.* अनुक्रम, सिलसिला, परम्परा, श्रेणी, क्रम।

Sequent (सीक्वन्ट्) *adj.* अनुवर्ती, परवर्ती।

Sequentes, Sequentia (सिक्वेन्टीस्) *ns.* अनुवर्ती, क्रमागत, आगे वाली पंक्तियों में।

Sequential (सीक्वैन्शल) *adj.* परम्परा सम्बन्धी।

Sequester (सिक्वेस्टर्) *v.t.* अलग करना, पृथक् करना, एकान्त में रहना, ऋण चुक जाने तक सम्पत्ति पर अधिकार रखना, पति की सम्पत्ति पर अधिकार छोड़ना।

Sequestrate (सिक्वैस्ट्रट) *v.t.* & *i.* अलगाना, प्रतिभू (जमानत) की तरह सम्पत्ति पर अधिकार रखना।

Sequestrum (सीक्वेस्ट्रम्) *n.* जीवित अस्थि में से सड़ी या निर्जीव हड्डी के भाग को हटाकर वहीं रहने देने का काम।

Sequin (सीक्विन्) *n.* सीक्विन (प्राचीन इटली का), सोने का सिक्का, सितारा, प्राचीन नौ शिलिंग का सोने का सिक्का, कपड़े पर सिक्के जैसी कढ़ाई।

Serac (सेरॅक्) *n.* हिमनद, ढलान से गिरने से बना स्तंभ सदृश हिमखंड।

Seraglio (सिराल्यो) *n.* तुर्किस्तान के सुल्तान का महल, अंतपुट-जनानखाना, रनिवास।

Seraph (सेरॅफ्) *n.* दैवी पुरुष, उच्च कोटि का देवदूत।

Seraphina, Seraphine (सैरफिना,सैरफिन) *ns.* भाथी से बजाया जाने वाला एक प्रकार का बाजा।

Serb (सर्ब) *n.* सर्बिया देश का निवासी या इनकी भाषा।

Sere, Sear (सिअर्) *ns.* बन्दूक के कुत्ते का रोक। *adj.* सूखा, मुरझाया हुआ।

Serein (सैरीन) *n.* महीन वर्षा, झींसी।

Serenade (सेरिनेड्) *n.* निशा निमंत्रण। *v.t.* प्रेम का सान्ध्य-गीत गाना।

Serene (सिरीन्) *adj.* शांत, स्थिर, स्वच्छ, निर्मल, एक उपाधि। *n.* समुद्र या आकाश का फैलाव, कष्टकर, रात की ओस।

Serenity (सिरेनिटि) *n.* अक्षुब्धता, स्वच्छता, निस्तब्धता।

Serf (सर्फ्) *n.* कृषिदास, खेत को जोतने वाला दास।

Serfage (सर्फेज़) *n.* दासत्व।

Serge (सर्ज़्) *n.* एक प्रकार का पुष्ट ऊनी वस्त्र, सर्ज (कपड़ा)।

Sergeant (सार्जन्ट्) *n.* उच्च श्रेणी का वकील, सेना का एक बेपदवी वाला अफसर, सार्जन्ट।

Sergette (सरजेंट्) *n.* पतली सर्ज।

Serial (सीरिअल्) *adj.* क्रमिक, क्रमानुसारी। **Serialist,** *n.* क्रम पर चलने वाला। **Seriality,** *n.* क्रम। **Serially,** *adv.* क्रमानुसार।

Seriate, Seriated (सीरिअट् सीरिएटेड) *adjs.* क्रमबद्ध नियोजन, क्रमिक रूप में। *v.t.* क्रम में रखना।

Seriatim (सेरिएटिम्) *adv.* एक के बाद दूसरा, क्रमानुसार, क्रमबद्ध रूप में।

Sericulture, Sericiculture (सेरिकल्चर्) *ns.* रेशम उत्पादन, रेशम कीट पालन।

Series (सीअरिज़्) *n.* परंपरा क्रम, श्रृंखला, परिपाटी, अनुक्रम, ग्रन्थमाला।

Serif (सेरिफ्) *n.* छापे के टाइप के ऊपर या नीचे छोटी लकीर।

Seringa (सरिंगा) *n.* एक प्रकार का रबड़ का वृक्ष।

Serio-comic (सीअरिओकॉमिक्) *adj.* गंभीरता तथा हास्यरस के मिश्रण का।

Serious (सीरिअस्) *adj.* गंभीर, विचारमग्न, महत्वपूर्ण, गंभीर विषय, चिंताजनक, उपेक्षा रहित।

Seriously (सीरिअसलि) *adv.* गम्भीरता से।
Seriousness (सीरिअसनैस्) *n.* गम्भीरता।
Sermon (सर्मन्) *n.* प्रवचन, धर्मोपदेश, शिक्षा, धर्मविषयक व्याख्यान, सीख।
Sermoneer (सर्मोनिअर) *n.* धर्म-विषयक व्याख्यान देने वाला।
Sermonize (सर्मनाइज़्) *v.t.* धर्मविषय को व्याख्यान रूप में कहना। **Sermonizer,** *n.* धार्मिक विषय पर व्याख्यान देने या लिखनेवाला।
Seroon (सिरून) *n.* सुखाये हुए फलों को रखने का झाबा।
Serotine (सेरॉटिन्) *n.* यूरोप देश का भूरा चमगादड़।
Serotinous (सरॉटिनस्) *adj.* देर से पुष्पित, ऋतु में देर करके फलने-फूलने वाला।
Serous (सीरस्) *adj.* मठे के समान, तरल, जल-सदृश, रक्त जल।
Serpent (सर्पन्ट्) *n.* साँप, भुजंग, एक प्रकार का पटाका, धोखेबाज।
Serpentine (सर्पेन्टाइन्) *adj.* सर्पसदृश, पेंचदार, चक्करदार। *v.t.* सर्प की तरह चक्कर खाना।
Serpiginous (सपिजिनस्) *adj.* हरपी जैसा फैलने वाला (चर्म रोग), जुलपित्ती से ग्रस्त।
Serpigo (सर्पिगो) *n.* सूखी खुजली।
Serra (सैरा) *n.* दाँतेदार बनावट।
Serrate (सेरटे) *adj.* आरावत, किनारे पर दाँतेदार। *v.t.* दाँतेदार बनाना।
Serried (सेरिड्) *adj.* सघन, कंधे से कंधा मिला हुआ।
Serum (सीरम्) *n.* सीरम, रुधिर का पतला पारदर्शक अंश।
Servant (सर्व्हन्ट्) *n.* नौकर, भृत्य, सेवक, अनुचर (दास), उपासक।
Serve (सर्व्ह) *v.t.* & *i.* उपयोगी होना, काम में लगा रहना, सेवा करना, परोसना, श्रम करना, आज्ञा मानना, उद्देश्य पूर्ण करना, आवश्यकता की पूर्ति करना, कार्य करना। *n.* टेनिस के खेल में गेंद को पहिली बार मारने की क्रिया, सेवा-शुश्रूषा।
Server (सर्व़र्) *n.* चाकरी या नौकरी करनेवाला, परोसनेवाला।
Service (सर्व्हिस्) *n.* नौकर, सेवा, उपयोग, नौकरी काम, विभाग, व्यवसाय (कार्य), सहायता, उपासना, परोसने का पात्र।
Serviceable (सर्व्हिसेबल्) *adj.* उपयोगी, काम का।
Serviette (सर्व्हिएट्) *n.* . बैरे का अंगोछा, रूमाल।
Servile (सर्व्हाइल्) *adj.* दास संबंधी, दास का, दास के उचित, नीच, अनुरोधी, चापलूस।
Servility (सर्व्हिलिटि) *n.* भृत्यभाव, चापलूसी।
Servitor (सर्व्हिटॉर्) *n.* सेवक, भृत्य, नौकर, अनुचर, अनुयायी।
Servitude (सर्व्हिटयूड्) *n.* दासता, भृत्यभाव, गुलामी, पराधीनता।
Sesame (सेसमि) *n.* तिल, तिल का पौधा।
Sesamoid (सेसमॉइड्) *adj.* तिलाकार, वर्तुलिका।
Seseli (सिसेली) *n.* एक बारहमासी सफेद फूल का पौधा।
Sesqui (सेस्क्वि) *pref.* ड्योढ़ा अर्थ का उपसर्ग।
Sesquipedalian (सेस्किवपिडेलिअन्) *adj.* कई पद-खण्डों वाला। *n.* डेढ़ फुट लम्बा व्यक्ति या वस्तु।
Sessile (सेसाइल्) *adj.* बिना डण्ठल, का, डण्ठल-रहित।
Session (सेशन्) *n.* आसन, अदालत का सेशन, कार्य-काल, विश्वविद्यालय का नियम या सत्र।
Sesspool (सैसपूल) *n.* चहबच्चा।
Sestet (सेस्टेट्) *n.* गीत को अन्तिम छः पंक्तियाँ, छह का समूह।
Set (सेट्) *v.t.* & *i.* दल, समूह, सजाना, बैठाना, खड़ा करना, स्थापना करना, तैयार रखना, आवश्यक सामग्रियाँ, सूर्य का अस्त होना, हड्डी बैठाना, सुर साधना, कुम्हलाना, पलस्तर का अंतिम परत, आरी के दाँतों का घुमाव।
Set (सेट) *n.* दल, समूह, संग्रह, आवश्यक सामग्रियाँ, सूर्य का अस्त होना।
Set-back (सेट्बॅक्) *n.* रुकावट, धक्का, हानि।
Set-down (सेट-डाउन्) *n.* झिड़की, अपमान पूर्वक, भर्त्सना।
Setiferous (सेटिफेरस) *adj.* सुअर के कड़े बाल के समान बाल पैदा करने वाला।
Set-off (सेट्-ऑफ्) *n.* क्षति पूर्ति, हर्जाना, मुआवज़ा, छूट।
Seton (सीटन्) *n.* घाव खुला रखने की बत्ती।
Set-out (सेट-आउट्) *n.* प्रारम्भ, प्रदर्शित वस्तुएँ।
Set-speech (सेट्-स्पीच्) *n.* पहिले से रचा हुआ व्याख्यान।
Set-square (सेट्-स्कवअिर) *n.* लकड़ी या कचकड़े के त्रिकोण टुकड़े जिनमें एक समकोण रहता है, जो नक्शा इत्यादि बनाने में उपयोग

किये जाते हैं, कोनिया।

Set-to (सेट्-टू) *n.* हाथापाई, मारपीट।

Settee (सेटी) *n.* तकियादार बेंच, दोहरी आराम कुर्सी, एक प्रकार का छोटा जहाज़, कोच, बैच।

Setter (सेटर्) *n.* एक प्रकार का शिकारी कुत्ता, बैठाने वाला।

Setting (सेटिंग्) *n.* जड़ाव, योजना, सामग्री।

Settle (सेटल्) *v.t.* & *i.* बसना, स्थापित करना, टिकाना, व्यवस्था करना, आबाद होना या करना, निर्णय करना, ठहरना, बैठना, समझौता कर लेना।

Settle (सेटल्) *n.* ऊँची पीठ की बेंच या कुर्सी।

Settlement (सेटल्मेन्ट्) *n.* स्थानीय अधिकारी, उपनिवेश, बंदोबस्त, भू-व्यवस्था, निश्चय, समझौता, शोधन, धंसन, बैठ जाना।

Settler (सेट् लर्) *n.* स्थिर करने वाला, नया बसने वाला।

Seven (सेवन्) *n.* सात, सप्त।

Seventeen (सेव्हन्-टीन्) *adj.* & *n.* सत्रह। **Seventeenth,** *adj.* सत्रहवां।

Seventh (सेवन्थ) *adj.* सातवाँ।

Seventy (सेवन्टि) *adj.* & *n.* सत्तर।

Sever (सेवर्) *v.t.* & *i.* अलगाना, काटकर अलग करना, पृथक् होना। **Severance,** *n.* वियोग, अलगाव, सम्बन्ध-विच्छेद।

Several (सेवरल्) *adj.* पृथक, अनेक, कई एक, भिन्न। *n.* प्रत्येक।

Severally (सेवरेलि) *adv.* अलग-अलग, प्रत्येक (स्वयं)।

Severalty (सेवरेलटि) *n.* भिन्नता।

Severance (सेवरान्स) *n.* वियोग, अलगाव।

Severe (सिवीअर्) *adj.* तीक्ष्ण, कठोर, कष्टदायक, घोर, अत्यन्त रूखा।

Severely (सिविअर्लि) *adv.* प्रचण्डता से, कठोरता से, निर्दयता से।

Severity (सिवरिटि) *n.* कठोरता, तीव्रता।

Severy (सेवरि) *n.* चाप कक्ष, मेहराब कक्ष।

Sew (स्यू) *v.t.* & *i.* सीना, सिलाई करना।

Sewage (स्यूएँज्) *n.* मैला, पायखाना। *v.t.* मैले की खाद देना।

Sewel (स्युएल) *n.* विभीषिका।

Sewer (स्यूअर्) *n.* नाली, मोरी, मलमार्ग। *v.t.* मोरियों का प्रबन्ध करना।

Sewerage (स्यूअरेज्) *n.* परनालियों का क्रम।

Sewing (स्यूइंग्) *n.* & *adj.* सीने का कार्य।

Sewn (सोन्) *adj.* सिया गया।

Sex (सेक्स्) *n.* स्त्री या पुरुष होना, जाति, लिंग।

Sex-, Sexi- (सेक्स् -इ) *pref.* छः अर्थ का उपसर्ग।

Sexagenarian (सेक्सअजिनेरिअन्) *adj.* & *n.* साठ वर्ष की आयु का (मनुष्य)।

Sex-angle (सेक्साँगल्) *n.* छः कोणों की आकृति।

Sexless (सेक्स-लेस्) *adj.* न मादा (स्त्री) न नर (पुरुष)।

Sextant (सेक्स्टेन्ट) *n.* कोण की दूरी नापने का एक यंत्र, वृत्त का छठा भाग।

Sextet (te) (सेक्सटेट्) *n.* षट्पदी, षष्टक, षटक्।

Sexto (सेक्स्टँ) *n.* कागज की छः परत मोड़कर बनी हुई पुस्तक।

Sextodecimo (सेक्स्टडेसिमँ) *n.* एक बड़े कागज को सोलह पन्ने में मोड़ने की क्रिया।

Sexton (सेक्स्टन्) *n.* गिरजाघर की सामग्री संभालने वाला अधिकारी।

Sexual (सेक्सुयअल्) *adj.* स्त्री या पुरुष जाति संबंधी।

Sexualist (सेक्स्युअलिस्ट्) *n.* पौधों का लिंग के अनुसार विभाजन करने वाला व्यक्ति।

Sexualize (सेक्स्युआइज) *v.t.* लिंग निर्धारित करना।

Shabbily (शॉबिलि) *adj.* मलिनता से, कुत्सित रूप से।

Shabby (शाबि) *adj.* जर्जर (फटा पुराना), कुत्सित, तुच्छ, अधम।

Shabrack (शॅब्राक्) *n.* काठी के नीचे का गद्दा।

Shackle (शाकल्) *n.* जंजीर जोड़ने की दुमुँही कड़ी। (ब.व.) बेड़ी, अवरोध। *v.t.* जंजीर से बाँधना, बेड़ी लगाना।

Shad (शॉड्) *n.* एक प्रकार की मोटी मछली।

Shade (शेड्) *n.* सूर्य से आड़ की जगह, अंधकार, शरण, प्रेत, मृत्यु के बाद की आत्मा, रंग का उतरा-चढ़ाव, चित्र में गहरा रंग। (ब.व.) चित्र में गहरे रंग का अंश, रात्रि का अंधकार। *v.t.* & *i.* रोशनी या धूप से बचाना, अँधेरा करना।

Shadeless (शेड्-लेस्) *adj.* छायारहित।

Shadoof (शैडूफ) *n.* पानी उठाने की रहट या बाल्टी।

Shadow (शाडो) *n.* छाया, परछाई, प्रतिबिम्ब, तुच्छ पदार्थ, एकान्तता, आभास। *v.t.* छिपाना, अन्धकार करना, ढाँकना, पीछा करना।

Shadowy (शॅडोइ) *adj.* अन्धकारमय, छायादार।

Shady (शेडि) *adj.* छाया देने वाला, संदिग्ध चरित्र

का, बदनाम।

Shaft (शाफ्ट्) *n.* पतला डण्डा, नाल, भाला, तीर पर की लम्बी डण्डी, पंख के बीच की नस, मशीन का लम्बा धुरा, गाड़ी का बम, मुठिया, खान का मार्ग।

Shag (शाग्) *n.* रोएँदार मोटा कपड़ा, कटा हुआ तंबाकू, गुच्छेदार बाल, शैग (हरा जल काग या अन्य पनकौए की जातियाँ)।

Shaggy (शागी) *adj.* रुक्ष, खुरखुरा मोटे रोवें का, जंगल के झाड़ की उपज से पूर्ण।

Shagreen (शॅग्रीन्) *n.* हरे रंग का बिना कमाया हुआ चमड़ा।

Shake (शेक्) *v.t.* & *i.* हिलाना, काँपना; हलचल मचाना, व्याकुल करना, चंचल करना।

Shake-down (शेक् डाउन्) *n.* बिछौना, पुआल।

Shaker (शेकर्) *n.* हिलाने वाला।

Shakespearian (शेक्सपियरियन) *adj.* महाकवि शेक्सपियर या इनकी रचनाओं से सम्बन्धित।

Shako (शाको) *n.* बेलनाकार सैनिक टोपी।

Shaky (शेकि) *adj.* अस्थिर, चंचल, ढीला।

Shale (शेल्) *n.* एक प्रकार का पत्थर जो सहज में परतों में टूट जाता है, स्लेट जैसी मिट्टी की परत।

Shall (शल्, शाल्) *v. aux.* भविष्यत् काल सूचक सहायक क्रिया-गा, गे, गी।

Shalloon (शलून्) *n.* कोट के अस्तर का हल्का ऊनी कपड़ा।

Shallot (शलॉट्) *n.* प्याज की तरह का एक पौधा।

Shallow (शालो) *adj.* छिछला, उथला, थोथी बुद्धि का, तुच्छ, मूर्ख। *n.* छिछले जल का स्थान।

Shallowly (शॉलोलि) *adv.* कम गहराई में।

Shalt *second person sing.* Shall. गा, गे, गी का काव्य में उपयोगी रूप।

Shaly (शेलि) *adj.* परतदार।

Sham (शम्) *v.t.* & *i.* झूठा बहाना करना, धोखा देना, ढोंग करना। *n.* बहाना, छल (कपट), पाखण्ड। *adj.* जाली, छली, झूठा, बहाना करने वाला।

Shamba (शम्बा) *n.* मैदान का कटा हुआ भाग, कृषि के काम में लिया हुआ भू-भाग।

Shamble (शॅम्बल्) *v.i.* & *n.* भद्दी तरह से चलाना या दौड़ना। *n.* भद्दी चाल।

Shambles (शॅम्बल्ज़्) *n.* कसाईखाना, वध स्थान।

Shame (शेम्) *n.* अपमान द्वारा उत्पन्न संयम की भावना, लज्जा, अपमान (कलंक)। *v.t.* & *i.* लज्जित करना, सकुचाना, लज्जित होना।

Shamefaced (शेम्-फेस्ड्) *adj.* संकोची, लज्जित, लज्जायुक्त।

Shameless (शेम्-लेस्) *adj.* निर्लज्ज।

Shammy, Shamoy (शॅमि, शॅमॉय्) *ns.* पहाड़ी बकरे का कमाया हुआ चमड़ा।

Shampoo (शॅम्पू) *v.t.* साबुन से मस्तक का बाल धोना, मालिश करना। *n.* मस्तक धोने का कार्य, शैम्पू।

Shamrock (शैमरॉक) *n.* एक प्रकार की तिनपतिया घास।

Shandrydan (शन्ड्रिडॅन्) *n.* एक प्रकार की दोपहिया की गाड़ी।

Shanghia (शॅंघाइ) *n.* नशीला पदार्थ पिलाकर किसी व्यक्ति को बेहोश का जहाज़ पर खलासी बनाना।

Shank (शांक्) *n.* पक्षी के पर का खड़ा भाग, टाँग की नली, फूल के डंठल का निचला भाग, औजार की मूठ, जूते के तल्ले का मध्य भाग।

Shanny (शॉनि) *n.* एक प्रकार की यूरोप देश की मछली।

Shan't (शीन्ट्) *n.* शाल्-नाट् का छोटा रूप।

Shanty (शांटि) *n.* कुटी, झोंपड़ी, मड़ई।

Shape (शेप्) *n.* आकार, मूर्ति, उचित स्थिति। *v.t.* & *i.* आकार धारण करना, ढालना, रचना, नियम पर चलना।

Shapeless (शेप्-लेस्) *adj.* निराकार, कुरूप। **Shapelessly**, *adv.* निराकार रूप में।

Shapely (शेप्लि) *adj.* सुरूप, सुडौल।

Shaper (शेपर्) *n.* खरादने की कल, आकार देने वाला यंत्र।

Shard, Sherd (शार्ड, शर्ड्) *ns.* गोबर का चोथ।

Share (शेअर्) *n.* भाग, हल या लोहे का फल (फार)। *v.t.* & *i.* विभाग करना, बाँटना, हिस्सा देना, सहकारी होना।

Shareholder (शेअर्-होल्डर्) *n.* अंशभागी, साझी, हिस्सेदार।

Shark (शार्क्) *n.* एक प्रकार की समुद्री मछली, छली मनुष्य, धूर्त। *v.t.* & *i.* कपट-व्यवहार करना ठगना।

Sharp (शार्प्) *adj.* . चोखा, नुकीला, ऊबड़-खाबड़, चरपरा, कर्कश, कठोर, चतुर, पीड़ाकर, तीक्ष्ण बुद्धि। *n.* सोने की बड़ी नुकीली सूई, कर्कश शब्द। *adv.* ठीक समय पर।

Sharpen (शार्पन्) *v.t.* & *i.* सान रखना, तीखा करना, तेज करना।

Sharpener (शार्पनर्) *n.* उत्तेचित्त करने वाला, चोखा करने वाला।

Sharper (शार्पर्) *n.* ठग, धूर्त।

Sharp-set (शार्प्-सेट्) *adj.* भूखा। **Sharp-shooter,** *n.* अच्छा निशाना लगाने वाला। **Sharp-sighted,** *adj.* तीक्ष्ण दृष्टिवाला। **Sharp-witted,** *adj.* तीक्ष्ण बुद्धिवाला।

Shatter (शॅटर्) *v.t.* & *i.* क्रम बिगाड़ देना, टुकड़े-टुकड़े करना, नष्ट करना। **Shatters,** *n.* टूटे हुए अंश।

Shave (शेव्ह्) *v.t.* & *i.* छीलना, उस्तरे से मूँडना, नजदीक से काटना। *n.* हजामत, मुँड़ाई, छल, कपट, धोखा।

Shaveling (शेवलिंग) *n.* सिर मुंड़ा हुआ मनुष्य, वैरागी।

Shaver (शेवर) *n.* हजामत बनाने वाला नाई, छोकरा, महंगा बेचने वाला व्यापारी।

Shaving (शेविंग्) *n.* हजामत बनाने का काम, क्षौर कर्म, छीलन, कतरन।

Shaw (शॉ) *n.* छोटा जंगल, झाड़ी।

Shawl (शॉल्) *n.* शाल दुशाला।

Shawm (शॉम्) *n.* एक प्रकार का बाजा।

Shay (शे) *n.* प्रवासियों की पुरानी गाड़ी।

She (शी) *pron.* वह स्त्री, यह स्त्री।

Sheaf (शीफ्) *n.* पुलिन्दा, गट्ठा। *v.t.* पुलिन्दा या गट्ठर बनाकर बाँधना।

Shealing (शीलिंग) *n.* झोंपड़ी, कुटी।

Shear (शिअर्) *v.t.* & *i.* तलवार से काटना, कैंची से काटना, कतरना।

Shears (शिअर्ज) *n.* कतरनी, कैंची, किसी वस्तु पर दबाव का प्रभाव।

Sheath (शीथ्) *n.* शरीर का कोश, मियान, खोली।

Sheathe (शीद्) *v.t.* मियान में रखना, ढाँकना, बन्द करना। **Sheathed,** *adj.* मियान में रक्खा हुआ।

Sheave (शीव्) *n.* पहिये की गड़ारी। *v.t.* गड़ारी में इकट्ठा करना।

Shebang (शिबँग्) *n.* झोपड़ी, घर, संस्था, धंधा।

Shed (शेड्) *v.t.* फेंकना, निकालना, बहाना, बिखराना। *n.* एक मंजिला माल गोदाम या पशुशाला या गाड़ीखाना। **Shedder,** *n.* फैलाने वाला, गिराने वाला।

Sheen (शीन्) *n.* चमक, ज्योति।

Seeny (शीनि) *adj.* चमकदार।

Sheep (शीप्) *n.* मेष, भेड़।

Sheepcote (शीप्-कोट्) *n.* भेड़ बंद करने का बाड़ा।

Sheep-farmer (शीप-फारमर्) *n.* गड़ेरिया।

Sheep-fold (शीप-फोल्ड्) *n.* भेड़ों का बाड़ा।

Sheepish (शीपिश्) *adj.* भेड़ के सदृश, डरपोक। **Sheepishness,** *n.* भेड़पन, लज्जालुता।

Sheep-walk (शीप्-वॉक्) *n.* भेड़ों का चरागाह।

Sheer (शिअर्) *adj.* & *adv.* केवल, सामान्य, सादा, शुद्ध, सिधाई में, खड़े बल। *n.* जहाज के तख्ते का झुकाव। *v.t.* घिसकना, अलग होना।

Sheet (शीट्) *n.* कागज़ का तख्ता, पाल, शय्यावस्त्र चादर (पत्तर), जल इत्यादि का विस्तार, समाचार पत्र। *v.t.* पाल लगाना, चादर से ढाँकना।

Sheet-anchor (शीट्-आकंर) *n.* जहाज का सबसे बड़ा लंगर, मुख्य आधार।

Sheldrake (शेल्ड्रेक्) *n.* एक प्रकार की जंगली बत्तख, श्वेत पंखों वाली जंगली बत्तख।

Shelf (शेल्फ्) *n.* अलमारी (टाँड), उभड़ी हुई चट्टान।

Shell (शेल्) *n.* छिलका, बम का गोला, भीतरी कफन, ढाँचा, एक प्रकार की नाव। *v.t.* & *i.* छिलका उतारना, बम गोले से उड़ाना।

Shellac (शेलॅक्) *n.* चमड़ा, लाह। *v.t.* चमड़े की वार्निश लगाना।

Shelter (शेल्टर्) *n.* आश्रय, शरण, रक्षास्थान, शरण देने वाला। *v.t.* & *i.* रक्षा करना, आश्रय देना, शरण में जाना।

Shelty (शेल्टि) *n.* एक प्रकार का टट्टू, छोटी झोंपड़ी।

Shelve (शेल्व्ह्) *v.t.* टाँड़ पर रखना, त्यागना या टालना। *v.t.* धीरे-धीरे ढलुआ होना।

Shelved (शेल्व्हड्) *adj.* तख्तेदार।

Shelvy (शैल्वि) *adj.* चट्टानों से पूर्ण, ढलुआ, छिछला।

Sheol (शीऑल्) *n.* प्रेतस्थान।

Shepherd (शेफर्ड) *n.* गड़ेरिया, चरवाहा। *v.t.* गड़ेरिया की तरह भेड़ों की रखवाली करना।

Sheraton (शेरॅटन्) *n.* अठारहवी सदी का लकड़ी का फर्नीचर, मेज कुर्सी टेबल आदि।

Sheriff (शेरिफ्) *n.* जिले का प्रधान।

Sheriffdom (शेरिफडोम्) *n.* जिले का प्रधान हाकिम का पद।

Sherry (शेरि) *n.* स्पेन देश की सफेद मदिरा।

Shibboleth (शिब्ॲलेथ्) *n.* परीक्षा शब्द, किसी पन्थ का मुख्य व्यवहार, चिह्न इत्यादि पुरानी रीति।

Shield (शील्ड्) *n.* रक्षा करने वाला भाग, संरक्षक, आश्रय, शरण (आड़)। *v.t.* रक्षा करना, बचाना।

Shift (शिफ्ट्) *v.t.* & *i.* दूसरे स्थान को जाना; बदलना, कोशिश करना, प्रबन्ध करना। *n.* टालना, परिवर्तन, साधन, चक्र।

Shifty (शिफ्टि) *adj.* परिवर्तनशील, कपटी।

Shillelagh (शिलेला) *n.* आयरिश डण्डा।

Shilling (शिलिंग्) *n.* इंग्लैंड का बारह पेंस का चांदी का सिक्का, शिलिंग।

Shilly-shally (शिलिशॅलि) *n.* चित्त की अस्थिरता, डॉवाडोल होना, (आगा-पीछा)। *adj.* टाल-मटोल। *v.i.* आगा-पीछा करना, डॉवाडोल होना।

Shim (शिम्) *n.* & *v.t.* पच्चर, लकड़ी या लोहे की फन्नी जो मशीनों में प्रयुक्त होती है।

Shimmer (शिमर्) *n.* & *v.i.* जगमगाना, जगमगाहट।

Shin (शिन्) *n.* पिंडली, अग्रपंजा। *v.t.* & *i.* वृक्ष पर चढ़ना।

Shindig (शिन्डिग्) *n.* सामाजिक कार्य।

Shine (शाइन) *v.t.* & *i.* प्रकाशित करना, प्रज्जवलित होना, चमकाना, जगमगाना।

Shingle (शिंगल्) *n.* लकड़ी का पक्का तख्ता, समुद्र के किनारे पर पड़ा हुआ चिकना पत्थर या कंकड़। *v.t.* तख्ते जमाकर छत बनाना, सिर के बाल महीन काटना।

Shingles (शिंगलस्) *n.* एक प्रकार का चर्मरोग, दाद।

Shinny (शिनि) *n.* हाकी जैसा एक खेल, इसमें प्रयुक्त हाकी।

Shinto (शिन्टॆ) *n.* जापान देश का एक धर्म। **Shintoist**, *n.* इस धर्म के अनुयायी।

Shiny (शाइनि) *adj.* चमकीलापन, देदीप्यमान।

Ship (शिप्) *n.* पोत, जहाज। *v.t.* & *i.* जहाज पर धरना, जहाज पर नौकरी करना।

Ship (शिप्) *suf.* भाववाचक संज्ञा बनाने का प्रत्यय, यथा; *Kinship, Friendship.* इत्यादि।

Ship-breaker (शिप्-ब्रेकर्) *n.* पुराने जहाजों को तोड़कर टुकड़े करने वाला।

Ship-broker (शिप्-ब्रोकर्) *n.* पुराने जहाज का बीमा करानेवाला दलाल।

Shipless (शिप्-लैस्) *adj.* बिना जहाज का।

Ship-load (शिप्-लोड्) *n.* जहाज पर ले जाने का माल।

Shipmate (शिपमेट्) *n.* जहाज़ पर का साथी।

Shipment (शिपमैन्ट्) *n.* जहाज पर माल की लदाई।

Shipper (शिप्पर्) *n.* व्यापारी।

Shipping (शिपिंग) *n.* जहाजों का समूह।

Shipshape (शिपशेप) *adv.* अच्छी रीति से।

Shipwreck (शिपरेक्) *n.* जहाज का टूटकर नष्ट होना।

Shipwright (शिपराइट्) *n.* जहाज बनाने वाला।

Ship-yard (शिप्-याई) *n.* जहाज़ की मरम्मत करने का स्थान।

Shire *suf.* (शायर्) देश का भाग, जिला यथा; *Devonshire, Somersetshire.* इत्यादि।

Shirk (शर्क्) *v.t.* & *i.* त्यागना, हटना, बचना, खिसकना। *n.* ठगी की जीविका करने वाला, काम से जी चुराने वाला।

Shirr, Shir (शर्) *ns.* कपड़े में बुना हुआ रबड़ का सूत।

Shirt (शर्ट्) *n.* कमीज, कुर्ता।

Shirty (शर्टि) *adj.* गुस्से वाला, अत्यधिक गुस्सा (क्रोध)।

Shit (शिट्) *v.i.* मल त्यागना। *n.* अपशब्द, गाली का शब्द।

Shirty (शर्टि) *adv.* गुस्से वाला, अत्यधिक गुस्सा (क्रोध)।

Shiver (शिवर्) *v.t.* & *i.* काँपना, हिलाना, टुकड़े-टुकड़े करना, छितराना। *n.* खंड, टुकड़ा। **Shivering**, *adj.* काँपता हुआ।

Shoal (शोल्) *n.* छिछला जल, बलुआ किनारा, झुण्ड, भीड़-भाड़, मछलियों का समुदाय।

Shoaly (शोअलि) *adj.* छिछला।

Shock (शॅक्) *n.* हठात् आघात, धक्का, प्रचण्ड आक्रमण। *v.t.* & *i.* हिला देना, धक्का देना, मारना, टक्कर देना, भय दिखलाना, दुखी करना, विरक्त करना।

Shock (शॉक्) *n.* अन्न का गट्ठर, बिखरे हुए बाल। *v.t.* अनाज का गट्ठर बाँधना।

Shocker (शॉकर्) *n.* उत्तेजित्त करनेवाला सस्ता उपन्यास।

Shock-headed (शॅक-हेडेड) *adj.* रूखे और मोटे बालों वाला।

Shocking (शॉकिंग्) *adj.* आकस्मिक आघात या धक्का पहुँचाने वाला, उद्वेगकारी, बहुत बुरा।

Shockingly, *adv.* उद्वेग से।
Shoddy (शॉडि) *n.* पुराने कपड़े का बना हुआ वस्त्र। *adj.* निकम्मा, भ्रष्ट, बनावटी।
Shoe (शू) *n.* जूता, घोड़े का नाल, जूते के आकार की कोई वस्तु। *v.t.* जूता पहिनाना, नाल मढ़ना।
Shoeblack (शूब्लॉक्) *n.* जूते पालिश करने वाला।
Shoehorn (शूहार्न) *n.* जूता पहिनने का साधन।
Shoelace (शूलेस्) *n.* जूते का फीता।
Shoemaker (शूमेकर्) *n.* जूता बनानेवाला, मोची।
Shog (शाग) *n.* टक्कर, धक्का। *v.t.* & *i.* हिलाना, धक्का देना।
Shoo (शू) *inter.* भाग जाओ। *v.t.* भगाना।
Shook (शुक्) *n.* पीपा बनाने की पट्टियाँ। *v.t.* पट्टियों को मिलाकर पीपा बनाना।
Shoot (शूट्) *v.t.* & *i.* ढकेलना, गोली मारना, तीर मारना, वेग से चढ़ना, उगना, फलना, वेग से हटाना। *n.* नई डाली, निशानेबाजों की मंडली।
Shooter (शूटर्) *n.* गोली चलाने वाला।
Shooting (शूटिंग्) *n.* तीर या गोली चलाने का कार्य, तीव्र वेदना।
Shop (शॉप्) *n.* दुकान, पेशा, व्यापार, कारखाना, काम करने की जगह। *v.t.* सौदा लेने के लिए दुकान पर जाना।
Shopkeeper (शॉप-कीपर्) *n.* दुकानदार।
Shore (शोअर्) *n.* समुद्र-तट, जहाज की शहतीर, आधार।
Shoreward (शोअरवार्ड्) *adv.* किनारे की ओर।
Short (शॉर्ट्) *adj.* नाटा, अल्प, छोटा, अपूर्ण, हीन, संक्षिप्त।
Shortage (शॉर्टिज्) *n.* न्यूनता, कमी।
Short circuit (शॉट सर्किट्) बिजली की धारा के प्रवाह की वह स्थिति जब धारा पृथ्वी में समा जाती है।
Shortcoming (शॉर्ट्-कमिंग्) *n.* न्यूनता, दोष।
Shortcommons (शॉर्ट्कॉमन्ज) *n.* खाने का भत्ता कम करना, थोड़ा दैनिक किराया।
Shorthand (शॉर्टहान्ड्) *n.* सांकेतिक चिह्नों में शीघ्र लिखने की विधि।
Short-horn (शॉर्ट्-हॉर्न्) *n.* छोटे सींगों वाला जानवर।
Short-lived (शॉर्ट्-लिव्ड) *adj.* अल्पजीवी, अल्प आयुवाला।
Shortly (शॉर्ट्लि) *adv.* जल्दी, झट से।
Shortness (शार्टनेस) *n.* अल्पता, लघुता।
Shortsighted (शार्ट्-साइटेड्) *adj.* दूर के पदार्थ स्पष्ट न देखने वाला, अल्प दृष्टि वाला। **Short-sightedly,** *adv.* अल्प दृष्टि से।
Short-temper (शॉर्ट-टेम्पर) *n.* जल्द नष्ट हो जाने वाला आत्मसंयम।
Short-wind (शॉर्ट्-विन्ड्) *adj.* जल्दी से थकने वाला।
Short-witted (शॉर्ट्-विटेड्) *adj.* कम बुद्धि वाला।
Shot (शॉट्) *n.* गोली मारने की क्रिया, बन्दूक या तोप की गोली (छर्रा), गोला छूटना, निशानेबाज, प्रयत्न, लक्ष्य, गणना। *v.t.* गोली मारना।
Shot (शॉट्) *n.* होटल में खाने का बिल।
Shot gun (शॉट-गन्) *n.* छर्रे वाली बन्दूक।
Shoulder (शोल्डर्) *n.* कन्धा, आधार, धक्का देना, भार लेना, सहारा। *v.t.* & *i.* धक्का देना, कन्धा लगाना, भार लेना।
Shoulder-belt (शोल्डर्-बेल्ट) *n.* परतला।
Shoulder-blade (शोल्डर-ब्लेड्) *n.* कंधे पर की चिपटी तिकोनी हड्डी (पंखा)।
Shout (शाउट्) *v.t.* कोलाहल करना, चिल्लाना। *n.* चिल्लाहट, कोलाहल।
Shove (शव्ह) *v.t.* & *i.* धक्का देना, ढकेलना, दबाना, भार डालना। *n.* धक्का झोंका।
Shovel (शव्हल्) *n.* फावड़ा बेलचा। *v.t.* फावड़े से मिट्टी, कोयला इत्यादि हटाना।
Shovel-board (शब्हलबोर्ड्) *n.* जहाज की छत पर खेलने का एक खेल।
Shoveller (शव्हलर्) *n.* फावड़ा चलाने वाला, चौड़ी चोंच वाली एक प्रकार की बत्तख।
Show (शो) *v.t.* & *i.* जताना, दरसाना, सूचित करना, सिद्ध करना, सम्मुख आना। *n.* दिखावा, प्रदर्शन मनोरंजन, सम्भावना, बहाना, तमाशा।
Shower (शॉवर्) *n.* वृष्टि, लगातार, प्रवाह, बौछार।
Showman (शोमॅन्) *n.* खेल दिखलाने वाला।
Showroom (शोरूम्) *n.* एक कमरा जिसमें वस्तुएँ देखने के लिए रखी जाती है।
Showy (शोइ) *adj.* दिखावटी।
Shrag (श्रैग) *n.* काट ली गई टहनी। *v.t.* काटना, छांटना।
Shrapnel (श्रॅप्नेल्) *n.* बमगोले के भीतर के पदार्थ जो फटने पर छितरा जाते हैं।
Shred (श्रेड्) *n.* लेशमात्र, कतरन, टुकड़ा, चिथड़ा, टूटा भाग। *v.t.* & *i.* टुकड़े-टुकड़े करना।
Shrew (श्रू) *n.* कर्कशा (झगड़ालू स्त्री), छछूंदरी।
Shrewd (श्रूड्) *adj.* धूर्त, चतुर, निपुण।

Shrewdly (श्रुडलि) *adv.* चतुराई से, धूर्तता से।
Shrewish (श्रू-इश्) *adj.* कर्कश स्वभाववाली।
Shrewishness (श्रू-इशनैस्) *n.* कर्कश स्वभाव।
Shriek (श्रीक्) *v.t.* जोर से चिल्लाना, चीखना, ठहाका मारकर हँसना। *n.* कर्कश शब्द, चिल्लाहट।
Shrike (श्राइक्) *n.* एक प्रकार की चिड़िया जो अपने शिकार को कांटों में बन्द कर देती है।
Shrill (श्रिल्) *n.* कर्कश, तीव्र, धृष्ट। *v.t.* & *i.* कर्कश शब्द करना।
Shrilly (श्रिलि) *adv.* कर्कश शब्द में।
Shrimp (श्रिम्प्) *n.* दस पैर का समुद्री केकड़ा, झींगा। *v.t.* समुद्री केकड़े का शिकार करना।
Shrimper (श्रिम्पर्) *n.* समुद्री केकड़े का शिकार करने वाले।
Shrine (श्राइन्) *n.* महात्मा की समाधि, पवित्र राख रखने की डिबिया, तीर्थ स्थान, मन्दिर।
Shrink (श्रिंक्) *v.t.* & *i.* छोटा होना, सिकुड़ना, ठिकना, अंग सिकोड़ना, सकुचाना, कम करना।
Shrinkage (श्रिंकेज्) *n.* सिकुड़न।
Shrinkage (श्रिकेंज्) *n.* सिकुड़न।
Shrive (श्राइव्ह्) *v.t.* पाप की स्वीकृति सुनना, पाप से मुक्त करना।
Shrivel (श्रिव्हल्) *v.t.* & *i.* झुर्री पड़ना, सिकुड़ना।
Shrivelled (श्रिव्वल्ड्) *adj.* संकुचित, झुर्री पड़ा हुआ।
Shroff (श्रॉफ्) *v.t.* & *i.* खजांची, असली-नकली सिक्कों की पहचान करने वाला।
Shrub (श्रब्) *n.* छोटा वृक्ष, झाड़ी।
Shrubbery (श्रबरि) *n.* झाड़ी का जंगल।
Shrug (श्रग्) *v.t.* & *i.* बेवशी या लाचारी सूचित करने के लिए कंधे सिकोड़ना या झटकारना। *n.* इस प्रकार कन्धे की सिकुड़न।
Shudder (शडर्) *n.* स्फुरण, थर्राहट। *v.t.* काँपना, थर्राना, घृणा दिखलाना।
Shuddering (शडरिंग्) *adj.* भय से काँपता हुआ।
Shuffle (शफल्) *v.t.* & *i.* गड़बड़ करना, घिसटते हुए चलना, मिश्रित करना, ताश फेंटना, टालना, पलटना। *n.* जगह की अदला-बदली, हेराफेरी।
Shuffler (शफलर्) *n.* हेराफेरी करने वाला।
Shuffling (शफलिंग्) *n.* संचालन, कपट।
Shun (शन्) *v.t.* दूर रखना, त्यागना, छोड़ना, दूर करना, अलगाना।
Shun (शन्) *n.* सावधान।
Shunless (शॅनलैस) *adj.* आमन्त्रित करने योग्य, बिना त्याग का।
Shunt (शन्ट्) *v.t.* & *i.* रेल, ट्रामगाड़ी इत्यादि का मार्ग बदलना, राह छोड़ना, हटाना। *n.* रेलगाड़ी का दूसरी लाइन पर गमन, बिजली की धारा के क्रम का परिवर्तन।
Shut (शट्) *v.t.* & *i.* बन्द करना, स्थगित करना, लपेटना, अलग करना, विरत होना, कैद करना।
Shutter (शटर्) *n.* झिलमिली, कपाट, दुकान पर लगाने का लोहे का किवाड़।
Shuttle (शटल्) *n.* अलमारी का छोटा दराज, (जुलाहे की) ढरकी, बिनाई की नली।
Shuttlecock (शटलकॉक्) *n.* पर लगा हुआ काग का टुकड़ा जो जालीदार रैकेट से गेंद की तरह खेला जाता है।
Shy (शाय्) *adj.* डरपोक, लज्जालु, समाज में अलग रहने वाला।
Shyly (शायलि) *adv.* लज्जा से।
Shyness (शायनैस्) *n.* भीरुता, लज्जा।
Shylock (शायलॉक्) *n.* कठोर महाजन, निष्ठुर सूदखोर।
Shyster (शाइस्टर्) *n.* चालबाज, अविश्वसनीय व्यक्ति, बिना सम्मानित पेशे का।
Siamang (साइमैंग) *n.* एक प्रकार का बड़ा वनमानुष।
Siamese (स्यामीज़्) *adj.* & *n.* स्याम देश के रहने वाले या वहाँ की भाषा।
Sibilance (सिबिलन्ट्) *n.* सिसकार का शब्द।
Sibilant (सिबिलेट्) *n.* सिसकार के उच्चारण का ऊष्ण वर्ण, उच्चारण का अक्षर स ।
Sibilate (सिबिलेट्) *v.t* & *i.* सिसकारते हुए उच्चारण करना।
Sibyl (सिबिल्) *n.* भविष्य कहने वाली, जादूगरनी।
Sic (सिक्) *adv.* इस प्रकार से।
Siccation (सिकैशन) *n.* सुखाने का कार्य।
Siccative (सिकैटिव्) *adj.* सूखने वाली, शोषक।
Sick (सिक्) *adj.* रोगग्रस्त, उबकाई वाला, अस्वस्थ, व्याकुल, निराश, बैचेन, पीड़ित, जी मिचलता हुआ। *v.t.* चूहा मारने के लिए कुत्ते को ललकारना।
Sicken (सिकन्) *v.t.* & *i.* रोगी होना, व्यथित होना, दुर्बल होना, वमन करने की इच्छा करना।
Sickle (सिकल्) *n.* हँसिया, हँसुआ।
Sickly (सिकलि) *adj.* रोगीवत्, रोगग्रस्त, अशक्त, दुर्बल, वान्ति या मचली संबंधी।
Sickness (सिकनिस्) *n.* रोग, व्याधि।

Side (साइड्) *n.* & *adj.* किनारा, (तरफ, बगल), किसी आकृति की परिधि, पसली का भाग, पक्षपात, दल। *v.i.* पक्ष लेना, भाग लेना। *adj.* बगल का, दूसरे पक्ष का।

Side-line (साइड-लाईन्) *n.* किसी वस्तु या स्थान के एक ओर जाने वाली रेखा या पथ, शाखा, रेल-पथ, [illegible]वर के एक ओर की टाँगों को बाँधकर उसे फँसा रखने की रस्सी, अप्रधान व्यवसाय।

Side-light (साइड्-लाइट्) *n.* एक ओर का प्रकाश, किसी विषय की प्रासंगिक सूचना।

Side-long (साइड-लॉग) *adj.* तिरछी।

Side-note (साइड-नोट) *n.* हाशिये पर की टीका।

Sidereal (सायडीरिअल्) *adj.* तारा संबंधी, तारे के समान।

Sidesaddle (साइडसैडल) *n.* औरतों की घुड़सवारी की जीन।

Side-ship (साइड्-स्लिप्) *v.i.* घिसटना, सरकना, आगे की ओर न जाकर आजू-बाजू, होना। *n.* पेड़ की शाखा, नाटक मंच की एक ओर प्रसाधन स्थान।

Sidetrack (साइड् ट्रैक्) *n.* बगल का रास्ता। *v.t.* एक ओर मुड़ना।

Sidewardes (साइडवार्डस) *adv.* बगल की ओर।

Side-ways (साइड-वेस) *adv.* तिरछी ओर।

Sidle (सिडल्) *v.t.* तिरछे चलना।

Siege (सीज्) *n.* घेरा, अवरोध। *v.t.* घेरा डालना।

Sienna (सिएना) *n.* रंग बनाने के काम में आने वाली लाल भूरे रंग की मिट्टी।

Siesta (सिएॅस्टा) *n.* गर्म देशों में दोपहर की अल्प निद्रा।

Sieve (सिव्र) *n.* झरनी, चलनी।

Sift (सिफ्ट्) *v.t.* & *i.* चलनी से झारना या अलगाना, सूक्ष्म परीक्षा करना। **Sifter**, *n.* चलाने या सूक्ष्म परीक्षा करने वाला।

Sigh (साय्) *v.t.* & *i.* आह लेकर दुःख प्रकट करना, दीर्घश्वास तथा निःश्वास लेना, विलाप करना। *n.* आह, गहरी साँस।

Sight (साइट्) *n.* दृष्टि, दर्शन, दृष्टिविषय, चमत्कार (कौतुक), आँख, लीला, दृष्टिपथ। *n.* (ब.व.) दर्शनीय दृश्य। *v.t.* निशाने पर निगाह लगाना, दृष्टिपथ लगाना।

Sightless (साइट्-लेस्) *adj.* अंधा, दृष्टिहीन।

Sightly (साइटलि) *adj.* देखने योग्य, सुन्दर (मनोहर)।

Sight-reading (साइट-रीडिंग्) सांकेतिक अक्षरों ह0 का देखते ही पढ़ लेना।

Sign (साइन्) *n.* चिह्न, संकेत, शकुन, लक्षण, अतिप्राकृतिक परा शक्ति के द्योतक चिह्न, हस्ताक्षर। *v.t.*& *i.* अपने नाम के अक्षरों से अंकित करना, चिह्न करना, संकेत करना, हस्ताक्षर करना।

Signable (साईनेबल्) *adj.* हस्ताक्षर योग्य।

Signal (सिग्नल्) *adj.* विशेष, अपूर्ण, असाधारण, स्मरण करने योग्य। *n.* संकेत-चिह्न। *v.t.* & *i.* संकेत करना, सांकेतिक चिह्न द्वारा तार देना।

Signalize (सिग्नलाइझ्) *v.t.* महत्व प्रदान करना, की ओर ध्यान आकर्षित करना, विशिष्ट बना देना।

Signally (सिग्नलि) *adv.* असाधारण रूप से।

Signatory (सिग्नेटरि) *n.* सन्धिपत्र इत्यादि पर हस्ताक्षर करने वाला मनुष्य।

Signature (सिग्नेचर्) *n.* हस्ताक्षर, स्वनाम-लेखन, चिह्नक, संकेत धुन।

Signet (सिग्निट्) *n.* मुद्रा, मुहर।

Significance (सिग्निफिकस्) *n.* गौरव, प्रतिष्ठा, अभिप्राय, अर्थ, शक्ति।

Significant (सिग्निफिकेन्ट्) *adj.* अर्थपूर्ण, चरितार्थ, आवश्यक।

Signification (सिग्निफिकेशन्) *n.* अर्थ, अभिप्राय, शब्दशक्ति।

Significative (सिग्निफिकेटिव्ह्) *adj.* अर्थसूचक, अभिप्रायपूर्ण।

Signify (सिग्निफाय्) *v.t.* & *i.* सूचित करना, अर्थ बताना, अभिप्राय रखना।

Signor, Signore (सीन्यॅअर्, सिन्यॅअरा) *ns.* महोदय, महोदया, कुमारी।

Signora (सिग्नोरा) *n.* महोदया।

Silence (साइलेन्स्) *n.* मौन, शांति, खामोशी, नीरवता, सन्नाटा, गुप्त भाव। *v.t.* चुप करना, खामोश करना, निरुत्तर कर देना।

Silencer (साइलेन्सर्) *n.* यंत्र में शब्द कम करने का साधन।

Silent (साइलेन्ट्) *adj.* निःशब्द, चुप, शांत, गूँगा, निरुत्तर।

Silently (साइलेन्टलि) *adv.* मौन रहकर, चुपचाप।

Silhouette (सिलुएट्) *n.* केवल बाह्य रेखा दिखाने वाला चित्र। *v.t.* इस प्रकार का चित्र बनाना।

Silica (सिलिका) *n.* एक प्रकार का कड़ा सफेद पत्थर, अग्नि प्रस्तर।

Silicate (सिलिकेट) *n.* अग्नि-प्रस्तर का मिश्रण।

Silicon (सिलिकन्) *n.* एक अधातु विशेष तत्त्व।
Silk (सिल्क्) *n.* रेशम, रेशमी, कपड़ा, माणिक विशिष्ट की चमक। (ब.व.) रेशमी पोशाक।
Silky (सिल्की) *adj.* रेशम के समान कोमल, रेशमी।
Silken (सिल्कन्) *adj.* भड़कीला, ठाठदार, रेशमी।
Silk-winder (सिल्क्-वान्डिर्) *n.* रेशम उधेड़ने का चरखा।
Silkworm (सिल्क्-वर्म्) *n.* रेशम का कीड़ा।
Sill (सिल्) *n.* देहली, दहलीज।
Sillabub (सिलाबब्) *n.* मिश्रित एक खाद्य पदार्थ।
Silly (सिलि) *adj.* भोला, मतिहीन, निर्बुद्धि अल्पमति। *n.* मूर्ख व्यक्ति।
Sillily (सिलिलि) *adv.* भोलेपन से।
Silliness (सिलिनैस्) *n.* भोलापन।
Silo (साइलो) *n.* हरी फसल इकट्ठा करने का गड्ढा।
Silt (सिल्ट्) *n.* गाद, पानी की धारा से इकट्ठा की हुई मिट्टी या रेत, पंक।
Silurian (सिल्यूअरिअन्) *n.* विशेष प्रकार का प्रस्तर।
Silvan, Sylvan (सिल्व्हन्) *adjs.* जंगली की, वन संबंधी।
Silver (सिल्व्हर्) *n.* चाँदी, चाँदी का सिक्का। *v.t.* & *i.* चाँदी चढ़ाना, दर्पण बनाने के लिए शीशे पर पारा इत्यादि चढ़ाना।
Silver-leaf (सिल्वर-लीफ्) *n.* चांदी का तबक।
Silver-paper (सिल्वर्-पेपर) *n.* फोटो का चित्र छापने का एक प्रकार का कागज।
Silver-smith (सिल्वर्-स्मिथ्) *n.* चाँदी का काम करने वाला, सुनार।
Silver-solder (सिल्वर्-सोल्डर्) *n.* चाँदी जोड़ने का टांका।
Silvery (सिल्वरि) *adj.* चाँदी के सदृश, श्वेत, स्वच्छ।
Simian (सिमिअन्) *adj.* लंगूर के समान। *n.* एक प्रकार का बंदर।
Similar (सिमिलर्) *adj.* समान आकृति का, समान, तुल्य, सदृश। *n.* उसी प्रकार का होना।
Similarity (सिमिलारिटि) *n.* सादृश्य, तुल्यता।
Similarly (सिमिलर्लि) *adv.* उसी प्रकार से।
Simile (सिमिलि) *n.* निदर्शन, उपमा।
Similitude (सिमिलिटयूड्) *n.* सादृश्य, समानता, आकार, रूप।
Similize (सिमिलाइज) *v.t.* उपमा द्वारा उदाहरण देना।
Simmer (सिमर्) *v.t.* & *i.* उबालना, धीरे-धीरे पकना, तिरस्कार या क्रोध की अवस्था में बने रहना। *n.* उबाल।
Simnel-cake (सिम्नल-केक्) *n.* बड़े दिन की रोटी।
Simoniacal (सिमोनिअकल) *adj.* धर्मपद बेचने या खरीदने का अपराधी।
Simonically (सिमोनिकलि) *adv.* धर्मपद क्रय-विक्रय का अपराध करते हुए।
Simony (सिमॅनि) *n.* धर्मपद बेचने या मोल लेने का अपराध।
Simon Pure (सिमॅन प्योर) *n.* धार्मिक स्थल।
Simoom (सिमूम्) *n.* अरब के मरुस्थल की धूल से भरी हुई आँधी।
Simp (सिम्प्) *n.* मूर्ख, बनावटी, भोला।
Simper (सिम्पर्) *v.t.* & *i.* बनावटी रूप से मुसकराना।
Simpering (सिम्परिंग) *adj.* बनावटी हँसीवाला।
Simplicity (सिम्लिसिटि) *n.* सरलता, भोलापन, मूर्खता।
Simple (सिम्पल्) *adj.* अलंकारहीन, शुद्र, निम्न कोटि का, आसान, शुद्ध, उचित कलाहीन, स्वाभाविक।
Simple-hearted (सिम्पल् हार्टेड्) *adjs.* सरल हृदय का, नष्कपटी।
Simpleton (सिम्पल्टन्) *n.* मूर्ख, अनाड़ी, क्षुद्रमति।
Simplicity (सिम्पिलसिटि) *n.* सरलता, भोलापन, मूर्खता।
Simplify (सिम्प्लिफाय्) *n.* सुगम करना, स्पष्ट करना, सरल करना, छोटा करना।
Simplism (सिम्प्लिजम्) *n.* बनावटी सरलता या भोलापन।
Simulacrum (सिम्यूलेक्रम्) *n.* कपट रूप, प्रतिरूप (मूर्ति) बहाना।
Simulate (सिम्युलेट्) *v.t.* भेष बदलना, अनुकरण करना, बहाना करना।
Simulation (सिम्युलेशन्) *n.* स्वांग (बहाना, पाखण्ड)।
Simultaneity (सिमल्टनीटि) *n.* एक ही समय में होने की स्थिति।
Simultaneous (सिमल्टेनिअस्) *adj.* एक ही समय में होने वाला, समकालीन।
Sin (सिन्) *n.* नीतिविरुद्ध, धर्मविरुद्ध आचरण, पाप दोष, दुष्कृत, अपराध। *v.t.* पाप करना, दोष

या अपराध करना।

Sinapism (सिनॅपिझम्) *n.* राई की पुलटिस।

Since (सिन्स्) *prep.* बाद में, उस समय से। *conj.* क्योंकि। *adv.* इसके पहिले, पूर्वकाल से।

Sincere (सिन्सिअर्) *adj.* ईमानदार, सच्चा, शुद्ध, यथार्थ, वास्तविक, निष्कपट।

Sinciput (सिन्सिपुट्) *n.* खोपड़ी, मस्तक, तालू।

Sine (साइन्) *n.* ज्या, द्विज्या।

Sinecure (साइनिक्यूरे) *n.* ऐसा पद जिसमें वेतन मिले परन्तु कुछ काम न करना पड़े।

Sinecurism (साइनिक्यूरिसम्) *n.* सेवाशून्य वैतनिक पद की व्यवस्था।

Sinew (सिन्यू) *n.* स्नायु, ढाँचा, (ब.व.) शारीरिक बल, पेशी। *v.t.* पुष्ट करने के लिए स्नायु से जोड़ना।

Sinful (सिन्-फुल्) *adj.* पापी (अधर्मी) दुष्ट।

Sing (सिंग्) *v.t.* & *i.* गाना, कूजना, कविता में प्रशंसा करना, कविता रचना। *n.* गायन समारोह।

Singe (सिंज्) *v.t.* & *i.* थोड़ा जलाना या जलना, झुलसाना। *n.* थोड़ा दाह, झुलसन।

Singing (सिंगिंग) *n.* गीत, राग। **Singingly**, *adv.* गाते हुए।

Single (सिंगिल्) *adj.* पृथक, अकेला (एक), अविवाहित, अमिश्रित, अविभक्त, शुद्ध। *v.t.* अलगाना, पृथक् करना।

Single-handed (सिंगिल-हैंडेड्) *adj.* & *adv.* बिना अन्य की सहायता के, एक हाथ से।

Singsong (सिंग-सांग्) *n.* एक ही सुर में अलाप। *v.t.* एक ही सुर में गाना।

Singlet (सिंग्लेट्) *n.* कमीज के नीचे पहिनने का वस्त्र।

Singleton (सिंगलटन्) *n.* ताश के खेल में किसी के पास काट का एक ही पत्ता, अकेला व्यक्ति।

Singular (सिंग्युलर्) *adj.* अपूर्व (अनोखा), एक अकेला, अद्भुत, विलक्षण।

Singularity (सिंग्युलरिटि) *n.* अपूर्वता, विशेषता, निरालापन।

Singularize (सिंग्युलराइज) *v.t.* एकवचन बनाना।

Sinister (सिनिस्टर) *adj.* ढाल के बायीं ओर का, अभागा, कुरूप, बेईमान, बदशकुन।

Sink (सिंक्) *v.t.* & *i.* डुबाना, धीरे-धीरे गिराना, धीरे-धीरे गिरना, कम करना, नीचे को बैठना, झुकना (घटना)। *n.* परनाला, मोरी।

Sinker (सिंकर्) *n.* मछली पकड़ने के जाल में लगाने का भार।

Sinking (सिंकिंग्) *n.* गिरनेवाला, कम होने वाला।

Sin Fein (शिन् फेन्) *adj.* आयरलैंड के लोगों का स्वतंत्रता तथा भाषा के लिए चलाया हुआ आंदोलन।

Sinner (सिनर्) *n.* पातकी, पाप करने वाला।

Sinogram (सिनॅग्राम) *n.* चीनी भाषा के लिखने की वर्णमाला।

Sinologist (सिनॉलॉजिस्ट्) *n.* चीनी भाषा के ज्ञान वाला।

Sinologure (सिनॉलॉग्योर्) *n.* चीनी भाषा का पण्डित।

Sinology (सिनॉलॉजि) *n.* चीनी भाषा, इतिहास एवं रीति-रिवाजों का ज्ञान।

Sinter (सिन्टर्) *n.* जलधारा से जमा की हुई मिट्टी।

Sinuate (सिन्युएट्) *adj.* लहरिया किनारे का।

Sinuately (सिन्युएटलि) *adv.* लहरिया किनारे से।

Sinuosity (सिन्युऑसिटि) *n.* नदी या सड़क का मोड़।

Sinuous (सिन्युअस्) *n.* कई जगह से मुड़ा हुआ, घुमावदार।

Sip (सिप्) *v.t.* & *i.* थोड़ा-थोड़ा करके पीना (चूसना)। *n.* अल्पपान, आचमन।

Siphon (साइफन्) *n.* तरल पदार्थ निकालने के लिए मुड़ी हुई नली। *v.t.* मुड़ी नली द्वारा जल इत्यादि निकालना।

Sippet (सिपिट्) *n.* तरल पदार्थ में भिगोया हुआ रोटी का टुकड़ा।

Sir (सर्) *n.* श्रीमान, महाशय, हूज़ूर, जनाब। *v.t.* सर कहकर पुकारना।

Sircar (सरकार) *n.* भारत-सरकार।

Sirdar (सरदार) *n.* सरदार, नेता।

Sire (सायर्) *n.* महाशय (महाराज, राजा साहब)।

Siren (साइरिन्) *n.* जोर से बजने वाली सीटी, सुन्दरी, कुटनी। *n.* तीव्र शब्द उत्पन्न करने का यंत्र।

Sirgang (सरगैन्ग) *n.* नीलकण्ठ।

Siriasis (सिराय-सिस्) *n.* रोग निवृत्ति के लिए आतप (सूर्य की किरणों) का सेवन।

Sirius (सिरिअस्) *n.* एक नक्षत्र (लुब्धक)।

Sirloin (सिरलाईन्) *n.* पुट्ठा-पुट्ठे का मांस।

Sirrah (सिरा) *n.* अरे, अबे, रे।

Siskin (सिस्किन्) *n.* . एक पीली-हरी गाने वाली चिड़िया।

Sissy (सिसि) *n.* एक डरपोक लड़का या व्यक्ति।

Sister (सिस्टर्) *n.* भगिनी, बहिन, अस्पताल की दाई, धर्म-भगिनी।

Sisterliness (सिस्टर्लिनेस) *n.* भगिनीत्व। **Sisterly,** *adj.* भगिनी के तुल्य।

Sister-hook (सिस्टर-हुक्) *n.* इस आकार की दुहरी कड़ी।

Sisyphean (सिसिफीअन्) *adj.* निष्फल, प्राचीन ग्रीस में सजा के तौर पर पत्थर का ऊपर चढ़ाना फिर नीचे लुढ़काने का क्रम बनाये रखना।

Sit (सिट्) *v.t.* & *i.* बैठना, स्थिर होना, आराम करना, अड्डे पर बैठना, अण्डा सेना, सभा करना।

Site (साइट्) *n.* स्थिति, स्थान, भूमि, जगह।

Sitology (साइटोलॉजि) *n.* पथ्य विज्ञान।

Sitter (सिटर्) *n.* (*sl.*) बैठने वाला, चित्र खिंचवाने के लिए बैठने वाला।

Sitting (सिटिंग्) *n.* बैठक, अधिवेशन, इजलास।

Situated (सिटुऍटेड्) *adj.* स्थित, स्थापित।

Situation (सिटुयुएशन्) *n.* स्थान, स्थिति, दशा, पद, अधिकार।

Six (सिक्स्) *adj.* & *n.* छः।

Sixain (सिक्सऐन्) *n.* छह पंक्ति का श्लोक।

Sixer (सिक्सर्) *n.* क्रिकेट में लगाया गया छक्का (छः रन)।

Sixfold (सिक्सफोल्ड्) *adj.* छः गुना।

Sixfooter (सिक्सफुटर्) *n.* छः फुट लम्बा व्यक्ति, छः कारतूस की पिस्तौल।

Sixteenth (सिक्सटीन्थ) *adj.* & *n.* सोलहवाँ, सोलहवां अंश।

Sixth (सिक्स्थ्) *adj.* छठें स्थान में।

Sixtieth (सिक्स्-टिअथ्) *adj.* & *n.* साठवां, साठवां भाग।

Sizar (साइजर्) *n.* कैम्ब्रिज विश्व- विद्यालय का गरीबी के आधार पर आधारित छात्रवृत्ति पाने वाला विद्यार्थी।

Size (साइज़्) *n.* परिमाण, आकृति, आकार, सरेस, (लासा)। *v.t.* & *i.* नाप के अनुसार वर्गीकरण करना, सरेस लगाना, नापना।

Sized (साइज्ड्) *adj.* नाप किया हुआ, सरेस लगा हुआ।

Sizer (साइज़र्) *n.* सरेस लगाने वाला।

Sizy (साइजि) *adj.* चिपचिपा, लसदार।

Sizzle (सिज्जल्) *v.t.* छन्-छन्-शब्द करना। *n.* इस प्रकार का शब्द।

Skate (स्केट्) *n.* बरफ या छत पर चलने या सरकने वाला या पहियों पर चलने वाला जूता। *v.t.* & *i.* ऐसा जूता पहनकर चलना, सरकना या पहियों पर चलना।

Skean, Skene (स्कीन्) *ns.* एक प्रकार का कुठार या गंडासा, कुटार।

Skedaddle (स्किडॅडल्) *v.i.* युद्ध में पीठ दिखाकर भाग जाना।

Skeen (स्कीन्) *n.* हिमालय के वन में पाया जाने वाला जंगली बकरा।

Skein (स्केन्) *n.* जंगली बत्तख का झुंड या उसका भागना, तारों का लच्छा (अण्टा)।

Skeletal (स्केलिटल) *adj.* कंकाल-संबंधी।

Skeleton (स्केलिटन्) *n.* ठठरी, कंकाल, अस्थिपंजर, ढाँचा, सारांश।

Skeletonize (स्केलिटॅनाइज) *v.t.* कंकाल के रूप में लाना।

Skep (स्केप्) *n.* खंचिया, मधुमक्खी का बनावटी छत्ता।

Skerry (स्केरि) *n.* चट्टान।

Sketch (स्केच्) *n.* स्थूल या संक्षिप्त वर्णन, खाका, ढाँचा, मसविरा। *v.t.* & *i.* नक्शा खींचना, ढाँचा बनाना, स्थूल वर्णन करना।

Skew (स्कयू) *adj.* टेढ़ा तिरछा। *n.* मुंडेर का तिरछा किनारा।

Skewer (स्क्यूअर्) *n.* कबाब बनाने का सिकचा। *v.t.* सींकचे में मांस पिरोना।

Ski (शी, स्की) *n.* & *v.t.* बरफ पर चलने के लिए पैर में बाँधने का लकड़ी का तिरछा पटरा।

Skid (स्किड्) *n.* चलते हुए पहिये को रोकने का साधन, लकड़ी का तल्ला या बोटा। *v.t.* & *i.* रुकावट डालना, रोकना।

Skid (स्किड) *n.* हवाई जहाज का भीतरी भाग।

Skier (शीअर्) *n.* बर्फ पर स्कि प्रयोग करने वाला

व्यक्ति।

Skiff (स्किफ्) *n.* एक प्रकार की हलकी छोटी नाव।

Skilful (स्किल्-फुल्) *adj.* निपुण, माहिर, प्रवीण, कुशल।

Skill (स्किल्) *n.* प्रवीणता, चातुर्य, युक्ति, (उपाय) चातुरी, कौशल।

Skillet (स्किलेट्) *n.* कड़ेदार डेकची या बटुआ।

Skilly (स्किलि) *n.* कैदियों को खिलाने का दलिया।

Skim (स्किम्) *v.t.* & *i.* झाग या मलाइ हटाना, सरसरी निगाह से देखना, हवा में घूमाना।

Skimmer (स्किम्मर्) *n.* मलाई उतारने की करछी या झरनी।

Skimp (स्किम्प्) *v.t.* कम भोजन देना, कम खर्च करना।

Skimping (स्किम्पिंग्) *adj.* कृपण, मक्खीचूस।

Skimpy (स्किम्पि) *adj.* दरिद्र, भ्रष्ट।

Skin (स्किन्) *n.* चमड़ा, खाल, छिलका, झिल्ली, चमड़े का पात्र या बर्तन। *v.t.* खाल खींचना, चमड़ा मढ़ना।

Skin-deep (स्किन्-डीप्) *adj.* बाहरी भाग का।

Skinflint (स्किन्-फ्लिन्ट्) *n.* कंजूस, कृपण।

Skingrafging (स्किनग्राफटिंग्) *n.* शरीर के अच्छे भाग की खाल निकालकर घाव पर चिपकाना।

Skink (स्किंन) *n.* एक प्रकार की छोटी छिपकली।

Skinny (स्किनि) *adj.* चमड़ेदार।

Skip (स्किप्) *v.t.* & *i.* कूदना, पारी-पारी से एक पैर पर भार देकर चलना, त्यागना, लुप्त होना, एक विषय को छोड़कर दूसरा पकड़ना। *n.* कुदान की चाल, पाठशाला का सेवक, खान में असबाब या मनुष्यों को उतारने-चढ़ाने का झूला, छूट।

Skip-jack (स्किप्-जॉक्) *n.* घोड़े के व्यापारी का नौकर, घुड़दौड़ का सवार, उछलने वाली मछली या कीड़ा या गुबरैला, एक प्रकार का कूदने वाला खिलौना।

Skipper (स्किपर्) *n.* छोटे व्यापारी जहाज का अधिकारी, खेल में कप्तान, सेना का प्रथम सेनानायक, उड़ने वाले जीव, फौज का अधिकारी।

Skippet (स्किपैट) *n.* सरकारी बन्धक या कागज-पत्रों की मुहर को सुरक्षित रखने का लकड़ी का बक्स।

Skipping (स्किपिंग) *n.* कुदान।

Skippingly (स्किपिंगलि) *adv.* कुदान लगाते हुए।

Skirl (स्कर्ल्) *v.i.* & *n.* कर्कश शब्द, शहनाई की आवाज़, चीं-चीं शब्द करना।

Skirimish (स्कर्मिश्) *n.* अव्यवस्थित.युद्ध, हलकी लड़ाई, भिड़न्त, शास्त्रार्थ। *v.t.* छोटी लड़ाई लड़ना।

Skirmisher (स्कर्मिशर्) *n.* छोटी लड़ाई लड़ने वाला।

Skirret (स्किरिट्) *n.* एक प्रकार का शाक (अजमोदा)।

Skirt (स्कर्ट्) *n.* वस्त्र का लटकता हुआ भाग, स्त्रियों का घाघरा, किनारा, अंचल। *v.t.* & *i.* किनारे-किनारे चलना, किनारा लगाना, घेरना।

Skirted (स्कर्टिड्) *adv.* किनारेदार।

Skit (स्किट्) *n.* व्यंग्य, हँसी, व्यंग्यात्मक लेख, व्यंग्य।

Skittish (स्किटिश्) *adj.* खिलाड़ी, भड़कने वाला, चंचल।

Skittle (स्किटल्) *n.* एक प्रकार का खेल।

Skiver (स्किवर्) *n.* चमड़ा फाड़ने का चाकू।

Skua (स्क्यूआ) *n.* नदी के तट पर पाया जाने वाला बड़ा पक्षी।

Skulk (स्कल्) *v.i.* छिपना, दबक रहना।

Skulker (स्कलर्) *n.* छिपने वाला।

Skulkingly (स्कलंगलि) *adv.* छिपते हुए।

Skull (स्कल्) *n.* कपाल, खोपड़ी।

Skullcap (स्कल्-कैप्) *n.* सिर पर चिपक कर बैठने वाली टोपी।

Skunk (स्कंक्) *n.* अमेरिका देश का मांसभक्षी पशु, नीच मनुष्य।

Sky (स्काय्) *n.* गगन, नभ, ऋतु। *v.t.* गेंद इत्यादि का आकाश में फेंकना।

Sky-blue (स्काय्-ब्लयू) *adj.* नीलवर्ण का।

Sky-born (स्काय्-बोर्न) *adj.* दैवी उत्पत्ति का।

Skyclad (स्काय्-काल्ड्) *adj.* नंगा।

Skyey (स्कायइ) *adj.* आकाश संबंधी।

Skyer (स्कायर्) *n.* (क्रिकेट में) ऊँची उछाल।

Skylark (स्काय्-लार्क) *n.* चकवा, अबाबील।

Skyless (स्काय्-लैस्) *adj.* आकाशहीन।

Sky-light (स्काय-लाइट्) *n.* कमरे में छत के पास की खिड़की, रोशनदान।

Skyline (स्काय्-लाइन्) *n.* क्षितिज।

Sky-rocket (स्काय्-रॉकेट्) *n.* आकाश बाण।

Sky-scraper (स्काय्-स्क्रेपर्) *n.* अनेक खंड की बड़ी ऊँची इमारत।

Sky-touching (स्काय्-टचिंग्) *adj.* गगनचुम्बी।

Skyward (स्काय्-वार्ड) *adv.* आकाश की ओर।

Sky-writing (स्काईराईटिंग्) *n.* वायुयान द्वारा धुँआ छोड़कर धुएँ से आकाश में विज्ञापन करना।

Slab (स्लॅब्) *n.* शिला-फलक, पत्थर की पटिया, तख्ता, कोरन। *v.t.* परत अलगाना, तख्ते काटना।*adj.* चिपचिपा, लसदार।

Slabber (स्लॉबर) *n.* थूक, अधिकार लार। *v.t.* जल्दी-जल्दी भोजन करना।

Slabby (स्लॉबि) *adj.* कीचड़ या जलपूर्ण, चिपचिपा, मलिन।

Slab-stone (स्लॉब्-स्टोन्) *n.* परत-परत होने वाला पत्थर।

Slack (स्लॅक्) *adj.* प्रमादी, मन्द, लापरवाह शिथिल, सुस्त, ढीला, निर्बल। *n.* रस्से का ढीला भाग, पत्थर के कोयले की राख, पहाड़ियों के बीच की दरार, दलदली जगह। (ब.व.) पायजामा। *v.t.* & *i.* ढीला करना। *adv.* आंशिक रूप में, अपर्याप्त रूप में।

Slacken (स्लॅकन्) *v.t.* & *i.* ढीला करना, शिथिल करना, कम करना, मन्द करना।

Slacker (स्लॅकर्) *n.* ढीला करने वाला।

Slackness (स्लैकनेस) *n.* शिथिलता, ढीलापन।

Slag (स्लॅग्) *n.* धातु का मल, ज्वालामुखी पहाड़ से निकला हुआ कीट।

Slake (स्लेक्) *v.t.* (आग) बुझाना, जल द्वारा शीतल करना, (इच्छा, प्यास, भूख) शान्त करना, अपनी कोशिश कम करना, चूने के ढेले को पानी छिड़ककर या तर करके भड़काना।

Slam (स्लॅम्) *v.t.* & *i.* तेज आवाज के साथ बंद करना, मारना, लटकना। *n.* धड़ाके का शब्द।

Slander (स्लाइन्डर्) *v.t.* मिथ्यारोपण, अपवाद, अवमानना। *n.* अपवाद, अपयश।

Slanderous (स्लाइन्डरस्) *adj.* मिथ्यानिन्दक, कलंकी।

Slanderousness (स्लाइन्डरसनैस्) *n.* अपयश, अपवाद।

Slang (स्लैंग्) *n.* असंयत, गँवारू बोलचाल, अश्लील भाषण। *v.t.* अश्लील भाषण करना, गाली देना।

Slangily (स्लँगलि) *adv.* गँवारू भाषा में।

Slangy (स्लँगि) *adj.* गंवारू।

Slant (स्लान्ट्) *v.t.* & *i.* तिरछा (ढाल में) होना, तिरछा करना। *n.* ढार, तिरछी स्थिति। *adj.* ढलुआँ, तिरछा।

Slap (स्लाप्) *v.t.* तमाचा लगाना, थप्पड़ मारना। *n.* थप्पड़ तमाचा। *adv.* तीव्रता रो, अचानक। *adj.* जल्दबाज, लापरवाह।

Slap-bang (स्लाप्-बैंग्) *adv.* अकस्मात, जोर से, तड़ाक से।

Slap-dash (स्लाप्-डैश्) *adv.* साहस से, निडर रूप से, हड़बड़ाहट से, बिना सोचे-समझे, अनियमितता से।

Slash (स्लाश्) *v.t.* & *i.* लम्बी फाँक करना, तलवार या चाकू से टुकड़े करना, चाबुक से मारना। *n.* लम्बी फाँक।

Slat (स्लाट्) *n.* धातु या लकड़ी की पतली पट्टी, छत पाटने की स्लेट, छत पाटने की पतली पत्थर की पटिया। *v.t.* & *i.* पटियों से युक्त करना या पटिया लगाना, हवा के झोंके से फड़फड़ाना।

Slate (स्लेट्) *n.* स्लेट पत्थर, सिलेट पट्टी। *v.t.* स्लेटी पत्थर बैठाना, गाली देना।

Slattern (स्लाटर्न्) *n.* मैला-कुचैला वस्त्र पहिनने वाली स्त्री।

Slaughter (स्लाटर्) *n.* जानवर मारना, हत्या (वध), संहार, मारा काटी, कत्ल। *v.t.* हत्या करना।

Slaughterous (स्लाटरस्) *adj.* हत्यारा।

Slaughterously (स्लाटरसलि) *adj.* हत्या करते हुए।

Slav (स्लाव्) *adv.* & *n.* पूर्वी यूरोप में बसने वाली जाति का सदस्य।

Slave (स्लेव) *n.* दास, अधीन व्यक्ति, गुलाम, चाकर।

Slave-hunter (स्लेव-हण्टर्) *n.* दास बेचनेवाला।

Slaver (स्लॅव्हर्) *n.* . लार की टपक, दास व्यापार में लगा हुआ मनुष्य या जहाज़। *v.t.* & *i.* मुँह से थूक या लार गिराना।

Slaverer (स्लॅवहर्) *n.* लार बहाने वाला, नीच चापलूस।

Slavery (स्लेवरि) *n.* दासत्व, गुलामी।

Slave-trade (स्लेव-ट्रेड्) *n.* दास खरीदने तथा बचने का व्यवसाय।

Slavey (स्लेवि) *n.* दासी, मजदूरनी।

Slavish (स्लेविश) *adj.* दास संबंधी, तुच्छ, नीच।

Slavonian, Slavonic (स्लेवॉनिअन्, स्लेवॉनिक्) *adjs.* स्लाव लोगों सम्बन्धी, स्लाव लोगों की भाषा या स्लाव लोग।

Slay (स्ले) *v.t.* हत्या (वध) करना, मार डालना।

Slayer (स्लेयर्) *n.* वध करने वाला, हत्यारा।

Sleave (स्लीव) *v.t.* धागे को अलगाना।

Sleazy (स्लीजि) *adj.* असार, निर्बल।

Sledge, Sled, Sleigh (स्लेज, स्लेड, स्ले) *ns.* बरफ पर सरकने वाली बिना पहिये की गाड़ी। *v.t.* & *i.* बिना पहिये की गाड़ी पर चढ़कर चलना।

Sledge-hammer (स्लेज्-हॅमर्) *n.* लुहार का भारी हथौड़ा, घन।

Sleek (स्लीक्) *adj.* चिकना, चमकीला। *v.t.* दबाकर या रगड़कर चिकनाना।

Sleekly (स्लीकलि) *adv.* चिकनाहट से।

Sleeky (स्लीकि) *adv.* चिकना।

Sleep (स्लीप्) *n.* निद्रा, विश्राम, शान्ति, मृत्यु। *v.t.* & *i.* सोना, विश्राम करना, निष्क्रिय हो जाना, मृत्यु को प्राप्त करना।

Sleeper (स्लीपर्) *n.* सोने वाला, आलसी मनुष्य, लकड़ी की धरन जिस पर रेल की पटरी जड़ी होती है।

Sleeping (स्लीपिंगि) *n.* निद्रा लेने की इच्छा।

Sleepless (स्लीप्-लैस्) *adj.* निद्रा न लेता हुआ, जागृत।

Sleepwalker (स्लीप् वॉकर्) *n.* निद्रा की अवस्था में घूमने-फिरने वाला रोगी, नींद में चलने वाला।

Sleepy (स्लीपि) *adj.* निद्रालु, सुस्त, निद्राग्रस्त।

Sleet (स्लीट्) *n.* तुषार वर्षा, ओले के साथ वर्षा। *v.t.* ओले के साथ वर्षा होना।

Sleetiness (स्लीटीनैस्) *n.* तुषार वर्षा की अवस्था।

Sleeve (स्लीव) *n.* आस्तीन।

Sleeved (स्लीवड्) *adj.* आस्तीनदार।

Sleigh (स्ले) *n.* बरफ पर चलने वाली बिना पहिए की गाड़ी।

Sleight (स्लाइट्) *n.* धूर्तता, छल (माया), नजर-बंदी।

Slender (स्लेन्डर्) *adj.* दुबला-पतला, निर्बल, नाजुक दुर्बल, क्षीण।

Sleuth (स्लूथ) *n.* जासूस, शिकारी कुत्ता। *v.t.* जासूसी करना।

Slew, Slue (स्लू) *v.t.* & *i.* घूमना, झूलना, घुमाना, झुलाना। *n.* घुमान, मोड़, लटकन।

Slice (स्लाइस्) *n.* मांस या रोटी का पतला चौड़ा खण्ड, चौड़ी धार का हथियार। *v.t.* & *i.* फाँक काटना, टुकड़ा करना।

Slick (स्लिक्) *adj.* (*adv.*) सामान्य, पूर्ण, सीधा, ठीक तरह से, पूर्ण रूप से। *adv.* तुरन्त, पूर्ण रूप से।

Slide (स्लाइड्) *v.i.* & *t.* फिसलना, सरकना, बर्फ पर खिसकना, धीरे-धीरे चुपचाप चलना, आचरण या चरित्र में चूक जाना, भूल कर बैठना, खिसकाना या फिसलना। *n.* सरकन, सरकने का मार्ग, पदार्थ को रखने के लिए शीशे का पत्तर, रास्ता जो बर्फ पर फिसलने के लिए बनाया गया।

Sliding (स्लाइडिंग) *adj.* & *n.* सरकने वाला, सरकन।

Slight (स्लाइट्) *adj.* थोड़ा, कृश, हल्का, अपर्याप्त, दुर्बल। *v.t.* उपेक्षा, तिरस्कार करना। *n.* उपेक्षा, तिरस्कारपूर्ण अनादर। **Slightingly,** *adv.* उपेक्षा से। **Slightly,** *adv.* अनादर से, अल्पमात्र।

Slim (स्लिम्) *adj.* दुबला-पतला, धूर्त।

Slime (स्लाइम्) *n.* मल या श्लेषमा, वीर्य, कीचड़ के रूप में पिसी हुई कच्ची धातु, कीचड़, लिसलिसी मिट्टी। *v.t.* & *i.* चिपकने वाली, मिट्टी से ढाँपना। **Slimily,** *adv.* लसलसेपन से।

Slimy (स्लाइमि) *adj.* लिसलिसी मिट्टी भरी हुई, सरकने वाली।

Sling (स्लिंग्) *v.t.* फेंकना, झटकारना।

Slink (स्लिंक्) *v.i.* गुपचुप निकल जाना, लज्जित होकर जाना, गर्भ गिराना, बचाकर भागना।

Slip (स्लिप्) *n.* चीर, सरकन, दोष, अपराध (भ्रम), ढीले खोल या कपड़े, लकड़ी की पतली पट्टी, खिलाड़ी के पीछे गेंद लपकने के लिए खड़ा क्षेत्र रक्षक। *v.t.* & *i.* संतुलन गवाना, भूल-चुक करना, खिसक जाना, भाग जाना, चोरी से रखना, सरकना, जल्दबाजी में कपड़ा उतारना या पहनना, बिना ध्यान दिए पढ़ना या विचार करना।

Slipper (स्लिपर्) *n.* घर में पहिनने का ढीला जूता या चप्पल, स्लीपर।

Slipperiness (स्लिपर्नैस्) *n.* फिसलन, चंचलता।

Slipperingly (स्लिपरिंगलि) *adv.* फिसलते हुए, अस्थिरता से।

Slippery (स्लिपरि) *adj.* चिकना, अस्थिर, अनिश्चित, चंचल।

Slippy (स्लिपि) *adj.* फिसलने वाला, फुर्तीला, तेज।

Slipshod (स्लिप्-शॉड्) *adj.* चप्पल पहिने हुए, असावधान।

Slit (स्लिट्) *v.t.* & *i.* लम्बे बल काटना, पतली पट्टी काटना। *n.* लम्बी फटन, लम्बी दरार या छेद।

Slither (स्लिदर्) *v.i.* धड़ाधड़ या धड़धड़ करके उतरना।

Sliver (स्लिवर्) *n.* लम्बा टुकड़ा, चैली। *v.t.* & *i.* लम्बे टुकड़े काटना, चैली निकालना।

Slobber (स्लॉबर्) *v.t.* & *i.* भावना में बहना, मुँह से लार बहाना, गंदा काम करना। *n.* लार का बहाव।

Slobbery (स्लॉबरि) *n.* निकृष्ट कार्य।

Sloe (स्लो) *n.* एक प्रकार का जंगली बेर, झरबेर का फल।

Slog (स्लॉग्) *v.t.* & *i.* बड़े वेग से मारना, झपटकर चलना।

Slogan (स्लोगन) *v.t.* & *i.* सिंहनाद, किसी दल का विशिष्ट सांकेतिक शब्द, आदर्श वाक्य।

Sloop (स्लूप्) *n.* एक मस्तूल का छोटा जहाज।

Slop (स्लॉप्) *n.* पुलिस का आदमी।

Slop (सलॉप्) *n.* घर गृहस्थी का गंदा जल, तरल भोजन, मल्लाहों के लिए बनाया हुआ वस्त्र। *v.t.* & *i.* पानी छिड़ककर गन्दा करना, बरतन में से उमड़कर गिरना।

Slope (स्लोप्) *n.* निम्नता, ढाल, असम (ऊँची-नीची), भूमि। *v.t.* & *i.* तिरछा करना, ढलुआँ होना। **Sloping,** *adj.* ढलुआँ।

Slope-wise (स्लोपवाइस्) *adv.* ढाल के रूप में।

Sloppily (स्लोपिलि) *adv.* छिड़काव से। **Sloppiness,** *n.* भीगापन।

Slops (स्लॉप्स्) *n.* तरल भोजन, रसोई का व्यर्थ गंदा पानी, सिले-सिलाये तैयार कपड़े।

Sloppy (स्लोपि) *adj.* वर्षा या पानी छिड़कने से भीगा हुआ।

Slot (स्लॉट्) *n.* किसी यंत्र में की दरार, नाटकघर में रंगभूमि की खिड़की, हिरनी का मार्ग जो पैर के चिह्न से जाना जाय। *v.t.* दरार या छेद बनाना।

Sloth (स्लोथ्) *n.* मन्दता, सुस्ती, आलस्य, अमेरिका का एक प्रकार का जानवर जो बहुत धीर-धीरे चलता है।

Slothful (स्लोथफुल) *adj.* आलसी, सुस्त।

Slouch (स्लाउच्) *n.* भद्दी चाल, टेढ़ी टोपी। *v.t.* & *i.* झुकना, शरीर ढीला करके बैठना, टेढ़ी टोपी लगाना।

Slough (स्लाउ) *n.* जख्म या घाव या फोड़े पर मरे हुए तन्तु या मवाद की तह, केंचुली चोइयाँ। *v.t.* & *i.* केंचुली, छोड़ना।

Slough (स्लाउ) *n.* कीचड़, दलदल, आशाहीन अवस्था।

Sloughy (स्लाउयी) *adj.* केंचुलीदार।

Sloven (स्लव्हन्) *n.* मैला अथवा अव्यवस्थित

पुरुष, फूहड़ मनुष्य।

Slovenliness (स्लव्हनिनैस) *n.* गन्दगी, मलिनता।

Slovenly (स्लवहनलि) *adv.* गंदगी, मलिनता, आचार-विचार भ्रष्ट।

Slow (स्लो) *adj* & *adv.* धीमा, मन्द गतिवाला, विलम्ब करने वाला, दीर्घ सूत्री, क्लान्तिकर, निष्क्रिय, आलसी, असावधान, मन्दता से। *v.t.* & *i.* विलंब करना, चाल धीमी करना।

Slowly (स्लालि) *adv.* मन्दता से।

Slow-witted (स्लो-विटिड्) *adj.* मोटी बुद्धि का मूर्ख।

Slow-worm (स्लो-वोर्म्) *n.* बिना हाथ पैर का गिरगिट, अन्धा केंचुआ।

Slub (स्लब) *n.* थोड़ा-बटा हुआ ऊन। *v.t.* ऊन को थोड़ा बटना।

Slubber (स्लबर्) *v.t.* & *i.* धीमे-धीमे और लापरवाही से काम करना, मुँह से लार बहना।

Sludge (स्लज्) *n.* पंक, कीचड़, (मैला)।

Sludgy (स्लज्-गि) *adj.* पंकमय, गँदला, मैला।

Slue (स्लू) *v.t.* & *i.* घुमाना, घूमना।

Slug (स्लग्) *n.* एक धातु पिंड, वनस्पति को नष्ट करनेवाला एक प्रकार का बिना आवरण का घोंघा, बंदूक की गोली।

Slugabed (स्लगबैड्) *n.* देर तक चारपाई पर पड़ा रहने वाला मनुष्य।

Sluggard (स्लगर्ड्) *n.* मन्द, आलसी मनुष्य।

Sluggish (स्लगिश्) *adj.* मन्दगति, धीमा, आलसी, सुस्त।

Sluggishly (स्लगिशलि) *adv.* मन्द गति से, सुस्ती से।

Sluggishness (स्लगिशनैस्) *n.* आलस्य, मन्दता।

Sluice (स्लूस्) *n.* जलमार्ग, पानी निकालने का फाटक, नहर। *v.t.* & *i.* पानी निकालने के लिए ऐसा फाटक बनाना, ऐसे फाटक से पानी निकालना।

Slum (स्लम्) *n.* मैली-कुचैली बस्ती। *v.i.* गन्दी गलियों में फिरना।

Slumber (स्लम्बर्) *n.* झपकी (अल्पनिद्रा), ऊँघ। *v.t.* & *i.* ऊँघना, झपकी लेना।

Slumberous (स्लम्बरस्) *adj.* निद्रालु, ऊँघता हुआ।

Slummock (स्लमॉक्) *v.t.* & *i.* भुक्खड़ की तरह खाना, फूहड़ की तरह बोलना।

Slump (स्लम्प्) *n.* किसी पदार्थ के मूल्य में अचानक कमी या खतरा बढ़ना, किसी विषय में रुचि कम होना। *v.i.* मूल्य में एकाएक कमी होना।

Slung (स्लंग) *adj.* लटकाया हुआ।

Slunk (स्लंक) *adj.* पूर्ण गर्भ से पहले उत्पन्न (बछड़ों के बारे में)।

Slur (स्लर्) *v.t.* & *i.* अस्पष्ट उच्चारण करना, छिपाना, कम करना, कलंक लगाना। *n.* कलंक, अपकीर्ति (का चिह्न), टेढ़ी-मेढ़ी लिखावट।

Slush (स्लश्) *n.* पिघलने वाला बर्फ, नरम मिट्टी, भावुकता का पागलपन।

Slut (स्लट्) *n.* मैली-कुचैली या फूहड़ स्त्री, बदतमीज औरत।

Sluttery (स्लटरि) *n.* गन्दगी, अव्यवस्था।

Sly (स्लाय्) *adj.* धूर्त, चतुर, उत्तेजना उत्पन्न करने वाला, एकान्त में किया हुआ, कपट, चतुराई।

Slyly (स्लायि) *adv.* धूर्तता से, कपट से।

Smack (स्मॅक्) *n.* सुगन्धयुक्त स्वाद, अल्प परिमाण, सशब्द चुम्बन, एक प्रकार का जहाज, मन्द शब्द, हल्का रंग, थप्पड़। *v.t.* & *i.* हल्का स्वाद पाना, हल्का स्वाद लेना, कड़ाके का शब्द करना।

Smack (स्मॅक्) *n.* मछली पकड़ने की एक छोटी नौका।

Smacker (स्मैकर्) *n.* तड़ाके का शब्द, जोर का चुम्बन।

Small (स्मॉल्) *adj.* कम आकार या शक्ति वाला, थोडा, महत्वहीन, क्षुद्र, नम्र, निर्बल, दीन, दरिद्र, अनुदार। *n.* किसी वस्तु का पतला भाग।

Small hours (स्माल आवर्स) *n.* आधी रात के बाद का समय।

Small pox (स्माल पाक्स्) *n.* एक छूत का रोग।

Small-talk (स्माल-टाल्क) *n.* सामाजिक अवसरों पर छोटी वार्ता।

Smallage (स्मालेज) *n.* जंगली चौराई।

Smalt (स्मॉल्ट्) *n.* नीले रंग का शीशा, नीला रंग।

Smart (स्मार्ट्) *adj.* तेज धारवाला, कठोर, कडुआ, तीखा, तीक्ष्ण बुद्धि, चतुर। *v.t.* & *i.* कड़ी पीड़ा देना या अनुभव करना। *n.* तीव्र शारीरिक या मानसिक व्यथा, तीव्र वेदना।

Smartly (स्मार्टलि) *adj.* तीव्रता से, शीघ्रता से।

Smartness (स्मार्टनैस) *n.* तीव्रता, (तीक्ष्णता), शोभा।

Smash (स्मैश्) *v.t.* & *i.* टुकड़े-टुकड़े करना, छितराना, तितर-बितर करना, वेग से मारना, दुखी होना। *n.* छितराव, उग्र या गहरा पतन या विनाश।

Smasher (स्मैशर्) *n.* टुकड़ा-टुकड़ा करने वाली चोट।

Smatter (स्मॉट्टर्) *v.t.* वृथा बकवाद करना।

Smattering (स्मॉट्टरिंग्) *n.* अल्प ज्ञान।

Smear (स्मिअर्) *v.t.* & *i.* लीपना-पोतना, गन्दा करना। *n.* लीपन, पोतन, दाग।

Smearing (स्मिअरिंग) *n.* लिपान।

Smearingly (स्मिअरिंगलि) *adv.* मैला करते हुए।

Smeary (स्मिअरि) *adj.* लिसलिसा।

Smectite (स्मेक्टाइट्) *n.* रेह, सज्जी मिट्टी।

Smegma (स्मेग्मा) *n.* लिंग के चमड़े के नीचे का चिकना पसेव।

Smell (स्मेल्) *n.* गन्ध ग्रहण की शक्ति, गन्ध, वास, दुर्गन्ध। *v.t.* & *i.* गन्ध का अनुभव करना, सूँघना।

Smeller (स्मेलर्) *n.* सूँघने वाला, नाक पर का आघात।

Smelt (स्मेल्ट्) *n.* ककड़ी के समान गन्ध वाली सामन जाति की एक प्रकार की मछली।

Smew (स्म्यू) *n.* एक प्रकार की बत्तख।

Smilax (स्मायूलॅक्स्) *n.* एक प्रकार की लता या बेल।

Smile (स्माइल्) *n.* मन्दहास, मुस्कराहट, प्रसन्न मुद्रा। *v.t.* & *i.* मुस्कराना, हल्की हँसी हँसना, अनुग्रह करना।

Smiling (स्माइलिंग) *adj.* मुस्कराता हुआ, प्रसन्न।

Smirch (स्मर्च्) *v.t.* मलिन करना, कलुषित करना।

Smirk (स्मर्क्) *v.t.* चोचला करते हुए हँसना। *n.* मूर्खता की हँसी, नखरे की मुस्कराहट।

Smite (स्माइट्) *v.t.* & *i.* मारना, हराना, पीड़ा देना, रोगग्रस्त करना।

Smiter (स्माईटर्) *n.* तेज मारने वाला।

Smith (स्मिथ्) *n.* धातु का काम करने वाला (यथा लुहार, सुनार, कसेरा आदि)।

Smithery (स्मिथरि) *n.* लोहार का काम करने वाला।

Smithy (स्मिदि) *n.* लुहार का कारखाना।

Smitten (स्मिट्न्) *adj.* पीटा या मारा या हटाया गया।

Smock (स्मॉक्) *n.* जनानी कमीज, बच्चे का वस्त्र।

Smoke (स्मोक्) *n.* तम्बाकू सेवन, धूम्र, धुआँ, भाप। *v.t.* & *i.* धुआँ फेंकना, काला करना, गला घोंटना, धूम्रपान करना, तमाखू पीना।

Smoke-bell (स्मोक-बॅल्) *n.* दीपक के ऊपर टांगने की कटोरी।

Smoke-cell (स्मोक-सेल) *n.* धुआँ उत्पन्न वाला गोला।

Smoked (स्मोक्ड्) *adj.* धुएं से ढका हुआ।

Smoker (स्मोकर्) *n.* तमाखू पीने वाला।

Smoking (स्मोकिंग) *n.* धूम्रपान।

Smoky (स्मोकिंग्) *adj.* धुएँ के रंग का, धुँआ से भरा हुआ, धूम्रपान की आदत वाला।

Smolt (स्मोल्ट्) *n.* बढ़ती उम्र की सालोमन मछली।

Smooth (स्मूद्) *adj.* चिकना, चौरस, शान्त, चमकदार, आकर्षक, विनीत। *v.t.* & *i.* बराबर करना, चिकना करना, शान्त करना। *n.* शान्ति देनेवाला स्पर्श।

Smother (स्मदर्) *v.t.* & *i.* श्वास रोकना, गला घोटना, दया की भरमार करना, दबाना, छिपना। *n.* गला घोंटने वाला घना धुआँ, धीरे-धीरे सुलगने वाली आग, घबड़ा देने वाली पानी की हलचल या उपद्रव।

Smothered (स्मदर्ड) *adj.* गला घोंटा हुआ।

Smothery (स्मदरि) *adj.* रूँधनेवाला।

Smoulder (स्मोल्डर्) *v.i.* भीतर-भीतर (बिना ज्वाला उठे) जलना, बिना प्रत्यक्ष प्रभाव के होना। *n.* धुवाँ न निकालनेवाला मसाला, दम घोंटने वाला धुवाँ, धुवें से भरी भाप, मन्द-मन्द जलने का फल, धीरे-धीरे सुलगने वाली आग।

Smudge, Smutch (स्मज्, स्मच) *v.t.* & *i.* लीपा-पोती करना, गन्दा करना, यश में धब्बा लगाना। *n.* मिट्टी का चिह्न।

Smudge (स्मज्) *n.* कीड़े-फतिंगों को हटाने के लिए घर के बाहर आग जलाना।

Smudgily (स्मॅजलि) *adv.* गंदेपन से।

Smudgy (स्मगई) *adj.* चिह्नयुक्त, गँदला।

Smug (स्मग्) *adj.* शिष्ट आकृति का, सुन्दर, अपने ही में प्रसन्न।

Smuggle (स्मगल्) *v.t.* & *i.* महसूली माल को चोरी से मँगाना या बाहर भेजना।

Smuggler (स्मगलर्) *n.* महसूली माल को चोरी से मांगने या बाहर भेजने वाला।

Smuggling (स्मगलिंग्) *n.* महसूली माल की चोरी से मंगाने या बाहर भेजने का काम।

Smut (स्मट्) *n.* गेरुई, अश्लील (गन्दी), वार्ता (बातचीत)। *v.t.* धब्बा लगाना, मैला करना, काला करना, अनाज के दाने में गेरुई लगना।

Snack (स्नॅक्) *n.* भाग, जलपान, अल्प भोजन।

Snaffle (स्नॅफल्) *n.* चिकनी लगाम।

Snaffled (स्नॅफल्ड्) *adj.* चिकनी लगाम लगा हुआ।

Snag (स्नॅग्) *n.* नोकिला, ठूँठदार, उभड़ा या बाहर निकला हुआ कोना, दाँत, अवरोध, नदी अथवा समुद्र में की उभड़ी हुई चट्टान जो नाव आदि चलाने में रुकावट डालती है।

Snaggy (स्नेगि) *adj.* ठूंठदार।

Snail (स्नेल्) *n.* शम्बूक, घोंघा। *v.t.* & *i.* घोंघे का शिकार करना।

Snake (स्नेक्) *n.* साँप, नाग, सर्प, विश्वासघाती मनुष्य, नमकहराम।

Snakiness (स्नेकिनेस्) *n.* दुष्टता, कृतघ्नता।

Snaky (स्नेकि) *adj.* सर्प जैसा, डरावना, धोखेबाजी से पूर्ण।

Snap (स्नॅप्) *v.i.* & *t.* चटकाकर तोड़ना, काटना, टुकड़ा करना, चलती-फिरती चीजों की फोटो लेना। *n.* कड़कड़ाहट, खटका।

Snaphook (स्नॉप्-हुक्) *n.* ऐसा खटका जिसमें डोरा जा सके परन्तु निकल न सके।

Snap-lock (स्नॉप-लॉक्) *n.* कमानी पर बन्द होने वाला ताला।

Snappish (स्नेपिश्) *adj.* क्रोधी।

Snappy (स्नेपि) *adj.* दुःशील, कर्कश, निर्दय।

Snap-shot (स्नेप-शॉट्) *n.* जल्दी का निशाना, शीघ्रता से खींची गयी फोटो।

Snare (स्नेअर्) *n.* जाल, फन्दा, फुसलाने की विधि। *v.t.* जाल में फँसाना।

Snarl (स्नार्ल्) *v.t.* & *i.* कुत्ते की भाँति गुर्राना, कर्कश शब्द बोलना, फँसाना। *n.* गुर्राहट।

Snatch (स्नॅच्) *v.t.* & *i.* छीनना, झटके से पकड़ना, झपटना। *n.* क्षणिक प्रवृत्ति, आकस्मिक प्रयत्न, झपट।

Snatchily (स्नॅचलि) *adv.* झपटते हुए।

Snatching (स्नेचिंग) *adj.* छीनने वाला, लालची।

Sneak (स्नीक्) *v.t.* & *i.* चोर की तरह भाग जाना, अधम व्यवहार करना। *n.* नीच, अधम, पुरुष।

Sneaking (स्नीकिंग) *adj.* नीच, लालची।

Sneakingly (स्नीकिंगलि) *adv.* नीचता से।

Sneer (स्निअर्) *v.t.* बोली-ठिठोली बोलना, उपहास करना, तिरस्कार दिखलाना।

Sneeze (स्नीज) *v.i.* छींकना, छींकने का शब्द। *n.* छींकने का कार्य।

Snick (स्निक्) *v.t.* छोटा कटाव निकालना। *n.* छोटा चिप्पड़।

Snicker (स्निकर्) *v.i.* हल्का-सा हिनहिनाना। *n.* हिनहिनाहट।

Snider (स्नायडर्) *adj.* कृत्रिम, बनावटी।

Sniff (स्निफ्) *v.t.* & *i.* गंध लेना, शब्द करते हुए नाक से हवा खींचना। *n.* नाक की फूँक।

Sniffy (स्निफि) *adj.* तिरस्कारयुक्त, दुर्गन्ध पूर्ण।

Sniffing-valve (स्निफिंग्-वाल्व) *n.* भाप छोड़ने

वाला पर्दा।

Snigger (स्निगर्) *v.i.* & *n.* अल्पहास करना, सनकभरी दबी हँसी।

Snip (स्निप्) *v.t.* & *i.* छाँटना, कैंची से कतरना। *n.* कतरने की क्रिया।

Snipe (स्नाइप्) *n.* एक प्रकार की दलदल की चिड़िया, चाहा पक्षी। *v.t.* & *i.* रात्रि में छिपी हुई जगह से शत्रु पर गोली चलाना, चाहा पक्षी का शिकार करना।

Snippet (स्निपिट्) *n.* छोटा कटाव, चिप्पड़।

Snippety (स्निपिटि) *adj.* कटाव या टुकड़े का।

Snipping (स्निपिंग) *n.* कटाव, कतरन।

Snivel (स्निव्हेल्) *v.i.* नाक बहना, नाक से कफ निकलना, बच्चे की तरह रोना। *n.* नाक बहना, रोना, चिल्लाहट।

Snivelling (स्निव्हेलिंग्) *adj.* बच्चों की तरह चिल्लाने वाला।

Snob (स्नॉब्) *n.* गँवार मनुष्य, मोची का नौकर।

Snood (स्नूड्) *n.* जूड़ा बाँधने का फीता।

Snook (स्नूक्) *n.* एक प्रकार की मछली, नाक पर अँगूठा रखकर तिरस्कार सूचित करने का संकेत।

Snooker (स्नूकर) *n.* एक प्रकार का गेंद का खेल जो टेबुल पर खेला जाता है।

Snoop (स्नूप्) *v.i.* ताक-झांक करना, अपनी टाँग अड़ाना।

Snooze (स्नूज) *v.i.* & *n.* दिन में झपकी लेना, आलस्य में समय बिताना।

Snore (स्नोर्) *v.t.* & *i.* घर्राटा लेना, सोने में नाक से शब्द निकालना।

Snorer (स्नोरर्) *n.* घर्राटा लेने वाला।

Snort (स्नॉर्ट्) *v.t.* & *i.* नाक से शब्द निकालना, घर्घर शब्द करना।

Snot (स्नॉट्) *n.* नाक का कफ।

Snotty (स्नॉटि) *adj.* कफ निकलने वाला।

Snout (स्नाउट्) *n.* नान का आगे को उभड़ा हुआ भाग, थूथन।

Snow (स्नो) *n.* (हिम, तुषार पाला) बरफ। *v.i.* हिम की वर्षा होना, (बरफ पड़ना), बरफ के गेंद से खेलना।

Snowily (स्नोलि) *adv.* बरफीलेपन से।

Snowy (स्नोवि) *adj.* बरफीला, हिमपूर्ण।

Snowdrift (स्नोड्रिफ्ट्) *n.* हवा से उड़कर एकत्र हिमखण्ड, ढेर।

Snub (स्नब्) *v.t.* अनादर करना, डाँटना, झिड़कना। *n.* गाली, झिड़की। *adj.* छोटी या ऊपर की मुड़ी हुई।

Snubber (स्नबर्) *n.* मोटर कार की स्प्रिंग को परखने का एक यंत्र।

Snuff (स्नफ्) *n.*, *v.t.* & *i.* सुँघनी, सूँघना, मोमबत्ती का गुल काटना।

Snuffers (स्नफर्ज्) *n.* मोमबत्ती का गुल काटने की कैंची।

Snuffer-tray (स्नफर्-ट्रे) *n.* गुल-कतरनी रखने की रकाबी।

Snuffle (स्नफल्) *v.t.* & *i.* नकियाना, नाक से बोलना। *n.* नकियाने का शब्द।

Snuffy (स्नफि) *adj.* सुँघनी से मलिन किया हुआ।

Snug (स्नग्) *adj.* जलवायु से सुरक्षित, गुप्त, सुख देनेवाला।

Snugly (स्नगलि) *adv.* आनन्द से, सुख से।

Snugness (स्नगनैस्) *n.* आनन्द, स्वस्थता।

Snuggery (स्नगरि) *n.* गुप्त घर, सराय में मदिरालय।

Snuggle (स्नगल्) *v.t.* & *i.* सटकर सोना, पास लेटना, बच्चे को शरीर से चिपकाना।

So (सो) *adv.* & *conj.* ऐसा, इस प्रकार से, तदनुसार, इस कारण से, इसलिए।

Soak (सोक्) *v.t.* & *i.* भिगोना, सोखना, नल से सींचना, तर करना।

Soaker (सोकर) *n.* सोखने वाला, पियक्कड़।

Soap (सोप्) *n.* धाने के लिए प्रयुक्त होने वाला एक प्रकार का पदार्थ, साबुन।

Soapy (सोपि) *adj.* & साबुन लगाया या पोता हुआ, साबुन के समान, घोल के रूप में साबुन रखने वाला, साबुन के समान नरम और चिकना, अनुग्रह के लिए संस्तुति करने वाला।

Soar (सोअर्) *v.i.* ऊँचा उड़ना, आकाश में पर खोले हुए मँडराना, बहुत ऊँचे चढ़ना।

Soarer (सोअरर्) *n.* ऊपर चढ़ने वाला।

Soaringly (सोअररिंगलि) *adv.* ऊपर चढ़ते हुए।

Sob (सॉब्) *n.* सिसकी। *v.t.* & *i.* सिसकना।

Sobbing (सॉबिंग्) *n.* सिसकी।

Sober (सोबर्) *adv.* मदिरा न पिये हुए, संयमी, मर्यादायुक्त, गंभीर, शान्त, उद्वेग रहित। *v.t.* & *i.* शान्त करना, उन्माद हटना या हटना।

Soberly (सोबरलि) *adv.* गम्भीरता से, विचार-पूर्वक।

Sobriety (सॅब्राइटि) *n.* गम्भीर होने का गुण, शान्ति, आकर्षण शक्ति, गम्भीरता, स्थिरता, बुद्धिमता, मदिरापान में संयम।

Sobriquet (सोब्रिके) *n.* उपाधि, उपनाम, कृत्रिम नाम।

Soccer (सॉकर्) *n.* फुटबाल संगठन।

Sociability (सोशबिलिटि) *n.* मिलनसारी, सुशीलता, सुजनता।

Sociable (सोशिएबल्) *adj.* सबसे बोलने वाला, संगमप्रिय, मिलनसार। *n.* दो मनुष्यों के अलग चढ़ने की तिपहिया साइकिल।

Social (सोशल्) *adj.* सामाजिक, सांसर्गित, समाज में रहने वाला, परस्पर निर्भर रहने वाला।

Sociality (सोशिएलिटि) *n.* सामाजिकता।

Socially (सोशिएलि) *adv.* सामाजिकता रूप से।

Socialism (सोशलिज्म्) *n.* यह सिद्धान्त कि व्यक्तिगत स्वतंत्रता सामाजिक कल्याण पर सब तरह से निर्भर होनी चाहिये, समाजवाद।

Socialize (सोशलाइझ्) *v.t.* सामाजिक बनाना।

Socialization (सोशलाइझेशन्) *n.* सामाजिक रचना।

Society (सोसाइटि) *n.* समाज, सामाजिक रीति, सामाजिक जीवन, उच्च श्रेणी के लोग, जनसमूह (मंडली)।

Sociological (सोशिऑलॉजिकल्) *n.* समाजशास्त्र संबंधी।

Sociologist (सोशिऑलॉजिस्ट्) *n.* समाजशास्त्र का अनुयायी।

Sociology (सोशिऑलॉजि) *n.* समाज शास्त्र।

Sock (सॉक्) *n.* छोटा मोजा, जूते का भीतरी तल्ला, हलका जूता, शस्त्र का आघात। *v.t.* पत्थर या गेंद फेंकना।

Socket (साकेट्) *n.* आँख या हड्डी बिठाने का गर्त, गर्त जिसमें कोई चीज बैठाई जाती है।

Socle (सॅकल्) *n.* खम्भे के नीचे की चौकी।

Socratic (साक्रेटिक्) *n.* सुकरात की भाँति, सुकरात का अनुयायी।

Sod (सॉड्) *n.* तृण सहित भूमि का भाग। *v.t.* दूब लगी हुई भूमि की ऊपरी तह।

Sod (सॉड्) *p.t. of* Seethe उबाला।

Soda (सोडा) *n.* खारा सोडा।

Sodden (सॉडन्) *adj.* मूर्ख और मन्द, गीला और भारी, उबाला हुआ। *v.t.* & *i.* गीला बना हुआ।

Soddy (सॉडि) *adj.* तृणमय, भूमियुक्त।

Sodic (सॉडि) *adj.* सोडियम-संबंधी।

Sodium (सोडियम्) *n.* सोडा में पाई जाने वाली एक सफेद धातु।

Sodomite (सॅडॅमाइट्) *n.* पुरुषमैथुन करने वाला, लौंडेबाज।

Sodomy (सॅडमि) *n.* पुरुष मैथुन, गुदामैथुन, लौंडेबाजी।

Sofa (सोफा) *n.* सोफा, गद्देदार बैंच।

Soffit (सॉफिट्) *n.* मेहराब या बरामदे का निचला भाग।

Soft (सॉफ्ट्) *adj.* मृदु, कोमल, चिकना, लचीला, बिना कड़वाहट का, सौम्य, सुकुमार, मधुर। *inter.* !! जरा रुक जाओ! चुप! शान्त।

Soften (सॉफन्) *v.t.* & *i.* दयायुक्त होना या करना, कोमल होना या करना।

Softener (सॉफनर) *n.* कोमल करने वाला।

Softening (सॉफनिंग) *adj.* शान्तिकर, शमन करने वाला।

Softy (सॉफ्टि) *adj.* कुछ कोमल।

Soggy (सॉगि) *adj.* गीला किया हुआ, तर, दलदली, नरम।

Soil (सॉइल्) *v.t.* & *i.* मैला करना, कलंकित करना, दूषित करना, पशुओं को हरा तृण खिलाना।

n. भूमि (प्रदेश), पृथ्वी की ऊपरी परत स्थल भाग, धब्बा, मैल का दाग या निशान, मलिनता।

Soiree (स्वारे) *n.* मित्र मण्डली का संध्या का जमघट।

Sojourn (सजर्न्) *n.* अस्थाई डेरा, प्रवास। *v.i.* थोड़े समय के लिए कहीं पर ठहरना, डेरा डालना।

Sojourner (सजर्नर्) *n.* प्रवासी।

Sol (सोल्) *n.* सप्तक का पाँचवाँ स्वर।

Sola (सोला) *n.* सोला, खुखड़ी।

Solace (सॅलेस) *n.* आश्वासन, धीरज, ढांढस। *v.t.* सन्तोष करना, धीरज रखना, सान्त्वना का अनुभव करना।

Solacious (सॅलेसियस्) *adj.* आनन्ददायक।

Solan (-goose) *n.* (सोलन्-गूज) समुद्री चिड़िया।

Solanum (सॅलेनम्) *n.* दवा के काम के लिए उगाया गया आलू या धतूरे की जाति का पौधा।

Solar (सोलर्) *adj.* सौर, सूर्य संबंधी।

Solarium (सॅलेरिअम्) *n.* रोग निवृत्ति के लिए सूर्य की किरणों के सेवन करने का स्थान या घर।

Solarize (सोलराइझ्) *v.t.* & *i.* सूर्य की किरणों से नष्ट करना।

Solatium (सोलेशिअम्) *n.* शान्त करने के लिए दिया हुआ पदार्थ।

Sold (सोल्ड्) *adj.* बेच डाला गया।

Solder (सॉल्डर्) *n.* धातु जोड़ने का टाँका। *v.t.* टांका लगाना, टाँके से जोड़ना।

Soldier (सोल्जर्) *n.* सैनिक, यौद्धा, फौज का बड़ा अधिकारी, सेनापति, लाल रंग की मछली, काटने वाली चींटी। *v.i.* सैनिक का कार्य करना।

Soldiering (सोल्जरिंग) *n.* सैनिक वृत्ति।

Soldierly (सोल्जर्लि) *adj.* सैनिक की तरह का, वीर।

Soldier-like (सोल्जर-लाईक) *adj.* योद्धा की तरह।

Soldiery (सोल्जरि) *n.* किसी राज्य का सैन्य दल।

Sole (सोल्) *n.* एक प्रकार की चपटी मछली, खाने के गहत्व की।

Sole (सोल्) *adj.* एक केवल एक, एक विशेष व्यक्ति, अकेला, अनोखा।

Solecism (सॅलिसिज्म्) *n.* बोलने या लिखने में अशुद्ध प्रयोग, व्याकरण की अशुद्धि।

Solemn (सॉलेम्) *adj.* पवित्र, पूर्ण, महत्वपूर्ण, गम्भीर, निश्चयपूर्वक, ऐश्वर्ययुक्त।

Solemnity (सॅलेम्निटि) *n.* गुरुता, गंभीरता, धार्मिक क्रिया, प्रभावपूर्णता।

Solemnize (सॅलेम्नाइझ्) *v.t.* शास्त्र के अनुसार अनुष्ठान करना, उत्सव मनाना।

Solen (सोलेन्) *n.* एक प्रकार का घोंघा।

Solenoid (सॅलिनॉइड्) *n.* गड़ारी पर लपेटा हुआ तार जिसमें से बिजली की धारा दौड़ने पर इसमें चुम्बक की शक्ति आती है।

Soleferino (सल्फेरीनो) *n.* एक प्रकार का लाल रंग।

Solicit (सालिसिट्) *v.t.* & *i.* सविनय प्रार्थना करना, माँगना, इच्छा करना, ललचाना।

Solicitor (सॅलिसिटर्) *n.* कानूनी सलाह देने वाला, सालिसिटर।

Solicitous (सॅलिसिटस्) *adj.* उत्सुक, उत्कण्ठित।

Solicitude (सॉलिसिट्यूड) *n.* (उत्कण्ठा) चिन्ता, सावधानी।

Solid (सॉलिड्) *adj.* समूचा, घना, ठोस, विश्वास के योग्य, बिना रुकावट का, दृढ़, पुष्ट, सप्रमाण, गम्भीर, तत्वपूर्ण, अविभक्त, सच्चा, शुद्ध खरा। *n.* ठोस पदार्थ, घन वस्तु, पिंड। **Solidly,** *adv.* दृढ़ता से, घनता से।

Solidarity (सॉलिडरिटि) *n.* रुचियों की घनिष्ठता, उद्देश्य, भावना, रुचि आदि की एकता, समानता।

Solidifiable (सॉलिडिफाइएबल्) *adj.* ठोस बनाने योग्य।

Solidify (सॅलिडिफाइ) *v.t.* & *i.* ठोस बनाना या होना।

Solidness (सॉलिडनेस्) *n.* ठोसपन।

Solifidian (सॅलिफिडिअन्) *n.* यह मानने वाला कि विश्वास से ही पाप से छुटकारा मिलता है।

Soliloquize (सॅलिलॅक्वाइज्) *v.t.* स्वागत भाषण करना।

Soliloquist (सॅलिलॅक्विस्ट्) *n.* स्वागत-भाषण करने वाला।

Soliped (सॉलिपेड्) *adj.* & *n.* ठोस खुरवाला (पशु)।

Solitaire (सालिटेअर्) *n.* रत्न, रत्नजड़ित कान का आभूषण।

Solitarian (सॉलिटेरिअन्) *n.* यति, संन्यासी।

Solitarily (सालिटरिलि) *adv.* निर्जनता से।

Solitary (सालिटरि) *adj.* निर्जन, एकान्त, असहाय (अकेला) एकान्तवासी।

Solitude (सॉलिट्यूड्) *n.* निर्जनता, अकेलापन, एकान्तवास।

Solivagant (सॉल्विगॅन्ट) *adj.* अकेला घूमने वाला।

Solmisation (सॉल्माइजेशन्) *n.* सा रे ग म सुर निकलाना, दुहराना।

Solo (सोलो) *n.* अकेले का गीत, अकेले का राग।

Soloist (सोलोइस्ट्) *n.* अकेला गाने-बजाने वाला।

Solo-flight (सोला-फ्लाइट) *n.* हवाई जहाज पर अकेले घूमना।

Solomon (सॉलोमन्) *n.* सालोमन, इजराईल का ख्यातिनामा बुद्धिमान व्यक्ति।

Solon (सोलन्) *n.* बुद्धिमान-न्यायाधीश।

Solstice (सॉल्स्टिस्) *n.* अयनान्त, अयनकाल।

Solstitial (सॉल्सिटियल्) *adj.* अयनान्त संबंधी।

Soluble (सॉल्युबल्) *adj.* किसी द्रव में घुलने या घुलाने योग्य।

Solubility (सॉल्युबलिटि) *n.* गलने की योग्यता।

Solus (सोलस्) *pred. adv.* अकेला, बिना किसी दूसरे के साथ।

Solution (सॅलयूशन्) *n.* घुलाव या घोल, अलगाव, साधन संयोग, सन्देह-निवृत्ति, व्याख्या, उपपत्ति।

Solve (सॉल्व) *v.t.* घुलना, ढीला करना, व्याख्या करना, अंशों का अलगाना, साधना।

Solvable (सोलवेबल्) *adv.* व्याख्या करने योग्य उत्तर निकालने योग्य।

Solvency (साल्हन्सि) *n.* सब ऋण चुकाने की योग्यता।

Solvent (सॉल्वन्ट्) *adj.* घुलाने की शक्ति वाला, ऋण चुकाने योग्य।

Solver (सॉल्वर्) *n.* साधनेवाला।

Somato (सोमॉटॅ) *pref.* 'शारीरिक' (दैहिक), शरीर सम्बन्धी।

Somatogenic (सोमॉटॅजेनिक्) *adj.* शरीर में उत्पन्न करने वाला।

Somatology (सोमॉटॅलॉजि) *n.* भौतिक विज्ञान।

Sombre (सॉम्बर्) *adj.* काला, उदासीन, अँधेरा, मलिन। *v.t.* & *i.* उदासीन बनाना, अँधेरा करना।

Sombrely (सॉम्बरलि) *adv.* मलिनता से।

Sombrous (सॉम्ब्रस) *adj.* काला धुंधलका।

Sombrously (सॉमब्रसलि) *adv.* धुंधलेपन से।

Some (सम्) *adj.* थोड़ा, कुछ, प्रायः, कोई, अमुक, अल्प। *pron.* कुछ लोग, नमूने के, कुछ चीजें कुछ संख्या में, उदाहरणार्थ कुछ।

Somebody (समबॉडी) *n.* कोई एक व्यक्ति।

Somehow (सम-हाउ) *adv.* किसी न किसी प्रकार से।

Someone (सम्-वन्) *n.* कोई। कोई विशेष व्यक्ति।

Somersault (समर्सॉल्ट्) *n.* कुदान, कलैया। *v.t.* हवा में कलैया खिलाना।

Something (समथिंग्) *n.* अज्ञात घटना, अज्ञात वस्तु कोई चीज, थोड़ा। *adv.* कुछ थोड़ा-सा।

Sometime (सम्-टाइम्) *adj.* & *adv.* एक बार, पहिले, पूर्वकाल में।

Sometimes (सम्-टाइम्स्) *adv.* कभी-कभी, कदाचित।

Somewhat (सम्-व्हाट्) *adj.* किंचित, थोड़ा, किसी अंश में, कुछ।

Somewhere (सम्-वेहर्) *adv.* कहीं पर।

Somnambulate (सॉम्नाम्ब्युलेट्) *v.t.* नींद में चलना-फिरना।

Somnambulator (सॉम्नाम्ब्यूलेटर्) *n.* . निद्रा में घूमने-फिरने वाला।

Somnambulism (सॉम्नाब्यूलिज़्म्) *n.* निद्रा-भ्रमण की आदत।

Somni (सॉम्नि) *pref.* निद्रा , अर्थ का उपसर्ग।

Somnific (सॉम्निफिक्) *adj.* नींद लाने वाला।

Somniloquist (सॉम्निलोक्यूइस्ट्) *n.* निद्रा में

बातें करने वाला।

Somnioquy (सॉम्निलोक्ये) *n.* निद्रा में बात करने की आदत।

Somnolence (साम्नोलैन्स) *n.* नींद, तन्द्रा।

Somnolent (साम्नोलैन्ट्) *adj.* निद्रा लाने वाला।

Son (सन्) *n.* पुत्र, बेटा, एक समर्पित सेवक।

Sonancy (सोनॉन्सि) *n.* उच्चारणत्व।

Sonant (सोनॉन्ट्) *adj.* & *n.* उच्चारण करने योग्य, ऐसा अक्षर।

Song (सॉग) *n.* गीत (राग), गाना, पक्षियों का मधुर शब्द, गायन, कविता।

Song-craft (सॉग-क्राफ्ट्) *n.* गाना बनाने की कला।

Songless (सॉगलैस) *adj.* बिना राग का।

Songstress (सॉगसट्रेस्) *n.* गाने वाली स्त्री।

Sonnet (सॉनेट्) *n.* चौदह पंक्तियों का गीत (लघुकाव्य), गीत, (गाथा)।

Sonneteer (सॉनेटिर्) *n.* चौदह पंक्तियों का कविता बनाने वाला।

Sonny (सनि) *n.* लड़के को पुकारने का शब्द, बेटा।

Sonometer (सॉनॅमिटर्) *n.* बहरे मनुष्य की श्रवण-शक्ति नापने का यंत्र।

Sonorous (सॉनोरस्) *adj.* शब्द निकालने वाला, शब्द या ध्वनि उत्पन्न करने वाला।

Soon (सून्) *adv.* थोड़े समय में, झटपट, अभी, शीघ्र, तुरन्त, आसानी से।

Soot (सूट्) *n.* काजल, कज्जली, कालिख। *v.t.* काजल से ढाँकना, काजल लगाना।

Sooth (सूद्) *n.* सत्य, यथार्थता।

Soothe (सूद्) *v.t.* शान्त करना, (पीड़ा) कम करना, प्रसन्न करना, चापलूसी करना।

Soother (सूदर्) *n.* शांत करने वाला, बच्चों के चूसने का रबड़।

Soothingly (सूदंगलि) *adv.* शान्त करते हुए।

Soothsayer (सूदसेयर्) *n.* देवज्ञ, भविष्यवक्ता।

Soothsaying (सूदसेयिंग) *n.* भविष्य-कथन।

Sop (सॉप्) *n.* शान्त करने के लिए दी हुई वस्तु, भिगाई हुई वस्तु। *v.t.* & *i.* गीला करना, भिगोना, तर होना।

Sophism (सॅफिझम्) *n.* मिथ्यावाद, वाक्छल; हेत्वाभास।

Sophist (सॅफिहस्ट्) *n.* मिथ्या हेतुवादी, वाक्छल करने वाला।

Sophistic (सफिस्टिक) *adj.* मिथ्यावाद-सम्बन्धी।

Sophisticate (साफिस्टिकेट्) *v.t.* & *i.* . कृत्रिम बनाना, मिलावट करना, छल करना, बिगाड़ना।

Sophistication (साफिस्टिकेशन्) *n.* कपट, छल, मिलावट।

Sophistry (सॅफिस्ट्रि) *n.* हेत्वाभास, सत्य का आभास, मिथ्यावादानुवाद।

Soporiferous (सोपॅरिफरस) *adj.* निद्राकारी।

Soporific (सोपॅरिफ़िक्) *adj.* & *n.* निद्राजनक, नींद लाने वाली।

Soppy (सॉपि) *adj.* चूषक, तरल, गीला।

Soprano (सप्रानो) *n.* औरतों और लड़कों का गाने का सबसे ऊँचा गला या स्वर, सबसे ऊँचे स्वर का गीत।

Sopranist (सप्रोनिस्ट्) *n.* तीव्र स्वर का गायक।

Sorb (सोर्ब्) *n.* सेब के समान एक वृक्ष।

Sorcerer (सोर्सरर्) *n.* मायावी, ऐन्द्रजालिक, जादूगर।

Sorcery (सोर्सरि) *n.* इन्द्रजाल, जादू, टोना।

Sordid (सॉरडिड्) *adj.* मलिन, नीच, मैला, अधम, लालची, कंजूस।

Sordidly (सॉरडिड्लि) *adv.* मलिनता से, नीचता से।

Sore (सोर्) *adj.* पीड़ा- युक्त, दुखदायी, क्लेशप्रद। *n.* घाव, फोड़ा। *adv.* अत्यंत कष्ट से, दुःख से।

Sorely (सोरलि) *n.* अत्यन्त (नितान्त), बहुत।

Sorghum (सॉरगम्) *n.* चारा, चरी।

Sorosis (सॅरोसिस्) *n.* मुलायम, गूदेदार फल।

Sorrel (सॉरेल्) *n.* एक प्रकार की वनस्पति, अम्बलेत। *adj.* भूरे लाल रंग का।

Sorrow (सॉरॅ) *n.* शोक, खेद, व्यथा, सन्ताप। *v.i.* शोक करना, खेद करना।

Sorrowful (सॉरॅफुल्) *adj.* दुखी (उद्विग्न), उदास।

Sorry (सॉरि) *adj.* शोकाकुल, खिन्न, दुःखी, उदास,

दीन।

Sort (सॉर्ट्) *n.* प्रकार (भेद, जाति), श्रेणी वर्ग, किस्म, कोटि, दर्जा, पद। *v.t.* & *i.* क्रम में अलगाना, चुनना (मेल मिलाना)।

Sorttish (सॉर्टिश्) *adj.* मदिरा पीने की आदत या व्यसनवाला।

Sorttishly (सॉर्टिशलि) *adv.* मदोन्मत्तता से।

Sortie (सॉर्टि) *n.* धावा, आक्रमण।

Sortilege (सॉर्टिलेज्) *n.* शकुन विचार।

Sortiton (सॉर्टिशन्) *n.* चिट या लाटरी डालना, पासा फेंकना।

Sorus *n.* (सरस्) गुच्छा।

S.O.S. (एस. ओ. एस.) संकट में है, सहायता करो, संदेश (बेतार का), संकट संदेश।

Sot (सॉट्) *n.* मूर्ख व्यक्ति, शराब पीकर अचेत पड़ा हुआ व्यक्ति, मदोन्मत्त।

Sottish (सॉटिश्) *adj.* मदिरा पीने की आदत या व्यसनवाला।

Sottishly (सॉटिशलि) *adv.* मदोन्मत्तता से।

Sotto Voce (सॉटो वॉसि) *adv.* धीमे स्वर से, अवमंदन (संकेत)।

Souchong (सूशांग्) *n.* बढ़िया, काली चाय।

Souffle (सूफल्) *n.* हल्का आहार, हल्का भोजन (अंडे की सफेदी से तैयार)।

Souffle (सूफल्) *n.* शरीर के कुछ अंशों में का मन्द शब्द।

Sough (सफ्) *n.* वायु की सनसनाहट। *v.i.* सन्-सन् शब्द करना।

Soul (सोल्) *n.* शरीरात्मा (प्राण, जीव), बुद्धि तेज, बल, सार, व्यक्ति, आदर्श।

Soulful (सोल्फुल्) *adj.* भावपूर्ण।

Soulfully (सोल्फुलि) *adv.* भावपूर्णता से।

Soulless (सोल्लैस्) *adj.* उत्साहहीन।

Soullessness (सौल्लैसनैस) *n.* सारहीनता।

Sound (साउन्ड्) *n.* शब्द, ध्वनि, कोलाहल, सार्थक शब्द। *v.t.* & *i.* कोलाहल करना, बोलना, बजाना, शब्दों से संकेत करना, प्रकाशित करना।

Sound (साउन्ड्) *adj.* पूर्ण, अखण्ड (समूचा), ठीक, स्वस्थ, ठोस, सत्य, भलाचंगा।

Sound (साउन्ड्) *n.* जंगली सुअर का बच्चा, तारबर्की का यन्त्र।

Sounder (साउन्डर) *n.* जंगली सुअर का बच्चा, तार का ध्वनिग्राही यंत्र।

Sounding (साउन्डिंग) *adj.* शोर करने वाला। *n.* समुद्र की गहराई नापना।

Soup (सूप्) *n.* रसा, जूस, शोरबा।

Sour (सावर्) *adj.* खट्टा, चटपटा, चिड़चिड़ा, रुक्ष। *v.t.* & *i.* खट्टा करना, कर्कश करना, खट्टा होना, चिड़चिड़ा होना।

Source (सोर्स्) *n.* स्रोत, उद्गम, मूल कारण, सोता।

Sourdine (सूर्डीन्) *n.* हारमोनियम बाजे का शब्द धीमा करने की कुंजी।

Sour sop (सूर सॉप्) *n.* पश्चिमी भारत का पेड़ और फल।

Souse (साउस्) *n.* नमकीन अचार, पानी की डुबकी। *v.t.* & *i.* आचार में डालना, डुबकी लगाना। *adv.* आगे की ओर।

South (साउथ्) *n.* दक्षिण, दक्षिण हवा, दक्षिणी प्रदेश या राज्य। *adj.* दक्षिण की ओर, दक्षिणी, दक्षिण दिशा में, दक्षिण से बहने वाली।

Southern, Southerly (साउर्दन, साउर्दनलि) *adjs.* दक्षिणी, दक्षिण दिशा की।

Southernmost (साउर्दनमोस्ट्) *adj.* सुदूर दक्षिण भाग में।

Southerner (साउथनर) *n.* दक्षिणवासी।

Southward (s) (साउथवार्ड) *adv.* दक्षिण दिशा में।

South-easter (साउथ्-ईस्टर्) *n.* दक्षिणी-पूर्वी पवन या तेज हवा।

South-west (साउथ्-वेस्ट्) *n.* दक्षिणी-पश्चिमी।

Souvenir (सूव्हेनिअर्) *n.* स्मारक पदार्थ, यादगार के लिए दी हुई वस्तु।

Sovereign (सॅवरेन्) *adj.* विशिष्ट गुण का, प्रधान, श्रेष्ठ, मुख्य। *n.* राजा, सम्राट।

Sovereignty (सॅवरेनिटि) *n.* प्रभुत्व, आधिपत्य, साम्राज्य।

Sow (सो) *n.* सूअरनी, शूकरी।

Sow (सो) *v.t.* & *i.* बीज बोना या जमाना,

फैलाना।

Sowing (सोविंग) *n.* बीजों की बुवाई।

Sowback (सोबैक) *n.* बालू का नीचा किनारा।

Spa (स्पा) *n.* खनिज की धारा (स्रोत) निकालने का स्थान।

Space (स्पेस्) *n.* दूरी, स्थान (अन्तर), टाइप या शब्दों के बीच का स्थान, अवकाश। *v.t.* & *i.* अन्तर लगाना, बीच-बीच में खाली स्थान रखना।

Spacial (स्पेशल्) *adj.* स्थान-संबंधी।

Spacious (स्पेशस्) *adj.* विस्तीर्ण (विशाल)।

Spade (स्पेड्) *n.* फावड़ा, कुदाली, ताश में हुक्म का रंग। *v.t.* कुदाली से खोदना।

Spadework (स्पेड्वर्क्) *n.* आरंभिक कार्य, कठिन परिश्रम, तैयारी का काम।

Spadix (स्पेडिक्स्) *n.* कँटीले गुच्छों में जमे हुए फूल।

Spad (स्पेडो) *n.* क्लीव, हिजड़ा।

Spall (स्पाल्) *v.t.* & *i.* & *n.* चिप्पड़ निकालना, चिप्पड़।

Span (स्पॉन्) *n.* विस्तार, फैलाव, नौ इंच की लम्बाई, बित्ता, मेहराब की चौड़ाई। *v.t.* & *i.* बित्ते से नापना, फैलाना, मेहराब लगाना, पुल बाँधना।

Spandrel (स्पॅन्ड्रल्) *n.* चाप स्कंध।

Spangle (स्पांगल) *n.* चमकती हुई वस्तु का टुकड़ा। *v.t.* चमकीली वस्तु से आभूषित करना।

Spaniard (स्पान्यर्ड) *n.* स्पेन देश का निवासी।

Spaniel (स्पान्यल्) *n.* एक प्रकार का झबरा कुत्ता।

Spank (स्पांक्) *v.t.* & *i.* चूतड़ पर थप्पड़ मारना। *n.* थप्पड़।

Spanless (स्पानलेस्) *adj.* विशाल, विस्तृत।

Spanner (स्पानर्) *n.* हथकल, नापने वाला, ढिबरी कसने या खोलने का औजार या यंत्र।

Spar (स्पार्) *v.i.* झगड़ा करना, मस्तूल लगाना, मुक्केबाजी करना। *n.* स्फटिक क सदृश एक खनिज पदार्थ, जहाज का मस्तूल, धरन, बल्ला, मुक्केबाजी, मुरगे की लड़ाई।

Spar-deck (स्पार्-डेक्) *n.* जहाज की ऊपरी छत।

Sparry (स्पैरि) *adj.* स्फटिक के सदृश खनिज पदार्थ से पूर्ण।

Spare (स्पेअर्) *v.t.* & *i.* अल्प व्यय करना, रक्षा करना, बचाना, क्षमा करना, सहन करना।

Spare (स्पेअर्) *adj.* अल्प (थोड़ा), अल्पव्ययी, दुर्बल। *n.* अल्प भाग, घाघरे के ऊपरी भाग की दरार।

Spareness (स्पेअरनैस) *n.* अल्पता, दुर्बलता।

Sparger (स्पार्जर) *n.* छिड़कने का यंत्र।

Sparing (स्पेअरिंग्) *adj.* अल्पव्ययी, परिमित व्यय करने वाला।

Sparingness (स्पेअरिंगलि) *n.* क्षीणता, कृशता।

Spark (स्पार्क्) *n.* अग्नि कण, चिनगारी, चमकीला, छोटा पदार्थ। *v.t.* & *i.* चिनगारी निकालना।

Spark (स्पार्क्) *n.* बाँका छैला, प्रेमी, बहुत सुन्दर स्त्री। *v.t.* प्रेमाचार करना, रसिया बनना।

Sparkful (स्पार्कफुल) *adj.* तीव्र, फुर्तीला, आनन्दपूर्ण।

Sparkish (स्पार्किश्) *adj.* भड़कीला।

Sparking (स्पार्किंग्) *adj.* चिनगारी निकालने वाला।

Sparkle (स्पार्किल) *v.t.* चिनगारी फेंकना, चमकना। *n.* प्रभा, चमक।

Sparklet (स्पार्क्-लेट्) *n.* छोटी चिनगारी, कार्बोनिक एसिड भरी हुई गोली।

Sparkling (स्पार्क्लिंग) *adj.* चमकता या जगमगाता हुआ।

Sparkingly (स्पार्किंगलि) *adv.* चमकते हुए ढंग से।

Sparrow (स्पारो) *n.* चटक गौरैया।

Sparse (स्पार्स्) *adj.* पतला, विरल, दूर-दूर पर का।

Sparsely (स्पार्सलि) *adv.* विरलता से।

Spartan (स्पार्टन) *adj.* वीर, स्पार्टा नगर-सम्बन्धी, साहसी।

Spasm (स्पाज्म्) *n.* संकोच, मरोड़, ऐंठन।

Spasmodical (स्पाज्मॅडिकल्) *adj.* मरोड़ या ऐंठन-संबंधी, अंग.संकुचित करने वाला, ऐंठने

(अकड़ने) वाला।

Spasmology (स्पाज्मालाजि) *n.* ऐंठन के रोग का शास्त्र।

Spat (स्पॅट्) *n.* मछली या घोंघे का अण्डा। *v.t.* & *i.* मछली के अण्डे डालना।

Spatchcock (स्पाचकॉक्) *n.* & *v.t.* जल्दी से तार का खबर में शब्द भरना, जल्दी से मारकर पकाया हुआ मुर्गा।

Spate (स्पेट्) *n.* नदी की बाढ़।

Spatial (स्पेशल्) *adj.* स्थान संबंधी।

Spatiality (स्पेशियेलिटि) *n.* विस्तार, फैलाव।

Spatially (स्पेशिएलि) *adv.* विस्तृत ढंग से।

Spatter (स्पाटर्) *v.t.* & *i.* छितराना, छिड़कना। *n.* छितराव, छिड़कन।

Spatula (स्पाचुला) *n.* रंग, मलहम इत्यादि फैलाने का औजार, जीभ दबाने का यंत्र।

Spatular (स्पट्यूलर्) *adj.* चम्मच के आकार का।

Spatule (स्पट्यूल्) *n.* चम्मच की तरह चौड़ा आकार।

Spavin (स्पाविन्) *n.* एक प्रकार का फोड़ा जो घोड़े को लंगड़ा बनता है।

Spawn (स्पॉन्) *n.* मछली या मेंढक का अण्डा, (तिरस्कार में) मनुष्य का बच्चा। *v.t.* & *i.* अण्डा देना, बच्चा जनना।

Spay (स्पे) *v.t.* बधिया करना (आख्ता करना), स्त्रियों का डिम्बकोष या पुरुषों का अण्डकोष हटाना।

Speak (स्पीक्) *v.t.* & *i.* बोलना (कहना), वार्तालाप करना, व्याख्यान देना, उच्चारण करना, जताना।

Speaker (स्पीकर्) *n.* बोलने वाला (व्याख्यान देने वाला), सभापति।

Speakies (स्पीकीज़्) *n.* नाटक में हिस्सा लेना।

Speaking (स्पीकिंग्) *n.* & *adj.* बातचीत, बोलना। *adj.* बोलती हुई।

Spear (स्पिअर्) *n.* बरछी, भाला। *v.t.* & *i.* भाला या बरछी से मारना।

Spearman (स्पिअरमैन) *n.* भाला धारण करने वाला सिपाही।

Spec (स्पेक्) *n.* कल्पना, विचार, युक्ति।

Special (स्पेशल्) *adj.* असामान्य, विशेष, मुख्य, असाधारण, विचित्र, प्रधान, अनोखा। *n.* विशिष्ट या असाधारण वस्तु।

Specialist (स्पेशलिस्ट्) *n.* किसी व्यवसाय या शास्त्र के मुख्य अंग में प्रवीण व्यक्ति।

Speciality (स्पेशलिटि) *n.* विशेष धर्म, विशिष्टता, विशेषता।

Specialize (स्पेशालाइज) *v.t.* & *i.* विशिष्ट करना, सीमा बाँधना, अलगाना, विशेषज्ञ होना।

Species (स्पीशीज) *n.* जाति, प्रकार, भेद, वर्ग।

Specific (स्पेसिफिक) *adj.* विशेष जाति का, विशिष्ट, विलक्षण।

Specification (स्पेसिफिकेशन्) *n.* विशेष वर्णन, किसी पदार्थ की विस्तारपूर्वक व्याख्या।

Specify (स्पेसिफाइ) *v.t.* विशेष रूप से कहना, एक-एक करके वर्णन करना।

Specimen (स्पेसिमेन्) *n.* आदर्श, प्रतिरूप, नमूना।

Speciology (स्पाशिलॉजि) *n.* जाति के मूल का शास्त्र।

Speciosity (स्पीशिअसिटि) *n.* सुन्दर आकृति।

Specious (स्पाशस्) *adj.* स्पष्ट, दिखौवा, सदृश, देखाव में सुन्दर, अच्छी आकृति का।

Speck (स्पेक्) *n.* सूक्ष्म बिंदु, चिह्न, कलंक, बिन्दु (फल में), सड़ाहट का चिह्न।

Speckle (स्पेकल्) *n.* बिंदु, चित्ती, धब्बा। *v.t.* धब्बा डालना।

Speckled (स्पेकल्ड्) *adj.* चितकबरा, चित्तीदार।

Spectacle (स्पेक्टकल्) *n.* चश्मा, चमत्कार, तमाशा।

Spectacular (स्पेक्टाक्युलर्) *adj.* प्रदर्शनी या कौतुक संबंधी।

Spectator (स्पेक्टेटर्) *n.* प्रत्यक्षदर्शी, देखने वाला, तमाशबीन, साक्षी।

Spectral (स्पेक्ट्रल्) *adj.* प्रेत तुल्य।

Spectrally (स्पेक्ट्रेलि) *adv.* प्रेतवत्।

Spectre (स्पेक्टर्) *adj.* भूत, पिशाच।

Spectro (स्पेक्ट्रॉ) *pref.* उपसर्ग जिसका अर्थ "दृश्य संबंधी" होता है।

Spectroscope (स्पेक्ट्रोस्कोप्) *n.* किरण के दृश्यारूप को पृथक्-पृथक् देखने का यंत्र।

Spectrum (स्पेक्ट्रम्) *n.* आँख बन्द करने या फेर लेने पर जो रूप किसी पदार्थ का आँख में अंकित रह जाता है, शीशे की त्रिभुजाकृति के बीच से सूर्य-किरण के जाने पर उसकी सतरंगी विश्लेषित पट्टी, प्रकाश की किरणों से बना हुआ आकार जो प्रकाश के न्यूनाधिक होने से गहरा या हल्का पड़ता है।

Specular (स्पेक्युलर्) *adj.* दर्पण के गुण वाला।

Speculate (स्पेक्युलेट्) *v.i.* विचार करना, सोचना, कल्पना करना, लाभ की आशा से व्यवसाय में धन लगाया या बेचा-बिक्री करना। **Speculation,** *n.* विचार, कल्पना, सिद्धान्त। **Speculative,** *adj.* . काल्पनिक, विचार-योग्य, विचारखान

Speculum (स्पेक्युलम्) *n.* शरीर के भीतर का भाग देखने का दपर्ण।

Speech (स्पीच्) *n.* वाणाी, वचन आवाज, किसी देश की भाषा, भाषण, बोलचाल।

Speechify (स्पीचिफाइ) *v.t.* व्याख्यान देना, लम्बा चौड़ा भाषण झाड़ना।

Speechless (स्पीचलेस्) *adj.* अवाक्, गूँगा, मौन।

Speed (स्पीड्) *n.* वेग, चाल, शीघ्रता, गति, सफलता, ऐश्वर्य। *v.t.* & *i.* तेज चलना, जल्दी करना, सफल होना, सहायता देना।

Speedometer (स्पीडोमीटर्) *n.* किसी यंत्र की गति बतलाने वाला यंत्र या साधन।

Speed-trap (स्पीड्ट्रेप्) *n.* तीव्र गति से जाने वाले वाहनों को निरोधित करने का यंत्र।

Speedway (स्पीड्वे) *n.* द्रुतवाहन मार्ग, मोटर-साइकिल दौड़ क्षेत्र।

Speed well (स्पीड्वेल्) *n.* स्पीडवेल (पौधा)।

Speedy (स्पीडि) *adj.* शीघ्र, तेज गति का, तत्काल, वेगवान।

Spelaean (स्पीलिअन्) *adj.* गुफा संबंधी, गुहावसी (गुफा में रहने वाला), गुफा का।

Spell (स्पेल्) *v.t.* किसी शब्द के अक्षरों को यथास्थान बतलाना, पारी से काम करना।

Spell (स्पेल्) *n.* यंत्र (टोना, जादू), माया, सम्मोहन, आकर्षण। *v.t.* & *i.* जादू या मंत्र द्वारा वश में करना, मोहिनी डालना।

Spellbound (स्पेल्बाउन्ड्) *adj.* अभिमन्त्रित, मंत्रमुग्ध।

Speller (स्पेलर्) *n.* शब्द में अक्षरों को यथास्थान बतलाने वाला।

Spelling (स्पेलिंग्) *n.* वर्तनी, वर्ण-विन्यास।

Spelter (स्पेल्टर्) *n.* जस्ता।

Spencer (स्पेन्सर्) *n.* पुरुष या स्त्री का छोटा ऊपरी कोट।

Spend (स्पेन्ड्) *v.t.* & *i.* व्यय करना, उपयोग करना (उड़ाना), लुटाना, नष्ट करना।

Spending (स्पेडिंग्) *n.* व्यय, त्याग।

Spendable (स्पेन्डेबल्) *adj.* व्यय करने योग्य।

Spendthrift (स्पेन्डथ्रिफ्ट्) *n.* अतिव्ययी, मुक्तहस्त धन उड़ानेवाला।

Sperm (स्पर्म्) *n.* शुक्राणु, वीर्य, मछली के सिर में से निकाली हुई चर्बी।

Spermary (स्पर्मरि) *n.* शुक्राशय।

Spermatic (स्परमेटिक्) *adj.* शुक्राणु या शुक्र संबंधी।

Spermato (स्पॅर्मटो) *pref.* शुक्र अर्थ का उपसर्ग।

Spermatology (स्पॅर्मॅटोलॉजि) *n.* शुक्र के अध्ययन का शास्त्र।

Spermatorrhoea (स्पॅर्मॅटोओरहिया) *n.* अज्ञात में शुक्रपात।

Spermatozoa (स्पॅर्मॅटोजोआ) *n.* शुक्राणु।

Spermo (स्पर्में) *pref.* बीज अर्थ का उपसर्ग।

Spew, Spue (स्प्यू) *v.t.* & *i.* बन्दुक से गोली निकलने वाली जगह के पास लगाना, वमन करना, जल्दी से गिराना।

Sphagnum (स्फॅग्नम्) *n.* दलदल में उगनेवाली एक प्रकार की सेवार।

Sphenoid (स्फीनाइड्) *adj.* फत्री के आकार की ।

Sphere (स्फिअर्) *n.* गेंद, पोलक, आकाश, ग्रह, अधिकार (पद), कार्य, स्थिति। *v.t.* मण्डल के आकार का बनाना, चक्र में लपेटना।

Spheric (स्फेरिक्) *adj.* आकाश-संबंधी, दैवी।
Spherical (स्फेरिकल्) *adj.* गोल, गोलाकार, गोलीय।
Spherograph (स्फिरोग्राफ) *n.* पृथ्वी की सापेक्षिक गति दिखलाने का यंत्र।
Spheroid (स्फिअराइड्) *n.* अण्डाकार आकृति।
Sphincter (स्फिंक्टर) *n.* अवरोधिनी संवरण।
Sphinx (स्फिंक्स) *n.* एक कल्पित दैत्य जिसका कपाल स्त्री का तथा शरीर सिंह का माना जाता है।
Spice (स्पाइस्) *n.* गर्म मसाला, मसाला *v.t.* मसालेदार बनाना।
Spicery (स्पाइसरि) *n.* गरम मसाले, मसाला रखने की कोठरी।
Spick and span (स्पिक् अन्ड् स्पॅन्) *adj.* बना-ठना, साफ-सुथरा, बिल्कुल नया।
Spicule (स्पिक्यूल्) *n.* छोटी सख्त वस्तु, छोटी कटीली चीज।
Spicy (स्पाइसि) *adj.* चटपटा, मसालेदार।
Spiel (स्पिएल्) *n.* वार्ता, कथा, कहानी। *v.t.* धारा प्रवाह बोलना, कहानी सुनाना।
Spider (स्पाइडर) *n.* मर्कटक, मकड़ा।
Spiderlike (स्पाइडर-लाईक) *adj.* मकड़े की तरह का।
Spidery (स्पाइडरि) *adj.* मकड़ों से पूर्ण।
Spigot (स्पिगट्) *n.* नली या पीपे के छेद में लगाने का डाट।
Spike (स्पाइक्) *n.* नुकीला काँटा, बड़ी काँटी, अन्न की बाल, खुशबू। *v.t.* खूँटा ठोंकना।
Spikelet (स्पाइकलैट) *n.* छोटी खूँटी।
Spikenard (स्पाइकनाई) *n.* जटामांसी, इससे बना हुआ सुगन्धित मलहम।
Spile (स्पाइल्) *n.* लकड़ी का खूँटा। *v.t.* पीपे में छेद करना।
Spiling (स्वाइलिंग्) *n.* खूँटियों की पंक्ति।
Spill (स्पिल्) *v.t.* & *i.* गिराना, बहाना, छिड़कना, नष्ट करना, फेंकना। *n.* गिराना, बहाव, मोमबत्ती जलाने का टुकड़ा।
Spilikin, Spelican (स्पिलिकन्) *ns.* स्पिलिंक खेल में लकड़ी या हाथी दांत के टुकड़े ढेर में फेंकना।
Spin (स्पिन्) *v.t.* & *i.* सूत कातना, चक्कर देना या चक्कर खाना, बढ़ाना। *n.* चक्कर, घुमाव।
Spin (स्पिन) *v.i.* हवाई जहाज का चक्कर खाना।
Spinach, Spinage (स्पिनक्, स्पिनेज्) *ns.* पालक साग।
Spinal (स्पाइनल्) *adj.* मेरुदंड (पीठ की रीढ़-संबंधी)।
Spindle (स्पिन्डल्) *n.* टेकुई, धुरा, दुर्बल पदार्थ।
Spindly (स्पिन्डलि) *adj.* पतला और लम्बा।
Spindrift (स्पिन्ड्रिफ्ट्) *n.* समुद्र की लहरों की बौछार।
Spine (स्पाइन्) *n.* पृष्ठवंश, पीठ की रीढ़, बड़ा काँटा।
Spined (स्पाइन्ड्) *adj.* रीढ़दार।
Spinel (स्पिनल्) *n.* खनिज पदार्थ।
Spinet (स्पिनिट्) *n.* एक प्रकार का बीन (छोटा पियानो)।
Spinnaker (स्पिनॅकर्) *n.* दौड़ लगाने वाला जहाज का बड़ा पाल।
Spinneret (स्पिनअरैट) *n.* मकड़ा या रेशम के कीड़े का कातने वाला अंग।
Spinney (स्पिनि) *n.* छोटी झाड़ी।
Spinster (स्पिन्स्टर्) *n.* अधिक वय की कुँवारी स्त्री, अविवाहिता।
Spinule (स्पाइन्यूल) *n.* पतली छोटी रीढ़।
Spiny (स्पाइनि) *adj.* रीढ़दार, नोकदार।
Spiracle (स्पायरॅकल्) *n.* साँस लेने का छिद्र, वायुमार्ग।
Spiracular (स्पायरेक्यूलर) *adj.* श्वासरंध्री, वायुमार्ग वाला।
Spiral (स्पाइरल्) *adj.* चक्राकार, शुंडाकार, सर्पाकार। *n.* चक्कर, कुण्डली।
Spirality (स्पाइरेलिटि) *n.* वर्तुलता।
Spiral-balance (स्पाईरल-बैलेन्स्) *n.* कमानी का तराजू।
Spirant (स्पाइरन्ट) *n.* व्यंजन का उच्चारण।
Spire (स्पायर्) *n.* आवर्त, लपेट, मीनार, शिखर।

Spirit (स्पिरिट्) *n.* तीव्र मदिरा, आत्मा, प्रवृत्ति, अपूर्व बुद्धि का मनुष्य, तेज, प्रभाव, उत्साह, प्रसन्नता, स्वभाव, शुद्ध अर्थ, जीवन-सत्त्व।

Spirited (स्पिरिटिड्) *adj.* तेजस्वी, वीर्यवान्, तीव्र, उत्कट।

Spiritless (स्पिरिटलैस्) *adj.* निर्जीव, निस्तेज, नीरस।

Spiritual (स्पिरिच्युअल्) *adj.* निराकार, धार्मिक, पारलौकिक, मानसिक, पवित्र, आध्यात्मिक।

Spiritualism (स्पिरिच्युलिझम्) *n.* यह सिद्धान्त कि मृतकों की आत्मा मनुष्य को दिखाई पड़ती है और इनसे बात करती है, ब्रह्मवाद।

Spirituality (स्पिरिच्युअलिटि) *n.* अभौतिकता, धार्मिकता। **Spiritualize,** *v.t.* आध्यात्मीकरण करना।

Spirituous (स्पिरिच्युअस्) *adj.* स्पिरिट सा तेज, स्पिरिटयुक्त।

Spit (स्पिट्) *n.* समुद्र के भीतर निकला भू-भाग, नोकदार बड़ी लोहे की सलाई जिस पर मांस भूना जाता है।

Spit (स्पिट्) *n.* मांस भूनने का सींकचा, पृथ्वी का नुकीला भाग जो समुद्र में घुसा हो, थूक, पुरसा भर गहराई। *v.t.* मांस में सींकचा घुसाना। *v.i.* थूकना, खखारना।

Spite (स्पाइट्) *n.* वैर-भाव, द्वेष, मनमुटाव। *v.t.* द्रोह (बैर) करना, ईर्ष्या करना।

Spiteful (स्पाइटफुल) *adj.* विद्वेषी, डाह करने वाला।

Spitefully (स्पाइटफुलि) *adv.* द्रोह-बुद्धि से, दुष्टता से।

Spittle (स्पिटल्) *n.* थूक, लार।

Spittoon (स्पिटून्) *n.* पीकदान, उगालदान।

Splash (स्प्लैश्) *v.t.* & *i.* पानी या कीचड़ का छींटा देना, बूँदों में बिखेरा जाना, अलंकृत करना, गहनों से सजाना। *n.* छींटा, बौछार, जल में कोई वस्तु गिरने का शब्द।

Splasher (स्लेशर्) *n.* पहिये के ऊपर कीचड़ या पानी का छींटा बचाने का साधन।

Splashing (स्लेशिंगलि) *adj.* छींटा उड़ाने वाला।

Splashy (स्लेशि) *adj.* गन्दे जल से पूर्ण।

Splatter (स्पलाटर) *v.t.* & *i.* निरन्तर छींटे का शब्द करना, अस्पष्ट बोलना।

Spleen (स्प्लीन्) *n.* बद्‌मिजाजी, चिड़चिड़ाना, प्लीहा, तिल्ली, घृणा।

Spleenful (स्पलीनफुल) *adj.* चिड़चिड़ा, क्रोधी।

Spleenish (स्पलीनिश्) *adj.* कुछ-कुछ चिड़चिड़ा।

Spleenishly (स्पलीनिशलि) *adv.* कुछ-कुछ क्रोध या चिड़चिड़ाहट से।

Splenalgia (स्लेनल्जिआ) *n.* प्लीहा में पीड़ा।

Splendid (स्प्लेन्डिड्) *adj.* प्रतापवान, शोभायमान (श्रेष्ठ)।

Splendour (स्प्लेन्डर्) *n.* शोभा, शान-शौकत, चमक, दीप्ति, भव्यता, वैभव।

Splenetic (स्प्लिनेटिक्) *adj.* दुःखी, क्रोधी, चिड़चिड़ा। *n.* प्लीहा (बरवट) के रोग से ग्रस्त मनुष्य।

Splenic (स्लेनिक्) *adj.* प्लीहा (बरवट) संबंधी।

Splenius (स्लेनिअस्) *n.* सिर को खड़ा रखने वाली गरदन की पेशी।

Splice (स्प्लाइस्) *v.t.* गूँथ कर जोड़ना। *n.* इस प्रकार का रस्से का जोड़।

Spline (स्प्लाइन्) *n.* चाबी, लचकदार पट्टी।

Splint (स्प्लिन्ट्) *n.* कमठी जो टूटी हड्डी के बैठाने के लिए बाँधी जाती है। *v.t.* कमठी बाँधना।

Splinter (स्प्लिन्टर्) *n.* लकड़ी का टुकड़ा, चैली, किरच। *v.t.* & *i.* पतली पट्टी चीरना, खमाची बनाना।

Split (स्प्लिट्) *v.t.* & *i.* फाड़ना, चीरना, लम्बे बल फाड़ना, (धज्जी करना), अलगाना। *n.* फटन, परत, दोनों पैर लम्बे करके बैठने की कसरत का कमाल, इनाम के दो बराबर हिस्से।

Splotch, Splodge (स्प्लॉच्, स्पलॉज्) *ns.* निशान, धब्बा।

Splutter (स्प्लटर्) *v.t.* & *i.* जल्दी बोलना। *n.* कोलाहल, शोर-गुल।

Spoffish (स्पॉफिश्) *adv.* बतंगड़िया, बेतकल्लुफ, बातूनी।

Spode (स्पोड) *n.* एक प्रकार का सुन्दर मिट्टी का

पात्र।

Spoil (स्पॉइल्) *n.* शत्रु से जीता हुआ माल, लूट-खसोट, मुनाफा। *v.t.* & *i.* लूटना, छीनना, नष्ट करना, भ्रष्ट करना, दूषित करना, हानि पहुँचाना।

Spoilage (स्पॉइलिज्) *n.* छापने में नष्ट किया हुआ कागज।

Spoilation (स्पोलिएशन्) *n.* (अपहरण) लूट, स्थिति से लाभ उठाना, डाका।

Spoiler (स्पॉइलर्) *n.* लुटेरा, दूषित करने वाला।

Spoke (स्पोक्) *n.* पहिये की स्पोक, तीली, सीढ़ी का डण्डा। *v.t.* पहिये में तीली लगाना।

Spokeshave (स्पोक्शेव) *n.* लकड़ी की गोलाई इत्यादि छीलने का रन्दा।

Spokesman (स्पोक्स्मैन्) *n.* दूसरे के लिए बोलने वाला, प्रतिनिधि।

Spondee (स्पॉन्डी) *n.* दीर्घ द्वयी, द्वि-गुरचरण।

Spondyl (e) (स्पॉन्डिल्) *n.* पृष्ठवंश की कशेरुका, पीठ की रीढ़ का जोड़।

Sponge (स्पंज्) *n.* विरल अवयव का एक समुद्री प्राणी, जलशोषक समुद्री पदार्थ, स्याही पोछने का पानी। *v.t.* & *i.* स्पंज से धोना, सोखना, दूसरों पर निर्भर करना, नष्ट करना।

Spongy (स्पॉन्जि) *adj.* स्पन्ज के सदृश मुलायम और सोखने वाला।

Sponson (स्पॉन्सन्) *n.* टोडा डेक, स्पॉन्सन- बाहर की ओर निकला हुआ त्रिकोणी डेक का भाग।

Sponsor (स्पॉन्सर्) *n.* धर्मपिता, धर्ममाता, प्रतिभू (जामिन)।

Sponsorial (स्पॉनसोरिअल्) *adj.* प्रतिभू सम्बन्धी।

Sponsorship (स्पॉनसरशिप्) *n.* प्रतिभू का पद।

Spontaneity (स्पान्टेनाइटि) *n.* स्वेच्छा, स्वच्छन्दता।

Spontaneous (स्पॉन्टेनिअस्) *adj.* स्वेच्छानुरूप, अपनी इच्छानुसार, अपने आप, स्वभाव से।

Spoof (स्पूफ्) *n.* धोखा देना, ठगना। *n.* ठग।

Spook (स्पूक्) *n.* भूत, पिशाच।

Spool (स्पूल्) *n.* तागा लपेटने की गड़ारी, फोटो उतारने की फिल्म की गड़ारी। *v.t.* गड़ारी पर लपेटना।

Spoon (स्पून्) *n.* चम्मच, मूर्ख मनुष्य। *v.t.* & *i.* प्रेमी की तरह व्यवहार करना, चम्मच से पीना।

Spoonerism (स्पूनरिझम्) *n.* अन्जाने में शब्दों के पहले अक्षरों का परिवर्तन।

Spoonful (स्पूनफुल) *n.* चम्मच भर।

Spoony (स्पूनि) *n.* मूर्ख, सीधा प्रेमी, रसिया।

Spoor (स्पुअर्) *n.* गन्ध से पशु का अन्वेषण, पशु-खोज। *v.t.* & *i.* पद के चिह्न से खोजने जाना।

Sporadic (स्पर‍ॅडिक्) *adj.* छितराया हुआ।

Spore (स्पोअर्) *n.* (*Bot.*) जीवाणु जो बढ़कर एक नया प्राणी हो जाता है, बीजाणु।

Sport (स्पोर्ट्) *n.* खेल, हँसी, क्रीड़ा, लीला, मनोरंजन, आखेट, विहार। *v.t.* & *i.* क्रीडा करना, खेलना, विहार करना।

Sporting (स्पोर्टिंग) *n.* क्रीड़ा, खेल।

Sportive (स्पोर्टिव) *adj.* क्रीड़ा करने वाला, खिलाड़ी।

Sportsman (स्पोर्टस्मैन्) *n.* खिलाड़ी, शिकारी।

Sportsmanlike (स्पोर्टस्मैन-लाईक्) *adj.* खिलाड़ी या शिकारी की तरह का।

Spot (स्पॉट्) *n.* स्थान (प्रदेश), चिह्न, कलंक (लांछन), बिन्दु, लक्षण। *v.t.* & *i.* चिह्न अंकित करना (धब्बा डालना), पहचानना।

Spotless (स्पॉटलिस्) *adj.* बिना कलंक का, निर्मल, निष्कलंक, स्वच्छ।

Spottedness (स्पॉटेडनेस) *n.* चितकबरापन।

Spouse (स्पाउझ्) *n.* पति या पत्नी।

Spousal (स्पाउझल्) *adj.* विवाह सम्बन्धी।

Spout (स्पाउट्) *n.* नल, टोटी, पानी का फुआरा। *v.t.* & *i.* फुहारा छोड़ना या छूटना, तेज धार में बहना या निकलना, गंभीरता से बोलना।

Sprag (स्प्रॅग्) *n.* गाड़ी का पहिया रोकने के लिए लकड़ी या धातु के टुकड़े का साधन।

Sprain (स्प्रेन्) *n.* मोच आना, स्नायुवितान, मरोड़ देना। *v.t.* मरोड़ना, ऐंठना।

Sprawl (स्प्रॉल्) *v.t.* & *i.* शरीर-टेढ़ा-मेढ़ा करके

लेटना, इस प्रकार शरीर फैलाना, बेढंगा होना। *n.* बेढ़ंगी आकृति।

Spray (स्प्रे) *n.* पतली शाखा, टहनी, फुहार, बौछार।

Sprayey (स्प्रेये) *adj.* बौछारदार, शाखादार।

Spread (स्प्रेड्) *v.t.* & *i.* फैलाना (तानना), खोलना, उघारना, विस्तृत करना, प्रचारित करना। *n.* फैलाव, चौड़ाई (विस्तार)।

Spree (स्प्री) *n.* आनन्द का उत्सव, नाच-रंग (कोलाहल-सहित मदिरापान)। *v.t.* आनन्द मचाना।

Sprew (स्प्रयू) *n.* सतरंगी पंखो वाला, अफ्रीका में पाये जाने वाला एक पक्षी।

Sprig (स्प्रिग्) *n.* छोटी शाखा, टहनी, अँखुआ, बिना माथे की छोटी कील, धृष्ट पुरुष।

Spriggy (स्प्रिगि) *adj.* टहनीदार, धृष्ट।

Sprightful (स्प्राइटफुल) *adj.* प्रफुल्ल (प्रसन्न), उत्साही, रंगीला।

Sprightly (स्प्राइटलि) *adj.* आनन्दपूर्ण, प्रफुल्ल, उत्साहयुक्त।

Spring (स्प्रिंग्) *n.* कुदान, बसन्त ऋतु, जल या तेल का सोता (झरना), पिछला भाग, उद्‌गम, लचीली वस्तु, कमानी।

Spring (स्प्रिंग्) *v.t.* & *i.* उछलना, कूदना, निकलना, जोर से बाहर निकलना, प्रकट होना, उत्पन्न होना, पीछे को हटना, झुकना।

Springe (स्प्रिंज्) *n.* जाल, फंदा।

Springer (स्प्रिंगर्) *n.* मेहराब का वह भाग जहाँ से घुमाव आरम्भ होता है, इस स्थान पर लगी हुआ ईंट या पत्थर का टुकड़ा।

Springy (स्प्रिंगि) *adj.* लचीला, सोतों से भरा हुआ।

Sprinkle (स्प्रिंक्ल्) *v.t.* & *i.* छिड़कना (छींटना), धोना।

Sprikling (स्प्रिंकलिंग) *n.* छिड़काव।

Sprint (स्प्रिंट्) *v.t.* & *i.* थोड़ी दूर दौड़कर चलना, पूरे वेग से दौड़ना।

Sprinter (स्प्रिंटर्) *n.* थोड़ी दूर दौड़नेवाला।

Sprit (स्प्रिट्) *n.* स्प्रिट, टेढ़ा, छोटा डंडा।

Sprite (स्प्राइट) *n.* प्रेत, पिशाच।

Sprocket (स्प्रॉकिट्) *n.* उस पहिये का दाँता जिस पर चेन चलती है।

Sprout (स्प्राउट्) *v.t.* & *i.* जमना, अँखुआ निकलना, उत्पन्न होना, उगना। *n.* अंकुर, मञ्जरी, कोंपल।

Spruce (स्प्रूस्) *adj.* स्वच्छ वेशधारी, सुथरा बना ठना, बाँका। *v.t.* स्वच्छ सुन्दर वस्त्र पहिनना।

Sprucely (स्प्रुसलि) *adv.* ठाठबाट से।

Spruceness (स्प्रुसनैस्) *n.* छैलापन।

Sprue (स्प्रू) *n.* छिद्र, जिसमें से ढालते समय गली हुई धातु डाली जाती है, गले के दर्द का रोग।

Sprung *p.t.* & *p.p.* **Spring.** उछला, कूदा।

Spry (स्प्राइ) *adj.* चंचल, प्रसन्न, फुर्तीला।

Spud (स्पंड्) *n.* आलू, छोटी मोटी चीज, खुरपी, कुदाली।

Spuddle (स्पॅडल) *v.i.* थोड़ा-सा खोदना।

Spume (स्प्यूम्) *n.* फेन, झाग।

Spumescence (स्प्यूमेसैन्स) *n.* झागपन।

Spunk (स्पंक्) *n.* साहस, उत्साह।

Spunky (स्पंकि) *adj.* साहसी, वीर।

Spur (स्पर्) *n.* घुड़सवार का ऍड़ (काँटा), उत्तेजक पदार्थ, पहाड़ का उभड़ा भाग। *v.t.* & *i.* ऐड़ मारना, प्रोत्साहित करना, उकसाना (उभाड़ना)।

Spurious (स्प्यूरिअस्) *adj.* खोटा, अवैध, जाली, नकली, बनावटी।

Spurn (स्पर्न्) *v.t.* & *i.* लात मारना, घृणा करना (धिक्कारना), ठुकराना, तिरस्कार करना। *n.* घृणा, तिरस्कार।

Spurrier (स्परिअर्) *n.* ऍड़ बनाने वाला।

Spurt (स्पर्ट्) *v.t.* & *i.* बड़ा प्रयत्न करना, छोटी टोंटी में से जल इत्यादि वेग से फेंकना। *n.* फुहारा, हठ, उद्यम, बड़ा प्रयत्न।

Sputter (स्पटर्) *v.t.* & *i.* ताव में बकना या बड़बड़ करना, बड़बड़ाना। *n.* इस प्रकार की बोली।

Sputterer (स्पटरर्) *n.* डपटकर बोलनेवाला।

Sputum (स्प्यूटम्) *n.* लार, लाला, थूक।

Spy (स्पाय्) *n.* गुप्तचर (प्रणिधि), भेदिया। *v.t.* & *i.* अनुसंधान करना, खोजना, पता लगाना,

ढूँढना, जासूस या भेदिए का काम करना।

Spy-hole (स्पाय्-होल्) *n.* झाँकने का छोटा छिद्र।

Spyism (स्पाइज़्म्) *n.* जासूसी का कारोबार।

Squab (स्क्वॉब्) *n.* मोटा आदमी, बिना पर का कबूतर का बच्चा, रूई भरा गद्दा।

Squabble (स्क्वॉबल्) *v.t.* & *i.* झगड़ना, लड़ाई करना, कम्पोज किया टाईप अलग-अलग करना।

Squacco (स्क्वॉकें) *n.* एक प्रकार का सारस।

Squad (स्क्वॉड्) *n.* टुकड़ी, सैनिकों का छोटा समुदाय, झुण्ड, भीड़।

Squadron (स्क्वॉड्रन्) *n.* सवारों का समूह जिसमें 120 से 200 तक सिपाही होते हैं, जहाजी बेड़ा, युद्ध पोतों का दस्ता, अनुशासित व्यक्तियों की टुकड़ी। *n.* सिपाहियों का ऐसा दल।

Squail (स्क्वेल्) *n.* एक प्रकार का लकड़ी की छोटी छड़ियों और टिकियों का खेल।

Squalid (स्क्वॉलिड्) *adj.* मलिन, गंदा, अधम। **Squalidly,** *adv.* गन्दगी से, मैलेपन से। **Squalidness,** *n.* मैलापन।

Squall (स्क्वॉल्) *n.* वायु का झोंका, प्रचण्ड वायु, चिल्लाहट, बड़ा कोलाहल। *v.t.* & *i.* जोर से चिल्लाना, चीख मारना।

Squally (स्क्वालि) *adv.* चिल्लाहट से। *adj.* प्रचण्ड वायु से क्षुब्ध।

Squaloid (स्क्वेलॉइड्) *adj.* शार्क मछली की भाँति।

Squalor (स्क्वॉलर्) *n.* गंदगी।

Squama (स्क्वेमा) *n.* मछली की चोइयाँ के सदृश आकृति।

Squander (स्क्वॉन्डर्) *v.t.* उड़ा देना, अपव्यय करना, फूँक देना। **Squanderer,** *n.* अपव्यय करने वाला, धन उड़ाने वाला।

Square (स्क्वेअर्) *adj.* सम चतुर्भुज के आकार का, निष्कपट, पूर्ण रूप से योग्य, बराबर।

Square (स्क्वेअर्) *n.* वर्गाकार, समकोण चतुर्भुज, चौकोर मैदान जिसके बीच में बगीचा और चारों ओर मकान हों, लुहार या बढ़ई की गोनियाँ, नियम, स्थिरता, द्विघात।

Suqare (स्क्वेअर्) *v.t.* & *i.* सम चतुर्भुज करना, एक समान बनाना, स्थिर करना, नियमित करना, बराबर करना, वर्ग करना।

Squareleg (स्क्वेअर्लेग्) *n.* क्रिकेट के खेल में बल्लेबाज की बायीं ओर का क्षेत्ररक्षक।

Squarely (स्क्वअरलि) *adv.* परिपूर्णता से, बराबर से।

Squareroot (स्क्वेअर्रूट्) *n.* वर्गमूल।

Squarish (स्क्वेऍरिश) *adj.* प्रायः चतुष्कोणीय आकृति का।

Squarrose (स्क्वॉरस्) *adj.* शतक रूक्ष, छटा हुआ, खड़ा या मुड़ा हुआ।

Squarson (स्कवॉर्सन्) *n.* जमींदार, पादरी।

Squash (स्क्वॉश्) *v.t.* & *i.* चूर्ण करना, कुचलना, दबाना, (पीसना)। *n.* कोई मुलायम बिना पकी हुई वस्तु, पीसा हुआ पदार्थ, धड़ाके का शब्द, एक प्रकार का कोहँड़ा या कद्दू।

Squat (स्क्वॉट्) *v.i.* उकडू बैठना। *adj.* पलथी मारे हुए (निहुरा हुआ), नाटा और मोटा, भद्दा, फूहड़। *n.* पालथी का आसन।

Squatter (स्कवाटर) *n.* बिना अधिकार के सार्वजनिक भूमि पर अधिकार करने वाला।

Squawk (स्क्वाक्) *v.i.* पक्षियों की चीख, कर्कश शब्द।

Squeak (स्क्वीक्) *n.* चीं-चीं, चीख। *v.i.* चीखना, चिल्लाना, किकियाना।

Squeamish (स्क्वीमिश्) *adj.* नकचढ़ा, अति शंकायुक्त, जी मचलता हुआ।

Squeegee (स्क्वीजी) *n.* जहाज की छत धोने का रबड़ लगा हुआ बुरुस, रबड़ का रोलर जो फोटो के काम में प्रयुक्त होता है। *v.t.* इस यन्त्र से धोना या रगड़ना।

Squeeze (स्क्वीझ्) *v.t.* & *i.* दबाना, चाँपना, मसलना, निचोड़ना, ढकेलकर रास्ता करना, दबाव डालना, दबाव से धन लेना। *n.* दबाव, चाप, रगड़, निचोड़।

Squelch (स्क्वेल्च्) *v.t.* & *i.* दबाकर चिमटा करना, समाप्त करना, चुप करना। *n.* पचर-पचर का शब्द।

Squib (स्क्विब्) *n.* पटाका, पलीता, आतिशबाजी।

v.t. & *i.* निन्दा करना, निन्दा के लेख लिखना।

Squiffy (स्क्विफि) *adj.* थोड़ी मदिरा पिये हुए।

Squint (स्क्विन्ट्) *v.t.* & *i.* तिरछी नजर से देखना। *n.* ऐंची आँख।

Squinter (स्किवन्टर्) *n.* तिरछी नजर से देखने वाला।

Squire (स्क्वायर्) *n.* देहात का ठाकुर (महानुभाव), नवाब का सेवक।

Squirearchy (स्क्वायरआर्कि) *n.* जमींदारों का राज्य, जमींदारशाही।

Squirehood, Squireship (स्क्वायर्-हुड्, स्क्वायरशिप) *ns.* नवाब की पदवी।

Squirely (स्क्वायरलि) *adv.* नवाब की तरह।

Squireen (स्क्वायरीन्) *n.* छोटा जमींदार।

Squirm (स्कर्म्) *v.t.* & *n.* छटपटाना, कुलबुलाना, तड़फड़ाना।

Squirrel (स्क्विरल्) *n.* गिलहरी, चिखुरी।

Squirt (स्क्वर्ट्) *v.t.* & *i.* वेग से जल की धारा छोड़ना, धारा निकलना। *n.* धारा-यन्त्र (पिचकारी)।

Stab (स्टॅब्) *n.* छुरी का घाव, खोंच, भोंक। *v.t.* & *i.* नुकीले शस्त्र से आघात करना, छुरी मारना, कष्ट देना।

Stable (स्टेबल्) *adj.* टिकाऊ, स्थिर, दृढ़। *n.* अश्वशाला, घुड़साल, अस्तबल। *v.t.* & *i.* घोड़े को अस्तबल में रखना, अस्तबल में रहना।

Stabilize (स्टेबलाइज़्) *v.t.* दृढ़ करना।

Stably (स्टेबलि) *adv.* स्थिरता से, दृढ़ता से।

Stableness (स्टेबल-नेस्) *n.* स्थिरता, निश्चलता।

Stabling (स्टेब्लिग्) *n.* अस्तबल में रखने का काम, घोड़ों के रखने का स्थान, अश्वशाला।

Stablish (स्टॅब्लिश्) *v.t.* स्थिर करना, जमा कर रखना।

Stack (स्टॅक्) *n.* सूखी घास, भूसे का ढेर, टाल, अंबार। *v.t.* ढेर लगाना, टाल लगाना, इकट्ठा करना।

Stactometer (स्टक्टॉमिटर्) *n.* बँद-बूँद करके किसी तरल पदार्थ को नपने की नली।

Stadium (स्टेडिअम्) *n.* अखाड़ा, मंच, रोग का समय।

Staff (स्टाफ्) *n.* डण्डा, छड़ी, आधार (सहारा), अधिकारियों का समूह, इमारत बनाने का गारा।

Stag (स्टॅग्) *n.* हिरन, बारहसिंगा, बधिया किया हुआ साँड।

Stage (स्टेज्) *n.* मचान, नाट्यशाला, रंगभूमि (नेपथ्य), चबूतरा, विश्रामस्थान, घटनास्थल, स्थिति। *v.t.* रंगमंच पर लाना।

Stage-coach (स्टेज्-कोच्) *n.* किराये पर चलने वाली गाड़ी।

Stagecraft (स्टेज-क्राफ्ट) *n.* नाटक लिखने या खेलने की कला।

Stager (स्टेजर्) *n.* अनुभवी व्यक्ति।

Stage-manager (स्टेज-मैनेजर्) *n.* सूत्रधार, रंगमंच का प्रबंधक।

Stage-player (स्टेज-प्लेयर्) *n.* अभिनेता।

Stagery (स्टेजूअरि) *n.* नाटक का अभिनय।

Staggard (स्टगर्ड) *n.* चार वर्ष का हिरण।

Stagger (स्टॅगर्) *v.t.* & *i.* तिरछा होना, आगा-पीछा करना, हिचकिचाना *n.* लड़खड़ाहट, विचलता।

Staggering (स्टॉगरिंग) *n.* लुढ़कान, चक्कर।

Staggeringly (स्टॉगरिंगलि) *adv.* लड़खड़ाते हुए, डगमगाते हुए।

Staggers (स्टैगर्स) *n.* सिर घूमने की बीमारी, चक्कर।

Staging (स्टेजिंग्) *n.* नाटक का अभिनय, किराये की गाड़ी चलाना, मचान।

Stagnant (स्टॅग्नन्ट्) *adj.* स्थिर, बँधा हुआ, मंद, गतिहीन, निश्चल, अप्रवाही, प्रवाहहीन।

Stagnancy (स्टॅग्नैन्सी) *n.* स्थिरता (अप्रवाह), रुकाव, निश्चलता।

Stagnantly (स्टॅग्नैन्टलि) *adv.* स्थिरता से।

Stagnate (स्टॅग्नेट) *v.i.* स्थिर होना, न बहना, धारा का रुकना, गतिहीन होना।

Stagnicolous (स्टॅग्निकलस्) *adj.* दलदल या बँधे पानी में रहने वाला।

Stagy (स्टेजि) *adj.* नाटकीय आकार का।

Staid (स्टेड्) *adj.* गंभीर, शांत, स्थिरचित्त।

Staidly (स्टेडलि) *adv.* गम्भीरता से।
Staidness (स्टेडनैस्) *n.* गम्भीरता।
Stain (स्टेन्) *n.* धब्बा, कलंक, दाग, निशान। *v.t.* & *i.* मैला करना, धब्बा डालना, कलंक लगाना, रंग छापना।
Stained (स्टेन्ड्) *adj.* धब्बा लगा हुआ।
Stainer (स्टेनर्) *n.* कलंकित करने वाला।
Stainless (स्टेनलेस्) *adj.* कलंकरहित, निर्मल।
Stair (स्टेअर्) *n.* सीढ़ी, सोपान।
Staircase (स्टेअर्-केस्) *n.* जीना, सोपान सीढ़ी।
Staithe (स्टेद) *n.* कोयला लादने और उतारने का स्थान।
Stake (स्टेक्) *n.* खूंटा (शंकु), जलाकर हत्या, निहाई, सिद्धान्त, दाँव, पण। *v.t.* खूँटा लगाना, खूँटे से बाँधना, दाँव लगाना।
Stalactite (स्टॅलक्टाइट्) *n.* चूना मिले हुए जल के टपकाव से बना हुआ गुफा की छत में से लटकता हुआ चूने का खम्भा।
Stalactic (स्टॅलक्टिक्) *adj.* ऐसे टुकड़े का।
Stalagmite (स्टॅलग्माईट्) *n.* गुफा की छत के टपकाव से फर्श पर जमा हुआ चूने का स्तम्भ।
Stale (स्टेल्) *adj.* निःसार, नीरस, बेस्वाद (फीका), जीर्ण, पुराना, बासी। *v.t.* & *i.* बासी बनाना, थकाना, रोकना। *n.* कोई बासी वस्तु, जानवरों का मूत्र, हँसी का पात्र।
Stalely (स्टेललि) *adv.* जीर्णता से, नीरसता से।
Staleness (स्टेलनैस) *n.* जीर्णता, नीरसता।
Stalk (स्टॉक्) *n.* डंठल, डंडी, आधार। *n.* चुपके से शिकार का अनुसरण। *v.t.* & *i.* अकड़कर या ऐंठकर चलना, चोरी से पीछा करना।
Stalked (स्टॉक्ड) *adj.* डण्ठलदार।
Stalkless (स्टॉक्लैस्) *adj.* बिना डण्ठल का।
Stall (स्टॉल्) *n.* घुड़साल का अलग कमरा, चौकी या टेबल जिस पर बिक्री की सामग्री सजाई होती है, सीटों की कतार। *v.t.* & *i.* अस्तबल में चौपायों का बाँधना, कीचड़ में फँसना, इंजन की गति रुक जाना।
Stallage (स्टॉलिज्) *n.* दुकान बनाने का स्थान।
Stallfeed (स्टॉल्फीड्) *v.t.* & *adj.* पशु को अस्तबल में खिलाकर मोटा करना, हकलाने वाला।
Stalwart (स्टॉल्वर्ट) *adj.* तगड़ा, बलिष्ठ, हट्टा-कट्टा, निर्भीक, दिलेर।
Stalwartly (स्टॉल्वर्टलि) *adv.* वीरता से, साहस से।
Stamen (स्टेमेन्) *n.* पुष्प-केसर, पुँकेसर। **Stamened,** *adj.* पुंकेसर-युक्त।
Stamina (स्टॅमिना) *n.* सहन-शक्ति, आन्तरिक बल।
Stamina (स्टॅमिना) *n.* पुंकेसर युक्त।
Staminate (स्टॅमिनेट्) *adj.* पुंकेसर का।
Stamineal (स्टॅमिनिएल्) *adj.* पुंकेसर सम्बन्धी।
Stamened (स्टॅमन्ड्) *adj.* पुंकेसर से युक्त।
Staminal (स्टॅमिनल्) *adj.* आन्तरिक बल-संबंधी, दमदार।
Stammer (स्टॅमर्) *v.t.* & *i.* & *n.* हिचकिचाकर बोलना, हकलाना। *n.* अस्पष्ट भाषण, हकलाहट।
Stammerer (स्टॅमरर्) *n.* स्खलित स्वर से बोलने वाला हकलाने वाला।
Stammering (स्टॅमरिंग) *adj.* हकलाता हुआ।
Stammeringly (स्टॅमरिंगलि) *adv.* हकलाते हुए।
Stamp (स्टॅम्प्) *v.t.* & *i.* टिकट लगाना, याद दिलाना, मोहर छाप लगाना। *n.* मुहर, ठप्पा, चिह्न, सरकारी ठप्पा लगा हुआ कागज, चरित्र।
Stamp-act (स्टॉम्प्-ऍक्ट्) *n.* रसूम का कानून।
Stamp-collector (स्टॉम्प-कोलैक्टर्) *n.* डाक के पुराने टिकट इकट्ठा करने वाला।
Stampede (स्टॅम्पेड्) *n.* पशुओं की आकस्मिक भगदड़, खलबली, भगदड़।
Stance (स्टॅन्स्) *n.* गोल्फ या क्रिकेट के खेल में गेंद को मारने के लिए खिलाड़ी की मुद्रा।
Stanch (स्टान्श) *v.i.* रुधिर का बहाव रोकना या बन्द करना। *adj.* विश्वासी।
Stanchion (स्टान्शन्) *n.* खंभा, टूक, थूनी, डण्डा, आधार, खूँटा। *v.t.* पशुओं को खूँटे में बाँधना।
Stand (स्टॅन्ड्) *n.* स्थान, अड्डा (पड़ाव), रुकाव, बैठकी, दुकान, ऊँचा चबूतरा, गाड़ियों के ठहरने

का स्थान।

Stand (स्टॅन्ड्) *v.t.* & *i.* ठहरना, खड़ा होना, स्थिर रहना, अपने सिद्धान्त पर दृढ़ होना, प्रार्थी होना।

Standard (स्टॅन्डर्ड्) *n.* ध्वजा (पताका), सिद्धान्त, नियम (रीति), तुलना करने का सिद्धान्त, सीधा डण्डा।

Stander (स्टॉन्डर्) *n.* खड़ा होनेवाला।

Standing (स्टैंडिंग्) *adj.* स्थायी, सनातन, ठहरा हुआ। *n.* समाज में स्थान, स्थान, पदवी, प्रतिष्ठा।

Standpoint (स्टॅन्ड्-पॉइन्ट्) *n.* सिद्धान्त, आधार-भूत सिद्धान्त।

Standstill (स्टॅंड्-स्टिल्) *n.* ठहराव, गतिरोध, विराम।

Stanhope (स्टॅनप्) *n.* एक प्रकार की हलकी खुली एक आदमी के बैठने की गाड़ी।

Stannary (स्टॅनरि) *n.* टीन की खान का जिला, टिन के बर्तन का बाजार।

Stannic (स्टॉनिक्) *adj.* राँगे की खान-संबंधी।

Stanza (स्टॉन्जॉ) *n.* श्लोक, छन्द।

Stanzaic (स्टॉनजिऐक्) *adj.* श्लोक-संबंधी।

Staple (स्टेपल्) *n.* हाट, मण्डी, सौदा, सामग्री, प्रधान भाग, ऊन या सूत का रेशा। *v.t.* क्रम में रखना, अलगाना।

Staple (स्टेपल्) *n.* नोकदार मुड़ा हुआ तार, कुलावा (कुण्डी), सीने का मुड़ा हुआ तार। *v.t.* कुण्डी लगाना, तार से छेद कर के जोड़ना।

Stapler (स्टेप्लर्) *n.* प्रधान वस्तुओं या सूत या ऊन का सौदा करने वाला व्यापारी।

Stapler (स्टेप्लर्) *n.* एक प्रकार का यंत्र जिसकी सहायता से किसी वस्तु (कागज़) को पिन की सहायता से जोड़ा जाता है।

Star (स्टार्) *n.* (*) तारा (नक्षत्र, सितारा), छापे में का (*) चिह्न, प्रसिद्ध मनुष्य, भाग्य। *v.t.* & *i.* सितारे जुड़ना, तारे की भाँति चमकना।

Starboard (स्टार्-बोर्ड्) *n.* जहाज या नाव का दाहिना भाग जब कोई मनुष्य इसके अग्रभाग की ओर मुख करके खड़ा हो। *v.i.* जहाज को दाहिनी ओर घुमाना।

Starch (स्टार्च्) *n.* & अनाज का सत्व, माड़ी (कलफ), हठ। *adj.* नियत, निश्चित, यथार्थ।

Starchedly (स्टार्चडलि) *adv.* मांडीपन से।

Starchedness (स्टार्चडनैस्) *n.* मांडीपन।

Starchy (स्टार्ची) *adj.* मांडीदार।

Stare (स्टेअर्) *v.t.* & *i.* स्थिर दृष्टि से देखना, घूरना (ताकना), एकटक देखना। *n.* स्थिर दृष्टि, टकटकी।

Starfish (स्टारफिश) *n.* एक प्रकार की मछली।

Stargazer (स्टारगेजर) *n.* तारों का अध्ययन करने वाला या ज्योतिषी।

Staring (स्टेअरिंग्) *adj.* स्थिर दृष्टि का।

Staringly (स्टेअरिंगलि) *adv.* स्थिर दृष्टि से।

Stark (स्टार्क्) *adj.* सख्त, कड़ा, पक्का, मजबूत, आग्रही, रूखा। *adv.* बिल्कुल, केवल, पूर्ण रूप से।

Starling (स्टार्लिंग्) *n.* सारिका, मैना, पुल की रक्षा करने के लिए उसके अगल-बगल का कंकड़-पत्थर का ढेर।

Start (स्टार्ट्) *v.t.* & *i.* चौंक पड़ना, प्रस्थान करना, चलना, आरम्भ करना, चकित होना, एकाएक उठना, चालू करना, भड़कना, ढीला करना, खाली करना, बहाना।

Starter (स्टार्टर्) *n.* घुड़दौड़ में दौड़ आरम्भ करने का संकेत, आरंभक।

Startle (स्टार्टल्) *v.t.* चौंकना, चौंकाना, स्तंभित होना या करना।

Startler (स्टार्टलर्) *n.* चौंकाने वाला, विस्मयकारी।

Starvation (स्टार्वेशन) *n.* अनशन, उपवास।

Starve (स्टार्व्ह) *v.t.* & *i.* भूखों मरना, दरिद्रता से पीड़ित होना, ठंड से कष्ट उठाना।

Starveling (स्टार्व्हलिंग्) *n.* & *adj.* भूखा प्राणी, बिना आहार किये हुए।

Stasis (स्टेटिस्) *n.* शरीर की रुधिर इत्यादि की गति की रुकावट, अवरोध, गतिहीनता।

State (स्टेट्) *n.* स्वतन्त्र राज्य, स्थिति, अधिकार, जीवन-रीति, अवस्था (दशा)। *adj.* राजकीय, राज-संबंधी, सरकारी। *v.t.* प्रकट करना, वर्णन करना,

स्थिर करना, कहना।

State-affairs (स्टेट्-अफेअर्) *n.* राजकार्य।

State-carriage (स्टेट्-कैरिज्) *n.* राजकीय (शाही) सवारी।

State-craft (स्टेट्-क्राफ्ट्) *n.* राज-कार्य पद्धति, राजनीति।

Stateliness (स्टेटलिनेस) *n.* गौरव, महत्त्व।

Stately (स्टेटलि) *adj.* वैभवयुक्त, महत्व का, उज्ज्वल, गौरवपूर्ण।

Statement (स्टेटमेन्ट्) *n.* वर्णन, बयान, कथन, विवरण।

State-monger (स्टेज-मोनगर्) *n.* राजनीति में प्रवीण।

State-servant (स्टेट्-सरवैन्ट्) *n.* राजसेवक।

Statesmanlike (स्टेटमैनलाइक्) *adj.* राजनीतिज्ञ के सदृश।

Statical (स्टॅटिकल्) *adj.* स्थिर पदार्थ-संबंधी।

Statics (स्टॅटिक्स्) *n.* पदार्थ के भार-परिमाण का शास्त्र, जिस शास्त्र में पदार्थ की गुरुता का विचार रहता है।

Station (स्टेशन्) *n.* रेलगाड़ी के ठहरने का स्थान, दशा (ठिकाना, पद, अवस्था), स्थान, स्थिति, पदवी। *v.t.* स्थापित करना (टिकाना, बैठाना), ठहराना।

Stationary (स्टेशनरि) *adj.* एक ही स्थान में ठहरा हुआ (स्थिर), अचल।

Stationer (स्टेशनर्) *n.* लेखन सामग्री (यथा कागज, कलम, रोशनाई पेन्सिल इत्यादि) बेचने वाला।

Stationer's Hall (स्टेशनरस् हॉल) *n.* लंदन में पुस्तक की रजिस्ट्री का कार्यालय।

Stationery (स्टेशनरि) *n.* लिखने की सामग्री।

Statism (स्टेटिज़्म्) *n.* राज्य-शासन कला।

Statist (स्टैटिस्ट) *n.* क्रमबद्ध संख्यापत्रों का व्यवहार करने वाला।

Statistical (स्टैटिस्टिकल) *adj.* परिगणन विद्या सम्बन्धी।

Statistics (स्टॅटिस्टिक्स्) *n.* किसी देश के निवासियों की सब प्रकार की अवस्थाओं की क्रमबद्ध गणना, वह विद्या जिसमें इनका परिगणन होता है।

Statoscope (स्टॉटॅसकोप्) *n.* वायु के दबाव का सूक्ष्म अंतर बतलाने वाला यंत्र।

Statuary (स्टॅच्यूअरि) *adj.* मूर्ति-सम्बन्धी। *n.* मूर्तिकार, मूर्ति बनाने वाला।

Statue (स्टॅच्यू) *n.* ढालकर या खोदकर बनी हुई मूर्ति, प्रतिमा।

Statuesque (स्टैट्यूस्क) *adj.* मूर्तियुक्त, प्रतिमामय।

Statuely (स्टैटयूएलि) *adv.* मूर्तिवत्, मूर्ति के समान।

Stature (स्टॅचर्) *n.* शरीर की ऊँचाई, डीलडौल।

Status (स्टेटस्) *n.* सामाजिक स्थिति, वस्तुस्थिति, अवस्था।

Statute (स्टॅट्यूट्) *n.* कानून, व्यवस्था।

Statutory (स्टॅटयुटरि) *adj.* कानून से स्थिर किया हुआ, व्यवस्था से स्थापित।

Staunch (स्टॉंच्) *adj.* . विश्वासी, जल या वायु द्वारा अप्रवेश्य।

Staunchly (स्टॉन्शलि) *adv.* विश्वास से।

Staunchness (स्टॉन्चनैस्) *n.* विश्वस्तता।

Stave (स्टेव्ह्) *n.* पीपे की पटरी, सीढ़ी का डंडा। *v.t.* छेद करना, पट्टी लगाना, कुचलना।

Stay (स्टे) *n.* सहारा, आधार, ठहराव, रुकाव, प्रतिबन्ध। *v.t.* & *i.* थामना, रोकना, विलम्ब करना, सहारा देना, ठहरना, राह रखना।

Stayless (स्टेलैस्) *adj.* बिना सहारे का।

Stayorder (स्टे-ऑडर्) *n.* न्याय-निर्णय का कुछ काल के लिए निलम्बन।

Stays (स्टेस्) *n.* (ब.व.) अँगिया, चोली।

Stead (स्टेड्) *n.* स्थान, जगह।

Steadfast (स्टेड्-फस्ट्) *adj.* निश्चल, स्थिर (अचल)।

Steadfastly (स्टेड्फास्टलि) *adv.* स्थिरता से, दृढ़ता से।

Steadily (स्टैडिलि) *adv.* स्थिरता या दृढ़ता से।

Steady (स्टेडि) *adj.* नियमित, दृढ़, सतत, अचल, बराबर, शान्त, उद्यमी। *v.t.* & *i.* स्थिर करना (सँभालना)। *n.* हाथ या औजारों का सहारा।

Steak (स्टेक्) *n.* भूनने के लिए काटी हुई माँस की बोटी।

Steal (स्टील्) *v.t.* & *i.* चुराना, खिसक जाना, हृदय लुभाना।

Stealer (स्टीलर्) *n.* तस्कर, चोर।

Stealing (स्टीलिंग) *n.* चोरी का कार्य।

Stealth (स्टेल्थ्) *n.* (अपहरण) चोरी, गुप्त कार्य।

Stealthily (स्टेल्थलि) *adv.* चोरी से, गुप्त रीति से।

Stealthy (स्टेलथि) *adj.* गूढ़, गुप्त, अप्रकाशित।

Steam (स्टीम्) *n.* भाप, उत्साह। *v.t.* & *i.* भाप से चलना, भाप उठाना या निकालना, भाप से पकना।

Steam-boat (स्टीम्-बोट्) *n.* भाप से चलने वाली नाव।

Steam-engine (स्टीम-ईंजन्) *n.* भाप से चलने वाला इंजन।

Steamer (स्टीमर्) *n.* भाप से चलने वाला जहाज।

Steamy (स्टीमि) *adj.* वाष्पपूर्ण।

Stearin (स्टीअरिन्) *n.* चर्बी जिसकी मोमबत्ती बनाई जाती है।

Stearinery (स्टीअनरि) *n.* मोमबत्ती बनाने का कारखाना।

Steatite (स्टीअटाइट्) *n.* दर्जी की खड़िया चाक।

Steel (स्टील्) *n.* पक्का लोहा, फौलाद, अति कठोरता। *v.t.* दृढ़ करना, पक्का करना।

Steeliness (स्टीलिनैस्) *n.* कठोरता।

Steely (स्टीलि) *adj.* फौलाद का बना, फौलाद के समान कठोर, पुष्ट, दृढ़।

Steep (स्टीप्) *adj.* बहुत ढलुआ, बढ़ाकर कहा हुआ, अनुचित, तर्कहीन।

Steep (स्टीप्) *v.t.* जल इत्यादि में तर करना या भिगोना। *n.* ढार, टीला, करार, तर करने की विधि।

Steapen (स्टीपन) *v.t.* & *i.* ढलुआं होना या बनाना।

Steeple (स्टीपल्) *n.* गिरजाघर की छत पर की मीनार।

Steer (स्टिअर्) *n.* बधिया किया हुआ बैल, जवान सांड।

Steer (स्टिअर्) *v.t.* & *i.* हवाई जहाज, मोटर साइकिल इत्यादि चलाना, मार्ग दिखलाना, मार्ग निश्चित करना।

Steerage (स्टिअरेज्) *n.* जहाज के आगे का कमरा जिसमें सामान्य यात्री रहते हैं, जहाज का खेना।

Steersman (स्टिअर्स्मन्) *n.* जहाज चलाने वाला माझी।

Stellar (स्टेलर्) *adj.* तारा-सम्बन्धी।

Stellate (स्टैलेटे) *adj.* तारा की आकृति का।

Stellular (स्टैल्यूलर) *adj.* छोटे तारों की आकृति का।

Stem (स्टेम्) *n.* जहाज (या नाव) का अगला भाग, पेड़ का तना (डंठल), सन्तान (वंश), हुक्के या गुड़गुड़ी की नली का भाग, शब्द का आदि रूप। *v.t.* रोकना, प्रतिबन्ध करना।

Stench (स्टेन्च्) *n.* दुर्गन्ध, बदबू।

Stench-trap (स्टेन्च-ट्रैप्) *n.* परनाली की दुर्गन्ध रोकने का साधन।

Stencil (स्टेन्सिल्) *n.* पतली धातु की चद्दर या मोमी कागज जिस पर काटा हुआ अक्षर चित्र इत्यादि बुरूस तथा रोशनाई से दूसरे पदार्थ पर उतारा जाता है। *v.t.* इस प्रकार की चद्दर द्वारा चित्र बनाना।

Steno (स्टेनें) *pref.* सिकुड़ा अर्थ का उपसर्ग।

Stenochromy (स्टेनॅक्रोमि) *n.* अनेक रंग में छापने की विधि।

Stenograph (स्टैनोग्राफ) *n.* सांकेतिक चिह्न में लिखने की विधि, ऐसा लिखने का यंत्र।

Stenographer (स्टैनोग्राफर) *n.* सांकेतिक चिह्न में लिखने वाला।

Stentor (स्टेन्टार्) *n.* करारी आवाज में बोलने वाला व्यक्ति।

Step (स्टेप्) *n.* पद, डग, क्रम, चाल, सीढ़ी का डंडा, उद्योग, परिपाटी।

Step (स्टेप्) *v.t.* & *i.* धीरे-धीरे चलना, मस्तूल लगाना, डग बढ़ाना, आगे बढ़ना, आगे कदम बढ़ाना।

Step (स्टेप्) *n.* नाम मात्र का संबंध-सूचक उपसर्ग।

Stepney (स्टेप्ने) *n.* मोटर गाड़ी का फालतू पहिया।

Steppe (स्टेपि) *n.* बिना जोता-बोया हुआ घास का मैदान।

Stepping-stone (स्टेपिंग-स्टोन) *n.* जल का मार्ग, जल के ऊपर पैर रखने का पत्थर।

Stereo (स्टिरिओ) *pref.* ठोस अर्थ का उपसर्ग।

Stereobate (स्टिरिओबेट्) *n.* ठोस चबूतरा जिस पर मकान आदि बनाया जाता है।

Stereo-graphy (स्टिरिओ-ग्राफी) *n.* ठोस आकृति का चित्र कागज पर बनाने की विधि।

Stereometer (स्टिरिओ-मीटर्) *n.* ठोस पदार्थो का अपेक्षिक घनत्व जानने का यंत्र।

Stereoscope (स्टिरिओस्कोप्) *n.* एक प्रकार के दुहरे ताल द्वारा चित्रों को देखने की दूरबीन।

Stereotype (स्टिरिओटाइप्) *n.* छापने का ठोस सीसे का तख्ता जिसमें उभड़े हुए टाइप ढालकर बनाये जाते हैं। *v.t.* इस प्रकार के टाइप के प्लेट से छापना।

Stereotyped (स्टिरिओटाइप्ड्) *adj.* दृढ़, बिना परिवर्तन का।

Sterile (स्टेराइल्) *adj.* बांझ, निष्फल, ऊसर।

Sterility (स्टेरिलिटि) *n.* बन्ध्यता, बाँझपन, ऊसरपन।

Sterilize (स्टेरिलाइज़्) *v.t.* उबालकार कीटाणु रहित करना।

Sterlization (स्टेरिलाईज़ेशन्) *n.* बन्ध्याकरण।

Sterilizer (स्टेरिलाइज़र्) *n.* कीटाणु को मारकर शुद्ध करने का साधन।

Sterling (स्टर्लिंग्) *adj.* शुद्ध, वास्तविक, खरा (सच्चा)। *n.* अंग्रेजी सोने का सिक्का जो बीस शिलिंग का होता है।

Stern (स्टर्न्) *adj.* निष्ठुर, दृढ़, कठोर, कर्कश, निर्दय।

Stern (स्टर्न्) *n.* जहाज या नाव का पीछे का भाग, चूतड़।

Stern-foremost (स्टर्न-फोरमॉस्ट्) *adj.* पीछे की ओर जानेवाला।

Sternward (स्टर्नवार्ड) *adv.* जहाज के पीछे की ओर।

Sternway (स्टर्नवे) *adj.* पीछे की ओर का।

Sternum (स्टर्नम्) *n.* गर्दन से पेट तक की हड्डी, उरास्थि।

Stet (स्टेट्) *n.* प्रूफ शुद्ध करने का एक संकेत। *v.t.* काटी अशुद्धि रद्द करना।

Stethoscope (स्टेथॉस्कोप्) *n.* यन्त्र जिससे डॉक्टर लोग हृदय अथवा फेफड़े की अवस्था जान लेते हैं। *v.t.* इस यंत्र से फेफड़े या हृदय की परीक्षा करना।

Stethoscopist (स्टेथॉस्कोपिस्ट्) *n.* यंत्र से परीक्षा करने वाला मनुष्य।

Stevedore (स्टीव्हिडोअर्) *n.* जहाज पर माल उतारने-चढ़ाने वाला।

Stew (स्टयू) *n.* व्यभिचार का स्थान, मन्द आँच में पकी हुई तरकारी या मांस, मानसिक अव्यवस्था, कष्ट मछली पालने का कुण्ड। *v.t.* & *i.* धीमी अग्नि में पकाना या उबालना, गरमी से पीड़ित होना।

Steward (स्टयूअर्ड्) *n.* परिचारक, कारिन्दा, जहाज पर यात्रियों का सेवक।

Stewardess (स्टीवार्डनैस्) *adj.* भण्डारिन।

Steward-ship (स्टीवार्ड-शिप) *n.* परिचारक का पद।

Stew-pan (स्टयू-पैन) *n.* छिछली कड़ाही।

Sthenic (स्थेनिक्) *adj.* धमनी या हृदय की असामान्य अस्वस्था संबंधी।

Stibium (स्टिबिअम) *n.* स्रोतोंजन, सुरमा।

Sticcado (स्टिकाडो) *n.* एक प्रकार का तार का बाजा।

Stick (स्टिक्) *n.* डंडा, टहनी, टाइप कम्पोज़ करने की तख्ती।

Stick (स्टिक्) *v.t.* & *i.* बैठना, भोंकना, चुभाना, चपकाना, साटना, आगे निकला रहना।

Sticklac (स्टिकलॅक्) *n.* गोंद, लाख।

Stickleback (स्टिकल्बॅक्) *n.* एक छोटी मछली।

Sticker (स्टिक्लर्) *n.* हठी, झगड़ालू।

Sticky (स्टिकि) *adj.* चिपचिपा, लसलसा।

Stiff (स्टिफ्) *adj.* ठोस, कठारे न मुड़ने वाला,

रूखा, हठी, गर्दन की गठिया।

Stiff-market (स्टिफ्-मार्केट्) *n.* स्थिर भाव।

Stiff-neck (स्टिफ्-नैक्) *n.* गर्दन की गठिया।

Stifle (स्टाइ-फल्) *v.t.* & *i.* दबाना, गला घोंटना, गला घोंटकर मारना। *n.* घोड़े के पैर की गुमची, इस स्थान का रोग।

Stifling (स्टिफ्लिंग्) *adj.* गला घोंटनेवाला।

Stifingly (स्टिफ्लिंगलि) *adv.* गला घोंटता हुआ।

Stigma (स्टिग्मा) *n.* कलंक, पुष्प के जायांग का अग्रभाग, बन्दी या दास के शरीर पर छापा हुआ कलंक का चिह्न, लांछन, धब्बा, किसी रोग का विशेष चिह्न।

Stigmatize (स्टिग्मटाइझ्) *v.t.* शरीर पर छाप लगाना, गाली देना, निन्दित करना।

Stigmatization (स्टिग्मटाइझेशन्) *n.* गाली।

Stile (स्टाइल्) *n.* दरवाजे के फ्रेम का लम्बा टुकड़ा, बाड़े या टट्टी के बीच से यात्रियों के जाने का मार्ग।

Stiletto (स्टिलेटो) *n.* छोटा कटार (खंजर), छेद करने का यंत्र।

Still (स्टिल्) *n.* भभँका, अर्क खींचने का डेग। *v.t.* अर्क उतारना।

Still (स्टिल्) *adj.* निश्चल, मौन, चुपचाप। *n.* गहरी शांति। *v.t.* & *i.* शांत करना होना, निःशब्द (चुपचाप) करना, स्थिर करना, लंगर पर खड़ी हुई नाव पर से मछली फँसाना।। *adv.* सर्वदा, सदा, अब भी कभी-कभी, तो भी।

Stilt (स्टिल्ट्) *n.* चढ़कर चलने योग्य पायदान लगा हुआ डण्डा, एक प्रकार का पक्षी जिसके पैर लम्बे होते है।

Stilted (स्टिल्टेड) *adj.* लम्बा-चौड़ा, ऐश्वर्ययुक्त, असार।

Stiltedly (स्टिल्डेलि) *adv.* महत्व से।

Stilton (स्टिल्टन्) *n.* एक प्रकार का पनीर।

Stiltpetrel (स्टिल्ट्-पिट्रल्) *n.* लम्बे पैर की एक प्रकार की चिड़िया।

Stimulant (स्टिम्युलन्ट्) *adj.* उत्तेजक, प्रोत्साहक, शक्ति बढ़ाने वाला। *n.* शक्ति बढ़ाने वाली दवा (विशेषकर मदिरा)।

Stimulate (स्टिम्युलेट्) *v.t.* प्रोत्साहित करना, उत्तेजित करना, एड़ लगाना।

Stimulation (स्टिम्यूलेशन्) *n.* प्रोत्साहन, उत्तेजना।

Stimulating (स्टिम्यूलेटिंग) *adj.* उत्तेजक, उभाड़नेवाला।

Stimulative (स्टिम्यूलेटिव्) *adj.* उत्तेजनापूर्ण प्रवृत्तिवाला।

Stimulator (स्टिम्यूलेटर्) *n.* प्रवृत्त करने (उभाड़ने) वाला।

Stimulus (स्टिम्युलस्) *n.* चेतनावर्धक वस्तु।

Sting (स्टिंग्) *n.* डंक, सर्प का जहर का दाँत, घाव, कंटक, मर्म। *v.t.* & *i.* डंक मारना, अत्यन्त पीड़ा देना (मर्म छेदना।)

Stinger (स्टिंगर्) *n.* घना कुहरा, गहरी मार।

Stingily (स्टिन्जिलि) *adv.* कृपणता से, लोभ से।

Stinginess (स्टिन्जिनैस) *n.* कृपणता, लोभ।

Stinging (स्टिंगिंग) *adj.* डँसनेवाला, मर्मभेदी।

Stingy (स्टिन्जि) *adj.* नीच, कृपण (लोभी), लालची।

Stink (स्टिंक्) *v.i.* दुर्गन्ध निकलना। *n.* दुर्गन्ध रोकने का ढकना।

Stinkard (स्टिन्कर्ड) *n.* दुर्गन्ध-युक्त।

Stinking (स्टिन्किंग) *adj.* दुर्गन्ध-युक्त।

Stink-trap (स्टिंक-टॉप्) *n.* दुर्गन्ध रोकने का ढकना।

Stint (स्टिन्ट्) *v.t.* बाँधना (रोकना), प्रतिबंध। *n.* नियम, मर्यादा, रोक।

Stipe (स्टाइप्) *n.* डण्ठल, किसी पौधे की डण्डी।

Stipel (स्टाइपेल्) *n.* पौधे की नीचे की पत्ती।

Stipellate (स्टाइपेलेट्) *adj.* नीचे की पत्ती से युक्त।

Stipend (स्टाइपेन्ड्) *n.* वेतन, वृत्ति, मजदूरी।

Stipendiary (स्टाइपेन्डिअरि) *adj.* & *n.* वैतनिक, वृत्ति पाने वाला।

Stipple (स्टिपल्) *v.t.* & *i.* बिन्दु रीति से धातु इत्यादि पर खोदना। *n.* इस प्रकार की खुदाई।

Stipulate (स्टिप्युलेट्) *v.t.* & *i.* बन्धेज करना,

किसी वस्तु की माँग करना, प्रतिज्ञा करना।

Stipulator (स्टिपयूलेटर्) *n.* प्रतिज्ञा करने वाला।

Stipulation (स्टिप्युलेशन्) *n.* प्रतिज्ञा (नियम, होड़)।

Stipule (स्टिप्यूल्) *n.* पौधे के डंठल के नीचे की पत्ती।

Stir (स्टर्) *v.t.* & *i.* उकसाना, हिलाना, प्रोत्साहित करना, मंथन करना, उत्तेजित करना, व्यस्त या मशगूल होना। *n.* विप्लव, संक्षोभ, उपद्रव, हड़बड़ी।

Stirpiculture (स्टर्पिकलचर) *n.* किसी विशेष जाति के पशु इत्यादि की नसल की उत्पत्ति या वृद्धि का कार्य।

Stirps (स्टर्प्स्) *n.* जाति (वंश) किसी जाति का आदि पुरुष।

Stirrup (स्टिरप्) *n.* रेकाब, पादधारिणी।

Stitch (स्टिच्) *n.* पसली की पीड़ा, सियन, टाँका। *v.t.* & *i.* सीना, टाँका, लगाना।

Stithy (स्टिदि) *n.* लुहार की दुकान, भाथी।

Stoat (स्टोट्) *n.* एक प्रकार का रोवेंदार चौपाया। *v.t.* कपड़ा सीना।

Stock (स्टॉक्) *n.* वृक्षस्तंभ, तना, कुटुम्ब, सामग्री, संचय, मूलधन, कम्पनी को ऋण देना, एक प्रकार का फूल, पशु, निन्दा का पात्र। *v.t.* & *i.* इकट्ठा करना, काठ में बन्द करना, ढेर लगाना, बटोरना।

Stockade (स्टाकेड्) *n.* खम्भों की पंक्ति, कटघरा, बाड़ा। *v.t.* बाड़े से मजबूत घेरा बनाना।

Stockinet (स्टॉकिनेट्) *n.* जांघिया गंजी आदि के लिए बुने हुए कपड़े।

Stocking (स्टॉकिंग्) *n.* पैर का मोजा।

Stockless (स्टॉक्-लेस्) *adj.* बिना पशु या वृक्ष-स्तम्भ, या कुटुम्ब या सामग्री का।

Stocky (स्टॉकि) *adj.* गठीले शरीर का नाटा। **Stockily**, *adv.* गठीलेपन से।

Stodge (स्टॉज्) *n.* भारी भोजन, भुक्खड़ मनुष्य। *v.t.* & *i.* भुक्खड़ की तरह खाना, भकोसना।

Stodginess (स्टॉजिनेस) *n.* फुलाहट, परिपूर्णता।

Stodgy (स्टॉजि) *adj.* न पचने वाला, फूला हुआ, परिपूर्ण।

Stogie (स्टोगि) *n.* पतली लम्बी सिगार, भारी जूते।

Stoic (स्टोइक्) *n.* सुख-दुख को समान मानने वाला (निःस्पृह, उदासी), वैरागी, संयमी।

Stoical (स्टोइकल्) *adj.* उदासीन (निःस्पृह), समबुद्धि।

Stoicism (स्टोइसिज़्म्) *n.* आत्मसंयम, सुख-दुख की समता।

Stoke (स्टोक्) *v.t.* & *i.* इंजन में कोयला-झोंकना।

Stole (स्टोल्) *n.* ओढ़नी, उपरना।

Stolid (स्टॉलिड्) *adj.* शीघ्र उत्तेजित न होने वाला, कफ निकालने वाला, हठी, मूर्ख।

Stomach (स्टमक्) *n.* पेट (आमाशय), पक्वाशय, जठर, इच्छा (कामना)। *v.t.* क्रोध से सहन करना, स्वाद से भोजन करना।

Stomachal (स्टमकल्) *adj.* उदर-संबंधी।

Stomacher (स्टमकचर्) *n.* अँगिया, चोली, जरीदार ब्लाऊज।

Stomachic (स्टमैकिक्) *adj.* भूख बढ़ाने वाला, उदर-सम्बन्धी। *n.* अग्निवर्धक औषधि।

Stomachful (स्टमचफुल) *n.* पेटभर, क्रोधी, घमंडी, उत्साही, साहसी।

Stomachtooth (स्टमचटूथ्) *n.* बच्चों के नीचे का सुआँ दाँत।

Stomato (स्टॅमॉटॅ) *pref.* मुख अर्थ का उपसर्ग।

Stone (स्टोन्) *n.* रत्न, (शिला) पत्थर, रत्न, ढेला, अश्मरी (पथरी जो मूत्राशय में पड़ जाती है), फूलों की गुठली, सात सेर की तौल।

Stone-blind (स्टोन्-ब्लाइंड्) *adj.* पूरी तरह से अन्धा।

Stone-butter (स्टोन्-बटर्) *n.* एक प्रकार की फिटकरी।

Stone-age (स्टोन्-एज) *n.* पाषाण युग।

Stony (स्टोनि) *n.* पत्थरों से भरा हुआ, कठोर हृदय।

Stook (स्टूक्) *n.* अनाज की डंठलों के गाँठों का ढेर।

Stool (स्टूल्) *n.* तिपाई, विष्ठा, मलमूत्र त्यागने का स्थान, विष्ठा, पौधे की जड़। *v.t.* & *i.* विष्ठा

करना, जड़ में अँखुआ फूटना।

Stoop (स्टूप्) *n.* बिना छत का मंच, खुला मंच या ड्योढी।

Stoop (स्टूप्) *v.t.* & *i.* शरीर आगे को झुकाना, नतमस्तक होना, निहुरना, अधीन होना। *n.* शरीर का झुकाव।

Stop (स्टाप्) *n.* प्रतिबन्ध, रुकावट, विश्राम के चिह्न।

Stop (स्टॉप्) *v.t.* & *i.* रुकावट डालना, अवरोध करना, डट्टा लगाना, बाधा डालना, (ठहराना, रुकाना) गति बन्द करना, समाप्त करना।

Stop-cock (स्टाप्-मोशन्) *n.* पानी निकलने की टोंटी।

Stop-motion (स्टाप्-मोशन्) *n.* गति रोकने का साधन।

Stoppage (स्टॉपिज्) *n.* रुकावट, अवरोध।

Stopper (स्टॉपर्) *n.* रोकने वाला डट्टा, लंगर इत्यादि बाँधने का रस्सा।

Stopping (स्टॉपिंग) *n.* बन्द करने का साधन।

Stopple (स्टॉपल्) *n.* बोतल का डट्टा। *v.t.* डट्टा लगाना।

Storage (स्टोरेज्) *n.* सामग्री का भण्डार में संग्रह या संचय, भराई का भाड़ा या कर।

Storax (स्टोरीक्स्) *n.* शिलाजीत।

Store (स्टोअर्) *n.* संचय, इकट्ठा करना, अधिकता, भंडार, कोठी, कारखाना। *v.t.* संग्रह, भण्डार में रखना, (बटोरना) ढेर लगाना। **Store-clothes,** *n.* भण्डार का अध्यक्ष, भण्डारी। **Store-keeper,** *n.* भण्डार का अध्यक्ष, भण्डारी। **Store-room,** *n.* घर में भण्डार का कमरा।

Stores (स्टोर्स्) *n.* कारखाना।

Storey, Story (स्टोरि) *ns.* मकान का खण्ड।

Storge (स्टोर्ज्) *adj.* पैतृक स्नेह, माता-पिता का बच्चों पर प्यार।

Stork (स्टॉर्क्) *n.* (*usu.*) क्रोंच पक्षी, सारस।

Storm (स्टॉर्म्) *n.* प्रचण्ड वायु, संक्षोभ, आँधी या तूफान, बलवा, झगड़ा, भयंकर आक्रमण (धावा), शस्त्रों की बौछार। *v.t.* & *i.* क्रोध से बोलना, झकोरा होना, गाली देना। **Storm-bound,** *adj.* आँधी के कारण रुका हुआ (जहाज़)। **Storm-centre,** *n.* उभड़ते बादलों का दिशाओं की ओर बढ़ना, आंदोलन का कारण। **Storm-cloud,** *n.* विप्लव करने वाली घटना।

Stormy (स्टॉर्मि) *adj.* क्रोध से भरा हुआ, झगड़ालू, भयानक तूफानों से जुड़ा हुआ।

Story (स्टॉअरि) *n.* मकान का खंड, जीवनी, वृत्तान्त, कहानी, कथा, नाटक की कथा का आधार या ढाँचा।

Stoup (स्टूप्) *n.* पानी पीने का बर्तन, पवित्र जल का पात्र।

Stout (स्टाउट्) *adj.* पुष्ट, दृढ़, स्थूल शरीर का, वीर, प्रबल।

Stout-hearted (स्टाउट-हर्टिड्) *adj.* वीर हृदय का।

Stoutish (स्टाउटिश्) *adj.* थोड़ा-सा पुष्ट।

Stoutly (स्टाउटि) *adv.* साहस से।

Stove (स्टोव्ह्) *n.* अंगीठी, चूल्हा, भट्टी।

Stover (स्टोव्हर्) *n.* पशुओं का चारा।

Stow (स्टो) *v.t.* कसकर माल बाँधना, ठिकाने से सामग्री रखना।

Stowaway (स्टोअवे) *n.* वह जो बिना महसूल दिए यात्रा करने के लिए जहाज पर अपने को छिपा लेता है।

Strabismic (स्ट्रेबिजमिक) *adj.* ऐंचा।

Strabismus (स्ट्रेबिज्मस) *n.* भैंगा।

Straddle (सट्रैंडल्) *v.t.* & *i.* पैर फैलाकर बैठना या खड़े होना, पैर दूर-दूर करना।

Strafe (स्ट्राफ्) *v.t.* पीटना, गाली देना, हमला करना, दण्ड देना। *n.* गाली-गलौज।

Straggle (स्ट्रॅगल्) *v.i.* छितराना, अलग होना।

Straggler (स्ट्रॉग्लर्) *n.* भ्रमणशील, छितराने वाला, घुमक्कड़।

Straggling (स्ट्रॉगलिंग्) *adj.* घूमने वाला।

Straight (स्ट्रेट्) *adj.* बिना मोड़ का, सीधा (खड़ा), अकुटिल, सादा, ईमानदार।

Straightarm (स्ट्रेट्आर्म) *n.* सीधा हल्का बोलना।

Straightaway (स्ट्रेटअवे) *n.* स्पष्ट-वक्ता।

Straight-cut (स्ट्रेट-कट) *adv.* खड़े बल में काटा हुआ।

Straighten (स्ट्रेटन्) *v.t.* & *i.* सीधा या ठीक करना।

Straight-forward (स्ट्रेट-फारर्वड) *adj.* सच्चा, स्पष्टवादी।

Straightly (स्ट्रेटलि) *adv.* सीधी रेखा में।

Straightness (स्ट्रेटनैस्) *n.* सीधापन।

Straightway (स्ट्रेट्-वे) *adv.* तुरन्त, झटपट, फौरन।

Strain (स्ट्रेन्) *v.t.* & *i.* तानना, कसकर फैलाना, ऐंठना, खींच-खींचकर अर्थ निकालना, अधिक प्रयत्न करना, शोधना (विमल करना), छानना, निचोड़ना। *n.* श्रम, तनाव, झुकाव, तीव्र उद्योग, खिंचाव, गीत।

Strained (स्ट्रेन्ड्) *adj.* कृत्रिम, खिंचा हुआ, विकृत, तना हुआ, अस्वाभाविक।

Strainer (स्ट्रेनर्) *n.* छानने का यन्त्र, छलनी, फिलटर।

Strait (स्ट्रेट्) *adj.* कठोर, सँकरा, कठिन। *n.* जलडमरूमध्य, संकुचित मार्ग, संकट (आपत्ति, दुर्दशा), तकलीफ। *n.* (ब.व.) संकट की अवस्था।

Straiten (स्ट्रेटन्) *v.t.* संकुचित करना (कष्ट देना), व्याकुल करना।

Strake (स्ट्रेक) *n.* पहिये की लोहे की हाल, पट्टी।

Stramonium (स्ट्रमोनिअम्) *n.* एक प्रकार का धतूरा।

Strand (स्ट्रॅन्ड्) *n.* रस्से का बल (भाँज), तीर, किनारा। *v.t.* & *i.* रेती या घाट पर लगाना, भूमि पर लग जाना, रस्से की भाँज अलगाना।

Stranded (स्ट्रॅन्डेड्) *adj.* निःसहाय, बिना साधन के।

Strange (स्ट्रेंज़्) *adj.* अपूर्व, परदेशी, अपरिचित, विचित्र, नया, अद्‌भुत, अनोखा, असम्भव।

Strangely (स्ट्रेंजलि) *adv.* विलक्षण प्रकार से।

Stranger (स्ट्रेन्जर्) *n.* अज्ञात, विदेशी, अनजान (पराया), अतिथि।

Strangely (स्ट्रेंजलि) *adv.* विलक्षण प्रकार से।

Strangle (स्ट्रँगल्) *v.t.* गला ऐंठकर या दबाकर मार डालना, दबाना, गला घोंटना।

Strangulate (स्ट्रँग्युलेट्) *v.t.* गला घोंटना, अंग बाँधकर रुधिर की गति रोकना।

Strangulation (स्ट्रँग्युलेशन्) *n.* गला घोंटने का काम।

Strangury (स्ट्रँग्यूअरि) *n.* बूँद-बूँद करके कष्ट से पेशाब होने का रोग।

Strap (स्ट्रॅप्) *n.* पुष्प की पंखड़ी, चर्मपट, पट्टा, तस्मा। *v.t.* चमोटे पर उस्तरा तेज करना।

Strappado (स्ट्रैपेडो) *n.* एक प्रकार का दुर्दशा का दण्ड।

Strapper (स्ट्रापर्) *n.* चाबुक से मारनेवाला।

Strapping (स्ट्रॅपिंग्) *adj.* तकड़ा, हट्टा-कट्टा। *n.* तस्मे (चाबुक) की मार।

Stratagem (स्ट्रॅटजिम्) *n.* प्रबंध, दाँव-पेंच, युक्ति, कपट, चालाकी, चाल, छलबल।

Strategy (स्ट्रॅटिजि) *n.* युद्धकौशल, व्यूह रचना, युद्ध योजना।

Strategic (स्ट्रॅटीजिक्) *adj.* युद्ध की कूटनीति से संबंधित।

Strategist (स्ट्रॅटीजिस्ट्) *n.* युद्धकुशल, व्यूह रचना में निपुण।

Strath (स्ट्रॅथ्) *n.* पहाड़ की चौड़ी घाटी (दरी), विशाल पहाड़ी घाटी।

Straticulate (स्ट्रॅटिक्युलट्) *adj.* परतों में व्यवस्थित।

Stratify (स्ट्रॅटिफाय्) *v.t.* & *i.* तह या परत लगाना।

Stratification (स्ट्रॅटिफिकेशन्) *n.* तहों का अलगाव।

Stratified (स्ट्रॅटिफाइड्) *adj.* परतों में व्यवस्थित।

Stratum (स्ट्रेटम्) *n.* परत, स्तर, स्तरीमेघ, श्रेणी।

Stratus (स्ट्रेटस्) *n.* फैला हुआ बादल, मेघाच्छादन।

Straw (स्ट्रॉ) *n.* तिनका, फूस, भूसा, पुआल, सूखी घास।

Strawberry (स्ट्रॉबेरी) *n.* एक प्रकार की झरबेर।

Strawboard (स्ट्रॉबोर्ड्) *n.* कागज की रूखी दफ्ती।

Strawcutter (स्ट्रॉकटर्) *n.* चारा काटने की कल।

Strawy (स्ट्राइ) *adj.* तिनके से पूर्ण।

Stray (स्ट्रे) *v.t.* विचरना, भटकना, रास्ता भूल जाना। *adj.* बिखरा हुआ, कभी-कभी भेंट करने वाला। *n.* भटका हुआ पशु।

Streak (स्ट्रीक्) *n.* लकीर, रेखा, धारी। *v.t.* धारी डालना, रेखा से चिह्नित करना।

Streaked (स्ट्रीक्ड्) *adj.* अनेक रंगों की रेखाओं से चिह्नित।

Streakily (स्ट्रीक्ली) *adv.* धारी के रूप में।

Streakiness (स्ट्रीकीनैस्) *n.* धारीपन।

Stream (स्ट्रीम्) *n.* स्रोत, धारा, नदी (नाला), प्रवाह की दिशा। *v.t.* & *i.* धारा में बहना, फहराना, निकलना या निकालना, लहराना, फेंकना, प्रवाहित होना।

Streamer (स्ट्रीमर्) *n.* प्रकाश की किरण, पताका, फीता जिसका एक छोर बँधा हो तथा दूसरा छोर वायु में फहराता हो।

Street (स्ट्रीट्) *n.* दोनों ओर पंक्तियों में बने मकानों वाली सड़क या गली।

Street-sweeper (स्ट्रीटस्वीपर्) *n.* सड़क पर झाडू देनेवाला।

Strength (स्ट्रेन्थ) *n.* शक्ति, बल (पुष्टता), भरोसा, प्रभाव (पराक्रम)।

Strengthen (स्ट्रैन्थन) *v.t.* & *i.* प्रबल (दृढ़) करना, पुष्ट करना, ताकतवर बनना, संख्या बढ़ाना, पक्का करना।

Strenthener (स्ट्रेन्थन्र्) *n.* शक्तिवर्धक औषध आदि।

Strenuous (स्ट्रन्युअस्) *adj.* अति उत्साही, उद्योगी, हठी (दृढ़)।

Strenuously (स्ट्रन्युअसलि) *adv.* उत्साह से, प्रयत्न से।

Strepent (स्ट्रेपेन्ट्) *adj.* कोलाहली।

Streperous (स्ट्रैपेरस) *adj.* कोलाहल करने वाला।

Streptococcus (स्ट्रेप्टोकॉकस्) *n.* . श्रृंखला के आकार का रोग फैलाने वाला जंतु।

Stress (स्ट्रेस्) *n.* बलाघात, विपत्ति, दाब, प्रतिबल। *v.t.* प्रभाव डालना, जोर देना।

Stretch (स्ट्रेच्) *n.* सीधा करना, लम्बा करना, बढ़ाना, कसना, सबसे अधिक श्रम करना, फैलाना। *n.* फैलाव, पूरा जोर लगाना, प्रयत्न, संघर्ष, विस्तार, वृद्धि।

Stretcher (स्ट्रेचर्) *n.* डोली, टिकठी।

Strew (स्ट्रू) *v.t.* छितराना (फैलाना), बिखेरना।

Stria (स्ट्राइअँ) *n.* समतल पर (लकीर) के चिह्न, हलकी लीक।

Striate (स्ट्राइएट) *adj.* डोरीदार।

Striately (स्ट्राइएटलि) *adv.* लकीरपन से।

Stricken (स्ट्रिकन) *adj.* शिकार में जख्मी, रोगग्रस्त, चोट खाया हुआ।

Strickle (स्ट्रिकल्) *n.* मान, मापदण्ड।

Strict (स्ट्रिक्ट्) *adj.* नियत, दृढ़, सख्त, कठोर, अलंघनीय, निपुण।

Strictness (स्ट्रिक्टनैस्) *n.* कठोरता, दृढ़ता।

Stricture (स्ट्रिक्चर्) *n.* निंदा, कटुआलोचना।

Strictured (स्ट्रिक्चरर्ड) *adj.* निन्दा किया हुआ, स्रोत का अवरोध किया हुआ।

Stride (स्ट्राइड्) *v.t.* & *i.* लंबे-लंबे डग से चलना, लांघना, शीघ्र चलना। *n.* लंबा डग, (डकान) छलाँग।

Strident (स्ट्राइडन्ट्) *adj.* तेज शब्द का, कर्कश।

Stridulate (स्ट्रिड्युलेट) *v.t.* शरीर के अंग को रगड़कर झनझन शब्द निकालना।

Stridulator (स्ट्रिडयूलेटर्) *n.* झनझन शब्द करने वाला।

Strife (स्ट्राइफ) *n.* टंटा, झगड़ा, खटपट।

Strifeful (स्ट्राइफुल्) *adj.* विरोध करने वाला।

Strigil (स्ट्रिजिल्) *n.* स्नान करते समय शरीर को रगड़ने का झावाँ।

Strike (स्ट्राइक्) *n.* हड़ताल।

Strike (स्ट्राइक्) *v.t.* & *i.* मारना, पीटना, धक्का देना, दण्ड देना, माँगों की स्वीकृति न होने तक हड़ताल करना, ध्यान आकर्षित करना, नीचा करना, पता लगाना, शब्द द्वारा सूचित करना।

Striker (स्ट्राइकर्) *n.* हड़ताल करने वाला।

Striking (स्ट्राइकिंग्) *adj.* अद्‌भुत, विचित्र,

आश्चर्यजनक, चित्त को आकर्षित करने वाला।

Strikingly (स्ट्राइकिंगलि) *adv.* विचित्रता से, विलक्षणता से।

String (स्ट्रिंग्) *n.* रस्सी, वस्तुओं की कतार, ताँत, तार, सुतली, पंक्ति, माला। *v.t.* & *i.* ताँत लगाना डोरी लगाना, तार चढ़ाना, तागे गूंथना या पिरोना।

Stringed (स्ट्रिंग्ड्) *adj.* ताँत या तारवाला, तन्तयुक्त।

Stringency (स्ट्रिन्जन्सि) *n.* कठोरता।

Stringent (स्ट्रिन्जेन्ट्) *adj.* कठोर, दृढ़, कसा हुआ, आवश्यक, अशिथिल।

Stringently (स्ट्रिन्जेन्टलि) *adv.* कठोरता से।

Strip (स्ट्रिप्) *v.t.* & *i.* नंगा करना, कपड़े उतारना, खाल उधेड़ना, छिलका उतारना, पेंच ढीला करना। *n.* धज्जी, पट्टी।

Stripe (स्ट्राइप्) *n.* कोड़े की मार का चिह्न, पट्टी (धारी लकीर)। *v.t.* लकीर या रेखा डालना।

Stripling (स्ट्रिप्लिंग्) *n.* शिशु (बालक), किशोर।

Strive (स्ट्राइव्) *v.i.* उद्यम करना, प्रयत्न करना, कलह करना, झगड़ना।

Striver (स्ट्राइवर्) *n.* शारीरिक या मानसिक परिश्रम करने वाला।

Strobile (स्ट्रोबिल्) *n.* शंकु। **Strobiliform,** *adj.* . शंकु की आकृति का।

Strocal (स्ट्रॉकल्) *n.* काँच बनाने वालों का फरसा।

Stroke (स्ट्रोक्) *v.t.* थपथपाना (सहलाना), एक ओर हाथ फेरना। *n.* थपथपाहट।

Stroke (स्ट्रोक्) *n.* आघात, प्रहार, जोरदार धक्का, आकस्मिक आक्रमण, घड़ी के बजने का शब्द, कृति, सफल प्रयत्न, विपत्ति, अनोखा विचार, कलम या ब्रुश से बनी हुई तस्वीर।

Stroker (स्ट्रोक्र) *n.* सहलाने वाला।

Stroll (स्ट्रोल्) *v.i.* पैदल घूमना, विचरना, इधर-उधर भटकना। *n.* टहलना, परिभ्रमण।

Stroma (स्ट्रोमा) *n.* किसी अंग का ढाँचा।

Stromatic (स्ट्रोमॉटिक्) *adj.* भिन्न आकार का।

Strong (स्ट्राँग्) *adj.* दृढ़, समर्थ, शक्तिशाली, धनी, प्रभावकारी, उत्साही, पुष्ट, बलवान, स्वस्थ।

Stronghold (स्ट्राँग्-होल्ड्) *n.* किलागढ़, दुर्ग।

Strong-minded (स्ट्राँग्-माइन्डिड्) *adj.* मनस्वी, परिपक्व मस्तिष्क का।

Strong-room (स्ट्रांग-रूम्) *n.* बहुमूल्य पदार्थों के रखने का मजबूत कमरा।

Strong-set (स्ट्रांग-सेट्) *adj.* कसकर लगाया हुआ।

Strontia (स्ट्रानशॉ) *n.* आतिशबाजी बनाने का एक मसाला।

Strop (स्ट्रॉप्) *n.* उस्तरा तेज करने का चमोटा। *v.t.* चमोटे पर रगड़कर तेज करना।

Strophe (स्ट्रोफि) *n.* श्लोक, छन्द।

Strophiolate (स्ट्रोफियोलेट) *adj.* माला पहिनाया हुआ।

Strophulus (स्ट्राफुलस) *n.* बच्चों का मसूड़ा फूलने का रोग।

Structural (स्ट्रक्चरल्) *adj.* बनावट का, रचना-संबंधी।

Structure (स्ट्रक्चर्) *n.* बनावट, निर्माण, ढाँचा, भवन, गृह।

Struggle (स्ट्रगल्) *v.t.* अधिक परिश्रम करना, संघर्ष करना, उद्योग करना। *n.* लड़ाई-झगड़ा, परिश्रम, संघर्ष, प्रयत्न, कलह।

Struggler (स्ट्रगलर्) *n.* संघर्ष करने वाला, झगड़ालू।

Strum (स्ट्रम्) *v.t.* & *i.* बीन, सितार इत्यादि के तारों को झनकारना। *n.* झनकार।

Struma (स्ट्रूमा) *n.* गण्डमाला।

Strumous (स्ट्रूमस्) *adj.* गण्डमाला संबंधी।

Strumpet (स्ट्रम्पिट्) *n.* वेश्या, रण्डी, पतुरिया।

Strut (स्ट्रट्) *v.i.* शान से चलना, गर्व से (अकड़कर) चलना। *n.* अकड़ की चाल, छत आदि का सहारे के लिए लगाया जाने वाला डंडा।

Struthious (स्ट्रथिअस्) *adj.* शुतुरमुर्ग की तरह का।

Struttingly (स्ट्रटिंगलि) *adv.* अकड़कर चलते हुए।

Stub (स्टब्) *n.* पेन्सिल, सिंगार, ढूँठा, बचा हुआ, छोटा टुकड़ा। *v.t.* भूमि में से ढूँठ हटाना।

Stubble (स्टबल्) *n.* अन्न के पौधे की खूँटी,

कटा हुआ बाल।

Stubbly (स्टब्लि) *adj.* खूँटीदार।

Stubborn (स्टबॉर्न्) *adj.* अड़ियल, हठी, दुर्दान्त।

Stubbornly (स्टबॉर्नलि) *adv.* हठ से।

Stubbornness (स्टबॉर्नलैस्) *n.* हठ, जिद।

Stucco (स्टको) *n.* महीन चूना या सीमेन्ट। *v.t.* महीन चूने या सीमेन्ट की दीवार इत्यादि पर पलस्तर लगाना।

Stud (स्टड्) *n.* बड़े माथे का काँटा, कील, खूँटा, दुहरे सिरे का बटन, थूनी, प्रजनन या शिकार के लिए पाले गए घोड़े-घोड़ियों का झुण्ड। *v.t.* खूँटा लगाना, फूलदार कांटा जड़ना।

Studding (स्टडिंग्) *n.* लकड़ी के फट्टे आदि से बना हुआ विभाजन का पर्दा।

Stud-farm (स्टड्-फार्म) *n.* घोड़ा पालने का स्थान।

Stud-horse (स्टड्-हार्स) *n.* साँड, घोड़ा।

Student (स्टयूडन्ट्) *n.* अध्ययन करने वाला, विश्वविद्यालय का विद्यार्थी, छात्र।

Studied (स्टडिड्) *adj.* सावधानी से परीक्षा किया हुआ, अध्ययन किया हुआ, पूर्व-कल्पित या नियोजित, भली-भाँति विचारा या समझा हुआ।

Studio (स्टयूडिओ) *n.* चित्रकार या फोटो खींचनेवाले का काम करने का कमरा।

Studious (स्टयूडिअस्) *adj.* अध्ययनपरायण, व्यवसायी, उत्सुक (विद्याभ्यासी), सावधान, अति कष्ट करने वाला।

Study (स्टडि) *n.* चिन्तन, अध्ययन, अनुसन्धान, ज्ञानार्जन, अनुसंधान, चित्र का खाका, कोई व्यवसाय करने या पढ़ने का कमरा। *v.t.* & *i.* परिश्रम से पढ़ना (अभ्यास करना), ध्यान देना (चिन्तन करना)।

Stuff (स्टफ्) *n.* पदार्थ, आन्तरिक गुण, कूड़ा, वस्त्र, अनर्थक, बकवाद। *v.t.* & *i.* भरना, रोकना, परिपूर्ण करना, दबाना, भकोसना।

Stuffer (स्टफिंग्) *n.* भरनेवाला।

Stuffing-box (स्टफिंग्-बॉक्स्) *n.* यंत्र (इन्जन) में का वह भाग जो हवा या पानी को नहीं निकलने देता या रोके रहता है।

Stuffy (स्टफि) *adj.* भरा हुआ, गला घोंटनेवाली (वायु)।

Stultify (स्टल्टिफाय्) *v.t.* मूर्खवत् आचरण करना, वृथा करना, मूर्ख बनाना।

Stultifier (स्टल्टिफायर्) *n.* किसी मनुष्य को मूर्ख बनाने वाला।

Stultiloquy (स्टल्टिलोक्वि) *n.* मूर्खतापूर्ण बातचीत।

Stum (स्टम्) *n.* अंगूर का ताजा रस। *v.t.* अंगूर के रस को सड़ने से रोकना, अरक़ न बनने देना।

Stumble (स्टम्बल्) *v.i.* & *t.* अशुद्धि करना, गिर पड़ना, ठमकना, ठोकर खाना। *n.* ठोकर, भूल-चूक।

Stumbling-block (स्टम्बलिंग्-ब्लॉक्) *n.* ठोकर, अशुद्धि का कारण।

Stumer (स्टॅमर्) *n.* बनावटी या जाली सिक्का या चेक।

Stump (स्टम्प्) *n.* किसी वस्तु का काटने पर बचा हुआ भाग, पेड़ का ठूँठ, वृक्ष की कटी हुई डाली, खूँटी, छोटा डंडा, पेंसिल का दाग हल्का करने के लिए लपेटे हुए कागजों की बत्ती। (ब.व.) पैर। *v.t.* & *i.* डगमगाते हुए चलना, शेखी हाँकना, आत्मश्लाघा करना।

Stumper (स्टम्पर्) *n.* डगमगाकर चलने वाला, शेखी मारने वाला।

Stump-orator (स्टम्प-ओरेटेर्) *n.* जमसमुदाय के चित्त को उत्तेजित करने वाला व्याख्यानदाता।

Stump-speech (स्टम्प-स्पीच्) *n.* जनोत्तेजक व्याख्यान।

Stun (स्टन्) *v.t.* मूर्छित करना, घबड़ा देना, अचेत करना, बहिरा करना।

Stunned (स्टनॅड्) *adj.* बहरा किया हुआ।

Stunner (स्टनर्) *n.* मूर्छित करने वाला।

Stunning (स्टनिंग) *adj.* आश्चर्यमय।

Stunningly (स्टनिंगलि) *adv.* बहरा करते हुए।

Stunt (स्टन्ट्) *v.t.* बढ़ने न देना, बौना (नाटा) करना। *n.* बल प्रदर्शन, विशेष प्रयत्न।

Stunted (स्टन्टिड्) *adj.* बढ़ाव रुका हुआ, नाटे कद का।

Stupe (स्टयूप्) *n.* मूर्छित करना, मति मन्द करना। *v.t.* गरम पानी से सेंकना।

Stupefacient (स्अपिवेश्यन्ट) *adj.* मूर्छित करने वाली (औषधि)।

Stupefy (स्टयूपिफाय्) *v.t.* मति मन्द करना, मूर्छित करना।

Stupendous (स्टयूपेन्डस्) *adj.* अद्‌भुत, अति विशाल, आश्चर्यजनक।

Stupeous (स्टयूपिअस्) *adj.* लम्बी झिल्लीवाला।

Stupid (स्टयूपिड्) *adj.* मूर्ख, मन्दबुद्धि, सुस्त, निर्बुद्धि, अरोचक।

Stupidity (स्टयूपिडिटि) *n.* मूर्खता (जड़ता), अज्ञानता।

Stupidly (स्टयूपिडलि) *adv.* मूर्खता से, जड़ता से।

Stupor (स्टयूपर) *n.* मूर्छा, व्यामोह, जड़ता।

Stupose (स्टयूपोस्) *adj.* बालों के गुच्छे वाला।

Stuprate (स्ट्यूप्रेट) *v.t.* किसी स्त्री का सतीत्व नष्ट करना।

Stupration (स्ट्यूप्रेशन्) *n.* बलात्कार।

Sturdy (स्टर्डि) *adj.* प्रबल, दबंग, पुष्ट, दृढ़।

Sturdily (स्टर्डिलि) *adv.* दृढ़ता से, हठ से, प्रबलता से।

Sturgeon (स्टर्जन्) *n.* एक प्रकार की समुद्री मछली।

Stutter (स्टटर्) *v.t.* & *i.* रुक-रुक कर बोलना, हकलाना। *n.* हकलाहट।

Stutteringly (स्टटरिंगलि) *adv.* हकलाकर बोलते हुए।

Sty (स्टाय्) *n.* घृणित कर्म करने का स्थान, गन्दा कमरा, आँख की बिलनी, शूकरशाला।

Stygin (स्टिजिअन्) *adj.* नरक-सम्बन्धी, अन्धकारमय।

Style (स्टाइल्) *n.* लेखन या भाषण शैली, मोमी पत्तर पर नकाशने की सलाई, लकड़ी की कलम, पदवी, एक प्रकार की इमारत की बनावट, कुक्षितवृन्त।

Stylish (स्टाइलिश्) *adj.* अत्याधुनिक प्रकार का, नूतनतम।

Stylo (स्टाइलो) *n. prefix* खम्भा के अर्थ का उपसर्ग।

Stylograph (स्टाइलोग्राफ) *n.* रोशनाई भरकर लिखने की कलम जिसमें निब के स्थान पर नुकीली नली लगी होती है, ऐसी कलम से खींचा हुआ चित्र।

Stylographic (स्टाइलोग्राफिक्) *adj.* ऐसी कलम-संबंधी।

Styptic (स्टिप्टिक्) *adj.* रुधिर के स्राव को बन्द करने वाली।

Styrax (स्टाइ-रॉक्स) *n.* एक प्रकार का बबूल का वृक्ष।

Styx (स्टिक्स्) *n.* वैतरणी नदी।

Suable (सूऍब्ल्) *adj.* दावा करने योग्य।

Suasible (स्यूऍसिबॅल) *adj.* सहज में बहकाने योग्य।

Suasion (स्वेझन्) *n.* उत्तेजना, उसकाव।

Suave (स्वेव्) *adj.* विनीत, विनम्र, सभ्य, मृदुभाषी, सौम्य।

Suavely (स्वेव्हलि) *adv.* नम्रता से, शान्ति से।

Sub (सब्) *pref.* अधीन सहायक अर्थ का उपसर्ग।

Subacid (सबेसिड्) *adj.* कुछ खट्टा।

Subacute (सब्-ऑक्यूट्) *adj.* थोड़ा तीखा।

Subalternate (सब्-ऑल्टरनेट्) *adj.* क्रमानुसार, पारी-पारी से होने वाला।

Subaqueous (सबअक्विअस्) *adj.* जल के नीचे रहनेवाला।

Subastral (सब्-ऑस्ट्रल्) *adj.* आकाशतल के नीचे का।

Subclass (सबक्लास्) *n.* उपवर्ग, अनुवर्ग।

Subcelestial (सबसिलेस्ट्यल) *adj.* स्वर्ग या आकाश के नीचे का।

Subcentral (सब्-सेन्ट्रल्) *adj.* थोड़ा केन्द्र का।

Subconscious (सबकॉन्शस्) *adj.* अवचेतन प्रायः अर्धचेतना, अप्रबुद्ध।

Subcontract (सबकॉन्ट्रॅक्ट्) *n.* दर ठीका।

Subcordate (सॅबकॉरडेट) *adj.* प्रायः हृदय के आकार का।

Subcutaneous (सबक्यूटेनिअस्) *adj.* चमड़े

के नीचे के भाग का, उपचर्म का।

Subdivide (सब्-डिव्हाइड्) *v.t.* & *i.* हिस्सों का भाग करना, प्रतिभाग करना।

Subdivision (सब्-डिविज़न्) *n.* मंडल, प्रतिशाखा।

Subdolus (सॅब्डोलस) *adj.* धूर्त, कपटी।

Subdual (सब्डयू अल्) *n.* दमन, संयमन, वशीकरण। **Subduable,** *adj.* अधीन करने योग्य।

Subdue (सब्डयू) *v.t.* मोहित करना, जीतना, वशीभूत करना, अधीन करना, पालतू बनाना, भला बनाना, मुलायम करना।

Subduple (सब्डयूप्ल्) *adj.* दो राशि में से एक भाग का।

Sub-editor (सब-ऍडिटर्) *n.* सम्पादक का सहायक, उपसंपादक।

Subequal (सबईक्वल्) *adj.* प्रायः तुल्य, प्रायः बराबर का।

Suberic, Suberous (स्यूबरिक्, स्यूबेरस्) *adjs.* काग (डट्टे) की तरह का, कोमल और लचीला।

Subglobular (सब-ग्लॅब्यूलर्) *adj.* प्रायः गोलाकार।

Subhuman (सॅबह्यूमन) *adj.* प्रायः मानुषी।

Sub-inspector (सब्-इनस्पेक्टर्) *adj.* जाँच करने वाले का सहायक।

Sub-irrigation (सब्-इरिगेशन्) *adj.* भूतल के नीचे की सिंचाई।

Subjacent (सबजेसन्ट्) *adj.* तल का, नीचे का, अधोवर्ती।

Subject (सबजेक्ट्) *adj.* अधीनस्थ, शासनाधीन, आश्रित, उपजीवी, विवश। *adv.* सशर्त, मानकर। *n.* मन, प्रजा, कर्ता, चेतन प्राणी, प्रकरण, विषय, कर्म-स्थान, आधार।

Subject (सबजेक्ट्) *v.t.* अधीन करना, हराना, वश में करना, जिम्मेदार ठहराना।

Subjection (सबजेक्शन्) *n.* अधीनता, परवशता।

Subjective (सब्जेक्टिव्ह्) *adj.* आत्म चेतना-संबंधी, अधिकरण-संबंधी।

Subjectively (सब्जेक्टिवलि) *adv.* आत्म-चेतना सम्बन्ध से।

Subjectivism (सब्जेक्टिव्हिझम्) *n.* यह सिद्धान्त कि ज्ञान केवल आत्म चेतना-सम्बन्धी ही है, आत्मवाद।

Subjoin (सबजॉइन्) *v.t.* आयोजन करना, अन्त में लिखना या जोड़ना।

Subjudice (सब्जुडिस्) *adj.* विचाराधीन।

Subjugable (सब्जुगेबल) *adj.* वशीभूत करने योग्य।

Subjugate (सब्जुगेट्) *adj.* अधीन करना, वशीभूत करना, हराना।

Subjugation (सब्जूगेशन्) *n.* दमन, पराजय, वशीकरण।

Subjunctive (सब्जंक्टिव्ह्) *adj.* पीछे जोड़ा हुआ, अधीन। *n.* क्रिया का संशय-सूचक रूप।

Sub-junctively (सब-जंकटिव्हलि) *adv.* संशयार्थक रूप में।

Sub-kingdom (सब्-किंग्डम्) *n.* प्राणिवर्ग या वनस्पति वर्ग की उपकोटि।

Sub-lease (सब्लीस्) *n.* & *v.t.* पट्टे पर ली हुई चीज पट्टे पर देना, शिकमी देना।

Sublesee (सॅब्लेसी) *n.* शिकमी, पट्टेदार।

Sublet (सब्लेट्) *v.t.* किसी अन्य पुरुष को अपना ठेका इत्यादि देना।

Sublevation (सब्लेवेशन्) *n.* ऊँचा उठाने का कार्य।

Sublimable (सबलाइमेब्ल) *adj.* शोधनयोग्य।

Sublimableness (सबलाइमेब्लनैस्) *n.* शोधन-योग्यता।

Sublimate (सब्लिमेट्) *v.t.* शोधना, निर्मल करना, ठोस पदार्थ को वाष्प रूप में बदलकर फिर से ठोस करना। *n.* ऐसी क्रिया किया हुआ द्रव्य।

Sublimation (सब्लिमेशन्) *n.* वाष्पीकरण करके पुनः ठोस बनाने की क्रिया।

Sublime (सब्लाइम्) *adj.* प्रभावशाली, उन्नत, विशिष्ट, प्रसिद्ध, प्रौढ़, उत्कृष्ट। *v.t.* & *i.* ठोस से भाप बनकर फिर ठोस में जमाना, उन्नत करना, बढ़ाना, शुद्ध करना।

Sublimely (सब्लाइमलि) *adv.* प्रौढ़ता से।

Sublimity (सब्लिमिटि) *n.* प्रतिष्ठा, उन्नति, गौरव, बड़प्पन।

Subliminal (सब्लिमिनल्) *adj.* अर्धचेतना, आधा जागा हुआ।

Sublingual (सॅबलिंग्युअल) *adj.* जीभ के नीचे स्थित।

Sublunar (सॅबल्यूनर) *adj.* चन्द्रमा के नीचे का।

Sublunary (सब्लूनरि) *adj.* इस संसार का।

Submarine (सब्-मरीन्) *adj.* समुद्र के जल के भीतर उगनेवाली या काम करने वाली। *n.* समुद्र के भीतर चलने वाला जहाज।

Submerge (सब्मर्ज्) *v.t.* & *i.* जल की भीतर डुबकी लगाना।

Submerse (सब्मर्स्) *v.t.* & *i.* पानी के भीतर उगाना, गोता लगाना।

Submersed (सब्मसर्ड) *adj.* डुबकी लगाये हुए, पानी में उगा हुआ।

Submission (सब्मिशन्) *n.* क्षमा, आज्ञा- नुकूलता, परवशता, सहिष्णुता।

Submissive (सब्मिसिव्ह्) *adj.* नम्र, आज्ञाकारी।

Submit (सबमिट्) *v.t.* & *i.* अधीन या वश में होना, विनय सहित प्रार्थना करना, अनुरोध करना, शरण में जाना, पराजय स्वीकार करना।

Submitter (सबमिट्टर्) *n.* अनुरोध करने वाला।

Submultiple (सब्मल्टिपल्) *n.* किसी संख्या का पूर्ण भाजक।

Submuscular (सबमस्क्युलर) *adj.* पेशी (पुट्ठे) के नीचे का।

Subnasal (सब्नेज़ल्) *adj.* नाक के नीचे का।

Subnascent (सबॅनैसेन्ट) *adj.* नीचे की ओर उगने वाला।

Subnivean (सबनिवियन्) *adj.* बरफ के नीचे का।

Subnormal (सब्-नॉर्मल्) *adj.* सामान्य या साधारण से कम।

Suboctuple (सब्-ऑकट्यूपल्) *adj.* अष्टमांश या आठ भाग में से एक अंश वाला।

Subocular (सब्-ऑवयुलर्) *adj.* आँख के नीचे का।

Suboctuple (सॅब्आक्ट्यूपल) *adj.* आठ भाग में से एक अंश वाला, अष्टमांश।

Suborbicular (सब्-ऑर्बिक्युलर्) *adj.* प्रायः वर्तुल या गोलाकार।

Subordinate (सबॉर्डिनेट्) *adj.* अमुख्य, छोटे पद का, अप्रधान, अधीन। *n.* किसी की अधीनता में काम करने वाला व्यक्ति। *v.t.* अधीन करना, वश में करना।

Subordination (सबॉर्डिनेशन्) *n.* अधीनता (परतन्त्रता), परवशता।

Suborn (सबॉअर्न्) *v.t.* झूठी शपथ दिलाना, ठगना, गुप्त रीति से प्राप्त करना।

Suborner (सबऑरनर्) *n.* धोखा देने का अपराध करने वाला।

Subovate (सब्-ॲवेट्) *adj.* प्रायः अण्डे के आकार का।

Subpoena (सब्पीना) *n.* & *v.t.* अदालत में गवाही के लिए आज्ञापत्र। *v.t.* सफीना निकालना।

Subpolar (सब-पोलर्) *adj.* ध्रुव के समीप का।

Subquadrate (सबक्वॉड्रेट्) *adj.* प्रायः समकोण चतुर्भुज के आकार का।

Subquintuple (सबक्विन्ट्पल्) *adj.* पंचमांश, पांच भाग में से एक भाग रखनेवाला।

Subramous (सब्-रेमस्) *adj.* बहुत कम शाखा वाला।

Subrigid (सब्रिजिड्) *adj.* थोड़ा कड़ा।

Subreption (सबरैप्शन) *n.* अचानक अनुग्रह प्राप्त करने का काम।

Subrotund (सब्रोटन्ड्) *adj.* प्रायः वर्तुल या गोलाकार।

Subsaline (सब्सॉलाइन्) *adj.* थोड़ा नमकीन।

Subscribable (सब्स्क्राइबेब्ल्) *adj.* चन्दा दिये जाने योग्य।

Subscribe (सब्सक्राइब्) *v.t.* & *i.* नाम लिखना, हस्ताक्षर करना, स्वीकार करना, अंशदान (चन्दा) देने की प्रतिज्ञा करना।

Subscriber (सब्सक्राइबर्) *n.* चन्दा देने वाला, ग्राहक।

Subscript (सॅबस्क्रिप्ट) *n.* नीचे का लेख, नीचे की लिखावट।

Subscription (सब्-स्क्रिप्शन्) *n.* हस्ताक्षर, नाम-लेखन, चन्दा।

Subsection (सब-सेक्शन्) *n.* अंश का भाग।

Subsequence (सब्सिक्वेन्स्) *n.* अनुगमन, परिमाण।

Subsequent (सब्सिक्यूएन्ट्) *adj.* उत्तरगामी, बाद का।

Subserve (सब्सर्बह) *v.t.* & *i.* आगे बढ़ाना, तरक्की देना, सहायक होना, उपयोगी होना।

Subservience (सब्सर्विअन्स्) *n.* किसी उद्देश्य को आगे बढ़ाने का कार्य।

Subserviency (सब्सर्विअन्सि) *n.* अधीनत्व, परवशता।

Subservient (सब्सर्विएन्ट्) *adj.* अधीन, सहायक, उपकारी।

Subside (सब्-साइड्) *v.i.* पेंदी में बैठना, नीचे जमना, लुप्त होना, शान्त होना।

Subsidence (सॅब्सिडेन्स) *adj.* विलोप।

Subsidiary (सब्सिडिअरि) *adj.* सहायता देने वाला, अतिरिक्त। *n.* सहायक।

Subsidize (सब्सिडाइझ्) *v.t.* धनरूप में सहायता देना।

Subsidy (सब्सिडि) *n.* व्यक्तिगत साहसिक कार्य के लिए आर्थिक सहायता, संकट में आर्थिक सहायता, रुपए-पैसे की मदद।

Subsist (सब्सिस्ट्) *v.t.* & *i.* प्राणरक्षा करना, रहना, निर्वाह करना, जीना, रोटी कपड़ा देना।

Subsistence (सब्सिस्टन्स्) *n.* जीवन उपाय, वृत्ति (जीविका), जीविकोपार्जन।

Subsistent (सब्सिस्टैन्ट्) *adj.* जीवित अवस्था में रहने वाला।

Subsoil (सब्साइल्) *adj.* भूमि के नीचे का मिट्टी का भाग, भूमिगत।

Substance (सबस्टन्स्) *n.* वस्तु (द्रव्य), अस्तित्व, सार, सत्व, सारांश, निष्कर्ष, विषय, तात्पर्य।

Substantial (सब्स्टॅन्शल्) *adj.* वास्तविक, ठोस, सारपूर्ण, असली, पुष्ट, समृद्ध (धनी)।

Substantiate (सब्-स्टॅन्शिएट्) *v.t.* प्रमाण से सिद्ध करना (सत्यता), प्रमाणित करना, सिद्ध करना, वास्तविकता प्रदान करना।

Substantive (सबस्टॅन्टिव्ह) *n.* एक संज्ञा। *adj.* पृथक् सत्ता का, स्वतन्त्र, वस्तु संबंधी, आवश्यक, पुष्ट आधारवाला।

Substitute (सब्स्टिट्यूट्) *n.* स्थानापत्र, प्रतिनिधि, प्रतिरूप। *v.t.* किसी के स्थान पर रखना या नियुक्त करना।

Substitutional (सब्स्टिट्यूशनल्) *adj.* स्थानापत्र संबंधी।

Substratum (सब्स्ट्रेट्म्) *n.* आधार (आश्रय), नीचे का तल, नीचे का जमीन।

Substruction (सब्स्ट्रक्शन्) *n.* नीचे की इमारत।

Subsultory (सब्सल्टरि) *adj.* कूदनेवाला, उछलने वाला।

Subsultus (सब्सल्टस्) *n.* ऐंठन।

Subsume (स्ब्स्यूम) *v.t.* किसी नियम के अन्तर्गत करना।

Subsumption (सबसम्पशन) *n.* अन्तर्गत पदार्थ।

Subtenant (सबटेनन्ट्) *n.* उपकिरायेदार।

Subtend (सबटेन्ड्) *v.t.* नीचे फैलाना, सामने होना।

Subtense (सबटैन्स) *n.* आर-पार की रेखा।

Subtepid (सॅब्टेपिड) *adj.* गुनगुना।

Subterfuge (सब्टर्फ्यूज्) *n.* छल कपट या धोखा देकर दोषारोपण से भागने का प्रयत्न।

Subterranean (सब्टेरेनिअन्) *adj.* भूमि के भीतर का।

Subtil (सबटिल) *adj.* पतला, सुन्दर, कोमल, सूक्ष्म।

Subtle (सटल्) *adj.* चालाक, अतिसूक्ष्म, सूक्ष्मबुद्धि, चतुर, सूक्ष्म, दुर्बोध।

Subtlety (सटलटि) *n.* अति सूक्ष्मता।

Subtract (सब्ट्रॅक्ट्) *v.t.* शेष निकलाना, घटाना।

Subtractor (सब्ट्रॅक्टर्) *n.* घटाने की क्रिया करने वाली।

Subtraction (सबट्रैक्शन्) *n.* घटाव, शेष।

Subtrahend (सब्ट्रॉहेन्ड्) *n.* ऋण, घटाई जाने वाली संख्या।

Subulate (स्यूब्यूलट्) *adjs.* टेकुए के आकार का।

Suburb (सबर्ब्) *n.* नगर के बाहर की भूमि (शाखानगर), नगर का बाहरी भाग।

Suburban (सबर्बान्) *adj.* उपनगरीय।

Suburbs (सबर्बस्) *n.* नगर के आस-पास के भाग, उपान्त क्षेत्र, उपनगर।

Subursine (सबर्साइन्) *adj.* प्रायः भालू के समान।

Subvene (सब्वीन्) *v.t.* प्रभावपूर्ण रूप में घटित होना।

Subvention (सबव्हेन्शन्) *n.* संस्था के लिए आर्थिक सहायता।

Subversive (सबवर्सिव) *adj.* विनाशी, ध्वंस करने वाली।

Subvert (सबव्हर्ट्) *n.* पलटना, नाश करना, ढहाना।

Subvertible (सबव्हर्टिबल्) *adj.* पलटने या नाश करने योग्य।

Subway (सब्वे) *n.* भूमि के नीचे का आने-जाने का रास्ता।

Succade (सकॅसीड्) *n.* मिठाई, मुरब्बा।

Succedaneum (सक्सिडेनिअम्) *n.* बदले में काम करने वाला, दूसरे क लिए प्रयुक्त होने वाला पदार्थ।

Succeed (सक्सीड्) *v.t.* & *i.* कार्य सम्पादन करना, विजय प्राप्त करना, सफल होना, उत्तराधिकार में प्राप्त करना, बाद में होना।

Success (सक्सेस्) *n.* विजय, सफलता, सिद्धि, सौभाग्य (सम्पत्ति)।

Successfully (सकसेसफुल्ली) *adv.* सफलता से।

Succession (सक्सेशन्) *n.* उत्तराधिकार, वंश, अनुक्रम, परम्परा, जाति, आवर्तन।

Successive (सक्सेसिव्ह्) *adj.* बारी-बारी से आने वाला।

Successor (सक्सेसर्) *n.* उत्तराधिकारी, वारिस।

Succiduous (सक्सिडुअस) *adj.* पतनशील, गिरनेवाला।

Succinct (सक्सिंक्ट्) *adj.* संक्षिप्त, लघु, थोड़े शब्द में वर्णन किया हुआ।

Succour (सकर्) *n.* आवश्यकता के समय दी हुई सहायता। *v.t.* आपत्ति में सहायता देना, मदद देना।

Succourer (सकरर्) *n.* सहायक।

Succourless (सकरलैस्) *adj.* निःसहाय, बिना मदद का।

Such (सच्) *adj.* ऐसा, वैसा, उसी प्रकार का, सदृश, पहले कहा हुआ, प्रमुख।

Suck (सक्) *v.t.* & *i.* चूसना, खींचना, ग्रहण करना, स्तनपान करना, सोखना। *n.* चूषण, स्तनपान।

Sucker (सकर्) *n.* चूसने वाला पदार्थ या मनुष्य, पंप का डट्टा, पिचकारी की नली, पौधे की महीन जड़।

Sucking (सॅकिंग) *adj.* दूध पीता हुआ, स्तनपान करता हुआ।

Suckle (सकल्) *v.t.* स्तनपान कराना (दूध पिलाना)।

Suckling (सकलिंग्) *n.* दूध पीने वाला बच्चा, गोद का बच्चा।

Sucrose (स्यूक्रोस्) *n.* . ऊख की चीनी।

Suction (सक्शन्) *n.* चूषण, चुसाव।

Suctorial (सक्टॉअरिल्) *adj.* चूसने योग्य।

Sudation (स्यूडेशन्) *n.* अधिक पसीना निकलना।

Sudatory (स्यूडेटॅरि) *adj.* पसीना बढ़ाने वाली।

Sudd (सड्) *n.* तैरते हुए।

Sudden (सडन्) *adj.* चंचल, शीघ्र, आकस्मिक, यकायक।

Suddenly (सडनलि) *adv.* एकाएक, शीघ्रता से।

Sudorific (स्यूडरिफिक्) *adj.* & *n.* पसीना लानेवाली औषधि।

Sue (स्यू) *v.t.* & *i.* नालिश करना, अभियोग या मुकदमा चलाना, विवाह के लिए प्रार्थना करना।

Suede (स्वेड्) *n.* दस्ताने आदि के काम में आने वाला चमड़ा, कच्चा चमड़ा।

Suet (स्यूइट्) *n.* पशु की गाढ़ी ठोस चर्बी।

Suffer (सफर्) *v.t.* & *i.* अनुमोदन करना, आज्ञा देना, उपभोग करना, भोगना, प्राप्त करना, सहना, कष्ट या हानि सहना, दण्ड, सहना।

Sufferable (सफरिंग) *adj.* सहने योग्य, अनुमोदन के योग्य।

Sufference (सफरेंस्) *n.* सहनशीलता, अनुमति, क्षमा, मूक सहमति।

Sufferer (सफरर्) *n.* कष्ट सहने वाला।

Suffering (सफरिंग) *n.* दुःख, क्लेश, पीड़ा।

Suffice (सफाइस्) *v.t.* & *i.* पर्याप्त होना, सन्तुष्ट करना।

Sufficiency (सफिशन्सि) *n.* आत्म-विश्वास, यथेष्टता, योग्यता।

Sufficient (सफिशन्ट्) *adj.* पर्याप्त, उचित, यथेष्ट, योग्य।

Sufficingly (सॅफाइसिंगलि) *adv.* यथेष्ट, पर्याप्त रूप से।

Suffix (सफिक्स्) *n.* प्रत्यय।

Suffocate (सफोकेट्) *v.t.* & *i.* श्वास रोकना, गला घोंटना, गला घोंटकर मारना।

Suffocated (सफोकेटिड्) *adj.* गला घोंटा हुआ।

Suffocating (सफोकेटिंग) *adj.* गला घोंटने वाला।

Suffocation (सफोकेशन्) *n.* श्वास का अवरोध।

Suffrage (सफ्रिज्) *n.* किसी प्रश्न के निर्णय के लिए मतदान, वोट देने का अधिकार।

Suffragette (सफ्रजेट्) *n.* स्त्री मताधिकार की समर्थक।

Suffragist (सफ्रजिस्ट्) *n.* स्त्रियों को वोट देने का प्रचार करने वाली/वाला।

Suffuse (सफ्यूझ़) *v.t.* फैलाना, रंग भराना।

Sugar (शुगर्) *n.* चीनी, शर्करा, शक्कर। *v.t.* & *i.* चीनी में पागना, मीठी बातें करना, आलस्य से काम करना।

Surgar-candy (शुगर-कैंडी) *n.* मिश्री, कन्द।

Sugar-cane (शुगर-केन्) *n.* ईख, गन्ना।

Sugarless (शुगरलैस्) *adj.* बिना चीनी का, बिना मिठास का।

Sugar-mill (शुगरमिल्) *n.* चीनी बनाने का कारखाना।

Sugar-tongs (शुगर-टाँग्) *n.* मिश्री उठाने की चिमटी।

Sugary (शुगरि) *adj.* चीनी से मीठा किया हुआ।

Suggest (सजेस्ट्) *v.t.* प्रस्ताव करना, सूचना देना, संकेत करना।

Suggestion (सजेस्शन्) *n.* अनुमति, प्रस्ताव, सूचना, उपदेश।

Suggestive (सजैस्टिव) *adj.* सूचक, बतलाने योगय।

Suicide (स्युसाइड्) *n.* आत्महत्या या आत्मघात।

Suiline (स्यूइलाइन) *adj.* शूकर जाति का।

Suit (स्यूट्) *n.* एक तरह के पदार्थ, प्रार्थना, व्यवहार, अभियोग, नालिश, ताश के रंग, वाद, पहनने के वस्त्र। *v.t.* & *i.* योग्य होना या करना, मिलाना, वस्त्र पहनना, सन्तुष्ट करना।

Suitable (स्यूटेबल्) *adj.* अनुरूप, (उचित), योग्य, ठीक।

Suitably (स्यूटेबलि) *adv.* यथायोग्य, अनुसार।

Suitcase (स्यूट्-केस्) *n.* वस्त्र रखने का चमड़े का बक्स।

Suite (स्वीट्) *n.* परिजन, (अनुगामी), अनुचर वर्ग, नौकर-चाकर।

Suitor (स्यूटर्) *n.* प्रार्थी, विवाह की इच्छा करने वाला (निवेदक), प्रेमी।

Sulcate (सल्केट्) *adj.* पनारीदार, धारीदार, झुर्रीदार।

Sulk (सल्क्) *v.i.* उदासीन, उद्विग्न होना।

Sullen (सलन्) *adj.* उद्विग्न, क्षमा न करने वाला, चिड़चिड़ा, उदास, अन्तःकुपित।

Sully (सलि) *v.t.* अशुद्ध करना, दूषित करना, मैला करना।

Sulphate (सल्फेट्) *n.* गन्धक के तेजाब की सहायता से बना हुआ क्षार।

Sulphide (सल्फाइड्) *n.* किसी धातु और गन्धक का यौगिक।

Sulphite (सल्फाइट्) *n.* गन्धकयुक्त।

Sulfo (सल्फो) *pref.* उपसर्ग जो गन्धक के तेजाब से बने यौगिकों के लिए प्रयुक्त होता है।

Sulphonal (सल्फोनल्) *n.* बेहोशी लाने वाली दवाई।

Sulphur (सल्फर्) *n.* गन्धकद *v.t.* गन्धक की धूनी देना।

Sulphurate (सॅल्फ्यूरेट) *v.t.* गन्धक से मिलाना।

Sulphuric (सल्फ्युरिक्) *adj.* गन्धक से निकला हुआ, गन्धक का।

Sultrily (सल्ट्रिलि) *adv.* अति उष्णता से।

Sum (सम्) *n.* परिमाण, योग, संकलन, जोड़, धन-संग्रह, तत्त्व, राशि, सारांश। *v.t.* & *i.* संयुक्त करना, जोड़ना (मिलाना), संचय करना, गिरना।

Summarily (सॅमॅरिलि) *adv.* संक्षिप्त रूप में, शीघ्रता से।

Summarize (समराइझ्) *v.t.* संक्षेप करना।

Summary (समरि) *adj.* अल्प, अविलम्बित। *n.* संक्षेप, सार, संग्रह, सारांश।

Summer (समर्) *n.* ग्रीष्म ऋतु, गरमी का मौसम। *v.t.* & *i.* गर्मी के दिन बिताना।

Summer-house (समर-हाउस्) *n.* गर्मी में रहने का बंगला।

Summer-tree (समर-ट्री) *n.* छत की धरनी को टेकने वाली मुख्य पड़ी धरन।

Summit (समिट्) *n.* (अग्रभाग), चोटी, शिखर, ऊँचाई, पराकाष्ठा।

Summon (समन्) *v.t.* अदालत में आने के लिए सम्मन भेजना, पुकारना, बुलाना, उत्तेजित करना, किला छोड़ देने का सन्देश भेजना।

Summons (समन्झ्) *n.* इत्तला, बुलावा, सम्मन। *v.t.* सम्मन जारी करना।

Sump (सम्प्) *n.* नाबदान, पहली बार धातु गलाने पर छाछ रखने का गड्ढा।

Sumpter (सम्पटर्) *n.* लद्दू घोड़ा (टट्टू)।

Sumption (सम्पशन्) *n.* अनुमान का साद्य प्रमाण।

Sumptuary (सम्पच्युअरि) *adj.* व्यय-विषयक, व्यय निर्धारित करने का।

Sun (सन्) *n.* रवि, सूर्य, धूप, दिनकर, सूर्य जैसा चमकता पदार्थ।

Sun-bath (सन्-बाथ्) *n.* नंगे बदन धूप खाने की क्रिया।

Sunbeam (सन्-बीम्) *n.* सूर्य की किरण।

Sun-blind (सन्-ब्लाइन्ड्) *n.* धूप रोकने की खिड़की या परदा।

Sunburn (सनूबर्न्) *n.* सूर्य की किरणों से मुख काला पड़ जाना।

Sunday (सन्-डे) *n.* रविवार, एतवार। **Sunday-school,** *n.* धार्मिक शिक्षा देने की पाठशाला।

Sundial (सन्-डायल्) *n.* धूपघड़ी।

Sundown (सन-डाउन्) *n.* सूर्यास्त का समय।

Sunflower (सनफ्लावर्) *n.* सूरजमुखी का फूल। *v.t.* & *i.* धूप में सुखाना, धूप में बैठना।

Sunken (सन्कन्) *adj.* नदी के तल में पड़ा हुआ।

Sunless (सॅनूलैस) *adj.* छायादार।

Sunnily (सन्-निलि) *n.* चमकते हुए।

Sun-picture (सन्-पिक्चर्) *n.* सूर्य की किरणों द्वारा उतारा हुआ चित्र।

Sunset (सन्-सेट्) *n.* सूर्यास्त।

Sunshine (सन्-शाइन) *n.* सूर्य का प्रकाश, साफ मौसम।

Sunward (सन्-वर्ड्) *adv.* सूर्य की ओर।

Sup (सप्) *v.t.* & *i.* चूसना, रात्रि का भोजन करना। *n.* घूँट, चुस्की।

Super (स्युपर्) *n.* गिना-चुना उच्चकोटि का अभिनेता। *pref.* ऊपर बढ़कर, अर्थ का उपसर्ग।

Superable (स्यूपेरेबल्) *adj.* विजय करने (जीतने) योग्य।

Superannuate (स्यूपर्-अन्युएट्) *v.t.* सेवानिवृत करना, पुराना और बेकाम घोषित करना।

Superannuation (स्यूपर्-अन्युएशन्) *n.* वृद्धावस्था के कारण कार्य की अयोग्यता।

Superb (स्यूपर्ब्) *adj.* ऐश्वर्ययुक्त, कान्तिमान, उत्तम, धनी।

Superbly (स्यूपर्बलि) *adv.* ऐश्वर्य से।

Super-calendered (स्युपरकॅलन्डर्ड्) *adj.* अत्यधिक पालिश या कुंदी किया हुआ।

Supercargo (स्यूपरकार्गो) *n.* व्यापारी जहाजी

का अधिकारी।

Superciliary (सुपरसिल्यरि) *adj.* भौहों के ऊपर स्थित।

Supercilium (सुपरसिलिम) *n.* भ्रू, भौं।

Supercrescence (सुपरक्रैसैन्स) *n.* उगने वाली वस्तु पर उगने वाला पदार्थ।

Supereminent (सुपरएमिनेंट) *adj.* अति उत्तम।

Supererogant (सुपरएरोगैन्ट) *adj.* कर्तव्य से अधिक करने वाला।

Supererogation (सुपरएरोगेशन्) *n.* अतिरिक्त कर्तव्यपालन।

Superfecundation (सुपरफिकन्डेशन्) *n.* एक गर्भ के रहते दूसरा गर्भ ठहरना।

Superexalt (सुपर्-ऍग्ज़ॉल्ट्) *v.t.* अति प्रशंसा करना।

Superexcellence (सुपर-ऍक्स्लेन्स्) *n.* अति उत्तमता।

Superficial (स्यूपर्फिशल्) *adj.* बाह्य, बाहरी, ऊपरी, दिखावे का, छिछला।

Superficies (स्युपर्फिशिईज्) *n.* तल, पृष्ठ, बाहरी भाग।

Superfine (सुपर्-फाइन्) *adj.* अति सूक्ष्म, अत्यधिक महीन, सबसे उत्तम, अति उत्कृष्ट।

Superfluity (सुपर्-फ्लूइटि) *n.* बहुलता, अधिकता।

Superfluous (सुपर्-फ्लुअस्) *n.* अनावश्यक, फालतु, फिजूल, निरर्थक, अतिरिक्त।

Super-heat (स्युपर-हीट्) *v.t.* अत्यधिक गरम करना, बहुत ज्यादा गर्म करना।

Superhuman (स्यूपर्-ह्यूमन्) *adj.* मनुष्य की शक्ति से बाहर, दैवी, अलौकिक, दिव्य।

Superimpose (स्युपरिम्पोज्) *v.t.* किसी पदार्थ के ऊपर रखना।

Superincumbent (स्युपर्-इन्काम्बन्ट्) *adj.* अधिक करना, जोड़ना, बढ़ाना।

Superinduce (स्युपरिन्डयूस्) *v.t.* बलात या जबरदस्ती निंद्रा लाने की कोशिश करना।

Superinduction (सुपर-इन्डक्शन) *n.* बढ़ती, बढ़ाव।

Superintend (स्यूपरइन्टेन्ड्) *v.t.* & *i.* रखवाली करना, जाँचना, देख-भाल करना।

Superintendent (स्यूपर्इन्टेन्डन्ट्) *adj.* अधीक्षक, निरीक्षक, प्रबन्धकर्ता।

Superior (सुपीरिअर्) *adj.* श्रेष्ठ, विशिष्ट, अधिक, बढ़कर। *n.* श्रेष्ठ, अध्यक्ष, मठाधीश।

Superiority (सुपीरिऑरिटि) *n.* श्रेष्ठता, वरिष्ठता, प्रधानता।

Superlative (सुपर्लेटिव्) *adj.* सर्वोत्तम, श्रेष्ठतम, अत्युत्तम।

Superlunar (सुपरलूनर) *adjs.* चन्द्रमा से ऊपर का।

Supermedial (सुपरमीडिअल्) *adj.* साधारण मनुष्य से विशिष्ट मनुष्य।

Supermundane (स्यूपरमन्डेन्) *adj.* भूमण्डल के ऊपर का।

Supernaculum (स्यूपरनॅक्यूलम्) *adj.* दिव्य, स्वर्गीय, उच्च।

Supernal (सुपर्नल्) *adj.* स्वर्गीय, दैवी।

Supernatant (सुपरनेटन्ट) *adj.* सतह पर तैरने वाला।

Supernatural (स्यूपर्नल्) *adj.* स्वर्गीय, दिव्य।

Supernumerary (स्यूपरन्यूमरेरि) *adj.* अधिक संख्या का, अतिरिक्त, फालतू। *n.* स्थिर संख्या के, अतिरिक्त मनुष्य या पदार्थ।

Superorganic (सपुरआर्गेनिक) *adj.* दैवी, अमानुषी।

Superpose (स्यूपरपोझ्) *v.t.* एक के ऊपर दूसरा रखना, अध्यारोपण करना।

Superpraise (सुपर्-प्रेज्) *v.t.* अति प्रशंसा करना।

Super-reward (सुपर्-रेवार्ड) *v.t.* अति अधिक पारितोषिक देना।

Supersaturate (स्यूपरसॅच्युरेट) *n.* अधिक सुखाना।

Supersaturation (स्यूपरसॅच्युरेशन्) *n.* अधिक सुखाने की स्थिति।

Superscribe (स्यूपरस्क्राइब्) *v.t.* ऊपर या बाहर लिखना या खोदना, उत्कीर्ण करना।

Superscription (स्यूपरस्क्रिप्शन्) *n.* पता,

उपरिलेख।

Superstition (स्यूपरिस्टिशन्) *n.* अंधविश्वास।

Superstitious (स्यूपरस्टिशस्) *adj.* असत्यधर्मी, मूढ़ विश्वासमूलक।

Superstruct (सुपर्-स्ट्रक्ट्) *v.t.* ऊपर निर्माण करना या इमारत बनाना।

Superstructure (सुपर्-स्ट्रक्टचर्) *n.* अधिरचना, ऊपरी ढाँचा।

Supertax (स्यूपरटॅक्स्) *n.* अधिक आमदनी पर अतिरिक्त टैक्स (कर)।

Superterrestrial (सुपरटेरेस्ट्रियल) *adj.* पृथ्वी के ऊपर का।

Supertragical (सपुरट्रैजिकल) *adj.* अत्यन्त शोकजनक या दुःखान्त।

Supervene (स्यूपरव्हीन्) *v.i.* अकस्मात आ जाना, बीच में या एकदम बाद घटित होना।

Supervention (सुपरवैन्शन्) *n.* अकस्मात् आगमन।

Supervise (स्यूपर-वाइझ्) *v.t.* निरीक्षण करना, देखभाल करना, प्रबंध करना।

Supervisor (स्यूपरव्हाइजर्) *n.* प्रबन्धकर्ता, निरीक्षक।

Supination (सुपिनेशन) *n.* हथेली ऊपर करने का कार्य।

Supine (स्यूपाइन्) *adj.* ऊर्ध्वमुख, ढालुआँ, लापरवाह, उदासीन, उतान पड़ा हुआ।

Supinely (स्यूपाइनलि) *adv.* उतावलेपन से, उदासीनता से।

Supper (सपर्) *n.* रात्रि का भोजन।

Supplant (सप्लान्ट्) *v.t.* हटाना, उखाड़ फेंकना, हटाकर अपना अधिकार करना।

Supple (सपल्) *adj.* कोमल, लचीला, सहज में झुकने वाला, अदृढ़, अधीन। *v.t.* & *i.* लचीला या मुलायम बनाना।

Supplement (सप्लिमेन्ट्) *v.t.* कमी पूरी करना, अनुपूरित करना।

Supplement (सप्लिमन्ट्) *n.* परिशिष्ट, शेषपूर्ति, न्यूनतापूर्ति, जोड़बंध, संपूरक।

Suppliance (सप्लायन्स्) *n.* निवेदन।

Suppliant (सप्लिअन्ट्) *adj.* विनयपूर्ण, विनयी, अनुनयी, प्रार्थी।

Supplicant (सॅपूलिवैन्ट) *adj.* प्रार्थना करता हुआ।

Supplicate (सप्लिकेट्) *v.t.* & *i.* प्रार्थना करना, विनती (याचना) करना।

Supplication (सप्लिकेशन्) *n.* याचना, सविनय प्रार्थना, विनती।

Supply (सप्लाय्) *v.t.* संभरण करना, पूर्ति करना, देना, प्रदान करना। *n.* संचय, सामग्री, आवश्यक पदार्थ, रसद।

Support (सपॉर्ट्) *v.t.* सहारा देना, संभालना, पोषण करना, दया करना, पालना, किसी के पक्ष में बोलना। *n.* अवलम्ब, आश्रय, सहारा।

Suppose (सपोझ्) *v.t.* अनुमान करना, अटकल लगाना, सोचना, कल्पना करना, तर्क करना। मेरा अनुमान है कि।

Supposer (सपोझर्) *n.* कल्पना करने वाला।

Supposition (सपोझिशन्) *n.* अनुमान, कल्पना, तर्क, अंदाज।

Supposititious (सपॉझिटिशस्) *adj.* कृत्रिम (बनावटी), काल्पनिक, कल्पित।

Suppository (सपॉझिटरि) *n.* दवा की बत्ती जो दस्त लाने के लिए गुदा में चढ़ाई जाती है।

Suppress (सप्रेस्) *v.t.* दमन करना, विद्रोह को तहस नहस करना, प्रकाश में आने से रोकना, कुचलना, दबाना।

Suppressible (सप्रेसिबल्) *adv.* दबाने योग्य।

Suppressioveri (सप्रेसिओव्हिअराय्) *n.* सत्य पर आवरण डालना, छिपाना।

Supra (सुप्रॉ) *pref.* ऊपर या अधिक अर्थ का उपसर्ग। **Supracostal,** *adj.* पसलियों के ऊपर का। **Supramaxillary,** *adj.* ऊपर के दाढ़ का। **Supramundane,** *adj.* संसार के ऊपर का।

Suprarenal (सुप्रारीनल) *adj.* गुर्दा के ऊपर स्थित।

Supremacy (सुपरमॅसि) *n.* प्रधानता, सर्वोच्चता, सर्वोत्कृष्ट, सर्वोपरिता।

Supreme (सुप्रीम्) *adj.* परम, योग्यतम, श्रेष्ठ, महान, अत्यधिक महत्त्वपूर्ण।

Sur (सर्) *pref.* अधिक अर्थ का उपसर्ग।

Sural (स्यूअरल्) *adj.* पैर की नली का, पिंडली का।

Surbate (सरबेट) *v.t.* कष्ट देना, थकाना।

Surcease (सरसीज) *v.t.* & *i.* रुकना, रोकना, ठहराना।

Surcharge (सरचार्ज) *n.* परिमाण से अधिक भार या इसका भाड़ा, अधिशुल्क लेना, अधिमूल्य। *v.t.* अधिक बोझा लादना, आकि माल रखना।

Surcharger (सरचार्जर्) *n.* अधिक बोझा लादने वाला।

Surcingle (सर्सिंगल्) *n.* काठी बाँधने का पट्टा।

Surculose (सर्क्युलॉस्) *adj.* चूसक जड़ या पौधा उत्पन्न करने वाला।

Surd (सर्ड्) *adj.* & *n.* करणी, अव्यक्त संख्या, दुर्बल श्वास से उच्चारण किया हुआ, मूक उच्चारण।

Surdimute (सर्डिम्यूट) *n.* ऐसा मनुष्य जो गूंगा तथा बहरा हो।

Sure (स्योर) *adj.* विश्वसनीय, निश्चित, पक्का।

Surely (स्योरलि) *adv.* निःसन्देह अवश्य, ठीक-ठीक।

Surety (स्योरटि) *n.* प्रतिभूति, जमानत देने वाला, जमानतदार, सुरक्षा, निश्चय, प्रतिभू, बन्धक।

Surf (सर्फ) *n.* लहर, तरंग।

Surface (सर्फिस्) *n.* तल, पृष्ठभाग, ऊपरी हिस्सा, धरातल, सतह।

Surface-gauge (सर्फेस-गेज़्) *n.* तख्ते इत्यादि को चौरसाई जानने का यंत्र।

Surfeit (सर्फिट्) *n.* अतिभोजन, अघाई, परितृप्ति। *v.t.* अधिक मात्रा में कोई पदार्थ ग्रहण करना, अतिभोजन, करना।

Surge (सर्ज्) *n.* बड़ी लहर, जल का उभाड़। *v.t.* लहर उठना।

Surgeon (सर्जन्) *n.* शल्य-चिकित्सक, सर्जन।

Surgeon-dentist (सर्जन-डेन्टिस्ट्) *n.* दाँतों का जर्राह।

Surgery (सर्जरि) *n.* शल्यशास्त्र, जर्राही, जर्राही का कमरा, शल्यचिकित्सा विज्ञान।

Suricate (स्यूअरिकट्) *n.* एक प्रकार का नेवला।

Surly (सर्लि) *adj.* रूक्ष, अशिष्ट, मन्द, असभ्य, कर्कश।

Surmise (सर्माइझ्) *n.* वितर्क (शंका), सन्देह, अनुमान, अटकल। *v.t.* & *i.* सन्देह करना, शंका करना, अटकलबाजी करना।

Surmount (सरमाउन्ट्) *v.t.* पर विजय पाना, जीत लेना, पार करना।

Surmullet (सर्मलेट्) *n.* एक प्रकार की लाल रंग की समुद्री मछली।

Surname (सर्नेम्) *n.* उपनाम, कुलनाम। *v.t.* कुलनाम रखना, उपनाम लेकर बुलाना। **Surnominal,** *adj.* कुलनाम सम्बन्धी।

Surpass (सर्पास्) *v.t.* से आगे बढ़ना, मात कर देना, आगे निकल जाना, पीछे छोड़ देना।

Surplice (सर्पिल्स्) *n.* उत्तरीय (सफेद दाग)।

Surplus (सरप्लस्) *n.* अतिरिक्त भाग, बचत, बढ़ोत्तरी।

Surplusage (सरप्लसेज) *n.* अनावश्यक अंग, बढ़ोत्तरी।

Surprise (सरप्राइझ्) *n.* विस्मय, अचरज, आश्चर्य, अचंभा व्याकुलता। *v.t.* विस्मित करना, अचानक वार करना, चकित करना, घबड़ा देना।

Surrender (सरन्डर्) *n.* आत्मसमर्पण, अधीनता, त्याग। *v.t.* & *i.* अर्पण करना, त्यागना, वश में होना, सौंपना।

Surrenderer (सरन्डरर्) *n.* असामी जो अपनी सम्पत्ति जमींदार को अर्पण कर देता है।

Surrogacy (सरोगासि) *n.* वह प्रथा जिसमें कोई स्त्री किसी दूसरी स्त्री के लिए गर्भधारण करती है।

Surrogate (सरोगेट्) *n.* पादरी का प्रतिनिधि। *v.t.* दूसरे के स्थान पर नियुक्त करना।

Surround (सराउन्ड्) *v.t.* के चारों ओर होना, घेरा डालना।

Surrounding (सराउन्डिंग) *n.* घिराव।

Surtax (सरटॅक्स्) *n.* & *v.t.* अतिरिक्त कर।

Surtout (सर्टूट्) *n.* वस्त्र के ऊपर पहिनने का कोट।

Surveillance (सरव्हेलन्स्) *n.* चौकसी, रखवाली, निगरानी, देखरेख।

Survey (सरव्हे) *v.t.* निहारना, जाँचना, ध्यान से देखना, नापना, सर्वेक्षण करना। *n.* निरीक्षण, नाप, पैमाइश।

Surveyor (सरव्हेअर्) *n.* पैमाइश करने वाला, सर्वेक्षक, निरीक्षक।

Survival (सर्व्हाइव्हल्) *n.* अवशेष, उत्तर जीविता, अतिजीविता।

Survive (सर्व्हाव्ह) *v.t.* & *i.* किसी का अधिक काल तक जीवित रहना।

Survivor (सर्व्हाइव्हर्) *n.* उत्तरजीवी, दूसरे की अपेक्षा अधिक जीनेवाला।

Sus (सस्) *pref.* अधीन अर्थ का उपसर्ग।

Susceptible (सस्सेप्टिबल्) *adj.* मन पर परिणाम डालने वाला, अतिसंवेदनशील, सुग्राही।

Susceptive (ससेप्टिव्ह्) *adj.* ग्रहण करने योग्य, स्वीकार करने योग्य।

Susceptivity (सॅसेप्टिविटि) *n.* ग्रहणशीलता।

Suspect (सस्पेक्ट्) *v.t.* शंका करना, संदेह करना, दोषी समझना, अविश्वास करना, तर्क करना। *adj.* संदिग्ध। *n.* संदिग्ध व्यक्ति।

Suspected (सस्पैक्टेड) *adj.* शंकायुक्त।

Suspend (सस्पेन्ड्) *v.t.* स्थगित करना, टाँगना, निलंबित करना, लटकाना।

Suspender (सस्पेन्डर्) *n.* लटकाने वाला। (ब. व.) पतलून बाँधने का फीता।

Suspense (सस्पेन्स्) *n.* दुविधा, असमंजस, अनिश्चय।

Suspensible (सस्पैन्सिबल) *adj.* लटकाने योग्य।

Suspension (सस्पेन्शन्) *n.* अवलम्बन, देर, (निलंबन, लटकाव), रुकावट।

Suspension-bridge (सस्पेन्शन्-ब्रिज्) *n.* झूले का पुल।

Suspensive (सस्पैन्सिव) *adj.* सन्देहयुक्त।

Suspicion (सस्पिशन्) *n.* संदेह, अविश्वास, शंका।

Suspicious (सस्पिशस्) *adj.* शंका-युक्त, शक्की, संदेहशील, अविश्वासी।

Suspiciously (सॅस्पिशसलि) *adv.* संदेह से, शंका से।

Suspiral (सस्पिरल्) *n.* श्वास लेने का छिद्र।

Suspire (सस्पायर्) *v.t.* उच्छवास लेना।

Sustain (सस्टेन्) *v.t.* उठाना, भुगताना, रुकना, थाम रखना, रोक रखना, सँभलना।

Sustained (सस्टेन्ड्) *adj.* स्थिर किया हुआ।

Sustainer (सस्टेनर्) *n.* आश्रय देने वाला।

Sustenance (सस्टिनन्स्) *n.* सहारा, अन्न (आहार), अवलम्ब, जीविका।

Susurrant (ससुरैन्ट) *adj.* धीमे से बोलता हुआ, फुसफुसाता हुआ।

Sutile (स्यूटिल्) *adj.* सिला हुआ।

Sutler (सट्लर्) *n.* सेना का मोदी, सेना को रसद पहुँचाने वाला।

Sutural (स्यूचरल्) *adj.* सियन-संबंधी।

Suture (स्यूचर्) *n.* (*Surg.*) सीवन, टाँका, सीवनी, संधिरेखा।

Sutured (स्यूचर्ड्) *adj.* जोड़ा हुआ।

Suzerain (स्यूझरेन्) *n.* अधिपति, छोटे अर्धस्वतन्त्र राज्यों पर शासन करने वाला।

Svelte (स्वेल्ट) *adj.* दुर्बल, कोमल।

Swab (सवॉब्) *n.* झाड़ू, जर्राही का सोखने वाला गद्दा। *v.t.* कूँची या झाड़ू से साफ करना।

Swad (स्वॉड्) *n.* मोटा नाटा मनुष्य।

Swaddle (स्वॉडल्) *v.t.* लपेटना, पट्टी बाँधना, कसकर बाँधना। *n.* शरीर के चारों ओर कसकर बाँधने का कपड़ा।

Swaddling (स्वॉडलिंग) *adv.* कसकर बाँधने वाला।

Swag (स्वॅग्) *n.* सामान, इत्यादि की गठरी, झालर, वंदनवार। *v.t.* झुकना, अपने बोझ से डूबना।

Swage (स्वेज) *v.t.* कोमल करना, शान्त करना।

Swagger (स्वॅगर्) *v.t.* अकड़कर चलना, इठलाना, शेखी हाँकना, डींग मारना। *n.* शेखी की चाल, दिखावटी।

Swain (स्वेन्) *n.* युवा पुरुष, देहाती नौजवान

(किसान), चरवाहा।

Swale (स्वेल्) *n.* भूमि प्रदेश, घाटी।

Swallow (स्वॉलो) *n.* निगलना, अबाबील चिड़िया, स्वाद। *v.t.* निगलना, पी लेना।

Swamp (स्वॉम्प्) *n.* दलदल, धँसान। *v.t.* दलदल में फँसना, आपत्ति में पड़ना।

Swampy (स्वॉम्पि) *adj.* दलदल से भरा।

Swan (स्वॉन्) *n.* राजहंस, बतख।

Swannery (स्वानरि) *n.* बत्तख रखने का स्थान।

Swan-skin (स्वॉन्-स्किन्) *n.* एक प्रकार का फलालीन।

Swap (स्वॉप्) *n.* चोट (ठोकर), मार। *v.t.* मारना, थप्पड़ मारकर गिरा देना, अदल-बदल करना, हेरा-फेरी करना।

Sward (स्वॉअड्) *n.* तृणमय भूमि, हरियाली से भरी जमीन।

Swarm (स्वॉअर्म्) *n.* मधुमक्खियों का झुण्ड, पशु-पक्षियों का कीड़ों मकोड़ों का समूह, आदमियों का झुण्ड। *v.t.* इकट्ठा होना, शोर मचाना, वृक्ष पर चढ़ना।

Swarming (स्वॉअर्मिन्गालि) *n.* झुण्ड में जाता हुआ, वृक्ष या पहाड़ी पर चढ़ने वाला।

Swash (स्वॉश्) *v.t.* & *i.* कोलाहल करना, वेग से मारना। *n.* धोने का शब्द, कोलाहल।

Swasher (स्वॉशर्) *n.* कोलाहल मचाने वाला व्यक्ति। *adv.* कोमल, पिलपिला।

Swat (स्वॉट्) *n.* मक्खी मारने की लचीली पटरी।

Swath (स्वॉथ्) *n.* कटी हुई घास, अन्न इत्यादि की पाँति।

Sway (स्वे) *v.t.* & *i.* शासन करना, झुकना या झुकाना, अनियमत ढंग से हिलना, प्रवृत करना, घुमाना। *n.* शासन, प्रभुत्ता, हिलाव, झुकान।

Sweal (स्वील्) *v.i.* गलकर बहना, जलना।

Swear (स्वेअर्) *v.t.* & *i.* शपथ पूर्वक वर्णन करना, दृढ़ता से कहना। *n.* झूठी कसम।

Swearer (स्वेअरर्) *n.* कसम या शपथ खाने वाला।

Swearing (स्वेअरिंग) *n.* शपथ लेने का कार्य, शपथ-ग्रहण।

Sweat (स्वेट्) *n.* पसीना, स्वेद जल, परिश्रम, पसीना आने का दौर।

Sweat-cloth (स्वेट्-क्लोथ्) *n.* काठी के नीचे का नमदा।

Sweater (स्वेटर्) *n.* पसीना उत्पन्न करने वाली, ऊनी बनियान।

Sweating-iron (स्वेटिंग-आयरन्) *n.* घोड़े का पसीना पोंछने का लोहा।

Swede (स्वीड्) *n.* स्वीडन देश का निवासी, इस देश का शलजम, स्वीडन का जहाज़।

Sweep (स्वीप्) *v.t.* & *i.* वेग से हटाना, झाड़ना, घसीटना, वेग से चलाना। *n.* झाड़ू देने की क्रिया, नाश, गोचर विषय, कुएँ से पानी खींचने के लिए लम्बी काठी, झटकन, सड़क का मोड़।

Sweeper (स्वीपर्) *n.* झाड़ू देने वाला।

Sweepy (स्वीपि) *adj.* तेजी से जाने वाला।

Sweet (स्वीट्) *adj.* मधुर, मिठास, स्वादिष्ट, सुगन्धित, आवाज़ का मंजुल, ललित, ताज़ा, कोमल, मृदु, संतोषजनक। *n.* मधुर वस्तु, मिठाई, आनन्ददायक पदार्थ, प्रिय वस्तु।

Sweetheart (स्वीट्-हार्ट्) *n.* प्रियतम, प्रिय।

Sweetmeat (स्वीट्-मीट्) *n.* मिष्ठान, मिठाई।

Swell (स्वेल्) *v.t.* & *i.* फैलना, बढ़ना, फूलना, फुलाना, हवा भरना, अकड़ना। *n.* शब्द का तीव्र होना, लहरों का उठना, बाँका, सुजन समाज का मनुष्य।

Swelling (स्वेलिंग्) *n.* & *adj.* भीरु, डरपोक, बड़े-बड़े शब्द बोलने वाला, वृद्धि, महत्व, सूजन, फैलाव।

Sweltry (स्वेल्ट्रि) *adj.* गरमी से त्रस्त, उमसता हुआ।

Swerve (स्वर्व्) *v.t.* & *i.* किसी नियम से विचलित होना, भटकना, मुड़ना। *n.* मुड़ान, भटकन।

Swift (स्विफ्ट्) *adj.* तीव्र, शीघ्रगामी, वेगवान, जल्दी करने वाला।

Swift-footed (स्विफ्ट-फूटिड्) *adj.* तेज चलने वाला।

Swift-handed (स्विफ्ट्-हॉन्डिड्) *adj.* जल्दी काम

करने वाला।

Swift-winged (स्विफ्ट्-विंगड्) *adj.* तेज उड़नेवाला।

Swig (स्विग्) *v.t.* & *i.* बड़ा-बड़ा घूँट करके पीना। *n.* बड़ा घूँट।

Swill (स्विल्) *v.t.* & *i.* बड़ा-बड़ा घूँट करके पीना, धोना या साफ़ करना। *n.* धुलाई।

Swim (स्विम्) *v.i.* तैरना, बहना, सरकना, चक्कर खाना, तैर कर पार करना। *n.* तैरने की क्रिया, मछली के पेट में वायु की थैली।

Swimmer (स्विमर्) *n.* तैराक, तैरनेवाला।

Swimming (स्विमिंग्) *n.* तैरने की कला।

Swindle (स्विन्डल्) *v.t.* & *i.* धोखा देकर छीन लेना, छलना, ठगना। *n.* षड्यंत्र, ठगी।

Swine (स्वाइन्) *n.* सुअर, पशुवत् आचरण करने वाला मनुष्य।

Swing (स्विंग्) *v.t.* & *i.* लहराना, झूलना, इधर-उधर हिलना, लंगर पर घूमना। *n.* झुकाव, झूला झूलने की सीमा, पालना।

Swinge (स्विन्ज) *v.t.* खूब पीटना, दण्ड देना।

Swinger (स्विन्जर) *n.* बड़ा झूठा।

Swingle (स्विङ्गल्) *n.* पटुआ या सन् पीटने की मुँगरी, मूसल। *v.t.* मुँगरी से पीटकर पटुआ का गूदा निकालना।

Swink (स्विंक्) *v.t.* & *i.* परिश्रम करना, कष्ट करना। *n.* कठिन परिश्रम।

Swirl (स्वर्ल्) *v.t.* & *i.* चक्कर खाना, घुमाना। *n.* जल का भँवर।

Swish (स्विश्) *v.t.* & *i.* चाबुक फटकारते हुए और शब्द करते हुए मारना। *n.* बेंत या चाबुक की मार।

Switch (स्विच्) *n.* विद्युत प्रवाह, लाठी, छड़ी। *v.t.* & *i.* रोक लगाना, विचारों के प्रवाह को बदलना, रेलगाड़ी को एक पटरी से दूसरी पटरी पर ले जाना।

Swivel (स्विव्हल्) *n.* कुण्डा, भाँवर-कड़ी। *v.t.* चूल पर घूमना।

Swoon (स्वून्) *v.i.* मूर्छित होना, अचेत होना। *n.* मूर्छा, बेहोशी।

Swooningly (स्वूनिंगलि) *adv.* मूर्छित होते हुए।

Swoop (स्वूप्) *n.* एकाएक उठा ले जाना, झपट। *v.t.* & *i.* एकाएक टूट पड़ना, झूलकर उतरना।

Swop (स्वॉप्) *v.t.* अदल-बदल करना। *n.* बदला, विनिमय।

Sword (सोअर्ड्) *n.* कृपाण तलवार, शक्ति या अन्य का चिह्न, खड्ग, युद्ध द्वारा संहार, कलह, युद्ध।

Sword-cane (सोअर्ड-केन्) *n.* गुप्ती छड़ी। का घाव।

Sword-law (सोअर्ड-लॉ) *n.* सैनिक नियम।

Swordlike (सोअर्ड-लाइक्) *adj.* तलवार के आकार का।

Sword-proof (सोअर्ड-प्रुफ) *n.* तलवार की चोट बचाने वाली।

Swordsman (सोअर्ड-मैन्) *n.* तलवार चलाने में निपुण व्यक्ति।

Sworn (स्वार्न्) *adj.* शपथ लिये हुए, शपथपूर्वक प्रतिज्ञा-बद्ध, शपथ द्वारा बंधा या बाध्य, दृढ़, निश्चित।

Swot (स्वॉट्) *v.t.* & *i.* परिश्रम से अध्ययन करना। *n.* परिश्रमी विद्यार्थी।

Swum (स्वम्) *p.p.* **Swim.** तैरा हुआ।

Sybarite (सिबराइट्) *n.* विलासी, विषयी।

Sycamine (सिकामाइन) *n.* काले शहतूत का वृक्ष।

Sycamore (सिकमोअर्) *n.* मिस्र देश का एक प्रकार का अंजीर का वृक्ष।

Syce (साइस्) *n.* सईस।

Sychnocarpous (सिक्नोकार्पस्) *adj.* नष्ट होने (सूख जाने) के पूर्व कई बार फलने वाला पेड़।

Sycoma (सिकमा) *n.* अंजीर के आकार की गिल्टी।

Sycophancy (सिकोफॅन्सि) *n.* गहरी चापलूसी।

Sycosis (सायकोसिस्) *n.* चेहरे पर का एक प्रकार का चर्म रोग।

Syenite (सायनाइट्) *n.* संगमरमर की तरह का पत्थर, स्फटिक-युक्त पत्थर।

Syke (साइक्) *n.* छोटी नदी।

Syllabic (सिलबिक) *adj.* शब्द संबंधी।

Syllable (सिलेबल्) *n.* एक अक्षर अथवा अनेक अक्षरों का समुदाय जो एक साँस में बोला जाय।

Syllabus (सिलेबस्) *n.* संक्षेप, सारांश, व्याख्यान, पाठ्य-पुस्तक इत्यादि को निर्धारित करने की पुस्तक।

Syllogism (सिलाजिज्म्) *n.* अवयव-घटित वाक्य, न्याय।

Syllogistic (सिलॉजिस्टिक्) *adj.* न्यायसंगत।

Syllogize (सिलॅजाजि) *v.t.* अवययों द्वारा न्याय निरूपण करना।

Sylph (सिल्फ्) *n.* वायु में रहनेवाले दैवी लोग, पतली सुन्दर लड़की, लम्बी शाखादार दुमवाली, गुनगुनानेवाली चिड़िया।

Sylvan (सिल्वन्) *n.* वनवासी, वनदेवता, जंगल का अफसर ग्रामीण व्यक्ति, वन्य पशु या पक्षी।

Symbol (सिम्बल्) *n.* चिह्न, रासायनिक तत्वों के लिए लाक्षणिक संकेत, लक्षण, प्रतिरूप।

Symmetry (सिमिट्रि) *n.* समरूपता, अवयवों की संगति, सुडौलपन।

Sympathetic (सिम्पथेटिक्) *adj.* सहानुभूति का, समःदुखी (दयायुक्त)।

Sympathy (सिम्पथि) *n.* सम्वेदना, कृपा (अनुकम्पा), सहानुभूति।

Symphonic (सिम्फोनिक) *adj.* स्वर की समता

Symphony (सिम्फनि) *n.* स्वर की समता, स्वर का मिलान।

Sympodium (सिम्पोडिअम्) *n.* अंगूर की बेल।

Symposium (सिम्पॉझिअम्) *n.* कवियों, संगीतज्ञों, विचारकों, लेखकों, मनीषियों का सम्मेलन।

Symptom (सिम्प्टम्) *n.* रोग के लक्षण।

Symptomatic (सिम्पटॅमॉटिक्) *adj.* लक्षण-संबंधी।

Syn (सिन्) *pref.* साथ अर्थ का उपसर्ग।

Synagogical (सिनगॉजिकल्) *adj.* यहूदियों का पूजा-समिति से संबंधित।

Synarchy (सिनीर्कि) *n.* संयुक्त राज्य का शासन।

Synarthrosis (सिनॅथ्रोसिस्) *n.* अचल-स्थिर संधि।

Syncarp (सिन्कार्प्) *n.* सीताफल आदि संयुक्त फल, रामफल।

Synchronal (सिन्क्रोनल) *adj.* एक समय होनेवाला, समकालीन।

Synchronism (सिन्क्रोनिज्म) *n.* एक ही समय में अनेक घटनाओं का होना।

Synchronous (सिन्क्रॉनस्) *adj.* एक साथ होने वाला।

Synchysis (सिन्किसिस्) *n.* वाक्य में शब्दों का व्युत्क्रम या विप्लव।

Synclastic (सिन्क्लास्टिक) *adv.* बाह्य गोल, सवन्तिगोल।

Syncopate (सिकपेट) *v.t.* शब्द में एक या अनेक अक्षरों को निकाल कर छोटा करना।

Syncopation (सिन्कोपेशन्) *n.* अक्षर निकाल कर शब्द का छोटा करने की क्रिया, शब्द संकोचन।

Syncope (सिन्कोपि) *n.* शब्द में एक या अनेक अक्षरों को निकालकर छोटा करने की क्रिया, शब्द संकुचन, मूर्छा।

Syncretic (सिन्क्रेटिक) *adj.* भिन्न धार्मिक रीतियों को एक में मिलाने वाला।

Syndic (सिन्डिक्) *n.* नगरपालिका का एक अधिकारी, प्रधान मजिस्ट्रेट।

Syndicate (सिन्डिकट्) *n.* प्रबन्धकर्ता लोगों की मण्डली, सभा।

Syndrome (सिन्ड्रोम) *n.* रोग में अनेक लक्षणों का समावेश।

Syngenesis (सिन्जेनिसिस्) *n.* स्त्री-पुरुष ताल का सम्मिश्रणयुक्त।

Synochus (सिनॅकस) *n.* सतत या लगातार ज्वर।

Synomosy (सिमोमोसि) *n.* शपथ लेकर भ्रातृवत व्यवहार।

Synonym (सिनॉनिम्) *n.* पर्याय (तुलनार्थ) शब्द, पर्याय।

Synonymic (सिनॉमिक्) *adj.* पर्यायवाची।

Synonymite (सिनॉमाईट्) *n.* तुल्यार्थता।

Synopsis (सिनॉप्सिस्) *n.* सार, संकलित दृश्य,

सार-संग्रह।

Synoptic (सिनॉप्टिक्) *adj.* & *n.* सामान्य अवलोकन।

Synoptically (सिनॉप्टिकलि) *adv.* सामान्य अवलोकन द्वारा।

Synovia (सिनोव्हिआ) *n.* शरीर में जोड़ों को तर रखने वाला द्रव पदार्थ।

Synovitis (सायनव्हाइटिस्) *n.* शरीर में जोड़ों को तरल रखने वाली ग्रंथियों की सूजन।

Syntactical (सिन्टॉक्टिकल्) *adj.* वाक्य-रचना के नियमों के अनुसार।

Syntax (सिन्टॅक्स्) *n.* वाक्य-रचना, व्याकरण में नियमानुसार वाक्य-विन्यास, वाक्य-रचना-विचार।

Syntectic (सिन्टक्टिक) *adj.* क्षय रोग से नाश होने वाला।

Synteretic (सिन्टिरेटिक्) *adj.* आरोग्य रखने वाला।

Synthesis (सिन्थिसस्) *n.* कृत्रिम रचना, संयोग, संकलन, मिलावट।

Synthesize (सिन्थिसाइज़्) *v.t.* प्राकृतिक पदार्थों को कृत्रिम क्रिया से तैयार करना।

Syntonic (सिन्टॅनिक्) *adj.* तीव्र, तेज।

Syntonin (सिन्टॅनिन्) *n.* पेशी में का एक तत्व।

Syntony (सिन्टनि) *n.* बिना तार की तारबर्की के यंत्र को सुर में करने की क्रिया।

Sypher (सायफर्) *v.t.* फट्टों को समतल कर जोड़ना।

Syphilis (सिफिलिस्) *n.* सम्भोग से होने वाली बीमारी, उपदंश रोग।

Syphon (साइफन्) *n.* तरल पदार्थ को ऊपरी तल से निचले तल में ले जाने की मुड़ी हुई नलिका।

Syrian (सिरिअन्) *adj.* सीरिया देश के निवासी का।

Syringa (सिरिंगा) *n.* एक प्रकार का सुगन्धित पुष्प।

Syringe (सिरिंज़्) *n.* वस्ति, पिचकारी। *v.t.* पिचकारी देना।

Syrinx (सिरिंक्स्) *n.* बाँस की नलिका।

Syrtis (सर्टिस्) *n.* अफ्रीका के उत्तरी तट से दूर हटकर दो ढीले, तर बलूए मैदानों का नाम।

Syrup (सिरप्) *n.* चाशनी, शर्बत।

Systaltic (सिस्टॅल्टिक) *adj.* पारी-पारी से सिकुड़ने तथा फैलने के योग्य।

Systasis (सिस्टॉसिस) *n.* राजनीतिक मिलाप या संगठन।

System (सिस्टिम्) *n.* उपाय, प्रबन्ध, पद्धति (रीति, क्रम), कल्पना, योग।

Systematic (सिस्टिमॉटिक्) *adj.* क्रम के अनुसार, यथाक्रम।

Systematist (सिस्टमॉटिस्ट) *n.* सब पदार्थों को क्रमानुसार रखने वाला।

Systemic (सिस्टैमिक) *adj.* यथाक्रम, व्यवस्थित, सम्पूर्ण शरीर का।

System-maker (सिस्टिम्-मेकर्) *n.* व्यवस्था करने वाला व्यक्ति।

System-monger (सिस्टिम्-मांगर्) *n.* सर्वदा क्रम रचने वाला।

Systole (सिस्टोल) *n.* हृदय धमनी का संकुचन, अक्षर या पद को छोटा करना।

Systolic (सिस्टॉलिक्) *adj.* हृदय या धमनी के सिकुड़ने से संबंधित।

Systyle (सिस्टिल्) *adj.* & *n.* खम्भों को प्रायः मिलाते हुए बैठाने की व्यवस्था का।

Syzygy (सिझिजि) *n.* किसी नक्षत्र का सूर्य के ठीक सामने या ठीक पीछे होना, नवीन चन्द्रमा या पूर्ण चन्द्रमा का समय जब पृथ्वी, सूर्य तथा चन्द्रमा एक रेखा में रहते हैं।

T

T (टी) अंग्रेजी वर्णमाला का बीसवां अक्षर, इस अक्षर के आकार का कोई पदार्थ।

T-bandage (टीबीन्डूएँज्) *n.* टी-अक्षर के आकार की बाँधने की पट्टी।

T-square (टी-स्कवेअर्) *n.* नक्शा बनाने के

काम में आने वाली 'टी' अक्षर के आकार की पटरी।

Tab (टॅब्) *n.* जूते के फीते के किनारे की वस्तु की नोक, फीता, किनारा।

Tabard (टॉबर्ड) *n.* योद्धा की पोशाक, कवच के ऊपर पहिनने का जामा।

Tabarder (टॉबर्डर्) *n.* कवच के ऊपर पहिनने वाला।

Tabaret (टॅबरिट्) *n.* गद्दे इत्यादि में जड़ने का धारीदार रेशमी वस्त्र।

Tabasheer (टॅबशिअर्) *n.* वंशलोचन, तवाशीर।

Tabby (टॅबि) *n.* चितकबरी बिल्ली। *adj.* रंगबिरंगा, धारीदार, चितकबरा *v.t.* लहरियादार बनाना या करना।

Tabernacular (टॅबर् नॅक्यूलर्) *adj.* जालीदार।

Tabinet (टॅबिनिट्) *n.* पानी से लहरियादार बना हुआ रेशमी और ऊनी वस्त्र।

Tablature (टॅब्लेचर्) *n.* मानसिक चित्र, दीवार पर का चित्र, विस्तृत वर्णन।

Table (टेबल्) *n.* समतल स्थान, फलक, लेखानाधार, मेज़, टिकिया, उत्सव, सूची, सूचीपत्र। *v.t.* सूचीपत्र बनाना, भोजन देना।

Tableau (टॅब्लो) *n.* चित्र, चित्रवत् बैठे हुए मनुष्य।

Table-clamp (टेबल-क्लॉम्प्) *n.* किसी पदार्थ को टेबुल में कसने का शिकंजा।

Table-cloth (टेबल-क्लॉथ्) *n.* टेबुल पर बिछाने का वस्त्र, मेज़पोश्।

Tabledhote (टाअबल्-डोट्) *n.* भोजनालय में अतिथियों के भोजनार्थ उपयोगी मेज।

Table-knife (टेबल्-नाइफ्) *n.* भोजन के समय व्यवहार करने का चाकू।

Tablet (टॅब्लिट्) *n.* औषधि की छोटी टिकिया, पटरी, पटिया, छोटी मेज।

Tabloid (टॅब्लाइड्) *n.* दवा की छोटी टिकिया।

Taboo, Tabu (टॅबू) *ns.* अवरोध, रुकावट, कोई वस्तु या व्यक्ति जिसे पवित्र या अपवित्र मानकर एक ओर कर दिया जाता है। *adj.* अवांछनीय या निषिद्ध। *v.t.* अधिकार से रोकना।

Taborer (टेबरर्) *n.* ढोलक बजाने वाला। *v.t.* ढोलक बजाना।

Tabouret (टॅबरिट्) *n.* बिना बिना बाँह और पिछवई की छोटी कुर्सी, पिछवई की बैठने की तिपाई, कढ़ाई के काम की झालर।

Tabula (टॅब्यूला) *n.* हड्डी का चपटा सख्त भाग।

Tabular (टॅब्यूलर्) *adj.* टेबुल के आकार का चपटा, सूचीबद्ध, चौरस, सूची की तरह क्रम में लिखा हुआ।

Tachometer (टकॉमिटर्) *n.* वेग या धाराओं की गति नापने का यन्त्र, वेगमापी।

Tachycardia (टॅकिकार्डिआ) *n.* हृदय की असाधारण तीव्र गति।

Tachygraphy (टॉकिगरॉफ़ि) *n.* सांकेतिक चिह्नों में शीघ्र लिखने की कला।

Tachygraphic (टेकिग्राफिक) *adj.* सांकेतिक चिह्नों में लिखा हुआ।

Tachygraphy (टॅकिग्राफि) *n.* सांकेतिक चिह्नों में शीघ्र लिखने की कला।

Tachymeter (टकिमिटर्) *n.* सर्वे (नाप) करने का एक यन्त्र।

Taciturnity (टॅसिटर्निटि) *n.* मूकभाव, कम बोलने का गुण।

Taciturnly (टॅसिटर्नलि) *adj.* मूकभाव से।

Tacket (टैकेट्) *n.* बड़े माथे की छोटी काँटी।

Tact (टॅक्ट्) *n.* सूक्ष्म विचार, कुशलता (निपुणता, चातुरी)।

Tactician (टॅक्टिशन्) *n.* युद्ध विद्या में चतुर, चालबाज।

Tactics (टॅक्टिक्स्) *n.* (ब.व.) युद्धविद्या, व्यूह रचना, कुशलता, युक्ति।

Tactile (टॅक्टाइल्) *adj.* छूने योग्य, स्पर्शज्ञान-संबंधी।

Tadpole (टॅडपोल्) *n.* अंडे से निकाला हुआ मेंढक का बच्चा।

Taenia (टेइनिआ) *n.* फीते के आकार का पदार्थ, चिपटा केंचुआ।

Taffrail (टॅफ्रेल्) *n.* जहाज के पिछले भाग में लगा हुआ कटघरा।

Taglia (टॅग्लिया) *n.* घिरनियों की पंक्ति।

Tag-rag (टॅग्-रॅग्) *n.* नीच जाति के लोग।

Tag-tail (टॅग्-टेल्) *n.* कीड़ा जिसकी पूँछ का रंग शरीर के रंग से भिन्न होता है।

Tail (टेल्) *n.* किसी वस्तु का पिछला भाग, अन्त, चोटी। *v.t.* & *i.* किसी पदार्थ के पिछले भाग में कुछ बाँधना।

Tailboard (टेल्-बोर्ड्) *n.* गाड़ी के पीछे का पावदान।

Tail-coat (टेल्-कोट) *n.* कोट जिसका निचला भाग लम्बा होता है।

Tailed (टेल्ड्) *adj.* दुमदार, पूँछ वाला।

Tailing (टेलिंग्) *n.* दीवार में लगाये हुए पत्थर का उभड़ा हुआ भाग।

Tailless (टेल-लैस्) *adj.* बिना पूँछ का।

Tailor (टेलर्) *n.* दर्जी (कपड़े सीने वाला), पोशाक बनाना, दर्जी का काम करना। *v.t.* पोशाक बनाना, परदे सीना।

Taint (टेन्ट्) *n.* कलंक, धब्बा, दोष। *v.t.* & *i.* कलंकित करना, धब्बा डालना, विषैला बनाना।

Take (टेक्) *n.* पकड़ी हुई मछली, उनकी संख्या, टिकटों की थोक बिक्री।

Take-off (टेक्-आफ) *n.* हवाई जहाज का उड़ने के लिए भूमि का छोड़ना।

Taker (टेकर्) *n.* ग्रहण करनेवाला।

Talbot (टॉल्बट्) *n.* एक प्रकार का शिकारी कुत्ता।

Talc (टॅल्क्) *n.* बहुत नरम, लचीला, रूपहला, पारदर्शक खनिज, अबरक।

Talcose (टाल्-कॅज) *adj.* सेतखड़ी या अभरक से पूर्ण।

Tale (टेल्) *n.* बुरी खबर, गणना, कथा, कहानी, समाचार।

Talent (टॅलेन्ट्) *n.* गुण, चातुरी, प्रामाणिक, परिणाम, बुद्धि।

Talipes (टॅलिपीज़्) *n.* जुड़े हुए पंजे वाला प्राणी।

Talisman (टॅलिज्मन्) *n.* ताबीज़, कवच, यन्त्र।

Talkative (टॉकेटिव्ह्) *adj.* बाचाल, बातूनी, बकवास करने वाला।

Tallboy (टॉल्-बॉय्) *n.* दराजदार ऊँचा बक्स।

Tallish (टॉलिश्) *adj.* प्रायः ऊँचा।

Tallow (टॅलो) *n.* वसा, चरबी। *v.t.* चरबीयुक्त करना, मोटा करना।

Tally (टैलि) *n.* लकड़ी का टुकड़ा जिस पर कांटने के पहले चिह्न बनाए गए हों, गणना, चिह्न करने का टिकट। *v.t.* & *i.* अंकित करना, गणना करना, सामना होना या करना, अनुकूल होना, पहचान कर मिलान करना या व्यवहार करना।

Tallyman (टॅलिमॉन्) *n.* बहँगी पर सामग्री रखकर बेचने वाला।

Tallyshop (टैलिशॉप) *n.* दुकान जिसमें वस्तु किस्तों में दाम चुकाने की शर्त पर बेची जाती है।

Talon (टॅलन्) *n.* तलवार की धार का पिछला भाग, शिकारी पक्षियों का नख, चंगुल।

Talpa (टॉल्पा) *n.* छछूँदर जाति के पशु।

Talus (टेलस्) *n.* ढलान, टखना, गुल्फ़।।

Tamarin (टॅमरिन्) *n.* दक्षिण अफ्रिका का एक प्रकार का गिलहरी की शक्ल का बन्दर।

Tamarind (टॅमरिन्ड्) *n.* इमली का पेड़।

Tamboc (टेम्बक्) *n.* तांबे और जस्ते के मेल से बनी हुई धातु।

Tambour (टॅम्बुअर्) *n.* कढाई का गोलाकार फ्रेम, कढ़ाई किया हुआ काम। *v.t.* कसीदा काढ़ना।

Tamin (e) (टैमिन्) *n.* & बढ़िया पतला चमकदार ऊन और रेशम की मिलावट का कपड़ा।

Tamkin (टॉमकिन्) *n.* तोप का डट्टा।

Tampan (टॉम्-पॉन्) *n.* एक प्रकार का विषैला सर्प।

Tamper (टॅम्पर्) *v.t.* & *i.* दूषित करना, लिखित पत्र में चोरी से अदल-बदल करना, गुप्त व्यवहार करना।

Tamponade (टॅम्पोनेड्) *n.* घाव के लिए रुधिर रोकने के गद्दे का प्रयोग।

Tangent (टैनजन्ट्) *n.* स्पर्शरेखा।

Tangible (टॅन्जिबल्) *adj.* वास्तविक, शारीरिक, स्पर्शनीय, स्पष्ट, मूर्त।

Tanker (टॅंकर्) *n.* मिट्टी का तेल ले जाने का जहाज़ अथवा अन्य वाहन।

Tannable (टॉन्एबल्) *adj.* चमड़ा कमाने योग्य।

Tanner (टैंनर्) *n.* चमड़ा कमाने वाला।

Tannery (टैनरि) *n.* चमड़ा कमाने का कारखाना।

Tannic (टॅनिक्) *adj.* चमड़ा कमाने वाले वानस्पतिक पदार्थ से संबंधी।

Tanning (टैनिंग) *n.* कच्चे चमड़े को कमाने का कला।

Tansy (टॅन्झि) *n.* टैसी (पादप), टैंसी से सुगंधित पुडिंग, एक प्रकार का पौधा।

Tantalus (टॅन्टलस्) *n.* ग्रीस के पौराणिक कथानुसार जानुस का बेटा टेटालस जिसे ठोड़ी तक गहरे पानी में खड़ा रहने की सजा दी गई थी और वह प्यास से मरा।

Tantamount (टॅंटमाउन्ट्) *adj.* सामान, तुल्य, समार्थक।

Tantrum (टॅन्ट्रम्) *n.* आवेश, क्रोध, चिड़चिड़ापन।

Tanyard (टॉनयार्ड) *n.* चमड़ा कमाने का बाड़ा।

Tape (टेप्) *n.* फीता, पट्टी, टेप। *v.t.* फीते से बाँधना।

Tape measure (ट्रेप मेज़र्) *n.* नापने का फ़ीता।

Taper (टेपर्) *n.* छोटी पतली मोमबत्ती, मंद प्रकाश। *adj.* गावदुम (किनारे पर नुकीला), शुण्डाकृति। *v.t.* & *i.* एक किनारे पर नुकीला या गावदुम होना।

Taperness (टैपरनैस्) *n.* नुकीलापन।

Tapestry (टॅपिस्ट्रि) *n.* बेलबूटेदार (परदे, फर्नीचर आदि का) कपड़ा।

Tape-worm (टेप-वर्म) *n.* चिपटे आकार का केंचुआ।

Tapir (टेपर्) *n.* गैड़े के प्रकार का एक खुरवाला स्तनीय पशु, टापिर अमरीकी जंतु, अमरीकी सुअर।

Tapis (टॅपीस्) *n.* गलीचा, पिछवई, मेजपोश।

Tap-root (टॉप-रूट्) *n.* पौधे की प्रधान जड़ जो पृथ्वी में गहरी धँसी होती है, मूसला जड़।

Tapster (टॅप्स्टर्) *n.* होटल आदि में शराब आदि उपलब्ध कराने वाला नौकर, मदिरा निकालने वाला।

Tarantula (टरॉन्टूयुलॉ) *n.* एक प्रकार की बड़ी विषैली मकड़ी।

Tarantella (टॅरन्टेला) *n.* तेरतला (इटली का नृत्य या धुन)।

Taraxacum (टैरक्साकम्) *n.* एक प्रकार का फूलने वाला पौधा जिसकी जड़ों से ताकतवर जुलाब की या दस्तावर दवा बनाई जाती है।

Tarboosh (टार्-बूश्) *n.* पगड़ी का भीतरी भाग, एक प्रकार की मुसलमानी टोप।

Tardy (टार्डि) *adj.* दीर्घसूत्री, मन्द, धीमा, विलम्बी।

Tardigrade (टार्डिग्रेड्) *adj.* धीरे-धीरे चलने वाला।

Target (टार्गिट्) *n.* गोली चलाने का निशाना, लक्ष्य, छोटी गोल ढाल।

Tariff (टॅरिफ) *n.* शुल्क सूची, चुंगी की दर की सूची, भाव की दर। *v.t.* मूल्यांकन कर लगाना।

Tarlatan (टार्लटन्) *n.* एक प्रकार का बहुत बारीक मलमल या आबेरवाँ।

Tarn (टार्न्) *n.* पहाड़ी झील, दलदल।

Tarnation (टार्नेशन्) *n.* सत्यानाश।

Tarnish (टार्निश्) *v.t.* & *i.* बदरंग करना, मलिन करना या हो जाना।

Tarpan (टॉरपॉन्) *n.* मध्य एशिया का जंगली घोड़ा।

Tarpaulin (टार्पालिन्) *n.* अलकतरा पोता हुआ किर्मिच, मल्लाह।

Tarpon (टार्पन्) *n.* एक प्रकार की मछली।

Tarry (टारि) *v.t.* देर करना, विलम्ब करना, रुकना, ठहरना।

Tarsal (टार्सल्) *adj.* पैर की नली के निचले भाग से संबंधित।

Tarsia (टार्सिऑ) *n.* लकड़ी मे सुन्दर खुदाई का काम।

Tarsus (टार्सस्) *n.* एँड़ी और नली के बीच का पैर का भाग।

Tart (टार्ट्) *adj.* तीखा, तीक्ष्ण, चरपरा। *n.* मीठे फल की बिना पपड़ी की कचौड़ी, चरित्रहीन लड़की या स्त्री।

Tartan (टार्टन्) *n.* ऊनी चारखाना या पट्टीदार वस्त्र। *n.* एक प्रकार का छोटा जहाज़।

Tartar (टार्टर्) *n.* दाँतो का मैल, टार्टरी देशवासी, मदिरा का क्षारीय तलछट जो नीचे जम जाता है।

Tartarean (टारटेरियन) *adj.* नरक संबंधी।

Tartaric (टार्टरिक्) *adj.* क्षारीय।

Tartarin (टार्टरिन्) *n.* पोटाश।

Tartarize (टार्टराइज्) *v.t.* क्षारपूर्ण करना, तातारी बनाना।

Tartarous (टार्टरस्) *adj.* क्षार युक्त।

Tartish (टार्टिश्) *adj.* कुछ तीखा या चरपरा।

Task (टास्क्) *n.* परिश्रम, धन्धा, कार्य (काम, कर्तव्य), नियत कार्य, पाठ। *v.t.* कार्य में नियुक्त करना, मेहनत लेना, काम करना।

Tasker (टास्कर्) *n.* काम सौंपनेवाला।

Taskmaster (टास्कमास्टर्) *n.* काम लेनें वाला, काम में लगाने वाला।

Taskwork (टॉस्कवर्क्) *n.* दिया गया कार्य, धन्धा, जबर्दस्ती लिया गया श्रम, कष्टकारक कार्य।

Tassel (टॅसेल्) *n.* किताब में सिला हुआ फीता, झब्बा (फुँदना, लटकन)।

Ta-ta (टा-टा) *interj.* विदाई के समय का नमस्कार।

Tatter (टॅटर्) *v.t.* & *i.* धज्जी उड़ाना, चिथड़े करना।

Tattoo (टॉटू) *n.* गोदना, सैनिकों को डेरे पर बुलाने के लिए नगाड़ा बजना। *v.t.* & *i.* नगाड़ा बजाना, गोदना।

Taunt (टॉन्ट्) *n.* निन्दा, ताना, आक्षेप, उपहास, तिरस्कार। *v.t.* निन्दा करना, तिरस्कार करना, कटाक्ष, उपहास करना।

Taurian (टॉरिअन्) *adj.* साँड़ का।

Taurine (टाअरिन्) *adj.* राशि चिह्न-वृषभ, साँड़ संबंधी।

Tauromachy (टाअरॅामकि) *n.* साड़ की लड़ाई, वृषभयुद्ध।

Taut (टाट्) *adj.* दृढ़, कसा या तना हुआ।

Tauten (टॉटन्) *v.t.* कसा बनाना।

Tautology (टॉटॉलॉजि) *n.* पुनरुक्ति, एक ही बात का भिन्न-भिन्न शब्दों में कथन।

Tautologous (टॉटॉलॉगस्) *adj.* पुनरुक्ति करने वाला।

Tautophony (टॉटॉफोनि) *n.* एक ही शब्द की पुनरुक्ति।

Tavern (टॅव्हर्न्) *n.* सराय, शराबखाना।

Tawdry (टॉड्रि) *adj.* आडम्बरी, मिथ्या शोभा का, दिखाऊ।

Tax (टॅक्स्) *n.* राज्य-शुल्क, कर, टैक्स, महसूल। *v.t.* निन्दा करना (दोष लगाना), आलोचना करना, अत्यन्त पीड़ा देना, कर लगाना, कठोर परीक्षक होना।

Taxation (टॅक्सेशन्) *n.* कर-निर्धारण (कराधान), करारोपण।

Tax-gatherer (टॉक्स-गॉदरर्) *n.* कर वसूल करनेवाला।

Taxi (टॅक्सि) *n.* टैक्सी जो भाड़े पर चलाई जाती है।

Taxidermal (टैक्सिडर्मल्) *adj.* पशुओं की खाल में मसाला भरने की कला संबंधी।

Taxis (टॅक्सिस्) *n.* अंगों के भाग को यथास्थान बैठाने की जर्राही विधि, विन्यास।

Taxonomy (टैक्सोनामि) *n.* वनस्पतियों तथा पशुओं को वर्गों में विभक्त करने का सिद्धान्त।

Tazza (टाजॉ) *n.* एक प्रकार का गोड़दार प्याला।

T-bandage (टी-बैन्डेज्) *n.* टी अक्षर के आकार की बाँधने की पट्टी।

Tea (टी) *n.* चाय की पत्ती, चाय। *v.i.* चाय पीना।

Teacher (टीचर्) *n.* अध्यापक, शिक्षक, गुरु।

Teague (टीग्) *n.* आयरलैंड-निवासी (तिरस्कार का शब्द)।

Teak (टीक्) *n.* सागौन का वृक्ष, सागवान की लकड़ी।

Team (टीम्) *n.* एक साथ जोते हुए दो या अधिक घोड़े, खिलाड़ियों का एक ओर का दल, बैल इत्यादि, टीम, समुदाय। *v.t.* एक साथ जोतना, काम पर लगना।

Teamster (टीमस्टर्) *n.* घोड़े, बैल इत्यादि की जोड़ी हाँकनेवाला।

Tea-pot (टी-पॉट्) *n.* चाय बनाने का पात्र।

Teapoy (टीपॉय) *n.* तिपाई, चाय पीने की छोटी मेज।

Tear-gas (टिअर्-गैस्) *n.* अश्रुकारक विषैली गैस।

Teasel (टीझल्) *n.* काँटेदार सिरवाला पौधा जो सूती कपड़े पर ऊनी रोएँ के समान सतह बनाने में प्रयुक्त होता है।

Teat (टीट्) *n.* चूची, चूचुक, (पशुओं का) थन।

Teathe (टीद) *v.t.* पशुओं को बैठाकर खेत जोरदार बनाना।

Technic (टेक्निक्) *n.* विशिष्ट कला या विद्या, तकनीकी।

Technical (टेक्निकल्) *adj.* विशेष कला या शास्त्र संबंधी, पारिभाषिक (सांकेतिक)।

Technology (टेक्नॉलॉजि) *n.* शिल्प कला विज्ञान, टैक्नोलॉजी।

Tedder (टेडर्) *n.* सुखाने के लिए घास फैलाने वाला आदमी, घास फैलाने का यन्त्र।

Teddybear (टेडिबीअर्) *n.* खिलौना भालू।

Tedious (टीडिअस्) *adj.* उबानेवाला, श्रम करने वाला, थकाने वाला, मन्द (दीर्घ सूची), धीमा।

Teeming (टीमींग्) *adj.* बच्चा पैदा करने वाली, गर्भपूर्ण, परिपूर्ण।

Teen (टीन्) *n.* तेरह से उन्नीस तक गिनती के पूर्व प्रत्यय।

Teens (टीन्स्) *n.* तेरह वर्ष से उन्नीस वर्ष तक की अवस्था।

Teeth (टीथ्) दांत श्रृंखला।

Teetotal (टीटोट्ल) *adj.* सब मादक पदार्थों के बहिष्कार से संबंधी।

Teetotalism (टीटोलिझम्) *n.* सब मादक पदार्थों का पूर्ण बहिष्कार।

Teetotaller (टीटोटैलर्) *n.* कभी किसी प्रकार के मादक द्रव्य का व्यवहार न करनेवाला मनुष्य।

Teetotum (टीटोटम्) *n.* खेलने का भंवरा, लट्टू, चकरी।

Teg (टेग) *n.* भेड़ का दूसरे वर्ष का छोटा बच्चा।

Tegular (टीग्युलर्) *adj.* खप्पर के आकार या तरह का।

Tegument (टेग्युमेन्ट्) *n.* शरीर को ढकने वाला चर्म, प्राकृतिक आवरण।

Teinoscope (टाइनास्कोप्) *n.* वस्तु को छोटा या बड़ा करके देखने का यंत्र।

Telaesthesia (टीलिस्थीसिया) *n.* अतीन्द्रिय प्रत्याक्षनुभूति।

Telaman (टेलमन्) *n.* पुरुषाकार स्तंभ

Telautograph (टेलोटग्राफ) *n.* स्वयं लेखन यंत्र (तार आदि में)

Telegony (टेलेगनि) *n.* एक ही माता द्वारा संतति में, खानदानी, पूर्वगामी, पूर्वकालिक पुरुष का चिह्न लक्षित करना।

Telegram (टेलिग्राम्) *n.* टेलीग्राम, तार द्वारा समाचार।

Telegrammic (टेलिग्रामिक्) *adj.* तार समाचार संबंधी।

Telegraph (टेलिग्राफ्) *n.* तार, टेलिग्राफ, तार संप्रेषण। *v.t.* & *i.* तार द्वारा समाचार भेजना।

Telekinesis (टेलिकायनीसिस्) *n.* प्रत्यक्ष संबंध न होते हुए-प्रेरक कारण से दूर होने वाली घटना का ज्ञान होना।

Telemechanics (टेलिमिकॅनिक्स्) *n. pl* बेतार द्वारा दूरस्थ मशीनों पर नियंत्रण रखने की विद्या।

Telemeter (टेलिमिटर्) *n.* दूरी नापने का यन्त्र।

Telemetry (टेलिमिट्रि) *n.* दूरी नापने का कार्य।

Teleological (टेलिअॅलॉजिकल्) *adj.* हेतुविद्या संबंधी।

Teleology (टेलिऑलजि) *n.* हेतुविद्या, उद्देश्यपरक मीमांसा।

Telepathy (टिलिपथि) *n.* मानसिक संक्रमण, दूरस्थित एक मन का दूसरे पर प्रभाव।

Telephotograph (टेलिफोटाग्रॉफ) *n.* टेलिफोन द्वारा उतारा गया छायाचित्र।

Telephotography (टेलिफोटोग्राफि) *n.* दूरबीन की सहायता से दूर की फोटो लेना।

Telergy (टेलर्जि) *n.* सम्भावोत्पादक शक्ति, दूर से मन पर प्रभाव डालना।

Telescope (टेलिस्कोप्) *n.* टेलीस्कोप, दूरबीन।

Telesm (टेलज्म्) *n.* जन्तर, यन्त्र।

Telic (टेलिक) *adj.* लक्ष्य-सूचक।

Tell-tale (टेल्-टेल्) *n.* मनुष्यों के गुप्त या घरेलू मामलों की सूचना फैलानेवाला, चुगलखोर।

Tellurion (टैल्यूरिअन) *n.* ऋतु-परिवर्तन, दिन-

रात का होना इत्यादि सूचित करने का यन्त्र।

Temperament (टेम्परामन्ट्) *n.* प्रकृति, स्वभाव, मिज़ाज।

Temperate (टेम्परट्) *adj.* संयमी, आत्मसंयमी, मिताचारी।

Tempest (टेम्पिस्ट्) *n.* आँधी-तूफान, विप्लव, उपद्रव (हलचल)।

Templar (टेम्पलर्) *n.* कानून पढ़ने वाला विद्यार्थी।

Temple (टेम्पल्) *n.* आराधना स्थल, मंदिर, कनपटी।

Temporary (टेम्परौरि) *adj.* अस्थायी, क्षणिक, अल्पकालिक।

Temporizer (टेम्पराईझर्) *n.* उक्त क्रियाओं के कार्यों को करनेवाला व्यक्ति।

Temporizingly (टेम्पराईझिंगलि) *adv.* यथाकाल व्यवहार करते हुए।

Tempt (टेम्प्ट्) *v.t.* लालच देना, फुसलाना।

Tempter (टेम्पटर्) *n.* लुभानेवाला, मोहक।

Tenable (टेनेबल्) *adj.* रखने योग्य, टिकाऊ।

Tenace (टेनस्) *n.* प्रतिपक्षी के सबसे बड़े कार्ड से ऊपर और नीचे के पत्ते का जोड़ा।

Tenacious (टेनेशस्) *adj.* दृढ़ संकल्प का, चिपचिपा, संग्रही।

Tenacity (टिनॅसिटि) *n.* चिपकाव, दृढ़ता, लसलसाहट।

Tenaille (टैनेल) *n.* प्रधान खाई में उठाई गई किले की रक्षाभीत या दीवाल।

Tenancy (टेनन्सि) *n.* काश्तकारी।

Tenant (टेनन्ट्) *n.* किरायेदार, आसामी।

Tendentious (टेन्डेन्शस्) *n.* प्रवृत्ति के साथ।

Tender (टेन्डर्) *n.* किसी काम के लिए अनुमानित व्यय का ब्यौरा, पालने-पोसने वाला, रखवाली करने वाला, जहाज इत्यादि के साथ रसद देनेवाली छोटी नाव, निश्चित दर पर कोई काम करने वाला अधिकारी, दी गई वस्तु, इंजन के साथ की कोयले-पानी की गाड़ी। *v.t.* भेंट करना, निविदा देना, स्वीकार करने के लिए रखना। *adj.* सुकुमार कोमल, दयालु, करुणार्द्र।

Tender hearted (टेन्डर हार्टिड्) कोमल हृदय का।

Tender-foot (टेन्डर्-फुट्) *n.* नौसिखिया, भोला।

Tendon (टेन्डन्) *n.* स्नायुमय, पुष्ट, कंडरा।

Tendril (टेन्ड्रिल्) *n.* तंतु, लता, सूत्रकोष्ठ।

Tenet (टेनिट्) *n.* अभिमत, नियम, विश्वास, सिद्धांत।

Tenonsaw (टेननसॉ) *n.* चूल काटने की आरी।

Tenor (टेनार्) *n.* प्रचलित रीति, भाव, तात्पर्य, क्रम, प्रवाह, अनुसंधान, प्रतिलिपि, पुरुष का उच्च स्वर।

Tenotomy (टिनॉटमि) *n.* स्नायु को चीरने की क्रिया।

Tense (टेन्स्) *n.* काल, समय। *adj.* कसा हुआ, खींचा हुआ।

Tensely (टेन्सलि) *adv.* खिंचाव से तनाव से।

Tensile (टेन्साइल्) *adj.* फैलाने या तानने योग्य।

Tension (टेन्शन्) *n.* खिंचाव, कसाव, तनाव, उद्वेग, क्षोभ।

Tensor (टेन्सर्) *n.* किसी भाग को कसने वाला पुट्ठा।

Tent (टेन्ट्) *n.* तंबू (डेरा), छोलदानी, घाव में भरने की कपड़े की पट्टी। *v.t.* & *i.* तम्बू गाड़ना, तम्बू में रहना।

Tentacle (टेन्टकल्) *n.* कीड़े फतिंगों में स्पर्श का ज्ञान करानेवाला, अंग स्पर्शक।

Tenter (टेन्टर्) *n.* कपड़ा तानने का यंत्र। *v.t.* हुक पर तानना।

Tentorium (टेन्टोरिअम्) *n.* मस्तिष्क के दोनों विभागों को अलगानेवाली झिल्ली।

Tenure (टेन्यर्) *n.* भूमि पर अधिकार का नियम, पट्टा।

Tepefy (टैपिफाइ) *v.t* & *i.* गुनगुना करना या होना।

Tepid (टेपिड्) *adj.* गुनगुना (कुछ गरम) करना या होना।

Tepify (टेपिफाई) *v.t.* & *i.* गुनगुना करना।

Tephromancy (टैफ्रोमैन्सि) *n.* आहुति के भस्म से शकुन बतलाने का कार्य।

Teratology (टेरटॉलजि) *n.* विरूपता-विज्ञान,

चमत्कारों या आश्चर्यों की कहानी।

Tergal (टर्गल) *adj.* पीठ का।

Tergerminate (टर्गमिनिट्) *adj.* जोड़ी-जोड़ी में खिलने वाली पत्तियां।

Tergiferous (टर्जिफेरस) *adj.* अपनी पीठ पर रखकर ले जाने वाला।

Tergiversate (टर्गिव्हर्सेट्) *v.i.* वाक्छल करना, मुकर जाना, कपट करना, टालमटोल करना।

Termagancy (टर्मागन्सि) *n.* झगड़ालूपन।

Termagant (टर्मागैन्ट्) *n.* & *adj.* कर्कशा या झगड़ालू स्त्री, बखेड़िया, कलहप्रिय।

Terminable (टर्मिनबल्) *adj.* होने योग्य, सीमा-योग्य, सावधि।

Terminal (टर्मिनल्) *adj.* अंतिम, अंत-संबंधी, आखिरी।

Terminate (टर्मिनेट्) *v.t* & *i.* अन्त करना, समाप्त करना, बांध देना।

Termination (टर्मिनेशन्) *n.* परिणाम, समापन, अंत, इति, समाप्ति, फल, निष्कर्ष, शब्द का अन्तिम अक्षर।

Terminator (टर्मिनेटर्) *n.* अन्त करने वाला पुरुष या पदार्थ।

Terminology (टर्मिनोलॉजि) *n.* परिभाषा, शब्दावली, पारिभाषिक शब्द। **Terminological**, *adj.* परिभाषा संबंधी।

Terminus (टरमिनस) *n.* अंतिम स्टेशन अथवा ठिकाना, सीमा।

Termite (टर्माइट्) *n.* दीमक।

Termitary (टर्माइट्रि) *n.* दीमक का घर।

Tern (टर्न्) *n.* लम्बी फटी पूँछ की समुद्री चिड़िया। *adj.* तीन का।

Terpsichorean (टर्पसिकोअरिअन्) *adj.* नृत्य देवी से संबंधित।

Terra-alba (टेरा-ऐलबा) *n.* चिलम बनाने की मिट्टी।

Terra-cotta (टैरा-कोटा) *n.* पकी हुई मिट्टी की मूर्ति।

Terra-firma (टैरा-फिरमा) *n.* सूखी मिट्टी।

Terrain (टेरेन्) *n.* भू-भाग, भूमि-प्रदेश।

Terramare (टेरॅमार्) *n.* हड्डियाँ आदि पड़ी हुई मिट्टी, मिट्टी की खाद।

Terranean (टरोनिअन) *n.* भूमि-सम्बन्धी।

Terraneous (टेरॅनिअस्) *adj.* भूमि पर उगने वाला, जल तथा मिट्टी युक्त।

Terrapin (टेरपिन्) *n.* एक प्रकार का कछुआ।

Terraqueous (टेरेक्किअस्) *adj.* जल-थल का।

Terrene (टेरीन्) *adj.* सांसारिक, ऐहिक, पार्थिव, भूमि संबंधी।

Terrestrial (टेरेस्ट्रिअल्) *adj.* लौकिक, सांसारिक, पृथ्वी-संबंधी, भौमिक।

Terrific (टेरिफिक्) *adj.* भय उत्पन्न करने वाला, भयंकर।

Terrigenous (टैरिजिनस्) *adj.* भूमि-जनित, भूमि से उत्पन्न।

Terrine (टेरीन्) *n.* पकाने के मिट्टी के बर्तन।

Territorial (टेरिटॉरियल) *adj.* क्षेत्रिय, प्रादेशिक, राज्यक्षेत्रीय।

Territory (टेरिटरि) *n.* भू-भाग, इलाका, प्रदेश क्षेत्र, राज्य क्षेत्र।

Terror (टेरर्) *n.* त्रास (भयस्थान), आतंक, डर।

Terrorism (टैररिझम्) *n.* त्रास-द्वारा शासन, भय की अवस्था।

Terrorist (टैररिस्ट्) *n.* त्रास देकर राज्य करने वाला।

Terrorize (टेरराइझ्) *v.t.* भय उत्पन्न करना, आतंकित करना, डराना, संत्रस्त करना।

Terse (टर्स्) *adj.* सुन्दर, सुथरा, संक्षिप्त, सुगठित।

Tersely (टर्सलि) *adv.* संक्षिप्त रूप में।

Tertian (टर्शिअन्) *adj.* & *n.* तीसरे दिन का, तिजारी।

Tertiary (टर्शरि) *adj.* तृतीय श्रेणी का, तृतीयक। *n.* संन्यासियों के तीसरे वर्ग का सदस्य, तीसरी प्रणाली की तहदार चट्टान, गर्मी के रोग की तीसरी अवस्था।

Tertius (टेर्शस्) *adj.* किसी नाम का तीसरा।

Tesseler (टैसेलर) *adj.* चतुर्भुजों से बना हुआ।

Test (टेस्ट्) *n.* परीक्षा, प्रमाण, परख, कसौटी, जाँच, धातु शोधने का पात्र। *v.t.* परीक्षा करना,

शोधना, कसौटी पर कसना।

Testacea (टैस्टेशिया) *n.* घोंघे के समान जन्तु।

Testacel (टैस्टेसिल) *n.* छोटी सीप या घोंघा।

Testaceous (टेस्टोशस्) *adj.* सीप संबंधी, कवचमय।

Testament (टेस्टमेन्ट्) *n.* मृत्युलेख (इच्छापत्र, वसीयतनामा)।

Testate (टेस्टेट्) *adj.* & *n.* वसीयतनामा (मृत्युलेख) किया हुआ, वसीयत करके मरने वाला।

Testator (टेस्टेटर्) *n.* वसीयतकर्ता।

Tester (टेस्टर्) *n.* परीक्षा करने वाला, पलंग के ऊपर की छतरी।

Testicle (टेस्टिकल्) *n.* अंडकोश।

Testiculate (टसिटक्युलेट्) *adj.* अंडकोश के आकार का।

Testify (टेस्टिफाय्) *v.t.* & *i.* साक्षी देना, गवाही देना, प्रमाण होना।

Testification (टेस्टिफिकेशन्) *n.* साक्षीकर्म, गवाही।

Testificator (टेस्टिफिकेटर्) *n.* गवाही देने वाला व्यक्ति।

Testifier (टेस्टिफायर्) *n.* साक्षी (गवाही) देने वाला।

Testimonial (टेस्टिमोनिअल्) *adj.* प्रमाण-संबंधी, साक्ष्य रूप।

Testimony (टेस्टिमनि) *n.* प्रमाण पत्र, प्रशंसापत्र, साक्षी, प्रमाण (गवाही), घोषणा।

Testy (टेस्टि) *adj.* चिड़चिड़ा, झल्लाने वाला, गुस्सैल।

Testiness (टेस्टिनैस्) *n.* चिड़चिड़ापन।

Testudo (टेस्ट्यूडे) *n.* कछुए की एक जाति।

Tetanus (टेटनस्) *n.* धनुस्तंभ, टिटनेस।

Tetchily (टेचिलि) *adj.* चिड़चिड़ाहट से।

Tetchy (टेचि) *adj.* चिड़चिड़ा, क्रोधी, जल्दी गुस्सा होने वाला।

Tete-a-tete (टेटाटेट्) *adv.* एक साथ, गुप्त रूप में। *adj.* & *n.* रहस्यमय, गुप्त वार्तालाप।

Tether (टेदर्) *n.* बंधन, पगहा, रज्जु, ज्ञान की परिधि। *v.t.* पगहे से बाँधना।

Tetra (टेट्रा) *pref.* चार अर्थ का उपसर्ग।

Tetrad (टेट्राड्) *n.* चार का समुदाय।

Tetradelphous (टेट्राडीफस्) *adj.* चार गट्ठरों में।

Tetragram (टेट्राग्राम्) *n.* चार अक्षरों का शब्द।

Tetrahedral (टेट्राहैड्रल्) *adj.* चार समान तथा समकोण त्रिभुजों से घिरा हुआ।

Tetrameter (टेट्रामीटर्) *n.* चार पंक्तियों की कविता, चौपाई।

Tetrapod (टेट्रापोड्) *n.* केवल चार पूरे पैरों वाला कीड़ा।

Tetrapetran (टेट्रापीटरन्) *adj.* चार पंखा वाला।

Tetrastich (टेट्रास्टिच्) *n.* चार पदों का कविता।

Tetrastyle (टेट्रास्टाइल्) *n.* वह मकान जिसके सामने खंभे लगे हों।

Tetter (टेटर्) *n.* एक प्रकार का चर्मरोग, खुजली, दाद। *v.t.* यह रोग लगाना।

Teuton (ट्यूटन्) *n.* प्राचीन जर्मन का रहने वाला।

Text (टेक्स्ट्) *n.* बातचीत का विषय, पाठ, प्रकरण, किसी लेखक के मूल शब्द, मूलग्रंथ, संहिता धर्मग्रंथ।

Textbook (टेक्सटबुक्) *n.* विद्यार्थियों की पाठ्य-पुस्तक, सिद्धांतों की पुस्तक।

Textile (टेक्टाइल्) *adj.* बुनाई का, बुनने योग्य।

Textual (टेस्सूच्यूअल्) *n.* विषयक, पाठ-संबंधी।

Texture (टेक्स्चर्) *n.* जाल, बुनावट, रचना।

Thalmus (थॅल्मस) *n.* भीतरी कमरा, अंतकक्ष, जनानखाना।

Thalassic (थालासिक) *adj.* समुद्र-विषयक।

Thalassography (थालासोग्राफि) *n.* समुद्र विज्ञान।

Thalia (थलिया) *n.* थैलिया (काव्य देवी), हास्य रस, काव्य की देवी।

Thallium (थॅलिअम्) *n.* सीसे के समान एक सफेद मुलायम धातु, थैलियम।

Thallus (थॅलस्) *n.* ऐसी वनस्पति जिसकी पत्ती, डंठल तथा जड़ में कोई अन्तर नहीं रहता।

Than (दॅन्) *conj.* & *prep.* की अपेक्षा, की

बनिस्पत से।

Thanatoid (थानेटॉयड्) *adj.* मृतक के समान, मरण-तुल्य।

Thanatology (थेनेटोजॉज़ि) *n.* मृत्यु के विषय में अध्ययन।

Thane (थेन्) *n.* अँगरेजों की एक प्राचीन पदवी, अर्ल से नीचे की पदवी।

Thank (थंक्) *v.t.* धन्यवाद देना, कृतज्ञता दिखलाना। *n.* (ब॰व॰) धन्यवाद, आभार प्रदर्शन।

Thankful (थंकफुल) *adj.* कृतज्ञ, अपकारी, आभारी।

Thankless (थंकलेस्) *adj.* अकृतज्ञ, नमकहराम।

Thatch (थॅच्) *n.* छप्पर, फूस, खर-पतवार। *v.t.* छप्पर डालना।

Thatcher (थचर्) *n.* छप्पर छाने वाला।

Thaumaturge (थॉमटर्ज्) *n.* जादूगर।

Thaw (थॉ) *v.t. & i.* द्रव होना, गलाना, घुलना, पिघलाना। *n.* ऋतु की गर्मी, बरफ का पिघलना (गलन)।

Theandric (थीएनड्रिक) *adj.* दैवी तथा मानुषी प्रकृति की मिलावट का।

Theanthropic (थीऑनथ्रॅपिक्) *adj.* मानुषी तथा दैवी।

Thearchy (थी-आर्कि) *n.* देवताओं, का शासन।

Theatre (थिएटर्) *n.* संवाद तथा शल्य क्रिया कक्ष (प्रयोग शाला), नाट्यशाला (नाटक-गृह), रंग भूमि, नाचघर, व्याख्यान मंदिर।

Theatrical (थिअट्रिकल्) *adj.* नाटकीय, प्रभावशाली, नाटक-गृह-संबंधी, नाट्य-सम्बन्धी।

Thee (दी) *adj.* तुझको, तुझे।

Theft (थेफ्ट्) *n.* चोरी, चोरी का धन।

Theic (थीइक्) *n.* अतिशय चाय पीने वाला।

Theiform (थीइफार्म) *adj.* चाय के प्रकार का।

Theism (थीइजम्) *n.* ईश्वरवाद, आस्तिकता।

Theist (थीइस्ट्) *n.* आस्तिक, ईश्वरवादी।

Theme (थीम्) *n.* विषय, स्कूल में पढ़ाये जाने वाले विषय, प्रकरण, प्रसंग।

Thenar (थीनार्) *n.* हथेली का तलवा, अँगूठे की गद्दी।

Thence (देन्स्) *adv.* उस कारण से, उस स्थान या समय से।

Theo (थिऑ) *pref.* 'ईश्वर' अर्थ का उपसर्ग।

Theocracy (थिऑक्रेसी) *n.* आत्मा का ईश्वर से संयोग, धर्मराज्य, ईशतन्त्र।

Theodolite (थिऑडलाइट्) *n.* ऊँचाई तथा कोण नापने का यन्त्र।

Theogony (थिऑगनि) *n.* देवताओं की वंशावली।

Theogonic (थिऑगोनिक्) *adj.* देवताओं की वंशावली सम्बन्धी।

Theologian (थिऑलोजिअन्) *n.* ब्रह्म-ज्ञानी, वेदान्ती, अध्यात्मवाद, धर्मशास्त्री।

Theologist (थिअॅलॉजिस्ट्) *n.* अध्यात्मवादी, वेदान्ती।

Theology (थियोलॉजि) *n.* ईश्वरज्ञान, धर्मदर्शन, अध्यात्मविद्या।

Theophany (थिऑफनि) *n.* भगवतसाक्षात्कार, ईशदर्शन।

Theorem (थीआरेम्) *n.* प्रमेय, उपपत्तिसूत्र, सिद्धान्त, बीज गणित, रेखा गणित के सूत्र।

Theorematic (थिऑरिमैअिक्) *adj* प्रमेय या सूत्र-संबंधी।

Theoretical (थिऑरिटिकल्) *adj.* कल्पना-संबंधी, मीमांसात्मक, मानसिक।

Theorist (थीअरिस्ट्) *n.* मीमांसात्मक, सिद्धान्त बनाने (कल्पना करने) वाला।

Theorization (थीआराइझेशन्) *n.* कल्पना करने की क्रिया।

Theory (थिअरि) *n.* उपपत्ति, कल्पना, सिद्धांत।

Theosophy (थिओसॉफि) *n.* ईश्वरज्ञान, ब्रह्म विद्या, ब्रह्मवाद, देवविद्या, तत्वज्ञान।

Theosophic (थिओसॉफिक्) *adj.* ब्रह्मवाद-संबंधी।

Therapeutic (थेरॉप्यूटिक्) *adj.* रोगहर, चिकित्सा-संबंधी।

Theriotomy (थीरियोटोमि) *n.* पशुओं की चीड़-फाड़।

Therm (थर्म्) *n.* ऊष्मा की इकाई, अंग्रेजी

तापमान की इकाई।

Thermantidote (थरमॅन्टिडोट्) *n.* चरखे का पंखा।

Thermatology (थर्मटोलॉजि) *n.* जल की गरम धारा से चिकित्सा।

Thermionic (थर्मियोनिक्) *adj.* उष्णता द्वारा बिजली की धारा उत्पन्न करने वाला।

Thermodynamics (थर्मोडॉयनेमिक्) *n.* उष्णता तथा यन्त्र-क्रिया के संबंध का शास्त्र।

Thermometer (थर्मॉमिटर्) *n.* उष्ण-तामापी यंत्र, थर्मामीटर।

Thermomotive (थर्मोमोटिव) *adj.* उष्णता से उत्पन्न गति के विषय का।

Thermopile (थर्मोपाइल्) *n.* बिजली द्वारा गरमी की नाप।

Thermos (थर्मस्) *n.* किसी पदार्थ को अधिक समय तक ठंडा या गरम रखनेवाली एक प्रकार की बोतल।

Theroid (थीराइड) *adj.* पशु के समान।

Therology (थीरॉलॉजी) *n.* पशुशास्त्र।

Thesaurus (थीसॉरस्) *n.* खजाना, विश्वकोष।

Thesis (थीसिस्) *n.* डॉक्टरी की उपाधि के लिए उपस्थित किया गया किसी निश्चित विषय पर स्वतंत्र निबन्ध, पूर्वपक्ष (प्रतिज्ञा), शास्त्रार्थ का विषय।

Thesmothete (थेस्मॉथीट्) *n.* कानून बनाने वाला।

Thespian (थेस्पियन्) *adj.* नाटक संबंधी।

Theurgy (थीअर्जि) *n.* अलौकिक शक्ति, जादू।

Thewless (थ्यूलैस) *adj.* शक्तिहीन।

Thick (थिक्) *adj.* घना, गाढ़ा (स्थूल), चौड़ा, अस्पष्ट, मन्द, गंदला। *adv.* निरन्तर, अविरल। *n.* किसी वस्तु का घना या स्थूल भाग। **Thickly,** *adv.* गाढ़ेपन से, समीप से। **Thick-set,** *adj.* घना जमाया हुआ। **Thick-skull,** *n.* मूर्ख मनुष्य।

Thicket (थिकट्) *n.* झाड़ी, जंगल, वन, झुरमुट।

Thick-headed (थिक्-हेडेड्) *adj.* मन्दबुद्धि, मतिहीन, मूर्ख।

Thieve (थिव्) *v.t.* & *i.* चोर, उठाईगीर।

Thig (थिग्) *v.i.* भीख माँगना, भीख पर जीवन बिताना।

Thigger (थिगर्) *n.* डरा-धमका कर भिक्षा प्राप्त करने वाला।

Thigh (थाइ) *n.* ऊरु, जंघा।

Thigmotropic (थिग्मॅट्रपिक्) *adj.* स्पर्शजनित उत्तेजना की प्रतिक्रिया से संबंधित।

Thigmotropism (थिग्मोट्रोपिज्म) *n.* स्पर्श-जनित उत्तेजना की प्रतिक्रिया।

Thill (दिल्क्) *n.* गाड़ी का डंगा, धुरी।

Thiller (थिलर्) *n.* बम गाड़ी में जोतने का घोड़ा।

Thimble (थिम्बल्) *n.* दरजी की अँगुली में पहिनने की टोपी, अंगुलित्राण, अंगुस्ताना।

Thimble-case (थिम्बल-केस्) *n.* बहुत थोड़ी मात्रा।

Thimble-rig (थिम्बल्-रिग्) *n.* तीन अंगुस्तानों और एक मटर के दाने से खेला जाने वाला धोखे का खेल।

Thin (थिन्) *adj.* थोड़ा दुबला, अस्पष्ट, अविरल, पतला, बारीक, सूक्ष्म, महीन, कृश। *v.t.* & *i.* पतला करना, विरल होना, पतला होना।

Thine (दाइन्) तेरा।

Thing (थिंग्) *n.* विषय (बात), पशु, काम, कपड़े-लत्ते, पदार्थ, वस्तु (द्रव्य), परिस्थिति।

Think (थिंक्) *v.t.* & *i.* सोचना, विचार करना, चिन्तन करना, अनुमान या कल्पना करना।

Thinker (थिंकर्) *n.* विचार करने वाला, शोध करने वाला।

Thinking (थिंकिंग्) *n.* विचार करने की क्रिया, चिन्तन।

Thinkingly (थिंकिंगलि) *adv.* विचारपूर्ण।

Thinly (थिन्लि) *adv.* पतलेपन से।

Thinner (थिनर्) *n.* पतला बनाने वाला।

Thin-skinned (थिन-स्किन्ड्) *adj.* पतले चमड़े वाला।

Thio (थायो) *n.* गन्धक के अर्थवाला उपसर्ग।

Third (थर्ड्) *adj.* तीसरा, तृतीय।

Thirst (थस्ट्) *n.* उत्कट इच्छा, सूखापन, तृष्णा, प्यास। *v.t.* & *i.* प्यासा होना, तरसना।

Thirsty (थर्स्टी) पिपासु, पिपासित, उत्सुक, तृषित।

Thirteen (थर्टीन्) *adj.* & *n.* तेरह, त्रयोदश।

Thirteenth (थर्टीनथ्) *adj.* तेरहवाँ।

Thirty (थर्टी) *adj.* & *n.* तीस, त्रिशत्।

This (दिस्) *adj.* & *pron.* यह, वह, ये।

Thistle (थिसल्) *n.* एक प्रकार की कँटीली वनस्पति, गोखरू, भटकटैया।

Thole (थोल्) *n.* चप्पू की टेक। *v.t.* सहन करना।

Thong (थॉग) *n.* चमड़े की रस्सी, तस्मा। *v.t.* तस्मा लगाना, चमड़े की रस्सी से पीटना।

Thorax (थॉअरक्स्) *n.* वक्षस्थल, छाती।

Thorium (थॉअरिअम्) *n.* एक प्रकार की धातु (थोरियम), जो गैस मेंटल बनाने के काम आती है।

Thorn (थॉर्न) *n.* काँटा, शूल, काँटेदार वृक्ष, अवरोध।

Thorny (थॉर्नि) *adj.* कंटीला काँटेदार, पेचीला, कंटकाकीर्ण।

Thorough (थॉरो) *adj.* पारंगत, श्रमसाध्य, संपूर्ण, पूर्ण, पर्याप्त, सम्यक। *adv.* & *prep.* मध्य में।

Thoroughbred (थॉरोब्रेड्) *adj.* अति कुलीन।

Thoroughfare (थरोफेअर्) *n.* आम रास्ता, सड़क, सार्वजनिक मार्ग।

Thorp (थॉअर्प) *n.* बस्ती, गाँव, ग्राम।

Those (दोज्) *pron.* वे, उन।

Thou (दाउ) *pron.* तू। *v.t.* तू तू करना।

Thought (थॉट्) *n.* चिंतन, विचार, ध्यान, कल्पना, बुद्धि, विचारशक्ति।

Thoughtful (थॉट्-फुल्) *adj.* विचारपूर्ण, विचारशील, विचारमग्न।

Thousand (थाऊजन्ड्) *n.* हजार, दस शत, सहस्त्र।

Thrall (थ्रॉल्) *v.t.* बँधुआ या दास बनाना।

Thraldom (थ्रॉडल्म्) *n.* दासत्व, गुलामी।

Thrash (थ्रेश्) *v.t.* & *i.* पीटना, चित्त करना, पीटकर भूसे से अन्न अलगाना (धुनना)।

Thrasher (थ्रेशर्) *n* पीटने वाला, कुचलने या पीसने वाली मशीन या व्यक्ति।

Thrashing (थ्रेशिंग्) *n.* भूसे से अन्न अलगाने की क्रिया, कोड़ों से मारने का कार्य, हार।

Thrasonical (थ्रॅसॉनिकल्) *adj.* अपनी बड़ाई हांकने वाला, दम्भी (गर्वी), शेखी, श्लाघा करने वाला।

Thread (थ्रेड्) *n.* लम्बी योजना, बहस का विषय, सूत्र (तन्तु), धारा (डोर), पतला बँटा हुआ धागा। *v.t.* सूई में तागा पिरोना, मार्ग प्रशस्त करना।

Threadbare (थ्रेड्-बेअर्) *adj.* जीर्ण-शीर्ण, दरिद्र, जर्जर, साधारण।

Threat (थ्रेट्) *n.* आने वाली आपत्ति की सूचना, भर्त्सना, धमकी, आशंका।

Threatful (थ्रेट-फुल्) *v.t.* & *i.* भर्त्सनापूर्ण।

Threefold (थ्रिफोल्ड्) *adj.* त्रिगुण, तिगुना।

Three-ply (थ्रि-प्लाई) *adj.* तीन तह का।

Three-score (थ्रि-स्कोर्) *n.* तीन कोड़ी, साठ।

Thremmatology (थ्रेमटॉलजि) *n.* पशु या वनस्पति के उत्पादन की विद्या।

Threnetic (थ्रीनिटिक्) *adj.* शोक संगीत संबंधी।

Threnody (थ्रेनोड्) *n.* शोक संगीत, मरसिया।

Threshold (थ्रेशोल्ड्) *n.* द्वार, प्रवेश-मार्ग, देहली।

Third (थ्रिड्) *v.t.* सरकना, घिसकाना।

Thrift (थ्रिफ्ट्) *n.* किफ़ायत, एक प्रकार का पौधा, मितव्ययिता, कमखर्ची।

Thrifty (थ्रिफ्टि) *adj.* किफायती।

Thrill (थ्रिल्) *n.* कंपन, रोमांच, स्फुरण, सिहरन, सनसनी। *v.t.* & *i.* छेदना, कोंचना, रोमांचित कर देना, पुलकित होता, सिहरन होना, कंपित होना।

Thriller (थ्रिलर्) *n.* पुलकित करने वाली कथा, रोमांचकारी।

Thrive (थ्राइव्) *v.i.* फलना-फूलना, घना होना, जीव या वनस्पति का खूब फैलना, उन्नति प्राप्त करना, बढ़ना।

Throb (थ्रॉब्) *n.* धड़कना, धक-धक करना, स्पन्दन, कम्प। *v.t.* & *i.* काँपना, धड़कना।

Throbbing (थ्रॉबिंग्) *adj.* आवाज करने वाली।

Throe (थ्रो) *n.* प्रसव-वेदना, दौरा, तीव्र पीड़ा।

v.i. कड़ी पीड़ा से तडफड़ाना, अत्यधिक पीड़ा होना।

Thrombosis (थ्रोम्बोसिस्) *n.* रुधिर वाहिनियों में रुधिर का जमाव।

Throne (थ्रोन्) *n.* राज्यपद, तख्त, राजसिंहासन, गद्दी, भद्रासन। *v.t.* राज्याभिषेक करना, राज्यसिहासन पर बैठाना, बढ़ाना।

Throng (थ्रॉग्) *n.* जनसमूह, भीड़। *v.t.* & *i.* भीड़ करना, इकट्ठा होना।

Throstle (थ्रॉसल्) *n.* & एक प्रकार का पक्षी, चरखा, सूत कातने की मशीन।

Throttle (थ्रॉटल्) *n.* गला, टेंटुआ, नरेटी। *v.t.* टेंटुआ दबाना, गला घोंटना।

Throwster (थ्रोस्टर) *n.* रेशम का धागा निकालने वाला, जुआरी।

Thrum (थ्रम्) *n.* जुलाहे के ताने का छोर, झबाबा, धागा। *v.t.* फूहड़पन से कोई बाजा बजाना। *v.i.* तागे की झालर लगाना।

Thrush (थ्रश्) *n.* कण्ठ का छाला, सारिका (तूती)।

Thug (ठग्) *n.* ढग, चोर।

Thuggy (ठगी) *n.* ठगी।

Thumb (थम्) *n.* अँगूठा, अंगुष्ठ। *v.t.* फूहड़पन से थामना, अंगूठे से मैला करना।

Thumb-print (थम्ब्-प्रिंट्) *n.* अँगूठे की छाप, अँगूठा निशान।

Thumbless (थम्ब्-लैस्) *n.* बिना अँगूठे का।

Thunderbolt (थन्डर-बोल्ट्) *n.* वज्र, बिजली।

Thunder-cloud (थन्डर-क्लाउड्) *n.* वह बादल जिससे बिजली तथा गरज उत्पन्न होती है।

Thunderer (थन्डरर्) *n.* गरजने वाला।

Thundering (थन्डरिंग्) *n.* गरजते हुए।

Thunderous (थंडरस्) *adj.* गड़गड़ाहट उत्पन्न करने वाला, बिजली की तरह का।

Thunderstruck (थंडर-स्ट्रक्ट्) *adj.* हक्का-बक्का, चकित, भौचक्का।

Thurible (थ्यूअरिबल्) *n.* धातु की बनी हुई धूपदानी।

Thursday (थर्ज़्-डे) *n.* बृहस्पतिवार, गुरुवार, वीरवार।

Thymol (थायूमॉल्) *n.* प्रखर जन्तुनाशक, एक प्रकार का सुगन्धित पत्तियों का पौधा।

Thyroid (थायूराइड्) *adj.* ढाल के आकार का।

Thyself (थाइसैल्फ) *pron.* तू स्वयं, तू अपने आप।

Tiara (टिआरा) *n.* मुकुट, पगड़ी, त्रिमुकुट, स्त्रियों के केश की वेणी।

Tibia (टिबिआ) *n.* टाँग की बड़ी हड्डी, अंतर्जंघिका, प्रजंघिका।

Ticket (टिकिट्) *n.* अभिज्ञान-पत्र, टिकट, प्रवेश पत्र।

Tickler (टिकलर्) *n.* गुदगुदाने वाला।

Ticklish (टिकलिश्) *adj.* सहज में गुदगुदी लाने योग्य, कठिन, जटिल, पेचीदा।

Tickly (टिकलि) *adj.* गुदगुदी का।

Tidal (टाइडल्) *adj.* ज्वार-संबंधी।

Tide (टाइड्) *n.* समुद्र में बड़ी लहरें उठना, बेला, समय, ज्वार-भाटा। *v.t.* & *i.* कठिनाइयों पर विजय पाना, ज्वार-भाटा के साथ कार्य करना।

Tidings (टाइडिंग्ज़्) *n.* वार्ता, खबर, संदेश, समाचार।

Tiffin (टिफिन्) *n.* & *v.t.* तीसरे पहर का जलपान, अल्पाहार।

Tig (टिग) *n.* स्पर्श, एक प्रकार का बच्चों का खेल।

Tige (टीझ्) *n.* स्तंभ दंड, तना, स्तंभक।

Tiger (टाईगर्) *n.* साईस, बाघ, व्याघ, चीता।

Tiger-footed (टाईगर-फुटिड्) *adj.* भयंकर।

Tigerish (टाईगरिश्) *adj.* व्याघ के समान।

Tight (टाइट्) *adj.* तंग, कसा हुआ, अशिथिल, चुस्त, दृढ़।

Tigress (टाइग्रेस) *n.* शेरनी।

Tigrine (टाइग्राइन्) *adj.* व्याघ्रवत।

Tilbury (टिल्बरि) *n.* एक प्रकार की दोपहिया गाड़ी।

Tile (टाइल्) *n.* रेशमी टोप, खपड़ा, पटिया। *v.t.* खपड़े छाना।

Tilt (टिल्ट्) *n.* गाड़ी का ओहार, झुकाव, तिरछापन।

v.t. & *i.* एक ओर झुकना, टेढ़ा करना, भोंकना, ओहार से ढाँकना।

Tilth (टिल्थ्) *n.* जुताई, बोने के लिए खेत की तैयारी।

Timbal (टिम्बॅल्) *n.* नगाड़ा।

Timber (टिम्बर्) *n.* लकड़ी का टुकड़ा, मकान बनाने की लकड़ी, इमारती लकड़ी, *v.t.* लकड़ी लगाना।

Timbered (टिम्बर्ड) *adj.* लकड़ी लगा हुआ।

Timbrology (टिम्ब्रोलोजि) *n.* डाक के टिकटों का अध्ययन।

Time (टाइम्) *n.* समय, अवधि, ऋतु, अवसर, जीवन काल, अवकाश, युग। *v.t.* समयानुकूल करना, सही समय चुनना, समय ज्ञात करना।

Time-table (टाइम्-टेबल्) *n.* समय-सारणी, कार्यक्रम।

Tinctorial (टिन्कटोरिअल्) *adj.* रंग-सम्बन्धी।

Tincture (टिक्चर्) *n.* हल्का स्वाद, आभा (छाया, हल्का रंग), छटा, औषधियों से निकाला हुआ मद्य या मदिरा का अर्क। *v.t.* रँगना (पुट देना), सुस्वादु या जायकेदार बनाना, प्रभाव डालना।

Tinder (टिन्डर्) *n.* शीघ्रदाह्य (जल्दी से जलनेवाला) पदार्थ।

Tine (टाइन्) *n.* काँटे की नोक, श्रृंग शाखा।

Ting (टिंग) *v.t.* & *i.* टन-टन बजाना, टनटनाना। *n.* टनूटन् शब्द।

Tinge (टिंज्) *n.* स्वाद, हल्का रंग। *v.t.* हल्का रंग देना।

Tingle (टिंगल्) *v.i.* फड़कन या सनसनाहट या झनझनाहट का अनुभव करना।

Tink (टिंक) *n.* कर्कश, शब्द। *v.t.* कर्कश शब्द करना।

Tinsel (टिन्-सेल्) *n.* भड़कीली सस्ती जीच, सितारे, पत्री, सलमा, नकली जरी। *adj.* आडम्बरी, दिखौवा, कृत्रिम शोभावाला। *v.t.* नकली चाँदी के तागों या तारों से चमकीला बनाना, दिखावटी चीज से सजाना।

Tiny (टाइनि) *adj.* बहुत छोटा, नह्ना।

Tippler (टिप्पलर्) *n.* रोज शराब पीने वाला आदमी।

Tipstaff (टिपस्टाफ) *n.* सामी लगा हुआ डंडा।

Tipster (टिप्स्टर्) *n.* रेस या घोड़े की दौड़ में गुप्त सूचना देने वाला।

Tipsy (टिप्सि) *n.* कुछ-कुछ मदिरोन्मत्त, गुलाबी नशे में, प्रमत्त।

Tipsily (टिप्सिलि) *adv.* मतवालेपन से, गुलाबी नशे में।

Tireless (टायर्-लेस्) *adj.* अथक, अत्यधिक मेहनती, कभी न थकने वाला।

Tiresome (टायरसम्) *adj.* थकाने वाला, त्रासदायक, कष्टकारक।

Titbit (टिट्-बिट्) *n.* स्वादिष्ट खण्ड, छोटा टुकड़ा, संक्षिप्त रोचक समाचार।

Tithe (टाइद्) *n.* थोड़ा अंश, दसवाँ भाग। *v.t.* दसवाँ भाग देना।

Titian (टिशयन) *n.* & *adj.* लाल-पीला रंग, लाल-पीला।

Titillate (टिटिलेट्) *v.t.* गुदगुदाना।

Titivate (टिटिवेट) *v.t.* रोबीला और आकर्षक बनाना।

Title (टाइटल्) *n.* पदवी, मालिकाना अधिकार, नाम, नामलेख।

Titled (टाइटल्ड्) *adj.* अधिकार-सहित।

Title-deed (टाइटल-डीड्) *n.* आगमपत्र, कबाला।

Title-page (टाइटल्-पेज्) *n.* पुस्तक का मुखपृष्ठ।

Titmouse (टिटमाउस) *n.* एक प्रकार की छोटी चिड़िया, फुदकी।

Titration (टाइट्रेशन) *n.* रासायनिक विश्लेषण, घनानुपात निकालने की क्रिया।

Titular (टिटुलर्) *adj.* केवल नाममात्र का।

Tivy (टिवि) *adv.* बड़े वेग से।

Toadstool (टोडस्टूल्) *n.* कुकुर-मत्ता।

Toadyism (टोडइज़्म्) *n.* चापलूसी।

Toast-master (टोस्ट-मॉस्टर्) *n.* भोजन के समय आरोग्यसूचक मदिरापान की घोषणा करने वाला।

Tabacco-pouch (टोबॅको-पॉउच्) *n.* तमाखू या सुरती रखने की छोटी थैली।

Tobine (टॅबाइन्) *n.* बटा हुआ रेशम जिसका उपयोग वस्त्रों में किया जाता है।

Today (टुडे) *n.* & *adv.* आज, आज का दिन।

Toddle (टॉइल्) *v.t.* & *i.* ठुमकना, टहलना, लड़खडाते हुए चलना। *n.* टहलान, ठुमककर चलने वाला शिशु।

Toddy (टॉडि) *n.* शर्बत मिली हुई मदिरा, ताड़ी।

Tofall (टुफॉल्) *n.* समापन या अस्त।

Toil (टॉइल्) *n.* कठोर परिश्रम, कष्ट करना। जाल (पशु फँसाने का)। *v.i.* परिश्रम करना।

Toilet (टॉयलेट्) *n.* श्रृंगार करने का कमरा, श्रृंगार करने या बाल सँवारने की रीति।

Token (टोकन्) *n.* स्मृतिचिह्न, यादगार, लक्षण, चिह्न, संकेत, प्रतीक।

Toledo (टोलिडो) *n.* तलवार की तेज धार।

Tolerable (टॉलरेबल्) *adj.* रूप से अच्छा, कामचलाऊ, सहने योग्य, सामान्य।

Toll-bridge (टॉल्-ब्रिज्) *n.* पुल पार करने के लिए जहाँ पर कर लिया जाता है।

Tomahawk (टॉमॅहाक्) *n.* कुल्हाड़ी, गंड़ासा। *v.t.* कटु आलोचना करना, कुल्हाड़ी से मारना।

Tomb (टोम्ब्) *n.* कब्र, मक़बरा, समाधिस्थान। *v.t.* कब्र में गाड़ना, लिटाना, दफनाना।

Tomboy (टोम्-बॉय) *n.* मर्दानी लड़की, घुमक्कड़ छोकरी।

Tombstone (टोम्-स्टोन्) *n.* चैत्य, कब्र के ऊपर लगा हुआ पत्थर।

Tompoin (टॉमपिअन) *n.* बन्दूक का डट्टा।

Tomtit (टॉमटिट) *n.* फुदकी, एक प्रकार का छोटा चूहा।

Tomtom (टॉम्-टॉम्) *n.* नगाडा, ढोल, डफला।

Tonga (टांगा) *n.* तांगा।

Tonguetied (टंग्टाईड्) *n.* स्वतन्त्रता से बोलने में असमर्थ।

Tonic (टॉनिक्) *n.* & *adj.* बलकारक औषधि, बलवर्धक, स्वास्थवर्धक,

Tonicity (टोनिसिटि) *n.* पेशियों का लचीलापन।

Tonight (टुनाइट्) *n.* & *adv.* आने वाली रात्रि, आज की रात।

Tonite (टोनाइट्) *n.* भड़कानेवाला एक पदार्थ, बारूद।

Tonk (टॉक्) *v.t.* कसकर मारना, तीव्र प्रहार करना।

Tonnage (टनेज्) *n.* जहाज से आने वाले माल का महसूल, जहाज की तौल, टनमान।

Tool (टूल्) *n.* पदार्थ, यान्त्रिक कार्यों का उपकरण या हथियार या साधन, किसी निमित्त प्रयोग में आने वाला औजार। *v.t.* & *i.* औजार से काम करना।

Tooth (टूथ्) *n.* दाँता, दाँत, दंत। *v.t.* दाँत लगाना, दांतेदार बनाना, खांचे बनाना।

Top (टॉप्) *n.* शीर्ष-भाग, बच्चों का नचाने का लटट्टू, शिखर, मस्तक, चोटी, उच्च पद। *v.t.* & *i.* ढक्कन लगाना, शिखर पर पहुँचना। *adj.* पद या दर्जे में सबसे ऊँचा या ऊपर।

Tope (टोप्) *n.* एक प्रकार की मछली, बौद्ध स्तूप। *v.i.* खूब शराब पीना, दबाकर दारू पीना।

Topographer (टॉपॉग्रॉफर्) *n.* नक्शा बनाने वाला।

Topographical (टॉपॉग्रॉफिकल्) *adj.* किसी स्थान की प्राकृतिक दशा के वर्णन से संबंधित।

Topography (टॉपॉग्रॉफि) *n.* किसी स्थान का नक्शे में विवरण-युक्त वर्णन।

Toponymy (टपॉनिमि) *n.* किसी प्रदेश के स्थान का अध्ययन।

Topping (टॉपिंग) *n.* चोटी काटने की क्रिया।

Topple (टॉपल्) *v.t.* & *i.* लुढ़ककर गिर पड़ना, गिरा देना।

Top-stone (टॉप-स्टोन) *n.* शिखर पर का पत्थर।

Torch (टॉर्च्) *n.* (पलीता) मशाल, पथ-प्रदर्शक टॉर्च।

Torch-dance (टॉर्च-डान्स्) *n.* एक प्रकार का नाच जिसमें प्रत्येक नाचने वाला हाथ में मशाल लिए रहता है।

Torchon (टॉअरशॉन्) *n.* झाड़न, पोछनी।

Torment (टॉर्मन्ट्) *n.* सन्ताप, यातना, उत्पीड़न, पीड़ा, वेदना, दुःख। *v.t.* यातना देना, अत्यन्त दुःख या पीड़ा देना।

Torpedo (टॉरपीडो) *n.* जहाज की पेंदी तोड़ने वाला सिगार की शकल का पनडुब्बी ज़हाज, एक प्रकार की मछली जिसे छूने से बिजली का सा झटका लगता है, अस्त्र, विस्फोटक पदार्थों से युक्त खान। *v.t.* इसके द्वारा जहाजों को नष्ट करना।

Torrent (टॉरन्ट्) *n.* वेगधारा, स्त्रोत, जल-प्रवाह।

Torrents (टॉरन्टस्) *n.* मूसलाधार वृष्टि।

Torsel (टॉर्सल्) *n.* घूमी या ऐंठी हुई कोई वस्तु।

Torsion (टॉर्शन्) *n.* ऐंठन या बटन, मरोड़।

Tortious (टॉर्शस) *adj.* हानिकर, कष्ट देने वाला।

Tortoise (टॉर्टाइस्) *n.* कछुआ, कमठ, कूर्म।

Tortuousity (टार्टयुअसिटि) *n.* ऐंठन।

Tortuously (टार्टयुअसलि) *adv.* टेढ़ेपन से।

Tortuousness (टार्टयुअसनैस्) *n.* कुटिलता।

Torture (टॉअर्चर्) *n.* यंत्रणा, बड़ा दुःख, दारुण वेदना, यातना। *v.t.* अत्यन्त पीड़ा देना, यातना देना, सताना।

Total (टोटल्) *adj.* सकल, समूचा, संपूर्ण, पूरा। *n.* संपूर्ण योग। *v.t.* जोड़ निकालना।

Totem (टोटेम्) *v.t.* संबंध-सूचक चिह्न।

Totter (टॉटर्) *v.i.* विचलित होना, डगमगाना, हिलना।

Touchable (टॅचेबल) *adj.* स्पर्श करने योग्य।

Touch-paper (टॅच-पेपर) *n.* शोरा में भिगोया हुआ कागज (जो बहुत धीरे-धीरे जलता है)।

Tour (टुअर्) *n.* यात्रा, पर्यटन (परिभ्रमण), दौरा, भ्रमण सैर। *v.t.* दौरा करना, भ्रमण करना।

Tourbillion (टुअर्बिल्यन्) *n.* एक प्रकार की आतिशबाजी, भँवर।

Tout (टाउट्) *v.t.* घोड़ो की देखभाल करना, ग्राहक खोजना (दलाली करना)। *n.* दलाल।

Touter (टाउटर्) *n.* दलाली करने वाला।

Tow (टो) *v.t.* पानी के तल पर नाव इत्यादि को रस्सा बाँधकर खींचना। *n.* पटुआ या सन, इस प्रकार से नाव खींचने का कार्य।

Tower (टॉवर्) *n.* बुर्ज, ऊँचाई, अटारी (बुर्जी, मीनार)। *v.i.* ऊँचाई पर पहुँचना, महानतम बनना।

Townfolk (टाउन्) *n.* नगरवासी लोग।

Toxicology (टॉक्सिकॉलॉजि) *n.* विषों की विद्या।

Toxicologist (टॉक्सिकॉलॉजिस्ट्) *n.* विष विद्या में निपुण।

Toxin (टॉक्सिन्) *n.* एक प्रकार का विष, विषजन्य रोग।

Toxophilite (टॉक्सॉफिलाइट) *n.* धनुषविद्या का प्रेमी।

Tracery (ट्रेसरि) *n.* पत्थर पर बेल-बूटे की नक्काशी।

Track (ट्रॅक्) *n.* दौड़ का मार्ग, पदचिह्न, लीक, पगडंडी, रास्ता, मार्ग, जीवन क्रम, पथ। *v.t.* & *i.* पदचिह्न का अनुसरण करना, निशानदेही पर खोजना।

Tract (ट्रॅक्ट्) *n.* धार्मिक विषय, गुटका, विस्तार (भूमि-भाग), प्रदेश, इलाका।

Tractable (ट्रॅक्टेबल) *adj.* विनीत, सहज में प्रबन्ध करने योग्य, वश्य (सरल, सीधा)।

Tractile (ट्रॉक्टाइल) *adj.* तार खींचने योग्य।

Tractate (ट्रॅक्टेट्) *n.* प्रबन्ध, ग्रन्थ।

Traction (ट्रॅक्शन्) *n.* खिंचाव, तनाव, कर्षण।

Tractor (ट्रॅक्टर) *n.* खेती में प्रयुक्त होने वाला वाहन, ट्रैक्टर।

Trade (ट्रेड्) *n.* व्यापार, वाणिज्य-कर्म, व्यवसाय (लेन-देन) व्यवहार, व्यापार करने वाला व्यक्ति। *v.t.* & *i.* लेन-देन का काम करना, बदलना, व्यापार करना, उद्योग।

Traffic (ट्रैफिक्) *n.* एक स्थान से दूसरे स्थान को माल भेजना या लाना, व्यवसाय, व्यापार। *v.t.* & *i.* व्यापार करना, अदल-बदल करना।

Tragacanth (ट्रॅगकॅन्थ्) *n.* एक प्रकार का गोंद जो औषधि की तरह प्रयुक्त होता है।

Tragedy (ट्रॅजिडि) *n.* दुर्घटना, शोकान्त या दुःखान्त नाटक।

Tragus (ट्रेगस) *n.* कान की लर।

Trail (ट्रेल्) *v.t.* & *i.* मार्ग प्रशस्त करना, अनुसरण करना, घसीटना, पृथ्वी पर खींचना, गन्ध के सहारे शिकार करना। *n.* पैर का चिह्न, पुछल्ला, खिंचाव, गन्ध, शिकार की गन्ध, सामान्य पथ।

Training (ट्रेनिंग्) *n.* प्रशिक्षण।

Trainiol (ट्रेनॉइल्) *n.* व्हैल मछली का तेल।

Trait (ट्रेट्) *n.* लक्षण, पुट, आभास, चिह्न, रेखा।

Traitor (ट्रेटर्) *n.* विश्वासघाती, शत्रुसेवी, गद्दार।

Traject (ट्राजेक्ट्) *n.* घाट। *v.t.* फेंकना, ढकेलना, आर-पार करना।

Tramp (ट्रॅम्प) *v.t.* & *i.* पैर पटककर चलना, टहलना, पैदल चलना, धप-धप करते हुए चलना। *n.* (चरणविक्षेप) पैरों की आवाज, पैदल यात्रा, मालवाहक जहाज का आना जाना।

Tranquil (ट्रॅक्विल्) *adj.* क्षोभरहित, शांत, शांतियुक्त।

Tranquility (ट्रक्विलिटि) *n.* धैर्य, शांति, स्थिरता, स्तब्धता, शम।

Trans (ट्रॅन्स्) *pref.* 'पार', 'दूसरी ओर' या 'पार' अर्थ का उपसर्ग।

Transalpine (ट्रॅन्जऑल्पाइन्) *adj.* & *n.* आल्प्सपारीय, आल्प्स पर्वत के पास रहने वाला।

Transcend (ट्रॅन्सेन्ड्) *v.t.* अतिक्रमण करना (ऊँचा होना), बढना, श्रेष्ठ होना।

Transcript (ट्रॅन्सक्रिप्ट्) *n.* प्रतिलेख, प्रतिलिपि।

Transcription (ट्रॅन्सक्रिप्शन्) *n.* प्रतिलेखन, प्रतिलिपि करने का कार्य।

Transfiguration *n.* (ट्रॉन्सफिगुरेशन्) आकार का परिवर्तन।

Transformation (ट्रॉन्सफॉरमेशन्) *n.* रूपांतरण, परिवर्तन, विकृति, दृश्य-परिवर्तन।

Transformer (ट्रॉन्सफॉरमर्) *n.* एक प्रकार की बिजली को दूसरे प्रकार में बदलने का यन्त्र, परिवर्तक।

Transfuse (ट्रॉन्सफ्यूझ्) *v.t.* एक प्राणी का रुधिर दूसरे प्राणी में भरना, एक पात्र से दसरे पात्र में रखना, उँड़ेलना।

Transgress (ट्रॉन्झग्रेस्) *v.t.* आज्ञा न मानना, उल्लंघन करना, अवज्ञा करना, नियम भंग करना।

Transgressive (ट्रॉन्सग्रेसिव्) *adj.* उल्लंघन संबंधी।

Transgressor (ट्रॉन्सग्रेसिव्) *n.* अत्याचारी, पापी, अपराधी।

Tranship (ट्रॉनशिप्) *v.t.* एक जहाज से दूसरे पर रखना, वाहनांतरण।

Transhipment (ट्रॉनशिपमैंट्) *n.* एक जहाज पर से दूसरे जहाज पर रखने की क्रिया।

Transhuman (ट्रान्सहयूयन) *adj.* मानव से परे या ऊँचा।

Transit (ट्रॉन्झिट्) *n.* गति, क्रान्ति, संक्रमण, गमन।

Transition (ट्रॅान्झिशन्) *n.* स्थिति का अन्तर, परिवर्तन, संक्रमण।

Translation (ट्रान्सलेशन्) *n.* भाषान्तर करने की कला, अनुवाद।

Translator (ट्रान्सलेटर्) *n.* अनुवाद या भाषान्तर करनेवाला।

Transliterate (ट्रॉन्सलिटरेट्) *v.t.* एक भाषा के लेख को दूसरी भाषा के अक्षरों में लिखना।

Translocate (ट्रॉन्सलोकेट) *v.t.* एक पदार्थ के स्थान में दूसरा रखना।

Translocation (ट्रॉन्सलोकेशन्) *n.* परिवर्तन, अदल-बदल।

Translucence (ट्रॉन्स्लूसेन्स्) *n.* अर्द्ध-पारदर्शकता।

Transmission (ट्रॉन्झमिशन्) *n.* संचरण, संचारण, प्रेषण, पुहँचाने या भेजने का कार्य।

Transmit (ट्रॉन्समिट्) *v.t.* पहुँचाना, एक से दूसरे को देना, संचार करना, भेजना।

Transmutability (ट्रॉन्स्म्यूटेबिलिटि) *n.* रूप बदलने की शक्ति।

Transmutably (ट्रॉन्सम्यूटेबलि) *adv.* रूपान्तरणीय ढंग से।

Transmutation (ट्रान्सम्यूटेशन) *n.* रुपान्तरण, स्वरूप-परिवर्तन।

Transmutable (ट्रान्सम्यूटेबल्) *adj.* भिन्न पदार्थ में बदले जाने योग्य।

Transmute (ट्रॉन्झ-म्यूट्) *v.t.* एक आकृति या प्रकृति से दूसरे में परिवर्तित करना, कायापलट कर देना।

Transnormal (ट्रॉन्झनॉर्मल) *adj.* असाधारण, असामान्य।

Transom (ट्रॉन्सम्) *n.* मध्यपट्टी, बेंड़े बल लगा हुआ खिड़की या दरवाजे का डण्डा।

Transparence (-y) (ट्रॉन्स्पेरेन्स् (इ) *n.*

स्वच्छता, पारदर्शकता।

Transparent (ट्रान्सपेरेन्ट्) *adj.* पारदर्शी, किरणभेद्य, स्वच्छ, सुभेद्य, विमल।

Transpiration (ट्रान्सपिरेशन) *n.* रिसने की क्रिया।

Transpire (ट्रॉन्स्पायर्) *v.t.* & *i.* हवा फेंकना, रिसना, प्रसिद्ध होना, प्रचलित होना, त्वचा या फेफड़े से निकलना, भाप उठना।

Transplant (ट्रॉन्सप्लान्ट) *v.t.* पौधे को एक स्थान से उखाड़कर दूसरे में जमाना।

Transportation (ट्रॉन्सपॉरटेशन्) *n.* देश निकाला, परिवहन।

Transposer *n.* (ट्रॉन्सपोझर्) स्थान या क्रम परिवर्तन करने वाला।

Transposition (ट्रॉन्सपोझिशन्) *n.* क्रम परिवर्तन, स्थानान्तर।

Transudation (ट्रॉन्स्यूडेशन्) *n.* छेदों से होकर रिसने की क्रिया।

Trapanner (ट्रॅपनर्) *n.* फन्दे में फँसाने वाला।

Trapes (ट्रेप्स्) *v.i.* पैर पटकना। *n.* मन्द, फूहड़ स्त्री।

Trapper (ट्रॅपर्) *n.* पशु पकड़ने वाला।

Trappings (ट्रॅपिंगस्) *n.* घोड़े की सजावटी साज-श्रृंगार।

Trass (ट्रॉस्) *n.* ज्वालामुखी पर्वत की मिट्टी जो सीमेन्ट की तरह प्रयोग की जाती है।

Traverse (ट्रॅव्हर्स्) *v.t.* & *i.* घूमना, शास्त्रार्थ करना, व्यग्र करना, रोकना, आर-पार जाना। *n.* इंजन को एक लाइन पर से दूसरी लाइन पर ले जाने का चबूतरा, आड़ा-तिरछा भाग। *adv.* बेडे बल। *adj.* आड़ा, तिरछा।

Travertin(e) (ट्रॅव्हर्टिन) *n.* छिद्रों वाली हल्के पीले रंग की इमारती चट्टान।

Trawler (ट्रालर्) *n.* जलपोत।

Tray (ट्रे) *n.* छोटी प्लेट, चौड़ी थाली जिसमें छोटे पदार्थ परोसे जाते हैं या ले जाये जाते हैं, परात।

Treachery (ट्रेचरि) *n.* प्रतिज्ञाभंग, विश्वासघात।

Treacle (ट्रीकल्) *n.* राब, गुड़।

Tread (ट्रीड्) *v.t.* & *i.* अनुकरण करना, चलना, पैर रखना, पैर से कुचलना। *n.* चलने का ढंग, पग, साइकिल के दो पहियों के बीच का भाग।

Treadle (ट्रेडल्) *n.* यन्त्र का पैर से चलाने का भाग, पावदान।

Treadler (ट्रेडलर्) *n.* पैर से यन्त्र चलाने वाला।

Treadmill (ट्रेडमिल्) *n.* कैदियों द्वारा पांव से चलाने की चक्की, उबाऊ या नीरस काम।

Treason (ट्रीझन्) *n.* राजद्रोह, देशद्रोह, विश्वासघात।

Treasure (ट्रेझर्) *n.* बहुतायत, अति प्रिय वस्तु, कोष (निधि, धन-संचय), दौलत, बहुमूल्य पदार्थ। *v.t.* इकट्ठा करना, बटोरना, बहुमूल्य समझना।

Treasure house (ट्रेझर-हाउस्) *n.* खजाना, कोषगृह।

Treasurer (ट्रेझरर्) *n.* कोषाध्यक्ष, संस्थागत कोष को सम्हालकर रखने वाला।

Treasuress (ट्रेझरऍस्) *n. fem.* कोषगृह की स्वामिनी।

Treasure-trove (ट्रेझर्-ट्रूव्) *n.* पृथ्वी में गड़ा हुआ धन।

Treasury (ट्रेझरि) *n.* कोष, राजकोष, खजाना।

Treat (ट्रीट्) *v.t.* & *i.* खिलाना-पिलाना, व्यवहार करना, उपचार करना, प्रबन्ध करना, शास्त्रार्थ करना, न्यौता देना। *n.* भोजन विशेष, न्यौता, मनोरंजन, दावत, भोज आदि।

Treater (ट्रीटर्) *n.* किसी विषय पर विचार करने वाला।

Treatise (ट्रीटिज) *n.* निबंध, लेख (पुस्तक)।

Treatment (ट्रीटमेन्ट) *n.* चिकित्सा, आचरण (व्यवहार), प्रबन्ध।

Treaty (ट्रीटि) *n.* संधि (नियम) पत्र, मेल।

Tred-wheel (ट्रेड-ह्वील्) *n.* पशु या मनुष्य से चलाया जाने वाला यन्त्र का पहिया।

Trek (ट्रेक्) *v.t.* बैलगाड़ी पर यात्रा करना। *n.* बैलगाड़ी पर यात्रा।

Tremble (ट्रेम्बल्) *v.i.* हिलन, काँपना, कमजोरी या उत्तेजना से कंपित होना। *n.* कंपन, हिलन।

Trench (ट्रेन्च्) *v.t.* & *i.* खाई खोदकर किलाबन्दी

करना, गड्ढा खोदना, खाई बनाना। *n.* परिखा, खाई।

Trencherman (ट्रेन्चरमैन्) *n.* भोजन करनेवाला, मरभुक्खड़।

Trenching (ट्रेन्चिंग) *n.* भूमि का गहरा खोदने का काम।

Trepan (ट्रिपॅन्) *n.* खोपड़ी की हड्डी काटने की जर्राही आरी, जाल। *v.t.* खोपड़ी छेदकर एक टुकड़ा निकाल लेना।

Trespass (ट्रेस्पास) *v.t.* अतिक्रमण करना, बिना अधिकार प्रवेश करना, विघ्न डालना, कष्ट देना, सीमा के बाहर जाना। *n.* अतिक्रमण, उल्लंघन, अनाधिकार चेष्टा।

Tress (ट्रेस) *n.* बच्चे या स्त्री के लहराते बाल केश।

Trestle (ट्रेसल्) *n.* गड़ारी पर चलने वाली मेज या किसी चीज का ढाँचा, मेज का ढाँचा।

Triad (ट्रायड्) *n.* त्रिमर्ति, तीन सुरों से संयुक्त स्वर का गीत, तीन का योग, तीन विषयों पर संयुक्त रचना।

Trial (ट्रायल्) *n.* परीक्षा जाँच, विचार, मुकदमा, अनुभव।

Trialism (ट्रायलिज्म) *n.* शरीर, आत्मा तथा ईश्वर के अस्तित्व का सिद्धान्त।

Triangular (ट्रायॅआंग्युलर्) *adj.* त्रिकोण, त्रिभुजाकार।

Triangularly (ट्रायॅआंग्युरलि) *adv.* त्रिकोण रूप में।

Triangulate (ट्रायॅआंग्यूलेट्) *v.t.* तिकोना बनाना।

Triangulation (ट्रायॅआंग्यूलेशन्) *n.* त्रिकोण-मिति की रीति से नापने में त्रिकोणों का प्रयोग।

Triarchy (ट्राइ-आर्कि) *n.* तीन पुरुषों की सरकार।

Triatomic (ट्राइॲटॉमिक) *adj.* तीन परमाणुओं का।

Triaxial (ट्राइऑक्सिअल्) *adj.* तीन अक्ष या धुरी का।

Tribal (ट्राइबल्) *adj.* जाति संबंधी।

Tribunal (ट्रिब्यूनल्) *n.* न्यायालय, धर्म सभा।

Tribunary (ट्रिब्यूनरि) *adj.* न्यायालय-सम्बन्धी।

Tributarily (ट्रिब्यूटरिलि) *adv.* सहायक रूप मे।।

Tributary (ट्रिब्यूटरि) *adj.* अमुख्य, सहायक, कर देने वाला। *n.* कर देने वाला मनुष्य, सहायक नदी।

Trichology (ट्रिकॉलाजि) *n.* बालों का अध्ययन।

Trichord (ट्राइ-कॉर्ड्) *n.* तितारा बाजा।

Trichosis (ट्रिकोसिस) *n.* बालों का एक रोग, पेट में बाल जैसे कीड़े होने का रोग विशेषकर (पुरुष या सुअर में), लोम रोग।

Trichotomy (ट्रिकाटमि) *n.* तीन खण्डों में विभाजन, त्रिविभाजन।

Trichromatic (ट्रिक्रोमैटिक) *adj.* तीन रंगों से संबंधित।

Trick (ट्रिक्) *n.* खेल, दाँव, पेंच, लीला, ताश का खेल, छल, कपट, बाजीगरी। *v.t.* & *i.* छलना, ठगना, धोखा देना, जाल में फँसाना।

Triclinic (ट्रिकिलिनिक्) *adj.* तीन असम कोणों वाला।

Tricorn (ट्राइ-कॉर्न्) *adj.* तीन सीगों या कोनों वाला।

Tricornute (ट्राइकॉर्न्यूट) *adj.* तीन सींगों वाला।

Tricorporal (ट्राअकार्पोरल) *adj.* तीन शरीरों से सम्बन्धित।

Tricuspid (ट्राइकस्पिड्) *adj.* तीन नोकोंवाला।

Tricycle (ट्राय्-सिकल्) *n.* पैर से चलाने की तिनपहिया गाड़ी। *v.i.* तीन पहिये की साइकिल चलाने वाला।

Trident (ट्राइडन्ट्) *adj.* तीन काँटों वाला। *n.* त्रिशूल।

Tridentate (ट्राइडन्टेट्) *adj.* तीन दाँतों वाला।

Trifurcate (ट्रायफर्केट्) *v.t.* तीन भागों में बाँटना।

Trig (ट्रिग्) *adj.* सुन्दर, चुस्त, सुथरा, स्वच्छ। *v.t.* सजाना, आभूषित करना।

Trigamous (ट्रिगॅमस्) *adj.* तीन पतियों वाली या पत्नियों वाला, तीन बार ब्याहा हुआ।

Trigamy (ट्रिगॅमि) *n.* त्रिपत्नित्व, त्रिपतित्व, एक

साथ तीन स्त्रियों का पति या तीन पतियों की स्त्री होना।

Trigger (ट्रिगर्) *n.* बंदूक का घोड़ा।

Trigraph (ट्राइग्रॉफ) *n.* तीन स्वरों के एक साथ निकलने की अवस्था।

Trihedron (ट्राइहेड्रन्) *n.* तीन समान भुजाओं वाली आकृति, त्रिफलक।

Trilabe (ट्राइलेब) *adj.* तीन फाँकोवाला जर्राही औजार।

Trilateral (ट्राइलॅटरल्) *adj.* तीन भुजाओं वाला, त्रिपार्श्व-त्रिभुज।

Trilemma (ट्रिलैमा) *n.* तीन पक्षों में से एक का चुनाव।

Trilinear (ट्राइलिनिअर्) *adj.* तीन रेखाओ वाला।

Triliteral (ट्रयलिटरल्) *adj.* तीन अक्षरों का।

Trill (ट्रिल्) *n.* स्वर का कम्पन, काँपता हुआ शब्द। *v.t.* & *i.* स्वर को कंपा कर गाना, टपकना (रसना), हिलना (काँपना)।

Trillion (ट्रिलियन्) *n.* महाशंख, एक करोड़ खरब, पद्म।

Trilogy (ट्रिलाजि) *n.* किसी विषय पर तीन स्वतंत्र लेख जिनमें प्रत्येक स्वतः पूर्ण हो।

Trim (ट्रिम्) *adj.* परिष्कृत, ठीकठाक, सुन्दर, सुगठित। *v.t.* & *i.* अच्छे क्रम से रखना, छाँटना, तीव्र झिड़की देना, परिष्कार करना, ठीक-ठाक करना। *n.* वस्त्र, योग्यता, दशा, अवस्था, आभूषण।

Trinity (ट्रिनिटि) *n.* तीन वस्तुओं का समूह, त्रिमूर्ति।

Tripartite (ट्रायूपार्टाइट्) *adj.* तीन बराबर भागों में विभक्त।

Trisect (ट्रायसैक्ट्) *v.t.* तीन बराबर टुकड़े करना।

Trisection (ट्रायसेक्शन्) *n.* तीन बराबर अंशों में विभाजन।

Triumph (ट्रायम्फ्) *n.* प्रसन्नता, फतह, हर्ष, विजय का उत्सव। *v.t.* विजय का उत्सव मानना, आनन्द करना।

Trojan (ट्रोजन्) *adj.* & *n.* ट्राय देश का योद्धा, ट्राय देश का निवासी।

Tropology (ट्रपॉलजि) *n.* बाइबिल की नैतिक व्याख्या, आलंकारिक भाषा।

Truce (ट्रूस्) *n.* अस्थायी युद्ध विश्राम, कुछ काल के लिए संधि।

Trucidation (ट्रासिडेशन्) *n.* हत्या करने का कार्य।

True (ट्रू) *adj.* सच्चा, सही, ईमानदार, वास्तविक, सत्य, यथार्थ, अकृतिम। *adv.* सचाई से, सचमुच में। *v.t.* यथार्थ करना, ठीक से बैठाना, साधना, आकार देना।

Truism (टुइज्म्) *n.* स्वतःसिद्ध वचन, घिसी-पिटी बात।

Trull (ट्रल्) *n.* वेश्या, चरित्रहीन स्त्री।

Trumpet (ट्रम्पिट्) *n.* दुन्दुभी, तुरही, भोंपू। *v.t.* & *i.* दुन्दुभी बजाना, जोर से आवाज निकालकर बोलना, तुरही बजाकर घोषणा करना।

Trumpeter (ट्रम्पिटर्) *n.* तुरही बजाने वाला, बिगुल बजाकर संकेत देने वाला रिसालदार।

Truncal (ट्रंकल्) *adj.* धड़ संबंधी।

Truncate (ट्रंकेट्) *v.t.* वृक्ष की चोटी काटना, छाँटना, कलम करना।

Truncated (ट्रंकेटिड्) *adj.* कतरा हुआ, छाँटा हुआ।

Truncation (ट्रंकेशन्) *n.* काट-छाँट, कलम।

Trunk-call (ट्रंक-काल्) *n.* प्रधान लाइन पर टेलिफोन द्वारा बातचीत करना।

Trust (ट्रस्ट्) *n.* अनेक व्यवसायियों का संध, विश्वास, प्रतीति, आस्था, भरोसा, एतबार, साख। *v.t.* आशा करना, विश्वास करना, प्रतीति करना, जिम्मेदारी पर सौपना, धरोहर रखना।

Trustee (ट्रस्टि) *n.* धरोहर रखने वाला।

Tryst (ट्रिस्ट्) *n.* छिपकर मिलने का स्थान, गुप्त सभा।

Tsar (त्जार्) *n.* रूस के सम्राट की उपाधि।

Tsetse (त्सेट्सि) *n.* अफ्रीका देश की एक प्रकार की मक्खी जिसके काटने से घोड़े रोगी हो जाते है।

Tuberculosis (ट्यूबरक्लोसिस्) *n.* यक्ष्मा क्षय रोग।

Tuft-hunter (टफ्ट्-हंटर्) *n.* अमीरों की मित्रता

का लोलुप।

Tug-of-war (टग्-आर्फ-वार्) *n.* रस्सा खींचने का खेल, रस्साकशी।

Tuition (ट्यूइशन्) *n.* शिक्षण, अध्यापक का वेतन, अध्यापन।

Tuitionary (ट्यूइशनरि) *adj.* अध्यापन-संबंधी।

Tulip (ट्यूलिप्) *n.* घंटी जैसा फूलों वाला पौधा, नलिनी।

Tulle (टूल) *n.* एक प्रकार का पतला रेशमी वस्त्र।

Tumble (टम्बल्) *v.t.* & *i.* विघ्न डालना, ठोकर खाना, औधे बल गिरना, एकाएक गिरना, उलटना, फेंकना, खींचना। *n.* गिराव, पकड़, गंदगी, घबराहट।

Tumbler (टम्बलर्) *n.* कबूतरों का एक प्रकार, नट, चौड़ी पेंदी का बड़ा गिलास, करतब दिखाने वाला।

Tumbrel (टम्ब्रेल्) *n.* मैला ढोने का ठेला, शस्त्र इत्यादि डोने का ठेला।

Tumefy (ट्यूमिफाइ) *v.t.* & *i.* फूलना, सूजना, फुलाना।

Tumular (ट्युम्युलर्) *adj.* गट्ठर बना हुआ।

Tumulose (ट्यूम्युलोस्) *adj.* पहाड़ियों से परिपूर्ण।

Tumult (ट्यूमल्ट्) *n.* बलवा, दंगा, कोलाहल, शोरगुल, तीव्र उत्तेजना,

Tunable (ट्यूनेबल्) *adj.* सुस्वर्, सुरीला।

Tunableness (ट्यूनेबलनैस्) *n.* सुरीलापन।

Tundun (टन्डन) *n.* एक प्रकार का खिलौना जो हवा में घुमाने से तीव्र शब्द करता है।

Tundra (टुन्ड्रा) *n.* टुंड्रा, उत्तर ध्रुव का अनुर्वर प्रदेश।

Tuner (ट्यूनर्) *n.* बाजों का सुर मिलानेवाला।

Tungsten (टॅन्स्टन्) *n.* भूरे रंग की एक भारी धातु।

Tunnel (टनेल्) *n.* धुवाँकस का मुख, सुरंग, पृथ्वी-तल के नीचे का मार्ग। *v.t.* & *i.* सुरंग बनाना।

Turbination (टर्बिनेशन्) *n.* चक्कर खाते हुए घूमने का कार्य।

Turf (टर्फ्) *n.* ढेला, घुड़दौड़ का स्थान, तृण-सहित भूमि।

Turgid (टर्जिड्) *adj.* फूला हुआ, सूजा हुआ, बड़े ठाटबाट का।

Turgidly (टर्जिडलि) *adv.* बड़े आडम्बर से।

Turion (ट्यूअरिअन्) *n.* भूमि के भीतर वृक्ष की जड़ में से उगने वाला नया अंकुर।

Turkey red (टर्कि रेड्) *n.* कपड़ा रंगने का एक प्रकार का लाल रंग।

Turkey stone (टर्कि स्टोन्) *n.* एक प्रकार की राल।

Turkey-trot (टर्कि-ट्रोट्) *n.* एक प्रकार का नाच।

Turmeric (टर्मरिक्) *n.* हल्दी।

Turmoil (टर्-माइल्) *n.* परेशानी, विक्षोभ, विप्लव, उपद्रव (उत्पात)। *v.t.* उपद्रव करना।

Turpentine (टर्पन्टाइन्) *n.* देवदारु-तैल, तारपीन, बिरोजा। *v.t.* ताड़पीन के तेल को मलना।

Turpitude (टर्पिट्यूड्) *n.* दुष्टता (नीचता), चरित्रहीनता।

Tussle (टसल्) *n.* मुठभेड़। *v.t.* हाथापाई करना, मुठभेड़ करना।

Tutelage (ट्यूटिलज्) *n.* रक्षा, सरंक्षण।

Tutelar or Tutelary (ट्यूटिलरि) *adjs.* सरंक्षक या संरक्षण का कार्य करने वाला।

Tutening (ट्यूटिनिंग्) *n.* जर्मन सिलवर के प्रकार का सफेद धातु।

Twin (ट्विन्) *n.* & *adj.* यमज, जुड़वाँ।

Twinned (ट्विन्ड्) *adj.* युग्म (जुड़वाँ) की तरह का।

Twirl (ट्वर्ल्) *n.* त्वरित भ्रमण, जल्दी का चक्कर। *v.t.* वेग से घुमाना, फिरकी की तरह चक्कर खाना।

Twist (ट्विस्ट्) *n.* लच्छा, डोरा, रस्सा इत्यादि की ऐंठन, मुड़ाव। *v.t.* & *i.* माँजना, घुमाना, ऐंठना, मोड़ना।

Twitter (ट्विटर्) *v.i.* चूँ-चूँ करना। *n.* ऐसा शब्द।

Two-tongued (टूटंग्ड) *adj.* धोखेबाज, छली।

Tyke (टाइक्) *n.* एक प्रकार का कुत्ता।

Tyler (टाइलर्) *n.* सन्तरी, पहरेदार।

Tylopod (टाइलपड्) *adj.* & *n.* गद्दीदार तलवे वाला या ऐसा जन्तु।

Tylosis (टाइलोसिस) *n.* आँख का एक रोग जिसमें पलकें फूल जाती हैं।

Tympan (टिम्पन्) *n.* छपने के लिए कागज रखने का फर्मा।

Tympanites (टिम्पनाइटीस्) *n.* पेट की सूजन, उदरशूल।

Tympanitis (टिम्पनाइटिस्) *n.* कान की भीतरी झिल्ली की सूजन।

Typewriter (टाइपराइटर्) *n.* हाथ से छापने का यन्त्र।

Typhlitis (टिफ्लाइटिस्) *n.* अंधनाल, आय शोथ।

Typhoid (टायफॉइड्) *adj.* & *n.* एक प्रकार का सन्निपात ज्वर।

Typhus (टायफस्) *n.* एक प्रकार का ज्वर जिसमें सम्पूर्ण शरीर में लाल चकत्ते पड़ जाते हैं।

Typist (टायपिस्ट्) *n.* छपाई के हाथ के यंत्र से छापने वाला।

Typographer (टाइपॅग्रॉफर) *n.* छापने वाला।

Typographic (टाइपॅग्रॉफिक्) *adj.* छापने के संबंध का।

Tyrannicidal (टिरॉनिसाइडल्) *adj.* अन्यायी की हत्या करने वाले से सम्बन्धित।

Tyrannicide (टिरॅनिसाइड्) *n.* अन्यायी की हत्या।

Tyranny (टिरॉनि) *n.* निरंकुश शासन, निर्दयता, प्रजापीड़न, क्रूर शासन, कठोरता।

Tyrannous (टिरॉनिअस्) *adj.* कठोर, अन्यायी, क्रूर, निर्दय।

Tzar (ज़ार्) *n.* रूस का सम्राट।

Tzarevitch (जारेविच्) *n.* रूस के राजकुमार की उपाधि।

Tzarena (जॉरेना) *n.* रूस की साम्राज्ञी की उपाधियाँ।

U

U (यू) अंग्रेजी भाषा का पाँचवा स्वर तथा इक्कीसवाँ अक्षर।

Ubiety (यूबाइ-ऍटि) *n.* स्थानीय संबंध।

Ubiquitary (युबिक्विटरि) *adj.* सर्वव्यापी।

Ubiquitous (यूबिक्विटस) *adj.* सर्वत्र व्याप्त रहने वाला।

U-boat (यू-बोट) *n.* जर्मन देश की पनडुब्बी।

Udometer (यूडॉमीटर्) *n.* वर्षा का पानी नापने का यन्त्र।

Ugh (उह्) *inter.* तिरस्कार-सूचक अव्यय।

Ugly (अग्लि) *adj.* भयानक, घृणित, कुरूप, भद्दा, निन्दनीय, बेस्वाद।

Uhlan (ऊलान्) *n.* जर्मनी देश का बर्छीवाला घुड़सवार।

Ukulele (युकेलेलि) *n.* चार तार की वीणा।

Ulcuscle (अल्कसल्) *n.* छोटा नासूर।

Ullage (अलिज्) *n.* वह परिमाण जो पीपे या बोतल को मुँह तक भरने में लगता है।

Ulotrichi (यूलोट्रिकि) *n.* घने बालों वाली जाति।

Ulotrichous (यूलोट्रिअस्) *adj.* ऊनी बालों वाला।

Ulster (अल्स्टर्) *n.* एक प्रकार का वस्त्र के ऊपर पहिनने का लम्बा ढीला-ढाला कोट।

Ultimately (अल्टिमेटलि) *adj.* अन्त में।

Ultimatum (अल्टिमेटम्) *n.* अंतिम निर्णय, अंतिम प्रस्ताव या माँग या चेतावनी।

Ultraist (अल्ट्राइस्ट) *n.* अंतिम अभिप्राय (मत) को मानने वाला, जाहिल-कट्टरपंथी।

Ultramarine (अल्ट्रामरीन्) *n.* आकाश के समान नीला। *adj.* समुद्र के पार स्थित।

Ultra-violet (अल्ट्रा-व्हायोलिट्) *adj.* पराबैगनी-नीलातीत किरण।

Ultroneous (अॅल्ट्रोनियस) *adj.* ऐच्छिक, इच्छाधारी।

Umbellar (अम्बेलर्) *adj.* गुच्छे के आकार का।

Umbilical (अम्बिलिकल्) *adj.* नाभिसंबंधी।

Umbilicus (अम्बिलिकलस्) *n.* नाभि।

Umbilicate (अम्बिलिकट्) *adj.* नाभि के आकार का।

Umbilicular (अम्बिलिक्युलर्) *adj.* नाभि संबंधी।

Umbrel (अम्ब्रल्) *adj.* छाया-संबंधी।

Umbrella (अम्ब्रेला) *n.* आतपत्र, छाता।

Umbrette (ॲमब्रिफॅरस) *n.* एक प्रकार का बगुला।

Umbril (अम्ब्रिल्) *n.* मुकुट का अग्रभाग।

Umpire (अम्पायर्) *n.* प्रमाण-पुरुष, मध्यस्थ, पंच।

Unabashed (अनअबैश्ड) *adj.* अविनीत।

Unabated (अनबेटिड्) *adj.* पूर्ण वेग से।

Unacclimated (अन्-ऑक्लिमेटेड्) *adj.* जलवायु से अनभ्यस्त।

Unaccordant (अनूकॉरडॉन्ट्) *adj.* बेसुरा।

Unaccountable (ॲनकाउन्टेबल्) *adj.* अकथनीय, अनुत्तरदायी।

Unaccountably (ॲनकाउन्टेबलि) *adv.* अकथनीय ढंग से या रूप में।

Unaccredited (ॲनक्रैडिटेड) *adj.* बिना अधिकार का, अधिकारहीन।

Unacknowledged (अनूऑक्नालेज्ड्) *adj.* स्वीकार न किया हुआ।

Unacquaintance (अनूऑक्वेटेन्स्) *n.* अज्ञान, अपरिचय।

Unacquainted (अनूऑक्वेन्टिड्) *adj.* अपरिचित।

Unadmonished (अनएडमानिश्ड) *adj.* सचेत न किया हुआ।

Unadvisable (अनूऑडवाइजेब्ल) *adj.* अनुचित, अयोग्य।

Unadvised (अनूऑडवाइज्ड्) *adj.* असावधान।

Unaided (अनूऐडिड्) *adj.* असहाय, अवलम्ब-रहित।

Unalarmed (अनूअलार्म्ड) *adj.* निडर, भय-रहित।

Unambitious (अन्-ऑम्बिशस्) *adj.* अस्पृह, बिना लालच का।

Unamenable (अन्-ऑमिनेब्ल्) *adj.* अप्रिय, दुष्ट स्वभाव का।

Unanimating (ॲनएनिमेटिंग्) *adj.* उत्साहहीन, मन्द।

Unanimity (यूनॅनिमिटि) *n.* एकचित्तता, एकमत।

Unanimous (यूनॅनिमस्) *adj.* एकमत, एकचित।

Unanimously (यूनॅनिमसलि) *adv.* एक मत से।

Unapparelled (अनएपैरेल्ड्) *adj.* बिना वस्त्र पहिने हुए।

Unapparent (अनूऑपरेन्ट्) *adj.* बिना देखा हुआ, अप्रकट, गुप्त।

Unapproved (अनूऑप्रूवड्) *adj.* मान्य, अस्वीकृत।

Unaspiring (अन्-अस्पायरिंग) *adj.* अनुत्साही।

Unaware (अनवेअर्) *adj.* बेखबर, असावधान।

Unbaffled (ॲनूबैफल्ड्) *adj.* न घबराया हुआ।

Unbalanced (अनबॅलन्स्ड्) *adj.* असन्तुलित, अस्थिर।

Unbiased (अन्बायस्ड्) *adj.* पक्षपात से रहित, निष्पक्षपाती।

Unblossoming (ॲनूब्लासमिंग) *adj.* न फूलता हुआ।

Unblushing (अन्ब्लशिंग्) *adj.* निर्लज्ज, धृष्ट।

Unboastful (अनूबोस्टफुल्) *adj.* शेखी न करने वाला, विनीत।

Unbookish (ॲनूबुकिश) *adj.* व्यावहारिक, किताबी ज्ञान की सीमाओं में न रहने वाला।

Unborn (अनबॉर्न्) *adj.* बिना अस्तित्व का, उत्पन्न न किया हुआ (भावी)।

Unbosom (अन्बुझम्) *v.t.* भेद खोलना, रहस्य प्रकट करना।

Unboyish (अन्बॉयिश्) *adj.* बालक की तरह नहीं।

Unbred (अन्ब्रेड्) *adj.* असभ्य, अशिष्ट, अकुलीन, अशिक्षित।

Unbrewed (ॲनूब्रूड्) *adj.* शुद्ध, बिना मेल का, पवित्र।

Unbriddle (अन्ब्रिडल्) *v.t.* लगाम हटाना, मुक्त

करना।

Unburden (अन्बर्डन्) *v.t.* भार हटाना या हलका करना, बोझ कम करना।

Uncage (अन्केज) *v.t.* पिजड़े से बाहर करना, बन्धन खोलकर ढीला करना।

Uncalculated (अन्कॉल्क्युलेटेड्) *adj.* गणना न किया हुआ।

Uncalled (अनकॉल्ड्) *adj.* बिना बुलाया हुआ, व्यर्थ।

Uncase (अनकेस) *v.t.* ढांकना, खाल उतारना, उधेड़ना, बाहर करना।

Uncatechized (अनकैटैकाइज्ड्) *adj.* प्रश्न न किया हुआ।

Uncaught (अन्कॉट्) *adj.* न पकड़ा हुआ।

Uncharged (अन्चार्जड्) *adj.* दोषी न ठहराया गया, हमला न किया गया, मूल्य न लिया गया, न भरा हुआ।

Uncharitable (अन्चॅरिटबल्) *adj.* दान की भावना की कमी, कृपा-दृष्टि न रखने वाला।

Uncharming (ॲनचार्मिंग) *adj.* मन को न लुभाने वाला।

Unchaste (अन्चेस्ट) *adj.* अपवित्र, व्यभिचारी (अशुद्ध)।

Unchided (ॲन्चाइडेड्) *adj.* न डांटा या गाली दिया हुआ।

Unchronicled (ॲन्क्रोनिकल्ड्) *adj.* पुराण में न लिखा हुआ।

Unciform (ॲन्सिफार्म) *adj.* हंसुआ (हुक) के आकार का।

Uncivil (अरसिव्हिल्) *adj.* गँवार, अशिष्ट, अशिक्षित।

Uncivilization (अन्सिव्हिलिजेशन्) *n.* अशिष्टता।

Unclassical (ॲन्क्लासिकल्) *adj.* बिना आदर्श के अनुसार।

Uncle (अंक्ल्) *n.* चाचा या मामा।

Unclean (अन्क्लीन्) *adj.* अपवित्र, मैला, मलिन।

Uncollected (अन्कलेक्टेड्) *adj.* एकत्रित न किया हुआ।

Uncommon (अन्कॉमन्) *adj.* विलक्षण, अपूर्व।

Unconcern (अन्कन्सर्न) *n.* लापरवाही।

Unconcerned (अन्कन्सर्नड्) *adj.* उदासीन।

Uncondensed (ॲन्कन्डैस्ड्) *adj.* ठोस न किया हुआ।

Unconditional (अनकन्डिशनल्) *adj.* बिना शर्त या प्रतिबंध के, निरपेक्ष, स्वतंत्र।

Unconformable (ॲन्कन्फार्मेबल्) *adj.* असंगत।

Unconformity (ॲन्कन्फार्मिटि) *n.* असंगति, अयोग्यता।

Uncongealed (ॲन्कॅन्जील्ड्) *adj.* (बरफ की तरह) न जमा हुआ।

Unconscious (अनकॉन्शस्) *adj.* अचेत, न जानने वाला।

Unconsenting (ॲन्कन्सैंटिंग) *adj.* स्वीकार न करता हुआ।

Unconsidered (अन्कन्सिडर्ड्) *adj.* अविचारणीय, तिरस्कृत।

Unconstraint (अन्कस्ट्रेन्ट्) *adj.* अनवरोध, स्वतन्त्रता।

Uncontented (ॲन्कन्टैन्टैड) *adj.* असन्तुष्ट।

Unconventional (अन्कन्व्हेन्शल्) *adj.* परंपरा या रूढ़िवाद को न मानने वाला, स्वतंत्र वृति का, मुक्ताचारी।

Uncoop (अन्कूप्) *adj.* स्वतंत्र करना, बन्धन से हटाना।

Uncork (अन्कॉर्क्) *v.t.* काग या डाट हटाना।

Uncouth (अनकूथ्) *adj.* भद्दा, विचित्र, अद्भुत।

Uncovenanted (अन्कव्हिनन्टिड्) *adj.* किसी नियम, रूढ़ि परम्परा, कायदे कानून से न बँधा हुआ।

Uncover (अन्कव्हर्) *v.t.* & *i.* नंगा करना, ढकना हटाना।

Uncrown (अन्क्राउन्) *v.t.* राज्यच्युत करना।

Uncrowned (अन्क्राउन्ड्) *adj.* राज्यच्युत किया हुआ।

Uncultivable (अन्कल्टिवेब्ल्) *adj.* न जोते जाने योग्य।

Uncultivated (अन्कल्टिवेटिड्) *adj.* असभ्य (अशिष्ट), बिना जोता हुआ।

Uncumbered (अॅनूकम्बर्ड) *adj.* बिना भार का।

Uncustomary (अॅनूक्स्टॅमरि) *adj.* असामान्य, अनभ्यस्त।

Undamped (अन्डॉम्टप्ड्) *adj.* तर न किया हुआ।

Undated (अन्डेटिड्) *adj.* बिना मिति (तारीख) का।

Undaunted (अन्डॉन्टिड्) *adj.* निर्भीक, साहसी, वीर।

Undazzled (अन्डॉज्ल्ड्) *adj.* न चौंधाया हुआ।

Undebauched (अॅनूडिबॉच्ड्) *adj.* शुद्ध, स्वच्छ।

Undecayed (अन्डिकेड्) *adj.* जो जर्जर न हो, मन और शरीर से स्वस्थ, न सड़ा हुआ।

Undeceitful (अनडिसीटफुल्) *adj.* अकपटी, धोखा न देने वाला।

Undefaced (अन्डिफेस्ड्) *adj.* आकृति भ्रष्ट न की हुई।

Undefended (अन्डिफेन्डिड्) *adj.* आक्रमण के योग्य।

Undefiled (अॅनूडिफाइल्ड) *adj.* अपवित्र न किया हुआ, निष्कलंक, सरल।

Undefined (अॅनूडिफाइन्ड्) *adj.* निरूपण न किया हुआ, अनिश्चित।

Undelighted (अॅनूडिलाइटैड्) *adj.* अप्रसन्न।

Undemonstrative (अन्डिमॉन्स्ट्रेटिव्ह) *adj.* भावनाओं का प्रदर्शन न करने वाला।

Undepressed (अन्डिप्रेस्ड्) *adj.* बिना उदासीनता का, बिना दबाया हुआ।

Undercharge (अॅन्डरचार्ज्) *n.* बहुत कम मूल्य। *v.t.* बहुत कम दाम लगाना।

Underclothes (अॅन्डरक्लोद्ज़्) *adj.* भीतरी पोशाक।

Undercroft (अॅन्डरक्राफ्ट्) *n.* तलघर, तहखाना, सुरंग।

Undercurrent (अॅन्डरकरन्ट्) *n.* गुप्त प्रभाव, जल के तल के नीचे की धारा।

Undercut (अॅन्डरकट्) *v.t.* होड़ में मूल्य कम करना।

Underdress (अॅन्डरड्रेस्) *v.t & i.* कम से कम कपड़े पहिनना।

Under-estimate (अॅन्डर-एस्टिमेट्) *v.t.* कम दाम आँकना।

Undergraduate (अॅन्डरॅग्रेडयुएट्) *n.* विश्वविद्यालय का विद्यार्थी जो उपाधि में उत्तीर्ण नहीं हुआ हो, पूर्वस्नातक।

Underground (अॅन्डरग्राउन्ड्) *n.* भूमि के भीतर का भाग।

Underlaid (अॅन्डर्लेड्) *adj.* नीचे की ओर धरा हुआ।

Underlay (अॅन्डरले) *v.t.* नीचे की ओर रखना।

Underlet (अॅन्डरलैट्) *v.t.* कम दर पर ठेका देना, कम किराए पर देना।

Underlie (अॅन्डरर्लाय्) *v.t.* नीचे रहना।

Underpay (अन्डर्पे) *v.t.* अपर्याप्त वेतन देना।

Underproof (अॅन्डरप्रूफ) *adj.* कम शक्ति का।

Undersign (अन्डर्-साइन्) *v.t.* अन्त में हस्ताक्षर करना।

Understate (अॅन्डर्स्टेट्) *v.t.* न्यून रूप से वर्णन करना।

Understock (अॅन्डरस्टॉक्) *v.t.* कम मात्रा में संभरण करना।

Undertaking (अॅन्डरटेकिंग्) *n.* कार्य, प्रवृत्ति, व्यवसाय।

Undervaluation (अॅन्डरव्हॅल्यूएशन्) *n.* कम मूल्य लगाने की क्रिया।

Undervalue (अॅन्डरव्हैल्यू) *v.t.* कम दाम लगाना, हीन समझना, अनादर करना। *n.* कम मूल्य।

Underwear (अॅन्डरवेअर्) *n.* नीचे पहिनने का वस्त्र (जाँघिया)।

Underwood (अॅन्डर्-वुड्) *n.* बड़े वृक्ष के नीचे उगनेवाली झाड़ी।

Underwriter (अॅन्डरराइटर्) *n.* बीमा करने वाला।

Undescribable (अन्डिस्क्राइबेब्ल्) *adj.* अवर्णनीय।

Undescried (अॅनूडिस्क्राइड्) *adj.* आविष्कार न

किया हुआ, न देखा हुआ।

Undesignated (ॲन्डेजिग्नेटेड्) *adj.* अनिर्दिष्ट।

Undesigned (अन्डिझाइन्ड) *adj.* अनिच्छित।

Undesigning (ॲनूडिजाइनिंग्) *adj.* सच्चा, निश्चल।

Undesirable (अन्डिझाइरेबल्) *adj.* अनिष्ट, अनुचित, अवांछनीय।

Undesired (अन्डिझाइई) *adj.* अनिच्छित।

Undeveloped (अन्डिव्हेलप्ड्) *adj.* उन्नति न किया हुआ।

Undevout (अन्डिवाउट्) *adj.* श्रद्धाहीन।

Undextrous (ॲन्डैक्स्ट्रेस) *adj.* मन्द, भद्दा।

Undigested (अन्डिजेस्टिड्) *adj.* अनपचा।

Undisclosed (अन्डिस्क्लोज्ड्) *adj.* प्रत्यक्ष न किया हुआ।

Undisgraced (ॲन्डिस्ग्रेस्ड) *adj.* अपमान न किया हुआ।

Undisguised (अन्डिस्गाइज्ड्) *adj.* कपटहीन, निश्छल, स्पष्ट,

Undisguisedly (अन्डिस्गाइज्डलि) *adj.* खुला, अनछिपा, बेपरदा।

Undismayed (अन्डिस्मेड्) *adj.* उत्साहित, न डरा हुआ।

Undisputable (अन्डिस्प्यूट्एँबल्) *adj.* तर्क न करने योग्य।

Undissipated (ऑन्डिसिपेटैड्) *adj.* आचारभ्रष्ट नहीं, न छितराया हुआ।

Undistended (अन्डिस्टैन्डैड्) *adj.* न फैलाया हुआ।

Undistilled (अन्डिस्टिल्ड्) *adj.* न टपकाया हुआ।

Undisturbed (अन्डिस्टर्ब्ड) *adj.* स्थिर, शान्त।

Undisturbing (अन्डिस्टर्बिंग) *adj.* विघ्न न डालने वाला।

Undividable (अन्डिवाइड्ब्ल्) *adj.* अविभाज्य।

Undivided (अन्डिडवाइडिड्) *adj.* अनन्य, अभिन्न।

Undomesticated (ॲन्डांमैस्टिकेटैड्) *adj.* न पाला हुआ, जंगली।

Undress (अनड्रेस्) *v.t.* घाव पर से पट्टी हटाना, कपड़े उतारना, नंगा करना।

Unearth (अनर्थ्) *v.t.* खोलना (उघाड़ना), भूमि के बाहर निकालना।

Uneducated (अनूएँजुकेटेड्) *adj.* अशिक्षित, अनपढ़।

Unemployed (अनिम्पॉलोय्ड्) *adj.* बेरोजगार, काम में न लगा हुआ।

Unemployment (अनिम्प्लॉयमेन्ट्) *n.* बेरोजगारी।

Unequal (अनूईक्वल्) *adj.* असमान, हीन, अयोग्य, अतुल्य।

Uuequivocally (अनइक्विव्होकलि) *adv.* बिना भ्रम के।

Unessential (अनईसेन्शल्) *adj.* अनावश्यक।

Uneven (अनूईव्हन्) *adj.* ऊँचा-नीचा, असमतल, असमान।

Unexaggerated (ॲनूएग्जेजरेटड्) *adj.* बिना अतिशयोक्ति का।

Unexampled (अनिग्झाम्पल्ड्) *adj.* अद्वितीय, अनुपम।

Unexpected (ॲनू-एक्सपेक्टेड्) *adj.* अचानक, आशारहित, आकस्मिक।

Unfaded (अनफेडेड्) *adj.* न मुरझाया हुआ।

Unfadingly (अनफेडिंगलि) *adv.* बिना मुरझाये हुए।

Unfailing (अनफेलिंग्) *adj.* अपतनशील, निश्चित रूप से।

Unfair (अनफेअर्) *adj.* अन्यायी, कपटी, छली, अयोग्य (अनुचित)।

Unfaltering (ॲनूफाल्टरिंग) *adj.* आगा-पीछा न करने वाला।

Unfamiliar (अन्फॉमिल्यर्) *adj.* अपरिचित, अप्रसिद्ध।

Unfashioned (अन्फैशन्ड्) *adj.* अप्रचलित, लोक-व्यवहार से विरुद्ध।

Unfence (ॲनूफैन्स्) *v.t.* रोक या आड़ हटाना।

Unfetter (अन्फेट्टर्) *v.t.* बन्धन से मुक्त करना, बेड़ी हटाना।

Unfettered (अन्फेटर्ड) *adj.* स्वतंत्र, मुक्त, जो बंधा न हो।

Unfilial (अॅन्फिल्यल्) *adj.* पुत्र या पुत्री के लिए अयोग्य।

Unfix (अन्फिक्स्) *v.t.* खोलना, अस्थिर करना, ढीला करना।

Unforbidden (अन्फॉरबिड्न्) *adj.* अविरुद्ध, अवलजत।

Unforced (अन्फोर्स्ड्) *adj.* अप्रेरित।

Unforeknown (अॅन्फोरनोन्) *adj.* पहिले से अज्ञात।

Unforeseen (अन्फोरसीन्) *adj.* अनदेखा, अदृष्ट।

Unforgiving (अन्फार्गिव्हिग्) *adj.* निर्दयी, क्षमा न किया हुआ, कट्टर।

Unfrequent (अन्फ्रीक्वेन्ट्) *adj.* असामान्य।

Unfrequented (अन्फ्रीक्वेन्टिड्) *adj.* नित्य न भेंट किया गया।

Unfrugal (अॅन्फ्रूगल्) *adj.* मुक्तहस्त, अकृपण।

Unfumed (अन्फ्यूम्ड्) *adj.* धुवाँ न दिया हुआ।

Unfurl (अन्फर्ल्) *v.t.* फैलाना, पसारना, खोलना।

Unfurnished (अन्फर्निश्ड्) *adj.* बिना सामग्री का, खाली।

Unfused (अॅन्फ्यूज्ड्) *adj.* न गलाया हुआ।

Ungainful (अन्गेन्फुल्) *adj.* लाभहीन।

Ungainfulness (अन्गेन्फुलनैस्) *n.* लाभहीन दशा।

Ungentlemanly (अन्-जेन्टलमनलि) *adj.* अनुदार, असभ्य, गृहस्थोनुचित, अशिष्ट।

Ungird (अॅन्गर्ड) *v.t.* बन्धन से खोलना।

Unglue (अॅन्ग्लू) *v.t.* चिपकाई हुई वस्तु को अलगाना।

Ungodly (अन्गॉडलि) *adj.* पापी, अधर्मी।

Ungovernable (अन्गव्हर्नबल्) *adj.* वश में करने योग्य, अशासनीय, (उच्छृंखल)।

Ungoverned (अन्गव्हर्नड्) *adj.* अनियमित।

Ungraced (अन्ग्रेस्ड्) *adj.* असुशोभित, अलंकृत न किया हुआ।

Ungrounded (अनग्राउन्डिड्) *adj.* बिना आधार का।

Unguical (अंग्विकल्) *adj.* पंजा संबंधी।

Unguiform (अंग्विफार्म) *adj.* पंजे का आकार का।

Unharbour (अॅन्हार्बर) *v.t.* रक्षा से हटाना।

Unharmonious (अहार्मोनिअस्) *adj.* बेसुरा, बेताल।

Unhappy (अहॅपि) *adv.* अभागा, दुःखी, मन्दभाग्य, बदकिस्मत।

Unhewn (अन्ह्यून्) *adj.* न कटा या काटा हुआ, बिना सुधारा हुआ, रूक्ष।

Unhindered (अहिन्डर्ड) *adj.* बिना रुकावट का।

Unhouse (अॅन्हाउस्) *v.t.* अशरण करना, घर से निकाल देना।

Unhusked (अनहस्क्ड्) *adj.* बिना भूसी हटाया हुआ।

Unicellular (यूनिसेल्युलर्) *adj.* एक कोषीय, एक पेशी वाला।

Unicorn (यूनिकॉर्न्) *n.*

Unidentate (यूनिडेन्टेन्ट्) *adj.* एक दाँत वाला।

Unification (यूनिफिकेशन्) *n.* एकीकरण करने का कार्य।

Uniformity (यूनिफार्मटि) *n.* एकरूपता, समानता।

Unilateral (यूनिलॅटरल्) *adj.* एकतरफा, एकपक्षीय।

Uniliteral (यूनिलेटरल्) *adj.* एकाक्षरी, एक अक्षर वाला।

Unimpeded (अॅन्इम्पीडेड्) *adj.* बिना अवरोध का, निर्विघ्न।

Unimprisoned (अनइम्प्रिजन्ड्) *adj.* कारागृह में बन्द न किया हुआ।

Uningenious (अॅन्इन्जिनियस्) *adj.* बुद्धिहीन, मन्द।

Uninterrupted (अॅन्-इनटर्रपटेड्) *adj.* निर्विघ्न, अभङ्ग्, अबाध्य।

Unintroduced (अॅन्-इन्ट्रोड्यूसड्) *adj.* परिचय न दिया हुआ, प्रवृत्त न किया हुआ।

Uninvited (अॅन्इन्वाइटेड्) *adj.* अनिमन्त्रित,

प्रार्थना न किया हुआ।

Union (यून्यन्) *adj.* मिलाप, संयोग, संघ, मेल।

Uniplaner (यूनिप्लेनर्) *adj.* एक सतह, एक ही धरातल वाला।

Unipolar (यूनिपोलर्) *adj.* एक-ध्रुवीय, एक-स्तंभीय।

Unirrigated (अनइरिगेटेड्) *adj.* कृषि के लिये जल आपूर्ति का अभाव।

Unisexual (यूनिसेक्सयूअल्) *adj.* एकलिंगी।

Unison (यूनिसन्) *n.* एक तान, स्वर की एकता।

Unitarian (यूनिटेरियन्) *adj.* अद्वैतवादी, त्रिमूर्ति के सिद्धांतों को न मानने वाला।

Unitary (यूनिटेरि) *adj.* समानरूपक, इकाई संबंधी।

Unity (यूनिटि) *n.* समानता, ऐक्य (योग), मेल, इकाई, एकता।

Univalent (यूनिव्हलन्ट्) *adj.* एक मूल्य का, एकमूल्यक, एक मूल्यकत्व।

Universal (यूनिव्हर्सल्) *adj.* सम्पूर्ण, सर्व-व्यापी, विश्व सम्बन्धी, सार्वभौमिक।

University (यूनिव्हलसटि) *n.* विश्वविद्यालय, शैक्षणिक संस्थान।

Univocal (यूनिव्होकल्) *adj.* केवल एक ही अर्थ का, एकार्थ।

Unkind (अन्काइन्ड्) *adj.* निर्दय, क्रूर।

Unknown (अननोन्) *adj.* अज्ञात, न जाना हुआ, अपरिचित।

Unlawful (अनलॉफुल्) *adj.* शास्त्र के विपरीत, नियम के विरुद्ध।

Unlearn (अनलर्न्) *v.t.* सीखा हुआ भूल जाना।

Unlearned (अनलर्न्ड्) *adj.* अपण्डित, अज्ञानी, मूर्ख।

Unleash (अनलीश्) *v.t.* पट्टा खोलना, खुला छोड़ना।

Unlent (अन्-लेन्ट्) *adj.* उधार न दिया हुआ।

Unless (अनलेस्) *conj.* नहीं तो, सिवाय, यदि न।

Unlessoned (अॅन्लैसॅन्ड्) *adj.* शिक्षा न दिया हुआ।

Unlimber (अनलाइम्बर्) *v.t.* बंदूक का अगला भाग निकाल कर रखना।

Unlimited (अनलिमिटिड्) *adj.* अपार, सीमा-रहित, असीम।

Unline (अन्लाइन्) *v.t.* स्तर हटाना, खानी करना।

Unload (अनलोड्) *v.t.* हल्का करना, बोझा उतारना।

Unlovely (अनलव्हलि) *adj.* अरोचक, अमनोहर।

Unlucky (अनलकि) *adj.* भाग्यहीन, (दुःखी) अभागा।

Unmailable (अॅन्मेलेबल्) *adj.* डाक द्वारा न भेजे जाने योग्य।

Unmarried (अनमॅरिड्) *adj.* (अविवाहित) ब्याह न किया हुआ।

Unmasculine (अॅन्मैस्क्युलिन्) *adj.* पौरुषहीन, नपुंसक।

Unmerciful (अन्मर्सिफुल्) *adj.* कठोरहृदय, निर्दय।

Unmould (अम्मोल्ड्) *v.t.* आकृति बदलना।

Unmoved (अन्मूव्ड्) *adj.* शान्त, स्थिर, अविचलित।

Unnecessary (अननेसिसरि) *adj.* निष्प्रयोजन, अनावश्यक।

Unneighbourly (अन्नेबरलि) *adj.* पड़ोसी के अयोग्य, दयाहीन।

Unnutritious (अन्न्यूट्रिशस्) *adj.* बल न देने वाला, अपुष्टिकारक।

Unobliging (अॅनूऑबलाइजिंग्) *adj.* दया न दिखाने वाला।

Unofficial (अनआफिशल्) *adj.* अनाधिकारिक, अनाधिकारी।

Unoperative (अॅनूऑपरेटिव्) *adj.* कोई परिणाम न उत्पन्न करने वाला।

Unopposed (अनअपोज़्ड्) *adj.* बिना स्वामी का।

Unorderly (अॅनआर्डरलि) *adj.* नियम-विरुद्ध, बेतरतीब।

Unpaid (अनपेड्) *adj.* मूल्य न दिया हुआ, उधार न दिया हुआ।

Unpalatable (अनपॅलाटबल्) *adj.* बेस्वाद,

अस्वाद, अरुचिकर।

Unparagoned (ॲनूपैरागन्ड्) *adj.* अद्वितीय, अनुपम, अनूठा।

Unparallel (ॲनूपैरेलल्) *adj.* असमानान्तर

Unparalleled (ॲनपैरेल्लड्) *adj.* अपूर्व, अद्वितीय।

Unpardonable (ॲनूपार्डनेबल्) *adj.* अक्षम्य, क्षमा न करने योग्य।

Unpardoned (ॲनूपॉर्डन्ड्) *adj.* क्षमा न किया हुआ।

Unparliamentary (अनपार्लमेन्टरि) *adj.* संसद की परम्परा व शिष्टाचार के विरुद्ध।

Unpeople (अनपीपल्) *v.t.* निर्जन करना।

Unpleasant (अनप्लेझन्ट्) *adj.* अप्रिय, आनन्द न देने वाला।

Unpopularity (अनपॉप्युलैरिटि) *n.* सामाजिक अप्रियता।

Unposted (अन्पोस्टेड्) *adj.* डाक द्वारा न भेजा हुआ।

Unprejudiced (अनप्रेजुडिस्ड्) *adj.* पक्षपात-रहित।

Unpremeditated (अनप्रिमेडिडेटिड्) *adj.* अपूर्व-चिन्तित, पहले से न विचार हुआ।

Unprepared (अनप्रिपेअर्ड्) *adj.* अप्रस्तुत, जो तैयार न हो।

Unprincipled (अनप्रिन्सिपल्ड्) *adj.* विवेकहीन (दुराचारी), अधर्मी, विचारहीन, सिद्धान्तहीन।

Unprivileged (ॲनूप्रिविलेज्ड्) *adj.* सुविधा या अधिकार रहित।

Unpromising (अन्प्रॉमिसिंग) *adj.* आशाहीन, सफलता न देने वाला।

Unpropitious (ॲनूप्रोपिशस्) *adj.* अशुभ।

Unproposed (अन्प्रॅपोज्ड्) *adj.* बिना प्रस्ताव किया हुआ, अप्रस्तावित।

Unprotected (अनॅप्रोटेक्टिड्) *adj.* अरक्षित।

Unpublished (अनपब्लिश्ड्) *adj.* अप्रकाशित, गुप्त।

Unpurchased (अन्परचेस्ड्) *adj.* न खरीदा हुआ।

Unqualified (अन्क्वॉलिफाइड्) *adj.* अयोग्य।

Unquestionable (अनक्वेस्चनेबल्) *adj.* निश्चित, अकाट्य।

Unreal (अनरिअल्) *adj.* असार (झूठा), दिखौवा, असत्य।

Unreality (अनरिअलटि) *n.* कल्पित वस्तु, असत्यता, असार पदार्थ।

Unreclaimed (अनरिक्लेम्ड्) *adj.* दुबारा अधिकार में न ली गई या प्राप्त न की गई, ऊसर अवस्था से सुधारी गई।

Unrecognized (अनूरिगनाइज्ड्) *adj.* अज्ञात, बिना पहिचान के।

Unreconcilable (ॲनॅरिकान्सिलेबल्) *adj.* मेल न करने योग्य।

Unrecorded (ॲनूरिकार्डिड्) *adj.* याद में न रखा हुआ, बही में न दर्ज किया हुआ।

Unredeemed (अनरिडीम्ड्) *adj.* पूरा न किया हुआ या दिया हुआ वचन।

Unredressed (अनू-रिड्रेस्ड्) *adj.* न सुधारा हुआ।

Unregretful (ॲनूरिग्रेटफुल) *adj.* बिना पश्चाताप का।

Unrehearsed (अनरिहर्स्ड्) *adj.* अचानक, बिना पूर्व तैयारी के।

Unrelieved (अनरिलीव्ड्) *adj.* पीड़ा से मुक्त न किया हुआ।

Unremembered (अनू-रिमेमबर्ड्) *adj.* याद न किया हुआ।

Unrenewed (अनरीन्यूड्) *adj.* पुनः नवीन न किया हुआ।

Unrepaired (अनरिपेयर्ड्) *adj.* मरम्मत न किया हुआ।

Unrepentant (ॲनूरिपेन्टेन्ट्) *adj.* पश्चात्तापहीन।

Unreproached (ॲनरिप्रोचड्) *adj.* झिड़की न दिया हुआ।

Unreproved (अनू-रिप्रूव्ड्) *adj.* न झिड़का हुआ।

Unreserved (अनरिजर्व्ड्) *adj.* निःशेष, स्वतंत्र, अनवरोधित।

Unrest (अनरेस्ट्) *n.* अशान्ति।

Unrhythmical (अँन्रीदमिकल्) *adj.* बेसुरा, बिना लय का।

Unripe (अनराइप्) *adj.* अपरिपक्व, न पका हुआ, कच्चा।

Unrivalled (अनराइव्हल्ड्) *adj.* अतुल (अद्वितीय), अनूठा।

Unrobe (अँन्रोब्) *v.t.* & *i.* वस्त्र उतारना।

Unsafe (अनसेफ्) *adj.* अरक्षित, संकटपूर्ण।

Unsaleable (अनसेलबल्) *adj.* बिक्री न करने योग्य।

Unsancified (अँन्सैंसिफाइड्) *adj.* अपवित्र।

Unsanitary (अनसॅनिटरि) *adj.* अस्वास्थ्यकर।

Unscholarly (अँन्स्कॉलरलि) *adj.* अपण्डित, जो विद्वान के समान न हो।

Unschooled (अँन्स्कूल्ड्) *adj.* अशिक्षित।

Unseasoned (अनसीझन्ड्) *adj.* बिना मसाले का, अनभ्यस्त।

Unseat (अनसीट्) *v.t.* आसन से हटाना, बेदखल करना, घोड़े से उतारना।

Unseaworthy (अँन्सीवर्दि) *adj.* समुद्र-यात्रा न करने योग्य।

Unsectarian (अनसेक्टेअरिअन्) *adj.* संकुचित दायरे से बाहर, उदारचेता, संकुचित विचारधारा से दूर।

Unseen (अनसीन्) *adj.* न देखा हुआ, अदृश्य।

Unselfish (अनसेल्फिश्) *adj.* अस्वार्थी।

Unsent (अनसैन्ट्) *adj.* न भेजा हुआ।

Unserved (अनसर्वड्) *adj.* न परोसा हुआ।

Unserviceable (अँन्सर्विसिएबल्) *adj.* व्यर्थ, निरर्थक।

Unset (अँन्सैट्) *adj.* अस्त न होता हुआ।

Unsettle (अनसेटल्) *v.* क्षुब्ध करना, चंचल-विचलित।

Unsheltered (अन्शेल्टर्ड्) *adj.* अनाच्छादित, शरण न दिया हुआ।

Unshifting (अन्शिफ्टिंग) *adj.* स्थान न बदलने वाला।

Unship (अनशिप्) *v.t.* जहाज़ से उतारना।

Unskilled (अनस्किल्ड्) *adj.* अकुशल, अयोग्य, अक्षम, अप्रशिक्षित।

Unsound (अनसाउन्ड्) *adj.* रोगी, दुर्बल, असार, दोषपूर्ण, अशुद्ध।

Unsounded (अनसाउन्डिड्) *adj.* तल का अन्वेषण न किया हुआ।

Unsown (अनसॉन्) *adj.* न बोया हुआ।

Unsparing (अनस्पेअरिंग) *adj.* दया न करने वाला, खर्चीला, क्षमा न करने वाला, व्यर्थ व्यय करने वाला।

Unspeakable (अनस्पीकबल्) *adj.* वर्णन न करने योग्य, अकथनीय।

Unstable (अनस्टेबल्) *adj.* अस्थिर (चंचल), चलायमान।

Unsteadily (अँनस्टेडिलि) *adj.* अस्थिरता से।

Unstored (अनूस्टोर्ड्) *adj.* गुदाम में न रक्खा हुआ।

Unstrained (अनस्ट्रेन्ड्) *adj.* सहज, प्राकृतिक, स्वाभाविक।

Unstring (अनस्ट्रिंग्) *v.t.* रस्सी हटाना, ढीला करना।

Unstressed (अनस्ट्रेस्ट्) *adj.* जोर न दिया हुआ।

Unstudied (अनस्टडिड्) *adj.* प्राकृतिक, सरल, अध्ययन न किया हुआ, पहले से न विचारा हुआ।

Unstudious (अँन्स्टूडियस्) *adj.* अध्ययन न करने वाला।

Unsubmissive (अँन्सबमिस्सिव) *adj.* अयोग्यता, अनुपयुक्तता।

Unsubstantial (अनसब्स्टेन्शल्) *adj.* असार, असत्य।

Unsuccessful (अनसकसेसफुल्) *adj.* असफल, अकृतार्थ।

Unsuspected (अनसस्पेक्टिड्) *adj.* आशंका-रहित।

Unsuspended (अनसस्पेनडेड्) *adj.* बिना लटकाया हुआ।

Untarnished (अनटार्निश्ड्) *adj.* निर्मल, निष्कलंक।

Unthinkable (अन्थिकबल्) *adj.* विचार न करने

योग्य, अविचारणीय।

Untraced (अन्ट्रैस्ड्) *adj.* अन्वेषण न करने योग्य।

Untrue (अन्ट्रू) *adj.* असत्य, झूठा, मिथ्या।

Untrustworthy (अनूट्रस्टवर्दि) *adj.* अविश्वस्त।

Untruth (अनट्रूथ्) *adj.* असत्यता, झूठ।

Unusual (अन्यूझुअल्) *adj.* अपूर्व (विलक्षण), अलौकिक (अनोखा), असामान्य।

Unutterable (अनअटरबल्) *adj.* न कहने योग्य, अकथनीय, अवर्णनीय।

Unveil (अन्व्हेल्) *v.t.* खोलना, पर्दा हटाना, घूँघट उठाना, उघाड़ना।BachelorgirlBachelorgirl

Unvenerable (अनूवैनरेबल्) *adj.* आदर न करने योग्य, अनादरणीय।

Unvoiced (अनवॉएँसड्) *adj.* न बोला हुआ।

Unwarily (अन्वेअरिली) *adj.* असावधानी से।

Unwarlike (अन्वॉर्लाइक्) *adj.* असैनिक, युद्ध के अयोग्य।

Unwarmed (अनवॉर्मड्) *adj.* गरम न किया हुआ।

Unwarped (अन्वॉर्प्ड्) *adj.* न ऐंठा हुआ, प्रदूषित, पक्षपातहीन।

Unwarrantable (अन्वॉरन्टेबल्) *adj.* अनुचित, न्याय-विरुद्ध।

Unwarranted (अनवॉरन्टिड्) *adj.* बिना अधिकार का।

Unweaponed (अनवेपन्ड्) *adj.* निःशस्त्र, बिना हथियार का।

Unwise (अन्वाइझ्) *adj.* नासमझ, अज्ञानी, मूर्ख।

Unwritten (अनरिट्न्) *adj.* मौखिक, बिना लिखा हुआ।

Unwrought (अनूरॉट) *adj.* परिश्रम न किया हुआ।

Upheaval (अपहीव्हल्) *n.* नीचे की भूमि के ऊपर उठाने की क्रिया।

Upmost (अपमोस्ट्) *adj.* सबसे ऊँचा।

Upright (अपूराइट्) *adj.* उचित, धार्मिक, सरल, खड़ा, सीधा, ईमानदार।

Uprise (अपराइझ) *v.i.* ऊपर को चढ़ना, उठना।

Uproar (अपूरोअर्) *n.* होहुल्लड़ (उधम), कोलाहल।

Uproot (अपरूट्) *v.t.* जड़ से उखाड़ना।

Upset (अपसेट्) *v.t.* & *i.* जोड़ खोलना या बिगाड़ना, मुसीबत में डालना, जमाना, (परिवर्तन करना) उलटना, स्थापित करना, मानसिक हलचल या गड़बड़ी पैदा करना।

Uptake (अप्टेक्) *n.* समंझ दृढ़ करना, ऊपर उठाना।

Uranium (यूअरेनिअम्) *n.* क्रियाशील रेडियो-एक्टिव व उत्पादक एक धातु तत्व।

Uranography (यूरनोग्राफि) *adj.* आकाशीय ग्रह नक्षत्रों का वर्णन।

Urban (अर्बन्) *adj.* नगर सम्बन्धी, सुशील, नगर का, शिष्ट।

Urchin (अर्चिन्) *adj.* कुरूप व्यक्ति, सुअर की शक्ल का झाड़ियों का कीटभोजी, नली की शक्ल की मछली, कुबड़ा आदमी।

Urea (यूअरिआ) *n.* एक रासायनिक पदार्थ, स्तनधारी चतुष्पाद प्राणी के मूत्र में पाया जाने वाला रासायनिक तत्व।

Urging (अर्जिंग) *adj.* प्रार्थना करने वाला।

Uric (यूअरिक्) *adj.* मूत्र का, मूत्र सम्बन्धी, मूत्र के विषय में।

Urinal (यूरिनल्) *n.* पेशाबघर, मूत्र रखने की शीशी।

Urinary (यूरिनरि) *adj.* मूत्र सम्बन्धी।

Urinate (यूरिनेट) *v.t.* पेशाब करना, मूत्रत्याग करना।

Urn (अर्न्) *n.* मतदान पत्र की पेटी, जल का कलश या घड़ा, चाय बनाने के लिये टोटीदार देगची, नदी का उद्गम या मुहाना, एक प्रकार का पात्र (कलश), शवभस्म रखने का पात्र।

Uroscopy (यूरोस्कापि) *n.* मूत्र-परीक्षा से रोग-निर्णय करना।

Ursiform (अर्सिफॉर्म) *adj.* भालू के आकार का।

Useful (यूसफुल्) *adj.* लाभदायक, प्रयोजनीय,

सहायक, उपयोगी, हितकर।

Useless (यूसलिस्) *adj.* बेकार, निरर्थक, निष्फल।

Uterine (यूटराइन्) *adj.* एक ही माता के उदर से उत्पन्न, गर्भाशय संबंधी, सहोदर।

Uterus (यूटरस्) *n.* गर्भाशय।

Utopia (यूटोपिआ) *n.* सामाजिक पराकाष्ठा की स्थिति।

Utopian (यूटोपियन्) *adj.* मानसिक, काल्पनिक।

Utterance (अट्रेन्स्) *n.* प्रकाशित करने योग्य।

Uttermost (अटर्मोस्ट्) *adj.* अत्यन्त, परम।

U-turn (यू-टर्न) यू आकार में वाहन को मोड़कर वापिस करना।

Uvea (यूविआ) *n.* आँख की पुतली की बाहरी झिल्ली।

Uvular (यूव्हलर्) *adj.* गले की घण्टी-सम्बन्धी।

Uxorial (अक्सोरियल्) *adj.* पत्नी-सम्बन्धी।

Uxoricide (अक्सोसाइड्) *n.* पत्नी-हन्ता, अपनी पत्नी का हत्यारा।।

Uxorious (अक्सोरिअस्) *adj.* अपनी पत्नी को बहुत ही अधिक चाहने वाला, स्त्री-दास।

Uxoriously (अक्सोरिअसलि) *adv.* स्त्री के प्रति बेहद चाह रखते हुए।

Uxaoriousness (अक्सोरिअसनैस) *n.* स्त्री-आसक्ति, जोरू का गुलाम।

V

V (व्ही) अंग्रेजी वर्णमाला का बाईसवाँ अक्षर, रोमन संख्या में 5 अंक या पाँचवा के लिए प्रयुक्त अक्षर, के आकार की वस्तु या चिह्न को दिखलाने वाला, *verb* का छोटा रूप।

Vacant (व्हेकन्ट्) *adj.* रिक्त, शून्य, खाली, असावधान, बिना उत्तराधिकारी का, विचारशून्य, मूर्ख।

Vacation (व्हेकेशन्) *n.* अवकाश, छुट्टी, खाली करने का कार्य।

Vaccination (व्हॅक्सिनेशन्) *n.* चेचक का टीका लगाने का कार्य।

Vaccine (व्हॅक्सिन्) *n.* & *adj.* चेचक या शीतला या माता के टीका से संबंधित, टीका लगाने का दवा

Vacuity (व्हॅक्यूटि) *n.* खालीपन, रिक्तता।

Vacuole (व्हॅक्युओल्) *n.* सजीव प्राणियों की शरीर-रचना में महीन शून्य छिद्र या गर्त।

Vacuum (व्हॅक्युअम्) *n.* आकाश, शून्य स्थान।

Vagabond (व्हॅगबॉन्ड्) *adj.* यथेच्छागामी, घुमन्तू, स्वेच्छाचारी। *v.i.* इधर-उधर घूमना। *n.* वृथा घूमनेवाला, धुमक्कड़।

Vagrant (व्हेग्रन्ट्) *n.* घुमक्कड़, भिक्षुक। *adj.* स्वेच्छाचारी, आवारा, उठाईगीर, घुमक्कड़।

Vague (व्हेग्) *adj.* संदिग्ध, अनिश्चित, अस्थिर।

Velediction (वीलिडिक्शन्) *n.* स्वस्तिवाचन, विदाई के समय का आर्शीवाद।

Valency (व्हेलन्सि) *n.* रासायनिक तत्व के मिश्रण की शक्ति।

Valentine (व्हॅलन्टाइन्) *n.* चौदह फरवरी के दिन की चयन की हुई प्रेमिका, प्रेम-पत्र।

Valiant (वॉलिअन्ट्) *adj.* साहसी, पराक्रमी, शूरवीर।

Valiantly (वॉलिअन्टलि) *adv.* वीरता से, साहसपूर्वक।

Vallum (वैलॅम्) *n.* मिट्टी की रक्षा-भीत।

Valorous (वेलरस्) *adj.* वीर, साहसी।

Valour (वेलर्) *n.* वीरता, शूरता, पराक्रम।

Valuable (व्हॅल्यूएबल्) *adj.* बहुमूल्य, मूल्यवान्, योग्य, मान्य, माननीय।

Valuation (व्हॅल्यूएशन्) *n.* मोल, दाम, मूल्य-निरूपण, मूल्य-निर्णय।

Valuator (व्हॅल्यूएटर्) *n.* मूल्य निर्धारित करने वाला।

Value (व्हल्यू) *n.* महात्म्य, सारता, मूल्य, दाम। *v.t.* आदर करना, मूल्य निरूपण करना, दाम लगाना।

Valvet (वाल्वेट्) *n.* छोटा कपाट।

Vamose (व्हमोस्) *v.t.* & *i.* स्थान छोड़कर भाग जाना।

Vamp (व्हॅम्प्) *n.* चालू स्त्री, बदचलन, वेश्या।

Vamp (व्हॅम्प्) *n.* जूते के ऊपरी भाग का चमड़ा। *v.t.* जोड़ लगाना, मरम्मत करना।

Vampire (व्हॅम्पायर्) *n.* रुधिर पीनेवाला, प्रेत, पिशाच।

Vandal (व्हॅन्डल्) *n.* सुन्दर इमारतों को नष्ट करनेवाला मनुष्य।

Vandalic (वैन्डॅलकि) *n.* जंगली।

Vaporable (वेपरएबल्) *adj.* वाष्प में बदलने योग्य।

Vaporimeter (वेपॅरिमीटर्) *adj.* वाष्प का दबाव नापने का यन्त्र।

Variance (व्हेअरिअन्स्) *n.* कलह (झगड़ा), मतभेद, आंतरिक भेद।

Variant (व्हेअरिंट्) *adj.* विरुद्ध, विपरीत।

Varicose (व्हॅरिकोस्) *adj.* शिरा के समान फूला या सूजा हुआ।

Variola (व्हरायोला) *n.* शीतला रोग, चेचक।

Variolation (वेरिओलेशन्) *n.* माता का टीका लगाना।

Variole (वेरिअल्) *n.* चेचक के दाग जैसा उथला गड्ढा।

Varioloid (वेरिऑलॉइड्) *n.* टीका लगाने के बाद का शीतला।

Varnish (व्हार्निश्) *v.t.* चमकाना, वार्निश लगाना। *n.* वार्निश, कलफ, चमक।

Varvel (वारवल्) *n.* जंजीर से बाँधने के लिए बाज की टाँग के नीचे लगाई गई धातु की अंगूठी।

Vase (व्हेस) *n.* पात्र, बर्तन, फूलदान, कलश।

Vaseline (व्हॅसलीन्) *n.* मिट्टी के तेल से निकाला हुआ एक तैलीय चिकना द्रव्य।

Vaticide (वैटिसाइड्) *n.* देवदूत का वध, देवदूत की हत्या करने वाला।

Vaulter (व्हॉल्टर्) *n.* कूदने वाला।

Vegetable (व्हेजिटेबल्) *n.* शाक, रसोई में पकाने या पशुओं को खिलाने की वनस्पति, तरकारी।

Vegetarian (व्हेजिटेरिअन्) *n.* केवल फल-फूल पर निर्वाह करनेवाला।

Vehicle (व्हीकल्) *n.* गाड़ी (सवारी), साधन।

Velociman (विलिसिमन्) *n.* हाथ से चलाने की साईकिल।

Vendetta (व्हेन्डेटा) *n.* पुरानी रंजिश, बदले की भावना, दुश्मनी।

Vendible (वैन्डिबल्) *n.* बेचने योग्य।

Vendibleness (वैन्डिबलनैस्) *n.* बेचने योग्य अवस्था।

Vendition (वेन्डिशन्) *n.* बेचने का काम।

Vendor (व्हेन्डर्) *n.* बेचनेवाला।

Venesection (व्हेनेसेक्शन्) *n.* फस्त खोलकर रुधिर बहाने की क्रिया।

Vent (वेन्ट्) *n.* बाहर निकलने का रास्ता या द्वार, सूराख, छेद, कपड़े या कोट में छेद, हवा, धुवाँ, साँस, खून, गोली या बारूद निकालने का रास्ता, ज्वालामुखी का उद्‌गार का मुख या छिद्र, निकास, बहाव, प्रकटीकरण, बोली, प्रकाशन, साँस लेने के लिए ऊदबिलाव का ऊपरी उभाड़, जन्तु का गुदा (मलद्वार या पाखाने का रास्ता)।

Ventral (व्हेन्ट्रल्) *adj.* पेट की ओर के भाग का या उससे संबंधित, उदर-संबंधी, उदर-तलीय।

Ventricle (वेन्ट्रिकल्) *n.* शरीर का पोला भाग, साछिद्र, पोला अवयव, हृदय के निचले भाग का कोष।

Ventriloquist (व्हेन्ट्रिलाक्विटस्) *n.* ऐसी बोली बोलने का अभ्यास करने वाला।

Ventriloquise (व्हेन्ट्रिलाक्वाइज़्) *v.t.* ऐसी बोली बोलने का अभ्यास करना।

Venture (व्हेंचर्) *v.t.* & *i.* साहसिक या संकट के कार्य में लगना। *n.* साहसिक या संकटपूर्ण कार्य, दैव।

Venue (व्हेन्यू) *n.* जिस क्षेत्र में उस संबंध में मुकदमा चलाया जा सकता है, घटनास्थल, स्थान जहां घटना घटी हो।

Venus (व्हीनस्) *n.* रति देवी, प्रेम या काम की देवी, शुक्र ग्रह।

Veracious (व्हरेशस्) *adj.* सत्यशील (सच्चा), सत्यवादी।

Veracity (व्हरॅसिटि) *n.* सत्यशीलता, सचाई।

Verandah (व्हरॅन्डा) *n.* द्वार प्रकोष्ठ, बरामदा।

Verbatim (व्हर्बेटिम्) *adv.* पदानुपद, शब्दशः।
Verberate (वबरिट्) *v.t.* मारना, पीटना।
Verifier (वेरिफाइअर्) *n.* प्रमाणित करनेवाला।
Verify (वेरिफाई) *v.t.* प्रमाणित करना, समर्थन करना, सत्य की जांच करना।
Verily (व्हेरलि) *adv.* वास्तव में, सचमुच, अवश्य।
Verisimilar (वेरिसिमिलर्) *adj.* सत्यता के आभास का।
Vermicelli (व्हर्मिसेलि) *n.* सेवई, छोटे कीड़े।
Vermilion (व्हर्मिल्यन्) *n.* सेन्दुर, सिन्दूर। *v.t.* सिन्दूर का रंग चढ़ाना।
Vermin (व्हर्मिन्) *n.* & नीच कोटि का व्यक्ति, अन्न इत्यादि को हानि पहुँचानेवाला कीड़ा, नराधम।
Versionist (व्हर्शनिस्ट्) *n.* अनुवाद करने में विशेषज्ञ।
Verso (व्हर्सो) *n.* बाईं ओर का पृष्ठ, सिक्के का उलटा भाग।
Verticil (व्हर्टिसिल्) *n.* पत्तों की चक्राकार रचना।
Vertiginous (वर्टिजिनस्) *adj.* घूमता हुआ, चक्कर खाता हुआ।
Vertigo (व्हर्टिगो) *n.* (भँवर) घुमेरी, चक्कर।
Vesical (व्हसाइकल्) *n.* मूत्राशय-संबंधी।
Vesicant (वेसिकन्ट्) *n.* फफोला उत्पन्न करनेवाला लेप।
Vesicate (वेसिकेट्) *v.t.* छाला डालना।
Vesicle (व्हेसिकल्) *n.* छोटी थैली या गोली, छोटा फफोला या गर्त (गड़हा)।
Vessel (व्हेसल्) *n.* नाव या जहाज़, रक्तवाहिनी नली, पात्र (बर्तन), पीपा।
Vest (व्हेस्ट्) *n.* फतुही, बास्केट। *v.t.* & *i.* वस्त्र पहनना, अधिकारयुक्त होना।
Vestigial (व्हेस्टिजिअल्) *adj.* पदचिह्न के समान।
Vestment (व्हेस्टमेन्ट्) *n.* ओहदे या पद के अनुसार धारणीय।
Vestuary (वेस्वुअरि) *n.* वस्त्र रखने का कमरा या अलमारी।
Vestural (वैस्चरल्) *n.* वस्त्र-सम्बन्धी।
Veteran (वैटरन) *adj.* अनुभवी, अभ्यासवृद्ध।
Veterinary (वैटरिनेरि) *adj.* पशु-चिकित्सा संबंधी।
Veto (व्हीटो) *n.* अस्वीकार करने का अधिकार, प्रतिनिषेध। *v.t.* निषेध करना (रोकना), अस्वीकार करना।
Vexillation (वैक्सिलेशन्) *n.* सैन्यदल जो एक पताका के नीचे न हो।
Vexillum (व्हेक्सिलम्) *n.* शोभायात्रा का ध्वज, परों से बुनी या बनायी कलगी, सैनिक चिह्न ध्वज।
Viander (व्हायन्डर्) *n.* खिलाने वाला, अतिथि सत्कार करनेवाला, पकवान की पूर्ति करनेवाला।
Viarian (वाइएरियन्) *adj.* सड़क-सम्बन्धी।
Vicar (व्हिकार्) *n.* प्रतिनिधि, स्थानापन्न, नगर का पादरी।
Vicarage (व्हिकारेज्) *n.* पादरी की वृत्ति, इसके रहने का घर।
Vicarious (व्हिकरिअस्) *adj.* प्रतिनिधि बनाया हुआ, निर्धारित।
Vice (व्हाइस्) *n.* चिमटा, संड़सी, रिंच।
Vice (व्हाइस्) *n.* अधर्म, पाप, दोष, बाँक (शिकन्जा)। *pref.* 'पद में द्वितीय' अर्थ का उपसर्ग। *prep.* स्थान में, बदले में।
Vice-admiral (व्हास्-ऑड्मिरल्) *n.* जहाज़ सेना का द्वितीय अधिकारी।
Vice-chancellor (व्हास्-चान्स्लर्) *n.* विश्वविद्यालय का उपकुलपति या द्वितीय अध्यक्ष।
Vicenary (विसिनरि) *adj.* बीस की संख्या पर आधारित।
Viceroy (विसिरॉय) *n.* राजप्रतिनिधि।
Vice versa (व्हायस् व्हर्सा) *adv.* उल्टा, दूसरी ओर से उदाहरणार्थ काले को सफेद और सफेद को काला कहना।
Vicinity (विसिनिटि) *n.* पड़ोस, समीपता।
Vicious (व्हिशस्) *adj.* दुष्ट, दुश्चरित्र, पापी, दुराचारी।
Vicissitude (व्हिसिसिट्यूड्) *n.* परिवर्तन, उलट-फेर, विपर्यय।
Victim (व्हिक्टिम्) *n.* बलि (यज्ञपशु, शिकार), पीड़ित व्यक्ति।
Videlicet (व्हायूडीलिसेट्) *adv.* दूसरे शब्दों में, अर्थात्।

Vidimus (वाइडिमॅस्) *n.* अन्वेषण, खोज।

Viduage (विड्युएज्) *n.* वैधव्य, रँड़ापा।

Vidual (विड्युअल्) *adj.* वैधव्य-संबंधी।

Vie (व्हाय्) *v.t.* स्पर्धा करना, बड़ा होने की चेष्टा करना।

View (व्हयू) *n.* प्रदर्शन, आकृति, अभिप्राय, उद्देश्य, दृश्य, दृष्टि, बुद्धि, हेतु। *v.t.* परीक्षा करना, विचारना, ध्यान से देखना।

Vigesemination (ताइजैसेमिनेशन्) *n.* प्रत्येक बीस मनुष्यों में से एक की हत्या करना।

Vigia (विजिया) *n.* अप्रत्यक्ष भय या गुप्त आशंका की चेतावनी।

Vigil (व्हिजिल्) *n.* रात्रिजागरण, प्रार्थना, उत्सव पूर्व सन्ध्या, रात्रि की उपासना।

Vigilance (व्हिजिलैंस्) *n.* जागरण, सावधानी।

Vigilant (व्हिजिलैंट) *adj.* अप्रमत्त, चौकन्ना, सावधान।

Vigilante (व्हिजिलॅन्ट्रि) *n.* सतर्कता समिति का सदस्य।

Viking (व्हायकिंग्) *n.* समुद्री डाकुओं का नेता।

Vile (व्हाइल्) *adj.* नीच, पापी, दुष्ट, अधम।

Villager (व्हिलेजूर) *n.* ग्राम निवासी, देहाती।

Villain (व्हिलन्) *n.* चांडाल (अधम), खिदमती आसामी, दुष्ट।

Vinaceous (व्हिनेशस्) *adj.* अंगूरी शराब के लाल रंग का।

Vinaigrette (व्हिनिग्रेट्) *n.* महकती बोतल।

Vincibility (विन्सिबिलिटि) *n.* विजय किए जाने योग्य गुण।

Vinicible (विन्सिबल्) *adj.* जीतने या अधीन करने योग्य।

Vindicate (व्हिन्डिकेट्) *v.t.* प्रमाणित करना, बचाना, स्थिर करना, बदला लेना।

Vindicatory (व्हिन्डिकेटरि) *adj.* बदला लेनेवाला, दण्ड देनेवाला, बचानेवाला, रक्षा करने वाला।

Vindicative (व्हिन्डिकेटिव्ह्) *adj.* बदला लेने वाला।

Vine (व्हाइन्) *n.* अंगूर की लता।

Vinegar (वाइनगर्) *n.* सिरका।

Vintage (व्हिन्टिज्) *n.* (अंगूर की फसल) इकट्ठा करने का समय।

Violence (व्हायालन्स्) *n.* हानि, चोट, हिंसा, जोर, दंगा-फसाद।

Violent (व्हायोलेन्ट्) *adj.* प्रबल, तीव्र, साहसी।

Violet (व्हायालेट्) *adj.* गहरे नीले रंग का। *n.* बैगनी रंग, बनफ़शा।

Violin (व्हायलिन्) *n.* चिकारा, सारंगी।

Violinist (व्हायलिनिस्ट्) *n.* चिकारा बजानेवाला।

Viper (व्हाइपर्) *n.* दुर्जन, दुष्ट मनुष्य, विषैला सर्प, साँप।

Viperine (व्हाइपराइन्) *adj.* सर्प-संबंधी।

Virago (व्हिरेगो) *n.* कर्कशा, अत्यन्त बलिष्ठ स्त्री।

Virgin (व्हर्जिन्) *n.* कुमारी, कन्या। *adj.* निर्मल, पवित्र, शुद्ध।

Virgule (वर्ग्यूल) *n.* छोटा डण्डा, अल्प विराम (,) का चिह्न।

Virtual (व्हर्च्यूअल्) *adj.* वास्तविक, गुणकारी।

Virulent (विर्युलेन्ट्) *adj.* विषमय, प्रचण्ड, उग्र।

Virus (व्हायरस्) *n.* विषैला तत्व, छूत की बीमारी के विषाक्त कीटाणु।

Viscera (व्हिसेरा) *n.* अन्त्र, आँत।

Visionary (व्हिझनरि) *n.* सृष्टि रचने वाला, केवल कल्पना में विचरने वाला। *adj.* मानसिक, काल्पनिक।

Visual (व्हिझ्युअल्) *adj.* नेत्रीय, दृष्टि-संबंधी।

Visualize (व्हिझ्युअलाइज्) *v.t.* कल्पना में देखना।

Vitaglass (व्हाइटा ग्लास्) *n.* काँच जिसमें से केवल परा-बैगनी किरणें की पार हो सकती हैं।

Vital (व्हाइटल्) *adj.* अति आवश्यक, जीव-संबंधी।

Vitality (व्हाइटेलिटि) *n.* चेतनत्व, जीवन (प्राण), जीवशक्ति।

Vitalize (व्हाइटेलाइज़्) *v.t.* जीवन प्रदान करना।

Vitamin (व्हिटॅमिन्) *n.* खाने योग्य वनस्पतियों का जीवतत्व।

Vitascope (विटास्कोप) *n.* चलते हुए चित्र का प्रदर्शन।

Vitellus (व्हिटेलस्) *n.* अंडे में पाया जाने वाला

पीला तत्व।

Viticulture (विटिकल्चर्) *n.* अंगूर की खेती।

Vitiosity (विशिऑसिटि) *n.* भ्रष्टता।

Vitreous (व्हिट्रिअस्) *adj.* काँच का, काँचमय, काँच सम्बन्धी।

Vitrifiable (विट्रिफाइऍबल्) *adj.* काँच बनाने योग्य।

Vitriol (व्हिट्रिआल्) *n.* गन्धक का तेजाब।

Vitriolic (व्हिट्रिओलिक्) *adj.* गंधक के तेजाब से संबंधित।

Viva-voce (वाइवा-वोस) *adv.* जबानी, मौखिक।

Vivarium (व्हेअरिअम्) *n.* जीवित पशुओं को रखने का स्थान।

Vivify (विविफाई) *v.t.* सचेत करना, तीव्र करना।

Viviparous (व्हायूव्हिपरस्) *adj.* सजीव बच्चा देनेवाली।

Vivisect (व्हिव्हिसेक्ट्) *v.t.* जीवित पशुओं की वैज्ञानिक कार्यों के लिए चीड़-फाड़ करना।

Vocabulary (व्हाकॅब्युलरि) *n.* शब्दकोष, केाष।

Vocabulist (व्हाकॅब्यूलिस्ट्) *n.* कोश बनाने वाला।

Vocation (व्होकेशन्) *n.* व्यवसाय, व्यापार, काम।

Vocative (व्होकेटिव्) *adj.* व्यवसाय सम्बन्धी नाम।

Vociferous (वॅसिफिरस्) *adj.* कोलाहलकारी, उपद्रवी।

Vocule (वोक्युल्) *n.* धीमा शब्द।

Vogle (वोग्ल) *n.* धातु के बीच का छिद्र या गड्ढा।

Voe (व्हो) *n.* एक छोटी खाड़ी।

Void (व्हाइड्) *adj.* रसहीन, अप्रमाणार्थक, निःसत्व, शून्य, रिक्त, हीन।

Volatile (व्हॉलटाइल्) *adj.* परिवर्तनशील, चंचल, उड़नेवाला।

Volcanic (व्हॉल्कॅनिक्) *adj.* ज्वालामुखी पर्वत संबंधी।

Volcano (व्हॉलूकेनो) *n.* ज्वालामुखी पर्वत।

Voluntarily (वॅलन्टरिलि) *adv.* स्वतन्त्र रूप से, इच्छापूर्वक।

Volunteer (व्हॉलन्टिअर्) *n.* जरूरत के समय अपनी इच्छा से सेवा देने वाला, अपनी इच्छा से सेना मे भरती होने वाला। *v.t.* & *i.* स्वयंसेवक बनना, अपनी इच्छा से किसी काम में हाथ डालना।

Vortex (व्हॉरटेक्स्) *n.* चक्रवात (बवंडर), जल-भँवर।

Voucher (व्हाउचर्) *n.* गवाह, प्रमाणपत्र, हिसाब की लिखित रसीद।

Vulcanic (वॅल्केनिक्) *adj.* ज्वालामुखी पर्वत संबंधी।

Vulgarity (वल्गारअटि) *n.* अशिष्टता, गँवारपन, ओछापन। **Vulgarly,** *adv.* गँवारपन से।

Vulneration (व्हल्नरेशन्) *n.* घाव पहुँचाने की क्रिया।

Vulnerose (व्हल्नरोज़्) *adj.* भेद्यता, घाव पहुँचाने योग्य अवस्था।

Vulpicide (वल्पिसाइड्) *n.* लोमड़ी की हत्या।

Vulpine (व्हल्पिन) *adj.* धूर्त, लोमड़ी-संबंधी।

Vulpinism (व्हल्पिनिझम्) *n.* धूर्तता।

Vulture (व्हल्चर्) *n.* लालची आदमी, गिद्ध।

Vulturous (व्हल्चयूरस्) *adj.* लोभी, लालची।

Vulva (व्हल्व्हा) *n.* (*Anat.*) योनि विवर, स्त्रियों की बाह्य जनेन्द्रिय।

Vulviform (वल्वि-फार्म्) *adj.* दर्रे के आकार का।

Vulvitis (वल्वि-टिस) *n.* भगरोश।

Vying (व्हायिंग्) *adj.* स्पर्धा करने वाला।

W

W (डब्ल्यू) अंग्रेजी वर्णमाला का तेईसवाँ अक्षर, इसका उच्चारण किसी अक्षर या मात्रा के आदि में व्यंजन, अन्यथा स्वर होता है।

Wabble (वॉब्ल्) *v.i.* इधर-उधर घूमना, चक्कर लगाना।

Wac (वॅक) *n. abbr.* महिलाओं के सैनिक दस्ते।

Wad (वॉड्) *n.* सूखी घास का गट्ठर, बैंक के नोटों का पुलिन्दा, सूखी घास, कागज़ इत्यादि का तोप

का डट्टा। *v.t.* डट्टे से बन्द करना, डट्टा लगाना, गठरी बनाना।

Wadi (वॉडि) *n.* सूखा नाला जो केवल बारिश में पानी से भरा होता है।

Wafer (वेफर्) *n.* लिफ़ाफ़ा बन्द करने की लेई, मालपुआ (पतली रोटी), पतला बिस्कुट। *v.t.* इस प्रकार की लेई से बन्द करना।

Wafture (वाफ्च्र्) *n.* हिलाने या संकेत करने की क्रिया।

Wage(s) (वेज्) *n.* काम की मजदूरी, वेतन (तनख्वाह), किराया।

Waggery (वैगरि) *n.* ठट्ठा, ठिठोली।

Waggish (वॉगिश्) *adj.* ठिठोलिया, मसखरा।

Waggishly (वॉगिशलि) *adv.* ठिठोली करते हुए।

Waggle (वॅगल्) *v.t.* & *i.* हिलाना, घुमाना, उचकते हुए चलना। **Wagon, Waggon** (वॅगन्) *ns.* चार पहिये का छकड़ा।

Waggonage (वॅगनऍज्) *n.* छकड़े का किराया।

Wagonette (वॅगनेट्) *n.* आमने-सामने की गद्दी की चौपहिया हल्की गाड़ी।

Wagtail (वैगटेल्) *n.* बारम्बार पूँछ हिलाने वाली एक छोटी चिड़िया, खन्जन पक्षी।

Waif (वेफ्) *n.* फेंका हुआ बालक, पड़ी हुई वस्तु जिसके मालिक का पता न हो।

Wail (वेल्) *n.* विलाप, रुलाई। *v.t.* & *i.* विलाप करना, रोना, दुःख प्रकट करना। **Wailingly** (वेलिंगलि) *adv.* विलाप करते हुए।

Wain (वेन्) *n.* छकड़ा, गाड़ी।

Waist (वेस्ट्) *n.* जहाज़ का सबसे चौड़ा भाग, (कटिदेश) कमर।

Waistband (वेस्ट्बैंड्) *n.* कमरबंदी।

Waistbelt (वेस्ट्बैल्ट्) *n.* कमरपेटी।

Waistcloth (वेस्ट्क्लॉथ्) *n.* लुंगी, कमर पर का वस्त्र।

Waistdeep (वेस्ट्डीप्) *adj.* कमर तक गहरा।

Waitress (वेटरस्) *n.* होटल में कार्यरत दासी।

Waiter (वेटर्) *n.* होटल का नौकर, चाकर, परिचारक।

Waive (वेव्ह्) *v.t.* टालना, दूर रखना, त्यागना (छोड़ना), परित्याग करना।

Walk-over (वॉकओव्हर्) *n.* बिना लड़ाई या मुकाबले के ही सहज में विजय।

Wall (वॉल्) *n.* भीत, दीवार, (ब.व.) किलेबन्दी। *v.t.* भीत से घेरना।

Wall-knot (वॉल-नॉट्) *n.* रस्से के किनारे पर गुँथी हुई गाँठ।

Wallop (वॉलॅप्) *v.t.* & *i.* खदबदाते हुए उबालना, कोड़ा मारना।

Walnut (वॉलनट्) *n.* अखरोट, अखरोट का पेड़।

Walrus (वॉलरस्) *n.* बड़े दाँत वाला, मांसाहारी समुद्री जंतु।

Wand (वॉन्ड्) *n.* डण्डा, जादूगर की छड़ी।

Wander (वॉन्डर्) *v.i.* स्थान छोड़कर जाना, भटकना, विचारना, घूमना।

Wanderer (वॉन्डरर्) *n.* बिना मतलब के विचरनेवाला, भटकनेवाला, अवारा।

Wander-plug (वॉन्डर-प्लग्) *n.* बिजली की बैटरी को बाँधने का पेंच।

Wangle (वँगल्) *v.t.* चालाकी से कृपा प्राप्त करना।

Want (वॉन्ट्) *n.* कमी, खराबी, अभाव, न्यूनता, आवश्यकता, जरूरत, दरिद्रता। *v.t.* & *i.* कमी का अनुभव करना, आवश्यकता का अनुभव करना, इच्छा करना, चाहना, अभाव होना, न्यून होना, कम होना।

Wapper (वॉपर्) *v.i.* हिलना, काँपना।

War (वॉर्) *n.* युद्ध, संग्राम, लड़ाई, बैर, बुराई, शत्रुता, राष्ट्रों के बीच युद्ध या समर या जंग। *v.t.* & *i.* युद्ध करना, झगड़ना।

Warden (वॉर्डन्) *n.* संरक्षक, अध्यक्ष, रक्षापुरुष।

Warder (वॉर्डर्) *n.* रक्षक (द्वारपाल), पहरेदार।

Warehouse (वेअर्-हाउस्) *n.* & *v.t.* गोदाम, गोदाम में सुरक्षित रखना।

Warm-blooded (वॉर्म-ब्लडेड्) *adj.* गरम रुधिरवाले (प्राणी)।

Warning (वॉर्निंग्) *n.* इशारा, प्रबोधन, चेतावनी।

Warp (वॉर्प्) *v.t.* & *i.* ऐंठना, नष्ट करना, बिगाड़ना। *n.* बुनाई का ताना, नाव खींचने का रस्सा (गोन), लकड़ी में टेढ़ापन, मन की ढलान।

Warping-hook (वॉर्पिंग-हुक्) *n.* धागा तानने का हुक।

Warrant (वॉरन्ट्) *n.* अधिकार, प्रमाण, अधिकार-पत्र, जमानत, पकड़ने का हुक्मनामा (वारन्ट)। *v.t.* अधिकार देना, सुरक्षित रूप में पाना, प्रमाणित करना, स्थिर करना, स्थापित करना।

Warranted (वॉरन्टिड्) *adj.* प्रमाणित।

Warantee (वॉरन्टी) *n.* जिसके प्रति कुछ प्रमाणित किया गया हो।

Warranty (वॉरन्टि) *n.* प्रतिभूति, प्रतिज्ञा, अधिकार।

Warrior (वॉरिअर्) *n.* ख्यातिप्राप्त योद्धा, (सैनिक) सिपाही।

Wash (वॉश्) *n.* दलदल, नहाने-धोने का जल, स्नान, पतवार का पत्ता, लहरों की टकरान, धातु की चद्दर पर पतला रंग। *v.t.* & *i.* द्रव से रगड़ना, स्नान करना (नहाना), पानी से धोना, गीला करना, बहाना।

Washerman (वॉशरमन्) *n.* (धोबी) कपड़े धोने वाला।

Washer-woman (वॉशर्-वूमन) *n.* (धाबिन) कपड़े धोने वाली।

Waste (वेस्ट्) *n.* फिजूलखर्जी, बिना जोता-बोया प्रदेश, नाश, हरण, (उड़ाव), कूड़ा-करकट। *adj.* नष्ट-भ्रष्ट, अनजोती जमीन, परती, शून्य, व्यर्थ पड़ा हुआ, निर्गुण, निरर्थक, बेकाम, निष्प्रयोजन, निर्जन। *v.t.* & *i.* नष्ट होना, उड़ा देना, नाश करना, व्यग्र करना, क्षय होना।

Waster (वेस्टर्) *n.* आदमी जिसका होना न होना बराबर हो, व्यर्थ का बोझ, बनाते समय बिगड़ी हुई चीज, बेकार।

Wastrel (वेस्ट्रल्) *n.* आवारा बच्चा, बेकार व्यक्ति, कारखाने में निर्मित होते समय खराब होना, भटका हुआ व्यक्ति।

Watchmaker (वॅाच्मेकर्) *n.* घड़ीसाज, घड़ियों की मरम्मत करनेवाला।

Watchtower (वॉचटॉवर्) *n.* मीनार जिस पर से निरीक्षण किया जाता है।

Watchword (वॉचवर्ड) *n.* गुजरने देने का शब्द, पहरे वालों का सांकेतिक शब्द जिसके प्रयोग से वे मित्र या शत्रु को पहचान जाते हैं।

Water-buffalo (वॉटर्-बफेलो) *n.* भैंस।

Water-course (वाटर्-कोर्स) *n.* जलमार्ग, प्रवाह।

Watercraft (वाटर्क्राफ्ट्) *n.* & जहाज़, नाव इत्यादि।

Water-cress (वाटर्-क्रेस्) *n.* जलकुम्भी।

Water-dog (वॉटर्-डॉग) *n.* अच्छा तैराक, मल्लाह, ऊदबिलाव, जल-पक्षियों को पकड़ने के लिए सिखाया गया कुत्ता, वर्षावाहक उड़नेवाला बादल।

Water-engine (वॉटर-ईंजन्) *n.* जल उठाने का इंजन।

Waterfall (वॉटर-फाल्) *n.* जलप्रपात, झरना।

Water-gauge (वॉटर-गेज़) *n.* इंजन में पानी की गहराई नापने का यन्त्र।

Watering (वॉटरिंग) *n.* पानी देने या पहुँचाने की क्रिया।

Waterjacket (वॉटरजैकिट्) *n.* यन्त्र को ठण्डा करने की पानी की टंकी।

Watermark (वॉटरमार्क) *n.* कागज में का (पानी का) विशिष्ट चिह्न, बाढ़ का चिह्न।

Water-proof (वॉटर-प्रूफ) *adj.* जल प्रवेश न होने योग्य।

Waterworks (वॉटर्-वर्क्स) *n.* जल पहुँचाने का प्रधान कार्यालय।

Wax (वॅक्स्) *v.t.* & *i.* बढ़ना या बढ़ाना, वृद्धि प्राप्त करना, लाह लगाना, मोम से छेद बन्द करना। *n.* मोम, कान की मैल, खूँट, मुहर करने की लाह।

Wayfarer (वेफेरर्) *n.* पथिक, बटोही, यात्री।

Weak-headed (वीकन-हेडिड्) *adj.* बुद्धिहीन, कम बुद्धिवाला।

Weanling (वीनलिंग्) *n.* जिस बालक का दूध थोड़े ही दिन हुए छुड़ाया गया हो।

Weapon (वेपन्) *n.* शस्त्र, आयुध, हथियार, (ब.व.) काँटा, डंक।

Wearisome (वीअरसम्) *adj.* थकाने वाला, खेदजनक, कष्टकारक।

Weary (वीयरि) *adj.* क्लिष्ट, थकाने वाला, म्लान, परिश्रान्त, थका हुआ (घबड़ाया हुआ)।

Weasand (वीसन्ड्) *n.* नरेटी, गला, वायु-प्रणाली।

Weasel (वीझल्) *n.* नेवला, नकुल।

Weather (वेदर्) *n.* (समय, काल) वायु की अवस्था, दिन, ऋतु, मौसम। *v.t.* वायु के सम्मुख करना या रखना, सहन करना, वायु की ओर जहाज़ ले जाना।

Weather-anchor (वेदर्-एन्कर्) *n.* वायु की ओर पड़ा हुआ लंगर।

Weaver (वीव्हर्) *n.* बुनकर पक्षी, जुलाहा।

Web (वेब्) *n.* जाल, मकड़े का जाला, बुनी हुई वस्तु, तलवार का फलक, जलपक्षियों के पंजे की झिल्ली, आँखों का माड़ा।

Wed (वेड्) *v.t.* & *i.* संयोजित होना, विवाह करना, ब्याहना, मिलना।

Weed-hook (वीड-हुक्) *n.* मोथा काटने का हँसुआ।

Week (वीक्) *n.* सप्ताह, के सात कार्य दिवस, सप्ताह, हफ्ता।

Weevil (वीव्हिल्) *n.* पौधा खानेवाला झींगुर, घुन।

Weft (वेफ्ट्) *n.* जाल, बाना, बुनावट, आड़ा तार।

Welfare (वेल्फेअर्) *n.* ऐश्वर्य, कुशलता, क्षेम, आनन्द, दुःख से छुटकारा, स्वास्थ्य का आनन्द या सुख, उन्नति।

Well-appointed (वैलअपाइन्टेड्) *adj.* भली भाँति नियुक्त, सुसज्जित।

Well-being (वेल्-बींइग्) *n.* कल्याण, भले चंगे।

Well-born (वेल्-बोर्न) *adj.* शिष्ट, कुलीन, सुशील।

Well-bred (वेल-ब्रेड्) *adj.* कुलीन, सदाचारी, अच्छी नस्ल का घोड़ा, मवेशी।

Wellnigh (वेल्-नाय्) *adv.* निकट, करीबी।

Well-to-do (वेल-टूडू) *adj.* समृद्ध, सम्पन्न, उन्नत।

Well-wisher (वेल-विशर्) *n.* हितैषी, दूसरे का कल्याण चाहने वाला।

Wench (वेन्च्) *n.* युवा स्त्री, दाई, दुष्टा स्त्री, बदचलन औरत।

Wencher (वेन्चर्) *n.* व्यसनी, लम्पट पुरुष।

Werewolf, Werwolf (वेअरवुल्फ) *ns.* मनुष्य से भेड़िया बना हुआ।

Westminster (वेस्टमीनिस्टर्) *n.* लन्दन शहर का एक भाग, संसदीय क्षेत्र।

Wet-dock (वेट-डॉक्) *n.* जहाज़ मरम्मत करने का स्थान जिसमें जहाज़ सर्वदा पानी पर रहते है।

Whale (व्हेल्) *n.* सबसे बड़ी, (दूध पिलाने वाली) मछली, व्हेल मछली।

Whaleman (व्हेलमैन्) *n.* व्हेल मछली पकड़ने वाला मनुष्य।

Wharf (वॉर्फ्) *n.* तटस्थान, घाट। *v.t.* घाट पर रखना।

Wheel (व्हील्) *v.t.* & *i.* मण्डलाकार घूमना, चक्कर देना, पहियों पर चलना। *n.* चक्र के आकार का यन्त्र, चक्र, पहिया (चाक)।

Whet-stone (व्हेट-स्टोन्) *n.* धार तेज करने का पत्थर, सान।

Whig (विग्) *n.* प्रजातन्त्रवादी, अंग्रेजी राजनीति में प्रजा के स्वत्य के लिए उदार नीति-धारी।

Whimsical (व्हिम्झिकल्) *adj.* चंचल (तरंगी), मनमौजी, अनवस्थित।

Whim-wham (व्हिम-व्हैम्) *n.* खिलवाड़, खिलौना।

Whimchat (व्हिम-चैट्) *n.* एक छोटी गाने वाली चिड़िया।

Whin (व्हिन्) *n.* सख्त ठोस पत्थर।

Whine (व्हिनि) *n.* कराह। *v.t.* & *i.* पीड़ा का शब्द करना, विलाप करना, कराहना।

Whip (व्हिप्) *n.* संसद का वह सदस्य जो विभाजन के समय अपने दल के लोगों को उपस्थित होने के लिये बुलाता है, चाबुक, कोचवान, घोड़ा हाँकनेवाला। *v.t.* & *i.* चाबुक से मारना, जीतना, आगे बढ़ जाना, उत्तम बनना, भड़काना, संसद में हाजिर होने के लिये बुलाना, कोड़ा मारना, चाबुक से मारना, तेजी से भागना या दौड़ जाना।

Whiplash (व्हिप्लाश्) *n.* चाबुक की रस्सी।

Whirl (व्हर्ल्) *n.* जोर का चक्कर, घुमाना। *v.i.* तेजी से चक्कर खाना या घूमना।

Whirlpool (व्हर्लपूल्) *n.* जलावर्त, भँवर।

Whisker (व्हिस्कर्) *n.* शीघ्र चलने वाला, गलमुच्छा।

Whisket (व्हिसकैट्) *n.* टोकरी।

White-ant (व्हाइट-एन्ट्) *n.* दीमक, शुद्ध, पारदर्शी।

Wholeblood (होलब्लड्) *adj.* एक ही माँ-बाप से उत्पन्न।

Wholehearted (होल्-हार्टेड्) *adj.* सहृदय, सच्चा।

Whorl (व्हॉर्ल्) *n.* चक्कर, आवर्त, पत्तों या फलों की माला (मेखला)।

Widgeon (विजन्) *n.* एक प्रकार की जंगली बत्तख।

Widow (विडो) *n.* विधवा, राँड़, बेवा। *v.t.* पति या पत्नी से वंचित करना, किसी अच्छे पदार्थ से अलगाना, विधवा बनाना।

Widower (विडोवर्) *n.* विधुर, जिसकी पत्नी मर गई हो। इच्छा करना, निश्चित करना (निर्णय करना), वसीयत करना।

Winner (विनर्) *n.* जीतनेवाला, विजेता।

Windfall (विनफाल्) *n.* वायु से गिरा हुआ फल, सौभाग्य, अलभ्य लाभ।

Wind-gall (विनगॉल्) *n.* घोड़े की गुमची पर की हड्डी।

Wind-gun (विन-गन्) *n.* हवाई बन्दूक।

Windpipe (विन्ड्पाइप्) *n.* साँस लेने की वह नली जिससे गले से फेफड़ों तक साँस आती है, वायुप्रणाली।

Wind-screen (विन्ड-स्क्रीन्) *n.* वायु रोकने का पर्दा या दीवाल।

Windy (विन्डी) *adj.* वायु नियंत्रक, वातग्रस्त, शब्दाम्बर-पूर्ण, हवादार, वायु द्वारा प्रचालित या स्थापित।

Wine (वाइन्) *n.* अंगूर की मदिरा, सुरा।

Wing (विंग्) *n.* हवाई जहाज़ के पंख, नाटकगृह का पार्श्वभाग, पंख, पर, बाजू, यत्न तथा रक्षा। *v.t.* & *i.* पंख लगाना, उड़ना, लपेटना।

Winter (विन्टर्) *n.* हेमन्त, शिशिरकाल, जाड़े की ऋतु। *v.t.* & *i.* जाड़ा बिताना, जाड़े में भोजन और आश्रय देना, ठंडा करना, जमना।

Wireless (वायर-लैस्) *n.* बिना तार के विद्युत-चुम्बकीय तरंगो द्वारा समाचार भेजने का यन्त्र।

Wise-hearted (वाइझ-हर्टिड्) *adj.* विवेकी, चतुर।

Wish (विश्) *n.* इच्छा (मनोरथ), अभिलाषा, आकांक्षा, प्रार्थना, इच्छित वस्तु। *v.t.* & *i.* अभिलाषा करना, इच्छा करना, प्रार्थी होना, लीन होना।

Witch (विच्) *n.* जादूगरनी, डाइन, कुरूपा, वृद्धा स्त्री, मोहित करने वाली स्त्री। *v.t.* जादू-टोना करना, मोहना।

Witchcraft (विच्क्राफ़्ट्) *n.* इन्द्रजाल, माया।

Witness (विट्नेस्) *n.* अदालत में गवाही देनेवाला, प्रमाण, साक्षी, गवाह। *v.t.* & *i.* प्रत्यक्ष करना, गवाही से प्रमाणित करना, गवाही देना।

Wizard (विज़ाई) *n.* विलक्षण शक्ति वाला मनुष्य, ऐन्द्रजालिक, मायावी, ओझा, जादूगर।

Wizen (विजेंन्) *v.t.* मुर्झाना, सुखाना। *adj.* मुरझाया हुआ, सूखा हुआ।

Woe-begone (वो-बीगोन्) *adj.* दुःख से सन्तप्त, शोकमय।

Woeful (वोफुल) *adj.* संकटकारी, शेकान्वित, दुःखपूर्ण, विलापी।

Wolf (वुल्फ) *n.* स्त्रियों का पीछा करने वाला व्यक्ति, वृक, भेड़िया।

Wolfdog (वुल्फडॉग्) *n.* गड़ेरिए का बड़ा कुत्ता।

Woman (वुमन्) *n.* स्त्री, नारी, महिला, औरत, पत्नी, दासी (चेरी)।

Womanhood (वुमनहुड्) *n.* स्त्रीत्व, नारी स्वभाव।

Womankind (वूमनकाईन्ड्) *n.* स्त्री जाति।

Womb (वूम्ब) *n.* गर्भाशय, कन्दरा, उदर, गर्भस्थल।

Woobut, Woubit (वूबट्, वूबिट्) *ns.* ऊनदार, बाल वाला भालू।

Wood (वूड्) *n.* जंगल, वृक्ष, पेड़, लकड़ी, काष्ठ। *adj.* लकड़ी का।

Word (वर्ड्) *n.* कहावत, छोटा वाक्य, समाचार,

भाषण खबर, शब्द, पद, वचन, वार्ता, प्रतिज्ञा, सन्देश। *v.t.* शब्दों में व्यक्त करना।

Worker (वर्कर्) *n.* मजदूर, काम करनेवाला, बनाने या पैदा करने या योजना बनानेवाला, ईश्वर या रचयिता, लेखक, धन पैदा करने या कमानेवाला, काम करनेवाला मादा कीड़ा या मक्खी, राजनैतिक प्रतिनिधि, मशीन का भाग या पुर्जा, अच्छी तरह काम करनेवाला घोड़ा या कुत्ता।

Worm (वर्म्) *n.* पेंचदार नली, रेंगनेवाला (-कृमि) कीड़ा, नष्ट करने वाली वस्तु, कष्ट देनेवाला पदार्थ, कुत्ते की जीभ के नीचे का हिस्सा, सर्प, केंचुआ, घुन, नीच आचरण-हीन व्यक्ति, कष्टदायक वस्तु, क्षुद्र व्यक्ति, कीड़ा। *v.t.* & *i.* धीरे-धीरे अथवा छिपकर काम करना, रस्सा लपेटना, कीड़ों का शिकार करना, कीड़ों से नष्ट कराना, कीड़ों से मुक्त करना।

Wormwood (वर्मवुड्) *n.* एक प्रकार का कडुआ पौधा, कड़वापन, अपमान और उसका कारण।

Worn (वॉअन्) *adj.* दुर्बल बना हुआ, बीता हुआ (समय), प्रयोग या धूप, हवा, पानी से घिसा या नष्ट हुआ, श्रम से थका हुआ।

Worse (वर्ज) *adj.* अधिक बुरा, बदतर, नीचतर, अधिक अस्वस्थ।

Worsen (वर्जन्) *v.t.* & *i.* हराना, बिगाड़ना, बिगड़ना, अधिक बुरी हालत में होना, बदतर बनाना या होना।

Worship (वर्शिप्) *n.* सम्मानसूचक पदवी, महिमा, मूर्ति-पूजन, अर्चना, पूजा, आराधना। *v.t.* & *i.* आराधना करना, पूजा करना, आदर करना, उपासना करना।

Worthy (वर्थि) *adj.* उचित, उचित मूल्य का, योग्य, सम्मानीय, धार्मिक, बहुमूल्य, अनुरूप।

Wrangler (रैंगलर्) *n.* शास्त्रार्थ करनेवाला, गणित विद्या में सर्वश्रेष्ठ उपाधिप्राप्त विद्यार्थी।

Wreak (रीक्) *v.t.* बदला लेने के लिए दण्ड देना। *n.* पलटा, बदला।

Wreakless (रीकलैस्) *adj.* बदला न लेने वाला, दण्ड-रहित, दण्ड-मुक्त।

Wreckmaster (रेक्मास्टर्) *n.* टूटे जहाज़ के असबाब को अपनी निगरानी में रखनेवाला अधिकारी।

Wrestle (रेसल्) *v.t.* कुश्ती लड़ना, मल्लयुद्ध करना।

Wrestler (रेसलर्) *n.* बाहु-युद्ध, कुश्तीबाज।

Wrinkle (रिंकल्) *n.* तह, चर्म-रेखा, झुर्री, सिकुड़न। *v.t.* झुर्री या सिकुड़न डालना, सिलवट या शिकन डालना।

Wrist (रिस्ट्) *n.* मणिबन्ध, कलाई हाथ और बाजू का जोड़।

Writer (राइटर्) *n.* लेखक, ग्रन्थकार, मुंशी, निर्माणकर्ता।

Wrongdoing (रॉंग्-डुइंग) *n.* अपराध, हानि।

Wry (राय्) *adj.* मोड़ा हुआ, टेढ़ा, तिरछा, ऐंठा हुआ, विकृत। **Wryly,** *adv.* वक्रता से। **Wry-neck,** *n.* गर्दन की ऐंठन, एक प्रकार का कठफोड़वा। **Wryness,** *n.* वक्रता, ऐंठन।

Wych (विच) *pref.* वृक्षों आदि के नामों का उपसर्ग।

Wych-hazel- उत्तरी अमेरिका की झाड़ी, अर्क।

Wye (वाई) *n.* वैशाखी।

Wynd (वाइन्ड्) *n.* पतली गली।

Wyvern (वाइ-वर्न) *n.* & एक प्रकार का परों तथा दो टाँगों वाला कल्पित दैत्य।

X

X (एक्स्) 10 अंग्रेजी वर्णमाला का चौबीसवाँ अक्षर, रोमन संख्या में यह 10 के लिए प्रयुक्त होता है, बीजगणित में पहिली अज्ञात संख्या के लिये यह प्रयुक्त होता है।

X-film (एक्स-फिल्म) वह फिल्म जिसे केवल व्यस्क अर्थात् 18 वर्ष की आयु से अधिक के लोग ही देख सकते हैं।

Xanthic (जैन्थिक्) *adj.* पीले रंग से सम्बन्धित।

Xanthium (जैन्थियम्) *n.* गेंदे के समान एक फूल।

Xanthochronic (जैन्थोक्रोनिक्) *adj.* चिकने हल्के रंग के बालों और पीले रंग के शरीर के मनुष्य से सम्बन्धित।

Xanthoma (जॉन्थॅमा) *n.* एक प्रकार का चर्मरोग जिसमें शरीर में पीले चकत्ते पड़ जाते हैं।

Xanthomatous (जॉन्थॅमाटस्) *adj.* शरीर में पीले चकत्ते पड़ने के रोग से संबंधित।

Xanthomelanous (जैन्थोमेलीनस्) *adj.* ऐसे मनुष्यों का जिनके बाल का रंग काला तथा चमड़ी का रंग पीला होता है।

Xanthophyll (जैन्थोफिल्) *n.* पतझड़ की पत्तियों में पाया जाने वाला पीलापन।

Xanthosia (जैन्थोसिया) *n.* एक प्रकार का पौधा जिस पर पीले रोवें होते है।

Xanthosis (जैन्थोसिस्) *n.* पीले रंग की संरचना।

Xanthoura, Xanthura (जॉन्थुरा) *adjs.* एक प्रकार की पीली दुमवाली अमरीकी चिड़िया।

Xantippe (झाँटिपे) *n.* कलह-प्रिय नारी, कर्कशा स्त्री।

Xebec (झीबेक्) *n.* तीन मस्तूल का चौकोर पालों का छोटा जहाज़, त्रिमस्तूली जलयान (प्राचीन) समुद्री डाकुओं के जहाज़।

Xema (जॉमॉ) *n.* एक प्रकार की चिड़ियों का वर्ग जिनकी पूँछ दो भागों में फटी होती है।

Xenarthral (जैनार्थरल्) *adj.* पीठ की रीढ़ के सदृश जुटा हुआ।

Xenial (जीनिअल्) *adj.* आतिथेय-संबंधी।

Xenium (जीनियम्) *n.* शान्त जीवन या निश्चल प्राणी का चित्र, अतिथि को दिया हुआ उपहार।

Xenodochium (जेनोडोकियम्) *n.* अतिथि के लिए कमरा।

Xenodochy (जेनॅडॅकि) *n.* अतिथियों का स्वागत।

Xenogamy (जेनागमि) *n.* (*Bot.*) दो विभिन्न वृक्षों में गर्भाधान क्रिया, संकरोत्पत्ति, पर-निषेचन।

Xenogenesis (जनॉजनोसिस्) *n.* माता-पिता से भिन्न सन्तति की उत्पत्ति।

Xenomania (जैनोमेनिया) *n.* परदेशी वस्तुओं पर उत्कट प्रेम अथवा अत्यन्त लगाव।

Xenomorphic (जीनोमार्फिक) *adj.* अनियमित तथा असाधारण आकृति का।

Xenon (झेनॉन्) *n.* एक प्रकार की सघन वायु तत्व।

Xenops (जेनॅप्स्) *n.* अमेरिका देश की बुर्ज़ पर चढ़नेवाली एक प्रकार की लता।

Xerasia (जिरेसिआ) *n.* बालों का एक प्रकार का रोग जिसमें बाल बढ़ता नहीं है तथा सूख जाता है।

Xerochastic (जिरोकैस्टिक्) *adj.* सुखकर खुलने वाला।

Xerocollyrium (जिरोकलिरियम्) *n.* आँख में लगाने का सुखा अंजन।

Xeroderma (जीरॉहरमा) *n.* चमड़ी के सूख जाने का रोग।

Xerophagy (जिरॅफअजि) *n.* कम अन्न तथा रूखा-सूखा खाकर निर्वाह करने की आदत।

Xerophilous (झीरोफिलस्) *adj.* शुष्कतानुकूली, सूखा चाहनेवाला।

Xerophyte (जीरोफाइट्) *n.* सूखी भूमि का पौधा।

Xerosis (जीरोसिस्) *n.* चड़े का सूखापन।

Xerotes (जीरोटिज़्) *n.* शरीर का सूखापन।

Xerotribia (जीरॅट्रिबइआ) *n.* रगड़।

Xiphiolid (जिफिऑलिड्) *adj.* तलवार के आकार की मछली-सम्बन्धी।

X-rays (एक्स्-रेज़्) *n.* (सन 1895 ई. में जर्मन वैज्ञानिक रन्टजन वर्जवर्ग द्वारा आविष्कृत बिजली की धारा की वे अदृश्य रश्मियाँ (किरणें) जिनकी सहायता से किसी ठोस पदार्थ के भीतर का चित्र खींचा जा सकता है, एक्स-किरणें, एक्सरे।

Xylanthrax (जाइलॉन्थ्रक्स्) *n.* लकड़ी द्वारा उत्पन्न कोयला।

Xylem (जाइलम्) *n.* वनस्पति की लकड़ी का भाग।

Xylocarp (जाइलोकार्प) *n.* कड़ी लकड़ी के समान फल।

Xylograph (जाइलोग्रॉफ) *n.* काष्ठ-कला, काष्ठोत्कीर्णन।

Xylography (जाइलोग्रॉफि) *n.* लकड़ी पर खोदने या लकड़ी की मूर्ति बनाने की कला।

Xyloid (जाइलायड्) *adj.* लकड़ी का सदृश।

Xyloidine (जाइलॉडिन्) *n.* एक प्रकार का तेज पलीता।

Xylol (जाइ-लॅल्) *n.* लकड़ी से निकाला हुआ तेल।

Xylophagan (जाइलॉफागन्) *n.* दीमक वर्ग का एक लकड़ी खाने वाला कीड़ा।

Xylophagous (जाइलोफैगस्) *adj.* लकड़ी खानेवाला।

Xylophone (जाइलॅफोन्) *n.* एक प्रकार का जलतंरग जिसमें काँच की पट्टी के स्थान में कड़ी लकड़ी की पट्टियाँ लगी होती है।

Xylopyrography (जाइलोपाइरोग्राफि) *n.* एक प्रकार की चित्रकारी, लकड़ी पर नक्काशी करने की कला।

Xyst (झिस्ट्) *n.* कसरत करने की ढकी या खुली दालान।

Xyster (झिस्टर्) *n.* हड्डी खुरचने का एक जर्राही यन्त्र, खुरचनी।

Xystos, Xystus (झिस्टम्) *ns.* उद्यान मार्ग, कसरत करने की खुली या ढकी हुई दालान।

Y

Y (वाय्) अंग्रेजी वर्णमाला का पचीसवाँ अक्षर, रोमन् संख्या में 150 के लिए प्रयुक्त होता है।

Yabber (यैबर) *n.* बकवास करना।

Yacca (यॉका) *n.* एक प्रकार का सर्वदा हरा बना रहनेवाला वृक्ष।

Yacht (यॉट्) *n.* सैर करने की नाव, केलिपोत, पनसुआ। *v.i.* केलिपोत में यात्रा करना। **Yachter,** *n.* केलिपोत का अधिकारी। **Yachting,** *n.* केलिपोत में यात्रा।

Yaffle (याफल) *n.* हरा कठफोड़वा।

Yager (येगूअर्) *n.* जर्मन पैदल-सिपाही।

Yah (याह) *inter.* छिः! वाहः! हाँ, वस्तुतः, निसन्देह।

Yahoo (याहू) *n.* वनमानुष, जंगली असभ्य मनुष्य, नृशंस व्यक्ति।

Yak (यॉक्) *n.* तिब्बत देश का लम्बे रेशमी बालों वाला एक प्रकार का साँड़।

Y'all *pron.* तुम सब।

Yam (यैम्) *n.* अरुई।

Yama (यामा) *n.* हिन्दु धर्म में मृत्यु के देवता, यम।

Yammer (यॅमर) *v.t.* विलाप करना, रोना, चिल्लाना।

Yamun (यामन्) *n.* चीन का सरकारी दफ़्तर।

Yang (याँग) *n.* मूल तत्त्व।

Yank (यॉक्) *v.t.* झटका देना, फुर्ती से चलना।

Yankee (यांकि) *n.* अमेरिका निवासी।

Yanoloite (यानोलोइट्) *n.* एक प्रकार का दानेदार खनिज।

Yap (याप्) *v.i.* निरन्तर बोलते रहना, कुत्ते की तरह भूँकना।

Yapon (यॉपन) *n.* एक प्रकार की चाय।

Yapp (याप्) *n.* एक प्रकार की जिल्दबन्दी जो पुस्तक के किनारे से उभड़ती रहती है।

Yappie (यापि) *n.* नौजवान आकांक्षी व्यक्ति।

Yard (याई) *n.* पाल फैलाने का डण्डा, छतीस इन्च का गज, पशुओं का बाड़ा या घेरा, आँगन, अहाता। *v.t.* बाड़े में पशु बन्द करना। **Yardman,** *n.* खेत तथा उससे संबंधित भवनों या बाड़ों का निरीक्षक अधिकारी। **Yardmaster,** *n.* रेलवे के बाड़े का निरीक्षक। **Yardstick,** *n.* तीन फीट या एक गज लंबी छड़ी।

Yardage (यार्डेन) *n.* गज का मापा आकार।

Yardarm (यार्डआर्म) *n.* पाल के डण्डे का सिरा।

Yard sale (यार्डसेल्) *n.* घर के किसी समान की बिक्री।

Yardwand (यार्डवॉन्ड्) *n.* नापने का गज।

Yare (येअर्) *adj.* निपुण, तीव्र, उत्सुक।

Yarely (येअरलि) *adv.* निपुणता से, तीव्रता से।

Yarn (यार्न्) *n.* पक्का धागा या सूत, सूत्र, तन्तु, तार, रस्से का लड़ी, कहानी, कल्पित कथा। *v.t.* कथा कहना, वर्णन करना।

Yarr (यार्) *v.i.* भूँकना, गुर्राना।

Yarrish (यारिश्) *adj.* सूखे स्वाद का।

Yataghan (याटाघन्) *n.* छोटी घूमी हुई तलवार।

Yate (येट्) *n.* फाटक।

Yaup (यॉप्) *v.i.* बच्चे की तरह चिल्लाना।

Yaw (यॉ) *v.i.* फफोले उठना या पड़ना।

Yawl (यॉल्) *n.* मछली पकड़ने की नाव या लड़ाई के जहाज़।

Yawn (यॉन्) *n.* जँभाई, दर्रा। *v.t.* & *i.* जँभाई लेना, उबासी लेना, मुँह फाड़ना।

Yawning (यॉनिंग्) *adj.* सुस्त, जँभाई लेनेवाला।

Yaws (यॉज़्) *n.* चमड़ी पर पैदा होनेवाली गाँठ।

Ye (यी) *pron.* तुम लोग, तुम, आप लोग।

Yea (ये) *adv.* हाँ, अवश्य, वस्तुतः, निःसन्देह।

Yeanling (येनलिंग्) *n.* भेड़ का बच्चा, मेमना।

Yean (यीन्) *v.t.* & *i.* बच्चा, जनना, ब्याना।

Year (यिअर्) *n.* 12 वर्ष, साल, (ब.व.) वृद्धावस्था, सालभर।

Yearbook (यिअरबुक्) *n.* वार्षिक सूचना पुस्तक।

Yearling (यिअरलिंग्) *adj.* & *n.* एक बरस का पशु का बच्चा, एक-वर्षीय।

Yearlong (यिअरलॉग्) *adj.* वर्ष भर रहने वाला।

Yearly (यिअर्लि) *adj.* & *adv.* सालाना, हर साल, वार्षिक।

Yearn (यर्न्) *v.t.* & *i.* इच्छा करना, उत्सुक होना, उत्कण्ठा करना, दुःखी होना।

Yearnful (यर्नफुल) *adj.* कष्टकारक, कष्ट देनेवाला।

Yearning (यर्निंग्) *n.* अनुकम्पा, उत्कण्ठा, इच्छा।

Yeast (यीस्ट्) *n.* खमीर, फेन, उफान, झाग।

Yeasty (यीस्टी) *adj.* झागदार, फेनदार।

Yeldrin (यल्ड्रिन्) *n.* पीले रंग का तोरण।

Yell (येल्) *n.* चीत्कार, चिल्लाहट। *v.i.* चिल्लाना।

Yellow (यलो) *n.* चमकीला बसन्ती या पीला रंग। *adj.* सुनहला, पीला, सुवर्ण रंग का, बसन्ती। *v.t.* & *i.* पीला करना, पीला होना।

Yellowish (यलोइश्) *adj.* कुछ पीला।

Yelp (येल्प्) *n.* कुत्ते का पीड़ा से भौंकना या चीखना।

Yen (येन्) *n.* जापानी मुद्रा की ईकाई।

Yeoman (योमन्) *n.* क्षेत्रपाल, रिसालदार, गृहपति, जमींदार, किसान।

Yerk (यर्क) *v.t.* झटका देना। *n.* एकाएक तेज चाल।

Yer-nut (यर्नट्) *n.* मूँगफली।

Yes (येस्) *adv.* स्वीकृति का शब्द, हाँ, अच्छा, सचमुच, अवश्य ही।

Yesterday (यस्टर्डे) *n.* बीता हुआ कल, गत दिवस, कल।

Yesternight (यस्टर्डेनाइट्) *n.* गत रात्रि।

Yet (यट्) *adv.* तथापि, अब तक, इस समय, अभी तक, तो भी, उस समय तक, तब तक। *conj.* तिस पर भी, तो भी।

Yew (यू) *n.* सर्वदा हरा रहनेवाला एक वृक्ष।

Yewn (यूवन्) *adj.* इस वृक्ष का बना हुआ।

Yex (येक्स्) *n.* हिचकी, सिसकी।

Yield (यील्ड्) *v.t.* & *i.* मान लेना, सहमति देना, स्वीकार करना, उत्पन्न करना, बदले में देना, हवाले करना, स्वीकार करना, अधीन होना।

Yieldance (यील्डैन्स्) *n.* स्वीकृति।

Yielder (यील्डर्) *n.* स्वीकार करने वाला।

Yielding (यील्डिग्) *adj.* & *n.* अनुकूल, समर्पण।

Yoicks (योइक्स्) *inter.* लोमड़ी के शिकार के लिए शिकारी कुत्तों को ललकारने का शब्द, लूहा।

Yoke (योक्) *n.* दासत्व का चिह्न, सन्धि, चाकरी, युगल (जोड़ा), जुआ। *v.t.* जुआ रखना, जोड़ना, जोतना, दास बनाना, बाँधना।

Yokemate (योकमेट्) *n.* साथी, साथ काम करनेवाला।

Yokel (योकल्) *n.* ग्रामीण, अज्ञानी, देहाती या ग्रामीण पुरुष।

Yolk (योक्) *n.* अण्डमध्य, पीतक, ज़रदी, अण्डे का पीला भाग।

Yon (यॉन्) *adv.* सामने का।

Yond (यॉन्ड्) *adj.* अति क्रुद्ध, पागल।

Yonder (यॉन्डर्) *adv.* दृष्टिगोचर, सामने का।

Yonker (यॉन्कर्) *n.* युवा मनुष्य।

Yore (योअर्) *n.* पुराना ज़माना, प्राचीन, बहुत दिन बीते।

Yorker (यॉर्कर्) *n.* यार्क गेंद (बाज़ी) से बल्लेबाज़ को आउट करना।

You (यू) *pron.* तुम, तुम लोग, तू, आप, आप लोग, तुम लोगों।

Young (यंग्) *n.* पशु-शावक, पशु का बच्चा। *adj.* युवा, तरुण, कुमार, बिना अनुभव का, शक्तिशाली, यौवन संबंधी, एक ही नाम के दो मनुष्यों में जो व्यक्ति कम अवस्था का हो।

Young-blood (यंग्-ब्लड्) *n.* युवावस्था का (उमंग) पराक्रम।

Youngster (यंगस्टर्) *n.* बालक, छोकरा, लड़का।

Your (युवर्, योअर्) *pron.* तुम लोगों का, तुम्हारा, आप लोगों का।

Yourself (युवरसैल्फ) *pron.* आप ही, तुम ही, तुम स्वयं।

Youth (यूथ्) *n.* अभिनवता, नूतनता, यौवन, यौवनकाल, किशोरा-वस्था, तरुण अवस्था।

Youthful (यूथफुल) *adj.* ताजा, शक्तिशाली, युवा, यौवन-संबंधी, युवावस्था के योग्य।

Youthsome (यूथसम्) *adj.* युवा, यौवन-संबंधी, यौवनपूर्ण।

Yowl (याउल्) *v.t.* कुत्ते की तरहा चिढ़ाना।

Youcca (यका) *n.* कुमुदिनी (कोई) के प्रकार की एक वनस्पति।

Yuck (यक) *v.t.* खुजली होना, खुजलाना।

Yucker (यकर) अमेरिकन कठफोड़वा।

Yuga (युगा) *n.* पुराणों के अनुसार काल का एक दीर्घ परिमाप (ये संख्या में चार माने गए हैं, यथा-सतयुग, त्रेता, द्वापर, और कलियुग)।

Yulan (यूलान्) *n.* एक प्रकार का फूलने वाला सुन्दर वृक्ष।

Yule (यूल्) *n.* ईसा का पर्व या त्यौहार, बड़ा दिन।

Yule-log (यूल्-लॉग्) *n.* लकड़ी का लट्ठा जो जंगल से काटकर घर पर लाया जाता है और क्रिसमस के उत्सव पर जलाया जाता है।

Yuletide (यूल्-टाइड्) क्रिसमस का समय।

Yummy (यूमी) *adj.* स्वादिष्ट।

Yunx (यूनक्स्) *n.* एक प्रकार की चिड़िया।

Yuppie (यूपि) *n.* शहर में कार्यरत युवक।

Yurt (यर्ट) *n.* ध्रुव देश के निवासियों के रहने का खेमा।

Ywis (आइविस) *adj.* अवश्य, निःसन्देह।

Z

Z (ज़ेड्) अंग्रेजी वर्णमाला का अन्तिम तथा छब्बीसवाँ वर्ण।

Zabaglione (जैवेलियोन) इटली की मिठाई।

Zabra (ज़ाब्रा) *n.* स्पेन देश के किनारे का छोटा जहाज़।

Zabrus (ज़ाब्रस्) *n.* गुबरेला, एक प्रकार का बड़ा झींगुर।

Zaccho (जॉक्के) *n.* खम्बे का सबसे बड़ा नीचे का भाग।

Zadkiel (जॅड्किअल्) *n.* इस नाम का प्रसिद्ध ज्योतिषीय पंचांग।

Zaffre (ज़ाफर्) *n.* एक विशेष प्रकार का खनिज विशेष।

Zalacca (ज़ालाका) *n.* मलय प्रायद्वीप का ताड़।

Zambo (ज़ॉम्बें) *n.* अमेरिका देश के हबशी तथा जंगली जाति से उत्पन्न बालक।

Zambomba (ज़ाम्बोम्बा) *n.* स्पेन देश का एक प्रकार का बाजा।

Zamia (ज़ेमिआ) *n.* एक प्रकार का ताड़ का वृक्ष।

Zamouse (जामुस) *n.* एक प्रकार की छोटे सींग की जंगली गाय।

Zampogna (ज़ाम्पोना) *n.* इटली देश का मशक बाजा।

Zanella (ज़नेला) *n.* छाते का कपड़ा।

Zany (ज़ेनि) *n.* भाँड़, खुशामदी टट्टू, मसखरा, सहायक विदूषक। *v.t.* मसखरे का काम करना, हँसी उड़ाना।

Zanyism (ज़ेनिइज्म्) *n.* मसखरापन, भांड़ का गुण।

Zap (जैप) *v.* अचानक नष्ट करना, मारना।

Zaphara (ज़ॉफरा) *n.* कुम्हारों का नीला रंग।

Zapote (ज़ापोट्) *n.* कड़ी गुठली का एक गोल फल।

Zapper (जैपर) *n.* दूरस्थ नियंत्रक।

Zarathustra (जैरथ्रूसट्) *n.* प्राचीन पारसी धर्म के प्रवर्तक।

Zariba (ज़रीबा) *n.* सुडान में जंगली जन्तुओं से बचने के लिये कँटीली झाड़ियों का घेरा।

Zarf (जार्फ़) *n.* स्लेट काटने का औजार।

Zax (ज़ॉक्स्) *n.* स्लेट काटने का औजार।

Zayat (जायट्) *n.* बर्मा का बड़ा सभा भवन।

Zea (ज़ीआ) *n.* एक प्रकार का भुट्टा।

Zeal (ज़ील्) *n.* उत्साह (उद्योग, व्यग्रता), जोश, उत्तेजना, व्यग्रता।

Zealful (ज़ीलफुल) *adj.* उत्साहयुक्त, उत्साही, लवलीन।

Zealotical (जीलोटिकल्) *adj.* अति उत्साही।

Zealous (जैलस्) *adj.* लवलीन, उत्साही।

Zebra (ज़ीब्रा) *n.* बनगर्दभ, धारीदार प्राणी या पदार्थ, गोरखर, चित्रगर्दभ।

Zebra crossing (जेब्रा क्रासिंग) *n.* पैदल पार पथ।

Zebrine (जेब्राइन्) *adj.* गोरखर संबंधी।

Zebu (ज़ीबू) *n.* पाला हुआ साँड।

Zed (ज़ेड्) *n.* जेड् अक्षर के रूप का लोहे का डण्डा।

Zedoary (ज़ेडोअरि) *n.* कर्चूर, कचर, आँबाहल्दी।

Zein (ज़ीइन्) *n.* भुट्टे का सार या प्रोटीन।

Zeitgeist (ज़ाइस्ट्) *n.* समय की प्रचलित रीति।

Zemstvo (ज़ेम्स्ट्वो) *n.* स्थानीय शासन-कार्यों के लिए रूस की प्रादेशिक भाषा।

Zeitgeist (साइट्, ज़ाइस्ट्) *n.* समय की प्रचलित भाषा।

Zenith (ज़ेनिथ्) *n.* अभिलाषा की चरम सीमा, उच्चतम स्थान, शिरोबिन्दु।

Zeolite (ज़ीऑलाईट्) *n.* एक प्रकार की धातु।

Zephyr (ज़ेफर्) *n.* मंद वायु, ऊनी धागा, फ़लालेन, पश्चिमी वायु, समीर।

Zeppelin (ज़ेपलिन्) *n.* बेलन के आकार का हवाई जहाज़, जर्मन सेना का एयरशिप।

Zero (ज़ीरो) *n.* बिन्दु, शून्य, ज़ीरो, सिफ़र, कुछ नहीं।

Zest (जेस्ट्) *n.* स्वाददायक पदार्थ, नारंगी या नीबू का छिलका, जायका, मज़ा, स्वाद, उत्साहशीलता, उत्कंठा। *v.t.* स्वादिष्ट बनाना।

Zeta (ज़ीटा) *n.* छोटा कमरा।

Zetetic (जीटैटिक्) *n.* अन्वेषक। *adj.* अन्वेषण से निकलने वाला।

Zeticula (जेटिक्युला) *n.* आराम करने का छोटा कमरा।

Zeugma (ज्युग्मा) एक अलंकार जिसमें समीप के शब्द से संबंध रखनेवाली क्रिया या विशेषण दूर के शब्द से भी संबंध रखते हैं।

Zeus (ज्यूस्) *n.* बृहस्पति का यूनानी नाम, ग्रीस देश-निवासियों का सबसे बड़ा देवता, यूनान का राष्ट्रीय देवता।

Zigzag (ज़िग्-जॅग्) *adj.* वक्र, कुटिल, मोड़दार। *n.* तिरछी या टेढ़ी लकीर। *v.t.* शीघ्र आगे-पीछे करना।

Zinc (ज़िंक्) *n.* जिंक, जस्ता।

Zinciferous (जिंकफेरस्) *adj.* जस्ते से युक्त।

Zincite (जिनसाईट्) *n.* बिजली की बैटरी का जस्तेवाला छोर।

Zincode (जिनकॉ) *n.* बिजली की बैटरी का जस्तेवाला छोर।

Zincous (जिनकॅस्) *n.* जस्ते के गुणोंवाला।

Zinke (ज़िकि) *n.* एक प्रकार का तुरही बाजा।

Zip (ज़िप्) *n.* बन्दूक की गोली की सरसराहट का शब्द।

Zither (ज़िथर्) *n.* एक प्रकार का सितार।

Zizania (जिजेनिया) *n.* जल की घास, एक प्रकार

की घास।

Zizel (ज़िज़ल्) *n.* एक प्रकार की यूरोप देश की गिलहरी।

Zoanthropy (जोअनथ्रोपि) *n.* एक प्रकार का मनोविकार (पागलपन) जिसमें मनुष्य अपने को पशु समझने लगता है।

Zobo (ज़ोब्) *n.* बोझा ढोने का बैल के प्रकार का एक पशु।

Zodiac *n.* (ज़ोडिअक्) राशि-चक्र, राशि-माला।

Zoetrope (ज़ोट्रोप्) *n.* जीवन चक्र उपकरण, एक खिलौना जिसमें तसवीर चलती देख पड़ते है।

Zoiatria (ज़ोइएट्रिया) *n.* पशु-चिकित्सा।

Zoic (ज़ोइक्) *adj.* जैवीय, पशु-संबंधी।

Zoilism (जोइलिज्म्) *n.* अन्यायपूर्ण छिद्रान्वेषण।

Zonal (जोनल्) *adj.* कटिबन्धों से संबंधित।

Zongaro (ज़िगारो) *n.* कंजड़ जाति।

Zone (ज़ोन्) *n.* कमर पट्टी, मण्डल, मेखला, घेरा, भूकटिबन्ध, परिधि।

Zoned (जोन्ड्) *adv.* मण्डलावृत, घेरा हुआ।

Zonula (जोन्युला) *n.* छोटी मेखला।

Zonure (जोन्यूर्) *n.* कांटेदार छिपकली।

Zoo (ज़ू) *n.* जानवरों के रखने का बगीचा, चिड़ियाघर, पशु-वाटिका।

Zoochemy (जूकैमि) *n.* पशु-रसायन विद्या।

Zoodynamics (ज़ू-डाइनामिक्स्) *n.* पशुओं की आन्तरिक शक्ति की विद्या।

Zoograft (ज़ो-ऍग्रॉफ्ट्) *n.* पशु के शरीर का अंग जो मनुष्य के अंग में बैठाया जाता है।

Zoography (ज़ूग्राफि) *n.* पशु विद्या।

Zoolatry (ज़ूलेट्री) *n.* पशु-पूजा।

Zoolite (ज़ूलाइट्) *n.* पृथ्वी के नीचे से निकाला हुआ पशु का प्राचीन ढाँचा।

Zoological (ज़ूलॉजिकल्) *adj.* प्राणि-विद्या-संबंधी।

Zoologist (ज़ूलॉजिस्ट्) *n.* प्राणविद्या का अध्ययन करनेवाला।

Zoology (ज़ूलॉजि) *n.* प्राणिविद्या, प्राणी विज्ञान।

Zoom (ज़ूम्) *v.i.* हवाई जहाज़ का खड़े बल ऊपर बढ़ने के लिए जोर लगाना।

Zoomorphic (ज़ुओमार्फिक्) *adj.* पशुओं के रूप में या कला में पशुओं की आकृति दिखलाने वाला।

Zoomorphism (ज़ुओमार्फिज्म्) *n.* देवता या मनुष्य को पशुरूप में दिखाने की कला।

Zoon (जोऍन्) *n.* गर्भ में प्राणी का पूर्ण रूप।

Zoonite (जोऍनाइट्) *n.* पशु के अंग का भाग।

Zoonosis (जोऍनसिस्) *n.* मनुष्यों में कीड़े-पतंगो से आया हुआ रोग।

Zoophagan (ज़ोअफागन्) *n.* मांसभक्षक पशु।

Zoophagous (जोअफागस्) *adj.* दूसरे का मांस खाने वाला।

Zoophilist (ज़ोअफिलिस्ट्) *n.* पशुओं का प्रेमी।

Zoophoric (ज़ोअफोरिक्) *adj.* पशु अथवा मनुष्य की आकृति पर धरे हुए खम्भे से संबंधित।

Zoophysics (ज़ूफिजिक्स्) *n.* पशु के शरीर से संबंधित भौतिक विज्ञान का अध्ययन।

Zoophyte (ज़ोअफाइट्) *n.* जन्तु तथा उद्‌भिद दोनों का गुण रखनेवाला तत्त्व, प्राणिपादप।

Zoophytic (जोअफिअइक्) *adj.* प्राणि तत्व-संबंधी।

Zooscopy (ज़ू-स्कोपि) *n.* मानसिक विकार जिसमें नाना प्रकार के जन्तु दिखाई पड़ते हैं।

Zoosperm (ज़ोअस्पर्म) *n.* नर बीजांश, कोशिका।

Zootaxy (ज़ूटैक्सि) *n.* जन्तुओं का वर्गीकरण।

Zootomy (ज़ूटामि) *n.* पशुओं के शरीर की चीर-फाड़।

Zootrophic (जोअट्रोफिक्) *adj.* पशुओं के पालन-पोषण से संबंधित।

Zoozoo (ज़ू-ज़ू) *n.* जंगली कबूतर, हारील।

Zoroastrain (जर्ऑसट्रिअन) *n.* पारसी धर्म का अनुयायी।

Zoaster (जॉस्टर्) *n.* एक प्रकार का चर्मरोग।

Zotheca (ज़थीका) *n.* उठने-बैठने का कमरा।

Zounds (ज़ाउन्ड्ज) *inter.* आर्श्य तथा क्रोधसूचक अव्यय।

Zulu (ज़ूलू) *n.* एक प्रकार की बाँसुरी।

Zuna (ज़ूना) *n.* एक प्रकार की भेड़।

Zygal (ज़ाइगल्) *adj.* 'एच्' अक्षर के आकार का।

Zygodont (जिगॅडॉन्ट्) *adj.* दाढ़ (चव) संबंधी।

Zygoma (ज़ायगोमा) *n.* गंड, गंडास्थि।

Zygomatic (जायगोमॅटिक्) *adj.* गाल की हड्डी का।

Zygon (ज़ाइगॅन्) *n.* जाड़नेवाला डण्डा।

Zygophyllum (जाइगोफाइलम्) *n.* एक तरह का पौधा।

Zygote (ज़ायगोट्) *n.* युग्मनज़, गर्भधारित अंडा।

Zylonite (जाइलॅनाइट्) *n.* कचकड़ा।

Zymic (ज़ाइमिक्) *adj.* झाग (उफान) से संबंधित।

Zymogen (जाइमोजैन) *n.* उफान लाने वाली चीज।

Zymoid (जाइमोइड्) *adj.* उफान के समान।

Zymome (ज़ाइमोम्) *n.* गेहूँ का वह तत्व जो मद्यसार से नहीं गलता।

Zymometer (ज़ाइमॅमिटर) *n.* मद्य में उफान का परिणाम नापने का यंत्र।

Zymosis (जायूमोसिस्) *n.* खमीर की क्रिया, जीवित अणुओं से प्राप्त एक संक्रामक रोग का प्रसार।

Zymotic (ज़ायमॉटिक्) *adj.* उफान-संबंधी, किण्व।

Zymurgy (ज़ाइमर्जि) *n.* आसव बनाने का रसायन।

Zythepsary (ज़ाइथेप्सरि) *n.* मद्य बनाने का स्थान।

Zythum (ज़ाइथम्) *n.* एक प्रकार की मदिरा।

□□